LOUIS XIV

W0379966

PHILIP MANSEL

LOUIS XIV

Roi du monde

Traduit de l'anglais
par Johan-Frédérik Hel Guedj

PASSÉS/COMPOSÉS

Titre original :
KING OF THE WORLD. THE LIFE OF LOUIS XIV,
Allen Lane (Penguin Random House UK), 2019

MIXTE
Papier issu de sources responsables
FSC® C003309

L'éditeur de cet ouvrage s'engage dans une démarche de certification FSC® qui contribue à la préservation des forêts pour les générations futures.

Pour en savoir plus :
www.editis.com/engagement-rse/

Le Code de la propriété intellectuelle n'autorisant, aux termes de l'article L. 122-5, 2° et 3° a, d'une part, que les « copies ou reproductions strictement réservées à l'usage privé du copiste et non destinées à une utilisation collective » et, d'autre part, que les analyses et les courtes citations dans un but d'exemple et d'illustration, « toute représentation ou reproduction intégrale ou partielle faite sans le consentement de l'auteur ou de ses ayants droit ou ayants cause est illicite » (art. L. 122-4).
Cette représentation ou reproduction, par quelque procédé que ce soit, constituerait donc une contrefaçon, sanctionnée par les articles L. 335-2 et suivants du Code de la propriété intellectuelle.

© Philip Mansel, 2019.
© Allen Lane, 2019.
© Passés composés / Humensis, 2020
ISBN : 978-2-266-32007-8
Dépôt légal : février 2022

« Vous êtes destiné pour commander à tout l'Univers. »

Jean-Baptiste Tavernier à Louis XIV, 1676.

Sommaire

1. Paris et ses environs

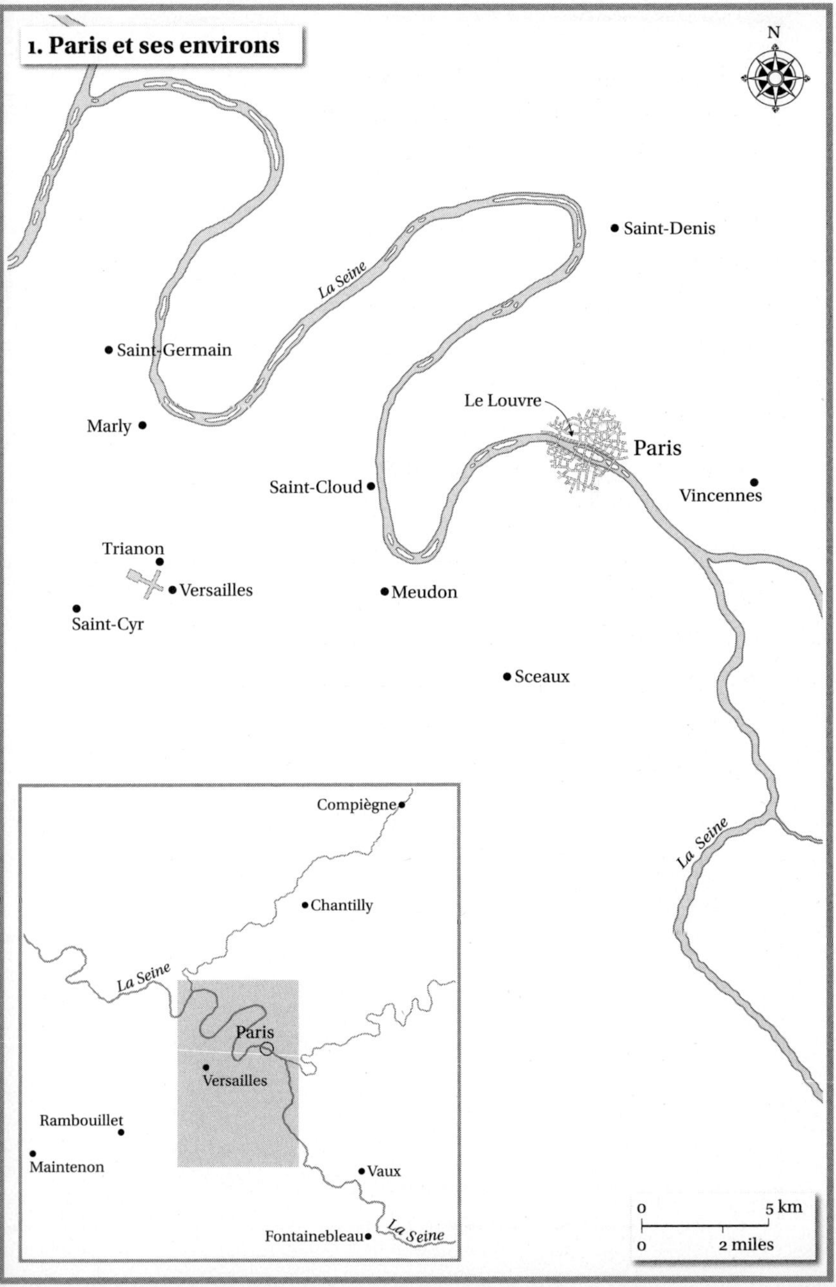

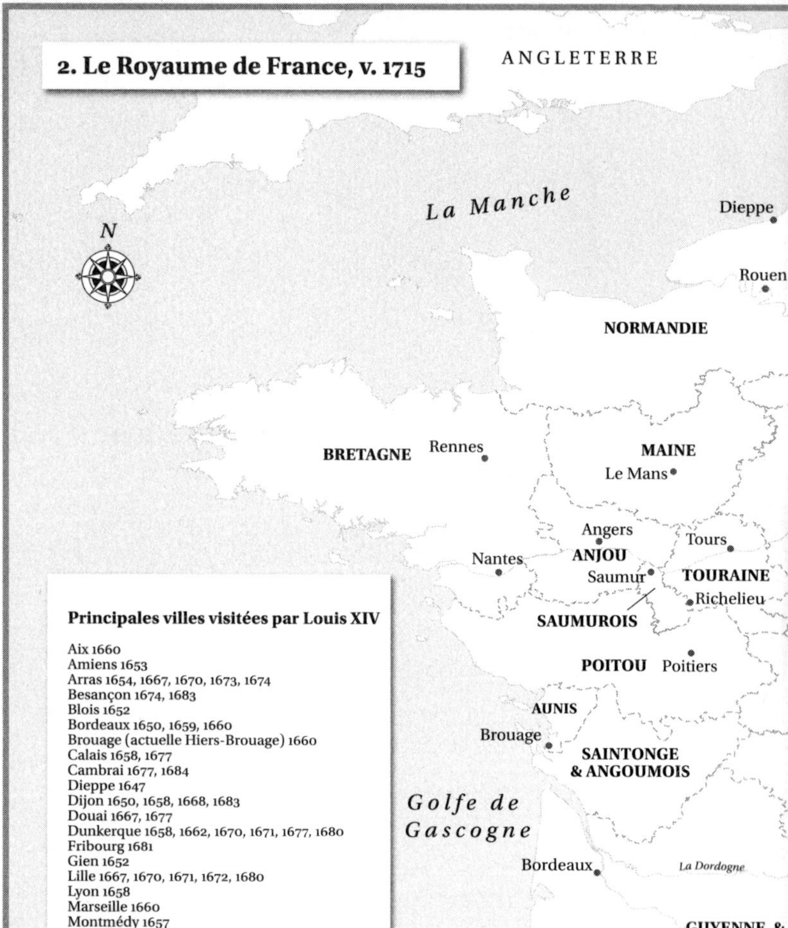
2. Le Royaume de France, v. 1715
ANGLETERRE
La Manche
N
Dieppe
Rouen
NORMANDIE
BRETAGNE
Rennes
MAINE
Le Mans
Angers
ANJOU
Tours
Nantes
Saumur
TOURAINE
Richelieu
SAUMUROIS
POITOU
Poitiers
AUNIS
Brouage
SAINTONGE
& ANGOUMOIS
Golfe de
Gascogne
Bordeaux
La Dordogne
GUYENNE &
La Garonne
Saint-Jean-
de-Luz
NAVARRE
& BÉARN
ESPAGNE
Principales villes visitées par Louis XIV
Aix 1660
Amiens 1653
Arras 1654, 1667, 1670, 1673, 1674
Besançon 1674, 1683
Blois 1652
Bordeaux 1650, 1659, 1660
Brouage (actuelle Hiers-Brouage) 1660
Calais 1658, 1677
Cambrai 1677, 1684
Dieppe 1647
Dijon 1650, 1658, 1668, 1683
Douai 1667, 1677
Dunkerque 1658, 1662, 1670, 1671, 1677, 1680
Fribourg 1681
Gien 1652
Lille 1667, 1670, 1671, 1672, 1680
Lyon 1658
Marseille 1660
Montmédy 1657
Nancy 1673
Nantes 1661
Nîmes 1660
Poitiers 1651-2
Reims 1654
Richelieu 1650, 1660
Rouen 1650
Sarrebruck 1683
Saint-Jean-de-Luz 1660
Stenay 1654
Strasbourg 1681, 1683
Toulon 1660
Toulouse 1659
Tournai 1667, 1670, 1671, 1673, 1680
Tours 1652, 1660

FLANDRE & HAINAUT
Dunkerque
Gand
Calais
Bruxelles
Cologne
Lille
Tournai
SAINT EMPIRE ROMAIN
ARTOIS
Douai
Arras
Cambrai
Francfort
METZ & VERDUN
Amiens
PICARDIE
Mayence
Trêves
Montmédy
Stenay
Heidelberg
ÎLE DE FRANCE
Reims
La Meuse
Sarrebruck (Saarlouis)
Metz
Paris
Nancy
CHAMPAGNE & BRIE
TOUL
Strasbourg
La Seine
LORRAINE & BARROIS
ALSACE
Troyes
La Moselle
Le Rhin
ORLÉANAIS
Fribourg
Orléans
La Loire
Gien
Blois
Bâle
Dijon
Besançon
NIVERNAIS
Bourges
Nevers
FRANCHE-COMTÉ
CONFÉDÉRATION HELVÉTIQUE
BERRY
BOURGOGNE
BOURBONNAIS
La Saône
Le Rhône
MARCHE
Genève
LYONNAIS
Le Rhône
Lyon
LIMOUSIN
AUVERGNE
PIÉMONT
Grenoble
DAUPHINÉ
Le Rhône
La Durance
GASCOGNE
COMTAT VENAISSIN
Avignon
Nîmes
PROVENCE
Toulouse
Montpellier
Aix
LANGUEDOC
Marseille
0
50
100 miles
0
100
200 km
Toulon
FOIX
Perpignan
ROUSSILLON
Mer Méditerranée
La Lorraine était occupée par les troupes françaises entre 1670 et 1697.
Le Comtat Venaissin appartenait à la papauté.

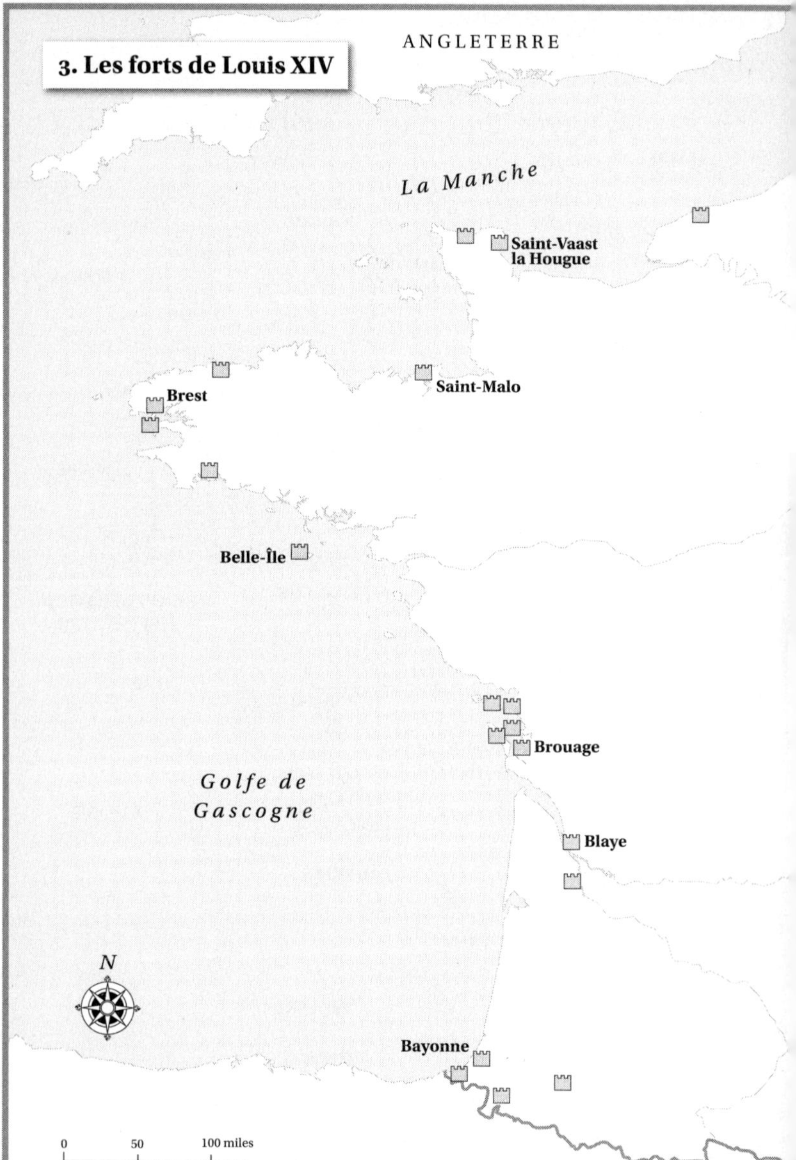
3. Les forts de Louis XIV
ANGLETERRE
La Manche
Saint-Vaast
la Hougue
Saint-Malo
Brest
Belle-Île
Brouage
Golfe de
Gascogne
Blaye
N
Bayonne
0
50
100 miles
0
100
200 km
ESPAGNE

Gravelines
Calais
Ambleteuse
Lille
Cambrai
Arras
Maubeuge
Bouchain
Rocroi
Sedan
Montmédy
Verdun
Paris
SAINT
EMPIRE
ROMAIN
Mont-Royal
Philippsbourg
Bitche
Metz
Toul
Strasbourg
Neuf-Brisach
Belfort
Joux
CONFÉDÉRATION
HELVÉTIQUE
FRANCE
Pignerol
Mont-Dauphin
PIÉMONT
Antibes
Marseille
Toulon
Mont-
Louis
Mer Méditerranée

4. La frontière de l'Est
N
Mer
du Nord
Amsterdam
Ryswick
Utrecht
Nimègue
Ostende
Dunkerque
Gand
Calais
Cassel
Ypres
Oudenarde
(1708)
Bruxelles
Maastricht
Courtrai
Saint-Omer
Lille
Ramillies
(1706)
Aix-la-Chapelle
Tournai
La Meuse
Mons
(1691)
FLANDRES
Charleroi
Valenciennes
Namur
(1692)
Malplaquet
(1709)
Arras
Hurtebise
Denain
(1712)
Maubeuge
Cambrai
Amiens
Bouillon
Luxembourg
FRANCE
Reims
Verdun
Metz
La Marne
Paris
Nancy
Toul
Fontainebleau
La Seine
Troyes
0
50
100 miles
0
100
200 km
FRANCHE-
COMTÉ

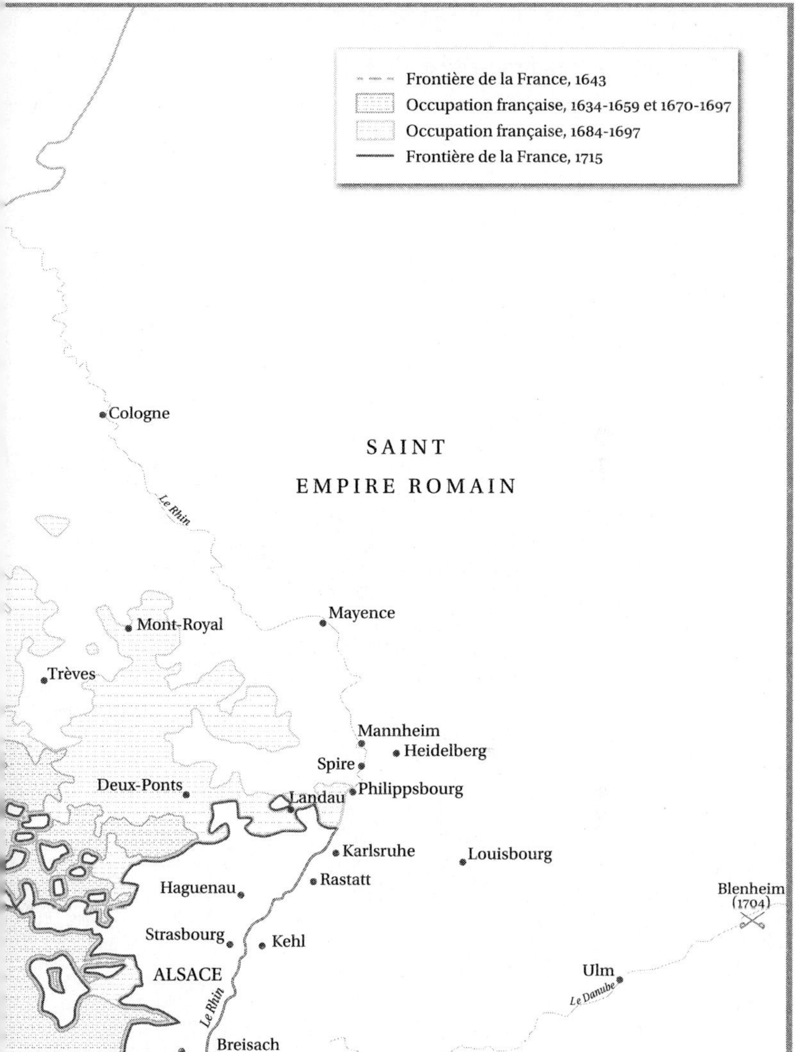

Frontière de la France, 1643
Occupation française, 1634-1659 et 1670-1697
Occupation française, 1684-1697
Frontière de la France, 1715
Cologne
SAINT
EMPIRE ROMAIN
Le Rhin
Mayence
Mont-Royal
Trèves
Mannheim
Heidelberg
Spire
Deux-Ponts
Landau
Philippsbourg
Karlsruhe
Louisbourg
Rastatt
Haguenau
Blenheim
(1704)
Strasbourg
Kehl
ALSACE
Ulm
Le Danube
Le Rhin
Breisach
Colmar
Fribourg
Bâle
Montbéliard

5. L'Europe après le Traité d'Utrecht
N
ÉCOSSE
Édimbourg
IRLANDE
La Boyne
Dublin
GRANDE-BRETAGNE
PAYS DE GALLES
ANGLETERRE
Londres
Mer du Nord
DANEMARK - NORVÈGE
Copenhague
Hambourg
Amsterdam
Utrecht
HANOVRE
L'Elbe
SAINT EMPIRE ROMAIN
SAXE
Cologne
Le Rhin
PRAGUE
Le Danube
BAVIÈRE
Munich
La Manche
La Seine
Paris
La Loire
FRANCE
Le Rhône
Berne
Zurich
CONFÉDÉRATION HELVÉTIQUE
TYROL
Milan
PIÉMONT
Venise
Gênes
Florence
ÉTATS PAPAUX
L'Èbre
Saragosse
CATALOGNE
PORTUGAL
Villaviciosa
Barcelone
Corse
Rome
Tolède
Lisbonne
ESPAGNE
Minorque
Naples
Valence
Almanza
Sardaigne
Mer Méditerranée
Gibraltar
Alger
Palerme
Sicile
Tunis
Malte

Frontière du Saint Empire romain
Maison de Habsbourg
Maison de Bourbon
0 100 200 300 400 miles
0 200 400 600 km
SUÈDE
Saint-Pétersbourg
Stockholm
LIVONIE
Riga
EMPIRE RUSSE
Mer Baltique
Königsberg
PRUSSE
Danzig
BRANDE-BOURG
LITUANIE
Varsovie
POLOGNE
Dresde
Krakow
BOHÊME
Kosice
Vienne
AUTRICHE
Buda
HONGRIE
TRANSYLVANIE
Belgrade
Le Danube
Mer Noire
EMPIRE OTTOMAN
Constantinople
NAPLES
Salonique
Athènes
Alep

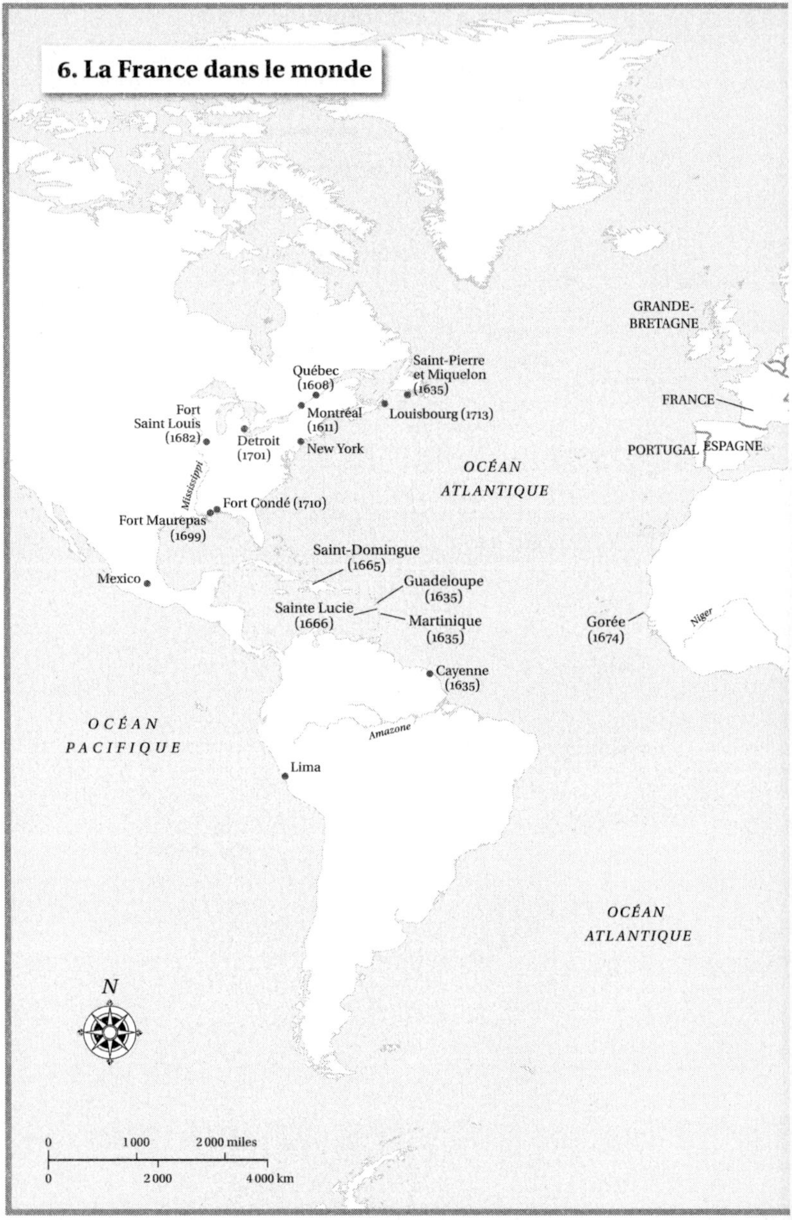
6. La France dans le monde
GRANDE-
BRETAGNE
FRANCE
PORTUGAL
ESPAGNE
Québec
(1608)
Saint-Pierre
et Miquelon
(1635)
Fort
Saint Louis
(1682)
Montréal
(1611)
Louisbourg (1713)
Detroit
(1701)
New York
OCÉAN
ATLANTIQUE
Mississippi
Fort Condé (1710)
Fort Maurepas
(1699)
Saint-Domingue
(1665)
Mexico
Guadeloupe
(1635)
Sainte Lucie
(1666)
Martinique
(1635)
Gorée
(1674)
Niger
Cayenne
(1635)
OCÉAN
PACIFIQUE
Amazone
Lima
OCÉAN
ATLANTIQUE
N
0
1 000
2 000 miles
0
2 000
4 000 km

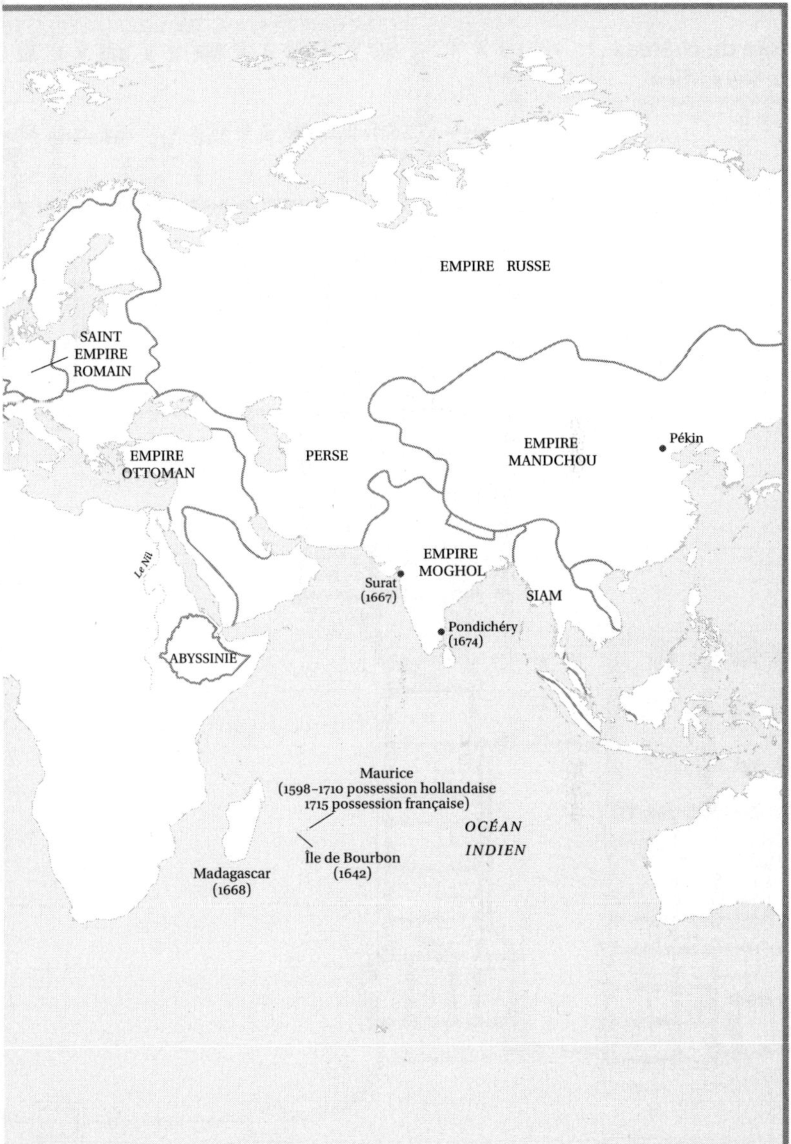
EMPIRE RUSSE
SAINT
EMPIRE
ROMAIN
EMPIRE
OTTOMAN
PERSE
EMPIRE
MANDCHOU
Pékin
Le Nil
EMPIRE
MOGHOL
Surat
(1667)
SIAM
Pondichéry
(1674)
ABYSSINIE
Maurice
(1598-1710 possession hollandaise
1715 possession française)
OCÉAN
INDIEN
Île de Bourbon
(1642)
Madagascar
(1668)

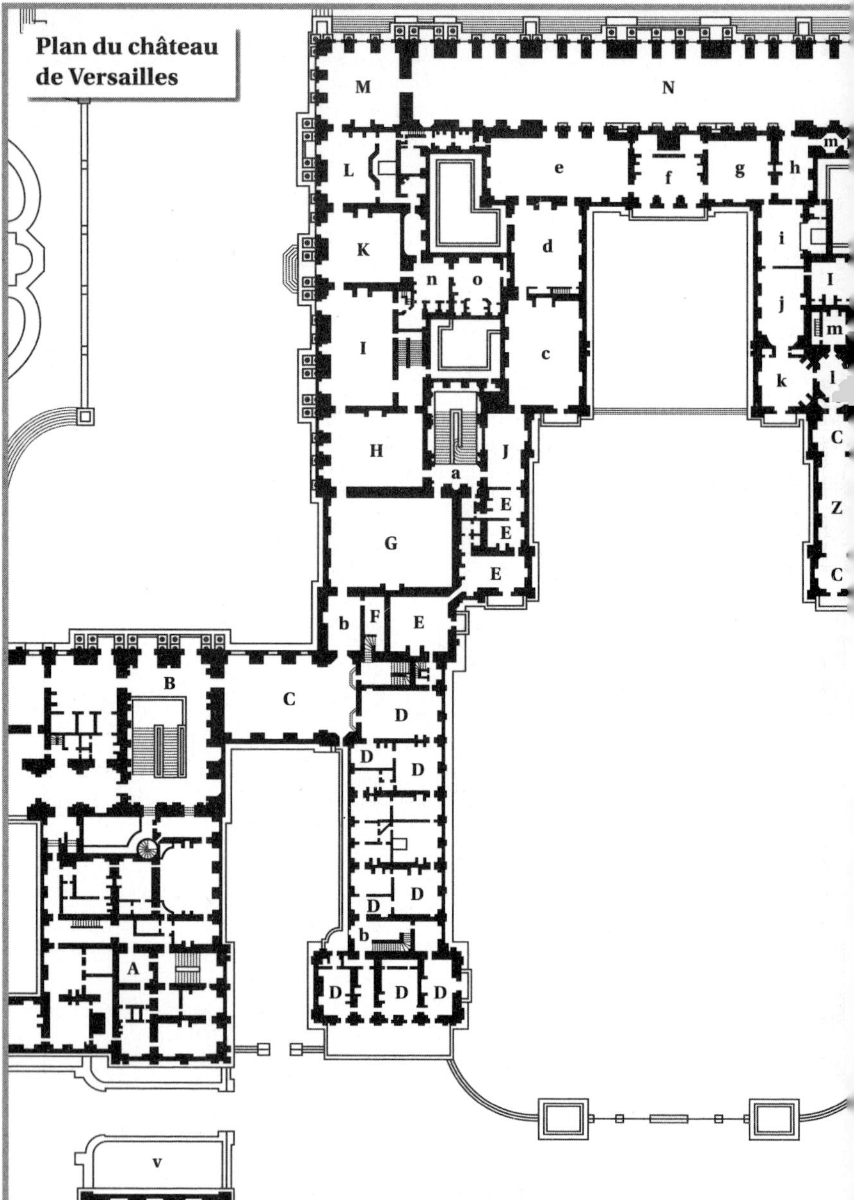
Plan du château de Versailles
M
N
L
e
f
g
h
m
K
d
i
n
o
I
j
m
I
c
k
l
H
a
J
C
E
E
Z
G
E
C
b
F
E
B
C
D
D
D
D
D
b
A
D
D
D
v

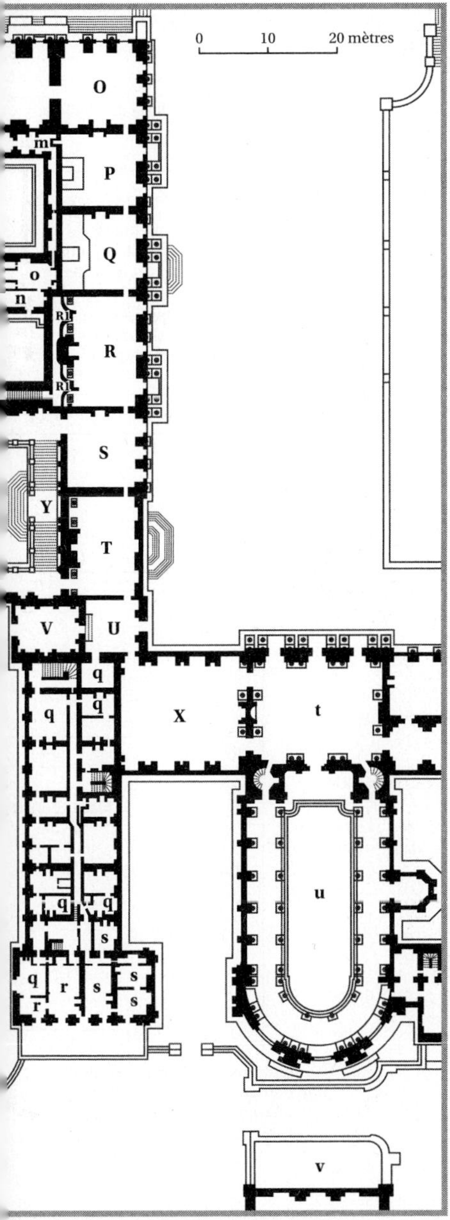

A. Pavillon d'Orléans
B. Escalier des Princes
C. Salons
D. Appartements des Enfants de France
E. Appartements de Madame de Maintenon
F. Escalier
G. Grande salle des gardes
H. Salle des gardes de la reine
I. Antichambre de la reine
J. Vestibule de l'escalier de marbre
K. Grand Cabinet de la reine
L. Chambre de la reine
M. Salon de la Paix
N. Galerie des Glaces
O. Salon de la Guerre
P. Salon d'Apollon
Q. Salon de Mercure
R. Salon de Mars
R1. Tribunes des Musiciens
S. Salon de Diane
T. Salon de Vénus
U. Salon d'Abondance
V. Cabinet des médailles
X. Salon d'Hercule
Y. Escalier des Ambassadeurs
Z. Petite galerie
a. Escalier de marbre
b. Passage
c. Salle des gardes du roi
d. Antichambre du roi
e. Grande antichambre du roi, ou Œil-de-Bœuf
f. Chambre de Louis XIV
g. Cabinet de Louis XIV
h. Cabinet des perruques
i. Cabinet des chiens
j. Cabinet des agates
k. Cabinet des bijoux
l. Salon ovale
m. Cabinet
n. Salle de bains
o. Chambre des Bains
p. Salle de bains
q. Appartement du gouverneur du Château
r. Bureau du Domaine de Versailles
s. Appartement du confesseur du roi
t. Vestibule de la chapelle
u. Chapelle
v. Ailes des Ministres

1. Les maisons de France et de Savoie

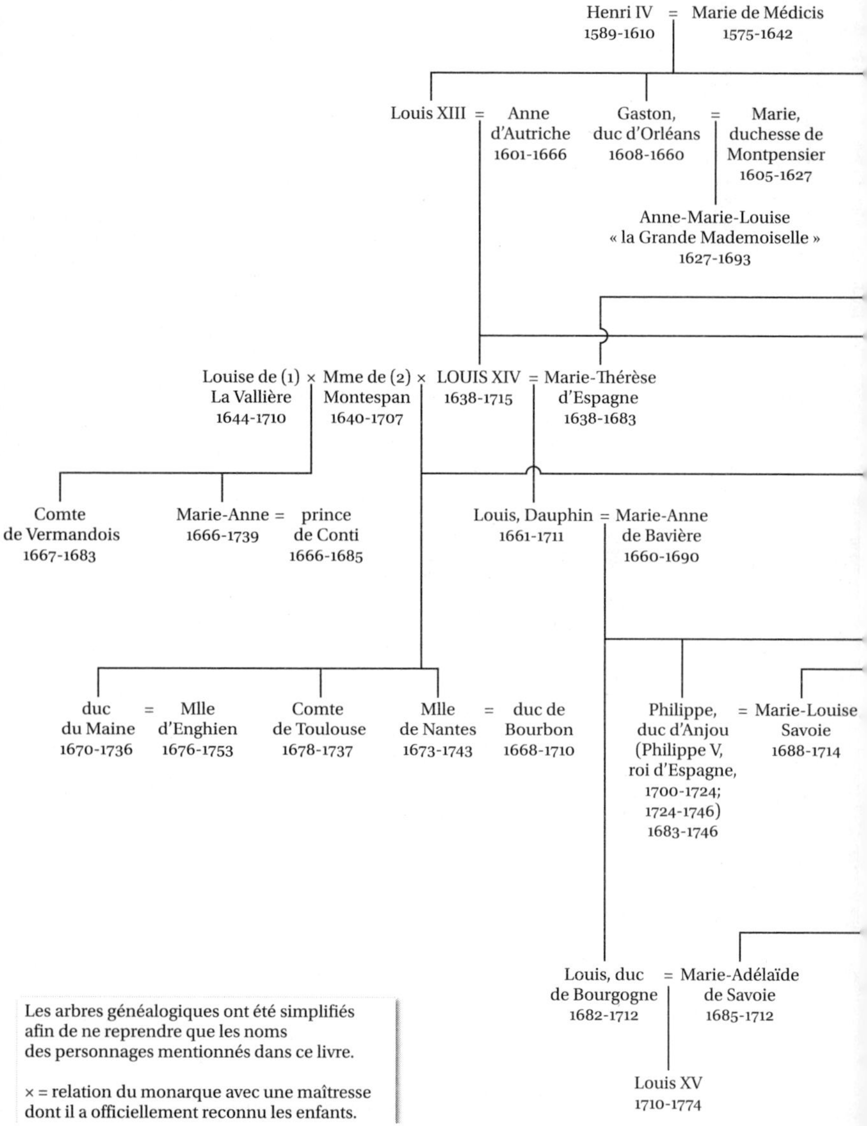

Les arbres généalogiques ont été simplifiés afin de ne reprendre que les noms des personnages mentionnés dans ce livre.

× = relation du monarque avec une maîtresse dont il a officiellement reconnu les enfants.

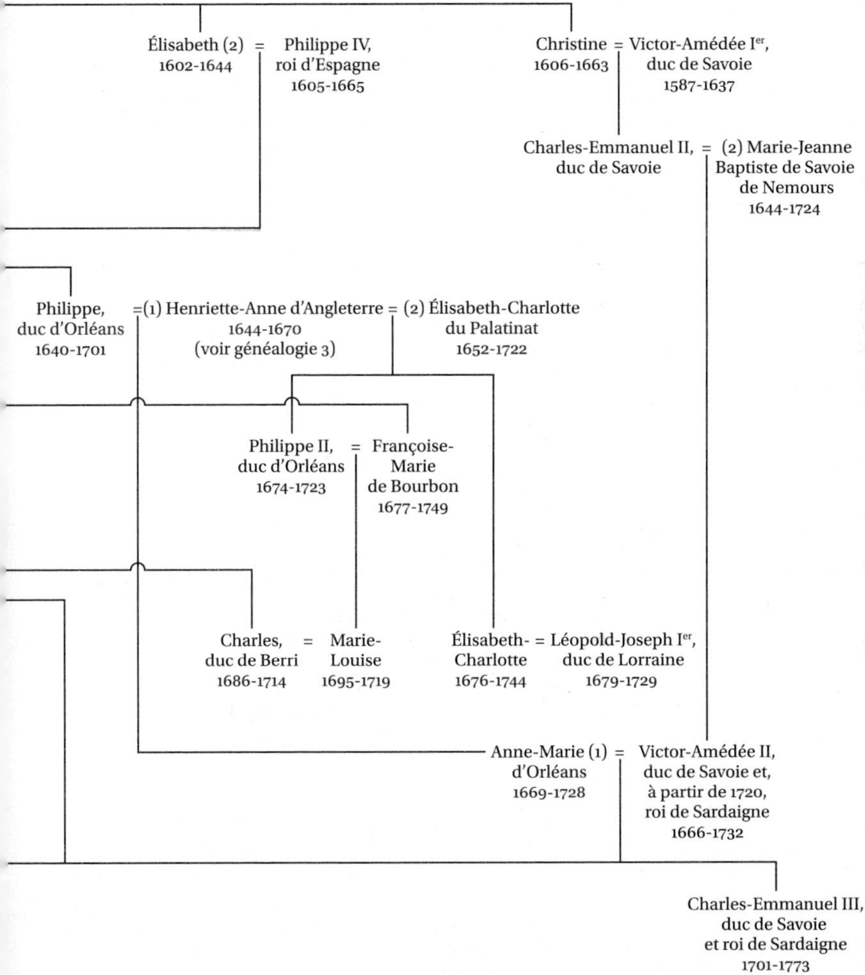

Élisabeth (2) = Philippe IV, roi d'Espagne
1602-1644
1605-1665
Christine = Victor-Amédée Ier, duc de Savoie
1606-1663
1587-1637
Charles-Emmanuel II, duc de Savoie = (2) Marie-Jeanne Baptiste de Savoie de Nemours
1644-1724
Philippe, duc d'Orléans
1640-1701
=(1) Henriette-Anne d'Angleterre = (2) Élisabeth-Charlotte du Palatinat
1644-1670
(voir généalogie 3)
1652-1722
Philippe II, duc d'Orléans = Françoise-Marie de Bourbon
1674-1723
1677-1749
Charles, duc de Berri = Marie-Louise
1686-1714
1695-1719
Élisabeth-Charlotte = Léopold-Joseph Ier, duc de Lorraine
1676-1744
1679-1729
Anne-Marie (1) d'Orléans = Victor-Amédée II, duc de Savoie et, à partir de 1720, roi de Sardaigne
1669-1728
1666-1732
Charles-Emmanuel III, duc de Savoie et roi de Sardaigne
1701-1773

2. Les cousins des Bourbons : les maisons de Vendôme, Condé et Soissons

Charles de Bourbon, duc de Bourbon = Françoise d'Alençon 1490-1550

Antoine, duc de Bourbon 1518-1562 = Jeanne, reine de Navarre 1528-1572

Charles, cardinal de Bourbon, « Charles X »

Gabrielle d'Estrées 1573-1599 × Henri IV 1553-1610 = (2) Marie de Médicis 1575-1642

Louis XIII 1601-1643 = Anne d'Autriche 1601-1666

Louis XIV 1638-1715 (voir généalogie 1)

César, duc de Vendôme 1594-1665 = Françoise de Lorraine 1609-1665

Louis, duc de Vendôme 1612-1665 = Laure Mancini 1609-1665

Louis Joseph, duc de Vendôme 1654-1712

Louis II « le Grand Condé » 1621-1686 = Claire-Clémence de Maillé-Brézé 1628-1694

Henri Jules 1643-1709 = Anne-Henriette de Bavière 1648-1710 (voir généalogie 3)

Louis III, duc de Bourbon 1668-1710 = Mlle de Nantes 1673-1713 (voir généalogie

Princes de Condé -1830

- Louis Ier, prince de Condé 1530-1569 = Éléanor de Roucy de Roye 1535-1564
  - Henri Ier 1552-1588 = Charlotte-Cathérine de La Trémoille 1568-1629
    - Henri II 1588-1646 = Charlotte-Marguerite de Montmorency 1594-1650
      - Armand, prince de Conti 1629-1666 = Marie-Anne Martinozzi 1637-1673
        - François-Louis, prince de Conti, « roi de Pologne » 1664-1709
          - Princes de Conti -1814
  - Charles, comte de Soissons 1566-1612 = Anne de Montafié 1577-1654
    - Louis, comte de Soissons 1604-1641
    - Prince Thomas de Savoie 1596-1656 = Marie 1606-1692
      - Olympe Mancini 1638-1708 = Eugène, comte de Soissons 1635-1673
        - Prince Eugène de Savoie 1663-1736

3. La succession d'Angleterre

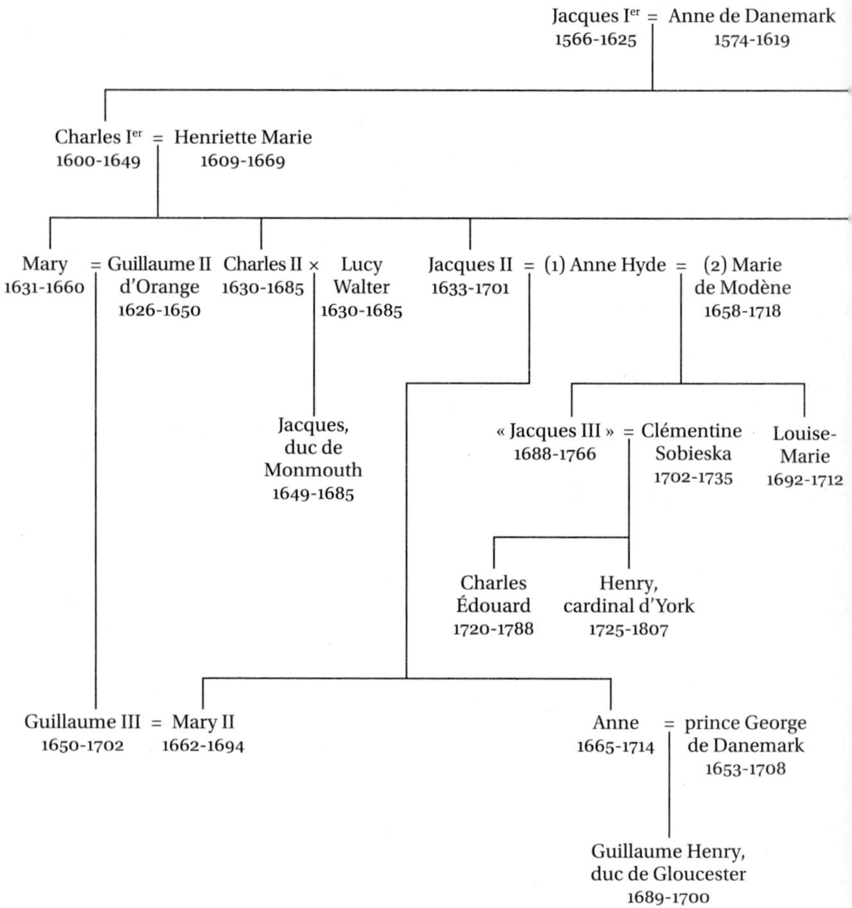

Elizabeth = Frédéric V,
1596-1662 Électeur palatin
1596-1632

enriette- = Philippe,
Anne duc d'Orléans
644-1670 1640-1701

Anne-Marie = Victor-Amédée II,
d'Orléans duc de Savoie
1669-1728 1666-1732
(voir généalogie 1)

Charles Louis, = Charlotte de
Électeur palatin Hesse-Kassel
1617-1680 1627-1686

Rupert
1617-1682

Édouard = Anne de
1625-1663 Gonzague
1616-1684

Sophie = Ernest-
1630-1714 Auguste
de Hanovre
1629-1698

Elizabeth-Charlotte = Philippe,
« Madame Palatine » duc d'Orléans
1652-1722 1640-1701

Anne-Henriette = Henri-Jules,
de Bavière prince de Condé
1648-1723 1643-1709

Sophie-Dorothée = George Ier
de Celle 1660-1727

Sophie- = Frédéric Ier,
Charlotte roi en Prusse
1668-1705 1657-1713

George II
1683-1760

4. La succession d'Espagne

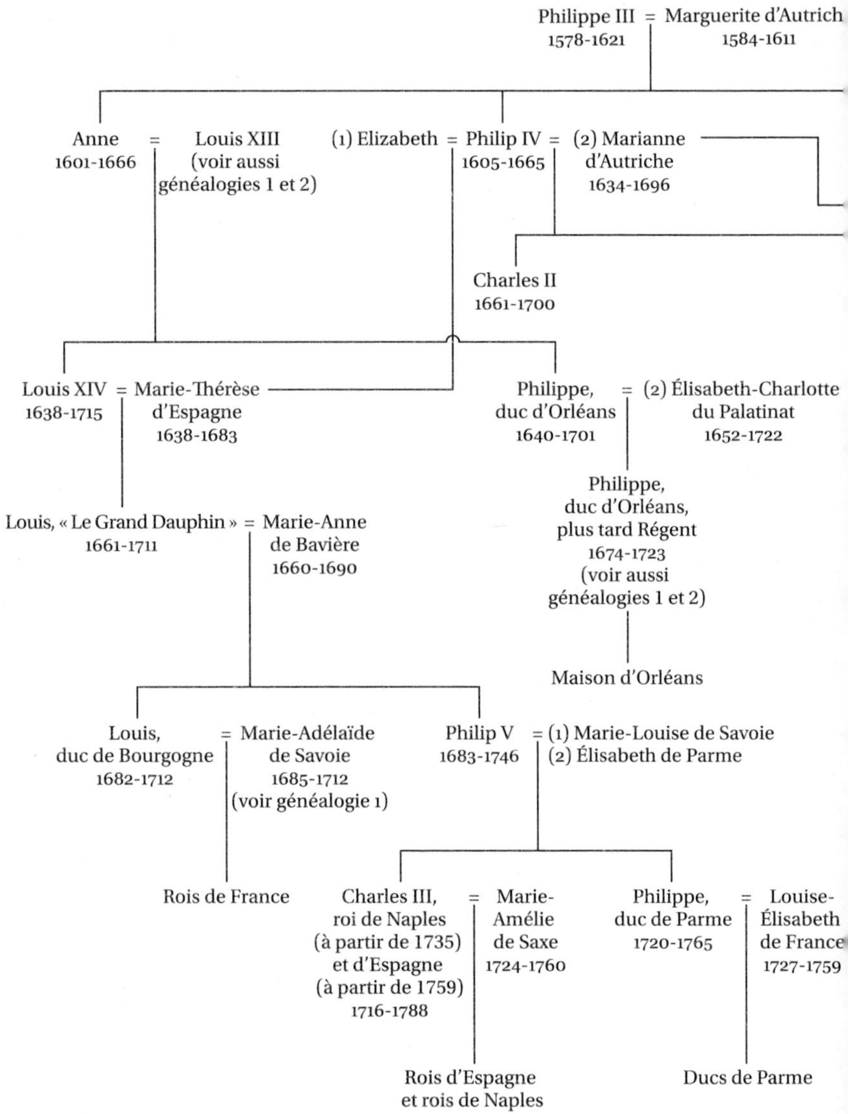

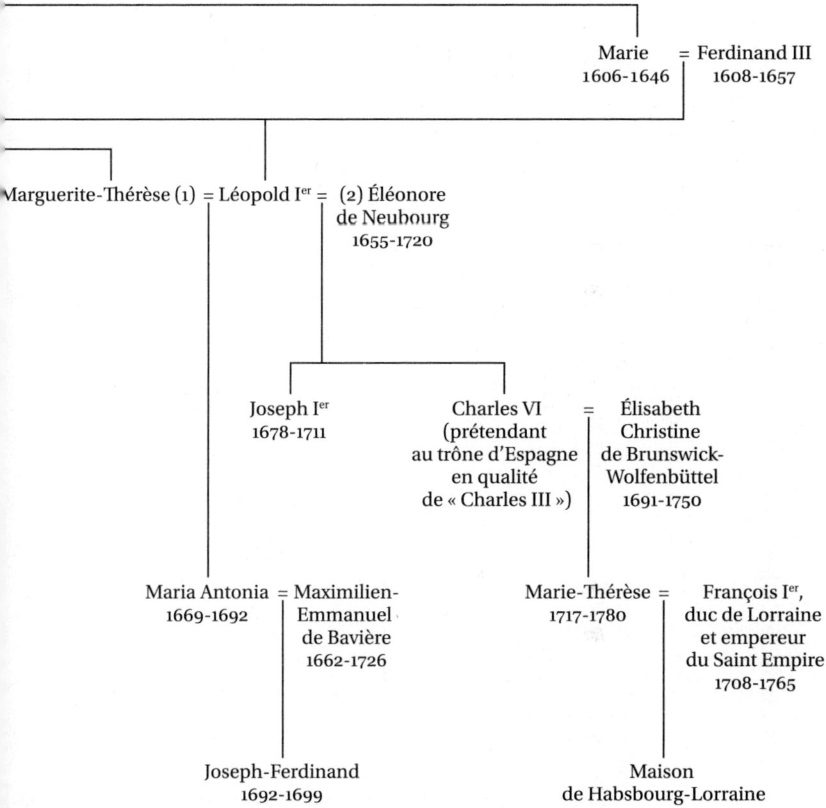
Marie
1606-1646
Ferdinand III
1608-1657
Marguerite-Thérèse (1)
Léopold Ier
(2) Éléonore de Neubourg
1655-1720
Joseph Ier
1678-1711
Charles VI (prétendant au trône d'Espagne en qualité de « Charles III »)
Élisabeth Christine de Brunswick-Wolfenbüttel
1691-1750
Maria Antonia
1669-1692
Maximilien-Emmanuel de Bavière
1662-1726
Marie-Thérèse
1717-1780
François Ier, duc de Lorraine et empereur du Saint Empire
1708-1765
Joseph-Ferdinand
1692-1699
Maison de Habsbourg-Lorraine

5. La famille Colbert, avec les offices détenus et les dates

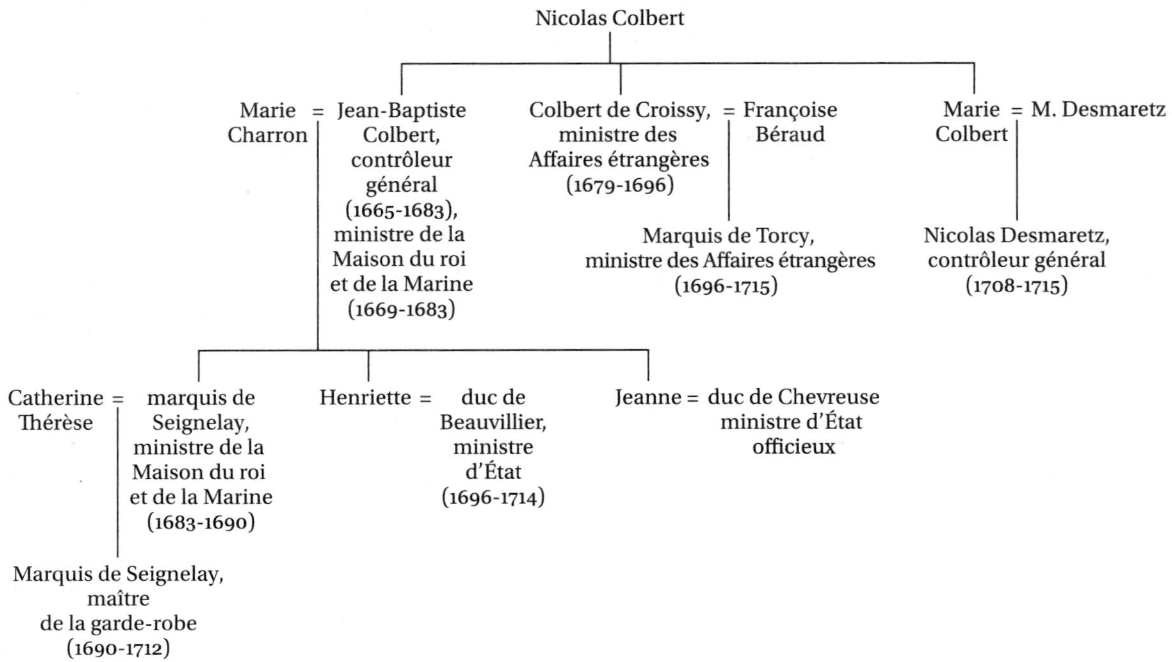

Introduction

Mille ans de France

Louis XIV fut à la fois roi de France et un souverain mondial aux ambitions planétaires. Il fonda des colonies en Amérique, en Afrique et aux Indes, tenta de s'emparer du Siam (le nom de la Thaïlande en son temps), envoya des missionnaires et des mathématiciens à l'empereur de Chine et s'engagea dans une lutte pour la conquête française des marchés mondiaux qui se poursuit à ce jour. La devise qu'il adopta au début de son règne personnel, en 1662, formait l'expression de ses espérances et de ses désirs : *Nec pluribus impar* (« À nul autre pareil », ou littéralement « Je suffis à plusieurs mondes »). En d'autres termes, il signifiait qu'il n'était « pas incapable de régner sur d'autres possessions » et qu'il se situait « au-dessus de maints ennemis ».

Louis était un homme en quête de gloire, un roi attaché à l'élévation de sa dynastie et un chef porté à l'expansion de sa nation. Il oblige également à une question : comment un individu aussi civilisé, exceptionnellement attentif au sort des femmes (il fit construire la meilleure école de jeunes filles de son temps, non loin de Versailles, à Saint-Cyr), put-il ordonner des actes de barbarie à l'encontre des protestants français et contre les voisins de la France ? Louis le Grand, ainsi qu'on l'appela dès 1680, était-il le maître ou l'instrument de sa cour, de ses ministres et de ses financiers ? Laissa-t-il une France renforcée ou affaiblie ? Il domina certes son temps, mais méritait-il l'appellation de « Roi-Soleil » par laquelle il se fit connaître plus tard, puisqu'il choisit le soleil pour emblème ?

Ce livre a pu tirer profit de la multiplication de nouveaux ouvrages relatifs à ses palais[1], sa Maison[2], ses finances[3], sa diplomatie[4], ses ministres[5], ses armées[6], ses forteresses[7], ses ennemis[8], sa foi catholique[9] et sa santé[10], de la correspondance complète récemment publiée de sa seconde épouse, Mme de Maintenon[11], et d'une chronique savante de la trajectoire qu'a décrite son existence[12], ainsi que de nombreux ouvrages publiés en 2015 destinés à marquer le trois centième anniversaire de sa mort[13].

Grâce à ces travaux et à de nombreuses autres études, ainsi qu'à mes recherches menées dans les archives de Paris et de Londres, cette biographie essaye de faire sortir Louis de Versailles (qui fut sa résidence principale moins de la moitié de son règne, et ne fut jamais la seule) et de le montrer tel qu'on le voyait depuis Lille, Besançon et Strasbourg, ainsi que depuis Londres, Madrid, Constantinople et Bangkok. Ces points de vue multiples sont indispensables, car non content d'œuvrer à l'expansion de la France sur le Rhin, le Mississippi et le Mékong, Louis poursuivit d'autres objectifs hors de France. On mentionnera ici le rétablissement de ses cousins Stuart sur les trônes d'Angleterre, d'Écosse et d'Irlande, l'élection d'un prince français roi de Pologne et grand-duc de Lituanie et la préservation du statut de grandes puissances des alliés de la France, l'Empire ottoman et la Suède. Sa plus grande erreur, commise en 1685, la révocation de l'édit de Nantes, qui avait autorisé la pratique de la foi protestante en France, ne fut pas seulement provoquée par des forces à l'œuvre à l'intérieur du pays et par sa ferveur catholique, mais aussi par sa rivalité avec la maison d'Autriche, dont l'enjeu consistait à prendre la tête de l'Europe catholique.

Dans le même ordre d'idées, l'édifice le plus célèbre de Louis, Versailles, ne fut pas seulement créé pour la France, mais pour le monde, afin d'attirer et d'impressionner les visiteurs étrangers et d'éclipser les autres palais, passés et présents. Cet édifice représentait son acte de candidature à un rayonnement mondial, ainsi qu'une combinaison très personnelle de résidence royale, de siège du gouvernement et de quartier général de ses armées, de galerie d'art, de festival de musique et de ballet et de vitrine des produits français.

La fin de son règne fut dominée par la poursuite d'une autre ambition mondiale, la succession d'Espagne. Après son mariage en 1660 avec l'infante Marie-Thérèse, fille aînée de Philippe IV d'Espagne, il espérait que l'un de ses descendants, plutôt que l'un des cousins viennois du souverain, hérite de la monarchie hispanique tout entière, y compris de son empire planétaire qui s'étendait du Mexique à la Sicile. À l'inverse de la règle applicable en France, la monarchie espagnole pouvait se transmettre à la lignée féminine, et son beau-frère Charles II (Carlos II), roi d'Espagne à partir de 1665, infirme, n'avait pas d'enfants.

En 1700, à la mort de ce dernier, au lieu d'appliquer les traités internationaux qui proposaient de diviser la monarchie et d'accorder à la France davantage de territoires, Louis accepta la décision du défunt de laisser la couronne d'Espagne à son petit-fils Philippe, duc d'Anjou, qui devint *El Rey* don Felipe V. Louis avait ainsi placé l'Espagne avant la France, sa famille avant son pays. Si, en luttant pour maintenir Philippe sur le trône d'Espagne contre une coalition européenne, il poussa la nation française au bord de l'effondrement, il n'en demeure pas moins que l'actuel roi d'Espagne, Felipe VI, est un descendant de Louis XIV.

Louis XIV fut en mesure de jouer un rôle d'envergure mondiale grâce à la puissance du royaume de France. Son règne et sa personnalité furent conditionnés par la géographie, l'histoire, la démographie et les traditions du pays qu'il gouvernait. En 1643, lorsqu'il hérita du trône, la monarchie française était vieille de plus de mille ans. Entre 481 et 511, Clovis, roi des Francs, régnait sur ce qui correspond aujourd'hui au nord de la France et à une partie du nord de l'Allemagne. De 768 à 814, l'un des grands souverains de l'histoire européenne, Charlemagne, élargit le royaume des Francs aux dimensions d'un empire qui s'étendait de l'Elbe à l'Èbre et de la Baltique à la Méditerranée. Après la mort du dernier roi carolingien de Francie (ou de France), l'un de ses parents, Hugues Capet, fut élu roi par l'assemblée des grands du royaume à Senlis, en 987. Pourtant, les rois des Francs étendirent lentement leur domination. Le prestige de la cérémonie du couronnement, à Reims, constituait l'un de leurs principaux atouts. Ce rituel s'inspirait en partie de celui des rois d'Israël tel qu'il est décrit dans le Premier Livre de Samuel de l'Ancien Testament. À l'instar de ces derniers, le roi de France n'était pas seulement couronné, mais recevait l'onction de l'huile sacrée.

Les rois des Francs disposaient d'autres armes : la croissance de leur capitale, Paris, devenue peu à peu la plus grande ville au nord des Alpes, capable de fournir une armée et une administration, d'insuffler un sentiment d'identité nationale et de fierté pour la France, ainsi que le fait d'être et de parler français (une langue pourvue d'une littérature avant l'italien, l'anglais ou l'allemand), et l'exceptionnelle fécondité des descendants d'Hugues Capet, formant la maison de France. Les dynasties rivales s'éteignaient. Les nombreuses branches de la maison de France se multiplièrent.

La monarchie française accrut encore son pouvoir et son prestige entre 1226 et 1270, sous le règne de Louis IX, qui en deviendrait plus tard le saint patron vénéré, Saint Louis. Après la croisade des Albigeois (1209-1229) contre l'hérésie cathare, Toulouse et le Languedoc furent annexés au domaine royal. La population du royaume de France atteignit 17 millions d'âmes en 1300, supérieure à celle de tous les pays d'Europe. La puissance et l'attrait de la France furent confirmés en 1312 par la soumission de l'archevêque et de la ville de Lyon, qui faisait alors partie du Saint Empire romain germanique, à la domination française. En 1349, Humbert II, le dernier seigneur du Dauphiné, vendit à la France sa province située sur la rive est du Rhône, qui faisait également partie du Saint Empire. À compter de ce jour, ainsi qu'il l'avait stipulé, le fils aîné du roi porterait le nom de Dauphin, titre traditionnel des seigneurs de la province.

Les rois d'Angleterre restaient à moitié français de par leur culture et leurs ambitions. Tout au long de la décennie 1360, Édouard III avait vu son ambition de régner sur la France contrecarrée : il conservait néanmoins une enclave au sud-ouest de Bordeaux et la ville de Calais. La reconquête de Bordeaux par Charles VII en 1453 marqua la fin de la première guerre de Cent Ans entre les rois de France et d'Angleterre (la seconde débuterait sous Louis XIV). La monarchie des Tudors espéra encore s'approprier quelques morceaux de France. Les monarques anglais portèrent le titre de roi de France et leur fleur de lys en écartelé sur leurs armoiries jusqu'au traité d'Amiens conclu entre George III et le premier consul en 1802.

Au nord, la monarchie française affrontait un autre rival : le duc de Bourgogne. En 1369, le jeune frère de Charles V, Philippe le Hardi, fait duc de Bourgogne, épousa Marguerite de Flandre, héritière de plusieurs provinces du Saint Empire, la Flandre, le Brabant, l'Artois et la Franche-Comté. D'autres mariages avantageux de ses descendants conduisirent à la création d'une monarchie composite fortunée, une Lotharingie ressuscitée baptisée « Bourgogne ». Celle-ci ne tarda pas à régner sur la presque totalité des terres de l'Entre-Deux très convoitées situées entre la France et le Saint Empire, une marqueterie entrelacée de petits États sans frontières politiques, linguistiques ou géographiques précises qui s'étendait de la mer du Nord à travers les provinces fertiles de la partie sud des Pays-Bas et les collines boisées des Ardennes jusqu'à la Lorraine, l'Alsace et la confédération de cantons réunis sous leur nom commun à tous, la Suisse. L'arrière-petit-fils de Philippe, Charles le Téméraire, duc de Bourgogne, périt en janvier 1477. Encouragé en ce sens par son assemblée locale, ou états, le duché de Bourgogne décida son retour sous l'autorité française. En revanche, la Flandre et les provinces voisines ainsi que la Franche-Comté restèrent unies sous celle de la fille du duc, Marie. Cette dernière épousa Maximilien Ier, empereur du Saint Empire, chef de la maison d'Autriche. La rivalité entre leurs descendants et les rois de France dominerait le règne de Louis XIV et perdurerait jusqu'à la Révolution française, et au-delà.

Entre-temps, le royaume de France continuait d'absorber les provinces voisines. En 1481, après la mort du dernier comte de Provence, la Provence et Marseille, qui devaient précédemment allégeance à l'Empire, reconnurent la suzeraineté du roi de France, non sans conserver l'essentiel de leur autonomie administrative ; en Provence, jusqu'en 1789, les lois françaises furent promulguées non pas au nom du roi de France, mais du « roi de France, comte de Provence ».

Le duché de Bretagne était quant à lui semi-indépendant depuis le IXe siècle, avec sa langue, ses lois, son parlement et sa dynastie. En 1532, sous le règne de François Ier, gendre d'Anne de Bretagne, l'union à caractère personnel entre le duché et le royaume céda la place à une union administrative perpétuelle, mais comme la Provence, le duché fut autorisé à conserver certaines de ses institutions. En 1527, après la rébellion du connétable de Bourbon, descendant du cinquième fils de Saint Louis, son duché du Bourbonnais fut aussi réuni au domaine de la Couronne. En 1539, avec l'édit de Villers-Cotterêts, geste unificateur supplémentaire, François Ier décréta que les documents officiels comme les registres de paroisse seraient dorénavant tenus en français, au lieu du latin ou d'autres langues, notamment la langue d'oc qui se parlait dans le Sud. En vertu du traité du Cateau-Cambrésis signé avec le roi d'Espagne en 1559, le fils de François Ier, Henri II, renonça à ses prétentions sur le duché de Milan et le royaume de Naples, pour lesquels les rois de France avaient guerroyé depuis 1494. Toutefois, il prit le contrôle de trois cités situées entre la Lorraine et l'Alsace – Metz, Toul et Verdun. Il réaffirmait ainsi le désir d'expansion de la monarchie de France vers l'est et les terres de l'Entre-Deux, une région qui sera le théâtre de la plupart des guerres de Louis XIV.

Avec la dynastie, la Cour fut une autre institution unificatrice, aussi centrale pour le développement de la France que le fut le Parlement pour l'Angleterre ou l'armée pour la Prusse. Outre le roi ou la reine, d'autres membres de la famille royale s'entouraient de leurs propres « maisons », dont les membres étaient originaires de presque toutes les classes et régions. La Cour ne formait pas seulement une constellation de maisons et de ministères, mais aussi une force dynamique qui raffermissait et célébrait le pouvoir royal, alimentait des changements culturels et religieux. Plus que n'importe quelle autre cour, peut-être en raison d'une longue succession de reines consorts et de régentes à poigne depuis le début du XVe siècle et Isabeau de Bavière, femme de Charles VI, la cour de France incarnait aussi l'un des fondements du pouvoir féminin. *La Cité des Dames*, l'un des premiers textes de défense du droit des femmes, et l'un des premiers livres français écrits par une femme, était de la plume de l'une des dames d'Isabeau, Christine de Pisan. Les premiers protestants de France furent soutenus par la sœur de François Ier, Marguerite, reine de Navarre (une autre auteure), et par sa maîtresse la duchesse d'Étampes[14]. Depuis au moins le mariage de Charles VIII avec Anne, duchesse de Bretagne, la Maison et les appartements de la reine étaient presque aussi vastes et somptueux que ceux du roi. Ce fut la reine Anne, écrivait le chroniqueur Pierre de Brantôme, l'auteur des *Vies des dames galantes*, qui introduisit « la grande cour des dames » et pria des femmes de la noblesse d'entrer dans sa Maison afin de les éduquer et d'accroître sa propre influence. Une cour sans femmes, écrivait-il, est comme un jardin sans fleurs[15].

François Ier, qui régna de 1515 à 1547, passait le plus clair de son année loin de Paris, dans ses terres de chasse favorites de Fontainebleau et de Chambord. Longtemps avant la création de Versailles par Louis XIV, il fit de la cour de France un synonyme de splendeur. En 1544, l'ambassadeur de Mantoue écrivait : « Si vous n'avez pas vu la cour de France, vous n'avez pas vu ce qu'est la grandeur[16] », laquelle n'émanait pas seulement du nombre des courtisans (peut-être 10 000 au total) et de la taille des châteaux, mais aussi du luxe des objets qu'ils renfermaient : tableaux, bijoux, meubles, tapisseries. La Cour était en perpétuel mouvement, en particulier entre les nombreuses résidences royales de l'Île-de-France et de la vallée de la Loire, en quête de sécurité, de revenus, de nourriture et de chasses[17]. Il fallait parfois 12 000 chevaux pour la transporter. Un évêque italien stupéfait écrivit à Cosme de Médicis : « Cette cour est à nulle autre pareille [...] on ne pense ici à rien d'autre que la chasse, les femmes, les banquets et changer de maison[18]. » Henri IV, grand-père de Louis XIV, se vanterait plus tard de n'avoir jamais dormi deux soirs de suite au même endroit[19].

Lorsque le roi était encore mineur, puis après sa majorité, sa mère exerçait ou partageait le pouvoir avec lui, au vu et au su de tous. La bru de François Ier, Catherine de Médicis, veuve d'Henri II, tint le rôle de régente ou de membre du Conseil en 1560-1588, durant les règnes de ses fils Charles IX et Henri III. Marie de Médicis, veuve d'Henri IV, imita cet exemple entre 1610 et 1617 et entre 1620 et 1630, au début du règne de son fils, Louis XIII. Anne d'Autriche eut la plus importante Maison de toutes les reines de France (701 membres en 1646), parfois plus nombreuse que celle de son fils[20]. Sous Louis XIV, les femmes jouirent d'un plus grand pouvoir qu'à aucune autre époque avant l'avènement de la Ve République.

La garde était l'élément le plus important de la Maison du roi, bien plus forte que dans d'autres cours royales. Les gardes du corps, compagnies de gentilshommes à cheval, avaient été fondés en 1419, quand la moitié de la France était occupée par des troupes anglaises. Le futur Charles VII se fiait si peu aux Français qu'il leva une compagnie d'archers écossais « ordonnez à la garde du corps du roy » – l'Écosse était un allié de confiance dans les guerres contre l'Angleterre[21]. Ces effectifs avaient été complétés par trois autres compagnies de gardes du corps français en 1514, ainsi que par une autre de gardes suisses[22]. Le roi Ferdinand d'Aragon estimait que « dans toute la Chrétienté, personne n'avait une telle garde, et aucune n'était aussi bien ordonnée[23] ».

Tout au long de son règne, Louis XIV porta une attention toute particulière à ces corps de garde. Sa cour se distinguait par « une constante apparence de la force », écrivait l'ambassadeur de Venise en 1684 :

« Jamais souverain ne fut gardé avec une vigilance plus diligente », tant à l'intérieur qu'à l'extérieur de Versailles et dans ses couloirs et ses escaliers[24]. Le capitaine des gardes du corps de service, responsable de sa sécurité et des permissions accordées aux individus qui souhaitaient lui parler, se tenait toujours à ses côtés[25]. Ces gardes du corps entourèrent Louis lors de son couronnement à Reims le 7 juin 1654, et escortèrent son cercueil lors de la procession funéraire de Versailles à Saint-Denis, le 9 septembre 1715[26]. Le roi de France, et Louis XIV en particulier, était un chef militaire autant qu'un monarque sacré. Lors de son couronnement, on lui remit « l'épée de Charlemagne » et des éperons d'or ainsi que la couronne, le globe terrestre, le sceptre et la main de la justice. Un proverbe célèbre affirmait : « Qui retire l'épée, perd le sceptre. »

Les guerres de Religion qui dévastèrent la France après 1560 avaient elles aussi confirmé que le pouvoir royal se fondait sur la force autant que sur la religion. Les grands, comme les La Trémoille et La Rochefoucauld, et les cousins Bourbon du roi, le roi de Navarre et le prince de Condé, se convertirent au protestantisme, ainsi qu'une série de villes, de La Rochelle sur la côte atlantique à Nîmes et jusqu'à la place forte huguenote qu'était Genève. Sous la tutelle de Condé, les forces protestantes tentèrent de « surprendre » ou de se saisir de la Cour à Meaux, le 28 septembre 1567. Les membres de cette dernière ne durent leur salut qu'à la vélocité de leurs chevaux et de leurs carrosses dans leur fuite vers Paris, à 2 heures du matin, et à la loyauté des mercenaires suisses[27]. En réaction à cette insécurité croissante, le régiment des gardes-françaises, fort de 1 000 fantassins, fut constitué en 1563 afin d'aider à protéger le petit-fils de François Ier, Charles IX.

Grâce à la taille, une taxe foncière frappant les non-nobles, et à la gabelle, un impôt sur le sel, la monarchie française percevait des revenus annuels constants plus importants que ceux d'autres monarques. Depuis le XIVe siècle, les états généraux, assemblée nationale réunissant des députés du clergé, de la noblesse et du tiers état, étaient convoqués au gré des circonstances, lorsque la Couronne avait besoin de sommes d'argent supplémentaires. À l'inverse des nombreuses assemblées locales des provinces, comme la Bretagne et la Provence, les dimensions mêmes du pays limitaient l'utilité de l'exercice et de l'institution. Grâce à la loi salique, la France s'épargna les querelles de succession requérant la validation d'une institution nationale, ce qui, dans l'Angleterre des XVe et XVIe siècles, accrut d'autant le poids du Parlement. Ayant perdu une partie de son pouvoir, en désespoir de cause, Henri III convoqua les états généraux au château royal de Blois, sur les rives de la Loire. Les députés penchaient en faveur de la Ligue catholique et du duc de Guise. Plus agressifs que le Parlement anglais, ils exigeaient un contrôle des nominations à la cour du roi et à son Conseil – en d'autres termes, une part du pouvoir exécutif. Ils imposèrent aussi le catholicisme comme critère de succession au trône[28]. Le roi décida d'éliminer Guise. L'exécution par ordre du roi du duc et du cardinal de Guise, qui l'avait couronné et oint de l'huile sainte à Reims en 1575, suscita tout particulièrement l'effroi. La presque totalité de la France entra en rébellion. L'université de Paris, la Sorbonne, destitua « ce misérable bougre de roi », ainsi qu'on appelait « l'ancien souverain », et libéra ses sujets de leur serment d'allégeance. Son nom fut rayé des prières publiques[29]. Le 1er août 1589, Henri III fut poignardé à mort.

L'infécondité d'Henri III avait été une cause de faiblesse. En vertu de la loi salique, son héritier était son lointain cousin, un protestant, le grand-père de Louis XIV, Henri de Navarre, descendant du sixième fils de Saint Louis, Robert, comte de Clermont, fondateur de la branche des Bourbons de la maison de France. La Navarre était un petit royaume situé à l'ouest des Pyrénées, fondé au IXe siècle par des Wisigoths qui fuyaient les conquérants arabes de l'Espagne. Henri l'avait hérité de sa mère Jeanne d'Albret, reine de Navarre ; en 1512, la Castille s'était emparée de sa moitié sud – dont les autonomistes navarrais regrettent encore la perte à ce jour. La France et la Navarre furent réunies par la loi en 1620, mais leurs armoiries respectives – les trois fleurs de lys dorées sur un fond bleu de France et la Roue d'or sur un fond rouge de la Navarre – furent à partir de cette date constamment reproduites (jointes sous une couronne commune et entourées du collier de l'ordre royal du Saint-Esprit fondé par Henri III en 1578) sur les murs des châteaux royaux français, sur les documents officiels du roi et sur son sceau personnel.

En 1589, une partie de la Cour et les quatre cinquièmes de la nation refusaient de servir le nouveau roi de France et de Navarre, au motif qu'il était protestant. Beaucoup de nobles considéraient son accession au trône surtout comme une occasion de négocier davantage de faveurs, y compris la tenue régulière des états généraux. Cela fit renaître des rêves d'indépendance provinciale. Tout en gouvernant en qualité de lieutenant général du royaume, le duc de Mayenne espérait devenir duc d'une Bourgogne indépendante, son cousin le duc de Mercœur voulait être duc de Bretagne, et le duc de Savoie comptait annexer la Provence et le Dauphiné. Paris fut « purifiée » par de continuelles processions religieuses. La juridiction suprême, le parlement de Paris, défendait la loi salique en tant que fondement de toutes les autres, mais le Conseil des Seize, qui dirigeait la ville, demanda à Philippe II d'Espagne ou à sa fille l'infante Isabelle (dont la mère était une fille d'Henri II) de monter sur le trône et y admit une garnison espagnole. Les pamphlétaires traitaient les chefs des deux camps de vipères et de scorpions se repaissant du cadavre de la France[30]. Henri IV dut faire deux fois le siège de Paris, s'affirmer en héros invincible au combat, et se reconvertir au catholicisme (il changeait de religion pour la sixième fois) avant de pouvoir enfin entrer dans sa capitale, le 22 mars 1594.

En 1598, après avoir conclu la paix avec l'Espagne, Henri IV contrôlait la même étendue de territoire qu'Henri II et Henri III. Avec l'édit de Nantes « perpétuel et irrévocable » en 1598, garantissant aux protestants le droit de pratiquer leur culte en public dans certaines localités, il se gagnait leur allégeance. Entre 1598 et 1610, la France jouit d'un rare intermède de paix. Le roi pouvait se concentrer sur la construction d'édifices dans Paris et en Île-de-France. Le 14 mai 1610, Henri IV fut poignardé à mort dans son carrosse, au milieu d'une rue encombrée à Paris, par Jean François Ravaillac. Les gardes-françaises, qui, guidés par leur commandant, « le brave Crillon », avaient aidé Henri IV à se ressaisir de son royaume, maintinrent l'ordre dans la capitale après le meurtre[31]. On apprendrait à Louis XIV à le considérer comme « Henri le Grand », un héros et l'un des plus grands rois de France.

Ainsi, l'ancienneté, l'hérédité, le couronnement et la foi partout proclamée que les rois de France étaient les représentants et les images de Dieu même ne les protégeaient guère de la rébellion ou de l'assassinat. La France se révélait une monarchie au bord du précipice. En 1588-1594, les Parisiens avaient penché en faveur d'un monarque issu des maisons d'Autriche ou de Lorraine. Le fils d'Henri IV, Louis XIII, et son petit-fils, Louis XIV, seraient sous la menace de révoltes récurrentes, hantés par la crainte de nouvelles guerres de Religion et de nouveaux régicides.

1

Dieudonné

Même eu égard à la norme dans les familles royales, celle dans laquelle naquit le futur Louis XIV le 5 septembre 1638 formait un nid de vipères. Louis XIII avait maintes raisons de craindre ses plus proches parents. Sa mère Marie de Médicis et son frère et héritier, Gaston, duc d'Orléans, aussi faible que perfide, se rebellaient ou complotaient fréquemment contre lui. Gaston se joignit à au moins six conspirations différentes. La rébellion restait un mal français. Comme l'écrivit le cardinal de Richelieu, principal ministre de Louis XIII, les protestants se comportaient comme s'ils partageaient la souveraineté du roi, les grands nobles comme s'ils n'étaient pas ses sujets et les gouverneurs de provinces en suzerains indépendants[1]. Son épouse conspirait elle aussi.

En la cathédrale de Bordeaux, le 24 novembre 1615, Louis XIII, alors âgé de 14 ans, avait épousé Anne d'Autriche, une des filles de Philippe III, roi d'Espagne, du même âge que son mari. Simultanément, sa sœur Élisabeth de France avait épousé le frère d'Anne, le futur Philippe IV d'Espagne. Les deux princesses avaient fait l'objet d'un échange lors d'une cérémonie officielle exactement à mi-chemin entre leurs deux pays : sur l'île des Faisans, un minuscule îlot inhabité de terre desséchée au milieu de la Bidassoa, la rivière qui coule le long de la frontière entre la France et l'Espagne et se jette dans le golfe de Gascogne. Si divers que fussent les royaumes et provinces sur lesquels elles régnaient, les dynasties d'Europe conservaient un sens aigu de la nationalité.

Dans la famille de la mère de Louis XIV, la maison d'Autriche, les mariages contribuèrent à créer de nombreux États européens. En 1506, après la mort de Philippe le Beau, héritier du chef de la maison d'Autriche l'empereur du Saint Empire Maximilien Ier et de Marie de Bourgogne, son fils, le futur empereur Charles Quint (1519-1556), avait hérité des Pays-Bas, ou « Bourgogne », l'ancien rival de la France. De sa mère Jeanne (Juana) la Folle, fille de Ferdinand, roi d'Aragon, de Naples et de la Sicile, et d'Isabelle, reine de Castille, il avait également hérité de ces quatre royaumes en 1516. Après la mort de Maximilien Ier en 1519, il avait été en outre élu empereur du Saint Empire : dans la pratique, le titre en théorie électif était devenu héréditaire au sein de la maison d'Autriche. Sous Charles Quint, l'Espagne conquit aussi ce qui est aujourd'hui le Mexique et le Pérou.

Après son abdication en 1556, son fils Philippe II hérita de l'Espagne, de son empire mondial et des Pays-Bas : l'Espagne étant gouvernée par une branche de la maison d'Autriche, la mère de Louis, quoique infante d'Espagne, s'appelait Anne « d'Autriche ». Le jeune frère de Charles Quint, Ferdinand, était devenu roi de Hongrie et de Bohême en épousant l'héritière de ces trônes. Il régnait aussi sur les terres héréditaires de la famille en Autriche et alentour et fut élu empereur du Saint Empire après l'abdication de Charles Quint. Les territoires de la maison d'Autriche encerclaient ainsi la France et s'étendaient aux quatre coins du globe[2]. C'est de là que vient la devise adoptée par Charles Quint : *Plus ultra* – « Plus oultre », ou « Rien au-delà ».

Les mariages franco-hispaniques de 1615 avaient été conçus comme des gages de paix, de prospérité, de gloire et d'alliance entre les deux royaumes les plus puissants et les plus catholiques d'Europe ; jusqu'alors, ils avaient souvent été ennemis[3]. Pour sa première femme de chambre, Mme de Motteville, l'un des nombreux membres de la Cour qui écrivirent des Mémoires politiques, l'épouse de Louis XIII, Anne d'Autriche, était une héroïne. Comptant parmi les beautés de son époque, elle était particulièrement admirée pour l'« extrême blancheur » de ses mains[4]. Son charme et son caractère affable lui acquirent la dévotion des courtisans[5].

Néanmoins, aux yeux de Louis XIII et de Richelieu, c'était une traîtresse. En 1626, elle avait avoué au Conseil du roi sa connaissance de « la conspiration de Chalais » (ainsi dénommée d'après le patronyme de l'assassin choisi par les conspirateurs, le comte de Chalais, maître de la garde-robe du roi) visant à tuer le souverain et le Cardinal et à la marier au frère de son époux, Gaston. Qui plus est, pendant vingt-deux ans, elle avait manqué au devoir le plus essentiel d'une reine consort : engendrer un héritier. Une chute survenue le 14 mars 1622, alors qu'elle courait dans la longue galerie du Louvre avec ses dames de compagnie, avait contribué à provoquer une fausse couche. Elle en subirait trois autres. Les prières, les pèlerinages et de nombreux vœux adressés par la reine à la Vierge Marie et aux saints (François, Thérèse d'Avila, Anne « la royale » et d'autres) n'eurent aucun effet[6].

La chute de la place forte protestante de La Rochelle au bout de treize mois de siège en octobre 1628, malgré le soutien naval et militaire de l'Angleterre, avait été l'un des plus grands triomphes de Richelieu. Au mois de juin suivant, au terme d'autres combats, l'édit de Nîmes mit fin à l'État dans l'État des protestants et à leur droit d'avoir des villes de garnison et de réunir des assemblées à caractère exécutif. Après quoi, Louis XIII et Richelieu menèrent une politique de plus en plus anti-espagnole. Le désir de paix avec Madrid et le ressentiment que lui inspirait son influence déclinante au sein du Conseil du roi conduisirent pourtant Marie de Médicis à la rupture avec Richelieu. Après une scène violente au Luxembourg, son palais parisien, le 11 novembre 1630, elle crut avoir persuadé son fils le roi de révoquer le Cardinal. Richelieu était toutefois resté au pouvoir en obéissant à l'ordre de Louis XIII de le suivre à Versailles, son pavillon de chasse à 8 kilomètres au sud de Saint-Germain-en-Laye. Quant à sa mère, elle refusait d'y aller, craignant l'ennui et l'inconfort[7]. Après d'autres querelles, elle s'enfuit aux Pays-Bas espagnols en juillet 1631. En 1642, elle mourut à Cologne dans la maison de son peintre favori, Rubens (qui avait décoré la galerie du Luxembourg de tableaux des triomphes de Marie de Médicis), abandonnée par presque tous les membres de sa Maison.

En 1631, les catholiques, horrifiés, virent la France s'allier avec la principale puissance protestante, la Suède, qui combattait la maison d'Autriche au sein de l'Empire[8]. En 1633, les troupes françaises occupèrent la Lorraine et en 1634 une partie de l'Alsace[9]. L'année suivante, Louis XIII déclara la guerre au frère d'Anne, Philippe IV. La France prévoyait de morceler les Pays-Bas du Sud, alors gouvernés par le roi d'Espagne : elle s'adjugerait la Flandre occidentale et toutes les régions francophones (l'actuelle Wallonie), laissant le reste aux Provinces-Unies (ainsi que l'on appelait à l'époque les Pays-Bas du Nord)[10]. Outre un sentiment de sécurité, l'expansion française assurerait des territoires à la Couronne. Ainsi que l'avaient montré les invasions répétées des Anglais ou des Espagnols, aucune barrière naturelle ne défendait Paris contre les armées d'invasion venues du nord et de l'est, ce que de Gaulle appellerait l'« avenue fatale » entre la France et l'Allemagne. Un bourg ou un village sur deux demeure le site d'une ou même de plusieurs batailles (Ramillies, Oudenarde, Malplaquet, Denain sous le règne de Louis XIV ; plus tard, pour ne nommer que celles-là, Waterloo, Sedan, Ypres, Verdun, Dunkerque). De nos jours encore, des agriculteurs y récoltent en période de moissons des armes et des ossements.

En 1646, le successeur de Richelieu, le cardinal Mazarin, écrirait que l'acquisition des Pays-Bas espagnols, de la Lorraine et de l'Alsace – le cœur de l'ancienne Lotharingie et de la Bourgogne – « forme pour la ville de Paris un boulevard inexpugnable et ce serait alors véritablement ce que l'on pourrait appeler le cœur de la France et qu'il serait placé dans l'endroit le plus sûr du royaume. L'on en aurait étendu les frontières jusqu'à la Hollande et du côté de l'Allemagne qui est celui d'où on peut aussi beaucoup craindre, jusqu'au Rhin, par la rétention de la Lorraine et de l'Alsace[11] ». Louis XIV rêvera aussi de faire du Rhin la frontière de la France à l'est.

Louis XIII et Richelieu défendaient leurs politiques et condamnaient leurs ennemis en invoquant régulièrement « le bien de l'État ». Ce terme d'« État » était très employé en France depuis que l'instabilité dynastique et l'anarchie politique de la période 1560-1600 avaient menacé la survie du pays. L'« État » pouvait désigner non pas le gouvernement et l'administration, mais bien plutôt la volonté et les décisions du souverain. En refusant de suivre les choix proespagnols de Marie de Médicis, Louis XIII expliquait que s'il respectait sa mère, il avait de plus grandes obligations envers son État. En 1637, il déclara au parlement de Paris que de nouveaux impôts étaient nécessaires pour « mon État », et non pour lui-même[12]. Les protagonistes des innombrables conspirations et révoltes, tant populaires qu'aristocratiques, du règne de Louis XIII considéraient qu'en réalité, en accroissant les taxes en vigueur, en aggravant la misère et les révoltes du peuple, ses guerres affaiblissaient la France et l'« État ». La guerre contre l'Espagne fut conduite et les rivaux politiques de Richelieu exécutés, emprisonnés ou exilés non pour renforcer l'« État », mais bien plutôt Richelieu et sa domination sur le roi[13]. Après « la guerre de Corbie » en 1636, quand une armée espagnole traversa la Somme et prit la petite ville de Corbie, à 110 kilomètres de Paris, le sort des armes bascula en faveur de la France. Juste avant de conquérir Arras, capitale de l'Artois, en août 1640, déplorant « la destruction du peuple », Louis XIII lui-même affirma à l'ambassadeur de Venise qu'il avait uniquement fait la guerre dans le but de limiter la puissance de la maison d'Autriche et d'apporter la paix à la chrétienté[14].

Après l'éclatement de ce conflit en 1635, Élisabeth de France, sœur de Louis XIII, reine d'Espagne, se montra quant à elle passionnément espagnole, vendant des bijoux afin de lever des troupes pour l'armée de son époux[15]. Pour sa part, la reine de France favorisait sa propre dynastie. En août 1637, alors qu'elle jurait en confession sur le saint sacrement n'avoir pas secrètement correspondu avec les « ennemis de l'État », Anne d'Autriche avait pourtant été forcée par Richelieu et le chancelier Séguier (qui avait fouillé le corselet de la souveraine à la recherche de missives compromettantes) de signer une confession où elle admettait s'être bel et bien prêtée à de tels agissements. En se servant en guise de boîte aux lettres du couvent qu'elle avait fondé en 1624 au Val-de-Grâce, rue Saint-Jacques, elle avait secrètement correspondu durant de nombreuses années, en espagnol ou en langage chiffré, avec Philippe IV, avec un autre de ses frères, l'infant cardinal Ferdinand, gouverneur général des Pays-Bas espagnols et avec sa favorite en exil, la duchesse de Chevreuse, et tenté d'empêcher que des accords ne soient conclus entre la France, l'Angleterre et la Lorraine. L'un des « premiers valets de chambre » de son mari, Pierre de La Porte, lui tenait lieu de chiffreur[16]. Elle dut écrire à Richelieu et à Louis XIII pour leur demander pardon, tout en admettant qu'elle ne le méritait pas. Ils le lui accordèrent néanmoins, parce que la répudiation eût provoqué un scandale et qu'il fallait au roi un héritier. Dorénavant, toutes ses lettres seraient cachetées par des dames de compagnie choisies par son époux, et elle serait interdite de visite au Val-de-Grâce[17].

Malgré la trahison, les fausses couches et l'âge de la reine (elle avait 37 ans), le confesseur de Louis XIII et ses confidentes, Louise de La Fayette et Marie d'Hautefort, le conjurèrent de continuer d'essayer de faire des enfants. Entre le 9 novembre et le 1er décembre 1637, le roi et la reine étaient ensemble au Château Vieux de Saint-Germain, à 18 kilomètres à l'ouest de Paris, construit par François Ier entre 1540 et 1547 sur les fondations d'un château antérieur datant du XIIe siècle. Saint-Germain est un édifice tout en hauteur, austère, à cinq façades, érigé autour d'une cour intérieure, devenu depuis le musée d'Archéologie nationale, à proximité d'une forêt où le roi pouvait aller chasser en toute commodité[18]. Le 1er décembre, c'était le début de l'hiver, et le couple royal rentra à Paris.

La conception de leur fils peut dater du 30 novembre à Saint-Germain ; l'histoire d'un enfant conçu après qu'un orage ayant éclaté pendant une chasse eut contraint le roi d'accepter à l'improviste l'hospitalité de la reine dans ses appartements du Louvre, le 5 décembre, n'est pas démontrée. Le 30 janvier 1638, sa grossesse était rendue publique. Les Parisiens réagirent comme s'ils venaient d'apprendre la naissance imminente du Messie[19].

Sous Louis XIII et Louis XIV, Paris était si catholique qu'elle fut appelée « la deuxième capitale de la Chrétienté ». Elle comptait 10 abbayes, 84 monastères, 11 prieurés, 59 églises paroissiales et 90 chapelles[20]. Depuis le massacre de la Saint-Barthélemy, aucun service protestant n'y avait eu lieu. Un visiteur de Sicile écrivit au sujet de la ville : « Je n'ai jamais vu peuple plus dévot, prêtres plus retenus, clergé plus réglé et religieux donner meilleur exemple[21]. » Les Parisiens considéraient la grossesse de la reine comme un miracle, une récompense pour la consécration de la France à la Vierge Marie en 1637 en signe de gratitude pour la protection qu'elle avait accordée au royaume face à l'armée d'Espagne en 1636[22].

Le 10 février 1638, Louis XIII publia officiellement sa « dédication », déclarant la « Très Sainte et Très Glorieuse Vierge Marie [...] protectrice spéciale » de la France, et que « nous lui consacrons particulièrement notre personne, notre État, notre couronne et nos sujets ». Cet ordre est révélateur – en France, l'État et la Couronne étaient déjà considérés comme séparés. Il solennisa cette « dédication », ou son vœu de consécration, en la consignant à la plus haute cour du royaume, le parlement de Paris, et en faisant construire un nouvel autel dans Notre-Dame de Paris, la grande cathédrale à la façade ornée des statues de vingt-huit rois (sans que l'on sache au juste s'ils sont de France ou de Judée) symbolisant l'union de l'Église et de la Couronne. Son portrait par Philippe de Champaigne fut placé sur l'autel. Il montre un roi au visage sombre, dans sa robe de couronnement et sous les regards protecteurs des anges, offrant à genoux sa couronne et son sceptre à la Vierge, qui tient dans ses bras Jésus-Christ après sa descente de la croix.

Un autre portrait par Philippe de Champaigne – du jeune roi Louis XIV offrant sa couronne et son sceptre à la Vierge et à Jésus-Christ, sous les regards protecteurs de sa mère et de son frère – ainsi que les deux statues de marbre grandeur nature de Louis XIII et Louis XIV, qui trônent encore de part et d'autre du grand autel de Notre-Dame, faisant don de leurs couronnes à Jésus-Christ et à la Vierge, commémorent le vœu de Louis XIII. Pour la plupart des Français ayant vécu sous le règne de ces deux monarques, la chrétienté et la monarchie professaient des cultes similaires de la hiérarchie et de l'obéissance[23]. Louis XIV écrirait à son fils que toute autorité était conférée par Dieu, dont les rois étaient les lieutenants. Le roi de France était « le Roi Très-Chrétien » et « oint du Seigneur ». La Vierge, « Mère de Dieu », était « Reine des cieux », fréquemment représentée assise sur un trône et coiffée d'une couronne. Jusqu'à la chute de la monarchie, le vœu de Louis XIII serait honoré sur ordre du roi par des processions dans tout le pays, le jour de la fête célébrant l'assomption de la Vierge au ciel. En France, le 15 août reste encore un jour férié[24].

À mesure que progressait la grossesse de la reine, le roi demanda que, dans toute la France, des prières publiques implorent Dieu de bénir « la royale et très heureuse grossesse de nostre très-grande et très-Auguste Reyne » d'un fils et héritier. Le saint sacrement fut exposé jour et nuit dans les églises : un Dauphin empêcherait le frère du roi, Gaston, de monter sur le trône. Jacqueline Pascal, sœur du philosophe Blaise Pascal, déclama devant la souveraine enceinte des vers faisant l'éloge de « cet invincible enfant d'un invincible père » qui, « quoiqu'il soit encore au ventre de sa mère », avec ses coups de pied, « se fait craindre et désirer[25] ». Elle espérait que ses coups soient un avant-goût de ceux qu'il assénerait aux ennemis de la France[26].

La reine alla s'installer au Château Neuf de Saint-Germain, construit entre 1594 et 1599 par Henri IV à 200 mètres du Château Vieux. Des jardins, des grottes et des fontaines spectaculaires agrémentaient des terrasses à colonnades qui descendaient du palais jusqu'à la Seine. Le site cumulait les avantages de la salubrité, de la proximité avec les chasses royales et de « la plus belle vue du monde », un panorama à 180 degrés sur Paris et toute la plaine environnante[27]*. Parfois appelée « la montagne

* Désormais barré par les tours de la Défense.

du bon air », à l'opposé des fumées et des relents de la capitale, Saint-Germain était la résidence principale de la souveraine. Marque de leur aversion mutuelle, si la reine résidait au Château Neuf, le roi s'installait au Château Vieux, et vice versa.

Au Château Neuf de Saint-Germain, le 5 septembre 1638 à 11 heures du matin, après un travail de douze heures, le miracle survint. À l'âge de 37 ans, en présence de nonnes en prière, de saintes reliques, des princesses du sang, du frère du roi et du roi en personne, la reine donna naissance à un garçon en bonne santé. « Sire, c'est un Dauphin ! » annonça une sage-femme à Louis XIII[28]. Des *Te Deum*, des processions et des feux d'artifice furent organisés dans toute la France pour célébrer l'événement. Il coula tant de vin dans certaines fontaines de Saint-Germain que des gardes durent être postés à l'entrée de la ville pour contrôler l'afflux de monde venu y boire[29]. Cette naissance fut célébrée jusqu'à Constantinople, où l'ambassadeur de France fit tirer tant de coups de canon que les dames du harem impérial crurent que les chrétiens s'étaient soulevés.

Des gravures commémorèrent « la joie », « la félicité » et « les espoirs de la France ». Le roi et « la reine notre très chère épouse » étaient dépeints présentant le Dauphin à la Vierge dans les cieux[30]. Sa venue au monde fut comparée à celle de Jésus-Christ – né lui aussi après une conception miraculeuse. Une gravure appelait Jésus-Christ, fils de Dieu, « le Dauphin des cieux » – Jésus recevant ainsi un titre s'inspirant de celui du jeune prince français et non l'inverse. Richelieu écrivit au roi : « Je crois que Dieu vous l'ayant donné, Il l'a donné au monde pour de grandes choses[31]. » Le 6 mars 1639, la naissance de Louis fut encore célébrée d'une manière particulièrement appréciée à la cour de France, par un *Ballet de la Félicité* dansé devant le roi et la reine[32].

La gouvernante du Dauphin, gouvernante des Enfants de France, s'appelait Mme de Lansac. Protégée de Richelieu et fille du maréchal de Souvré, elle avait été gouvernante de Louis XIII. Un portrait a été conservé de Louis, étroitement emmailloté selon l'habitude française, le cou ceint du ruban bleu du plus grand des ordres royaux français, l'ordre du Saint-Esprit. Le sein imposant de sa nourrice, « dame Longuet de la Géraudières », épouse d'un officier des impôts du roi, est près de ses lèvres. Le jeune Louis, vorace, doté de dents fortes, martyrisait les tétons de ses nourrices – il en épuiserait huit d'entre elles au total. Le diplomate suédois Grotius suggéra « que les voisins de la France prennent garde à une si précoce rapacité ». En septembre 1640, sa mère donnait au Dauphin un frère, prénommé Philippe, duc d'Anjou (que l'on appellera Monsieur, comme Gaston avant lui, après la mort de Louis XIII en 1643)[33]. *La Gazette* évoquait en Louis et son frère « ces colonnes destinées à assurer nos conquêtes[34] ».

Privée de l'affection de son mari, la reine adorait son fils aîné et l'éleva elle-même, s'y consacrant bien davantage que ne le faisaient les mères de sang royal de cette époque. En avril 1639, un observateur relevait que « la reine ne l'abandonne guère… elle prend grand plaisir à le faire jouer et à le mener promener dans son carrosse quand il fait beau. C'est tout son divertissement ; aussi n'y en a-t-il point d'autre dans sa cour[35] ». Un autre témoin écrivit qu'il faisait un bruit terrible dans la chambre de la reine, mais que cela n'importunait pas Sa Majesté[36].

Pour sa part, Louis XIII se plaignit dans une lettre à Richelieu que le Dauphin préférait la compagnie des femmes : « Dès qu'il me voit il crie comme s'il voyait le diable, et crie toujours à maman. Il lui faut faire passer ces méchantes humeurs et l'ôter d'auprès de la Reine le plus tôt qu'on pourra. » Le roi suivit le conseil du

Cardinal et menaça d'envoyer son fils à Versailles. Quatre jours plus tard, démontrant l'instinct de survie de la reine, il écrivait : « Mon fils m'a demandé pardon à genoux et a joué avec moi plus d'une grosse heure. Je lui ai donné des babioles pour se jouer ; nous sommes les meilleurs amis du monde. » Le lendemain : « Depuis ce temps-là il ne saurait durer sans moi », et il suivait le roi partout[37]. À l'âge de 2 ans, Louis était déjà un pion sur l'échiquier de ses parents. Ses sentiments et ses comportements étaient employés comme autant d'armes politiques.

Louis XIII était un roi soldat. Gédéon Tallemant des Réaux, auteur d'un célèbre recueil d'anecdotes sur la cour de France intitulé *Historiettes*, remarquait à propos du contrôle exercé par Louis XIII sur la garde et l'armée qu'il « étoit jaloux de cela plus que de toute autre chose[38] ». La garde royale française avait été renforcée par Louis, et avant lui par Henri IV, avec de petites unités de chevau-légers (1593), de gendarmes (1611) et de mousquetaires (1622) de la garde, plus tard connues sous le nom de Maison du roi, à laquelle le roi était extrêmement attaché et qu'il plaçait en faction devant sa résidence dans les palais qu'il habitait. Il était lui-même capitaine de chaque unité et choisissait parfois de se poster en sentinelle pour monter la garde la nuit. Lors d'une rébellion de son cousin le prince de Condé en 1616, Louis XIII y ajouta aussi un régiment de 3 000 gardes suisses[39].

Au nombre de 6 000 au total, ces gardes ne protégeaient pas seulement le roi, mais servaient d'école d'entraînement des officiers et des troupes de choc sur les champs de bataille où Louis XIII, comme Henri IV avant 1598, passa l'essentiel de sa vie. Il avait aussi eu recours à ses gardes pour tuer un autre de ses trop puissants sujets, favori de la reine mère, Concino Concini, maréchal de France et marquis d'Ancre, devant le Louvre en avril 1617. Le corps de Concini fut pendu au Pont-Neuf où il subit toutes les indignités des mains de Parisiens railleurs, avant d'être traîné dans les rues. En apprenant la nouvelle de son assassinat, Louis XIII s'était exclamé : « Je suis roi à présent et jusqu'ici je ne l'ai point été[40]. »

Les gardes étaient « une marque de souveraineté », ainsi que les états généraux l'avaient déclaré en 1614 quand ils avaient demandé qu'ils soient uniquement réservés au roi et à sa famille[41]. Seul le mélange singulier d'autorité et de vulnérabilité de Richelieu après la conspiration de Chalais en 1626 avait persuadé le roi d'accorder au Cardinal le privilège unique de pouvoir entretenir ses propres gardes à pied et à cheval – quelque 420 chevau-légers, gendarmes et mousquetaires bien payés et aux uniformes magnifiques. Ils ne se contentaient pas de garder ses résidences mais l'accompagnaient partout où il allait, dans les rues de Paris et dans les palais du monarque (sans être toutefois autorisés à le suivre jusque dans les appartements royaux). Chaque matin se déroulait une cérémonie de relève de la garde devant le Palais-Cardinal, l'actuel Palais-Royal, au nord du Louvre, comme celle de la garde du roi devant le Louvre[42].

Louis XIII consacrait plus de temps à sa garde et à son armée qu'à sa cour. Richelieu se plaignit auprès de lui de la perte de faste et de grandeur qui en résultait. « Les étrangers qui sont venus en France de mon temps se sont souvent étonnés de voir un État si relevé et une maison si abaissée [...] toutes choses y ont été en confusion depuis la cuisine jusqu'au cabinet [...] l'entrée de votre cabinet a été permise à tout le monde. » Les cours d'Espagne et d'Angleterre, continuait-il, n'étaient pas seulement plus dignes, mais plus sûres[43].

En 1642, le Dauphin avait alors 4 ans, il y eut encore un « orage de la Cour », en partie provoqué par les gardes. Comme l'assassinat du duc de Guise en 1588, l'épisode montre qu'à la cour de France la moindre nuance dans les rapports humains et les dimensions de la moindre parcelle des appartements royaux pouvaient avoir des conséquences politiques. La Cour était un espace de négociations, une école de psychologie ainsi qu'un champ de bataille. Depuis 1637, Louis XIII s'était entiché du marquis de Cinq-Mars, bel homme, l'esprit vif et bien bâti, qui, à 19 ans, était moitié moins âgé que le souverain. M. de Chavigny, un secrétaire d'État, écrivait : « Jamais le roi n'a eu de passion plus violente pour quiconque[44]. » En 1638, Cinq-Mars devint l'un des deux maîtres de la garde-robe en charge des vêtements du roi, avec un accès permanent à sa personne. En 1639, il fut élevé au rang de grand écuyer de France – « Monsieur le Grand », dans le langage de la Cour –, un poste vital qui lui conférait la responsabilité des chevaux et carrosses royaux, dont dépendait la sécurité du monarque.

Louis XIII se plaignit à Richelieu, qui avait favorisé l'ascension de Cinq-Mars, de l'impertinence, de l'extravagance et du caractère acerbe de « Monsieur le Grand ». Cinq-Mars rétorqua sèchement au roi, lui jeta qu'il sentait mauvais et continua de rendre visite à ses maîtresses dans Paris. Après leurs querelles, le roi et lui signaient un pacte, garanti par Richelieu, promettant d'être parfaitement contents et satisfaits l'un de l'autre (26 novembre 1639), ou de ne pas s'emporter l'un contre l'autre (9 mai 1640). Tallemant des Réaux affirmait de Cinq-Mars que la nuit « il s'huiloit pour le combat » avec le roi[45].

Encouragé par la confiance renouvelée du souverain et par les plaintes fréquentes de ce dernier envers Richelieu, Cinq-Mars ourdit un complot pour tuer le Cardinal, entrer au Conseil et conclure la paix avec l'Espagne. Il avait pour complices dans cette conspiration le duc de Bouillon, capitaine des Cent-Suisses de la garde, Gaston, duc d'Orléans, et peut-être la reine Anne. En janvier 1642, un traité promettant la paix et la fin des alliances de la France avec des puissances protestantes comme la Suède et les Provinces-Unies fut signé par

Fontrailles, l'agent de Cinq-Mars, avec Philippe IV[46]. En juin, toutefois, peut-être par l'intermédiaire d'Anne d'Autriche (qui en récompense aurait conservé la mainmise sur ses fils), ou plus vraisemblablement par celui d'un messager espagnol intercepté, Richelieu fit des « découvertes merveilleuses » : une copie du traité avec Philippe IV[47]. À ce moment-là, Cinq-Mars semblait plus que jamais en faveur à la Cour. Le roi lui témoignait une « chaleur » croissante. Richelieu craignait l'assassinat, et le nonce papal prédisait sa chute[48]. Dès que Richelieu s'absentait de la Cour, Cinq-Mars avait pris l'habitude d'assister à des réunions du Conseil en restant debout derrière le fauteuil du roi, dans sa fonction de « Monsieur le Grand », manière, littéralement, de se rapprocher peu à peu du pouvoir : il était l'incarnation du grand officier de la Cour tentant de dominer le gouvernement – comme un autre favori lui aussi plein de prestance, le duc de Luynes, l'un des assassins de Concini, l'avait fait auparavant sous le règne de Louis XIII entre 1617 et 1621[49].

Le 12 juin 1642, de retour après la prise de Perpignan, le roi s'arrêta au palais de l'archevêque de Narbonne. Profitant d'un bref moment où Cinq-Mars n'était pas à ses côtés, dans une chambre à l'écart du Conseil, Chavigny et Sublet de Noyers, deux secrétaires d'État, lui montrèrent le traité récemment intercepté. Ils le convainquirent de signer un ordre mettant Cinq-Mars aux arrêts. En situation de crise, le Conseil – l'État – s'avérait plus puissant et inspirait plus de confiance au roi que la Cour[50]. On ne put pourtant arrêter Cinq-Mars qu'avec difficulté. Des heures durant, il se cacha dans des recoins du palais de l'archevêque. Après sa capture, on le remit entre les mains de John Seton, l'un des derniers gardes du corps d'origine écossaise, probablement parce que les gardes français du roi n'étaient pas jugés dignes de confiance[51]. Comme lors de conspirations précédentes, Gaston, duc d'Orléans, trahit tout le monde en échange d'un pardon.

Le roi avait « le cœur fort serré » par « l'acrimonie des humeurs ». Richelieu était furieux, soupçonnant le monarque de se lasser de sa domination et d'avoir prêté l'oreille à des plans visant à l'assassiner, auxquels il aurait paru favorable : au bout de dix-sept années, ce vieux couple s'y entendait pour s'infliger des tortures mutuelles. Le roi admit dans une lettre au chancelier Séguier que Cinq-Mars lui avait bien exposé un tel plan, et qu'il avait proposé de tuer Richelieu de sa main[52]. Toutefois, il ne lui en avait pas donné l'ordre écrit, mais Cinq-Mars et son conseiller de Thou déclaraient avoir agi uniquement sur ordres royaux. Richelieu proposa de se retirer au Havre, où sa nièce la duchesse d'Aiguillon exerçait la fonction de gouverneur, mais le souverain refusa sa démission. « Sachant le consentement du roi [...] il aura toujours peur [...] tandis que ceux qui étaient destinés à l'exécution [du complot pour attenter à sa vie] seront présents [à la Cour] », écrivit Richelieu dans une lettre secrète le 6 novembre ; il faisait allusion à des « choses qu'on ne peut écrire ». Pendant un temps, le Cardinal refusa de rendre visite à Louis XIII à Saint-Germain, craignant l'hostilité des « gardes du roi impliqués dans les machinations passées de Monsieur le Grand ». Enfin, plus ou moins contre sa volonté (ils furent immédiatement rappelés dès le décès du Cardinal), le roi révoqua Troisville, le commandant de ses mousquetaires, un homme de confiance, et trois officiers des gardes-françaises, suspects eux aussi d'avoir proposé de tuer Richelieu. Ce dernier renforçait son pouvoir et obtenait même le droit d'entrer dans les appartements du roi avec ses propres gardes armés[53].

En 1642, Richelieu avait donc réussi là où Guise avait échoué en 1588 : prendre le contrôle de la garde royale. Ainsi que l'écrivit l'ambassadeur de Venise le 25 novembre : « La Cour se trouve ainsi purgée et le Cardinal dans la plus brillante autorité[54]. » Pourtant, le Cardinal était déjà mourant. Archétype du ministre surpuissant, il osait s'asseoir dans un fauteuil en présence de la reine comme s'ils étaient des égaux quand elle lui rendait visite dans son splendide château de Rueil, à mi-chemin entre Saint-Germain et Paris, pour s'enquérir de sa santé (ou se réjouir de son déclin)[55]. Richelieu mourut le 4 décembre, détesté de tous. Quand on lui demanda de pardonner à ses ennemis, il rétorqua qu'il n'en avait pas d'autres que ceux de l'État. La veille, Louis XIII, inquiet pour la sécurité de ses fils après la disparition du Cardinal, ainsi qu'il l'avait confié aux membres du Parlement, avait décidé d'exclure Gaston d'Orléans de tout futur conseil de régence. Dans une lettre au Parlement datée du 9 décembre, il annonça qu'il n'y aurait « pas de changement » dans ses politiques[56]. Il choisit son nouveau ministre principal, un protégé de Richelieu, un Italien du nom de Giulio Mazarini.

Le farouche sentiment national de l'Europe du XVIIe siècle n'excluait pas une certaine flexibilité des identités collectives, ainsi que le démontreraient deux puissantes diasporas sous le règne de Louis XIV, les huguenots et les jacobites. Pour certains, l'Europe était un marché ouvert où les États se lançaient dans une chasse aux talents semblable à celle à laquelle se livrent aujourd'hui les entreprises. Malgré son engagement dans l'expansion territoriale, la monarchie française préférait parfois employer des étrangers, comme ses gardes écossais et suisses. Mazarin, lui-même un exemple éclatant de cette préférence, appelait les troupes étrangères « le plus assuré soutien de l'État[57] ». Un nouveau régiment de gardes étrangers, les gardes écossais, fut levé en 1642.

La cour de France employait aussi des Italiens. La famille Gondi, venue de Florence, composée à l'origine de dignitaires de la Cour (l'un d'eux avait assisté à la réunion du Conseil qui avait décidé du massacre de la Saint-Barthélemy), avait donné à Paris des évêques et des archevêques depuis 1602[58]. Mazarin lui-même était né à Naples en 1602 d'un père sicilien de petite noblesse et d'une mère génoise. Toutefois, il avait mis en pratique ce dicton populaire : *Al galantuomo ogni paese è patria* – « Au gentilhomme tout pays est une patrie[59] ». En décembre 1639, âgé de 37 ans, ce brillant diplomate papal s'était laissé convaincre par Richelieu d'entrer au service de la France. À deux reprises, en avril 1639 et en octobre 1643, en échange de « louables et importants services », il reçut des lettres de naturalisation le rendant légalement français. Il continua toutefois d'acquérir des propriétés à Rome, de parler français avec un accent italien (prononçant uniformément « ougnon » les deux mots « union » et « oignon ») et bien entendu de susciter la détestation parce que étranger[60].

Mazarin fut appelé au Conseil le 5 décembre 1642, le lendemain de la mort de Richelieu. Le 16, l'ambassadeur de Venise écrivait à propos de la faveur, de l'estime et de la confiance dont jouissait l'homme que le roi appelait « notre très cher cousin le cardinal Mazarini » : le pape avait fait ce dernier cardinal afin d'honorer le nouveau favori de Louis XIII. Il démontrait une « singulière industrie » et habileté, « instruit comme il l'avait été à l'école de Rome et dans les pratiques de la Cour ». Les princes du sang et l'opinion lui étaient hostiles, mais Louis XIII paraissait plus friand de Mazarin qu'il ne l'avait été de Richelieu[61]. Le nouveau cardinal dînait souvent avec lui dans son pavillon de chasse préféré à Versailles.

Pourtant, le monarque dépérissait, perdant du poids de jour en jour sous les effets cumulés de la tuberculose, de troubles intestinaux (notamment causés par des vers), de la maladie de Crohn et d'abcès. Les princes et les grands nobles, ainsi que leur suite, se rassemblèrent « en très grands nombres » autour du lit de mort royal. En janvier, Gaston implora à genoux le pardon du souverain. Louis lui répondit que, pour la sixième fois, il avait pardonné et oublié[62]. Lorsque la reine lui assura qu'elle n'avait jamais rejoint la conspiration de Chalais en 1626 ou désiré sa mort, il lui répondit que dans l'état où il se trouvait, en tant que chrétien, il était obligé de lui pardonner, mais pas de la croire[63].

Le 13 avril 1643, Mazarin nommait l'homme qui serait son plus fidèle allié, le père de Louvois, Michel Le Tellier, secrétaire d'État à la Guerre. Le 20 avril, en présence de la famille royale, des ministres, des maréchaux, des dignitaires et des ducs, le roi déclarait son désir qu'Anne devienne régente. Elle aurait un conseil de régence présidé conjointement par Gaston et le troisième héritier du trône dans la ligne de succession, leur cousin le prince de Condé[64] : au conseil, ces deux héritiers présomptifs du trône se neutraliseraient l'un l'autre. Anne accepta, mais, bien dans sa manière, envoya à un notaire parisien une contestation secrète invalidant son accord. Des membres influents du Parlement lui affirmèrent qu'ils la soutenaient secrètement. La Cour était divisée entre les partisans de la reine et ceux de Gaston. Au Château Vieux, la reine conservait sa carte maîtresse : ses fils.

Selon *La Gazette*, le journal officiel fondé par Théophraste-Renaudot, soutenu par Richelieu, en 1631, Louis XIII, qui depuis Saint-Germain regardait en direction de Saint-Denis, déclara : « Voilà ma dernière maison où je me prépare pour aller gaiement. » Convaincu qu'Anne serait plus généreuse ou plus malléable que le souverain, les courtisans paraissaient s'attrister de voir son état s'améliorer, se réjouir quand il empirait[65].

Tous les yeux se tournèrent vers le Dauphin. En 1643, lors de la Cène – la cérémonie annuelle du jeudi de la Semaine sainte, lorsque le roi de France lavait les pieds de dix pauvres, ainsi que l'aurait fait Jésus-Christ pour les Apôtres, croyait-on, avant d'aider à leur servir un dîner inspiré du Dernier Repas –, alors âgé de 4 ans et remplaçant son père, il fut loué pour sa « piété, sa grandeur, sa vigueur et sa beauté[66] ». Son baptême en bonne et due forme eut lieu le 21 avril de cette année-là, dans la magnifique chapelle du milieu du XIIIe siècle, qui existe encore de nos jours, à l'intérieur du Château Vieux de Saint-Germain. Comme son père et comme ses successeurs, il fut nommé Louis, d'après Saint Louis, le saint patron vénéré de la monarchie française. Au lieu du pape (qui avait été le parrain de Louis XIII) ou de son oncle Gaston, ce fut le « très éminent personnage cardinal Mazarin » que choisit Louis XIII pour être le sien. Sa marraine était sa cousine, la princesse de Condé, la beauté « céleste » pour l'amour de qui Henri IV avait projeté en 1610 d'envahir les Pays-Bas espagnols[67]. Selon les termes du compte rendu officiel de la cérémonie, le Dauphin était « beau comme un ange, modeste et retenu ». En son nom, sa mère abjura à trois reprises Satan et toutes ses œuvres[68].

Le 23 avril 1643, sur ordres du roi, sa propre déclaration du 1er décembre à l'encontre de Gaston (écrite du vivant de Richelieu) fut arrachée des registres du Parlement, de sorte qu'il puisse être nommé président du conseil de régence[69]. Mourant, il pardonna à tous ses ennemis excepté l'amie de la reine, la duchesse de Chevreuse, qu'il considérait comme une diablesse tant elle avait ourdi de complots contre lui[70]. Selon son valet de chambre Marie Dubois, il s'adressa à sa famille et à « messieurs du Parlement » qui étaient présents, avec des « choses si touchantes qu'ils ne pouvaient tous se consoler ». Quand il déclara officiellement Anne future régente, tout le monde pleura, y compris cette dernière.

Ils virent ce roi « chargé de victoires » (le 19 mai, son cousin le duc d'Enghien, fils de Condé, remporterait la bataille de Rocroi contre l'armée d'Espagne) laissant son sceptre et sa couronne « avec aussi peu de regret que s'il n'eût laissé une botte de foin pourri ». Considérant son corps émacié, il s'écria : « Mon Dieu, que je suis maigre[71]. » Durant ce que l'on appela une « conférence », Anne lui parla en tête à tête plusieurs heures : il lui prodigua ses derniers conseils, l'enjoignant probablement de se fier à Mazarin et de ne pas le laisser se retirer à Rome[72]. Neuf ans plus tard, le même Mazarin rappellerait à Anne les propos du monarque mourant : « Par deux fois il [le roi] lui récapitule avant moi ma promesse que je lui avais faite et lui dit qu'il me fait parrain de son fils pour m'obliger d'autant plus à ne pas le quitter et la pria fortement de me soutenir contre toutes les attaques qu'infailliblement on me ferait pour me dégoûter et m'obliger de faire retraite[73]. » Ensuite, elle fit venir leurs fils pour qu'ils reçoivent les bénédictions de leur père. Des « airs de dévotion » furent chantés tandis qu'en proie à de vives douleurs, le roi recevait les derniers sacrements. Il s'éteignit le 14 mai[74].

Le grand prédicateur et organisateur des charités publiques Vincent de Paul (canonisé près d'un siècle plus tard), que le roi avait fait convoquer à son lit de mort, déclara : « Depuis que je suis sur la terre je n'ai vu mourir une personne plus chrétiennement[75]. » Mazarin, qui avait acheté à Paris une propriété proche des palais royaux la veille de la mort du roi[76], écrivit au frère de Richelieu : « Il est impossible de s'imaginer une si grande force d'esprit dans une grande faiblesse de corps que celle qu'il a montrée. » Le jeune frère du duc de Bouillon, Turenne, plus tard l'un des meilleurs généraux de Louis XIV, écrivit à sa sœur : « Il est véritable que jamais personne du monde n'a fait une si belle fin et si constante. Pour l'affliction à la Cour, elle y a été très médiocre. » En effet, à la mort du roi et à la perspective de la régence d'Anne d'Autriche, ce fut une explosion de joie[77].

Redoutant un coup de force du grand nombre de partisans accompagnant Gaston, frère de Louis XIII, et Condé à la Cour, Anne nomma le duc de Beaufort commandant de la garde et ordonna aux gardes suisses de se tenir prêts. Beaufort était le deuxième fils du fils illégitime d'Henri IV, le duc de Vendôme : une lignée bâtarde sans aucune chance de succéder était plus digne de confiance que des princes qui pourraient vouloir éliminer les vies se dressant entre eux et la couronne[78].

Le 15 mai 1643, le nouveau souverain fit son entrée solennelle à Paris. C'était la première fois qu'il voyait la capitale. Il était entouré de ses gardes-françaises et gardes suisses, de gendarmes, de chevau-légers, de mousquetaires, de gardes du corps et de princes et précédé par le duc de Saint-Simon, premier écuyer et ancien favori de son père, qui portait son épée. Le pouvoir royal était fondé sur la force, mais étayée par l'émotion. Les autorités de la capitale sortirent des murs d'enceinte pour présenter, traditionnellement, à Louis XIV les clefs de Paris, sous les yeux d'une multitude innombrable de gens qui le reçurent avec de grands cris et des acclamations de joie et de bonheur[79]. La reine promit de dire à son fils qu'il devrait faire montre de bienveillance envers ses peuples[80]. La procession continua ensuite par les rues de la ville, jusqu'au palais du Louvre.

Olivier d'Ormesson, juge au parlement de Paris et membre d'une famille de magistrats qui possède encore le château d'Ormesson non loin de Paris, consigna dans son journal cette description de la charge émotionnelle, proche de l'amour physique, qui pouvait se transmettre entre le roi de France et ses sujets : « C'était une très grande acclamation de vive le roy lorsqu'il passait. Il témoignait une très grande joie de voir tout ce peuple et il n'en était pas étonné quoiqu'il n'eût point été à Paris. Je ne le vis point mais seulement Monsieur qui est le plus beau prince qui se puisse voir. Tout le monde était amoureux de voir ces deux princes et ils disputaient ensemble à qui était le plus beau[81]. » Le premier contact du roi avec Paris s'était bien déroulé.

2

« Notre bonne ville de Paris »

Les villes comptèrent parmi les adversaires les plus tenaces de Louis XIV : villes de province aux aspirations républicaines comme Marseille et Bordeaux ; capitales commerciales protestantes telles Amsterdam et Londres ; cités ennemies dont il ordonna le bombardement – Alger, Gênes et Bruxelles. Malgré les acclamations lors de son entrée solennelle, la plus dangereuse de toutes serait sa propre capitale, « notre bonne ville de Paris », ainsi qu'elle était désignée dans les édits royaux.

Le Paris de Louis XIV n'était pas une ville unique. Il y avait quatre Paris : les inscriptions sur les cartes mentionnaient « la cité, ville, université et faubourgs de Paris ». Les identités multiples de la capitale contribuaient à expliquer son caractère rebelle et la remarque de Mme de Motteville, reprise par d'autres admirateurs, la définissant comme un monde entier[1].

La *cité*, c'était l'île de la Cité, au milieu de la Seine, où les rois de France avaient édifié un palais au XIe siècle, au cours de la période où Paris était devenue la capitale de la France : le chef-d'œuvre gothique de la Sainte-Chapelle et certaines tourelles de la prison de la Conciergerie sont aujourd'hui les derniers vestiges matériels de ce palais[2]. Au XVIe siècle, les rois avaient quitté « le Palais », ainsi qu'on l'appelait. Pourtant, leurs tribunaux y demeuraient, les plus anciens, les plus grands et les plus indépendants de France : la Chambre des comptes (qui vérifiait les livres du gouvernement), la Cour des aides (qui traitait l'impôt) et le parlement de Paris. Ce dernier exerçait son pouvoir juridictionnel sur la presque totalité du royaume, excepté le Sud. Il appliquait le « coutumier de Paris », les lois locales codifiées en 1510 qui furent plus tard la source principale du Code Napoléon[3].

L'emplacement du Parlement est si commode que les plus hautes instances judiciaires y ont encore leur siège (les cours d'assises, d'appel et de cassation). Quelque 140 juges et sans doute 5 000 clercs, avocats et autres y travaillaient sous le règne de Louis XIV. Les couloirs et les cours intérieures de l'édifice comptaient parmi les grands lieux de réunion et marchés de la ville, à dix minutes à pied du Louvre situé sur la rive droite en direction de l'ouest, devenu vers 1540 le principal palais royal de Paris. En 1644, le chroniqueur John Evelyn, l'un des nombreux Britanniques qui vivaient à Paris durant la première révolution anglaise, vit dans le Palais et alentour des échoppes de libraires, de graveurs, d'orfèvres, d'horlogers et de marchands de « mille extravagances exotiques », ainsi qu'un marché de denrées alimentaires[4]. Le Palais était également proche de deux autres centres de pouvoir, l'Hôtel de Ville, à l'est, où il se dresse encore à ce jour, et la cathédrale de Notre-Dame, sur la même île.

Le Parlement comprenait aussi une Cour des pairs où siégeaient les pairs de France – une cinquantaine d'évêques, de ducs et de princes du sang – que certains de ses membres auraient apprécié de voir aussi puissante que la Chambre des pairs (ou des lords) d'Angleterre. Le parlement de Paris était qualifié de « cour souveraine », comme la Cour des aides et la Chambre des comptes, car elle partageait des aspects de la souveraineté royale. Le Parlement avait le droit de vérifier, d'enregistrer et de présenter des « remontrances » sur les lois et édits royaux. Le « lit de justice », cérémonie à laquelle on se livrait quand le roi venait au Parlement enregistrer les édits royaux, constituait la plus importante cérémonie d'État de France. Le Parlement servait ainsi à enregistrer et à valider la volonté du roi. En 1593, les jugements du Parlement selon lesquels la couronne de France devait échoir au premier héritier de sexe masculin du monarque, et qu'il devait être catholique, avaient à la fois amoindri les chances de la maison de Lorraine de remporter le trône et, en cette même année, contribué à persuader Henri IV de se convertir au catholicisme.

Au XVIe siècle, l'importance du Parlement grandit. Il présentait l'avantage d'être une institution permanente, à l'inverse de la famille royale exposée aux périls de la biologie dynastique – enfants-rois, maladies et décès. Le Parlement n'était pas sujet à des contestations de succession et se dotait de meilleures archives que la monarchie. Dans la pratique, son droit de remontrance devint le droit de modifier les édits royaux et d'exercer des pouvoirs de police. Il acquit même la capacité d'annuler le testament du monarque[5]. Il commençait aussi à nourrir l'ambition de devenir une instance de médiation politique nationale, en servant ou en censurant le gouvernement. En 1597, Henri IV lui avait interdit de délibérer des affaires de l'État[6]. En 1635, quand le Parlement soumit une requête pour le retour des juges exilés, Louis XIII se plaignit auprès de Richelieu de « ces messieurs du Parlement qui font les insolents ». Néanmoins, nous l'avons vu, certains étaient présents à son lit de mort[7]. Le conflit entre la Couronne et le Parlement se révélait être un affrontement entre deux conceptions de la souveraineté : absolue et collégiale, exécutive et judiciaire. Il affecterait le règne de Louis XIV et se prolongerait jusqu'à la destruction des deux institutions par la Révolution française.

Le Parlement se considérait comme l'équivalent français du Sénat romain. La vénalité était sa force. Ses membres avaient acheté ou hérité leurs postes. Ils pouvaient être exilés, mais l'institution elle-même ne pouvait être prorogée ou dissoute comme le Parlement anglais. Il siégeait toute l'année, et non pour de brèves sessions. Omer Talon, avocat général du Parlement, l'un des nombreux partisans français d'une monarchie limitée, affirmait en 1648 : « Le Parlement [...] est placé à la tête des peuples avec le caractère de souveraineté pour en ménager les intérêts et en représenter les nécessités, et, en cette qualité, il peut s'opposer aux volontés des rois, non pas en irritant leur colère par une opposition violente, mais en implorant leur justice par des remontrances et leur bonté par des prières[8]. » Les Parisiens, écrivit Mme de Motteville dans ses *Mémoires*, considéraient chaque juge du Parlement comme un ange envoyé du ciel pour les protéger de la tyrannie de Mazarin[9]. Le Parlement se considérait également comme le protecteur des libertés de l'Église de France contre la papauté.

La *ville* était l'ancienne ville marchande qui, grâce à sa localisation sur la rive droite de la Seine et à la proximité du gouvernement royal sur l'île de la Cité, était devenue en 1200 la plus grande cité au nord des Alpes. Elle était construite derrière des remparts de pierre grise, sur le tracé des grands boulevards actuels, épais d'environ 1,80 mètre et hauts de 8,50 et protégés par un fossé[10]. La population totale de Paris, 250 000 âmes en 1564, avait grossi à 500 000 en 1640, en partie du fait de la croissance du négoce. La Seine est profonde et navigable, et c'est l'origine du navire qui figure encore sur les armes de la ville. Ainsi que l'écrivait le voyageur anglais Robert Dallington vers 1590 : « Elle pourvoit merveilleusement à tous les besoins de Paris, une ville qui de par son peuple et l'abondance de toutes choses dépasse et de loin toutes les autres villes dans l'enceinte de la Chrétienté[11]. »

Le principal dignitaire de Paris, le prévôt des marchands, en théorie élu, était en réalité choisi par le roi. Installé à l'Hôtel de Ville, il était assisté par des échevins et des conseillers paroissiaux élus. Avec ses impôts municipaux, Paris payait sa propre milice, formée de propriétaires fonciers de différents quartiers de la ville : d'où leur nom de « quartenier[12] ». Plusieurs des seize colonels de la milice étaient également juges au Parlement[13].

La capitale faisait également partie intégrante de la machinerie financière et politique de la monarchie. Depuis 1522, la Couronne avait émis des obligations par l'intermédiaire de l'Hôtel de Ville, « les rentes sur l'Hôtel de Ville ». Elles portaient des versements d'intérêts récurrents, servis grâce aux impôts de l'État et de la municipalité – néanmoins, le gouvernement modifiait parfois ou même suspendait les paiements. Les juges du Parlement n'investissaient pas seulement dans ces obligations, mais tentaient d'en superviser la vente et les taux d'intérêt. En se plaçant eux-mêmes en tête des investisseurs sur ces rentes, ils accroissaient leur pouvoir[14].

La rive gauche de la Seine était dominée depuis 1200 par la plus grande et la plus ancienne université au nord des Alpes. Elle comprenait à peu près une soixantaine de collèges : la Sorbonne, le Collège royal, le collège jésuite de Clermont, les collèges de Navarre, d'Harcourt et d'autres encore. Ils attiraient aussi bien des étudiants venus de l'extérieur que de l'intérieur des frontières – « mais pour ce qui est de leur état et de leur ordre ils ne se rapprochent en rien des nôtres à Oxford », écrivait John Evelyn[15]. La rive gauche, c'était donc l'*université*, ou Quartier latin, en raison du nombre de professeurs et étudiants parlant le latin, la langue internationale des érudits. Son prestige était tel que le roi d'Angleterre Henry VIII s'était adressé à la Sorbonne, plutôt qu'à Oxford ou à Cambridge, afin d'obtenir l'annulation de son mariage avec Catherine d'Aragon[16].

Hors les murs de la ville sur la rive droite et de l'Université sur la rive gauche s'étendait une série de faubourgs, littéralement de « fausses cités ». Les ouvriers vivaient faubourgs Saint-Antoine et Saint-Marcel, à l'est, « la noblesse et les personnes de qualité » faubourgs Saint-Honoré et Saint-Germain, à l'ouest[17]. Capitale aristocratique, Paris comptait les résidences de nombre de princes, nobles et juges éminents (qui pour la plupart acquirent un statut nobiliaire) de France – ainsi que ce que deux visiteurs hollandais appelaient en 1656-1657 « les maisons enchantées et les mines d'or des financiers[18] ». Alors qualifiée de « reine des cités », Paris avait supplanté Venise en tant qu'épicentre de l'imprimerie et de la librairie en Europe et s'était gagné la réputation d'être le meilleur endroit possible où apprendre les bonnes manières, la danse et l'art équestre. En 1669, Julien Bordeau la décrivait comme « le centre de l'État, le séjour ordinaire des rois et de leur cour, le siège du premier et plus ancien Parlement et de la Cour des Paris, la ville source des lois, la commune patrie de tous les Français, le pôle de toutes les nations du monde, la France de la France ». Mme de Sévigné, l'une des grandes auteures de lettres du règne de Louis, se rendait souvent en visite à la Cour mais préférait Paris. « On ne guérit pas de Paris », écrivit-elle. La ville représentait déjà une forme d'addiction[19].

Comme la Cour proprement dite, Paris était associée aux femmes. Écrivant vers la fin du siècle, un Sicilien, Jean-Paul Marana, la dépeignait comme une ville ouverte aux étrangers, à la liberté et au plaisir : « Le pais du plaisir, les amans ne soupirent guères, la jalousie ne tourmente personne, les soldats français vont à la mort par divertissement, et les affligés ne paraissent pas en public [...] on trouve à Paris tout ce qu'on peut demander, et on le trouve sur-le-champ [...] toujours sauces nouvelles et ragouts inconnus. » Les femmes, ajoutait-il, « donnent et reçoivent facilement de l'amour... La femme se réjouit à Paris, mais n'aime ni longtemps ni assez[20] ». Enfin, c'était déjà la capitale de la mode. Dans les années 1660, deux voyageurs anglais écrivaient : « Le plaisir d'observer les modes se doit d'être satisfait, chez les deux sexes, fût-ce en se serrant la taille. [...] [les femmes] ont une Éducation si libre, qu'en Angleterre nous les jugerions impudiques ; les huguenotes comme les dames papistes se mouchètent et se peignent le visage. [...] Jurer et blasphémer, avec l'ajout de mots obscènes, est coutumier des deux sexes[21]. [...] »

La concentration du pouvoir étatique, ecclésiastique, judiciaire, académique, commercial, culturel et démographique à Paris était unique. Aucune autre capitale d'Europe ne pouvait rivaliser avec elle ; Londres et Westminster étaient chacune des capitales commerciale et politique distinctes et ne possédaient pas d'université. Vienne était trois fois moins vaste, et proche de la frontière ottomane. Madrid était bien plus petite et presque entièrement dépendante de la Cour, qui l'avait choisie pour capitale de l'Espagne en 1561. Amsterdam était certes la capitale commerciale des Provinces-Unies, mais La Haye en restait la capitale politique.

Malgré son rôle de capitale de la monarchie, Paris pouvait se soulever contre cette dernière. Dès 1358, Étienne Marcel, prévôt des marchands et bâtisseur du premier hôtel de ville, affirmant s'exprimer au nom de toutes les villes de France, s'empara de la forteresse royale du Louvre et s'introduisit de force au Conseil. Il fut assassiné le 31 juillet 1358 sur ordre du futur Charles V[22].

Toutefois, après 1540, le Louvre avait été transformé de forteresse médiévale en palais de la Renaissance.

Henri II et ses fils y avaient souvent résidé. Après avoir reconquis Paris en 1594, Henri IV y passait à peu près 40 % de son temps. Toutefois, sa méfiance envers sa capitale transparaît dans la construction, entre 1595 et 1610, le long de la Seine, de l'aile reliant le Louvre au palais des Tuileries entamé par Catherine de Médicis à l'ouest. On peut encore l'admirer aujourd'hui (bien qu'elle ait été reconstruite au XIXe siècle). C'était une extension du palais, abritant au premier étage la plus longue galerie d'Europe (plus de 500 mètres de long), où la Cour pouvait s'exercer l'hiver. Au rez-de-chaussée, sur ordre d'Henri IV, des peintres, des sculpteurs, des orfèvres et d'autres artistes de la Cour, notamment des imprimeurs royaux, étaient affranchis à l'intérieur du palais royal des restrictions juridiques imposées par les guildes de Paris. Cette aile fournissait aussi au roi un moyen éventuel d'évasion. Elle traversait les murs d'enceinte de la ville à l'endroit exact où Henri III avait fui Paris le 13 mai 1588[23]. Henri IV construisit aussi la place Royale (aujourd'hui place des Vosges) dans le Marais et acheva le Pont-Neuf, reliant ville, cité et Université. Sa veuve Marie de Médicis avait érigé sa statue équestre au milieu, envoyée de sa Florence natale, en 1614 : cette statue devint l'un des hauts lieux de la capitale, et le quartier attirait chaque jour un « afflux » de monde et de carrosses. Dans les villes comme dans les palais, l'espace était un pouvoir. Sans que la Cour domine Paris comme son homologue espagnole dominait Madrid, une partie de Paris se transformait en ville de cour. Une statue de Louis XIII fut érigée en 1639 au milieu de la place Royale[24].

Louis XIII vécut la plus grande partie de son règne hors de Paris, occupé qu'il était à combattre ses ennemis, locaux ou étrangers. En partie à cause de ses guerres, il devint impopulaire. Au moment de sa mort, il limitait ses visites à la capitale par peur d'être voué aux gémonies en pleine rue[25].

En conséquence, la capitale de Louis XIV était un chaudron d'institutions inflammables, à la fois soutiens et rivales de la monarchie. Le 18 mai 1643, trois jours après son entrée solennelle dans Paris, Louis sortit du Louvre pour parcourir les rues, couvertes de boue et d'excréments, trait distinctif pour lequel la capitale resterait fameuse jusqu'au milieu du XIXe siècle, et se rendit au Parlement sur l'île de la Cité. Dans la Grand-Chambre, le jeune roi, bouleversé par le choc de son accession au trône, éclata en sanglots au moment où il tentait de prononcer un discours : ce fut le chancelier Séguier qui l'acheva à sa place. Anne d'Autriche, toute vêtue du noir du veuvage, demanda conseil au Parlement en vue d'assurer « le bien de l'État ». Gaston renonça à sa part de la régence promise dans le testament de Louis XIII, mais par droit de naissance devint membre du Conseil, avec les autres princes de la maison de Bourbon. Faisant preuve de sa souplesse innée, le chancelier Séguier aida à faire en sorte que le Parlement annule le testament du roi restreignant les pouvoirs de régente de la reine, qu'il avait pourtant écrit et enregistré lui-même. Sur sa requête, elle reçut « autorité pleine, entière et absolue » en tant que régente, sans obligation de suivre l'avis de la majorité du Conseil. Il qualifiait la reine, qu'il avait soumise à un interrogatoire pour trahison six ans plus tôt, de « vertu incarnée[26] ».

Au début, son charme, son esprit charitable et le sentiment d'avoir été elle aussi une victime des persécutions du cardinal de Richelieu rendirent la souveraine populaire. Le comte de La Fare écrivit dans ses Mémoires qu'elle « savait ce qui s'appelle tenir une cour mieux que personne du monde » – faire et dire ce qu'il fallait, préserver les apparences et éviter les favoris peu fréquentables. On disait de la langue française qu'elle avait été réduite à cinq mots : « La reine est si bonne[27]. »

Elle passait volontiers la soirée à son ouvrage de tapisserie, avec ses fils, pendant que des courtisans allaient s'amuser ailleurs[28]. À la surprise de tous, le cardinal Mazarin fut nommé à la tête du Conseil le 20 mai 1643. La reine se fiait à lui plus qu'à quiconque ; ce cardinal d'origine étrangère n'était en effet pas dépendant des factions ou des princes français. Quant à Gaston, il arrivait souvent en retard aux réunions du Conseil, après avoir écumé les tables de jeu toute la nuit[29]. En septembre, on se répétait à l'envi ce poème partout dans Paris :

La Reyne donne tout
Monsieur joue tout.
M. le Prince prend tout.
Le cardinal Mazarin fait tout.
Le chancelier scelle tout.

Le jeune roi n'était pas mentionné.

Plus civil que Richelieu, Mazarin rendait visite à tous les membres du Conseil, et aux princes, aux ducs et aux hauts responsables. « Il est grand, de bonne mine, bel homme, le poil chastain, un œil vif et d'esprit avec une grande douceur dans le visage », écrivit d'Ormesson dans son journal. Il ne fut bientôt plus « le cardinal Mazarini », mais, comme Richelieu avant lui, « M. le Cardinal[30] ».

En juin 1643, la reine révoqua la protégée de Richelieu, Mme de Lansac, de son poste de gouvernante des Enfants de France. Exemple même de la gouvernante trop zélée, sous Richelieu elle avait en plusieurs occasions tenté de séparer la reine de ses fils, et lui aurait conseillé, disait-on, de se retirer dans une agréable maison tandis qu'elle veillerait sur les enfants[31]. Elle fut remplacée par la dame d'honneur de la reine, Mme de Sennecey, une ennemie de Richelieu revenue à la Cour après huit ans d'exil. En octobre 1643, la Cour quitta le Louvre pour s'installer au Palais-Cardinal, où avait vécu Richelieu. L'endroit fut rebaptisé Palais-Royal. Transformé de fond en comble, il est maintenant le siège du Conseil d'État : comme au temps de Louis XIV, certains murs de la cour arborent encore des trophées navals sculptés placés là par Richelieu, alors amiral de France. Le palais était agrémenté d'un beau jardin où le roi avait loisir de faire de l'exercice. Louis XIV et son frère dormaient dans la chambre de Richelieu et Anne d'Autriche dans l'appartement d'été de son vieil ennemi.

En théorie, cette installation était imposée par la santé du roi et par la nécessité de lui épargner la nuisance des travaux du Louvre. Certains Parisiens estimaient cependant que ce déménagement devait satisfaire le souhait de la reine d'« avoir plus de liberté avec M. le Cardinal ». À partir de novembre 1644, celui-ci dormait aussi au palais. Leurs appartements étaient contigus et communiquaient directement par un petit passage dérobé ; une disposition architecturale qui confirmait le caractère intime de leurs lettres[32]. Quant au palais de Mazarin, juste au nord du Palais-Royal, il avait été conçu par François Mansart en 1643-1647, comportait une somptueuse galerie ornée de fresques de scènes de la mythologie classique par un peintre de Rome, Giovanni Romanelli. L'endroit accueille aujourd'hui des expositions de la Bibliothèque nationale de France.

L'ascension de Mazarin reçut plus ample confirmation quand, en 1645 et 1646, il devint surintendant de la Maison de la reine et de l'éducation du roi[33]. Comme d'usage, il se servit de ses fonctions pour s'enrichir. Argent public et argent privé étaient volontiers mêlés ; il profita de la guerre non seulement en fournissant les armées françaises, mais aussi grâce à sa part dans la revente des biens saisis sur les navires ennemis. Sa fortune – dont le poids échappe encore aux historiens, comme c'était déjà le cas de ses contemporains les plus suspicieux – deviendrait aussi vaste, en biens numéraires uniquement (excluant donc les propriétés foncières), que le total des liquidités dont disposait l'établissement bancaire le plus riche de l'époque, la Banque d'Amsterdam[34].

La biographe d'Anne d'Autriche Claude Dulong estime, comme le suggèrent certains pamphlets et le passage dérobé du palais, que la reine et Mazarin étaient amants, ou secrètement mariés. Dans leur correspondance préservée pour les périodes 1650-1651 et 1657, le cardinal affirme le caractère unique de leur amitié incomparable, inébranlable et « parfaite » : « Jamais il n'y a eu une amitié approchante à celle que j'ai pour vous. » Signes secrets, chiffres, astérisques et codes symbolisaient l'amour et la fidélité. « Je suis jusqu'à mon dernier souffle ** », écrivait-il encore. Regrettant qu'il y ait tant de choses qu'elle ne puisse coucher par écrit, la reine déclarait : « Je serai toujours ainsi que je devais être, quoi qu'il arrive […] un million de fois et jusques au dernier soupir. » Un sceau secret liait les initiales ICM (Jules Cardinal Mazarin) et AA (Anne d'Autriche), auxquelles étaient ajoutés quatre « S » barrés, symbole d'amour au XVIIe siècle. Elle lui rendait visite dans la soirée et ses départs en campagne lui déplaisaient. Il tentait de la rassurer et de la maîtriser, redoutant des signes d'indépendance[35]. Il trouvait parfois sa dévotion et ses visites à son chevet lassantes. On ne lui connaissait pas de maîtresse[36].

Concentrant ses centres d'intérêt et ses émotions sur sa régence pour « le roi mon fils », Anne en oubliait sa loyauté envers la maison d'Autriche. Reine régente, elle abandonna les amis qu'elle s'était faits lorsqu'elle était reine consort. Son ancienne amie intime, la duchesse de Chevreuse, encouragea le beau et populaire duc de Beaufort à comploter l'assassinat de Mazarin. Beaufort fut envoyé à la Bastille, et la duchesse dans son château de Dampierre, non loin de Paris[37]. Mazarin écrivit à l'ambassadeur de France à Venise qu'« il n'y a jamais eu de princesse plus française qu'elle par inclination, ni de mère plus passionnée par la gloire de son fils et du bien de ses affaires[38] ».

Quel que soit le siècle, peu de mères et de fils de lignée royale ont entretenu un tel lien. Mazarin écrivit de la reine (qui avait déjà contracté la petite vérole) en décembre 1647, après que Louis eut contracté la maladie à son tour : « Dans tout le cours de la maladie du Roi on n'avait pu l'obliger à aucune précaution, ny l'empêcher de faire généralement tout ce qui pouvait le plus tôt lui faire reprendre le mal, servant continuellement le roi, en tout ce que ses moindres domestiques eussent pu faire, et le baisant ou l'embrassant à tous moments. » Elle souffrait d'une « extraordinaire lassitude pour avoir souvent passé des nuits entières sans fermer l'œil[39] ». Elle reprisait parfois ses vêtements elle-même. Toutefois, s'il lui désobéissait, elle menaçait de le battre. Il lui demandait pardon et lui déclarait qu'il n'avait pas d'autre volonté que la sienne[40]. Ils prenaient leurs repas ensemble, ce qui alors n'était pas habituel. Jusqu'à sa mort, elle porta un bracelet contenant des mèches de ses cheveux[41].

Très jeune homme, Louis était « porté à la douceur et à la bonté », bien moins terrifiant qu'il ne le devint plus tard. Il était intelligent, « voyant et entendant toutes choses », selon l'un de ses premiers valets de chambre, Pierre de La Porte, un ennemi de Mazarin et un admirateur de la reine : « Il était naturellement bon et humain, et dès ces temps-là il avait toutes les apparences du monde qu'il serait un grand prince mais [...] on ne lui inspirait pas assez les sentiments de maître. » Il était « fort docile et se rendait toujours à la raison », selon les propos de La Porte, acceptant tous les « remèdes extrêmes » de ses médecins durant son infection de la petite vérole : lavements, saignées et incisions. Après quoi, chanceux, il recouvrit la santé. Les courtisans, qui parfois assistaient à ses leçons, devaient le décourager de porter des tenues ordinaires ou de se lever quand son cousin et aîné le prince de Condé entrait dans la pièce[42]. Il se querellait parfois avec son jeune frère Philippe, duc d'Anjou. Ils urinaient sur leurs lits respectifs ; il lui signa pourtant une lettre en ces termes : « Votre affectionné frère et bon petit papa Louis[43]. » Il était déjà « très secret », selon les mots de La Porte, et le resterait. Pour Olivier d'Ormesson, « jamais prince n'a promis davantage, tant par les perfections de son corps que par celles de son esprit[44] ».

La vie privée de Louis était dominée par sa mère. Sa vie publique était déjà une suite sans fin de cérémonies. Il se rendait dans des églises pour des *Te Deum* célébrant les victoires françaises, pour des messes, des sermons, des vêpres et des cérémonies comme l'adoration de la Croix, ou pour son admission au sein de confréries catholiques telle celle de Saint-Denis. Son sérieux, sa grâce et sa prestance lui gagnaient l'admiration de tous[45]. Il accordait aussi des audiences et passait les troupes en revue. En avril 1644, par exemple, âgé de 6 ans, il fit l'inspection des régiments de gardes-françaises et de gardes suisses au bois de Boulogne[46].

Le 1er avril 1645, accompagné de la Cour, de la garde et du chœur de la chapelle royale, tenu dans les bras de son premier écuyer le duc de Saint-Simon, il posa la première pierre du nouveau couvent et église du Val-de-Grâce, remplaçant les anciens édifices rue Saint-Jacques qui conduisait les pèlerins de Paris sur la route du sanctuaire de Saint-Jacques-de-Compostelle, dans le nord-ouest de l'Espagne. Ce couvent fut érigé par Anne d'Autriche en expression de sa gratitude « pour la grâce d'un roi longtemps désiré et d'un heureux accouchement ». Paré de leur monogramme aux lettres entrelacées « AL » surmontées d'une couronne, il est dédié à la Vierge Marie et à l'Enfant Jésus (en une comparaison implicite avec Anne d'Autriche et Louis XIV). Conçu par Mansart, décoré de fresques de Mignard, avec un baldaquin inspiré de celui de Saint-Pierre de Rome, cet édifice exprime le triomphe de la reine mère. Il contenait un pavillon doré, ou ermitage – plus luxueux que les dortoirs des nonnes – dans lequel elle pouvait se reposer, prier ou dormir, loin du tumulte de la Cour[47]. Entre 1643 et sa mort en 1666, elle se rendrait 537 fois en visite au Val-de-Grâce et y passerait 146 nuits[48].

Passant l'hiver à Paris, l'été, Louis XIV et sa mère résidaient dans d'autres châteaux – Fontainebleau, au sud-est de Paris ; Compiègne, à mi-chemin des Pays-Bas espagnols, au nord ; Chantilly, le grand château de Montmorency que la marraine de Louis avait apporté à la maison de Condé, également au nord – et dans des villes de province voisines comme Chartres et Amiens. À Dieppe, en août 1647, Louis vit pour la première fois la mer et assista à une mise en scène de bataille navale[49]. Plus itinérant que d'autres monarques de son temps, il finirait par tout connaître de son royaume.

L'Angleterre et ses cousins anglais faisaient déjà partie de sa vie. En novembre 1644, il sortit de Paris avec sa mère pour aller accueillir la sœur de son père, Henriette-Marie, reine d'Angleterre, après sa fuite au lendemain des victoires des parlementaires d'Oliver Cromwell. Par politesse et par respect pour la monarchie anglaise – qui se considérait comme d'une sainteté et d'une ancienneté égales à son homologue française – et pour le rang d'Henriette-Marie en sa qualité de « fille de France », Anne d'Autriche laissa sa belle-sœur prendre la préséance. Elles s'appelaient « ma sœur ». Louis s'adressait à Henriette-Marie en ces termes : « Ma tante. » Elle l'appelait « Monsieur[50] ». Elle percevait une pension de 1 200 francs par jour, jouissait d'un appartement au Louvre et de fréquentes invitations à la Cour[51]. En juin 1646, elle fut rejointe par son fils le prince de

Galles, qui vivrait en France la quasi-totalité des huit années suivantes. Après que l'exécution de son père, en janvier 1649, eut fait de lui le nouveau souverain, sous le nom de Charles II, il fut traité en public en égal de Louis XIV, marchant à sa droite et s'asseyant dans un fauteuil similaire[52]. Il touchait aussi une partie de la pension d'Henriette-Marie. Pour afficher son protestantisme, tant entre 1646 et 1649 que durant son deuxième séjour entre 1651 et 1654, Charles II assistait régulièrement aux services anglicans dans une pièce du Louvre. En 1646, la fille cadette d'Henriette-Marie, Henriette-Anne, son deuxième fils, le duc d'York, le futur Jacques II, et en 1653 son troisième fils, le duc de Gloucester, la rejoignirent. Jusqu'en 1655, York était un personnage bien connu à Paris, qui dansait dans les mêmes ballets que Louis XIV et servait dans l'armée française. À l'instar de Charles II, il ne put toutefois trouver de princesse française désireuse de l'épouser : semblables en cela aux nombreux « cavaliers » qui les suivaient dans Paris, les Stuarts étaient considérés comme des exilés au sort funeste[53].

Henriette-Marie et Charles II, ainsi que leur suite, passaient parfois l'été au Château Neuf de Saint-Germain. Pour sa part, Mazarin n'appréciait guère Henriette-Marie et ses enfants, et ils le lui rendaient bien. Soucieux avant tout de se gagner l'Angleterre en tant qu'alliée dans la guerre contre l'Espagne, il considérait les Stuarts comme les auteurs de leurs propres infortunes[54]. Quand Charles Ier fut exécuté, le gouvernement français ne proféra guère que de faibles protestations.

Alors que le roi commençait de perdre « les roses et les lys » de son teint juvénile, l'armée française, commandée par son cousin le duc d'Enghien (devenu prince de Condé après la mort de son père en 1646), remportait des victoires contre l'Espagne : Rocroi en 1643, Lens en 1648. Les nouvelles de cette dernière bataille, remarqua le roi, contrarieraient ces « messieurs du Parlement[55] ».

Dunkerque fut conquise en 1646. L'armée espagnole n'était plus la meilleure d'Europe, et l'armée française enlevait les terres comprises entre la France et le Rhin, obligeant néanmoins à une augmentation des impôts, et attisant le mécontentement, surtout à Paris. Le budget annuel de la Couronne enfla de 88 millions de livres en 1642 à 141 millions en 1644*. Ceux qui ne pouvaient payer leurs impôts voyaient leurs biens confisqués[56].

En France, au XVIIe siècle, les « traitants » ou « partisans », ainsi que les appelaient les financiers, organisaient la collecte de l'impôt et les approvisionnements de l'armée. Ils ne tardèrent pas à être incriminés pour toutes les crises financières et à être dénoncés comme des parasites qui se repaissaient de l'argent public. À l'inverse, ils se considéraient comme des gestionnaires efficaces, qui maintenaient la Couronne et ses armées en état de fonctionner, et même d'être victorieuses. De somptueux nouveaux châteaux étalaient leur richesse, comme celui de Maisons à l'ouest de Paris, où Louis XIV était parfois reçu par René de Longueuil, marquis de Maisons, président du Parlement et surintendant des Finances. Pour John Evelyn, il dépassait presque tout ce qu'il avait vu en Italie[57].

Un impôt sur les nouvelles constructions des faubourgs suscita particulièrement la fureur des Parisiens. Les administrateurs du Trésor eux-mêmes compatirent aux plaintes des redevables. La taille était le principal impôt sur le revenu, levé auprès des membres du tiers état, à l'exception des habitants de villes privilégiées ; les nobles en étaient exemptés. À partir de 1645, la collecte de la taille fut confiée à des traitants. Ils reversaient à l'État une part

* À titre indicatif, cette somme équivaut à 2,2 et 3,5 milliards d'euros. Pour établir la conversion des monnaies anciennes vers l'euro, le lecteur pourra utilement consulter le site suivant : http://convertisseur-monnaie-ancienne.fr/ *(N.d.T.)*

des profits de la recette fiscale qu'ils collectaient pour son compte[58]. La foule pénétra dans le Palais de Justice et invectiva le surintendant des Finances, Michel Particelli d'Émery. L'avocat général Omer Talon craignait qu'« un peuple entier » ne se soulève[59]. En mars 1645, une députation du Parlement fut reçue par Anne. Elle répondit qu'elle préférerait mourir plutôt que de laisser l'autorité royale s'amoindrir. La députation repartit « très perplexe ». En route pour Notre-Dame avec Louis XIV, en novembre 1645, leur carrosse fut entouré de femmes réclamant à grands cris du pain et de l'argent. En une autre occasion, elles lui hurlèrent que Émery dépensait l'héritage de son fils.

Le conflit entre le Palais-Royal, sur la rive droite, et « le Palais », dans l'île de la Cité, entre la Cour et le Parlement, dégénéra bientôt en une situation insurrectionnelle. Ce fut la Fronde – nom tiré de la fronde utilisée pour jeter des pierres : ses protagonistes et leurs sympathisants étaient des frondeurs et participer à l'émeute ou récriminer, c'était « fronder[60] ».

Le 14 janvier 1648, quand on les invita à enregistrer encore davantage d'impôts et à soumettre davantage d'emplois à la taxe, les parlementaires accusèrent le gouvernement d'appauvrir le royaume et insistèrent sur la nécessité de soulager le « pauvre peuple ». Comme en 1643, à un lit de justice, Louis XIV en perdit ses mots et fondit en larmes ; une fois encore, le chancelier Séguier dut achever son discours. Lorsqu'il sortit du Palais, il n'y eut pas de cris de « Vive le roi[61] ! ».

Des juges respectés se firent entendre. Pierre Broussel appela le Parlement le centre de la monarchie, se référa à la tyrannie de Tibère – c'est-à-dire de Mazarin – sur le Sénat romain et affirma qu'« il est des occasions où le meilleur moyen de servir les princes, c'est de leur désobéir ». Aymard-Jean de Nicolay, premier président de la Chambre des comptes, où sa famille avait servi depuis

1506, accusa le Conseil royal de « renverser les fondements de cet État en rompant les liens entre le pouvoir souverain et ses sujets ». Omer Talon dénonça la misère publique et critiqua les conquêtes françaises, déclarant que « l'espérance des batailles gagnées, la gloire des provinces conquises ne peuvent nourrir ceux qui n'ont point de pain, lesquels ne peuvent compter les myrtes, les palmes et les lauriers entre les fruits ordinaires de la terre ». Il redoutait un nouveau 1588. Le 13 mai, les différentes cours formèrent une union pour tenter de prendre le contrôle de la monarchie. Anne d'Autriche les accusa d'essayer de créer une république[62]. D'ailleurs, certains Parisiens crièrent « À Naples ! À Naples ! » quand le roi sortit du palais – suggérant leur souhait de suivre l'exemple de Naples, qui s'était soulevée contre la couronne d'Espagne en juillet 1647, emmenée par un poissonnier, Masaniello, et qui se forma plus tard en république[63].

En juin 1648, avec trois autres cours souveraines, le Parlement suivit la voie ouverte par l'« arrêt d'union » du 13 mai et forma une assemblée révolutionnaire, la Chambre Saint-Louis[64]. Des mesures furent prises stipulant que personne ne serait écroué plus de vingt-quatre heures sans inculpation et que la taille serait réduite d'un huitième et collecté par des administrateurs de l'État et non par des financiers privés. Le Parlement exploitait ainsi le mécontentement populaire pour s'octroyer une part du pouvoir exécutif ainsi que judiciaire du roi, et transformer la France en monarchie « mixte », avec des institutions représentatives. Il décréta qu'aucune loi nouvelle n'entrerait en vigueur sans son accord préalable[65]. Notons néanmoins que la monarchie française autorisait déjà des institutions représentatives ayant le pouvoir de lever l'impôt, comme l'Assemblée générale du clergé français qui se réunissait tous les cinq ans, et des assemblées de représentants des trois ordres (clergé, noblesse, tiers état), qui siégeaient régulièrement dans certaines provinces, comme le Languedoc, la Bourgogne et la Provence[66].

Gaston, duc d'Orléans, bon orateur, s'imposa en médiateur entre la Cour et la capitale. Assurant aux investisseurs que l'intérêt sur les rentes d'État, suspendu en janvier, serait servi, la reine accepta les concessions proposées par Gaston et permit à la Chambre Saint-Louis de continuer ses réunions[67]. Les principaux agents de l'exécutif royal dans les provinces, les intendants, systématisés sous Richelieu et détestés par l'opinion publique, furent officiellement abolis le 13 juillet[68]. Des récits de la mort de Concini en 1617 furent placardés sur les murs de la ville, laissant entendre qu'un autre favori italien, Mazarin, pourrait aussi être assassiné[69].

Le 26 août, le lendemain de la fête annuelle de la monarchie française, la fête de Saint Louis (qui est aussi le jour du saint de Louis XIV), et alors qu'on chantait un *Te Deum* dans Notre-Dame pour la grande victoire française à Lens contre l'armée espagnole de Flandre, sur ordre d'Anne, six gardes du corps arrêtèrent les chefs parlementaires Broussel, René Potier de Blancmesnil et Chartron. Ils furent envoyés au Havre pour y être emprisonnés. Les Parisiens en colère s'insurgèrent. Comptant peut-être 50 000 insurgés, dont la plupart des milices, une foule investit le pavé aux cris de « Vive le roi ! Vive le Parlement ! Vive M. Broussel ! ». Des boutiques fermèrent[70]. Le nombre des barricades dans les rues fut estimé à 1 260. En particulier sur l'île de la Cité et dans la rue Saint-Honoré, à deux pas du Palais-Royal, elles furent considérées comme plus redoutables qu'en 1588, lorsque Henri III avait dû fuir Paris[71].

Là encore, comme en 1588, Paris se révélait plus forte que la garde royale, qui fut empêchée d'occuper le Palais. Des observateurs furent impressionnés par ce que Olivier d'Ormesson appelait un « esprit d'ordre et d'obéissance » dans toute la capitale. Les vols et les violences étaient rares. Les biens volés furent restitués[72]. Mme de Motteville écrivit que la milice, qui était armée, effectua des rondes « avec tant d'ordre qu'on peut dire que jamais désordre ne fut si bien ordonné[73] ».

À l'été 1648, Paris était un volcan sur le point d'entrer en éruption. Certains frondeurs affirmèrent que des officiers de la Maison du roi et des soldats des gardes-françaises les avaient encouragés à la révolte. En chaque courtisan un frondeur était prêt à se réveiller[74]. Mme de Motteville écrit : « Tous voulaient le changement plutôt par délabrement d'esprit que par raison. [...] Le roi était faible, les princes avaient trop de force, le ministre était discrédité et le parlement faisait de trop grandes entreprises contre l'autorité royale. Toutes choses étaient hors des limites ordinaires ; et les Français pour avoir trop de maîtres n'en connaissaient plus aucun[75]. »

Le 25 août, le chancelier Séguier, assiégé depuis cinq heures dans l'hôtel de Luynes, avait failli être lynché. Marie Dubois, l'un des valets du roi, qualifiait les Parisiens de « tigres » et s'exclamait dans ses Mémoires que Paris est une force si terrible qu'elle pourrait déchaîner 100 000 hommes pour exécuter ce qu'elle désire. Le Palais-Royal était comme un camp retranché ; dans les rues alentour, des courtisans n'osaient pas porter leurs armes de peur d'être attaqués. Quelques bourgeois criaient qu'ils voulaient le roi « entre leurs mains pour le garder eux-mêmes à l'Hôtel de Ville[76] ». Mazarin déplorait dans son carnet que « le Parlement a fait les fonctions de Roi et le peuple de Paris lui a déféré entièrement ; il a donné au Roi Broussel pour associé ». La reine et Mazarin étaient attaqués dans des pamphlets et sur des affiches multipliant les « propositions insolentes et inouïes[77] ». Entre 1648 et 1652, ce furent au moins 5 000 pamphlets et poèmes contre lui, les fameuses « mazarinades », qui furent imprimés[78]. L'un d'eux le présentait comme un « bougre sodomisant l'État ». Un autre le croquait montant « l'âne d'Autriche[79] ». Un ami écrivit à Mathieu Molé, premier président du parlement de Paris : « Ces noms sacrés [ceux du roi et de la reine] ne sont pas capables de les retenir[80]. »

La reine et Mazarin ne percevaient pas les causes économiques ou politiques du mécontentement et ne comprenaient pas davantage que les épreuves de la guerre (la France et l'Espagne s'affrontaient depuis 1635) et les effets de la corruption, en particulier la rapacité incontrôlée du cardinal, sapaient la monarchie. Ils considéraient toutes les attaques contre l'autorité royale comme un outrage. Ayant survécu à Richelieu et à son mari, la reine savait jouer le jeu politique, usant de la temporisation, de « mots suaves » et même de sa propre personne. Dans la soirée du 26 août 1648, elle accepta de se faire présenter des colonels, des capitaines et des bourgeois de la milice de Paris au Palais-Royal. Elle les remercia d'avoir empêché des désordres populaires « avec beaucoup de témoignage de bienveillance. Le roi était dans une chaire au chevet du lit de ladicte dame, qui souffrit que beaucoup de ces capitaines et bourgeois l'embrassassent par les jambes en lui baisant les mains[81] ».

Enfin, le 27 août, cédant aux pressions conjointes de la rue et du parlement de Paris – le premier président Molé l'avertit qu'elle pourrait perdre son royaume tout entier –, la reine accepta de faire libérer Broussel et Blancmesnil. Le lendemain matin, quand Broussel refit son apparition à Paris, la foule s'exclama : « Vive le roi et M. Broussel ! » Le roi fut à nouveau acclamé quand il allait à la messe dans les églises de Paris[82]. Les 30 et 31 août, des colonels et « les principaux capitaines de la ville » furent à nouveau admis au palais, sans doute sur le conseil de Mazarin, en la circonstance dans la chambre que partageaient le roi et son frère, et furent une fois encore comblés de compliments et d'assurances de l'amour de la famille royale pour Paris[83].

Une biographe moderne d'Anne d'Autriche exprime sa sidération qu'aucune révolution n'ait éclaté. « Il aurait suffi d'un Danton pour que l'histoire de France fît un bond de cent trente ans[84]. » C'est qu'à l'inverse de 1789, les gardes du roi restèrent loyaux, alors que la milice de Paris faisait régner la loi et l'ordre. Aucun garde ne se mutina, comme les gardes-françaises qui conduisirent la prise de la Bastille le 14 juillet 1789 ; aucun officier, aucun soldat ne fut assassiné par la foule pour en dissuader d'autres d'obéir aux ordres. Surtout, Paris restait une ville catholique, avec un nombre croissant d'ordres et de fraternités caritatifs et religieux qui contribuaient à rendre la vie des pauvres légèrement moins intolérable. À propos de l'ambitieux et très capable coadjuteur de l'archevêque de Paris, Gondi, qui devint plus tard le cardinal de Retz, Mme de Motteville écrivit qu'il « avait beaucoup d'esprit et de savoir et qui avait outre cela un grand cœur et de la grandeur dans l'âme[85] ». Les curés de Paris lui obéissaient ; il sillonnait les rues pour apaiser la sédition.

Le 22 octobre 1648, une déclaration de réforme fut émise par le gouvernement royal. La taille serait diminuée de 20 %. On promit une amnistie pour les frondeurs et l'immunité aux parlementaires. La reine fit observer à Condé et à Gaston qu'elle n'avait accepté que sous la contrainte, en raison des « nécessités de l'État ». Son fils, craignait-clle, pourrait nc devenir rien de plus qu'« un roi de jeu de cartes ». Mazarin était furieux que les traités de Westphalie, signés à l'automne, soient passés presque inaperçus à Paris. Ils mettaient fin à la guerre entre la France et l'empereur du Saint Empire romain germanique et confirmaient les gains territoriaux de la France dans le sud de l'Alsace. Au même moment, son échec à conclure la paix avec le roi d'Espagne maintenait la France en guerre, au grand désarroi de la plupart des Français[86].

Plus la reine consentait de concessions, plus le Parlement en exigeait. Il vota des lois ordonnant aux bourgeois de rester armés et interdisant à l'armée royale de s'approcher à moins de 20 lieues de la capitale[87]. Il ne débattait plus des lois, mais attaquait la puissance militaire de la monarchie. Le 23 octobre 1648, il décréta qu'aucun financier, et pas davantage leurs enfants, ne pourrait acheter de fonctions judiciaires[88].

Comme Henri III en mai 1588 et Louis XVI en juin 1791, la reine décida de fuir. Mazarin et la reine choisirent la nuit du 5 au 6 janvier 1649. C'était la fête de l'Épiphanie, traditionnellement un moment où « tout le monde serait en débauche », écrivit la fille de Gaston, Mlle de Montpensier, dont les Mémoires comptent parmi les plus franches de cette période[89]. En de telles circonstances, il serait plus facile de se faufiler hors de la capitale. Ce soir-là, la reine resta dans son petit cabinet, regardant ses fils et leur suite prendre plaisir à « choisir le roi », à la recherche d'une fève dans une galette. Le seul changement que remarqua Mme de Motteville fut qu'elle semblait plus enjouée qu'à l'ordinaire. Elle dit à sa suite que le lendemain elle se rendrait au Val-de-Grâce[90].

S'étant retirée pour la nuit, elle réveilla ses fils à 2 heures du matin. Ils sortirent par un escalier dérobé, accompagnés par le gouverneur du roi, le maréchal de Villeroy, le marquis de Villequier, capitaine des gardes du corps, des officiers de la garde comme Comminges et Guitaut et la première femme de chambre de la reine, Mme de Beauvais. Beringhen, premier écuyer, organisait le voyage – comme en 1567, en 1588 et en 1791, la réussite de la fuite du roi dépendait de ses carrosses et de ses chevaux. Dans les jardins du cours la Reine, à l'ouest du jardin des Tuileries, ils furent rejoints par Gaston, Condé et Mazarin, ce dernier emportant quelques-uns de ses joyaux. Lorsque les carrosses royaux sortirent de

Paris, Mademoiselle remarqua qu'elle n'avait jamais vu personne d'aussi gaie que la reine. C'était comme si elle avait pris la ville et pendu tous ses ennemis[91].

Ce mouvement s'effectuant par surprise, et le mobilier suivant généralement la famille royale de château en château, rien n'était prêt au Château Vieux de Saint-Germain, excepté quatre lits de camp, que Mazarin avait eu la prévoyance de faire expédier quelques jours plus tôt. Tous, sauf le roi, la reine, Mazarin et d'Anjou, durent dormir sur de la paille[92].

Justifiant cette initiative dans une lettre se référant au complot pour « se saisir de notre personne » et aux « pernicieux desseins » des parlementaires et de négociations supposées avec des agents de l'Espagne, le gouvernement avait espéré se gagner le soutien des Parisiens contre le Parlement[93]. Or il n'en fut rien. Ces deux forces demeurèrent alliées. En outre, une partie de la Cour et de la noblesse, selon le langage des Registres de l'Hôtel de Ville, « embrassèrent le Parti de la Ville et du Parlement ». Cela incluait le descendant illégitime d'Henri IV, le duc de Beaufort, surnommé « le roi des halles », le duc de Bouillon, le duc d'Elbeuf, frère cadet du duc de Guise et les ducs de Luynes et de Chevreuse. Le poids de leur autorité explique pourquoi la Fronde demeura socialement conservatrice.

La duchesse de Longueville, sœur des princes de Condé et Conti, cousins du roi au troisième degré, actrice politique comme nombre de femmes de la période, était un chef de la Fronde. Mazarin l'appelait « Nérontine ». Mme de Motteville la considérait comme « l'âme du parti parisien ». Sous les acclamations de la foule, la duchesse s'installa à l'Hôtel de Ville, où elle donna naissance à un fils prénommé Charles-Paris. Ensuite, elle fit venir de Saint-Germain son frère cadet, le prince de Conti, qui la suivait aveuglément, afin qu'il devienne généralissime de l'armée de Paris et du Parlement « pour le service du Roi » – en réalité contre lui[94].

En janvier 1649, camouflet directement infligé à la Couronne, Conti démit le gouverneur royal de la Bastille, l'imposante forteresse du XIVe siècle située dans l'est de Paris, qui en était le principal arsenal, et le remplaça par Broussel. Paris était à nouveau une ville dotée d'une armée, comme aux temps de la Ligue catholique. Il s'y tenait des conseils, en bonne et due forme, de colonels et de quarteniers qui discutaient de fortifications et de barricades ; la milice intégrait des individus de haute noblesse, des gardes-françaises, des parlementaires comme Pierre Viole et des bourgeois comme Paul Scarron, le dramaturge infirme, auteur de vers virulents attaquant Mazarin[95]. La loyauté envers la capitale l'emportait sur la fidélité envers la monarchie. Le spectacle de la livrée royale dans les rues de Paris exposait celui qui la portait à être attaqué. Un juge du Parlement déclara : « Je suis natif de Paris et je m'offre à elle, pour exécuter tout ordre qu'elle voudra me donner. » L'Université fit don de 10 000 livres. Des avocats se portèrent volontaires pour intégrer l'armée de Paris, comme le firent certains gardes royaux[96]. Tentant de rejoindre la Cour à Saint-Germain pour accomplir ses devoirs aux côtés des valets du roi, Dubois s'aperçut que tout le peuple soutenait le Parlement et assassinait ceux qui allaient rejoindre le service du roi ; « ils nous appelaient "les Mazarins"[97] ». Le Parlement, qui affirmait représenter la justice, condamna sans procès le cardinal à s'exiler, le tout assorti d'une confiscation de ses biens. Il fut décrété parfaitement légal de tuer cet « ennemi du roi et de l'État » s'il ne quittait pas la France immédiatement[98]. La Cour et la capitale étaient en guerre.

3

La lutte pour la France

Les quatre années qui s'écoulèrent entre la fuite de la Cour de Paris le 5 janvier 1649 et le retour de Mazarin dans la capitale le 3 février 1653 furent parmi les plus troublées de l'histoire de France. Paris était en proie au tumulte. Des princes et des provinces se rebellaient. Des villes fermaient leurs portes au nez du roi. Les campagnes étaient dévastées. Les Français proclamaient que les rois avaient un devoir envers leurs sujets, ainsi que les sujets envers les rois, et que l'obéissance aux souverains était conditionnée par leur observance de la loi[1].

Certains Français rêvaient de la convocation des états généraux et d'un conseil royal composé de représentants des trois états, Église, noblesse et non-nobles[2]. Entre 1648 et 1653, à neuf reprises, Anne d'Autriche promit de convoquer ces états généraux. En plusieurs occasions, des députés furent élus, mais jamais officiellement réunis. La possibilité d'une assemblée attirerait pourtant beaucoup de protagonistes durant le règne de Louis XIV[3].

L'impopularité des agents de la monarchie, plus marquée que celle de l'institution proprement dite, fut une autre raison de sa survie. En l'absolvant des reproches lancés aux actes du gouvernement, la jeunesse de Louis XIV préserva aussi sa popularité. La vague d'affection qui l'avait accueilli à son entrée dans Paris en 1643 se reproduisit souvent, quoique pas assez fréquemment à son goût et à celui de sa mère.

L'absence chez l'adversaire d'un dirigeant capable d'exploiter la faiblesse française – à l'inverse de la seconde moitié du règne de Louis XIV, quand il serait confronté à trois génies, Guillaume III, Marlborough et le prince Eugène – aida la monarchie française à survivre. L'archiduc Léopold Guillaume, gouverneur général des Pays-Bas espagnols de 1647 à 1656, était un esthète qui préférait collectionner des tableaux à Bruxelles que livrer des batailles en France. Qui plus est, la plupart des Français étaient rebutés par ce que des pamphlets appelaient « le mauvais exemple », « le malheureux exemple » de l'Angleterre. En France, le procès et l'exécution de Charles Ier, le 30 janvier 1649, et la proclamation du Commonwealth accrurent le soutien à la monarchie et accentuèrent la peur d'une république[4]. La conviction d'Anne d'Autriche était que la révocation par Charles Ier de son principal ministre, Thomas Wentworth, comte de Strafford, conduisant en 1641 à l'exécution de ce dernier, avait entraîné la chute du monarque anglais, ce qui renforçait sa résolution de ne pas congédier Mazarin[5].

Avant toute chose, la monarchie survécut parce qu'elle conserva la maîtrise de sa propre sécurité. Les gardes du corps, les gardes-françaises et suisses et la Maison du roi ne se mutinèrent pas, ou ne désertèrent pas. Le roi ne fut jamais réduit à l'état de prisonnier ou de fantoche, comme Louis XVI après que la garde nationale de Paris se fut saisie de sa personne en le soustrayant à ses gardes du corps le 6 octobre 1789, avant de l'escorter de Versailles à Paris. Louis XIV pouvait contrer ses ennemis et changer de résidence selon son souhait. En deux occasions, en 1648 et 1651,

Anne d'Autriche révoqua personnellement les capitaines des gardes : la première fois à cause d'une rixe devant une église entre gardes du corps et gardes-françaises, alors que le roi était à l'intérieur ; et une seconde fois parce que M. de Chandenier, capitaine des gardes, était un allié de monseigneur de Retz, l'ambitieux et dangereux chef du clergé de Paris[6]. Chandenier fut remplacé par M. de Noailles – une étape déterminante dans l'ascension des Noailles, qui deviendraient plus tard, grâce à Louis XIV, la plus puissante de toutes les familles de la cour de France, encore à ce jour propriétaire de domaines autour de Paris[7]. En mai 1650, quand des retards de solde conduisirent les gardes suisses à menacer de cesser de garder le Palais-Royal et de rentrer chez eux, le Conseil trouva aussitôt l'argent pour les payer[8].

Mazarin insista pour que le roi soit toujours entouré d'un grand nombre de gardes du corps, au cas où les princes seraient tentés de fomenter un coup d'État. Le capitaine des gardes et le premier gentilhomme de la chambre devaient toujours dormir dans la chambre du roi[9]. Le cardinal écrivit à Anne d'Autriche qu'elle devait se montrer très prudente et ne sortir que fortement escortée[10]. Le duc de La Rochefoucauld regretta plus tard cette incapacité à se saisir de la personne du roi au début de la Fronde : « La grandeur de l'entreprise l'empêcha d'en reconnaître la facilité » – il évoque ici le cousin du roi, le prince de Condé. Cette voie simple et sûre aurait empêché le retour de Mazarin et légitimé la Fronde[11]. Au paroxysme du pouvoir frondeur à Paris, Retz et Beaufort insistèrent aussi pour que l'on s'empare du roi : « Il ne faut point être tyran à demi. » La principale raison pour laquelle cet avis ne fut pas suivi tenait moins au respect qu'inspirait le souverain qu'à la crainte que suscitaient ses gardes[12].

Mazarin était détesté parce que corrompu, de naissance étrangère, mais aussi en raison de ses « secrètes et artificieuses négociations[13] ». Avec l'aide de son brillant jeune intendant, Jean-Baptiste Colbert, il se constitua une fortune en vendant des charges et des fermes générales, alors que nombre d'administrateurs royaux restaient en attente de leur rémunération[14]. Il contribua à la fois à sauver la monarchie et à la mettre en danger. Pour la duchesse de Nemours, sa cupidité et son impopularité furent les causes premières de la Fronde[15]. Alors que tous se retournaient contre lui, la reine lui demeurait loyale. Elle suivait presque toujours ses conseils, envoyés par lettre codée quand il était en exil. Ses billets lui signifiant ce qu'elle devait dire et faire nous sont restés : « La Reyne dira que » était une formule récurrente[16]. Ou encore : « La règle de leur conduite [il s'agit d'Anne et de Louis XIV] ne doit jamais être la passion de la haine ou de l'amour mais l'intérêt et l'avantage de l'État et le soutien de leur autorité[17]. »

Mazarin croyait que les ambitions privées de vingt à trente princes, ministres et nobles avaient eu autant d'effet pour pousser la Fronde que des affaires publiques – la guerre, l'impôt et la question de l'autorité royale. Toutefois, si les affaires publiques n'avaient pas également eu un rôle crucial, les ennemis de Mazarin ne s'y seraient pas intéressés : ainsi Gaston soutenait la convocation des états généraux, tandis que Condé entretenait des liens avec des parlementaires de premier plan. Davantage de gens venaient quérir les bonnes grâces de Condé que de Gaston, alors que Condé n'était que le cousin au troisième degré et non l'oncle du roi. Héros de guerre admiré, il avait remporté presque toutes les victoires françaises des années 1640, et il avait un fils. Gaston avait un caractère plus faible, et n'était père que de filles.

Exprimant les opinions de la Maison de la reine, Mme de Motteville, l'une de ses premières femmes de chambre, estimait elle aussi dans ses Mémoires que certains « grands mouvements du monde qui détruisent ou qui établissent les empires » n'étaient dus en réalité qu'aux « intrigues secrètes de peu de personnes », souvent sur des questions dénuées d'importance[18]. La haine de la duchesse de Chevreuse envers le prince de Condé sema ainsi, en partie, la division au sein de la Fronde[19], tandis que le soutien de La Rochefoucauld à cette révolte trouvait notamment sa source dans son désir de gagner à son épouse le droit d'avoir un tabouret lors des cérémonies officielles à la cour[20]. La passion de « mesdames fesses » ou des « dames assises » pour ce que l'on appelait « le divin tabouret » inspira un poème intitulé « De la guerre des tabourets », priant des « infâmes culs » de prendre la route de Sodome et d'aller à Rome[*21]. La cour de France n'était pas la seule institution à employer le mobilier comme un moyen d'affirmer le statut. Les corporations des cités et les cathédrales en faisaient autant, ainsi que d'autres pays. Le prestige français et la sécurité du commerce avec l'Empire ottoman, écrirait l'ambassadeur de France à Louis XIV en 1680, dépendaient en partie du fait que l'on savait dans cet empire que ce diplomate avait le droit de placer son tabouret sur le sofa du grand vizir[22].

L'amour, l'argent, la situation personnelle pouvaient décider des allégeances, autant que les divisions idéologiques entre les soutiens d'une monarchie autoritaire et ceux qui préféraient qu'elle soit tempérée par les états

---

* Mesdames fesses
Allez présenter vos requêtes
Et poursuivez vos tabourets
Assurément vous les aurez
Vous êtes des culs bien honnêtes
[...]
Prenez la route de Sodome
Allez, allez infâmes culs
Avec le Cardinal à Rome...

généraux. Les plus grands généraux français étaient prêts à se battre pour le roi d'Espagne : Turenne en 1650-1651, Condé en 1651-1659. Turenne revint à son allégeance originale en août 1651 en partie pour raisons familiales : en échange de la forteresse protestante frontalière stratégique de Sedan qu'il cédait à la Couronne, son frère reçut le duché d'Albret dans le centre du pays. Leur famille, les La Tour d'Auvergne, qui affirmait remonter à une époque antérieure au Christ, acquit aussi le titre convoité de « prince étranger[23] ». Cela donna à un petit groupe de dynasties étrangères régnantes – comme les princes des maisons de Gonzague, de Lorraine et de Savoie – préséance sur les ducs à la Cour, mais pas au Parlement.

Condé était pourtant resté loyal. En février 1649, il commandait l'armée royale de 6 000 hommes assiégeant Paris, la soumettant à un blocus, mais laissant entrer les approvisionnements alimentaires[24]. Son frère Conti, commandant Paris pour la Fronde, avait écrit à l'archiduc Léopold Guillaume, aux Pays-Bas espagnols, pour lui demander son aide. Le 11 mars, en raison de la nécessité financière et de la crainte d'une invasion espagnole, un traité fut signé à Rueil, dans le splendide château de Richelieu à l'ouest de Paris, où la Cour résidait souvent. Hugues de Lionne, secrétaire d'État aux Affaires étrangères, écrivit à Abel Servien, le diplomate qui avait contribué à négocier les traité de Westphalie : « La vérité de la chose est qu'il a fallu conclure à cause de la venue de l'Archiduc. » Sans la crainte de l'invasion, « on ne se serait point relâché du châtiment ou du moins de l'exil des factieux[25] ».

En échange d'une amnistie, il n'y aurait plus d'autres assemblées des diverses cours de justice. Les édits contre Mazarin furent annulés. Durant tout le mois d'avril 1649, des députations des tribunaux et du clergé, ainsi que les corporations de Paris vinrent présenter leurs hommages à la cour à Saint-Germain, laquelle se fixa ensuite, du mois de mai au mois d'août, dans l'ancien château royal de Compiègne, à 80 kilomètres au nord de Paris[26]. Par la voix de Louis XIV, Anne d'Autriche demanda à « ma cour de Parlement » de l'aider à faire régner la loi et l'ordre à Paris[27]. À Compiègne, Mme de Motteville écrivit que la Cour qui avait inspiré l'« admiration de l'Europe » était réduite à la plus grande misère. Quelques joyaux de la Couronne furent mis en gage. Beaucoup de dignitaires et de serviteurs qui n'étaient plus payés partirent[28].

Le Parlement paraissait avoir gagné. En tant qu'institution permanente, Mazarin le redoutait plus que les princes et les nobles, croyant qu'il espérait garder une mainmise sur le roi même après sa majorité[29]. Toutefois, la monarchie détenait encore des cartes maîtresses : la popularité du roi, la garde royale et l'armée. Le 18 août 1649, la Cour regagna la capitale. Le monarque et la famille royale, dans un carrosse escorté par Mazarin et Condé, furent accueillis dans la plaine située entre Saint-Denis et Paris par le prévôt et les échevins de la ville, agenouillés. « Ils n'étaient pas capables, dans l'excès de leur bonheur de se pouvoir expliquer que très faiblement », remarqua le prévôt, au comble de l'émotion. Sur la plaine, autour de la route et jusqu'au Palais-Royal se pressait une foule criant « Vive le roi ! » et on alluma des fusées de feux d'artifice[30]. Paris était redevenu une ville de cour. Mazarin lui-même en était enchanté. Les Parisiens burent à sa santé avec de l'argent distribué par ses serviteurs[31].

Le 25 août 1649, jour de sa fête ainsi que de celle de Saint Louis, le roi se rendit en procession dans la nouvelle église baroque Saint-Louis du Marais, et paraissait aussi supérieur en bonne grâce et en bonne mine à tous ceux qui l'accompagnaient qu'en naissance et en dignité. Il fut encore accueilli par de « continuelles acclamations », selon Olivier d'Ormesson, et saluait sans relâche, en retirant son couvre-chef, les dames qui lui lançaient des vivats depuis leurs fenêtres. Anne d'Autriche pleurait de joie, « saluant à droite et à gauche toutes les princesses, dames et les autres personnes de condition » avec des « caresses et paroles obligeantes », car elle « voulait bien se remettre dans l'esprit des Parisiens[32] ». Des femmes des halles, qui l'avaient maudite, l'applaudissaient et la bénissaient, implorant son pardon, tentant de toucher sa robe[33].

La Fronde fut ponctuée de bals autant que de batailles. La monarchie et Paris ne se bornaient pas seulement à poursuivre le dialogue ; elles dansaient ensemble. Le 5 septembre, lors d'un bal à l'Hôtel de Ville (qui devait fournir d'avance « des chambres et lieux particuliers » où les dames de la Cour pourraient se « coiffer et ajuster »), le roi ouvrit la danse avec sa cousine germaine Anne-Marie, la Grande Mademoiselle, fille de Gaston, duc d'Orléans, par sa première épouse, héritière des ducs de Montpensier. Héritière la plus en vue d'Europe, elle considérait que seuls le roi de France ou l'empereur du Saint Empire étaient dignes de l'épouser. Affichant encore le désir de la Cour de séduire les cœurs de Paris, le roi choisit ensuite pour partenaire Mme Le Féron, épouse du prévôt des marchands : un geste de condescendance auquel il ne se serait jamais abaissé à un âge plus avancé. Les distinctions sociales étaient encore fluides : jeune homme, Louis XIV chassait et dînait avec des juges, des financiers et des protestants que dans sa vieillesse il éconduirait[34]. Le 8 décembre 1649, il fit sa confirmation en la chapelle du Palais-Royal. À Noël, autre geste adressé aux Parisiens, il fit sa première communion dans l'église de sa paroisse, Saint-Eustache, qui reste à ce jour l'une des grandes églises de Paris. Il y eut « des acclamations perpétuelles de Vive le Roy », bien que le curé de cette paroisse eût été un ardent frondeur[35].

Condé, à qui Anne d'Autriche avait publiquement exprimé sa gratitude pour le retour de la Cour à Paris en toute sécurité, devenait l'homme le plus puissant de France. Il était confronté au dilemme commun aux cousins royaux ambitieux. L'ordre de succession était trop bien établi pour que l'usurpation soit aisée. Des parts de souveraineté étaient néanmoins à sa portée. Vainqueur de Rocroi et défenseur de la monarchie, ce prince arrogant exigea d'exercer son influence sur les grâces et la politique royales, et un siège attribué au Conseil, de droit plutôt que par faveur. Mademoiselle écrivit que comme « les gens les plus intéressés au bien de l'État [, les princes] selon toute vraisemblance devaient en être les maîtres[36] ».

En octobre, Mazarin signa un traité l'engageant à « ne rien décider sur les affaires de l'État sans prendre conseil du prince de Condé[37] ». Les princes devaient être consultés sur les nominations les plus importantes, et même sur les mariages des nièces du cardinal : l'une d'elles, récemment arrivée de Rome, avait dansé avec le roi au bal de l'Hôtel de Ville[38]. Condé devint aussi gouverneur presque souverain de la forteresse de Stenay, sur la frontière vitale de la France à l'est[39].

Malgré cette trêve apparente, la lutte de pouvoir entre la reine, Mazarin et Condé fut envenimée par des gestes discourtois de la part du prince. Il encouragea l'un de ses partisans, un officier des gardes, le marquis de Jarzé, à écrire des lettres d'amour à la souveraine[40]. Elle lui répliqua en public qu'elle ne se serait sentie insultée que s'il avait été le premier « joli galant » de sa famille à se couvrir de ridicule ; or, le grand-père de Jarzé avait déjà tenté de déclarer sa flamme à Marie de Médicis[41]. Certains croyaient que Condé voulait régner sur la Guyenne, la Bourgogne ou la Navarre, ou devenir connétable de France, contrôlant ainsi l'armée[42]. Condé, Conti (désormais à nouveau sous l'emprise de son frère) et leur beau-frère le duc de Longueville, gouverneur de Normandie, ignorèrent le conseil de la duchesse de

Longueville de ne jamais se rendre à la Cour en même temps. Le matin du 18 janvier 1650, au Palais-Royal, le jeune roi leur glissa : « Maman dit que nous devrions aller dans la galerie. » Là, les princes furent appréhendés par le comte de Guitaut, un officier des gardes du corps, puis emprisonnés au château de Vincennes. Manifestement, à 11 ans, Louis gagnait en assurance[43].

Démontrant que le gouvernement du roi savait aussi employer le langage du consensus, la reine justifia cet usage de la force dans une lettre au prévôt des marchands et à ses adjoints, précisant que c'était « pour le bien de nos affaires[44] ». Le reste de l'année 1650 fut consacré à des visites dans les provinces rebelles. Elles se déroulaient selon une procédure récurrente. La Cour arrivait ; on montrait le jeune monarque ; la province, qui auparavant soutenait les princes, se soumettait. La présence de l'armée royale était contrebalancée par des grâces accordées et des renouvellements de privilèges. La Cour, qui résidait généralement au palais de l'évêque ou de l'archevêque local, se pliait à plusieurs séries de rituels et oraisons urbains, religieux, juridiques et académiques. Le roi poursuivait son éducation.

Des visites de cet ordre furent organisées en Normandie en février 1650 ; en Bourgogne en mars-avril ; dans l'Orléanais et en Touraine en juillet ; et à Bordeaux et dans les environs d'août à octobre[45]. Quelquefois, par exemple devant Saintes près de Bordeaux en octobre 1650, le roi arrivait « avec une cour aussi petite qu'on ne se le saurait imaginer », ainsi que l'écrivit un témoin, Philippe Fortin de La Hoguette[46].

Le roi était la clef. Quand il entra dans Rouen, son confesseur et protecteur, le père Paulin, déclara que « telle est sa bonté et facilité d'humeur jointe à la grâce de son corps et à la douceur de ses regards que je ne sache point philtre plus puissant pour enchaîner les cœurs… La Normandie entière n'a pu se rassasier de sa vue ». La reine pouvait conquérir l'univers entier rien qu'en le montrant, continua-t-il[47]. Le 13 avril 1650, un Mazarin enchanté écrivit au premier président depuis Dijon, en Bourgogne, où le roi avait assisté à une bataille lors de laquelle les troupes royales combattaient les frondeurs sous les ordres de Turenne et de son frère aîné le duc de Bouillon : « Sans flatterie le roi s'est conduit merveilleusement bien en tout ce voyage ; les gens de guerre en sont demeurés extraordinairement satisfaits ; si on lui eût voulu permettre, il n'y eût eu endroit où il ne fût allé[48]. »

Le monarque était d'un naturel sérieux, riant rarement même quand il jouait avec son frère Philippe[49]. Il apprenait la politique en puisant dans son expérience personnelle. Le 7 septembre 1649, âgé de 11 ans, il avait siégé au Conseil pour la première fois. Olivier d'Ormesson avait entendu dire qu'il « y opina si judicieusement que Sa Majesté donna à connaître à tous ses ministres et conseillers d'État les merveilles qu'on doit attendre d'Elle en un âge plus avancé[50] ». Ainsi que l'avait montré son sang-froid avant l'arrestation des princes au Palais-Royal le 18 janvier 1650, il était aussi devenu un excellent acteur.

Sa participation au Conseil et des entrevues en tête à tête avec Mazarin plusieurs fois par jour donnèrent au roi une éducation politique, tant française qu'européenne. Des ambassadeurs de Venise remarquèrent sa grande affection et sympathie pour le cardinal, mais certains affirmèrent que Mazarin encourageait le goût du roi pour la danse et les exercices physiques afin de le dissuader de se pencher sur les affaires de l'État[51].

En outre, sous la supervision de son gouverneur, le maréchal de Villeroy, il recevait une éducation complète dans la doctrine chrétienne grâce à son précepteur, monseigneur de Beaumont de Péréfixe, qui serait plus tard nommé archevêque de Paris, et du père Paulin, qui, comme tous ses confesseurs, était un jésuite. Il étudiait le latin, l'italien (qu'il apprit à bien parler, avec l'aide d'un des adjoints de Mazarin, Ascanio Amalteo), la géographie, la grammaire et les mathématiques – leçons qui se déroulaient parfois sous la surveillance de grands de la Cour[52]. Ses cours d'histoire de France mettaient l'accent sur le pouvoir et l'ancienneté de sa dynastie, et le nombre de royaumes sur lesquels elle avait régné, notamment ceux de Pologne, de Hongrie, de Naples, de Jérusalem et de Constantinople. Son grand-père « Henri le Grand » était dépeint dans la biographie écrite pour Louis XIV par Hardouin de Péréfixe, et dédicacée à Mazarin, comme un bon et noble héros. L'édit de Nantes octroyé par Henri IV en 1598, accordant aux protestants la liberté de culte et le droit de se défendre dans certains lieux en dehors de Paris, avait été dicté par les nécessités de l'État. Les conversions forcées étaient désapprouvées.

Surtout, on apprit à Louis XIV qu'un roi se doit, comme Henri IV, d'exercer son autorité en personne et de ne pas la laisser entre les mains de ses ministres : « La royauté est presque toute en action[53]. » Il n'est pas vrai, ainsi que nombre d'ennemis de Mazarin l'affirmèrent et que le roi lui-même le prétendit dans son grand âge, que son éducation ait été négligée. À 14 ans, il avait acquis assez de compétences pour composer les caractères d'une page des Mémoires de Commynes (le premier livre de Mémoires politiques français, décrivant les luttes de pouvoir entre Louis XI et le duc de Bourgogne, publié en 1524), et il avait traduit une partie des chroniques de César sur la guerre des Gaules[54]. Ses exercices de latin de 1651, signés « Ludovicus », commencent par une traduction de la maxime selon laquelle « le devoir principal d'un prince chrétien est de servir Dieu et que la piété est le fondement de toutes les vertus ». Il traduisit aussi des mises en garde lui rappelant qu'il était de son devoir de réfréner ses passions comme s'il s'agissait de « bêtes sauvages », sans quoi les gens risquaient de mépriser ses ordres[55].

Le soir, ses valets lui lisaient des volumes d'histoire, ou autres, par exemple *Le Roman comique*, un livre de Paul Scarron (dont il épouserait trente ans plus tard la veuve, alors connue sous son nom de marquise de Maintenon)[56]. Ses sports préférés étaient la natation, le jeu de paume, la danse et l'équitation, enseignée par un autre Italien, Lepidio Arnolfini. Rentrant d'une revue des troupes, âgé de 9 ans, il maîtrisa son cheval qui se cabrait, retirant ses pieds « sans émotion » afin d'éviter de les laisser pris dans les étriers, alors que des dames poussaient des cris de frayeur[57]. Dès l'âge de 5 ans, il entraîna une troupe d'« enfants d'honneur » dans l'art de la guerre. Vêtu de velours noir rehaussé de gris, il les exerçait dans le jardin du Palais-Royal, « la pique à la main et tambour battant », se souvenait l'un d'eux, Henri de Brienne. Un fort miniature avec bastions construit dans le jardin des Tuileries en 1650 ferait naître en lui la passion de la guerre de siège, qui deviendrait la marque de son règne[58].

Son principal héros n'était pas, ainsi que ses tuteurs l'auraient souhaité, l'une des grandes figures de l'histoire de France comme Charlemagne, Saint Louis ou Henri IV, mais Alexandre le Grand, qui hérita d'un trône et conquit le monde[59]. À l'exemple du Macédonien, Louis serait déterminé à glaner ce qu'il appelait, dans une lettre au commandant de ses gardes-françaises, le maréchal de Gramont, « les louanges les plus exquises de l'histoire[60] ».

Le jeune Louis XIV pourrait être, comme le disaient ses tuteurs, l'avenir de la France. Pourtant, dès qu'il en repartait, les provinces françaises repassaient souvent sous l'autorité des princes et leur versaient des impôts. Bordeaux réserva au souverain un accueil froid quand elle lui ouvrit enfin ses portes en octobre 1650. La véritable raison de sa soumission était liée au besoin d'effectuer ses vendanges en paix, afin de faire son vin cet automne-là[61].

Mazarin et les financiers étaient toujours objets de détestation. À Paris, il arrivait que la voiture de Louis XIV et Anne d'Autriche soit suivie par des investisseurs de rentes d'État criant justice. Les pressions des notables de la Cour en vue de faire libérer les princes emprisonnés et le nombre de requêtes officielles du Parlement et des assemblées des nobles de Paris augmentaient. Le 30 janvier 1651, Gaston et Condé signèrent un traité d'amitié. Le 1er février, Gaston et Mazarin se querellèrent en présence du monarque, au Palais-Royal, quand Mazarin compara le parlement de Paris au Parlement anglais, qui avait ordonné l'exécution de Charles Ier – un événement encore présent dans les esprits français deux ans après les faits. D'autres comparaisons avec Oliver Cromwell et Fairfax, le général des parlementaires, mirent tant Gaston en colère qu'il proclama son intention de ne pas rester membre du Conseil tant que Mazarin y siégerait[62]. Selon l'un des frondeurs, le duc de La Rochefoucauld, les officiers de la Cour, ainsi que les juges du Parlement, souhaitaient l'arrestation de Mazarin[63].

L'une des filleules de la reine, Anne de Gonzague, princesse Palatine, fille de Charles de Gonzague, duc de Mantoue et de Nevers, était une autre politicienne à poigne. Mazarin admirait sa « connaissance parfaite des humeurs et des intérêts des personnes avec qui elle a à faire[64] ». Elle dominait son époux, le prince Édouard du Rhin, bel homme insignifiant, frère cadet du prince Rupert qui s'était installé à Paris et converti au catholicisme. Pour Mme de Motteville, et pour le cardinal de Retz, un autre grand mémorialiste, Anne était l'emblème de son sexe, belle, intelligente et capable de se gagner la confiance de tous. Le chroniqueur Pierre Lenet écrivait qu'elle était plus intelligente que tous les politiciens de l'époque réunis[65]. En février 1651, encouragé par la princesse Palatine, Mazarin donna l'ordre de faire libérer les princes, qui quittèrent Le Havre. Ensuite, se rendant compte que l'alliance entre Gaston et Condé associée au mécontentement populaire rendait ses ennemis plus forts que lui, sur la requête officielle des princes et du Parlement, il quitta le pays pour le château de Brühl, dans l'électorat de Cologne, une région tampon stratégique entre la France et le Rhin. La reine se sentit obligée d'accepter à son départ, mais comme nous l'avons vu elle continua de correspondre avec le cardinal par code[66].

Sur la route du retour de Condé du Havre à Paris, le 16 février 1651, des foules poussaient des acclamations : « Vivent les princes et point de Mazarin ! » Gaston sortit en personne de la ville pour aller au-devant de son cousin[67]. Jusqu'alors soutien loyal de l'autorité royale, Gaston, lieutenant général du royaume et président du Conseil de guerre, força ensuite la reine à accepter la convocation des états généraux. En plein Conseil, ils eurent des disputes enflammées sur la date de cette assemblée. La personne du roi restait la clef du pouvoir. En février, Gaston envoyait tous les soirs le commandant de sa garde suisse, M. des Ouches, au Palais-Royal tirer les rideaux de la chambre du roi afin de vérifier qu'il était bien là et ne s'était pas enfui une nouvelle fois pour Saint-Germain. Sur ses ordres, la milice de Paris, ainsi que les gardes royaux patrouillaient dehors. Au grand déplaisir de la reine, les postes de la milice autour du palais étaient si proches de ceux des gardes royaux que les uns et les autres pouvaient s'adresser la parole[68].

Pendant plus d'un mois, le roi fut pratiquement le prisonnier de son oncle. Les visiteurs qui arrivaient ou sortaient du Palais-Royal étaient fouillés. On soupçonnait la reine de vouloir quitter Paris. Dans la soirée des 9 et 10 février 1651, elle dut autoriser les Parisiens à défiler dans la chambre du souverain afin qu'ils vérifient par eux-mêmes qu'il était encore là : Mme de Motteville rapporte que l'alarme des visiteurs se mua en amour et qu'ils adressèrent mille bénédictions au jeune garçon endormi[69].

Cette intrusion dans la chambre du roi était aussi révélatrice des attitudes envers la monarchie que le seraient les levers et couchers grandioses qu'y organiserait Louis XIV trente ans plus tard. La soumission alternait avec l'irrespect. Dans ses Mémoires, Mademoiselle eut ce commentaire qu'à dire vrai c'étaient des affaires que l'on ne pouvait guère oublier. Et, en effet, le jeune roi n'oublia jamais de telles humiliations[70]. Le maréchal du Plessis, gouverneur de son frère cadet le duc d'Anjou, se rappelait que le peuple de Paris commettait chaque jour des folies[71].

La cour de France tenta d'amadouer ses sujets rebelles par la danse. Catherine de Médicis avait popularisé les ballets comme spectacles de cour après 1560[72]. Avec ses pas et ses figures chorégraphiés et des décors et costumes magnifiques, le ballet n'était pas seulement considéré comme un bon exercice physique, à l'instar de l'équitation ou de l'escrime, mais représentait également sur scène cette harmonie et cette domination que la monarchie française s'efforçait d'imposer au royaume. Margaret McGowan l'appelle « une source de divertissement sans pareil ainsi qu'une occasion d'inculquer aux publics la propagande royaliste[73] ».

La danse était presque aussi populaire que le sont aujourd'hui les exercices gymnastiques. Les deux remplissaient des fonctions similaires, la première, croyait-on, renforçant le corps : elle affichait aussi le talent, la grâce, la bienveillance et la bonne humeur du danseur ou de la danseuse et, homme ou femme, elle lui enseignait le maintien. Comme Louis XIII, qui avait souvent dansé en public, tant à la Cour qu'à l'Hôtel de Ville, Louis XIV avait lui aussi dansé devant la Cour dès l'âge de 7 ans, avec la sœur de la princesse Palatine, Louise Marie de Gonzague, avant qu'elle ne quitte la France pour devenir reine de Pologne. Même quand il dansait, écrivait

La Gazette, « il sait bien même faire le roi[74] ». Pas de faux pas. Ses maîtres de danse successifs (Henri Prévost, Jean Renaud et Pierre Beauchamps) contribuèrent à transformer ce jeune prince timide en monarque au port régalien, à la grande dextérité physique et au maintien empreint de dignité[75].

Après avoir répété plusieurs jours, le jeune souverain dansa pour la première fois devant un véritable public dans *Cassandre*, sur un livret du poète Isaac de Benserade, le 26 février 1651. Les vers qu'il devait prononcer comportaient cette assertion : « Je ne suis point à moi, je suis à l'univers. » Comme son père avant lui, il continua de danser sur scène en public, ainsi que lors de bals en privé, jusqu'à 30 ans passés, soit un total de soixante rôles dans vingt-trois ballets. Certains duraient cinq heures. Pour les productions particulièrement compliquées, il pouvait se laisser guider par de meilleurs danseurs, comme Bontemps, un premier valet de chambre, ou par le duc de Saint-Aignan, un premier gentilhomme de la Chambre[76]. Parfois, là encore comme son père, il interprétait des rôles de femmes, par exemple Cérès, déesse de la fertilité, une villageoise ou une bergère – preuve de sa polyvalence, démontrant que le roi était au-dessus des normes humaines, capable de jouer tous les rôles, majestueux ou burlesques[77].

Dans l'amertume de l'exil, Mazarin se plaignait : au lieu d'organiser des divertissements, le roi et la reine devraient se comporter en prisonniers[78]. Déclarant que « ce n'est que par les armes qu'on peut rétablir tout à fait les affaires et l'autorité du roy », il projetait d'envoyer des soldats étrangers en France[79]. Grâce à la loyauté des gardes et à la nouvelle alliance d'Anne d'Autriche avec Condé contre Gaston en avril 1651, la famille royale recouvrait sa liberté[80]. Cet été-là pourtant, tout en sortant fréquemment chasser et nager hors de Paris, le roi dormait toujours dans sa capitale[81].

Des placards firent leur apparition, annonçant que tout bon citoyen et Français soutenait Condé. Des termes comme « citoyen », « patrie » et « fraternité » devinrent donc familiers bien avant 1789, autant que le désir de rendre le gouvernement comptable de ses actes et que la haine de la corruption. Condé visait à séduire les Parisiens ; il allait s'agenouiller et baiser les reliques de sainte Geneviève, la sainte patronne de la ville, quand on les faisait défiler dans les rues[82]. Cela ne l'empêchait pas de se plaindre que les prédicateurs huguenots du port protestant de La Rochelle n'auraient pu inspirer davantage d'ennui à son grand-père, lui aussi protestant, que ne lui en infligeaient les discours des Parisiens à propos du Parlement, des assemblées et de l'Hôtel de Ville[83]. Condé tentait de contrôler l'armée et les nominations ministérielles. Ses protégés étaient nommés gouverneurs en Guyenne, dans le Berry, en Bourgogne, en Champagne et, le 18 juillet 1651, il obtint la révocation de trois ministres éminents, Lionne, Servien et Le Tellier[84]. Pourtant, le même Condé évitait la Cour et, le 31 juillet, il refusa de descendre de sa voiture au passage de celle du roi de retour d'une excursion de natation sur la Seine (les carrosses, comme nous le verrons, provoquaient fréquemment des batailles de préséance). Le roi remarqua que si ses gardes avaient été avec lui, il aurait pris leur tête pour lancer la charge contre Condé[85]. Au contraire d'Anne d'Autriche, Condé ne consentit aucun effort pour cultiver sa relation avec Retz ; le 21 août, leurs partisans respectifs en vinrent aux mains dans le Palais. Retz faillit être écrasé entre deux portes par les soldats de La Rochefoucauld[86]. Le jeune monarque s'enquit auprès de son oncle Gaston : « Voulez-vous être de mon parti ou de celui de M. le prince[87] ? »

Le 7 septembre 1651, Louis XIV avait alors 13 ans, officiellement l'âge de la majorité ; une autre brillante cérémonie, comme celles marquant ses entrées dans Paris en 1643 et 1649, fut organisée pour tenter de raffermir le prestige de la monarchie. Le roi se rendit solennellement devant le Parlement en une « glorieuse cavalcade », précédé de 800 nobles marchant deux par deux sans ordre de préséance, gouverneurs de provinces, maréchaux de France et chevaliers de l'ordre du Saint-Esprit. Il était entouré de ses gardes et de sa Maison, et suivi de princes et de ducs[88].

Le chroniqueur John Evelyn, qui observait la scène d'une fenêtre de l'appartement de son compatriote exilé comme lui, le philosophe Thomas Hobbes, admira les vareuses de velours bleu brodées d'or portées par les trompettes du roi et les gardes et les hauts personnages « magnifiquement habillés et montés [...] couverts d'or, de joyaux et de riches caparaçons » de velours noirs ou de satin écarlate. Dans la « glorieuse cavalcade », il y avait « une abondance de fantassins et de pages du roi en livrée neuve aux plumes blanches et rouges ». Le roi lui-même « comme un jeune Apollon était dans un costume si couvert de riches broderies qu'on ne pouvait rien entrevoir de l'étoffe au-dessous ; il fit presque tout ce chemin chapeau en main, saluant les dames et ceux qui l'acclamaient qui emplissaient les fenêtres de leur beauté et criaient *Vive le Roy*. Il semblait un prince à la contenance grave mais douce[89] ».

Après la messe à la Sainte-Chapelle, il ouvrit la séance d'un lit de justice solennel dans la Grand-Chambre avec ces mots : « Messieurs, je suis venu en mon Parlement pour vous dire que suivant la loi de mon État, j'en veux prendre moi-même le gouvernement ; et j'espère de la bonté de Dieu que ce sera avec piété et justice. Mon chancelier vous dira particulièrement mes intentions. » Puis, après de brefs discours par le chancelier et la reine, Louis XIV se tourna vers sa mère : « Madame, je vous remercie du soin qu'il vous a plu de prendre de mon éducation et de l'administration de mon royaume. Je vous prie de continuer à me donner vos bons avis et je désire qu'après moi vous soyez le chef de mon conseil[90]. »

Pourtant, cette glorieuse cérémonie dissimulait des conflits profonds. Philippe, frère du roi, et son oncle Gaston lui rendirent hommage, mais Condé, redoutant d'être arrêté par les gardes royaux, avait fui la capitale la veille ; le roi ne daigna pas ouvrir sa lettre d'excuse[91]. Le 22 septembre, Condé arriva à Bordeaux, où il se saisit de recettes de la Couronne et entama une levée de troupes, comme s'il était le roi et non le gouverneur de la province[92].

Des copies du déluge d'ordres, d'instructions et de commissions envoyés par le gouvernement royal, au nom du roi « sur le conseil de la reine régente, Madame ma mère », tous consignés dans des registres de la même écriture claire de secrétaire, montrent ses tentatives pour garder la maîtrise des événements. Le 6 septembre 1651, par exemple, le maréchal d'Aumont reçut instruction de faire que « les troupes des princes » rejoignent l'armée du roi. Le 10 septembre, tous les officiers de l'armée de Flandre (qui servait auparavant sous les ordres de Condé) présents à Paris devaient être emprisonnés à la Bastille[93].

Le 27 septembre, la Cour quitta Paris à la poursuite du prince rebelle. Elle passa presque tout l'automne et l'hiver à Poitiers, dans le centre de la France[94]. Le Conseil officiel, sous l'autorité de la reine et du vieil ennemi de Richelieu, M. de Châteauneuf, avec Molé au poste de garde des Sceaux, était hostile à Mazarin[95]. Et ce fut un Mazarin horrifié qui vit Louis XIV le décréter publiquement hors la loi et criminel[96]. C'était pourtant un geste tactique décidé dans un moment de faiblesse, conçu pour rassurer l'opinion publique. Le 1er décembre, contre les vœux de la majorité de la Cour, mais sans nul doute à l'incitation de sa mère, le roi signa un ordre secret pour le retour de Mazarin. Le maréchal du Plessis, gouverneur de son frère, commenta : « Le roi ravi d'avoir à commencer de faire une action de maître par une chose de cette conséquence fit si bien qu'ayant lui-même cherché une écritoire il signa tout sans que personne s'en aperçût[97]. » Âgé de 13 ans, il était devenu indépendant, compétent et secret.

En janvier 1652, Mazarin revint avec 4 000 soldats, escorté par « les grands Mazarins », les maréchaux d'Hocquincourt, de La Ferté et d'Aumont. Louis et son frère sortirent de Poitiers pour l'accueillir. L'un des financiers et favoris du roi, un protestant d'origine allemande, Barthélemy Hervart, prêta de l'argent au cardinal[98]. Malgré le retour de Mazarin, la Fronde ne perdait rien de sa force ; au contraire, elle en gagnait. Le droit divin ne l'emportait pas sur l'hostilité publique. Selon les mots de La Porte, c'était une « cour pauvre et misérable à qui toutes les villes fermaient leurs portes [et qui] n'avait pas un jeton[99] ». Le 27 mars 1652, la Cour repartait de Poitiers pour Blois « par peur de mourir de faim », selon un écrivain parisien, Guy Patin. Ce jour-là, Mademoiselle faisait dans Orléans une entrée triomphale à la tête de ses troupes, tandis que le garde des Sceaux, qui précédait Louis XIV, s'en voyait refuser l'entrée[100].

Pendant deux semaines, du 2 au 15 avril 1652, la Cour se retira dans le château en brique de Gien, dominant l'un des rares ponts franchissant le cours supérieur de la Loire. Condé fit soudain son apparition, à la tête de 15 000 soldats, après une marche à travers le sud de la France depuis Bordeaux : le roi ne disposait que de 12 000 hommes[101]. Le 6 avril, l'armée royale était vaincue à la bataille de Bléneau : il est possible que seule l'arrivée de Turenne à la tête d'une autre armée royale ait évité au roi d'être capturé par Condé[102].

Paris se retourna contre le gouvernement de Sa Majesté, encore terni à ses yeux par le retour de Mazarin. Gaston avait déclaré au Parlement que Louis XIV était devenu

« roi de Bourges » comme Charles VII quand l'Angleterre tenait Paris et le nord de la France durant la décennie 1420[103]. Il ajouta que Condé et lui déposeraient les armes si Mazarin quittait la France. Malgré un décret plaçant la magnifique bibliothèque du cardinal, comptant 40 000 volumes, sous la protection juridique du souverain, elle fut vendue aux enchères à l'initiative du Parlement (par petits lots, de propos délibéré, afin d'en assurer la dispersion). Les recettes devaient servir à payer son futur assassin. Des libraires parisiens fixèrent les prix d'avance avec les commissaires-priseurs afin de revendre les livres à profit. Mazarin les qualifia de Goths et de Vandales[104].

Après sa défaite face à Cromwell à Worcester et son évasion miraculeuse d'Angleterre sous un déguisement, Charles II était retourné à Paris en novembre 1651. Le Louvre hébergeait à nouveau une cour anglaise en exil. Devant payer son Conseil privé et un réseau de diplomates dans toute l'Europe, Charles était parfois si désargenté qu'il en était réduit à dîner dans des tavernes. Néanmoins, en mai et juin 1652, sur sa propre suggestion, il intervint en tant que médiateur auprès des meneurs de la Fronde[105]. Gaston discuta avec le Parlement des propositions de paix que Charles apportait de la part de Louis, mais les refusa[106]. Toutefois, suscitant la colère des frondeurs, Charles II aida à convaincre leur allié, son cousin le duc de Lorraine, de retirer ses 8 000 hommes de France[107].

Paris se préparait à la bataille. Condé était entré dans la capitale le 11 avril et son escouade, dirigée par M. Penis, agent des finances de Limoges, terrorisait la ville[108]. La Cour gravitait autour de la capitale, entre Saint-Germain, Saint-Denis et Pontoise. Aux envoyés de Condé, Louis XIV réaffirma son soutien à Mazarin[109]. Les *Registres de l'Hôtel de Ville* montrent que le gouvernement royal avait lui-même prié le conseil des échevins et la milice de monter la garde dans certains quartiers[110]. Le roi fut choqué des attaques des frondeurs contre ses gardes à Saint-Denis, alors même que, sur ses ordres personnels, ils avaient fourni des escortes aux boulangers et aux convois de pain qui entraient dans Paris afin d'éviter une famine à la ville. Les frondeurs répandirent la rumeur que le pain était empoisonné[111].

En mai, Condé et le populaire duc de Beaufort, en vertu de leur sang royal, entraient dans la Grand-Chambre du Parlement et émettaient des ordres comme s'ils détenaient les pouvoirs royaux dans Paris[112]. À l'est de la capitale, le 2 juillet 1652, l'armée royale de 12 000 hommes, conduite par Turenne, engageait le combat contre celle de Condé, forte de 4 000 hommes, soutenue par des membres de la milice parisienne et des troupes espagnoles, sous la livrée de la croix rouge de Saint-André des ducs de Bourgogne. Le roi et Mazarin suivirent la « bataille du faubourg Saint-Antoine », ainsi qu'on l'appela, du haut d'une colline en surplomb, à l'emplacement actuel du cimetière du Père-Lachaise[113]. Savourant son rôle de commandante de troupes indépendantes, Mademoiselle, ayant obtenu un ordre écrit de son père Gaston, s'empara de l'Hôtel de Ville. Sur ses instructions, les portes de Paris furent ouvertes à l'armée de Condé. Les canons de la Bastille, en temps normal tournés vers l'intérieur et vers Paris, furent braqués vers l'extérieur et tirèrent sur l'armée royale. Le neveu préféré du cardinal, Paul Mancini, commandant les chevau-légers de la garde, périt des suites d'une blessure reçue alors qu'il combattait les troupes de Condé[114].

La Cour se retira à Compiègne, mais Condé gaspilla les fruits de la victoire. Le 4 juillet 1652, certains de ses partisans et soldats s'attaquèrent à l'Hôtel de Ville et y installèrent une municipalité docile, avec le fils de

Broussel pour prévôt des marchands. Ceux qui ne portaient pas de paille à leur chapeau et ne hurlaient pas « Point de Mazarin ! » étaient assaillis. Trente Parisiens au moins furent tués, un grand nombre furent blessés et volés. Condé fut déclaré commandant en chef. L'opinion publique était choquée par ce que Jean Vallier, l'un des maîtres d'hôtel du monarque, appelait « l'insolence d'une soldatesque enragée et d'une populace furieuse, excitée par l'espérance du pillage[115] ».

Le 20 juillet, le Parlement déclara que le roi était prisonnier de Mazarin et nomma à nouveau Gaston lieutenant général du royaume[116]. Exploitant le désir persistant d'autonomie des villes et leur hostilité envers le pouvoir central, le 29 juillet, le prévôt de Paris écrivait à une centaine d'entre elles en France pour recommander la « fraternité » et « la correspondance avec les autres villes du royaume par le moyen de commerce ». Elles n'avaient pas d'autre but que la chute du cardinal, « le maître absolu du roy et de son conseil » et objet de « la hayne universelle des peuples ». Ensuite, elles assureraient une « paix générale[117] ».

La veuve de Charles Ier, Henriette-Marie, qui vivait au Louvre avec Charles II, pensait que la France ressemblait à l'Angleterre durant sa révolution. Elle écrivit à sa sœur Christine, duchesse de Savoie, que la férocité des soldats des deux camps, et celle des paysans en maraude, était telle que « sy dieu n'y met la main, la France sera ruinée, en peu de temps à la veille de mourir de faim[118] ». Le père Vincent de Paul confirmait. Il écrivit : « Paris fourmille de pauvres à cause que les armées ont contraint les pauvres gens des campagnes de s'y venir réfugier. » De la soupe était fournie régulièrement par des sociétés de charité à 15 000 Parisiens. Vincent de Paul dit à la reine et au pape que, dans le pays, les troupes royales comme les rebelles volaient des vases sacrés, profanaient le saint sacrement, violaient des nonnes, brûlaient des bourgs et des villages. Des paysans étaient tués ou condamnés à mourir de faim[119].

L'opinion publique, atterrée par les partisans de Condé et trouvant l'approbation de la violence par le prince « insupportable », finit par revenir vers la monarchie. Mazarin eut le bon sens de quitter à nouveau la France le 19 août 1652. Le 6 septembre, les tribunaux envoyèrent une lettre à Anne d'Autriche implorant « l'honneur de sa présence dans cette ville d'où dépend tout le bonheur de cet État ». Les deux camps parlaient le même langage d'amour et d'inquiétude pour l'État[120]. Les Parisiens se déclarèrent en faveur du retour du roi, seul remède à leur oppression et à leur misère matérielle[121]. Ce dernier donna instruction à la milice de Paris d'occuper des positions clefs dans la capitale, en utilisant cette force populaire pour hâter son retour[122]. Par haine de Condé, Retz aida à organiser l'arrivée du monarque en présentant les rois comme des « images vivantes de la Divinité sur la terre » dans un discours adressé à Louis XIV, à Compiègne. Toutefois, il croyait que Gaston, encore populaire, aurait pu s'opposer au retour du roi, s'il y avait été vraiment déterminé[123].

Le 3 octobre, Gaston se rendit au Parlement et il y eut des cris de « Vive le roi et la paix et point de princes ! ». Deux jours plus tard, une assemblée de tous les colonels et officiers de la milice de Paris demanda le retour du roi ; la Fronde avait perdu l'assise militaire de son pouvoir[124]. Le 13 octobre, Condé quitta la France pour les Pays-Bas espagnols ; un mois plus tard, Philippe IV le nomma généralissime de ses armées. Certains membres du Conseil jugeaient le retour de la Cour à Paris encore dangereux. Toutefois, Anne, Louis et leur principal général, Turenne, étaient déterminés. La Cour avait autant besoin de Paris que Paris avait besoin d'elle, se souvenait Turenne, car elle pouvait plus aisément y lever de l'argent pour payer son armée[125].

Le 21 octobre 1652, âgé de 14 ans, Louis XIV fit sa deuxième entrée cérémonielle dans Paris. Il arriva par la porte Saint-Honoré non pas assis dans le carrosse de sa mère comme en 1649, mais à la tête de ses gardes, chevauchant entre ses cousins Charles II et le prince Thomas de Savoie, suivis de sa mère et de son frère en carrosse[126]. Les toits, les fenêtres et les rues étaient remplis d'une foule de Parisiens qui l'acclamèrent. Retz et les membres de son clergé l'accueillirent à l'entrée du Louvre. Ce soir-là, alors que son entourage félicitait la reine au Louvre quant à la chaleur des acclamations parisiennes, Turenne murmura à Retz : « Ils en firent presque autant dernièrement [le 2 juin] pour M. de Lorraine[127] » – l'ami des frondeurs.

Le lendemain, Gaston, anciennement en position d'arbitre à Paris, se retira sur ordre du roi à Blois, capitale des apanages qui lui avaient été affectés par la Couronne pour son soutien : il avait depuis longtemps négocié son pardon par le gouvernement royal, avec lequel il signa le 28 octobre un traité garantissant ses droits et pensions. Mademoiselle, sa fille, fut exilée au château de Saint-Fargeau, en Auvergne[128].

Les changements de lieu signalaient des variations dans l'équilibre des pouvoirs. Louis XIV et sa mère choisirent de vivre non pas au Palais-Royal mais au palais du Louvre, mieux fortifié (à la suite de quoi Henriette-Marie et Charles II s'installèrent au Palais-Royal). Le 22 octobre, au lieu de se rendre au Parlement dans l'île de la Cité, Louis XIV convoqua un lit de justice dans la Grande Galerie du Louvre. Il accorda une amnistie générale, déchirant les registres des récents « mouvements » afin d'en étouffer tout souvenir et réinstaura le parlement de Paris. Toutefois, il interdit à ce dernier de débattre de politique ou de finances sans sa permission, ainsi que cela avait été le cas pendant la Fronde, et exila quelques chefs, parmi lesquels Beaufort, La Rochefoucauld, Viole et Broussel[129].

Louis était désormais un jeune homme redoutable qui n'avait pas peur de montrer ce que Jean Vallier appelait « une mine fière et hautaine[130] ». L'arrestation de Retz au Louvre le 19 décembre 1653, sur ordre personnel du roi et de sa mère, constituait une affirmation supplémentaire de l'autorité du roi et une preuve de son talent pour la dissimulation. L'opération avait été approuvée par Mazarin depuis son lieu d'exil, non sans quelque hésitation. Dans une annotation à son ordre écrit, Louis XIV ajouta à la main que si le cardinal résistait, les gardes devaient l'emmener mort ou vif[131].

Comme Condé en 1650, Retz ignora les avertissements de ne pas se rendre à la Cour. Comme eux, il se croyait protégé par sa popularité. Tout en discutant de pièces de théâtre comiques dans une antichambre avec Retz et le maréchal d'Aumont, le capitaine des gardes de service, qui avait déjà reçu un ordre écrit, Louis chuchota quelques mots à l'oreille de Villequier, puis partit à la messe. Son confesseur écrivit plus tard en cette occasion que « Sa Majesté se conduisit avec tant de sagesse qu'il est très malaisé de le dire. Seulement avancerai-je ce mot qu'il n'y a jamais eu politique plus raffiné qui l'eût pu si bien faire ».

Villequier arrêta le cardinal, lui servit un repas, puis l'accompagna jusqu'au bout de la Grande Galerie à un carrosse qui attendait dans le jardin des Tuileries. De là, il fut escorté par des gendarmes, des chevau-légers de la garde et des gardes-françaises jusqu'au château de Vincennes. Villequier revint ensuite annoncer au roi le succès de l'opération[132]. « Rien ne branla dans la ville », écrivit tristement le cardinal dans ses Mémoires. Paris était aussi soumise qu'elle avait été rebelle[133]. Le 3 février 1653, un autre cardinal rentrait à Paris. Le roi et Monsieur sortirent de la ville accueillir Mazarin, et ce soir-là ils le reçurent à souper au Louvre[134]. Dans la guerre que se livraient depuis 1648 Paris et la Cour, la Cour l'avait emporté.

Le 23 février 1653, la Cour célébrait la victoire avec un nouveau ballet : le *Ballet royal de la Nuit*, écrit par Isaac de Benserade. Avec des mendiants, des démons et des loups-garous, et Molière dans le rôle du Rire, ce fut un tel succès qu'il serait rejoué cinq fois. Les représentations étaient ouvertes à tous les spectateurs bien habillés. Selon l'ambassadeur de Venise, le roi avait répété depuis décembre, à raison de six ou sept heures par jour[135]. Après avoir dansé le rôle d'une Heure, d'un Jeu de Cartes et d'un Furieux, Louis XIV fit une dernière apparition en Apollon, en Soleil levant, vêtu d'une sorte de culotte bouffante évoquant des rayons de soleil et d'une coiffe de plumes roses et blanches, sertie de rubis, de diamants et de perles. Entouré de l'Honneur (son cousin germain James, duc d'York), de la Victoire, de la Valeur et de la Renommée, il récita des vers dans lesquels il affirmait illuminer l'univers, après avoir vaincu le « terrible serpent » de la rébellion. Il achevait sur la promesse de guerres à venir :

Quand j'auray dissipé les Ombres de la France,
Vers les climats lointains ma clarté paraissant,
Ira victorieuse au milieu de Byzance,
Effacer le Croissant[136].

4

Monsieur le Cardinal

Le 4 juillet 1653, un an après l'attaque menée par les forces de Condé contre l'Hôtel de Ville, le prévôt et les échevins de Paris donnèrent pour le jeune roi, dans le même édifice, une comédie et un dîner somptueux. Il y eut ensuite des feux d'artifice et le souverain lança des pièces d'or à la foule en liesse à l'extérieur. Un an plus tard, une statue en marbre à son effigie, en empereur romain vêtu d'une armure « écrasant la rébellion », un pied posé sur un dragon à plusieurs têtes, fut érigée dans la cour[1].

Le retour du roi et du cardinal masquait toutefois la fragilité de leur victoire. La Fronde avait été en partie causée par l'impopularité de Mazarin et par les ambitions de quelques puissants personnages : Gaston, Condé, Retz, certains parlementaires. Toutefois, elle dura cinq ans, ce qui laisse supposer que beaucoup de Français préféraient être gouvernés par des juges, des conseils municipaux ou des princes plutôt que par le roi, et qu'ils voulaient un gouvernement consultatif, assorti d'assemblées des états généraux, plutôt que le règne des édits royaux.

À Paris, la mère du roi avait essuyé des insultes, ses serviteurs avaient été attaqués en pleine rue, la personne

« sacrée » du monarque soumise à inspection dans son lit[2]. À deux reprises, il avait même failli être fait prisonnier, à Paris en 1651 et à Gien en 1652. Des divisions entre chefs de la Fronde, et le génie militaire de Turenne, ainsi que la loyauté de ses sujets et la force de la monarchie avaient préservé cette dernière. La France restait néanmoins au bord du précipice. Jean Vallier écrivait en août 1653 que « le mauvais ménage est si général et si commun que sans une secrète protection de Dieu il était impossible qu'il pût encore longtemps subsister. » Il était atterré que Mazarin ait usé de toutes les opportunités et de toutes sortes d'impôts, si modiques fussent-ils, pour s'enrichir, pour récompenser ou s'acheter des soutiens et « avancer leurs affaires particulières au préjudice des générales ». Alors que des joyaux de la Couronne étaient gagés dans les cantons helvétiques afin de garantir le paiement des troupes suisses, 40 ministres d'État furent nommés, touchant d'énormes salaires et devant accomplir peu de devoirs[3]. Retiré à Blois, Gaston exprima sa compassion pour la misère des paysans de la région et prophétisa la fin de la monarchie[4].

Bordeaux continua de défier la victoire du roi et l'unité française. Situation paradoxale, la ville était même moins loyale envers la monarchie française que la capitale catalane, Barcelone. Après la révolte de 1640, les Cortes de Catalogne avaient effectivement destitué Philippe IV, élu Louis XIII comte de Barcelone, lui avaient juré allégeance (et plus tard à Louis XIV) et résisté aux armées espagnoles pendant douze ans, jusqu'à ce qu'elles reprennent la ville en 1652. Bordeaux, en revanche, résista aux armées françaises et reçut bien volontiers l'aide de l'Espagne et de l'Angleterre. Des manifestes et « actes d'union » presque aussi radicaux que leurs équivalents anglais furent imprimés. Le parti des ormistes, ainsi dénommé car il se réunissait sous un bosquet d'ormes, expulsa des officiers royaux de l'Hôtel de Ville et défia le Parlement. Il leva une milice de citoyens et affirma représenter une tradition de liberté municipale remontant à l'Empire romain : *Vox populi, vox Dei*. Le prince de Conti, commandant de la Fronde à Paris en 1649, fut commandant à Bordeaux pour la même cause de 1651 à 1653, encouragé par sa belle-sœur la princesse de Condé et sa sœur la duchesse de Longueville[5]. Le gouvernement royal était alarmé par l'« humeur républicaine » de Bordeaux et les « racines profondes », tant politiques et commerciales, du désir d'alliance de la cité girondine avec l'Angleterre. De 1651 à 1653, le Conseil d'État anglais avait placé un agent, le colonel Sexby, avec quatre officiers dans la ville rebelle[6].

Le 3 août 1653, toutefois, poussée par des bourgeois attirés par la perspective d'une amnistie royale, Bordeaux se rendit à l'armée du roi conduite par le duc de Vendôme – une fois encore un bâtard de la famille royale se révélait plus loyal que les cousins royaux Condé et Conti[7]. Tandis que la piétaille des ormistes subissait le supplice de la roue, le prince de Conti et la duchesse de Longueville étaient autorisés, en vertu de leur rang, à se retirer dans leurs domaines. La princesse de Condé prit la mer pour rejoindre son mari aux Pays-Bas espagnols. La duchesse de Longueville eut ces propos d'adieu à Conti : « Vous êtes indigne du sang des Bourbons et de l'honneur que vous avez d'être si proche de Monsieur le Prince[8]. »

Conti devint alors un « mazarin » zélé, déclarant qu'il épouserait n'importe laquelle des nièces du cardinal. C'était en quelque sorte le cardinal lui-même qu'il souhaitait épouser : le 22 février 1654, dans la chambre de la reine, au Louvre, en la présence du roi, le prince de Conti se mariait avec la jeune et blonde nièce de Son Éminence, Marie-Anne Martinozzi. Sa dot s'élevait, disait-on, à 600 000 livres[9]. Ce mariage qui défiait les différences de rang fut une réussite : mari et femme rivalisaient en bonnes œuvres.

La duchesse de Longueville se tourna aussi vers Dieu. Passant de l'opposition politique à l'opposition religieuse, elle devint protectrice du jansénisme, une forme de catholicisme particulièrement rigoureuse dont le nom avait été formé à partir de celui d'un professeur de théologie de l'université de Louvain. Les jansénistes plaçaient les exigences de la moralité chrétienne la plus austère et leur conscience individuelle avant l'obéissance à l'autorité religieuse ou séculière, dont ils se méfiaient. Leur foi dans le salut par la seule grâce de Dieu et non par les bonnes œuvres ou par la foi dans les sacrements exerçait un attrait singulier sur les Parisiens animés d'un esprit d'opposition, qui ne se satisfaisaient plus des valeurs traditionnelles fondées sur l'honneur. Le siège de ce mouvement religieux se situait au monastère de Port-Royal, non loin du Val-de-Grâce. Le roi et leurs rivaux intellectuels, les Jésuites, les détestaient. La papauté les condamnait. Cependant, un nombre croissant de Parisiens et d'anciens frondeurs, dont le cardinal de Retz, les admiraient[10].

Malgré la supériorité démographique de la France (une population d'environ 19 millions d'âmes, comparée aux 8 millions d'Espagnols), elle était si affaiblie et si pauvre qu'il lui fallait un allié pour remporter la victoire. La solution de Mazarin face à la résilience des armées espagnoles sous les ordres du prince de Condé (à une date bien plus tardive, en juillet 1656, il mit en déroute les forces françaises devant Valenciennes) consista à s'allier avec Oliver Cromwell, Lord Protecteur d'Angleterre. Henriette-Marie, mère de Charles II, fut horrifiée de découvrir que la France avait déjà établi des relations diplomatiques avec le Commonwealth d'Angleterre en décembre 1652[11]. La population de la Grande-Bretagne n'était que de quelque 4 millions d'habitants, mais le pays était riche, doté d'une armée et d'une marine efficaces. Cromwell voulait s'emparer de Dunkerque afin de renforcer sa maîtrise de la Manche.

Cette stratégie et la raison d'État l'emportaient sur la légitimité et « la famille des rois ». Chaque protagoniste usait de menaces pour pousser les autres vers l'alliance souhaitée : Cromwell avec la possibilité que l'Angleterre soutienne Bordeaux, Mazarin avec la crainte que la France n'aide Charles II, toujours en exil en France[12].

En 1653, Charles II continua d'ailleurs d'être convié par Louis XIV à des chasses, des ballets et des dîners. Le 29 mai 1654, se sentant moins le bienvenu à Paris et las des « humeurs de la Reine [sa mère, Henriette-Marie] » à laquelle il était difficile de plaire, Charles fit ses adieux à Louis et partit pour Cologne. Les arriérés de la pension versée par la France ne lui seraient payés qu'après son départ du pays. Il ne tarda pas à s'installer aux Pays-Bas espagnols, et s'allia avec son armée en exil à Philippe IV[13].

Mazarin se montrait plus amical avec Cromwell qu'avec d'autres alliés, l'assurant de la loyauté des protestants français, qui seraient bien traités, et lui déclarant que s'il prenait le titre de roi ou d'empereur, Louis XIV ne s'en plaindrait pas[14]. Il proposa même d'envoyer des gardes royaux de France en Angleterre si jamais des menaces se dessinaient contre l'autorité du Lord Protecteur[15]. Son affection à son endroit put être renforcée par son désir d'obtenir les joyaux d'Henriette-Marie (notamment deux diamants réputés, le Sancy et le Miroir du Portugal) ainsi que des tableaux à des prix d'aubaine. En 1657, la France et l'Angleterre signaient une alliance officielle. À la mort de Cromwell en 1658, Louis XIV et la Cour entière portèrent le deuil du régicide anglais[16].

Entre-temps, l'Église, institution la plus indépendante de France, confirmait les limites du pouvoir royal. Le cardinal de Retz était craint du gouvernement royal, qui voyait en lui « l'ennemi le plus dangereux de la monarchie[17] ». Après son arrestation, son clergé réuni priait pour sa délivrance. En mars 1654, alors qu'il était en prison, le chapitre de Notre-Dame osa l'élire archevêque de Paris. En août, à la fureur de Mazarin, il s'enfuit du château de Nantes. Descendant le long d'une corde du haut des murs, il s'enfuit sur un cheval qui l'attendait et atteignit ensuite un bateau, qui le conduisit de Belle-Île jusqu'en Espagne, puis il gagna Rome. Une assemblée de curés de Paris lui envoya des lettres de soutien[18]. Témoignant de l'étendue du mécontentement et de la désobéissance après la « fin » de la Fronde, ses lettres critiquant le gouvernement furent secrètement imprimées et placardées sur les murs de la capitale[19]. Quatre ans plus tard, en avril 1658, prononçant une prédication de carême devant Louis XIV, en l'absence de sa mère et de Mazarin, un prêtre répéta que toutes les souffrances du peuple étaient dues au cardinal[20].

Le 30 mai 1654, le roi quitta Paris pour se faire sacrer dans la magnifique cathédrale gothique de Reims, sanctuaire de la monarchie peuplé de statues et d'effigies des rois. Malgré son aplomb impassible lors des cérémonies officielles, comme lors de la déclaration de sa majorité en 1651, Louis n'appréciait guère ces moments. Il ne marqua ni son arrivée à Reims ni son retour à Paris de cérémonies solennelles. Il ne pouvait toutefois couper court aux rituels grandioses du sacre, pratiquement inchangés depuis le IXe siècle, par lesquels l'Église sanctifiait le roi en échange de sa promesse de la protéger de l'iniquité et de l'injustice, et d'expulser les hérétiques[21]. Le 7 juin 1654, il fut oint de l'huile sainte de la sainte ampoule et sacré roi, ceint de la « couronne de Charlemagne » apportée de Saint-Denis pour l'occasion par l'évêque de Soissons (l'archevêque de Reims, Henri de Savoie, duc de Nemours, ne pouvait officier, car il n'était pas ordonné prêtre)[22]. La nef de la cathédrale tendue de tapisseries résonna des cris de « Vive le roi ! *Vivat rex in æternum !* ». Des colombes furent lâchées entre ses colonnes. Le roi se vit remettre l'orbe, le sceptre, l'épée de justice et les éperons d'or. Il reçut ensuite l'hommage des pairs de France[23]. Sur des gravures, on peut voir sa mère et sa tante, les reines veuves de France et d'Angleterre, accoudées au rebord de leur loge particulière pour mieux voir.

Ce couronnement était moins sophistiqué que ceux des successeurs de Louis XIV, et fut entaché par l'absence des princes de la maison royale, Gaston, Condé et Conti[24]. Même lors de cette cérémonie sacrée, il subsistait une dimension populaire. L'évêque demanda si le peuple l'acceptait pour roi, formulation qui n'appelait naturellement pas de réponse. Bien que la cérémonie ait débuté à 6 heures du matin, ait duré huit heures et ait été suivie d'un banquet, selon le compte rendu officiel « le soir le roi donna à souper aux princesses ». Louis XIV était déjà impatient d'avoir de la compagnie féminine. Pour commémorer son sacre, 6 000 prisonniers furent libérés[25].

L'historien officiel de son couronnement le déclara « soleil au milieu de tous les astres » et « véritable Père des Arts et des sciences[26] ». Un poème écrit par deux jésuites surpassait toutefois ces louanges. Il y était décrit comme l'égal de Jésus-Christ :

> Jésus et Louis couronnés,
> Tous deux nous sont des Dieux donnez.
> L'un est le fils aîné, l'autre l'époux de l'Église[27].

Jésus-Christ et Louis XIV étaient les rois révérés de la chrétienté et de la monarchie, le roi des cieux et le roi de France.

L'hiver, le Louvre continuait d'être la résidence principale de la Cour. Après la Fronde, elle ne se retira pas de Paris. De 1653 à 1660, les appartements du roi et de la reine de la nouvelle aile Henri IV du Louvre furent réaménagés. Dans celui de la souveraine (maintenant rempli d'« Antiquités romaines »), des fresques du peintre baroque romain Giovanni Francesco Romanelli, qui avait déjà contribué à la décoration dans le Palais Mazarin, montrent la Religion et les vertus théologiques, Apollon et Diane, la Guerre et la Paix, la Seine et le Rhône, et des scènes de l'histoire romaine. La chambre d'Anne d'Autriche fut ainsi ornementée des « vertus de la Reine » : des figures représentant la Tempérance, la Chasteté, la Piété et la Religion, la Magnificence, la Libéralité, le Bonheur et la Majesté. Au rez-de-chaussée, son appartement d'été comportait des scènes des vies d'héroïnes de l'Ancien Testament comme Judith et Esther, conférant une autorité biblique à son rôle politique en France. Ainsi, la Cour introduisait l'art italien à Paris, tout comme trente ans plus tôt Marie de Médicis avait recréé au palais du Luxembourg certaines des splendeurs du palais Pitti de sa Florence natale[28].

Au premier étage du pavillon du Roi, l'ancienne antichambre du roi et la chambre du souverain furent réaménagées sous la supervision de Louis Le Vau, premier architecte du roi. Maintenant déplacées dans l'aile de la colonnade, elles arborent encore les superbes lambris de bois dorés montrant des couronnes, des doubles « L », des fleurs de lys, des captifs enchaînés, « la France triomphante » et, symbolisant ses ambitions universelles, « la Monarchie française appuyée sur un globe couronné[29] ».

De 1653 à 1660, Louis XIV se rendait à l'église tous les deux ou trois jours. Le 3 mai 1655, il fut admis dans une autre de ces fraternités qui appuyaient le catholicisme de la Contre-Réforme : la confrérie du Saint-Nom-de-Jésus, fondée pour décourager le blasphème. D'autre part, depuis le Moyen Âge, on croyait le roi doté de pouvoirs de guérison. Le 16 mai, il toucha 800 personnes pour les guérir du mal du roi, les écrouelles, dans la Grande Galerie du Louvre, comme il l'avait fait l'année précédente à Reims après son couronnement[30].

Le 13 avril 1655, âgé de 16 ans et demi, Louis XIV vint à Paris pour la journée depuis le château de Vincennes. Vêtu d'un costume informel, manteau rouge et chapeau gris, pour marquer son absence de respect envers le Parlement, il tint un lit de justice à l'intérieur du Palais, devant les parlementaires réunis en grande tenue, et abrogea quelques lois récentes. Il déclara ensuite en personne, sans s'exprimer par la voix de son chancelier : « Chacun sait combien vos assemblées ont excité les troubles dans mon État ; et combien de dangereux effets elles ont produits. » Il interdit alors à ses membres de débattre des édits royaux déjà ratifiés, de tels édits devant être exécutés immédiatement[31]. Des auteurs plus tardifs prétendirent qu'il déclara le trop célèbre « l'État, c'est moi ». Il s'agit là d'une invention que n'a consignée aucun observateur parmi les contemporains. En revanche, ainsi que l'attestèrent ses dernières paroles, sur son lit de mort, il conservait une forte conviction de l'indépendance et de la pérennité de l'État, à l'opposé du caractère transitoire de la vie d'un souverain.

Le Parlement ne cessait de contrarier Mazarin. « Les faveurs ne rendent pas les parlementaires plus obéissants. Ces messieurs sont convaincus que tout leur est dû et qu'ils ne doivent rien », écrivait-il à Nicolas Fouquet, membre de la noblesse de robe exerçant des fonctions juridiques à Paris qui, grâce à sa loyauté envers Mazarin et ses talents pour lever de l'argent, était passé en 1653 du poste d'intendant à celui de surintendant des Finances. Certains croyaient la France au bord d'une nouvelle Fronde[32]. Néanmoins, tout au long du règne de Louis XIV, le Parlement demeura intégré à l'appareil administratif[33]. En 1659, lorsque la Cour quitta Paris plusieurs mois, Mazarin écrivit à Le Tellier qu'en plus des ordres que le roi donnerait au chancelier et au procureur général pour tout maintenir dans l'ordre, il ne pouvait qu'être bénéfique qu'il ordonne aux cours souveraines de veiller à la sécurité et à la paix du public en son absence[34].

C'est que tous les regards se tournaient maintenant vers le jeune roi. Entre l'âge de 14 ans et ses 30 ans, entre l'humiliation de la Fronde et l'ivresse de l'absolutisme, il se montrait affable, familier et parisien. Un gentilhomme de Rouen, Pierre Thomas, seigneur du Fossé, se remémorait une visite à Paris en 1655 :

> J'aimais aussi à aller au Louvre, tout jeune que j'étais, pour le seul plaisir de voir le roi, ne pouvant me lasser de le considérer, soit pendant son dîner, lorsque je trouvais le moyen d'entrer dans sa chambre, soit dans la cour du Louvre lorsqu'il y descendait quelquefois pour assortir des attelages de différents chevaux de carrosse. Je me croyais très heureux quand je pouvais m'approcher assez de lui pour le voir tout à mon loisir, l'aimant, l'honorant et le respectant parfaitement[35].

Après une visite à Fontainebleau pendant la saison de la chasse, la tante de Louis, Henriette-Marie, écrivit en octobre 1655 à Charles II : « Le roi se porte tout à fait bien et est si grand de taille et embelli qu'il ne se peut davantage [...] je suis tellement partiale pour le roi que j'en suis presque amoureuse. Il est vrai qu'il me traite maintenant comme tout autre personne et qu'il est devenu le plus civil du monde. » Ses parents, comme ses sujets, le jugeaient en partie à ses manières[36].

Un an plus tard, dans un autre domaine de chasse, une autre souveraine exprimait son admiration. Ayant abdiqué le trône de Suède et s'étant convertie au catholicisme, la reine Christine s'était installée à Rome. Elle était en visite en France afin de discuter avec Mazarin de son intention de devenir reine de Naples, où subsistait encore un parti opposé à la domination espagnole : il promit de l'aider si, après sa mort, son trône passait au duc d'Anjou. Elle fut accueillie par la Cour à Compiègne en septembre 1656, à la fois comme alliée et comme objet de curiosité. Ses toilettes et ses manières étaient plus celles d'un homme que d'une femme, ses dames de compagnie avaient l'air de boutiquières et sa conversation (elle parlait le français comme si elle était née à Paris) reflétait des « idées libertines[37] ». Elle était convaincue de ce qu'il n'y avait rien de « criminel » entre Anne d'Autriche et Mazarin, dont elle admirait la « merveilleuse adresse » dans la conversation. Elle écrivit à propos de Louis XIV, qu'elle trouvait timide et silencieux : « Il parle peu mais dissimule bien ses passions avec une merveilleuse adresse quoique je sois d'opinion qu'il ne les aura jamais fort violentes […]. Il est civil et courtois au-delà de ce que l'on peut imaginer. […] Jusqu'à présent il s'occupe des beaux habits, de ses chevaux, de la chasse et de la danse, et réussit merveilleusement les exercices de corps. Il est grand, bien fait et est beau, mais il l'est beaucoup moins qu'on ne le dit[38]. » En 1658, Mademoiselle, à moitié amourachée, dirait de lui qu'il était le plus beau et le mieux bâti des hommes de son royaume[39].

Le roi s'intéressait de plus en plus aux femmes. Paul Mancini, le neveu préféré du cardinal, avait été traité par les pamphlétaires parisiens d'« infâme » et d'« impie » qui « faisait tous ses efforts pour l'instruire et le porter dedans toutes sortes de vices et de débauches[40] ». On ne sait jusqu'où allèrent ses tentatives : Mancini fut suspecté d'une agression sexuelle sur la personne du roi – accusation formulée par La Porte, l'un des premiers valets de chambre, dans ses Mémoires et dans une lettre ultérieure[41]. Ainsi qu'on l'a noté, Mancini périt en juillet 1652 des suites des blessures qu'il avait reçues lors de la bataille de la porte Saint-Antoine. Quelques mois plus tard, quatre de ses sœurs arrivaient de Rome à la Cour, après une période d'éducation et d'apprentissage des manières auprès de leur sœur aîné Laure, duchesse de Mercœur, à Aix-en-Provence, où son mari était gouverneur. Elles offraient à ses yeux de bien plus grands attraits.

Olympe, Hortense, Marie et Marie-Anne Mancini étaient jeunes, belles, cultivées et étrangères. Le roi et son frère vécurent bientôt avec elles dans ce que, bien des années plus tard, Hortense qualifierait « une familiarité et une douceur charmantes[42] ». Cette familiarité stupéfia Mademoiselle en 1658 quand elle vit le roi s'asseoir avec elles à souper sans qu'aucune place soit attribuée. La reine, qui appelait ces jeunes filles par leurs prénoms, expliqua que « le roi n'aimait point les cérémonies[43] ».

Olympe Mancini, d'un an la cadette de Louis XIV, était sa préférée. La reine Christine écrivait : « Il est amoureux de Mlle Mancini mais avec tant de modération et de vertu que je ne pense pas que depuis trois ans qu'il la sert il se soit jamais émancipé de lui toucher le bout du doigt. Elle est spirituelle, adroite, sait merveilleusement contrefaire la cruelle et prend plaisir de voir languir a ses pieds un des plus grands rois du monde[44]. » Pendant un temps, cette beauté, avec ses fossettes, sa peau blanche et ses yeux de braise, fut au centre de la vie de la Cour. Une autre jeune femme, Mlle de La Mothe d'Argencourt, attirait aussi l'attention du roi, mais elle s'en fut pour finalement devenir religieuse[45].

En février 1657, Olympe épousa l'un des cousins de Louis, le comte de Soissons, récemment nommé colonel des gardes suisses et neveu du comte de Soissons, mort en combattant Louis XIII en 1641. Après le mariage, on disait de son épouse et du roi qu'elle « retient et possède toutes ses affections[46] ». Mazarin usait d'elle comme d'un canal d'information, la poussant à rester la favorite du roi, lui écrivant : « Vous devez tout souffrir de la part du roi[47]. » C'était ainsi que les femmes s'assuraient de leur ascension à la Cour : en tant qu'intermédiaires, ou en qualité d'armes, de maîtresses, de sources d'informations et de divertissement. Fréquemment, le roi et les courtisans les plus jeunes se prêtaient à des jeux de hasard ou causaient avec « Madame la Comtesse » et « Monsieur le Comte », ainsi qu'on les appelait en leur hôtel de Soissons, jusqu'à 3 heures du matin[48].

La cour de Louis était alors à l'opposé de celle de sa mère, formelle en public mais peu conventionnelle en privé. Nombre de ses compagnons avaient été membres de la troupe des enfants d'honneur, dont il avait été le capitaine. L'un des jeunes amis du roi, « vicieux » (homosexuel selon la terminologie de l'époque), ancien de la troupe, était le marquis de Vivonne. Lors d'une fête qu'il donna, les invités se moquèrent des cérémonies d'église : la messe fut dite sur un cochon mort. À la suggestion de la reine, Vivonne fut exilé de la Cour[49].

Un autre jeune favori déluré, également membre de la troupe des garçons soldats, le comte de Guiche, était bel homme, plein d'esprit et bien bâti. Un colporteur de ragots italien du nom de Primi Visconti disait de lui qu'il était « l'homme le plus corrompu de la Cour », un personnage que « l'Amour et la Nature ont enrichi de mille charmes délicats ». Amant de la princesse Palatine, parmi d'autres, il était aussi suspecté d'homosexualité. Mazarin remarqua « l'assiduité qu'il a auprès de Monsieur », de Philippe duc d'Anjou et frère du roi. Philippe aurait été amené à découvrir « le vice italien », ainsi qu'on appelait souvent l'homosexualité en France, avec le neveu de Mazarin, Philippe Mancini. En une occasion, Guiche déféqua dans la manche du manteau d'une femme et la regarda ensuite l'enfiler ; en une autre, il retira le chapeau qui cachait la main d'une femme jouant « dans un endroit qu'il convient de taire par modestie ». Il ne fut pas puni[50].

D'Anjou appréciait aussi la compagnie des femmes, mais préférait les hommes sur un plan sexuel. Beau garçon, loquace, il songeait plus à ses tenues qu'à la guerre. Selon Mademoiselle, déguisé en bohémienne, il prit part à un bal où Guiche ne cessa de le bousculer pendant la danse, ou de lui flanquer des coups de pied au derrière, ce qui plut beaucoup à Monsieur. Anne leur interdit de se voir seuls. Pour sa part, d'après Mademoiselle, le roi faisait toujours « la guerre à Monsieur » : se moquant de lui, le dénigrant, il répétait que personne ne voudrait épouser son frère[51]. Monsieur avait d'ailleurs la réputation de se laisser « gouverner » par la princesse Palatine, qui déplaisait à Louis XIV. Mademoiselle croyait quant à elle que Mazarin avait encouragé ses penchants afin de le rendre moins dangereux pour son frère. Dans les rares occasions où Louis, Anne ou Mazarin le mentionnaient dans leurs lettres, ils l'appelaient « Monsieur le présomptif[52] ».

À l'exception de l'hiver 1659-1660, Louis XIV passait toutes les saisons froides à Paris. L'été, en revanche, il était avec ses troupes. Davantage que la Cour, davantage même que les femmes, l'armée serait l'amour de sa vie. Pendant la Fronde déjà, il avait été témoin de suffisamment de batailles et de marches forcées pour remplir une existence entière. Néanmoins, en juillet 1653, il manœuvrait non loin de Saint-Quentin avec l'armée de Picardie, au ravissement des soldats[53]. Mazarin assura à sa mère qu'il y était autant en sécurité qu'au Louvre[54].

Immédiatement après son sacre, Louis se mit en route, de Reims, pour le siège de la place forte de Condé, à Stenay : Condé ne défendait pas la place en personne, puisqu'il combattait en Flandre pour le roi d'Espagne, contre la France. Ce fut pour Louis à la fois la découverte de ces terres entre France et Empire, où il se rendrait presque tous les ans pendant quarante ans, au point qu'elles finirent par lui être presque aussi familières que l'Île-de-France, et de la guerre de siège, qui deviendrait sa passion. Campant à Stenay du 11 juillet au 7 août 1654, bien plus longtemps qu'il n'avait été à Reims pour son couronnement, il procéda à une revue de détail des troupes et des tranchées, restant parfois debout jusqu'à 2 heures du matin, et reçut finalement la reddition de la ville en personne[55]. Par ce temps chaud, il nageait souvent dans la Meuse[56].

Pour *La Gazette,* « il trouve l'air des camps et des armées plus agréable que celui de la Cour ». Afin d'être proche des combats, le roi séjournait en effet dans des petites villes de province – Ham, Châlons, Sedan, Montmédy, Thionville – où peu de Parisiens se rendraient volontiers aujourd'hui. Son médecin jugeait Montmédy l'endroit le plus désolé et le plus inhospitalier de tout le royaume[57]. En 1655, Mazarin écrivit à la reine : « Le confident [leur nom de code pour désigner le roi] est infatigable ; il a marché toute la journée avec l'armée et en arrivant pour se reposer il est allé voir toutes les gardes avancées [...] il n'est pas las après avoir resté quinze heures à cheval. » À l'inverse du roi, sa Maison détestait les « tracas » ou les inquiétudes des camps militaires[58]. La même ligne de conduite se répéta en 1656, lorsque la passion du roi pour son armée l'amena de nouveau à passer des semaines dans des campements. Les munitions et les ravitaillements étaient même parfois transportés dans ses carrosses, et par ceux de la reine et du cardinal[59].

L'engouement de Louis pour la guerre affectait aussi sa santé. Jeune garçon, il était physiquement solide, mais attrapait souvent froid lors des répétitions de ballets. Jeune homme, préférant « s'exposer lui-même à une fatigue extraordinaire » afin d'éviter de s'éloigner de ses soldats, plutôt que de se déplacer en carrosse il montait toute la journée à cheval, parfois jusqu'au petit matin. En 1655, l'un de ses médecins, M. Vallot, remarqua ce qu'il appelait dans son journal une « matière qui lui arrivait presque à tous moments sans douleur et sans plaisir [...] d'une consistance entre celle d'un blanc d'œuf et du pus », qui « découlait sans douleur et sans aucun chatouillement » des « parties servant à la génération ». Pourtant, croyant son patient encore « chaste », il parlait aussi de « matière séminale corrompue et infectée », faisant allusion à une maladie vénérienne. Les taches étaient difficiles à retirer des sous-vêtements du roi[60]. Le praticien imputait ce mal à la friction provoquée par ses longues journées à cheval et aux « exercices de l'académie », en d'autres termes aux exercices équestres. Bien que Louis eût 17 ans, Vallot remarqua que les parties intimes du roi étaient « meurtries » – « qui pour lors étaient déjà fort faibles » – et redouta qu'il ne soit incapable d'avoir des enfants.

Les médecins de la Cour, censés être les meilleurs de leur profession, supervisaient tous les praticiens de France. Pourtant, même eu égard aux critères de l'époque, Vallot était un charlatan. Les remèdes qu'il administrait au monarque comprenaient des pilules faites de perles moulues, une « décoction de raclure de corne de cerf et d'ivoire », « de l'opiat de roses de Provins » et une application sur ses parties intimes et sa poitrine d'« essence de fourmis ». Le roi était soumis à des lavements, des purges, des saignées et autres traitements. Sur le conseil de son médecin, il cessa aussi de manger des fruits ou de la salade pendant huit mois[61]. Sa maladie ne tarda pas à faire l'objet de discussions aux quatre coins du pays. En 1656, pourtant, après avoir bu des quantités importantes d'eau des thermes de Forges, Louis XIV allait mieux. Plus aucune crainte ne se manifesta pour sa santé, bien qu'il eût de temps à autre des vers.

Le problème évoqué semble donc avoir été une conséquence de la masturbation ou de la fréquentation secrète des femmes. Longtemps, on crut à la Cour que Mme de Beauvais, l'une des premières femmes de chambre de sa mère, qui avait la réputation d'être « plus que galante » comme l'écrirait sa belle-sœur bien des années plus tard, lui avait enseigné « ce qu'il a appris à si bien faire avec les femmes[62] ». Simone Bertière estime sans doute avec raison que les appétits du roi étaient « discrètement satisfaits en coulisse[63] ».

Malgré ces questions de santé, Louis XIV passait en revue ou entraînait régulièrement ses troupes à Paris, tout comme à la campagne. En avril 1657, deux jeunes Hollandais en visite dans la capitale le virent exercer ses mousquetaires avec leur commandant, le neveu survivant de Mazarin, Philippe Mancini : « Certainement ce sont des hommes bien choisis et qui sont couverts magnifiquement, car chacun a une cuirasse bleue avec des grandes croix d'argent à flammes d'or qui finissent en fleurs de lis [...], ajoutant que c'est un prince courageux, bien fait et très grand pour son âge[64]. » Louis s'entretenait des heures avec ses cousins au sujet de ses gardes et de ses mousquetaires, et en 1661 il écrirait à sa mère au sujet de ces derniers qu'ils le servaient avec tant de « zèle et de ponctualité » qu'il avait chaque jour davantage de raisons de les apprécier[65].

Toujours au cours des années 1650, Louis, Anne et Mazarin entretenaient entre eux un véritable triangle émotionnel. Dans une lettre à la reine datée de 1653, Louis écrivait, de sa main : « J'ai vu la lettre que vous avez écrite et je suis ravi de la tendresse que vous avez pour moi. Je vous prie de croire que je l'aurai pour vous jusqu'à la mort. C'est M. le Cardinal qui me dicte tout cela, mais après lui avoir dit mon sentiment[66]. » Mazarin assurait ainsi à Anne que le roi aimait sa mère plus que tout au monde. S'adressant à Louis, il signait de sa main en ces termes : « Le plus fidèle, passionné et partial de tous vos serviteurs et créatures[67]. » Il exprimait aussi son affection. En 1658, par exemple, juste avant les 20 ans du jeune homme, il écrivit à Anne : « On dit qu'il porte si bien la perruque, qu'il est si bien habillé et si galant, que je ne doute pas qu'étant d'ailleurs l'homme le mieux fait du royaume, les dames ne le courent à force, et j'approuve tout, pourvu qu'elles ne le fassent pas trop veiller[68]. » Le port de la perruque fut la première des nombreuses modes que fixa Louis. Beaucoup d'hommes se mirent aussi à en porter, par flatterie plus que par nécessité. Les écrits de la reine et de Mazarin laissent entrevoir qu'ils estimaient pouvoir contrôler les faits et gestes du roi, quand celui-ci avait en fait commencé à prendre certaines décisions qui lui étaient propres. En 1658, Mazarin écrivait ainsi à la souveraine que « si le confident prend plus de plaisir à Compiègne, il peut y demeurer, sans que ses affaires en reçoivent préjudice ; mais s'il croit de se pouvoir mieux réjouir à Fontainebleau, je vous conjure de lui faire prendre la résolution de s'y en aller[69] ».

Le roi et sa mère se querellaient parfois pour déterminer laquelle de leurs dynasties respectives avait le plus de grandeur : il lui rappelait que ses ancêtres avaient été rois de France alors que les siens à elle étaient de simples comtes de Habsbourg. Et pourtant les Habsbourg étaient devenus saints empereurs romains et rois d'Espagne, tandis que les ancêtres du roi n'étaient que ducs de Bourbon, ce qui suffirait en partie à expliquer l'ambition de Louis. Plus tard, Bossuet affirmerait que la couronne de France « est autant au-dessus des autres Couronnes du monde, que la dignité Royale surpasse les fortunes particulières[70] ». La mère et le fils s'accordaient néanmoins tous deux sur le génie du gouvernement de Mazarin. Ce dernier avait beau être cardinal, il n'en déplorait pas moins l'influence de la religion sur la politique. Il défendait l'alliance anglaise au motif que, malgré son protestantisme, il valait mieux avoir l'Angleterre avec la France que contre elle. « Les mauvais Français » s'opposaient à cette alliance « sous prétexte de religion et de piété pour surprendre de bonnes gens qui dans leur simplicité ne voient pas le fond des choses[71] ». Malgré les protestations d'évêques catholiques, il continuait de considérer les protestants français comme de loyaux sujets et de leur permettre de tenir des synodes.

Aidées par leurs alliés anglais, les troupes françaises conduites par Turenne avaient commencé à prendre le dessus sur les forces espagnoles aux ordres de Condé. Le 14 juin 1658, les armées de France et d'Angleterre défaisaient les forces hispaniques à l'issue de la bataille des Dunes, sur les plages de Dunkerque. Cette bataille s'inscrivait à la fois dans la continuité des guerres civiles françaises et anglaises, et dans le contexte d'une guerre aux dimensions mondiales entre la France et l'Espagne. Servant avec l'armée d'Espagne, le duc d'York faillit être tué à la tête de ses gardes à cheval en lançant une charge au milieu de troupes anglaises. Quant à Condé, il jetait des soldats français, ainsi qu'espagnols, contre l'armée française[72].

Louis XIV avait insisté pour rester auprès de ses troupes devant Dunkerque. Jour et nuit, il était à cheval. Les avertissements d'Anne et de Mazarin demeuraient sans effet[73]. Dunkerque se rendit le 25 juin 1658. Le 30, infecté par une eau croupie, les marais voisins ou par la proximité de soldats mourants, le roi tomba malade et fut emmené à Calais. Les laxatifs, émétiques, ampoules et saignées que les médecins lui appliquèrent auraient été capables de tuer des hommes plus forts que lui[74]. Sa mère le veilla à nouveau en permanence. Dans toute la France, des églises offrirent des prières pour sa guérison. Appelant Mazarin « le meilleur ami que j'ai », il demanda au cardinal de lui signifier quand il serait en réel danger, car sa mère n'en ferait rien par crainte de l'alarmer. Certains courtisans, dont la princesse Palatine, se mirent à songer que Monsieur puisse devenir leur prochain roi[75]. Mazarin écrivit à son conseiller et intendant Colbert : « Les forces du Roi sont grandes ; mais le mal est furieux. » Et à Turenne : « S'il arrivait un malheur que j'appréhende plus que ma mort, je crois vous pouvoir dire [...] que l'état des choses ne changerait en aucunes façons ; car quoique l'inclination de la Reine soit de se retirer en ce cas, je suis assuré que Sa Majesté fera ce que j'aurai l'honneur de lui conseiller et je sais positivement que Monsieur serait entièrement résigné à ses volontés[76]. » Il soupçonnerait plus tard Monsieur d'avoir prêté l'oreille aux conspirateurs qui avaient projeté son arrestation. D'où sa remarque prudente à Anne : « Je suis le très humble serviteur de Monsieur[77]. » Peu après, grâce à ce que le cardinal considérait comme un miracle, le roi se sentit mieux. Le 20 juillet, il entrait en convalescence dans le confort de Compiègne[78].

Tandis que la France remportait des victoires, le prélat s'employait à devenir l'homme le plus riche d'Europe. En échange de prêts aux Gonzague, ducs de Nevers, qui avaient besoin d'une forte dot pour Louise Marie de Gonzague, sœur de la princesse Palatine, qui épousait le roi Władisław IV de Pologne, il put acquérir leurs duchés de Mayenne et de Nevers[79]. Il s'enrichissait en faisant commerce de bijoux, en fournissant l'armée française par l'intermédiaire de prête-noms, en vendant des offices aux maisons royales et par le truchement de la reine elle-même. Anne d'Autriche lui donna un bateau, l'*Anna*, cadeau que lui avait fait la reine Christine de Suède. Il le revendit ensuite au gouvernement français contre une coquette somme[80]. Anne elle-même s'étonnait de la fortune du cardinal, comme le confirme une lettre qu'adressa Colbert à ce dernier en janvier 1653. Alertée par la princesse Palatine des rumeurs de malversations, elle demanda à Colbert si La Vieuville, surintendant des Finances, qui venait de mourir, avait fait « de si grandes affaires pour Votre Éminence ». Colbert lui répondit que tout avait été fait au vu et au su du public[81]. Mazarin avait par ailleurs accumulé une exceptionnelle collection de tableaux (540, parmi lesquels des Van Dyck, des Titien, des Poussin), de statues, de pierres précieuses, ainsi que de la porcelaine et quelques-uns des tout premiers trophées de ce qui deviendrait le marché mondial du luxe, comme deux coffres recouverts de paysages en laque d'or confectionnés à Kyoto en 1640 pour la Compagnie des Indes orientales néerlandaises[82]. Il donna une soirée comportant une loterie où chaque invité gagnait un prix. Un lieutenant remporta un diamant d'une valeur de 4 000 écus. Mademoiselle déclara n'avoir jamais vu pareille magnificence[83].

À la même période, il embellissait le château de Vincennes. Les lieux avaient été une résidence royale particulièrement prisée depuis le règne de Saint Louis ; entre 1361 et 1385, les rois Charles V et Charles VI y avaient adjoint d'imposantes murailles ponctuées de tours, le plus haut donjon d'Europe et une Sainte-Chapelle sur le modèle de celle de Paris. Entre 1654 et 1658, l'austère et vaste pavillon du Roi (suivi du pavillon de la Reine entre 1658 et 1660), dessiné pour Louis par Le Vau sous la supervision de Colbert, y fut ajouté, tout comme des écuries et une entrée triomphale décorée des armes de Mazarin. Forteresse autant que palais, Vincennes était la réponse de la Cour à la Fronde. Colbert avait suggéré à Son Éminence de devenir gouverneur de Vincennes « quand ce ne serait que pour avoir un lieu à elle où pouvoir mettre en sûreté une somme considérable ». Mazarin envoya ses trésors au château en juillet 1658, lorsque la vie du roi était en danger[84].

La mort qui avait failli emporter le roi, jeune homme âgé de 20 ans, encouragea Anne et Mazarin à le marier le plus tôt possible. Du 14 octobre au 16 décembre 1658, la Cour demeura à Lyon pour discuter d'une possible union avec sa cousine germaine la princesse Marguerite de Savoie, fille de Christine, la sœur de son père. Les ducs de Savoie, qui régnaient sur un territoire resserré de part et d'autre des Alpes, nourrissaient de vastes ambitions. Ils exigeaient un *trattamento reale*, un traitement à l'égal des rois, reposant sur leurs prétentions chimériques aux titres de roi de Jérusalem et de Chypre. Ils avaient aussi comme ambitions à long terme d'acquérir le duché voisin de Milan, ou davantage. La cour de Savoie était magnifique, la princesse beaucoup moins[85]. Une légende naquit ensuite, d'aucuns surestimant la subtilité de Mazarin : cette visite aurait été une feinte visant à forcer l'Espagne à conclure la paix et à proposer à Louis XIV la fille de Philippe IV, l'infante María Teresa. En réalité, la situation militaire et financière désastreuse de l'Espagne et la détermination de Philippe IV à réprimer une rébellion au Portugal, dont il était encore théoriquement le roi, furent les principales raisons qui incitèrent don Antonio de Pimentel, ancien ambassadeur d'Espagne auprès de la reine Christine, à demander l'ouverture de négociations de paix, à Lyon, le 2 décembre 1658. Dans leurs dépêches, jamais les diplomates espagnols ne mentionnèrent leur crainte d'une union avec la Savoie, et ils avaient quitté Lyon avant d'en être informés[86]. La France voulait elle aussi la paix – en particulier après que Mazarin eut appris que Condé et Retz se rencontraient à Bruxelles. Le mariage avec l'infante avait la faveur d'Anne d'Autriche : elle y gagnerait une belle-fille obéissante issue de sa propre famille. La duchesse de Savoie et sa fille quittèrent Lyon en larmes[87].

En 1659, des négociations de paix secrètes entre Mazarin et Pimentel se poursuivirent à Paris. Les principaux points de désaccord concernaient les frontières et le prince de Condé. Les diplomates espagnols croyaient que l'honneur de l'Espagne exigeait que celui-ci soit rétabli dans toutes ses fonctions : il ne fallait pas qu'on croie qu'il avait souffert d'avoir servi leur roi. L'honneur était considéré comme le fondement des États. Sans honneur, ils ne pouvaient pas survivre : dans l'honneur, ils pouvaient espérer recouvrer ce qui avait été perdu. Aujourd'hui, nous qualifierions cela de crédibilité. Inversement, Mazarin ne voulait pas que Condé voie sa situation améliorée suite à sa rébellion. L'intéressé considérait lui-même que s'il ne rentrait pas en France, la souveraineté de la Franche-Comté – le comté de Bourgogne qui s'étendait entre le duché de Bourgogne et la Suisse et que gouvernait le roi d'Espagne – offrirait une compensation convenable[88].

Après qu'une trêve eut été déclarée en mai 1659, les derniers points furent résolus directement entre Mazarin et don Luis de Haro, ministre espagnol et interlocuteur principal. Entre août et novembre, ils se rencontrèrent dans un pavillon sur l'île des Faisans, au milieu de la Bidassoa. Curiosité historique et géographique, cette île couverte d'arbres reste gouvernée alternativement par la France et l'Espagne, six mois à tour de rôle. Elle avait longtemps été protégée par des palissades destinées à en faire un lieu adapté aux rencontres franco-espagnoles. Pour préserver l'égalité entre les deux monarchies, des corridors et ponts symétriques conduisaient des deux rives du fleuve vers l'île, qui fut déclarée territoire neutre. Un plan d'époque montre une vaste « Salle destinée aux Conférences », un jardin et plusieurs pièces plus petites. Malgré la goutte et les calculs qui le faisaient souffrir, Mazarin avait effectué le difficile trajet depuis Paris avec un équipage de 200 gentilshommes et hauts administrateurs. De longues tractations permirent de décider des gestes par lesquels le cardinal et le grand d'Espagne se salueraient[89].

Signe de son prestige dynastique et militaire, la question du sort de Condé occupa environ un tiers du temps consacré à la négociation. En fin de compte, il se vit accorder le pardon pour ses partisans et lui-même, et la restitution de ses domaines et de son gouvernement de Bourgogne. Sa prestigieuse charge de cour de grand maître de France, jadis occupée par le duc de Guise, fut transmise à son fils le duc d'Enghien. La France acceptait de cesser de soutenir les rebelles du Portugal contre Philippe IV. Elle obtenait le Roussillon, l'Artois et de petites parties de la Flandre, du Hainaut, des provinces de Namur et de Luxembourg par « droit de conquête » et la confirmation de ses gains en Alsace. Discutant des clauses de la paix en conseil à Madrid, le duc d'Albe observait que la situation de l'Espagne était si désespérée qu'elle devrait remercier la France de ne pas lui prendre davantage de territoires[90]. Grâce à l'acquisition du Roussillon, la frontière française coupait désormais la Catalogne en deux, malgré l'unité culturelle et linguistique de cette dernière – une séparation dont les effets se ressentent encore aujourd'hui. Les clauses relatives aux amnisties et aux restitutions mutuelles de biens et de prisonniers font du traité des Pyrénées, comme des traités de Westphalie de 1648 entre la France, la Suède, les Provinces-Unies et le Saint Empire romain, un tournant dans l'histoire de la diplomatie. Les droits des États et des individus commençaient à être établis par des diplomates européens, en application du droit international.

Il était entendu que l'infante María Teresa renoncerait à ses prétentions aux trônes d'Espagne, à condition que sa dot soit payée. Au moment de la signature, cette dernière condition était jugée de peu d'importance, l'infante ayant deux frères en vie. Les négociateurs espagnols avaient su tirer parti d'une position de faiblesse en résistant pied à pied à chaque exigence française. Ils mirent Mazarin en fureur en retardant le mariage de novembre 1659 à mars 1660, puis finalement à juin. Pour justifier ce délai aux Français, Mazarin fit circuler la nouvelle que c'était dû au désir de la cour d'Espagne de commander de nouvelles livrées pour ses gardes[91].

Le traité des Pyrénées est l'expression de la puissance de la France d'alors en Europe. Elle en sortait agrandie de deux provinces et entourée d'alliés. Toutefois, une voix s'y opposa. M. de Saint-Évremond, homme de guerre et homme de lettres, déclara que Mazarin aurait dû tirer profit de la faiblesse de l'Espagne pour conquérir l'entièreté des Pays-Bas espagnols. Militairement, c'eût été à sa portée. Le cardinal tenait, lui, désespérément à marier le roi à l'infante d'Espagne, qu'il présentait comme la plus grande et la plus vertueuse princesse d'Europe. Son souhait d'éviter l'échec de ce mariage le convainquit de placer les intérêts de la dynastie avant ceux de l'expansion territoriale.

En effet, Mazarin devait non seulement régler les affaires de l'Europe mais aussi celles du cœur du roi. Louis XIV était tombé amoureux d'une autre de ses nièces, Marie Mancini, peut-être après avoir appris qu'elle avait pleuré pendant sa maladie, en juillet 1658. Elle n'était pas seulement attirante, mais aussi cultivée, d'un tempérament volontaire et éloigné des conventions. Elle lui faisait lire des poèmes et des romans d'amour. Ses ennemis eux-mêmes admettaient que leur idylle la rendait belle[92]. Lors de la visite de la Cour à Fontainebleau, en cet automne, tous les courtisans – « les espions ordinaires des actions des rois », écrivit plus tard Marie Mancini – étaient au fait de la liaison[93]. La liberté qui entourait le séjour de la Cour à Lyon, quand le roi, sa mère et de hauts personnages habitaient des demeures séparées, lui permit de s'épanouir. Le roi se mit à la raccompagner à sa demeure après les divertissements du soir.

Les Mémoires de Mademoiselle sont généralement fiables. Elle voyait souvent le roi et n'écrivait pas des dizaines d'années après les faits, mais dès les années 1660 et 1670, en s'appuyant sur sa correspondance pour soutenir sa mémoire[94]. Elle racontait : « Au commencement il suivait le carrosse, puis servait de cocher et à la fin il se mettait dedans. » Même en la présence de la famille royale et de la cour de Savoie, il passait des heures à causer avec Marie. Furieuse de la trahison de son admirateur, la sœur aînée de Marie, Olympe, « Madame la Comtesse », devint l'ennemie de cette dernière (et peut-être celle du souverain)[95]. De retour à Paris, le roi et Marie passèrent l'hiver 1658-1659 de fête en fête. Un jour, dans une forêt, le roi jeta au loin son épée parce que Marie avait trébuché après en avoir heurté le pommeau[96]. Sans nul doute, puisqu'ils n'étaient pas mariés, n'accorda-t-elle pas ce que l'on appelait alors « les ultimes faveurs ». Elle n'en fut pas moins éconduite de la Cour, pour aller vivre avec une gouvernante dans un fort isolé de la côte, à Brouage, non loin de La Rochelle, le 23 juin 1659 – précisément le jour où Mazarin signait les préambules de la paix avec l'Espagne[97].

Le roi et Marie continuaient de correspondre, utilisant mousquetaires et laquais pour courriers, parfois à raison de cinq fois par jour. Si elles avaient survécu au passage du temps, ces missives montreraient peut-être un Louis XIV plus romantique que bien des poètes du romantisme. Peut-être œuvrait-il à un mariage dans le dos de Mazarin et de sa mère[98], ou envisageait-il de révoquer le cardinal. À la Cour, certains croyaient également qu'il était allé jusqu'à se prosterner devant Son Éminence, en lui demandant la permission d'épouser sa nièce, affirmant que c'était la meilleure manière de manifester sa gratitude à son ministre[99].

Les lettres de Mazarin au jeune roi pris dans cet ouragan émotionnel sont autant de leçons d'un homme d'État. Ainsi, le 28 juin 1659 : « Souvenez-vous, je vous en conjure, de ce que j'ai eu l'honneur de vous dire plusieurs fois lorsque vous m'avez demandé le chemin qu'il fallait tenir pour être un grand roi, c'est-à-dire qu'il fallait commencer par faire les derniers efforts afin de n'être pas dominé d'aucune passion ; car quand ce malheur arrive, quelque bonne volonté qu'on ait, on est hors d'état de faire ce qu'il faut. Je vous parle avec la liberté que vous m'avez commandée. » Le 29 juin : « Il ne dépend que de vous d'être le plus grand roi de la terre par les qualités personnelles, comme vous l'êtes par les royaumes que vous possédez[100]. » Le 6 juillet : « Je vous conjure, pour votre gloire, pour votre honneur, pour le service de Dieu, pour le bien de votre royaume et pour tout ce qui vous peut le plus toucher, de faire généreusement force sur vous[101]. » Le 16 juillet, le cardinal critiquait le roi, qui négligeait trop la Cour à seule fin d'écrire de longues lettres à Marie et confia à la reine qu'il était inquiet au point d'en perdre l'appétit et le sommeil[102].

Mazarin condamnait chez sa nièce « une ambition démesurée et un esprit de travers », y ajoutant des avertissements que nombre de monarques après Louis eussent été bien inspirés d'écouter : « Dieu a établi les rois pour veiller au bien, au repos et à la sûreté de leurs sujets et non pas pour sacrifier ce bien-là à leurs passions particulières, et quand il s'en est trouvé d'assez malheureux pour mériter par leur conduite que la Providence divine les abandonnât, les histoires sont pleines des révolutions et des accablements qu'ils ont attirés sur leurs personnes et sur leurs États. » Il rappelait au souverain qu'il n'était pas un individu, mais une institution : « C'est pourquoi je vous dis hardiment qu'il n'est plus temps d'hésiter, et quoique vous soyez le maître en certain sens de faire ce que bon vous semble, néanmoins vous devez rendre compte à Dieu de vos actions pour faire votre salut ; et au monde pour le salut de votre gloire et de votre réputation. » Il menaçait le jeune monarque non seulement d'un possible changement d'état d'esprit chez Philippe IV, mais aussi de lui-même partir avec sa famille pour l'Italie[103].

Perdant presque la maîtrise de soi qui avait fait sa réputation, Mazarin accusa le roi de dissimulation. Il écrivit à la reine que cela remettait tout en cause : « Il y allait de tout. » Le roi envoya pourtant à Marie un chiot né d'un de ses chiens, nommée Friponne, avec cette inscription sur son collier : « Je suis à Marie Mancini. » Il se peut qu'il ait même projeté un enlèvement par bateau, avec l'aide de son frère Philippe Mancini, commandant de ses mousquetaires bien-aimés[104]. Le 29 juillet, Mazarin le mit en garde : « Vous êtes le maître de votre conduite, mais non pas de m'obliger à l'approuver. [...] Enfin je vous réplique que toute l'Europe s'entretient sur la passion que vous avez, et chacun en parle avec une liberté qui vous est préjudiciable. À Madrid même l'affaire a éclaté[105]... » Le roi transmit sans doute les lettres de Mazarin à Marie, dont on peut imaginer les commentaires[106].

Le roi, finalement, renonça à Marie. La menace de Mazarin de se retirer et de rompre le traité avait fait mouche. Les sentiments privés cédèrent aux pressions publiques. Le monarque triomphait sur l'homme. Enchanté, le cardinal écrivit : « Il me semble entrevoir que vous serez entièrement maître de vous, quand il vous plaira... le plus glorieux entre les rois et le plus accompli et le plus honnête de tous les hommes[107]. » Les 13 et 14 août 1659, Louis avait persuadé sa mère de lui accorder deux dernières entrevues avec Marie à Saint-Jean-d'Angély. Lorsqu'ils se dirent adieu, ils paraissaient si malheureux que la sœur cadette de Marie, Marie-Anne, éclata en sanglots[108]. Le 3 septembre, Marie promit de ne plus écrire au roi. Le cardinal notifia par écrit à sa gouvernante de lui conseiller la lecture de Sénèque et de lui rappeler qu'il prévoyait pour elle un mariage avantageux[109].

En attendant l'infante, Louis XIV aurait préféré hiverner à Paris, mais Mazarin se servit de ce délai pour le convaincre d'aller inspecter les provinces qu'il n'avait encore jamais vues, et où « votre présence est nécessaire » en vue de régler certaines affaires – en termes clairs, pour affirmer le pouvoir royal et obtenir de l'argent des institutions locales. Louis XIV sillonna le sud de son royaume pendant presque un an, de juillet 1659 à juillet 1660. La Cour voyageait généralement une journée sur quatre, à raison de 35 kilomètres par jour, et couvrit une distance totale de presque 3 200 kilomètres. Ce furent, au total, sans doute 15 000 personnes et 10 000 chevaux qui l'accompagnaient[110].

Le roi se rendit dans 63 villes en douze mois. Un protocole fut vite établi. Il refusait généralement toute entrée solennelle, comme celles qui avaient été réservées à son père et à ses prédécesseurs, mais pénétrait dans la plupart de ces cités en empruntant des rues tendues de draperies, les cloches sonnant à toute volée. Il recevait ensuite des députations, écoutait des discours, confirmait régulièrement des privilèges, élargissait des prisonniers, entrait dans des églises, accordait des audiences. Il demeurait souvent dans la maison d'un juge ou d'un haut responsable des finances donnant directement sur la rue, sans la barrière d'une cour ou d'un jardin – sa mère, elle, résidait au palais de l'évêque ou de l'archevêque. Il se retrouvait ainsi plongé dans la vie des villes, allant fréquemment à la messe à pied[111]. On lui offrait des présents composés de produits locaux. À Bayonne, par exemple, le roi, sa cour et sa famille reçurent 394 de ces jambons qui avaient déjà fait la renommée de la ville[112]. Pour se détendre, il passait les troupes en revue, assistait à des pièces de théâtre données par des compagnies itinérantes qui suivaient la Cour, montait à cheval ou jouait au jeu de paume. Les courtisans voyageaient souvent avec leur mobilier. Anne d'Autriche fit au duc d'Épernon un compliment exceptionnel en n'insistant pas pour coucher dans son propre lit, occupant au contraire l'un des siens lorsqu'elle séjourna dans son magnifique château de Cadillac, près de Toulouse[113]. Loin de les couper du pays, la splendeur et le confort de la Cour comme l'efficacité de l'intendance de ses voyages, gérés par les maréchaux des logis du roi, permettaient au souverain et à sa famille de visiter les provinces plus facilement que la plupart des Parisiens. C'était le centre qui n'avait de cesse d'aller vers la périphérie.

Anciennement si rebelle, Bordeaux, qui avait déjà fait l'objet d'une visite en octobre 1650, fut la résidence de la Cour d'août à octobre 1659. Louis XIV surveilla la construction de la citadelle conçue pour impressionner la cité[114]. En attendant l'infante, le monarque s'installa à Toulouse, où il resta plus de deux mois, d'octobre à décembre 1659. Par sa taille et le nombre des habitants, des boutiques et des carrosses, Toulouse semblait pour Mademoiselle avoir un « air de Paris[115] ». Le roi était retourné auprès d'Olympe, « Madame la Comtesse ». Un agent en informa Mazarin le 21 octobre : « Il ne bouge plus de chez elle… Le roi vit si bien avec M. et Mme de Soissons qu'il ne se peut rien de mieux. » Ils voyageaient et dînaient ensemble dans le même carrosse. Enchanté d'avoir soustrait le souverain à sa sœur, elle lui prodiguait tous ses « soins » – ce qui signifiait à n'en pas douter qu'elle devint sa maîtresse. Son mari l'y encouragea[116].

Les exigences pécuniaires de la Cour et les dévastations infligées par les troupes royales étaient telles que la plupart des villes étaient soulagées de les voir partir : « Chaque nouvelle ville traversée voit les sourires d'accueil se muer en grimaces d'adieu[117]. » Cet hiver-là, la Cour se déplaça rapidement, en passant par Carcassonne, Narbonne, Montpellier, Nîmes (où le roi visita les monuments antiques et le pont du Gard) et Arles, jusqu'à Aix-en-Provence, où il resta de janvier à mars 1660[118]. Ce fut là qu'après huit années de rébellion, le 27 janvier, le prince de Condé revint à la Cour. Accueillant le prince pénitent, le roi lui dit : « Mon cousin, après les grands services que vous avez rendus à ma couronne, je n'ai garde de me ressouvenir d'un mal qui n'a apporté du dommage qu'à vous-même. » Anne d'Autriche fut plus brusque : « Pour vous, Monsieur, dit-elle en se tournant du côté de M. le Prince, je vous avoue que je vous ai bien voulu du mal, et vous me ferez bien la justice d'avouer que j'avais raison[119]. » Condé jura de ne plus penser qu'à bien servir, afin d'effacer ce qui dans sa conduite passée avait provoqué de désagrément. Il quitta la Cour après quelques jours, sans plus jamais rentrer complètement en faveur[120].

Il y eut un interlude à Toulon entre le 4 et le 21 février. Au moment de son carnaval, le roi séjourna à l'Hôtel de Ville orné de ses magnifiques atlantes sculptées par le sculpteur provençal Puget et fit plusieurs sorties en bateau. Il se peut que Mazarin ait voulu le séduire avec l'idée d'une expédition maritime censée venir en aide à Venise, en guerre avec l'Empire ottoman, ainsi que l'avaient suggéré les vers du *Ballet royal de la Nuit* parlant d'« effacer le Croissant[121] ». Entre Aix et Toulon, en février, la Cour alla visiter la magnifique basilique gothique érigée sur le site supposé de la mort de Marie-Madeleine à Saint-Maximin, au milieu des collines surplombant la Méditerranée. Le roi y assista à une messe et fit don d'une urne en porphyre rouge où conserver des reliques. La Cour alla aussi en pèlerinage à Notre-Dame de Cotignac, empruntant une route que l'on appelle encore « le chemin de Louis XIV ». Vingt ans plus tôt, la reine avait fait vœu de demander à Notre Dame de Cotignac intercession pour la naissance du Dauphin. En signe de gratitude envers Marie-Madeleine, Louis XIV remit au sanctuaire qui lui était consacré son cordon bleu de l'ordre du Saint-Esprit[122]. De la sorte, la famille royale réaffirmait son adhésion aux vœux de la religion et aux révélations de la foi.

Quelques jours après, une visite à Marseille se voulut un rappel de ce que la monarchie était fondée sur la force autant que sur la religion. Rappelons d'abord que la presque totalité du règne de Louis XIV fut ponctuée d'une série d'accords ou d'arrangements avec la noblesse, ainsi que les généreuses transactions de Mazarin avec les frondeurs l'avaient montré. À une époque où le statut juridique de la noblesse dans des pays comme l'Angleterre ou la Suède était en déclin, le roi de France élargissait les privilèges de rang et d'impôts de ses nobles, en échange de l'engagement de leurs compétences sociales, politiques et militaires à son service. Toutefois, Marseille nous montre que la couronne de France pouvait parfois préférer les bourgeois aux nobles. La cité phocéenne, l'une des plus grandes villes du royaume, fière de son passé grec et romain, s'était rebellée contre l'impôt en 1658, plus tardivement que Paris ou Bordeaux. Avec des nobles locaux à sa tête, elle avait expulsé le gouverneur de Provence, le duc de Mercœur. En janvier 1660, quelque 6 000 soldats, parmi lesquels des gardes suisses et françaises, l'avaient reprise. La Cour était déterminée à célébrer sa victoire[123].

Le 2 mars 1660, Louis entrait dans Marseille comme s'il l'avait prise d'assaut, chevauchant à la tête de ses gardes par une brèche dans les murailles, au lieu d'emprunter la porte royale. Il n'y eut pas de confirmation de privilèges, il refusa les clefs en or que les autorités locales lui présentaient solennellement et une visite à l'Hôtel de Ville[124]. À Marseille, les deux forts de Saint-Jean et Saint-Nicolas, conçus par M. de Clerville, ingénieur militaire renommé, encore impressionnants à l'heure actuelle (ils ont survécu aux bombardements alliés de 1944), seraient construits à l'entrée du port. Mazarin évoquait en ces termes « la citadelle et autres fortifications qu'on a jugées absolument nécessaires pour brider cette ville » achevées au cours des deux décennies suivantes. À compter de cette date, les édiles, ou consuls, furent nommés par le roi et non plus élus par la commune et les nobles exclus de toute fonction municipale[125]. À son départ, le 8 mars, le roi laissa sur place une garnison de 3 500 gardes suisses[126]. Bien des années plus tard, les voyageurs pouvaient encore voir la « colonne d'infamie » érigée devant la maison de M. de Glandevès, un noble qui avait pris la tête de la rébellion de 1658 et s'était ensuite réfugié à Barcelone[127].

La Cour fit ensuite route vers l'ouest, par Arles, Avignon, Montpellier, Perpignan, Carcassonne et Toulouse. Louis XIV arriva dans le petit port basque de Saint-Jean-de-Luz le 8 mai[128]. L'attente de l'infante touchait à son terme.

5

Le pouvoir des reines

De la part de Louis XIV, le choix de Saint-Jean-de-Luz pour son mariage était une manière de rabaisser Bordeaux, la ville la plus rebelle de son royaume, où ses parents s'étaient mariés en novembre 1615. Le seul avantage de Saint-Jean-de-Luz était sa situation non loin de la frontière espagnole, sur la route principale reliant Paris à Madrid.

Désormais vieux et malade, Philippe IV avait quitté sa capitale avec l'infante María Teresa le 15 avril 1660 et traversé les campagnes pauvres de la Castille en un imposant cortège, que venaient étoffer quelques grands d'Espagne, chargé du trousseau des vingt-trois « robes de grand gala » de sa fille. Ils séjournèrent à San Sebastián dans des maisons aménagées à cet effet par le gouverneur de la province, le baron de Watteville, ancien agent de Madrid à Bordeaux pendant la Fronde[1].

Diego Velázquez, *Aposentador Mayor de Palacio*, ou intendant de la Maison du roi, favori de Philippe IV et peintre de sa cour, était chargé de l'organisation des voyages royaux : sur l'île des Faisans, il orna le côté espagnol de la salle destinée aux conférences de tapisseries montrant l'Apocalypse[2]. Travailler jour et nuit en maître d'œuvre du mariage royal finit par le tuer : Diego Velázquez s'éteignit deux mois plus tard, le 6 août 1660[3]. Jean-Baptiste Colbert, intendant de Mazarin, qui trouva l'argent nécessaire pour payer les bijoux, les tapisseries et les vivres pour la cour de France, était l'un de ses homologues et interlocuteurs côté français[4].

De San Sebastián et Saint-Jean-de-Luz, les deux cours les plus somptueuses d'Europe se mirent à s'observer réciproquement. Comme d'autres Français, Mademoiselle remarqua qu'à la cour d'Espagne on affichait « un air de gravité et de majesté que je n'ai trouvé nulle part ailleurs ». À l'inverse, les courtisans français ne cessaient de bavarder entre eux et de jouer des coudes pour se disputer les meilleures places – selon sa formule, elle évoque « beaucoup de presse[5] ». Les courtisans espagnols vinrent à Saint-Jean-de-Luz voir le roi toucher les écrouelles, danser sur la scène dressée pour les théâtres itinérants de France et dîner en public. Le monarque résidait dans la maison Lohobiague*, demeure cossue de trois étages située en front de mer. Anne d'Autriche fut reçue dans une maison voisine, propriété de la même famille. Mazarin était installé à l'extérieur de la ville, à Ciboure[6].

Le 3 juin 1660, le mariage par procuration eut lieu dans la cathédrale de Fontarabie. Don Luis de Haro représentait Louis XIV. Tous les regards se tournèrent ensuite vers l'île des Faisans, sur la Bidassoa. Des gravures d'époque montrent la rive française du fleuve où sont alignés des carrosses et des compagnies de gardes – « de Son Éminence », « de la reine » et « du roi ».

---

* Exemple frappant de continuité familiale, la maison Lohobiague est encore la propriété de descendants de Jean de Lohobiague, l'armateur qui l'avait bâtie en 1643 et qui reçut le roi en 1660.

En outre, il y avait là des groupes de « marchands et vivandiers suivant la Cour », qui tenaient des estaminets. Mademoiselle vit une compagnie de gardes dont elle ne connaissait pas l'existence, elle qui était pourtant si au fait des choses de la Cour : les « gentilshommes à bec de corbin », une unité de cérémonie fondée en 1478 qui n'apparaissaient que dans les occasions les plus importantes. Leur nom venait de la ressemblance de leur hallebarde avec un bec de corbeau[7].

Les deux cours se retrouvèrent enfin le 4 juin dans la Salle de la conférence. Anne d'Autriche voulut embrasser son frère, qu'elle n'avait pas revu depuis quarante-cinq ans, mais il détourna la tête au dernier moment. Quand elle lui dit : « J'espère que Votre Majesté me pardonnera d'avoir été aussi bonne Française. Je le devais au roi mon fils et à la France », Philippe IV lui répliqua que pour cela il la respectait, et ajouta : « Je vous en estime. La Reine ma femme en a fait autant ; car, étant française, elle n'avait dans l'âme que l'intérêt de mes royaumes, et le désir de me contenter. » Ils continuèrent de se parler, assis dans des fauteuils disposés exactement sur la ligne qui, dans la salle, séparait les deux royaumes. Louis XIV fit son apparition sur le seuil d'une porte, accompagné de vingt courtisans. Philippe IV remarqua que son gendre était fort bel homme. María Teresa s'empourpra[8]. Des courtisans français furent décontenancés par sa robe, ses bijoux, sa coiffure, mais admirèrent ses yeux bleus, ses cheveux d'un blond aux reflets argentés, sa peau blanche et sa dignité. Elle apparaissait comme une version plus jeune et moins majestueuse que sa tante, Anne d'Autriche[9].

Le 6 juin, sous un soleil brûlant, des paysans en tenue traditionnelle dansèrent sur les deux berges de la rivière. Les deux monarques s'agenouillèrent côte à côte et jurèrent sur leurs bibles, française et castillane, de respecter le traité de paix et le contrat de mariage – dont deux secrétaires venaient à l'instant de lire les clauses à haute voix. Mazarin tenait lieu d'interprète. *« Sí, lo juro »*, dit Philippe IV. « Non seulement je jure la paix, mais aussi l'amitié », répondit Louis XIV. Des membres de chacune des deux cours furent ensuite présentés au monarque de l'autre[10]. Le 7 juin, Philippe IV remit sa fille à sa sœur. María Teresa et Anne pleuraient. Louis exprima son ravissement et se déclara vassal et ami, allié et neveu du roi d'Espagne. Quand la reine s'excusa des fatigues du voyage, Philippe IV lui répondit qu'il serait venu à pied si nécessaire. À Mazarin, il déclara : « La chrétienté vous doit la paix[11]. »

Le lendemain, Anne supervisa la transformation de sa belle-fille d'infante de Velázquez en reine de France, de María Teresa en Marie-Thérèse. Elle reçut les vœux de ses dames de compagnie, notamment la princesse Palatine, qui malgré l'aversion de Louis XIV à son endroit fut nommée surintendante de la Maison de la reine : ce poste lui était octroyé en récompense de ses services durant la Fronde, mais elle fut promptement remplacée par la comtesse de Soissons. Alors qu'Anne d'Autriche avait gardé ses serviteurs espagnols auprès d'elle durant des années, la Maison espagnole de Marie-Thérèse fut renvoyée, à l'exception de son confesseur, de deux médecins et d'une domestique[12].

Le 9 juin, dans l'église de Saint-Jean-Baptiste de Saint-Jean-de-Luz, où l'on joue encore de l'orgue installé pour l'occasion, le service religieux du mariage fut conduit par l'évêque de Bayonne. Il se prolongea de midi à quatre heures de l'après-midi. L'église était bondée. Mazarin avait écrit qu'en plus de celles qui occupaient des postes officiels « toutes les autres personnes de qualité peuvent librement venir à la Cour ». Des bancs étaient spécialement destinés aux secrétaires d'État, aux maréchaux et aux ambassadeurs (d'Angleterre, du Danemark, des Provinces-Unies, de Venise, de Savoie, du Portugal, du pape et de Tunis)[13]. Aucun rang n'était assigné, aucun siège réservé à personne d'autre, même pas aux ducs ou aux évêques, à leur grande fureur[14].

Malgré la chaleur, la nouvelle reine, couverte de diamants et d'émeraudes, portait une petite couronne et une robe en hermine rehaussée de fleurs de lys, avec une traîne portée par deux filles de Gaston et la princesse de Carignan, mère de « Monsieur le Comte ». Le roi portait un manteau de brocart d'or agrémenté de dentelle noire et de diamants. Son épouse et lui gagnèrent ensuite la maison Lohobiague. Le roi lança des pièces d'or et d'argent à la foule sur ce qui est maintenant la place Louis-XIV[15]. Après le souper, ils se retirèrent dans leur appartement et on les dévêtit : il n'y eut pas de « coucher » en public, comme lors d'autres mariages royaux, peut-être en raison des souvenirs que gardait Anne d'Autriche de son humiliant coucher public en 1615. La reine déclara simplement à ses dames : « *Presto, presto, que el Rey m'espera* » (« Vite, vite, le roi m'attend »)[16]. Le lendemain matin, selon sa cousine Mademoiselle, « le roi parut de la plus belle humeur du monde ; il riait et sautait et allait entretenir la reine avec des marques de tendresse et d'amitié qui faisaient plaisir à voir[17] ». Il n'était plus « froid et grave ». Pendant le voyage du retour à Paris, le roi et la reine partagèrent le même lit et la même table, ainsi qu'ils le feraient pendant presque toute leur vie conjugale[18].

Au-delà de la signification politique de cette union, comme confirmation de la paix entre la France et l'Espagne, ce furent les bijoux et les tenues des participants qui fascinèrent le plus les contemporains. La couronne de France était si endettée qu'Anne dut gager certains de ses joyaux afin de procurer à sa nouvelle bru les splendides présents de circonstance, parmi lesquels un cœur serti de diamants, des boucles d'oreilles, des bracelets, des miroirs, des coffrets[19]. Tous les gardes portaient des uniformes et cuirasses neufs. Mme de Motteville trouvait le bleu et l'or des gardes-françaises encore plus seyant que le rouge et le jaune de ceux du roi d'Espagne[20]. Les seuls vêtements de Louis XIV, estimait son maître de la garde-robe, coûtaient 90 000 livres[21].

Toutefois, la cour de France était aussi capable de rire d'elle-même. Écrivant à propos des plumes et broderies des courtisans, le musicien Mathieu de Montreuil déclarait : « Cela sentait *Le Grand Cyrus* à pleine bouche » – allusion à un roman populaire que Louis XIV et Marie Mancini avaient lu ensemble[22]. Quand le roi demanda au vieux duc de Roquelaure ce qu'il pensait de ses tenues et bijoux, le duc répondit, avec son accent gascon : « Parbleu, sire, il me semble que Moncrot [un riche financier de la guerre] se marie. » Tous les courtisans éclatèrent de rire. Le roi paraissait pensif. Moncrot mourut plus tard en prison, incapable de payer les amendes imposées suite à une enquête officielle sur ses agissements de profiteur[23].

Le duc de La Rochefoucauld, l'un des frondeurs à qui le roi n'avait jamais pardonné, exprima aussi son dédain : « On ne parle que de la magnificence des habits de notre cour ; il me semble que c'est mauvais signe pour ceux qui les portent, et qu'ils devraient souhaiter qu'on parlât d'eux aussi[24]. » Pour certains courtisans, pourtant, le costume, loin d'être un « mauvais signe », était le meilleur de tous, envoyant un message rassurant de richesse et d'élégance. La monarchie française avait encore besoin d'atours, de bijoux et de broderies (et de soldats et de courtisans) afin d'impressionner les étrangers. Louis XIV ne pouvait se permettre d'être mal mis. Qui plus est, la cour de France ne faisait là que ce que d'autres cours s'efforçaient de faire, mais avec plus de flamboyance. Velázquez s'accoutra à la façon d'un noble qu'il n'était point, portant du velours rehaussé de dentelle d'argent milanaise sertie de diamants et d'autres bijoux[25]. Oliver

Cromwell et ses courtisans avaient eux-mêmes commencé à s'habiller selon la mode.

Enfin, le 15 juin, la Cour repartit de Saint-Jean-de-Luz, en passant par Bordeaux, Richelieu – le château et la cité construits par le cardinal de Richelieu au sud de la Loire –, Chambord, Orléans et Fontainebleau, avant de rallier Vincennes, où elle arriva le 20 juillet. Du 29 juin au 1er juillet, Louis XIV avait insisté pour effectuer avec Mazarin et Philippe Mancini un détour par Brouage, la résidence de Marie Mancini l'été précédent. La passion avait survécu à la séparation. Il dormit dans l'ancienne chambre de sa maîtresse, secoué de pleurs et de soupirs. Après quoi, oubliant son propre cœur, il reprit son rôle de roi[26].

À 3 heures de l'après-midi le 18 août 1660, le roi et la reine passèrent en revue la milice de Paris dans la plaine qui s'étendait entre Vincennes et la capitale. Précédé par des mousquetaires et suivi de « force noblesse », le souverain chevaucha d'un bout à l'autre des lignes, bataillon après bataillon, tandis que la reine faisait de même en carrosse. Tout Paris regardait. Le compte rendu officiel indique : « En effet jamais milice bourgeoisie ne parut plus leste et plus disciplinée, tant l'ardeur était de paraître devant le roi et la reine. Il n'y avait d'autre bruit que le cri de vive le roi et la reine répété par un million de bouches. » La milice de Paris – 8 000 soldats disciplinés – n'était pas moins obsédée de sa tenue que la Cour. Chaque soldat était couvert de plumes et de rubans aux couleurs de son bataillon[27]. Des officiers étaient habillés comme des courtisans ; un colonel de Guénégaud, président de la Chambre des enquêtes, portait du brocart d'or – rompant ainsi avec le code vestimentaire de la noblesse de robe qui se vêtait normalement de noir –, et il était suivi de six pages et vingt-quatre laquais[28].

Comme l'entrée de Louis XIV dans Marseille en mars, son entrée dans Paris quatre jours plus tard, le 23 août 1660, fut une pièce de théâtre royale conçue pour afficher le triomphe de la Couronne sur la ville[29]. Tout d'abord, le roi et la reine prirent place sur un gigantesque trône double temporaire surmonté d'une coupole soutenue par quatre colonnes sur l'actuelle place de la Nation. Pendant cinq heures, ils écoutèrent des discours des députations parisiennes, des curés jusqu'aux membres du Parlement – certains d'entre eux s'étant agenouillés. Vers 2 heures de l'après-midi, ils firent la plus grandiose des entrées royales dans Paris[30]. Tout le long de la rue Saint-Antoine, les fenêtres et les balcons étaient chargés de spectateurs. Le roi à cheval était entouré de princes du sang, de sa cour et de la Maison militaire et suivi par toutes les institutions de la capitale – tribunaux, Université, Hôtel de Ville. Selon Mme de Motteville, « le roi était tel que les poètes nous représentent ces hommes qu'ils ont divinisés. Son habit était en broderie d'or et d'argent, aussi beau qu'il le devait être, vu la dignité de celui qui le portait. […] La grandeur qu'il faisait voir en sa personne le fit admirer de tous[31] ».

Une amie de Marie Mancini, la veuve du dramaturge Paul Scarron, écrivit qu'il fallut une heure à la seule Maison de Mazarin pour défiler. Ne s'attendant guère à ce qu'elle pût elle-même devenir un jour l'épouse du monarque, elle ajouta que la reine avait dû ensuite se mettre au lit heureuse d'avoir choisi un tel époux[32]. La reine, timide jeune femme qui venait de quitter une éducation recluse dans un pays étranger, fut amenée à parader dans les rues de Paris comme un symbole de paix. Des inscriptions et arches triomphales célébraient les vertus des rois et des reines, et l'amour, la loyauté, l'obéissance et la gratitude de Paris et de la France[33]. Des représentations de la paix, de l'abondance, de la magnificence, de la piété, de la France et de l'Espagne joignant les mains ornaient l'itinéraire[34]. La « reine triomphante » était venue régner sur les cœurs des Français, perdre « sans regret le beau titre d'infante entre les bras du plus beau des rois ». Des fontaines de vin coulèrent. Des prisonniers furent libérés. Racine écrivit son premier poème, « La Nymphe de la Seine à la Reine ». La Fontaine loua « la bourgeoisie » de rivaliser de luxe avec la Cour[35].

La procession s'arrêta devant un « palais magnifique », l'hôtel de Beauvais, dans la rue François-Miron, construit par un architecte royal, Antoine Le Pautre, entre 1656 et 1660 pour la première femme de chambre d'Anne d'Autriche, Mme de Beauvais. Préservé de nos jours, sa taille et sa splendeur incarnent les bénéfices matériels d'une charge de cour. Aux balcons, il y avait Anne d'Autriche, Henriette-Marie, Mazarin, Turenne, Mademoiselle et la princesse Palatine.

Cette entrée royale fut marquée non seulement par sa splendeur, mais aussi par une omission de taille. Le roi reçut les clefs de Paris, mais ne confirma pas les privilèges de la capitale[36]. Néanmoins, comme la revue militaire, la procession célébrait Paris, et pas seulement la monarchie. En plus des autres institutions, elle incluait « les marchands de la ville », « le conseil communal », « les paroisses » et « les mendiants ». Notons que le prévôt des marchands de Paris était encore capable d'administrer des leçons à la Couronne : « Sire, ne dissimulons point que vos triomphes dans la guerre nous sont beaucoup moins agréables que la paix, et moins avantageux pour vous. » Dans l'une de ces démonstrations, on loua le roi en *Ludovicus pacificus*, libérateur des arts et des sciences[37].

Mazarin semblait avoir atteint le sommet de son pouvoir. En le faisant duc, le roi fit l'éloge de sa patience, de son inconcevable souplesse d'esprit et de son intelligence, et prophétisa qu'à l'avenir personne ne serait en mesure d'imiter les politiques qu'il avait été le seul à inventer[38]. Le parlement de Paris, qui dix ans plus tôt avait organisé la vente des livres de sa bibliothèque à seule fin de payer son assassin, ne fut pas en reste et lui envoya une députation. Il déclara au président Lamoignon que s'il ne méritait pas à présent de telles louanges, il n'avait également pas mérité de telles attaques et insultes par le passé, venant de ceux qui auraient dû l'aider à piloter le navire de l'État au lieu d'essayer de le naufrager[39].

Cependant, le trio protecteur formé par le roi, la reine mère et le cardinal subit des altérations. Mazarin témoignait à Anne moins de respect ; elle lui réservait moins de tolérance. En revanche, le roi manifestait plus d'amour pour son parrain que bien des fils envers leur père[40]. L'ambassadeur de Venise signalait dans un rapport que toute son affection semblait aller au cardinal, qu'il voyait plusieurs fois par jour pendant de longues heures, en privé, et auquel il soumettait toutes les décisions politiques, même « les plus petites affaires ». Les réunions du Conseil se tenaient dans l'appartement de Mazarin[41]. Or, âgé de 59 ans, le cardinal se mourait. Tourmenté par la goutte et les calculs, il finit par n'être plus que le fantôme de lui-même[42]. Le 22 février 1661, il quitta Paris pour Vincennes ; des prières publiques furent dites pour lui dans les églises, comme s'il était un membre de la famille royale. Tout au long des derniers jours de son existence, souvent en larmes, le roi demeurait attentif, vérifiait ses médicaments, lui apportait à boire[43].

Mazarin arrêta ses dernières volontés concernant sa fortune. Sa nièce préférée, Hortense, et son époux le duc de La Meilleraye, qu'elle épousa le 28 février et qui héritait du titre de duc de Mazarin, en reçut la plus large part, dont le palais Mazarin. Deux autres nièces, la comtesse de Soissons et la princesse de Conti, devinrent respectivement surintendantes des Maisons de la reine et de la reine mère ; la princesse Palatine se retira avec une confortable pension. Louis XIV et Anne héritait des bijoux et trésors, dont les dix-huit diamants que l'on appelait « les mazarins », d'une valeur qui atteignait peut-être 4 millions sur une fortune totale d'environ 38 millions de livres*.

Le 6 mars, le cardinal lut ses dernières dépêches. Le roi pleurait tant qu'il fut prié de quitter la pièce. Resté sur le seuil de la porte, il vit qu'on lui administrait l'extrême-onction. Le lendemain, entouré de courtisans en larmes, il s'éteignit. Selon Mme de Motteville, ses derniers mots furent : « Ah ! Sainte Vierge, ayez pitié de moi et recevez mon âme. » Elle ajouta qu'en apprenant la nouvelle de sa mort, Anne d'Autriche déclara qu'il valait mieux ne pas en parler. Le roi ayant besoin de distractions, il fallait qu'il pense à autre chose[44]. Dans une lettre à Philippe IV, Louis dit pourtant de la mort de Mazarin que c'était l'une des plus grandes « afflictions » qu'il ait jamais éprouvées[45].

Mazarin laissait une France devenue la première puissance d'Europe, mais l'accumulation de sa vaste réserve d'or personnelle, ainsi que de joyaux et d'autres trésors, avait exacerbé les difficultés financières du royaume. Mme de Motteville écrivit qu'il était « si avare qu'il voulait gagner sur tout », et ses propres alliés, Colbert et Le Tellier, en convenaient[46]. Durant la Fronde, il avait commis maintes erreurs, notamment et surtout en ordonnant les arrestations de Broussel et de Condé. En politique étrangère, il avait souvent tort – il aurait pu conclure plus tôt une paix avec l'Espagne dans de meilleures conditions, et il avait cru en l'avenir du Protectorat d'Angleterre. Quand en novembre 1659 Charles II avait fait le voyage de Bruges, traversant

* L'un de ceux-ci, « le grand Mazarin », s'est vendu chez Christie's Genève en novembre 2017 pour 14,6 millions de dollars.

la France jusqu'à Saint-Jean-de-Luz pour demander de l'aide, Mazarin avait refusé de le recevoir[47].

Pourtant 1660 fut une année faste pour les monarchies. Des villes rêvant d'indépendance, comme Marseille, Naples et Paris même, avaient été soumises. Au Danemark, la couronne devint héréditaire et non plus élective ; dès lors, le roi de Danemark devenait l'un des monarques les plus absolus d'Europe, et généralement allié de la France. Le 29 mai, Charles II était entré dans Londres en triomphe. Henriette-Marie annonça à sa sœur, à Turin, que son fils était plus puissant que n'importe lequel de ses prédécesseurs, et « que même les gens du commun » en Angleterre ne se tenaient plus de joie[48]. Mazarin dut rappeler l'ambassadeur de France (le président de Bordeaux) à Londres, ses liens avec le Commonwealth rendant sa présence inacceptable pour Charles II[49].

La restauration d'une puissante monarchie des Stuarts, alliée à l'Espagne, signifiait que le nombre d'Écossais dans les gardes du corps, déjà en baisse depuis que le roi d'Écosse était devenu roi d'Angleterre en 1603, diminuait encore. Le régiment des gardes écossaises fut démantelé ; son colonel, Lord Teviot, devint gouverneur de Dunkerque pour Charles II[50]. Le rétablissement des Stuarts sur le trône conduisit aussi à un autre mariage royal. En mars 1661, peu après la mort de Mazarin, Monsieur épousa la sœur de Charles II, Henriette-Anne. Les deux mères étaient en faveur de cette union et Monsieur se sentait épris. En raison du deuil de Mazarin à la Cour, ce que Louis XIV appelait, dans une lettre à Charles II, un nouveau lien qui resserrait encore davantage le nœud de « notre amitié » fut célébré en privé, dans la chapelle de Henriette-Marie au Palais-Royal[51].

Les deux frères étaient à l'opposé l'un de l'autre. Suivant l'usage du temps d'écrire des portraits de leurs contemporains en vigueur chez les Françaises et les Français éduqués, en particulier ceux de la Cour, vers

1659 la comtesse de Brégis avait composé un portrait du roi pour Mademoiselle :

> Sa personne sert infiniment à faire valoir le reste de ses avantages. [...] Ses cheveux [...] sont si beaux et en si grande quantité, qu'ils le parent autant qu'une couronne, et même le font régner en des lieux où les sceptres ne seraient pas toujours obéis. Son visage n'est point beau [...]. Ses jambes et ses bras et ses pieds sont si parfaitement bien faits, que personne ne doit avoir regret qu'ils soient pour marcher sur nos têtes. Il a une facilité et une adresse merveilleuses pour tous les exercices : il danse mieux que personne. [...] Il est judicieux, galant et discret. [...] Son humeur est un peu cachée et dédaigneuse, mais généreuse et bonne.

Elle croyait ses cheveux châtain foncé. Il avait également été très légèrement marqué par la petite vérole et sa peau était mate[52].

M. Martinet, un administrateur du département des Cérémonies de la Maison du roi, était aussi charmé par Louis :

> Sa taille est des plus hautes, droite, libre, pleine, robuste, la poitrine et les épaules larges, les bras et les jambes grosses en proportion et parfaitement bien tournées ; une contenance fière et douce tout ensemble, qui n'a rien que d'extraordinaire ; et quand il se voudrait déguiser, partout où il se rencontrera, l'on reconnaîtra aussitôt qu'il est le maître, parce qu'il a l'air et le port et toutes les marques par lesquelles on discernait autre fois ceux que l'on disait être du sang des dieux, et qui ont donné le commencement à toutes les monarchies. [...] La blancheur [de sa peau] est aussi restée tout entière [cela dut être écrit avant son voyage dans le sud de 1659-1660], pour combattre avec le corail de cette belle et précieuse bouche, auprès de laquelle les roses sont pâles, et de laquelle découlent continuellement des oracles et des grâces.

Louis XIV se distinguait, croyaient ses sujets, par sa clémence, sa « tendresse paternelle », sa générosité, une tendance à « prendre le parti du plus faible » et une entière discrétion. Il observait « comme un Capucin les abstinences de l'Église ». Martinet pensait que, pour Louis, « la seule richesse des rois est de bien faire à tout le monde, de posséder tout pour le donner ». Comme Mazarin, il estimait que le roi incarnait le chef-d'œuvre du ciel, destiné à être « l'honneur et l'exemple de toute la terre[53] ».

Au sujet de Monsieur, à l'inverse, un observateur anonyme plus tardif écrivait qu'il s'appliquait uniquement à paraître beau et à danser avec les dames, et que son frère le roi était aussi courageux et viril qu'il était quant à lui efféminé, avec davantage les allures d'une femme que d'un homme : on le voyait à ses joues rouges, grâce à l'application d'une couleur artificielle, presque constellées de petits grains de beauté. Ainsi que le suggère cette description, Monsieur réagissait à la virilité de son frère en exagérant d'autant plus sa propre féminité[54]. Une part de la fascination qu'exerçait la cour de France résidait dans le fait qu'elle autorisait l'homosexualité, les maîtresses multiples et le jeu – des comportements qui, ailleurs, attiraient le dénigrement. Néanmoins, chose alors banale, Louis se moquait de l'homosexualité de son frère, parfois physiquement – et il tailla dans son héritage[55]. À la mort de leur oncle Gaston, duc d'Orléans, le 2 février 1660, après avoir suivi une procession du saint sacrement sous la pluie, Monsieur hérita de son titre et d'une part de son apanage, mais ni de ses châteaux de Blois et de Chambord, ni de son gouvernement de Languedoc[56].

Sa femme Henriette-Anne, nouvelle duchesse d'Orléans, mettait selon les propos de Mademoiselle sa cousine « un agrément, qui ne se peut exprimer, à tout ce qu'elle faisait[57] ». À l'opposé de la réserve de Marie-Thérèse et d'Anne d'Autriche, elle aimait la conversation, ce qui lui valait la réputation d'être plus humaine que d'autres membres de la famille royale. Mme de Motteville écrivait d'elle qu'elle avait un teint de jasmins et de roses. Elle fut bientôt considérée comme le principal ornement du « grand théâtre de la cour de France[58] ». Pourtant son mariage fut un calvaire. L'amour de Monsieur se transforma vite en dépit. Ainsi que l'écrivit son premier aumônier Daniel de Cosnac, il était plus jaloux même de son intelligence que de sa personne : il paraissait furieux de ce qu'elle contribuait par son esprit et son talent en toutes choses à se faire aimer et respecter par le roi et la Cour. Quant à Monsieur, il s'y entendait bien pour conforter et accroître la réputation qu'il avait si justement acquise d'être incapable de garder un secret ou de dispenser un conseil. Il se querellait souvent avec sa femme, ne décolérant pas de voir le comte de Guiche prêter plus d'attention à elle qu'à lui. Qui plus est, le roi ne se privait pas de montrer qu'il préférait sa belle-sœur à son frère[59].

Les mariages des nièces de Mazarin, comme ceux du roi et de son frère, n'étaient pas moins politiques. Le roi avait continué de fréquenter Marie Mancini, rentrée à Paris. Le nonce papal rapporta que la reine « se sent grandement jalouse de voir le roi faire de nouvelles démonstrations d'amour à Mlle Marie Mancini. [...] La reine aimerait que cette personne parte le plus tôt possible ». Le 11 avril 1661, dans la chapelle royale du Louvre, en présence du roi et de la reine, Marie Mancini épousait par procuration un prince romain de premier plan, le connétable Colonna. Mazarin lui avait donné en dot son palais de Rome, le Palazzo Mancini. Quand elle partit pour Rome, le roi lui assura que, partout où elle serait, il se souviendrait toujours d'elle et la protégerait[60]. Le mariage fut malheureux. Quand son mari lui reprochait d'être de trop basse naissance, elle répliquait qu'aucune de ses sœurs n'avait été plus mal mariée qu'elle. Après avoir mis leurs enfants au monde, elle refusa de coucher davantage avec Colonna et, en 1668, s'enfuit de Rome pour rentrer en France. Louis XIV, tout en lui promettant « toute la tendresse possible » et en lui procurant un passeport, lui conseilla de vivre dans un couvent, à l'écart de Paris. Il affirma en riant à l'ambassadeur de Savoie qu'il n'avait aucun désir de la revoir[61]. Elle vécut plus tard en Espagne, en Flandre et en France, mais ne revint jamais à la Cour. Indépendante jusqu'au bout, elle mourut seule à Pise en 1715, la même année que Louis[62].

Continuant cette série d'unions royales, la belle et peu conventionnelle demi-sœur de Mademoiselle, Marguerite-Louise d'Orléans, fut mariée le 19 avril 1661, également par procuration, à la chapelle du Louvre en présence du roi et de la reine, à l'héritier du grand-duc de Toscane, Cosme de Médicis. Malgré les somptueux cadeaux de noces du roi, bijoux et meubles, elle se plaignit de ce qu'il était un tyran de la forcer à se marier et à quitter la France. Toutefois, quand elle fit ses adieux à la Cour, elle ne versa pas de larmes[63].

Ainsi que le montraient ces mariages royaux, malgré un patriarcat dominant et la conviction que les femmes étaient faibles et sujettes à l'hystérie, le dynastisme parvenait à favoriser et à financer l'indépendance féminine[64]. L'obéissance d'une maison à sa maîtresse, renforcée par la fortune personnelle sous la forme d'une dot, de bijoux ou de pensions, pouvait fournir une base de pouvoir. Une fois les périls de l'enfantement surmontés, leur sexe protégeait les femmes des duels, des batailles et, dans la plupart des cas, de la prison. C'est ainsi que la princesse Palatine et la duchesse de Longueville, entre autres, avaient été des figures politiques éminentes pendant la Fronde. Mademoiselle, ainsi qu'elle s'en vanta dans ses Mémoires, prenait ses propres décisions, en toute indépendance, comme un général. Elle se percevait en héroïne, non en victime. Certaines femmes détenaient aussi des fonctions : la maréchale de Guébriant avait été nommée en 1645 ambassadrice extraordinaire pour escorter Louise Marie de Gonzague de Nevers à son mariage avec le roi Władisław IV de Pologne, appartenant à la branche polonaise de la maison suédoise des Vasa[65].

Plus que la plupart des monarques, Louis XIV encourageait personnellement les femmes à jouer un rôle à la Cour et dans la vie publique. À la comtesse d'Armagnac, une autre ambassadrice française en titre envoyée en escorte de la cousine du roi, Françoise, qui allait épouser le duc de Savoie en 1663, il écrivit que jamais un prince n'avait été mieux servi par un ambassadeur qu'il estimait l'être par son ambassadrice et que, de tous les ministres qu'il avait dans des pays étrangers, il n'en était pas un dont les dépêches lui fissent plus plaisir que les siennes[66]. Sa seconde épouse, Mme de Maintenon, aurait plus d'influence que la plupart de ses ministres. Dans *Le Triomphe des dames*, un contemporain écrivit des femmes que leur habileté et leurs intrigues exercent mille fois plus d'effet sur les fortunes des familles que « les efforts des hommes autour des princes et des Rois[67] ». Un autre livre louant les femmes, de la plume d'un féministe avant l'heure, François Poullain de La Barre, *De l'égalité de deux sexes : discours physique et moral où l'on voit l'importance de se défaire des préjugés*, fut publié à Paris « avec privilège du roi » en 1673, et le monogramme personnel du souverain formé de « L » entrelacés fut gravé sur la page de titre en signe de l'approbation royale.

Intégrées à demeure dans une cour étrangère, les princesses et dames de compagnie françaises pouvaient être plus efficaces qu'ambassadeurs ou soldats. Elles propageaient la langue, les coutumes et les modes de France, et en soutenaient généralement la politique[68]. Les « princesses étrangères », titre accordé par le roi aux membres de dynasties souveraines étrangères résidant en France, préféraient souvent quant à elles des mariages étrangers, car ils leur procuraient une élévation de statut et une plus grande indépendance. Pour le gouvernement français, elles offraient d'utiles substituts, alors même que les princesses royales se montraient peu désireuses de conclure un mariage à l'étranger (ce fut le cas de Mademoiselle, qui éconduisit les rois d'Angleterre et de Portugal).

En Pologne, par exemple, Louise Marie de Gonzague devint une alliée importante du gouvernement français. Après la mort de son premier époux le roi Władisław IV en 1649, elle s'unit au demi-frère et successeur de ce dernier, le roi Jean Casimir[69]. Les ambassadeurs étrangers la considéraient comme la force motrice de cette monarchie, dominant son géant de second mari avec l'aisance d'un cornac guidant un éléphant[70]. Brillante et énergique, effectuant souvent de longs périples d'un bout à l'autre du pays, Louise Marie, reine de Pologne, soutenait la politique française – en règle générale, mais pas toujours. Elle aida à sauver la monarchie polonaise des envahisseurs suédois pendant la première guerre du Nord en 1655-1660, prit part à des réunions du conseil et encouragea personnellement les soldats polonais à la bataille de Varsovie en 1656 (après quoi, en signe de gratitude pour sa victoire, Jean Casimir déclara la Vierge Marie reine de Pologne). Avec son aide, l'ambassadeur de France, M. de Lumbres, arbitra la signature du traité d'Oliva (un monastère proche de Dantzig) le 3 mai 1660. Ce traité mettait fin à la guerre entre la Suède, le Danemark, la Pologne et le Brandebourg, en maintenant la Suède, alliée de la France, dans son rôle de puissance dominante sur la Baltique, mais en restituant à la Pologne tous les territoires perdus, excepté la Livonie qui fut acquise à la Suède.

Toutefois, l'infécondité constituait l'un des périls inhérents à la monogamie royale en Europe – que s'évitaient les monarques polygames en dehors du continent. Or, Louise Marie n'avait d'enfants d'aucun de ses deux époux. Dans une tentative pour préserver l'influence de la France en Pologne, et avec les encouragements de Louis XIV, de sa sœur la princesse Palatine et de son mari, elle essaya d'organiser l'élection de son ami le prince de Condé, ou du fils de ce dernier, le duc d'Enghien, en tant qu'héritier du trône de Pologne du vivant du roi[71]. Le 11 décembre 1663, au Louvre, le duc d'Enghien épousa la nièce de Louise Marie, Anne de Bavière, une fille de la princesse Palatine. Ce fut encore un autre mariage royal grandiose, arrangé dans le cadre d'un traité international entre Jean Casimir, roi de Pologne (qui, ainsi que la reine l'avait planifié depuis longtemps, avait adopté Anne de Bavière) et Louis XIV[72]. Enghien se mit à apprendre le polonais[73].

Pour sa part, Louise Marie tenta de renforcer l'autorité royale, d'abolir le droit de veto des nobles polonais à la diète et de réduire leur emprise sur l'armée. Signe des dangers de la monarchie élective, les effets conjugués de la Constitution et des factions commençaient déjà à déchirer le pays. Louis XIV octroya des pensions à de grands propriétaires terriens, loua les grandes réserves d'habileté et de connaissance des affaires privées et publiques de Pologne de Louise Marie et lui assura que, quoi qu'il arrive, il ne l'abandonnerait pas[74]. Le mariage du duc d'Enghien et de la nièce de Louise Marie était à ses yeux la dernière alliance en date qui unissait de plus en plus étroitement les deux royaumes[75]. Il estimait que les affaires polonaises devenaient les plus importantes de la chrétienté, mais redoutait déjà la partition du pays par ses trois voisins voraces, le Brandebourg, la Russie et l'Autriche[76].

Au cours de la décennie 1660, Louis XIV envisagea d'envoyer 10 000 soldats français par la mer à Dantzig afin de soutenir la candidature de Condé ou de d'Enghien au trône de Pologne[77]. En 1665, et à nouveau en 1667, alors qu'il intervenait déjà dans le cadre du Saint Empire en tant que membre de la Ligue du Rhin, il projeta aussi d'envoyer Condé à la tête de 4 000 hommes et chevaux, par petits détachements, par la terre, en traversant le Saint Empire romain en direction de la Pologne[78]. Les difficultés d'acheminement des troupes françaises vers la Pologne, par la terre ou par la mer, l'empêcheraient toutefois d'aider efficacement ce royaume de l'Est, comme elles empêcheraient d'autres gouvernements français plus tardifs* de le faire.

Qui plus est, quand une chance lui fut donnée de mener les armées françaises contre l'Espagne dans la guerre de 1667, Condé perdit tout intérêt pour la Pologne : il se peut aussi qu'il ait préféré vivre en prince dans le magnifique château de Chantilly au nord de Paris, plutôt que de régner en roi à Varsovie[79]. La mort de Louise Marie, le 9 mai 1667, priva leur candidature de tout élan. Affaiblie par les dissensions – Jean-Casimir avait provoqué une guerre civile après ses tentatives de faire élire de son vivant un prince français comme son héritier – et par le pouvoir des grands propriétaires terriens, en cette même année 1667 la Pologne céda Kiev et une partie de l'Ukraine à la puissance croissante de la Russie. En septembre 1668, le cœur brisé par la mort de sa femme, Jean Casimir abdiqua. Avec l'aide de l'ambassadeur de France, il se retira à Paris et devint abbé de Saint-Germain-des-Prés, où l'on peut encore admirer sa magnifique tombe. En 1668 et 1674, malgré les prébendes françaises et les lettres flatteuses de Louis XIV[80], les nobles polonais, hantés par les malheureux souvenirs de leur roi français aussi

* C'est l'une des raisons de la question souvent posée en France après la parution le 4 mai 1939, à la une de *L'Œuvre*, d'un article du député socialiste et pacifiste puis fondateur du Rassemblement national populaire proallemand Marcel Déat intitulé « Mourir pour Dantzig ? ».

impopulaire qu'inefficace – Henri Ier, le futur Henri III de France, en 1573-1574 –, préférèrent faire monter un Polonais sur le trône et élire Michel Wiśniowiecki, et ensuite Jean Sobieski. Même à son sommet, l'influence de Louis XIV connaissait des limites. Jamais il ne jouit d'une hégémonie réelle sur l'Europe[81].

Sous le règne du roi Jean Sobieski, de 1674 à 1696, vainqueur des Ottomans devant Vienne en 1683, la Pologne demeura une grande puissance. Sobieski s'était rendu en visite à Paris et épousa une Française, une ancienne demoiselle d'honneur de Louise Marie, Marie-Casimire-Louise de La Grange d'Arquien. Elle croyait elle aussi détenir un « pouvoir absolu » sur son époux, dont elle avait contribué à organiser l'élection au trône. Ainsi que Louise Marie l'avait espéré, la France conservait en Pologne une certaine part d'influence. La cour des deux souverains, à Varsovie, était à moitié française : le roi avait à son service un secrétaire et un orchestre français, il calqua la décoration de sa chambre à coucher sur Versailles, fit de Louis XIV le parrain d'un de ses fils et signa un traité secret avec lui en juin 1675[82].

L'importance de la reine de Pologne se trouva confirmée quand Louis XIV choisit de nommer son beau-frère, le marquis de Béthune, ambassadeur de Pologne pour une période inhabituellement longue de seize années, après 1676, bien que les deux sœurs aient fini par se haïr[83]. Sur la requête de la reine de Pologne, Louis XIV l'adopta pour en faire sa fille, tandis que ses filles devenaient les filleules de son épouse[84]. Ses ambassadeurs dirent à Louis XIV qu'en raison du « pouvoir absolu » de la reine sur Sobieski, « il faut que Votre Majesté » se gagne « Marysieńka », ainsi que l'appelait Sobieski, en faisant le père et le frère de cette dernière ducs et pairs de France, et en versant à son père une pension. Louis XIV avait fini par se méfier de la reine et par mépriser son père : celui-ci vivait à Paris, accumulait les dettes, les procès et les maladies. En fin de compte, il alla s'installer à Rome où, en 1695, alors âgé de 82 ans, il fut fait cardinal par un pape accommodant[85].

Les Françaises participaient à l'influence de leur nation auprès de bien d'autres cours. En 1665, une autre « princesse étrangère », Marie-Jeanne-Baptiste de Savoie de Nemours, avait épousé son cousin Charles-Emmanuel II, duc de Savoie (à la mort de la précédente épouse de ce dernier, une demi-sœur de Mademoiselle, Françoise-Madeleine d'Orléans). Sa sœur Marie-Françoise-Élisabeth de Savoie de Nemours, aidée par une dot de 600 000 livres versée par Louis XIV, épousa Alonso, roi de Portugal, en août 1666. En cette même année 1666, les reines de Pologne et de Portugal, les duchesses de Modène et de Savoie et la future grande-duchesse de Toscane étaient toutes françaises.

Marie-Jeanne-Baptiste, duchesse de Savoie, assistait du vivant de son époux aux réunions du Conseil. Après le décès du duc, elle devint régente de Savoie, de 1675 à 1684, pour le compte de leur fils Victor-Emmanuel II. Autoritaire et diligente, elle assistait souvent aux réunions du Conseil cinq heures durant et soutenait activement l'influence française, en espérant s'en servir pour retarder la transmission du pouvoir à son fils. Sous la pression de Louis XIV, elle introduisit des troupes françaises dans Turin et envoya des régiments piémontais servir dans l'armée française[86]. Chassée du pouvoir par son fils en 1684, Madame Royale, ainsi qu'on l'appelait, resta une mécène importante jusqu'à sa mort en 1724, ainsi que le suggérait le magnifique Palazzo Madama, qu'elle construisit en face du Palazzo Reale de son fils, à Turin[87].

Sa sœur Marie-Françoise-Élisabeth, reine de Portugal, fut la deuxième princesse française, après Marie-Louise de Gonzague, à nourrir l'ambition de rester reine d'un pays étranger au point d'épouser le frère de son premier mari. Alonso VI était infirme, sujet à des crises et attiré, selon le témoignage d'un Anglais, par les « garçons [...] ramassés dans les rues [...], palefreniers, esclaves noirs et maures », et les « femmes lascives ». En novembre 1667, soutenue par Schomberg, le commandant des troupes françaises stationnées au Portugal (où, en violation du traité des Pyrénées, elles avaient aidé le pays à défendre son indépendance reconquise de fraîche date par rapport à l'Espagne), et par une flotte française au mouillage non loin de Lisbonne, mais aussi poussée par son propre désir de pouvoir, la reine s'enfuit du palais de son époux pour le couvent d'Esperança[88]. Le roi se précipita pour la reprendre à ses côtés, mais les portes du couvent restèrent fermées.

De prime abord, elle menaça de rentrer en France avec sa dot. Pourtant, s'entretenant avec des membres du conseil à travers la grille de la porte du couvent, « fort gaie et réjouie », elle organisa avec le frère cadet du roi, Dom Pedro, la répudiation, l'internement et la destitution d'Alonso VI[89]. Dom Pedro était décrit comme un homme d'une « force merveilleuse et d'une grande vigueur de corps » et ils avaient déjà entamé une liaison. Le mariage de la reine fut annulé au motif qu'il n'avait pas été consommé (bien qu'elle n'en eût apporté aucune preuve et qu'Alonso VI eût juré avoir fait de son mieux) et, en avril 1668, elle épousa Dom Pedro. Après quoi il régna en qualité de régent, et suite au décès de son frère au bout de seize années de prison, il devint roi sous le nom de Pedro II en 1683[90].

La reine ne put empêcher le Portugal, contre les vœux de Louis XIV, de conclure la paix avec l'Espagne en février 1668. Toutefois, elle assura Louis qu'elle avait « un cœur entièrement français » et qu'elle l'informait de tous ses projets les plus secrets. Louis jugea sa conduite au-dessus de tous les éloges et approuva son « établissement effectif » avec son nouvel époux. Elle confia à une amie parisienne, la princesse de Soubise, qu'elle jouissait de « toute la liberté que je veux prendre », mais admettait qu'elle n'atteignait pas le niveau de la liberté française[91]. Dans l'ensemble, le Portugal resta profrançais jusqu'à sa mort en 1683, la même année que son ex-mari[92].

Les mariages dynastiques pouvaient changer le destin des nations, comme le démontrait l'union de plusieurs d'entre elles au sein des monarchies composites d'Espagne, de Grande-Bretagne et d'Autriche. Un bon mariage était considéré comme l'équivalent d'une victoire sur le champ de bataille. Ces unions pouvaient néanmoins se révéler à double tranchant. En établissant une chapelle royale française et des prêtres et frères catholiques français au cœur de Londres, celle de Charles Ier et Henriette-Marie en 1625 avait, malgré leur bonheur, aggravé l'impopularité du roi et contribué à l'éclatement de la révolution anglaise. Le moment venu, Henriette-Marie joua aussi un rôle dans la conversion de son fils Jacques au catholicisme, donc également dans sa chute, détruisant ainsi l'alliance avec la France que son mariage était destiné à confirmer[93]. Celui de Louis XIV avec une princesse espagnole, tout en assouvissant temporairement ses ambitions sur le territoire d'Espagne, nuisait à cette dernière : il appellerait sa prochaine guerre contre Madrid, en 1667, la guerre de Dévolution, « la guerre des droits de la reine ».

Certains mariages royaux se muèrent en échec retentissant. Marguerite Louise, grande-duchesse de Toscane, finit par prendre en détestation son époux Cosme III, personnage taciturne et enrobé. Souffrant d'incompatibilité avec son mari, indifférente à leurs trois enfants, elle lui annonça qu'elle préférait la plus misérable cabane en France à sa « prison » de Florence. Jugeant les Médicis extrêmement inférieurs à sa propre dynastie, elle refusait de tendre la main aux dames auxquelles sa belle-mère tendait la sienne[94]. Dès 1661, l'année de son mariage, elle ourdit son retour en France. Une lettre bien dans sa manière en informa son mari : « Je suis la source de votre malheur comme vous du mien. » En 1675, usant du prétexte de sa mauvaise santé, après maintes lettres à Louis XIV, elle obtint son accord, cédé à contrecœur, pour quitter la Toscane. Elle s'était assuré une pension de son mari et avait emporté avec elle les ornements d'une des villas des Médicis à titre de « gages ». Résidant à l'abbaye de Saint-Pierre à Montmartre, qu'elle tenta d'incendier à l'occasion, elle continuait de faire fi des conventions. Lors de ses visites à Versailles, elle aimait miser de fortes sommes aux tables de jeu et, selon sa demi-sœur Mademoiselle, était mal habillée et parlait de ses chevaux et de ses serviteurs comme une provinciale. Jusqu'à sa mort en 1721, une conspiration du silence et l'indulgence de Louis XIV couvrirent ses « excès indignes » avec des gardes du corps. Au lieu de renforcer le prestige de la France, Marguerite-Louise l'avait entamé. Son époux humilié devint un allié de la maison d'Autriche[95].

Elle ne fut pas la seule épouse que Louis XIV, à l'encontre de toutes les convenances de l'époque, aida à quitter leur mari. Hortense Mancini délaissa son époux jaloux, le très pieux duc de Mazarin (qui mutilait les statues qu'il avait héritées de Mazarin, dans lesquelles il voyait autant d'attentats à la pudeur), avec la bénédiction de Louis, en 1668, et fut escortée jusqu'à Rome par deux gardes du corps[96]. Après d'autres voyages, elle arriva à Londres en 1675 déguisée en page et accompagnée de son esclave Moustapha, présent du duc de Savoie. Aidée en cela par ses « yeux conquérants » et incitée par ses besoins d'argent, elle devint la maîtresse de Charles II. L'ambassadeur de France rapporta à Louis XIV qu'elle était « fort satisfaite » de leurs « conversations » nocturnes ». Lorsqu'elle était en faveur, de 1675 à 1677, elle fut soutenue par les whigs contre son autre maîtresse française, la très détestée duchesse de

Portsmouth, parce qu'on la croyait opposée aux politiques de Louis XIV. Jadis la plus en vue des beautés de la cour de Louis, la duchesse de Mazarin s'éteignit à Chelsea en 1699, âgée de 53 ans, alcoolique et seule, hormis la présence de Moustapha[97].

Les mariages dynastiques pouvaient également se révéler des désastres biologiques, et pas seulement personnels et politiques. Afin de maintenir leur prestige, les souverains européens épousaient presque toujours des cousines issues de « la famille des rois », dont les liens étaient si forts que leurs membres portaient le deuil même s'ils étaient en guerre entre eux[98]. Pourtant, les produits de cette endogamie sont prédisposés à certaines maladies, parmi lesquelles la folie et l'infertilité. Malgré les preuves chez les animaux comme chez les humains, et malgré les proscriptions de l'Église contre les unions consanguines, les familles royales continuèrent de courir ce risque jusqu'au XXe siècle. La reine Victoria et François-Joseph épousèrent leurs cousin et cousine au premier degré, eux-mêmes cousins à d'autres degrés.

Alors que Henriette-Anne était cousine germaine de Monsieur, Marie-Thérèse l'était à double titre de Louis XIV. La belle-mère du roi était aussi sa tante et la belle-mère de son épouse était également la tante de celle-ci. Alors que six de ses onze enfants connus nés de ses maîtresses atteignirent l'âge de 15 ans, un seul des six enfants qu'il eut avec sa femme en fit autant : le Dauphin Louis, né en 1661. Probablement en raison de la consanguinité de leurs parents, aucun de leur cinq autres enfants, Anne-Élisabeth (née en 1662), Marie-Anne (née en 1664), Marie-Thérèse (née en 1667), Philippe (né en 1668) et Louis-François (né en 1672), ne vécut plus de cinq ans[99]. La consanguinité de ce mariage espagnol contribua à priver Louis XIV de fils et de filles susceptibles de servir d'agents d'influence français en Europe.

Aucune dynastie ne pratiqua les mariages endogames plus fréquemment que la branche espagnole de la maison d'Autriche. Alors que Louis XIV épousait sa double cousine germaine, Philippe IV prit pour seconde femme une nièce, l'archiduchesse Marianne d'Autriche, qui était aussi sa cousine à plusieurs titres. Après sa mort en 1665, leur fils Charles II lui succéda sur le trône. Ce demi-frère de Marie-Thérèse, invalide, impotent, était atteint d'un prognathisme qui lui rendait la mastication de la nourriture difficile.

La possibilité qu'un prince français finisse par succéder à Charles II sur le trône d'Espagne resta un facteur dominant de la politique étrangère de Louis XIV. Et en effet, avant que la mort annoncée de longue date de Charles II ne survienne en 1700, il nomma l'un des petits-fils de Louis XIV héritier. La guerre de Succession d'Espagne qui en résulta dominerait les dernières années de Louis XIV, et mènerait la France au bord du précipice.

Chapitre 6

La chute de Fouquet

L'une des fêtes les plus fameuses de l'histoire de France fut donnée en l'honneur de Louis XIV, alors âgé de 22 ans, au château de Vaux, à l'est de Paris, le 17 août 1661. Le maître de maison n'était autre que Nicolas Fouquet, surintendant des Finances. Sa devise : *Quo non ascendet ?* – « Jusqu'où ne montera-t-il pas ? » – suffisait à laisser percevoir les ambitions de Fouquet de devenir le principal ministre du souverain. C'était l'inscription présente sous son symbole personnel, un écureuil rouge à la queue touffue (un fouquet, tel est le nom de cet animal en gallo, un dialecte breton), que l'on peut voir partout au château de Vaux, ainsi que les deux « F » barrés pour Fouquet, aux plafonds, sur les murs, les tapisseries, les plaques de cheminée et les reliures des livres.

Fouquet avait dirigé la construction de Vaux, commodément situé à proximité de Fontainebleau, pour assister aux réunions du Conseil, depuis 1658. Quelque 900 hommes travaillaient sur le site et une manufacture de tapisseries s'était établie non loin de là. Avec sa façade rythmée de quinze fenêtres, ce magnifique château enceint d'une douve, construit dans le dernier style classique, associe un toit en ardoises mansardé à la française et des salles aux hauts plafonds sculptés de moulures dans le style italien. Le triomphe du roi sur ses ennemis, ainsi que la richesse et la loyauté de Fouquet, tels étaient les messages de cette demeure.

Au centre du château, un vaste salon ovale décoré de reliefs de dieux de l'Olympe et de signes du zodiaque était destiné à représenter le palais du soleil. La chambre des Muses célébrait la victoire des muses sur les satyres et le triomphe de la fidélité. Le salon d'Hercule montrait les travaux des dieux et leur apothéose. Le salon du Roi arborait un plafond représentant le triomphe de la Vérité, soutenue par le Temps. La chambre de Fouquet était ornée d'un Apollon éclairant le monde, reflétant la conviction du surintendant d'être « la lumière de la royauté ». Ces pièces décorées de fresques et rehaussées de dorures créaient l'un des intérieurs les plus somptueux de France, une première version du style « Louis XIV » – plus vivante et mieux exécutée que les salles créées plus tard par les mêmes artistes pour le souverain à Versailles.

Tandis que Mazarin et Anne d'Autriche avaient fait appel à des artistes romains, comme Romanelli, pour décorer leurs palais, Fouquet préféra des artistes de la cour de France. Ils travaillèrent en équipe : Louis Le Vau, premier architecte du roi, en était l'architecte. François Girardon et Pierre Puget travaillèrent sur les sculptures. Charles Le Brun, qui serait bientôt nommé premier peintre du roi, peignit ou supervisa l'exécution des fresques. André Le Nôtre, jardinier royal depuis 1635, contrôleur général des Bâtiments et Jardins du roi depuis 1658, en dessina le jardin, chef-d'œuvre d'avenues, de statues et de fontaines reprenant la silhouette du château qu'elles entouraient. Aux yeux des Français, Vaux-le-Vicomte était supérieur aux plus beaux jardins d'Italie. Tout Paris en parlait. Mazarin et Colbert le visitèrent en juin 1659, en route pour aller négocier le traité des Pyrénées. Le roi s'y rendit à deux reprises, avec sa mère et son frère en juillet 1659, avec sa femme en juillet 1660. Fouquet y donna une fête pour Henriette-Marie, Madame et Monsieur en juillet 1661. La fête du 17 août de cette année-là était pour le roi, sa mère (sa femme enceinte ne put y prendre part) et 3 000 invités.

À son arrivée vers 18 heures, bien qu'il y fût déjà venu deux fois, le monarque fut stupéfait de la splendeur de Vaux-le-Vicomte ce soir-là, orné de tapisseries et de tableaux apportés d'autres résidences du surintendant. L'étonnement du roi frappa l'hôte des lieux lui-même. Les convives marchaient dans les jardins ou y étaient conduits dans de petits carrosses, traversant ce qui semblait être des murs d'eau, les jet des fontaines jaillissant à plus de 10 mètres de hauteur. Ils entrèrent ensuite à l'intérieur du bâtiment pour un « ambigu », ou banquet informel préparé par le grand chef Vatel, « maître d'hôtel de Monseigneur le Surintendant », tout en étant divertis par 24 violonistes. Dans les jardins on donna un autre concert et une comédie-ballet de Molière. Intitulée *Les Fâcheux*, jouée à la lumière des torches, c'était la première fois en France qu'une pièce de théâtre comportait des ballets. Une jeune actrice, Armande Béjart, qui devint plus tard l'épouse de Molière, surgit d'une grotte pour déclamer un poème en l'honneur du roi :

Jeune, victorieux, sage, vaillant, auguste,
Aussi doux que sévère, aussi puissant que juste.

La fête s'acheva à 1 heure du matin, avec un spectacle de feux d'artifice ; le ciel s'embrasa de « L » et de fleurs de lys illuminés. Un millier de fusées furent tirées du dôme du château. Après un dernier repas, le roi et la Cour regagnèrent Fontainebleau[1].

La cause de la chute de Fouquet ne fut pourtant ni son château magnifique ni cette fête exceptionnelle, mais le surintendant en personne. À la sidération de la famille de Louis, de la Cour et des ministres, le jour de la mort de Mazarin, le roi avait annoncé : « Je prétends désormais gouverner mon État par moi-même[2]. » Il ne souhaitait pas qu'un ministre ou un parent investi d'un pouvoir excessif, pas même sa mère, ne remette en cause sa mainmise sur l'État. Après la mort de Mazarin, Anne d'Autriche n'assistait plus au Conseil des ministres. Et Séguier, le chancelier de France, pas davantage. Les membres du Conseil se limitaient, outre Sa Majesté, à Lionne pour les Affaires étrangères, Le Tellier pour la Guerre, Fouquet pour les Finances. D'après le fils d'un secrétaire d'État, M. Loménie de Brienne, Louis XIV signifia au chancelier et à chaque ministre de ne rien signer sans un ordre émanant de lui. « La face du théâtre change ; j'aurai d'autres principes dans le gouvernement de mon État, dans la régie de mes finances et dans les négociations au-dehors que n'avait feu M. le Cardinal. Vous savez mes volontés ; c'est à vous maintenant, Messieurs, à les exécuter. » Quand le président de l'Assemblée générale du clergé lui demanda avec quel interlocuteur il devait discuter des affaires ecclésiastiques après la mort de Mazarin, le roi répliqua : « Avec moi, Monsieur l'archevêque[3]. » Par conséquent, malgré toute la tendresse que Louis XIV avait eue pour le cardinal, son affirmation d'« autres principes » montrait que quantité d'aspects du gouvernement selon ce dernier le gênaient : en particulier son habitude de négocier faveurs et nominations avec les impétrants comme s'ils étaient des égaux, et non comme s'il en était le maître.

Louis XIV avait été jugé sur ses apparences, sur son amour de la danse, de la chasse et de Marie Mancini, et non sur le temps qu'il avait consacré à travailler et à débattre avec Mazarin, et à prendre part aux réunions du

Conseil. Son ministre favori de la décennie 1660, Colbert, écrivit en 1663 que personne n'avait cru qu'« un roi à l'âge de vingt-trois ans admirablement bien fait de sa personne, d'une santé forte et vigoureuse, aurait pu avoir assez de force pour préférer longtemps les affaires aux plaisirs ». Une nouvelle page venait de s'ajouter au recueil de contradictions qui composaient la personne de Louis XIV : adolescent avenant, dévoué à sa mère, aux femmes et à la guitare ; ensuite soldat et chasseur passionné et, enfin, administrateur assidu, réservant presque autant de temps à ses ministres qu'à son armée.

Condé et Turenne avaient l'un et l'autre espéré pouvoir s'imposer en figure dominante du gouvernement, et furent sidérés de se voir écartés par trois bourgeois : Lionne, Le Tellier et Fouquet[4]. Turenne, fait maréchal général des camps et armées du roi en avril 1660, était aussi ministre d'État, consulté de manière informelle par le roi sur « toutes les affaires importantes » selon Colbert – en particulier sur les questions militaires et, en tant que huguenot, sur les relations avec les puissances protestantes, les Provinces-Unies, l'Angleterre et le Brandebourg. Il rédigeait parfois des ébauches d'instructions ou de traités pour les ambassadeurs[5]. Il n'était toutefois pas convié au Conseil. C'était la méthode du monarque avec les grands personnages loyaux. S'il pouvait les consulter à titre individuel ou convoquer Monsieur, Condé, Turenne et ses maréchaux préférés (Villeroy, Gramont, du Plessis) à un Grand Conseil élargi pour débattre de questions spécifiques, il ne leur accordait pas pour autant de place permanente de plein droit au Conseil restreint[6].

Outre ces réunions du Conseil, le roi avait des entretiens avec certains ministres individuellement, afin de vérifier si leur position était la même que celle exprimée en Conseil, et il répondait fréquemment lui-même aux dépêches des ambassadeurs. Il était aidé par son secrétaire principal, le président Rose, un membre de la noblesse de robe hérité de Mazarin, capable d'imiter l'écriture et la signature du monarque à la perfection et de composer des lettres dans le style royal approprié. À la fin du règne, Torcy, ministre des Affaires étrangères, rédigea aussi certaines lettres du roi, dans une approximation de son écriture manuscrite. Dans chacun de ses palais, le souverain avait de petits « cabinets » meublés de bureaux où il rangeait ses papiers, en plus du Grand Cabinet où il tenait conseil. Souvent, au lieu de recourir aux services de secrétaires, il rédigeait des mémoires ou notes de sa propre main[7]. La remarque de Mazarin, dans sa lettre du 29 juin 1659, se révélait prophétique : « Si une fois vous prenez le gouvernail, vous ferez plus en un jour qu'un plus habile que moi en six mois : car est d'un autre poids et fait un autre éclat et impression ce qu'un roi fait de droit-fil, que ce que fait un Ministre, quelque autorisé qu'il puisse être[8]. »

Au cours des mois qui suivirent la mort de Mazarin, Fouquet avait espéré prendre l'ascendant sur le gouvernement. Il était issu d'une famille de marchands de drap d'Angers, mais il était noble de par les fiefs qu'il avait achetés et la généalogie qu'il s'était appropriée – sa couronne héraldique de marquis de Belle-Île décore encore les murs de Vaux-le-Vicomte. Élève des Jésuites, c'était un personnage charmeur qui possédait ce que son amie Mme de Sévigné appelait « une mine riante ». Rompant avec les règles vestimentaires strictes de la monarchie, il portait parfois les soieries rutilantes de la noblesse de cour plutôt que le noir de la noblesse de robe. Même après sa disgrâce, les auteurs Jean de La Fontaine et Bussy-Rabutin, comme d'autres, restèrent ses amis. Il comptait parmi ses protégés 116 acteurs économiques dans le système financier et fiscal français, comparés aux 114 de Mazarin et aux 55 de Colbert. Suivant l'exemple de Fouquet, les responsables du gouvernement profitaient des prêts levés par l'État et des fermes générales. Colbert, ancien intendant de Mazarin, capable et ambitieux, accusa le surintendant des Finances de piller l'État et d'en dérober les recettes, comme si Mazarin et lui n'en avaient pas fait autant, et à plus grande échelle[9].

Fouquet déployait ses réseaux à l'étranger et dans tout le royaume. Or l'une des ambitions à long terme de Louis, outre ses initiatives prises pour moderniser et agrandir le pays et devenir l'arbitre de l'Europe, consistait à former un empire planétaire pour la France. L'Espagne et le Portugal étaient en partie financés par leurs empires outre-mer. Depuis 1600, l'Angleterre et les Provinces-Unies avaient fondé des colonies, des Caraïbes aux Indes orientales : des Britanniques habitaient déjà presque toute la côte est de l'Amérique du Nord. En revanche, la France, malgré sa longue façade maritime, ses nombreux ports, de Calais à Toulon, et son importante population – 19 millions comparés aux quelque 8 millions de l'Espagne, aux 4 millions de l'Angleterre et à environ 1,5 million de Hollandais – avait stagné. La Fronde avait été une catastrophe économique autant que politique. Depuis le début du XVIIe siècle, la France n'avait pris possession que de quelques îles des Caraïbes, comme la Guadeloupe ou la Martinique, et du Québec. Devançant la volonté française de s'imposer sur le marché mondial, le 5 septembre 1658, Fouquet avait acheté Belle-Île, au large des côtes bretonnes, à la hauteur de Nantes et de l'embouchure de la Loire, au duc de Retz, frère du Cardinal, en recourant à des intermédiaires, pour 1,3 million de livres. En août 1660, il acheta, toujours en secret, sous le nom de son fidèle allié le marquis de Feuquières, l'office de « viceroy d'Amérique » lui donnant la possibilité de contrôler toutes les possessions françaises du continent, et l'île de Sainte-Lucie. Il prévoyait que ses navires détiendraient le monopole du commerce avec l'Amérique. De Belle-Île, qu'il fortifia avec 400 canons hollandais, ses corsaires donneraient la chasse au commerce maritime étranger[10]. En avril 1661, encourageant les ambitions mondiales du surintendant, le roi lui avait même confié la charge du Conseil du commerce, de création récente[11].

Fouquet orchestrait également un réseau parallèle, véritable État dans l'État, avec ses « obligés » implantés partout dans les rouages du gouvernement. Il tenait des listes. Elles incluaient presque tous les administrateurs de la Cour, et le premier président du parlement de Paris[12]. Il proposa même à Anne d'Autriche ses « bons services » au bénéfice de son fils, pour la gestion de ses œuvres, auxquelles il contribuait. Malgré ses promesses de discrétion, il en fit ensuite part au roi, qui conseilla alors à sa mère de ne pas se fier à Fouquet. Il tenait aussi des listes de conquêtes féminines. Mme de Motteville écrit qu'il les récompensait de pluies d'or[13]. Mme du Plessis-Bellière, sa principale confidente, avait la réputation d'être la surintendante des affaires amoureuses du surintendant. Ils correspondaient par code. Fouquet écrivit à son sujet qu'il n'avait jamais eu aucun secret ni aucune réserve envers elle, et elle profitait de certaines de ses transactions. Dans l'urgence, c'était elle que ses amis devaient « consulter sur toutes choses[14] ».

Fouquet visait à contrôler et marginaliser le roi. Il tentait d'influer sur sa vie privée comme sur son gouvernement. Les nombreuses vertus de Marie-Thérèse ne l'assuraient pas de la fidélité de son mari. Elle était précédée jusqu'à Reims d'une réputation peu flatteuse ; l'un des habitants de la ville du sacre écrivit dans son journal : « La reine est d'un naturel pesant, de peu d'entretien, joint que l'on dit qu'elle ne parle point tout à fait bien français[15]. » Qui plus est, souvent enceinte, elle préférait se rendre à l'église que de danser dans les ballets. Le roi s'adressa ailleurs.

En avril 1661, la Cour et une partie du gouvernement résidaient à Fontainebleau pour l'été. Les bals, les pièces de théâtre, les chasses et les parties de natation rompaient la routine des réunions du Conseil, des cérémonies religieuses et des réceptions[16]. À la Cour, les femmes jouissaient de plus de liberté et pouvaient se mêler aux hommes plus aisément que dans n'importe quel autre espace public. Les Maisons de l'épouse de Louis XIV et de sa belle-sœur emplissaient la Cour de jeunes et belles dames de compagnie. La Maison de Madame en particulier était réputée pour être « la pépinière des maîtresses[17] ». Lorsque le duc de Pastrana arriva d'Espagne à la cour de France, à la décennie suivante, il qualifia celle-ci de véritable bordel[18].

En guise de « paravent » pour camoufler son ébauche d'idylle avec Madame, le roi se mit à prêter attention à l'une de ses demoiselles d'honneur, Louise de La Vallière, fille d'un gentilhomme campagnard de la Loire. Ses cheveux blonds et ses yeux bleus et langoureux étaient très appréciés de ses contemporains. Elle dansait bien et était excellente cavalière. Sa timidité et sa sincérité plurent au roi : elle n'avait que 16 ans. Vers la fin juillet, ils se rencontrèrent dans une mansarde prêtée pour l'occasion par le comte de Saint-Aignan, son premier gentilhomme de la Chambre de confiance[19]. La Cour conspirait à tenir la reine, alors enceinte, dans l'ignorance[20].

Fidèle à ses méthodes, Fouquet approcha Louise de La Vallière, lui déclarant que si elle avait besoin de quoi que ce soit, elle ne devait pas hésiter à le lui demander. Il se peut qu'il lui ait offert de l'argent, ou qu'il l'ait lui-même courtisée, ce qui serait susceptible d'expliquer la haine avec laquelle le roi le poursuivit à compter de ce moment. Un contemporain écrivit ces vers :

> L'impudent, le perfide, le traître !
> Quoi ! vouloir devenir le rival de son maître[21] !

Louis XIV expliqua plus tard, dans les Mémoires qu'il écrivit ou qu'il fit écrire à l'intention de son fils, que sa décision d'arrêter Fouquet était due aux « insolentes acquisitions », au « dérèglement de son ambition » et à sa « mauvaise foi » :

> Et la calamité générale de tous mes peuples sollicitait sans cesse ma justice contre lui. Mais ce qui le rendait plus coupable envers moi était que bien loin de profiter de la bonté que je lui avais témoignée en le retenant dans mes conseils, il en avait pris une nouvelle espérance de me tromper, et bien loin d'en devenir plus sage, tâchait seulement d'en être plus adroit. [...] Car il ne pouvait s'empêcher de continuer ses dépenses excessives, de fortifier des places, d'orner des palais [c'est-à-dire Vaux-le-Vicomte], de former des cabales, et de mettre sous le nom de ses amis des charges importantes qu'il leur achetait à mes dépenses [comme le poste de vice-roi d'Amérique] dans l'espoir de se rendre bientôt l'arbitre souverain de l'État[22].

Le roi n'exagérait pas. Fouquet envoya même un agent à Rome, un écrivain du nom de François de Mauclair, pour créer sa propre faction au sein du collège des cardinaux[23]. Il demandait aussi de fréquentes audiences au souverain – afin de montrer aux courtisans qu'il avait sa faveur –, que ce dernier se sentait obligé de lui accorder afin de ne pas éveiller sa méfiance[24]. Son biographe Jean-Christian Petitfils estime que ce furent surtout les rapports que le monarque recevait des agents de Colbert à propos de la fortification de Belle-Île au moyen de 400 canons, plus encore que les réseaux grandissants du surintendant, qui le décidèrent vers la mi-juin 1661, voire plus tôt, à préparer l'arrestation de Nicolas Fouquet[25]. L'hostilité de Colbert précipita la chute du surintendant. Aussi méthodique que son adversaire était chaotique, Colbert l'avait secrètement contrecarré depuis 1659 au moins. Il accusait son rival, sans exagération aucune, de péculat, d'entretenir la confusion et de se prêter à des « facilités » dans les affaires de l'État, d'envoyer des agents à l'étranger, de dîner « superbement », de se gagner des « amis de toute sorte » – comme s'il s'était agi d'un chef frondeur sur le point de se rebeller, ainsi que certains de ses projets les plus fous semblaient le laisser entrevoir. Du fait des agissements de Fouquet, le roi ne percevait que 35 % à 40 % du volume des impôts levés.

Le surintendant fut également en partie un bouc émissaire du pillage et de l'incurie de Mazarin. Colbert dénonçait « les grandes fortunes des personnes de finances et partisans qui donnent de l'envie et de la jalousie à tout le monde et qui sont cause d'une prodigieuse augmentation du luxe ». En réalité, en tant qu'intendant et exécuteur testamentaire de Mazarin, il était coupable de manquements similaires, ce que Fouquet n'ignorait pas. Colbert avait masqué ses agissements en brûlant les livres de comptes de Mazarin et en réécrivant partiellement son testament. La duchesse de Chevreuse, intrigante légendaire, encore capable d'influencer Anne d'Autriche qu'elle reçut en juin en son château de Dampierre, se retourna aussi contre Fouquet. En 1667, son petit-fils, le duc de Chevreuse, épouserait l'une des filles de Colbert[26]. Le surintendant avait conscience de l'inimitié de Colbert : leur rivalité était représentée au plafond du cabinet des Jeux de Vaux-le-Vicomte, peint en 1660 et 1661. On y voit des vipères – symboles de sagesse et emblème de Colbert – menaçant les écureuils du surintendant[27]. En route pour Bordeaux, en 1659, ce dernier fit intercepter des lettres de dénonciation adressées par Colbert à Mazarin, et les fit copier par un clerc afin d'être en mesure de les réfuter. Mazarin préférait souvent l'opportunisme de Fouquet à la brutalité de Colbert, en louant la volonté du premier, prêt à engager son dernier sol pour le bien de l'État[28].

Fouquet déclara plus tard : « J'ai rétabli les affaires et les ai soutenues toutes misérables qu'elles étaient [...] non seulement on n'a manqué de rien, mais nous avons été supérieur aux autres [l'Espagne et les frondeurs]. » Il affirmait ne pas avoir reçu un « teston de gratification » des fermiers généraux, ce qui n'était pas vrai. Ses livres de comptes étaient en grand désordre : certains registres des finances avaient été brûlés, d'autres falsifiés. Ses finances privées et celles de la Couronne étaient inextricablement liées[29].

Dès 1658, alors que Mazarin commençait à remettre en cause ses méthodes financières, Fouquet avait couché par écrit un plan d'action au cas où l'on tenterait de l'arrêter. Ce plan comportait de possibles résistances armées à partir de forteresses commandées par des amis, ou un coup de force à Paris. Il cacha, et oublia, ce projet mégalomane derrière un miroir quand l'une de ses maîtresses entra dans la pièce de sa maison de Saint-Mandé, tout près de Vincennes, où il le rédigeait[30]. Une autre de ses maîtresses, Mme d'Huxelles, était la rivale de Mme de Sévigné pour le titre de meilleure femme de lettres de Paris. D'après ses missives, il est clair que le surintendant se laissa persuader par le roi de démissionner de son poste de procureur général du Parlement en août 1661, croyant qu'il serait à l'avenir « obligé d'être toujours auprès de la personne du roi » au lieu de servir au Parlement, ce qui l'aurait protégé. Au Conseil, il se croyait proche du pouvoir suprême. « Sans vous flatter, on vous donne toute l'autorité », écrivait Mme d'Huxelles. Elle ne l'en avertissait pas moins : « Vous devez même vous défier du bon accueil et du bon visage que vous fait le roi et des vues qu'on vous donne sur d'autres choses[31]. » De hauts personnages de l'État, comme Colbert et Le Tellier, autre ennemi, détenaient plus de pouvoir que les nombreux courtisans que Fouquet « obligeait ». La chute de ce dernier, comme celle de Cinq-Mars dix-huit ans plus tôt, confirmait la prédominance en France de l'État sur la Cour. En manipulateur hors pair, Colbert élabora le plan de l'arrestation et le discours que le roi prononça après[32].

Le 29 août 1661, le roi quitta Fontainebleau pour Nantes, la seule grande ville du royaume qu'il n'avait pas encore gratifiée de sa visite. Les états de Bretagne se réunissaient et le roi souhaitait qu'ils lèvent des impôts. Il résida dans le vieux château entouré d'une douve des ducs de Bretagne (spécialement meublé à son intention par des citoyens de Nantes), où François Ier avait proclamé l'union de la France et de la Bretagne en 1532 et où Henri IV avait rendu public l'édit de Nantes en 1598. Fouquet resta à l'extérieur de la ville, dans une maison appartenant à Mme du Plessis-Bellière, où un souterrain conduisait aux berges de la Loire, de sorte qu'en cas de situation critique il puisse s'enfuir en bateau vers Belle-Île. Le surintendant était jugé si redoutable qu'au lieu de le faire arrêter dans sa résidence par des gardes du corps ou des gardes-françaises de service, le roi eut recours à ses fidèles mousquetaires. L'homme qu'il choisit pour mener l'opération n'était autre que d'Artagnan, le modèle du héros d'Alexandre Dumas. En qualité d'ancien gentilhomme ordinaire de Mazarin à qui Colbert avait prêté de l'argent, on pouvait se fier à lui. L'arrestation eut lieu le 5 septembre 1661, jour du vingt-troisième anniversaire du roi, après une réunion du Conseil qui s'était tenue en début de matinée. Les mousquetaires étant une unité de gardes extérieurs, d'Artagnan appréhenda Fouquet à l'extérieur du château de Nantes, sur la place Saint-Pierre, alors qu'il se rendait à la cathédrale en chaise à porteurs pour la messe. D'Artagnan lui déclara : « Monsieur, je vous arrête par ordre du roi. » Les mousquetaires le tinrent sous bonne garde et l'acheminèrent en grand secret de Nantes, puis à Angers, la ville d'où sa famille était originaire, avant qu'il ne soit enfermé à la Bastille[33]. Louis XIV avait choisi d'agir à Nantes, car presque toute la Cour, y compris Anne d'Autriche qui appréciait Fouquet, se trouvait encore à Fontainebleau.

Le procès fut révélateur du caractère double de la monarchie française. D'une part la force militaire constituait le dernier ressort du monarque, comme il l'avait démontré en faisant arrêter et emprisonner Fouquet. Une lettre écrite à sa mère le jour de l'arrestation confirme les craintes du roi vis-à-vis de son entourage : « Je suis accablé tout le jour par une infinité de gens fort alertes et qui, à la moindre apparence, auraient pu pénétrer bien avant. [...] Je suis bien aise qu'ils voient que je ne suis pas si dupe qu'ils s'étaient imaginé et que le meilleur parti est de s'attacher à moi. » Il redoutait que ses serviteurs ne soient davantage attachés à Fouquet qu'à lui-même, tout comme nombre de ceux de sa mère et de son père avaient été créatures de Richelieu[34]. D'autre part, la France n'était pas seulement une monarchie militaire : Fouquet eut droit à un procès authentique. Un membre de chaque Parlement des provinces fut ajouté à la composition de la cour qui le jugea, afin de la rendre plus représentative. Cette cour fut présidée par le chancelier Séguier, qui avait endossé la même fonction lors du procès de Cinq-Mars en 1642[35].

Apprenant la nouvelle de son arrestation, sa mère, une dévote du père Vincent de Paul, avait déclaré qu'il lui fallait remercier le Seigneur, maintenant que son fils avait trouvé un moyen de sauver son âme[36]. Son épouse et sa mère furent en mesure d'infléchir en sa faveur des courants d'opinion parisiens, notamment ses juges, alors même qu'ils avaient été secrètement choisis par Colbert[37]. Elles allèrent jusqu'à implorer Louis XIV à genoux de lui accorder sa clémence, après son dîner en public et en d'autres occasions, en vain : déjà en 1661, le gentil jeune homme de la décennie 1650 s'endurcissait[38]. Loin des griseries délétères de la Cour, Fouquet se défit de sa mégalomanie. D'Ormesson écrivit qu'à son procès il s'exprima avec « beaucoup d'esprit, d'honnêteté et de liberté d'esprit[39] ».

Paris, qui restait partiellement une ville frondeuse, se mit à considérer Fouquet en victime. Née en 1626, Mme de Sévigné, dont son cousin l'écrivain et futur académicien Roger de Bussy-Rabutin disait qu'elle était « les délices du genre humain », admirait Fouquet[40]. Quand elle le vit en route pour son procès, entouré de mousquetaires, son cœur battit si vite que c'en était à peine supportable[41]. Ses lettres expriment son estime pour la patience de Fouquet et les « merveilles » de ses réponses à la cour. Elle ne craignait d'ailleurs pas que ses missives soient interceptées par la poste et montrées aux ministres[42].

Du point de vue de la Couronne, le procès fut médiocrement mené. Les mousquetaires avaient fouillé les maisons de l'inculpé en présence de Colbert, ce qui permit au surintendant d'affirmer que d'autres papiers auraient pu avoir été glissés parmi les siens[43]. Sa stratégie consista à réclamer les originaux et à semer la discorde parmi ses accusateurs. Ses ennemis, disait-il, désignant ici Colbert, étaient durs comme la pierre, alors qu'il avait toujours fait preuve de générosité. Il rappela à la cour la trahison du chancelier Séguier durant la Fronde[44]. Il fit aussi allusion à un sombre secret relatif à l'alliance de Mazarin avec Cromwell, dont il ne pouvait parler qu'au roi – à savoir que Mazarin, ainsi que l'écrivit l'ambassadeur d'Angleterre Lord Holles, « n'avait pas de bonnes intentions pour son maître ». C'était pure invention. Si Mazarin avait été malintentionné, il aurait autorisé Louis XIV à épouser sa nièce. Avec le recul de la décennie 1660, l'idée d'une alliance de Mazarin avec le régicide Cromwell, et peut-être aussi de ses acquisitions d'œuvres d'art auprès des collections de la Couronne britannique paraissait outrancière[45].

Le vrai secret de Fouquet, qui avait été l'un des exécuteurs testamentaires de Son Éminence, c'était de savoir que le testament et l'inventaire de ce dernier avaient été falsifiés par Colbert après le décès de Mazarin et que ses livres de comptes avaient été détruits afin de favoriser la position de la Couronne. Fouquet serait plus tard rejoint en prison par un détenu masqué – celui qui inspira « l'homme au masque de fer ». Il pouvait s'agir d'Eustache d'Auger, un valet du trésorier de Mazarin, emprisonné parce qu'il en savait trop lui aussi au sujet de la réécriture du testament du prélat et des profits réalisés aux dépens de Louis XIV, d'Henriette-Marie et du contribuable français[46]. Fouquet affirma également devant la cour que toutes les mesures prises et les irrégularités commises avaient été autorisées et approuvées par Mazarin, et qu'elles avaient rétrospectivement fait l'objet d'un pardon lors d'une conversation avec le roi en personne après le décès du cardinal[47].

Un autre élément de sa défense consista à rappeler aux juges qu'il s'était montré ferme et inébranlable tout au long de la Fronde. Ceux qui avaient voulu priver le roi de sa couronne – Condé et Turenne, par exemple – recevaient maintenant des faveurs du souverain, alors que lui était en prison. Quand en 1654 et 1656 Mazarin et Le Tellier avaient eu un besoin pressant de fonds, il avait sauvé et assaini les finances de l'État en avançant son propre argent et en usant de son crédit et de celui de ses amis. Sans son aide, soutint-il dans un mémoire adressé au souverain, l'État aurait sombré[48]. Les vrais criminels étaient ceux qui s'étaient ralliés aux frondeurs et à l'Espagne. « Toute la France a su et admiré cette réponse », écrivit Mme de Sévigné, ajoutant que personne n'avait parlé de rien d'autre. Pourtant, Séguier rappela à la cour que le « plan de Saint-Mandé » rédigé par Fouquet supposait de déclarer la guerre au roi, de soulever les provinces et de fortifier des places contre Sa Majesté[49].

Le procès continua. En août 1663, Louis XIV convoqua les juges au Louvre pour leur dire, tant en groupe qu'en audiences privées, qu'il était satisfait de leurs services ;

il voulait la justice, mais il voulait aussi qu'on fît « diligence[50] ». Il fit preuve d'une relative retenue, à l'inverse de Richelieu, qui avait commandé l'exécution du maréchal de Marillac en 1632 au motif qu'il s'était opposé à sa politique. Au lieu de chercher à débusquer des ennemis, le monarque craignait d'en accroître le nombre. Des lettres de femmes à Fouquet furent brûlées. Des registres de ses subordonnés et leurs « pactes de fidélité », « envers et contre chacun » – c'est-à-dire le roi –, ne furent pas exploités. Aucun de ceux qui étaient mentionnés dans le « plan de Saint Mandé » ne fut interrogé, pas même Mme du Plessis-Bellière[51]. Finalement, en 1665, le verdict de la cour, le bannissement et la confiscation de propriété plutôt que l'exécution, fut un pénible revers pour le roi ; suivant ses meilleures traditions, le parlement de Paris avait résisté au gouvernement[52]. Oliver d'Ormesson écrivit dans son journal au sujet de la « joie extrême » montée dans tout Paris à cette nouvelle que Fouquet n'était pas condamné à mort, « même par les plus petites gens des boutiques », que c'était en raison de « la haine que tout le monde a dans le cœur contre le gouvernement présent[53] ».

Toutefois, à titre exceptionnel, Louis XIV usa de ses pouvoirs royaux judiciaires discrétionnaires lui permettant d'aggraver et non de commuer une sentence. L'explication peut être liée à un mélange de haine personnelle et à un ressentiment plus général envers une succession de ministres d'État surpuissants. L'ancien surintendant des Finances fut condamné à l'enfermement solitaire dans le château de Pignerol, dans les Alpes. Au début, il n'était même pas autorisé à faire de l'exercice. Ce ne fut qu'en 1674, au bout de treize années de confinement, qu'il eut la permission d'échanger deux lettres par an avec son épouse. Sa famille ne fut autorisée à lui rendre visite qu'un an avant sa mort[54].

Louis XIV avait fait preuve d'une tendance à la cruauté, jusque-là insoupçonnée, dont des milliers d'autres personnes, en France et au-dehors, allaient souffrir. Après dix-huit années d'emprisonnement, Fouquet s'éteignit en 1680. L'épitaphe sur sa tombe au couvent de la Visitation à Paris, où ses sœurs étaient religieuses, reflétait la piété de la capitale : pour un homme épris de ce qu'il y avait de plus grandiose et de plus futile dans le monde, dit-elle, il finit, grâce à l'esprit de Dieu, par être parfaitement instruit et animé par ce que la religion a de plus sacré[55]. L'essentiel de la fortune de Fouquet fut confisqué, mais sa famille fut épargnée. Son épouse et son fils continuèrent de vivre dans la splendeur de Vaux-le-Vicomte. Louis s'empara toutefois de certaines des meilleures statues et tapisseries de la demeure. Sur les tapisseries, il fit remplacer l'écureuil et les « F » entrelacés de Fouquet par sa couronne et ses « L » entrelacés (eux-mêmes peut-être inspirés du motif des « F » de Fouquet). Ils orneraient son propre château, créé par les mêmes artistes qui avaient travaillé pour Fouquet à Vaux : Versailles[56].

7

Faire marcher la France

« Le travail est le premier objet de Sa Majesté et il le préfère à tout le reste », écrivit Colbert. Il avait raison. Jusqu'à la fin de son règne, le roi ne manqua presque aucune séance du Conseil, tous les matins de 9 heures à 11 heures, du lundi au vendredi, et il tenait de longues réunions concernant les finances trois fois par semaine, en soirée. En outre il travaillait seul à seul avec les secrétaires d'État : Lionne le samedi et le dimanche ; Colbert (qu'il avait nommé contrôleur général des Finances et ministre de la Maison du roi en 1665) le mercredi et le jeudi ; Le Tellier, pour la Guerre, le mardi. Il tenait aussi des sessions du Conseil dans la soirée, avant de souper à 22 heures. Les horaires du monarque étaient, disait-on, aussi réguliers que ceux d'un moine[1]. *La Gazette* assurait à ses lecteurs que le souverain « s'applique avec une assiduité particulière et un succès qui promet à la France le plus haut point de gloire et de félicité qu'aient eu jusque ici les plus heureuses monarchies[2] ». Si des courtisans se plaignaient que le roi était enfermé presque toute la journée, même après dîner, c'est bien qu'il travaillait d'ordinaire avec ses ministres, et non qu'il s'amusait avec ses maîtresses[3].

Pourtant, un travail acharné et l'ample autorité théorique de la Couronne ne garantissaient pas à Louis XIV un contrôle total de la France. Désireux de montrer qu'ils ne se laissent pas abuser par la propagande royale, ou par l'enflure de la vision du pouvoir royal inscrite dans les Mémoires de Louis XIV écrits pour l'instruction du Dauphin, beaucoup d'historiens mettent l'accent sur les contraintes que les structures sociales et économiques, les institutions traditionnelles (en particulier l'Église) et le conservatisme imposaient à la Couronne. Même au faîte de sa puissance, ainsi que l'avait montré le procès Fouquet, des individus et les tribunaux pouvaient défier ou critiquer le monarque. En 1662, le chancelier et le parlement de Paris eurent raison de ses tentatives de modifier la composition de la famille royale en ajoutant la maison de Lorraine à l'ordre de succession[4]. La monarchie était capable de se révéler plus forte que le monarque. Le christianisme ainsi que le conservatisme pourraient encourager à la désobéissance – ainsi que Louis XIV le constaterait après 1680.

Il y eut aussi des exemples individuels de désobéissance. En 1661, quand Louis XIV voulut faire le maréchal de Fabert chevalier de l'ordre du Saint-Esprit, l'intéressé refusa parce qu'il ne possédait pas les quartiers de noblesse requis par les statuts de l'ordre. Le souverain s'avoua vaincu, non sans louer « ce rare exemple de probité [qui] me paraît si admirable que je vous avoue que je le regarde comme un ornement de mon Règne[5] ». La duchesse de Navailles, dame d'honneur de la reine, intermédiaire de confiance durant la Fronde pour la correspondance entre Anne d'Autriche et Mazarin, était déterminée à protéger les demoiselles d'honneur de la souveraine contre les tentatives de séduction du roi. Malgré les suppliques de ce dernier, elle le conjura, « comme une chrétienne et comme une honnête femme », de « chercher ailleurs que dans la maison de la Reine, qui était la sienne, les objets de ses plaisirs et de ses inclinations ». Toutefois, le souverain s'entretint avec Mlle de La Mothe-Houdancourt par une fente dans le mur de l'appartement des demoiselles d'honneur. Quand on vit des hommes fouiller les gouttières et les cheminées pour y trouver des voies d'accès, la duchesse de Navailles les fit obstruer par des grilles en fer forgé, avant qu'elle ne soit exilée de Paris avec son mari en juin 1664. Mme de Motteville écrivit que « la crainte d'offenser Dieu l'emporta sur le plaisir d'être agréable au Roi » – un propos qui aurait pu s'appliquer à bon nombre d'autres sujets de Louis XIV. La duchesse de Navailles ne revint à la Cour qu'en 1682[6].

Quelques mois après son exil, le duc de Mazarin, grand maître de l'artillerie et mari d'Hortense Mancini, s'étant raffermi la conscience en communiant, avertit Louis en audience privée que sa liaison avec Mlle de La Vallière scandalisait la France. Louis lui répliqua en lui mettant la main sur le front : « Je sais que vous êtes blessé là », et se retira de la pièce[7].

Des Parisiens de plus humble condition critiquaient eux aussi le roi, ainsi que Colbert l'en informa, d'avoir dépensé trop d'argent en pensions, chevaux et en troupes attachées à sa Maison, qu'ils traitaient de « marionnettes » : « Cette distinction trop grande de sa maison en toutes choses ralentit le zèle de tous les autres sujets[8]. » Quand Louis XIV passait en revue ses mousquetaires et ses gardes du corps, des foules immenses admiraient leurs uniformes mais, ajoutait d'Ormesson, « tout le monde en murmure, car les troupes sont obligées de faire ces dépenses inutiles à leurs frais », concluant que le gouvernement était si rude et si injuste qu'il ne pourrait durer[9]. En avril 1672, au début d'une guerre de première grandeur, trois maréchaux de France, d'Humières, Bellefonds et Créquy, refusèrent de servir sous les ordres du grand Turenne. Ce dernier se servait de son rang de prince étranger pour adresser des ordres à ces maréchaux, ses égaux. Ignorant les « commandements absolus qu'ils ont reçus du roi de prendre le mot du vicomte de Turenne, maréchal de France », ils se retirèrent dans leurs domaines. Des courtisans applaudirent le courage avec lequel ils préféraient la disgrâce et la perte temporaire de leurs émoluments de maréchaux au « déshonneur[10] ».

C'étaient là toutefois des individus ou des situations exceptionnels ; la majorité des protagonistes obéissaient en réalité au roi, qui avait conclu un accord tacite avec la noblesse. Pourvu qu'ils entrent à son service et obéissent à ses ordres, il leur garantirait, et étendrait même, leurs privilèges d'exemptions d'impôts et leur monopole des positions. Comparée aux gouvernements d'autres pays, et eu égard à son histoire, la monarchie de Louis XIV était d'une stabilité et d'un autoritarisme remarquables. Des visiteurs anglais par exemple, attirés par la proximité de la France, par sa cour, sa capitale et sa noblesse, considéraient néanmoins le gouvernement du monarque comme « totalement arbitraire[11] ». Un royaliste du Yorkshire, Sir John Reresby, écrivit que « les rois français détiennent un pouvoir absolu. [...] ils disposent de tous les gouvernements de toutes les villes et campagnes. [...] ils font peser les impôts qu'il leur plaît sur le peuple. [...] ils osent à peine songer à leurs libertés passées. [...] [le roi] en personne est le canal par lequel s'écoule tout le flot des faveurs tandis que le pauvre paysan sombre sous le poids de son oppression[12] ». Le philosophe John Locke pensait que les gouverneurs des provinces n'avaient « aucun pouvoir du tout [...] les intendants renseignent en permanence la Cour sur toutes choses ». Les états des provinces n'osaient pas refuser les demandes du roi[13].

C'était aussi vrai de la famille royale. Le 31 janvier 1670, Louis XIV encerclait le Château Neuf de Saint-Germain avec 400 gardes du corps. Son capitaine des gardes favori, le comte de Lauzun, y entra et arrêta l'amant de Monsieur, le chevalier de Lorraine, à qui Monsieur avait promis les bénéfices de trois abbayes et que le roi détestait. Furieux, Monsieur se retira dans son château de Villers-Cotterêts au nord-est de Paris. Madame se plaignit d'en être réduite à apprendre l'italien pour passer le temps. Toutefois, ce départ n'eut aucun effet politique, alors qu'il en aurait eu sous des règnes précédents. Trois semaines plus tard, il était de retour. Le marquis de Saint-Maurice, ambassadeur du duc de Savoie, écrivit : « Tout le monde est soumis dans le devoir et dans la crainte, le roi dans sa souveraine puissance, fort en argent et en troupes, maître des Parlements, des places et de tout ce qui est dans son royaume[14]. »

À partir de 1667, les Parlements furent forcés d'appliquer les édits royaux et les nouveaux codes juridiques, sans formuler leurs traditionnelles « remontrances », bien que les édits pussent être amendés en fonction d'autres remontrances ultérieures[15]. Beaucoup de parlementaires prirent des fonctions dans l'administration royale[16]. Les bénéfices, la loyauté et la peur les liaient à la Couronne : les juges qui enregistraient ces édits royaux se voyaient accorder des « gratifications » par Sa Majesté, sur recommandation de Colbert : « Je vous permets de faire ce que vous jugerez bon pour mon service à l'égard des gratifications », écrivait le souverain[17]. Les Parlements et les états provinciaux se maintenaient en partie parce qu'ils étaient utiles pour imposer les lois et lever de nouveaux emprunts et impôts. Le contrôle royal s'affichait à travers le grand nombre de gardes qui accompagnaient le monarque quand il se rendait en visite au parlement de Paris pour y enregistrer les édits. Colbert écrivit que le parlement de Bretagne était « la seule Compagnie du royaume qui résiste aux volontés du roi[18] ».

Maîtrisant presque toute opposition institutionnelle ou individuelle, Louis XIV était en mesure de se consacrer à un ambitieux programme de réforme, afin de relancer l'économie et de moderniser la monarchie. Aux yeux d'un observateur anonyme, qui écrivait ces propos en 1664, le roi a de « très vastes et de très amples pensées [...]. Il tourne sens dessus sens dessous tout l'État et si ses desseins viennent une fois à réussir, il le renouvellera entièrement[19] ». Il avait en Colbert l'un des ministres les plus capables de l'histoire de France. L'ambassadeur de Venise signala qu'il inspirait « la haine générale » (beaucoup souhaitaient même le retour de Fouquet) ; mais « le roi [...] l'aime beaucoup [...] il porte tout à la connaissance de Sa Majesté », et il introduisait « une incroyable économie » même « dans les plus petits détails » de chacun des départements qu'il contrôlait. L'ambassadeur qualifiait cet homme de « roc d'acier » qui « ne connaît pas d'autre divertissement qu'un travail infatigable », parfois à raison de dix-huit heures par jour[20]. Au cours d'une même semaine, il effectuait la navette entre le château du roi à Versailles, le sien à Sceaux, au sud de Paris – plus modeste que le Vaux-le-Vicomte de Fouquet – et sa résidence principale, rue Neuve-des-Petits-Champs, à Paris. Il effectuait probablement ces trajets avec un secrétaire dans son carrosse, qui lui faisait la lecture ou qui prenait sous sa dictée au crayon – au vu de l'état des routes, un encrier se serait renversé[21]. Colbert devint si puissant qu'il lui arrivait parfois de donner des instructions à Louis XIV. Dans le cadre du plan d'arrestation de Fouquet, il avait usé de formules comme « le roi doit » et avait défini les jours où il était tenu de réunir son Conseil[22]. D'Ormesson nota, non sans aigreur, dans son journal : « Sa fortune s'élève fort et il est le maître, faisant tout ce qu'il veut[23]. » Louis XIV permettait à des ministres comme Colbert de « proposer » des ordres, de choisir des administrateurs et d'engager des politiques, pourvu qu'ils le tiennent informé.

Le régime des impôts, lourd et injuste, était l'une des cibles de Louis XIV et Colbert. Recourant au tribunal spécial qui avait jugé Fouquet, le ministre aidait le monarque à lever des fonds auprès des financiers et des fournisseurs de matériel de guerre. Des contrats signés avec des financiers depuis 1635 furent annulés et remplacés par d'autres, avec les soutiens du ministre. Beaucoup de fermiers généraux durent s'acquitter d'amendes. Tous les nobles durent faire valider leurs titres. Beaucoup de nouveaux offices furent abolis. Après les privatisations des vingt années précédentes, l'État contre-attaquait[24]. De nouvelles règles touchant les fermes générales furent introduites afin de s'assurer qu'elles soient offertes dans le cadre de mises aux enchères ouvertes, et que la Couronne reçoive un pourcentage plus élevé de leurs revenus : en 1665, le gouvernement percevait un total de 63 à 95 millions de livres, comparés à une fourchette comprise entre 36 et 80 millions en 1660. En temps de paix, il était davantage en position de force pour négocier qu'en temps de guerre, lorsque les besoins en argent étaient plus pressants[25].

Colbert mit la main sur le registre des dépenses secrètes du banquier protestant de Mazarin, Barthélemy Hervart, et s'employa à tenir des comptes précis de toutes les recettes, réserves et dépenses[26]. Il enseigna au souverain des éléments de comptabilité ; de petits abrégés des finances reliés de cuir rouge bien écornés, parfois écrits à l'encre dorée pour le roi, dressant la liste des encaissements et des dépenses, des dettes et des remboursements pour les années 1662 à 1680, sont conservés à la Bibliothèque nationale. Ils permettaient au monarque de comprendre l'état des finances d'un coup d'œil. Les principales sources de revenus étaient la taille, frappant les foyers non nobles en fonction de la superficie des terres qu'ils possédaient ou qu'ils avaient en affermage ; la gabelle ou taxe sur le sel ; et les aides ou impôts indirects sur d'autres produits comme le vin. En 1663, après la chute de Fouquet, quand le roi avait baissé les impôts, les dépenses étaient approximativement de 47 millions de livres, et les recettes, pour une fois plus élevées, de 48 millions. En 1670, les dépenses s'établissaient à 77 millions, les recettes à 74 millions, et en 1680, les premières s'élevaient à 96 millions, les secondes à 92 millions. Ces trois exercices correspondaient à des années de paix. En temps de guerre, ces montants étaient de 30 % supérieurs. En 1674, par exemple, les dépenses étaient de 107 millions de livres, les recettes de 106 millions.

Même en temps de paix, la guerre et les fortifications absorbaient plus de la moitié des revenus de l'État[27]. Colbert, voix de la raison, plaida à maintes reprises auprès du roi, généralement en vain, pour qu'il fonde ses dépenses sur ses recettes plutôt que sur ses désirs. Le ministre eut beau essayer, il ne put jamais contrôler les dépenses de guerre[28]. Néanmoins, le monarque continuait de se fier à lui. Il écrivit un jour : « Pour les finances, j'approuve toujours ce que vous faites, je m'en trouve bien[29]. »

Le ministre parlait souvent au souverain des malheurs qu'infligeaient ses impôts à ses sujets, surtout la gabelle, particulièrement honnie, qui obligeait la population de certaines provinces, au-dessus de l'âge de 7 ans, à acheter sept livres de sel par an à l'État, détenteur d'un monopole sur la production et qui en fixait le cours. Les deux hommes savaient pourtant que, dans presque toutes les paroisses, les contribuables plus aisés intervenaient dans les registres d'enrôlement de la taxe pour que les pauvres en paient plus que leur part. Le roi exprima en plusieurs occasions son désir de « soulagement de ses peuples[30] ». Les sommes levées grâce à la taille, un impôt qui pesait surtout sur les pauvres et dont les nobles étaient exonérés, tombèrent de 53 millions de livres en 1657 (une année de guerre) à 35 millions en 1680, la France étant alors en paix[31]. Après quoi, les impôts ne cessèrent pourtant d'augmenter. Louis XIV écrivit en marge d'une lettre de Colbert : « La misère me fait grand peine. Il faudra faire tout ce que l'on pourra pour soulager les peuples. Je souhaite de le pouvoir bientôt. » Colbert assura aux intendants que la « peine » que le roi ressentait en ordonnant une hausse d'impôt témoignait de sa « bienveillance » envers ses peuples. Les impôts continuèrent d'augmenter[32].

Colbert tentait parfois de favoriser « les faibles » aux dépens des « forts[33] ». Les pigeonniers furent l'un de ses terrains d'affrontement. La possession d'un grand « colombier » en forme de tourelle, construit pour élever des pigeons comestibles, était un privilège réservé dans certaines provinces aux nobles. Dans d'autres, plus on possédait de terre, plus un propriétaire terrien était autorisé à élever de pigeons. L'habitude de ces volatiles de manger les graines et le blé dans les champs environnants suscitait naturellement la grogne des paysans et des fermiers, qui, parce qu'ils détenaient de petits lopins de terre, n'avaient le droit d'élever que peu de pigeons. Colbert prit le parti des paysans contre les nobles et voulut abolir les grands colombiers, considérés comme un abus de pouvoir. En fin de compte, ces colombiers furent simplement inscrits aux registres et taxés. En 1682, avant même la mort du ministre, le gouvernement considérait presque toute activité humaine comme une source potentielle de revenu[34].

La réforme de la justice était un autre des chantiers de Louis XIV et Colbert. Le roi détenait de vastes pouvoirs juridiques pour promulguer des lois, prendre des ordonnances et des édits, et emprisonner ou exiler un sujet sans procédure judiciaire, par lettre de cachet, selon ce fameux et impossible préambule : « La puissance législative en ce royaume réside en la seule personne du souverain. » Néanmoins, il existait différents systèmes juridiques dans les provinces. En Normandie, le Parlement condamnait encore les sorcières à la peine de mort[35]. En Auvergne, province pauvre et reculée du centre de la France, certains nobles, souvent d'anciens frondeurs, vivaient comme au-dessus des lois, déclenchaient des guerres locales et commettaient d'autres crimes, en toute impunité.

Un conseil de justice fut établi en 1665 pour améliorer les lois et faciliter les procédures. Comprenant le roi (au moins lors des premières séances), le chancelier, les ministres et membres du Conseil d'État et le parlement de Paris, il se réunissait régulièrement dans le Grand Cabinet du roi au Louvre ou à Fontainebleau. Ses membres projetaient de « réduire tout son royaume sous une même loi, même mesure et même poids », ainsi que Louis XI en avait eu l'intention au XVe siècle et Henri III au XVIe, objectif que l'Assemblée nationale réaliserait enfin après 1789. Malgré des réunions se prolongeant plusieurs heures, Louis XIV s'y intéressait personnellement, priant les juristes et les ministres de lui exprimer leurs avis en s'adressant directement à lui et non à travers des commissaires. Il déclara son désir de « faire régner la justice dans son royaume », même d'affranchir ses sujets des frais afférents et de rendre les procédures judiciaires entièrement gratuites : « Un prince qui a de l'ambition doit s'appliquer fortement aux choses difficiles. »

Avec d'autres, comme La Reynie, futur lieutenant de police de Paris, il voulait aussi débattre des privilèges juridiques et exemptions dont jouissaient l'Église et la noblesse. Un avocat, M. Hotma, affirmait par ailleurs que la France, plus ancien État de la chrétienté, n'avait aucun besoin de nouveaux territoires, elle en avait déjà trop. Colbert, la voix de l'État, déclara qu'il était vain et inutile d'employer la formule de tribunal souverain. Le roi était moins autoritaire, assurant à son auditoire que « pendant sa vie les remontrances [du Parlement] ne feraient aucun préjudice, parce qu'il saurait bien retrancher les inutiles et tumultueuses et faire considération de celles qui seraient respectueuses et raisonnables[36] ».

Le système judiciaire français connut ainsi des améliorations. De septembre 1665 à janvier 1666, lors des « grands jours d'Auvergne », 1 360 affaires judiciaires de cette province furent examinées par des juges extérieurs. On prononça 357 condamnations à mort et on procéda à 23 exécutions, dont celles de six nobles. De nombreux accusés s'enfuirent en Espagne. Un nouveau code civil, le Code Louis, entra en vigueur en 1667. Le roi se rendit de Saint-Germain à Paris pour le faire enregistrer en personne dans le cadre d'un lit de justice au Parlement. Une ordonnance réformant la législation des forêts et cours d'eau fut prise en 1669, une ordonnance de droit pénal en 1670, un nouveau code de commerce en 1673 et une ordonnance sur la marine en 1681[37]. Les procédures judiciaires, y compris l'emploi de la torture comme moyen d'interrogatoire, et les recours en appel devant les instances supérieures furent codifiés. Lentement, grâce au Code Louis, la « coutume de Paris », relativement égalitaire puisqu'elle encourageait la division des biens entre frères et sœurs plutôt qu'un droit d'aînesse, s'étendit à tout le nord de la France, mais des dispositifs judiciaires féodaux contraignants continuaient de compliquer quantité d'aspects du droit de propriété rurale. La plupart des provinces du sud du pays continuaient d'appliquer le droit romain, fondé sur les codes de l'empereur Justinien depuis le VIe siècle[38].

Louis XIV joua son rôle de « source de justice » en actes autant qu'en paroles. Il ne se contenta pas de siéger d'un bout à l'autre des débats sur les codes juridiques en 1665. Pendant deux mois, en 1672, après la mort du chancelier Séguier, il fut son propre chancelier de France. Détenteur des sceaux de justice, il travaillait sur les affaires judiciaires les lundis au Conseil d'État. La reine assista à une session pour plaider une grâce criminelle. Le roi lui signifia « que la suppliante était d'assez bonne maison pour la lui accorder[39] ».

Louis XIV et Colbert consacrèrent également leurs énergies à la promotion du commerce français. En plus d'être juge, le roi se voulait marchand. Il ordonna au grand maréchal des logis, le haut administrateur en charge des logements des courtisans, de « loger commodément à notre cour et suite tous et chacun des marchands qui y auront des affaires, pendant tout le temps qu'ils seront obligés d'y séjourner [...] de faire marquer un logis propre pour cet effet, qui sera appelé la Maison du commerce ». On ignore si un tel logement fut chaque fois fourni. Il est probable que les visiteurs en trouvaient un de leur propre initiative ou qu'ils ne venaient de Paris que pour la journée[40]. En plus des marchands de la Cour bénéficiant de privilèges, comme les marchands de vins, le « cabaretier suivant la cour » (qui était présent aux festivités du mariage du roi en 1660) et l'imprimeur ordinaire du roi la suivaient partout où elle se rendait : Versailles comporterait au premier étage une salle des marchands spécialement aménagée pour qu'ils puissent y vendre leurs produits[41].

Le Conseil de commerce se réunissait toutes les deux semaines, en présence de Louis. En 1664, le roi investit dans les Compagnies des Indes occidentales et orientales qu'il venait de fonder, et ordonna à sa famille et à ses courtisans, ainsi qu'aux juges et marchands de France, d'en faire autant. Les deux reines investirent 60 000 livres chacune, Condé 38 000 et Sa Majesté 3 millions. Condé écrivit à la reine de Pologne qu'« il n'y a personne qui veuille bien faire sa cour [au roi] qui ne s'y intéresse[42] ». Les réunions du conseil de la Compagnie des Indes orientales se tenaient en présence du roi au Louvre ou aux Tuileries. Après 1665, des navires marchands français faisaient régulièrement voile de et vers l'océan Indien, où la marine avait commencé de s'emparer de ports et d'îles : l'île Bourbon (actuellement de la Réunion) en 1664 ; Surat sur la côte ouest de l'Inde en 1667 et, en 1673, Pondichéry sur la côte est, base de la tentative française d'établir un empire en Inde au XVIIIe siècle. Les épices, la porcelaine de Chine et d'autres biens de luxe étaient importés, des produits français exportés[43]. Le plan de Louis XIV consistait, écrivit Colbert en 1669, à « exciter partout l'industrie de ses sujets et à faire pénétrer par toutes les parties de son royaume même les plus reculées les achats de marchandises, les voitures, les établissements et manufactures nouvelles[44] ».

Aucun commerce ne dépendait davantage de la Cour que celui du textile, qui employait à peu près le tiers des ouvriers de Paris[45]. En 1663, Colbert rédigea un mémorandum dans lequel il plaidait pour que l'on aide, en leur procurant protection et « argent toutes les manufactures de draperies du dedans du royaume » [...] afin de « les exciter à faire de belles étoffes pour habiller le roi ; que Sa Majesté s'en habille effectivement » en leur offrant des récompenses, et il pressait le roi de porter de « hautes couleurs[46] ». Le drap de France, ou serge de Berry, remplaça le drap gris anglais dans lequel on taillait les uniformes de l'infanterie française et on appliqua des droits de douane élevés au drap d'Angleterre. Fermement déterminé à encourager le drap français, en une occasion le roi donna ordre de brûler la veste de drap anglais de son fils et « qu'on ne porte plus d'autres draps que ceux de la Manufacture nouvelle de France[47] ».

Sur l'instigation de Colbert, il se rendit en visite dans des manufactures de drap et de dentelle, et dans des verreries afin d'encourager leur industrie. En 1670, par exemple, il écrivit à son ministre, en élève obéissant : « J'irai aux manufactures d'Abbeville et de Beauvais [qui fabriquaient respectivement du drap et des tapisseries] et parlerai comme je croirai devoir le faire et comme vous me le mandez[48]. » Il encouragea aussi la dentelle française, très utilisée sous son règne pour les vêtements et les cravates, comme on peut le constater sur ses portraits.

En 1665, la dentelle, le drap et les parements d'origine étrangère furent proscrits. Des manufactures royales de dentelle fabriquant du point de France – généralement moins éclatant que la dentelle italienne – furent fondées à Arras, Reims et ailleurs. On fit venir des Vénitiens, auxquels on accorda la nationalité française, pour qu'ils apprennent aux Français à améliorer leur dentelle. Elle devint si belle que deux de ces instructeurs furent par la suite assassinés par des agents vénitiens[49]. Le roi écrivit au gouverneur de Sedan afin qu'il ordonne que toute la dentelle de sa ville soit envoyée en France, car « l'établissement de la manufacture des points de France est de si grande conséquence pour le bien de mes peuples [...] », les protégeant ainsi contre la « malice » des marchands qui avaient accoutumé de faire travailler [leur dentelle] à Venise[50]. Pour le seul mois de juillet 1666, Louis dépensa 18 491 livres en dentelle : sa dentelle, comme ses palais, arborait partout ses emblèmes – des soleils rayonnants, le monogramme traditionnel au double « L » entrelacé avec les initiales « MT » (pour Marie-Thérèse), des fleurs de lys[51]. La dentelle se retrouvait partout sur les vêtements des femmes comme sur ceux des hommes. Louis insistait pour qu'à la Cour, et même à la chapelle, les dames portent le « grand habit ». Il se composait d'un corset, de baleines, d'un corsage décolleté, d'un jupon, d'une traîne et de manches de dentelle amovibles. Il eut recours à Mme de Montespan, vêtue d'une robe couverte de dentelle au point de France, comme « une beauté triomphante à faire admirer à tous les ambassadeurs », selon les propos d'une lettre de Mme de Sévigné[52]. Grâce au monarque et à son ministre, la dentelle de France était alors la plus courue d'Europe.

Le commerce français du vêtement fut soutenu par la diffusion des gravures de mode, souvent imprimées d'après des dessins du dessinateur ordinaire du Cabinet, Jean Bérain, et de poupées mannequin vêtues à la dernière mode française. Ces supports permettaient aux provinces et aux étrangers de voir ce qui se portait à la Cour et à Paris. Le *Mercure galant*, un magazine qui diffusait les dernières nouvelles de la mode, fondé en 1673 et « dédié à Monseigneur le Dauphin », devint mensuel à partir de 1677. Il offrait des conseils sur la manière de s'habiller et sur le choix des meilleures boutiques de vêtements de Paris, des plus belles étoffes et des plus beaux accessoires comme les éventails, la dentelle et les rubans, et sur la nécessité de changer de modèles ou de couleurs avant tout le monde[53]. Pour le *Mercure galant*, la mode se propageait des dames de la Cour aux dames de Paris, ensuite aux riches bourgeoises (qui « se croient à la mode mais ne le sont jamais »), puis aux provinces, et enfin à l'étranger[54]. En 1687, le magazine pouvait affirmer qu'il faut être à la mode de peur d'être jugé ridicule ou avare[55]. Le premier volume avait été dédié à Louis XIV dans le style habituel (« Vos actions, Sire, qui passent de bien loin celles des plus grands héros… »), et après 1684 il reçut une subvention annuelle de l'État[56].

Le roi usait aussi du vêtement comme d'une arme politique autant que commerciale. En 1664, il institua le « justaucorps à brevet », qui honorait 50 nobles en les autorisant à porter de la dentelle et de la broderie d'or et d'argent – interdites aux autres par la loi – en un motif spécial sur une veste bleue doublée d'écarlate. En février 1665, en « signe particulier de sa bienveillance », il fut décerné, accompagné d'un brevet signé par un secrétaire d'État, au prince de Condé. Peut-être afin de manifester son retour en grâce royale, Condé s'était fait peindre avec son fils dans cette tenue[57]. Vers 1670, le souverain restreignit le droit de porter des talons rouges aux membres masculins de la noblesse assez bien nés ou possédant des relations suffisantes pour être présentés à la Cour. Les talons rouges de France furent bientôt imités par les cours d'Europe. Ils figurent en bonne place dans des portraits de Louis XIV et de ses courtisans, mais aussi de ses ennemis, Guillaume III, George Ier et leurs ministres[58].

Même après sa mort, Louis continua d'être un modèle d'élégance pour d'autres monarques. En 1717, Auguste II, Électeur de Saxe et roi de Pologne, bien qu'opposé à la politique étrangère de la France, insistait pour porter lors des fêtes un manteau semblable à celui que le défunt roi de France portait aux grandes cérémonies, comme à son mariage, « en marteau pourpoint et rhingrave[59] ».

Au cours de cette même décennie 1660, le bureau de Colbert ne cessa d'émettre des réglementations encourageant, protégeant et récompensant le commerce. Des postes d'inspecteurs généraux furent créés pour contrôler la qualité des articles français. Le ministre écrivit au prévôt des marchands de Lyon à propos des marques des manufactures, à Mme de La Petitière, « directrice de la manufacture de dentelles à Auxerre » – l'un des premiers exemples d'une femme présidente-directrice générale de société – au sujet des ouvrières, et à d'autres au sujet de leurs esclaves (s'ils étaient trop bien nourris, croyait-il, ils risquaient de travailler moins dur) ou sur le commerce avec le Levant[60].

Sa conception d'ensemble le conduisit à essayer de transplanter vers la France les meilleures industries de chaque pays. Le château de Madrid, dans le bois de Boulogne, construit par François Ier après son retour d'emprisonnement, devint un atelier pour les fabricants de bas de soie « dans le style anglais[61] ». Les tapissiers copièrent des dessins de Perse. Outre les dentellières, on fit venir des miroitiers de Venise, des ouvriers du vêtement des Provinces-Unies et des facteurs de meubles d'Allemagne, considérés plus talentueux que leurs homologues français. Ainsi, les jouets du Dauphin avaient été importés d'Augsbourg, les modèles français n'étant pas assez réussis[62].

Recourant à des artisans de la manufacture de tapis de Maincy, la manufacture des Gobelins fut établie en 1662 au faubourg Saint-Marcel, dans le sud-est de Paris, où elle se trouve toujours. Protégé de Colbert, le premier peintre du roi, Charles Le Brun, en devint le directeur en 1663, et le souverain s'y rendit en visite en 1667. Plusieurs centaines d'ouvriers y étaient employés pour fabriquer mobilier, horloges et tapisseries. Des séries de tapisseries surmontées du blason royal montraient des scènes de la vie du souverain (ses visites à l'Académie des sciences et aux Gobelins, par exemple), des vues de ses palais ou les hauts faits d'Alexandre le Grand. Le Brun avait rapidement acquis la maîtrise de presque toute la production artistique dans la capitale. Le mobilier raffiné, composé de combinaisons d'ébène, de bronze doré, d'argent, de nacre et d'écaille de tortue, souvent décoré du profil ou de la statue du roi – le « style Louis XIV » – fut en partie créé aux Gobelins par des ouvriers étrangers qui avaient pour nom Cucci, Slodtz, Caffieri ou Van Riesen Burgh. Certains produits étaient vendus, d'autres servaient de cadeaux diplomatiques, offerts à des souverains ou des ambassadeurs étrangers[63].

Paris arracha peu à peu à Rome, Florence et Venise, ainsi qu'à Augsbourg et Anvers le rôle d'épicentre du luxe et de l'innovation en Europe. Des achats importants de biens de luxe s'effectuèrent dans la capitale pour les couronnements de Charles X de Suède en 1654, de Charles II d'Angleterre en 1660, de Charles XI de Suède en 1675 (vêtu en Phœbus sur un portrait, ce dernier ressemble à Louis XIV) et de son épouse Ulrika Eleonora en 1680[64]. Des princes étrangers décidèrent d'entretenir à Paris, suscitant souvent la contrariété des diplomates en poste officiel, des agents spéciaux ayant mission d'acheter des produits de luxe de la dernière mode, des cosmétiques aux carrosses, pour leur maître et sa famille : ainsi, le diplomate Daniel Cronström et l'architecte Nicodème Tessin le Jeune étaient acheteurs pour le roi de Suède, Martin Mayr et Baldassare Pistorini pour l'Électeur de Bavière. C'est ce qui explique la présence de quantité d'objets de luxe dans le style Louis XIV ornant aujourd'hui les palais et musées de Stockholm et Munich[65]. Les tailleurs parisiens, enfin, étaient accueillis à bras ouverts dans des capitales pourtant hostiles, comme Londres. Dans la comédie *The Man of Mode* (1676), de George Etherege, un personnage ne porte « rien d'autres que des pièces originales des mains les plus célèbres de Paris ».

En vue de promouvoir le commerce français, Colbert encouragea une « guerre d'argent contre tous les États de l'Europe[66] ». En 1660, les Provinces-Unies, principaux rivaux de la France, dominaient le commerce mondial, de l'Amérique au Japon. Le frère de Colbert, Colbert de Croissy, se plaignait à l'envoyé français à La Haye, M. de Pomponne, de ce que les Hollandais possédaient 15 000 (en réalité, ce chiffre était plus proche de 9 000) des 20 000 navires marchands du monde – c'est-à-dire occidental – tandis que les Français n'en avaient armé que 500 à 600[67]. Amsterdam, écrivit le fils du ministre, le marquis de Seignelay, durant une tournée européenne en 1671, était « la ville du monde du plus grand commerce ». Elle fournissait le tiers des navires de la marine hollandaise et serait le cœur financier et intellectuel des coalitions européennes contre Louis XIV[68].

Coenraad Van Beuningen, fils et petit-fils de bourgmestres d'Amsterdam, avait contribué à établir le traité franco-néerlandais de 1662 et revint en France en qualité d'ambassadeur de 1664 à 1668. Selon l'un de ses homologues, pourtant non moins francophobe, le diplomate anglais Sir William Temple, Van Beuningen n'était « pas toujours si désireux d'entendre que de se faire entendre ; et grâce à l'abondance de son imagination il est capable de raisonner un homme jusqu'à ce que mort s'ensuive ». Son « insolence » croissante retourna

Louis XIV et Colbert contre lui, comme Charles II avant eux[69]. Comptant parmi les nombreux personnages qui trouvèrent Louis XIV et sa cour plus repoussants que séduisants, il demanda son rappel. Par la suite, il contribua à la formation d'alliances contre Louis XIV, craignant des projets français de conquête des Provinces-Unies[70].

Louis XIV et Colbert voulaient effectivement se procurer certains secrets commerciaux hollandais. Le second fit venir M. Van Robais de Hollande pour qu'il travaille à Abbeville, car il détenait « un secret particulier » pour réaliser des tentures de couleur noire, et des ouvriers bataves du sucre pour ouvrir des raffineries sucrières. L'alliance franco-hollandaise conclue sous le règne d'Henri IV se délita peu à peu, pour des raisons surtout économiques. En 1667, de nouveaux tarifs douaniers pénalisaient délibérément les exportations vers la France, très nettement leur plus grand marché. En représailles, sur la suggestion de Van Beuningen, les importations de vin français furent interdites aux Provinces-Unies. Colbert prédit que « l'imprudence et l'emportement de Van Beuningen » causeraient à son pays des dommages inestimables[71].

La Compagnie du Nord, fondée à La Rochelle depuis 1669, était destinée à contourner les navires et les marchands bataves et à commercer directement avec la Suède et la Baltique. Toutefois, elle dut être dissoute en 1675, les exportateurs français eux-mêmes préférant les navires de charge hollandais, et les Hollandais furent en mesure de riposter en inondant le marché français de produits à bas prix[72]. Le commerce français continua, malgré tout, de croître. Un total de 273 navires appareillèrent de La Rochelle entre 1670 et 1679, contre 411 entre 1680 et 1689. D'autres ports enregistrèrent des hausses similaires de trafic[73].

L'expansion commerciale française sous Louis XIV est symbolisée par un livre publié en 1675 : *Le Parfait*

Négociant, ou Instruction générale pour ce qui regarde le commerce des marchandises de France et des pays étrangers. L'ouvrage n'est pas moins caractéristique de la France sous ce monarque que les mémoires des courtisans. L'auteur, riche marchand de drap et ancien protégé de Fouquet, s'appelait Jacques Savary. Son guide contenait le détail des produits, des poids et mesures, des barèmes douaniers et des devises du monde entier, qu'il avait réunis en participant à la rédaction du Code du commerce de 1673. Il fournissait aussi des conseils sur la façon de commercer, d'éviter aux nobles d'accumuler des dettes, de rédiger des lettres commerciales et de négocier des crédits avec des pays étrangers. Ouvrage traitant du commerce mondial, fréquemment révisé en français, il ne tarda pas à être traduit en anglais, en néerlandais, en italien et en russe[74].

Loin d'être indifférents au domaine maritime, comme on l'a souvent prétendu, Louis XIV et Colbert concentrèrent aussi leurs travaux sur la marine. En 1661, ses équipages étaient indisciplinés et ses navires incapables de prendre la mer, sous la direction incompétente du duc de Vendôme, fait amiral de France en récompense de sa loyauté pendant la Fronde[75]. Ce fut seulement après 1650 – plus tard que les Hollandais ou les Anglais, et *a fortiori* les Portugais et les Espagnols – que les navigateurs français apprirent les techniques de navigation et l'emploi des vents dominants afin de se déplacer sur de plus grandes distances et à de plus grandes vitesses[76]. Dans ses Mémoires, le souverain vanterait l'empressement des Français à abandonner leurs foyers pour servir dans son armée et sa marine. En réalité, ainsi qu'il l'écrivit dans une lettre au fils de Vendôme, le duc de Beaufort, il subsistait ce qu'il appelait « l'aversion presque insurmontable qu'ont les gens de la mer de s'engager au service de mes vaisseaux ». Ils préféraient servir dans la marine marchande. La situation s'améliora quand des équipages enrôlés de force furent remplacés par l'inscription maritime, une forme de recrutement qui garantissait une demi-solde quand les marins étaient à terre[77].

En raison de la connexion du commerce avec la marine, après la mort de Vendôme en 1669, Louis nomma Colbert premier secrétaire d'État à la Marine, sujet qu'ils travaillaient ensemble chaque vendredi après-midi[78]. Le budget de cette marine passa de 300 000 livres en 1661 à 10 millions en 1670. Tout au long du règne, Louis et ses ministres émirent un flot d'ordres au sujet des mâts, des cordages, des recrutements forcés, dc la manière de former les charpentiers de marine ou de la quantité de riz et de viande nécessaire pour nourrir les galériens[79]. À Londres et Amsterdam, des ambassadeurs et agents français acquéraient de nouvelles compétences et de nouvelles techniques auprès d'officiers des marines hollandaise et anglaise[80].

La marine devint une consommatrice massive de bois et de métal. Cent dix nouveaux vaisseaux de haut bord furent construits avec le bois des forêts de Bourgogne, mais aussi acheté au Danemark, en Suède, aux Provinces-Unies ou à Gênes. En 1672, la marine de guerre alignait un total de 120 vaisseaux de ligne et 74 bâtiments de plus petit tonnage ; elle tiendrait son rang dans les guerres de cette décennie[81]. Dans les années 1680, elle compterait 258 navires. Quatre ou cinq nouveaux bâtiments étaient construits chaque année[82]. Colbert écrivit une lettre triomphante à son cousin Colbert de Terron, intendant de la nouvelle base navale de Rochefort : « Voici notre marine établie[83]. » La France disposait enfin d'une composante navale digne de sa longue façade côtière ; elle pouvait communiquer avec le monde extérieur par ses navires, comme par ses armées et ses ambassades.

Veillant aux intérêts du commerce, Louis XIV et Colbert encouragèrent aussi la croissance des ports français – malgré leur hostilité envers la monarchie durant la Fronde. En novembre 1662, au terme de tractations prolongées, Louis XIV versa à Charles II, déjà à court de fonds deux ans après son retour sur le trône d'Angleterre, 5 millions de livres pour le rachat de Dunkerque. Cette ville portuaire incarnait tout ce qui différenciait les deux cousins. Malgré la proximité de ce port avec l'Angleterre et son goût pour la navigation à bord de ses yachts royaux, Charles II ne s'y était jamais rendu. Immédiatement après son acquisition, le roi de France effectua, lui, le long trajet de plus de 300 kilomètres depuis Paris, en plein hiver. En l'espace de deux journées, les 4 et 5 décembre 1662, il reçut les clefs de la ville, en confirma les privilèges, suivit sous la pluie le saint sacrement dans la procession célébrant la délivrance de la ville de l'Anglais hérétique, assista à la messe, inspecta les fortifications du port et dîna en public – un modèle d'« affirmation de souveraineté » qu'il reproduirait par la suite dans d'autres villes d'acquisition récente et qui produisit à Dunkerque « un merveilleux effet ». Aux yeux du peuple de la cité portuaire, le roi de France semblait même « moins fier » que n'importe quel capitaine espagnol. Il s'y rendit six fois au total, en 1658, 1662, 1670, 1671, 1677 et 1680[84], l'affranchit de tous droits de douane et la qualifia de « ville que je regarde comme mon ouvrage propre[85] ». Pour Colbert, Dunkerque était la plus importante de toutes les entreprises du roi, celle qui ferait grand bruit et lui vaudrait la plus grande renommée dans les pays étrangers[86].

Sa visite de 1680 fut la seule occasion où il inspecta un navire de guerre en ordre de marche, *L'Entreprenant*, avec ses 50 canons. Il écrivit à Colbert qu'il avait vu le bâtiment sous tous les angles, accomplir toutes les manœuvres, en situation de combat comme de navigation, et lui confia qu'il n'avait jamais « vu des hommes si bien faits que le sont les soldats et les matelots[87] ». Le frère de Colbert, l'intendant Colbert de Maulévrier, lui rapporta par écrit : « Sa Majesté fut hier près de deux heures sur le vaisseau du chevalier de Lhéry, ne pouvant se lasser d'en admirer la beauté et la magnificence. » Les vaisseaux étaient un « spectacle pour toute la Cour[88] ».

Avec 5 000 habitants néerlandophones, Dunkerque était le seul port français de la mer du Nord. Louis y construisit de magnifiques défenses maritimes et terrestres – des réseaux de canaux, de douves et de forts, notamment des empilements immergés de madriers et de rochers afin de protéger le seul chenal navigable entre Dunkerque et la mer, à travers les vastes plages de sable blanc sur lesquelles s'était livrée la bataille des Dunes en 1658[89]. Il y ajouta un hôpital, un arsenal, une corderie et des casernes et en fit un port franc. Sa population grossit de 10 515 âmes en 1685 à 14 000 en 1700[90]. Les fières inscriptions sur les médailles de Louis XIV – *Dunquerca recuperata, providentia principis* – *Freti Gallici decus et securitas* – *Dunquerca munita et ampliata* – *Dunquerca illaesa* [« Dunkerque récupérée par la prévoyance du prince… », « L'ornement et la sûreté du détroit de France », « Dunkerque fortifiée et agrandie », « Dunkerque garantie »] – n'exagéraient nullement[91]. Dunkerque deviendrait une base pour le lancement d'attaques contre l'Angleterre et l'Écosse. Jacques II, le roi destitué, vint en 1696 y préparer un assaut qui n'eut jamais lieu. Son fils Jacques III, le « Vieux Prétendant », ferait voile de Dunkerque en 1708 et 1715 pour se lancer dans deux tentatives de reprendre ses deux couronnes[92]. Les principales bases navales françaises étaient désormais Dunkerque, Le Havre, Brest, Rochefort, Bayonne, Marseille et Toulon. Ainsi, loin d'ignorer les provinces, le gouvernement de Louis XIV intervenait dans les régions les plus reculées du royaume.

Si Dunkerque devint la porte de la France vers le nord, Marseille avait longtemps été son port en direction de l'est. Colbert écrivit que Marseille était la ville indispensable au gouvernement pour mener une guerre économique soutenue contre toutes les cités marchandes, et en particulier contre les Anglais et les Hollandais, qui s'étaient depuis longtemps taillé la part du lion pour le commerce avec le Levant. En 1669, afin d'attirer le commerce international, comme Dunkerque Marseille fut transformée en port franc. Malgré l'opposition de la chambre de commerce locale, tous les droits de douane furent abolis et remplacés par un impôt unique, le *cottimo*, appliqué aux navires qui entraient dans le port et en sortaient. Marseille devint un port mondial, échangeant avec l'Afrique, l'Amérique et la Chine, et naturellement toute la Méditerranée[93].

L'ancienne alliance française avec l'Empire ottoman, datant du règne de François Ier, qui s'était allié avec Soliman le Magnifique contre Charles Quint, fut le fondement de la prospérité de la cité. La chambre de commerce de Marseille, fondée en 1599, payait les émoluments de l'ambassadeur de France à Constantinople. La ville commença à attirer les marchands musulmans, arméniens et juifs de l'Empire ottoman. Les Arméniens y apportèrent leur connaissance du marché de la soie et fondèrent en 1673 le premier café de France (avant le Procope, à Paris) et une imprimerie. Les ouvriers locaux produisaient du savon, des étoffes, des chaussures et des chapeaux pour l'exportation, surtout vers l'Empire ottoman et l'Afrique du Nord. Dès 1677, le commerce de Marseille surpassait celui de son rival, autre port franc méditerranéen, Livourne, en Toscane[94].

Ajoutée au commerce, l'urbanisation aida la Couronne à imposer son autorité. À partir de 1670, Marseille s'étendit de 70 à environ 195 hectares. De nouvelles rues furent tracées par des administrateurs royaux selon un plan en damier autour d'une vaste zone centrale, l'actuel cours Belsunce. La construction de l'Hôtel de Ville sur les quais, directement face aux navires et aux galères à l'ancre dans le port, entamée en 1656, fut terminée en 1673, avec toute sa décoration et ses ornements, notamment un buste du roi en cuirasse romaine par Pierre Puget, symbole de son rôle de protecteur du commerce, et que l'on peut encore admirer à ce jour. Derrière la façade royale s'ouvraient les salles de la Bourse de commerce[95].

Principal agent de Colbert à Marseille, Nicolas Arnoul, membre de la « petite noblesse », servit au poste d'intendant général des galères entre 1665 et 1671. Il n'appréciait guère les Marseillais, écrivit-il au ministre, les qualifiant de « bête à cent têtes », mais il estimait que Marseille méritait « d'être aimée et caressée comme la ville de tout son royaume plus capable de faire paraître sa grandeur en tout, et c'est votre seul objet[96] ». Les galères royales furent déplacées de Toulon à Marseille en 1662. D'autres puissances méditerranéennes, comme Gênes et Malte, alignaient des galères, mais c'étaient des instruments de prestige autant que des armes de guerre. En 1672, Louis XIV déployait 120 de ces bâtiments basés à Marseille, aux bancs de nage garnis de galériens – souvent des Nord-Africains et des Turcs considérés comme « extrêmement vigoureux », mais aussi des Russes ou des Grecs, des Indiens d'Amérique ou des Africains. D'autres étaient déserteurs, contrebandiers ou criminels, marqués des trois lettres « GAL » sur le front[97].

Décrivant la visite de la Cour à Marseille en 1660, Mademoiselle avait admis que cette « multitude d'hommes nus », enchaînés et noircis par le soleil, « est hideuse à voir » et inspirait l'horreur et la pitié. Des courtisans s'évanouirent ou vomirent à ce spectacle[98]. Les galériens étaient néanmoins autorisés à travailler en ville ; certains tenaient de petites échoppes sur les quais. Nombre d'entre eux avaient à terre des amants, que les autorités tentaient en vain d'empêcher de passer leurs nuits à bord des vaisseaux[99]. Le « bruit continuel et le fracas des chaînes » qui les accompagnaient dans la ville amenèrent le voyageur anglais Ellis Veryard à comparer Marseille aux « Faubourgs de l'Enfer[100] ». Les galériens travaillaient aussi dans un vaste arsenal sur les quais, ville dans la ville érigée en 1669, où les ouvriers ne construisaient pas seulement des bateaux et ne fabriquaient pas que des cordages, mais tissaient des étoffes qui reproduisaient le drap d'Alexandrie et de Smyrne[101]. En 1690, un total de 18 000 hommes y travaillaient, parmi lesquels beaucoup d'esclaves. Sachant l'inutilité croissante des galères dans la guerre navale, comparées aux vaisseaux de haut bord, les galériens passaient probablement plus de temps à trimer à l'arsenal qu'à ramer en mer[102].

Parmi les autres ports que Louis XIV et Colbert ont contribué à fonder et à développer au cours de cette même décennie 1660 grâce aux privilèges fiscaux, à la construction de chantiers navals et à la main-d'œuvre fournie par des soldats et des marins, il convient de mentionner Sète, sur la côte du Languedoc, Rochefort, sur celle du Poitou, fondé entre 1666 et 1669, et Lorient, sur la côte sud de la Bretagne, base navale et siège de la Compagnie des Indes à partir de 1666[103]. Toulon restait également une rade militaire de premier plan. Entre 1670 et 1686, tous les magasins et chantiers navals, les forges et les corderies y furent regroupés dans un grand arsenal fermé par des murs. Le bâtiment central était également rehaussé par une sculpture de Pierre Puget[104].

L'un des grands projets de génie civil du règne, le « canal royal de communication des mers » entre la Méditerranée et l'Atlantique, faisait partie du programme de travaux publics lancé par Colbert afin de relier à Paris les provinces éloignées, par la route et par les rivières[105]. C'était une réalisation de premier ordre, comparée à l'époque à celles de l'Empire romain et menée à bien par des femmes autant que par des hommes, malgré les oppositions locales[106]. Il fut inauguré en 1681, financé pour partie par le gouvernement et par les états de Languedoc, province qu'il traverse. Ces derniers faisaient partie des états provinciaux que Colbert condamnait dans une lettre plaidant pour leur suppression, car ils « sont toujours beaucoup à charge aux peuples et qui donnent peu de secours à Sa Majesté », mais ils conservèrent une indépendance considérable jusqu'à leur abolition avec la Révolution[107].

Colbert devint le ministre le plus écouté du roi, chargé de toutes sortes de responsabilités. Il ne dirigeait pas seulement les travaux au Louvre et à Versailles, que nous aborderons au chapitre suivant, mais supervisait aussi la Bibliothèque royale. Il envoyait des agents dans les monastères de Provence et du Levant pour qu'ils y achètent des manuscrits anciens (pas seulement en grec et en latin, mais aussi en hébreu, en syriaque, en arabe) destinés à sa propre bibliothèque et à celle du roi à Paris[108]. En 1667, lors de son coucher, Sa Majesté déclara qu'aucun royaume n'avait jamais été aussi bien réglé ou aussi riche que le sien. En 1673, Louis XIV écrivit encore à Colbert : « De votre industrie et de votre zèle je me dois tout promettre[109]. »

Les vies publique et privée du monarque étant étroitement liées, il se servit de son ministre le plus éminent, plus encore que des grands officiers de la Cour les plus fiables, pour l'aider à organiser une liaison amoureuse secrète. Colbert et Mme Colbert supervisèrent les grossesses de Louise de La Vallière, firent mander des médecins, organisèrent la naissance et le baptême en secret (afin d'éviter de choquer Anne d'Autriche) de deux enfants illégitimes, les escamotèrent de nuit par une porte dérobée du Palais-Royal. Louise de La Vallière était encore fille d'honneur de Madame, qui avait sa résidence au palais. Des Parisiens bien informés, comme Olivier d'Ormesson, n'en apprirent pas moins aussitôt ce qui s'était passé. Louise semblait « fort pâle » quand elle réapparut en public, écrivit-il dans son journal le 19 décembre 1663, le jour de la naissance, et « personne ne doutait plus qu'elle soit accouchée d'un fils ». Les Colbert élevèrent Mlle de Blois et le comte de Vermandois, ainsi que l'on appela plus tard ces deux enfants, avec les leurs[110].

Quand elle ne portait pas la progéniture de Louis XIV, on pouvait voir Louise de La Vallière monter à cheval et tirer. Elle était si bonne cavalière, réputée la meilleure de la Cour, qu'elle était capable de grimper sur un cheval en mouvement et de l'enfourcher[111]. En 1664, un visiteur anglais, Edward Browne, la vit se rendre à Paris avec le roi, conduisant une « chaise roulante », « fort joliment vêtue d'un chapeau, de plumes et d'un justaucorps[112] ». À certaines périodes, le roi voyait Louise de La Vallière tous les jours. Écrivant ces mots en 1664, le nonce papal exprima sa conviction qu'il lui avait été fidèle pendant trois ans[113].

Toutefois, sa position était constamment menacée. La cour de France était « le paradis des femmes », dont un bon nombre s'imaginaient être amoureuses du roi, ou étaient élevées par leur famille pour le séduire. Le duc d'Enghien écrivit que toutes les dames étaient « extrêmement jalouses » de Louise de La Vallière[114]. La reine, remarqua Mademoiselle, se sentait parfois si jalouse qu'elle en vomissait[115].

L'amour de Louis XIV pour Louise de La Vallière l'émut probablement moins que le décès de sa mère. Après son mariage, mère et fils avaient continué de se voir fréquemment et de partager presque tous leurs repas[116]. Aux premiers stades du cancer d'Anne d'Autriche, en avril 1663, Louis XIV lui rendait visite huit ou dix fois par jour. Il se levait plus tôt que d'habitude, était présent à son chevet lors de toutes les consultations, traitements et saignées (la méthode de soins habituelle au XVIIe siècle pour toutes les maladies) et, le soir, il envoyait des messagers recueillir les dernières nouvelles[117]. En 1666, vers la fin de la maladie, il couchait souvent tout habillé sur un matelas au pied du lit de sa mère. « Il l'assistait toujours avec une application incroyable, il aidait à la changer de lit, et la servait mieux et plus adroitement que toutes ses femmes », avouait l'une d'elles, Mme de Motteville. À la fille d'une autre première femme de chambre, Mme de Beauvais, le roi disait de sa mère mourante : « Regardez la Reine ma mère : je ne l'ai jamais vue si belle. » Sa mère fut clairement l'un des amours de sa vie.

Les églises de la capitale s'emplirent de fidèles venus prier pour son rétablissement[118]. Elle avait voulu mourir dans son paradis privé, le Val-de-Grâce, mais au début de l'année 1666, le roi et ses médecins la ramenèrent au Louvre, en partie pour qu'il profite de la période de Mardi gras et puisse être présent au mariage d'une confidente de Louise de La Vallière, Mlle d'Artigny, célébré le 9 janvier par un bal et un ballet à six entrées[119]. Au cours des derniers mois de son existence, la gangrène, les ulcères et le percement d'un abcès incitèrent la reine mère à dire à Mme de Motteville qu'« il n'y a point d'endroit de mon corps dans lequel je ne sens de très grandes douleurs ». Elle qui avait aimé les parfums devait endurer l'odeur de ses propres abcès. Le roi passait la voir quand il se rendait au Conseil. Lorsque son état empira, il abandonna ses projets d'organiser des tournées d'inspection de ses armées en dehors de Paris afin de rester auprès d'elle jour et nuit.

Après sa dernière confession et sa dernière communion, sa chambre débordait de gens en larmes ou lisant des œuvres de piété, parmi lesquelles la princesse Palatine. Les maréchaux et son financier protestant, le fidèle Barthélemy Hervart, entrèrent à leur tour dans sa chambre. Elle pria ce dernier de se convertir. Elle supplia ses fils et ses belles-filles de s'aimer les uns les autres « par amour de moi ». Quand on lui dit qu'elle laissait une couronne terrestre pour une autre, céleste, elle répondit qu'elle avait toujours considéré sa couronne terrestre comme de la « boue ». Enfin, vers 18 heures, le 19 janvier 1666, les hommes de sa famille et ceux de la Cour se rendirent à l'église paroissiale de Saint-Germain-l'Auxerrois pour escorter la procession qui délivrerait les derniers sacrements à la reine mère mourante. Mme de Motteville estima que les fils et belles-filles de la reine mère ne pleuraient pas assez. Alors qu'elle se mourait, cette dernière regarda Louis XIV et lui signifia : « Faites ce que je vous ai dit : je vous le dis encore le saint sacrement sur les lèvres [...] avec la majesté d'une reine et l'autorité d'une mère. » Elle se référait peut-être à la nécessité de gracier Fouquet ou le duc et la duchesse de Navailles. Son fils en larmes le lui promit[120].

Monsieur, lui aussi en permanence auprès de leur mère, soutint que la seule affaire en laquelle il désobéirait au roi serait un ordre de quitter le chevet du lit de mort de leur mère. Louis XIV pleurait souvent, secoué de terribles sanglots, et on le vit flancher. Elle mourut à 7 heures du matin le 20 janvier 1666, regrettée de tous. Après sa mort, « ne pouvant après ce malheur souffrir la vue du lieu où il m'était arrivé », Louis s'en fut aussitôt de Paris à Versailles[121]. Il ouvrit plus tard son cœur à un intime, le frère de Louise de La Vallière : « Ce que j'ai souffert en perdant la reine, madame ma mère, surpasse tous les efforts de votre imagination[122]. »

8

À la recherche de l'immortalité : du Louvre à Versailles

Le traumatisme de la maladie et de la mort de sa mère à Paris incita Louis à passer davantage de temps à Saint-Germain et à Versailles. Néanmoins, durant les cinq années qui suivirent, il continua de résider une partie de l'année à Paris. « Notre bonne ville de Paris » s'appelait encore, dans les documents officiels, « la capitale de leur royaume et le lieu ordinaire de leur séjour », ainsi que « la plus belle, la plus riche et la plus peuplée de France[1] ».

Avec l'aide de Colbert et de M. de La Reynie (nommé au nouveau poste de lieutenant de police de Paris en 1667, dans le cadre du programme de réformes judiciaires du roi), le souverain fit aussi de Paris l'une des villes les plus modernes d'Europe, dotée des meilleures boutiques et du service postal le plus efficace. Des voitures publiques capables d'embarquer jusqu'à huit passagers firent leur apparition sur certains itinéraires en 1662. Après 1669, les murailles furent démolies et transformées en boulevards plantés d'arbres[2]. En 1672, un visiteur anglais, Francis Tallents, fut impressionné par ces rues « merveilleusement propres et belles », par « le bel et excellent ordre » et l'absence de mendiants[3]. Les femmes y jouissaient également d'une plus grande liberté que dans d'autres villes. Pour peu qu'elles soient bien vêtues, elles pouvaient se rendre seules aux Tuileries, le jardin officiel à l'ouest du Louvre, que Louis XIV fit orner de statues et dota de bancs et d'allées ombragées. Elles y invitaient souvent des gentilshommes à « une promenade, une conversation ou un rafraîchissement léger[4] ». Si les arbres étaient capables de parler, disait-on, ils auraient nombre d'aventures à conter[5]. En 1667, Louis XIV introduisit aussi l'éclairage public à Paris, première ville d'Europe à en disposer, avant Amsterdam et Londres. Des lampes suspendues à cinq mètres au-dessus de la chaussée par des cordes fixées aux façades de part et d'autre rendaient les rues plus sûres, encourageant les Parisiens à sortir de nuit. En 1702, il y avait déjà 5 400 de ces luminaires publics[6].

La réalisation la plus originale du roi et de son ministre fut la transformation du Louvre en « palais des arts », ce qu'il reste à ce jour. Le 31 octobre 1660, une ordonnance mentionnait son projet de relier le Louvre et le palais des Tuileries, « selon l'ancien et magnifique dessein qui en a été fait par les rois ses prédécesseurs[7] ». Ce « magnifique dessein », entamé par François Ier en 1547 et poursuivi par Catherine de Médicis, Henri IV et Louis XIII, progressa aussi sous Louis XIV. De 1659 à 1662, Louis Le Vau et François d'Orbay ajoutèrent une aile nord au palais des Tuileries, renfermant le plus grand Opéra d'Europe et un pavillon destiné à devenir le pendant du pavillon de Flore, au bout de la Grande Galerie. Décoré d'une fresque de Louis XIV en Jupiter « enchaînant Mars et protégeant Hyménée », l'Opéra ouvrit ses portes avec une représentation d'*Ercole amante*, de Cavalli le 6 février 1662[8].

Le monarque confirma son amour du Louvre en y faisant construire, après un incendie, la galerie d'Apollon de 1662 à 1677, située au premier étage, au-dessus de l'appartement de sa mère et devant le sien. Un plafond peint d'une fresque, en partie par Charles Le Brun, célèbre les signes du zodiaque, les travaux d'Hercule, Apollon et les triomphes de Cybèle et Neptune. Elle est agrémentée de trente-six sculptures en stuc de dieux, de héros et de cupidons, et décorée des blasons de France et de Navarre, d'images du soleil et de « L ». Ce symbole de la jeunesse parisienne du souverain contient aujourd'hui des objets de la collection personnelle qu'il réunit plus tard à Versailles : coupes serties de joyaux et dorées à la feuille, carafes de jade, d'onyx et de sardonyx, camées romains, ainsi que quelques-uns de ses diamants les plus somptueux. Le panache de la galerie d'Apollon, comme l'élégance de Vaux-le-Vicomte, montrent pourquoi, sous Louis XIV, peintres et architectes français cessèrent de se sentir inférieurs aux Italiens[9].

Depuis le Louvre, Louis XIV lança une campagne visant à affirmer la préséance française sur les autres puissances d'Europe. Prendre la préséance – cet acte consistant à investir avant les autres une rue ou un palais – constituait une démonstration publique de supériorité. Ainsi que Denzil Holles, l'ambassadeur de Charles II auprès du roi de France, l'écrivit en 1664 : « Le cérémonial est substance, et celui qui en vient à bout viendra à bout de l'essentiel. » Les carrosses, une relative nouveauté introduite dans les processions au XVIe siècle, conduisaient souvent à des confrontations. La plus violente survint à Londres[10]. Le 30 septembre 1661, lors de la procession marquant l'entrée solennelle dans Londres de l'ambassadeur de Suède, le carrosse de l'ambassadeur d'Espagne, le baron de Watteville – qui avait été l'agent de l'Espagne à Bordeaux pendant la Fronde –, précédait le carrosse de l'ambassadeur de France, le comte d'Estrades, maire royaliste de Bordeaux depuis la Fronde. Dans la « guerre des carrosses » qui s'ensuivit entre les suites respectives des ambassadeurs de France et d'Espagne, la foule londonienne, payée et organisée par avance, prit fait et cause pour Watteville : il avait planifié l'humiliation française, doublant même les harnais de ses chevaux de plaques de fer afin qu'on ne puisse les trancher. Six Français furent tués et trente-trois blessés, notamment le fils de l'ambassadeur. Louis XIV rappela son ambassadeur auprès de Philippe IV et exigea des excuses. Le 23 mars 1662, au Louvre, en présence de tous les ambassadeurs étrangers en poste à Paris, ainsi que des plus hauts dignitaires français, il reçut une garantie formelle du comte de Fuensaldagna que, dorénavant, aucun ambassadeur espagnol auprès d'une cour d'Europe ne disputerait la préséance à un ambassadeur de France, quelle que soit sa position, « afin qu'ils s'abstiennent et ne concourent point avec les Ambs [ambassadeurs] et Mins [ministres] de V[otre] M[ajesté] en toutes les fonctions et cérémonies publiques auxquelles les Ambassadeurs et ministres de V[otre M[ajesté] assisteront ». Le compte rendu officiel de cette cérémonie fut signé par quatre secrétaires d'État. Watteville fut rappelé de Londres[11].

Les 5 et 6 juin 1662, un splendide « carrousel » sur la place devant le palais des Tuileries (qui s'appelle encore place du Carrousel) célébrait à la fois la naissance du Dauphin l'année précédente et le culte de l'équitation pratiqué à la cour de France : Louis XIII avait aussi fait donner un « ballet des chevaux » sur l'actuelle place des Vosges en avril 1612. L'art équestre, composé de pas compliqués comme la courette, la pirouette, la pesade ou la levade, était un signe de masculinité, d'adresse et de domination très admiré, et se révélait souvent indispensable à la survie sur un champ de bataille. C'est pourquoi Louis XIV commanda tant de portraits et de sculptures équestres de sa personne[12].

En juin 1662, quelque 800 chevaliers montant des destriers superbement caparaçonnés répartis en cinq équipes rivales, portant des costumes dessinés par le « dessinateur du cabinet » Henri Gissey, vêtus en Romains, en Perses, en Turcs et en Américains, furent conduits dans la cour devant le palais des Tuileries, le roi à leur tête, accompagné de Monsieur, du prince de Condé, du duc d'Enghien et du duc de Guise. Ils se livrèrent à une joute, chevauchant leurs lances pointées droit sur un anneau (l'un des divertissements préférés de la Cour, auquel le roi excellait tout particulièrement), lancèrent des javelots sur une tête de Gorgone et exercèrent leurs chevaux à marcher au rythme de la musique, devant les deux reines avec leurs dames de compagnie qui contemplaient le spectacle depuis le pavillon central des Tuileries. Des milliers d'autres suivaient la scène aux fenêtres, aux balcons, sur les toits et sur des gradins construits pour l'occasion. Vêtu en empereur romain, c'était la première fois que le roi avait choisi le soleil pour symbole lors d'une apparition en public. Montrant une fois encore combien Paris lui importait, comme lors de son entrée solennelle en 1660, les rues que devaient emprunter les chevaliers furent annoncées à l'avance, afin de donner au public le plus de chances d'y assister – à l'inverse de ce qui se pratiquait lors des carrousels des cours de Dresde, Munich et Vienne[13].

Les Parisiens pouvaient aussi déambuler dans les cours et à proximité des appartements du Louvre, même en soirée, après le dîner. Alors qu'Anne d'Autriche était mourante, des ouvriers parisiens se présentèrent à la salle des gardes à l'entrée de ses appartements pour prendre de ses nouvelles[14]. Un Italien en visite dans la capitale, Sébastien Locatelli (dont la description est confirmée par d'autres contemporains) écrivait en 1665 : « Le roi veut que tous ses sujets entrent librement afin de pouvoir être informé s'il le faut d'événements très importants tels que rébellions, trahisons, menaces de révoltes. » À l'intérieur du Louvre, il n'aurait de prime abord pas reconnu le roi,

Condé et d'autres nobles étant mieux habillés. Locatelli vit aussi le Dauphin, âgé de 4 ans, qu'il décrivit comme l'enfant le plus ravissant de son âge, qu'il avait regardé entraîner des soldats dans la cour du Louvre en maniant un minuscule bâton de commandement. La reine lui avait apporté une tasse de lait et forcé « mon mignon », comme elle l'appelait, à pardonner un soldat accusé de l'avoir insulté[15]. Il admira la chevelure blonde et la peau blanche de la reine, mais remarqua qu'elle avait les dents noires d'avoir mangé des fruits « à l'excès » et qu'elle était « mélancolique, toute à Dieu ». Quand elle se présenta à Notre-Dame pour rendre grâce de sa guérison d'une maladie, « les cris de joie du peuplé privé de sa vue depuis trois mois me montrèrent combien tout le monde l'adore[16] ».

Saint-Maurice, ambassadeur du cousin germain du roi, le duc de Savoie, évoquait le spectacle de la Cour en ces termes : c'est « la chose du monde la plus belle au lever du Roi. J'y fus hier, il y avait trois salles pleines des gens de qualité et une foule et une peine qui n'est pas croyable à entrer dans la chambre de Sa Majesté et plus de huit cents carrosses devant le Louvre[17] ». Le 20 août 1662, la suite d'un autre ambassadeur dut livrer une autre bataille – cette fois à Rome, contre les gardes corses du pape qui avaient provoqué une rixe avec les serviteurs du diplomate. L'ambassade de France fut assiégée, l'ambassadeur et son épouse essuyèrent des coups de feu, plusieurs victimes furent à déplorer, dont un page français. Le 29 juillet 1664, à Fontainebleau, le monarque reçut encore des excuses officielles, de la part du cardinal Chigi, légat envoyé par le Saint-Père, avec la promesse d'ériger sur le site une « pyramide de la honte » gravée d'une inscription d'excuses. La scène est commémorée sur une tapisserie des Gobelins spectaculaire, aujourd'hui exposée dans l'une des salles « Louis XIV » du Louvre. Dans la chambre royale, sous les regards des courtisans, le roi fier et jeune a le regard fixé au loin. La tête inclinée, le cardinal lit le message d'excuses de Sa Sainteté[18].

En guise de dernier sacrifice, le pape accepta, certes à contrecœur, d'autoriser son architecte, sculpteur et dessinateur personnel, Gian Lorenzo Bernini, le Bernin, immensément réputé, à quitter Rome afin d'aller travailler pour le roi de France[19]. La visite du Bernin démontre, ainsi que le lui avait dit Colbert, que le roi n'épargnerait rien pour faire fleurir les arts en France, même si en ce domaine comme en d'autres son pouvoir était limité par ses ministres et sa cour[20].

Sur son trajet en direction de Paris, le Bernin fut traité royalement. Il reçut des livraisons de glace en raison de la chaleur et effectua une partie du voyage dans les carrosses du duc d'Orléans. Il arriva le 2 juin 1665[21]. Le journal d'un maître d'hôtel du roi, Paul Fréart de Chantelou, qui parlait l'italien et fut choisi pour guider le Bernin dans Paris, décrit le choc des personnalités, des villes et des cours que cela provoqua. Pour le chevalier Bernin, rien à Paris n'égalait Rome. Il se plaignit à Louis en personne de ce que la « manière » des peintres et architectes français était « petite, triste et menue » ; le Vatican surpassait le Louvre, mais il rétablirait l'équilibre[22]. Les immeubles de Paris, déclara-t-il, en les observant du haut d'une tour de Notre-Dame, ressemblaient aux dents d'un peigne sale[23]. Il déclara aussi au souverain que, pour quelqu'un qui n'avait jamais vu les édifices italiens, il avait remarquablement bon goût[24].

Pour leur part, les architectes et courtisans français se moquaient du « génie » venu de Rome. Le Bernin avait raison de croire à une conspiration contre lui[25]. Pour l'écrivain Charles Perrault, et son frère l'architecte Claude Perrault, l'Italien était un mauvais architecte, seulement instruit en matière de décors et de machinerie de théâtre. Pis encore du point de vue d'un courtisan français, les plans du « chevalier » pour le Louvre comportaient des

« galeries admirables » et « tout ce qui fait la majesté d'un grand palais », mais – et c'était le cœur de l'affaire concernant ces courtisans – « le roi sera obligé de coucher dans une chambre si petite que la moitié des seigneurs et des officiers qui ont droit d'y entrer n'y pourront pas tenir ». Il n'y avait pas plus de plan prévu pour les appartements des dignitaires de la Cour. Le Bernin s'estimait au-dessus de tels détails, selon Perrault. Il montra ses plans en prononçant cette phrase : « *Io sono entrato in pensiero profondo* » (« Je suis entré dans une profonde réflexion ») « avec une telle emphase qu'il semblait qu'il fût descendu jusqu'au fond des enfers ». Il ne comprenait pas la Cour[26].

Colbert se plaignit aussi de ce que les plans du Bernin ne prévoient pas assez d'espaces devant le palais qui permettraient aux gardes de Sa Majesté de manœuvrer[27]. Il fallait des locaux pour quatre secrétaires d'État, une salle pour le Conseil et un vaste appartement pour le monarque[28]. Ses arguments confirment que, pour les contemporains, la Cour existait dans une forme de partenariat destiné à satisfaire les courtisans autant que le roi : « Il y avait grand nombre de personnes de qualité qui seraient bien fâchées de se mettre ailleurs qu'au lieu même où se met la propre personne du roi, que telle était l'humeur des Français et l'usage même de France. » Et une « grande et magnifique chambre de parade » était indispensable[29]. Le ministre rappela aussi au Bernin la nécessité de correctement prévoir à tous les étages l'évacuation des excréments pour éviter les odeurs. Cette question devait être considérée comme l'une des plus importantes : la santé de la famille royale en dépendait[30].

D'autres détails sont mentionnés dans des lettres de diplomates, mais pas dans le journal de Chantelou, comme s'il les jugeait trop triviaux. Quand le Bernin entama son travail sur les plans du Louvre, le roi était si curieux qu'il se risqua sur le seuil pour y jeter un œil.

Le Bernin affirma reconnaître l'« inconnu » (qui avait déjà envoyé son portrait à l'Italien) uniquement à la grandeur et à la majesté de son visage : « C'est le roi ! » Il dit aussi au souverain – douce musique aux oreilles royales – qu'il lui fallait un palais plus magnifique que Saint-Germain. Le roi tenait à préserver ce qu'il appelait « l'œuvre de mes prédécesseurs », mais admit qu'en matière d'argent, il n'y aurait pas de restrictions[31].

Lors d'une séance de pose pour l'exécution de son buste, Louis laissa le chevalier lui passer les mains dans les cheveux pour donner meilleure allure à sa coiffure. Il se montra extrêmement cordial, même s'il eut du mal à ne pas rire quand le Bernin lui tourna discrètement autour, afin de saisir les moindres détails de sa tête et de sa chevelure. Il avoua que le croquis que l'Italien fit de lui était le meilleur qu'il ait vu[32]. Le Bernin remarqua que les joues, le nez et la bouche de Louis XIV différaient légèrement selon le profil. Une aile du nez était plus grande que l'autre et il avait une petite tache dans un œil : « La beauté du roi était une beauté mêlée. » Ses yeux étaient « un peu éteints, il ne les ouvrait guère [et] sa bouche changeait souvent[33] ». Un an plus tard, Locatelli notait d'autres aspects : des yeux d'un bleu sombre, un nez aquilin, le front haut, une bouche fine, de fortes épaules et une peau olivâtre. Il incarnait « cette force secrète de la majesté royale[34] ». Le buste du Bernin était trop grand pour entrer dans l'appartement d'Anne d'Autriche, auquel il était destiné. Lors de sa première exposition en public, les courtisans furent admiratifs : il montrait le roi avec cette expression sévère qu'il avait prise à son entrée au Parlement en 1655. Le chevalier déclara qu'il l'avait exécuté avec un tel amour que c'était son œuvre la moins mauvaise, et que l'esprit du roi était encore plus élevé que son rang. Ensuite, dans une démonstration de sensibilité sans doute calculée, il éclata en sanglots et quitta la pièce[35].

Marque d'une faveur sans précédent, Louis XIV en personne fit au Bernin les honneurs de certains des joyaux de la Couronne et de ceux de la reine[36]. Toutefois, tout comme ses courtisans, le monarque sentait chez l'Italien un préjugé contre tout ce qui était français. Ses dessins pour la façade du Louvre ne furent finalement pas retenus. Le 17 octobre 1665, en présence de courtisans et d'architectes français, ainsi que du Bernin lui-même, le souverain posa la première pierre de la nouvelle aile est du Louvre. Des trompettes retentirent. Le roi fit frapper des médailles. Des ouvriers reçurent de l'argent pour boire à sa santé. Trois jours plus tard, le Bernin repartait pour Rome : de part et d'autre, il y eut sans nul doute un sentiment de soulagement. Lors de l'audience d'adieu de l'artiste, Louis lui avait adressé un salut de la tête et lui avait exprimé son estime. Pourtant, son frère et lui redoutaient, non sans raison, que le Bernin, sous le prétexte d'être reparti pour aller voir sa femme, ne s'en soit allé en réalité très mécontent[37]. Le 15 juillet 1667, Colbert eut le plaisir d'écrire à l'Italien pour lui signifier que la déclaration de guerre empêchait le roi de mener à bien son « beau dessin » pour le Louvre, non sans ajouter que Sa Majesté se réservait la possibilité de le faire exécuter à une date ultérieure[38].

Les principales réalisations de la visite du Bernin sont donc un baldaquin baroque romain pour le maître-autel du Val-de-Grâce, le buste du roi et une statue équestre du même, envoyée de Rome par le chevalier vingt ans plus tard, en 1685. Toutefois, à cette date, la cour de France avait perdu le goût qu'elle avait pu avoir pour le Bernin et le baroque romain. La statue équestre fut retravaillée à Paris par Girardon, sculpteur à la mode, qui transforma le roi d'Hercules Gallicus en une représentation du héros romain Marcus Curtius, avant de la reléguer à l'extrémité sud de la pièce d'eau des Suisses, dans le parc de Versailles. Une copie en plomb commandée en

1986 à l'architecte sino-américain Ieoh Ming Pei orne à présent l'entrée du Louvre[39].

Colbert venait inspecter les travaux chaque mercredi[40]. Les dalles de pierre couleur crème d'Île-de-France taillées dans des carrières du sud-ouest de Paris étaient si grandes qu'il fallait un appareillage spécial pour les soulever et les placer en position au sommet de la façade est[41]. En juillet 1665, l'architecte anglais Christopher Wren était arrivé à Paris avec Henriette-Marie et sa maison, après avoir quitté Londres pour échapper à la Grande Peste. Il resta jusqu'en février 1666 et étudia tous les bâtiments qu'il put. Il écrivit :

> Le Louvre fut pendant un temps mon Objet de chaque jour ; où pas moins d'un millier de Mains sont en permanence employées aux Travaux ; certains posent de fortes Fondations, d'autres dressent des Étages, des Colonnes, des Entablements, etc., avec des pierres imposantes, en usant de grandes et utiles Machines ; d'autres s'emploient à la Taille, à la Pose de Marbres, aux Plâtres, aux Peintures, à la Dorure, etc. Ce qui compose dans l'ensemble une école d'architecture, probablement la meilleure d'Europe à ce jour.

En lieu et place des plans baroques du Bernin, Louis XIV choisit pour l'aile est du Louvre une haute façade droite, somptueusement décorée, sur sa suggestion personnelle, d'une colonnade composée de doubles colonnes corinthiennes conçues par Charles Perrault et François d'Orbay et rehaussées de « L », de couronnes et de soleils rayonnants. Achevée en 1677, c'est l'une des façades de palais les plus célèbres d'Europe, plus imposante et plus rythmée que l'aile nord monotone de Louis Le Vau ou que la sobre façade sud de Perrault ajoutée en 1667.

La monumentalité triomphante de l'édifice reste un défi à la fièvre urbaine de Paris, mais c'était plus encore le cas sous Louis XIV, quand les rues étaient plus étroites et les maisons plus petites[42]. Nombre de contemporains, y compris le monarque lui-même, le jugeaient encore plus réussi que les temples classiques à propos desquels ils avaient lu des commentaires dans la littérature latine. Ils étaient convaincus qu'à l'instar de la galerie d'Apollon de Le Brun, cet édifice suffisait à démontrer que les Français étaient désormais capables de surpasser les Italiens modernes comme les maîtres de l'Antiquité[43].

Les murailles et les douves du Louvre, semblables à celles d'une forteresse, reflétaient des réalités politiques et militaires. Avec sa franchise habituelle, Colbert écrivit qu'il fallait construire ce palais non seulement par souci de magnificence et de commodité, mais aussi pour des raisons de « sécurité ». Dans « la plus grande et la plus peuplée des villes du monde, sujette à diverses révolutions » (c'est-à-dire à des soubresauts de la destinée, ou des soulèvements politiques), il convenait que « la qualité de leur palais puisse servir à contenir les peuples dans l'obéissance qu'ils leur doivent [...] mais que toute la structure imprime le respect dans l'esprit des peuples et leur laisse quelque impression de sa force[44] ». Le Louvre deviendrait une source d'inspiration pour d'autres palais urbains imposants, également bâtis en partie pour des motifs défensifs, entre 1700 et 1740, à Berlin, Stockholm et Madrid[45].

Reflet des ambitions de Louis XIV et Colbert, le Louvre se devait d'être un palais français, mais aussi mondial. Perrault voulait qu'il comporte des salons de réception – qui ne seraient jamais créés – « à l'italienne, à l'allemande, à la turque, à la persane, à la manière du Mogol, du roy de Siam, de la Chine, etc., non seulement à cause de la beauté que causerait cette diversité si curieuse et si étrange mais afin que quand il viendrait des ambassadeurs de tous ces pays-là, ils vissent que la France est comme l'abrégé du monde ». Au total, entre

1664 et 1679, on dépensa jusqu'à 10,6 millions de livres dans le Louvre et les Tuileries[46].

Sans que ses plans pour le Louvre eussent été adoptés, le Bernin n'en aida pas moins le gouvernement français à créer l'Académie de France à la Villa Médicis à Rome, au-dessus de la Piazza di Spagna, toujours dans le cadre de la quête d'immortalité du souverain. Certes convaincus que les architectes français étaient capables de surpasser leurs homologues italiens, Louis XIV et Colbert comprirent que se former à Rome aideraient aussi architectes, peintres et sculpteurs à asseoir leur renommée et à la transmettre à la postérité, et « encouragerait les jeunes Français à former leur style et leur goût d'après l'original et les modèles des plus grands maîtres de l'Antiquité et des temps modernes ». Comme le Louvre et les Gobelins, l'Académie de France à Rome existe encore à ce jour[47].

Le palais des Tuileries, qui s'étend au nord à l'extrémité de la longue galerie du Louvre, servit à Louis XIV de résidence parisienne de 1667 à 1671, pendant la reconstruction du Louvre. Au cours de la décennie 1660, il avait été agrandi, l'intérieur réaménagé et sa façade agrémentée de colonnes. Les ailes et les deux pavillons de part et d'autre du palais furent rendues symétriques. Un Grand Appartement aménagé pour le roi par Louis Le Vau courait sur le côté est du premier étage, face au Louvre : il était doté d'une galerie de plus de 170 mètres de longueur où l'on pouvait recevoir les ambassadeurs. On y ajouta aussi des appartements pour la reine, le Dauphin et Colbert. Comme dans la galerie d'Apollon, la décoration était d'inspiration mythologique. L'appartement du roi fut décoré par Charles Le Brun et Jean Nocret, qui recréèrent des scènes de la vie d'Hercule, d'Apollon couronné par la victoire et de Mercure et Neptune offrant à Louis XIV les empires de la terre et de la mer ; celui du Dauphin reçut des tableaux de Jean-Baptiste de Champaigne évoquant l'éducation d'Achille[48].

Le jardin des Tuileries bordant le côté ouest du palais conserve encore quelques-unes des statues érigées pour Louis XIV par Le Nôtre entre 1665 et 1667. Avant 1671, les Parisiens étaient ravis d'y apercevoir le roi :

Chacun courut aux TUILERIES,
où notre ROI victorieux
Sera mieux logé que les dieux[49] !

En 1672, l'Académie française, dont Colbert était le protecteur, commença de se réunir dans l'ancienne chambre du Conseil royal, au pavillon du Roi dans le palais du Louvre, qui en abritait aussi la bibliothèque, d'abord constituée d'exemplaires en surplus d'autres bibliothèques royales[50]. Ainsi que l'écrivit Colbert, il fallait que s'exprime la passion de la cour de France pour les arts, afin que « la majesté royale et les belles lettres n'aient qu'un même palais[51] ». À partir de 1685, l'Académie des inscriptions, et les Académies royales de peinture et de sculpture et d'architecture à partir de 1692, fondées pour élever le statut des artistes et les libérer de la tutelle des corporations, déplacèrent leurs séances dans l'appartement de la Reine, au Louvre. Ainsi, celles-ci se tenaient à l'intérieur d'un palais royal, au milieu de tableaux et de sculptures des collections royales. À partir de 1699, l'Académie de peinture tint aussi une exposition annuelle de tableaux récents dans le Salon carré, où le roi avait jadis donné des bals de la Cour – c'est de là que vient l'emploi du mot « salon » pour désigner une exposition collective de tableaux de plusieurs peintres. L'Académie des sciences et d'autres collections, archives et institutions, étaient aussi accueillies dans l'enceinte du Louvre. Au rez-de-chaussée, la salle des Caryatides, construite entre 1551 et 1557 sous Henri II, exposait une partie des magnifiques collections royales de sculpture classique, augmentées en 1665 de plusieurs legs de Mazarin[52].

Des artistes comme le peintre Jean Nocret, le graveur Jean Berain, l'ingénieur en machineries et metteur en scène de théâtre Carlo Vigarani, le sculpteur François Girardon et l'ébeniste André-Charles Boulle habitaient au-dessus et au-dessous de la galerie du Louvre, qui servait à exposer des maquettes de forts de France. Boulle fabriquait ses pendules, bureaux et armoires luxueux en recourant à une technique d'incrustation de corne, d'ivoire et d'étain sur bois, dans un atelier aménagé à l'intérieur de l'ancien appartement d'Anne d'Autriche[53]. Par conséquent, bien avant que le Louvre ne devienne musée en 1793, c'était déjà un palais des arts. Aucun autre palais royal ne logeait des artistes, leurs ateliers et des académies dans des appartements conçus et décorés pour des monarques. La Royal Society, fondée à Londres par Charles II en 1660, tenaient ses séances à Arundel House, et non dans un palais royal. Qui plus est, les collections de sculptures et de peintures de Louis XIV dans le Louvre, son mobilier au Garde-Meuble, la Bibliothèque royale et la manufacture des Gobelins étaient ouverts aux visites du public, si les visiteurs étaient correctement habillés et attestaient donc une certaine aisance[54]. C'est ainsi que la Cour de France inspira et finança la création, et offrit aux artistes des espaces où travailler et en montrer les fruits au public[55].

Même un auteur de contes de fées comme Charles Perrault, qui signa des textes classiques comme *Le Petit Chaperon rouge*, *Cendrillon* et *La Belle au bois dormant*, regroupés dans ce que l'on appelle « Les contes de Perrault », travaillait pour la Cour. Protégé de Colbert, il fut le premier secrétaire de l'académie fondée en 1663 afin d'organiser la gloire et la renommée de Louis XIV – son image publique –, ce que l'on appelle encore l'Académie des inscriptions. Le travail de cette académie consistait notamment à rédiger des inscriptions pour ses médailles et à décider de quelle manière il convenait de le représenter sur les tableaux et sculptures. Perrault écrivit dans ses Mémoires :

> Que tous ces grands exploits devant être mêlés de divertissements dignes du prince, de fêtes, de mascarades, de carrousels et d'autres délassements semblables, et que toutes ces choses devant être décrites et gravées avec esprit et avec entente pour passer dans les pays étrangers, où la manière dont elles sont traitées ne fait guère moins d'honneur que les choses mêmes, il [Colbert] voulut assembler un nombre de gens de lettres et les avoir auprès de lui pour prendre leurs avis sur ces matières et former une espèce de petit conseil pour toutes les choses dépendant des belles lettres.

Les académiciens se réunissaient deux fois par semaine, au domicile de Colbert, pour « revoir et corriger les ouvrages à la louange du roi ».

Louis se rendit en visite chez Colbert peu après la fondation de l'académie, prononçant un bref discours d'encouragement : « Vous pouvez, messieurs, juger de l'estime que je fais de vous, puisque je vous confie la chose du monde qui m'est la plus précieuse, qui est ma gloire [ici également dans le sens de réputation]. Je suis sûr que vous ferez des merveilles ; je tâcherai de ma part de vous fournir de la matière qui mérite d'être mise en œuvre par des gens aussi habiles que vous êtes[56]. » Poursuivant sa campagne en quête de gloire, Sa Majesté versait des pensions à des artistes et scientifiques, « pour marque du cas qu'elle fait de votre mérite et pour assurance de l'appui que vous devez attendre de sa magnanimité royale ». On y trouvait entre autres les noms de l'astronome Johannes Hevelius à Dantzig, du poète Girolamo Graziani à Modène, de l'astronome hollandais Christiaan Huygens, qui durant son séjour à Paris de 1666 à 1680 y perfectionna l'art de la fabrication horlogère. Le roi le convainquit de rester, alors même que la France et les Provinces-Unies étaient en guerre[57].

Le Louvre ne fut pas le seul bâtiment qui transforma l'aspect de Paris sous Louis XIV. En 1657, Mazarin et la Compagnie du Saint-Sacrement avaient entamé la construction de l'hôpital de la Salpêtrière pour les malades pauvres, femmes et enfants, dans le sud-est de la capitale. Vaste complexe à la simplicité grandiose sur une superficie de 30 hectares, conçu par Louis Le Vau, sa façade aligne 60 fenêtres. L'édifice est encore occupé par l'hôpital (au XIXe siècle, on l'appelait « le Versailles de la douleur »). Il est construit autour de trois cours intérieures. La chapelle de Saint-Louis, achevée en 1678 avec ses trois nefs qui se rejoignent en un espace central austère au-dessus de l'autel, sous une coupole, se dresse en son centre[58].

De 1667 à 1681, un observatoire astronomique fut construit sur une colline au sud de Paris, correspondant aujourd'hui à la pointe sud du jardin du Luxembourg, dans un style similaire, austère et fonctionnel. L'hôtel royal des Invalides est le plus impressionnant de tous les édifices de Louis XIV dans Paris, et l'un des plus grands d'Europe. Avec ses quinze cours disposées suivant un plan orthogonal, comme à l'Escurial (dont des gravures ont permis de s'inspirer), c'était une cité militaire distincte dans ce qui constituait à l'époque la bordure sud-ouest de Paris, tout comme la Salpêtrière formait une cité hospitalière au sud-est[59]. La façade principale, aussi monumentale que la façade est du Louvre, est décorée de trophées, d'armures et de casques romains. Au-dessus de l'entrée, une statue de Louis XIV à cheval en armure romaine par Coustou est encadrée de deux figures de la Prudence et de la Justice au-dessus de l'inscription *Ludovico magno militibus regali munificentia in perpetuum providens 1675* (« Louis le Grand, par munificence royale pour ses soldats et prévoyant pour la suite des temps, a fondé cet édifice en 1675 »).

Les lieux accueillaient les officiers et soldats âgés ou invalides, vêtus d'un uniforme bleu doublé d'écarlate. L'intention n'était pas seulement de leur donner asile, mais aussi d'éviter de les laisser errer dans les rues, où ils risquaient de provoquer des troubles, et de leur procurer la vie intensément religieuse qui leur avait manqué dans l'armée. Chaque détail de leur alimentation, de leur logement, de leurs soins et de leurs services religieux était minutieusement réglé[60]. Cette « cité idéale » deux siècles avant Le Corbusier comportait à l'origine des casernes, un monastère, un hospice, une pharmacie, un potager, une boulangerie et une fabrique : des soldats en bonne santé étaient censés y confectionner des uniformes et des reliures. À la fin du règne, ils étaient 4 000 « invalides ». Les quatre gigantesques réfectoires sont encore ornés de tableaux montrant les « Conquêtes du Roi Louis le Grand aux années 1676-1677-1678 ». Les Invalides ont survécu aux révolutions et aux guerres relativement intacts. Comme la Salpêtrière, une partie du bâtiment renferme encore un hôpital : le centre médico-chirurgical pour anciens combattants et grands invalides. En outre, l'édifice abrite désormais le quartier général de la division militaire de Paris, la résidence du chef d'état-major des armées, le tombeau de Napoléon et, depuis le départ des soldats retraités du service en 1896, le musée de l'Armée.

Au cœur de l'ensemble, deux chapelles célèbrent l'alliance de Dieu, de la monarchie et de l'armée française. La chapelle sud, faisant face à ce qui était à l'époque un paysage de campagne, avec ses paires répétées de « SL » et de « L » entrecroisés gravés sur les murs et sur le sol de marbre, et des fresques de Clovis, Charlemagne, Saint Louis et Louis XIV, était réservée au roi. La chapelle nord, plus austère, tournée vers Paris, était celle des soldats. Au centre, un maître-autel baroque à baldaquin doré est visible depuis les deux chapelles, mais du côté de la chapelle des soldats il est protégé par un écran de verre. La coupole de la chapelle flotte au-dessus des toits de Paris comme la coupole de Saint-Pierre au-dessus de Rome. Sa flèche et ses ornements dorés amenèrent le général de Gaulle à écrire dans ses *Mémoires*, alors qu'il décrivait la libération de Paris, qu'elle étincelait encore de la splendeur du Roi-Soleil[61].

Pour John Northledge, un Anglais qui visita Paris sous le règne de Louis XIV, les Invalides étaient « leur fondation la plus belle et la mieux faite de toutes. Elle l'emporte largement sur Chelsea College », le Royal Hospital, l'imitation en brique de Charles II et de Christopher Wren construit dix ans plus tard, qui abrite encore à ce jour des soldats retraités[62]. Le marquis de Sourches, grand prévôt de France, haut dignitaire chargé de faire régner la loi et l'ordre à la Cour, dont le journal est l'une des sources indispensables sur le règne, écrivait : « Rien n'était plus magnifique que cet établissement, rien plus grand, rien plus charitable, rien plus utile ni plus digne du Roi, ni plus glorieux pour lui[63]. »

Malgré la grandeur institutionnelle du Louvre, des Invalides et de la Salpêtrière, le roi consacrait davantage de temps et de passion à un édifice plus personnel, auquel il sera associé pour toujours : Versailles. Entre 1631 et 1634, Louis XIII avait transformé le pavillon de chasse originel en petit château carré en brique et en pierre de taille, avec une ouverture de façade de treize fenêtres. Il avait prévu de s'y rendre de Saint-Germain, en 1643, s'il se rétablissait.

À Versailles, Louis XIV ne se contenta pas de suivre la mode du temps ou de construire ce qu'un roi de France se devait de construire, selon lui. À l'inverse d'autres monarques, il décida de tous les aspects du plan et de la décoration, et se rendait souvent en visite sur le chantier. C'était sa création personnelle, non la simple refonte d'un palais royal traditionnel, comme les appartements d'État baroques que Charles II créa à l'intérieur du château de Windsor durant ces mêmes années[64]. Versailles touchait une corde sensible chez le roi. Perrault affirme qu'« on eut beau lui dire qu'il menaçait ruine et qu'il boulait en quelques endroits ; il se doutait du dessein, et dit d'un ton fort et qui paraissait ému de colère : faites ce qu'il vous plaira, mais si vous l'abattez, je le ferai rebâtir tel qu'il est et sans y rien changer[65] ». L'amour du roi pour la campagne et le fait qu'il associait Paris à la mort de sa mère contribuèrent davantage à son installation à Versailles que toute volonté politique d'« affirmer le pouvoir royal » ou de « mater la noblesse ». Il était tout aussi déterminé à affirmer le pouvoir royal en 1652-1671, quand il vivait en partie à Paris, qu'après, lorsqu'il évita la capitale[66].

À compter de l'année 1661, il entreprit d'agrandir les jardins à Versailles. Il ne tarda pas à faire ajouter deux ailes séparées en face du château pour y accueillir ses ministres. Ensuite, il planifia « l'enveloppe » encadrant le château en brique de son père d'extensions aux façades en pierre de taille. Louis Le Vau en était l'architecte principal. André Le Nôtre supervisait les jardins. Charles Le Brun, qui, bien qu'ayant travaillé pour Fouquet à Vaux-le-Vicomte, avait cumulé les offices de premier peintre du roi, de directeur de la manufacture des Gobelins, de chancelier et de directeur de l'Académie royale de peinture et de sculpture, était chargé de la décoration. En 1665, les trois avenues principales rayonnant depuis le château vers Sceaux, Paris et Saint-Cloud avaient été tracées[67].

Versailles n'était pas le premier château royal frappé de gigantisme, tant en France qu'en Europe. Louis XIV s'est rendu à neuf reprises dans la vaste chasse royale de Chambord, et tous les automnes il gagnait le château, plus grand encore, de Fontainebleau, au sud-est de

Paris, pour y chasser[68]. En 1650 et en 1660, il avait vu Richelieu, la ville modèle rectangulaire située à un peu moins de 50 kilomètres au sud de la Loire, aux portails de l'imposante demeure de campagne construite entre 1630 et 1640 par le Cardinal (dont il ne subsiste depuis la Révolution que deux loges à l'entrée du parc et une partie des écuries). Il y avait à l'intérieur des tableaux à la gloire de Louis XIII en nouvel Alexandre le Grand, triomphant des hérétiques et de la maison d'Autriche[69]. L'Espagne offre quant à elle deux exemples de palais prodigieux : l'Escurial de l'arrière-grand-père de Louis XIV, Philippe II, construit de 1563 à 1586, était une combinaison de monastère, de sanctuaire (avec ses 7 000 reliques de saints), de bibliothèque (40 000 volumes), de résidence royale et de nécropole, érigé dans la plaine à l'extérieur de Madrid, d'où le souverain avait régné sur son empire mondial (toutefois, les services gouvernementaux et presque tous les administrateurs restaient à Madrid). Avec ses 4 000 pièces, c'était la plus grande résidence royale d'Europe[70]. Ensuite, il y avait le Buen Retiro, construit plus près de la capitale pour l'oncle de Louis, Philippe IV, en 1632 et 1663. Sa « salle des royaumes » était décorée des blasons des royaumes de la monarchie espagnole et de tableaux des victoires hispaniques dans le monde[71]. En 1659, à une dizaine de kilomètres de Turin, le cousin germain de Louis XIV, Charles-Emmanuel, duc de Savoie, avait entamé l'édification d'un imposant *palazzo di Piacere e di Caccia* (« un palais des plaisirs et de la chasse ») qu'il appela Venaria Reale, décoré de tableaux et de sculptures de chasse, et entouré d'une petite cité résidentielle. Son ambassadeur, M. de Saint-Maurice, affirmait que le palais et les fêtes que le duc y donnait inspirèrent Louis XIV[72]. D'imposants palais entourés de villes de cour s'accordaient donc à l'esprit du temps et aux traditions de la monarchie française. Seuls les dimensions de Versailles et l'usage qu'en ferait le monarque comme siège du gouvernement et résidence de ses hauts dignitaires, de ses officiers et de ses courtisans seraient inédits.

Dès 1665, pourtant, les travaux débutant à peine, Versailles provoqua une vive riposte de Colbert au roi. C'était l'État qui réprimandait la Cour, le Trésor qui sermonnait des ministères dépensiers, la capitale qui chapitrait la campagne et un précepteur un élève de vingt ans son cadet. Cela confirme que Versailles, comme le Louvre et les Invalides, reflétait le désir personnel d'immortalité de Louis XIV, et d'une nouvelle résidence de campagne, ainsi que son projet politique de créer des édifices célébrant la France et la monarchie.

> Votre Majesté est retournée de Versailles. Je la supplie de me permettre de lui dire sur ce sujet deux mots de réflexion que je fais souvent et qu'elle pardonnera s'il lui plaît à mon zèle. Cette maison regarde bien mieux le plaisir et le divertissement de Votre Majesté que sa gloire… Il est bien juste qu'après une si grande et si forte application qu'elle donne aux affaires de son État avec l'admiration de tout le monde, elle donne quelque chose à ses plaisirs et à ses divertissements, mais il faut bien prendre garde qu'ils ne préjudicient à sa gloire. Cependant si Votre Majesté veut bien chercher, dans Versailles, où sont plus de cinq cent mille écus qui y ont été dépensés depuis deux ans, elle aura assurément peine à les trouver. Si elle veut faire réflexion que l'on verra à jamais dans les comptes des trésoriers de ses Bâtiments que, pendant le temps qu'elle a dépensé de si grandes sommes en cette maison, elle a négligé le Louvre qui est assurément le plus superbe palais qu'il y ait au monde et le plus digne de la grandeur de Votre Majesté… Votre Majesté sait qu'à défaut des actions éclatantes de la guerre, rien ne marque davantage la grandeur et l'esprit des princes que les bâtiments ; et toute la postérité la mesure à l'aune de ces superbes maisons qu'ils ont élevées pendant leur vie.

> Ah ! quelle pitié que le plus grand roi et le plus vertueux, de la véritable vertu qui fait les plus grands princes, fût mesuré à l'aune de Versailles. Et toutefois il y a lieu de craindre ce malheur[73] !

Il craignait que Le Nôtre et Le Vau ne traînent « Votre Majesté de desseins en desseins pour rendre ces ouvrages immortels s'il n'est en garde contre eux ». Versailles devait percevoir un subside annuel fixe. Ensuite, si la paix durait, le roi devait, selon Colbert, se concentrer sur le Louvre et sur la construction « des monuments publics qui portent la gloire et la grandeur de Votre Majesté plus loin que ceux que les Romains ont autrefois élevés[74] ». Dans un mémorandum privé, non divulgué au roi, Colbert qualifiait Versailles de « monstre en bâtiment », comme un homme de petite taille aux bras trop longs. Il espérait que cet édifice « pitoyable » s'effondrerait. En fin de compte, ce serait Versailles qui le tuerait, et non l'inverse[75].

Les premiers temps, Versailles déplut aussi à certains courtisans, qui affirmaient que le roi se désintéressait d'eux et qu'ils n'avaient nulle part où habiter. Il y régnait une grande solitude lors des fêtes de carnaval en 1667 ; seuls trois ou quatre carrosses vinrent de Paris[76]. Bien avant que Saint-Simon ne dénonce en Versailles « l'endroit le plus triste et le plus ingrat du monde », des courtisans maudissaient ce « favori sans mérite ». Ils préféraient Paris « avec grande passion », du moins en hiver, car c'était là que se trouvaient leurs familles, leurs amis et leurs occupations[77].

D'emblée, Versailles pouvait aussi susciter l'aversion du peuple. Les ouvriers sur le site n'étaient payés que 30 livres par an, ou entre 15 et 50 sols par jour (en comparaison, le premier architecte Le Vau percevait 6 000 livres annuelles) et beaucoup repartaient désabusés, soulignant que leur salaire ne suffisait pas à faire vivre leur famille[78]. Beaucoup considéraient aussi que la surintendance des Bâtiments, dirigée par Colbert et Mansart, maintenait ces salaires à un niveau trop bas, encourageant ainsi un artisanat de médiocre qualité. En juillet 1668, d'Ormesson et Saint-Maurice signalèrent l'un et l'autre les insultes adressées au roi par une femme dont le fils était mort en travaillant à la construction de machines apportant l'eau de la colline de Satory, au sud de Versailles. Ce fut un moment de vérité : « Elle dit des injures au roi, l'appelant putassier, roi machiniste, tyran et mille autres sottises et extravagances, dont le roi surpris lui demanda si elle parlait à lui. » Beaucoup condamnèrent la sévérité de son châtiment : le fouet et l'incarcération dans un asile d'aliénés. Ils étaient tous également informés du nombre des morts sur le site. En 1678, Mme de Sévigné affirmait que des charretées entières d'ouvriers morts en étaient évacuées toutes les nuits, comme d'un hôpital[79].

Paradoxalement, le monarque pouvait aussi se montrer soucieux du sort de ces ouvriers. À la fin d'une note à Colbert à propos de Versailles, il ajoutait : « J'oubliai hier de vous dire qu'il faut faire donner quelque chose à ce pauvre Brotin qui travaille aux pompes... il fait pitié[80]. » Avec sa mère, une ou deux femmes et son armée, Versailles fut l'un des grands amours de sa vie. Il continuait de lui occuper l'esprit même lorsqu'il partait en campagne. En 1672, lorsque Colbert lui demanda quelle longueur devait avoir ses rapports sur Versailles, il lui répondit d'une phrase qui pourrait servir de devise à son règne : « Le détail de tout[81]. »

Après 1668, une « enveloppe » de pierre, contenant de plus vastes appartements pour le roi et la reine, fut construite autour du château originel, en triplant ainsi la taille. Les marbres blancs, roses, verts, gris et violets qui habillent les murs et les sols des appartements d'État du château venaient de Carrare, acheminés par bateau de Gênes, en passant par le canal de Languedoc, avant le contournement de la côte atlantique et la remontée de la Seine, mais surtout des carrières récemment ouvertes en Languedoc et dans les Pyrénées[82]. Des marbres de France y furent employés, tant à l'intérieur qu'à l'extérieur de l'édifice, afin de montrer qu'ils étaient aussi beaux que ceux d'Italie[83]. Les appartements royaux s'inspiraient peut-être des pièces ornées de dorures et de fresques créées par Pietro da Cortona au palais Pitti de 1641 à 1647, à la gloire des cousins du monarque, les Médicis, et des dieux de l'Olympe. Comme elles, les salles de Versailles reçurent les noms de Mars, Vénus, Diane, Mercure, Apollon, Jupiter et Saturne[84]. Les marbres tranchent avec les grands trophées en bronze doré sur les murs. Toutefois, la taille des salles, ce que Anthony Blunt appelle « leur richesse et leur solennité inégalée », ainsi que « la délicatesse du détail » les rendent particulièrement adaptées aux cérémonies et divertissements de cour[85].

Louis XIV commença alors à y séjourner davantage, et ce fut au plus tard en 1669 qu'il décida d'en faire sa résidence principale, y logeant des courtisans et des ministres, ainsi que la famille royale. En 1670, Colbert lui écrivit que, sur les deux ateliers de charpente, l'un travaillait de jour, l'autre de nuit[86]. À partir de cette date, Versailles commença à coûter bien plus cher chaque année que les autres grandes résidences, Saint-Germain, le Louvre et les Tuileries. À compter du 29 novembre 1670, avec une pause pour Noël et le Nouvel An qu'il fêta à Versailles et à Saint-Germain, Louis XIV s'imposa un dernier hiver aux Tuileries, contre sa volonté. Le 10 février 1671, il partit « pour toujours », ainsi que l'écrivit ce jour-là l'ambassadeur de Savoie à son duc, et ne repassa plus jamais une nuit à Paris[87]. Il continua de régler la vie de sa capitale à distance, mais ne s'y rendit que dix-huit fois au cours des quarante-cinq années suivantes. Comme son désir d'épouser Marie Mancini, son « extrême aversion pour Paris », ainsi que la qualifiait Sourches, confirme le caractère peu conventionnel de Louis XIV : aucun autre monarque d'Europe n'a évité si longtemps sa capitale[88].

Versailles ne fut pourtant pas la cause de sa séparation d'avec Paris. Jusqu'en 1682, alors que les travaux se poursuivaient, Saint-Germain resta sa résidence de campagne principale. Cette séparation reflétait en réalité son désir de jouir de plus de liberté avec ses maîtresses, de plus d'espace où entraîner ses troupes et, surtout, son engouement croissant pour les plaisirs de la campagne – la chasse, l'équitation, le jardinage, la promenade. Son médecin écrivait en 1687 que monter à cheval et chasser dans la campagne était ce qu'il aimait le plus au monde[89]. Plus que d'autres palais de campagne, français ou étrangers, Versailles fut aussi conçu en centre de gouvernement autant qu'en résidence royale et en pavillon de chasse. Pour créer une « ville considérable » tout autour, le roi distribua aux courtisans des terres sur lesquelles bâtir des demeures et leur accorda des privilèges juridiques tels que l'exemption du devoir de fournir un logement aux dignitaires de la Cour et, jusqu'en 1713, à la fureur du parlement de Paris, de la saisie des biens pour dettes impayées[90].

En 1670, le comte de Soissons, les ducs de Créquy et de Noailles et le maréchal de Bellefonds furent les premiers parmi de nombreux courtisans, ministres et serviteurs à faire construire leur maison en ville, sur l'avenue de Paris et d'autres rues plus proches du château. Selon le souhait du souverain, ils faisaient bâtir dans le style de Versailles, en recourant souvent à l'architecte du château, Jules Hardouin-Mansart[91]. La pierre de fondation de la magnifique église baroque de Notre-Dame (l'église paroissiale de la famille royale) fut posée le 10 mars 1684 par « Louis le Grand, le Conquérant, le Belliqueux » en personne, ainsi que le proclamait une inscription[92]. La ville acquit un hôpital pour les ouvriers des chantiers et des auberges pour les visiteurs ne possédant ni maisons ni appartements : en 1700, il existait 120 auberges à Versailles[93].

Avec l'expansion de la ville, Louis XIV fit du château la machine à divertissements qu'il continua d'être pour le reste du règne. Le choix de Versailles pour cadre de ses plaisirs, même quand c'était encore le site de chantiers fréquents, atteste combien il le préférait à Saint-Germain. Les descriptions des premières fêtes confirment que les plaintes des courtisans étaient généralement injustifiées. Colbert le notait le 14 octobre 1663 :

> Tous les jours les bals, ballets, comédies, musiques de voix et d'instruments de toutes sortes, violons, promenades, chasses et autres divertissements ont succédé les uns aux autres, et ce qui est fort particulier en cette maison est que le Roy a voulu que toutes les personnes auxquelles elle donne des appartements soient meublées. Elle fait donner à manger à tout le monde et fait fournir jusqu'au bois et aux bougies dans toutes les chambres, ce qui n'a jamais été pratiqué dans les maisons royales[94].

Pour Mademoiselle, Versailles en 1666 était « fort agréable », surtout parce que les invités s'y trouvaient avec le roi du matin au soir. Avec lui, elle ne s'ennuyait jamais. Tous courtisaient ses faveurs[95]. Le duc d'Enghien écrivit : « Il y a eu aussi un grand bal à Versailles, où toutes les dames ont été parées, et l'on s'y est fort diverti. » Le roi ouvrit un bal vêtu d'un costume mi-persan, mi-chinois. Un autre se prolongea jusqu'à 6 heures du matin[96]. Le duc d'Enghien appelait Versailles « le plus agréable lieu que l'on saurait voir », qui plus est un « lieu fort sujet à produire des histoires », le roi y étant accessible[97]. En mai 1664, Louis donna une fête d'une semaine pour 600 personnes à Versailles, intitulée *Les Plaisirs de l'île enchantée*. Son premier gentilhomme de la Chambre, le duc de Saint-Aignan, qui avait contribué à organiser les premières rencontres avec Louise de La Vallière et qui l'alimentait en ragots, en organisa les détails. Elle était fondée sur l'un des poèmes les plus admirés de l'époque, l'*Orlando furioso* de l'Arioste, écrit en 1516 : Alcine a enchanté Roger (joué par le roi) et d'autres chevaliers. Ils doivent rompre le sortilège. Melissa donne à Roger un anneau magique, l'en libérant ainsi. Ensuite, un ballet mettait en scène l'invasion du palais magique d'Alcine par des chevaliers, des nains, des démons et des monstres. Cette fois, le rôle de Roger était tenu par un acteur de métier, afin de permettre au roi d'être spectateur. Dans un théâtre installé sur la grande pelouse, Molière et sa troupe interprétèrent une pièce, *La Princesse d'Élide* (Élysée) assortie d'un ballet du même nom. Il y eut enfin des bals, des feux d'artifice et des dîners en différents lieux du jardin pour des centaines d'invités, auxquels assistèrent des milliers de spectateurs.

Un manuscrit enluminé retraçant la fête nous est parvenu, constellé de couronnes et de « L ». Chaque chevalier faisait l'objet d'une commémoration avec des vers flatteurs : par exemple, le duc de Noailles est jugé « propre au conseil, à la plume, au combat, actif en paix actif en guerre[98] ». En outre, des livres et des illustrations de ces fêtes, et de Versailles même, imprimés par le Cabinet du roi, furent distribués par les ministres et ambassadeurs français aux cours d'Europe, où ils étaient avidement attendus[99].

Grâce aux récentes améliorations des bougies, des torches et des feux d'artifice, davantage de spectacles pouvaient se dérouler à l'extérieur la nuit – démonstration supplémentaire de la richesse du roi et de son pouvoir de transformer la nuit en jour[100]. La magie des feux d'artifice et des illuminations se doublait de leur reflet dans le Grand Canal et les fontaines, ainsi que le confirment des gravures[101]. À 1 heure du matin, au terme de la dernière soirée d'une grande série de spectacles, *Les Divertissements de Versailles*, tenue entre le 4 juillet et le 11 août 1674 pour célébrer la conquête de la Franche-Comté, plus de 24 000 bougies illuminèrent des fontaines et des terrasses du parc[102]. Le récit qu'en livre le philosophe des arts André Félibien, l'un des historiographes royaux, décrit le Grand Canal transformé en mer de flammes, allumé de mille fusées sifflant comme des furies échappant à leur prison ; d'autres tracèrent dans le ciel le monogramme du monarque, composé des doubles « L » entrelacés. Ce furent Le Brun et Le Vau qui en montèrent les décors dans le parc, créant des « palais enchantés » éphémères. Carlo Vigarani, venu de Modène, organisa les théâtres temporaires ; Molière mit en scène les pièces[103].

Au souper dans l'un des bosquets du parc, le « bosquet de l'Étoile », le 18 juillet 1668, durant le grand divertissement royal célébrant la fin de la guerre de Dévolution, la nourriture faisait partie du spectacle. Des orangers chargés de fruits confits se dressaient entre des montagnes de confitures et de pâte d'amande, des châteaux de pâtisseries, des pyramides de fruits ; « la magnificence du roi » éclatait de toute part. À la fin, quand des membres du public furent autorisés à se jeter sur les montagnes de victuailles, la ruée vers la nourriture compléta l'amusement des courtisans[104]. Toutefois, la plupart des ambassadeurs s'en allèrent tôt, après avoir été bousculés par des hordes d'invités indisciplinés, comme souvent à la cour de France. Les gardes du corps ne purent ou ne voulurent pas les contenir. La reine elle-même dut attendre une demi-heure avant de pouvoir entrer dans le théâtre, tandis que le roi dut prier des gentilshommes de s'en aller, afin de s'assurer des sièges pour elle et les autres dames. Certains invités affirmèrent qu'il aurait dû donner à ses soldats l'argent qu'il dépensait dans cette fête. Le marquis de Saint-Maurice, ambassadeur du duc de Savoie, acheva ainsi le long récit rédigé pour ce dernier : « Avec les fous il faut être fol… il n'y a jamais eu si peu d'ordre[105]. »

Toutefois, les feux d'artifice et illuminations du parc, qui continuèrent jusqu'à 2 heures du matin, furent les plus beaux dont les spectateurs aient conservé le souvenir. Ainsi que le proclamait le compte rendu officiel des fêtes en 1668, l'intention était de montrer que la France n'était « pas moins grande et magnifique dans la paix que conquérante et glorieuse dans la guerre, car son sceptre a été placé dans les mains d'un monarque dont les journées sont remplies de merveilles qui n'ont pas d'exemple dans le passé et ne verront rien de semblable dans le futur ». La raison d'être de Versailles n'aurait pu être plus clairement formulée[106]. C'était autant une vitrine de la France que la résidence du roi.

9

À la conquête de la Flandre

Sur la rive droite de la Seine, le Louvre célébrait l'amour des arts de la monarchie française. Sur la rive gauche, l'élégant hémicycle sous la coupole du collège des Quatre-Nations commémorait ses conquêtes. Construit entre 1662 et 1688 avec de l'argent légué par Mazarin, il abrite aujourd'hui l'Académie française, mais contient encore la plus grande partie de sa magnifique bibliothèque ainsi qu'un tombeau, le montrant accompagné dans l'au-delà par la Victoire, la Prudence, la Paix, la Religion, la Fidélité et la Vigilance. Ajoutant un collège de plus à l'Université, celui-ci était destiné à accueillir 60 étudiants de quatre régions ou « nations » conquises sous son ministère – l'Artois, l'Alsace, Pignerol dans les Alpes (où était emprisonné Fouquet) et le Roussillon. Une éducation à Paris les transformerait, croyait-on, en ce que Louis XIV appelait des « bons Français[1] ».

En 1663, Colbert écrivait de Louis XIV qu'il était « avidement désireux de conquête[2] ». D'autres rois de France, de Charles VIII à son propre père Louis XIII, avaient mené des armées au sud, afin de conquérir Milan, Naples ou la Catalogne, sur lesquelles ils estimaient avoir des droits. Mazarin avait aussi espéré enlever Naples pour un prince français. Pourtant, avec son sens inné de la stratégie, comme son brillant prédécesseur du XVe siècle Louis XI, qui avait annexé le duché de Bourgogne et occupé la Franche-Comté, Louis XIV conduisit ses armées plutôt à l'est et au nord-est. À ce stade, il s'intéressait davantage pour la France à une expansion territoriale qu'à des revendications dynastiques sur la monarchie espagnole. « Il a le vent en poupe. Il est à présumer qu'il veut profiter et acquérir des Provinces-Unies tout ce qui est à la bienséance de la France, mettre son royaume et Paris à couvert de leurs courses », écrivait Saint-Maurice[3].

Ainsi que l'avait confirmé l'invasion hispanique de 1636, suivie de la menace d'une seconde invasion en 1649, la frontière la plus vulnérable de la France, dont Paris était dangereusement proche, était celle des Provinces-Unies. La Flandre en particulier n'était pas seulement l'une des provinces les plus riches et les plus densément peuplées d'Europe, elle avait dû aussi faire allégeance à la couronne de France, jusqu'à ce que François Ier y renonce en 1529 ; sa langue de gouvernement était le français et la ville de Tournai, ancienne capitale franque, fut qualifiée de fille aînée des rois de France[4]. En 1663, Louis écrivit à son ambassadeur à La Haye, le comte d'Estrades : « L'expulsion des Espagnols des Flandres a toujours été le but des rois mes prédécesseurs et le mien[5]. »

Les années 1660 furent une période favorable à l'expansion française. Sous la houlette de Jan de Witt, grand pensionnaire de Hollande, les régents gouvernant les Provinces-Unies préféraient leur ancien allié, la France, à leur rivale commerciale honnie, l'Angleterre. Qui plus est, Charles II était l'oncle de leur ennemi politique le prince d'Orange, qu'ils avaient exclu de tous les offices publics de ses ancêtres, notamment de celui de stathouder de Hollande et de Zélande. D'ailleurs, en accord avec le traité franco-hollandais de 1662, en janvier 1666, pendant la seconde guerre anglo-hollandaise, Louis avait déclaré la guerre à son cousin Charles II. Il avait envoyé des troupes françaises attaquer l'allié de l'Angleterre et l'ennemi des Provinces-Unies, l'évêque de Münster[6]. Les rivaux de la France, l'empereur du Saint Empire Léopold Ier et l'enfant-roi malade d'Espagne Charles II (Carlos II) étaient faibles. Nombre de princes germaniques étaient membres de la Ligue du Rhin profrançaise fondée par Mazarin en 1657, renouvelée par Louis XIV en 1664. Cette année-là, il envoya des troupes françaises se porter à l'aide d'un autre membre de la Ligue, l'Électeur de Mayence, contre la ville d'Erfurt, et l'Électeur de Cologne contre la ville de Cologne[7]. Louis XIV avait aussi renouvelé des traités d'alliance avec le Danemark, la Suède, la Confédération helvétique et le Portugal[8].

Loin d'être une « colombe de la paix », son épouse Marie-Thérèse fournit un prétexte de guerre. De par le traité de mariage de 1659, elle avait renoncé à ses prétentions à la monarchie espagnole en échange d'une dot qui n'avait jamais été payée. Deux conceptions de la monarchie étaient en conflit. La monarchie espagnole était traitée par sa dynastie comme une propriété privée où la succession pouvait être tranchée par des décisions personnelles du roi et des testaments royaux plutôt que, comme dans le royaume de France, par des lois d'État telles que la loi salique, limitant la succession aux héritiers dans la lignée masculine. Traitant aussi cette monarchie comme une propriété privée, en 1667 Louis XIV et ses conseillers juridiques affirmèrent qu'en vertu de la loi de « dévolution » en vigueur dans les Pays-Bas du Sud, Marie-Thérèse, fille de la première épouse de Philippe IV, devrait en partie en hériter, au détriment de son demi-frère Charles II d'Espagne, fils de la seconde épouse du souverain ibérique. Dans sa proclamation du 8 mai 1667, Louis revendiquait le Brabant, le Limbourg, Namur, le Hainaut, Anvers et presque tout le reste. Marie-Thérèse soutint volontiers ses revendications.

Le dynastisme exerçait alors une emprise si profonde sur les cœurs et les esprits que Louis préférait ne pas admettre en public que la conquête était sa motivation. Guy Joly, auteur frondeur devenu royaliste, écrivit un *Traité des droits de la Reyne très chrétienne sur divers estats de la monarchie d'Espagne,* imprimé à Paris à l'Imprimerie royale[9]. Il affirmait avec un peu trop d'insistance que ce « n'est ni l'ambition de posséder de nouveaux états ni le désir d'acquérir de la gloire par les armes qui inspire au Roy Très-Chrétien le dessein de soutenir les droits de la Reine son Épouse[10] ».

Le roi partit pour une nouvelle campagne à la frontière du Nord-Est. Il était accompagné par bien plus de monde qu'il ne l'avait été dans les années 1650 : son épouse et ses dames de cour, des ambassadeurs, des courtisans, des serviteurs, des gardes, auxquels s'ajoutaient des chariots de provisions et des canons. Le 16 mai 1667, il coucha au château du président de Molé à Champlâtreux. Le 2 juin, il avait atteint Charleroi, dans ce qui est maintenant le sud de la Belgique[11]. Grâce à M. de Saint-Maurice, ambassadeur de Savoie, nous pouvons suivre la progression de la Cour. Le 11 juin, il écrivait : « Le roi couche sur la paille, a une application continuelle, fait tout et de bonne grâce, sans empressement et en maître ; il paraît fier mais a les commandements très doux. »

Étoile montante, le jeune François-Michel Le Tellier, marquis de Louvois, avait hérité de son père Michel Le Tellier l'office de secrétaire d'État à la Guerre en 1664. Saint-Maurice observe qu'il n'avait jamais vu un homme travailler autant[12]. Louvois était toujours suivi de 100 officiers demandant à être employés. Or c'était bien au secrétaire d'État que résidait le pouvoir, plus que chez les princes ou les généraux[13]. En ces années-là,

Louvois fit de l'armée une force disciplinée, bien nourrie, bien vêtue et bien armée. Il veillait à ce que les régiments soient régulièrement inspectés afin de vérifier les effectifs, les uniformes, les approvisionnements et les armes, et il faisait construire des casernes, des magasins de munitions et, plus tard, des hôpitaux dans toute la France[14]. Il s'était d'abord comporté comme un protégé, écrivant qu'il se sentait obligé d'informer Turenne « de tout ce qui se passe à la Cour sur toute sorte d'affaire[15] ». Toutefois, dès 1667, Louvois était en mesure de décider, ou d'aider le roi à décider, les mouvements des généraux aux rangs les plus élevés, parmi lesquels Condé et Turenne[16]. Comme beaucoup d'autres, Turenne se plaignait à Louis XIV de sa morgue, de sa grossièreté et de sa brutalité. Il écrivait que même s'il était l'homme le plus incapable de France, il ne convenait pas qu'il reçoive d'ordres directement trop précis à une telle distance et obtint le droit de correspondre avec Louis XIV plutôt que par l'intermédiaire du ministre[17]. Courtisans, Parisiens et officiers (que Louvois tentait d'empêcher de voler la solde et la ration des soldats) finirent par le détester. Ils se réjouissaient quand le roi le réprimandait en public et lui imputaient les erreurs françaises[18].

En campagne, le roi changeait d'habitudes. Il parlait aux soldats, leur donnait de l'argent et dînait tous les soirs entouré de 15 à 20 officiers, qui gardaient parfois leur couvre-chef – une exception rare à la règle de se découvrir en présence du monarque (qui retirait lui-même le sien en présence de Turenne). Il était « amaigri », « hâlé » par le soleil, les cheveux noués dans la nuque. Pourtant, même en campagne, il organisait son « lever » et restait obsédé par son apparence. Parfois, écrivait Saint-Maurice, « il met beaucoup de temps à s'habiller ; il a la moustache retroussée, il est quelquefois une demi-heure devant un miroir à se l'arranger avec de la cire ; ici il porte la cravate, une chemisette de toile, un justaucorps de droguet ;

il demeure nonobstant à l'armée et ici plus d'une heure et demie à s'habiller et assis [sur la commode] ; il est vrai qu'il ne s'ennuie pas car chacun lui parle et on lui fait beaucoup de contes d'esprit et pour rire[19] ».

Le 24 juin 1667, Tournai se rendait, Douai le 6 juillet. Partout, le roi et la reine furent accueillis par des arcs de triomphe, des magistrats agenouillés offrant au roi les clefs de la ville, des discours de bienvenue et des serments de loyauté[20]. Ils se retirèrent ensuite dans le confort du château royal de Compiègne, où le souverain séjourna du 8 au 19 juillet. Tandis que l'armée se massait début août aux abords de Lille, capitale de la Flandre, des soldats se plaignirent de ne pas avoir assez de canons et de bateaux pour les appuyer, et de ne pas avoir été payés[21]. Néanmoins, la victoire paraissait certaine : 50 000 Français faisaient face à 20 000 Espagnols. Le roi inspectait constamment ses troupes, souvent exposé au feu de l'ennemi, et passait parfois la nuit au bivouac : sa présence dans les tranchées devant Tournai serait commémorée par une tapisserie des Gobelins. Le 27 août, après dix-sept jours de bombardement – la méthode de combat préférée de Louis XIV et Louvois –, Lille se rendait, afin d'éviter davantage de morts. Le 28 août, le roi entrait dans la ville et remerciait Dieu en l'église Saint-Pierre[22]. Le 7 septembre, il était de retour à Saint-Germain.

Toutefois, ses triomphes froissaient nombre de ses contemporains. L'ambassadeur hollandais Van Beuningen, qui avait pourtant négocié le traité entre Louis XIV et les Provinces-Unies en 1662, devint violemment antifrançais. Il se plaignit de ce que le roi « dévorait des pays[23] ». « Si le roi ne fait pas la paix, déclara-t-il à Saint-Germain, les Hollandais ne lui permettront pas de procéder à de nouvelles conquêtes en Flandre. » Ils voulaient créer une ligue européenne pour s'opposer au roi de France, « car il est bien connu qu'il vise une monarchie universelle[24] ».

« Monarchie universelle », cette formule désignait dans l'esprit de l'ambassadeur une influence supérieure en tant que puissance prépondérante en Europe, capable d'empêcher tout mouvement ou alliance hostiles contre elle-même, plutôt qu'une expansion territoriale illimitée.

M. de Lisola, un autre diplomate antifrançais fermement décidé à unifier l'Europe contre Louis XIV, venait, comme Watteville, de la province de Franche-Comté, province des Habsbourg, située entre la Bourgogne et la Suisse. En 1665, en sa qualité d'ambassadeur d'Espagne, il avait arrangé le mariage de la sœur cadette de Marie-Thérèse, l'infante Marguerite, avec l'empereur du Saint Empire Léopold Ier, renforçant ainsi les visées des Habsbourg d'Autriche sur la monarchie espagnole. En 1667, il publia à Bruxelles *Bouclier d'estat et de justice contre le dessein manifestement découvert de la Monarchie Universelle, sous le vain prétexte des prétentions de la reyne de France*, pamphlet dénonçant les ambitions de Louis XIV et louant Léopold Ier en tant que défenseur de la liberté européenne[25]. Il faisait partie d'une génération de diplomates et de juristes souhaitant appliquer le corpus de loi international à la politique européenne, afin d'empêcher les États de s'entre-dévorer comme des lions et des tigres. Son pamphlet, interdit en France, répandit la panique aux Provinces-Unies, et fut aussitôt traduit en anglais et en allemand[26].

Ainsi d'emblée, dès ses premières guerres, Louis XIV apprit, comme Napoléon et Guillaume II après lui, que le virus de la conquête produisait l'antivirus d'alliances européennes hostiles. En réalité, trop réaliste pour espérer une « monarchie universelle », Louis savait déjà que des limites s'imposaient à son pouvoir, par exemple, d'intervenir en Pologne. À l'insu de ses contemporains, il avait signé en janvier 1668 un traité secret avec Léopold Ier, le cousin (et dans sa conception des choses, ainsi que par le testament de Philippe IV, l'héritier) de Charles II d'Espagne, acceptant ainsi de diviser la monarchie espagnole entre eux. Léopold Ier ou l'un de ses fils recevrait l'Espagne, ses colonies et Milan. Louis XIV se verrait octroyer les Pays-Bas méridionaux, Naples, la Sicile et (pour le commerce avec l'Asie) les Philippines. À ce stade, Louis fit preuve d'assez de modération en acceptant le principe de la partition de la monarchie espagnole, dont il considérait pourtant son fils le Dauphin comme l'héritier légitime[27].

La Triple-Alliance signée par l'Angleterre, les Provinces-Unies et la Suède en février 1668 fut la première coalition antifrançaise du règne. Malgré les démonstrations d'amitié de Charles II d'Angleterre envers Louis XIV, il pouvait devenir hostile lorsqu'il y était poussé par la francophobie de son opinion publique et ses besoins d'argent pour le Parlement ; qui plus est, ils avaient combattu dans des camps opposés au cours de la récente guerre anglo-hollandaise. Le même mois, Louis conquérait la Franche-Comté. En vertu du traité d'Aix-la-Chapelle de mai 1668, la France s'étendait encore davantage vers l'intérieur des Pays-Bas espagnols, acquérant des terres le long de la côte jusqu'à Furnes, et les villes de Lille, Douai, Oudenarde, Tournai, Charleroi et Philippeville, mais la Franche-Comté était restituée à l'Espagne[28].

Le jeune Guillaume III, prince d'Orange, petit-fils de Charles Ier et neveu de Charles II, était lui aussi une étoile montante, devenu le premier noble de Hollande : la « république bourgeoise » comptait de nombreux nobles comme Zuylestein, Ginkel et Keppel, désireux de mener ses armées à la bataille, ainsi que Louis XIV l'apprendrait à ses dépens. Comme ses ancêtres, Guillaume III entretenait, grâce aux revenus personnels de ses propriétés et investissements, une cour cultivée et pétrie d'ambition basée à La Haye – rivale politique des États-Généraux et de la ville d'Amsterdam. Comme dans beaucoup d'autres cours d'Europe, les courtisans n'y parlaient pas seulement le français (sans accent, ce qui était le cas de Guillaume III), mais s'habillaient et dansaient aussi à la française[29]. En 1668, Guillaume III dansa un « ballet de la paix » représentant, entre autres personnages, une jeune paysanne et Mercure œuvrant à la gloire de la patrie[30].

Guillaume III était le petit-cousin germain de Louis XIV, Henriette-Marie étant à la fois la tante de ce dernier et la grand-mère de Guillaume III. Ils correspondaient en cousins et en alliés[31]. Néanmoins, il se révélait déjà un rival potentiel, ainsi que l'avait démontré une nouvelle « guerre des carrosses ». Le 6 mai 1664, l'ambassadeur de France à La Haye, le comte d'Estrades, encouragé par sa victoire sur l'ambassadeur d'Espagne à Londres en 1661, avait refusé de laisser son carrosse céder le passage à celui du prince d'Orange sur le Lange Voorhout, l'avenue principale de La Haye, alors même que Guillaume réclamait la préséance en sa qualité de petit-fils de Charles Ier et sa place dans la succession d'Angleterre, et non en tant que prince d'Orange. Sur le conseil de Jan de Witt, et devant une foule importante, Guillaume III avait été obligé d'ordonner à son carrosse de faire demi-tour et de continuer son trajet à pied. On imagine aisément sa réaction de colère et d'humiliation[32]. Pour sa part, Louis se prit de détestation pour les Hollandais à cause de leur républicanisme et de leur « ingratitude », puisqu'ils contribuaient avec le traité d'Aix-la-Chapelle de 1668 à brider ses propres conquêtes, et à cause de leurs succès en matière de commerce, tandis que les compagnies françaises d'outre-mer trébuchaient[33].

Il s'était pourtant emparé de Lille et de sa région. Sous la couronne d'Espagne, qui avait autorité sur les villes de Flandre depuis l'accession de Philippe II au trône en 1555, elles s'étaient le plus souvent gouvernées en toute autonomie, en payant des impôts minimaux. Alors que nombre d'habitants de Flandre parlaient le français, beaucoup d'entre eux préféraient la tutelle légère de l'Espagne à la rudesse de la France, dont les armées avaient si souvent dévasté leur pays. Lors de processions et prières publiques à Lille en août 1667, les habitants avaient imploré la protection de la sainte patronne de la ville, Notre-Dame-de-la-Treille, et déclaré que leur cœur était espagnol et bourguignon, pas français[34]. Aujourd'hui encore, l'architecture de brique de la magnifique grand-place de Lille ainsi que sa géographie rapprochent davantage la ville de Bruxelles que de Paris. Le journal ou *Chronique immémoriale des choses mémorables* du Lillois Pierre-Ignace Chavatte rapporte son admiration indéfectible pour le roi d'Espagne et l'empereur du Saint Empire, par opposition aux « Français » qui ont « pillé » leurs semblables catholiques. Il déplorait le déclin de la morale depuis l'arrivée des soldats français et « la paix sans joie parce qu'on demeurait au roi de France » : peu de gens assistèrent au *Te Deum*[35]. Pour éviter les rixes avec les soldats français, les Lillois avaient interdiction de sortir le soir. En 1670, l'ambassadeur d'Espagne fut acclamé dans les rues[36].

Les visites royales faisaient partie de la stratégie de Louis pour achever de rendre ses conquêtes françaises, comme il l'avait montré en se précipitant à Dunkerque en 1662. Après son entrée triomphale dans la ville en 1667, la Cour revint à Lille en quatre occasions : en 1670, Louis lança des pièces d'or « plusieurs fois » à la foule, et il y eut des feux d'artifice, des illuminations, des fontaines de vin et des fêtes galantes nocturnes ; en 1671, il amena des musiciens, un chœur et des tapisseries pour la procession de la Fête-Dieu ; en 1680, les habitants de la place du Marché placèrent des chandelles à leurs fenêtres la nuit, et on donna une pièce de théâtre où Jupiter (en d'autres termes le roi) anéantissait des géants. En outre, dans Lille, des services religieux grandioses célébrèrent les naissances, les décès et les victoires royaux[37]. Du fait de sa piété, ainsi que de ses prétentions dynastiques, la reine était un instrument de la politique française. Lors de ses visites dans des églises et des couvents, elle impressionnait les congrégations par la ferveur de ses prières. Même Chavatte admirait « sa piété envers Dieu, sa charité envers les pauvres, son amour envers le roi, sa tendresse envers ses enfants, sa bonté envers les officiers de sa maison ». À sa mort, les cloches de Lille sonnèrent trois heures par jour pendant quarante jours, et sa chapelle ardente était la plus belle qu'il ait jamais vue[38].

Outre les visites royales, et malgré le changement de souveraineté, la domination française supposait un respect des coutumes locales. Louis XIV n'éprouvait aucune humiliation à jurer d'observer les usages et traditions de Flandre et d'autres provinces. À l'inverse de la République et de l'Empire après 1792, la monarchie française n'essaya pas d'imposer l'ensemble de ses lois et réglementations à toutes ses conquêtes, la flexibilité et la diversité étaient dans sa nature même. La Flandre française conserva ses lois et privilèges (y compris l'exclusion de la principale zone douanière française, et de l'édit de Nantes légalisant les services religieux et les tribunaux protestants), que Louis XIV jura de respecter sur le saint Évangile et les reliques de la Croix dès le jour de son entrée dans Lille. Il signa par la suite un long traité dressant la liste des droits et privilèges de la ville[39]. Comme dans d'autres villes conquises, un intendant venu de Paris en devint le principal dirigeant. Il supervisait les finances municipales, arbitrait les différends fiscaux et régulait l'économie[40].

Le 24 mai 1670, dans son rôle de premier marchand de France, le roi reçut les principaux commerçants de Lille à l'Hôtel de Ville et demanda quels étaient les besoins du commerce. Les routes vers Paris furent améliorées et le périmètre urbain étendu. Un Parlement, agissant en tant qu'instrument de la loi et de la souveraineté françaises en Flandre, fut installé à l'intérieur d'un palais de justice récemment bâti dans la ville voisine de Tournai[41]. Autre conséquence de la domination française, issue des demandes financières inlassables du souverain, les offices municipaux devinrent des charges vénales et semi-héréditaires, ce qu'ils n'étaient pas sous la tutelle espagnole. Par ce moyen, la Couronne percevait des recettes tandis que les élites locales trouvaient un intérêt direct à la domination française[42].

Surtout, cette domination amenait la présence de soldats français. « La reine des citadelles », un vaste pentagone du XVIIe siècle à l'orée de Lille, conçu pour résister à un siège de soixante jours, démontrait la détermination du roi à ce que la ville reste française. Couvrant 36 hectares au total, elle fut construite au moyen de 60 millions de briques par un maître maçon local du nom de Simon Vollant, d'après des plans de l'ingénieur préféré du roi, Vauban, qui avait contribué à en organiser le siège en 1667. D'imposants bastions en briques, portant les noms du roi, de la reine, du Dauphin, du second fils du roi, le duc d'Anjou, et de Turenne, entouraient des casernes rectangulaires pouvant loger des milliers de soldats. Des soleils rayonnants et des fleurs de lys décoraient l'entrée et les murs[43]*.

Avec la conquête d'une nouvelle province, le roi faisait également celle d'une nouvelle maîtresse. Louise de La Vallière l'avait retenu six ans contre d'inlassables rivales[44]. En mai 1667, elle fut nommée duchesse de Vaujours, décision qui eût été impensable du vivant d'Anne d'Autriche. Leur fille était officiellement reconnue par le parlement de Paris, sous le nom de

* Encore à ce jour, après tant de guerres et de sièges, alors que les douves et la terre qui l'entourent forment un parc paysager paisible, la citadelle conserve une fonction militaire, celle du QG d'une force de réaction rapide de l'OTAN.

Mlle de Blois, « Légitimée de France ». Le roi aurait qualifié la lettre patente ducale de La Vallière de « folie » ; or, en réalité, il s'agissait peut-être d'un cadeau d'adieu.

En cette année 1667, Saint-Maurice remarquait que Mlle de La Vallière, âgée de 22 ans, encore très jolie en 1665, avait perdu sa belle allure. Elle avait les joues creuses, la bouche et les dents gâtées, « le bout du nez trop gros et le visage fort long ». Elle s'était aussi mise à regarder les gens « de haut en bas[45] ». L'une des dames du palais de la reine, qui voyageait dans le même carrosse durant la campagne de 1667, eut ces propos quand on évoqua son arrivée indésirable : « Dieu me garde d'être la maîtresse du roi mais si je l'étais je serais bien honteuse devant la reine. » Elle portait un nom : Mme de Montespan. Louise de La Vallière était née fille d'un gentilhomme de Touraine. Mme de Montespan, née Rochechouart et fille du duc de Mortemart, venait de la plus haute noblesse du royaume : selon la devise de la famille, « Avant que la mer fût au monde, Rochechouart portait les ondes ». Ses propos masquaient, ou révélaient, son désir de se gagner le roi. En 1661, âgée de 21 ans, elle était venue à la Cour. Comme Louise, elle commença par être fille d'honneur de Madame. En 1663, elle avait épousé le marquis de Montespan, issu d'une famille de l'ouest de la France moins ancienne et jouissant de moins de relations que la sienne. En 1664, elle était entrée dans la Maison de la reine au nouveau poste de dame du palais, place particulièrement convoitée car les dames du palais étaient des dames de compagnie sans devoirs domestiques. Mme de Montespan avait donc une raison légitime de voir le roi, ou de voyager dans le même carrosse[46].

Le duc d'Enghien et le marquis de Saint-Maurice avaient remarqué que le roi était attiré par elle. Écrivant le 5 novembre 1666, Enghien ajoutait qu'en vérité, elle méritait en effet d'aimanter l'attention royale « car on ne peut avoir plus d'esprit ni plus de beauté qu'elle en a[47] ». Une autre de ses méthodes, afin de convaincre la reine de sa moralité et le roi de sa disponibilité, avait été de rire au nez de ses soupirants lors du coucher de la première. Si elle avertit bien son époux de l'intérêt croissant du monarque, le mari n'en demeura pas moins aveugle[48].

Durant la campagne de Flandre, probablement alors que la Cour se trouvait à Avesnes entre les 9 et 14 juin 1667, le garde posté à l'escalier entre les chambres du roi et de Mme de Montespan fut congédié. Le roi se mit à ne rejoindre le lit qu'il partageait encore avec la reine qu'au petit jour. Quand elle lui demanda pourquoi, il lui répondit en souriant qu'il travaillait tard à des dépêches. Mademoiselle trouvait « le roi d'une gaieté admirable[49] ». En août, Saint-Maurice écrivait au duc de Savoie que le roi « n'a plus de pensée que pour la Montespan ». Il faisait en sorte qu'elle prenne place dans son carrosse et détournait l'attention de son épouse en attisant sa jalousie envers la La Vallière[50]. Inévitablement, en octobre 1667, quelqu'un envoya une lettre à la souveraine. Elle répondit : « Je ne suis pas si dupe qu'on ne l'imagine mais j'ai de la prudence. Je vois bien les choses[51]. » Impossible d'évaluer le poids précis des facteurs personnels et politiques dans les décisions du souverain. Toutefois, son désir de conquêtes sexuelles a pu le dissuader de se lancer dans d'autres conquêtes territoriales, tout autant que sa conviction de la mort prochaine de Charles II d'Espagne, qui lui permettrait d'acquérir d'autres territoires sans combattre. Il reste que Saint-Maurice considérait que le roi avait commis trois erreurs en 1667 : attaquer la Flandre avec trop peu de troupes ; être rentré dix jours en pleine campagne pour rendre visite à son épouse et à ses dames de cour à Compiègne ; et, pour la même raison, avoir achevé sa campagne prématurément au lieu de s'emparer de plus de territoires[52].

Mme de Montespan n'était pourtant pas la seule cible du souverain. Bussy-Rabutin, qui avait été exilé en province en 1665 pour avoir publié un pamphlet dépeignant les affaires amoureuses de la Cour, appelait Louis XIV le prince le plus galant de la terre, dont l'exemple incitait les courtisans à « faire l'amour », c'est-à-dire à faire des déclarations d'amour[53]. L'Italien Primi Visconti, grand observateur de la Cour, écrivait que chaque dame y espérait devenir la maîtresse du monarque[54]. Louis XIV en personne écrivit qu'elles montaient à l'assaut de son cœur comme s'il s'agissait d'une place militaire[55]. Réputé pour apprécier les femmes jeunes et « ragoûtantes[56] », on disait qu'il en profitait comme de chevaux de poste « que l'on ne monte qu'une fois et que l'on ne voit jamais plus ». L'organisation physique de ces rencontres n'est jamais décrite. Des dignitaires de confiance, comme le duc de Saint-Aignan, montaient peut-être la garde devant une chambre ou un lieu à l'écart dans un jardin, et récompensaient ensuite la femme concernée[57]. Il naissait parfois des enfants, dont le roi payait l'entretien[58].

Le nombre de ses maîtresses nous est inconnu. La princesse de Soubise aurait, dit-on, porté des boucles d'oreilles en émeraude lors des absences de son mari, signal que le roi pouvait lui rendre visite. Elle était considérée comme « fort sensée et fort capable de mener de grandes affaires » et devint, comme Mme de Montespan, une dame du palais de la reine[59]. L'apercevant à un balcon avec La Vallière et Montespan, Monsieur le Grand dit tout haut : « Voilà le temps passé, le présent et le futur[60]. » À la fin du règne, la famille de son époux, les Rohan, formait l'un des clans les plus puissants de la Cour et occupait le rang de princes étrangers. Son mari devint capitaine des gendarmes de la garde en 1674. L'allure et les manières de leur fils cadet, Gaston de Rohan, né la même année, encourageait les rumeurs selon lesquelles il serait le fils du roi. Il devint évêque de Strasbourg en 1704 et grand aumônier de France en 1713, postes qui restaient semi-héréditaires au sein de la famille de Rohan[61].

La princesse de Monaco était une autre maîtresse du roi, aussi sensuelle que son frère le comte de Guiche : Mme de Sévigné la qualifiait de « torrent ». Elle aurait dit du roi que, quoique sa puissance fût grande, son sceptre était petit. Elle mourut en 1678, défigurée par une maladie présentée comme un avertissement à toutes celles qui seraient tentées d'imiter sa conduite[62]. L'un de ses amants, le comte de Lauzun, était redouté comme un serpent. En une occasion, le roi était arrivé pour un rendez-vous avec la princesse de Monaco, mais avait trouvé la porte de sa chambre fermée : Lauzun l'avait verrouillée, en avait retiré la clef, trop heureux de surveiller la scène depuis une cachette, ce qui lui valut un séjour à la Bastille. En une autre circonstance, Lauzun marcha « par accident » sur la main de Mme de Monaco lors d'une soirée de jeu. Le roi intervint pour empêcher un duel entre Lauzun et le frère de la princesse[63]. Sourches écrivit que, malgré les actes d'insolence du personnage, le roi « avait toujours eu un grand penchant à aimer M. de Lauzun[64] ». Il se servait de ce dernier, affirmait Saint-Maurice, pour « observer » les femmes qu'il envisageait de prendre pour maîtresses[65]. L'esprit d'indépendance de Lauzun, comme celui de Marie Mancini, séduisait Louis XIV. En juin 1669, déjà colonel général des dragons, il devint l'un des quatre capitaines des gardes du corps du roi. C'était un confident qui non seulement arrêta l'amant du frère du roi, nous l'avons dit, mais qui, en mars 1670, fit également sortir clandestinement de Saint-Germain le premier fils qu'eut Sa Majesté de Mme de Montespan, le futur duc du Maine, dans les bras attentionnés de l'amie qu'elle avait choisie pour gouvernante : Mme Scarron, veuve nécessiteuse du poète frondeur Paul Scarron[66].

Mme de Montespan devint une amie de Louis XIV, en plus d'être sa maîtresse. Pour marquer son statut de « maîtresse déclarée », qui porterait sans doute de royaux enfants – et pour la protéger de son mari outragé –, une sentinelle fut postée devant sa porte*. Des gardes du corps escortaient parfois son carrosse. Comme pour la reine, seules des femmes étaient autorisées à partager sa table. En 1668, on disait que le roi ne pouvait tolérer d'être séparé de cette femme d'esprit, intelligente et énergique. Dans son désir de faire rire le souverain, elle n'épargnait personne. Madame se souvenait qu'en sa compagnie personne ne s'ennuyait. Sa confiance en elle ajoutait à son charme. Pour Mme de Montespan, les Bourbons avaient beau être plus illustres que sa propre famille les Mortemart, ou les La Rochefoucauld, ils n'étaient pas plus anciens[67]. Le marquis de Montespan refusait toutefois le rôle du mari complaisant. Il insulta Louis XIV et menaça son épouse. Louis jugeant cet homme dangereux et fou, il le fit emprisonner, obtint pour la marquise une séparation juridique formelle, puis exila le marquis dans le Poitou. Là, M. de Montespan se consola en faisant installer une ramure de cocu (les bois d'un cerf) au-dessus du portail de son château[68].

Après la campagne de 1667, le roi s'était montré « extrêmement froid » envers La Vallière, bien que les comptes des Bâtiments du roi attestent que de fortes sommes continuaient d'être dépensées dans son appartement du château de Saint-Germain[69]. En février 1669, leur fils de 2 ans fut légitimé, devenant comte de

---

* La vasque octogonale taillée dans un bloc de marbre rose, avec un emmarchement et une banquette intérieurs, que le roi et elle employaient pour leurs bains dans l'appartement de cette dernière à Versailles, est maintenant exposée dans l'Orangerie. Voir Antonia Fraser, *Love and Louis XIV : The Women in the Life of the Sun King*, Londres, Weidenfeld and Nicolson, 2006, p. 145 et note.

Vermandois et amiral de France. Appelées « les dames de la faveur », Mlle de La Vallière et Mme de Montespan étaient constamment ensemble. La liaison du roi avec la première était en théorie terminée. Pourtant, en 1670, à la grande fureur de Mme de Montespan, sa rivale était à nouveau enceinte[70]. Mme de Montespan avait quand même gagné le cœur du souverain. Elle était si entreprenante qu'en novembre 1673 elle avait obtenu l'éviction de l'« hydre » des filles d'honneur de la reine, qui toutes étaient des rivales potentielles[71]. Louis fit construire pour elle le château de Clagny, avec sa galerie, sa chapelle et une orangerie dallée de marbre ; il était si magnifique que la reine elle-même vint l'inspecter[72]. Un portrait de Mme de Montespan par son peintre préféré, Henri Gascar, la montre allongée sur un sofa à Clagny, sa robe entrouverte révélant sa poitrine d'une blancheur éclatante. Des chérubins tirent des rideaux bleus, constellés de fleurs de lys, et révèlent la galerie ornée du mobilier le plus luxueux de l'époque, deux armoires japonaises laquées sur des socles dorés couronnées de porcelaine chinoise bleue et blanche[73]. Elle était aussi la protectrice de Molière, La Fontaine et Racine, et aida ce dernier et Boileau à devenir historiographes du roi en 1677[74]. Elle éclipsait littéralement la reine, recevant des bijoux non seulement de Louis, mais aussi d'ambassadeurs du roi du Bénin, un geste attestant de l'influence planétaire de la monarchie française. En 1676, Mme de Sévigné la décrivait portant « une robe d'or sur or, rebrodée d'or, et par-dessus un or frisé, rebroché d'un or mêlé avec un certain or, qui fait la plus divine étoffe qui ait jamais été imaginée[75] ».

Le marquis de Montespan n'était pas le seul à refuser de se résoudre à cette liaison. En France, une puissance de recours obéissait à Jésus-Christ et à son « vicaire sur terre », le pape, autant qu'au roi : l'Église française catholique, ou gallicane. Puissante, elle était capable de défier l'emprise de Louis XIV sur les cœurs et les esprits de ses sujets, et, grâce à l'Assemblée générale du clergé élue en toute indépendance, sur les « dons gratuits » de laquelle (votés tous les cinq ans) la Couronne comptait parmi ses revenus. L'Église gallicane tenait parfois lieu d'opposition officieuse à Louis XIV. Si pieux que voulût se montrer ce dernier en se rendant si souvent à l'église ou en suivant des processions, l'Église gallicane ou la papauté contrecarrait de temps à autre ses désirs. Le roi fut incapable de restreindre le nombre et la taille des monastères, qui détenaient tant de terres que, de l'avis de Colbert, ils affaiblissaient l'économie. Sur les 266 000 religieux de France, 181 000 étaient des moines ou des nonnes[76]. Le roi fut aussi empêché par le nonce papal d'émettre des déclarations limitant le nombre des hommes prononçant des vœux monastiques. On ne put qu'abolir dix-sept fêtes religieuses[77].

Les prêtres étaient prêts à s'attaquer au roi frontalement. Un prédicateur renommé, Jacques-Bénigne Bossuet, dénonçait la moralité de la Cour dans des sermons prononcés devant le monarque, le pressant de n'adorer que Dieu, et non la fausse idole du dieu de l'amour[78]. Les pauvres mouraient de faim : il devait soulager leurs souffrances, car il était né pour le public et non pour lui seul[79]. Un autre prédicateur, Louis Bourdaloue, attaquait la pratique du jeu de hasard à la Cour, la réduction des paysans à l'état d'animaux et le « commerce » du roi avec ses maîtresses[80]. Le 11 avril 1675, un autre prêtre refuserait l'absolution à Mme de Montespan avant la communion de Pâques, car coupable de double adultère aux dépens de la reine et de son mari[81].

Des prêtres encouragèrent aussi Louise de La Vallière à quitter le roi. De plus en plus pieuse, celle-ci en avait depuis longtemps la volonté, mais elle écrivit aussi ces mots : « Je suis la faiblesse même. » Toutefois, les couvents procuraient un refuge aux femmes déterminées à échapper au pouvoir des hommes. Des donations assuraient leur indépendance économique. On disait de Fontevrault, imposant couvent royal proche de Saumur, sur lequel la sœur de Mme de Montespan régnait comme si elle était « la reine des abbesses », que partout où il y avait du vent ou de la pluie l'abbesse de Fontevrault possédait une ferme. Plus que Paris ou que des châteaux de province, les couvents étaient le véritable anti-Versailles.

Paris en comptait plus de quarante, pour une bonne part édifiés après 1600 dans un regain de piété dû à la Contre-Réforme et au désir d'encourager l'éducation et les œuvres de charité des femmes. De nouveaux ordres féminins virent le jour, les Feuillantines, les Bernardines, les Visitandines (qui débutèrent le culte du Sacré-Cœur sous le règne de Louis XIV), les Capucines et bien d'autres[82]. En 1700, grâce à leur expansion dans tout le royaume, il existait une maison pour les nécessiteux dans chaque bourg de France de plus de 5 000 habitants, souvent gérée par des nonnes[83]. Dès février 1662, Louise de La Vallière s'était réfugiée au couvent des Dames de la Visitation sur la colline de Chaillot, jusqu'à ce que le roi lui-même vienne l'y récupérer. En février 1671, elle s'y enfuit à nouveau. Cette fois, le roi envoya Colbert la convaincre de revenir : on avait encore besoin d'elle pour servir de paravent à sa liaison avec Mme de Montespan.

Le monarque lui manifesta brièvement plus d'« empressement », et elle continua de l'accompagner à la chasse. En réalité, elle portait déjà le cilice, en un acte de repentance, afin de mortifier ses chairs[84]. Autre mortification, en décembre 1673, elle devait tenir lieu de marraine à la première fille de Louis XIV et de Mme de Montespan, Mlle de Nantes. Elle fut obligée d'aider à la toilette de Mme de Montespan, comme si elle était une domestique, et, ultime raffinement de cruauté, en voyage, elle devait dormir dans une chambre attenante[85]. Des amis pieux et des parents dévots l'encourageaient à partir. Le couvent qu'elle choisit pour refuge, celui des Carmélites déchaussées, faisait partie d'un ordre particulièrement austère du faubourg Saint-Jacques, souvent visité par Anne d'Autriche. Le roi et Mme de Montespan jugeaient cette décision ridicule, mais y consentirent. Le 19 mars 1674, elle écrivit : « Enfin je quitte le monde, c'est sans regret, mais non sans peine. » Le 18 avril, lors d'une audience d'adieu censée lui permettre de demander à la reine de la pardonner, la souveraine l'invita à se relever et l'embrassa en lui disant qu'elle était pardonnée de longue date. Ce jour-là, elle eut également une audience d'adieu avec le roi et un dernier souper avec Mme de Montespan[86]. Le lendemain, Louise de La Vallière assistait à son dernier service religieux en la chapelle de Versailles. On entrevit une rougeur discrète dans les yeux du roi. Rayonnante, soulagée, elle s'en fut ensuite pour le couvent.

Après une année de noviciat, en juin 1675, devenue nonne, elle forma ses vœux de chasteté, de pauvreté et d'obéissance devant une congrégation comprenant la reine, Monsieur, Mademoiselle et la moitié de la Cour. Bossuet prononça un sermon, reconnaissant qu'il n'avait aucun besoin de rien dire : « Les choses parlent d'elles-mêmes[87]. » Elle mena une vie de mortification extrême, se chargeant de tâches domestiques, refusant parfois de boire de l'eau en souvenir de la soif du Christ sur la croix.

La reine et Mme de Montespan vinrent lui rendre visite. Cette dernière lui demanda quel message elle avait pour le roi. La réponse de La Vallière trahissait son mépris : « Tout ce que vous voudrez, Madame, tout ce que vous voudrez[88]. » Quand Mme de Sévigné se rendit en visite au couvent en janvier 1680, elle observa « sœur Louise de la Miséricorde » : « Pour la modestie, elle n'est pas plus grande que quand elle donnait au monde une princesse de Conti [titre de sa fille après mariage]. En vérité, cet habit et cette retraite sont une grande dignité pour elle[89]. » Son rejet du roi et de la Cour était une forme de victoire. Quand on lui annonça que son fils le comte de Vermandois était mort à l'âge de 16 ans, sœur Louise commenta qu'il lui faudrait pleurer sa naissance bien plus que sa mort. Elle mourut dans son couvent en 1710, à l'âge de 66 ans[90]. À l'église de Saint-Louis-en-l'Île, derrière Notre-Dame, consacrée au saint patron de la monarchie française, les visiteurs peuvent voir le bénitier décoré de la tête d'un ange ailé dont sœur Louise avait fait don au couvent de Chaillot, où elle avait d'abord trouvé refuge loin de la Cour. On y lit cette inscription : « Souvenir de la Pénitence de Sœur Louise de la Miséricorde 1675. »

10

La guerre contre les Hollandais

Tout en jouissant de la présence de Mme de Montespan à Saint-Germain et à Versailles, le roi avait commencé de projeter une guerre contre les Provinces-Unies. Le secrétaire d'État à la Guerre Louvois, soutenu par Condé et Turenne et devenu favori du souverain, entra au conseil d'En-haut en février 1672, à l'âge de 31 ans. Il fut ensuite considéré, selon les propos de Saint-Maurice, comme étant « toujours le tout-puissant [...] » et comme celui qui « prend tout à fait le dessus ». Son rival Colbert s'opposait au conflit, souhaitant tailler dans les dépenses, mais il jouissait de moins en moins des faveurs du souverain, et il était souvent malade[1].

La guerre n'était pas une entreprise motivée uniquement par la conquête. Le roi y prenait plaisir et, plus encore que la Cour proprement dite, elle était considérée comme une nécessité, moyen de dompter et de satisfaire l'esprit guerrier de la noblesse française, ainsi que Lisola l'avait annoncé dans son pamphlet de 1667[2]. Il y avait dix fois plus d'officiers dans l'armée que dans les maisons royales. La guerre renforçait les chances de promotion des nobles et leur faculté d'accéder aux gratifications, à la renommée et à une forme de satisfaction émotionnelle. Elle justifiait leur prestige et leurs privilèges, à leurs propres yeux et à ceux du public. En 1667, Saint-Maurice avait affirmé que le roi partait en guerre « pour amuser toute la jeunesse de la Cour[3] ». En 1683, le marquis de Sourches évoquait dans son journal la joie au sein de l'armée et à la Cour à la perspective de la « guerre que tout le monde souhaite[4] ». Les dames de la Cour aussi suivaient le roi en campagne, souvent à leur propre demande. On les appelait « les dames du voyage ». Dans la soirée, le roi travaillait dans son bureau. Elles jouaient aux cartes comme si elles étaient à Saint-Germain ou à Versailles[5].

Comme la plupart de ses contemporains, Louis XIV estimait que les nobles étaient nés pour le commandement. Tout au long de son règne, il manifesta une préférence pour les officiers nobles de naissance. En 1693, la moitié environ de tous les valides de France servaient dans son armée[6]. On pouvait chercher la mort à la bataille avec autant de ferveur que la faveur royale : le duc de Longueville, par exemple, mourut en montant à la charge à Tolhuis, sur le Rhin, en juin 1672, aux cris de « Tue ! tue ! point de quartier[7] ! ». Jean Martinet, lieutenant-colonel du Régiment du Roi, le préféré de Sa Majesté, fondé en 1662, était un inspecteur des troupes si dévoué, animé de telles exigences en matière de discipline et d'intelligence qu'il donna le mot « martinet » aux langues française et anglaise. Il périt lui aussi en pleine bataille en 1672[8]. Louis écrivit qu'il en était très chagriné, cet officier ayant grandement contribué à poser les bases solides de son infanterie. D'Artagnan mourut en menant les mousquetaires gris à l'assaut de Maastricht l'année suivante. En novembre 1673, le comte de Guiche, qui avait retrouvé la faveur du souverain grâce à sa bravoure au combat, fut tué après avoir perdu une partie de ses troupes dans une escarmouche ; le monarque était présent à son lit de mort[9].

Sa Majesté était souvent elle-même dangereusement visible, sur son cheval blanc, par les plumes de son chapeau ou en raison du grand nombre de courtisans qui le suivaient. Des pages se faisaient quelquefois tuer à ses côtés quand il se rendait en visite d'inspection dans les tranchées de siège. Turenne le menaça un jour de quitter l'armée s'il ne s'exposait pas moins[10]. Celui-ci perdrait lui-même la vie au combat en juillet 1675, et, sur ordre de Louis XIV, reçut les honneurs de funérailles à Saint-Denis, où il fut inhumé auprès des Bourbons[11].

En plus de l'amour pour la guerre des nobles et de Louis XIV, en 1672, ce fut aussi l'exaspération de ce dernier envers les Provinces-Unies en général, et Van Beuningen en particulier, qui le poussa à l'affrontement. Tous les événements majeurs du règne de Louis XIV, de sa naissance à sa mort, furent commémorés par des médailles, au nombre de 318 au total. Inspecter et ranger ses collections de médailles antiques et modernes en or, en argent et en bronze, disposées sur plus de 300 plateaux dans douze cabinets de médailles spécialement fabriqués à cet effet dans sa galerie privée de Versailles, constituerait l'un des passe-temps préférés du monarque. Des inscriptions comme *Felicitas temporum* (1663), *Disciplina militaris* (1666), *Rex dux et miles* (1667), *Aeternitas imperii Gallici* (1683) reliaient ses médailles, comme les nombreux portraits et statues où il était vêtu en empereur, à l'Empire romain : elles s'inspiraient souvent de vers d'Ovide et Virgile. Le roi lui-même en choisissait les termes – ajoutant par exemple le mot *providentia* à une inscription commémorant la chute de Philippsbourg en 1688[12].

Toutefois, ces médailles se révélaient parfois la cause de conflits, ainsi que des outils d'autoglorification. En 1669-1670, alors qu'on plaçait douze médaillons du soleil (Louis XIV) sur la façade de Versailles côté jardins, Coenraad Van Beuningen ou certains de ses amis commandaient ou projetaient de faire créer une médaille montrant Josué (*alias* Van Beuningen), chef du peuple d'Israël, arrêtant la course du soleil en plein ciel. Elle portait cette inscription : *Stetit sol in medio cœli* (« Le soleil s'arrêta au milieu du ciel »). Malgré les dénégations de Van Beuningen, tout le monde en conclut qu'il en était l'inspirateur. Il suscita la colère du soleil, tout comme d'autres médailles glorifiant la défaite de l'Angleterre enragèrent Charles II[13].

Qui plus est, en 1668, les États-Généraux des Provinces-Unies avaient commandé une autre médaille, avec un fort tirage, portant une inscription affirmant qu'« après avoir assuré les loix, réformé les abus de la religion, assisté, défendu et réconcilié les Rois, rendu la liberté aux Mers, fait faire par la force des armes une paix glorieuse et rétabli le repos de l'Europe, les États des Provinces-Unies ont fait frapper cette médaille en 1668 ». À son tour, Louis dénonça les Provinces-Unies, qui avaient maintenant l'insolence de s'ériger en arbitre et en juge souverain de tous les potentats. Les exigences qu'il formulerait ensuite pour condition de la paix comportaient l'envoi à perpétuité d'une ambassade annuelle en France portant une médaille d'or proclamant la gratitude des Provinces-Unies envers la France, qui avait aidé la Hollande à obtenir son indépendance vis-à-vis de l'Espagne[14].

Des sentiments personnels pouvaient également entraîner des événements publics. Dans le *Mémoire sur la campagne de 1672* de Louis XIV, conservé aux archives de Vincennes, il s'en prit souvent « à l'ingratitude, à la méconnaissance et à la vanité insupportable des Hollandais », « cette altière et ingrate nation », qui étaient la cause de sa décision de l'attaquer. Il défendait aussi « mon désir de me venger des injures que j'avais reçues des Hollandais », contre la condamnation de la postérité. Ses sentiments, écrivait-il, étaient compréhensibles de la part d'« un prince jeune et aussi bien traité de la fortune que je l'étais ».

Qui plus est, il lui fallait maintenir « la gloire et la réputation de mon royaume ». De la sorte, il parvenait à se connaître et à se révéler à lui-même[15].

Un fort en bois, le fort Saint-Sébastien, près de Saint-Germain, fut transformé en terrain de manœuvres où le souverain exerçait ses troupes et les passait en revue, les instruisait dans la guerre de tranchées et de siège. C'était autant un monarque militaire que le seraient plus tard les Hohenzollern. Comme Frédéric-Guillaume Ier de Prusse, il fit écumer ses provinces en quête d'hommes de grande taille pour ses régiments préférés : les trouver s'ajouta à la liste des devoirs de Colbert[16].

Louis XIV manifesta aussi son amour de la guerre en faisant de ses gardes les troupes de choc de son armée, et en accroissant leur discipline, leur solde et leurs privilèges. Sous son autorité personnelle, ils devinrent un corps d'entraînement des officiers, une « école de Mars », des hommes qu'il jugeait incapables d'une mauvaise action[17]. En 1664, il abolit la vénalité des charges d'officiers des gardes du corps, augmenta leurs effectifs de 100 à 360 hommes dans chaque compagnie et les dota d'un état-major distinct. Après 1671, toutes les unités de ses gardes à pied et à cheval étaient réunies sous l'appellation générale de Maison militaire du roi[18]. Jean de Plantavit de La Pause, jeune noble provincial, fut ébloui par les uniformes et les chapeaux à plumes magnifiques des gardes du corps et regrettait d'être trop pauvre pour s'y enrôler[19]. Une unité de grenadiers à cheval fut ajoutée à la Maison militaire en 1676. Louis XIV promut des officiers de sa Maison militaire aux rangs les plus élevés de son armée. En 1700, la moitié des colonels des régiments de ligne avaient précédemment servi au sein de la Maison militaire[20].

Si le roi était présent, Versailles ou Saint-Germain profitaient presque chaque jour d'une parade, avec de la musique, ce que Londres connaît encore de nos jours une fois par an avec la cérémonie du *Trooping the Colour*.

La Gazette écrivait le 10 novembre 1674 : « Le roi monte tous les jours à cheval pour voir les recrues des gentilshommes qui ont été levées en diverses provinces et pour les distribuer lui-même dans les compagnies des gardes du corps. » Les officiers étaient en partie choisis pour leur stature, souvent parmi les pages royaux[21]. Le successeur de Van Beuningen au poste d'ambassadeur des Provinces-Unies, Peter de Groot, admettait que ces unités étaient « très belles, d'un âge robuste et vigoureux, toutes bien habillées et disciplinées[22] ».

Le roi resta un officier de l'armée en service actif jusqu'à la fin de sa vie : les inscriptions sur deux de ses médailles, *Rex dux et miles* (« Roi, chef et soldat ») et *Disciplina restituta* (« Discipline rétablie »), ne mentaient pas. Il passait fréquemment ses troupes en revue, un homme après l'autre, un cheval après l'autre, sur les plaines et les avenues entourant ses châteaux, et quelquefois sur la terrasse de Versailles, après dîner. « Il est plus sévère qu'aucun commissaire », écrivit l'un de ses courtisans favoris, le marquis de Dangeau, un joueur qui tint l'un des journaux les plus exacts et les plus informés du règne. Parfois, il interdisait à ses courtisans de le suivre, préférant être seul avec ses troupes[23]. Il passait sa Maison militaire en revue particulièrement souvent : tant d'hommes mouraient à la bataille ou étaient promus à des postes de commandement de ses régiments d'infanterie qu'il lui fallait sonder leurs remplaçants. Ceux qui ne possédaient pas la taille réglementaire étaient écartés[24].

Le philosophe anglais John Locke, en visite en France en 1678, vit le roi passer en revue sa Maison militaire, « tous vigoureux, bien pourvus de monture et bien vêtus ». Ils marchaient « si serrés [...] en file, un homme après l'autre devant lui, et [il] faisait inscrire l'effectif de chaque escadron au passage, procédant entre-temps à une inspection très stricte de leurs chevaux et d'eux-mêmes ».

Lors d'une autre inspection, en 1679, alors que le roi passait devant l'extrémité de chaque rang de soldats,

> les officiers à la tête de leurs compagnies et de leurs régiments en armure avec leur lance à la main le saluaient avec leur lance et ensuite avec leur chapeau, et il retirait très respectueusement son chapeau devant eux, ce qu'il faisait encore quand, ayant pris sa position, ils marchaient tous devant lui. Il passa deux fois devant toute la première rangée de ces hommes, en un sens puis dans l'autre, d'abord seul, le Dauphin, etc., l'accompagnant, et ensuite avec la Reine, en chevauchant à hauteur de son carrosse[25].

De telles cérémonies permettaient de renforcer les liens émotionnels entre la dynastie et la garde, tous les ans et tout au long de l'année. Saint-Maurice était impressionné : « Jamais on n'a vu tant de régularité ni de discipline ni jamais armée n'a été si bien réglée que dans ce camp[26]. » Peter de Groote avertit son gouvernement, le 22 janvier 1672, quant à « la certitude d'une guerre très violente [...] nous aurons besoin de toute la bonté que Dieu nous a si souvent témoignée en de pareilles occasions. » Le 5 février : « On [c'est-à-dire le roi] veut ici à quel que prix qu'il soit être maître des Pays-Bas[27]. » Il accusait l'Angleterre d'être « la seule cause de tout le mal ».

En effet, se souvenant peut-être de l'alliance de Mazarin en 1657 et faisant preuve d'une prudence inhabituelle, Louis XIV choisit d'attaquer les Provinces-Unies en s'alliant à Charles II d'Angleterre et à l'Électeur de Cologne. Après l'argent, l'arme principale qui permit au roi de s'assurer de l'alliance anglaise n'était autre que sa belle-sœur. Charles II avait depuis longtemps écrit à Madame, dans des missives privées, que Louis XIV pouvait compter sur son amitié éternelle, mais il voulait y trouver son compte, autant qu'il était raisonnable qu'ils y trouvent le leur. Il voulait de l'argent et des territoires[28]. Encourageant l'amitié entre les deux souverains (non sans placer son frère avant son beau-frère, ainsi que le suspectait Louis XIV), Madame avait été la première, en 1665, à proposer qu'ils échangent une correspondance et concluent un traité secret. Hugues de Lionne, secrétaire d'État des Affaires étrangères (qui rédigea certaines des lettres de Madame à Charles II), Henri de Massue de Ruvigny, diplomate protestant français, Colbert de Croissy, ambassadeur de France à Londres et frère de Colbert, l'ambassadeur d'Angleterre à Paris Ralph Montagu, et le ministre anglais Lord Arlington étaient dans le secret, ainsi que des catholiques anglais comme Sir Thomas Clifford, Lord Arundell of Wardour et l'abbé Montagu, ce dernier agissant depuis cinquante ans en intermédiaire entre les deux cours[29].

La présence de la maison de Henriette-Marie dans son domaine de Colombes, près de Paris, après son retour en juin 1665, fournissait un prétexte à de fréquents voyages entre Londres et Paris[30]. En 1667, elle avait aidé à négocier la paix entre Louis XIV et Charles II[31]. Après sa mort à Colombes en septembre 1669, et bien qu'elle fût reine douairière d'Angleterre, Henriette-Marie fut enterrée à Saint-Denis aux côtés de son père Henri IV. Suscitant la colère de Monsieur, Charles II hérita de toutes ses possessions, excepté ses perles, sa maison et son mobilier de Colombes, qui allèrent à Madame[32].

Charles II n'était pas invariablement profrançais, ainsi que Louis XIV le savait. Il avait combattu la France entre 1656 et 1659 et en 1666. Les ambassadeurs de Louis le tenaient informé de la virulence de la francophobie en Angleterre[33]. Charles II écrivit : « Messieurs, je ne suis pas aussi absolu dans mon État que le roi mon frère l'est dans le sien. Je dois satisfaire mon peuple et mon parlement. » Avec la réputation justifiée d'être peu fiable, il était prêt à changer d'alliés, comme il l'avait fait en 1668 quand il avait signé la Triple-Alliance avec les Provinces-Unies et la Suède[34]. Quant à Louis, son soutien à Charles II n'avait rien d'indéfectible. En 1662, il avait signé un traité avec les Provinces-Unies et les avait soutenues dans la guerre anglo-hollandaise de 1665-1667. Craignant que Charles II et son Parlement ne finissent par sceller une entente entre eux ou avec les Provinces-Unies, il était disposé à verser des subsides à des membres de l'opposition républicaine anglaise, comme Algernon Sidney, afin d'affaiblir son cousin[35]. Ce dernier voulait recevoir des subsides de Louis, dont les revenus représentaient le quintuple des siens. Malgré les progrès de sa marine, Louis XIV souhaitait rallier celle de Londres à ses côtés. Charles promit aussi de soutenir les revendications de la France sur la succession d'Espagne, pourvu qu'il reçoive lui-même la plupart des possessions d'Espagne outre-mer. Louis et Charles étaient l'un et l'autre tout autant motivés par leur colère envers l'« insolence » batave que par le désir de s'emparer des territoires et du commerce hollandais[36].

Le 24 février 1670, Madame et Monsieur rentraient à Saint-Germain, trois semaines après leur départ consécutif à l'arrestation du chevalier de Lorraine. Madame et Louis s'attelèrent à la préparation d'un traité avec Charles II dans une chambre privée du château[37]. En mai 1670, alors que Louis et la Cour étaient partis en inspection à Lille, Madame, accompagnée d'une maison « réduite » à 237 membres, alla rendre visite à Charles au château de Douvres. Selon l'ambassadeur d'Angleterre, Ralph Montagu, Monsieur avait couché toutes les nuits avec son épouse, cherchant à faire en sorte qu'elle tombe enceinte afin d'empêcher cette visite[38]. Le traité de Douvres fut néanmoins signé le 1er juin. Ses clauses restèrent secrètes jusqu'au siècle suivant. En échange d'un subside annuel de 150 000 livres sterling (l'équivalent de sept semaines de revenus de l'Angleterre), Charles II promit de déclarer la guerre aux Provinces-Unies en alliance avec Louis XIV.

La guerre terrestre serait menée par la France, la guerre maritime par l'Angleterre. En outre, il jurait de se déclarer catholique et d'améliorer le statut juridique des catholiques dans ses trois royaumes. Par conséquent, l'alliance anglo-française finit par être liée à ce qui la détruirait, la conversion des Stuarts au catholicisme. Le duc d'York révérait Turenne, sous les ordres duquel il avait servi de 1651 à 1656, pour lui « l'homme le plus grand et le plus parfait qu'il ait jamais connu et le meilleur ami qu'il ait jamais eu[39] ». En 1669, un an après la conversion de Turenne au catholicisme en France, le duc d'York cessait de fréquenter les églises anglicanes en Angleterre. En 1673, il devenait ouvertement catholique.

Les projets de conversion au catholicisme de Charles II pouvaient signaler non pas tant un acte de piété qu'un geste calculé visant à se défaire de sa réputation d'irresponsabilité et d'insincérité, à séduire Louis XIV et à lui soutirer davantage d'argent[40]. Il restait maître du calendrier et les 6 000 soldats français qui lui étaient promis s'il se déclarait catholique étaient trop peu nombreux pour être utiles. C'était une clause secrète d'un traité secret. Jusqu'à sa conversion au catholicisme sur son lit de mort, autant inspirée par la maladie et par les pressions du duc d'York que par sa propre piété, Charles II resta un anglican pratiquant. Sur son ordre, les filles d'York, Mary et Anne, les héritières de son trône (et futures ennemies de Louis XIV), furent éloignées de leur père et reçurent une éducation anglicane[41].

Le 29 juin 1670, deux semaines après son retour triomphal de Douvres, héroïne de deux cours, Madame mourait à Saint-Cloud. Louis XIV, qui était présent, versa davantage de larmes que le mari de la défunte. Elle n'avait que 26 ans, et la rapidité de son décès suscita des accusations d'empoisonnement : le chevalier de Lorraine fut suspecté. En réalité, ainsi que le démontra une autopsie, une péritonite et un ulcère perforé en étaient les causes probables.

Saint-Maurice écrivit : « La Cour et le royaume ont perdu leur plus bel ornement et les dames ne sauront plus où se faire voir car la reine ne tient quasi pas de cercle » – Marie-Thérèse n'aimait guère la société[42]. Dans son oraison funèbre, Bossuet déclara aux fidèles que Madame s'était distinguée par son mérite plus encore que par son rang : malgré les divisions bien trop fréquentes dans les cours, sa bonté lui avait gagné tous les cœurs, mais en dépit de ses accomplissements sur cette terre, rappelait-il, « vanité des vanités, tout est vanité[43] ».

Malgré sa mort, la proximité anglo-française s'accentua. Cet été-là, le duc de Buckingham et le fils illégitime de Charles II, le duc de Monmouth, furent « fort caressés » par le roi, avec des bals, des passages de troupes en revue, des audiences privées et des simulacres de bataille sur le grand canal de Versailles, plus que n'importent quels étrangers avant eux[44]. Parfois, écrivait Henry Savile, un envoyé anglais, Louis XIV usait avec Charles d'expressions d'amitié plus passionnées « que je n'en ai jamais entendu d'un homme de toute ma vie. En toute sincérité, je ne vois guère comment il pourrait en dire bien davantage à ses maîtresses[45] ».

La diplomatie conduite par Madame se poursuivit après 1670, reprise par une autre diplomate, l'une de ses filles d'honneur, Louise de Kéroualle, jeune Bretonne sans le sou dont Charles II s'était épris. Sur son insistance, et avec les encouragements de Louis, elle élit domicile en Angleterre, pour y devenir l'une des filles d'honneur de la reine. Après un mariage de circonstance en octobre 1671, « la garce française », comme l'appelaient les Londoniens[46], devint la maîtresse principale de Charles. Faite duchesse de Portsmouth en 1673, elle était la plus riche et la plus importante dame d'influence de la Cour. Ses pensions françaises et anglaises de 40 000 livres annuelles n'étaient pas ses seuls atouts financiers. Des ministres cultivaient son amitié ; l'ambassadeur de France la traitait en collègue[47]. L'appartement de vingt-quatre pièces du palais de Whitehall de ma « chère, très chère rondelette », sa « Fubs », ainsi que l'appelait le roi, abritait « le véritable Conseil de cabinet », selon Lord Halifax, l'un de ses membres les plus habiles, où ministres et courtisans discutaient politique et faveurs avec le monarque. Décoré de tapisseries dépeignant les châteaux, les armoires laquées et les vases en argent de Louis XIV, c'était une enclave française, tant au plan politique qu'esthétique[48].

Louis se divertissait fort de dépêches rapportant ses querelles avec Charles au sujet de ses autres maîtresses, de l'infection vénérienne de Louise de Kéroualle transmise par le roi et de son offrande propitiatoire d'un collier de perles. Quant à Louis, il lui fit cadeau d'une paire de boucles d'oreilles serties de diamants. Ses lettres à « ma cousine la duchesse de Portsmouth » expriment son « estime », « son affection » et sa gratitude pour ses efforts, tout au long du règne de Charles II, visant à favoriser une « parfaite intelligence avec le Roi de la Grande-Bretagne ». Les réponses de la duchesse de Portsmouth exprimaient sa détermination à œuvrer pour les intérêts de Louis « autant qu'il dépendra de mon peu de pouvoir ». En récompense de ses services en Angleterre, en 1682, il la fit duchesse d'Aubigny – seule femme à être devenue duchesse de droit dans deux royaumes[49].

Alors que Madame et Louise de Kéroualle avaient circonvenu Charles II, Hugues de Lionne, ministre des Affaires étrangères de Louis XIV, et Louvois avaient scellé une alliance avec l'Électeur de Cologne, Maximilien-Henri de Bavière, l'un de ces souverains allemands qui, loin d'être des personnages mineurs, contribuèrent à décider du destin de l'Europe. L'Électeur ne se contentait pas de régner sur une région stratégique de la Rhénanie, puisqu'il était aussi souverain évêque de Liège. Ses territoires offraient un corridor d'accès au mouvement des troupes de France vers les Provinces-Unies, en contournant les Pays-Bas espagnols.

Lionne fut aidé par le principal agent de la France dans le Saint Empire romain, un membre d'une éminente dynastie allemande du sud, Wilhelm Egon von Fürstenberg. Ami de Lionne, et amant de Mme de Lionne, Fürstenberg était lié depuis 1658 par un contrat écrit l'obligeant à appuyer « tous les plans et intérêts de Sa Majesté » dans le Saint Empire romain, où il connaissait bien les personnalités les plus en vue. Il fut récompensé par l'octroi de la nationalité française et des bénéfices d'une valeur de 90 000 livres annuels (incluant l'abbaye de Saint-Germain-des-Prés, et c'est de lui que la rue Fürstenberg voisine tient son nom). Son frère, surnommé l'« évêque Bacchus » tant il mangeait et buvait, était le ministre principal de l'Électeur de Cologne. Ils représentaient l'esprit de la francophilie rhénane, déjà exprimée dans la Ligue du Rhin de Mazarin (et plus tard dans la Confédération du Rhin de Napoléon), que personnifierait l'un des pères de l'Europe moderne, le chancelier Konrad Adenauer, sous l'autorité duquel Bonn, sur le Rhin, deviendrait la capitale de l'Allemagne de l'Ouest[50].

En janvier 1672, l'ambassadeur des Provinces-Unies avait protesté auprès de Louis XIV au sujet de ses préparatifs de guerre, soupçonnant que son pays en était la cible. Le roi répondit qu'il lèverait encore plus de troupes et ferait ensuite ce que lui dictaient ses intérêts et sa gloire[51]. Le 6 avril, les deux souverains déclarèrent la guerre aux Provinces-Unies. Le 27 avril, Louis s'en fut de Saint-Germain. Le 4 mai, il écrivit à Colbert : « Je trouve une grande partie des troupes dans le meilleur état du monde ; j'espère qu'elles feront bientôt parler d'elles et de moi. » Le 5 mai, il atteignait Charleroi[52].

L'armée française marchait en bon ordre – elle s'approvisionnait en fourrage mais ne se livrait pas au pillage – en longeant la Meuse vers le Rhin. Comme en 1667, Saint-Maurice fit l'éloge du professionnalisme militaire du roi. Ce dernier, écrivait-il le 13 mai, « fait lui tout seul toutes choses sans empressement, sans dire un mot fâcheux à qui que ce soit. Il ordonne des marches, fait les campements, marque les endroits des gardes et les visite et fait plus de fatigue qu'aucun autre officier ». À l'opposé de ses repas sophistiqués à la Cour, en campagne, il mangeait ce que mangeaient les autres officiers[53]. Le 20 mai, il était devant Liège. Le 21, Saint-Maurice poursuivait : « Le roi est incessamment à cheval ; il prend grand soin que son armée vive et marche avec ordre ; il a l'œil à tout et sans empressement et on ne dirait pas qu'il songe plus aux belles qu'il a laissées aux environs de Paris ; [...] il a toujours la carte du pays à la main, parle à tous les officiers, écoute tout le monde et donne les ordres sans consulter personne. » Jamais on ne vit homme plus dévoué, ajoutait-il. Il fournissait même des repas aux dames spectatrices, tant des bourgeoises que des paysannes. Il assurait en personne l'instruction des officiers qui avaient sa faveur, comme le duc d'Enghien, fils du Grand Condé, son ami et cousin le comte de Soissons et le grand ingénieur Vauban[54].

Continuant le long du Rhin, il fut reçu le 7 juin 1672 à Rheinberg par son allié l'Électeur de Cologne. Le 9, il traversait le Rhin non loin de Wesel. Le 12, sur la suggestion du comte de Guiche, la cavalerie française franchit le fleuve à gué à Tolhuis, près de Nimègue, leurs épées serrées entre les dents, les mains agrippées à la crinière de leurs chevaux – ce n'était pas le Rhin allemand, mais sa partie hollandaise, une portion du fleuve moins profonde, avec moins d'un mètre d'eau[55]. Le roi était furieux de la couardise du duc de Chevreuse, commandant des chevau-légers de la garde, qui paya pour traverser le fleuve en bateau[56].

Au cours de ce que les Provinces-Unies gardent inscrit dans leur mémoire comme la *Rampjaar*, ou l'« année du désastre », des villes et des villages furent dévastés par les forces françaises. Les rentes d'État ne trouvaient plus preneurs. Le cours des titres de la Compagnie des Indes orientales néerlandaises chuta de moitié. Certains marchands déplacèrent leur commerce à Hambourg[57]. L'armée hollandaise opposa peu de résistance. Des garnisons se rendirent sans se battre. Le 23 juin, un général hollandais, Godard Van Ginkel, écrivait à son père : « Notre pays entier pour lequel nos ancêtres ont combattu pendant quatre-vingts ans est au bord d'être perdu [...] sans même avoir fortement résisté à l'ennemi[58]. » Il décrivait la situation des Provinces-Unies en ces termes : *redeloos* (« irrationnelle »), *radeloos* (« désespérée ») et *reddeloos* (« sans issue »)[59].

Utrecht, avec une population au tiers catholique, refusa d'ouvrir ses portes à Guillaume III et à ses troupes, tout comme de résister à l'armée française ; les Français y entrèrent le 24 juin[60]. Louis XIV avait séjourné dans diverses maisons de campagne hollandaises, notamment celle de Ginkel à Amerongen. Il arriva devant Utrecht le 1er juillet 1672 mais, craignant des mines non explosées dans les caves, n'y pénétra pas sauf après que son frère lui eut signalé que la visite en valait la peine. Le chevalier de Lorraine, entré en faveur grâce à ses talents militaires, accompagnait souvent Louis : il y avait donné une fête pour Monsieur et le duc de Monmouth. Le 3 juillet, le monarque français entrait à cheval dans Utrecht, empruntant des rues où s'alignaient des gardes-françaises, mais sans mettre pied à terre. Il n'entra pas non plus dans la cathédrale (la seule église que les Français avaient restituée au culte catholique), où son grand aumônier, le cardinal de Bouillon, neveu de Turenne, avait célébré le 30 juin la première messe depuis la Réforme. Un garçon s'écria : « Vive le prince ! », mais personne ne cria « Vive le roi ! ».

Pendant dix jours, jusqu'au 10 juillet, le monarque français resta devant Utrecht, dans un camp dressé au milieu du parc qui entoure le château de Zeist – jamais il ne s'éloignerait davantage du territoire français. Ses camps, préparés par son officier préféré, M. de Chamlay, maréchal général des logis, étaient comme de petites villes, avec leurs hôpitaux, leurs approvisionnements et des rangées de tentes soigneusement alignées[61]. Le bibliothécaire de la ville, Everard Booth, l'appela le camp de Mars. On aménagea sous la tente royale « la chambre du roi » – comme dans un palais français, il fallait retirer son couvre-chef devant le lit royal. Booth remarquait aussi que le roi avait ses chiens de compagnie avec lui[62].

Pourtant, les officiers français n'avaient pu conserver le contrôle de Muiden, à un peu moins de 15 kilomètres d'Amsterdam, qu'ils avaient brièvement occupée le 20 juin et qui formait la clef du dispositif d'écluses défensives. Le conseil d'Estrades (ancien ambassadeur de France à La Haye, il connaissait le système des digues) de conserver le contrôle de Muiden leur était parvenu trop tard. Le 22 juin, les commandants hollandais ouvrirent les écluses des digues de Muiden, créant et alimentant ainsi un vaste lac qui s'étendit de Rotterdam à Amsterdam, entre les provinces de Zélande et de Hollande et l'armée française. Louis XIV se voyait ainsi privé de sa prise la plus convoitée[63]. Beaucoup d'observateurs lui tinrent rigueur d'avoir suivi le conseil de Louvois plutôt que celui de Condé. Le 28 juin, le jeune diplomate anglais Sydney Godolphin, attaché au quartier général français, écrivit ainsi à Lord Clifford : « Si le roi rentrait à Paris et laissait son armée au prince de Condé afin qu'il poursuive la guerre, je crois que vous auriez bientôt de ses nouvelles à Amsterdam ou à La Haye. »

Prudent, le roi mettait pourtant toujours son armée au premier plan, confirmant ainsi qu'il menait autant ses guerres pour elle qu'avec elle. Il « manque très rarement de récompenser ceux qui le méritent avant même qu'ils ne s'y attendent », continua Godolphin, et il « veillait à fournir toutes les commodités à ses soldats, en s'avançant lui-même toujours à cheval dans la chaleur ou sous la pluie[64] ». Louis préférait la guerre de siège, suivie d'entrées triomphales dans les villes, plutôt que de risquer la défaite et les vies de ses hommes dans des batailles rangées.

Quelques erreurs de la diplomatie et l'apparition d'un nouveau rival entravèrent encore le triomphe de Louis. Le 26 juin, des négociateurs hollandais lui proposèrent de lui céder Maastricht et le nord du Brabant. Ces deux prises auraient pu constituer d'utiles monnaies d'échange contre des territoires plus proches de la France. Là encore, suivant l'avis de Louvois, le 2 juillet, il insista pour obtenir aussi Utrecht, Overijssel, Groningue, Limbourg et Guelders, des forts sur le Rhin, de meilleures clauses de commerce, des droits juridiques pour les catholiques dans toutes les Provinces-Unies, notamment celui de détenir des offices publics, une indemnité de 24 millions de livres et la frappe annuelle d'une médaille d'or exprimant la contrition des Hollandais pour leur hostilité passée[65]. En fin de compte, il n'en obtiendrait rien. L'autre erreur française, que Louis XIV attribua dans ses Mémoires sur la guerre à une « extrême indulgence », fut d'autoriser la libération de 20 000 prisonniers de guerre hollandais, en échange du paiement de leurs rançons : leur retour accrut la taille de l'armée des Provinces-Unies[66]. D'autant qu'il était confronté à son premier adversaire inexpiable : son petit-cousin germain, Guillaume III, prince d'Orange. En juillet 1672, confronté à son heure de vérité, ce prince plaça son pays au-dessus de sa dynastie ou, tel qu'il l'exprima, ses obligations avant ses intérêts. Il refusa les suggestions de Louis XIV et Charles II : en échange de la ratification de leurs conquêtes en territoire néerlandais, il deviendrait souverain de Hollande et de Zélande. Le duc de Buckingham lui demanda : « Vous voyez assurément que tout est perdu ? » Avec la réponse qu'il lui fit, Guillaume III eut cette réplique restée fameuse : « My Lord, mon pays est en effet en danger mais il est un moyen de ne jamais le voir perdu et c'est de se battre jusqu'à son dernier souffle[67]. »

Le duel entre Louis XIV et Guillaume III avait débuté. L'invasion de Louis avait remis le pouvoir entre les mains de son pire ennemi. Le 4 juillet, Guillaume fut élu stathouder des États de Hollande et de Zélande (ainsi qu'il le deviendrait plus tard dans trois autres provinces). Le 6 juillet, les États-Généraux de l'ensemble des sept Provinces-Unies le nommèrent capitaine général de l'armée hollandaise et amiral général de la marine à vie[68]. Guillaume III était désormais non seulement prince d'Orange dans le sud de la France, mais aussi comte de Nassau dans le Saint Empire romain et, en tant que petit-fils de Charles Ier, détenteur d'une place dans l'ordre de succession anglais ; il était enfin et surtout stathouder des Provinces-Unies. Comme Rotterdam et La Haye, Amsterdam était plus antifrançaise et favorable à Guillaume III que les provinces rurales des Provinces-Unies. Le 7 juillet, l'ennemi personnel du roi, Van Beuningen, devenu échevin de la ville d'Amsterdam et conseiller de Guillaume III, convainquit les États-Généraux, dans un discours demeuré fameux, que leur situation était tout sauf désespérée et qu'il leur fallait rompre les négociations avec Louis[69].

Le 25 juillet 1672, Léopold Ier, empereur du Saint Empire, s'alliait avec les Provinces-Unies par l'intermédiaire de son envoyé à La Haye, le baron de Lisola, antifrançais invétéré (que Louvois aurait voulu faire enlever et mettre à mort). Une deuxième alliance antifrançaise, après celle de 1668, venait de se former[70]. Jusqu'à la fin de sa vie, Guillaume III, qui ne tarda pas à prendre en charge la diplomatie des Provinces-Unies, estima que son destin lui commandait de défendre non seulement son pays, mais aussi « de restaurer et de préserver la liberté de l'Europe » contre les ambitions de Louis XIV de s'imposer en « souverain arbitre de la Chrétienté[71] ».

Pendant ce temps, le 10 juillet 1672, Louis avait entamé son retour vers la France, par Amerongen et Arnhem.

Arrivant à Saint-Quentin à l'aube du 1er août, grâce à des relais de chevaux frais, il était de retour à Saint-Germain à 10 heures dans la soirée, après avoir couvert presque 130 kilomètres en une journée[72]. Louis XIV avait été naguère un tendre jeune homme, qui pleurait facilement et qualifiait la pitié de plus royale de toutes les vertus. Dans des lettres à la reine Christine de Suède et au roi Philippe IV d'Espagne, il avait pu invoquer « le droit des gens » et « l'humanité[73] ». En 1666, l'ambassadeur de Venise avait estimé que son humanité et son horreur des effusions de sang et de la cruauté comptaient parmi ses dons les plus éclatants[74]. Dès 1672, il avait changé. Dans les campagnes néerlandaises, sur ordre de Louvois, les troupes françaises avaient semé la terreur. « Je n'ose vous dire quels excès ont atteint les pillages », écrivit leur commandant, Luxembourg, à Louvois le 12 août. Quelques soldats furent pendus pour leurs crimes[75], mais cette stratégie ayant pour but de terroriser les habitants et de les forcer à verser des « contributions » se reproduisit les années suivantes. Louvois écrivit à un intendant de l'armée de « faire brûler tout le plus que vous pouvez », et au comte de Calvo : « Il faut brûler les villages entiers[76]. »

Louis XIV et Louvois furent aussi surpris de la résistance néerlandaise en 1672 que Guillaume II et ses généraux le seraient de la résistance belge en 1914. Les deux monarques se laissaient aveugler par leur pouvoir. Selon les propos de Herbert Rowen, biographe de Jan de Witt et du ministre des Affaires étrangères, M. de Pomponne, le roi choisit des « méthodes brutales qui conduisirent précisément à plusieurs reprises au résultat qu'il cherchait à éviter[77] ». Ce n'est pas seulement le point de vue de notre XXIe siècle. Condé lui-même, réputé pour son caractère impitoyable, avertit le monarque de « l'aversion cruelle qu'on s'est attirée. Je ne sais s'il est de l'intérêt du Roi de continuer[78] ». Le marquis de La Fare se plaindrait de ce que la France, par ses actions, avait perdu « la domination de l'Europe » en ne récoltant en échange que sa haine[79]. Dans les villages de Zwammerdam et Bodegraven, 2 000 maisons furent incendiées, avec leurs occupants à l'intérieur. Louvois écrivit à Condé : « On grilla tous les Hollandais qui étaient dans le village de Swammerdamm [...] dont on ne laissa pas sortir un des maisons. » D'autres villages souffrirent[80]. Ces atrocités inspirèrent des gravures intitulées *Le Miroir de la tyrannie française*, publiées par Romeyn de Hooghe à Amsterdam en 1673. Abraham de Wicquefort, un frondeur établi depuis longtemps à Amsterdam (qui agissait néanmoins en qualité d'espion français), en rédigea le texte. L'Europe écrivait et gravait donc contre Louis XIV autant qu'elle lui résistait. L'armée hollandaise massacra des civils et pilla elle aussi : Ginkel avoua maintes atrocités dans l'Électorat de Cologne. Toutefois, les propagandistes français ne rendirent pas ces exactions publiques[81].

Le pouvoir de Guillaume III sur les Provinces-Unies se vit confirmer par le meurtre de Jan de Witt. En juillet 1672, de Witt avait démissionné de son poste de grand pensionnaire de Hollande. Beaucoup le jugeaient responsable de leur défaite, le considérant même comme un traître – il avait orchestré depuis 1650 l'« exclusion perpétuelle » de la maison d'Orange de toute fonction politique, avait été le principal allié néerlandais de Louis XIV et restait en contact avec des diplomates français. Le 20 août, lors d'un épisode classique de mise au pilori politique, Jan de Witt et son frère Cornelis furent sortis de prison à La Haye, où ils avaient déjà été torturés. Aux cris de *« Oranje Boven ! de Witt onder ! »* (« Vive Orange ! à bas de Witt »), ils furent battus en place publique, poignardés et tombèrent sous les balles de membres de la milice, tandis que des pasteurs louaient « l'œuvre de Dieu ». Leurs cadavres furent en partie écorchés et éviscérés. Des doigts, des oreilles et d'autres « lambeaux » furent vendus en guise de souvenirs, ou rôtis et mangés : il fallait que ces doigts-là soient punis pour avoir signé l'édit d'« exclusion perpétuelle » contre la maison d'Orange. Les cadavres furent laissés pendus à la potence, en signe d'avertissement aux ennemis de Guillaume III. Pour réfuter toute accusation de complicité, ce dernier avait quitté le matin même La Haye pour se rendre en visite d'inspection des fortifications à l'est de la ville, à Woerle. Il avait clairement planifié ces assassinats et réserverait des emplois et des pensions à certains de leurs auteurs[82].

Jusqu'au traité de Nimègue de 1678, tous les ans, Louis XIV suivit le même rythme. De Saint-Germain ou Versailles, il partait rejoindre son armée à la fin de l'hiver ou du printemps, pour deux ou trois mois[83]. Au cours de cette guerre, il passa au total quatre cent soixante-sept jours en campagne[84]. En son absence, la reine assurait la régence : il lui écrivait de longues descriptions de ses campagnes, destinées à être lues par d'autres. Elle présidait certaines réunions de conseils, notamment le Conseil royal des finances, signant des documents financiers et politiques et recevant des ambassadeurs, pendant trois à quatre mois durant la période propice aux campagnes militaires, en 1673, 1675, 1676 et 1677, et fut louée pour sa prudence, sa franchise et son zèle[85].

Chaque campagne était planifiée en détail par le roi, Louvois et quelques officiers de confiance. Parfois Louis XIV rédigeait lui-même un ordre de marche pour ses troupes, dont Chamlay reprenait plus tard copie au propre. En cet âge d'or de la cartographie française, les géographes du roi dressaient des cartes de France et de ses voisins de plus en plus exactes, généralement dédiées au roi[86]. Le maréchal de Luxembourg appelait Chamlay « une carte vivante » ; il devint rapidement le chef d'état-major du roi et son cartographe militaire en chef[87]. Louis XIV contrôlait aussi ses campagnes au moyen de memoranda détaillés à ses généraux, les décourageant généralement de se livrer à des batailles rangées, tout en étant capable de laisser la décision au commandant sur le terrain. Tous les ans, l'armée française avait une cible nouvelle. En 1673, c'était l'une des forteresses les mieux défendues d'Europe, Maastricht, « le rempart des Provinces-Unies », dans la partie sud du pays, qui protégeait un pont vital sur la Meuse. Maastricht était entourée d'une panoplie de douves, de contrescarpes, de palissades, de remparts, de murailles et de redoutes. Condé et Turenne furent envoyés commander respectivement aux armées des Provinces-Unies et d'Allemagne. Louis XIV voulait se réserver le seul mérite de la chute de Maastricht[88].

Le 11 juin 1673, il entamait le siège de la ville avec une armée de 24 000 hommes, le premier à être organisé par Vauban. Une magnifique vue aérienne de Jean Paul montre la tente somptueuse du roi au sud-est de la cité, à l'écart des combats, près du village de Woerden. Encerclée à perte de vue de rangées de tentes françaises comme autant de régiments à la parade, Maastricht avait peu d'espoir. À ce zénith de l'alliance franco-anglaise, le duc de Monmouth, commandant des Life Guards, était à la tête d'un régiment anglais au service des Français, baptisé le Royal-Anglais (au total 8 700 soldats britanniques combattaient dans l'armée française), et se verrait affecter l'un des cinq quartiers, ou cantonnements, autour de la ville, le quartier de M. de Monmouth : les autres étaient les quartiers du Roi, de Monsieur, des Ministres et de M. de Louvois. Dans son récit du siège, le monarque ne tarirait pas d'éloges sur Monmouth[89].

En plus de tirer au canon sur les murailles de la ville, Vauban ordonna le creusement d'un dédale de tranchées souterraines jusqu'au pied des murailles, non pas rectilignes mais suivant un tracé en zigzag, peut-être inspiré de l'attaque turque contre Candie, une colonie de la république de Venise dans l'île de Crête, en 1669. Ces tranchées protégeaient en partie les attaquant des tirs et permettaient aux mineurs d'approcher le pied des fortifications et d'y poser des mines[90]. Après d'âpres combats, Français et Anglais franchirent la douve et s'emparèrent d'une redoute en forme de croissant, qui deviendrait le théâtre des combats les plus acharnés du siège. Les Hollandais reprirent cette redoute peu de temps après, mais le duc de Monmouth lança ses troupes dans un second assaut, qu'elles livrèrent avec de l'eau jusqu'aux genoux ; les Hollandais durent à nouveau battre en retraite. Enfin, Louis XIV ordonna à l'artillerie d'entrer en action. Les Hollandais se rendirent avec les honneurs de la guerre et se retirèrent sous les roulements de tambour, étendards au vent[91]. Le 3 juillet 1673, au bout de seulement trois semaines, ainsi que l'avait prédit Vauban, Louis XIV effectuait une entrée solennelle dans Maastricht. Il aurait pu séjourner dans le magnifique hôtel de ville achevé en 1664 – une version miniature de celui d'Amsterdam –, mais, comme à Utrecht en 1672, il préféra vivre sous des tentes à l'extérieur de la ville. À Maastricht, Vauban ajouta quelques lunettes aux fortifications, améliora le réseau de canaux et prit des dispositions de contre-minage.

John Churchill servait alors dans le régiment du Royal-Anglais sous le haut commandement français. Pour partie en récompense de son courage dans l'attaque de Maastricht (il avait été blessé en protégeant Monmouth), « le bel Anglais », comme on l'appelait, devint lieutenant-colonel, maître des robes et gentilhomme de la chambre de James, duc d'York. Il fut officiellement présenté à Louis XIV et, déjà colonel dans les armées anglaises, promu au même rang dans l'armée française en mars 1674. Continuant de servir dans le Royal-Anglais sous Turenne, il apprit à considérer les sièges comme un gâchis de ressources et à apprécier la guerre de mouvement, ainsi que le roi de France l'apprendrait à ses dépens pendant la guerre de Succession d'Espagne[92].

Du 31 juillet au 24 août et du 8 au 30 septembre 1673, le roi vécut à Nancy, capitale du duché de Lorraine, occupée par des troupes françaises depuis 1670 – peut-être dans l'intention de procéder à une annexion. La localisation du duché entre la France et l'Empire le rendait stratégiquement vital et Louis XIV avait déjà obtenu en 1661 le droit d'envoyer des troupes sur des « routes militaires » traversant le duché. Tous les jours, alors que la reine se rendait dans des églises et des couvents, Louis inspectait les bastions et les remparts que les troupes françaises construisaient autour de la ville. Ce fut pour la première fois à Nancy que, le 10 août 1673, il fit son apparition avec une perruque complète : jusqu'alors, il n'avait ajouté que des mèches à sa vraie chevelure[93]. Il reçut peu d'acclamations, le peuple de Lorraine restant loyal à son duc exilé, Charles IV. Après la mort de ce dernier en 1675, son fils régna en exil depuis Vienne, comme le duc Charles V, continuant l'ancienne inimitié entre les maisons de France et de Lorraine et rejoignant la cohorte croissante des ennemis personnels de Louis : Watteville, Lisola, Van Beuningen, Guillaume III. En août 1673, une alliance entre l'Autriche, l'Espagne et les Provinces-Unies visait à ramener la France à ses frontières de 1659[94].

Le même mois, poursuivant l'absorption de l'Alsace qu'il avait planifiée depuis 1664, Louis installa des garnisons françaises dans dix villes de la province, parmi lesquelles Colmar, Sélestat et Brisach[95]. Les murs de certaines villes furent rasés et les milices abolies. La vénalité des offices publiques fut appliquée, liant ainsi la fortune des hauts responsables à la France. La langue française fut imposée pour les documents officiels. En 1674-1675, une brève réoccupation par les troupes impériales incita davantage la population à accepter la domination française[96].

Cet automne-là, les forces françaises se retirèrent de leurs derniers postes avancés aux Provinces-Unies, excepté Maastricht. Le maréchal de Luxembourg n'avait pu s'emparer d'Amsterdam, alors même que la barrière d'eau qui la protégeait avait gelé au cours de l'hiver 1672-1673. La glace s'était en effet révélée trop mince pour soutenir ses soldats[97]. En novembre 1673, Guillaume d'Orange, qui avait porté les effectifs de l'armée hollandaise à 80 000 hommes, prit Bonn, capitale de l'Électeur de Cologne, allié de Louis XIV[98]. De leur côté, le 6 octobre 1673, les Français s'emparèrent de Trèves, capitale d'un autre puissant Électeur-archevêque du Saint Empire romain, qu'ils justifièrent en arguant que cela empêcherait l'armée espagnole d'en faire autant.

Pomponne, le nouveau ministre des Affaires étrangères, était favorable à une attitude de modération, Colbert et Turenne s'étaient aussi opposés à l'attaque, mais Louvois l'avait soutenue. Cette initiative horrifia M. de Gravel, envoyé français à la diète impériale à Ratisbonne. Les diplomates français, intentionnellement laissés dans l'ignorance, se sentirent trahis. Les généraux de Sa Majesté la mirent en garde contre ces méthodes guerrières brutales ; ses diplomates la prévinrent aussi contre les formules tout aussi brutales qui émaillaient les déclarations françaises : « La fureur contre la France devenait la passion dominante et pratiquement le mal universel en Allemagne », écrivait Gravel. Trèves fut reprise en 1675 par Charles V de Lorraine[99].

Démontrant une fois encore tout le pouvoir qu'exerçaient les sentiments personnels sur les affaires publiques, la guerre n'était pas seulement alimentée par la colère du roi contre les Provinces-Unies et par l'engouement des nobles pour le combat, mais aussi par sa passion pour Mme de Montespan, les lettres qu'il lui écrivit en 1673 depuis le siège de Maastricht l'attestent. De Bruxelles, Lisola se vanta auprès du chancelier Hofer, à Vienne : « Nous avons intercepté quatre lettres à Mme de Montespan écrites de la main du roi, elles sont pleines d'innombrables flatteries [...] qui révèlent pleinement l'abjection de ce prince et la nature de la passion qui le gouverne. Mais le plus détestable, c'est que ces lettres contiennent des descriptions détaillées du siège comme si elles étaient destinées à ses généraux. Comme notre Empereur est loin de si honteuses faiblesses ! » La deuxième épouse de Monsieur, que l'on appelait souvent Madame Palatine pour la distinguer de sa devancière, Madame Henriette, affirma plus tard que la raison pour laquelle Louis quitta son armée en 1672 n'était autre que son désir de voir Mme de Montespan après la naissance, le 20 juin, de leur enfant, Louis-César[100]. Quand elle était enceinte – dans le langage de l'époque, « sa poudre s'enflammait rapidement » –, Louis retardait son départ pour le front[101]. En 1676, ils organisèrent le retour de celle-ci à la Cour, après qu'elle fut allé prendre les eaux à Bourbonne-les-Bains, pour qu'il coïncide avec le propre retour du roi des combats de Flandre[102].

Le roi évoquait aussi Mme de Montespan dans des lettres à Colbert : « Vous ne m'avez rien mandé, dans toutes les lettres que vous m'avez écrites touchant le travail qu'on fait à Saint-Germain sur les terrasses de l'appartement de Mme de Montespan. » Il s'ensuivait des instructions détaillées à propos des cages et des fontaines pour ses oiseaux, afin qu'ils puissent se désaltérer quand ils le souhaitaient. Quelques mois plus tard, il manifestait encore sa préoccupation : « Elle m'a recommandé de continuer de prendre soin qu'il ne manque point d'eau au réservoir, afin que ledit jet d'eau joue quand elle voudra[103]. » Des phrases contenues dans des missives à Colbert, comme « après l'avoir vu avec Mme de Montespan nous l'approuvons tous deux », et une autre où il disait ne pas vouloir répondre tout de suite car il voulait savoir ce que pensait Mme de Montespan, montrent qu'ils agissaient en couple et qu'elle était partie prenante des décisions[104]. Pour sa part, elle manifesta son intérêt pour la guerre du roi en lui commandant un cadeau, un magnifique manuscrit enluminé de vues des villes qu'il avait capturées en 1672, reliés de cuir doré, avec des textes de Racine et Despréaux.

En février 1674, prouvant qu'il n'était pas la marionnette de Louis, Charles II conclut la paix avec les Provinces-Unies. Des officiers et diplomates anglais avaient été atterrés de la médiocre prestation de la marine française contre les vaisseaux hollandais et par les atrocités commises dans l'Empire. De Londres, Colbert de Croissy avertit son frère que tenter de préserver l'alliance anglo-française équivalait à naviguer contre vents et marées[105]. Des régiments anglais continuèrent néanmoins à servir dans l'armée française, alors même que le monarque considérait qu'ils donnaient un mauvais exemple. Churchill quitta le service de France en 1676, après s'être vu refuser une promotion au motif qu'il était « trop dévoué au plaisir » (en d'autres termes à sa future épouse Sarah et à Lady Castlemaine, la maîtresse qu'il partageait avec Charles II)[106].

Le 31 mars 1674, la diète de l'Empire à Ratisbonne vota en faveur d'une aide à l'empereur et à l'Électeur palatin, dont le territoire d'une grande importance stratégique, sur le Rhin moyen, avait été dévasté par les troupes françaises. Turenne « ruinerait » trente-deux villages du Palatinat en juillet 1674[107]. L'Empire lui-même était pour la première fois en guerre avec la France (bien que les Électeurs de Bavière, de Mayence et de Cologne soient restés alliés de cette dernière). Louis XIV était dénoncé comme le monstre de l'Apocalypse, l'ennemi de l'espèce humaine, le nouvel Attila[108]. À la fin de l'année 1674, la France combattait seule contre une alliance rassemblant l'empereur, l'Espagne, le Brandebourg, le Danemark, les Provinces-Unies et la Lorraine.

Après Utrecht et Amsterdam en 1672, et Maastricht en 1673, la Franche-Comté, enchâssée entre la Bourgogne et la Suisse, devint en 1674 la cible principale de Louis. Quoique tentés, comme bien d'autres régions voisines, de « se faire suisses » et de rejoindre la Confédération helvétique, les Francs-Comtois, loyaux à la monarchie espagnole et attachés à leur autonomie, résistèrent plus farouchement qu'en 1668. Comme les Hollandais, ils y étaient incités par la cruauté des troupes françaises, qui brûlèrent vifs une centaine de villageois d'Arcey réfugiés dans leur église. Finalement, le 15 mai 1674, après quatre semaines de siège, Louis fit son entrée solennelle dans la plus grande ville de la province, Besançon, avec la reine et le Dauphin. Comme Lille, elle est restée française depuis lors. Ils y séjournèrent douze jours ; le 19 juin, ils étaient en route pour Fontainebleau[109]. La résistance ou « la petite guerre » des « loups des bois » continua des années : jusqu'au XVIIIe siècle certains Francs-Comtois préférèrent être inhumés face contre terre afin d'éviter de voir le soleil français[110]. Nombre de prêtres, en particulier des moines capucins, étaient réputés préférer le service du roi d'Espagne[111]. Toutefois, Louvois orchestra l'intégration de la province avec l'aide de trois protagonistes essentiels : le gouverneur, le duc de Duras, neveu de Turenne ; l'intendant, Michel Camus de Beaulieu, parent de Colbert ; et un responsable local, Claude Boisot, greffier du Parlement, convaincu, ainsi qu'il l'écrivit à un cousin en 1674, que la Franche-Comté serait française pour toujours[112].

Louis XIV réserva ses faveurs à Besançon pour la dédommager de la perte de son statut de ville impériale libre. En 1676, en échange d'un versement de 300 000 livres, il transféra le Parlement et, en 1691, l'université de Franche-Comté de Dole à Besançon. Besançon fut officiellement intronisée capitale de la province en octobre 1677. Des états provinciaux furent maintenus en Artois et en Flandre, mais en dépit de nombreuses requêtes, le roi ne les rétablit pas en Franche-Comté[113]. Comme à Lille, « devenir français » était synonyme de visites royales, de l'introduction de la vénalité des offices locaux, inconnue sans la maison d'Autriche, et de la construction par Vauban d'une nouvelle et imposante citadelle, cité militaire ceinte de murailles dominant Besançon du haut du mont Saint-Étienne. Les douves étaient si larges qu'aujourd'hui elles accueillent un zoo. En outre, Vauban ajouta des bastions à tous les murs d'angles de la ville[114].

Le gouvernement de Louis XIV adapta son dispositif de prise de contrôle en fonction des villes et des provinces. À Marseille et en Franche-Comté, il donna la préférence aux hommes nouveaux, à Lille et en Alsace à des élites traditionnelles. En règle générale, il préférait la coopération à la confrontation, qui permettait aux administrateurs et juges locaux d'accroître leur prestige, de s'offrir de plus belles tenues et de plus beaux bâtiments et d'exercer leur autorité avec plus de sûreté. Ayant investi leur fortune dans leurs charges, ils devenaient français autant par intérêt que par nécessité[115].

En 1675, une conspiration et deux révoltes montrèrent que si la Fronde avait été vaincue, son esprit persistait. Les conspirateurs comptaient dans leurs rangs le chevalier de Rohan, fils cadet du duc de Montbazon et ancien partenaire de jeu et grand veneur du roi. En 1669, l'ampleur de ses dettes ou l'audace qu'il mettait à disputer certaines conquêtes féminines au monarque l'avaient contraint à vendre la charge qu'il occupait à la Cour. Favori déchu d'une grande famille, il voulait se venger du souverain – « Ah ! si vous le connaissiez comme je le connais, vous ne l'aimeriez point. » Citons parmi les autres conspirateurs les noms de Franciscus Van den Enden, un athée qui, à Amsterdam, avait enseigné la philosophie à Spinoza avant de s'installer à Paris ; M. de Lautréamont, noble normand, et Jean-François de Paule, chevalier de Sardan, ami protestant de Van Beuningen, un banqueroutier qui se faisait appeler « syndic général des confédérés de la province de Languedoc ». La reine régente d'Espagne, Guillaume III (qui signa un traité avec Sardan en avril 1674) et le gouverneur général des Pays-Bas espagnols soutenaient les conspirateurs. Constatant ce qu'ils appelaient le « malheur public », leur intention était de créer une « république libre » en Normandie avec l'aide des Hollandais et des Espagnols et un « corps protestant » dans le sud. En accord avec la promesse faite par Anne d'Autriche en 1651, que certains conservaient encore en mémoire vingt-trois ans plus tard, les états généraux devaient être convoqués. Cent ans avant 1793, on s'apprêtait à organiser un règne de la terreur : il faudrait que des Français déclarés « traîtres à la patrie » voient leurs possessions confisquées pour le « bien général ». Une flotte hollandaise fit son apparition au large de Noirmoutier et de Belle-Île, l'ancienne place forte de Fouquet.

Toutefois, des espions français dans l'entourage de Guillaume III avaient tenu Louvois et le roi informés. La plupart des plans de ces comploteurs n'étaient que pures fantasmagories. Soixante hommes furent arrêtés, quatre d'entre eux furent exécutés, parmi lesquels le chevalier de Rohan, devant la Bastille le 26 novembre 1675. Dans l'espoir d'obtenir sa grâce, ce dernier avait tout révélé. Le supplice de Rohan rappelait que sous Louis XIV, comme sous Louis XIII et Henri IV, les amis du souverain étaient capables de le trahir[116].

Des révoltes contre l'impôt éclatèrent la même année. Ainsi que Colbert s'en était plaint en 1663, « la ville de Bordeaux [...] avait toujours commencé les séditions et les révoltes[117] ». Le 26 mars 1675, un soulèvement conduisit au cantonnement de dix-huit régiments dans la ville. Ils provoquèrent de tels ravages que quantité de gens s'enfuirent. Les magistrats mentionnaient l'abandon de 1 100 maisons : « Nous sommes les magistrats d'une ville désolée. » Le Parlement fut exilé. Une nouvelle citadelle fut édifiée aux frais de Bordeaux sur le site d'un fameux amphithéâtre romain, le palais Gallien, qui fut démoli[118]. L'« esprit séditieux » de la cité se mua en résignation : « Pourquoi plaignez-vous tant/Ces piliers qu'on détruit ?

s'enquit un poète. Bordelais, Louis règne. Obéissez sans bruit[119]. »

À Rennes, le 18 avril 1675, une autre révolte éclata, provoquée par la hausse du papier-monnaie et des taxes. Des hôtels des impôts furent mis à sac. Une partie de la milice locale se rangea dans le camp des rebelles. Des paysans attaquèrent des châteaux. Quinze personnes y perdirent la vie, parmi lesquelles l'intendant. Le roi envoya le nouveau capitaine-lieutenant de ses mousquetaires, M. de Forbin, à la tête de 6 000 hommes, afin de rétablir l'ordre. Des arbres ployaient sous le poids des rebelles pendus à leurs branches. Mme de Sévigné déclara : « Nous sommes tous ruinés[120]. » Guillaume III se faisait toutefois des illusions lorsqu'il écrivait à Fagel, grand pensionnaire de Hollande, le 10 août 1675, que « tout le monde » en France était mécontent et que le roi serait obligé de faire la paix. La guerre continua. Tout comme Lisola avait nourri la francophobie avec *Le Bouclier d'estat* en 1667, Sardan en fit de même, en 1677, avec un autre pamphlet incendiaire, *L'Europe esclave, si l'Angleterre ne rompt ses fers*. Il ne tarda pas à être traduit en allemand, en anglais (sous le titre *Europe a Slave unless England Break her Chains*) et en flamand[121].

En 1676 encore, le roi gâcha l'occasion de se révéler grand général. Le 10 mai, à Hurtebise, non loin de Valenciennes, son armée attendait d'attaquer celle bien plus modeste du prince d'Orange. Toutefois, au lieu d'ordonner d'avancer, il hésita et quêta des avis. Un conseil de guerre réunissant Louvois, les maréchaux d'Humières, de Schomberg et de La Feuillade, sentant peut-être ce que Louis et Louvois souhaitaient entendre, conseilla au premier de ne pas prendre lui-même le commandement d'une bataille rangée. Seul le maréchal de Lorges était en faveur d'un assaut immédiat. Louis XIV agissait comme une institution, en souverain tenu d'écouter ses conseillers officiels plutôt qu'en héros qu'il aurait voulu être. Il leur répondit ceci : « Comme vous avez tous plus d'expérience que moi, je cède, mais à regret. » Plaçant la prudence avant le courage, laissant les autres assumer la responsabilité des décisions, il était trop fier pour risquer la défaite, et ses généraux trop effrayés de faire courir ce risque à la personne du souverain. La Fare en imputa plus tard la faute à Louvois, le jugeant aussi craintif qu'insolent. Selon lui, Louis écoutait trop les conseils des prudents, quand d'autres plus audacieux lui auraient permis d'avoir le dessus[122].

Louis regretta lui aussi cette occasion manquée. Vingt-trois ans plus tard, en 1699, le marquis de Dangeau, qui le connaissait bien, rapportait une conversation avec des courtisans dans les jardins de Versailles. Louis XIV renonça au masque de l'autorité royale et admit « tout bas » qu'il pouvait se laisser influencer et commettre des erreurs. Là encore, il montra qu'il se connaissait : « C'était le jour de sa vie où il avait fait le plus de fautes ; qu'il n'y pensait jamais sans une extrême douleur, qu'il y rêvait quelquefois la nuit et se réveillait toujours en colère, parce qu'il avait manqué une occasion sûre de défaire les ennemis ; il en rejeta la principale faute sur un homme qu'il nous nomma [M. de Louvois] et ajouta même : c'était un homme insupportable en ces occasions-là, comme partout ailleurs[123]. »

À l'opposé de la timidité du roi à Hurtebise, son frère Monsieur, aidé par Luxembourg, remporta une victoire décisive sur Guillaume III à Cassel, près de Saint-Omer, le 11 avril 1677. Guillaume III y perdit ses services et couverts en or et en argent et ses cartes. Détail révélateur, Louvois pria le maréchal de Luxembourg de ne lui envoyer ni l'argenterie ni la vaisselle du prince, « mais je vous demande ses cartes que je vous supplie de bien cacher afin que vous ne soyez pas obligé d'en faire présent à personne » – désignant probablement par là le roi.

Les cartes étaient synonymes de pouvoir[124]. Selon Visconti, Monsieur alla à la bataille « fardé », comme s'il se rendait à un bal. Son cheval s'effondra sous lui, abattu dans le feu du combat. Autre contraste avec son frère, il continua de vivre à Paris, au Palais-Royal, ainsi que dans sa demeure de campagne à Saint-Cloud, à Saint-Germain et à Versailles. Il était généreux et parlait à « tout le monde ». En conséquence, « il fallait voir la joie des Parisiens pour la victoire de Monsieur car la ville l'aimait beaucoup ». Visconti laisse entendre que Paris aimait moins le roi[125].

Bien des années plus tard, la seconde épouse de Monsieur écrivait que « le roi n'était pas un lâche, mais… », tournure littéraire visant sans doute à laisser entrevoir ce qu'elle faisait mine de nier. Avec l'âge, le roi devenait plus prudent, et plus jaloux. Monsieur ne se vit plus jamais confier de commandement sur le champ de bataille. L'un des diplomates français les plus compétents, M. de Courtin, également ennemi de Louvois, avertit un jour Condé dans une lettre privée que remporter une victoire sur les Hollandais serait la route la plus courte pour Chantilly : en d'autres termes, vers la retraite. Le roi tenait à se réserver ces victoires, pour lui-même, son fils et ses petits-fils, mais redoutait les généraux des branches cadettes de sa dynastie susceptibles de se couvrir de gloire[126].

Valenciennes, où Turenne avait été vaincu par Condé en 1656, tomba le 17 mars 1677 après un siège de huit jours. Sur ordre exprès du roi, et au désappointement de ses troupes, malgré son soutien au roi d'Espagne, il épargna tout pillage à la ville[127]. Cambrai, l'une des places fortes les mieux défendues des Pays-Bas méridionaux, avait résisté aux troupes françaises en 1649 et 1657. Le 19 avril 1677, après un siège de vingt-neuf jours, Louis XIV y fit une entrée triomphale. Comme d'autres conquêtes de cette année-là, elle est demeurée française jusqu'à ce jour (et possède encore le magnifique portrait du roi par Hyacinthe Rigaud dont il fit don à la ville, et des tableaux du siège par Van der Meulen). Des charrettes sillonnèrent les rues pour récupérer les armes des habitants, invités à les entasser devant leur porte d'entrée[128]. Comme d'autres villes conquises, Valenciennes et Cambrai reçurent confirmation de leurs privilèges et exemptions, et des visites de Louis, parfois avec la reine, qui empruntaient des rues tendues de tapisseries et s'achevaient par un *Te Deum* et des feux d'artifice. Chaque ville était obligée de payer la construction de sa nouvelle citadelle[129].

La réflexion faite aux ducs de Savoie, signalant qu'ils dévoreraient la Lombardie comme un artichaut, feuille après feuille, aurait pu concerner Louis XIV et les Pays-Bas méridionaux. Les 11 et 25 mars 1678 respectivement, Gand et Ypres, toutes deux à moins de 90 kilomètres de Lille, terrorisées par les bombardements français, se rendirent à ses armées après des sièges brefs, entrepris non pas tant pour s'assurer davantage de conquêtes que dans le but de forcer les Provinces-Unies à conclure la paix. Aux Provinces-Unies, seule une minorité tenait à poursuivre le combat[130].

Tandis que les armées françaises enlevaient des villes et remportaient des batailles, Charles II se révélait une fois encore peu fiable. Avec son consentement, le 4 novembre 1677, Guillaume III épousa sa cousine germaine Mary, fille du duc d'York, au palais Saint-James – afin de satisfaire le Parlement et peut-être d'unir deux prétendants au trône (car Guillaume considérait comme morganatiques les enfants du duc d'York nés de son premier mariage avec Anne Hyde). Louis XIV considérait à bon droit cette union comme l'équivalent de la perte d'une armée : cela rapprochait son pire ennemi du trône d'Angleterre[131]. Durant les cinq années qui suivirent, pris au piège du « Popish Plot » et de la crise de l'*Exclusion*

Bill (quand plus de 40 catholiques anglais furent exécutés sur la foi d'accusations inventées de toutes pièces), Charles tendit plus souvent à devenir antifrançais. Même le duc d'York, plus profrançais que son frère, déclara devant une commission parlementaire : « À l'évidence, la France entendait être une monarchie universelle et seule l'Angleterre pouvait l'en empêcher et à défaut [sans la guerre avec la France] le roi mettrait sa couronne en danger. » Charles II signa un traité d'alliance avec les Provinces-Unies en juillet 1678.

Enfin, la paix avec les Provinces-Unies fut signée dans la ville hollandaise de Nimègue, le 10 août 1678, mais ne le fut pas avec l'Empire avant le 5 février 1679. Choisie parce qu'elle se situait sur le Rhin, non loin du point de franchissement où son armée avait traversé le fleuve en 1672, dotée d'un bon réseau de communication, Nimègue montrait que les Provinces-Unies jouaient un rôle central dans la diplomatie autant que dans le commerce. Le principal émissaire français, le comte d'Estrades, ancien participant du congrès de Münster en 1648, avait également été ambassadeur à Londres et à La Haye[132]. Guillaume III était si belliqueux que quatre jours plus tard, le 14 août, il attaqua l'armée française conduite par Luxembourg lors de la bataille de Saint-Denis, dans l'espoir de rompre la paix qui, savait-il, venait d'être signée. Cinq mille soldats y périrent. Guillaume III et Monmouth, qui avaient changé de camp et combattaient désormais contre Louis XIV, se battirent courageusement au corps à corps, mais la bataille s'acheva sans vainqueur clair[133].

Grâce aux victoires françaises et à l'action de ses agents, comme Fürstenberg et l'Électeur de Cologne, l'influence de la France dans l'Empire était à son apogée. En application du traité de Nimègue, l'Électeur de Brandebourg fut contraint de restituer un territoire récemment conquis à Charles XI de Suède, allié de Louis XIV.

La France y gagnait la Franche-Comté et la ville de Fribourg sur l'autre rive du Rhin, conservait Cambrai, Valenciennes et Ypres, mais devait évacuer Maastricht et Gand, et céder Courtrai et Furnes. De tels gains territoriaux étaient relativement maigres comparés aux offres hollandaises de 1672 et aux ambitions du roi de France. Ainsi qu'il l'écrivit dans sa *Relation de la campagne de 1678*, il avait espéré rendre cette campagne plus « utile » que les précédentes, en vue de conserver Mons, Gand, Bruxelles et Luxembourg « pour achever la conquête de tout le pays ». Toutefois, les guerres de Louis XIV étaient autant des fins que des moyens. Elles visaient à conquérir le temps ainsi que l'espace, l'immortalité ainsi que des territoires. Il écrivit ainsi dans ses Mémoires : « Un cœur bien élevé est difficile à contenter et ne peut être pleinement satisfait que par la gloire ; mais aussi cette sorte de plaisir le comble de bonheur, en lui faisant croire qu'il n'y avait que lui capable d'entreprendre et digne de réussir [...]. » Et il ajoutait : « La gloire n'est pas une maîtresse qu'on puisse jamais négliger[134]. » En 1673, il s'était emparé de Maastricht, de préférence à la capitale des Pays-Bas espagnols, Bruxelles, parce que, confia-t-il à l'un de ses commandants, Maastricht était une citadelle renommée, qui dans le passé avait résisté de longs mois à d'autres armées ; sa chute fit allumer des feux de joie aux Parisiens[135]. Si éloignée de France, il était peu probable qu'elle figure dans un traité de paix.

Dans les histoires officielles écrites par Chamlay et Racine, et dans d'innombrables éloges historiques, Louis XIV était qualifié de terreur et d'enchantement de l'humanité. Il était devenu « de toute l'Europe qui s'était conjurée contre lui le vainqueur et l'arbitre » ; ses actions n'avaient été « jamais égalées dans le passé et impossibles à renouveler dans l'avenir[136] ». Colbert le comparait à Jules César (qui avait pris Besançon mille sept cents ans plus tôt) et remercia Dieu d'être né sous un roi « qui n'aura d'autres bornes de sa puissance que celles de sa volonté[137] ». Louis XIV commémora ses campagnes dans des récits historiques détaillés, comprenant des ordres de marche, des règles d'engagement de la cavalerie et de l'infanterie, une correspondance avec ses généraux et avec Louvois. Ces récits montrent qu'il était meilleur administrateur militaire que général. Utilisés pour enseigner à ses successeurs, ces comptes rendus furent publiés en 1806 par le général de Grimoard, à qui Louis XVI les avait confiés avant la Révolution[138]. Ils lui attribuent toutes les initiatives et amoindrissent le rôle de Turenne, Condé et Louvois[139].

En outre, des manuscrits enluminés relatant ses campagnes et ses sièges, reliés de cuir vert et doré, furent confectionnés pour sa bibliothèque privée, où il pouvait les feuilleter l'hiver. Maintenant à la Bibliothèque nationale, ils présentent ses campagnes comme des progressions méthodiques et disciplinées. Des villages et des camps, des canons, des casques, des étendards, des trophées, des faunes et des dragons sont superbement dépeints[140]. Les ordres de marche et les mots de passe y sont consignés : Saint-Pierre et Rome, Saint-Jean et Blois, Saint-Louis et Paris. Louis XIV y est représenté en empereur romain, ses soldats en centurions. On y trouve des phrases caractéristiques : « Un escadron des gardes du corps marchera à la tête du Trésor qui sera suivi de l'hôpital, des vivres, des équipages du Quartier du Roi et après de tous ceux de l'Armée » ; « Il sera fait défense aux soldats de toucher aux paysans trois lieues aux environs du camp et d'entrer dans les lieux où il y aura des sauvegardes, à peine de la vie[141] ». Le roi y est représenté comme tout-puissant, son armée comme parfaitement disciplinée. En avril 1676, après la chute de la ville de Condé, par exemple, « le lendemain de la prise de cette place le Roi fit raser tous les travaux des tranchées et des lignes, choisit les officiers et les troupes dont Il voulait composer la garnison et donna tous les ordres nécessaires pour pourvoir à la sûreté de cette ville. Rien n'échappa pendant ce jour à la prévoyance de Sa Majesté ». Un soir, il alla de bivouac en bivouac, vérifiant que tout était en ordre[142]. En 1677, le panégyriste de la conquête de Valenciennes et Cambrai écrivait que « le roi dont la prudence fatale au prince d'Orange a toujours anéanti ses desseins[143] ». Dans l'histoire de la campagne de 1678, une figure symbolisant la monarchie française est tirée sur un attelage triomphal par des lions et des chérubins tandis que le coq français repousse le lion belge dans une grotte[144].

En plus d'inspirer des panégyriques, les campagnes de Louis XIV reçurent d'autres commémorations, plus publiques. Un relief de marbre exécuté en 1673 par Coysevox pour le salon de la Guerre à Versailles montre le monarque à cheval piétinant ses ennemis au moment du franchissement du Rhin, alors que Clio, la muse de l'Histoire, relate l'événement. Au plafond peint par Charles Le Brun, la France, armée et perchée sur un nuage, est entourée de Victoires et des trois ennemis vaincus par le roi : l'Empire, l'Espagne et la Hollande. Bellone, déesse de la guerre, soumet la Rébellion et la Discorde – reconnaissant que la guerre à l'extérieur peut servir à surmonter des tensions internes[145].

Les guerres inspirèrent aussi des monuments à Paris. Moins le roi passait de temps dans sa capitale, plus on y érigeait de sculptures à son effigie, comme en compensation de son absence. La ville paya deux arcs de triomphe magnifiques pour célébrer la guerre de 1672-1678. La porte Saint-Denis, construite par François Blondel en 1672-1673 sur la rue Saint-Denis – à l'époque l'artère principale au nord de la ville –, est ornée de trophées romains : armures, casques, fourreaux et sculptures triomphantes et, sur la suggestion du monarque, l'inscription *Ludovico Magno*. La Hollande, sculptée par Michel

Anguier, est représentée en vieille femme terrorisée et en lion dépecé ; le Rhin en dieu fleuve terrassé. Sur le panneau nord de l'arc, le roi emperruqué, à cheval, représenté en général triomphateur plutôt qu'en monarque de droit divin, accepte la reddition de Maastricht. Une inscription vante les hauts faits de l'armée française qui avait traversé plusieurs rivières, le Rhin, la Waal, la Meuse et l'Issel, conquis trois provinces et quarante forteresses en soixante jours. Elle ne mentionne pas la retraite française un an plus tard. Quant à la porte Saint-Martin, plus austère, à l'entrée de la rue Saint-Martin, elle glorifie à deux reprises le roi qui s'est emparé de Besançon et de la Franche-Comté et qui a « brisé les armées des Germains, des Espagnols et des Bataves » : *Et fractis Germanorum, Hispanorum Batavorumque exercitibus 1674*. Des sculptures de Martin Van den Bogaert et Pierre Bullet montrent Louis XIV à la fois en empereur romain en armure et en Hercule nu armé de son gourdin.

Ces sculptures et cet hommage étaient bien prématurés. Les armées ennemies n'avaient pas été « brisées ». Loin d'être une vieillarde terrifiée, la Hollande contribuerait plus tard à lever contre Louis XIV des coalitions européennes qui mettraient la France à genoux.

11

Vers le Rhin

Après les Provinces-Unies, Louis XIV se tourna vers le Rhin. Pour beaucoup de Français, dont le roi, ce fleuve était une frontière naturelle de la France. « Quand Paris boira le Rhin, toute la Gaule aura sa fin », avait écrit le poète Jean Le Bon en 1568[1]. Vauban estimait que les « limites naturelles » incluaient les « deux océans », les Pyrénées, les Alpes et le Rhin[2]. Toutefois, pour beaucoup d'Allemands, « notre vieux père le Rhin » était un symbole de leur pays, ainsi que le suggérait son importance dans le *Chant des Niebelungen*[3].

Le long du Rhin, l'Alsace était pour le souverain une cible naturelle. D'après les traités de Westphalie (1648), la France avait acquis un territoire au sud et des droits mal définis englobant quelques autres régions. Toutefois, la province restait partie intégrante du Saint Empire romain. M. du Val, géographe du roi qui s'y rendit en 1662, la considérait comme l'une des plus riches d'Europe. Ses rivières étaient très poissonneuses, on y exploitait des mines d'argent, de fer et de plomb, les pâturages y étaient abondants et aucune terre n'était laissée en friche. « Le vin d'Alsace est fort agréable à boire, et l'on en recueille une telle quantité que l'on en transporte en Suisse, en Souabe, en Bavière, en Lorraine, en Flandre et même en Angleterre. » Alors que la majorité de la population parlait des dialectes alsaciens, les nobles s'étaient mis à porter des tenues à la française et à parler la langue[4].

Sur les rives du Rhin s'offraient d'autres perspectives tentantes. Heidelberg, avec une très ancienne université, était la capitale du Palatinat que gouvernait Charles Louis, Électeur palatin, cousin germain de Charles II d'Angleterre par sa mère, « la reine d'Hiver » de Bohême. Le dernier coup d'éclat de la princesse Palatine vieillissante, veuve d'Édouard, frère de Charles Louis, avait été d'arranger le mariage de sa nièce, Élisabeth-Charlotte, la fille de l'Électeur, avec Monsieur, qui la prit pour deuxième épouse en novembre 1671[5]. Son mariage fut un désastre politique et affectif. Comme la première Madame avant elle, Élisabeth-Charlotte était tourmentée par les amants de son époux. À l'été 1674, les armées françaises dévastèrent sa patrie, le Palatinat. Écrivant qu'« elle apprend avec déplaisir qu'ils ont souffert de son armée », que « l'armée de l'Empereur et les lois de la guerre l'y ont forcée contre sa propre inclination et contre le désir qu'Elle a toujours eu d'épargner les terres de l'Empire », Louis XIV s'excusa pour la cruauté de ses soldats[6].

Plus bas dans le cours du Rhin se dressaient les villes prospères de Coblence, Mayence et Cologne, capitales des trois Électeurs ecclésiastiques du Saint Empire romain, les archevêques de Trèves, de Mayence et de Cologne, d'où vient le nom médiéval du Rhin, la « rue des prêtres[*] ».

---

* C'est ainsi que l'appelle Victor Hugo dans son ouvrage *Le Rhin* : « Du temps des Romains et des barbares, c'était la rue des soldats. Au Moyen Âge, comme le fleuve presque entier était bordé d'États ecclésiastiques, [...] on nommait le Rhin la rue des prêtres. Aujourd'hui, c'est la rue des marchands. » *(N.d.T.)*

Signe de l'importance de l'électorat de Cologne et de ses liens étroits avec la France, Marie de Médicis en 1641-1642 et Mazarin en 1651-1652 en avaient fait leur lieu d'exil ; dans les années 1680, son absorption par la France était l'un des objectifs à long terme de Louis XIV. Maître de la plus terrifiante armée d'Europe, avec un effectif total estimé en théorie à plus de 250 000 soldats début 1678, il semblait avoir les terres convoitées entre la France et le Rhin à sa portée.

Après le traité de Nimègue, il décida d'utiliser les lois françaises comme instrument d'expansion, renforcées par ses troupes. Le fait que les habitants y parlaient des dialectes allemands, ce que l'on appelle de nos jours l'alsacien, le *letzeburgisch* (le luxembourgeois), le francique, le lotharingien ou le rhénan revêtait une importance mineure. Quelle que soit leur langue, Louis croyait pouvoir les transformer en Français, comme ses sujets catalans, provençaux et flamands. En octobre 1679, il instaura trois tribunaux souverains, les chambres de réunion. Le premier était attaché au parlement de Besançon et couvrait la Franche-Comté et ses voisins ; le deuxième au Conseil souverain de Brisach, pour l'Alsace ; et le troisième au parlement de Metz pour la Lorraine et les trois évêchés de Metz, Toul et Verdun. Leur mission consistait à examiner les traités, les registres, les titres de propriété et autres documents relatifs à la souveraineté, à l'allégeance, à la juridiction et à la propriété terrienne. Ils convoquaient ensuite les souverains ou leurs représentants afin qu'ils fournissent les documents attestant de leurs droits. S'ils en étaient incapables, leurs terres étaient déclarées françaises par des « arrêts de réunion ». En d'autres termes, les chambres de réunion procuraient une façade de légalité à l'annexion par la France[7]. Cette politique recevait le soutien enthousiaste de Louvois, comme secrétaire d'État à la Guerre responsable de l'Alsace et des Trois Évêchés.

Le 9 août 1680, des magistrats proclamèrent l'entière souveraineté française sur toute l'Alsace, de la principauté de Montbéliard au sud jusqu'aux villes de Landau, de Wissembourg et de Haguenau au nord. Des protestations des princes et des villes concernés auprès de la diète de l'Empire restèrent sans effet. La France était proche et forte ; la diète, siégeant à Ratisbonne, sur le Danube, était loin et faible. Ils furent nombreux à commencer de redouter que les ambitions de Louis XIV ne s'étendent au-delà de l'Alsace, sur l'autre rive du Rhin[8].

Sarrebruck fut déclarée ville française, dans la zone tampon stratégique, la Sarre actuelle, que la France tiendrait sous son autorité durant trois périodes, de 1792 à 1815, de 1918 à 1936 et de 1945 à 1956. En 1680, Louis donna ordre de construire une citadelle sur les rives de la Sarre, un site retenu par Vauban, qu'il baptisa Sarrelouis. En 1683, Louis XIV s'y rendit en visite avec sa cour et lui attribua un blason montrant le soleil dispersant les nuages, sous trois fleurs de lys royales[9]. Déclarée fief de l'évêque de Metz par la chambre de réunion en 1680, la principauté de Zweibrücken fut aussi annexée à la France, bien que son souverain fût Charles XI de Suède, allié de Louis XIV. Refusant les propositions de ce dernier de lui en racheter les droits, Charles XI commença à se retourner contre l'alliance française[10].

La France s'avança aussi dans la vallée de la Moselle, vers le nord, par la route que Louis et son armée avaient empruntée en 1672. Les fortifications de Trèves furent démolies, malgré les protestations de l'Électeur. La forteresse de Mont-Royal fut bâtie sur un promontoire stratégique, à l'est de Trèves, dominant les vallées de la Meuse et de la Moselle pour « faire trembler toute l'Allemagne », écrivit Sourches : ce terme d'« Allemagne » servait déjà de raccourci pour désigner le Saint Empire romain. Louvois affirmait que Mont-Royal rendrait les Électeurs de Cologne, de Trèves, de Mayence et du

Palatinat si dépendants de la France que cette frontière serait plus sûre que celle de la Flandre[11].

Plus au nord, la moitié du duché de Luxembourg, d'une superficie de 7 770 kilomètres carrés pour quelque 100 000 habitants, fut annexée village après village, seigneurie après seigneurie, soit au moyen d'arrêts rendus par la chambre de réunion, soit par la force. Des officiers de justice furent envoyés par cette chambre, accompagnés d'une escorte armée, pour appliquer leurs édits et imposer des actes d'obéissance au roi de France. Des officiers de justice de Metz s'introduisirent par exemple dans l'abbaye de Chiny, malgré une échauffourée avec les moines à la porte, et la déclarèrent française. Le marquis de Bissy, commandant des troupes françaises, écrivit à Louvois : « Quoique le changement soit brusque, le pays est dans la dernière obéissance. » Un autre Français distribua à des villageois un tonneau de bière pour boire à la santé de Louis et oublier le passé[12]. Exemple extrême d'une procédure courante, en 1683, M. Ravaux, procureur du parlement de Metz, revendiqua l'annexion de tout le duché de Lorraine en tant que dépendance féodale de l'évêque de Metz. Lors d'une visite cette année-là (sa cinquième dans cette ville de garnison cruciale), Louis XIV déclara au parlement de Metz : « J'ai bien du plaisir de vous voir ici et votre compagnie ; je suis satisfait des services qu'elle me rend et m'en souviendrai dans les occasions[13]. »

La Lorraine, l'Alsace et la Sarre suscitaient donc la convoitise du roi de France. Avec plus de 20 000 habitants, Strasbourg était la prise de choix. Le sieur de L'Hermine écrivit que c'était l'une des plus grandes et des plus belles villes d'Allemagne, l'une des plus fortes d'Europe, qui se gouvernait en république. Ayant dessaisi son évêque du pouvoir au XIIIe siècle, à l'exemple de Cologne, Strasbourg était une ville impériale libre et possédait la plus haute cathédrale d'Europe (sa flèche culminait à 142 mètres), un arsenal et un dispositif défensif impressionnants, des imprimeurs et des orfèvres de renom, une université déjà ancienne et sa propre monnaie. Elle avait été longtemps l'alliée de Berne et de Zurich : en 1576, un chaudron de bouillie préparé à Zurich était arrivé à Strasbourg par le Rhin onze heures plus tard, encore chaud, un cadeau gastronomique en gage de bon voisinage. C'était l'une des villes semi-indépendantes, jadis aussi fermement assurées que des monarchies, qui avaient dominé le Saint Empire romain et l'Italie du Nord. En France même, avant 1660, Bordeaux, Marseille et Paris, quoique de statut moins libre que ces dernières, avaient tout de même défié Louis XIV[14]. Qui plus est, Strasbourg contrôlait un pont vital sur le Rhin, bâti en 1388. En 1674-1676, la ville avait autorisé les armées impériales combattant Louis XIV à franchir ce pont et avait songé à rejoindre la Confédération helvétique[15].

À Strasbourg, Louis XIV se révéla en homme d'État. Se méfiant de la réaction de l'Empire, soucieux de garder ses armées intactes, il avait résisté aux pressions de ses généraux et de Fürstenberg, qui dès 1678 insistaient pour qu'il attaque la ville[16]. Au lieu de quoi, il mena une politique double faite d'intimidation et de séduction. La clef nous en est révélée dans le journal du marquis de Sourches, rédigé sans le recul du temps, et cependant à la fois critique et exact. En avril 1682, commentant la décision du souverain de permettre aux chanoines de Strasbourg de choisir leur évêque au lieu de lui imposer le sien (pour le satisfaire, ils retinrent le pro-Français Wilhelm Egon von Fürstenberg), Sourches écrivit : « Il fallait qu'il fît toutes choses pour ne pas rebuter les autres villes d'Allemagne d'entrer sous sa domination. » Confirmant les craintes d'Ulm et Cologne, ces « autres villes » (et évêchés) de l'Empire furent ses cibles suivantes[17]. Une lettre antérieure de M. de La Vauguyon au roi, en date du 6 juin 1681, affirmait que si le chapitre de Strasbourg était correctement traité, la France attirerait « les princes ecclésiastiques, lesquels sont continuellement inquiets et opprimés, faute de protection, et lesquels tous ensemble n'abhorreraient pas, ce semble, la souveraineté de Votre Majesté, s'ils étaient assurés qu'ils dussent garder sous sa domination les mêmes privilèges qu'ils possèdent sous l'Empire, et qu'ils n'eussent pas à craindre qu'après quelque temps on chargeât leurs sujets de tailles et d'impositions, en sorte qu'ils n'en pussent plus tirer rien eux-mêmes ». Les privilèges et les taxes, ainsi que la langue et la religion pouvaient décider des loyautés : le cas échéant, la France aurait la latitude d'absorber les électorats de Mayence, de Cologne et de Trèves[18]. L'Électeur de Mayence assura à un diplomate français qu'il préférait avoir le roi de France pour voisin plutôt que des protestants allemands[19].

Christophe Günzer, secrétaire du conseil municipal de la ville de Strasbourg, était gagné d'avance, ainsi que les chanoines catholiques de la cathédrale[20]. Un blocus économique débuta en 1680. La guerre de 1672 à 1678, durant laquelle Louis XIV s'était emparé de tant de villes flamandes, démontrait combien il était futile pour d'autres villes de s'opposer à l'armée française. Qui plus est, en 1677, Turckheim et Haguenau, au nord de Strasbourg, avaient été mises à sac et incendiées par ses troupes[21]. La terreur à laquelle Louis XIV eut recours lors de la campagne prépara le terrain de ses annexions ultérieures. À partir de juillet 1681, Louvois et lui s'attelèrent à la prise de Strasbourg.

Prenant conscience de sa faiblesse, le sénat de Strasbourg écrivit à l'empereur Léopold Ier, à Vienne, qu'il préférait s'incliner devant la « puissance aussi grande et aussi terrible que celle de Sa Majesté Très-Chrétienne » au lieu d'exposer leurs vies et leur ville en faisant le « moindre acte d'hostilité ». Ses membres devaient s'en « remettre à la volonté de Dieu et recevoir les conditions que Sa Majesté Très-Chrétienne nous voudra bien prescrire ». En même temps, ils assuraient Louvois de ce que leur ville était prête à accepter « la souveraine protection » du roi[22]. À Vienne, selon l'envoyé français M. de Sébeville, le gouvernement était prêt à accepter toutes les pertes au-delà du Rhin, « pourvu qu'elle [Sa Majesté] en voulût demeurer là et ne pas passer ce fleuve[23] ». L'occupation française de Strasbourg a pu être précipitée par la nouvelle que l'empereur était parvenu à un accord avec les rebelles en Hongrie, que Louis soutenait par ses subsides, libérant ainsi des troupes pour venir au secours de Strasbourg[24]. Le 17 septembre 1681, ainsi que cela apparaît dans une lettre de Louvois à un commandant français, M. de La Frégeolière, la décision d'avancer sur Strasbourg avait été prise. Le 26 septembre, au lieu d'aller chasser à Chambord comme prévu, le roi annonça son départ pour Strasbourg[25].

Le 28 septembre, le commandant français de la garnison locale, M. de Montclar, avertissait « MM. de Strasbourg » qu'il voulait « convenir avec vous de toutes choses à l'amiable » – en termes clairs, ils ne devaient pas résister[26]. Le 29 septembre, le résident français à Strasbourg, M. Frischmann, écrivit à Montclar que les magistrats avaient retiré la poudre des canons en batterie sur les murailles, afin que personne ne puisse en user « imprudemment ». Les corporations préféraient d'abord se livrer à une démonstration de résistance, à seule fin de parvenir à un « accommodement » plus honorable avec le roi. Le soir, il n'y avait pas un bruit dans les rues[27]. Le désir d'être du côté des vainqueurs l'emportait sur les rêves d'indépendance. Louvois, qui était arrivé aux abords de la ville, pria le sénat d'ouvrir immédiatement les portes aux troupes du roi, faute de quoi il ne pourrait garantir leur bonne conduite. En tout état de cause, rien ne lui interdirait de prendre la ville quand il le voudrait[28].

Ayant consulté « toute la bourgeoisie », le sénat de Strasbourg renonça à ses idéaux en échange d'un marché. En vertu d'un traité sans doute rédigé par l'assemblée elle-même, qu'Arsène Legrelle, son meilleur historien, a comparé à un contrat de mariage, le 30 septembre 1681 il reconnaissait en Louis XIV le « souverain seigneur et protecteur » de la ville. En échange, comme à Lille en 1668, tous les privilèges, droits et coutumes de la ville étaient confirmés. Louis fit une fois encore preuve d'un certain doigté. La république citadine fut absorbée par la monarchie, mais le sénat et les magistrats, les collèges, les tribunaux et la monnaie demeurèrent inchangés. Les bourgeois continuèrent de jouir d'exemptions d'impôts. L'université luthérienne continua également d'enseigner le droit allemand ainsi que le français – et pour cette raison serait plus tard fréquentée par Herder et Goethe (une université catholique rivale serait fondée à proximité en 1703). La seule église dont les luthériens perdirent le contrôle était la cathédrale, restituée aux catholiques auxquels elle avait été retirée en 1560. Les bourgeois de la ville furent autorisés à conserver leurs armes, ce qui n'était pas le cas dans d'autres villes[29]. Pour protéger le commerce de la ville, il n'y eut pas de réduction des taxes qu'elle était autorisée à lever. Afin de supprimer toute trace de l'opposition à Louis, les registres des débats du sénat antérieurs à l'occupation française furent détruits, comme l'avaient été ceux du parlement de Paris pendant la Fronde[30].

Pour sa part, heureux d'apprendre « que la ville de Strasbourg s'est soumise à mon obéissance », le roi était en route, à la tête d'un convoi de 400 carrosses[31]. Soucieux de distraire les courtisans des épreuves de ce périple – Sourches indiquait qu'ils se souviendraient longtemps de leur nuit au village de Germiny –, le monarque leur permit de jouer en pariant de fortes mises. Lui, en revanche, devenu plus sérieux avec la maturité, avait tous les soirs de très longues conversations avec Mme de Maintenon. Cette dernière, gouvernante des aînés des enfants qu'il avait eus de Mme de Montespan, était désormais favorite déclarée, mais n'était peut-être pas encore sa maîtresse. Elle avait été nommée deuxième dame d'atour de la nouvelle Dauphine en 1680 : un poste spécialement créé pour justifier sa présence à la Cour[32], et son appartement dans le corps de bâtiment central du château de Versailles. En plus de ses heures en tête à tête avec Mme de Maintenon, l'insistance qu'il mettait à se faire accompagner d'un grand nombre de dames, même dans les régions les plus reculées de son royaume, trahissait son engouement pour leur société[33]. En 1681, au lieu de se rendre directement à Strasbourg, il alla d'abord inspecter Brisach et Fribourg-en-Brisgau, sur la rive opposée du Rhin, conquises respectivement en 1648 et en 1678. Brisach, qui contrôlait un pont enjambant le fleuve, était considérée comme la porte d'entrée de l'Allemagne[34]. Le 18 octobre, Sourches observait qu'après avoir inspecté les troupes et les fortifications, « le soir, le roi soupa encore avec les dames [...] et le lendemain il retourna voir le château. [...] Après avoir vu Fribourg avec un extrême plaisir, [il] y dîna encore avec les dames[35] ».

À Ensisheim, le 20 octobre, il donna une réception officielle pour 23 ambassadeurs des cantons suisses. Après avoir entendu leurs discours et salutations respectueux, il leur assura :

> Vous voyant dans de si bonnes intentions, je suis bien aise d'être venu en ce pays pour vous voir et vous témoigner que je suis plus que jamais dans le dessein d'entretenir l'alliance et les traités qui ont été faits depuis longtemps entre la France et les Suisses, et, plus je serai votre voisin [une allusion à son nouveau fort de Huningue sur le Rhin

et aux portes de Bâle], plus je vous donnerai des marques de mon amitié et de mon affection[36].

Il poursuivit ensuite sa route vers Strasbourg. L'évêque, Franz Egon von Fürstenberg, était déjà entré dans la ville le 20 octobre sur un char triomphal escorté de cuirassiers français et de ses propres gardes. Il commença par redécorer la cathédrale, tout en soulignant auprès de Louvois que le canon et 30 000 soldats en feraient davantage pour convertir la ville que des missels et des rosaires[37]. Un prédicateur réputé, Fléchier, aumônier de la Dauphine, écrivit qu'il n'avait jamais entendu autant de tambours et de trompettes. « Quelle ville, mademoiselle ! Belles rues, bonnes maisons, riches marchands, beau peuple, tout y sent son bien[38]. »

Pour l'entrée solennelle de Louis XIV, le 23 octobre, le temps était au beau fixe. Salué par des salves répétées des canons, le roi était accompagné de la reine, de Monsieur et Madame, du Dauphin et de la Dauphine, dans un carrosse tiré par six chevaux gris ; de dignitaires et de dames de la Cour, parmi lesquelles Mmes de Montespan et de Maintenon ; de gardes du corps, de mousquetaires, de gardes de la prévôté et de gardes suisses. Des cordons de soldats s'étaient déployés dans les rues. Les clefs de la ville lui furent présentées. Les cloches des églises sonnèrent à toute volée. Immédiatement après son arrivée à la résidence du margrave de Baden-Durlach, il alla inspecter le site choisi pour la nouvelle citadelle entre la ville et le Rhin en compagnie de Louvois et Vauban. La présence dans Strasbourg de ce que Sourches appelait « un très grand concours de princes allemands », parmi lesquels la veuve de l'Électeur Palatin, mère de Madame, les princes de Bade et de Wurtemberg et des envoyés d'autres princes, montra qu'eux aussi, comme Strasbourg, se tournaient vers la France. Dans l'Empire, l'opinion était horrifiée. Leibniz, le philosophe et généalogiste allemand devenu conseiller politique de la maison de Hanovre, se lamenta que le Rhin, jadis au milieu de l'Empire, en marquât maintenant la frontière[39]. Le 24 octobre, le roi et la reine rendant des actions de grâce lors d'un *Te Deum* à la cathédrale, s'agenouillèrent et embrassèrent la croix après leur entrée. À la tête du clergé de son diocèse, Fürstenberg bénit le monarque en se comparant à Syméon, prononçant son *Nunc Dimittis* dans le Nouveau Testament. Il pouvait désormais lui aussi s'en aller en paix, après avoir vu « l'homme » dans le Temple du Seigneur : Jésus-Christ, dans le cas de Syméon, Louis XIV dans celui de Fürstenberg. Cet après-midi-là, le roi inspecta le pont sur le Rhin à Kehl et la nouvelle citadelle, en donnant 2 000 louis aux soldats qui creusaient les fondations. Louvois et d'autres commandèrent quelques pièces d'orfèvrerie, pour laquelle la ville était réputée[40].

Le roi quitta Strasbourg le 27 octobre. Sur la route du retour, il inspecta des forts et des bourgs comme Saverne, Phalsbourg, Sarrebourg, Nancy, Thionville et Longwy. Entre Longwy et Longuyon, le 4 novembre, ses guides se perdirent ; la reine et les princesses furent séparées de leurs domestiques et durent se servir du linge de nuit que le roi put leur réserver. La reine pleura, de peur d'être capturée par des troupes espagnoles venues de Luxembourg. Elles couchèrent dans un bâtiment de ferme, entourées d'animaux : Mme de Montespan dormit sur un lit de paille. La Dauphine et la princesse de Conti (la fille qu'avait eue le roi avec Mlle de La Vallière) furent en revanche « ravies de ce désordre ». Longtemps après, les femmes se plaignirent des « incommodités » qu'elles avaient subies pendant ce voyage[41]. Le 13 novembre, Louis XIV et la Cour étaient de retour à Saint-Germain.

L'annexion de Strasbourg fut l'un des sommets du règne. Tout se déroula avec une précision horlogère. Pas une goutte de sang ne fut versée. À partir de ce jour, Strasbourg et l'Alsace continuèrent de jouir d'une triple identité, française, allemande et alsacienne. L'une et l'autre parlaient et parlent encore trois langues (le français ne devint langue dominante qu'après 1960), jouissaient de trois cultures et pratiquaient trois formes de christianisme : en 1697, sur les 26 481 habitants de Strasbourg, 19 839 étaient luthériens, 5 119 catholiques et 1 523 calvinistes[42]. Les protestants continuèrent de profiter de la liberté de culte dans cette province de la France catholique. À partir de 1684, un arrangement juridique, le *simultaneum*, permit aux catholiques et aux luthériens d'Alsace de fréquenter les mêmes églises à des heures différentes, comme c'est encore le cas dans certaines d'entre elles. Les catholiques utilisaient le chœur, les protestants la nef[43]. Leur coexistence perdura malgré les persécutions des protestants par Louis ailleurs dans le royaume. Louvois écrivit à un magistrat le 11 décembre 1682 : « Sa Majesté veut que la liberté de conscience soit entière dans Strasbourg[44]. » Cette attitude persista parmi les hauts administrateurs français. Le contrôleur général écrivit en marge d'une lettre au marquis d'Huxelles en 1701 : « Il ne faut point toucher aux usages de l'Alsace[45]. » La collaboration suivait son cours.

Pourtant, avec le temps, Strasbourg devenait plus française et plus catholique. En 1683, Louis XIV revint voir la grande forteresse bâtie par Vauban. Une médaille commémorative fut frappée avec l'inscription restée célèbre, mais malheureusement inexacte *Clausa Germanis Gallia* « La Gaule fermée aux Germains ». Le souverain autorisa un ingénieur impérial à inspecter la nouvelle citadelle, à ce qu'il lui soit remis un exemplaire des plans et à passer en revue la très nombreuse garnison, afin de convaincre l'empereur de la permanence de la souveraineté française[46].

M. de Chamilly, le commandant militaire français de la place, se targuait dans ses lettres d'avoir imposé l'obéissance au peuple de Strasbourg : « Ces gens-ci sont timides, ignorants et craignant tout. » Sa surprise peut indiquer à quel point les officiers de Louis XIV trouvaient les villes françaises rétives. Le 28 décembre 1681, il écrivit à Louvois que « quand le Roy n'y aurait que trois cents hommes de pied et cent chevaux, il en serait autant le maître que de Paris[47] ». Il veillait à maintenir un grand nombre de soldats en service afin d'empêcher les désordres pendant le marché de Noël. Les voleurs étaient pendus sur-le-champ[48]. La Couronne favorisait pourtant les catholiques. À partir de 1685, tous les actes juridiques devaient être rédigés en français et à partir de 1687 les catholiques devaient alterner avec les luthériens aux postes municipaux. Dans la pratique, jusqu'en 1750, ils étaient trop peu nombreux pour occuper d'autres postes que les offices les plus subalternes. Quant aux calvinistes et aux juifs, ils restaient marginalisés[49].

Des individus différents suivirent des trajectoires très diverses. En 1684, Frédéric Ulrich Obrecht, professeur protestant et avocat de la ville, fut converti au catholicisme par Bossuet. Deux ans plus tard, il devint prêteur royal, l'un des responsables gouvernementaux de la ville. Toutefois, en dépit d'entretiens avec Bossuet et Louvois, et malgré des offres de récompenses financières (dans le cadre d'une campagne du gouvernement pour convertir des protestants éminents), Dominique de Dietrich, un *Ammeister*, ou échevin, ennemi personnel d'Obrecht, refusa de se convertir. Il fut emprisonné et ne fut autorisé à regagner Strasbourg qu'en 1685, pour rester assigné à résidence jusqu'à son décès en 1692. Pourtant, ses descendants, quoique demeurés luthériens, deviendraient des patriotes français, finançant la première exécution de la *Marseillaise* en 1792 et fondant l'une des premières sociétés métallurgiques françaises, encore florissante à ce jour sous le nom de groupe De Dietrich[50].

Après Strasbourg, les Pays-Bas espagnols, qui ne furent pas évacués par les troupes françaises avant juin 1679, devinrent la cible du roi. Il mena là une « petite guerre » : tout en niant avoir des intentions belliqueuses, les troupes françaises se livrèrent en territoire espagnol à diverses formes d'intimidation : déportations, réquisitions, « ravages » et incendies, afin de ruiner le pays de fond en comble, comme s'en plaignit son gouvernement. Après maintes protestations contre les infractions françaises au traité, le gouverneur général espagnol à Bruxelles déclara à nouveau la guerre le 11 décembre 1683[51].

Le 23 novembre 1683, après la défaite ottomane devant Vienne, Louvois avait écrit au maréchal d'Humières : « L'intention du roi étant de tourmenter les Espagnols le plus qu'il sera possible pendant l'hiver. » Bruges et Mons furent bombardées, Oudenarde réduite en cendres, Courtrai, Dixmude et Gand occupées. Louis XIV, au comble de l'hypocrisie, déclara son désir de « la tranquillité de toute l'Europe[52] ». Les propos de Pierre-Ignace Chavatte, le Lillois dont nous avons déjà cité le journal, reflétaient le dégoût pour la France et l'admiration de la maison d'Autriche : « Et à la fin du mois d'août les Français ont levé leurs armes pour aller piller en Flandre tandis que l'Empereur et le Roy de Pologne et l'Espagne étaient affligés des Turcs et que le siège était devant la ville de Vienne [...] et les pauvres paysans ne savaient comment faire et à qui obéir et puis de là étaient pillés et brûlés[53]. »

L'année suivante, les forces françaises se tournèrent contre la ville de Luxembourg et sa citadelle, l'une des mieux défendues d'Europe, érigée depuis 1544 sur un saillant entre les rivières Alzette et Pétrusse. C'était la base à partir de laquelle les Espagnols avaient reconquis les Pays-Bas méridionaux après 1577 et ce serait une place forte allemande de 1815 à 1867, entre 1914 et 1918 et de 1940 à 1944. Les troupes françaises en avaient déjà fait une fois le blocus, de septembre 1681 à mars 1682. Ce blocus ne fut levé que par crainte des reproches des catholiques que le Roi Très-Chrétien aidait de fait son allié ottoman qui s'apprêtait à assiéger Vienne. Toutefois, le blocus ne tarda pas à reprendre. Les habitants étaient réduits à la pire des misères ; beaucoup moururent de faim[54]. Le 28 avril 1684 marqua le début officiel du siège de Luxembourg, suivi dans ses moindres détails par Louis XIV et Louvois[55]. Le 6 juin, ce fut la reddition. La garnison était autorisée à s'en aller avec « les honneurs de la guerre », tambours battants et étendards au vent. Vauban eut ce commentaire : « Voici enfin ce terrible Luxembourg réduit au point que vous désiriez ; je m'en réjouis de tout mon cœur pour le grand bien qui en reviendra au service du Roi. C'est la plus belle et la plus glorieuse conquête qu'il ait fait en sa vie, et celle qui lui assure le mieux ses affaires de tous côtés. » Intervenue si peu de temps après celle de Strasbourg, la chute de Luxembourg terrifia les voisins de la France[56].

Dans des rapports transmis à Bruxelles, le prince de Chimay expliquait avoir fait tout son possible pour mettre la ville en état de se défendre ; les magistrats de la ville critiquèrent toutefois ses ordres et contre-ordres contradictoires qui les avaient empêchés de se conduire en « véritables Luxembourgeois avec leur fidélité coutumière ». Nuit et jour, ils creusèrent des tranchées sans aucune aide des soldats de la garnison[57]. En réalité, 20 000 soldats français assiégeant une garnison de 2 000 hommes, le résultat était inéluctable.

Vauban entreprit aussitôt de fortifier la citadelle, employant 3 000 ouvriers à cet effet, certains venus depuis le Tyrol. Des remparts et des bastions renforcés et de nouvelles casernes furent construits. En 1687, le site était prêt pour inspection. Louis arriva le 21 mai, après un voyage de onze jours par Châlons et Verdun et repartit cinq jours plus tard. Une fois encore, il était accompagné de dames de la Cour. Il se rendait chaque jour dans une église différente, où il distribuait de l'argent. Racine, son historiographe officiel, écrivit à Boileau que « le roi a pris goût à sa conquête et qu'il n'est pas fâché de l'examiner tout à loisir. Il a déjà considéré toutes les fortifications l'une après l'autre, est entré jusque dans les contremines du chemin couvert, qui sont fort belles, et surtout a été fort aise de voir ces fameuses redoutes entre les deux chemins couverts, lesquelles ont tant donné de peine à M. de Vauban ». La foule s'écriait : « Fif [*sic*] le roi ! » Dans une église, une vieille femme cria qu'elle l'avait vu dix ans auparavant et qu'il avait beaucoup changé. Il sourit et continua son chemin[58]. Si de nombreux habitants auraient préféré continuer d'être gouvernés par le roi d'Espagne, la France ne se montra pas tyrannique. La garnison et le ministre de la Guerre dépensèrent de vastes sommes. Le roi lui-même paya les festivités, versa de l'argent à des hospices et des couvents et dédommagea les habitants pour les dégâts causés par la garnison espagnole[59].

En 1687, Louis XIV avait ainsi donné à la France une nouvelle frontière au nord. Une ligne droite courait de l'est de Dunkerque à Mons, au sud-est. Ensuite, suivant un tracé différent de ce qu'il est à présent, la frontière continuait plein est, incorporant la région sud de Namur, et remontant la vallée de la Moselle vers Trèves, puis au sud-est jusqu'au Rhin, en englobant presque toute la Sarre actuelle. Au sud, toute l'Alsace et toute la Franche-Comté étaient devenues françaises. Les villes et forteresses dont Louis s'était emparé comprenaient, le long de la frontière orientale du pays, Dunkerque, Lille, Mons, Ypres, Montmédy, Luxembourg, Strasbourg, Colmar, Huningue, Belfort, Besançon. Dans les terres de l'Entre-Deux, hors de son environnement habituel, le roi avait montré toute la valeur de sa vision stratégique : ses acquisitions ne consistaient pas seulement en des terres et des populations. C'étaient aussi des atouts stratégiques, situés sur des côtes, le long de rivières, au pied de montagnes ou dans des plaines, où ses forces pouvaient résister à des armées d'invasion, ce que la mentalité démilitarisée d'aujourd'hui a du mal à comprendre. En ce sens, il comprenait mieux la géographie que Napoléon, qui estimait que la France s'étendait jusqu'à l'Elbe et au Tibre.

Sébastien de Vauban était l'un des hommes que le souverain respectait le plus. Issu de la petite noblesse bourguignonne, il était devenu l'un des plus grands ingénieurs de son temps et occupait le poste de commissaire général des Fortifications. Depuis 1661, voyageant constamment le long des côtes et des frontières françaises, il surveillait les travaux de fortification menés par le corps des ingénieurs du roi dans 150 villes et places fortes, parmi lesquelles Dunkerque, Lille, Douai, Tournai, Brisach, Montmédy, Philippsbourg, Strasbourg et Roussillon. La frontière de l'Est tout entière se transforma en une série de chantiers. Au total, 8 millions de livres annuels furent dépensés sur ces fortifications entre 1682 et 1691, et environ 3 millions annuels après cette date. À eux seuls, les ouvrages de Dunkerque coûtèrent 2 millions de livres, autant qu'un petit palais[60].

Vauban avait eu de nombreuses réunions avec le roi, et après la mort de Louvois en 1691 il travaillerait directement avec lui. Il voulait donner à la frontière un tracé logique. Ainsi qu'il l'écrivait dans une lettre restée célèbre à son protecteur Louvois en janvier 1673 : « Sérieusement, Monseigneur, le roi devrait un peu songer à faire son pré carré ; cette confusion de places amies et ennemies pêle-mêle ne me plaît point[61]. » La passion du roi pour la fortification de ses frontières serait célébrée par une médaille frappée en 1692 : *Securitati perpetuae* (« Sécurité perpétuée[62] »). Les remparts de briques en forme d'étoile, les bastions, les contrescarpes, les demilunes, les douves et les créneaux des forteresses qui offraient à l'artillerie française de multiples lignes de tir contre l'ennemi sont aussi caractéristiques de Louis XIV que les salles en marbre de Versailles. Il ne construisit pas seulement pour sa gloire personnelle, mais aussi pour la défense de la France.

Ses fortifications se révéleraient plus efficaces que leur équivalent du XXe siècle, la ligne Maginot – qui intégrait quelques-uns de ses forts, notamment Maubeuge, Bitche et le fort de Joux à proximité de la Suisse, deux-cent-cinquante ans après leur construction. De nombreuses structures servirent de casernes jusqu'à la Seconde Guerre mondiale. Après la chute de la ville de Lille en 1708, la citadelle résista huit semaines. Huningue, construite par Vauban entre 1679 et 1681, résista à un siège de quatre mois fin 1813 et début 1814. Maubeuge, construite de 1679 à 1685, essuya une succession de sièges en 1814, 1815, 1914 et 1940. Belfort résista à un siège allemand entre le 3 novembre 1870 et le 18 février 1871, ce qui lui valut d'être célébrée comme un symbole du courage français. La citadelle de Vauban à Calais, protégée par de vastes remparts, tint bon contre les attaques allemandes du 23 au 26 mai 1940 (tout comme d'autres forts de Vauban à Gravelines, Maubeuge et Bouchain), contribuant ainsi à l'évacuation des troupes françaises et britanniques des plages de Dunkerque[63]. Louis XIV et ses conseillers savaient que le danger viendrait d'Allemagne. Le 28 juin 1684, Louvois écrivit à Vauban une lettre qui mettrait deux siècles à revêtir tout son sens. À l'avenir, écrivait-il, des attaques viendraient des « Allemands qui doivent dorénavant être considérés comme nos véritables ennemis et les seuls dont nous pourrions recevoir du préjudice s'ils avoient un empereur qui voulût monter à cheval[64] ».

Tandis que Louis XIV cimentait ses conquêtes le long du Rhin, il achevait en France une entreprise d'un autre genre : un palais plutôt qu'une chaîne de forteresses. Dans les années 1670, alors que Versailles n'était encore qu'un chantier, il commença à y passer plus de temps. Saint-Germain se révélait de plus en plus exigu et délabré.

Depuis son camp devant Cambrai, en 1677, il écrivit à Colbert : « Mandez-moi quelquefois en détail ce qui se fait à Versailles [...] vous pouvez compter que je vais m'établir à Versailles pour y passer l'été. » Trois ans plus tard, il lui écrivait qu'il n'y avait pas de temps à perdre car il serait certainement à Versailles le 1er septembre[65].

Entre 1678 et 1682, Colbert, en qualité de surintendant des Bâtiments, s'empressa d'achever Versailles pour son maître exigeant. Il envoyait des instructions détaillées sur les portes, les fenêtres et les moyens d'éviter les odeurs de peinture. En mars 1678, il écrivit au roi : « Je fus hier le jour entier à Versailles [...] les nouveaux bâtiments s'avancent beaucoup. [...] J'espère, Sire, que tout ce que Votre Majesté a ordonné sera prêt pour lui donner quelque plaisir et quelque relâche après ses grandes et glorieuses conquêtes. » Le roi lui répondit depuis Gand, pendant le siège : « Je suis bien aise du compte que vous me rendez de l'état de Versailles. [...] Il faut encore presser les nouveaux bâtiments afin qu'ils soient faits dans le moment que j'ai dit. » Il ajoutait : « Vous faites des merveilles sur l'argent et je suis tous les jours plus content de vous. Je suis bien aise de vous le dire[66]. »

Versailles reflétait les goûts et les désirs personnels du roi : il alla jusqu'à donner des instructions pour la décoration du manteau de cheminée de sa chambre à coucher[67]. Le seul chantier du château coûtait davantage que l'ensemble du programme de fortifications, à peu près 8 millions de livres annuelles, un pic de 15 millions de livres ayant été atteint en 1685 (selon un mémorandum de 1690, le coût total aurait culminé à 81 millions de livres, en excluant la main-d'œuvre gratuite fournie par l'armée)[68]. À partir de 1678, la galerie des Glaces, qui s'appelait alors Grande Galerie, remplaça la terrasse entre les appartements du roi et de la reine, qui étaient presque terminés. D'un côté s'alignaient dix-sept fenêtres donnant sur le jardin, de l'autre des miroirs fabriqués par la Manufacture royale des glaces, affichant ainsi l'industrie verrière française. Elle mesurait 13 mètres de largeur et 73 mètres de longueur. Décorée de statues classiques et d'un mobilier en argent, cette galerie devint instantanément la plus grande salle du palais, et la plus fameuse[69]. Les palais ont besoin de galeries : de longs espaces dédiés à l'exercice, aux processions ou aux réceptions, libérés des règles de l'étiquette observées dans les appartements d'apparat.

Les galeries des autres palais, dont un bon nombre étaient connues de Louis grâce à des gravures, des livres ou des récits d'ambassadeurs, servaient à afficher et à célébrer des cartes (au Vatican), des livres ou des batailles (l'Escurial), des ancêtres (la Residenz, à Munich), les vertus et les victoires de la monarchie (le Buen Retiro à Madrid et le palais royal à Stockholm), la chasse (la Venaria Reale à Turin), ou les dieux et les héros de l'Olympe (le thème le plus courant, dans la galerie François Ier de Fontainebleau, celle de Mazarin dans son palais parisien, la galerie d'Apollon de Louis XIV lui-même au Louvre et, peut-être la plus grande influence de toutes, la galerie d'Apollon de Monsieur, récemment achevée à Saint-Cloud avec des fresques du rival de Charles Le Brun, Pierre Mignard)[70].

En fait, le premier peintre Le Brun avait à l'origine prévu d'illustrer le plafond avec les travaux d'Hercule. Pourtant, le roi insista pour en être lui-même le sujet principal : le Conseil le mit en garde, en vain, en soulignant que rien dans ces fresques ne devait blesser les puissances étrangères[71]. À l'instar de la commande par Marie de Médicis en 1621 d'un cycle de tableaux à sa gloire peints par Rubens pour son palais du Luxembourg à Paris, les trente fresques peintes au plafond par Le Brun, entourées de cupidons, de satyres, de trophées en plomb dorés à la feuille ou en stuc et de colonnes dorées dans l'« ordre français », proposent sous forme d'allégorie une histoire triomphante du règne de Louis XIV entre 1661 et 1678. « Le Roi gouverne par lui-même » (1661) se situait au centre. D'autres montraient « L'Acquisition de Dunkerque » (1662) ; « L'Ordre rétabli dans les finances » (1662) ; « La protection accordée aux Beaux-Arts » (1664) ; Le Passage du Rhin en présence des ennemis » (1672) ; « L'Établissement de l'hôtel royal des Invalides » (1674) ou « La Prise de la ville et de la citadelle de Gand en six jours » (1678). Le roi est toujours montré en armure romaine et sa devise personnelle, *Nec pluribus impar* (« Je suffis à plusieurs »), y apparaît fréquemment. Elle n'était certes pas dénuée d'arrogance, mais ni plus ni moins que la devise adoptée par les rois d'Espagne depuis la conquête du Nouveau Monde : *Plus ultra* (« Plus oultre »). La galerie fut inaugurée le 15 novembre 1684[72].

Tandis que la galerie des Glaces était consacrée au roi, en accord avec la tradition française, le reste du palais abritait les membres de sa famille et ses courtisans, ce qui le distinguait des palais d'autres pays. En 1679, l'aile des Princes, au sud du corps central, qui avait l'allure d'une caserne baroque à trois étages ornée de colonnes, fut ajoutée pour la famille royale, assortie en 1684 de l'aile du Nord, non moins immense, pour les courtisans (l'une et l'autre mesurent presque 300 mètres de longueur)[73]. Comme la façade est du Louvre, les deux façades sont scandées d'une répétition de paires de colonnes. Il n'y a nulle part de coupole centrale ou de fronton dominant, comme au Louvre ou aux Invalides. Le palais possède une allure relativement informelle. Une fois achevé, il contenait 189 appartements pour des dignitaires de la Cour, 20 pour des membres de la famille royale et un total de 1 840 pièces[74]. Versailles était plus grand que tous les autres palais d'Europe, à la possible exception de l'Escurial, dont la plus grande partie était un monastère. De 1679 à 1682, Mansart agrandit les deux ailes des Ministres à l'est du palais, qui atteignirent l'une et l'autre les dimensions d'un château (avec des sous-sols renfermant des salles réservées aux gardes-françaises et aux gardes suisses de service). Il dessina aussi deux écuries royales, la Grande Écurie et la Petite Écurie, en face des deux ailes, et ajouta un corps de bâtiment cubique, le Grand Commun, au sud du palais, pour le personnel royal et les cuisines, de 1682 à 1686[75].

Début 1682, alors que le palais approchait de son achèvement, les lettres de Colbert à son fils d'Ormoy, son survivancier au poste de surintendant des Bâtiments – qui, de l'avis de son père, était paresseux, ignorant et trop friand de Paris –, se firent de plus en plus pressantes. Le 12 février 1682, il écrivit : « [le roi, qui surveillait tout] n'a pas trouvé les ouvrages aussi avancés qu'ils doivent l'être à cause des deux jours gras. » Le 25 mars, il dit à d'Ormoy de se lever entre 5 et 6 heures chaque matin pour contrôler tous les ateliers des charpentiers, des serruriers et des peintres, ainsi que leurs factures. Le 11 avril, il était furieux de constater que la « petite balustrade » pour la chambre du roi n'était pas encore en place, alors qu'il le demandait depuis deux mois[76].

Le journal de Sourches est la source principale pour suivre l'installation du roi à Versailles un mois plus tard. Contrairement à ce qu'on lit très fréquemment, il n'y eut pas de décret officiel. « Le sixième de mai 1682 le roi quitta Saint-Cloud pour aller s'établir à Versailles où il souhaitait être depuis longtemps, quoiqu'il fût encore rempli de maçons, dans l'intention d'y demeurer jusqu'après les couches de Madame la Dauphine, qui fut obligée de changer d'appartement le second jour qu'elle y fut arrivée, parce que le bruit l'empêchait de dormir. Il aimait cette maison avec une passion démesurée », malgré sa « très vilaine situation[77] ». Versailles devint certes la résidence principale du roi, mais ce n'était pas la seule. Saint-Germain avait été détrôné : le roi n'y coucha plus jamais. En revanche, il continua de résider à Compiègne (75 visites entre 1643 et 1699), souvent en y procédant à des revues militaires et en y dressant des « camps » à proximité ; et à Fontainebleau, un ou deux mois presque tous les automnes. Il se rendait également en visite dans ses récentes conquêtes (Besançon et Strasbourg en 1683, Cambrai et Valenciennes en 1684, Luxembourg en 1687), mais aussi à Chambord (1685), et aux étés 1691, 1692 et 1693 partit faire campagne dans les Pays-Bas méridionaux. L'âge et les charges du travail le poussèrent ensuite à choisir une vie plus sédentaire à Versailles[78].

Toutefois, les Menus-Plaisirs (le service qui traitait des accessoires et des décors nécessaires aux cérémonies et divertissements royaux), les mousquetaires, les gardes-françaises et les gardes suisses, en somme presque tous les éléments extérieurs de la Cour, restaient à Paris, et n'envoyaient que des détachements pour servir à Versailles. Les ambassades, les tribunaux, les académies et quantité de bureaux gouvernementaux demeuraient aussi à Paris. Les ministres, les courtisans, les visiteurs allaient et venaient entre la capitale et le château, ainsi que d'autres résidences royales[79]. Versailles et Paris étaient en symbiose. Le premier médecin du roi, qui effectuait une permanence quotidienne, était également chargé du Jardin des plantes à Paris, tout comme le grand aumônier l'était de l'hospice des Quinze-Vingts. Les médecins du monarque étaient autorisés à vivre à Paris, pourvu qu'ils assistent au lever et au coucher[80]. Le premier peintre du roi, Charles Le Brun, arbitre du goût à Versailles, travaillait aussi pour des clients et des églises parisiens et vivait à Paris, aux Gobelins. André Le Nôtre, qui dessina les jardins de Versailles, habitait dans une maison près du jardin des Tuileries, entouré de collections d'antiquités, de tableaux et de porcelaines et faisait souvent l'éloge de la bonne humeur de son maître[81]. Il n'y avait aucune guerre des styles entre Paris et Versailles ; les maisons des financiers, situées sur les nouvelles places comme la place Louis-le-Grand ou la place des Victoires, étaient décorées dans le même style que le palais de Versailles, souvent par les mêmes artisans. Des membres de la famille royale se rendaient aussi constamment en visite à Paris. Le Dauphin était encore plus populaire dans la capitale que Monsieur le frère du roi. Il connaissait bien Paris, du fait de ses fréquentes sorties à l'Opéra (il faisait l'amour avec les chanteuses « sans distinction »). Le *Mercure galant* déclarait que « l'éloge [du Dauphin] est tous les jours dans la bouche des peuples[82] ».

Le roi restait lui aussi en lien avec Paris. En 1680, la ville le proclama officiellement Louis le Grand – un titre qui demeure aujourd'hui dans le nom du lycée Louis-le-Grand. L'établissement a hérité le site (rue Saint-Jacques) et le nom de l'ancien collège Louis-le-Grand, ainsi qu'avait été rebaptisé le collège jésuite de Clermont, sur les instances de Louis XIV en 1682. Lors des rares occasions où il se rendit en visite à Paris, il fut bien reçu (en 1682, 1683, 1687, 1692, 1701, 1702 et 1706). Le gouvernement de Sa Majesté n'en continuait pas moins d'encourager la modernisation de la capitale. Le Pont-Royal fut reconstruit en pierre entre 1685 et 1689 ; la place des Victoires et la place Louis-le-Grand (aujourd'hui Vendôme) furent entamées à la même période[83].

Le départ d'une partie de la Cour soulageait les Parisiens de la contrainte de loger ses membres et de l'obligation de le faire à des prix particuliers. La croissance de ses industries du luxe, la multiplication des résidences aristocratiques et l'afflux des visiteurs étrangers amoindrissaient peut-être le besoin qu'avait Paris de la Cour. Quoique frappé par la pauvreté de la capitale et le nombre de moines et de couvents, le médecin anglais Martin Lister remarquait en 1698 qu'il existait 700 hôtels particuliers dotés de portes cochères, pour l'accès des carrosses des riches, et tant de nouveaux édifices que c'était devenu « en quelque sorte une ville nouvelle ces quarante dernières années[84] ».

La naissance du premier petit-fils du souverain, quatre mois après son installation à Versailles, marqua l'inauguration des lieux en tant que sanctuaire dynastique (jusqu'en 1789, tous les enfants de la famille royale de France y naquirent). D'ailleurs, l'entrée de journal de Sourches – « dans l'intention d'y demeurer jusqu'après les couches de Madame la Dauphine » – laisse entendre que le roi s'installa à Versailles pour cette raison même.

Le Dauphin avait épousé Marie-Anne-Victoire, sœur de l'Électeur Max-Emmanuel de Bavière, en 1680 : une inimitié partagée envers la maison d'Autriche avait longtemps fait de la France et de la Bavière des alliées, ainsi que de la France et de l'Empire ottoman[85]. Enceinte, la Dauphine disait qu'elle voulait toujours avoir un portrait du roi devant les yeux, pour que son fils lui ressemble : il en fut si touché qu'il lui envoya une courtepointe sertie de joyaux[86]. Le roi et la reine couchèrent sur des matelas dans la chambre de cette dernière, afin d'être présents au moment de la naissance. D'autres parents royaux et des courtisans s'y pressaient aussi. Un fils naquit le 22 août 1682[87]. Au moment où les portes de la pièce s'ouvrirent et où l'on annonça la nouvelle, « il s'éleva un si grand cri de joie dans le château, qu'en un moment la nouvelle en alla jusqu'au bout de la ville », écrivit Sourches. Le roi laissa toutes les personnes présentes l'embrasser. Les gardes allumèrent des feux de joie dans les cours : le monarque les laissa brûler ce qu'ils voulaient, « tant qu'ils ne nous brûlaient pas », remarqua-t-il. Les flammes se reflétaient dans les ornements dorés des toits du château. On dressa des fontaines de vin. Nobles et serviteurs prirent part aux mêmes danses. La gouvernante des Enfants de France, la maréchale de La Mothe, montra à plusieurs reprises le bébé à la fenêtre afin de satisfaire les foules arrivées de Paris. Dans la capitale, la Grande Galerie du Louvre fut illuminée pour « un afflux de monde inconcevable ». Dans toute la France, des églises tinrent des services d'actions de grâce, y compris les églises luthériennes de Strasbourg[88].

Pour la première fois depuis François Ier, la succession de la Couronne était assurée par deux générations de princes. Au lieu de porter le nom de duc de Bretagne, comme le petit-fils de François Ier, Louis nomma son petit-fils duc de Bourgogne, ce qui horrifia la couronne d'Espagne : c'était le signe qu'il le considérait comme l'héritier des ducs de Bourgogne, dont les terres s'étendaient de la Manche aux Alpes, comme une Lotharingie nouvelle, avec leur capitale à Bruxelles au XVe siècle. En 1680, Louis XIV avait déjà obligé Charles II d'Espagne, leur descendant direct, à retirer le duché de Bourgogne de la liste de ses titres et ses armes de son blason[89]. Cette première naissance royale à Versailles, comme les « réunions » et l'annexion de Strasbourg, confirmaient les ambitions du roi de rendre le Rhin français.

À Versailles, une contre-culture d'« abominations » mettait au défi le monde officiel de Louis XIV, de la monarchie et de la piété. Elle avait à sa tête le frère du roi, Monsieur, qui vivait principalement au Palais-Royal, à Paris, et dans son château de Saint-Cloud, à l'ouest de la capitale. Après l'avoir rebâti entre 1677 et 1688, il était devenu presque aussi majestueux que Versailles. Ses collections, ses divertissements et ses fontaines rivalisaient aussi avec ceux de son frère[90]. À l'inverse de Versailles, Saint-Cloud, que beaucoup préféraient, jouissait de vues sur Paris où sa famille et lui continuaient de passer une partie de l'année. Un jour, alors que le roi l'avait invité à voir les nouvelles fontaines de Versailles, il répliqua qu'il allait voir un nouvel opéra à Paris[91]. Avec plus de 1 000 postes et bénéfices disponibles, la Maison de Monsieur (qui était plus conséquente que celle de la Reine), ses apanages, ses domaines et ses régiments offraient une alternative en matière de carrière à Versailles[92].

Des plaisirs d'un autre ordre s'y offraient aussi. En théorie, l'homosexualité, et en particulier la sodomie, était un crime capital. Des homosexuels avaient été brûlés vifs en place de Grève, au cœur de Paris, en 1662, 1671 et 1677[93]. D'autres furent embastillés, et Louis XIV ne l'ignorait pas : les rapports de police qu'on lui lisait à voix haute lui épargnaient peu de détails quant à leurs « abominations criminelles », souvent commises dans les jardins des Tuileries ou du Luxembourg[94]. Les suspects, athées ou libertins, pouvaient aussi être exécutés, et ils furent 18 dans ce cas entre 1636 et 1650[95].

Toutefois, comme le jeu et l'illégitimité, ce qui était puni ailleurs avait sa place à la Cour. Sourches appelait d'ailleurs cette cour « la petite Sodome ». En juin 1682, un mois seulement après l'installation à Versailles, plusieurs jeunes courtisans, parmi lesquels les princes de Rohan, de Lorraine et de Monaco, furent envoyés en exil en raison de ce que l'on qualifia de débauches ultramontaines (ainsi dénommées parce que, en France, l'homosexualité était qualifiée de « vice italien », ou de plaisirs d'Italie)[96]. Le fils que le roi avait eu avec Louise de La Vallière, âgé de 15 ans, le comte de Vermandois, fut interrogé par son père. Il admit ses « crimes » et révéla « une longue liste », comptant le prince de Conti, le plus compétent, le plus beau et le plus apprécié des princes du sang[97]. Certains avaient essayé de « débaucher » le Dauphin, ainsi que Vermandois[98]. Après avoir essuyé le fouet en présence de son père, Vermandois promit de se repentir. En revanche, Monsieur ne cacha jamais sa nature. Il continuait d'être couvert de bijoux, de bracelets, de rubans, de parfum et de rouge[99]. Le chevalier de Lorraine, beau, bien bâti et courageux, et le premier écuyer de Monsieur, le marquis d'Effiat (neveu de Cinq-Mars, favori de Louis XIII), étaient ses amants principaux[100].

Ils donnaient des ordres dans sa Maison et ils « tourmentaient » Madame. D'après Saint-Simon, Monsieur n'imposait nulles limites à ses plaisirs, que ce soit en nombre ou en temps[101]. Il avait de plus jeunes amants – que Madame appelait ses *buben* (« bambins ») – et se laissait « gouverner par ces garçons lubriques » qu'il couvrait d'une pluie d'or. Elle écrivit à sa tante Sophie, duchesse de Hanovre, qu'elle était convaincue de finir empoisonnée comme la première Madame. Pourtant, au lieu de redouter la mort, elle la désirait[102]. Quand Monsieur s'éteignit, Madame brûla leurs lettres d'amour.

Monsieur avait décrit Lorraine comme « le meilleur ami que j'ai sur la terre » dans une lettre adressée en 1670 à Colbert, où il se plaignait de l'arrestation du chevalier – et du traitement que le roi lui avait infligé depuis toujours – et qu'il signait « votre bien bon ami, Philippe[103] ». Lorraine était depuis lors à nouveau rentré en faveur, mais en juin 1682, quand il demanda de se joindre à la chasse du roi, il reçut cette réponse : « Comme il ne prenait pas les mêmes plaisirs que lui, il n'était pas juste qu'il vînt prendre avec lui le plaisir de la chasse du cerf[104]. » Finalement, le chevalier de Lorraine obligerait Monsieur à « contenter le roi en toute chose ». En d'autres termes, au grand dégoût de Madame, car un tel mariage déshonorait leur fils Philippe, duc de Chartres, Monsieur demanderait à Chartres d'épouser la fille illégitime du roi, Mlle de Blois, en 1692. Sa dot de 2 millions de livres contribuerait à faire des Orléans l'une des plus riches familles de France jusque dans les années 1970. En échange, Lorraine recevrait fréquemment l'honneur de recevoir le roi en son château de Frémont, sur la route entre Versailles et Fontainebleau[105]. Afin de marier l'une de ses filles illégitimes à son neveu, Louis XIV cautionna la liaison amoureuse entre son frère et le chevalier de Lorraine. Dans la vie privée comme dans les affaires publiques, il n'était pas aussi absolu qu'il le prétendait.

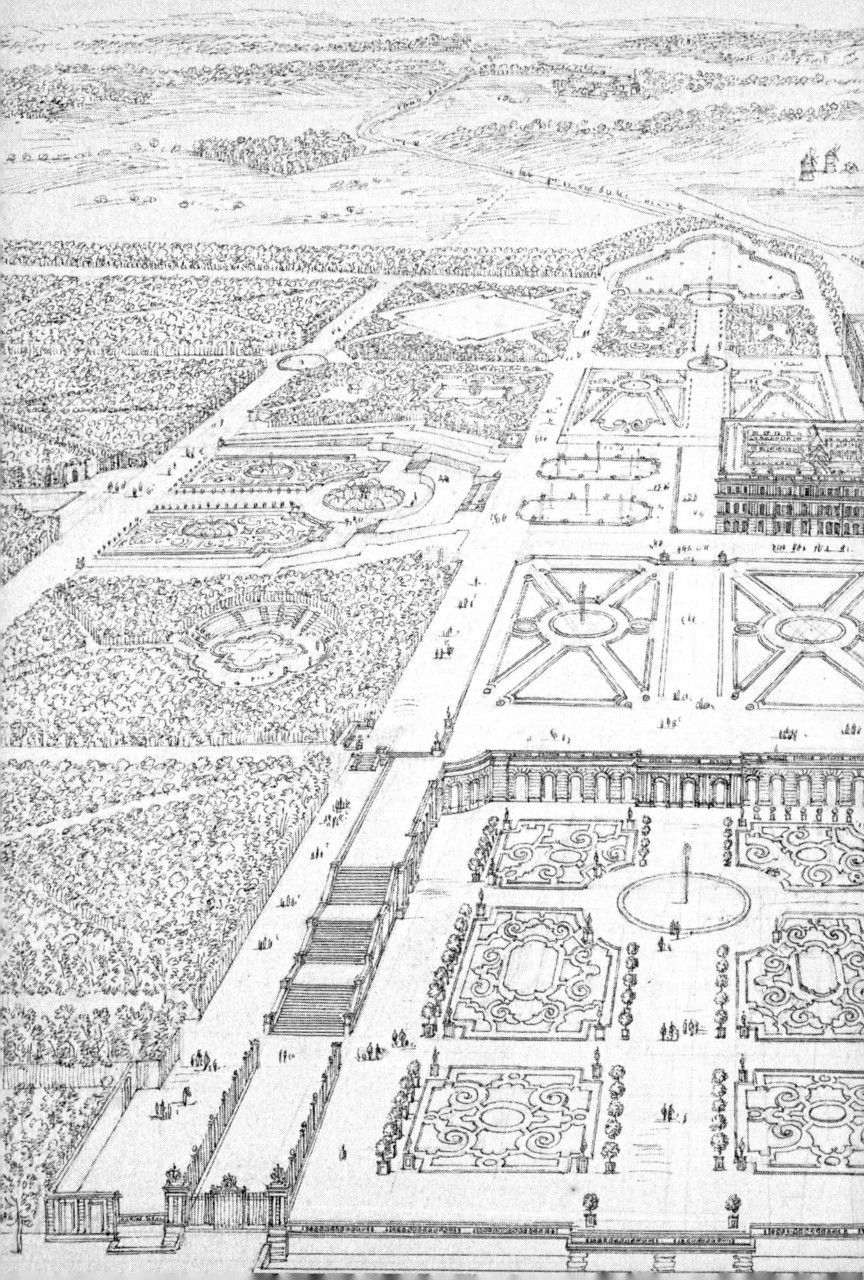

12

Le roi en plein air

La plupart des victoires de Louis XIV sont désormais oubliées, ses citadelles en ruine et couvertes de lierre. En revanche, des millions d'hommes et de femmes identifient encore le roi à Versailles. Trois chapitres seront nécessaires pour en faire la description, Versailles, écrivait Charles Perrault dans *Le Siècle de Louis le Grand* en 1687, n'étant pas un palais mais un monde :

Ce n'est pas un palais, c'est une ville entière,
Superbe en sa grandeur, superbe en sa matière.
Non, c'est plutôt un monde, où du grand univers
Se trouvent rassemblés les miracles divers.

Versailles reflétait la personnalité privée du roi, en plus de ses rôles publics de souverain et d'incarnation de la France. Versailles était sa propriété personnelle, proclamaient les édits, dont il pouvait « jouir distinctement ». À l'inverse des autres palais royaux, celui-ci n'appartenait pas à la Couronne. Son gouverneur n'était pas de haute noblesse, mais l'un des premiers valets de chambre du monarque, ou serviteurs personnels, M. Blouin[1]. Dans ces trois chapitres à venir, nous nous attarderons d'abord sur la vie du roi à l'extérieur de ses murs, nous nous pencherons ensuite sur la vie qu'il menait à l'intérieur et enfin sur la vie privée du souverain, en compagnie de ses familles, de ses maîtresses et de ses ministres.

Comme nombre d'autres châteaux royaux, Versailles devait son existence à la chasse. En 1623, Louis XIII y construisit son premier pavillon de chasse parce que les lieux étaient proches de forêts regorgeant de gibier. Louis XIV lui-même se rendit pour la première fois à Versailles en avril 1651 pour y chasser[2]. La chasse exerçait, et dans certains cas exerce encore, un attrait singulier aux yeux des familles royales. Ce n'était pas seulement une source de plaisir et d'exercice. C'était également l'affirmation visible d'une domination sur un paysage et des animaux. Chasser était aussi, croyait-on chez certains officiers jusqu'à la Seconde Guerre mondiale, une école de guerre contribuant à enseigner le courage, l'art équestre et l'aptitude à lire le relief du terrain et à charger l'ennemi[3]. Dans son livre *La Vénerie royale*, dédié à Louis XIV en 1655, Robert de Salnove faisait ainsi l'éloge de « la chasse [...] un si noble exercice qu'il est presque le seul où les Princes s'adonnent comme à l'apprentissage de la guerre, le plus illustre des Arts et le plus généreux des emplois, où se trouvent les mêmes ruses et les mêmes fatigues ; si bien que le chasseur et le guerrier ont peu de différence [...] le même Dieu qui nous a donné les rois leur a justement réservé le cerf[4] ». Chasser aidait aussi la Cour à remplir l'une de ses fonctions essentielles : renforcer et institutionnaliser les liens sociaux. Une chasse royale pouvait occuper des centaines de personnes sur une vaste étendue de territoire : gardiens, spectateurs, piqueurs, gardes-chasse, rabatteurs, musiciens et enfin le monarque lui-même et ses courtisans, ses veneurs et ses palefreniers. Les chasses royales étaient l'équivalent, en plein air, d'un bal à la Cour, et elles étaient souvent suivies par des dames, surtout sous Louis XIV.

Depuis 1533, en France, théoriquement, tous les droits de chasse émanaient du roi, et tous les non-nobles qui n'étaient pas détenteurs de fiefs nobles en étaient interdits[5]. Louis XIV était un féru de chasse. Dans sa correspondance avec Condé et d'autres, il demandait des toiles pour prendre un cerf au piège ou réclamait du gibier avec lequel réapprovisionner les forêts royales de Versailles et Boulogne[6]. En 1664, il envoya à Charles II 100 têtes de cerfs en cadeau[7]. En application de l'ordonnance de chasse prise par lui en 1669, il renouvela tous les règlements traditionnels en matière de vénerie et de lois forestières, tout en abolissant la peine de mort pour les délits de chasse[8].

L'un des grands divertissements annuels de la Cour, la fête de la Saint-Hubert, reliait la chasse au christianisme (et c'est encore le cas dans certaines régions de France). Saint Hubert, saint patron des chasseurs, était un prince franc du VIIe siècle qui, après avoir eu la vision d'un cerf portant une croix entre ses bois, avait appliqué à la chasse une série de règles : par exemple, celle de tuer les vieux cerfs et d'épargner les jeunes. Pour la fête de la Saint-Hubert de novembre 1665, le prince de Condé et le duc de Verneuil, ainsi que le roi, amenèrent leurs chiens courants à Versailles. Après une messe en plein air en l'honneur du saint et la bénédiction des chiens avec de l'eau bénite, une chasse somptueuse, avec quatre meutes de chiens chassant en même temps, « donna à la Cour le plus grand plaisir du monde[9] ».

Les chasses de Louis XIV étaient gérées par un département de la Cour, la Vénerie, sous la direction du grand veneur, le duc de La Rochefoucauld, avec une équipe de 100 chargeurs, rabatteurs, chasseurs et palefreniers, et 200 chevaux. Elle était installée dans l'hôtel du Grand Veneur, sur l'avenue de Paris. Portant encore les cicatrices de son combat contre Louis durant la Fronde, La Rochefoucauld, également grand maître de la garde-robe, était un courtisan particulièrement dévoué. Il ne manquait guère l'un des « couchers » ou des « levers » de Louis, et dormait rarement hors du château où il avait sa résidence. En échange, le roi payait fréquemment ses dettes[10].

La Vénerie chassait essentiellement le cerf, mais le roi entretenait également des équipages séparés, utilisés moins fréquemment, pour chasser le sanglier ou le loup, et chargés de la fauconnerie[11]. La Vénerie gérait pour Louis un terrain de tir dans le Petit Parc autour de Versailles et un terrain de chasse dans le Grand Parc entourant le Petit Parc et Saint-Cyr, au sud et à l'ouest du château. Elle était entourée d'un mur de 41 kilomètres, afin de contenir le gibier[12]. Dans le Petit Parc, des milliers de faisans et de perdrix, élevés à grande échelle dans des faisanderies du Grand Parc, puis lâchés procuraient au roi, aux membres de sa famille et à ses favoris de très belles cibles. Le 16 août 1685, par exemple, il fit lâcher 5 000 perdrix et 2 000 faisans.

Louis XIV avait commencé de chasser jeune. Après un pari avec Mazarin à 19 ans, il avait abattu 112 lièvres en cinq heures à Vincennes[13]. En toute logique, il fut vite considéré comme le meilleur fusil de France. Saint-Simon écrivit de lui : « Homme en France ne tirait si juste, si adroitement ni de si bonne grâce[14]. » Louis chassa ou sortit tirer 182 jours en 1689, 138 en 1707 et 118 en 1708, à peu près deux fois par semaine, au moins trois ou quatre heures chaque fois, généralement les mercredi et samedi. Quand il souffrait de la goutte, il sortait tirer en chaise, portée par quatre valets[15]. Parfois, il sortait chasser et tirer le même jour[16]. Au cours des décennies 1670 et 1680, les deux parcs furent plantés de hêtres, de chênes, d'ormes et de tilleuls afin qu'ils servent de couvert au gibier et pour embellir le paysage. Irrité par la lente croissance des jeunes arbres, Louis fit transporter à Versailles des forêts d'arbres matures de Flandre, d'Île-de-France et de Normandie[17]. Les chiffres sont phénoménaux. Des ordres existent pour le transport de 2 870 000 bouleaux et 640 000 tilleuls de la vallée de l'Eure. En certaines occasions, des arbres adultes furent transportés de Versailles dans des pots spéciaux montés sur des roues. Beaucoup, néanmoins, moururent[18].

La forêt de Fontainebleau était encore plus propice à la chasse que les terres entourant Versailles – 30 000 hectares de forêts séculaires, très giboyeuses, comparées au Grand Parc de 11 000 hectares entourant Versailles[19]. Louis y passa en tout six années de sa vie, chassant presque tous les jours lors de ses visites en automne. Malgré les pièces de théâtre et les opéras donnés plus fréquemment à Fontainebleau qu'à Versailles, beaucoup de courtisans préféraient la forêt au château[20]. Dans la soirée, les dames aimaient sortir dans les bois, entendre le brame des cerfs[21]. La curée ou le banquet cérémoniel du cerf abattu et dépecé sur lequel se ruent les chiens, à la lumière des torches et sur la musique des cors de chasse, offrait un spectacle saisissant : un soir de 1714, devant le roi, 200 chiens dévorèrent les carcasses[22]. Après deux mauvaises chutes au cours de ces chasses en 1681 et 1683, Louis XIV préféra y participer installé dans une voiture légère à deux roues, un soufflet. Selon Saint-Simon, il la « mène à toute bride, avec une adresse et une justesse que n'ont pas les meilleurs cochers[23] ». En 1706, âgé de 68 ans, un cerf chargea droit sur sa voiture, qu'il fit déguerpir d'un coup de fouet[24].

La famille royale partageait sa passion. Le Dauphin chassait plus encore que son père. La plupart de ses lettres à son fils Philippe V d'Espagne concernent la chasse[25]. À la fin de sa vie, Philippe V se souvenait encore de chacune de celles auxquelles il avait pris part, cinquante ans plus tôt, à Fontainebleau[26]. Le Dauphin chassait le loup avec une telle vigueur, avec sa meute personnelle de chiens-loups, qu'il en nettoya l'Île-de-France. Louis XIV discutait souvent de chasse avec un autre chasseur royal passionné, son fils illégitime, le comte de Toulouse, qui devint grand veneur en 1714 après la mort de La Rochefoucauld[27]. Le frère de Toulouse, le duc du Maine, avait « le plus magnifique équipage qu'on ait jamais vu », avec lequel le roi préférait parfois chasser, au grand désarroi des membres du sien[28].

Sous Louis XIV, Versailles était plein d'images, de bruits et d'odeurs de chiens. En 1662, il se vantait devant ses veneurs d'avoir créé « une meute des plus beaux et meilleurs chiens qu'il sera possible de trouver[29] ». En 1700, il y en avait environ 400 dans les chenils royaux à Versailles, ainsi que dans ceux appartenant aux chasses des princes. Madame, qui écrivit qu'en France elle préférait les chiens aux gens et qui en emplissait son cabinet, affirmait qu'il y avait en tout mille chiens à Versailles[30]. Louis adorait les chiens, bien qu'il n'en fît pas dormir sur son lit, comme son père ou son cousin Charles II. Le gouffre entre animaux et humains était alors moins absolu que de nos jours. L'amour des animaux, sanctifié par les mythes grecs, fut décliné dans les fables d'Ésope, puis de La Fontaine, où les animaux enseignent des leçons aux humains. Alors qu'il ne commandait jamais de portraits de courtisans ou de serviteurs, Louis fut le premier roi de France à en commander de ses braques et de ses épagneuls, par François Desportes. Les chiens sont grandeur nature et leur nom est inscrit dans le tableau en grandes lettres d'or : Diane, Folle, Blonde et quantité d'autres. Ils étaient accrochés dans une antichambre de Marly et dans le cabinet des Chiens du roi à Versailles, une petite pièce au premier étage du château, entre le cabinet des perruques et le cabinet des bijoux[31]. Là, avec son porte-fusil préféré, Antoine, il nourrissait ses levrettes de chambre de biscuits après dîner – les rendant ainsi encore plus obéissantes sur le terrain de chasse[32]. Le monde rassurant des fusils, des chiens et des chevaux, des cerfs soigneusement choisis suivis à la trace des heures en forêt jusqu'à ce qu'ils surgissent dans des allées pour se faire capturer par des chiens, des faisans prenant leur envol au-dessus des fusils libérait le roi, pour quelques heures, des soucis de l'État : pas de dépêches à lire, pas de documents à signer, pas de ministres[33].

Les chevaux du roi venaient des élevages d'étalons de Normandie et d'Île-de-France qu'il instaura en 1665 – en partie pour approvisionner l'armée – et d'acquisitions en Afrique du Nord et en Europe. En outre, d'autres monarques lui envoyaient des chevaux en cadeaux et il en faisait autant : de noirs destriers du roi d'Espagne, des montures baies de l'Électeur de Brandebourg, des Oldenburg blancs du duc de Hanovre. On peut encore admirer à l'Armurerie royale de Stockholm les harnais, les selles et les tapis de selle magnifiques que Louis envoya, avec douze chevaux blancs, à Charles XI de Suède en 1673[34]. Il y avait parmi ces montures des chevaux de selle, de parade, de charge, de guerre, de carrosse et d'attelage. On peut admirer des portraits des chevaux du roi, affichant leur nom et celui de leur donateur (par exemple « le Bacha Turc, Ville de Namur », « le Géant anglais, Ville de Cambrai ») au musée Tessé du Mans[35]. Toutefois, l'Angleterre commençait à supplanter la France, tout comme avant 1600 la France avait supplanté l'Italie, en tant qu'épicentre de l'art équestre. En février 1683, Louis XIV vit le duc de Monmouth remporter la première course de chevaux non loin de Paris, sur une monture anglaise[36].

Les écuries royales étaient d'élégants édifices en forme de fer à cheval, décorés de sculptures de chevaux, qui se dressent encore entre les trois avenues situées face au corps principal du château de Versailles. Un guide anglais les jugeait « si équilibrés et si beaux que peu de palais royaux les dépassaient[37] ». Les chevaux et les écuyers du roi étaient logés plus près de lui que ses gardes, affectés dans des auberges ou des maisons privées, ou dans des casernes à Versailles et à Paris[38]. À droite, la Petite Écurie (établie par Henri III en 1582, afin de lui permettre de conserver la maîtrise directe de ses moyens de transport) hébergeait les carrosses et chevaux personnels du roi sous les ordres du premier écuyer[39]. Un premier écuyer, Claude de Saint-Simon, père du mémorialiste, s'était gagné les faveurs de Louis XIII en 1627 en tant que jeune écuyer du Poitou en lui enseignant une nouvelle méthode de changement de montures – en glissant de selle en selle – sans mettre pied à terre. Une telle dextérité et son aptitude à sonner du cor de chasse sans jamais y cracher avaient encouragé Louis XIII à faire Saint-Simon duc et pair de France et gouverneur des châteaux de Saint-Germain. Toutefois, il tomba en disgrâce en 1636, quand il avertit l'un de ses oncles de son arrestation imminente[40]. Louis XIV était un cavalier émérite qui, en une seule journée, le 19 septembre 1661, chevaucha de Fontainebleau à Vincennes, à l'est de Paris, puis vers Saint-Cloud, pour voir Louise de La Vallière, avant de rentrer à Fontainebleau[41]. Il choisissait souvent ses destriers lui-même, écrivant à son premier écuyer M. de Beringhen : « Vous trouverez bien de l'augmentation dans mon écurie a votre retour près de moi[42]. »

Située côté gauche du château, la Grande Écurie était gérée par le grand écuyer, connu à la cour sous le nom de « M. le Grand », poste jadis détenu par Cinq-Mars, le favori de Louis XIII. Elle fournissait chevaux et carrosses à la Cour et à une partie de l'armée, et régissait les élevages royaux d'étalons (une prérogative que Louis XIV lui conserva en la soustrayant au ministre concerné). Le nombre des chevaux dans les deux écuries s'accrut de 228 en 1664 à 382 en 1680, 550 en 1700 et 648 en 1715.

Ils coûtaient davantage à entretenir que les palefreniers qui s'en occupaient[43]. Pendant presque toute la durée du règne, le grand écuyer de Louis XIV fut le comte d'Armagnac, prince de la maison de Lorraine dont le frère était le favori de Monsieur, le chevalier de Lorraine : il jouait souvent au billard avec le roi le soir, tenait maison ouverte à Versailles et à Paris et effectuait la liaison entre le monarque et son cousin le duc de Lorraine[44]. Le grand écuyer dirigeait aussi une école de 80 pages, des jeunes gens aux quartiers de noblesse avérés envoyés par leurs parents à Versailles dès l'âge de 14 ans pour y apprendre l'escrime, la danse, le dessin et les manières, ainsi que les mathématiques, le latin, l'histoire et la géographie, avant d'entamer une carrière militaire[45]. Ainsi qu'il s'en enorgueillissait dans ses Mémoires, Louis accrut leur nombre de moitié et s'assura qu'ils soient soigneusement choisis et instruits, avec davantage d'occasions de le servir personnellement. Dès lors, selon l'avis du roi, ils deviendraient de meilleurs officiers, et plus dévoués[46].

Les deux écuries comportaient des écoles d'équitation qui enseignaient aux princes, aux courtisans et aux pages à monter et à maîtriser un cheval, et fournissaient un logement aux écuyers et aux palefreniers[47]. Elles abritaient aussi les carrosses dont usaient le monarque et la Cour – qu'il s'agisse des véritables salons mobiles ornés de moulures et de dorures à bord desquels la reine entrait dans les villes conquises ou des chaises à porteurs qui transportaient les courtisans dans les jardins et les cours de Versailles. Seules les chaises à porteurs de la famille royale étaient admises à pénétrer à l'intérieur du château. Les carrosses, les chevaux, les tapis de selle brodés et les harnais et éperons étincelants formaient un aspect essentiel de la splendeur de la Cour. En octobre 1699, un officier anglais nommé Richard Creed, voyageant avec Lord Exeter, fut impressionné par le spectacle de la Cour rentrant de Fontainebleau à Versailles. Sur une trentaine de kilomètres, les routes étaient « remplies de vastes trains d'équipages » : 300 carrosses tirés par six ou huit chevaux, et « un monde de princes, de ducs et de dames de la Cour ». Le roi en personne se pencha à la fenêtre de son carrosse, « [l]'appela et [lui] demanda en particulier » avec qui il [Creed] voyageait, répétant le nom d'« Exeter » jusqu'à ce qu'il réussisse à le dire correctement : « Il lui plaisait de se montrer très libre et fort civil envers moi[48]. »

En plus des carrosses royaux, à partir de 1669 des « coches » ou carrosses publics avec des places à retenir, et des carrosses privés à louage avaient commencé de desservir la route entre Paris et Versailles, même quand la Cour n'y résidait pas. On pouvait aussi se rendre en bateau de Paris à Sèvres, et ensuite en carrosse jusqu'à Versailles[49].

En plus de la chasse, du tir au fusil et de l'équitation, le jardinage aussi attirait Louis XIV dehors. C'était l'une des grandes passions du roi, écrivait Sourches, « à Marly où il fait toujours travailler à quelque embellissement dans ses jardins[50]. » Le 5 novembre 1695, Dangeau mentionnait que « le roi se promena tout le jour dans ses jardins où il se plaît plus que jamais ». Il marchait souvent dans un jardin de Versailles, de Marly ou du Trianon, à la nuit tombée, même âgé de plus de 60 ans – si la lune brillait, bien après minuit[51] ; il lui arrivait aussi parfois de chasser au clair de lune[52]. Ni le froid ni la pluie ne le retenaient enfermé à l'intérieur. En février 1701, le même Dangeau notait que, malgré le mauvais temps, « le roi alla se promener à Trianon où il changea beaucoup de choses dans les jardins[53] ». Le 20 décembre 1704, il y sortit marcher toute la journée et « la gelée fut si violente que ses chiens ne pouvaient sortir » : il était l'animal le plus coriace de la Cour[54].

André Le Nôtre, « jardinier ordinaire du roi, dessinateur des plans et jardins du roi, contrôleur général des Bâtiments, Arts et Manufactures de France », qualifiait

Louis XIV de « plus grand jardinier du monde ». Ni le souverain ni le jardinier ne supportaient d'être confrontés à un horizon limité. Ensemble, ils créèrent à Versailles un jardin aux multiples avenues, avec des perspectives s'étendant à l'infini, se déployant devant le promeneur à mesure qu'il s'avançait de point de vue en point de vue. Ils les créaient en s'aidant d'instruments optiques et géométriques, avec le soutien de l'abbé Picard, fameux astronome et mathématicien, auteur du *Traité du nivellement* (1684). Sous les ordres de Le Nôtre s'affairait une armée de jardiniers qui plantaient, ratissaient, ramassaient les feuilles mortes, taillaient les topiaires aux formes nouvelles[55].

Louis XIV ajoutait constamment de nouvelles fontaines, statues et pavillons aux jardins de Versailles. Croyant, ainsi que l'écrivait *Le Mercure galant*, que les cours devaient contenir tout ce qu'il y a de plus rare sur terre, entre 1663 et 1668, Louis XIV fit aussi construire une ménagerie à un peu moins de deux kilomètres du château. Dans des pavillons regroupés autour d'un octogone sous coupole, les visiteurs pouvaient voir des pélicans, des autruches, des porcs-épics, des demoiselles de Numidie (une espèce de grue) et des coqs de Constantinople. En 1668, un éléphant fut expédié par la reine de Portugal, en 1682 le sultan du Maroc envoya une tigresse[56].

Entre 1668 et 1672, l'actuel Grand Canal fut creusé à l'ouest du château. Il était si large et si profond que Louis XIV y fit poster des chaloupes venues du golfe de Gascogne, des galiotes du Havre, deux yachts anglais construits tout spécialement pour lui à titre de cadeau par Matthew Deane, le maître navigateur de Charles II, et une petite galère[57]. Ces bateaux étaient manœuvrés par 200 marins en uniformes rouge et bleu, commandés par l'amiral du Canal, M. de Langeron. En 1679, d'autres marins arrivèrent à bord de gondoles offertes par le doge de Venise. Ils habitaient dans des maisons au bord du canal que l'on appelle encore la Petite Venise[58]. La flottille du canal essayait de nouveaux vaisseaux pour la marine et transportait des courtisans d'une extrémité du parc à une autre[59]. En une occasion, le roi se révéla un très mauvais pilote à la barre d'un bateau, et Louvois craignit de finir dans le canal[60].

Entre 1678 et 1683, le Potager du roi fut créé au sud-est du château, sur une superficie de 9 hectares. Maintenant rebaptisé École nationale supérieure du paysage, c'est encore un jardin fruitier et potager, à l'époque placé sous la direction de M. de La Quintinie, qui s'était vu confier la charge de tous les arbres fruitiers des jardins royaux en 1679. Il écrivit dans sa dédicace à Louis XIV de son *Instruction pour les jardins fruitiers et potagers avec un traité des orangers, suivi de quelques réflexions sur l'agriculture* (2 vol., 1690) que le roi était lui-même la plus parfaite des œuvres de la nature. Vingt-neuf sections pour différentes variétés de fruits entouraient un jardin potager central, fertilisé par le crottin des chevaux royaux. La Quintinie s'enorgueillissait d'avoir donné au roi de « nouveaux plaisirs » grâce à ses asperges et à ses figues. L'été, 700 figuiers produisaient 4 000 figues par jour, des variétés portant des noms comme Grosse Blanche, Petite Blanche ou Grosse Violette. Le souverain autorisait parfois les courtisans de sa suite à cueillir et déguster ces fruits. Deux visiteurs étrangers, Nicodème Tessin de Suède en 1687 et Martin Lister d'Angleterre en 1698, ainsi que M. de La Quintinie, notèrent que le monarque entretenait parfois lui-même les arbres et les buissons de ses propres mains.

Comme beaucoup d'autres courtisans, La Quintinie reçut un terrain dans Versailles sur lequel construire une maison en plus de sa résidence officielle à l'intérieur du potager. Les fruits et les légumes jugés impropres à la Cour étaient distribués aux Versaillais[61]. Entre 1678 et

1685, une orangerie sous une voûte de pierre, conçue par Jules Hardouin-Mansart, fut construite au pied de la terrasse sud de Versailles, entre deux escaliers monumentaux. Elle abritait plus de 1 000 orangers et citronniers l'hiver, comme c'est encore le cas de nos jours. Ces orangers et ces citronniers étaient l'équivalent du mobilier en argent : des symboles de prestige en raison de leur coût et, dans le nord de l'Europe, de leur rareté. L'été, on les sortait à l'extérieur, ou on les plaçait à l'intérieur du château. La grande galerie de l'Orangerie, avec ses murs nus et ses voûtes dénuées d'ornements, était si longue et si haute (150 mètres sous une voûte culminant à 13 mètres, deux fois la longueur de la galerie des Glaces) qu'elle fut comparée par Martin Lister aux « nefs d'autant d'églises réunies ensemble[62] ». Si les écuries étaient des palais pour chevaux, l'Orangerie était un palais pour les orangers – où de nombreux monarques, déclarèrent les ambassadeurs de Siam en 1686, auraient été heureux d'habiter eux-mêmes[63].

Alors que l'Orangerie se situe à gauche du château, le jardin principal s'étend devant, en pente douce vers le canal. Il se distinguait par sa taille (93 hectares en 1715), ses fontaines et ses sculptures d'un marbre blanc éclatant. Il y avait alors au moins un millier de ces pièces dans le parc et sur les façades du château, la plus vaste collection de sculptures modernes d'Europe[64]. Pour la seule année 1674, une « grande commande » fut émise par Colbert à 23 sculpteurs : des sculptures des éléments, des saisons, des quatre continents, des quatre tempéraments et des quatre types de poésie. Quatre chefs-d'œuvre français, l'*Apollon servi par les Nymphes* et *L'Enlèvement de Proserpine par Pluton*, par François Girardon, et le *Milon de Crotone* et le *Persée et Andromède* de Pierre Puget, furent sculptés pour le château et soigneusement mis en place sur des sites choisis dans le parc[65]. À Versailles, observait *Le Mercure galant* en 1684, les sculptures semblent pousser comme des plantes et former des allées qui éveillent l'admiration des esprits les plus vifs et les plus curieux[66]. Le sculpteur moderne français Girardon, qui restaura aussi de nombreuses statues anciennes pour Louis XIV, était jugé encore plus illustre que le sculpteur de l'Athènes antique Phidias[67].

Entre le château et le Grand Canal, un entrelacs de bosquets avec leurs bassins et leurs fontaines étaient reliés par de longues allées gravillonnées bordées de statues et qui traversaient des massifs de chênes, de bouleaux et de frênes plantés. La « salle de bal » formait l'un de ces bosquets les plus spectaculaires. Des vases et chandeliers dorés décoraient un amphithéâtre de pierre circulaire orné de coquillages de l'océan Indien, avec des sièges pour les spectateurs et les musiciens, qui jouaient pour les danseurs dans cette salle à ciel ouvert. Parmi d'autres, citons la Colonnade (entourant la statue de Girardon, *L'Enlèvement de Proserpine par Pluton*), le Labyrinthe, décoré de statues d'animaux mentionnés dans les fables d'Ésope et les bassins d'Apollon, de Neptune et des Nymphes[68]. Les fontaines de Neptune et du Dragon comportent des monstres marins baroques et des dragons ailés[69].

À l'inverse de ses rivaux Vaux-le-Vicomte et Saint-Cloud, Versailles ne possédait pas de bon approvisionnement en eau. Pourtant, il en fallait au parc 6 230 mètres cubes à l'heure pour en actionner les fontaines[70]. En 1682, Sourches écrivait que ces jardins et ces fontaines étaient étonnamment magnifiques, mais qu'il fallait à chacune de ces dernières une rivière pour en alimenter le flux ; or, Versailles ne disposait pas d'une goutte d'eau, excepté celle qui provenait d'un « méchant étang[71] ». Les fontaines étaient actionnées par des fontainiers (qui travaillaient sous les ordres de M. Denis, commandant en chef des fontaines du roi à Versailles) seulement si le roi ou des invités importants se trouvaient dans les jardins. Le roi lui-même établissait l'ordre dans lequel il fallait les mettre en eau. Les fontainiers s'avertissaient par sifflets, comme ils le font encore aujourd'hui, de synchroniser l'ouverture des robinets afin de fournir assez de pression pour amener l'eau jusqu'aux jets et aux bassins. Dès que les fontaines étaient sorties du champ de vision du roi, on coupait les robinets et les fontaines s'asséchaient[72].

Le 19 octobre 1684, Louis XIV annonça au lever son plan pour détourner et canaliser une partie de l'Eure, rivière qui s'écoulait à une soixantaine de kilomètres à l'ouest, afin d'apporter davantage d'eau aux réservoirs et d'améliorer la pression à Versailles même. La France étant alors en paix, au cours des années suivantes 36 bataillons d'infanterie et 6 escadrons de dragons – un effectif total atteignant sans doute 35 000 soldats – furent employés à niveler des collines, à construire des aqueducs, des routes et des ponts. Des vestiges de l'aqueduc de Maintenon sont encore visibles aux abords du château éponyme montrant, ainsi que le souhaitait le roi, qu'il pouvait reproduire les aqueducs en arches de la Rome antique : il ressemble à une section du pont du Gard. Quelque 1 500 soldats périrent au cours des opérations, d'autres tombèrent malades à cause de l'atmosphère des marais et de l'eau croupie, puis répandirent plus tard des maladies parmi d'autres troupes[73]. Vauban, la voix de la raison, était atterré, et dans une lettre à Louvois datée du 28 juin 1685 critiqua le roi de tenter ainsi de surpasser les Romains alors qu'il ne régnait que sur un dixième de leur empire : « Le roi sera comptable à toutes les nations et à la postérité même[74]. » Tout comme la construction de Versailles sur un site peu propice, la difficulté de l'entreprise faisait partie de son attrait. Louis XIV voulait faire étalage de son omnipotence.

Toutefois, par la suite, grâce au creusement de lacs et de réservoirs imposants agencés sur une vaste superficie, alimentés par la Bièvre – un tableau de Jean-Baptiste Martin le Vieux représente Louis XIV et Louvois visitant le site –, et à la création d'un autre aqueduc, de réservoirs souterrains sous le parc et de presque 60 kilomètres de tuyauteries et d'évacuations, les fontaines pouvaient fonctionner quelques heures, assez pour étonner et enchanter les visiteurs[75]. La fontaine du Dragon, l'un des jets les plus hauts d'Europe, peut atteindre une hauteur de 26 mètres, et la fontaine de l'Obélisque, avec ses 232 jets d'eau, culmine à 23 mètres[76].

Paris, comme Versailes, était également entourée de parcs, avec fontaines, statues, orangeries, tapis verts, terrasses et panoramas. De 1669 à 1673, à Saint-Germain, Le Nôtre avait dessiné la magnifique Grande Terrasse, longue de 2 377 mètres, en surplomb de la Seine. Elle était destinée à prolonger les Champs-Élysées, tracés pour les Parisiens après 1679 en tant que parc et avenue vers l'ouest du jardin des Tuileries[77]. En plus de ses propres parcs et jardins à Saint-Germain, Versailles, Marly, Trianon, Compiègne et Fontainebleau, Louis encourageait aussi ses parents et courtisans à créer et à agrandir les leurs, et il lui arrivait souvent de suggérer des améliorations lors de ses visites : il en fut ainsi du Dauphin à Meudon, de Monsieur à Saint-Cloud, du prince de Condé à Chantilly, du duc du Maine à Sceaux, du comte de Toulouse à Rambouillet et bien d'autres encore. Toutefois, il ne se rendit plus jamais en visite dans le premier d'entre eux, Vaux-le-Vicomte.

En plus du jardin principal du château de Versailles, Louis XIV en créa deux autres, autour des pavillons de Trianon et de Marly. Ils exprimaient ses goûts et sa personnalité encore plus que Versailles même, qui reflétait en partie ses ambitions pour la monarchie et pour la France. Entre 1668 et 1670, une église et un village appelés Trianon, situés au nord-ouest du château de Versailles, furent démolis pour laisser place au Trianon de porcelaine. Couvert de carreaux bleus et blancs hollandais et français dans le style chinois, c'était une retraite d'amoureux. L'une des trois chambres avait été baptisée chambre des Amours, où le roi et Mme de Montespan se retrouvaient en privé dans la journée[78]. C'était sa création. Il écrivit à Colbert en 1670 : « Pressez Trianon car il faut qu'il soit dans sa perfection à mon arrivée[79]. » Toutefois, les carreaux extérieurs se fendaient souvent en hiver. Après les festivités qui s'y tinrent en juillet 1685, lors du mariage de leur fille aînée, Mlle de Nantes, avec le petit-fils de Condé, le duc de Bourbon, où une pyramide de feu composée de 7 000 luminaires fut érigée à l'autre extrémité du Grand Canal, il fut démoli[80]. Bourbon, un homme bien plus petit que les plus petits hommes (on en imputait généralement la cause au nain de compagnie de sa mère) selon Saint-Simon, était d'un tempérament furieux, la peau d'un jaune livide et des airs de chien enragé, mais il conférait à son épouse le rang de princesse du sang[81].

À l'automne 1687, la construction d'un nouveau Trianon de marbre débuta, dessiné par le roi en personne avec l'aide de Mansart. Il travaillait sous une tente à proximité, afin de pouvoir suivre les progrès du chantier. En janvier 1688, il y dîna pour la première fois. Le nouveau Trianon de marbre, ou Grand Trianon, était complètement original, deux villas palladiennes au toit plat, toutes en longueur, de plain-pied, comportant une trentaine de pièces, parmi lesquelles une salle du conseil et une salle de musique. Elles communiquaient par une colonnade ouverte avec vues sur les jardins et sur le canal et étaient ponctuées, côté jardin, par 80 colonnes et pilastres de marbre rose du Languedoc[82]. Tandis que Versailles était un jardin de statues et de fontaines avec quelques parterres de fleurs à proximité du château, le Trianon était un jardin de fleurs. Louis XIV aimait les fleurs, comme la musique et le ballet, plus que tout autre roi de France. Il avait lui-même été comparé à une grande fleur immortelle dont le parfum embaumait toute l'Europe quand il dansait le rôle du Printemps dans le *Ballet des Saisons* (1661)[83]. On le compara aussi à un tournesol, un oranger ou un lys[84]. Pendant l'hiver 1669-1670, lors de la dernière occasion qu'il eut de danser en public, dans le *Ballet royal de Flore*, au palais des Tuileries, là où celui-ci rejoignait l'extrémité de la Grande Galerie du Louvre, Flore, déesse des fleurs, lui dit que les fleurs ne devraient plus la considérer comme leur reine, car elles ne reconnaissaient plus personne d'autre que lui pour souverain. La partie du palais où fut exécuté le ballet fut rebaptisée pavillon de Flore, nom qu'elle conserve à ce jour.

Les fleurs décoraient les tapis, les tapisseries, les meubles et les tableaux du roi, ainsi que ses jardins[85]. Tubéreuses, jacinthes et jonquilles pour le Trianon étaient importées de Normandie, de Marseille et de Toulon. En 1682, en plus de la pépinière royale et du Jardin des plantes en pleine efflorescence à Paris, une pépinière spéciale fut créée à Toulon, où l'on ne faisait pousser que des plantes méditerranéennes pour le roi. En 1683, un total de 65 000 tubéreuses furent expédiées de Toulon à Versailles[86]. En 1686, quelque 20 000 bulbes de jonquilles et, en 1687, plus de 5 300 violettes et 2 000 iris furent envoyés d'Angleterre[87]. En 1687, selon l'architecte suédois Nicodème Tessin – et on peut trouver des chiffres semblables dans les comptes des jardins –, 200 000 plantes en pot furent préparées non loin du Trianon (dans une serre spéciale que l'on appelait le Châteauneuf de Trianon) destinées aux jardins royaux « afin de faire les changements de décorations que Sa Majesté désire[88] ». Comme les fontaines et les jardins, les fleurs montraient le pouvoir du monarque. Avec les fleurs, il transformait l'hiver en printemps[89]. Le jardin du Trianon comportait un singulier cabinet des Parfums où régnaient de fortes fragrances de jasmin, de tubéreuse et de jacinthe. Selon Saint-Simon, ce que confirmait une lettre de Mme de Maintenon, « tous les parterres changeaient tous les jours de compartiments de fleurs et j'ai vu le roi et toute la Cour les quitter à force de tubéreuses, dont l'odeur embaumait l'air mais était si forte par leur quantité que personne ne peut tenir dans le jardin, quoique très vaste et en terrasse sur un bras du canal[90] ». Un guide de l'époque confirmait que le parfum des milliers de fleurs dans ce « lieu enchanté » du Trianon faisait dire aux visiteurs que l'« on est ravi comme en extase[91] ».

Le jardin du Trianon était agrémenté de fontaines et de statues comme ceux de Versailles. Toutefois, les lieux étaient en partie sauvages, séparés du Grand Parc par quelques premiers exemples de sauts-de-loup. En outre, une aile était formée par le jardin des Sources, un jardin romantique sillonné de ruisseaux serpentant dans les bosquets et les taillis, qui créaient des îlots où les dames pouvaient jouer aux cartes ou coudre[92]. Le Trianon confirme la passion du roi pour la vie de campagne. Il écrivit un jour à son fils : « Il fait un temps merveilleux et je suis très aise de goûter les beautés de ce séjour, que je trouve plus grandes tous les jours ; c'est pourquoi je ne sais quand j'en partirai[93]. »

Si le Trianon pouvait recevoir les visites de courtisans et de simples sujets, Marly était en revanche réservé aux invités du souverain. Ce château avait été construit dans une vallée à l'écart, à 8 kilomètres au nord de Versailles et près de 5 kilomètres au sud de Saint-Germain. À partir de juin 1679, le roi y fit débroussailler un parc (22 ouvriers moururent à Marly cette année-là)[94] et, de 1680 à 1684, alors que s'achevait la construction de Versailles, il fit construire un pavillon royal carré entre deux longues pièces d'eau. Comme Trianon, l'endroit était inspiré par les villas palladiennes d'Italie. Il était entouré de pavillons de gardes, de deux bâtiments de service, de douze pavillons plus petits (de Jupiter, de Vénus et d'autres divinités olympiennes), de bassins, de jardins et de bois. Manière d'en souligner le caractère de conte de fées, les ornements des façades montrant des scènes de la vie d'Apollon furent peintes en trompe-l'œil dans les tons rose, bleu et or[95]. Entre 1680 et 1685, un ingénieur de

Liège, le baron Deville, créa la Machine de Marly, le plus grand appareil de ce temps, en partie conçu pour impressionner par sa taille et son audace : 259 pompes et 14 roues en bois élevaient de l'eau à 60 mètres au-dessus de la Seine, vers un aqueduc long de 650 mètres qui alimentait le château, les parcs et les villages environnants. Des voies traversant la forêt et le village – le chemin de la Machine et la rue de la Machine – signalent à quel endroit elle était en fonctionnement, avant sa destruction en 1817. À Marly, des fontaines pouvaient jaillir toute la journée, ce qui était impossible à Versailles[96].

Louis passa quelques nuits sur place en octobre 1683 – un an après son installation à Versailles – et y donna sa première fête le 23 juillet 1684. Marly devint assez vite une passion. Il s'y rendit huit fois en 1687, seize fois en 1688 et vingt-sept fois en 1689. Au début, il y recevait une trentaine d'invités, après 1700 généralement plus de cent[97]. Dans les années 1660, il avait invité des membres de la bourgeoisie ou de la noblesse de robe – Mme Bignon, Mme Tambonneau, la présidente Tubeuf – à des divertissements à Versailles[98]. Séduit par l'intelligence, il choisissait pour favoris des personnages de naissance relativement basse, comme Vauban, Racine et Mme de Maintenon elle-même. Il aimait croire qu'il valorisait le mérite, l'aptitude et l'ardeur au travail[99].

À Marly, cependant, Louis n'invita pourtant plus que la noblesse d'épée (les rares nobles de robe qui y faisaient acte de présence devaient s'habiller en nobles d'épée, en costumes de cour taillés dans des soies et des velours éclatants, au lieu de leur tenue noire normale : Lauzun les appelait des poupées mannequin). Les règles de présentation au souverain et le droit de prendre place dans ses carrosses devinrent plus strictes, rendant la Cour plus exclusive[100].

Afin de lever des capitaux, Louis XIV ordonna aussi des « recherches de noblesse » et créa de nouveaux offices dans tout le royaume entre 1666 et 1674 et entre 1696 et 1715, ce qui pénalisa la noblesse de robe (dont les offices perdirent alors de la valeur) et, en relevant le prix de l'accès à la noblesse, fit des preuves d'ancienneté de la naissance une source de richesse, et pas seulement de fierté[101]. Ainsi, à Marly et à Versailles, il s'engagea dans une restriction de l'accès aux honneurs de la Cour à une caste de quelques centaines de familles d'ancienne noblesse, ce qui aliénerait nombre de soutiens naturels de la monarchie. Ses premières visites de trois ou quatre jours à Marly furent peu à peu prolongées jusqu'à sept à dix jours. Après 1700, il y passait trois à quatre mois par an – en 1711, par exemple, 143 jours. Même s'il couchait à Versailles, cela ne l'empêchait pas de se rendre à Marly quelques heures en visite[102].

Le parc de Marly comportait plus d'une centaine de « salles de verdure » communiquant les unes avec les autres, ou reliées par de longues allées rectilignes à travers bois. Décorées de fontaines et de statues, elles portaient des noms imagés, « salon du Faune », « vestibule d'Hercule », « bassin des Vierges vestales, « les bains d'Agrippine ». Chaque « salle » était ceinte de haies de topiaires, de bancs de marbre et d'arbres dans des bacs. Elles étaient aussi souvent agrémentées de jeux, par exemple des balançoires, une première variante du croquet, une table d'échecs ou un chariot en bois monté sur une glissière, ce que l'on appelait une roulette. Les combinaisons de lumière, d'ombre, d'eau, d'arbres, d'herbe, de statues – et de silence – rendaient ces jardins particulièrement séduisants. À l'occasion, les invités y prenaient leur repas ou y jouaient aux cartes[103].

Le roi était particulièrement fier de « la rivière » qu'il avait dessinée lui-même. Elle ressemblait à une cascade, mais il s'agissait en réalité de 52 bassins d'eau bordés de marbre rouge, vert et blanc, descendant à flanc de coteau en face du pavillon royal. Certains jets des fontaines de Marly s'entrecroisaient et retombaient dans le bassin voisin, provoquant en permanence un crépitement comparable à celui du feu de l'artillerie[104]. Un autre divertissement consistait à regarder des carpes nager dans ces bassins. Louis XIV venait le soir de Versailles tout particulièrement pour admirer ces carpes argentées, dorées ou bleues « d'une extraordinaire beauté », portant des noms comme « le masque d'or », « la cramoisie » et la plus grande, « la royale ». Toutefois, les carpes ont besoin de boue ; or il fallait une eau limpide afin de les apercevoir. Beaucoup mouraient ou étaient remplacées une infinité de fois, selon la formule de Saint-Simon, avec des carpes offertes par de loyaux sujets ; d'autres, non mentionnées par le duc, survivaient dans les étangs dits de « la grande pièce » et des « nappes[105] ».

En 1702, le parc de Marly fut terminé avec le placement à l'entrée, à côté d'un vaste bassin où les cavaliers pouvaient laver leurs chevaux, de deux magnifiques statues de chevaux ailés par Coysevox, aujourd'hui dans la cour Marly du Louvre. Madame les qualifia de plus belles statues du monde, dans le plus beau des jardins[106]. Elle n'était pas seule de cet avis. Quatre ans auparavant, l'ambassadeur de Guillaume III, le comte de Portland, surintendant de ses jardins, avait admiré la situation de Meudon, la magnificence de Versailles et le charme de Trianon. Cependant, ainsi qu'il l'écrivit à son maître, Marly était « le plus agréable jardin que j'ai vu et qui plairait à Votre Majesté », même si, ajoutait-il, « les machines d'eau [la Machine de Marly] sont d'une dépense et d'un travail excessifs[107] ». Au cours du règne suivant, un ambassadeur ottoman découvrant Marly s'exclama que le monde était la prison des fidèles mais « le paradis des infidèles ». Au total, la création de Marly coûta environ 11,7 millions de livres[108].

À Marly, Louis XIV pouvait exprimer son anticonformisme. Malgré toute son expérience d'une vie en public, selon M. de Sourches, il était « extrêmement gai » quand « il se voyait accompagné de peu de monde ». Mais même alors (Sourches décrivait là une visite à Maintenon) le roi était accompagné de dix-neuf gentilshommes de service, de deux ministres, d'un petit nombre de « bas officiers de service » et des colonels de certains régiments stationnés à proximité[109]. Racine écrivait de Marly en 1687 : « Il y a peu de gens, et le roi nomme tous ceux qui l'y doivent suivre [les dignitaires de la Cour ne venaient que s'ils étaient invités]. Ainsi tous ceux qui y sont, se trouvant fort honorés d'y être, y sont aussi de fort bonne humeur. Le roi même y est fort libre et fort caressant. On dirait qu'à Versailles il est tout entier aux affaires, et qu'à Marly il est tout à lui et à son plaisir[110]. »

Marly était une maison de campagne, pas un palais. La chambre du roi ne comportait pas de balustrade, comme à Versailles ou au Louvre, pour tenir les courtisans en respect. Dans le grand salon du pavillon, les invités se prélassaient sur des chaises en la présence de membres de la famille royale, bavardaient et jouaient aux cartes avec eux presque en égaux. Ils pouvaient s'adresser au roi quand ils le souhaitaient. Les femmes portaient des robes de chambre plutôt que de grands habits comme à Versailles. Les convives étaient nourris et chauffés aux frais du roi, ce qui n'était pas le cas à Versailles. Les repas se prenaient à des tables rondes réunissant tout le monde sans distinction. Les nouvelles boissons en vogue, le thé et le café, étaient servies, ce qui n'était là non plus pas le cas lors des repas du roi à Versailles. En 1705, Madame se plaignait de ce que les hommes portaient des chapeaux quand ils marchaient aux côtés du souverain dans les jardins, et de ce que même les frotteurs s'étaient mis à jouer aux cartes dans les couloirs : « Cela ne ressemble plus du tout à une cour[111]. » Dangeau remarquait : « Le roi, qui veut que les courtisans soient fort à l'aise ici, a ordonné qu'on porte dans le salon toutes sortes de liqueurs pour qui en demanderaient afin qu'ils n'aient pas la pensée de sortir du château. » Ces courtisans ne devaient manquer de rien[112]. La conversation dans le salon de Marly n'épargnait personne. À Versailles, les filles illégitimes du roi étaient admirées pour leur grâce et leur majesté ; à Marly, elles s'échangeaient des insultes[113]. On entendit la princesse de Conti traiter sa sœur de sac à vin ; la duchesse de Chartres répondit en lui reprochant le nombre de ses amants. Nombre de gardes du corps avaient d'ailleurs été congédiés parce qu'ils avaient été ses amants, ou pourraient le devenir[114].

Le roi restait un hôte des plus empressés, qui ne voulait pas que ses invités s'ennuient. En juin 1701, malgré son chagrin à la mort de Monsieur, il insista pour que le jeu continue à Marly[115]. Lors d'une seule visite, il y avait parfois quatre bals et le roi, buvant « comme en franc cabaret », passait deux heures à dîner avec les dames[116]. À Marly, même les invités qui avaient renoncé à la danse ou qui portaient le deuil étaient priés de danser. Pour le carnaval, des courtisans se vêtaient en paysans, en animaux, en amazones, en Chinois ou en sultan ottoman et sa cour. Saint-Simon, qui dansa une fois habillé en paysan, affirma qu'après avoir refusé de danser, il ne fut plus invité[117]. Le roi en personne dansait masqué, âgé de 65 ans, avec une robe de chambre de gaze par-dessus ses vêtements habituels, et permettait aux dignitaires de la Cour d'assister à son coucher masqués[118].

Étrangement, comme pour les allers-retours des ministres entre Paris et Versailles, on n'a jamais trouvé de plaintes de courtisans concernant leurs trajets répétés entre les châteaux royaux. Peut-être appréciaient-ils la tranquillité relative du carrosse. Le roi ne restait jamais en place. En une journée, le 29 octobre 1699 par exemple, il se rendit de Versailles à Marly, puis à Saint-Germain, et ensuite retour à Versailles en repassant par Marly[119]. Le 2 novembre 1702, âgé de 64 ans, il se rendit de Versailles à Marly, puis à Saint-Germain, et retour à Versailles[120]. Toutefois, il se servait alors pour ses longues marches dans le parc, comme c'était le cas depuis une opération chirurgicale en 1686, d'un des tout premiers modèles de fauteuil roulant poussé par deux serviteurs[121]. Sa famille se déplaçait elle aussi fréquemment en différents endroits au cours de la même journée. Le 4 décembre 1710, la belle-fille du Dauphin, la duchesse de Bourgogne, alla de Versailles à Meudon dîner avec son beau-père ; ils effectuèrent ensuite ensemble le trajet jusqu'à l'Opéra, à Paris, avant de rentrer à Versailles pour souper avec Sa Majesté[122].

Louis XIV était fier de Marly, et il en usa comme d'un instrument de contrôle supplémentaire, du même ordre que le justaucorps à brevet et les divertissements. Les femmes venaient le voir dîner à Versailles afin de montrer leur désir d'aller à Marly et d'obtenir que leur nom soit porté sur la prochaine liste d'invités[123]. Les courtisans demandaient des invitations la veille de son départ, ou le matin même, avec cette formule devenue fameuse : « Sire, Marly ? » La liste des invités n'était publiquement annoncée qu'au tout dernier moment. Parfois, le monarque partait plus tôt qu'annoncé afin d'éviter les requêtes des courtisans[124]. En 1687, Dangeau l'entendit dire que si Marly était aussi vaste que Fontainebleau, le château ne serait pas encore assez grand pour tous ceux qui demandaient à y séjourner[125]. D'autres chambres furent ajoutées, afin qu'il puisse convier davantage de visiteurs[126]. On commença à émettre des invitations à des ministres, et même à leur épouse, ou à titre de récompenses pour des officiers émérites comme le maréchal de Bellefonds ou Vauban[127]. À l'instar de Versailles, Marly finit également par devenir en partie un palais de travail, avec des réunions du Conseil et des revues des troupes, qui se déroulaient sur un terrain que l'on appelait « le trou d'enfer ». Parfois, si le roi était absent, les jardins étaient ouverts au public[128].

Ce public était d'ordinaire admis dans les jardins et dans le château de Versailles « sans discernement de sexe, d'âge ni de condition ». Seul les individus sales ou malades étaient refoulés par les gardes du corps postés aux entrées[129]. Parfois, pourtant, lorsqu'il donnait des ordres aux jardiniers, le roi préférait être seul[130]. Le jardin était aussi fermé s'il se sentait pressé par trop de gens, surtout ceux de Paris – « la canaille », écrivait Dangeau, qui endommageait les statues et les vases[131]. Cependant, chez Louis, le sentiment monarchique l'emportait sur son goût de l'intimité : le public était toujours autorisé à revenir. Sans ces visiteurs, les jardins auraient perdu leur raison d'être. En 1704, le roi ordonna que l'on retire les clôtures des bosquets de Versailles de sorte que le public ait le plaisir de s'y promener (ce qu'il ne peut faire aujourd'hui que lors des journées de Grandes Eaux)[132].

Versailles fut construit pour l'Europe autant que pour la France. Plus que d'autres palais royaux, il était destiné à plaire non seulement au roi et à ses courtisans, mais aussi au nombre croissant d'étrangers qui effectuaient le Grand Tour. À partir de 1674, des guides détaillés de l'historiographe de la Cour, André Félibien, et d'autres auteurs furent rédigés, en partie pour des étrangers, sur ordre du roi et contrôlés par l'institution responsable de gérer son image, la Petite Académie. En outre, des gravures des édifices et des fêtes à Versailles furent créées par le Cabinet du roi comme par des contrefacteurs, et *Le Mercure galant* publiait régulièrement des comptes rendus relatifs aux édifices et aux réceptions à Versailles[133].

Les étrangers les plus favorisés se voyaient offrir des visites particulières de Versailles. Des ambassadeurs d'Espagne (1679), de Russie (1682), du Maroc (1684), d'Algérie (1686), d'Angleterre (1698) et de Tripolitaine (1704) ainsi que le doge de Venise (1685) eurent droit à une promenade dans les jardins et à un tour du château guidés par de hauts responsables du ministère des Affaires étrangères – et certains se rendirent à Marly. Le roi en personne montrait à ses hôtes et aux ambassadeurs les plus distingués ses jardins, par exemple Vauban en 1686 ; en 1673, la duchesse de Modène, en route vers l'Angleterre avec sa fille Marie, la promise que Louis XIV avait choisie pour le duc d'York ; et la même Marie de Modène, de retour en 1689, cette fois en sa qualité de reine d'Angleterre en exil[134]. Cette année-là, Louis XIV écrivit son propre guide, *Manière de montrer les jardins de Versailles*, qu'il mit à jour à six reprises. Le ton est sec et autoritaire, comme des instructions de mouvements de ballet : « On entrera dans la petite allée qui va à Flore, on ira aux bains d'Apollon et l'on en fera le tour pour considérer les statues, cabinets et bas-reliefs. [...] Si on veut voir le même jour la Ménagerie et Trianon, on ira devant que de voir le reste des fontaines. [...] Quand on voudra voir le même jour la Ménagerie et Trianon après avoir fait la pause auprès d'Apollon, on ira s'embarquer pour aller à la Ménagerie[135]. »

Quelques étrangers se moquèrent de Versailles ; le poète diplomate Matthew Prior, au service de Guillaume III, ennemi de Louis XIV, le décrivit comme « la chose la plus sotte au monde ; il se pavane sur chaque lambris et galope par-dessus les têtes sur tous les plafonds ». Ou bien ils espéraient que son coût découragerait le roi de se lancer dans de nouvelles guerres[136]. Toutefois des milliers d'autres furent impressionnés. Dans un autre guide du château, qui accorde autant de place aux jardins, à Trianon et à Marly qu'au château proprement dit, Piganiol de La Force disait de Versailles qu'il faisait « l'admiration des siècles à venir et la merveille du nôtre[137] ». Des guides français affirmaient que le roi était capable de dominer la nature aussi bien que ses provinces. Des forêts et des jardins avaient surgi de nulle part[138]. Comme Rome et Venise, Versailles était devenu l'un des grands sites d'Europe. Avant 1700, le futur George Ier d'Angleterre et deux futurs rois de Pologne, Auguste de Saxe, dit « le Fort », et Stanisław Leszczyński, l'avaient déjà visité.

Les Anglais furent particulièrement impressionnés. Même Matthew Prior, malgré ses moqueries, acquit des gravures et des descriptions de Versailles[139]. Un autre visiteur anglais, Martin Lister, le décrivit comme le palais le plus magnifique « de toute l'Europe ». Le Grand Appartement du roi, ses appartements privés et ceux du Dauphin étaient ouverts aux visites des voyageurs ordinaires comme des hauts personnages, en particulier s'ils étaient porteurs d'une lettre de recommandation et si le roi était absent[140]. En 1701, quoique choqué par le nombre de mendiants dans Paris, John Northleigh qualifia aussi Versailles de « plus beau palais d'Europe [...] et le côté qui fait face aux Jardins surpasse tout ce que l'on peut imaginer de plus somptueux ; son toit étincelant d'or offre une perspective majestueuse vu de loin ». Le jardin, « pour ses statues, ses canaux, ses bosquets, ses grottes, ses fontaines, ses jets d'eaux ou tout ce qu'on peut lui trouver de ravissant, surpasse de loin toute chose de cet ordre qui se peut voir en Italie ». À l'intérieur, la Grande Galerie était « la plus noble que j'aie jamais contemplée de ma vie[141] ». La même année, Ellis Veryard écrivait que les jardins et les fontaines de ce « chef-d'œuvre de l'art [...] dépassent et de loin, ce me semble, ceux de Frascati et de Tivoli dont on fait tant l'éloge en Italie[142] ». Écrivant un guide du Grand Tour dans les années 1740, Thomas Nugent évoquait ce palais, « l'un des plus beaux de toute l'Europe » : « Le grand escalier de marbre surpasse toute l'Antiquité[143]. »

Versailles n'était pas seulement un prodige conçu pour impressionner par ses dimensions et sa beauté. Ce palais était aussi voué au plaisir. Les jardins contiennent des statues de nymphes et de satyres, de Vénus et de Ganymède.

Un Cupidon gardait l'entrée du Labyrinthe. Les pièces jouées à la Cour, comme *L'Amour médecin* (1665), *Les Amants magnifiques* (1670, un sujet choisi par le roi), *Les Fêtes de l'Amour et de Bacchus* (1672), ou *Le Triomphe de l'amour* (1680), célébraient « l'adorable pouvoir de l'amour », conquérant des conquérants. Dans *Thésée* (1675), Vénus, déesse de l'amour, espère établir sa cour dans les jardins de Versailles[144]. Les Mémoires de Jean de Plantavit de La Pause, un officier de province en permission, montrent comment il « courtisait Vénus » dans les jardins de Versailles. Plantavit de La Pause descendit trois jours dans une auberge à Versailles en juillet 1699, faisant quelques visites au Trianon où il assista au lever du roi et profita de la brillante compagnie et des jardins. Un ami, M. de Berteuil, organisa un rendez-vous pour Plantavit et son beau-frère avec deux femmes, à 10 heures du soir, dans l'allée du Dragon, non loin d'un portail permettant d'accéder directement de la ville au parc, en évitant les gardes. Ils attendirent en silence entre des statues de marbre. Dès l'arrivée des femmes, sans doute protégé par des arbres, Berteuil « s'entretint quelque temps avec la mère, car elles étaient mère et fille, pendant que nous gardions la fille. Puis nous lui cédâmes la fille pendant que nous gardions la mère. Elles étaient assez aimables [...]. La mère dont la beauté commençait à passer avait encore de beaux restes ; et beaucoup d'esprit ; la fille manquait d'embonpoint mais elle avait de beaux yeux, la taille belle et un fond inépuisable d'enjouement. Nous passâmes une heure assez agréablement avec elles ». Ensuite, ils raccompagnèrent leurs compagnes dans la ville de Versailles. Le lendemain, toute la Cour bruissait de l'aventure[145], mais les jardins continuèrent d'attirer les amants. En août 1722, peu après le retour de la cour sous Louis XV, trois jeunes courtisans furent envoyés en exil pour avoir commis des « abominations » dans un bosquet[146].

Avec Versailles, Louis ne visait pas seulement à impressionner à et divertir les visiteurs, mais aussi à surpasser les palais et jardins de Rome, tant antiques que modernes. Cette inscription sur une gravure de 1683, comme beaucoup d'autres, le proclamait successeur des empereurs romains :

Monde, viens voir ce que je voye,
Et ce que le soleil admire.
Rome dans un Palais, dans Paris un empire.
Et tous les Césars dans un roy[147].

Plus que d'autres monarques de son temps, Louis se fit sculpter en empereur romain, en armure romaine, en manteau romain et botté avec une grande perruque, et même en effigies de bronze sur des meubles, ainsi que sur des arcs de triomphe dans Paris. À Versailles et Marly, nombre de statues, tant à l'intérieur qu'à l'extérieur, étaient soit des copies d'originaux romains par des sculpteurs français modernes (l'*Apollon du Belvédère*, *Laocoön et ses enfants*, *Antinous*), soit des statues romaines héritées de Mazarin, acquises à Rome ou découvertes en France et sur les rivages de la Méditerranée[148]. Il y avait parmi elles la Vénus d'Arles (découverte dans le théâtre romain de la cité en 1651) ; Jupiter et Junon, rapportés de Besançon ; l'Apollon de Smyrne ; la Modestie de Benghazi ; douze bustes en porphyre d'empereurs romains dans la galerie des Glaces[149]. Confirmant l'identification de Versailles avec la Rome impériale, 84 bustes en marbre d'empereurs romains décorent la façade orientée vers Paris, à proximité éloquente des couronnes et fleurs de lys royales françaises des balustrades.

Versailles aida les Français à s'affranchir de leur sentiment d'infériorité envers le passé classique et la Rome moderne. Le roi était assuré d'être plus glorieux qu'Alexandre, César ou Auguste, et que Versailles lui vaudrait l'immortalité[150]. M. Combes écrivit que les peuples de la terre devraient venir à Versailles : « Versailles seul suffit pour assurer à jamais à la France la gloire qu'elle a à présent de surpasser tous les autres royaumes dans la science des bâtiments. [...] vous y verrez l'ancienne et nouvelle Rome[151]. » Le cycle de tableaux saisissants d'Alexandre le Grand par Charles Le Brun, comme *Les Reines de Perse aux pieds d'Alexandre*, encore accrochés à Versailles aujourd'hui, n'était en effet pas seulement destiné à rendre hommage au nouvel Alexandre, Louis XIV, mais également à prouver que les peintres français étaient aussi dévoués que les Italiens. La création de Versailles, écrivaient Madeleine de Scudéry en 1669 et Charles Perrault en 1687, signifiait que l'Italie devait maintenant céder la suprématie dans les arts à la France[152].

Louis XIV acheta aussi des tableaux italiens pour la Collection royale, accroissant leur nombre de 200 à 2 000. En décembre 1681, lors d'une de ses rares visites à Paris, il choisit quelque 45 tableaux du Louvre à prélever pour les transférer à Versailles, parmi lesquels des œuvres de Raphaël et de Titien. La *Mona Lisa* fut placée dans la galerie privée du monarque, avec nombre d'autres trésors : le grand Véronèse intitulé *Le Repas chez Simon*, un présent du doge de Venise, fut accroché dans le Grand Appartement. En 1682, comme d'autres guides ultérieurs, *Le Mercure galant* dressa la liste des tableaux et sculptures du palais parmi ses attractions accessibles aux visiteurs[153]. À l'inverse du Louvre actuel, Versailles était un palais royal, non un musée public. Toutefois, les deux palais servaient un même but : accroître l'attrait et le prestige de la France. *Le Mercure galant* écrivait qu'à Versailles Louis XIV « fait en grand Monarque les honneurs de la France et [...] montre aux Étrangers la magnificence de la Cour[154] ».

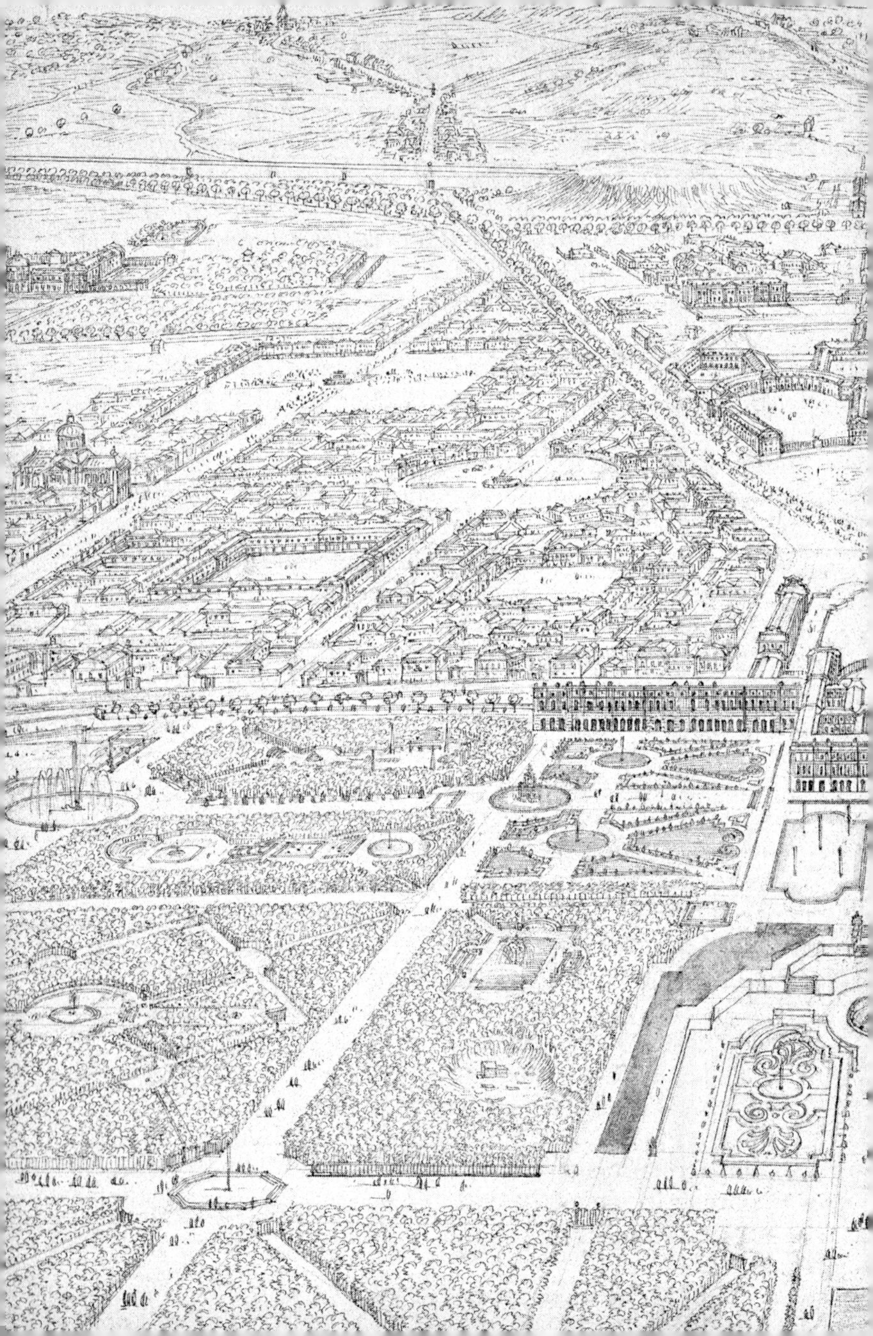

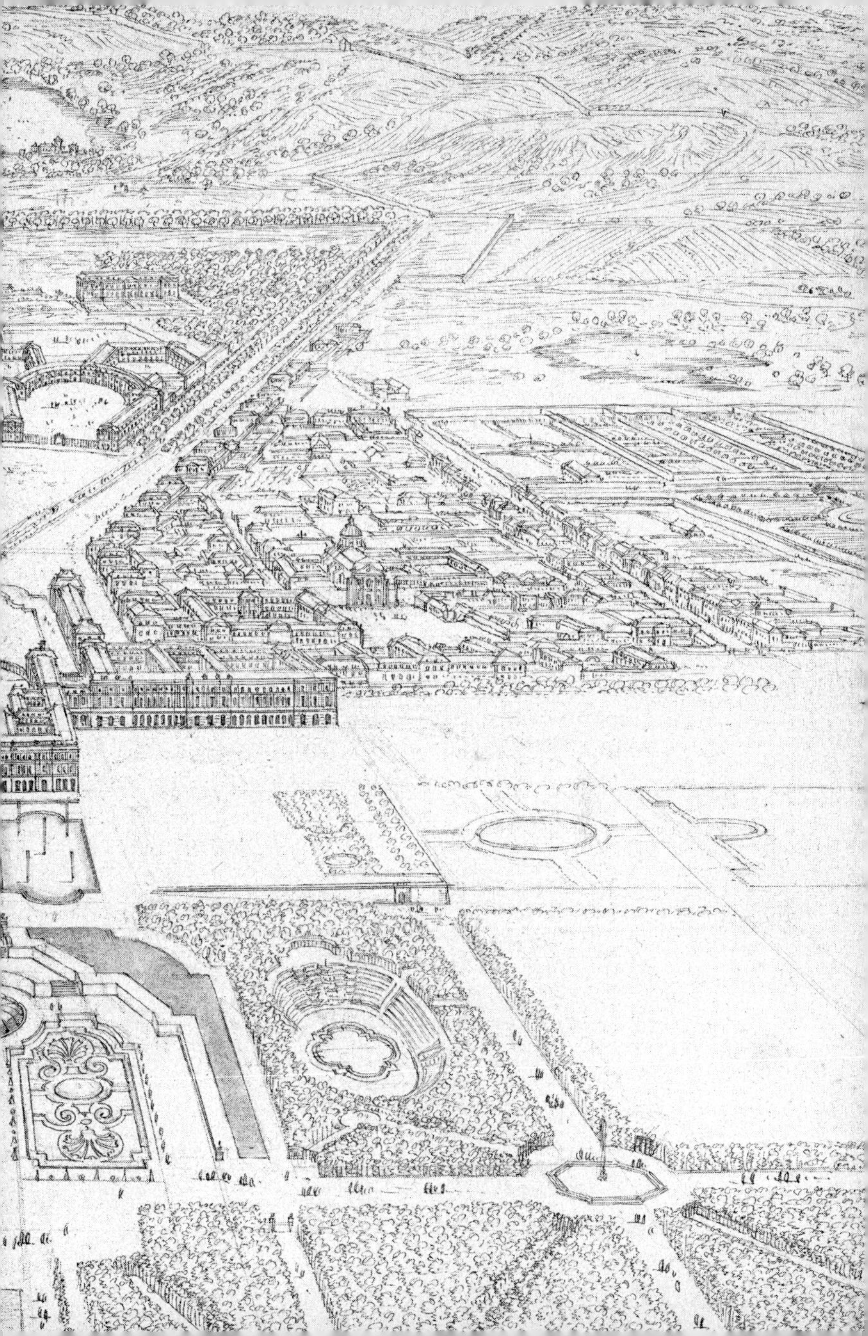

13

Versailles de l'intérieur

Dans ses résidences, la journée du roi débutait et s'achevait par le lever et le coucher, cérémonies correspondant aux moments où le monarque se levait ou se retirait, mais aussi occasions pour les courtisans de le contempler, de lui parler, de causer entre eux et de se tenir informés des dernières nouvelles. Molière en était souvent l'un des spectateurs, se montrant ainsi « très assidu » à son service au sein des valets de chambre tapissiers chargés du mobilier du roi et de faire son lit, une charge héritée de son père. En 1663, il décrivit le lever comme une bataille. Les hommes se bousculaient comme de beaux diables, poussant leurs voisins du coude pour atteindre le premier rang de la cohue[1].

Comme bien d'autres aspects de la Cour, ces cérémonies ne furent pas inventées par Louis XIV, mais héritées de règnes antérieurs. Depuis le XVIe siècle au moins, le roi de France se faisait habiller et déshabiller par certains des plus hauts dignitaires de la Cour : le grand chambellan, le maître de la garde-robe et le premier gentilhomme de la chambre, et par des princes de la famille royale s'ils étaient présents. Ainsi que Catherine de Médicis en avait informé son fils Henri III, à propos de son grand-père François Ier (qui régna de 1515 à 1547) : « [...] quand il prenait sa chemise, et que les habillements entraient, tous les princes, seigneurs, capitaines, chevaliers de l'ordre, gentilshommes de la chambre, maîtres d'hôtel, gentilshommes servants entraient lors, et il parlait à eux, et ils le voyaient, ce qui les contentait fort[2]. »

Durant la jeunesse de Louis XIV à Paris, dans les années 1650, son lever restait relativement simple, ainsi que le rapporte Marie Dubois, l'un de ses valets de chambre : prières, étude, une demi-heure sur la chaise percée, conversation avec de grands seigneurs, l'un après l'autre, sur un ton si familier que cela les enchantait. Ensuite, le roi se lavait, priait encore, finissait de s'habiller, travaillait avec le cardinal Mazarin et sortait s'exercer à l'escrime, pratiquer la danse, ou bien encore allait chasser[3].

Après 1661, le lever et le coucher de Louis XIV étaient plus formels et mieux fréquentés. Entre 7 h 30 et 8 h 30, tandis que les valets de chambre faisaient la chambre, un huissier de la chambre en ouvrait les portes, pour son premier médecin, son premier chirurgien et, jusqu'à sa mort en 1688, Perrette Dufour, une paysanne anoblie en 1653 parce qu'elle avait été sa nourrice[4].

À l'exception de ses moments de détente avec Mme de Montespan, le roi prenait rarement des bains, si ce n'était, à contrecœur, des « bains de la chambre » pour raisons médicales, sur ordres des médecins[5]. Au lieu de quoi, après son lever, deux valets le frictionnaient, l'habillaient et le rasaient (tous les deux jours). Ensuite on procédait aux « grandes entrées ». Ces dernières concernaient des dignitaires de la Cour comme les premiers gentilshommes de la chambre, les premiers valets de chambre et le grand maître de la garde-robe, ainsi que ceux que l'on appelait les « lecteurs du roi ». Le souverain se lavait les mains et lisait ses prières. Il accordait aussi ces entrées, très appréciées pour les occasions qu'elles offraient de lui adresser la parole de façon informelle, à certains de ses favoris : ses fils illégitimes, Lauzun en 1671 et après 1689, mais également, à la fin de son règne, des généraux victorieux comme Boufflers et Villars ; jamais, en revanche, les princes du sang, du moins pas avant la mort de Condé en 1686[6].

Ensuite, alors que le premier gentilhomme de service ou un prince lui présentait sa chemise et sa veste, on recevait les sujets privilégiés de troisième degré, les « entrées de la chambre ». Ils comprenaient l'élite de France : le grand chambellan et le grand aumônier (le cardinal en charge des chapelles royales et de la vie religieuse à la Cour) ; les évêques et les aumôniers ; les capitaines des gardes ; les maréchaux, les amiraux, les lieutenants généraux, les ambassadeurs, les cardinaux, les ministres, les gouverneurs de province, les premiers présidents de parlement et d'autres[7].

Il y avait parfois jusqu'à 100 courtisans à ce lever, mais les hauts dignitaires de la Cour qui n'étaient pas de service n'étaient pas obligés d'y assister[8]. Loin d'observer le silence respectueux qui était le leur quand le roi était jeune, les courtisans continuaient de parler alors même qu'il priait à côté de son lit. En décembre 1678, John Locke fut surpris « par le bruit et le vrombissement du reste de la chambre qui est pleine de gens debout et qui se parlent[9] ». Lors d'un lever ou d'un coucher, Louis XIV annonçait parfois une nouvelle. En 1703 et en 1712, par exemple, il lut à voix haute des dépêches, faisant nommément l'éloge d'officiers et de régiments qui s'étaient distingués au cours de la dernière bataille[10]. Les ambassadeurs étaient réticents à l'idée d'assister au lever ou au coucher. À l'opposé de leurs audiences officielles du mardi avec le roi et la famille royale, organisées par le grand maître des cérémonies et ses services, ils s'y faisaient bousculer par les courtisans, « au milieu de la foule et de la presse », ainsi que s'en plaignait Ézéchiel Spanheim, ministre du Brandebourg : c'était là une insulte à leur maître ainsi qu'à eux-mêmes. À la fin du lever, le monarque faisait ajuster sa perruque, priait à son prie-Dieu et se nourrissait d'un petit déjeuner rapide composé de vin, de soupe et de pain[11]. Enfin, on lui tendait son couvre-chef, ses gants et sa canne, puis il donnait ses ordres du jour aux responsables qui attendaient de les recevoir.

Par conséquent, tout comme le lever et le coucher proprement dits, c'était la question de l'accessibilité qui distinguait la cour de France des autres cours européennes. Ce qui la réglait, c'était l'heure de l'admission des courtisans à la chambre du roi, et non l'endroit où ils étaient admis dans ses appartements. Il n'y avait pas de « distinctions d'antichambre » réservant l'entrée de certaines salles aux personnes d'un certain rang. Les tentatives d'Henri III pour faire adopter de telles distinctions, et pour régler ces accès, n'avaient fait qu'accroître son impopularité[12].

La Cour conserva ce caractère informel tout au long du règne. Loin d'être un monde clos, ainsi que les étrangers le remarquèrent fréquemment, elle était plus accessible et moins hiérarchique que d'autres cours. Louis XIV lui-même n'appréciait guère les cérémonies et il écrirait dans une phrase restée célèbre : « S'il y a quelque caractère singulier dans cette monarchie, c'est l'accès libre et facile des sujets au prince[13]. » L'Italien Primi Visconti décrivit la cour de Louis XIV comme « une vraie confusion d'hommes et de femmes[14] ». Un autre visiteur d'Italie, Antonio Farnese, écrivait en 1698 : « Quand on le veut, on voit le roi, on parle avec lui et on le touche presque[15]. » Le monarque avait certes besoin de sa canne pour s'y appuyer, mais aussi pour barrer le passage aux visiteurs indésirables, pour ferrailler et ménager une place à la reine et à ses dames, ou encore pour lui-même[16].

La Cour n'était pas une esclave, ainsi que le prétendait Saint-Simon, mais une hydre. En dépit de toute la crainte et de tout le respect qu'il inspirait, Louis XIV lui-même n'en détenait pas l'entière maîtrise[17].

Une procédure identique d'à peu près une heure et demie, même quand le roi était en campagne, se répétait à l'inverse au moment du coucher, lorsqu'il se retirait. Toutefois, comme il était tard, il y avait moins de monde. Le souverain communiquait le mot de passe du jour aux commandants des différentes gardes, puis il priait son premier valet de chambre de tendre le bougeoir – une bougie sur une coupelle – à l'invité auquel il voulait accorder sa faveur ce soir-là. Ainsi que le monarque s'en vantait dans ses Mémoires, l'un des effets les plus visibles de son pouvoir consistait à donner une valeur infinie à ce qui en soi ne valait rien[18]. Venait ensuite le « petit coucher » : simplement vêtu de sa robe de chambre, il s'asseyait sur sa chaise percée. Même à cet instant, il recevait un ou deux courtisans « par cérémonie bien plus que par nécessité ». Ceux-ci étaient les heureux bénéficiaires d'un « brevet d'affaires », un nom inspiré de sa chaise percée ou « chaise d'affaires », honneur qui offrait une occasion particulière de parler librement au roi et de lui demander des faveurs[19]. Il se rendait ensuite dans la chambre de la reine, escorté du premier valet de chambre avec sa torche.

Il existait au moins sept pièces, en divers endroits du château, servant de cabinets de toilette publics, tandis que les courtisans et les membres de la famille royale avaient leur propre chaise percée installée dans un petit cabinet d'aisance de leur appartement. Madame se plaignait néanmoins de ce qu'il lui était impossible de quitter son appartement sans voir des gens uriner. Les escaliers et les galeries étaient particulièrement appréciés à cet égard[20].

Les seuls emplois supérieurs créés au sein de la Cour par Louis XIII étaient des fonctions militaires : les commandants des mousquetaires, les chevau-légers et les gendarmes de sa garde. En revanche, le seul créé par Louis XIV concernait ses vêtements : celui de grand maître de la garde-robe, en 1669. Avec une ironie sans doute inconsciente, il offrit ce poste en 1672 au duc de La Rochefoucauld dont le père, en 1660, s'était montré si critique des habits des courtisans[21]. Louis XIV portait souvent des tenues ordinaires, en particulier lorsqu'il était en campagne. Toutefois, il appréciait les bijoux en connaisseur. En 1674, il écrivit à Colbert à propos de son besoin d'un coffre à bijoux pour lui-même et pour Mme de Montespan, afin qu'ils en aient toujours en nombre suffisant assortis à la couleur de leurs tenues : « Il faut avoir des pierres de toutes couleurs pour en pouvoir changer[22]. » Lors des grandes occasions, il était aussi couvert de bijoux que les effigies de la Madone que l'on portait en procession dans les rues de Paris[23]. Il en portait sur sa veste, son couvre-chef, le pommeau de son épée et sur sa croix de l'ordre du Saint-Esprit. Sa veste de brocart d'or était un jour si constellée de diamants qu'il semblait au chevalier d'Arvieux comme entouré de lumière[24].

En raison des achats importants du roi à des joailliers comme Jean-Baptiste Tavernier et Jean Chardin, qui allaient se les procurer jusqu'en Inde, la valeur de sa collection personnelle de bijoux, distincte des joyaux de la Couronne, qui formaient une collection à part, ne fit que croître, de 7 millions de livres en 1666 à 11 millions en 1691. Selon l'inventaire de 1691, Louis XIV possédait des quantités de rubis, d'émeraudes, de perles, de saphirs et de diamants[25]. En 1669, il était déjà propriétaire de 1 911 de ces diamants. Son coffret de pierreries en or fondu, ciselé et filigrané sur âme de chêne (surtout orné de motifs de tournesols), fabriqué en 1675 par Jacob Blanck, artisan protestant de Nuremberg, est l'un des trésors du Louvre. Des joyaux entouraient les portraits miniatures de lui-même qu'il offrait en cadeaux diplomatiques[26].

La garde-robe était un service distinct au sein de la Maison du roi. Il comprenait deux maîtres, quatre premiers valets, qui servaient à tour de rôle pendant trois mois, seize valets et bien d'autres domestiques. Ils aidaient le monarque à enfiler et à retirer ses sous-vêtements (des courtisans se chargeaient du reste), lui commandaient ses tenues et veillaient sur elles. Les vêtements proprement dits étaient conservés dans trois pièces du rez-de-chaussée du corps de bâtiment central du château de Versailles[27]. Avec l'accroissement de la garde-robe, le nombre des employés de la Maison du roi, y compris les gardes et les fournisseurs qui suivaient la Cour, passa de 833 personnes en 1663 (moins que pendant la Fronde) à 1 139 en 1674, puis à 1 866 en 1683 et à 3 309 en 1702. En plus de la Maison civile du roi, il existait d'autres maisons royales – celles de la reine (609 membres en 1683), de Monsieur (830 officiers, non compris les serviteurs, en 1699), de Madame et des petits-fils du souverain. En accord avec les traditions de cour françaises, le Dauphin était obligé de recourir aux services de la Maison du roi, moyen de réduire son indépendance[28].

La Cour connut une expansion supplémentaire avec la création d'autres maisons, au service des enfants illégitimes du roi. Ensemble, en comptant la Maison militaire et les serviteurs des courtisans, les effectifs totaux de toute la cour purent atteindre, voire dépasser, le seuil des 10 000 membres[29]. Comparé à la cour sans faste de la fin du règne de son père, le contraste s'avérait saisissant. Au cours d'une année normale, en temps de paix, cela pouvait représenter entre 10 et 20 % du total des dépenses du gouvernement – un chiffre qui incluait toutefois les pensions, dont bon nombre était servi à des personnages n'exerçant aucune fonction à la Cour[30].

Louis XIV réduisit néanmoins les effectifs de sa maison dans un domaine, celui des gentilshommes de la chambre. Henri III avait plus de 700 d'entre eux.

Henri IV et Louis XIII avaient eux aussi continué d'en nommer[31]. Après 1661, Louis XIV cessa toute nomination. Il ne disposait ainsi d'aucun équivalent des 300 chambellans ou davantage de l'empereur du Saint Empire, qui, s'ils servaient rarement à la Cour, en assuraient la liaison avec ses provinces lointaines. À l'inverse de ses prédécesseurs, il estimait peut-être n'avoir pas besoin de recourir à ce type de poste pour s'assurer de la loyauté des nobles et, le cas échéant, préférait les encourager à servir dans son armée plutôt que dans sa maison civile[32]. Ainsi, plutôt que par un chiffre impressionnant d'officiers nobles, la cour de France se distinguait par une multitude de valets, d'huissiers et de garçons de la chambre et de la garde-robe. C'étaient souvent des messieurs bien éduqués qui aspiraient à un statut noble, alors même que le parlement de Paris, dans une rare démonstration d'indépendance, refusa d'enregistrer un édit royal le leur accordant automatiquement[33].

Les plus importants d'entre eux, les quatre premiers valets de chambre, des confidents qui aidaient Louis XIV à organiser sa vie et ses fonds privés, exerçaient autant d'influence que des dignitaires d'un rang plus élevé comme le grand écuyer ou le grand aumônier. Le premier valet de chambre de service couchait sur un lit de camp au pied du lit du roi, gardait les portes de la chambre du conseil et détenait les clefs des coffres renfermant ses valeurs. Il présentait aussi les pétitions au roi et y répondait, et participait à l'allocation des appartements dans ses châteaux. Jérôme Blouin, premier valet de chambre, qui avant sa mort en 1665 aida le roi dans ses premiers achats de terres à Versailles, était aussi conseiller d'État[34].

L'accès à l'appartement de Sa Majesté était contrôlé par le premier gentilhomme de la chambre. À l'extérieur de l'appartement, l'accès au monarque relevait de la responsabilité du capitaine des gardes de service, qui marchait toujours derrière lui ou à ses côtés. Toutefois, en usant de l'appartement du premier valet de chambre et d'un escalier dérobé (que l'on appelait « les derrières » ou « les détours ») à proximité de l'appartement royal, le souverain avait la latitude d'éviter le regard des dignitaires de la Cour et de recevoir à leur insu, notamment des personnages politiques et des maîtresses[35].

Un officier de marine, le comte de Forbin, écrivit au sujet de Bontemps, autre premier valet de chambre dont il se servait comme intermédiaire avec le roi et les ministres, qu'il n'y avait à la Cour guère de protection si utile et si recherchée que la sienne et peu de seigneurs qui eussent autant de crédit que lui[36]. Le père de Bontemps avait été premier valet de chambre de Louis XIII. Louis XIV se fiait tant à lui qu'il devint aussi gouverneur de Versailles et secrétaire général des Suisses et Grisons, ayant également sous ses ordres, en plus du régiment des gardes suisses, les Suisses du Château, souvent appelés les garçons bleus en raison de la couleur de leur livrée, une unité de sécurité privée qui ne rendait de comptes qu'à lui. Ils servaient d'espions du roi à l'intérieur et à l'extérieur du château, vérifiant les allers et venues dans les couloirs, les escaliers, les galeries, les cours intérieures et les jardins[37]. Ils étaient manifestement efficaces, Ézéchiel Spanheim qualifiait la sécurité à la Cour d'« excellente », et il en admirait l'« ordre et l'économie[38] ». À la mort de Bontemps, en 1701, *Le Mercure de France* fit son éloge d'être « moins né pour lui-même que pour son maître », de n'avoir « jamais dit de mal de personne » et d'avoir servi le roi avec plus d'exactitude que jamais[39].

Le lever et le coucher n'étaient pas les seules cérémonies où le roi se montrait. Les dîners en public, avec de la vaisselle d'argent et d'or et une nef en argent ou en or contenant les couverts de service du monarque, souvent accompagnés de musique, étaient depuis longtemps un rituel par lequel les souverains et les grands personnages, d'un bout à l'autre de l'Europe, affichaient leur pouvoir, leur rang et leur fortune. Ainsi, Louis XIV dînait en majesté dans les villes récemment conquises des Provinces-Unies. Le public qui passait devant comprenait « l'éloquence de la table »[40].

Il prenait d'ordinaire un bref repas vers 1 ou 2 heures de l'après-midi, avec son frère ou d'autres membres de sa famille. Dans la soirée, vers 10 heures, avec une régularité peu usitée chez ses prédécesseurs ou chez d'autres monarques, il dînait au grand couvert – autrement dit en public, servi sous le contrôle du premier maître d'hôtel du roi, par des maîtres d'hôtel et des gentilshommes servants. Ils goûtaient les mets avant qu'ils ne soient servis, afin de vérifier la présence éventuelle de poison[41]. Le capitaine des gardes et douze gardes du corps assuraient la sécurité.

Louis XIV avait pour habitude de dîner avec la reine et d'autres membres de la famille royale sur des tables à tréteaux dressées pour l'occasion dans la pièce située entre la salle des gardes attenante et le salon de l'Œil-de-Bœuf, qu'on appelait l'antichambre du Grand Couvert. Les plats venaient de l'office de bouche, situé au rez-de-chaussée de l'aile des Princes, en processions annoncées par ces mots : « Messieurs, à la viande du roi ! » Le souverain était assis au centre de la table, entouré des membres de sa famille[42].

C'était en règle générale Monsieur qui animait la conversation. Madame affirmait qu'après sa mort, il n'y en avait plus aucune à laquelle tout le monde prît part à la table du roi, personne ne glissant plus que quelques mots à ses voisins de table : il régnait là une atmosphère digne d'un couvent[43]. Selon les propos de Spanheim, « tout est servi en France avec calme et silence et sans fatigue ni empressement. [...] Le roi mange toujours avec sa famille[44] ». Au cours des dernières années du règne, selon Madame, sa manière de témoigner sa faveur consistait à proposer un plat avec ces mots : « En voulez-vous[45] ? »

Beaucoup de gens, parmi lesquels des provinciaux et des étrangers, pourvu qu'ils soient assez bien habillés pour impressionner les huissiers de la chambre à la porte ou qu'ils arrivent assez tôt, profitaient de l'occasion du dîner en public pour regarder manger le roi[46]. Alors que tout le reste de l'assistance devait rester debout, les duchesses, les princesses et les ambassadrices avaient le droit de s'asseoir sur des tabourets en face de la table royale. Le soir où la comtesse de Marsan « prit possession » du sien au souper du roi, en 1696, elle rayonnait de bonheur[47].

Le nombre de plats (qui seraient ensuite presque tous consommés par le personnel) permettait de faire étalage de l'abondance à laquelle chacun s'attendait dans une grande cour. Un jour ordinaire, on trouvait parmi les mets servis au dîner du monarque, fournis par la Bouche du roi qui employait 324 personnes, des « petits potages », quatre « petits potages hors-d'œuvre », des entrées, des « petites entrées » et des « petites entrées hors-d'œuvre », douze pigeons « pour tourte », six fricassées de poulet et deux perdrix émincées, deux perdrix, deux perdreaux, six dindes, trois poulets, quatre chapons et quatre perdrix rôties, deux gros chapons, neuf poulets, neuf pigeons, quatre tartes, quatre « tourtes » ; un chapon, deux bécasses, deux « cercelles », ou bécassines des bois, et cinq perdrix en « petits plats d'hors-d'œuvre ». Les légumes n'étaient même pas mentionnés. Lorsque le roi finit par avoir les dents gâtées, les fricassées et les viandes émincées, les soupes et les salades apparurent plus fréquemment au menu. Les vendredis et jours de jeûne, quand les règles de l'Église obligeaient les catholiques à manger du poisson, pour tous les repas servis à la Cour, la Bouche utilisait vingt-deux carpes, deux-cents huîtres, des écrevisses, deux truites à la broche, neuf perches, vingt-six soles ou saumons, cent œufs et bien d'autres ingrédients[48].

Les vendredis et jours de jeûne, le poisson était promptement livré directement à Paris depuis les ports les plus proches de la côte picarde sur des charrettes tirées par des chevaux de trait, empruntant ce que l'on appelait la « route du poisson ». Naturellement, la Cour en recevait les premiers arrivages[49]. Les cuisiniers pouvaient se froisser aussi aisément que les princes. Le vendredi 24 avril 1671, le contrôleur général des officiers de bouche de Condé, François Vatel, précédemment au service de Fouquet, redoutait que la pêche du jour n'arrive pas à temps pour le souper à Chantilly (peut-être en raison de fortes pluies qui avaient affecté la « route du poisson »), où le roi se rendait en visite chez le prince pour la première fois. Considérant cette absence de poisson comme un affront à son honneur et à sa réputation, Vatel se poignarda à mort dans sa chambre, alors que le précieux arrivage était sur le point de lui être livré. Mademoiselle prétendit que ce retard de livraison aurait d'abord amené Condé à se fâcher contre Vatel. Pour sa part, Mme de Sévigné écrivit au contraire qu'il s'était rendu auprès de son contrôleur général des officiers de bouche dans sa chambre pour le rassurer : rien n'avait été mieux réussi que le souper du roi la veille. Plus encore que la longueur des menus, le suicide du cuisinier atteste du culte qui entourait les dîners royaux. Le roi en fut choqué et promit qu'à l'avenir il entendait ne plus créer tant d'« embarras ». Une lettre de Mme de Sévigné montre pourtant que les divertissements continuèrent comme auparavant : « Le Roi arriva jeudi au soir ; la chasse, les lanternes, le clair de la lune, la promenade, la collation dans un lieu tapissé de jonquilles, tout cela fut à souhait[50]. »

Le roi mangeait avec les doigts, alors que cet usage était depuis longtemps passé de mode, et ne se servait d'un couteau que pour découper les viandes. Il interdisait à ses petits-fils de se servir de fourchettes à sa table[51].

Il avait un appétit gigantesque, même s'il buvait peu de vin : au début, du champagne et d'ordinaire, après 1694, sur la suggestion de ses médecins, du bourgogne coupé d'eau[52]. Madame se souvenait de l'avoir vu avaler une soupe, un faisan, une perdrix, un jambon, du mouton, des pâtisseries, de la salade et des fruits au cours d'un seul repas. Il était particulièrement friand de gibier, de petits pois, de figues et de meringues. D'ailleurs, à Versailles, toute occasion était bonne pour manger. Même au confesseur du roi, chaque fois qu'il venait à la Cour et recevait le monarque en confession, on servait un repas composé, entre autres plats, d'un chapon, de deux perdrix, de trois poulets et de quatre pigeons[53].

Les repas de Louis XIV reflétaient la mode du temps : à partir de 1650, les dîners devinrent plus grandioses, le service plus propre et plus élégant, et la table était dressée de manière plus recherchée, avec davantage d'argenterie et quantité de petits plats, ainsi que le montrent des livres de cuisine comme *Le Pâtissier français*, *Le Parfait confiturier*, *Le Cuisinier royal*[54]. Tant de choix et d'abondance encourageaient Louis XIV à manger plus qu'il ne le devait, surtout lors de ses visites à Fontainebleau, Marly et Meudon. Ses médecins craignaient particulièrement les grandes tablées lors des longues journées à Marly et Trianon et les « grands couverts » de Fontainebleau[55]. Cela s'achevait par des indigestions, de fréquentes visites à la garde-robe, et il finit par avoir des « vapeurs » et les dents gâtées. Il avait des vers et il se peut qu'il ait contracté le diabète. Ses selles étaient minutieusement décrites par ses médecins dans leur journal officiel, où ils inspectaient des traces d'aliments mal digérés[56]. Ils lui administraient souvent des lavements et des bouillons purgatifs[57].

Au dîner et au souper, alors que la famille royale demeurait généralement silencieuse, les courtisans favoris et le public qui passait là avaient l'occasion de parler au roi, d'échanger des informations et de quêter des faveurs. Le roi demandait aux voyageurs des nouvelles de pays étrangers ou annonçait les dernières dépêches du front. Le 18 novembre 1704, par exemple, Sourches écrivait : « Pendant son dîner, le roi donna au public le véritable détail de l'affaire de Breisach[58]. »

Pour certains, la Cour avait plus d'importance comme source d'emplois et d'informations que comme résidence royale. À mesure que le gouvernement devenait plus centralisé, la haute noblesse perdait les bases provinciales de son pouvoir et taillait dans l'effectif de ses maisons. Le roi devenait le pourvoyeur principal de protection. Tous les regards se tournaient en direction de Versailles. Deux ambassadeurs, Saint-Maurice et Spanheim, écrivaient que le monarque était « maître de toutes les grâces » dans l'armée, l'administration et l'Église, et qu'il en couvrait les gens qui fréquentaient la Cour. Elle était donc « fort grosse » et les courtisans extrêmement soumis[59].

Versailles tenait donc moins lieu, pour la noblesse, de cage dorée que de vivier national de postes et d'emplois. Seuls 189 appartements du palais étaient disponibles pour ceux qui n'étaient pas membres de la famille royale (bien qu'il y en eût d'autres dans le Grand Commun et dans les Grande et Petite Écuries). La Maison du roi comptait un total de 2 000 personnes, dont une majorité de serviteurs. À lui seul, Versailles n'aurait jamais suffi à dompter la noblesse française, qui se composait de plus de 200 000 individus.

La Cour était en réalité un marché perpétuel qui contribuait à canaliser l'agressivité et les rivalités de la noblesse française au service du monarque. En échange de démonstrations d'amour et de loyauté, et d'obéissance au programme royal tout de grandeur et de gloire, les Français qui se rendaient à la Cour et qui étaient disposés à patienter dans les antichambres ou les bureaux obtenaient des emplois, des titres, des honneurs, des pensions. Ils avaient aussi l'occasion de rencontrer du monde et d'apprendre des nouvelles, en d'autres termes d'entretenir un réseau de relations. Conseillant son jeune cousin le comte de Forbin, capitaine de vaisseau, le cardinal de Forbin-Janson, grand aumônier de France, écrivait : « Il faut y avoir patience, demander dans l'occasion et ne pas se rebuter quoiqu'on n'obtienne pas d'abord tout ce que l'on demande[60]. » Un dicton populaire rappelait qu'il fallait s'asseoir quand on le pouvait, « pisser » quand on le pouvait, et demander tous les postes disponibles. Un autre conseillait : « Il faut tirer à temps[61]. » Les journaux de Sourches et Dangeau reprenaient régulièrement les listes de centaines de nouvelles nominations décidées par le souverain, puisque cela faisait partie des nouvelles de la Cour[62].

Le roi considérait l'octroi des emplois comme l'un de ses principaux devoirs. Quand quelqu'un lui demandait le poste d'un trésorier mourant, il rétorquait : « L'homme n'est pas mort et seize me l'ont demandé[63]. » La gravité et la réserve qu'il adoptait lui servaient de barrière non seulement contre la familiarité, mais aussi contre le déluge quotidien des demandes de faveurs et de postes[64]. Louis évitait ou retardait souvent les décisions – concernant les emplois ou les préséances, ou le choix du dignitaire de la Cour qui devrait lui tendre sa veste –, en usant du délai comme d'un moyen de tenir les courtisans en haleine[65]. Certains contemporains imaginaient aussi que le roi passait tant de temps seul avec Mme de Montespan, et plus tard avec Mme de Maintenon, dans leur appartement privé, en partie pour se protéger des requêtes courtisanes. Le monarque et ses ministres étaient résolus à conserver « la direction de toutes choses et la distribution des charges[66] ».

Si, ainsi que l'écrirait Marx, la monarchie de Juillet de Louis-Philippe n'était qu'une société par actions fondée pour l'exploitation de la richesse nationale française, il en était de même de Versailles sous Louis XIV. Les sommes levées par l'impôt servaient à redistribuer une partie de la richesse de la France[67] (parfois selon le bon vouloir du roi et contre les intérêts financiers de son propre gouvernement), à travers des salaires, des pensions et des cadeaux aux nobles et aux officiers de sa cour. Dans le même registre, lors des divertissements, les loteries étaient fréquentes et chaque invité remportait un prix, parmi lesquels des trésors de Perse, de Chine et d'Inde[68]. Rien n'était trop beau pour ses favoris, jugeait-il. Au maréchal de Gramont, commandant des gardes-françaises, il écrivit par exemple en 1673 : « Lorsque nous serons ensemble vous n'aurez qu'à me faire connaître ce que vous désirez pour que je le fasse avec le plus grand plaisir du monde[69]. » Sur son lit de mort, il demanderait pardon à ses courtisans de ne pas en avoir fait davantage pour eux.

Lors des processions quotidiennes du roi, lorsqu'il se rendait à la messe en la chapelle royale en traversant la Grande Galerie et le Grand Appartement, les solliciteurs lui soumettaient des requêtes pour des emplois, des pensions ou une promotion. Les 103 placets présentés au monarque à Versailles le 12 juin 1702, dont un administrateur a dressé soigneusement la liste en les assortissant de résumés, confirment son rôle moteur dans un vaste appareillage de distribution d'emplois et d'argent. La moitié de ces requêtes concerne des promotions, des pensions et des paiements au sein de l'armée (53) ; l'autre moitié (50) traite d'emplois et de dettes, de vivres, d'affaires juridiques, de places vacantes dans des couvents, de dédommagements pour des pertes subies suite à des incendies[70].

Louis répondait généralement : « Je verrai » et transmettait ces suppliques pour étude à ses ministres et administrateurs. Un officier en retraite qui avait perdu un bras répondit un jour que s'il avait dit « je verrai » quand son commandant lui avait ordonné de se joindre à la bataille, il aurait encore son bras et n'aurait pas à soumettre sa requête : le roi lui accorda aussitôt une pension[71]. Un autre officier, M. Quarré d'Aligny, se rendit à Versailles entre deux campagnes. Le roi ne répondant d'abord pas à sa demande de promotion, l'officier, qui avait été blessé au combat, réitéra sa requête, à laquelle il reçut cette réponse : « Ah ! pour le coup, Monsieur, je verrai. » En une autre occasion, il lui répliqua : « Monsieur d'Aligny, je suis très fâché de vos infirmités, j'aurai soin de vous. » D'Aligny perçut une pension annuelle de 1 000 livres, mais dut malgré tout céder une partie de ses propriétés afin de s'acquitter des dépenses de la vie militaire[72].

Un autre visiteur, Louis Monnier de Richardin, vint à Versailles à trois reprises entre 1699 et 1707 afin de remettre au ministre de la Guerre des requêtes au nom de l'université de Douai. Il crut plus d'une fois en mourir de déception. Toutefois, il fut enchanté par la musique de la chapelle et se plut à observer l'attitude aimante du souverain envers le Dauphin. Il visita tout le château, y compris les collections de porcelaine et d'objets précieux du Dauphin, assista au dîner public de la famille royale (non sans remarquer que ses membres usaient rarement de fourchettes) et, grâce à un huissier de la chambre, eut même accès à un lever. Il remarqua l'humble allure du maréchal de Boufflers ou d'autres hauts personnages et le nombre de soldats réclamant des médailles, des pensions ou des places aux Invalides. Enfin, en 1707, il obtint l'édit tant convoité autorisant l'université de Douai à dispenser des cours de médecine[73].

À la cour de France, les femmes exerçaient leur pouvoir non seulement en qualité d'épouses ou de maîtresses, mais aussi de négociatrices et de pourvoyeuses. Elles pouvaient se révéler plus efficaces que les hommes : en 1699, la tentative de Louis XIV d'interdire l'achat de protections ou de faveurs aux courtisans et aux dames laisse entrevoir combien cette pratique s'était répandue[74]. Lauzun plaçait son désir de promotion avant son respect pour le monarque. En 1671, alors qu'il détenait le poste clef de capitaine des gardes du corps, le favori visait la fonction encore plus importante de colonel du principal régiment des gardes, les gardes-françaises. Mme de Montespan lui promit de l'aider. Le 26 octobre, Lauzun se cacha sous le lit royal afin de s'assurer que la favorite défendait bel et bien sa candidature auprès de Sa Majesté. Il put constater au contraire qu'elle le dénigrait, ce qui le mit en colère. Un peu plus tard, elle l'entendit avec horreur lui révéler qu'il avait surpris ses propos : il la traita de « bougresse de putain » et de « grosse tripière », entre autres épithètes, et la menaça de sa vengeance. Le roi exigea que Lauzun présente ses excuses à Mme de Montespan. Il refusa. Le 25 novembre 1671, à l'exemple de Fouquet dix ans plus tôt, des mousquetaires commandés par d'Artagnan l'escortèrent au fort de Pignerol. Il vécut là les dix années suivantes, oublié du monde, avec Fouquet pour seule compagnie. Lorsque la famille de ce dernier fut autorisée à lui rendre visite, Lauzun tenta de séduire sa fille[75]. Un autre favori du roi, le duc de La Feuillarde, devint colonel des gardes-françaises.

Gaspard Lallemand, sieur de Blémont, se rendit en visite à Versailles et Fontainebleau entre l'automne 1691 et l'été 1692 pour obtenir une entrevue avec M. de Refflers, chef de bureau, subordonné de M. de Barbezieux, ministre de la Guerre, responsable de la Franche-Comté. Lallemand représentait la ville de Dole dans ses tentatives d'obtenir une annulation du récent transfert de son université vers sa rivale, Besançon. Dole offrit de verser à la Couronne 150 000 livres[76]. Lallemand eut recours à la princesse d'Espinoy et à sa mère Mme de Lilllebonne, favorites du Dauphin, sur leur suggestion, pour « prendre d'assaut » les ministres au nom de la ville de Dole. La seconde promit de tenter tout son possible. Toutefois, après des semaines consacrées à solliciter des ministres à Versailles et à Paris, il en conclut que le roi décidait seul de tout, avec l'intendant, et que leur préférence allait à Besançon, qu'ils considéraient plus profrançaise que Dole. Malgré son échec, Mme de Lillebonne, ainsi qu'elle l'avait prévu, reçut de Lallemand un versement de 600 livres, enregistré par son notaire, qu'alla percevoir son écuyer[77]. En guise de dédommagement du même Lallemand, lors d'un trajet en carrosse, Mme d'Espinoy lui montra assez de ses seins pour, selon les termes de l'intéressé, émouvoir un ermite.

Aucune famille ne profita davantage de la Cour que les Noailles, prééminence dont certains se plaignent encore aujourd'hui. Ils formaient une famille de vieille noblesse d'Auvergne qui avait servi la monarchie depuis le XVIe siècle. En 1648, Anne, plus tard premier duc de Noailles, acquit le poste déterminant de capitaine des gardes du corps, que ses descendants continueraient d'occuper jusqu'en 1830. Son fils Anne-Jules lui succéda, puis devint maréchal de France[78].

Louis écrivit un jour à la veuve d'Anne-Jules, maréchale de Noailles, réputée pour le talent qu'elle mettait à promouvoir ses enfants (quatre de ses filles épousèrent quatre ducs) : « Croyez qu'on ne peut avoir plus d'amitié que je n'en ai pour vous[79]. » Sa correspondance atteste de son pouvoir. Elle recevait des lettres demandant des recommandations, des faveurs, le paiement des pensions d'amis, mais également des informations émanant de diplomates, de généraux et d'évêques, missives envoyées non seulement de France, mais aussi d'Espagne et d'Italie. Elle comptait parmi ses correspondants le général célèbre le duc de Vendôme, le nonce papal (en lettres chiffrées) et sa vieille amie Mme de Maintenon[80]. Un si grand nombre de Noailles servirent à Versailles qu'un couloir de l'aile du Nord reçut le nom de rue de Noailles[81]. Ils étaient aussi réputés avoir accumulé des fortunes en recommandant administrateurs et marchands à des ministres. Saint-Simon les accusait de « pillage » et regrettait qu'ils soient devenus à tous égards la famille la plus puissante, la plus nombreuse et la plus « ardente » de la Cour[82].

Plus encore que Paris, Versailles se situait au centre de la trame de la France. Loin d'isoler la Cour du pays, le château formait une base commode, peut-être moins centrée sur elle-même que Paris, d'où l'on pouvait sillonner et étudier le territoire de la nation. La plupart des dignitaires de la Cour n'officiaient que trois mois par an, ou une année sur quatre. Par conséquent, ils passaient les trois quarts de l'année, ou trois années sur quatre, loin de la Cour. Lorsque celle-ci était à Versailles, Paris ne devenait pas « un désert », ainsi que les contemporains s'en étaient plaints quand elle occupait un site encore plus éloigné, à Fontainebleau[83].

Les hauts administrateurs de la Cour, ainsi que les ministres, les courtisans, les messagers et les solliciteurs comme Monnier et Lallemand, se déplaçaient constamment entre Versailles et le reste de la France, ainsi que le faisait le roi lui-même avant 1687. Par exemple, Seignelay, le fils de Colbert, ministre de la Marine, avait sillonné presque toute l'Europe et tous les ports de France, de Dunkerque au nord à Toulon au sud[84]. Son neveu Torcy connaissait le continent de bout en bout, de Lisbonne à Stockholm. Louvois partait sur les routes au moins un jour sur quinze, et souvent plus fréquemment, en tournées d'inspection : onze voyages rien qu'à la frontière nord. Un jour, il était allé jusqu'en Roussillon[85].

Le cousin du roi, le duc d'Enghien, fils de Condé, avait un appartement à Versailles et, en sa qualité de grand maître de France, servait parfois le roi à table[86]. Toutefois, il résidait d'ordinaire avec son père au grand château de Chantilly, au nord de Paris, où ils tenaient leur propre cour, hospitalière et cultivée, avec une maison d'environ

300 membres (et d'Enghien créa entre 1686 et 1694 la galerie des Actions de M. le Prince, tout aussi vouée à glorifier son héros que la galerie des Glaces). D'Enghien se rendait aussi régulièrement en visite à Dijon où, dans sa fonction de gouverneur semi-héréditaire de Bourgogne, il contribuait, sans avoir à marchander, à l'obtention de subventions régulières émanant des états et envoyait de la province au monarque des comptes rendus détaillés qui enchantaient ce dernier[87].

Versailles était ainsi un centre de renseignement, un palais de « courriers », autant que de courtisans : il s'agissait non seulement des courriers du cabinet de Sa Majesté, mais aussi de ceux des ministres et des généraux. En l'espace d'une journée, des messagers pouvaient arriver de Flandre, d'Alsace et de Languedoc ; d'une autre, ils venaient toujours de Flandre, mais aussi du Dauphiné et d'Allemagne ; d'une troisième, Sourches écrivait que « les nouvelles de Pologne varient plus que jamais[88] ». Les ministres rivalisaient pour employer les messagers les plus rapides : en 1700, le courrier du ministre de la Guerre apporta à Fontainebleau la nouvelle de la mort du roi d'Espagne avant celui du ministre des Affaires étrangères[89]. « Étant à la Cour vous seriez informé de tout », écrivait M. Amelot, ambassadeur de France en Espagne, au duc de Noailles, fils du maréchal de Noailles, l'un des capitaines des gardes de Versailles, devenu général, gouverneur de province et confident de Louis XIV[90].

Versailles était également un haut lieu de divertissements, à l'intérieur du château comme dans les jardins. La ronde des concerts, des bals, des pièces de théâtre et des réceptions reflétait les goûts et le caractère de Louis XIV et distinguait sa cour des autres, comme elle en était déjà distinguée par ses dimensions et par son accessibilité. En 1680, la nouvelle Dauphine, une princesse de Bavière, s'étonnait de « l'agitation qu'on se donne pour se divertir ». En France, rester seule dans une pièce avec une domestique, occupation qui avait sa préférence, était jugé peu convenable et manquait de dignité[91].

Le divertissement et la conversation étaient considérés comme des bienfaits en soi, des armes contre l'ignorance, les mauvaises manières et la solitude. À Versailles, personne ne se plaignait de l'ennui, comme c'était le cas à Windsor ou à Schönbrunn. Madame, qui appréciait de bavarder avec le souverain, estimant qu'il était de très agréable compagnie, écrivait qu'elle ne s'ennuyait jamais à la Cour : la chasse, le théâtre, la conversation et la société occupaient tout son temps, et dans la journée chacun pouvait être soi-même autant qu'il lui plaisait[92].

Lors de son Grand Tour, le fils de l'Électeur de Saxe reçut le conseil de se rendre souvent en visite à Versailles, « pour la conversation[93] ». À la fin de son règne, Ferenc II Rákóczi, prince de Transylvanie, profitait de Versailles non seulement pour y chasser, y courtiser les femmes et jouer aux cartes, mais aussi en raison des débats militaires, politiques ou savants auxquels il se livrait avec les courtisans[94].

En 1661, dans le cadre de son culte du divertissement, Louis avait fondé l'Académie royale de danse, afin d'y former de meilleurs danseurs et maîtres de danse par l'enseignement du maintien et de la discipline physique, et de rehausser le prestige de la danse. L'édit portant sa fondation définissait la danse comme l'un des exercices les « plus avantageux & plus utiles à notre Noblesse, & autres qui ont l'honneur de nous approcher non seulement en temps de guerre dans nos armées, mais même en temps de paix dans le divertissement de nos Ballets[95] ». En 1675, il encouragea aussi Raoul Feuillet à inventer la chorégraphie, système détaillé de notation des enchaînements des pas de danse sur le papier, comparable à des feuillets de musique[96]. Souvent dédiés à Louis, ces livrets de pas de danse furent publiés à Londres peu après l'avoir été à Paris, les danses françaises (gavottes, menuets, sarabandes et autres) conquérant l'Europe aussi aisément que les modes. Le style de danse français, plein d'entrain, avec ses petits pas courts et sautillants, devint une nouvelle forme d'art. Les opéras et les pièces de théâtre incluaient souvent des ballets. Ainsi, *Le Bourgeois gentilhomme*, pièce de Molière, fut intitulé « comédie-ballet ».

Tous les jours, pendant vingt-deux ans, Louis prit lui-même des leçons auprès de Pierre Beauchamps, directeur de l'académie royale de danse et compositeur des ballets du roi[97]. Quand il était seul avec Mme de Montespan, le roi dansait, disait-on, des « folies d'Espagne » jusqu'à ce qu'il soit exténué[98]. Il continua par ailleurs de danser en public jusqu'en février 1670, après quoi l'épreuve physique de ces heures de répétition et de représentation finit par le rendre souffrant. Il ne cessa pourtant pas de danser en privé jusqu'à la soixantaine passée[99]. En hiver, il y avait à la Cour des bals tous les deux ou trois jours[100]. En 1700, au cours des fêtes de carnaval, il se tint à Versailles et Marly vingt-cinq bals. Saint-Simon affirme n'avoir jamais vu la lumière du jour pendant trois semaines ; il passait ses nuits au bal et dormait toute la journée[101]. Même dans son grand âge, Louis souhaitait que les Parisiens jouissent de quelques journées supplémentaires avant le carême pour prendre part à des bals et des bals masqués : Mme de Maintenon se plaignait de ce qu'il ne faisait pas preuve d'un véritable esprit de pénitence[102].

Louis préférait les fêtes aux cérémonies. Il croyait que les plaisirs partagés lui permettaient de s'attacher les courtisans plus sûrement encore que les récompenses et les faveurs. Comme Versailles proprement dit, ses fêtes étaient aussi destinées à impressionner « tous nos sujets », de manière générale, et l'Europe[103]. *La Gazette* écrivit que la « belle manière de ces divertissements » suffisait à démontrer que Louis XIV était le premier monarque du monde. Ce dernier affirmait dans ses Mémoires que ces fêtes n'étaient organisées que pour le bien de son pays, et non pour son seul plaisir, qu'elles faisaient sur les étrangers ainsi que sur les Français une impression très avantageuse de magnificence, de pouvoir, de richesse et de grandeur[104]. En 1682, il institutionnalisa ses fêtes en instaurant à Versailles ce qu'on appela le rituel de l'« Appartement ». Trois soirs par semaine, les lundis, mercredis et jeudis, de 18 heures à 22 heures, l'enfilade du Grand Appartement de Versailles était ouverte aux gens de condition : « Tout ce qu'il y a de plus considérable en France », toute personne bien connue et bien habillée. Aucune invitation spéciale n'était requise. Le premier gentilhomme de la chambre et Bontemps en étaient responsables.

Le roi était présent et insistait pour que d'autres membres de la famille royale y assistent également. En 1686, il déclara à une Dauphine peu sociable : « Madame, je veux qu'il y ait Appartement et que vous y dansiez. Nous ne sommes pas comme les particuliers. Nous nous devons tout entiers au public. Allez, et faites la chose de bonne grâce[105]. » Les trois autres jours, on donnait des pièces de théâtre (il y avait un théâtre dans l'aile des Princes), et l'alternance de ces spectacles et de l'Appartement, avec des bals en hiver, continua jusqu'à la fin du règne[106]. Lors des audiences privées, Louis XIV avait de quoi intimider les plus hardis. Lorsqu'il y avait Appartement, en revanche, passant de salle en salle au milieu de centaines d'invités, il n'était plus, selon l'abbé Bourdelot, « le terrible des terribles [...] il est accessible à tout le monde ». Et lorsqu'il s'approchait de leur table, les convives étaient tenus de rester assis[107].

Dans le salon de Mars, où deux tribunes pour des musiciens furent installées en 1687, on dansait et jouait de la musique. Dans le salon d'Apollon, on chantait, Apollon étant, entre autres, dieu de la musique ; dans les salons de l'Abondance et de Vénus, on jouait aux cartes et à des jeux divers, des buffets chargés de café, de chocolat, de fruits, de gâteaux, de liqueurs et de vins étaient dressés, et les convives se servaient. Le salon de Diane était réservé au billard, un jeu auquel, toujours selon l'abbé Bourdelot, le roi était aussi « maître qu'en toute chose[108] ».

Madame, qui pourtant ne dansait et ne jouait jamais, appréciait d'avoir la liberté de flâner de pièce en pièce ; « si je pouvais décrire la splendeur avec laquelle ses pièces sont meublées et l'abondance d'argent qu'il y a partout, je devrais m'y étendre sans fin ». Quantité de miroirs, de chandeliers, de bougeoirs, de tables, de chaises, de vasques remplies d'oranges et de vases en argent massif, généralement conçus par Le Brun, avaient été spécialement commandés pour les appartements royaux. Dans le salon de Mercure, qui abritait la chambre royale à l'intérieur des appartements d'État, une balustrade en argent massif séparait le lit du roi du reste de la pièce. Le trône du salon d'Apollon était en bois plaqué d'argent, décoré de sculptures en argent massif[109].

Des édits répétés interdirent les soirées de jeu ouvertes au public dans Paris, ainsi que les tables de jeu réunissant certains groupes en particulier, comme les prêtres et les officiers. Ces édits étaient pourtant généralement ignorés, et à la Cour le souverain encourageait les jeux de hasard, y prenant part quelquefois lui-même[110]. On s'attablait dans les salons de Mercure et de Mars à des parties de cartes comme le lansquenet, le brelan, le reversis, le piquet et d'autres encore. Les hommes qui ne s'y prêtaient pas étaient traités de « meubles inutiles ». Lorsqu'il y avait Appartement, le Dauphin lui-même prenait plaisir jusque tard dans la nuit à des jeux de hasard, et c'était toujours le roi qui s'acquittait du montant de ses pertes. Le jeu ne faisait que renforcer le pouvoir addictif de la Cour et son rôle de redistributrice de richesses, ainsi que d'épicentre de tous les amusements. Les cartes devenaient un moyen d'accès à la Cour pour « toute sorte de racaille », se plaignait Madame, pour peu que cette « racaille » ait de l'argent. L'un des favoris du monarque, le marquis de Dangeau, colonel du Régiment du Roi et chroniqueur le plus fiable du règne, était de naissance relativement humble, mais tandis que d'autres se montraient plus distraits, il gagna une fortune grâce à sa capacité de concentration lors de ses parties de cartes[111]. À Marly, on consacrait tellement de temps à jouer de fortes mises que certains invités renonçaient et repartaient pour Paris[112].

Quand le roi y résidait, la musique retentissait dans Versailles, porteuse d'un message de puissance et de triomphe. En plus des tambours et des trompettes de la Maison militaire qui jouaient souvent dans les cours intérieures, le roi disposait de trois orchestres distincts, chacun avec ses propres musiciens : la Musique-Chapelle pour la musique religieuse dans la chapelle, les Écuries pour la musique des chasses et processions, et la Musique de la Chambre, avec ses fameux vingt-quatre violons de la chambre, qui exécutaient la musique jouée à l'intérieur du château[113]. Cette dernière suivait souvent le monarque dans ses voyages, par exemple pour accompagner les *Te Deum* dans les villes conquises[114].

Le roi supervisait personnellement la musique de cour, avec l'aide de Jean-Baptiste Lully, surintendant de la Musique du roi et directeur de l'Académie royale de musique depuis 1661, arrivé à Paris de Florence en 1646. Danseur et compositeur, il écrivait la musique des fêtes et des opéras du roi à Versailles et à Saint-Germain, et il était à ce point son favori qu'il survécut aux attaques de ses rivaux ainsi qu'à la désapprobation du roi après son escapade amoureuse avec un page (page qui fut lui-même condamné au fouet et envoyé deux ans dans un monastère). Lully dédia l'essentiel de sa musique à son protecteur, « au Conquérant de mille nations, au Pacificateur de l'Europe, au Souverain Arbitre du monde[115] ». Aucun roi de France n'aima davantage la musique que Louis XIV. Dans sa jeunesse, il jouait de la guitare (ses instruments sont au Gemeentemuseum de La Haye), du luth et du clavecin, et composait lui-même des chansons. En 1660, le résident florentin, Lully, écrivait que le roi manifestait à cette période un grand engouement pour la musique italienne, qui l'occupait trois ou quatre heures tous les soirs. Aux concerts donnés en ses appartements privés, même âgé de 60 ans, il chantait à l'occasion avec des dames de compagnie, accompagné au clavecin par sa fille la princesse de Conti[116]. Il gardait encore en mémoire des airs d'opéra cinquante ans après les avoir entendus et possédait sa propre bibliothèque de partitions, réunie par André Philidor[117]. Il suggérait aussi des sujets pour des opéras (généralement des histoires d'amour et de chevalerie, comme l'*Amadis* de Lully en 1683 ou son *Armide* en 1685) et assistait aux répétitions[118]. Si un opéra devait être exécuté en soirée, il ne sortait pas chasser dans la journée afin de réserver toute son énergie et toute son attention à la représentation[119]. Quelquefois, par les chaudes soirées d'été, la famille royale et lui-même se faisaient promener sur le Grand Canal à bord de gondoles manœuvrées par des rameurs, suivies de bateaux chargés de musiciens leur jouant la sérénade, ou bien il écoutait la musique depuis la terrasse de Trianon[120].

Grâce à Louis, Lully et Michel-Richard de Lalande, qui travailla à la cour de 1683 à 1723, la musique de la chapelle royale devint célèbre. Louis participait personnellement au choix des chanteurs et des musiciens, soumettant souvent les voix à des essais dans la chapelle où elles se feraient entendre. Il avait un goût plus italien, moins français que ses courtisans. Parmi les innovations qu'il fit introduire, retenons l'accompagnement de la messe et des psaumes, des épîtres et des cantiques par des motets longs ou brefs, certains de la main de Lully, chantés par des solistes et des chœurs alternés, d'effectifs modestes ou importants, ponctués d'interludes de musique de violon[121]. Le roi, qui partageait la conviction de l'époque selon laquelle la musique rapprochait ses auditeurs de Dieu, espérait que le chœur de sa chapelle inspirerait les chœurs des cathédrales de France. Le chœur de Versailles incluait même quelquefois des castrats et des femmes (comme l'épouse et les filles de Lalande, et Mlle Couperin), ce qui n'était pas le cas d'autres chœurs[122]. Les visiteurs en étaient transportés. Un envoyé de Parme, le comte Gianmaria, par exemple, écrivit que cette musique était la meilleure qu'il eût jamais entendue. Même celle qui se jouait en Italie n'aurait pu la surpasser[123]. Les ambassadeurs soutenaient qu'après la cour de France, lorsqu'on entendait les musiques que proposaient d'autres cours, il fallait se boucher les oreilles[124].

Versailles était synonyme de théâtre autant que de jeu, de ballet et de musique. Il put y avoir jusqu'à 1 200 représentations de pièces de théâtre (sans compter celles jouées à Fontainebleau et dans d'autres résidences) entre 1682 et 1715[125]. Ces pièces étaient jouées soit par les troupes professionnelles de la Comédie-Française, ou de la Comédie-Italienne, qui venaient spécialement de Paris se produire dans le théâtre de l'aile des Princes, ou encore par des amateurs, parmi lesquels on retrouvait fréquemment des membres de la famille royale. Ces représentations étaient organisées par la princesse de Conti, la duchesse du Maine ou Mme de Maintenon et données dans leurs appartements[126].

Molière incarnait la contradiction vivante de sa propre ligne : « Qui se donne à la Cour, se dérobe à son art. » De 1659 à sa mort en 1673, travaillant surtout pour le roi, la plupart des pièces qu'il écrivit contenaient souvent des ballets, sur une musique de Lully, et furent jouées d'abord à Versailles avant d'être vues à Paris.

Il décrivit sa mission en ces termes, dans une requête au roi : « Faire rire le monarque qui fait trembler toute l'Europe[127]. » Comme pour les opéras et les concerts, Louis XIV suggérait parfois des thèmes pour les pièces, assistait aux répétitions, commentait les représentations et, en 1665, réunit les acteurs de Molière au sein de la Troupe du Roi, assortie d'une pension de 7 000 livres. Au total, la troupe passa 333 jours à la Cour, et Molière lui-même probablement beaucoup plus. Le roi et sa cour faisaient clairement partie du processus créatif[128]. À l'occasion, le roi dansait et jouait aussi aux côtés de Molière, et devint en 1664 le parrain de son fils Louis. En 1669, après plusieurs années de reports, il autorisa des représentations publiques de *Tartuffe ou l'Imposteur*, une attaque moliéresque contre l'hypocrisie religieuse, et ce, malgré les tentatives de l'archevêque de Paris de faire interdire la pièce. Elle s'achève sur cet éloge de Louis XIV :

> Un prince ennemi de la fraude,
> Un prince dont les yeux se font jour dans les cœurs,
> Et que ne peut tromper l'art des imposteurs.

Le Bourgeois gentilhomme, d'abord représenté à Chambord en octobre 1670, reflète partiellement le désir du souverain d'éradiquer les « faux nobles » – un « bourgeois gentilhomme » étant en théorie, en France, une contradiction dans les termes[129]. Un envoyé de Turquie étant récemment reparti, Louis XIV pria le chevalier d'Arvieux, consul et marchand travaillant dans l'Empire ottoman, qui servait aussi à la Cour en qualité d'écuyer de la gouvernante des Enfants de France, de lui fournir des détails sur les us et coutumes turcs. Ce fut ainsi que furent écrites les scènes du faux mufti prétendant que le sultan souhaitait épouser la fille de M. Jourdain. D'autres scènes se moquaient du même Jourdain parce qu'il voulait essayer d'apprendre à danser, à s'habiller, à « faire la révérence » aux dames « comme les gentilshommes de qualité[130] ». Au vu du succès de la pièce, selon les Mémoires d'Arvieux : « Sa Majesté eut la bonté de dire qu'elle voyait bien que le chevalier d'Arvieux s'en est mêlé, ces paroles obligeantes sorties de la bouche d'un si grand monarque m'attirèrent les compliments de toute la Cour. C'est une eau bénite dont les courtisans ne sont pas chiches[131]. » La pièce continua d'être jouée à la Cour, et de faire pleurer de rire les membres de la famille royale jusqu'à la fin du règne[132].

Racine avait dix-sept ans de moins que Molière, mais il n'était pas moins déterminé à se gagner les faveurs du monarque. Sa carrière de courtisan était pour lui tout aussi importante que sa carrière d'écrivain, qu'elle transforma[133]. Dans *Bérénice* (1670), dédiée à Colbert, le personnage de l'empereur Titus était en partie façonné d'après Louis. C'est de là que viennent ces vers célèbres louant le souverain :

Qu'en quelque obscurité que le sort l'eût fait naître,
Le monde en le voyant eût reconnu son maître.

Tout comme Louis XIV avait renoncé à Marie Mancini, Titus se sent contraint de renoncer à Bérénice : les lois de Rome sont plus importantes pour lui que l'amour. Ce vers prononcé par Bérénice : « Vous êtes empereur, seigneur, et vous pleurez ! » fait écho au reproche de Marie Mancini dix ans plus tôt : « Vous êtes roi, vous pleurez et je pars. » Et Titus lui répond :

Oui, madame, il est vrai, je pleure, je soupire…
Malheureux ! Mais toujours la patrie et la gloire
Ont parmi les Romains remporté la victoire.

En 1677, grâce au soutien de Mme de Montespan, suprême pourvoyeuse d'emplois, Racine devint historiographe du roi, poste assorti d'un salaire de 6 000 livres par an, requis par le roi, selon ses propres termes, « d'expliquer à la postérité les grandes actions de Sa Majesté, qui font l'étonnement de l'univers[134] ». Racine écrivit *Éloge historique du roi Louis XIV sur ses conquêtes depuis l'année 1672 jusqu'en 1678*, et après 1684, en tant que membre de la Petite Académie, contribua à peaufiner l'image du roi[135]. À l'opposé de l'historiographe royal Pélisson, qui arborait une moustache évoquant à certains une omelette grillée et dépassait, disait-on, les bornes acceptables de la laideur, Racine devint l'un des favoris de la Cour. Ainsi que l'écrivait Spanheim, « pour un homme venu de rien il a pris aisément les manières de la Cour[136] ». À partir de 1689, le dramaturge fut invité à Marly. En 1694, on lui accorda les « grandes entrées » et, en 1695, un appartement à Versailles. Comme d'autres écrivains, il s'entretenait souvent avec le souverain lors du Grand Couvert et, quand ce dernier était souffrant, il lui lisait *La Vie d'Alexandre* de Plutarque[137]. En plus de son salaire d'historiographe, Racine percevait une pension et des gratifications régulières s'élevant parfois à 10 000 livres. En 1690, il devint gentilhomme ordinaire du roi (un poste créé en 1584 pour la garde du souverain, désormais surtout honorifique), assorti d'une pension de 4 600 livres annuelles, dont son fils était survivancier, ce qui lui garantissait l'héritage de cette charge à la mort de son père[138].

Son entrée en faveur auprès du roi rehaussa le statut des écrivains français de manière générale, tout comme celle de Le Brun éleva le statut des peintres français. Ses plus grands triomphes à la Cour furent deux tragédies religieuses, ponctuées d'interludes chantés et musicaux faits pour plaire au roi : *Esther* (1689) et *Athalie* (1691). Inspirées d'histoires puisées dans l'Ancien Testament, elles furent jouées et chantées par les jeunes filles de Saint-Cyr (l'école fondée par Mme de Maintenon, nous y reviendrons) devant le roi. La seconde pièce s'achève sur ces alexandrins :

> Que les Rois dans le Ciel ont un Juge sévère,
> L'Innocence un Vengeur, et l'orphelin un Père.

Louis XIV et Racine furent en relation plus étroite et plus pérenne que tous les autres monarques français ne le furent avec un auteur. Le souverain déclara un jour au lever : « Je vous louerais davantage si vous ne me louiez pas tant. » À la mort de l'écrivain, il prononça de lui un tel éloge que d'autres courtisans dirent regretter de ne pas pouvoir mourir eux aussi[139]. À Marly, sa disparition occupa toutes les conversations[140].

En plus de la chasse aux emplois et aux nouvelles, et du plaisir des « divertissements », les courtisans s'occupaient également à écrire, tout comme le roi. Le palais de papier qu'ils édifièrent est aussi remarquable que le palais de pierre et de marbre où ils vivaient. Sans être plus puissante que l'épée (plus de 5 000 mazarinades laissent entendre que la plupart des écrivains français soutinrent la Fronde), la plume n'était certainement pas moins tranchante : affûtée par la tradition, par les rivalités, par le désir de se gagner l'approbation de la postérité, et par la malveillance. Ainsi qu'on en avertit le Bernin, « c'était l'ordinaire des esprits de la Cour [...] de convertir le tout en venin[141] ».

Louis avait conscience d'être l'objet de critiques. Ainsi qu'il l'écrirait à son petit-fils Philippe V d'Espagne : « Il est impossible d'ôter au public la liberté de parler [...] en France plus qu'ailleurs[142]. » On a déjà évoqué l'audace de Lauzun. Un autre favori de Louis, le comte de Guiche, n'était pas moins insolent. Il qualifiait le roi de timide, de pingre, de vantard et, en raison de son penchant pour les tenues brodées, de « marquis du filigrane », et il entretenait des liaisons tant avec Monsieur qu'avec Madame. Pourtant, son courage lors des batailles incitait le roi à la clémence[143]. En juillet 1672, alors que Louis était au faîte de la gloire, des courtisans critiquaient ses ministres, ses généraux et ses politiques[144]. À la fin du règne, Mme de Maintenon se plaignait de ce que « la liberté de parler dans notre cour est à l'excès[145] ». Pourtant, dans des lettres à des amis, elle critiquait elle aussi les guerres et les divertissements du monarque.

Beaucoup de courtisans écrivaient des journaux ou des Mémoires. Deux des valets du roi, Dubois et Laporte, rédigèrent les leurs : le second alla même jusqu'à accuser Mazarin d'agression sexuelle sur la personne du jeune monarque. Dans ses Mémoires, l'une des premières femmes de chambre d'Anne d'Autriche, Mme de Motteville, pouvait se montrer cruelle envers Louis XIV et Anne d'Autriche. Ainsi, elle écrivit, injustement, « combien il était avide de gloire puisqu'il ne voulait même laisser les miettes à la Reine sa mère [et] il désirait réunir tout à lui », tandis qu'elle imputait à la reine la responsabilité de la Fronde. En réalité, il faisait souvent les louanges de sa mère, l'appelant non seulement une grande reine, mais la jugeant digne d'être placée aux côtés des plus grands rois[146].

De 1661 à 1679, Louis XIV corrigea et édita les Mémoires rédigés par ses secrétaires pour l'instruction du Dauphin, une version officielle, royale des événements, en partie écrite pour célébrer la diligence et l'idéalisme du monarque. Ses affirmations selon lesquelles il était bien déterminé à ne point inspirer la crainte chez ses voisins ou à placer sa gloire personnelle avant le « repos » de ses sujets étaient certes démenties par les faits. Toutefois, il pouvait se montrer sincère à propos de son égotisme et de sa méfiance envers sa propre cour. « Il me semble qu'on ôte de ma gloire quand sans moi on peut en avoir », admettait-il, et, sans illusions sur ses courtisans, ajoutait qu'il y avait dans « la malignité de la Cour » peu de fidélité sans désintéressement. On exigeait de lui des faveurs qui lui étaient parfois même « arrachées[147] ».

L'écriture de lettres occupait aussi la Cour. Saint-Simon en écrivait et en recevait fréquemment : la peur du pouvoir gouvernemental était telle que, même dans celles qui étaient chiffrées, leurs auteurs ne pouvaient tout rapporter[148]. Les officiers et les administrateurs rédigeaient souvent leur propre récit des événements – comme par exemple les volumes reliés de correspondance du maréchal de Créquy (incluant des lettres de Louis, de Louvois et de Lionne) couvrant sa conquête de la Lorraine en 1670, ou les recueils de lettres méticuleusement ordonnés de la maréchale de Noailles et de son fils le duc, aujourd'hui conservés à la Bibliothèque nationale[149]. Lorsqu'il était en province, le marquis de Sourches continuait d'écrire son journal, en se fondant sur des lettres fiables qui lui étaient envoyées de la Cour. Ce qui incitait tous ces responsables à écrire, c'était, entre autres motifs, qu'ils avaient beaucoup de matière à transmettre au sujet de la Cour. Tant de choses y changeaient si vite que si les courtisans s'en éloignaient deux jours, disait-on, ils retrouvaient ensuite un roi et des ministres presque méconnaissables[150].

Écrire des lettres constituait aussi la principale occupation de la seconde épouse de Monsieur, Madame Palatine ; au cours des cinquante années qu'elle vécut en France, de 1671 à 1722, elle a pu écrire jusqu'à 90 000 missives, à raison de cinq ou six par jour, surtout adressées à des parents résidant à l'étranger. Après que ses enfants eurent grandi, désireuse d'échapper aux espions et aux amants de son époux, elle passa l'essentiel de son temps seule dans son cabinet, à lire, écrire, jouer avec ses chiens bien-aimés et à réunir des collections de médailles et de chansons populaires. Elle considérait ces dernières comme plus fidèles à la vérité que les chroniques officielles[151]. Au cœur de la monarchie française (elle chassait avec le roi et tendait à la reine sa chemise au lever), la belle-sœur de Louis demeurait pourtant sceptique quant à celle-ci. Croyant à la liberté de conscience, elle se consolait en chantant des cantiques luthériens quand elle se pensait seule et lisait la Bible luthérienne et des prières calvinistes[152].

Le critique le plus influent du monarque était l'abbé de Fénelon. Le regard aussi pétillant et aussi étincelant que l'eau d'un torrent, si magnétique que Saint-Simon écrivit de lui qu'il fallait consentir un effort pour détacher les yeux du personnage, il devint le tuteur du petit-fils du souverain, le duc de Bourgogne, en 1689. Cette promotion fut en partie due à son amitié – « comme une seule âme » – avec le gouverneur du prince, le duc de Beauvillier. Intelligent, honorable et très respecté, Beauvillier était un autre grand seigneur, comme Turenne et le maréchal de Villeroy, qui jouissait sous Louis XIV d'une certaine influence politique, aidé en cela par son mariage avec une fille de Colbert. Il ne fut pas seulement premier gentilhomme de la chambre et gouverneur des petits-fils de Sa Majesté, mais aussi, à partir de 1685, chef du Conseil royal des finances, et ministre d'État à compter de 1691, siégeant au Conseil. En l'absence du roi, il lui arrivait parfois de donner lui-même des ordres. Fait encore plus inhabituel dans cette cour guerrière, c'était un homme de paix[153]. Auteur d'un ouvrage influent sur l'éducation féminine, *De l'éducation des filles*, Fénelon avait été l'un des conseillers préférés de Mme de Maintenon. Il espérait qu'elle guiderait le roi. En décembre 1693, en pleine guerre, il lui envoya une « Lettre au roi » anonyme (que Louis XIV ne lut probablement jamais). Il lui reprochait de vivre « comme ayant un bandeau fatal sur les yeux ». La guerre de 1672, écrivait-il, était due à la vanité du souverain. En France, il avait augmenté les revenus du gouvernement de manière absurde et remplacé l'État par le roi. Il avait « appauvri la France entière, afin d'introduire à la Cour un luxe monstrueux et incurable ». Le commerce avait été réduit à néant. À l'étranger, « on a rendu notre nom odieux et toute la nation française insupportable à tous nos voisins », du fait de l'avidité de gloire du monarque et de ses « vaines conquêtes » – parmi lesquelles Cambrai, dont Fénelon deviendrait pourtant archevêque grâce à Louis en 1695. La France, en somme, n'était plus qu'un grand hôpital. Des réunions régulières des états généraux et une diminution du pouvoir royal en seraient le remède[154]. Fénelon dénonçait aussi « ce grand nombre de femmes qui vont librement partout à la Cour [...] un abus monstrueux auquel on a accoutumé la nation[155] ». D'autres courtisans ont pu inspirer un autre pamphlet incendiaire, *Les Soupirs de la France esclave, qui aspire après la liberté*, appelant également à la convocation des états généraux[156].

En 1697, Fénelon fut révoqué de son poste de tuteur de Bourgogne et exilé à Cambrai en raison de son soutien, dans son livre des *Maximes des saints*, à l'« hérésie » religieuse du quiétisme – la croyance que les chrétiens devaient s'abandonner à Dieu à travers le « pur amour » et la « crucifixion intérieure », en se soustrayant à la hiérarchie de l'Église. Le salut n'arrivait que par la seule grâce, pas par les bonnes œuvres. Son inspiration, l'ardente et « sublime » Mme Guyon, fut emprisonnée à la Bastille en 1698 pendant cinq ans. Regrettant son enthousiasme initial à leur égard, Mme de Maintenon devint leur ennemie[157].

Le roman de Fénelon, *Les Aventures de Télémaque, fils d'Ulysse*, écrit pour instruire le duc de Bourgogne et publié (apparemment sans autorisation) à La Haye en 1699, devint l'un des livres les plus lus du XVIIIe siècle. Il dénonce « une autorité injuste et trop violente dans les rois et le luxe qui corrompt les mœurs [...] à force de tout pouvoir ils sapent les fondements de leur puissance [...] ils prennent, ils ruinent tout, ils possèdent seuls tout l'État ». Son auteur prophétisait aussi que les guerres de Louis XIV provoqueraient des révoltes[158]. Louis tenta d'interdire l'ouvrage, en vain. Le marché fut plus fort que la monarchie. Rouen, où *Télémaque* et d'autres « mauvais livres » sur le jansénisme ou les « dames galantes » de la Cour furent imprimés, était un port déterminé à « protéger la liberté du commerce envers et contre tout[159] », se plaignait le ministre Pontchartrain.

Malgré l'hostilité de Louis, Fénelon conservait nombre de soutiens à la Cour. Beauvillier et Bourgogne, parmi d'autres, le considéraient comme un sauveur potentiel de la France[160]. Le cardinal de Bouillon, grand aumônier de France, fut renvoyé en 1700, en partie pour avoir secrètement correspondu avec lui[161]. Ainsi, en réunissant tant de personnages intelligents et ambitieux sous un même toit, la Cour encourageait l'opposition autant que la loyauté. La Fontaine et La Bruyère, par exemple, vivaient en partie à la Cour mais la critiquaient dans leurs écrits[162]. Saint-Simon se servit ainsi de ses années à Versailles pour réunir des récits et des informations d'une extrême hostilité envers Louis XIV. Racine lui-même, tout en rassemblant des éléments pour une vie du roi, écrivit une histoire secrète pleine de bienveillance envers l'abbaye janséniste de Port-Royal. Lassé de ce qu'il appelait l'« horrible dissipation » de la Cour, il avait fini par refuser des invitations. Il n'acheva jamais sa vie du roi. En revanche, son histoire de Port-Royal fut publiée après sa mort[163].

L'énergie et la curiosité de Louis XIV lui-même, sa passion du divertissement et son œil avisé pour le talent (qui le conduisit à employer des esprits indépendants comme Bossuet, Fénelon, Racine) firent de Versailles un véritable catalyseur d'art et de culture, comparable à Florence, Rome ou Paris. Il inspira plus d'artistes, dans plus de domaines de créativité, et leur passa davantage de commandes que n'importe quel autre monarque de l'histoire européenne, y compris ses parents Cosme et Laurent de Médicis. Il était capable de discuter de musique et de ballet avec Lully, de jardins avec Le Nôtre, de botanique avec La Quintinie, d'architecture avec le Bernin et Mansart, de peinture avec Le Brun et Mignard, de littérature avec Molière et Racine et d'un motif de draperie dans un tableau du Corrège avec l'ambassadeur de Suède[164]. Son engouement, sa générosité et son intérêt électrisaient ses artistes.

Le Bernin lui-même avait admiré « le goût fin et délicat » de Louis XIV. Un jour de 1685, ce dernier interrompit une réunion du Conseil et emmena ses ministres admirer avec lui, dans sa chambre, un tableau de son premier peintre Charles Le Brun, *Le Portement de Croix*. S'extasiant devant un autre tableau du peintre, *Moïse défendant les Filles de Jéthro*, il glissa à l'artiste vieillissant, avec l'humour sardonique des Bourbons : « Ne vous pressez pas de mourir pour faire valoir les vôtres [tableaux], je les estime assez dès à présent sans cela[165]. » Même lorsqu'il était à la chasse, il ne cessait de penser à la peinture, encourageant le peintre animalier Desportes à l'accompagner et le conseillant non seulement sur les scènes à peindre (par exemple ses chiens courants préférés), mais aussi sur leur composition[166].

Une fois n'est pas coutume, des fresques comme *La Magnificence et la Magnanimité Royales Inspirant et Récompensant les Beaux-Arts* dans le salon de l'Abondance, et *Apollon distribue des récompenses aux sciences et aux arts, Minerve couronne le Génie de la France* dans la Petite Galerie du roi, reflétaient la réalité. La Petite Galerie de Louis XIV et ses « cabinets » du premier étage donnant sur la cour de Marbre étaient remplis de ses trésors privés : 21 000 médailles, des joyaux et des camées gravés, anciens et modernes, rangés dans des vitrines spécialement conçues, des sculptures en bronze, des manuscrits médiévaux comme le *Livre de chasse* de Gaston Phébus, ainsi que des récits illustrés de ses propres campagnes, des coupes et gobelets en cristal de roche, en améthyste, en onyx et en lapis-lazuli, de la porcelaine de Chine et une collection de porphyre[167]. S'ils étaient munis de lettre de recommandation, les voyageurs pouvaient en règle générale visiter les collections du roi et du Dauphin en leur absence – on remettait aux visiteurs de l'appartement du Dauphin des pantoufles, comme aux touristes modernes[168].

Les centres d'intérêt de Louis XIV étaient si vastes, ou sa vanité si grande, qu'il préparait aussi dans son « cabinet » des remèdes médicinaux : par exemple une mixture d'acide chlorique et de vin pour traitement de la hernie. Ces décoctions étaient décrites dans *Le Mercure de France*, peut-être avec une pointe d'ironie : « Ses mains royales qui portent si dignement le sceptre s'emploient de temps en temps à la composition de quelques remèdes particuliers dont il a lui seul connaissance[169]. »

Globalement, la Cour était autant un laboratoire qu'un marché, une source d'informations, une galerie d'art, un festival de musique, de danse et de théâtre à l'année, une école de chasse et d'équitation et un champ de parade. Lorsque le roi divertissait sa cour et ses invités, il élevait aussi le statut des musiciens, des écrivains et des peintres, et il soutenait la création de nouvelles formes de musique, d'opéra, de ballet et de jardins. Dernier directeur des Bâtiments du roi, le duc d'Antin, fils de Mme de Montespan et de son époux, écrivait en 1708, en reprenant des propos employés par Colbert cinquante ans plus tôt : « Pour achever de rendre un règne illustre, il faut faire fleurir les arts et les sciences, et il me semble que le roi n'a rien négligé pour cela[170]. »

14

Louis XIV de l'intérieur

Les plaisirs que Louis XIV puisaient dans sa cour étaient encore renforcés par sa vitalité stupéfiante. Il parvenait à travailler six ou sept heures par jour, ou davantage, tout en devant procéder aux rituels quotidiens du lever, de la messe, du dîner en public et du coucher, et en respectant un programme exténuant de sorties de chasse, de tirs et de promenades. Sa vigueur lui permit de survivre à de fréquentes fièvres et « vapeurs », aggravées par l'atmosphère marécageuse, infestée de moustiques de Versailles et, après 1685, par des crises de goutte, de rhumatismes et d'arthrite[1]. En septembre 1683, après une chute de cheval où il s'était disloqué le coude, il dit à son premier chirurgien avant l'opération : « Félix, ne m'épargnez pas. » Ce furent ses courtisans et non le roi qui défaillirent sous l'effet de ses souffrances. Peu après, il remontait en selle[2]. Il était si décidé à paraître en bonne santé qu'il cachait, ou tentait souvent de cacher, ses fièvres et son insomnie à la Cour. Cependant, il arrivait que des réunions du Conseil se tiennent dans sa chambre lorsqu'il lui fallait rester alité[3].

Seul un homme d'un sang-froid et d'un courage exceptionnels aurait pu supporter l'extraction de ses dents par des dentistes maladroits en 1685, ainsi qu'une deuxième opération non moins épouvantable quand on lui appliqua un fer chauffé au rouge contre la mâchoire afin de cautériser les blessures laissées par cette extraction. Il fit preuve de tout autant d'héroïsme sur la table d'opération que sur le champ de bataille. Après quoi, son visage resta, selon les termes de Colin Jones, « contraint, édenté et sans sourire ». Il n'avait plus besoin d'utiliser un couteau, ne conservant plus aucune dent il ne pouvait manger que du hachis et des fricassées[4].

Sa chaleur, son charme et sa joie de vivre, que Saint-Simon qualifiait de grâce et de majesté incomparables, renforçaient les pouvoirs sur lesquels la monarchie reposait normalement, ceux de la peur, de la loyauté et de l'ambition. Mme de Motteville admirait son « air de maître et de souverain », Sourches la grâce qu'il savait mettre dans toutes ses actions[5]. Il pouvait user de ses manières pour « gracieuser » ses serviteurs et accentuer leur dévouement. « Jamais personne ne donna de meilleure grâce, et n'augmenta tant par là le prix de ses bienfaits », écrivait Saint-Simon. Ses manières n'étaient pas que de pure apparence. « Jamais homme ne fut si naturellement poli », ajoutait-il : il levait son chapeau devant chaque femme qu'il croisait, même les servantes de Marly[6].

Aidé par sa grâce et sa majesté, il fit de sa famille et de la Cour une communauté affective – à l'opposé des cours à l'atmosphère empoisonnée des Stuarts, des Hanovre, des Romanov et de son propre père, divisées par les conspirations et les exécutions[7]. C'était ainsi l'un des rares monarques de son temps à partager son lit avec sa femme, à être également présent quand elle mettait ses enfants au monde ou quand elle tombait malade[8]. Il aimait leurs enfants. Même en campagne, il écrivait fréquemment à leur gouvernante, s'enquérant de leur santé. En octobre 1670, il quitta Chambord pour Saint-Germain plus tôt que prévu afin d'aller voir son deuxième fils qui souffrait d'une fièvre[9].

À la mort de sa fille Marie-Thérèse en 1672, Saint-Maurice rapporta que le monarque était resté constamment dans la chambre de la mourante, en larmes ; son épouse et lui se retirèrent ensuite ensemble à Versailles pour cacher une « affliction qui n'est pas concevable[10] ». En 1683, alors que la reine elle-même était mourante (notamment en raison du mauvais traitement que lui avaient administré ses médecins pour une fièvre), il demeura avec elle en permanence, comme il le ferait devant le lit de mort de la plupart des membres de sa famille, fût-ce au point de mettre sa propre santé en péril. Les derniers mots de la reine furent : « Monsieur, je me meurs[11]. » Très aimée pour son sens de la charité et sa piété, sa mort causa une tristesse inconcevable même loin de la Cour[12]. Le roi pleura et déclara en public que, s'il lui avait donné mille raisons de se plaindre, elle ne lui en avait donné aucune. Son décès contribua à le rendre encore plus pieux[13].

L'esprit de famille de Louis XIV s'étendait à tous les membres de la dynastie. Même de lointains cousins comme le duc de Bourbon avaient des appartements dans ses résidences. Les deux ailes exceptionnellement vastes de Versailles, au nord et au sud du corps de bâtiment central, comptant 20 appartements pour des princes ou des princesses, avaient en partie été construites pour les loger[14]. Lors des repas, il incitait les membres de sa famille à parler de tout, en leur priant de « ne pas faire la mignonne[15] ». À sa belle-sœur, la première Madame, il écrivit en 1668 l'une de ses lettres les plus tendres, lui affirmant : « Mon cœur est pour vous comme il doit être [...] je vous aime autant qu'on peut aimer[16]. » À son cousin Condé, il déclarait en 1672 qu'ils avaient de tels liens que « nous sommes de manière ensemble que tout ce qui nous arrive nous touche également[17] ». Il écrirait au Dauphin qu'il se sentait « bien seul » à Fontainebleau, où il était entouré de parents et de courtisans, si le Dauphin n'y était pas aussi[18].

En 1698, quand sa nièce Élisabeth-Charlotte d'Orléans partit épouser Léopold Ier, duc de Lorraine, le roi, la famille royale, des courtisans, des gardes, des ambassadeurs et « le peuple » répandirent des « fontaines » de larmes, ainsi qu'ils l'avaient fait vingt ans plus tôt lors du départ de sa demi-sœur Marie-Louise qui partait épouser Carlos II d'Espagne, et qu'ils le feraient encore lors du départ de son petit-fils Philippe V en 1700[19]. À la mort de Monsieur, un an plus tard, la Cour, qu'il avait tant fait pour divertir, et le roi étaient éplorés. Louis XIV se dit incapable de se faire à l'idée de ne plus voir son frère, et parvint avec peine à avaler quoi que ce soit au dîner[20]. Ses liens avec son frère s'étaient renforcés d'un aspect politique. La monarchie française restait une affaire de famille, et Monsieur était devenu diplomate, comme sa première épouse Madame Henriette, contournant parfois les canaux officiels. Après son décès, l'ambassadeur de son beau-fils, le duc de Savoie, loua en lui un intermédiaire fiable et rapide auquel il recourait pour communiquer l'essentiel de leurs affaires au roi, doutant que le ministre des Affaires étrangères, certes moins par mauvaise volonté que par négligence, les transmette précisément au roi[21].

Louis XIV veillait à ce que l'ensemble de sa dynastie partage sa gloire. Des princes et des princesses agrandirent leurs maisons, cessèrent de rendre visite aux plus grands seigneurs à moins qu'ils ne détiennent une charge à la Cour et se faisaient partout accompagner par un officier des gardes du corps[22]. Sous son règne, les princes du sang estimaient avoir connu une élévation de leur statut, comparé aux règnes précédents, bien que depuis 1576 ces princes et princesses, même à un degré de parenté éloigné avec le souverain, conservassent la préséance sur les pairs du royaume, quels que fussent leur richesse ou leur pouvoir[23]. Pourtant, Louis creusa des différences de rang entre les princes du sang, les Condés, les Conti et la famille royale immédiate, y compris le duc d'Orléans[24]. Les Condés consacrèrent un temps et une énergie considérables, souvent en secret, à tenter lors des cérémonies de cour de relever leur rang et de revaloriser leur tenue (la longueur de leurs traînes de deuil, par exemple) afin de faire jeu égal avec les Orléans. À partir de 1675 et jusqu'à la fin de sa vie, Louis effectua également une série de démarches soigneusement planifiées pour commencer à introduire ses enfants illégitimes parmi les princes du sang[25]. Il y parviendra, lorsqu'ils auront atteint l'âge adulte, pour Marie-Anne, plus tard princesse de Conti, née de Louise de La Vallière ; pour le duc du Maine, le comte de Toulouse, Mlle de Nantes et Mlle de Blois, enfin, nés de Mme de Montespan.

L'amertume du duc de Saint-Simon était en partie nourrie par l'élévation croissante de la famille royale, y compris ses membres illégitimes et d'autres dynasties régnantes comme la maison de Lorraine, par rapport aux ducs et duchesses qui n'étaient pas de sang royal, ainsi qu'en attestaient les querelles récurrentes à la Cour et au Parlement[26]. Quand Saint-Simon avait tenté d'obtenir la préséance sur un prince allemand, le duc de Zweibrücken, à la table de Louis, Madame, toujours fière de son sang germanique, s'exclama : « Pourquoi M. le duc de Saint-Simon pousse-t-il ainsi le prince de Zweibrücken ? Veut-il lui demander de prendre l'un de ses fils pour page[27] ? »

Le sens dynastique du monarque prenait néanmoins le pas sur ses émotions, comme il l'avait déjà montré en 1659 en abandonnant Marie Mancini. En 1670, sa cousine, Mlle de Montpensier, tomba amoureuse de son capitaine des gardes préféré, Lauzun. Il était de six ans son cadet ; elle admirait chez lui l'air qu'il avait d'être « l'empereur de tout le monde ». Petit, contrefait, sale et chauve, plus l'air d'un Tatar que d'un Français selon Primi Visconti, Lauzun savait plaire aux dames. Il conservait des collections de portraits de ses maîtresses (certaines étaient énucléées) et de leurs boucles de cheveux ou de leurs touffes de poils[28]. Le 10 décembre 1670, aux Tuileries, Mlle de Montpensier informa le roi de son désir d'épouser Lauzun. Elle excusa leur différence de rang et de fortune en ces termes : « L'honneur d'être votre sujet me le fait considérer plus qu'un souverain. » Le roi, qui savait parfois se montrer romantique, répondit, selon les Mémoires de Mademoiselle : « Je ne vous le conseille pas, je ne vous le défends point, mais je vous prie d'y songer [...] bien des gens n'aiment pas M. de Lauzun[29]. » Pour sa part, il l'appréciait et désirait ne pas froisser la noblesse française. Quatre nobles le remercièrent solennellement de l'honneur que le mariage conférerait à leur ordre[30]. Toutefois, ignorant les conseils de leurs amis, Mademoiselle et Lauzun retardèrent les choses huit longues journées fatidiques, afin de pouvoir recevoir les félicitations des uns et des autres, de préparer la cérémonie et de négocier un accord financier destiné à relever le statut du futur époux[31].

Ce faisant, ils laissèrent à la famille royale et à l'opinion publique le temps de réagir. En Angleterre, en 1660, le duc d'York avait été autorisé à épouser Anne Hyde, fille d'honneur de sa sœur. Mais en France, la famille royale se percevait, et était perçue par les autres, comme une espèce à part. Qui plus est, la famille royale voulait elle-même régler le destin de Mademoiselle. Monsieur, qui détestait Lauzun parce qu'il était l'homme qui avait arrêté le chevalier de Lorraine, rappela que la France n'était pas la Turquie, où les filles du Grand Seigneur épousaient les pachas. Mme de Montespan, qui projetait peut-être déjà de faire de son fils, alors âgé d'un an, l'héritier de Mademoiselle, alla elle aussi dans ce sens. La reine elle-même protesta, au nom de la gloire et de la réputation de son époux.

Le 18 décembre, à la grande joie de la cour et de la famille royale, Louis convoqua Mademoiselle aux Tuileries et interdit ce mariage[32]. Il craignait de paraître encourager l'ascension de Lauzun, que beaucoup considéraient comme l'un de ses favoris[33]. Il admit avoir changé d'avis dans une lettre rendue publique, que Lionne fit circuler auprès des ambassadeurs français à l'étranger. Il dit à sa cousine que les « les rois doivent satisfaire le public ». Ce fut ainsi que deux masques, celui de l'absolutisme de Louis XIV et celui de sa fermeté, tombèrent simultanément. Scène révélatrice de leur degré d'intimité, les deux cousins demeurèrent trois quarts d'heure à terre dans le cabinet du roi, « sa joue pressée contre la mienne », ainsi que le rapporta Mademoiselle. Il la pria de le frapper si elle le souhaitait : il le méritait[34]. Malgré ses larmes, Louis ne céderait pas (bien qu'un mariage secret eût pu être conclu plus tard). Un an après, nous l'avons dit, Lauzun fut emprisonné à Pignerol pour avoir menacé et insulté Mme de Montespan lorsqu'elle avait conseillé au roi de ne pas le nommer colonel des gardes-françaises ; peut-être aussi en raison de ses conversations séditieuses avec des diplomates hollandais. Le monarque en saigna du nez – un signe d'émotion qui se reproduirait à la mort de son deuxième fils, le duc d'Anjou. Pendant les six premières années de son emprisonnement, Lauzun se vit refuser toute communication avec le monde extérieur[35].

Louis XIV manifesta aussi son amour pour sa famille à travers les faveurs qu'il consentit à ses enfants illégitimes. Aux yeux d'une majorité de Français, la bâtardise était un stigmate. Pourtant, tout en imposant une législation sévère aux bâtards des autres (y compris un impôt les visant spécialement en juillet 1697), il défiait la loi pour favoriser les siens. Au fil des années, il légitima officiellement tous ses enfants nés de Louise de La Vallière et de Mme de Montespan, les maria aux diverses branches des Bourbons – les Conti, les Condés ou les Orléans – et, en 1694, il conféra à ses fils illégitimes le nouveau titre de « prince légitimé[36] ». Il n'aimait pas moins ses filles illégitimes, la princesse de Conti, la duchesse de Bourbon et la duchesse de Chartres, passait souvent ses soirées avec elles et, en 1693, ordonna à son grand maréchal des logis (l'officier en charge des logements) de leur attribuer des appartements à côté du sien lors de ses déplacements, de préférence à tous les dignitaires de la Cour, excepté le capitaine des gardes en service[37].

Le duc du Maine était l'enfant illégitime favori de Sa Majesté. Il était marié à une princesse de Condé de si petite taille (comme son frère le duc de Bourbon) qu'on ne l'appelait pas princesse du sang, mais « poupée du sang » – et il reçut les postes clefs de colonel-général des Suisses et des Grisons ainsi que de grand maître de l'artillerie. Grâce à des manœuvres du roi et de Mme de Montespan, qui se conduisaient comme deux parents avares dans un roman du XIXe siècle, en échange de la libération de Lauzun de sa geôle en avril 1682 Maine devint, à la place de ce dernier, le principal héritier de la fortune de Mademoiselle. Au contraire de ce qu'on avait laissé croire à cette dernière, Louis refusa à nouveau de les laisser se marier. Là encore, ses larmes n'eurent aucun effet. Après son élargissement, Lauzun ne manifesta guère le désir de profiter de la compagnie de Mademoiselle. En 1684, après maintes disputes et des agressions physiques de Mademoiselle contre son amant plus petit et plus faible qu'elle, ce fut la rupture. Elle écrivit plus tard qu'elle aurait préféré ne jamais l'avoir connu[38].

Outre les siens, Louis XIV appréciait la compagnie de ses maîtresses, forme de seconde famille : tout au long de la période où elles étaient en faveur, les maîtresses publiquement déclarées recevaient une escorte des gardes du corps, comme si elles étaient membres de la famille royale[39]. En sa qualité de maîtresse déclarée du roi à partir de 1667, Mme de Montespan était l'une des puissances de la Cour. Deux faits suffisaient à l'illustrer : son ennemi Lauzun fut emprisonné dix ans, tandis que ses protégés Racine et Boileau devinrent historiographes du roi. Son pouvoir connut toutefois une interruption, de Pâques à juillet 1675. Attaquée par les prédicateurs Bossuet et Bourdaloue, dans le cadre de dénonciations publiques et d'exhortations privées devant le souverain et elle-même – elle se vit refuser les sacrements de Pâques ; quant à lui, le roi promit de renoncer à tout rapport sexuel. Bossuet lui signifia que sa plus grande et plus épineuse victoire serait celle qu'il remporterait sur son propre cœur. Le roi et sa favorite ne se rencontreraient plus qu'en présence de témoins[40]. Cependant, en août 1675, après le retour de Sa Majesté du front, Mme de Montespan retrouva toute son influence. Le 2 juillet 1677, après une autre rupture temporaire, Mme de Sévigné écrivait : « Jamais on n'a vu d'empire plus établi. » Elle était à nouveau dans une « reprise de possession » du roi, rayonnante de prospérité et de joie, toute couverte de diamants telle une « brillante divinité », appuyant la tête contre l'épaule du souverain lorsqu'elle jouait, avec le plus grand plaisir, à des jeux de hasard. Le roi réglait toujours les dettes de jeu de sa maîtresse[41].

Toutefois, alors que la Montespan était enceinte de leurs deux derniers enfants, la future Mlle de Blois et le futur comte de Toulouse, le roi finit par passer moins de temps avec elle, et à faire le coquet avec toutes les nouvelles venues, selon Mme de Montmorency[42]. En 1676, il eut une fille, baptisée Louise de Maison-Blanche, avec l'une des dames de compagnie de Mme Montespan, Mlle des Œillets[43]. Malgré sa confiance apparente, Mme de Montespan éprouvait le besoin d'être rassurée. Comme la passion de jeunesse du souverain, Olympe Mancini, comtesse de Soissons, elle était donc allée consulter une devineresse réputée de la capitale, Mme Voisin. Cette dame Voisin lui proposa des philtres d'amour, des sortilèges, des pactes avec le diable afin de tenter de préserver la fidélité du monarque – ou, dans le cas d'Olympe lors de sa précédente intervention pour le compte de celle-ci, pour regagner son cœur. Elles étaient toutes deux entrées dans un monde dangereux, celui de la sorcellerie, ce qui plus tard contribuerait à leur perte[44].

Mme Scarron, une amie de Mme de Montespan choisie pour être la gouvernante de leurs six enfants aînés, dont le duc du Maine, faisait peser une autre menace. Dès 1674, les deux femmes avaient manifesté des signes d'« antipathie » et d'« aversion » mutuelles. Née en 1635, Françoise d'Aubigné avait passé une enfance tumultueuse entre prisons et couvents, entre la Martinique (où elle avait vécu âgée de 5 à 11 ans et dont les courants d'air dans la chambre du roi à Versailles lui rappelaient les ouragans caribéens) et Paris, et enfin entre catholicisme et protestantisme[45]. Son grand-père était l'historien protestant Agrippa d'Aubigné. Son père était un meurtrier et un faussaire qui avait vécu une partie de sa vie en prison ; le poète Paul Scarron, qu'elle avait épousé en 1652 pour s'éviter d'être obligée d'entrer au couvent, était un ivrogne, un infirme et un frondeur. Après la mort de son époux en 1660, elle conserva des liens avec des amis singuliers, comme le cardinal de Retz[46].

Néanmoins, avec ses beaux yeux sombres, sa conversation agréable et sa vive intelligence, elle se gagna la faveur du souverain[47]. En 1674, elle n'était plus une obscure gouvernante subalterne de Mme de Montespan, mais la bénéficiaire de gratifications du roi à hauteur de 250 000 livres, ce qui lui permit de s'acheter le domaine de Maintenon, à l'ouest de Versailles. La marquise de Maintenon, qu'elle était ainsi devenue, s'employa à embellir à la fois le parc du domaine et son arbre généalogique[48]. À l'inverse de la Montespan, Mme de Maintenon ne perdait jamais sa contenance. Même Saint-Simon, qui la détestait, faisait l'éloge de sa politesse et de sa conversation[49].

En 1677, la liaison du roi avec la belle Mme de Ludres, une chanoinesse de Lorraine et fille d'honneur de Madame, fut officiellement déclarée quand des duchesses se mirent à se lever dès qu'elle entrait dans une pièce : sa relation avec le roi et l'éventualité qu'elle porte son enfant triomphaient sur les hiérarchies officielles[50]. Mme de Montespan, qui avait 37 ans et commençait à perdre sa belle mine, se laissait aller à faire des scènes. En janvier 1678, ayant refusé une large compensation financière, Mme de Ludres se retira dans un couvent avec une pension. Quand Monsieur lui apprit la nouvelle, le roi s'enquit : « N'y est-elle pas déjà[51] ? » Une maîtresse plus tardive, Mlle de Chausserais, était aussi fille d'honneur de Madame ; elle mourut riche, le contrôleur général des Finances et d'autres ministres ne lui ayant jamais rien refusé[52].

Depuis toujours dodue, Mme de Montespan devenait énorme. Primi Visconti affirmait qu'une de ses cuisses, entraperçue alors qu'elle montait dans un carrosse, paraissait aussi large que sa taille. Certains estimaient qu'elle n'était plus qu'une habitude. Après la naissance de leur sixième et dernier enfant, le comte de Toulouse, le 6 juin 1678, le souverain n'eut peut-être plus aucun rapport physique avec elle[53]. Le 11 avril 1679, la fin de leur relation fut publiquement confirmée quand, après la démission de la comtesse de Soissons en échange d'une somme de 200 000 livres, Mme de Montespan fut nommée surintendante de la Maison de la reine. Cette fonction, convoitée depuis longtemps, lui donnait le droit de s'asseoir sur un tabouret – ce que l'on appelait son « tabouret de remerciement » (équivalent au rang de duchesse accordé à Louise de La Vallière), honneur auquel elle n'avait pu prétendre autrement, puisque le marquis de Montespan refusait de profiter de son statut de cocu et d'être fait duc. Le roi lui rendait encore visite, après la messe et le souper. Toutefois, d'autres personnes étaient toujours présentes. Elle écrivit au duc de Noailles : « Il vaut beaucoup mieux se voir peu avec liberté que souvent avec de l'embarras[54]. »

L'autre raison de la fin de la relation entre Mme de Montespan et le roi fut la passion de ce dernier, à partir d'octobre 1678, pour une autre fille d'honneur de Madame, Marie Angélique de Scorailles de Roussille de Fontanges. Elle avait l'allure et les gestes d'une déesse[55]. *Le Mercure galant* écrivait d'elle : « Mlle de Fontanges est une fort belle personne. Elle est grande, blonde, le teint vif, les yeux bleus et mille belles qualités de corps et d'esprit dans une grande jeunesse. M. le comte de Roussille son père est d'Auvergne. » Sur l'empressement que mettait La Rochefoucauld à accompagner le roi à ses rendez-vous secrets avec Mlle de Fontanges au Palais-Royal, Saint-Simon écrivit que le grand veneur avait « mis la bête dans les toiles[56] ». En février 1679, Mlle de Fontanges et Mme de Montespan, cette dernière « dans un fort grand négligé » avec ses enfants à ses côtés, furent vues, les yeux levés en extase, priant devant le roi de part et d'autre de la chapelle royale comme deux divinités rivales[57]. La duchesse de Hanovre trouva que le roi considérait Fontanges avec une plus grande dévotion que l'autel[58]. Lors d'un bal, elle arriva couverte de bijoux et alla droit vers lui, sans faire de révérence à la reine. En mars 1679, Mme de Montespan quitta Saint-Germain « brusquement », afin d'éviter la présence de Fontanges[59].

Toutefois, fin 1679, Mlle de Fontanges partit elle aussi de la Cour et, en janvier 1680, souffrait des séquelles d'une fausse couche : blessure reçue en service actif, commentèrent les Parisiens. Mme de Montespan était intelligente et amusante, racontant quantité d'histoires qui divertissaient le monarque, quand Fontanges s'acquit une réputation de futilité. En mars 1680, elle restait en faveur, et d'une beauté inouie ; Mme de Sévigné l'appelait « le carrosse gris », car elle avait un tel véhicule tiré par huit chevaux, un nombre normalement réservé aux membres de la famille royale[60]. Puis le 27 avril 1680, elle reçut à son tour un tabouret de remerciement – le titre de duchesse, assorti d'une pension. Mme de Montespan en pleura de rage. Fontanges se mit à multiplier les retraites au couvent, et mourut dans celui de Port-Royal, place forte du jansénisme, le 28 juin 1681, âgée de 19 ans. « La Belle Fontanges est morte. *Sic transit gloria mundi* », écrivit Mme de Sévigné[61]. Le roi paya une messe annuelle en mémoire de « ma très chère et bien-aimée cousine la duchesse de Fontanges[62] ».

Certains, parmi lesquels la duchesse de Fontanges elle-même, croyaient qu'elle avait été empoisonnée sur l'instigation de Mme de Montespan[63]. L'affaire des Poisons montra que la Cour, malgré ses dehors pieux, entretenait des liens non seulement avec un demi-monde homosexuel clandestin, mais également avec un autre demi-monde fait d'aphrodisiaques, de poisons et, selon certains témoignages, de sacrilèges, de satanisme et de sacrifices d'enfants. Ce vers du ballet *Psyché* (1671), « la cour où je règne est fertile en démons », était révélateur[64]. En avril 1679, peu après que Louis eut mis fin à sa liaison avec la Montespan, il nomma une chambre ardente spéciale siégeant à l'Arsenal de Paris, chargée d'investiguer. Lorsqu'elle fut dissoute en juillet 1682, il y avait eu 194 arrestations, 34 hommes et femmes avaient été exécutés, brûlés vifs ou écartelés sur la roue, et deux de plus étaient morts sous la torture[65]. D'autres encore avaient été emprisonnés. Certains des plus hauts personnages du royaume avaient fait l'objet de soupçons.

La comtesse de Soissons était l'une des rares amies du roi autorisées à lui parler avec une liberté relative : jusqu'en 1678, elle l'avait accompagné en campagne, dans son carrosse, en compagnie de la reine et de Mme de Montespan. Toutefois, son nom fut mis en cause par certains des accusés. Le 24 janvier 1680, alertée par le monarque en personne, elle s'enfuit pour Bruxelles – ville qui, comme Londres, était devenue un refuge naturel pour les exilés français. Elle admit plus tard qu'elle aurait dû rester et affronter ses accusateurs. Le roi confia à sa belle-mère la princesse de Carignan qu'un jour il pourrait avoir à répondre devant Dieu et son peuple de l'avoir mise en garde[66]. Un mois plus tard, Mme Voisin, principal fournisseur à Paris de philtres d'amour et de poisons, fut brûlée vive en place de Grève, sans s'être repentie[67].

Au cours d'interrogatoires secrets, le nom de Mme de Montespan fut mentionné par nombre de témoins. Certains affirmèrent qu'elle avait projeté d'empoisonner le roi et la duchesse de Fontanges. Pour parvenir à ses fins, elle aurait organisé des messes noires au cours desquelles on versait le sang d'enfants sacrifiés sur son corps dénudé. Mme de Montespan était extrêmement pieuse et eût bien entendu été horrifiée par ces meurtres ou ces messes noires, et plus encore par un régicide. Le roi exigea néanmoins d'autres interrogatoires[68]. La plupart des témoignages étaient douteux, peut-être même orchestrés par Louvois, ministre de la Guerre, un ennemi de Mme de Montespan, ou arrachés, au sens littéral, à des témoins peu dignes de foi, en usant du chevalet et d'autres instruments de torture. En lançant de folles accusations contre de hauts personnages, ils avaient pu espérer obtenir la clémence ou un sursis auprès de leurs bourreaux[69]. Une dame de compagnie de Mme de Montespan, Mlle des Œillets, avait bien apporté des poudres d'amour en 1667, croyant peut-être qu'elles aideraient sa maîtresse à éloigner le roi de Louise de La Vallière. Il est aussi possible que des Œillets ait tenté plus tard, après que l'enfant qu'elle avait eu de lui n'eut pas été légitimé, de nuire au souverain, ce qui aurait expliqué certaines de ses fièvres. Toutefois, elle ne fut jamais soumise à la question. La plupart de ces allégations n'ont bien sûr jamais été prouvées[70].

En 1670, à l'inverse de beaucoup de membres de la Cour, Louis XIV avait refusé de croire que Madame ait été empoisonnée. En 1679-1682, il se révéla plus crédule. Peut-être était-il influencé par ses migraines, ses fièvres et son insomnie, mais aussi par Louvois et La Reynie, le lieutenant de police, auquel il se fiait et accorda de longues audiences privées. La Reynie crut, lui, à ces allégations d'infanticides[71]. En revanche, Colbert, la voix de la raison, demeurait sceptique – un scepticisme accentué par sa rivalité avec Louvois, par ses nombreuses années de service dans son rôle d'intermédiaire entre Louis XIV et Mme de Montespan et par le mariage de sa fille cadette en octobre 1680 au neveu de cette dernière, le duc de Mortemart. Après avoir examiné ces témoignages, son agent Claude Duplessis, écrivit : « Ce sont des choses qui ne se conçoivent pas, et Sa Majesté, qui connaît Mme de Montespan jusqu'au fond de l'âme, ne se persuadera jamais qu'elle ait été capable de ces abominations. » Le meurtre eût été contre ses intérêts et contre ses sentiments. Les accusés mentaient ou déformaient la description de ses visites à des cartomanciennes. Une autre accusation, selon laquelle Racine aurait empoisonné sa maîtresse, était absurde[72]. En fin de compte, le roi se rangea à ce dernier point de vue.

Le traitement qu'il réserva à l'ennemi de Louvois, le maréchal de Luxembourg, le remplaçant de Lauzun au poste de capitaine des gardes du corps, témoignait d'un scepticisme comparable. Le 24 janvier 1680, accusé entre autres crimes d'avoir ourdi l'empoisonnement de sa femme et signé un pacte avec le diable, Luxembourg entra volontairement à la Bastille pour y attendre son procès afin de se disculper. Il y resta trois mois, confiné non pas dans l'un des appartements particuliers réservés aux prisonniers de qualité mais, sur ordre de Louvois, entre les quatre murs d'une cellule exiguë et sans chauffage. Le 14 mai, il fut jugé et acquitté. Son crime avait consisté à demander à une diseuse de bonne aventure comment réussir à se faire aimer du roi et d'une certaine dame. Après un an d'exil intérieur sur le territoire, le roi le dédommagea en le rétablissant dans sa fonction de capitaine des gardes. Si le souverain avait ajouté foi à ce que Luxembourg qualifia d'allégations fausses, horribles et absurdes portées contre lui, jamais plus il ne lui aurait confié sa sécurité personnelle. Après quoi, quand Luxembourg prit le commandement d'une armée, il fut autorisé à en référer directement au roi plutôt qu'à Louvois[73].

Les Parisiens demeuraient eux aussi sceptiques. Lorsque la duchesse de Bouillon, la sœur cadette de la comtesse de Soissons, parut à l'Arsenal escortée d'amis admiratifs, elle provoqua les rires en répliquant à une question de La Reynie qui voulait savoir si elle avait vu le diable : « Non, monsieur, mais je le vois en ce moment ; il est laid, vieux, et déguisé en conseiller d'État. [...] Vraiment, dit-elle à voix haute, je n'eusse jamais cru que des hommes sages pussent demander tant de sottises ! » Son dédain avait pu être aiguisé par la connaissance qu'elle avait de la procédure judiciaire qui opposait son mari à La Reynie[74].

L'affaire des Poisons naquit et s'envenima sans doute pour quatre raisons : l'hystérie qui gagna tant les accusateurs que les accusés, comme lors de l'affaire des exécutions des sorcières de Salem dans le Massachusetts, douze ans plus tard ; l'obsession des dames pour le roi ; le désir de Louvois et La Reynie d'effrayer et d'humilier des nobles de la Cour et les amis de Colbert, en particulier la comtesse de Soissons et Luxembourg ; et enfin le désir de Louis XIV de prendre ses distances d'avec Mme de Montespan. Saint-Maurice, ambassadeur de la Savoie, Feuquières ambassadeur de France en Suède, La Fare, Visconti et Mme de Sévigné croyaient tous que l'affaire avait été orchestrée par Louvois afin de servir ses « passions privées » – sa haine de Colbert et de Luxembourg. L'affaire des Poisons exposa la France, et le roi en personne, à la moquerie de l'Europe, ce dont se plaignirent les ambassadeurs de France. Dans son livre sur l'affaire, Anne Somerset conclut que ce fut l'esprit du monarque, et non son corps, qui avait été ainsi empoisonné. En 1682, le tribunal spécial chargé d'enquêter sur les accusés et de les juger fut dissous ; plus tard, Louis XIV brûla tous les documents du dossier[75].

La honte de l'affaire des Poisons comme la mort de la duchesse de Fontanges favorisèrent l'ascension de Mme de Maintenon. Elle était devenue trop respectable pour rendre visite à des ensorceleuses et avait depuis longtemps œuvré pour le « salut » du souverain. Déjà, en 1676, Mme de Sévigné avait écrit que sa faveur était « extrême », alors que celle de Mme de Montespan commençait de décliner[76]. Fin 1679, le roi nomma Mme de Maintenon seconde dame d'atour de la nouvelle Dauphine, afin de pouvoir lui octroyer un appartement à la Cour. Les crises de colère de Mme de Montespan, dont Mme de Maintenon avait si souvent souffert, contribuèrent à éloigner le roi d'elle, malgré les efforts de réconciliation de Colbert. Spanheim écrivit que son caractère lui valait d'être détestée. Cet automne-là, Louis ne reçut pas les sacrements. Il est possible que Mme de Maintenon soit alors devenue sa maîtresse[77].

Mme de Sévigné fut l'une des observatrices de cette année 1680 qui se révéla si cruciale : « La faveur de Mme de Maintenon augmente tous les jours ; il y a d'infinies conversations avec Sa Majesté » (20 mars) ; les relations du roi avec la Montespan avaient viré à « l'extrême brouillerie » (25 mai) ; en revanche, les conversations de Mme de Maintenon avec le roi, de 6 heures à 10 heures du soir en son appartement, étaient « d'une longueur à faire rêver tout le monde » (5 juin). Des ministres la courtisaient désormais autant qu'il leur arrivait d'être courtisés par d'autres (21 juin). Alors que le roi n'accordait plus à Mme de Montespan et à Mlle de Fontanges que quelques instants de sa journée, « la faveur de Mme de Maintenon est toujours au suprême » (11 septembre)[78]. Mme de Maintenon était séduisante et intelligente, et sa santé n'avait pas été ravagée par les accouchements. Comme certains Français et Françaises de son temps, elle croyait que l'esprit n'avait pas de sexe et que les hommes et les femmes devaient être égaux[79].

Toutefois, et paradoxalement, la religion restait le fondement de sa relation avec le monarque. C'était le catholicisme, qui rythmait la vie du roi et lui donnait son sens tout au long de l'année. Chaque jour de son existence, Louis XIV prononçait ses prières du matin et du soir avec une « extrême dévotion » et assistait à une messe basse en sa chapelle. Il portait aussi sur lui un petit sachet contenant des saintes reliques, notamment un morceau de la vraie Croix.

À l'inverse des rois de France précédents (y compris son père, qui priait d'ordinaire dans un petit oratoire privé), il fréquentait la chapelle de Versailles, à midi du vivant de son épouse, et ensuite à 10 heures du matin, dans le cadre d'un rituel de cour aussi magnifique que celui de ses repas. Sa procession, qui le menait par le Grand Appartement jusqu'à la chapelle, était suivie par des membres de la famille royale des deux sexes, des dignitaires de la Cour et des maîtres des requêtes qui recueillaient les demandes soumises sur son parcours. À son entrée dans la chapelle, des gardes battaient du tambour et jouaient du fifre. Le roi faisait lui-même partie du rituel religieux, recevait l'encens et consacrait le « pain bénit[80] ». En outre, il assistait à une grand-messe ou à des vêpres chantés les jeudis et les dimanches, et aux grandes fêtes comme Noël (où il assistait à six messes en deux jours), l'Épiphanie, Pâques, la Pentecôte, l'Assomption de la Vierge et la fête de l'Immaculée Conception, où il recevait la communion[81]. Une communauté de Lazaristes – l'ordre de prédicateurs fondé par saint Vincent de Paul – administrait les paroisses de la cour à Versailles, Fontainebleau, Saint-Germain et Saint-Cloud. Dans la chapelle de Versailles on disait des messes toute la journée, même quand le roi ne résidait pas au château. En 1710, vingt services religieux s'y tenaient tous les matins[82]. Le roi observait le jeûne pendant le Carême et encourageait les courtisans à l'imiter ; il écoutait aussi des sermons de Carême et de l'Avent, prononcés par un aréopage de prédicateurs (Bossuet, Bourdaloue, Massillon) dont certains critiquaient sa vie privée avec une franchise que peu de chefs d'État modernes toléreraient[83]. En tout, il assista au cours de son existence à quelque 30 000 messes et écouta 2 000 sermons[84]. Témoignant encore davantage de sa piété, accompagné d'une armée de hauts personnages de la Cour, de gardes et de pages tenant un bougeoir en main, lors des Jubilés et de la Fête-Dieu, il suivait des processions publiques à pied dans les rues de Paris et plus tard de Versailles, tendues des plus belles tapisseries de la Couronne. Chaque jeudi précédant Pâques, il se livrait aussi au rituel de la toilette des pieds de douze enfants pauvres, en une imitation de Jésus-Christ lavant les pieds des Apôtres[85]. Son catholicisme reflétait autant sa foi en la monarchie qu'en Dieu. Il écrivit à son fils que le catholicisme enseignait l'obéissance aux rois en tant que lieutenants de Dieu. C'est pourquoi, pour des raisons de prudence et de bon sens autant que de foi, le catholicisme devait être « la première et la plus importante partie de notre politique[86]. »

Tout au long de son règne, de son couronnement en 1654 à sa mort en 1715, et même quand il était malade, après avoir communié Louis procédait aussi au rituel du toucher des écrouelles (le « mal du roi »), généralement dans les galeries du rez-de-chaussée de Versailles, parfois auprès de plus de 1 000 malades par jour. À la Pentecôte, à l'Assomption, à la Toussaint et à Noël, Versailles devenait le Lourdes du XVIIe siècle, peuplé d'hommes et de femmes atteints de la « scrofule », certains venus d'aussi loin que l'Espagne et l'Italie pour se faire soigner par le roi de France. Les suppliants étaient sélectionnés par les médecins royaux. Le capitaine des gardes leur maintenait les mains jointes pour les empêcher de faire du mal au souverain. En leur touchant l'épaule de la main droite, et en traçant le signe de la croix, il prononçait cette phrase : « Le roi te touche, Dieu te guérit. » Chacun d'eux recevait ensuite une pièce de monnaie. Entre chaque toucher, on essuyait les mains royales avec un linge trempé dans le vin, afin de prévenir les infections. Le 1er novembre 1685, par exemple, bien qu'à peine capable de tenir debout en raison d'une crise de goutte, il en toucha ainsi 300 : le triomphe du devoir sur une santé fragile. Au total, durant son règne, estime Alexandre Maral, il a pu en toucher 200 000[87].

Entre 1664 et 1680, Louis XIV ne reçut pas la communion, sauf à Pâques, car il n'avait aucune intention de renoncer à ses maîtresses[88]. Après Pâques 1680, Mme de Maintenon l'encouragea à respecter tous ses devoirs de bon catholique, y compris la fidélité dans le mariage. Il communia régulièrement, une manière de montrer qu'il n'était plus en état de péché aux yeux de l'Église[89]. Il se mit à voir davantage sa femme, peut-être pour avoir de plus fréquentes relations sexuelles avec elle. En 1680, Mme de Sévigné écrivit que la reine revenait en faveur à la Cour[90]. En 1681, Sourches résuma ce que des courtisans savaient, que Mme de Maintenon avait gagné l'entière confiance et le complet respect du monarque grâce à son intelligence, à son tact et à sa discrétion. Il lui manifestait toute l'amitié possible et avait avec elle tous les jours de longues conversations. Il n'avait plus de « commerce » avec des femmes et communiait régulièrement, quatre fois par an[91]. En ce mois d'octobre, il mit un terme à toutes formes d'intimité avec Mme de Montespan, lui envoyant ses compliments et les assurances de son amitié, en recourant à son intermédiaire de confiance avec elle, Colbert[92].

Peu après la mort de la reine, Mme de Maintenon et Louis se marièrent, probablement en octobre 1683, en la présence de l'archevêque de Paris, de Louvois et du confesseur du roi. Elle avait 47 ans, il en avait 45. Le monarque laissait les facettes les moins conformes, les plus émotionnelles de sa personnalité triompher des conventions. Il se mariait par amour, rompant les règles limitant le mariage des membres de sa dynastie entre individus de naissance royale, qu'il avait été contraint de respecter en 1660 et qu'il avait imposées à Mademoiselle en 1670[93]. Ce mariage était vécu de manière très contradictoire. En public, Mme de Maintenon restait seconde dame d'atour de la Dauphine, l'aidant à se vêtir et à se coiffer, cédant la préséance à des dames d'un rang apparemment supérieur.

Toutefois, comme la reine de France sans couronne qu'elle était devenue, dans leurs appartements privés, elle restait assise en présence du roi et commença à se rendre en visite dans des couvents fermés, privilège réservé à la reine[94]. Personne, excepté le roi, n'avait le droit de prendre place dans un fauteuil à l'intérieur de son appartement, pas même Madame, qui restait donc debout au lieu de subir l'humiliation d'un tabouret. Dans les jardins de Versailles ou lors des revues militaires, le roi marchait à hauteur de la chaise à porteurs de Mme de Maintenon, en se penchant pour lui parler, manifestant ainsi plus de déférence en public qu'il ne l'avait fait avec la reine[95]. Le retour du monarque à la respectabilité remettait la religion à la mode. Mme de Maintenon se vantait auprès de son frère de la « conversion » de la cour entière : tous les dimanches, la chapelle était désormais pleine, alors qu'elle ne l'était auparavant qu'à Pâques[96].

À Versailles, Mme de Maintenon jouissait d'un bel appartement au premier étage[97] et d'une maison en ville, juste au pied du château, dans l'actuelle rue du Peintre-Lebrun. Pour sa part, en 1684, Mme de Montespan quitta son appartement, que le roi utilisa ensuite pour y ranger ses collections d'art, et elle descendit s'installer au rez-de-chaussée[98]. Après 1691, le soulagement fut unanime : comme Louise de La Vallière et la duchesse de Fontanges avant elle, Mme de Montespan quitta la Cour pour un couvent ; dans son cas, ce fut celui des Filles de Saint-Joseph, rue Saint-Dominique, dont elle était la protectrice depuis 1676. Elle y consacrait ses journées à jeûner, à prier et à organiser des œuvres de charité. Dans un atelier rattaché au couvent, elle s'occupait de jeunes filles pauvres dont elle payait l'éducation, avec l'aide d'ouvrières brodeuses qui se chargeaient de broder des tapisseries pour les palais royaux (Louis possédait la plus vaste collection de tapisseries jamais accumulée par un monarque depuis Henry VIII d'Angleterre : 304 ensembles et 2 566 pièces distinctes). Ces pièces montraient par exemple Mlle de Nantes, sa fille aînée, qu'elle avait eue avec le roi, sous les dehors du Printemps ; leur fils aîné, le duc du Maine, était le Feu ; et le roi lui-même, l'Air. Mme de Montespan fit également verser des dots aux jeunes filles pour les aider à se marier[99].

Même dans son propre couvent, elle continuait à manifester ce que les religieuses appelaient « son humeur absolue, précipitée et changeante » et ses « dures injustices ».

Mme de Montespan avait aidé à fêter le mariage de leur fille aînée avec le duc de Bourbon en 1685, et organisé une fête de carnaval à Marly en 1686, mais en 1692 elle ne fut invitée ni au mariage de leur fille cadette avec le neveu du roi, le duc de Chartres, ni à celui du duc du Maine avec sa cousine Mlle de Condé. En 1701, écrivait Madame, elle avait les cheveux blancs et un visage rougeaud creusé de rides, comme une feuille de papier que l'on avait pliée et repliée. Elle mourut en 1707, en exprimant à ses domestiques son repentir pour ses péchés (elle s'était fait peindre en Marie Madeleine repentie). Aucune lettre ne nous est parvenue pour nous livrer sa propre version de sa disgrâce, à la faveur de son ancienne protégée[100].

Tandis que Mme de Montespan était évincée de la Cour, Mme de Maintenon et le roi vivaient comme le couple marié qu'ils étaient. Quelques brefs messages écrits de la main du roi ont échappé à la destruction de leur correspondance, probablement conservés par elle. Ils convenaient souvent d'entrevues dans la journée, en plus de leurs soirées dans son appartement à elle. Par exemple ce mot du roi au sujet de leur école bien-aimée à Saint-Cyr (nous y reviendrons), en juillet 1693 : il la prie de l'informer s'il est trop tard pour passer par le jardin, car ils emprunteront alors la porte principale de la maison, et précise que cela désigne celle qui ferme la cour des jeunes femmes[101]. La plus émouvante date d'avril 1691, huit ans après leur mariage : « Je vous chéris toujours, et [...] je vous considère à un point que je ne puis exprimer ; et qu'enfin, quelque amitié que vous ayez pour moi, j'en ai encore plus pour vous, étant de tout mon cœur tout à fait à vous[102]. »

Pour complaire au roi, Mme de Maintenon recevait des dames de la Cour, bien qu'elle eût les cérémonies, les réceptions et ce qu'elle appelait la contrainte et le bruit de la Cour en horreur : tous ces moments où, selon sa formule, les courtisans riaient et dansaient avec une dague dans le cœur. Parfois, écrivait-elle encore, les dames trouvaient le moyen de ne parler de rien d'autre que de petits pois[103]. Elle qualifiait sa vie de martyre et écrivit à l'archevêque de Paris qu'à Trianon, un endroit tant aimé du roi et de sa famille, « on n'y sent guère que de la tristesse, de la fatigue et de l'ennui et le plaisir fuit à proportion qu'on le cherche[104] ». D'un naturel pessimiste, elle était à la fois scandalisée et sceptique face au plaisir[105]. Oubliant combien d'hommes avaient aidé sa propre ascension si étourdissante, de Paul Scarron à ceux qui avaient construit Saint-Cyr pour ses protégées, et jusqu'à Louis en personne, elle écrivait que les « hommes sont insupportables quand on les voit de près ». Quant à elle, se plaignait-elle, elle ne comptait pour rien[106].

Elle tenait aussi lieu de mère et de grand-mère de substitution à la famille royale. Bien que le Dauphin et Madame aient détesté et méprisé Mme de Maintenon, considérée comme une intruse et une ambitieuse, ils se servirent d'elle, à l'exemple des ministres, des ambassadeurs et des généraux, comme intermédiaire pour transmettre des requêtes ou des informations au roi[107]. Durant la campagne de 1691, par exemple, le duc du Maine, son favori, lui écrivit en comparant le roi à un jeune fou qui doit asseoir sa réputation et prouver qu'il n'a pas peur, ou pour la rassurer au sujet de la santé du monarque (« le roi est toujours gaillard et en bonne santé »). Le Dauphin lui écrivait presque tous les jours, allant jusqu'à lui affirmer, faussement, que « personne n'est plus à vous que moi[108] ».

Mme de Maintenon restait gouvernante et éducatrice dans l'âme. Pour lui complaire, le roi fit donc construire près de Versailles, à un coût de 1,4 million de livres, une école pour jeunes filles appelée la Maison royale de Saint-Cyr, inaugurée le 2 août 1686. Deux cent cinquante jeunes filles de naissance noble et de famille impécunieuse – avec une préférence pour les filles d'officiers – suivaient un enseignement fait d'histoire, de géographie, de latin, de mathématiques, de musique et de couture, afin de les préparer à la vie conjugale. Lors des visites du roi, elles dansaient et chantaient pour lui[109]. Cela devint le paradis privé de Mme de Maintenon, qui lui permettait de supporter les tensions de Versailles.

Le 31 mars 1698, elle maria sa nièce et héritière Mlle d'Aubigné à Adrien Maurice de Noailles, un membre de la famille la plus influente de la Cour. Des centaines de personnes, tant de la Cour que de Paris, y compris des membres de la famille royale, avaient rendu visite à Mme de Maintenon pour la féliciter, puisque c'était elle qui donnait le dîner de mariage. En leur disant bonsoir, le roi avait remis à chacun des deux époux une pension de 8 000 livres annuelles, en plus de la dot de 800 000 livres qu'il avait déjà versée à Mlle d'Aubigné au nom de sa « considération particulière » pour « la dame Marquise de Maintenon[110] ». Adrien Maurice de Noailles devint un confident de cette dernière et du roi[111]. Dans une lettre du 4 mars 1702, elle lui écrivit au sujet de « la passion que j'ai pour Saint-Cyr » et « dans quel détail j'entre sur l'éducation des demoiselles qui y sont ». Elle était déterminée à les occuper du matin au soir « pour remplir leur mémoire de belles et bonnes choses ou du moins d'innocentes[112] ». Elle passait souvent la journée à Saint-Cyr (tout comme le roi le faisait à Marly), avant de rentrer à Versailles dans la soirée. Même au château, elle passait du temps avec un groupe de lecture de femmes pieuses, que l'on appelait « le couvent de la Cour ».

Aux jeunes filles, on apprenait que le mariage était une épreuve, et les bons maris presque une espèce inconnue. Elles devaient souffrir en silence. « Il n'y a de vrai bonheur, affirmait Mme de Maintenon, que de se conformer à la volonté de Dieu. » Les hommes étaient les maîtres : les femmes avaient obligation de souffrir de bonne grâce. C'était une école royale et, dans l'un des dialogues éducatifs qu'elle composa, reprenant là ce que Louis en personne et la plupart de ses sujets croyaient, elle fait dire par « Alphonsine » à « Placide » que « sans nulle prévention la plus grande maison qu'on connaisse est celle des Bourbons qui nous gouverne présentement[113] ». Le modèle de Saint-Cyr serait plus tard imité par les écoles des jeunes filles de la cour de Vienne et de Saint-Pétersbourg. Pourtant, la vie de cet établissement montrait aussi que, malgré son intelligence, Mme de Maintenon manquait parfois de jugement. De fréquentes querelles y opposaient les enseignants. Son amie Mme de Brinon, la première directrice, fut ainsi écartée par une lettre de cachet en décembre 1688 : elle avait commencé à y appliquer des idées qui lui étaient propres. Comme Louise de La Vallière, Mme de Ludres, la duchesse de Fontanges, Mme de Montespan et tant d'autres, Mme de Maintenon se sentait peu à peu gagnée par l'appel du couvent. En 1694, redoutant l'« impureté », et allant vers son intention première, elle fit de Saint-Cyr un couvent augustinien[114].

Contredisant sa prétention de n'être « rien », elle ne tarda pas à jouer un rôle politique autant que religieux. D'ailleurs, l'inscription (composée par Racine) sur une croix en or que lui offrirent les jeunes filles de Saint-Cyr confirme son intérêt pour le pouvoir :

> Elle est notre guide fidèle.
> Notre félicité vient d'elle[115].

À partir de 1691, le roi se mit à recevoir ses ministres dans son appartement, dont il surveilla personnellement les agrandissements[116]. Plus encore que Mme de Montespan avant elle, Mme de Maintenon devint un élément crucial de la machine de pouvoir et de protection de la Cour. Jusqu'au décès du monarque, elle fut inondée de lettres de demandes d'emplois, de pensions et de faveurs[117]. Elle écrivait elle-même que son appartement était comme une église, où « tout le monde » va et vient toute la journée : des dames de compagnie, des évêques, des généraux, des princes, des ministres et le roi en personne. Des ambassadeurs la croyaient toute-puissante – pourtant, quand le nonce l'approcha au sujet d'un différend entre le pape et le roi, elle prétendit qu'« elle se savait un instrument trop faible pour entrer dans des affaires semblables et sur ce elle continuait son chemin[118] ». Son pouvoir rencontrait effectivement des limites. Elle préférait la paix, mais ne pouvait empêcher le souverain de faire la guerre, de s'exposer au danger dans la bataille ou de refuser le candidat qu'elle lui suggérait de prendre pour confesseur[119]. Nombre de personnages qu'elle avait en aversion restaient à la Cour, à commencer par le duc de Beauvillier, un premier gentilhomme et ministre, alors même qu'ils s'étaient querellés en 1697 sur l'admiration persistante de ce dernier pour Fénelon[120]. En 1702, sa tentative pour aider le duc d'Harcourt à entrer au Conseil échoua. Torcy, qui lui déplaisait, resta ministre des Affaires étrangères jusqu'à la disparition de Louis et détenait en outre le poste crucial de surintendant des Postes, qui lui offrait toute latitude de lire ses lettres[121].

Versailles représente paradoxalement le triomphe de la Cour sur l'État, avec le déplacement de la Cour depuis Paris, et le triomphe de l'État sur la Cour, avec la prééminence des ministres après que la Cour s'y fut installée. Nous l'avons vu, Louis XIV passait autant de temps avec ses ministres qu'avec sa famille, les dignitaires de la Cour ou ses maîtresses. Les ailes des Ministres, qui s'étendent côté est du château avec des appartements et des bureaux pour les ministres des Affaires étrangères, de la Guerre, de la Maison du roi et de la Marine, distinguent Versailles d'autres palais tout autant que les ailes des Courtisans et des Princes, qui s'étendaient au nord et au sud[122]. Le Stadtpalais de Potsdam, par exemple, fut construit par l'Électeur Frédéric-Guillaume de Brandebourg à une distance semblable de la capitale, pour les mêmes raisons – l'amour de la campagne et la proximité des forêts de chasse – et à peu près à la même date. Toutefois, il ne comportait pas d'ailes des ministres. Le Conseil continua de se réunir au palais à Berlin. Les ministres venaient à Potsdam voir l'Électeur dans la journée, mais retournaient à Berlin dans la soirée.

Versailles était un lieu de travail. Le Cabinet du conseil, dans le cadre duquel Louis consultait ses ministres, était plus important que la chambre à coucher où il dormait et où il tenait son lever et son coucher. À Versailles comme à Saint-Germain, le Conseil composé de ministres d'État, du Dauphin et, après 1702, de son fils le duc de Bourgogne continua de se réunir de 10 heures à midi les dimanches, mercredis et jeudis et un lundi sur deux. C'était le cœur du gouvernement, devant lequel les ministres lisaient les rapports d'activité de leurs services. Le Conseil des finances se réunissait les mardis et samedis, également de 10 heures à midi ; le Conseil des dépêches se tenait un lundi sur deux pour discuter des affaires intérieures, avec Monsieur et tous les ministres. Le Conseil d'État pour les affaires juridiques conférait au rez-de-chaussée, sans le roi, chaque lundi, tout comme un conseil spécial traitant des affaires relatives aux huguenots[123].

En plus des réunions du Conseil, Louis XIV consacrait nombre de ses soirées à travailler avec certains ministres en tête à tête. Une note accompagnant des dossiers relatifs à la situation en Méditerranée adressée à son ministre Pontchartrain montre qu'un soir de 1703, le roi, alors âgé de 65 ans, était encore plongé dans ses dossiers à minuit[124]. L'État conservait la priorité sur la Cour. « Le roi ne va ni aux comédies ni aux appartements qu'en des occasions extraordinaires ; il passe ce temps-là chez Mme de Maintenon ou il travaille avec quelques-uns de ses ministres », rapportait Dangeau en 1698. À la grande contrariété du roi, malgré la présence du Dauphin, il commençait d'y avoir fort peu de dames et même d'hommes à l'Appartement[125].

Les ministères à Paris et à Versailles étaient plus petits que les services de la Cour. Ils comptaient pour la plupart de 50 à 100 administrateurs – mais de 15 à 29 au ministère des Affaires étrangères – comparés aux plus de 300 hommes que comptaient les Grande et Petite Écuries[126]. Le gouvernement comme la Cour étaient régis par des dynasties. Les dynasties ministérielles essentielles, celles des Colbert, Le Tellier, Phélypeaux, étaient plus puissantes même que les plus grandes dynasties de courtisans : les Montmorency, Rohan, Noailles ou Lorraine. La connaissance de leur caractère, de leurs relations et degrés de faveur royale était aussi nécessaire pour évoluer à la Cour que la connaissance des lignes de métro pour circuler dans le Paris actuel.

Chaque dynastie ministérielle représentait un programme, ainsi qu'une famille : les Colbert plaidaient pour l'intervention de l'État dans l'économie et pour l'orthodoxie religieuse ; les Le Tellier pour la guerre et l'expansion. Les Phélypeaux de Pontchartrain, comtes de Maurepas, la dynastie à la plus grande longévité ministérielle de l'histoire française (avec neuf membres détenant un poste ministériel entre 1610 et 1781), manifestaient un intérêt tout particulier pour la Maison du roi, la marine et le commerce et l'exploration outre-mer, ainsi que le suggèrent le lac Maurepas, le fort Maurepas et le lac Ponchartrain en Louisiane. Ils instaurèrent un service des cartes et des plans au ministère de la Marine dès 1696 et, au XVIIIe siècle, ils soutiendront la guerre contre l'Angleterre. Sous Louis XIV, Louis de Pontchartrain fut contrôleur général et ministre de la Marine et de la Maison du roi de 1689 à 1699, et chancelier à partir de 1699. En 1699, son fils Jérôme de Pontchartrain devint à son tour ministre de la Marine et de la Maison du roi[127]. La rivalité entre Colbert et Louvois fut probablement encouragée par le roi afin, selon la formule de Primi Visconti, de « faire ses affaires ». Se méfiant des ambitions de ses ministres, il tenait à les empêcher de s'unir pour lui imposer leur volonté. Les ministres ne s'efforçaient pas seulement de masquer leurs sources d'information à leurs rivaux, ils se querellaient aussi parfois lors des réunions du Conseil, en présence du roi, par exemple sur la part des dépenses budgétaires revenant à leurs ministères respectifs[128]. Sourches considérait que Mme de Maintenon apportait un équilibre dans les relations entre les familles Louvois et Colbert, même si son cœur penchait en faveur de cette dernière[129].

Les courtisans réclamaient des faveurs aux ministres, et non l'inverse. Louvois avait contribué à l'embastillement de Luxembourg, un Montmorency, capitaine des gardes et maréchal de France plusieurs fois victorieux, lors de l'affaire des Poisons. Après sa libération, Luxembourg écrivit à son tourmenteur des lettres de gratitude d'une servilité abjecte[130]. Des ministres pouvaient entrer dans la chambre du roi avant les grandes entrées s'ils étaient porteurs de nouvelles importantes[131]. Le maréchal de Villeroy eut ce mot railleur : « Il fallait tenir le pot de chambre aux ministres tant qu'ils étaient au pouvoir, et le leur renverser sur la tête sitôt qu'on s'apercevait que le pied commençait à leur glisser. » À moins de devenir soi-même le valet d'un ministre, écrivit M. de Coligny, un officier de l'armée, c'était une perte de temps de s'attacher au service de Sa Majesté[132]. Un autre courtisan, le gouverneur du Dauphin, M. de Montausier, se plaignait de ce que seuls les ministres ou les maîtresses aient le pouvoir « en ce pays-ci » – il voulait dire à la Cour[133]. Les ministres étaient si puissants que l'un d'eux assistait d'ordinaire aux audiences privées du roi : des entrevues exceptionnelles, accordées à quelques favorisés (816 Français et Françaises sur toute la durée du règne), de quinze à trente minutes chacune, d'ordinaire le jeudi. Saint-Simon obtint une audience avec le soutien de son ami le premier chirurgien Mareschal, afin de tenter de convaincre le souverain qu'il ne méritait pas sa réputation de trouble-fête. Il admettait qu'en de telles occasions le roi écoutait avec patience, bonté et un désir de connaître la vérité. Tout pouvait se dire, même de la part de ceux qui déplaisaient au souverain, pourvu que ce soit dit de la manière juste, avec respect et un air de soumission[134]. Les ministres avaient ainsi plus d'occasions de s'adresser au roi que les dignitaires les plus importants de la Cour, avec lesquels il était rarement seul à seul. Ils apportaient des liasses de feuillets aux marges particulièrement larges, dans lesquelles Louis XIV notait ses commentaires[135].

Louis XIV correspondait le cas échéant aussi directement avec certains officiers supérieurs et hauts administrateurs – habituellement en informant ses ministres, mais aussi parfois à leur insu –, par exemple avec Vauban et Chamlay, et avec ses ambassadeurs. Il demandait fréquemment des dépêches plus détaillées à ses ambassadeurs, ou à des membres de sa famille quand ils servaient dans les rangs de l'armée[136]. Au cours de la décennie 1670, Louis échangea de longues lettres avec son ambassadeur en Suède, M. de Feuquières, notamment au sujet des ambitions hanovriennes dans le nord de l'Allemagne ou des attitudes des sénateurs suédois envers la politique étrangère française ; et avec son ambassadeur en Espagne entre 1698 et 1700, le marquis d'Harcourt, concernant les moindres détails de la santé de Carlos II et la plus petite inflexion des comportements eu égard à la succession des Bourbons ou à la partition de la monarchie espagnole. Sa correspondance atteste de la connaissance détaillée qu'avait le monarque des personnalités, des problématiques, des différends et des guerres en Europe. Il connaissait l'Europe aussi bien que la France[137]. De même, dans ses lettres au frère de Mme de Montespan, le maréchal de Vivonne, commandant des galères et vice-roi de Sicile au cours de la révolte de Messine en 1676-1678, il exprima régulièrement son désir d'« être informé de tout et même par plus d'une voie, afin de connaître la vérité plus distinctement et plus à fond, la pure vérité sans rien déguiser n'y rien omettre[138] ». Quinze ans plus tard, cette requête typique à un officier en garnison en Irlande révèle la même soif de renseignements : « Donnez-moi le plus possible de vos nouvelles et donnez-moi au juste l'état des choses. » Louis était toujours informé de la situation de ses troupes et de ses forteresses[139].

C'était ainsi que le roi s'assurait d'être l'homme le mieux informé de son royaume. Dans un « Mémoire pour mon fils » de 1673, Colbert mettait ce dernier en garde : il devait se tenir prêt à fournir au roi toute information quand il la demandait, sans quoi il le regretterait, et il devait tout dire au monarque : « Toutes choses, grandes et petites, importantes et bagatelles, sont également connues du Roi, qui ne manque aucune occasion de se faire rendre compte de tout[140]. »

La place des ministres était si prégnante que certains aidaient le roi à mener sa vie privée autant qu'à conduire ses politiques. Nous avons vu comment, malgré les responsabilités publiques écrasantes de Colbert concernant la marine, l'économie et la Maison du roi, il se servait aussi de lui comme intermédiaire de confiance avec Monsieur, Mme de Montespan et Louise de La Vallière[141]. À l'occasion, le ministre chapitrait son maître sur son incapacité à régler les dépenses de son gouvernement sur ses revenus[142]. Leurs relations finirent par ressembler à une histoire d'amour inconstante ; des ambassadeurs croyaient quelquefois la disgrâce du ministre imminente. Le 26 avril 1671, le roi lui écrivit :

> Ne croyez pas que mon amitié diminue, vos services continuant ; cela ne se peut, mais il faut me les rendre comme je les désire, et croire que je fais tout pour le mieux. La préférence que vous craignez que je donne aux autres ne doit vous faire aucune peine. Je veux seulement ne pas faire d'injustice et travailler au bien de mon service. C'est ce que je ferai quand vous vous serez tous auprès de moi. Croyez en attendant que je ne suis point changé pour vous, et que je suis dans les sentiments que vous pouvez désirer.

Louis XIV tenait certes à ce que ses ministres lui parlent librement, mais une fois qu'il avait pris sa décision, il ne voulait plus être sollicité. Néanmoins, quand Colbert était souffrant, le roi lui faisait l'honneur inhabituel d'aller travailler chez lui. Comme beaucoup d'individus en pleine santé, Louis XIV estimait que les maladies des autres n'étaient que des fantaisies : « La tristesse engendre le mal, soyez gai et vous serez guéri[143]. » Colbert pouvait se targuer de ce que « le roy [...] est bien plus le père de mes enfants que moi-même[144] ». Aidé par la faveur royale, il maria ses trois filles à trois ducs (Chevreuse, Beauvillier, Mortemart) ; l'un de ses fils devint grand maître de cérémonies. Son frère, Colbert de Croissy, fut nommé ministre des Affaires étrangères en 1679 et son fils Torcy lui succéda à ce poste à sa mort en 1696. Le propre fils de Colbert, Seignelay, lui succéda en 1683 au poste de ministre de la Marine. Le fils de Seignelay devint à son tour maître de la garde-robe en 1690. Le neveu de Colbert, Desmarets, serait nommé contrôleur général des Finances en 1708.

En 1683, Colbert étant mourant, Louis XIV écrivit à Seignelay des missives affectueuses au sujet de « l'amitié particulière que j'ai pour lui et par celle que j'ai pour vous et pour toute sa famille[145] ». En réalité, à ce stade, le ministre avait peut-être déjà perdu la faveur du roi, du fait des travaux de construction de Versailles. Louis se serait plaint, disait-on, de ce qu'il trouvait étrange qu'étant si généreux, il soit plus mal servi que quiconque : avec Louvois, il lui suffisait d'émettre une suggestion pour qu'elle s'accomplisse. Là-dessus, Colbert s'alita, en proie aux douleurs les plus extrêmes, et s'éteignit. Les taxes qu'il avait imposées lui avaient valu tellement de haine qu'à Paris sa procession funéraire dut être protégée par des gardes contre la foule hostile[146].

Louis XIV se reposait de plus en plus sur Louvois, autre raison du chagrin de Colbert. En plus d'être ministre de la Guerre et de remplacer ce dernier, après son décès, au poste de surintendant des Bâtiments, il devint, comme son rival avant lui, l'ami et l'intime du roi. En sa qualité de surintendant des Bâtiments, il correspondait avec Louis sur des sujets comme la construction de l'Orangerie de Versailles et la dorure de la chambre royale : « Prenez plus de soin de ma chambre que du reste », lui écrivit ce dernier[147].

En octobre 1683, il se peut qu'il ait été le témoin du mariage du roi avec Mme de Maintenon. Le 18 novembre 1686, ce n'était ni un courtisan, ni un parent, ni Mme de Maintenon, mais Louvois qui tenait la main du souverain durant l'opération atroce d'ablation de sa fistule anale, qui dura six heures. Les seules autres personnes présentes dans la pièce étaient son chirurgien, Monsieur, Madame, l'aînée de ses filles illégitimes, la princesse de Conti, et Mme de Maintenon[148]. Face à cet épisode où il était question de vie ou de mort, un ministre jouit d'une plus grande intimité émotionnelle que n'importe quel courtisan, dignitaire ou parent. La vigueur et la maîtrise du roi étaient telles que cette torture prolongée, tandis qu'on incisait et réséquait l'œdème, ne fit jaillir de sa bouche aucun cri de douleur, hormis deux exclamations – « mon Dieu ! ». Cette opération n'interrompit guère son programme de travail, d'exercices ou de divertissement. Les pinces incurvées en acier, ou bistouris à la royale, employées pour l'opération sont encore visibles au musée d'Histoire de la médecine à Paris[149].

Comme Colbert, Louvois accéléra l'entrée de sa famille dans la société de Cour. Il reçut le roi en son château de Meudon, comme Colbert l'avait fait à Sceaux, et il maria sa fille à François de La Rochefoucauld, fils du grand maître de la garde-robe en novembre 1679 – un mariage somptueux auquel assista « toute la France », selon la phrase de Mme de Sévigné. D'autres membres de sa famille conclurent des mariages avec les familles Villeroy et d'Aumont, tandis que son frère devenait archevêque de Reims. L'un de ses fils, le marquis de Barbezieux, devint ministre de la Guerre ; un autre, le marquis de Souvré, maître de la garde-robe ; un troisième, le marquis de Courtanvaux, capitaine des Cent-Suisses de la garde, un poste que conserveraient ses descendants jusque dans les années 1770[150]. Parmi d'autres parents de ministres qui purent acquérir de hautes charges de cour, citons le marquis de Dreux-Brézé, beau-fils du contrôleur général Chamillart, qui devint grand maître des cérémonies en 1701, une fonction exercée par ses descendants jusqu'en 1830 ; et le fils de Chamillart, le marquis de La Suze, qui fut nommé grand maréchal des logis[151]. Sourches, grand prévôt de France, eut ce commentaire plein de l'aigreur d'un grand de la Cour réduit à l'impuissance : « Les grands ministres comme M. de Louvois ont tant d'accès et de crédit auprès de leur maître, et ont les occasions de prendre leur temps si favorablement, qu'ils font réussir les choses où il y a le moins d'apparence, et que rien ne leur est impossible ; c'est pourquoi un bon courtisan ne s'étonne jamais de les voir venir à bout des choses qu'eux-mêmes n'auraient osé espérer[152]. »

Malgré le travail acharné du roi, et ses accès à des sources d'information non ministérielles, beaucoup croyaient, ainsi que l'écrivit Saint-Maurice dans une dépêche en 1668 et que Saint-Simon l'affirma dans ses Mémoires, qu'il pouvait être « absolument gouverné par ses ministres[153] ». L'absolutisme serait une façade masquant le pouvoir des ministres et des factions visant à persuader le roi de prendre les décisions qu'ils souhaitaient. Il pouvait devenir leur instrument, et non plus leur maître. Un historien des Pyrénées-Orientales considère ainsi que le souverain se contentait de ratifier des décisions relatives à la région que Louvois avait déjà prises[154]. Parfois, celui-ci outrepassait le roi, par exemple en 1675 à propos des règlementations des régiments : « Votre Majesté me permettra de lui dire que l'expédient qu'elle propose de changer les compagnies des régiments ne convient pas à son service pour beaucoup de raisons qui seraient trop longues à lui expliquer par une lettre[155]. » Les ministres réussissaient quelquefois à obtenir du monarque qu'il révoque ses propres ordres, s'ils les jugeaient choquants – par exemple, une instruction de faire envoyer les prisonniers de guerre aux travaux forcés dans ses galères[156]. À l'occasion, ses décisions dépendaient des derniers interlocuteurs qu'il avait pu voir, Colbert ou Louvois. Au cours des dernières années de son règne, il priait parfois les courriers d'apporter d'abord telle ou telle dépêche à un ministre, plutôt qu'à lui, afin que ce dernier soit ensuite à même de lui en évoquer le contenu[157]. En réalité, Louis ne se sentit libre de correspondre directement avec Vauban, qu'il connaissait depuis la guerre de 1667, qu'après la mort de Louvois en 1691. Après quoi, en revanche, il lui accorda nombre de libertés, perceptibles dans ses lettres. Vauban, de son côté, n'hésitait pas à alerter le roi sur la situation désastreuse du royaume[158].

Dès 1680, Louis XIV se percevait comme le maître de la France et l'arbitre de l'Europe. Colbert écrivit cette année-là, exagérant la maîtrise du gouvernement, que « tout respire une entière soumission [...] l'autorité du Parlement réduit au point où il ne lui en reste que l'ombre ». Même « la misère et la détresse des peuples » servaient le pouvoir royal, car le roi pouvait « dompter cette nation fière et inconstante avec le frein de l'extrême nécessité ». Les codes juridiques avaient été réformés sans consultation des parlements ou des états principaux. Les lettres de cachet et les tribunaux d'exception intervenaient plus souvent. Paris était plus policée que la plupart des villes d'Europe[159]. Versailles était considérée comme la merveille du monde. Les académies royales glorifiaient le roi, la monarchie et la France.

Pourtant, ses succès dissimulaient des faiblesses intérieures. Jeune homme, Louis avait été considéré comme bon, « civil et courtois au-delà de ce que l'on peut imaginer[160] ». À 40 ans, corrompu par la flatterie, le pouvoir, les succès, un nouvel homme avait fait son apparition. Le ministre du Brandebourg Ézéchiel Spanheim estimait que Louis manifestait peu de charité, de compassion, d'humilité ou de modération[161]. Le narcissisme, le manque de mesure, l'absence de réalisme et l'incapacité de prévoir les conséquences de ses actes étaient devenus des traits caractéristiques de Louis XIV. En 1672, par exemple, l'invasion française des Provinces-Unies avait transformé son cousin Guillaume III, dont la dynastie, la maison d'Orange, était auparavant une alliée de la France, en adversaire de toute une vie. Louis pensa plus tard se le rallier en lui proposant la main d'une de ses filles illégitimes en mariage, mais n'en reçut que cette réponse : « Dans ma famille, nous épousons les filles des grands rois, pas leurs bâtards[162]. » En 1672, reflet de l'influence de Louvois et de sa propre combinaison de prudence et d'excès de confiance, Louis ne put s'emparer d'Amsterdam ou accepter de la part des Hollandais des clauses de paix favorables.

Les propos mêmes du monarque révélaient son narcissisme grandissant. Au sujet de l'invasion des Provinces-Unies en 1672, il écrivait : « Je peux me vanter d'avoir fait voir ce que la France peut faire seule », oubliant que la France n'était pas « seule », mais alliée à Charles II et à l'Électeur de Cologne[163]. Courtin, un conseiller apprécié de sa politique étrangère, prévint dès 1673 que le roi trouverait à l'avenir avec ses guerres quantité d'opportunités d'afficher son courage et sa vertu, mais ce faisant il scellerait la ruine de ses sujets[164]. Le désir de recevoir des louanges et d'éclipser ses rivaux et ses ministres pourrait être aussi important chez lui que celui de gagner des provinces. Il préférait les sièges aux batailles, on l'a dit, l'issue en étant plus certaine, tandis qu'à ses yeux la gloire qu'il en retirait était identique. Le besoin du roi d'être admiré était bien connu. En 1680, par exemple, on sent poindre l'ironie et l'exaspération dans la description que son premier gentilhomme de la chambre, le duc de Saint-Aignan, fait dans une lettre à Bussy-Rabutin du roi « dont les lumières sont infinies et [qui] n'est pas moins grand par son jugement que par ses autres qualités admirables[165] ».

Deux mémoires remarquables de Claude Le Peletier, contrôleur général de 1683 à 1689, membre de la noblesse de robe parisienne et protégé de Louvois, furent rédigés après sa démission, peut-être davantage pour sa famille que pour la postérité. Il y critique à la fois la magnificence des palais de Louis XIV et la « très mauvaise » conduite de la politique étrangère. Il blâmait le roi d'avoir tenté de montrer à « toute l'Europe » (son public, tout autant que le peuple de France) qu'il n'avait pas besoin des conseils de ses ministres. Quelques pages plus tard, il creusait le cœur de l'homme : « Le roi se flattait et voulait être flatté, réduisant tout à sa commodité et à vouloir persuader à tout le monde qu'il se conduisait par lui-même [...] le roi veut faire par lui-même plus qu'il ne convient à un prince prudent. » Il imputait ces travers à l'influence de Mme de Maintenon plutôt qu'à celle de son protecteur, Louvois[166].

La quantité d'informations qu'exigeait Louis XIV avec la dernière insistance et dans chaque domaine retardait les décisions du gouvernement ou les initiatives des généraux sur le terrain, et rendait les débats du Conseil moins décisifs. Il lui manquait aussi le secrétariat personnel suffisant qui l'aurait aidé à faire appliquer ses décisions[167]. Les registres d'ordres transmis plus tard dans le règne par Pontchartrain, ministre de la Maison du roi, après discussion avec le roi, au lieutenant de police de Paris confirment les pouvoirs en toutes matières du souverain et l'attention qu'il portait aux détails. Il donnait ainsi, entre autres choses, des instructions relatives à des troubles dans l'impasse de l'hôtel de Soissons, l'emprisonnement des vagabonds, la grâce des esclaves des galères, les conversations « insolentes » dans les cafés de Paris et les cabarets des faubourgs, et les pamphlets non moins « insolents » de Liège, les parties illégales de basset et de pharaon, les moines scandaleux et « l'impertinence du cocher de M. l'ambassadeur de Venise ». Souvent, une note indique que « Sa Majesté ne voulait pas arrêter de décision » parce qu'elle avait requis davantage d'informations sur « toutes les circonstances[168] ». Il contrôlait autant la musique à Paris qu'à Versailles, jusque dans le moindre détail. Au nouveau directeur de l'Opéra de Paris, Pierre Guyenet, qui fit plus tard faillite, Pontchartrain écrivit : « Sa Majesté vous protégera en toutes occasions. À l'égard de [Marin] Marais, elle trouve bon qu'il y batte la mesure à l'ordinaire, et vous ne pouvez mieux faire que de vous servir aussi de Beauchamp pour les danses[169]. »

Les méthodes de gouvernement du roi, et ses illusions sur la puissance française, contribueraient aux désastres de la seconde moitié de son règne. Madame croyait que toute la chance et la bonne fortune de la France avaient péri avec la reine en 1683. La mort de Colbert la même année avait sans doute été une perte bien plus grande pour le pays.

15

Un roi mondial : du Mississippi au Mékong

Le 1er septembre 1686, Louis XIV reçut une ambassade d'un autre monde. Des ambassadeurs du roi de Siam avaient effectué un voyage de deux ans, parcourant une distance de plus de 6 000 kilomètres. En ce jour de septembre, ils traversèrent les cours de Versailles, entre les haies d'honneur de gardes-françaises et suisses. Ils gravirent ensuite l'escalier des Ambassadeurs au son des tambours et des trompettes, une manière d'imiter le protocole de la cour de Siam, où le souverain n'entrait jamais en salle des audiences sans musique.

L'escalier des Ambassadeurs, conçu par Le Brun et construit entre 1672 et 1679 sur le côté droit du château, était bien plus majestueux que l'escalier de la Reine, côté gauche, qui menait aux appartements de la souveraine. Habillé de marbre rose et vert, éclairé par un toit vitré, il conduisait au Grand Appartement du premier étage. Les murs étaient décorés de fresques montrant les nations des quatre continents (asiatiques, africaines, américaines et européennes) en admiration et les victoires françaises de Cambrai, Valenciennes, Saint-Omer et Cassel. Au milieu du mur principal, où l'escalier se scindait en deux, se dressait un buste du roi en empereur romain, de Jean Warin[1]. Les ambassadeurs étaient porteurs d'une lettre du roi de Siam, écrite sur une feuille d'or, placée dans un coffret en or sur un brocart doré surmonté de parasols. Ils traversèrent le Grand Appartement, pénétrèrent dans la galerie des Glaces savamment meublée d'un mobilier d'argent, entre des rangées de courtisans. Jean de Plantavit de La Pause remarqua que s'y pressait une foule invraisemblable susceptible de choquer et d'offenser Sa Majesté, mais qu'en France « nos rois » ont l'habitude d'être noyés dans la foule qui fait leur grandeur.

Tout au bout de la galerie, le roi, assis sur son trône d'argent dressé au sommet de huit marches, était vêtu d'un manteau d'or serti de diamants d'une valeur supérieure, selon Sourches, au royaume de Siam entier. Il avait à côté de lui les princes royaux, eux aussi couverts de bijoux, et derrière lui les officiers de sa chambre et de sa garde-robe. Les ambassadeurs s'avancèrent en se prosternant à plusieurs reprises, courbant l'échine presque jusqu'au sol, « de respect et d'admiration[2] ». Arrivés au pied du trône, ils contemplèrent le souverain de longues minutes, puis se prosternèrent à nouveau devant lui, selon leurs habitudes, à quoi le roi répondit en se levant et les salua d'un mouvement de son chapeau. Après qu'il se fut rassis sur son trône, le premier ambassadeur prononça un discours en siamois faisant l'éloge du très grand roi qui avait remporté des victoires sur tous ses ennemis, qu'il ponctua de plusieurs profondes révérences, à quoi le roi répliqua en soulevant encore son chapeau. Après ce discours, ils eurent une longue conversation, par l'intermédiaire de l'abbé de Lionne, un missionnaire qui avait vécu au Siam. Finalement, après d'autres salutations, les ambassadeurs et leur suite se retirèrent, à reculons, et ressortirent de la galerie.

Ils furent ensuite reçus par tous les membres de la famille royale et leur montrèrent leurs présents, parmi lesquels des plats en or et en argent, des pièces en porcelaine de Chine et en laque du Japon[3]. Les semaines suivantes, ils visitèrent de hauts lieux parisiens et les forts de la frontière du Nord. Après une audience privée avec le roi en octobre, ils entamèrent le long voyage du retour vers le Siam, emportant avec eux présents et achats, notamment 4 264 miroirs de la manufacture de Saint-Gobain. Avant leur départ, ils déclarèrent que la France n'était pas un pays, mais un véritable monde où tout était possible ; son peuple n'était pas composé d'humains mais d'anges. Le duc de La Feuillade, colonel des gardes-françaises, qui leur avait fourni des escortes dans Paris, leur fit ses adieux avec ces mots : « Qui n'était pas bon Siamois n'était pas bon Français[4]. »

L'ambassade siamoise, comme l'escalier des Ambassadeurs lui-même, était un signe que Versailles devenait le palais mondial d'un monarque mondial. Louis XIV était relié au reste du monde d'abord par une hiérarchie complexe d'ambassadeurs, d'envoyés extraordinaires, de ministres plénipotentiaires, de résidents et de simples agents qu'il envoyait auprès de gouvernements étrangers, ou que ceux-ci lui envoyaient.

Des diplomates étrangers arrivaient de Paris tous les mardis présenter leurs respects à Louis XIV : ils n'étaient pas autorisés à vivre à Versailles, Paris restant la capitale. Leurs visites étaient organisées par des administrateurs sous l'autorité du grand maître des cérémonies, un poste créé par Henri III en 1585 quand ce dernier s'employait à étoffer l'appareil, et donc l'influence de la Cour[5]. Les « ambassadeurs extraordinaires » se voyaient presque accorder le rang des têtes couronnées qu'ils représentaient, avec préséance sur les princes, ainsi que les ambassadeurs français ne se privèrent pas de le rappeler à maintes reprises à Guillaume III avant 1688, lorsqu'il n'était que prince d'Orange. Versailles était conçu pour impressionner les ambassadeurs autant que les voyageurs. Dans un éloge de Colbert, l'avocat Barbier d'Aucourt loua « la pompe et la magnificence des maisons royales, si on les trouve toutes remplies de ces meubles précieux qui représentent avec tant d'éclat aux ambassadeurs de tous les rois du monde la grandeur et la majesté de l'État[6] ».

En plus des ambassadeurs d'Europe, Louis XIV recevait d'autres diplomates venus de ce qu'une inscription dans la galerie des Glaces appelait « les extrémités de la terre » : la Moscovie (1668, 1685), l'Empire ottoman (1669), le Maroc (1682, 1699), Alger (1684), le Siam comme nous l'avons vu (1686), Tunis (1690) et la Perse (1715)[7]. À l'occasion, il recevait aussi des émissaires d'Amérique et d'Afrique. Après 1683, par exemple, la Compagnie royale de Guinée avait commencé de commercer avec l'Issinie, un royaume situé à l'est d'Abidjan, dans l'actuelle Côte d'Ivoire. Le prince Aniaba, fils du roi Zena, fut amené en France en 1688, peut-être présenté à Louis XIV et baptisé Louis, en qualité de filleul du monarque, par Bossuet en 1681. Un prêtre, Claude Chatelain, affirmait que le roi avait dit à Aniaba qu'il n'y avait pas plus de différence entre eux deux qu'entre les couleurs noire et blanche. Il devint officier du Régiment du Roi, poste assorti d'une pension royale[8]. Toutefois, après son retour en Issinie à bord d'un vaisseau français en 1701, avec une médaille d'or de la famille royale et un tableau de la Vierge, il se montra, disait-on, « indigne des bienfaits du roi ». Ayant échoué à user du pouvoir français pour se faire couronner roi, il mourut en exil au Togo après 1718[9]. En 1705, un chef amérindien, Nescambiout, fut aussi reçu par Louis XIV à Versailles, qui lui fit remettre une médaille et un sabre[10].

À Marly et à Versailles, la conversation ne tournait pas seulement autour de l'Europe, mais aussi d'Alep, du Siam ou de l'Amérique[11]. Au dîner, Louis XIV s'entretenait souvent de leurs expériences avec les voyageurs et missionnaires français. Il accordait aux premiers la permission de lui dédier des livres, et permettait aux derniers de voyager gratuitement à bord de ses navires[12]. Il se montrait constamment curieux. Un missionnaire jésuite, le père Pallu, relevait le 29 décembre 1684 : « Sa Majesté aimant d'ailleurs extrêmement les sciences et tout ce qu'on peut acquérir de connaissances dans les pays étrangers[13]. » En 1685, au dîner, le roi fit ses adieux au premier ambassadeur au Siam et lui lança : « Ainsi vous voulez partir, Monsieur Vachet. Je prie Notre-Seigneur de vous accorder la réussite dans toutes nos entreprises, lui dit-il. Je sais qu'elles sont bonnes et j'espère vous revoir bientôt. » Vachet lui répondit, en substance : « Sire, je l'espère en effet. Mais plaise à Dieu, ce sera au paradis et non dans votre royaume[14]. » Louis parraina aussi les voyages de Jean Richer en Acadie et à Cayenne (1670), de Jean Picard au Danemark (1671-1672), de Varin en Afrique et aux Antilles (1681-1683), de Louis Éconches Feuillées au Levant et en Amérique du Sud (1699-1711) et d'Amédée Frézier en Amérique du Sud (1712-1714).

Certains voyageurs encouragèrent les rêves d'empire planétaire du roi. Jean-Baptiste Tavernier, par exemple, qui avait voyagé en Asie à la recherche de pierres précieuses, avait été reçu en audience par le souverain en 1668. Son rapport sur la cour ottomane est un hymne à la gloire de l'impérialisme dédié à Louis XIV. « Toutes ces merveilles de l'Empire du Turc du Persan et du Mogol, dont je parlais avec tant d'éloges à mon retour en France se sont presque effacées de mon esprit à la vue des grandeurs de votre Cour », ajoutant : « Je vois je ne sais quoi de si grand et de si extraordinaire dans votre personne sacrée qu'il me semble que tous les Rois de l'Asie et de l'Afrique ne sont faits que pour être un jour vos Tributaires et que vous êtes destinés à commander à tout l'univers. Plus un véritable Français a voyagé, plus il estime son pays [...] quand on a eu le bonheur de voir

Votre Majesté on ne peut plus rien admirer d'autre[15]. » D'autres voyageurs déclarèrent aussi à Louis qu'il régnerait sur le monde. En 1689, la dédicace d'une nouvelle description du royaume de Siam par le missionnaire jésuite Guy Tachard assurait au roi que « la postérité comptera parmi les conquêtes de LOUIS LE GRAND les rois de Siam et de la Chine soumis à la croix de Jésus-Christ[16] ». Deux globes de plâtre gigantesques fabriqués par le frère franciscain Vincenzo Coronelli, sur d'élégants supports en bronze et en marbre offerts à Louis XIV par le cardinal d'Estrées en 1683 et installés à Marly en 1704, symbolisaient aussi ses ambitions mondiales*. L'un est un globe céleste qui montre la position des étoiles le jour de sa naissance. L'autre est un globe terrestre dédié « à l'auguste majesté de Louis le Grand, l'invincible, l'heureux, l'étonnement de tant de Nations » – qu'il aurait pu conquérir si, pour citer l'un de ses adulateurs préférés, sa modération n'avait pas égalé sa gloire[17].

Sous le règne de Louis XIV, la communication des Français avec d'autres pays, par-delà les barrières d'ethnie, de religion, de distance et d'ignorance, fut facilitée par une foi partagée dans la monarchie et la hiérarchie, aussi courante à l'époque que le mouvement d'adhésion aux droits de l'homme aujourd'hui[18]. Les gestes, les tenues et le cérémonial servaient à indiquer divers degrés de respect et d'amitié entre monarques. Quand un envoyé ottoman, Süleyman Aga, atteignit Saint-Germain en novembre 1669, il communiqua avec le roi et ses ministres par des gestes (s'avançant, s'asseyant, se levant ou s'inclinant), en maniant son couvre-chef (le soulevant ou, dans ce cas, le gardant sur sa tête), par le biais de ses tenues, de bijoux, de lettres et par la position qu'il occupait dans les processions. Dans la galerie de

* Ils sont aujourd'hui à la Bibliothèque nationale de France, dite François-Mitterrand.

Saint-Germain s'alignaient des courtisans qui avaient été autorisés, à titre exceptionnel, à abandonner le deuil qu'ils portaient pour Henriette-Marie afin de paraître plus magnifiques. Le roi, tout étincelant de diamants, ne s'avancerait pas pour recevoir la lettre du sultan (comme il le ferait pour les ambassadeurs de Siam), car Süleyman Aga était un envoyé, pas un ambassadeur extraordinaire de plein droit. La différence n'échappait à aucune des deux cours. Selon le chevalier d'Arvieux, qui servait d'interprète à Louis XIV, le roi rappela « que ce n'était pas sa coutume de se lever pour recevoir des Lettres ». Il fallait donc que l'envoyé la lui remette. Süleyman Aga, qui n'avait pas daigné s'avancer pour la lui tendre, la baisa et la déposa sur les genoux du souverain assis, avec ce que d'Arvieux appelle « un air chagrin ». Le rang inférieur, les mauvaises manières et la saleté des tenues de l'envoyé ottoman et de sa suite froissèrent la cour de France. Si l'ambassade ne fut pas une réussite politique, elle lança en revanche la mode du café dans Paris. Dès 1692, le roi en personne en buvait parfois sur la recommandation de ses médecins[19].

Le système partagé, celui de la monarchie, et le fait que les États européens n'aient pas encore atteint ce qui serait le degré ultérieur de leur domination sur le reste du monde, encourageaient une certaine ouverture d'esprit. À l'occasion de l'ambassade siamoise de 1686, en plus de noircir des milliers de pages du *Mercure galant* avec les nouvelles de Siam, le rédacteur en chef Donneau de Visée rappelait à ses lecteurs que les Français devaient paraître aussi barbares aux Siamois que les Siamois aux Français, soulignant que la couleur de peau noire, brune ou blanche n'avait aucune influence sur le cœur d'un homme[20]. De 1687 à 1688, l'envoyé du roi, Simon de La Loubère, dans sa *Description du royaume de Siam*[21], écrivait : « Il ne serait pas juste de mépriser tout ce qui ne ressemble pas à ce que nous voyons aujourd'hui à la cour de France[22]. » Les descriptions du royaume de Siam par Guy Tachard, publiées sur le « commandement exprès » de Louis XIV, avec nombre de gravures illustrant le Siam, comparaient les cours française et siamoise. Le roi de Siam possédait autant de grâce et de majesté que Louis XIV, et comme lui avait un trône et une salle d'audience[23]. L'ensemble palatial dont il fit sa capitale, à Lopburi, situé à quelque 150 kilomètres au nord de Bangkok, devint plus tard aux yeux des voyageurs européens le « Versailles siamois ».

La Loubère comparait aussi les deux monarques. Les gardes du roi de Siam étaient d'origine étrangère (laotienne, indienne ou japonaise) ; « quant à la Chambre du roi de Siam les véritables officiers en sont les femmes, il n'y a qu'elles qui aient droit d'y entrer. [...] Elles font son lit et sa cuisine : elles l'habillent et le servent à table ». Il remarquait aussi l'intérêt du roi de Siam pour les rouages de la monarchie élective de Pologne et du Saint Empire romain germanique. Tandis qu'il jouissait d'un pouvoir despotique, allant jusqu'à priver ses propres frères de la vue, le roi de France, lui, respectait la loi[24]. Un autre missionnaire français, Jacques de Bourges, considérait que le principal avantage du Siam était d'avoir le gouvernement le plus absolu des Indes, avec les sujets les plus obéissants[25].

Les attitudes françaises envers « les extrémités de la terre » étaient cadrées par le catholicisme autant que par le monarchisme. Grâce à la Société des Missions étrangères (sise encore à ce jour au 128, rue du Bac, à l'endroit où elle fut fondée en 1658), des prêtres français se disséminèrent au Levant, en Asie et au Canada. Des capucins, carmélites et jésuites français avaient prêché dans l'Empire ottoman depuis 1625, et au Siam depuis 1662[26]. Outre-mer comme en Europe, la religion catholique était présentée comme le rempart de la monarchie. Selon un missionnaire, monseigneur Lambert, l'un des arguments formulés au roi Phra Narai en faveur de la conversion du Siam exposait que c'était la religion « très sainte et la plus propre à faire régner les princes qui la professent dans une suprême autorité parce qu'elle oblige par ses lois les chrétiens d'être très fidèles et très obéissants à leurs souverains sous peine d'être damnés[27] ». En 1681, Louis fit lui aussi l'éloge du catholicisme dans une lettre à son « très cher et bon ami » le « Très haut, très excellent et très puissant Prince » le roi de Siam comme la religion la plus haute, la plus noble et par-dessus tout la mieux adaptée pour permettre aux rois de régner en maîtres absolus sur leurs peuples. Cette succession de termes – et notamment sa locution centrale, « par-dessus tout » – suffit à révéler l'ordre des priorités du souverain[28].

Depuis la fondation du Québec par l'explorateur Samuel de Champlain en 1608, il existait de petites colonies de peuplement françaises au Canada, que l'on appelait alors Nouvelle-France. Elles étaient dirigées par une compagnie à charte qui avait surtout concentré son activité sur le commerce profitable des fourrures plutôt que sur la colonisation. En 1664, Louis XIV avait confié la colonie à une nouvelle compagnie, envoyé le régiment de Carignan et ensuite correspondu directement avec son commandant militaire au Québec à propos de la nécessité d'encourager la colonisation et la catholicisation, de vaincre les Iroquois et de traiter les autres Indiens d'Amérique avec « douceur » et justice[29].

Louis inspira aussi l'un des actes d'expansion les plus ambitieux de l'histoire des empires européens, comparable dans son intention, si ce n'est dans son résultat, aux conquêtes espagnoles du Mexique et du Pérou au siècle précédent. En mai 1678, un ancien jésuite devenu explorateur, Cavelier de La Salle, recevait mission du roi de partir explorer la partie occidentale de « notre terre de Nouvelle-France » et d'y établir des forts inspirés du modèle du fort Frontenac, construit en 1673 sur le lac

Ontario, au sud de Montréal, et baptisé du nom du très capable gouverneur de la Nouvelle-France. Accompagné de vingt-trois Français et de dix-huit Amérindiens, La Salle fit construire des forts autour des Grands Lacs et sur le cours de la rivière Ohio : fort Crèvecœur en 1680 et fort Prudhomme en 1682. Le 9 avril 1682, ayant effectué le voyage jusqu'au golfe du Mexique (alors connu sous son nom français de Nouvelle-Gascogne), La Salle « prit possession » de toute la vallée du Mississippi « au nom du Très Haut, Très Puissant, Très Invincible et Victorieux Prince Louis le Grand Par la Grâce de Dieu Roi de France et de Navarre, quatorzième de ce nom ». La cérémonie, enregistrée par un notaire, fut célébrée avec un *Te Deum*, aux cris de « Vive le roi ! » et par la construction d'une colonne surmontée d'une croix ornée des armes royales et de l'inscription « Louis le Grand, roi de France et de Navarre, règne, le 9 avril 1682[30] ».

La Salle baptisa les nouveaux territoires du nom de Louisiane, d'après celui du roi. Il rentra en France en 1684 pour y recevoir de nouvelles instructions et reçut mission cette fois d'« assujettir sous notre domination plusieurs nations sauvages et leur porter les lumières de la foi et de l'Évangile » dans les terres situées entre l'Illinois et le golfe du Mexique. Toutefois, en 1687, il périt, fauché par une balle lors d'une mutinerie[31]. Le premier récit de cette nouvelle conquête « bien plus vaste que l'Europe », *Description de la Louisiane, nouvellement découverte au sud-ouest de la Nouvelle-France*, fut dédié un an plus tard à Louis par un membre de la mission de La Salle, un prêtre, Louis Hennepin. Ce dernier affirmait que le tableau dressé par les explorateurs du pouvoir de leur roi et de « l'amour et de la félicité de ses sujets » avait aidé à convertir « ces barbares » au christianisme. Il expliquait aussi que le mot qu'ils employaient pour désigner le soleil sonnait comme le nom Louis. Désormais, sur les cartes françaises, les mots « Nouvelle-France » et « Louisiane » étaient inscrits en grandes lettres barrant presque toute l'Amérique du Nord[32].

À Marly, en 1698, Louis XIV choisit les officiers, sous les ordres d'Iberville, qui partiraient explorer le delta du Mississippi, explicitement motivés par le désir « d'empêcher les Anglais de s'y établir ». Interdire l'expansion d'autres puissances, en formant des confédérations pro-françaises de tribus amérindiennes, pouvait constituer un motif de conquête tout aussi puissant que la colonisation proprement dite. Les explorateurs flattaient le roi en présentant la vallée du Mississippi comme le « pays qui est le plus beau du monde pour les pâturages ». Le bétail offrait de meilleures laines et de meilleures peaux qu'en France. Fort Louis, en Louisiane, aujourd'hui la ville de Mobile, fut fondé en 1701. Également en 1701, Détroit (à l'origine le fort Ponchartrain du Détroit, d'après le nom du ministre de la Marine, et du détroit du lac Érié) fut fondée par M. de Cadillac, et devint un comptoir français. Sainte-Anne-de-Détroit est l'une des deux plus anciennes paroisses catholiques encore en activité aux États-Unis.

Cette année-là, signe de son importance croissante, la Louisiane était séparée de la Nouvelle-France et dotée de son propre gouverneur. Louis écrivait que Sa Majesté avait résolu de fonder une colonie à l'embouchure du Mississippi, devenue une nécessité indispensable pour mettre un coup d'arrêt à l'avance des Anglais qui, depuis leur colonie de New York, avaient commencé de pénétrer dans l'intérieur des terres s'étendant entre eux et le grand fleuve[33]. Cependant, malgré les subsides du gouvernement à leurs voyages et ses efforts pour envoyer des Françaises célibataires ou « filles du roi » en guise d'épouses potentielles, il n'y avait en Louisiane, en 1715, que quelque 300 colons[34]. Ils s'aperçurent que le climat était malsain, le sol stérile, les autochtones hostiles. Les colonies françaises d'Amérique s'acquirent une mauvaise réputation. Qui plus est, beaucoup de paysans français, malgré les guerres, les famines et des impôts élevés, préféraient rester en France. Si Louis XIV avait encouragé certains des huguenots qui avaient fui la France à s'installer dans ses colonies, au lieu de pays européens eux-mêmes hostiles à la monarchie française, aujourd'hui encore la moitié de l'Amérique du Nord pourrait parler français. Toutefois, le Code Noir, promulgué en 1685 en application d'un décret similaire pris par Richelieu en 1627, interdisait la pratique dans les colonies françaises de toute religion autre que le catholicisme romain[35].

En fin de compte, en raison surtout d'opportunités économiques limitées, peu de Français s'installèrent en Amérique. Durant l'entièreté du XVIIe siècle, ce furent au maximum 10 000 Français qui traversèrent l'Atlantique, comparés à quelque 300 000 Espagnols entre 1561 et 1650 et 100 000 Britanniques rien qu'entre 1660 et 1700[36]. Le nombre total de Français en Amérique du Nord augmenta d'environ 22 000 colons en 1670 à 45 000 en 1715 ; des chiffres très inférieurs à ceux des Britanniques (soit une proportion d'à peu près 7 %), qui dans la même période passèrent de 300 000 à 550 000[37]. Pour préserver la viabilité de la Louisiane, il fallait importer des esclaves d'Afrique.

Depuis 1664, la Compagnie des Indes occidentales dirigeait les plantations de sucre des îles françaises de la Guadeloupe, de la Martinique et de Sainte-Lucie. Là aussi, malgré les dénonciations de l'esclavage prononcées par les moines capucins et la papauté depuis les années 1680, les esclaves devaient fournir la main-d'œuvre. Entre 1660 et 1684, la population de ceux de Martinique passa par exemple de 2 642 individus à 10 656, principalement fournis par des négriers espagnols et hollandais. La traite française des esclaves proprement dite ne débuta que lorsque les premiers navires quittèrent Nantes pour l'Afrique en 1688[38]. Assez vite, 2 000 esclaves furent acheminés chaque année d'Afrique par la Compagnie de Guinée et du Sénégal pour servir de main-d'œuvre dans les plantations de sucre des Caraïbes. Les Africains du Cap-Vert avaient la préférence, car « beaucoup plus vigoureux que ceux de Guinée[39] ». Pour encourager ce commerce, le gouvernement français offrait une « prime » pour chaque esclave transporté de l'autre côté de l'Atlantique. Ces esclaves avaient beau être légalement la propriété de leur maître, la loi française leur reconnaissait une âme. Leur droit à se nourrir, à se vêtir, à recevoir une instruction religieuse et à fonder une famille, ainsi qu'à profiter d'une journée de repos le dimanche, étaient inscrits dans le Code Noir de 1685, moins brutal que la législation anglaise équivalente. Leurs enfants devaient être baptisés. Le métissage était toléré, la torture en principe proscrite[40]. En réalité, leurs vies étaient dominées par des actes quotidiens de violence et d'humiliation, les menant souvent au suicide. En 1715, il y avait à peu près 77 000 esclaves dans les colonies françaises d'Amérique. Ils seraient la source principale de l'étonnante prospérité de l'élite blanche de Saint-Domingue (l'actuelle Haïti) au XVIIIe siècle[41]. Sur le territoire de la métropole, tant en principe que de manière générale dans la pratique, sous Louis XIV, dès que des esclaves touchaient le sol français, ils devenaient libres en vertu de l'ancien principe selon lequel « il n'y a pas d'esclaves en France[42] ».

Le roi voulait se gagner des territoires en Asie autant qu'en Amérique. L'arrivée de la grandiose ambassade du Siam à Versailles en 1686 était un signe de l'amitié qui s'était déjà nouée entre les deux monarchies. Le Siam était ouvert aux négociants portugais, hollandais et anglais, et une ambassade de Perse y était aussi arrivée en 1685, afin d'encourager le commerce et l'islam. Une première ambassade française au Siam, conduite par le chevalier de Chaumont et l'abbé de Choisy, un courtisan qui avait l'habitude de se travestir en femme et qui effectuait le voyage au Siam par goût de l'aventure, était arrivée en 1685. Au-delà des protestations officielles de bienveillance, des missionnaires jésuites comme Guy Tachard et M. Constance, l'un des brillants favoris du roi de Siam, un catholique polyglotte de Céphalonie, avaient un plan secret en vue de convertir le royaume au catholicisme et d'établir un protectorat français, si nécessaire par la force. En 1686, la splendeur de l'ambassade siamoise à Versailles, organisée par Phaulkon (ainsi que l'on appelait Constance au Siam), faisait déjà partie de ce plan.

Sur Phaulkon, qui parlait couramment le thaï, le malais, l'anglais, le français, le portugais et le grec, l'abbé de Choisy écrivit ces lignes :

> C'était un des hommes du monde qui avait le plus d'esprit, libéral, magnifique, intrépide, plein de grandes idées ; et peut-être qui ne voulait avoir des troupes françaises que pour tâcher de se faire roi lui-même à la mort de son maître, qu'il voyait fort prochaine. Il était fier, cruel, impitoyable, d'une ambition démesurée ; il avait soutenu la Religion Chrétienne, parce qu'elle pouvait le soutenir, et je ne me serais jamais fié à lui dans chose où son élévation n'aurait pas trouvé son compte[43].

Phaulkon correspondait en secret avec le père Lachaise, le confesseur du roi, le pressant « par les entrailles et les blessures de Jésus » de persuader Louis XIV d'envoyer des soldats français au Siam. Le monarque fut amené à croire qu'une ambassade solennelle française au Siam, accompagnée de soldats, encouragerait Phra Narai à se convertir au catholicisme. Le roi de Siam fut en effet bel et bien impressionné par les astronomes et mathématiciens jésuites (auxquels on avait donné le titre spécial de « mathématiciens du roi dans les Indes et la Chine »), et par les ingénieurs arrivés de France qui l'aidèrent à bâtir des forts. Il appréciait de discuter religion et autorisa l'érection d'églises catholiques. Il n'était pas non plus hostile à l'idée de recourir à des troupes étrangères pour renforcer son autorité sur ses mandarins. Toutefois, au lieu de se convertir au catholicisme ainsi que le suggérait Louis XIV dans ses lettres, le roi de Siam administra au roi de France une leçon de bon sens et d'humanité. Le mois suivant la révocation de l'édit de Nantes, il signifia à Phaulkon, qui transmit ses propos à l'ambassadeur de France, qu'il ne pouvait soudainement changer une religion (le bouddhisme) que l'on y professait depuis 2 229 ans : « Comme [Dieu] a diversifié tous les ouvrages de la nature, il a voulu faire les mêmes choses dans les matières de la religion. » Dieu avait toujours voulu être vénéré par « une infinité de religions différentes[44] ».

Ni les villes ni la cour de Siam n'impressionnèrent les émissaires de Louis. Cinquante mousquetaires prendraient aisément le dessus sur les gardes du souverain, écrivait l'abbé de Choisy. Alors que les Siamois avaient été frappés du bruit et de la foule qui entouraient Louis, les Français se rirent de la coutume siamoise de la prosternation. L'envoyé français, le chevalier de Chaumont, préférait s'incliner « à la française ». Pour lui rendre honneur, ainsi que Louis l'avait fait avec les ambassadeurs siamois à Versailles, Phra Narai s'avança pour prendre la lettre de Louis et la brandit haut au-dessus de sa tête[45].

En 1688, après l'arrivée au Siam de la deuxième ambassade française, à bord de six navires, qui ramenaient aussi les ambassadeurs siamois de la cour de Louis XIV, il y avait 1 361 soldats et marins français, ainsi que des prêtres et des marchands au Siam. Phaulkon fut fait comte et chevalier de l'ordre de Saint-Michel. En janvier 1687, sur l'instruction à La Loubère, le ministre de la Marine, Seignelay (qui avait déjà organisé le bombardement de Gênes), avait écrit : « Sa Majesté a résolu [...] de faire attaquer Bangkok et de s'en rendre maître à force ouverte […]. » Il formait des plans pour « porter la terreur dans tous les endroits des Indes ». Malgré de fréquentes références à la religion, il admettait que « l'établissement du commerce soit le fondement de cette entreprise ». Le chevalier de Forbin devint gouverneur de Bangkok et un nouveau fort français fut construit dans le delta du Mékong. On projetait de nommer un autre Français, le marquis de Ragny, un capitaine des gardes du roi, commandant des troupes françaises et « grand juge ». Le Siam serait devenu protectorat français[46].

Le 18 mai 1688, en réaction contre cette présence croissante des Français, un mandarin influent, Petracha, frère de lait du roi et commandant de ses phalanges d'éléphants, s'empara des palais. Il était soutenu par certains des Siamois qui avaient accompagné l'ambassade à Versailles deux ans auparavant et par des mandarins et des prêtres bouddhistes qui redoutaient l'influence française. Certains des frères, des fils et des ministres du roi furent mis à mort devant lui ; le roi, déjà souffrant, fut fait prisonnier et mourut le cœur brisé le 10 juillet 1688. Petracha devint roi et Phaulkon fut exécuté. Après le siège de quatre mois et la prise de Bangkok, le 13 novembre, les Français appareillèrent pour Pondichéry. L'ambition française et le prosélytisme catholique avaient conduit à un triomphe asiatique sur l'impérialisme européen. Tout ce qu'avait pu accomplir l'amitié franco-siamoise depuis 1662 fut réduit à néant. Des missionnaires, des artisans et des soldats furent emprisonnés et mis aux fers, et des portraits de Louis XIV et de Jésus-Christ brûlés sur le bûcher funéraire du roi Phra Narai. Petracha, qui avait reçu l'aide des Hollandais à Batavia, leur envoya certains des présents que son prédécesseur avait reçus de Versailles. Le Siam devint un royaume cloîtré et ne se rouvrit pas sur le monde extérieur avant le XIXe siècle[47].

À l'opposé de la débâcle du Siam, Louis XIV établit des relations pacifiques et durables avec la Chine.

Le Trianon de Porcelaine construit en 1670 pour ses rendez-vous avec Mme de Montespan avait permis d'introduire les premières porcelaines à Versailles. Recouvert de carreaux bleus et blancs de Delft, de Nevers et de Rouen « façon de Chine », ce Trianon avait été en partie inspiré par des gravures hollandaises d'une pagode chinoise proche de Nanjing. La France ne tarda pas à entamer l'importation, par les Provinces-Unies, de porcelaine chinoise bleue et blanche. Un total de 5 520 pièces arriva en 1680, mais il atteignait déjà 153 104 pièces en 1683. Nombre d'entre elles étaient des achats du roi, du Dauphin et du prince de Condé.

Le catholicisme forma un lien plus fort que la porcelaine. Le 15 septembre 1684, l'année où il accueillit la première ambassade de Siam, Louis XIV reçut aussi un jésuite flamand, Philippe Couplet, accompagné par un frère convert chinois vêtu d'une tunique de soie verte ornée de motifs de dragons qui se nommait Shen Fuzong, ou Michel Sin. Depuis 1579, les Jésuites, surtout des Portugais arrivés par la colonie de Macao, étaient allés prêcher en Chine et avaient appris la langue chinoise. Couplet était en Chine depuis 1658, où il effectuait un double travail de missionnaire et de scientifique, et il avait entamé le fameux « accommodement » du christianisme au confucianisme et au culte des ancêtres. Il fit présent à Louis XIV de livres chinois et lui soumit une demande pour qu'il envoie plus de missionnaires[48].

Louis était si impatient d'entamer la conversation qu'il interrompit les courbettes de Shen Fuzong (tout comme il l'avait fait avec les diplomates siamois ; il appréciait la flatterie mais pas les prosternations). Le lendemain, Couplet et Shen Fuzong lui parlèrent à nouveau au cours du dîner. Louis fit réciter à Shen l'Ave Maria, le Pater Noster et le Credo en mandarin. La famille royale regarda le Chinois manier des baguettes pour déguster les mets qu'on lui servait dans une assiette en or spécialement apportée à son intention. Quand Shen et Couplet visitèrent les jardins, on actionna les fontaines en leur honneur[49]. Le premier ouvrage européen consacré à Confucius, une traduction de ses œuvres en latin effectuée par Couplet, *Confucius sinarum philosophus, sive Scientia sinensis latine exposita* (Confucius le philosophe des Chinois, ou la Science chinoise expliquée en latin), publié à Paris en 1687, fut financé par Louis XIV, à qui il était dédié[50].

Fidèle à son ambition mondiale, Louis finança personnellement l'envoi de six jésuites français, professeurs de mathématiques au collège Louis-le-Grand, à la cour de Chine – rivalisant ainsi avec les missionnaires portugais de la « Vice-Province de Chine ». Ils quittèrent Brest en mars 1685 avec une cargaison d'instruments mathématiques et astronomiques, arrivèrent par le Siam en Chine en juillet 1687 et à Beijing en février 1688. Ils purent captiver l'empereur Kangxi et sa cour autant, sans doute, qu'ils furent captivés par eux : la dynastie mandchoue était plus ouverte au monde extérieur que ses prédécesseurs Ming. Les jésuites français voyaient l'empereur tous les jours, lui enseignant les mathématiques et l'astronomie, dressant des cartes de la Terre et des cieux et traduisant des ouvrages français de mathématiques et de médecine en mandarin. En 1692, un édit de tolérance confirma la permission qui leur était faite de prêcher le christianisme et de faire des convertis. En 1693, ils soignèrent l'empereur avec de la quinine pour le guérir d'une fièvre. Sur ordre de l'empereur Kangxi, le père Joachim Bouvet rentra en France en 1697 afin de recruter d'autres astronomes pour le compte de la Chine. Il rapporta des manuscrits chinois pour la Bibliothèque du roi, et publia également des livres sur la Chine[51].

En novembre 1698, le premier bateau français faisant voile directement pour la Chine partit de La Rochelle. Il emportait à son bord huit autres jésuites et un peintre de fresques italien, Giovanni Gherardini, qui décorerait des églises à Beijing et peindrait des portraits pour la Cour. Le navire fut de retour à Lorient en août 1700 avec une cargaison de porcelaine. Peu après, d'autres prêtres furent envoyés à leur tour, transmettant aux Chinois davantage de connaissances en astronomie, en cartographie et en mathématiques, ainsi que des canons français en cadeau pour l'empereur.

Sous Louis XIV, un dialogue entre les deux cours s'était donc instauré, une monarchie s'adressant à l'autre par-delà une distance de plus de 6 000 kilomètres cent ans avant l'envoi de la première ambassade britannique vers la Chine, en 1793, qui se solderait par un échec. Les deux cours partageaient un goût de l'absolutisme, de la magnificence, de la chasse, de la littérature et de la science. La manufacture de Beauvais tissa des tapisseries intitulées *Histoires du Roy de la Chine*. La Bibliothèque royale acquit des volumes en mandarin. Le père Lachaise correspondait avec des jésuites à Beijing[52]. D'autres missionnaires français furent envoyés sur place en 1699, en 1700, en 1702 et en 1703[53]. Les portraits du roi, de la famille royale et des alliés de la France, les rois d'Espagne et d'Angleterre (celui que les jacobites appelaient Jacques III), et des gravures de palais furent accrochés dans la mission jésuite de Beijing « pour faire connaître à l'univers entier la magnificence de la cour de France[54] ». Dans son *Histoire de l'Empereur de la Chine présentée au roi* (1699), le père Bouvet comparait l'empereur Kangxi à Louis XIV, évoquant « un prince qui comme vous, sire, joint à un génie aussi sublime que solide, un cœur encore plus digne de l'Empire ». Kangxi serait « le monarque le plus accompli qui depuis longtemps ait régné sur la terre si son règne ne concourait pas avec celui de Votre Majesté ». Comme le Siam pour Jacques de Bourges, pour le père Bouvet la Chine était digne du respect et de l'admiration de toutes les nations, car elle se distinguait par son art merveilleux du gouvernement et un code moral ressemblant à celui du christianisme[55].

Toutefois, la papauté et la Sorbonne étaient déconcertées par la conviction des Jésuites que la pratique du confucianisme et celle de la vénération des ancêtres soient purement des actions civiques, compatibles avec le catholicisme. Pareille souplesse fut condamnée par le pape à deux reprises, en 1704 et en 1707[56]. Des querelles entre missions et des points de vue divergents sur le salut des païens conduisirent à la détention du cardinal de Tournon à Macao, où il s'éteignit en 1710. L'empereur Kangxi ne se convertit pas au christianisme, comme ses jésuites l'avaient espéré. Néanmoins, ayant besoin de médecins, d'astronomes, de cartographes et d'interprètes étrangers, il resta plus tolérant envers les missions chrétiennes que nombre de ses hauts administrateurs. Malgré le ressentiment de la Chine envers la prétention du christianisme à la vérité exclusive et l'expulsion des jésuites de Macao en 1724, deux missionnaires français, Jean-Baptiste Régis et Pierre Jartoux, aideraient à dresser la carte de la Chine pour son successeur : ces cartes seraient imprimées à Paris entre 1730 et 1734[57].

Les souverains de Siam et de Chine n'étaient pas les seuls monarques de royaumes lointains à qui Louis XIV envoya des émissaires. Le sultan Moulay Ismaël, souverain du Maroc, avait envoyé sa première ambassade à Louis XIV en 1682. Il lui demandait de se convertir à l'islam et d'organiser un échange d'esclaves, tête contre tête. Louis préféra racheter des Français réduits à l'esclavage plutôt que de les échanger, conservant ainsi les esclaves des galères marocains pour la marine française. Parfois, on les cachait aux ambassadeurs du Maroc en visite. Moulay Ismaïl, qui accusa Louis XIV de ne pas respecter ses traités, écrivit qu'il aurait préféré le retour d'un esclave marocain à tous les présents du roi de France : « Une de nos plus grandes joies est la liberté d'un captif[58]. »

Là encore, pourtant, la monarchie s'adressait à la monarchie, par-delà les barrières de la religion et de la distance. Des ambassadeurs marocains comparaient Louis XIV à Salomon, à Khosrô et à Alexandre, et lui apportèrent des chevaux en cadeaux[59]. Les deux rois partageaient un amour des palais somptueux et une impatience quant au rythme de leur construction. Un émissaire français envoyé au Maroc en 1691, en partie pour racheter des esclaves français, fut impressionné par les jardins, les écuries et les chevaux du sultan[60]. Les liens entre les monarques auraient pu encore se resserrer. En 1699, l'envoyé du Maroc fut subjugué par la grâce et la beauté de la fille de Louis, née de Louise de La Vallière, la princesse de Conti alors veuve, entraperçue lors d'un bal à Saint-Cloud. La demande en mariage, formulée par le sultan le 14 novembre 1699 – il affirmait qu'il serait honoré d'être le gendre de Louis XIV et garantirait la liberté de culte à sa femme – fut refusée, à moins que le sultan ne consente à se convertir au christianisme. Elle inspira en revanche à des courtisans l'envie d'écrire des poèmes libellés en ces termes : « L'Afrique avec vous capitule/ Et les conquêtes de vos yeux vont plus loin que ceux d'Hercule[61]. » L'autre demande du sultan, qu'on lui envoie des architectes et des ingénieurs français, reçut également une réponse évasive : le roi lui laissa entendre qu'il ne les forcerait à se rendre nulle part[62]. Louis ne voulait pas être considéré comme aidant un monarque musulman à moderniser son royaume.

Aux yeux de Louis XIV, l'Empire ottoman était stratégiquement plus important que le Siam, la Chine et le Maroc combinés. La plus grande puissance entre Europe et Levant, qui régnait de la Hongrie au Yémen, était aussi la plus ancienne alliée de la France après la Confédération helvétique. Depuis la capture de François Ier par Charles

Quint en 1525, les deux monarchies étaient liées par une crainte partagée de la maison d'Autriche et un désir de commercer. François Ier avait envoyé des officiers conseiller l'armée et la marine ottomanes : en 1543 et en 1544, il avait permis à cette dernière d'hiverner dans le port de Toulon. L'appel à la prière s'était fait entendre depuis les tours de la cathédrale de la cité méditerranéenne. Sensible à la désapprobation des catholiques – des pamphlets pro-Habsbourg appelaient le roi de France « le turc très chrétien » –, comme ses prédécesseurs, Louis XIV évita de signer un traité d'alliance couché sur le papier, réclamé à plusieurs reprises par la Sublime Porte. Pourtant, l'alliance franco-ottomane n'en fut pas moins acceptée comme une réalité. Mme de Sévigné se réfère en effet à « notre frère le Turc ». À Versailles, l'ambassadeur de Venise provoqua gaiement le ministre des Affaires étrangères à ce sujet[63]. Dans une instruction du 10 juin 1679 à son ambassadeur Guilleragues et dans une lettre du 6 octobre 1681 à l'amiral Duquesne, Louis évoquait l'« alliance que j'ay avec le Grand Seigneur[64] ».

L'alliance fut gérée par de hauts responsables ottomans et par des réseaux de marchands, de prêtres et d'interprètes français, à Constantinople ou dans d'autres ports, ainsi que par d'habiles diplomates français. Deux des ambassadeurs de Louis XIV, Girardin et Ferriol, parlaient le turc, tandis que Châteauneuf portait la robe et les pantoufles turques à l'intérieur de son ambassade (mais pas à l'extérieur), considérant de telles tenues « plus propres à entretenir le commerce familier qu'il avait avec les Turcs ». Le mufti d'Istanbul, la plus haute autorité religieuse, à qui le roi de France envoyait de temps à autre des lettres, était l'ami personnel de Châteauneuf[65].

Louis affirmait que l'amitié française avec l'Empire ottoman était conduite « pour le bien de la Chrétienté » et justifiée par sa capacité à protéger les chrétiens (autrement dit les catholiques) et les sites chrétiens sous tutelle ottomane[66]. Les traités de capitulations, ou conventions, régissant le commerce et le culte des Français dans l'Empire ottoman, confirmés une première fois en 1569, furent renouvelés dans des conditions favorables par son ambassadeur, le marquis de Nointel, en juin 1673, en partie parce que le gouvernement ottoman était impressionné par les victoires de Louis dans les Provinces-Unies. Ces capitulations confirmaient l'entière liberté et la sécurité des pèlerins et marchands français, ainsi que la protection diplomatique des prêtres catholiques, qui se querellaient constamment avec les prêtres orthodoxes sur le contrôle des sanctuaires chrétiens de Jérusalem et Bethléem. En 1673-1674, Nointel effectua un voyage à Smyrne, Athènes, Alep, Jérusalem, en emportant avec lui des copies de ces capitulations afin de s'assurer que les gouverneurs locaux les appliquent. L'alliance franco-ottomane eut des effets culturels et religieux. Les tableaux que Nointel commanda à l'artiste de son ambassade, Arnould de Vuez, le représentant à Athènes et Jérusalem entouré d'escortes françaises et ottomanes, ne sont pas seulement l'expression de l'alliance franco-ottomane, mais aussi les premières représentations fidèles de ces villes et de leurs monuments. Les dessins qu'exécuta Carrey des marbres du Parthénon (dont Nointel avait espéré en retirer quelques pièces pour les rapporter au roi) sont les seules représentations exactes de ces frises, endommagées ensuite par le bombardement vénitien de 1687[67].

L'alliance franco-ottomane s'était développée depuis le règne de François Ier et revêtait trop d'importance pour qu'on la laissât échouer. Elle surmonta les tentatives de Louis XIV d'impressionner l'opinion catholique avec un envoi de troupes françaises destinées à combattre l'Empire ottoman pour le compte de l'empereur en Hongrie en 1664 (les ambassadeurs français affirmèrent aux Ottomans qu'il agissait simplement en sa qualité de landgrave de Basse-Alsace), et pour celui de Venise en Crète, sous le drapeau de la papauté, en 1669. Elle survécut aussi à des assauts de conscience religieuse exprimés en réunions du Conseil par le très pieux duc de Beauvillier[68]. Même les ravages des corsaires chrétiens et musulmans ne suffirent pas à la détruire. Les chevaliers de Saint-Jean, à Malte, s'emparaient de navires musulmans et réduisaient des musulmans à l'esclavage. À leur tour, des bâtiments venus d'Alger, de Tunis et de Tripoli, des États qui étaient en théorie des vassaux ottomans mais dans la pratique faisaient peu de cas des ordres de Constantinople, lançaient des raids contre les navires et les côtes européens afin de s'emparer de prisonniers qu'ils faisaient travailler comme esclaves, revendaient ou échangeaient contre des esclaves musulmans. Leur nombre était tel que des ordres religieux, les Mercédaires et les Rédemptoristes, avaient été fondés avec la mission spécifique de procéder au « rachat » des chrétiens captifs outre-mer. Parmi les esclaves des galères françaises se trouvaient des Maghrébins, des Africains, des Amérindiens, des Grecs, des Russes et même des Turcs achetés sur le marché de Constantinople ou dans d'autres villes et îles du Levant, pour le Roi Très Chrétien[69]. Chaque consul de France dans l'Empire ottoman finit par avoir l'obligation de fournir à la marine française 50 esclaves turcs ou davantage par an, sous peine de perdre son poste. Le marché était plus fort que la loi musulmane, selon laquelle réduire des musulmans en esclavage était illégal[70]. Lors de négociations d'échanges d'esclaves avec les autorités ottomanes ou marocaines, des administrateurs français refusèrent par ailleurs de restituer d'autres esclaves que les malades ou les vieillards. Ils insistèrent pour garder les musulmans forts et en bonne santé, même ceux qui étaient parents de responsables gouvernementaux[71].

En juillet 1681, l'amiral français Abraham Duquesne prit en chasse des navires tripolitains qui avaient arraisonné un bâtiment français au large des côtes de Provence et l'avaient acheminé vers l'île de Chios, près de l'Anatolie. Grâce à l'alliance franco-ottomane, les autorités et les vaisseaux turcs restèrent neutres. Le Kaptan pacha (commandant de la marine ottomane) obligea les Tripolitains à restituer les esclaves français captifs à bord de leurs bâtiments. Grâce à de somptueux cadeaux des Français au sultan – des miroirs, des joyaux, des horloges et des fauteuils –, l'alliance survécut même au bombardement de Chios par Duquesne le 23 juillet, qui entraîna la mort de 250 musulmans et d'un nombre encore supérieur de Grecs, et le blocus temporaire des Dardanelles. Afin de libérer les esclaves français, et de démontrer à l'Europe que la France n'était pas l'alliée de l'Empire ottoman, Duquesne continua de bombarder d'autres ports d'Afrique du Nord, ce qui lui permit également de mesurer la quantité de dégâts que les bombes et les boulets de canon français seraient capables d'infliger à partir d'un vaisseau, une invention récente, la « galiote à bombes ». Les galiotes françaises bombardèrent Alger en 1682, 1683 et 1684, et Tripoli en 1683, 1685, 1688 et 1692[72]. Se livrant à une action de représailles restée fameuse, en juillet 1683 le consul de France à Alger, un vieux moine lazariste, le père Le Vacher, qui s'était jusqu'alors distingué pour ses bonnes relations avec le dey d'Alger et pour avoir réussi à racheter des esclaves français, fut ligoté par les Ottomans à la bouche d'un canon (auquel les Français donnèrent ensuite un nom : « la consulaire ») qui fut mis à feu, réduisant le moine en charpie. Les bombardements français inspirèrent néanmoins une telle terreur qu'en application d'un traité d'avril 1684, le dey d'Alger accepta d'échanger des esclaves français contre des esclaves musulmans et de reconnaître la souveraineté française sur trois ports de la côte algérienne, Bougie, Bône et Djidjelli[73]. Entre les bombardements, il y eut toutefois des échanges de cadeaux : des chevaux, des lions d'Algérie pour Louis XIV, des canons, des médailles, des horloges et des tapisseries de France pour le dey d'Alger[74]. Ils ne tardèrent pas à reprendre : en juillet 1688, un autre consul français à Alger fut lui aussi transformé en projectile tiré de la bouche d'une « consulaire ». Enfin, la paix fut signée en septembre 1689. Malgré le besoin constant de la France de céréales importées d'Afrique du Nord, la paix serait plus fidèlement respectée par les Algériens que par les commandants français[75].

Les années 1680 devinrent pour le Roi-Soleil la décennie marquée du sceau de la mégalomanie. Les navires français bombardèrent des villes chrétiennes autant que musulmanes. L'une des villes les plus riches d'Italie, le port de Gênes, *La Superba*, était, pour l'Espagne et depuis cent cinquante ans, une source de financement et de navires, et une base d'où transporter hommes et argent vers les Pays-Bas espagnols. La France avait des différends avec cette grande ville portuaire sur certaines dettes et sur le commerce avec Alger. Louis XIV, à qui fut dédié en 1683 un livre faisant l'éloge du « noble art » de lancer des bombes, décida de bombarder Gênes par la mer. Ce fut la première ville européenne à subir cette épreuve. À l'encontre des lois internationales en vigueur, l'envoyé génois à Paris fut emprisonné à la Bastille. Puis, entre le 18 et le 28 mai 1684, sous la surveillance du ministre de la Marine Seignelay, désireux de voir comment se comportaient ses galiotes à bombes, 16 000 boulets de canon et grenades furent tirés sur la ville par une flotte française de 20 galères et 54 autres vaisseaux, une fois encore au mépris des règles de la diplomatie et de l'humanité.

Peu de Génois périrent, des milliers d'entre eux ayant déjà fui dans les collines dominant la cité. Qui plus est, selon des estimations génoises, seuls 8 000 projectiles atteignirent la ville, le reste tombant trop court et plongeant dans la mer. Dans la vieille ville ceinte de murailles, un millier de maisons sans doute furent détruites, sur un total de 6 000[76]. Toutefois, durant les quatre années qui suivirent, les maisons en ruine restèrent visibles non loin du port[77]. Beaucoup d'églises furent aussi endommagées ; le *Dialogue de Gênes avec Algers, Villes Foudroyées par les Armes Invicibles de Louis le Grand*, publié à Amsterdam l'année suivante, en mentionnait treize. La plupart des palais et couvents magnifiques de la ville, situés plus en hauteur sur les collines, notamment le palais ducal proprement dit, subirent certes de graves dégâts, mais pas la destruction, comme s'en vantaient les rapports des Français[78]. Trois mille soldats sous les ordres du duc de Mortemart, neveu de Mme de Montespan et cousin de Seignelay, débarquèrent et incendièrent un faubourg, mais furent ensuite refoulés par les troupes génoises et espagnoles, et contraints de rembarquer. Les échelles qu'ils avaient apportées pour escalader les murailles ne furent jamais employées. Selon des sources françaises, les marchands français de Gênes, qui n'avaient pas été avertis de l'attaque par leur gouvernement, furent mis à mort en représailles. Plus tard, Louis XIV eut un geste, dans son esprit, de piété et n'exigea pas de dédommagement pour cette perte, à condition que Gênes paie la réparation des églises endommagées par ses propres navires[79].

Pour combler le tout, le doge de Gênes, obligé de par la loi génoise de demeurer à l'intérieur du palais ducal jusqu'au terme de son mandat, fut contraint par un traité signé le 12 février 1685 de se rendre à Versailles pour présenter ses excuses pour l'attaque lancée contre sa ville par Louis XIV. Le 17 mai, malgré des gardes qui frappèrent des spectateurs pour dégager le passage, il fallut au doge, vêtu de la robe officielle de sa fonction toute de damas cramoisi et accompagné de quatre sénateurs vêtus de noir, une demi-heure pour s'avancer d'une extrémité de la galerie des Glaces à l'autre. On ne vit jamais une telle foule et tant de désordre, écrivit Plantavit de La Pause. Finalement, le roi descendit lui-même de son trône pour faire reculer la foule, à sa droite et à sa gauche, et du bout de sa canne ouvrit un passage au doge, qui put enfin rencontrer le souverain[80]. Ce dernier promit de renouveler son amitié à la République si elle se conduisait mieux à l'avenir, et il remit au doge deux ensembles de tapisseries des Gobelins et son portrait serti de diamants[81]. Après une série de réceptions, de bals et de promenades dans le parc où les fontaines furent actionnées en son honneur, le doge eut cette remarque : « Il y a un an que nous étions en enfer, et aujourd'hui nous sortons du paradis. » Et il ajouta, dit-on, que « le chagrin d'être obligé de quitter la France sitôt était quasi aussi grand que le chagrin qu'il avait eu d'être obligé d'y venir[82] ». Gênes, fière cité marchande, avait été humiliée. Elle continua néanmoins d'osciller entre les Bourbons et les Habsbourg. Immédiatement après le bombardement français, elle accueillit une flotte et des troupes espagnoles[83]. Toutefois, au cours des guerres postérieures à 1689, des marchands génois aideraient à approvisionner en blé une France affamée.

Depuis 1682, l'empereur Léopold Ier et le sultan ottoman étaient de nouveau en guerre. Une guerre austro-turque servait la politique française. Un diplomate français non dépourvu d'ironie jugeait « cette diversion si utile à son royaume et si convenable aux véritables intérêts de la religion catholique[84] ». De 1664 à 1687, Louis soutint aussi une rébellion hongroise conduite par un noble protestant, Imre Thököly, allié à l'Empire ottoman. Léopold, qui était aussi roi de Hongrie, avait suspendu la Constitution hongroise, privé plus de 400 prêtres protestants de leurs églises et en avait expédié 67 aux galères[85]. Louis XIV envoya à Thököly des officiers, des subsides et des munitions (transferts organisés par l'ambassadeur de France en Pologne, et acheminés *via* Dantzig et la Pologne vers la Hongrie Supérieure, l'actuelle Slovaquie orientale) et, en 1677, il signa un traité avec lui. La distance et certains scrupules à l'idée de venir en aide à des rebelles protestants contre leur souverain régnant légitime le découragèrent d'en faire davantage[86].

Le Rhin dominait la politique de Louis XIV sur le Danube. Il marquait son intérêt, écrivit-il en avril 1682 à son ambassadeur à Constantinople, M. de Guilleragues, pour des attaques ottomanes contre l'Autriche et la Hongrie afin d'« empêcher l'Empereur de déployer toutes ses troupes sur le Rhin ». S'il ne voulait pas que Vienne tombe entre les mains des Ottomans – des volontaires français furent autorisés à servir dans les armées de l'empereur –, il ne souhaitait pas non plus qu'une Autriche triomphante contraigne l'Empire ottoman à faire la paix. Alors que les forces ottomanes assiégeaient Vienne de juillet à septembre 1683, le roi de France continua de lutter contre le cousin de l'empereur, le roi d'Espagne, dans les Pays-Bas espagnols : la paix ne fut signée qu'en juillet 1684. Il déclara au nonce papal que le temps des guerres saintes était révolu[87].

Pendant ce temps, au grand désarroi du roi et de ses diplomates, qui souhaitait une Autriche sans alliés[88], la Pologne l'avait rejointe dans sa guerre contre l'Empire ottoman. En 1683, alors que les forces ottomanes (aidées par Thököly et les insurgés hongrois) avançaient sur Vienne, l'ambassadeur de France, M. de Vitry, essuyait des insultes dans les rues de Varsovie[89]. Le roi de Pologne Jan Sobieski marcha sur Vienne à la tête d'une armée et, le 12 septembre, avec les forces autrichiennes et impériales, vainquit les Ottomans devant les murailles de la ville. Après quoi, les armées de l'empereur entamèrent leur avancée vers l'est, en territoire hongrois. La monarchie autrichienne cessa presque du jour au lendemain d'être le cousin pauvre du roi d'Espagne et devint une grande puissance admirée dans toute la chrétienté, forte d'une armée de 120 000 hommes.

Les victoires autrichiennes accrurent le besoin qu'avait l'Empire ottoman d'une alliance avec la France. Les pressions diplomatiques françaises sur le mufti, l'ağa des janissaires et le grand vizir permirent en plusieurs occasions de dissuader le sultan de conclure la paix. En 1685, introduisant un changement d'étiquette en soi assez éloquent, l'ambassadeur de France recouvra le droit de placer son tabouret sur le sofa, ou estrade, du grand vizir, dont le retrait, en 1678, avait suscité la fureur de Louis XIV[90]. L'ambassadeur de France, M. de Girardin, écrivit le 23 mai 1686 : « On [le gouvernement ottoman] ne m'a encore rien refusé de ce que j'ai demandé. » Des navires français reprirent leurs transports commerciaux entre Constantinople et Alexandrie (les navires ottomans risquant d'être attaqués par les chevaliers de Malte ou par les Vénitiens)[91]. En 1687, Louvois persuada Louis XIV de maintenir un agent français auprès de l'armée du grand vizir qui combattait les forces des Habsbourg en Hongrie[92]. À partir de 1688, le monarque versa une pension annuelle de 2 400 livres à Mavrocordato, le principal interprète grec du gouvernement ottoman, qui rendit maints services aux marchands et diplomates français à Constantinople. Mehmet IV écrivit à Louis XIV pour se réjouir de ce que l'amitié, la bonne volonté et les bonnes relations qui existaient depuis longtemps entre les parents et arrière-grands-parents du roi de France et les empereurs ses ancêtres s'étaient depuis lors raffermies et augmentées[93].

En même temps qu'il renforçait l'alliance franco-ottomane, Louis XIV envoyait voyageurs et savants en expédition dans l'Empire ottoman. Au faîte de sa puissance, la Sublime Porte facilita donc un autre impérialisme, celui de la culture française sur son territoire. Plusieurs envoyés, comme l'Allemand Johann-Michael Vansleb, au service de Colbert, entre 1671 et 1675, ou l'écrivain-voyageur Paul Lucas quarante années plus tard achetèrent quantité de manuscrits en hébreu, en grec, en syriaque, en arabe, en persan et en turc pour la Bibliothèque du roi. Le roi et Colbert voulaient, ainsi que ce dernier l'écrivit au marquis de Nointel le 10 novembre 1674, « orner notre France des dépouilles de l'Orient », et faire de Paris « une nouvelle Athènes ». On cherchait aussi les manuscrits chrétiens, pour renforcer la position catholique dans les débats avec les « schismatiques ». À Smyrne, Alep et au Caire, ainsi qu'à Constantinople, les consuls et savants français attendaient que les imams et les muftis meurent afin de pouvoir racheter leurs manuscrits – pourtant, le chevalier Laurent d'Arvieux se plaignit de ce que dès 1682, à Alep, « les Anglais en ont dépeuplé ce pays[94] ». En 1702, Paul Lucas renvoya à lui seul plusieurs milliers de médailles et pièces de monnaie à Paris, tandis qu'un autre voyageur, le botaniste Joseph Pitton de Tournefort, collectait des plantes rares pour le roi en Anatolie. Sous Louis XIV, Paris continua de s'affirmer dans le rôle où elle s'était imposée au début du XVIIe siècle, et qu'elle conserve à ce jour, celui d'un des centres mondiaux des études orientales[95].

L'un des consuls les plus compétents alors en poste dans l'Empire ottoman, un ferme partisan de l'évolutionnisme dont il fut l'un des précurseurs, puisqu'il écrivit que les hommes descendaient du poisson, Benoît de Maillet, fut consul de France en Égypte de 1692 à 1708, auteur de l'une des premières *Description de l'Égypte* (en deux volumes parus en 1735). Cent soixante-dix ans avant l'ouverture du canal de Suez en 1869, Maillet proposa de creuser un canal entre la mer Méditerranée et la mer Rouge, où une flotte française serait stationnée. Sur sa suggestion, de jeunes coptes furent envoyés d'Égypte à Paris, où ils étudièrent au collège Louis-le-Grand[96].

En 1705, en partie sur son instigation, et en partie à la demande du négus – l'empereur d'Éthiopie (qui était soigné par un médecin et explorateur français, Jacques-Charles Poncet) –, M. Lenoir du Roule, vice-consul de France à Damiette, à l'époque l'un des principaux ports d'Égypte, fut envoyé en qualité d'émissaire français en Éthiopie. Sa mission était destinée à encourager le commerce et à pousser la conversion du négus au catholicisme. Toutefois, ces projets semblaient d'une ambition suspecte. Accusés de transporter des trésors et de pratiquer la magie, suscitant le ressentiment pour n'avoir pas offert des boissons aux épouses du roi des Fung de Sennar sur le Nil Bleu, dans l'actuel Soudan, et craints comme protagonistes d'une alliance franco-éthiopienne éventuelle contre les musulmans, l'émissaire et sa suite furent assassinés en novembre 1705. Jusqu'en 1897, plus aucune mission française ne serait envoyée en Éthiopie[97].

En réalité, Louis XIV menait vis-à-vis de l'Empire ottoman une politique à trois volets. D'une part, il maintenait l'alliance traditionnelle de la France, réitérant régulièrement à ses ambassadeurs ses instructions de maintenir l'empire en guerre contre l'Autriche, et même de signifier aux responsables ottomans, verbalement, qu'il ne verrait aucune objection à ce qu'ils s'emparent de Vienne[98].

D'autre part, sans en informer le gouvernement ottoman, il renforçait les liens des Français avec les chrétiens locaux. Dès 1649, sur l'initiative de Mazarin, le gouvernement français étendit sa protection à « tous les chrétiens maronites du Mont Liban » – le groupe de chrétiens arabophones qui depuis le XIIe siècle avait reconnu l'autorité du pape, et qui sollicite encore aujourd'hui la protection de la France[99]. En 1674, l'ambassadeur du roi, le marquis de Nointel, fit son entrée officielle dans les églises syriaques et maronites d'Alep, « au bruit des trompettes et tambours, environné de ma maison, et suivi de plus de cent cavaliers qui composaient la nation française », écrivit-il à Pomponne, ministre des Affaires étrangères. Dans l'église syriaque, le patriarche syriaque prononça un sermon élogieux de Louis XIV. D'autres patriarches syriaques, arméniens et orthodoxes, ainsi que le chef des yézidis et quelques chrétiens libanais, dirent à Nointel qu'ils souhaitaient une invasion française de l'empire afin de « libérer » ses chrétiens[100]. En 1675, Louis XIV se déclara le protecteur des catholiques de la mer Égée, bien qu'ils fussent eux aussi des sujets de son allié le sultan. En 1700, malgré les plaintes du grand vizir au sujet de l'ingérence française, cette « protection » avait été étendue unilatéralement à tous les sujets catholiques de l'empire. À ce stade, ils incluaient des catholiques syriaques, arméniens et grecs, qui conservaient leurs rites propres mais reconnaissaient la suprématie du pape[101]. Le consul de France à Alep aida le candidat catholique Athanase III Debbas à devenir patriarche orthodoxe d'Antioche, menant à l'émergence d'une communauté grecque catholique séparatiste. Avec l'aide des consuls français, certains entamèrent des études à Paris, souvent au collège Louis-le-Grand[102]. Une élite catholique francophone au Levant était née, qui existe encore à ce jour.

En même temps que Louis XIV déclarait son « amitié » pour l'Empire ottoman et étendait sa « protection » à ses catholiques, il réfléchissait à une troisième politique : la conquête. En 1672, le philosophe et conseiller hanovrien Leibniz vint à Saint-Germain présenter au roi un projet de conquête de l'Égypte, peut-être afin d'obtenir une pension ou de dissuader le monarque de s'attaquer au Saint Empire romain[103]. Huit ans plus tard, dans sa *Relation nouvelle d'un voyage de Constantinople* (1680) dédiée au roi, Guillaume Joseph Grelot le pressait instamment de conquérir l'Empire ottoman entier : « Oui, Sire, les Peuples de Villes que ces Esquisses représentent, remplis du glorieux nom de LOUIS LE GRAND, s'estimeraient heureux de vivre sous le doux empire d'un souverain qu'ils considèrent avec raison comme le premier et le plus grand Monarque de l'Univers. »

Après 1683, alors que les armées autrichiennes avançaient plus en profondeur dans les Balkans, l'Empire ottoman semblait au bord de l'effondrement. Louis finit par examiner, en secret, quelle pourrait être sa part du butin. En janvier 1686, le nouvel ambassadeur de France, M. Pierre de Girardin, arrivait à Constantinople avec une équipe d'ingénieurs, de dessinateurs et de géographes, conduits par un officier de carrière de la marine, M. Gravier d'Ortières, ancien intendant de la marine à Dunkerque et contrôleur général des galères à Marseille. En 1686 et 1687, ils sillonnèrent les ports et les îles de l'Empire ottoman – Salonique, Gallipoli, Smyrne, Naxos, Paros, Sidon, Alexandrie (où ils essuyèrent une attaque), et Tunis –, en dessinant des cartes et des vues détaillées, montrant même les maisons et jusqu'aux oliviers. Ils tentèrent aussi de dresser des statistiques sur le nombre de chrétiens et le volume du commerce local. Durant tout ce temps, ils ne cessaient de rappeler aux responsables ottomans le pouvoir de Louis XIV, dont les conquêtes, selon la formule française alors en vogue, n'étaient limitées que par sa modération[104].

Des instructions secrètes du 31 octobre 1685, ressemblant à celles transmises au même moment aux officiers français faisant voile vers le Siam, les priaient de « reconnaître la situation des places de Son Hautesse et remarquer les moyens par lesquels on peut les attaquer » et « s'en rendre maîtres », d'examiner les défenses et les canons ainsi que relever la largeur et la profondeur des ports, les meilleurs mouillages dans ces rades et l'état du pays. Grâce à leurs missions, les archives du Service historique de la Défense, conservées au château de Vincennes, contiennent la plus belle collection de vues du Levant au XVIIe siècle[105]. Ils se virent également demander de dresser un plan pour évacuer le personnel de l'ambassade et les marchands français locaux, avant de « brûler Constantinople suivant les instructions de Sa Majesté ». Selon un paragraphe de cet ordre, « tous les Turcs » devraient être taillés en pièces « sans quartier », excepté ceux qui seraient épargnés pour servir à bord des galères françaises. La marine ottomane serait trop faible pour s'opposer aux Français, qui n'auraient besoin que de 35 vaisseaux. Le gouvernement ne devait pas écouter les plaintes de Marseille, qui craignait la ruine. Rhodes serait rendue aux chevaliers de Saint-Jean. La France prendrait Constantinople, Smyrne, la mer Égée, la Syrie et l'Égypte, d'autres princes chrétiens le reste. Le sultan se retirerait sur l'Euphrate[106].

En fin de compte, la diplomatie prit le pas sur la violence, le ministère des Affaires étrangères sur le ministère de la Marine. À l'automne 1688, le désir de seconder l'Empire ottoman et de l'empêcher de conclure une paix avec l'empereur constituerait un facteur crucial dans la décision de Louis XIV d'attaquer la Rhénanie plutôt que les Provinces-Unies. Il n'en reste pas moins qu'au cours des années 1670 et 1680 il avait entamé des guerres, bombardé des ports étrangers, annexé des territoires, dilapidé le capital diplomatique de la France. En semant le vent, il allait bientôt récolter la tempête.

16

Le cataclysme huguenot

Louis XIV fut le seul roi de France, peut-être même le seul chef d'État du pays, à être entré dans une synagogue avant 1945. Le samedi 23 septembre 1657, alors qu'il résidait à Metz depuis plus d'un mois, il s'était rendu à la synagogue, avec sa famille et la Cour, et ce que le rabbin appela « pompe et splendeur », pour assister aux cérémonies de Soukkot (la fête des Tabernacles). Metz, la plus grande ville de garnison de France, située sur la frontière avec le Saint Empire romain, était le seul endroit du pays où les juifs avaient été encouragés à s'installer et avaient reçu le droit de créer une synagogue. Arrivés peu après l'occupation de la ville par la France en 1552, ils avaient eu les faveurs de la monarchie et des autorités militaires, car ils aidaient la garnison à se procurer chevaux, fourrage et vivres, et à obtenir des prêts. En 1650, ils étaient à peu près 2 000 à y résider. Lors de ses quatre visites suivantes, plus brèves, Louis n'y retourna pas. Toutefois, il continua jusqu'à sa mort de « gratifier et traiter favorablement les juifs » de Metz. Il confirma leurs privilèges, approuva leur choix d'un rabbin et les autorisa à porter un chapeau noir au lieu du bonnet jaune qui était le leur auparavant. Sa visite marquait sa protection, et sa curiosité[1].

Les responsables locaux se montraient plus hostiles. En 1669, alors que l'intendant Paul de Choisy s'était absenté, un juif de la Lorraine voisine (qui n'était donc pas protégé par la loi française), Raphaël Lévy, avait été accusé du « meurtre rituel » d'un enfant chrétien porté disparu, et torturé. Condamné par le Parlement local, il fut brûlé après strangulation sur la grand-place le 17 janvier 1670. Louis en fut informé, quoique trop tard, mais il disculpa Lévy et décréta que toute accusation de cet ordre serait désormais jugée à Paris ou devant le roi, et non localement. Aucune affaire de cet ordre n'eut plus jamais lieu. Durant la famine de 1709, les juifs de Metz étaient assez concernés, et riches, pour importer du blé et contribuer à sauver la ville de la famine[2].

Pour autant qu'on le sache, Louis ne se rendit jamais dans une église protestante. Pourtant, depuis la restitution de leurs places fortes à la Couronne en 1629, les huguenots étaient passés de la rébellion à la soumission. Pendant la Fronde, à l'inverse de presque tous les autres groupes sociaux du royaume, y compris la famille royale et le parlement de Paris, ils étaient restés loyaux : ils considéraient la Couronne comme leur moyen de sauvegarde contre les catholiques fanatiques. L'édit de Nantes fut officiellement reconduit en 1629, 1643, 1653 et 1657[3]. Protestants et catholiques coexistaient en paix dans presque toute la France, prenant part quelquefois à leurs fêtes religieuses respectives. Il y avait peu de tension, que ce soit dans la rue ou devant les tribunaux. Les besoins et les échanges de la vie quotidienne apaisaient l'âpreté des différences religieuses[4].

Le 18 février 1658, au terme d'une longue attente, des députés protestants furent présentés au roi par leur député général, le marquis de Ruvigny. Louis XIV écouta une litanie de doléances au sujet des infractions commises contre l'édit, promit qu'à l'avenir le chancelier s'assurerait qu'il soit respecté et les remercia de leur fidélité[5]. En 1661, le souverain se targuait dans une lettre au comte d'Estrades, son ambassadeur à La Haye, d'observer « comme principe de ma conduite et de mes actions celles de ce grand prince de qui j'ai l'honneur de descendre », Henri IV donc. Le roi ne visait pas seulement à faire impression sur l'opinion protestante à l'étranger. Il réitéra ces sentiments à son propre premier gentilhomme, le duc de Saint-Aignan, gouverneur du Havre, en 1666 : « Ne m'étant pas moins fidèles que mes autres sujets, il ne faut pas les traiter avec moins d'égards et de bontés[6]. » La tolérance était alors un trait distinctif de la monarchie française, considérée même par certains comme une force. Louis déclara tant à l'Électeur de Brandebourg qu'à Charles II, sur sa « royale parole », que les protestants de France vivaient sur un pied d'égalité avec ses autres sujets. En 1661, il écrivit qu'il faudrait les réduire petit à petit, mais néanmoins les traiter avec « justice et bienséance », sans remèdes extrêmes et violents. Colbert encourageait les travailleurs protestants à venir en France, non à en partir. Ils n'étaient pas pénalisés, comme les catholiques aux Provinces-Unies ou en Angleterre, mais jouissaient d'une protection de la Couronne. Jean-Baptiste Tavernier, l'un des bijoutiers préférés du monarque, et Jean Petitot, son peintre de miniatures de prédilection, étaient tous deux protestants. Deux protestants, Turenne et Schomberg, comptaient parmi ses maréchaux les plus dignes de confiance. Des soldats protestants furent admis aux Invalides[7].

Schomberg venait de la région que Louis XIV convoitait particulièrement, la vallée du Rhin. L'histoire de sa vie symbolise la rupture de Louis XIV avec l'Europe protestante. Né à Heidelberg en 1615, c'était le fils d'un dignitaire de la cour de l'Électeur palatin et d'une dame de compagnie anglaise de l'épouse de l'Électeur, la princesse Elizabeth, fille de Jacques Ier. Il parlait l'allemand, l'anglais et le français, avait servi dans les armées hollandaise, anglaise et suédoise ; il avait conduit l'armée du Portugal dans sa guerre de 1662 à 1668 visant à assurer son indépendance par rapport à l'Espagne, ce qui fit de lui un Grand de Portugal. Bien qu'il ait pris la tête du coup de force infructueux de Guillaume II contre la ville d'Amsterdam en 1650, son passé orangiste ne l'empêcha pas de mener les armes françaises contre Guillaume III après 1672 et d'aider Louis XIV à s'emparer de Gand en 1678 et de Luxembourg en 1684, ce qui lui valut d'être mis au « ban de l'Empire ». Naturalisé français en 1664, il acheta un domaine à l'extérieur de Paris et fut fait maréchal de France en 1673. Louis XIV écrivit à « mon cousin » pour lui exprimer sa satisfaction toute particulière pour les services qu'il avait bien voulu lui rendre au cours de cette dernière campagne[8]. Ses fils servirent le roi eux aussi, non sans conseiller quelquefois à leur père de modérer son empressement à organiser en public des services religieux protestants en campagne[9]. En juin 1685, date pourtant tardive dans la question protestante, son fils Meinhardt fut envoyé par Louis XIV en mission auprès de l'Électeur palatin à Heidelberg.

Bien qu'ils aient produit des rebelles et des écrivains subversifs au XVIe siècle, après 1650, les protestants étaient au moins aussi monarchistes que les catholiques : en fait, ils l'étaient d'autant plus qu'ils étaient affranchis du devoir d'obéir à une hiérarchie rivale, composée du pape, des évêques et du clergé catholique. L'allié protestant de Louis XIV, le roi de Danemark, le monarque le plus absolu d'Europe, fut ainsi qualifié par un pasteur de Dieu sur terre[10]. Pour Charles Ancillon, un réfugié protestant français, l'Électeur de Brandebourg était « un dieu mortel », porteur de « la marque de l'image de dieu ».

Sur les inscriptions, on l'appelait *divus*, ce qui n'était pas le cas de Louis XIV[11].

Malgré la loyauté de ses sujets protestants et son aversion antérieure pour toute « rigueur nouvelle », Louis XIV devint leur persécuteur. Le dogme l'emporta sur le pragmatisme. Dès 1661, dans le cadre de cette réduction planifiée « petit à petit », les protestants avaient reçu interdiction de chanter des psaumes en public, ou même à leur domicile, à moins de les chanter à voix basse afin de ne pas être entendus dehors[12]. À partir de 1678, cette minorité condamnée fut d'abord marginalisée, puis diabolisée, et enfin éliminée. Des restrictions leur furent imposées quant à l'accès aux emplois, aux écoles et aux hôpitaux, quant au nombre et à la localisation de leurs églises (ils devaient migrer du centre à la périphérie des villes) et quant à leurs ministres du culte.

Avec la naïveté de la grande fortune, le roi croyait pouvoir s'acheter des princes étrangers, alors qu'à l'exemple de l'Électeur de Brandebourg ils percevaient souvent ses pensions sans soutenir ses politiques. Après 1676, il tenta aussi d'acheter des protestants français, à travers une institution à l'appellation paradoxale : la Caisse des conversions. Si ces conversions avaient été sincères, elles n'auraient pas nécessité des primes versées par cette caisse. Celle-ci était dirigée par un historiographe du roi, Paul Pellisson. Secrétaire de Fouquet, il avait été embastillé de 1661 à 1665 ; ancien protestant, il possédait tout le zèle du converti. Des familles entières se convertiraient au catholicisme moyennant une pistole, écrivit Seignelay à Louis XIV en 1680. Les convertis étaient aussi libérés de leurs dettes envers les protestants non convertis[13]. La Caisse était financée par les revenus des abbayes vacantes. Des « convertisseurs » professionnels étaient payés en fonction du nombre de « convertis », certifié par des curés, des évêques ou des intendants. Des listes furent dressées, et même montrées au roi, mais beaucoup de protestants, ou de catholiques prétendant l'être, abjurèrent plus d'une fois afin de gagner davantage d'argent. En 1680, les mariages mixtes furent proscrits. Puis l'intendant du Poitou, M. René de Marillac, inventa les dragonnades. Les dragons, des fantassins montés à cheval, étaient ainsi dénommés parce que leurs fusils crachaient des flammes comme la gueule d'un dragon. Sur l'instigation de Marillac, ils étaient cantonnés dans des maisons ou des districts particuliers afin d'encourager ou de forcer les habitants à se convertir au catholicisme : d'où le verbe « dragonner », introduit dans la langue à cette époque[14]. Après que les troupes eurent été cantonnées à Rouen, par exemple, on eût dit une ville prise d'assaut. Beaucoup de protestants acceptèrent alors de se convertir[15].

Le lien entre la France et l'Angleterre, qui avait rendu la Fronde plus conservatrice, rendit aussi les huguenots plus vulnérables. Le secrétaire de la duchesse d'York, le père Edward Coleman, connaissait la France et correspondait avec l'ambassadeur de Louis en Angleterre, l'encourageant à soudoyer des ministres et parlementaires anglais afin qu'ils soutiennent une alliance avec les Français. Durant la frénésie de l'anticatholicisme, de 1679 à 1681, déclenchée par l'illusion de masse du « Popish Plot », il fut déclaré coupable de haute trahison, pendu et écartelé sur Tower Hill. Quarante personnes, dont 18 prêtres catholiques, furent exécutées au cours de ces mêmes années. De tels meurtres judiciaires perpétrés contre des catholiques en Angleterre servaient à justifier les persécutions des protestants en France. Un envoyé anglais, Henry Savile, rapportait déjà en 1679 que le confesseur de Louis, le père Lachaise, et l'archevêque de Paris avaient fait « tout leur possible pour permettre au roi de se venger de la querelle faite aux catholiques anglais sur les protestants français qui tremblent de peur et craignent quelques violentes persécutions, et sont prêts à partir pour l'Angleterre en tels nombres que ce serait un grand avantage pour la nation[16] ».

La raison la plus immédiate de la décision de Louis de révoquer l'édit de Nantes, en octobre 1685, fut peut-être son désir de faire un geste dramatique susceptible de faire impression sur l'Europe catholique et de minimiser la portée de son alliance ottomane. Après la déroute turque devant Vienne en 1683, son rival, Léopold Ier, était devenu un héros du catholicisme. Les conquêtes de l'empereur romain germanique en Hongrie étaient « le plus grand objet d'Europe, selon Sourches. On ne parlait d'autre chose partout[17] ». Trente mille soldats de l'Empire, avec à leur tête les Électeurs de Bavière et de Saxe, se joignirent à sa croisade[18]. Sa cour de Vienne devint l'épicentre des menées des ennemis du Roi-Soleil, notamment de Charles V, duc de Lorraine en exil, qui épousa la sœur de l'empereur, devint gouverneur du Tyrol et commanderait l'armée qui reprendrait Buda le 9 septembre 1686.

Un autre de ses ennemis personnels, arrivé à temps pour se battre pendant le siège de Vienne, était le plus jeune fils de l'ancienne amie intime de Louis, la comtesse de Soissons. En juillet 1683, le chevalier Eugène de Savoie quittait la France pour l'Autriche, sous un déguisement et sans demander la permission au roi (comme tous les nobles de premier rang se devaient de le faire)[19]. Selon les termes de Sourches, le chevalier de Savoie n'ayant en France « ni biens ni considération » était simplement considéré comme « le dernier des frères du comte de Soissons ». Son père, qui avait été l'un des plus proches amis du roi de France et qui avait construit l'une des toutes premières maisons de Versailles, était mort en 1673[20]. Son frère aîné avait perdu toute faveur en raison de sa mésalliance secrète avec une autre fille d'honneur de Madame (qui, circonstance aggravante, avait plu au monarque), et n'avait pas réussi à hériter du poste de leur père, colonel des gardes suisses. Qui plus est, les frères avaient tué quelques hommes au cours d'une rixe nocturne à Lyon, en 1679[21]. Les goûts personnels du chevalier déplaisaient aussi au roi. Selon Madame, il jouait aux dames et se « livrait au tout-venant » (en somme, il couchait avec le premier venu) et, d'après deux prostituées parisiennes, on l'appelait « Madame l'Ancienne » ou « Madame Simon[22] ». Il était donc un cadet, précédé d'une réputation immonde, d'une branche elle-même cadette de la famille royale, appauvrie et tombée en disgrâce. Une audience avec Louis XIV se déroula mal. Malgré des requêtes répétées, le souverain refusa de confier au chevalier de Savoie le commandement d'un régiment ou de lui accorder un bénéfice.

Ayant échappé à des courriers envoyés par Louis pour le ramener, le chevalier arriva en Autriche fermement déterminé, ainsi qu'il l'écrivit à Léopold Ier, à consacrer toute sa force, tout son courage et si nécessaire jusqu'à sa dernière goutte de sang au service de Sa Majesté impériale ainsi qu'au bien-être et à l'élévation de sa Maison ; et il n'était sans nul doute pas moins décidé à se venger de son échec en France. On lui donna rapidement son propre régiment dans l'armée autrichienne, et il s'acquit une grande renommée sous le nom de prince Eugène de Savoie. Il se révélerait un ennemi de Louis XIV encore plus implacable que Guillaume III ou le duc de Lorraine[23].

En juillet 1685, le gendre de Louis, le prince de Conti, son frère le prince de la Roche-sur-Yon et le prince de Turenne, un neveu du maréchal, quittèrent eux aussi la France en vue d'aller se battre comme volontaires pour le compte de l'empereur contre l'Empire ottoman. Leur départ secret, sans l'autorisation du roi de France, parut irrespectueux. Des lettres adressées à Conti par son épouse et leurs amis le marquis d'Alincourt et deux comtes de La Rochefoucauld, dissimulées dans la doublure de la veste d'un page, furent interceptées à

Strasbourg. Ces missives se moquaient du roi d'après le marquis de Sourches : « Dans la plupart de ces lettres il y avait de grandes abominations de débauche [...] des infamies de débauche ultramontaine [...] et même des critiques sanglantes contre le gouvernement [...] des insolences contre la propre personne du roi. » On l'y qualifiait de hobereau vieillissant assorti d'une vieille maîtresse : un « roi de théâtre » en public, et un « roi d'échecs » sur le champ de bataille. On accuse aussi quelques « femmes de qualité » d'avoir écrit des lettres « pleines d'une liberté bien éloignées de la vertu de leur sexe ». La princesse se plaignit de ce que les divertissements de la Cour l'ennuyaient mortellement. Peu après la découverte de ces missives, on la vit sortir du bureau du roi en pleurs. Le monarque jeta les lettres au feu. À la fin de la campagne, après avoir combattu en tant que volontaires dans l'armée impériale, les frères Conti rentrèrent néanmoins en France[24].

Pour effacer la honte de son alliance avec l'Empire ottoman, Louis XIV avait ainsi besoin de se montrer plus catholique que l'empereur. À partir de 1681 Léopold Ier avait fait preuve d'une relative tolérance envers les protestants de Hongrie (mais pas en Autriche ou en Bohême). Ils se virent garantir une liberté religieuse partielle, malgré certaines restrictions de culte en public ou touchant la construction de nouvelles églises, et malgré l'obligation faite aux détenteurs de postes publics de prêter serment à l'Immaculée Conception. Il n'y eut pas de dragonnades, pas d'enfants retirés à leurs parents. Un quart du royaume restait protestant[25].

Presque dès sa promulgation, l'édit de Nantes avait été l'objet d'attaques. Le clergé, seul groupe en France à posséder sa propre assemblée nationale, ses agents et ses revenus, dont il offrait une partie au roi à titre de « dons gratuits » en guise de taxes, avait instamment réclamé la proscription du protestantisme depuis 1614[26].

Les protestants étaient souvent plus instruits que leurs rivaux catholiques. En 1651, l'Assemblée du clergé avait dénoncé « cette malheureuse liberté de conscience qui détruit la véritable liberté des enfants de Dieu[27] ». En 1665, rappelant à Louis XIV son serment, lors de son couronnement, d'éradiquer l'hérésie, elle avait appelé à la révocation de l'édit de Nantes. En 1675, l'évêque d'Uzès – une ville qui comptait nombre de protestants – avait exigé l'extirpation de « l'hydre monstrueuse » de l'hérésie. Les églises protestantes étaient des « synagogues de Satan[28] ». Après 1680, il y eut des attaques contre des pasteurs à Paris[29].

Louis XIV, de son côté, avait besoin du soutien du clergé français, car il était en conflit avec son ennemi personnel le pape Innocent XI sur la « régale » (le revenu des sièges vacants), le problème récurrent des immunités diplomatiques françaises à Rome et sur ce que le roi considérait comme le parti pris proautrichien du pontife. Il se conclut donc peut-être un marché indirect entre le roi et le clergé : il éliminerait les protestants et les ecclésiastiques français le soutiendraient contre le pape. En 1682, un *Avertissement Pastoral* du clergé français attaquant l'autorité du pape sur la régale menaçait aussi les protestants « schismatiques » d'« infortunes fatales et terribles ». En 1688, depuis son refuge du Brandebourg, l'avocat huguenot, puis juge des tribunaux de réfugiés Charles Ancillon, anciennement de Metz, accuserait « le clergé auquel tout le monde sait que ces deux actions doivent être imputées car il les a suggérées au roi[30] ».

En plus de son désir d'éclipser Léopold Ier et de satisfaire l'Assemblée du clergé, Louis se laissa corrompre par sa propre piété. Croyant accomplir l'œuvre de Dieu, il pensait que la révocation sauverait les âmes des protestants : Dieu consacrerait à sa gloire l'acte qu'il lui avait inspiré, écrivit-il à l'archevêque de Paris[31]. Louis XIV avait été éduqué par une mère et un parrain qui avaient mené une politique de miséricorde. Mazarin avait écrit au duc de Mercœur : « Mon humeur penche plutôt à terminer les choses par la douceur que par la violence[32]. » Or, dans sa décennie de mégalomanie, Louis XIV préféra la violence à la douceur.

Monseigneur d'Harcourt, archevêque de Paris, était président de l'Assemblée du clergé. Peut-être témoin du mariage du souverain avec Mme de Maintenon en 1683, il était aussi péremptoire que son prédécesseur le cardinal de Retz. Certains l'appelaient « le pape de ce côté-ci des montagnes[33] ». Louis XIV discuta de la révocation imminente – « la grande déclaration dont vous avez connaissance » – avec l'archevêque et, par son intermédiaire, en septembre, il procura aux évêques « l'argent que vous jugerez nécessaire pour faciliter et affermir [*sic*] la conversion des hérétiques de leurs diocèses[34] ». Depuis juillet, le texte de la révocation avait été préparé par le roi, Seignelay, ministre de la Marine et de la Maison du roi, ainsi que par Achille de Harlay, le premier président du parlement de Paris, et Michel Le Tellier, chancelier de France[35]. D'autres ministres, parmi lesquels Louvois, et le confesseur du souverain, le père Lachaise, étaient moins impatients. Conseiller d'État, Henri d'Aguesseau s'opposait à la persécution des huguenots parce que cela porterait préjudice à l'économie : dans presque tous les métiers, les travailleurs les plus capables et les plus riches commerçants étaient des protestants[36]. Louvois ne voulait pas d'interférences avec l'armée ou l'économie, et il commanda aux intendants de ne pas tenter obstinément de tout réduire et de traiter les banquiers et les propriétaires de manufactures avec mesure[37]. Malgré son éducation protestante, ou à cause d'elle, beaucoup accusèrent Mme de Maintenon des persécutions qu'ils subirent. Elle avait enlevé, de sa propre initiative, certains des jeunes membres protestants de sa famille à leurs parents afin de les convertir au catholicisme, mais elle préférait sans doute la persuasion à la persécution[38].

On peut suivre l'accélération des persécutions à travers les mémoires et les lettres de l'intendant du Béarn et des Pyrénées, Nicolas Foucault. En février 1685, il ordonna la démolition d'églises protestantes, écrivant au chancelier qu'il y aurait davantage de convertis si la foi protestante était interdite. Le père Lachaise lui écrivit pour l'informer du plaisir du roi à la nouvelle de ces conversions. À partir de juillet, toutes les écoles et assemblées protestantes furent interdites, tous les pasteurs obligés de quitter le pays. Les convertis reçurent des avantages fiscaux. Ces convertis étaient si nombreux que le gouvernement crut, avec la même naïveté qui l'avait conduit à créer la Caisse des conversions, que l'édit de Nantes n'était plus nécessaire et qu'il devrait être révoqué afin d'effacer entièrement le souvenir des troubles, de la confusion et des maux du royaume[39].

La correspondance de Seignelay montre que des enfants furent enlevés à leurs parents à des fins de conversion. Des femmes protestantes virent leurs biens confisqués ou furent envoyées en prison ou au couvent, car elles étaient accusées de « diviser » les familles[40]. À partir de mai 1685, le roi autorisa à nouveau le cantonnement forcé de soldats dans des foyers protestants. En maintes occasions, des administrateurs royaux furent informés de ce que des soldats avaient blessé, violé ou tué leurs hôtes. Des vieilles femmes étaient traînées contre leur gré dans des églises catholiques et des « impénitents » pendus par les pieds. Des soldats saisissaient *manu militari* ce que les protestants étaient pourtant disposés à leur donner volontairement. Des intendants envoyèrent à Versailles des listes de convertis, triés selon l'heure et le lieu, signées par des prêtres et des évêques : quatre convertis le 1er octobre, 109 le 16 octobre, et ainsi de suite[41]. Monseigneur d'Harcourt passa la semaine du 8 au 15 octobre à Fontainebleau : l'Assemblée du clergé avait déjà appelé à d'autres démolitions d'églises protestantes[42]. Le journal de Dangeau prend un ton d'exaltation : le 13 octobre, à Fontainebleau, lors du lever, des courtisans apprenaient que « presque tout le Poitou s'était converti ». « On a appris aussi qu'à Grenoble tous les huguenots avaient abjuré. » Le 16 octobre, « tous les huguenots de la ville de Lyon s'étaient convertis [...] les dragons n'y étaient point encore arrivés[43] ».

Le 19 octobre 1685, Louis XIV signa l'édit de Fontainebleau révoquant l'édit de Nantes et l'édit de Nîmes de 1629 qui le confirmait. Le 22 octobre, il demanda à Seignelay, à quatre reprises, de s'assurer que le nouvel édit ait bien été enregistré par le parlement de Paris[44]. Ce faisant, il trahissait son grand-père Henri IV, son parrain Mazarin et celui qu'il avait été dans sa jeunesse. Il s'était allié au sultan ottoman, s'était montré curieux du confucianisme et tolérant envers les luthériens et les calvinistes d'Alsace. Pourtant, en France, il se transformait en fanatique. Toutes les églises et écoles protestantes encore existantes furent détruites, à commencer par le temple de Charenton, à l'est de Paris, et son cimetière. Toutes les assemblées et formes de culte protestants furent proscrites, tous les pasteurs expulsés. Les biens de tous les protestants français à l'étranger furent confisqués. Tous les enfants protestants recevraient ensuite un baptême et une instruction catholique, faute de quoi leurs parents écoperaient d'une amende. On alla également jusqu'à détruire le cimetière des protestants étrangers situé à l'extérieur de Paris, ce qui horrifia l'envoyé danois[45].

En théorie, il n'y eut pas d'expulsions ou d'emprisonnements en masse. Tant que les protestants s'abstenaient de pratiquer leur religion, en vertu de l'article 12 de l'édit de Fontainebleau, rien ne leur interdisait de « continuer leur commerce » en France « sans pouvoir être troublés ni empêchés sous prétexte de ladite R. P. R. [religion prétendue réformée] », et jusqu'à ce qu'il « plaise à Dieu de les éclairer comme les autres ». Ainsi, le roi acceptait officiellement la possibilité de différences religieuses[46]. Toutefois, ses actes contredisaient ses paroles. Le 6 novembre, il donna instruction au duc de Noailles, commandant du Languedoc, de déclarer aux protestants qu'ils ne jouiraient d'« aucun repos ni douceur chez eux tant qu'ils demeureront dans une religion qui déplaît à Sa Majesté » et désiraient « la sotte gloire d'y demeurer les derniers ». Nombre d'entre eux virent leur maison démolie. Des déserteurs protestants des galères, écrivit le roi, n'auraient que le bout du nez coupé et non le nez tout entier, afin qu'on ait l'assurance qu'ils puissent continuer de ramer[47]. Au dernier duc protestant, le duc de La Force, auquel on enlevait sa femme et ses enfants, Louis XIV écrivit aussi, condamnant « une religion que je ne veux plus tolérer dans mon royaume ». La Force fut emprisonné à la Bastille jusqu'à sa conversion[48].

Le roi usa de la persécution des protestants pour renforcer son autorité. Le 2 novembre 1685, un bourgeois de Marseille notait que 100 dragons allaient de maison en maison pour exiger des protestants de se convertir « ou aller dès à présent en galère et leur femme à l'Amérique » (à l'instar des prostituées qu'y envoyait le gouvernement). Pour s'assurer de la présence des convertis à la messe le dimanche, on procédait à un appel auquel tous devaient répondre d'une voix forte « suis ici[49] ». Dans certains quartiers, des inspecteurs furent postés aux portes des églises pour veiller à ce que les convertis soient présents. Des nobles pouvaient être jetés en prison et leurs filles enfermées au couvent jusqu'à leur conversion. Des huguenots surpris en train de se réunir ou de prier ensemble risquaient d'être emprisonnés, pendus ou envoyés aux galères[50]. À Paris, des marchands protestants en vue furent convoqués aux domiciles de ministres et invités à signer des actes d'abjuration comprenant une clause affirmant qu'ils signaient de leur plein gré[51]. Le roi ordonna personnellement à tous les anciens membres du Consistoire protestant de Paris de partir pour la province et leur interdit les visites de leurs épouses et de leurs enfants[52]. Tous les huguenots restants furent expulsés de Paris en janvier 1686, du moins en théorie. Deux cent soixante-cinq furent emprisonnés à la Bastille jusqu'à ce qu'ils abjurent leur foi[53]. Tout protestant prenant part à une assemblée devrait être exécuté écrivit Louvois sur ordre de Louis, en juillet 1686,[54].

Louis crut bientôt avoir surpassé Léopold Ier dans son rôle de champion du catholicisme. Bossuet salua en lui un « nouveau Théodose » – le premier empereur chrétien à persécuter des païens – pour avoir accompli « ce miracle de nos jours[55] ». Pourtant, malgré la brutalité de la persécution, ou à cause d'elle, le protestantisme survécut, y compris à Paris. Nombre de « nouveaux convertis », comme on les appelait, se conformaient extérieurement à leur nouvelle confession, mais restaient protestants en secret. Les enfants pouvaient le rester même encore plus que leurs parents, qui devaient assister à la messe. Beaucoup de huguenots français referaient leur apparition après la légalisation de leur statut en 1787[56]. Paris conservait donc une minorité discrète de quelque 5 000 « nouveaux convertis ». À partir de 1705, pourvu qu'ils ne se réunissent pas en assemblées et qu'ils préservent une apparence d'obéissance, ils étaient rarement l'objet d'actes de harcèlement. Mallet Frères, par exemple, continua d'exercer comme banque protestante à Paris après 1713, jusqu'à sa fermeture en 2004[57]. Un autre banquier huguenot, Samuel Bernard, attendit le dernier moment, en novembre 1685, pour se convertir au catholicisme. Après quoi, sa fortune grandit encore, en partie grâce à l'aide qu'il fournit à d'autres huguenots pour quitter la capitale et partir pour l'étranger, non sans continuer de commercer avec la France[58]. Ses réseaux internationaux lui permettraient, même en temps de guerre, d'acheter du blé à Dantzig ou Hambourg pour le compte du gouvernement français, et l'aideraient à épargner au pays une famine alors que les récoltes étaient mauvaises. Il aida aussi à réunir les fonds nécessaires pour payer des diplomates français à l'étranger[59].

Pourtant, à la surprise du gouvernement, nombre de huguenots préférèrent payer pour partir plutôt que de rester et d'être payés pour devenir catholiques. Lorsque les rois d'Espagne avaient expulsé les « nouveaux chrétiens » juifs en 1492, puis musulmans entre 1609 et 1614, ils leur avaient permis de partir sans encombre avec une partie de leurs possessions ; la Couronne paya même en partie les frais de transport des musulmans[60]. Dès le mois d'août 1685, pourtant, Louis avait interdit aux protestants de partir sans sa permission, qui leur était rarement accordée, sous peine d'emprisonnement, de galère ou de mort. Quiconque les aidait était menacé des mêmes peines. Il ne tarda cependant pas à s'apercevoir que s'ils étaient absolus en théorie, ainsi que l'édit de Fontainebleau l'avait démontré, les pouvoirs qu'il détenait sur ses sujets étaient en pratique limités. Ainsi que le montrerait l'incapacité de Louis à modifier l'ordre de succession, nous y reviendrons, l'absolutisme était une façade masquant l'indépendance de certaines institutions comme celle des individus.

Des patrouilles sillonnèrent les frontières, les riverains étaient encouragés à arrêter et à détrousser les protestants en fuite, et les navires étaient enfumés afin d'en débusquer les passagers clandestins[61]. En dépit de tout, les frontières restaient poreuses, et les sujets du roi désobéissants, courageux ou vénaux. Malgré les patrouilles de la marine et de l'armée, des passeurs étaient prêts à aider les protestants à fuir, moyennant une commission[62]. Certains nageaient jusqu'à des récifs où des navires étrangers venaient les récupérer[63]. Là encore, le marché se révéla plus fort que la monarchie. Quand des armateurs huguenots « convertis » aidèrent leurs coreligionnaires à s'échapper, Seignelay ferma les yeux. La surveillance et les persécutions coûtaient trop cher, et « Sa Majesté ne veut rien débourser[64] ». Entre 1685 et 1688, quelque 10 % des huguenots, soit peut-être de 130 000 à 150 000 personnes au total (d'autres périrent au cours du voyage) réussirent à quitter leur « captivité babylonienne » en France pour ce qu'ils appelaient le « Refuge » au-delà de ses frontières – le mot « réfugié » fut employé pour la première fois à cette époque pour décrire leur sort. Les biens des huguenots qui s'en étaient allés furent confisqués, soit donnés à leurs parents catholiques, soit vendus afin de payer l'éducation ou les pensions de protestants convertis, ou alloués aux institutions catholiques de bienfaisance[65].

Après quoi, Louis ne fut pas seulement confronté à l'opposition de souverains étrangers comme Léopold Ier et Guillaume III, mais aussi à celle de la diaspora protestante. En poussant les huguenots à l'exil, il transforma des sujets obéissants qui avaient espéré que les persécutions de leur roi s'apaiseraient en dangereux adversaires. Depuis la sécurité de l'exil, ils prêchèrent, écrivirent et luttèrent contre leur persécuteur. Des milliers de soldats et d'officiers, et peut-être 15 à 20 % des hommes de la marine française s'en furent, généralement avec l'intention de combattre pour le compte des ennemis de Louis[66]. Ce dernier s'avéra implacable envers les huguenots pris combattant dans les armées ennemies. Ils étaient envoyés aux galères ou pendus, alors même que les généraux français avaient parfois garanti leur sécurité afin de les convaincre de se rendre[67].

Deux des ennemis jurés de Louis XIV employèrent d'ailleurs des secrétaires protestants français : Guillaume III fut servi par Pierre du Moulin et Jean de Robethon, qui œuvra plus tard en tant que secrétaire d'un diplomate hanovrien à Londres. Fort de sa faculté de rédiger des lettres en anglais et de ses nombreux contacts anglais et huguenots, Robethon contribuerait à l'organisation sans heurts de l'accession de l'ennemi de Louis XIV, l'Électeur de Hanovre, au trône britannique en 1714[68]. Marlborough emploierait quant à lui Adam Cardonnel, fils d'un marchand protestant de Caen, au poste de secrétaire, spécialisé dans les relations avec les armées étrangères (un autre huguenot, Gabriel Delahaye, dressait certaines de ses cartes). La révocation de l'édit de Nantes a pu en effet aider à faire de l'ancien officier français Marlborough un ennemi du roi. Auparavant, premier gentilhomme de la Chambre, maître de la garde-robe et colonel d'une des trois troupes de Life Guards de Jacques II, il avait soutenu l'alliance de son maître avec la France. C'était lui qui avait annoncé à Louis XIV à Versailles, en février 1685 l'avènement de Jacques II[69]. Pourtant, après la révocation (et l'attaque contre les privilèges de l'Église d'Angleterre en 1687), il envisagea de conspirer avec les ennemis de Jacques II et, en 1688, amènerait ses officiers à rejoindre l'armée de Guillaume III.

Avec cette révocation, Louis XIV n'aida pas seulement l'Europe à s'unir contre la France, il provoqua aussi le transfert de la prééminence culturelle, commerciale et technique à ses rivaux. L'impact du départ même d'un petit nombre d'huguenots hors de France suffisait à démontrer l'avance de la culture et de l'économie du royaume à l'époque, comparées à celles d'autres pays. Pour certains, l'exil pouvait être synonyme aussi bien de réussite que de souffrance. Ils y étaient aidés par la langue française. Longtemps avant l'accession de Louis XIV au trône, le français était devenu la langue de l'Europe, porté par le prestige de la monarchie française, de la ville et de l'université de Paris, et de la cour francophone de Bourgogne au XVe siècle. À Nimègue, en 1678, le français était la langue principale non seulement de la conférence de la paix proprement dite, mais aussi des délégations étrangères qui y prenaient part[70]. Attaquant l'emploi d'inscriptions latines sur les monuments, François Charpentier proclama dans *De l'excellence de la langue française* (1683) que Louis XIV avait porté le français à un état de perfection et l'avait rendu immortel[71]. Un Anglais, John Northleigh, remarquait que « la langue française se propage fortement et devient presque universelle », et « une obligation pour tous les princes[72] ». C'était la langue préférée des ennemis de Louis XIV autant que de ses admirateurs, de Guillaume III notamment, et plus tard de George Ier avec ses ministres anglais.

Les huguenots s'en furent partout : à New York, où des ancêtres de la mère de Winston Churchill, Jennie Jerome, s'installèrent au début du XVIIIe siècle ; au Cap, où des descendants des 400 premiers huguenots arrivés en 1687 vivent encore aujourd'hui[73]. Trois pays en particulier en accueillirent : les Provinces-Unies, le Brandebourg et l'Angleterre.

Quelque 35 000 protestants français s'installèrent aux Provinces-Unies. Amsterdam, déjà le foyer de certains des meilleurs cartographes et graveurs d'Europe, devint un lieu d'ancrage du commerce du livre français. En 1700, des éditeurs huguenots se partageaient à peu près le cinquième du marché[74]. Les écrivains huguenots d'Amsterdam comptaient dans leurs rangs Pierre Jurieu, « le Goliath des protestants », qui avait enseigné à l'école protestante de Sedan et croyait possible de repousser Louis XIV au sud de la Loire. Élie Benoist recueillit des témoignages de leurs persécutions religieuses en France dans *Histoire de l'édit de Nantes* (5 volumes publiés à Delft entre 1693 et 1695), renforçant ainsi leur sentiment d'être des martyres voués à un destin d'exception. Après 1684, dans son journal *Nouvelles de la République des Lettres*, Pierre Bayle, ancien pasteur en France, enseignait que la religion devait être une affaire relevant des individus plutôt que de l'État et que chacun avait le droit de défendre des convictions erronées. Après la mort de son frère en prison, à Bordeaux en 1685, il devint plus hostile envers Louis XIV et le catholicisme, écrivant que « pour les catholiques la tolérance est un état contre nature ». Il répondit au *Grand Dictionnaire historique* (1674) de l'abbé catholique Moréri avec son *Dictionnaire historique et critique* (1695-1697), un ouvrage précurseur de l'*Encyclopédie*, souvent réimprimé. Voltaire l'appelait le premier dictionnaire qui apprenait aux hommes à penser[75].

La persécution religieuse et les conversions forcées accroissaient l'incrédulité, notamment chez Bayle lui-même[76]. En 1719, un écrivain huguenot, Charles Levier, publierait à Amsterdam, dissimulé dans une vie de Spinoza, un manifeste athée intitulé *Traité des trois imposteurs*, probablement écrit par le whig irlandais John Toland, dénonçant Moïse, Jésus et Mahomet comme des imposteurs[77]. Un autre livre huguenot influent, intitulé *Cérémonies et coutumes religieuses de tous les peuples du monde*, fut publié à Amsterdam en 10 volumes de 1727 à 1743 et signé d'un autre protestant, Jean-Frédéric Barnard, avec plus de 250 pages de gravures et 3 000 pages de texte. Première histoire mondiale de la religion, c'était l'un des premiers ouvrages à relativiser la place du christianisme et à le traiter sur le même plan que d'autres confessions.

Les réfugiés huguenots ne répandirent pas seulement le scepticisme religieux, mais aussi l'hostilité à la monarchie française. Une violente attaque contre la Bastille fut rédigée par un officier huguenot qui y avait été emprisonné pendant onze ans, Constantin de Renneville. *L'Inquisition française ou Histoire de la Bastille*, qui dressait la liste des prisonniers embastillés par Louis XIV, publié une première fois en 1715, fut réédité en 6 volumes à Amsterdam en 1724. L'ouvrage contribua à confirmer la réputation de la Bastille, symbole de la tyrannie royale. Dédié à George Ier, il faisait l'éloge du Parlement anglais comme « le seul corps de l'Europe qui a conservé son antique liberté[78] ».

Avec des territoires s'étendant de la Rhénanie à la Lituanie, Frédéric-Guillaume, Électeur de Brandebourg et duc de Prusse, était considéré comme le « renard le plus rusé » de l'Empire, à la tête de sa meilleure armée. Il était l'allié de la France depuis 1664, recevant un total de 4 millions de livres de subsides avant sa mort en 1688 et faisant même de Louis XIV son exécuteur testamentaire[79]. En réalité, ainsi que Louis et son ministre des Affaires étrangères Colbert de Croissy l'en soupçonnaient, il jouait un double jeu, surtout soucieux qu'il était de détourner le soutien et les subsides français de sa rivale la Suède. Il redoutait en Louis XIV le catholique et le conquérant, croyant, non sans raison, qu'il voulait s'approprier « le cours entier du Rhin ». Qui plus est, il était l'oncle par alliance de Guillaume III, qui lui rendit visite à Berlin en 1680. Atterré bien avant la révocation par les persécutions que Louis infligeait aux huguenots, il les accueillit dans ses territoires, en particulier parce que, si la plupart de ses sujets étaient luthériens, eux, en revanche, étaient calvinistes comme lui[80]. Ce fut pour la même raison que Charles XI de Suède, étant luthérien, découragea leur immigration.

Les huguenots aidèrent ensuite à unifier l'Europe contre Louis XIV par le biais de leur diplomatie autant que par leurs publications, ainsi que le montrèrent les carrières de Robethon et Cardonnel. Un pasteur français, François Gaultier de Saint-Blancard, partit pour les Provinces-Unies en 1683, après la démolition de son église montpelliéraine. Arrivé en terre batave, il ne se contenta pas de publier des récits détaillés des persécutions, mais gagna aussi la confiance de Guillaume III[81]. Le 8 janvier 1685, il fut reçu en audience « très secrète » par le prince, avant de partir pour Berlin, habillé en simple cavalier et non en pasteur, pour dissimuler son nouveau rôle d'agent secret de ce dernier. À Berlin, nommé prêtre à la Cour, il eut plusieurs audiences avec l'Électeur. Frédéric-Guillaume Ier n'était pas seulement l'oncle par alliance de Guillaume III, mais il avait récemment marié son fils Frédéric à Sophie-Charlotte, fille de la cousine de Guillaume, Sophie, duchesse de Hanovre, lui conférant ainsi une lointaine légitimité auprès de la couronne d'Angleterre (Frédéric envisagerait aussi de se porter candidat à la succession au stathoudérat des Provinces-Unies, puisqu'il était le plus proche parent du prince). Gaultier de Saint-Blancard suggéra la création d'une ligue de princes protestants et d'une assemblée générale de leurs ministres. En mars 1685, avant même la révocation de l'édit de Nantes, l'Électeur écrivit qu'avant de laisser le temps à Jacques II de s'établir roi d'Angleterre, Guillaume III devrait envahir le pays avec 10 000 hommes. La couronne devrait lui revenir, par l'intermédiaire de son épouse et de sa mère. Ainsi, la première suggestion de la Glorieuse Révolution anglaise, qui vit Guillaume III s'emparer du trône, vint de Berlin[82]. En mai 1685, encouragé par Gaultier de Saint-Blancard et Pierre Jurieu, le prince et l'Électeur signèrent une alliance pour protéger la religion protestante[83]. Gaultier et Jurieu dirigeraient aussi des réseaux d'espions en France qui fourniraient des informations aux ennemis de Louis lors de la guerre de 1689-1697[84].

En réaction à l'édit de Fontainebleau, l'édit de Potsdam promulgué le 29 octobre 1685 par Frédéric-Guillaume dénonçait la persécution en France et promettait l'aide et l'assistance financière aux protestants français qui s'installeraient dans les territoires de l'Électeur de Brandebourg. Ézéchiel Spanheim, son ministre à Paris, leur ouvrit son ambassade. D'autres agents à Amsterdam et Hambourg les secondèrent dans leur immigration. M. de Rébenac, l'habile envoyé de Louis à Berlin, qui avait distribué des pensions et des cadeaux à des membres de la cour de l'Électeur, s'en plaignit. L'Électeur répondit le jour de Noël 1685 à Spanheim – on ignore dans quelle mesure Louis en fut informé – se demandant à propos du roi de France qui en avait tant fait pour sa religion « comment pourrait-il nous faire un crime de n'être pas indifférent dans la nôtre et d'ouvrir nos bras à nos malheureux coreligionnaires qui font à leur conscience le sacrifice de tous leurs biens et qui préfèrent une vie misérable à l'abjuration[85] ? ». Après s'être allié avec Guillaume III en 1685, il signa en mars 1686 une alliance militaire de vingt années avec l'empereur Léopold Ier. Frédéric-Guillaume Ier rêvait d'une armée réunissant des troupes de Hollande, d'Allemagne et d'Espagne marchant sur Paris. Le Parlement et les princes se soulèveraient à nouveau contre le roi. « Ensuite nous n'aurions plus besoin de la craindre », dit-il de la France[86].

En août 1686, l'Électeur organisa des manœuvres militaires combinées à Clèves, non loin du Rhin, avec Guillaume III. Les ordres furent donnés en français, sans doute parce que c'était la seule langue commune aux nombreuses nationalités dont l'armée de Guillaume III était composée. Sur un ton railleur, il pria Rébenac de dire à Louis XIV qu'il calquait son armée sur celle du Roi-Soleil, lui déclarant qu'« il y avait des garnisons en France qui ne se conformaient pas si promptement que lui aux règlements et aux ordres de Votre Majesté ». Il imitait la France afin de la vaincre. Ce que Sophie de Hanovre appelait « toute la Hugonetterie » était à la manœuvre, attisant le zèle antifrançais des gouvernants[87]. Même un humble prêtre du nord de la France, Alexandre Dubois, connaissait le rôle des huguenots dans la formation de ces alliances contre la France : de Louis XIV, il écrivit dans son journal que « sa religion l'a emporté sur ses intérêts[88] ».

En avril 1687, le plus grand de tous les huguenots, le maréchal de Schomberg, recruté pour commander l'armée de l'Électeur avec l'aide du pasteur huguenot Jean Claude, « réputé pour ses passes d'armes rhétoriques avec Bossuet et son hostilité envers Louis XIV », arriva à Berlin. Un an plus tôt, abandonnant son pays, ses biens et sa carrière à l'âge de 70 ans, Schomberg avait quitté la France pour le Portugal. Il conservait ses pensions versées par le roi et, en théorie, s'était vu confier par Louis XIV la mission d'encourager le roi de Portugal, Pedro II, veuf de la reine Marie-Françoise, à choisir une autre épouse profrançaise. Louis avait fait jurer à Schomberg de ne pas rejoindre les ennemis de la France, mais ils furent nombreux à considérer son départ comme un désastre. Sourches écrivit que c'était « au grand regret de toute la France qui perdait en lui le meilleur et le plus expérimenté de ses généraux[89] ». Malgré le rôle qu'il avait joué pour que le royaume lusitanien obtienne son indépendance vingt ans plus tôt, et son rang de Grand du Portugal, l'Inquisition portugaise ne lui permit, pas plus que Louis XIV, de tenir des services religieux protestants. Il partit pour le Brandebourg. Au cours de son voyage du Portugal au Brandebourg, de janvier à avril 1687, traversant l'Angleterre et les Provinces-Unies, il avait été d'abord atterré par Jacques II, puis impressionné par son ancien adversaire Guillaume III. Il écrivit à Henry Sidney, un whig anglais qui s'était mis au service de Guillaume : « Sans nul doute ils seront un jour établis en Angleterre. Il n'est rien que je ne sacrifierais pour cela. »

Schomberg fut nommé commandant en chef des forces de l'Électeur de Brandebourg : tant que ce dernier restait un allié des Français, Louis permit à Schomberg de conserver ses pensions. Il écrivit : « Je souhaite que vous y trouverez toute la satisfaction que vous méritez en attendant que Dieu vous dispose à revenir en ces pays-ci où personne ne souhaite plus que moi de vous voir. » Rébenac assura au roi qu'on ne pouvait douter de son zèle[90]. En réalité, Schomberg avait depuis longtemps prévu d'entrer au service des Hollandais[91]. Il n'était pas le seul officier huguenot de l'armée du Brandebourg. En 1687, l'Électeur forma deux compagnies de grands mousquetaires façonnées sur le modèle des mousquetaires de Louis XIV, mais composées d'exilés huguenots (plus tard, l'Électeur créa aussi ses propres gardes du corps et ses Cent-Suisses). Peu après, quelque 15 % ou davantage du corps de ses officiers, soit 600 d'entre eux, étaient d'origine française, notamment le général de Forcade, officier supérieur des gardes du corps de l'Électeur qui devint plus tard gouverneur militaire de Berlin. Ils bénéficiaient d'une paie et de conditions de service avantageuses comparées à celles des natifs du Brandebourg. En 1698, il y avait probablement environ 15 000 protestants français dans les domaines de l'Électeur et 7 500 rien qu'à Berlin, soit au moins 20 % de la population totale. Protégés par les Électeurs et les rois successifs, ils étaient soumis à leurs propres lois, avaient leurs propres églises, leurs hôpitaux et leurs écoles[92]. L'envoyé français remarquait que « Berlin est plein de manufactures françaises » (certaines d'entre elles fabriquaient des articles de luxe pour la Cour), alors que les boutiques allemandes étaient vides. La France manquait aux huguenots, croyait-il, et ils y espéraient « une révolution imminente[93] ».

Le Französiches Gymnasium de Berlin, qui emploie encore le français comme langue d'enseignement, est d'ailleurs un descendant du collège français huguenot[94]. L'église française de la Gendarmenmarkt fut construite en partie sur le modèle du temple de Charenton, par Jean-Louis Cayart, un ingénieur qui avait travaillé pour Vauban[95]. Le juge huguenot Charles Ancillon servit aussi l'Électeur en tant qu'historiographe, diplomate et directeur de l'académie des Nobles. Les frères Bonnet devinrent résidents prussiens à Londres entre 1695 et 1720. Deux huguenots, la gouvernante, Mme de Roucoulle, et le tuteur, Jacques Durhan, de l'arrière-petit-fils de l'Électeur, le futur Frédéric le Grand, contribueraient à nourrir en lui son amour de la langue et de la littérature françaises[96].

Capitale riche, royale et proche, Londres devint aussi l'une des destinations favorites des huguenots, y compris certains qui avaient travaillé pour Louis XIV[97]. Déjà, en juillet 1679, avec l'aide de diplomates anglais à Paris, la famille Foubert, des « écuyers du roi », considérés comme parmi les meilleurs d'Europe, avait créé la Royal Riding Academy à Londres (et l'installa par la suite sur ce qui s'appelle encore Foubert's Place, non loin de Carnaby Street). Foubert's Academy, ainsi que d'autres écoles huguenotes, formeraient des Anglais à l'équitation, à l'escrime, à la danse et aux mathématiques jusqu'au milieu du XIXe siècle[98].

Le 28 juillet 1681, montrant une fois encore qu'il n'était pas la marionnette de Louis, Charles II publia une proclamation encourageant, au nom de l'honneur et de la conscience, les « pauvres protestants affligés » de France à se réfugier dans ses royaumes, en levant les taxes à l'importation sur leurs biens et en facilitant le processus de *denization* (l'équivalent de l'obtention d'un permis de résidence, précédant la naturalisation)[99]. Ainsi, Louis XIV était informé de ce que des réfugiés huguenots étaient accueillis à l'étranger. Les évêques de l'Église d'Angleterre les traitaient avec plus d'égards que les non-conformistes anglais, ces dissidents rétifs à l'Église anglicane.

Jacques II, qui succéda à Charles II en février 1685, neuf mois avant l'édit de Fontainebleau, se révéla moins bienveillant envers les huguenots que son frère, alors même que le commandant en chef de son armée était un protestant français, un neveu de Turenne, Louis de

Duras, comte de Feversham. Jacques II dénonça néanmoins lui aussi les dragonnades, une persécution « sans égale dans l'histoire de la chrétienté ». En avril 1687, sa Déclaration d'Indulgence (dont les principes seraient réaffirmés par Guillaume III en 1689) mit un terme pour les réfugiés huguenots à la nécessité de se conformer aux sacrements anglicans. En 1695, ils étaient entre 20 000 et 30 000 à s'être installés à Londres (et 50 000 dans l'ensemble du pays), un afflux sans précédent pour une ville de 500 000 habitants, ce qui irritait certains commerçants locaux. Après 1700, en partie grâce à cet apport des huguenots, la population de Londres dépassa pour la première fois celle de Paris[100].

Le marquis de Ruvigny, ancien député général protestant à la Cour et trois fois envoyé de Louis XIV auprès de Charles II (en 1660, de 1667 à 1668 et de 1674 à 1676), avait souvent averti le souverain que le traitement qu'il réservait aux protestants était le meilleur moyen de faire de l'Angleterre un adversaire et d'appauvrir son propre royaume. Comme beaucoup d'autres, il se rendit compte que ses remarques ne faisaient guère impression. Lors d'une audience, le roi lui répondit qu'il se ferait couper un bras pour ramener tous ses sujets dans l'Église catholique. En 1686, l'année où Schomberg s'enfuit à Lisbonne, Ruvigny s'en fut à nouveau pour Londres, cette fois avec le statut de réfugié[101]. Son fils Henri qualifia leur décision de s'en aller « la décision la plus difficile à prendre et à exécuter que l'on se puisse imaginer », même si, par privilège spécial, ils furent autorisés à détenir un passeport français et, pendant un temps, à conserver leurs domaines en France. La religion l'avait emporté sur le droit de nationalité et de propriété. Henri de Ruvigny devint plus tard comte de Galway, général anglais à la tête des forces huguenotes qui envahirent le Dauphiné, envoyé britannique auprès du duc de Savoie, promoteur de la colonisation des protestants et de l'expropriation des catholiques en Irlande et porte-parole des huguenots en Angleterre, comme son père l'avait été en France[102]. Un autre huguenot, Jean Ligonier, né à Rouen en 1680, devint commandant en chef de l'armée britannique de 1757 à 1759.

Après 1685, Londres attira plus de travailleurs français des métiers du luxe que jamais auparavant : ébénistes, soyeux, cordonniers et tailleurs ; armuriers qui firent des fusils anglais les meilleurs d'Europe ; horlogers, graveurs, cartographes et libraires[103]. Emportant une partie de leurs outils avec eux, ils s'installèrent souvent dans Soho ou à Spitalfields, qui restèrent jusqu'en 1730 des quartiers en partie francophones. Il y avait aussi parmi eux des musiciens, des maîtres de danse, des médecins et des orfèvres, comme Augustin Courtauld et Paul de Lamerie, qui contribuèrent à créer des plats en argent et en or de style anglais aussi richement ornés que ceux des Français. Les descendants de Courtauld se lanceraient ensuite dans le textile et fonderaient la célèbre filature à leur nom[104]. Malgré leur aversion envers Louis XIV, les huguenots propagèrent ainsi les styles et la langue français au moins aussi efficacement que la cour de Versailles. Après 1685, des monarques et courtisans anglais dormaient dans des lits, s'asseyaient dans des fauteuils, dînaient dans de l'argenterie, roulaient dans des carrosses et maniaient des fusils et des montres fabriqués par des Français, selon les derniers styles français. Les huguenots (comme leurs ennemis jacobites en France après 1688) avaient beau éloigner les deux pays au plan politique, ils les rapprochaient culturellement et commercialement.

Ce serait également le cas sous Guillaume III. Daniel Marot, par exemple, était un protestant qui, comme son père Jean Marot, avait travaillé pour Louis XIV : en 1682, il créa des gravures de cérémonies commémorant la naissance du duc de Bourgogne et les funérailles de la reine Marie-Thérèse en 1683. Après avoir quitté la France en 1684, il servit Guillaume III, l'aidant à concevoir son nouveau palais de Het Loo, à Apeldoorn, dans le centre des Provinces-Unies. Marot devint architecte en chef, décorateur et concepteur des jardins de Guillaume III et de ses courtisans aux Provinces-Unies, puis de 1694 et 1697 en Angleterre[105].

Les huguenots étaient à l'avant-garde de la mondialisation. En plus d'un marché international des livres et des idées, ils participèrent à la création d'un marché financier non moins international. À l'origine, la Banque d'Angleterre fut fondée en 1693 pour financer la guerre contre Louis XIV. Sept de ses directeurs seraient d'origine huguenote, contribuant à hauteur de 15 % à son capital initial. Le premier de ces gouverneurs (1694-1697), Sir John Houblon, était de famille huguenote. Démontrant à quel point les protestants étaient capables de bien s'intégrer, il devint aussi député, Lord Mayor en 1695, Lord de l'amirauté et directeur de la Compagnie britannique des Indes orientales (conseillée par un autre huguenot, Sir John Chardin, grand voyageur, qui avait quitté la France en 1681). L'un de ses frères, James Houblon, fut élu député de Londres, et un autre, Abraham Houblon, devint gouverneur de la Banque d'Angleterre[106]. Les Portal imprimèrent quant à eux les premiers billets de banque, ainsi que leurs descendants continuèrent de le faire jusque dans les années 1980. Un autre protestant, Jean Castaing, dirigeait Jonathan's, une maison de café dans la City qui, en 1698, fut également le premier endroit où les prix des actions et des denrées, ainsi que les taux de change, étaient régulièrement rendus publics : une forme primitive de Bourse[107].

Esther Hervart, marquise de Gouvernet, était l'un des principaux investisseurs de la Banque d'Angleterre. Elle avait des fonds importants à investir, car son père, Barthélemy Hervart, avait été le banquier de confiance de Louis XIV, à qui le roi avait écrit de sa main une lettre le jour de l'arrestation de Fouquet lui demandant : « Vous me ferez plaisir de me préparer soit par votre moyen soit celui de vos amis la plus grande somme que vous pourrez. » En signe de gratitude pour ses services, le monarque avait accordé à sa fille l'autorisation spéciale de quitter la France avec sa fortune[108]. Esther Hervart est inhumée sous un monument remarquable du transept nord de l'abbaye de Westminster avec sa mère, que l'on appelait « la mère des huguenots ». Si ses frères abjurèrent leur foi et restèrent en France, son cousin Philibert, en revanche, deviendrait l'ambassadeur de Guillaume III auprès des cantons helvétiques[109].

Les huguenots inondèrent Londres des récits de leur fuite de France, repris et répétés par des ecclésiastiques et des écrivains anglais. Ils publièrent également des pamphlets sur les « tourments », les « souffrances » et la « persécution » des protestants français, ainsi que sur la cruauté de Louis XIV[110]. Dans son journal, le mémorialiste John Evelyn se lamentait de ce que la « plus entière barbarie » des persécutions françaises dépassait même les persécutions païennes du passé[111]. En 1687 seulement, 42 000 livres furent levées grâce à des souscriptions volontaires pour leur venir en aide. Nombre d'entre eux reçurent en plus des bourses du *Privy Purse* (la cassette royale) ou du Parlement.

Ne se contentant pas d'attaquer la France, les huguenots contribuèrent à moderniser l'Angleterre, comme les exilés allemands et centre-européens le firent au XXe siècle. Paul Rapin de Thoyras, un neveu huguenot de Paul Pellisson, directeur de la Caisse des conversions de Louis, avait accompagné Guillaume III en Angleterre. Il devint le premier grand historien whig du royaume britannique, louant « l'union constante du Souverain et de son parlement » comme « le fondement le plus solide de la gloire du Prince et du bien-être de ses sujets ». Il publia notamment une *Dissertation sur les Whigs et les Tories* (1717) et une

Histoire d'Angleterre (écrite entre 1724 et 1727, dédiée à George Ier)[112]. Le premier magazine périodique généraliste, le *Gentleman's Journal or Monthly Miscellany*, plus tard intitulé le *Lady's Journal*, écrit en partie par et pour des femmes, lancé par un huguenot, Peter Motteux, fut publié en 1692. Il écrivit aussi des articles en faveur de l'égalité des hommes et des femmes, et traduisit Rabelais et Racine. Abel Boyer, journaliste prolifique, traducteur et historien, naturalisé anglais en 1706 (un signe qu'il avait abandonné tout espoir de retourner en France), était un autre huguenot pionnier. À mesure que le Parlement britannique affirmait sa puissance, tenant des sessions sans cesse plus fréquentes, et que la presse devenait plus libre, il fut le premier, de 1711 à 1729, à imprimer des comptes rendus réguliers des débats parlementaires[113]. Se disant parfois gallo-britannus, il traduisit aussi *Télémaque* et rédigea des dictionnaires français-anglais (*Compleat French Master for Ladies and Gentlemen*, 1694 ; *Dictionnaire royal français et anglais*, 1699) qui furent réimprimés pendant un siècle. Ils diffusèrent la langue française en Angleterre, ainsi que le firent d'autres dictionnaires huguenots dans le Brandebourg et ailleurs[114]. Des libraires huguenots, spécialisés dans l'importation d'ouvrages, de cartes et de pièces de musique français, s'installèrent sur le Strand, ne pouvant ouvrir dans la City de Londres en raison de l'opposition de la Stationer's Company, l'ancienne et puissante corporation des papetiers qui réunissait tous les acteurs du livre et de la presse de l'époque[115].

L'obligation de le quitter n'empêcha pas les huguenots de commercer avec leur pays d'origine – ils changeaient d'adresse, mais pas d'activité (tout comme, inversement, nombre d'exilés jacobites en France continueraient de commercer avec l'Angleterre)[116]. René Baudouin, né à Tours en 1650, partit pour Londres en 1679 où il eut une carrière prospère jusqu'à sa mort en 1728. Son monument funéraire dans l'église St Mary Aldermary de la City exprime l'horreur des protestants français qui ont été « cruellement persécutés pour leur Religion… au cours du règne du Roi Louis le 14e » et leur gratitude envers le « véritable Amour et la Charité chrétienne de cette Nation [l'Angleterre] que Dieu préserve à jamais ». Il ne mentionne pas son interdiction d'activité et son amende pour avoir importé de la soie de France en temps de guerre. D'autres huguenots, par exemple Peter Motteux, qui importait des objets de luxe dans sa boutique de Leadenhall Street, le Two Fans, continueraient de faire commerce avec la France et, comme nous le verrons, aideraient à financer les guerres de Louis XIV[117].

Un protestant converti, M. de Bonrepaus, fut envoyé par Louis XIV à Londres en janvier 1686, pour tenter de convaincre des protestants qui étaient partis en raison de ce que le souverain appelait « un caprice de religion » de rentrer, moyennant des offres de pensions, d'emplois et la restitution de leurs biens confisqués. Les « persécutions prétendues » étaient décrites comme une « exhortation ». Bonrepaus déplorait d'ailleurs « l'établissement qui se fait dans ce royaume de nos meilleures manufactures [car] ce ne sont pas seulement les gens de la RPR qui y viennent travailler mais plusieurs catholiques » : des ouvriers catholiques avaient suivi leurs patrons huguenots. Ces derniers montrèrent peu d'empressement. Il en convainquit pas plus de 500 de s'y risquer[118].

Comprenant ses conséquences dommageables, quelques Français, parmi lesquels des administrateurs royaux, osèrent critiquer la révocation. En bon ingénieur, Vauban signifia au roi que ses troupes seraient mieux employées à creuser des douves qu'à « dragonner » des protestants et que les huguenots « convertis » n'étaient pas plus catholiques qu'il était musulman. Après 1689, il écrivit un mémoire plaidant pour le rappel des protestants.

Toutes les mesures prises contre eux n'avaient fait que les rendre plus « obstinés ». Il déplorait le dépeuplement de la France, « la ruine de la plus considérable partie du commerce » ; la perte de 12 000 soldats et de 10 000 marins, et les plumes acérées qui dans les pays étrangers « se sont cruellement déchaînées contre la France et la personne du roi même ». Louis XIV n'eut probablement jamais cette épître sous les yeux[119]. Vauban considérait qu'une solution consisterait à « les exterminer tous ». Néanmoins, la France au XVIIe siècle était plus chrétienne et possédait moins de moyens de coercicion que les gouvernements du XXe siècle. Vauban continuait en soulignant qu'en plus des difficultés inhérentes à son exécution, un tel acte serait exécrable à Dieu et aux hommes, ne ferait qu'affaiblir encore davantage la royauté, la rendant éternellement odieuse à l'intérieur du pays et à ses voisins. Il fallait donc cesser de « tourmenter » les protestants et rétablir l'édit de Nantes[120].

Le génie littéraire du duc de Saint-Simon n'est pas une garantie de fiabilité : il rédigea ses Mémoires quarante années après les événements, dont il ne fut souvent pas le témoin. Du fait de son aigreur et de son esprit de contradiction, ses contemporains avaient du mal à le prendre au sérieux, Louis XIV compris. Le marquis d'Argenson, fils du lieutenant général de police, le jugeait « odieux, injuste et anthropophage[121] ». Il affirmait avoir été « instruit journellement […] de toutes choses grandes et petites », ce qui devait suffire à éveiller les soupçons des lecteurs les plus attentifs. Il n'était pas du sérail et ne détint aucune fonction avant la mort du souverain. Ses Mémoires, où il soutenait par exemple que le roi préférait les bourgeois et désirait humilier les nobles, ses récits des motifs et des conversations des autres (au cours desquelles il n'était généralement pas présent) constituent en partie de trompeuses illusions[122]. Alexandre Maral, qui reflète là l'opinion de la plupart des historiens, ainsi que des contemporains de Saint-Simon, estime que ses Mémoires ne doivent être utilisés qu'avec « la plus grande circonspection[123] ». Toutefois, Saint-Simon possédait l'indépendance de jugement d'un inclassable. Dans ses Mémoires, il était plus critique de la révocation de l'édit de Nantes que quiconque en France, même Vauban. Il la qualifiait d'« abomination générale enfantée par la flatterie et par la cruauté », « sans le moindre prétexte et sans aucun besoin » :

> Ce complot affreux qui dépeupla un quart du royaume, qui ruina son commerce, qui l'affaiblit dans toutes ses parties, qui le mit si longtemps au pillage public et avoué des dragons, qui autorisa les tourments et les supplices dans lesquels ils firent réellement mourir tant d'innocents de tout sexe par milliers, qui ruina un peuple si nombreux, qui déchira un monde de familles, qui arma les parents contre les parents pour avoir leur bien et les laisser mourir de faim ; qui fit passer nos manufactures aux étrangers, fit fleurir et regorger leurs États aux dépens du nôtre et leur fit bâtir de nouvelles villes, qui leur donna le spectacle d'un si prodigieux peuple proscrit, nu, fugitif, errant sans crime, cherchant asile loin de sa patrie ; qui mit nobles, riches, vieillards, gens souvent très estimés pour leur piété, leur savoir, leur vertu, des gens aisés, faibles, délicats [...] pour cause unique de religion ; [sous peine d'être envoyés en prison ou aux galères]. Tout retentissait de hurlements de ces infortunées victimes de l'erreur.

D'autres achetèrent la paix et conservèrent leurs possessions grâce à des « abjurations simulées[124] ».

Rares furent ceux qui en France exprimèrent une telle réprobation. La popularité escomptée de la révocation put en hâter la mise en œuvre. Comme d'autres persécutions de minorités, elle procura à une partie de la population le plaisir de prendre part à des actes jugés patriotiques ou d'en être les spectateurs, ainsi que d'avoir des opportunités d'acquérir à moindres frais les biens des persécutés. Le journal d'Étienne Borelly, à Nîmes, exprime par exemple l'admiration pour « notre bon roi Louis XIV, notre très puissant souverain et très chrétien monarque [...] que Dieu bénisse et conserve », et pour les dragonnades, et la haine pour « cette maudite race » des protestants qui étaient soit des athées, soit des traîtres, alors qu'il considérait que leur départ, avec des sommes immenses, avait entièrement ruiné le royaume. Sa haine ne l'empêcha pas d'acheter pour sa fille un manteau à vil prix lors d'une vente de biens ayant appartenu à des huguenots[125].

Ainsi que l'écrivit Pierre Bayle à Rotterdam, en faisant appel à la conscience française et à sa réaction après la révocation de l'édit de Nantes : « Vous avez par conséquent été tous complices de ces crimes[126]. » À l'inverse de nombreuses autres politiques du roi, notamment ses guerres, ses impôts, le traitement qu'il réservait aux Parlements et aux jansénistes, les persécutions des protestants suscitèrent peu de critiques en France. Leur exécution et leur emprisonnement se poursuivirent après sa mort, même sous un régent qui croyait à peine en Dieu et dont la mère, Madame Palatine, gardait des sympathies protestantes[127]. En 1724, les lois antihuguenots furent officiellement renforcées ; Saint-Simon lui-même, si critique de la révocation, moyen de mieux discréditer Louis XIV, soutenait sa continuation dans la pratique. Un pasteur protestant fut encore exécuté en 1762. En 1768, il y avait toujours quatorze protestantes aux fers dans la tour de Constance à Aigues-Mortes ; l'une d'elles, Marie Durand, y était depuis trente-huit ans. Les services protestants devaient se tenir dans des montagnes reculées, précaution indispensable afin d'échapper aux persécutions, à l'exemple des services catholiques en Irlande sur le Mass Rock. La tolérance officielle des droits des protestants en France, finalement réintroduite en 1787, provoquerait l'ire du clergé catholique[128].

Louis ne limita pas ses persécutions à son royaume. En 1686, il envoya des troupes aider son cousin le duc de Savoie à attaquer et à « convertir » les vaudois, minorité protestante qui vivait dans les Alpes. Malgré sa réputation d'« humanité », son général, Catinat, voulait les éradiquer entièrement[129]. Après une résistance courageuse à laquelle aucun des deux monarques ne s'attendait, la plupart des vaudois avaient été « exterminés » (le mot est employé par Mme de Sévigné), convertis ou, dans le cas de 2 000 irréductibles, autorisés à partir en exil à Genève[130]. Dans l'une de ses lettres les plus cruelles, Louis se moquait des vaudois morts de faim ou de maladie dans les camps où on les avait regroupés. Il jugeait que la maladie avait délivré le duc de Savoie des soucis causés par la nécessité de garder les rebelles des vallées de Luzerne et ne doutait pas que ce dernier se consolerait aisément de la perte de tels sujets, qui feraient place à d'autres, meilleurs et plus fidèles[131]. En mai 1689, quand le duc s'allia à Guillaume III, les exilés furent autorisés à retourner en Savoie lors de ce que l'on appela le *Glorioso Rimpatrio*, un rapatriement dont les réfugiés protestants de France rêvèrent en vain.

La popularité de la révocation de l'édit de Nantes transparaît également dans les nombreuses statues érigées à la même époque dans toute la France, avec la vive approbation du public. Quintessence de l'homme de cour, le duc de La Feuillade, futur maréchal de France, avait été soutenu financièrement par le roi pour l'achat de la charge de colonel des gardes-françaises en 1672. Censément à ses propres dépens (mais peut-être là encore avec le soutien du monarque), à partir de 1679, il projeta de faire ériger place des Victoires, qu'il avait créée à Paris, une statue monumentale du monarque en bronze doré par Maurits Van den Bogaert. Les Parisiens disaient que cette entreprise était en partie motivée par son désir de se faire pardonner l'argent qu'il avait gagné en vendant des postes au sein de son régiment[132]. Quoi qu'il en soit, la statue montrait le roi en robe de couronnement, le front ceint de lauriers par une figure de la victoire, un bâton de commandement en main, écrasant un cerbère représentant la Rébellion, au-dessus de l'inscription *Viro immortali*, « À l'homme immortel », en lettres d'or. Sur le socle en marbre de la statue, quatre plaques de bronze montraient l'Espagne reconnaissant la préséance de la France, le passage du Rhin, la chute de Besançon et la paix de Nimègue. Des rondeaux exposaient d'autres moments de triomphe, comme la construction de Versailles et l'ambassade siamoise, mais surtout l'anéantissement de l'hérésie. Autour du socle, d'autres statues de quatre esclaves enchaînés représentaient le Saint Empire, l'Espagne, le Brandebourg et la Hollande.

Si des esclaves dans les fers entouraient aussi les statues de Henri IV sur le Pont-Neuf, de Ferdinand Ier, grand-duc de Toscane, à Livourne et de Frédéric-Guillaume à Berlin, jamais elles ne représentaient de voisins vaincus. Certains sujets de Louis furent même choqués par l'inscription blasphématoire *Viro immortali*. Une fois encore, le roi manifestait son désir de dominer le temps[133]. Une foule assista à l'inauguration par le Dauphin, le 28 mars 1686, escorté des gardes-françaises de La Feuillade, au son des trompettes, des tambours et des violons. La statue dorée reflétait la lumière des chandelles qui brûlaient, jour et nuit, au sommet des quatre immenses colonnes qui l'encadraient. Une gravure de la statue présentait Louis XIV, « l'Invincible, le Victorieux, le Triomphateur perpétuel, le Dompteur de l'Hérésie, le Père des Peuples, l'arbitre de la Paix et de la Guerre[134] ». Le roi s'était déjà rendu en 1681 sur la place des Victoires, et avait fait mille remarques obligeantes à La Feuillade ; il s'y rendit encore en 1687[135] et observa que les esclaves enchaînés autour étaient « fort beaux[136] ». Ce fut seulement en 1699, après des critiques nourries, que le souverain déclara qu'à l'avenir il préférerait ce qui est « sage et raisonnable », en un mot rien qui rappelle l'idée des bas-reliefs, des esclaves et des inscriptions de sa statue de la place des Victoires. Sur ordre royal, les lampes qui brûlaient tout autour furent éteintes[137].

Suivant des instructions du gouvernement du 5 août 1685 aux intendants, d'autres statues furent érigées, représentant généralement le roi à cheval, selon des dessins approuvés officiellement, dans huit villes, notamment Poitiers, Lyon, Montpellier et Québec. D'autre furent prévues, mais abandonnées pour des raisons d'argent[138]. Une deuxième statue haute de plus de 60 mètres fut dévoilée à Paris sur la place Louis-le-Grand en mars 1699 : le roi était représenté en empereur romain à cheval. L'inscription « À Louis le Grand, le Père et le Conducteur d'Armées Toujours Heureuses » confirmait les illusions françaises d'omnipotence. À ce jour encore, des statues de Louis XIV dominent la place Bellecour à Lyon, la place royale du Peyrou à Montpellier et la place des Victoires à Paris, malgré leur destruction pendant la Révolution française et leur remplacement sous Louis XVIII par des versions moins élégantes. Néanmoins, à l'époque, certains Français considéraient les débris des églises protestantes comme de plus beaux hommages à Louis XIV que ses statues. Dans un discours à l'Académie française le 27 janvier 1687, l'abbé Tallemant les qualifiait d'« heureuses ruines qui sont le plus beau trophée que la France ait jamais vu. Les arcs de triomphe et les statues élevés à la gloire du roi ne la porteront pas plus haut que ce temple de l'hérésie abattu par sa piété[139] ».

Le 30 janvier 1687, le roi était acclamé par la foule lors d'une visite à l'Hôtel de Ville pour un banquet cérémoniel, après un *Te Deum* à Notre-Dame, afin de rendre grâce après sa guérison de son opération d'une fistule anale. Avec une servilité gratifiée, le prévôt des marchands, qui servait le roi à table, remarqua que chaque fois qu'il remplissait le verre de vin du monarque, celui-ci le remerciait en portant la main à son chapeau. Ils parlèrent longuement de Paris, et le souverain accepta de libérer quelques prisonniers. On jeta du pain à la foule, le vin coulait des fontaines. Les acclamations se firent plus fortes quand le Roi-Soleil fit son apparition à une fenêtre et lança des poignées de pièces d'or. À son départ, les conseillers de la ville tombèrent à genoux. L'épouse du prévôt, qui servait la Dauphine à dîner, mourut d'« apoplexie » ce soir-là ; autre décès, comme celui de Vatel en 1671, précipité par le culte de Louis XIV. C'est également à cette occasion, après le banquet, que le souverain alla place des Victoires pour examiner sa statue.

Beaucoup de Français croyaient être entrés dans un âge d'or. Des panégyriques louaient les pouvoirs surnaturels d'un roi immortel. L'amour des Français à son endroit était comparé à une seconde religion[140]. Cette année-là, Charles Perrault écrivit :

Quel siècle pour ses rois,
Des hommes révéré,
Au siècle de Louis peut être préféré ?
De Louis qu'environne une gloire immortelle,
De Louis des rois le plus parfait modèle[141].

Loin des satisfactions françaises, le 9 juillet 1686, l'empereur Léopold Ier et les princes de l'Empire, tant protestants que catholiques, avaient formé la ligue d'Augsbourg (l'une des villes libres d'Empire les plus riches) dans le but de mettre un terme à l'expansion française sur le Rhin. Le fils de Léopold Ier, Joseph, fut couronné roi héréditaire de Hongrie en 1687 et élu roi des Romains, ou héritier de l'empereur du Saint Empire romain germanique en 1688, dans de meilleures conditions que son père ne l'avait été en 1658[142]. La maison d'Autriche renouait avec la puissance et la confiance. Après l'inauguration de la statue de la place des Victoires, l'envoyé impérial à Paris avait dit au ministre français des Affaires étrangères, ainsi que le rapporta son collègue anglais, non pas « comme une plainte mais seulement pour faire savoir qu'il n'est pas insensible » que son maître « n'était pas dans la condition d'un esclave avec les mains liées dans des chaînes[143] ». Louis XIV et ses sujets apprendraient bientôt combien la statue de la place des Victoires et son inscription étaient trompeuses.

17

L'Angleterre change de camp : les trois fuites du roi Jacques

En 1689, en partie suite à la révocation de l'édit de Nantes, Louis XIV accueillit une visite presque aussi inattendue que celle des ambassadeurs de Siam trois ans plus tôt. À 6 heures du soir le 7 janvier, au Château Vieux de Saint-Germain, il revit son cousin le monarque détrôné Jacques II d'Angleterre pour la première fois depuis 1655, quand l'alliance de la France avec Cromwell avait obligé le jeune duc d'York à quitter la France. La foule des assistants était si dense qu'elle empêcha Louis d'accueillir son cousin avant qu'il n'ait atteint le haut des marches. Il s'adressa à lui en ces termes : « Monsieur mon frère, combien je suis heureux de vous voir ici ! Je ne peux décrire ma joie de vous voir en sécurité. » Il accompagna ensuite Jacques dans la chambre de sa femme Marie de Modène, arrivée la veille avec leur fils le prince de Galles, et lui annonça : « Je vous amène un homme que vous serez très heureuse de voir. » Jacques II raconta les détails de sa fuite d'Angleterre, non sans reconnaître que Guillaume III l'y avait encouragé par la négligence délibérée des gardes qui lui étaient affectés. Après une demi-heure, Louis XIV repartit avec ces mots : « Monsieur [et non Votre Majesté], nous avons plus d'un jour à vivre ensemble, ne faisons point de cérémonies, vous ne me reconduirez point. » Ils se traitaient l'un l'autre en cousins plutôt qu'en souverains. Toutefois, manière d'affirmer publiquement leur rang royal, Jacques et sa femme furent désormais entourés de gardes du corps et reçurent presque les mêmes honneurs que ceux réservés à Louis XIV en personne[1].

Quatre ans plus tôt, quand Jacques II avait succédé à Charles II sur le trône d'Angleterre, sa fuite vers la France aurait paru inconcevable. En juin 1685, la rébellion de l'ancien protégé de Louis XIV, le fils aîné illégitime de Charles II, le duc protestant de Monmouth, avait été facilement matée. Le Parlement avait voté un revenu élevé en faveur de Jacques, qui, avec son armée et sa marine grandissantes le faisaient apparaître comme le roi d'Angleterre le plus puissant depuis Henry VIII. De 1677 à 1681, Louis avait néanmoins tâché d'empêcher tout « accommodement » entre la Couronne et le Parlement, et de brider toute opposition anglaise à ses conquêtes sur le continent en finançant des opposants politiques, donnant l'impression d'être en faveur de l'exclusion du futur Jacques II de la succession. Pourtant, la monarchie anglaise avait depuis lors accru sa richesse et renforcé son indépendance[2]. Le 4 avril 1687, Jacques avait rendu publique une Déclaration d'Indulgence suspendant toutes les lois pénales contre les catholiques et les dissidents anglais, menaçant par là le monopole anglican sur les offices publics. Il commença par nommer des catholiques à des postes importants, espérant ainsi rehausser leur statut et encourager les conversions des protestants. Toutefois, le jeune et courageux officier qu'il était dans les années 1650 s'était changé en vieil homme affaibli, dont les saignements de nez étaient peut-être les symptômes de petits accidents ischémiques. Il incarnait ce que Racine, dans *Athalie* (1691), définirait comme :

Cet esprit de vertige et d'erreur,
De la chute des rois funeste avant-coureur.

Louis en personne avait également contribué à la chute de Jacques II. La révocation de l'édit de Nantes et les dragonnades qui l'avaient précédée emplirent non seulement l'Angleterre de huguenots dénonçant le roi de France, mais elle révéla aussi les horreurs qu'un monarque catholique prosélyte était capable d'infliger à ses sujets protestants, et, pour beaucoup, la nature même du catholicisme. La révocation affaiblissait les loyautés envers Jacques tout en lui interdisant de réclamer l'assistance de Louis[3]. En outre, les guerres et les annexions décidées par le Roi-Soleil incitaient Guillaume III à vouloir employer l'armée et la marine d'Angleterre pour protéger l'Europe des ambitions françaises. Sans l'aide anglaise, il redoutait que l'Europe ne soit perdue[4]. Mais pour utiliser l'Angleterre afin de vaincre la France, il lui fallait remplacer les Stuarts. En effet, malgré des périodes d'hostilité, ces derniers en revenaient généralement à l'état de dépendance qui était le leur vis-à-vis de Louis XIV, ainsi que l'avaient démontré les traités signés par Charles II en 1670 et 1681 (quand ce dernier avait retrouvé une pension versée par la France).

Aux Provinces-Unies, un autre vieil ennemi de Louis, Van Beuningen, était devenu bourgmestre d'Amsterdam en 1683. Le Hollandais croyait lui aussi que « sans une Angleterre agissant fortement à ses côtés, la République ne pourra s'engager ni dans une guerre froide ni dans une guerre ouverte contre la France[5] ». À ce stade, le brillant ambassadeur de Louis aux Provinces-Unies, le comte Jean-Antoine d'Avaux, avait compris que Guillaume espérait soit hériter, soit s'emparer du trône d'Angleterre. En août 1687, il avertissait le roi que c'était « la principale chose qu'il [Guillaume III] a en vue[6] ». L'année suivante, là encore grâce à ce diplomate, Louis serait par avance informé de l'invitation que Guillaume avait reçue de sept Anglais influents, mais aussi de ses préparatifs navals, militaires et diplomatiques, et de la déclaration qu'il prévoyait de prononcer en faveur du Parlement, des lois et du protestantisme en Angleterre[7].

Si la révocation affaiblissait Jacques II, elle renforçait Guillaume III. Avant l'abrogation de l'édit de Nantes, grâce aux bonnes relations de M. d'Avaux avec des États provinciaux (surtout Groningue et Frise) et avec quelques régents de la ville d'Amsterdam, il avait pu faire barrage aux tentatives d'accroissement de l'armée hollandaise. Il y avait été aidé grâce aux conditions de commerce favorables accordées par la France en 1678, quand Colbert était encore en vie. Certains Hollandais préféraient alors Louis XIV, qui favorisait leur commerce, à Guillaume III, qui privilégiait la guerre[8]. Cependant, en août 1687, Louis XIV entama une guerre des tarifs douaniers avec les Provinces-Unies. Les harengs que la Hollande exportait en France devraient désormais être salés en France, avec du sel français, décréta-t-il. Des sociétés commerciales hollandaises et le conseil municipal d'Amsterdam devinrent logiquement plus antifrançais, tandis que le roi qualifiait maintenant les concessions sur lesquelles son ambassadeur avait insisté et que Louis avait volontiers accordées en 1678 de « faiblesse peu convenable à ma dignité[9] ».

La naissance d'un prince de Galles catholique à Londres le 22 juin 1688 fut célébrée par l'ambassadeur de Jacques II à Paris, Bevis Skelton, avec des feux d'artifice, des fontaines à vin, un concert et un banquet[10]. En Angleterre, pourtant, les protestants s'alarmèrent. Malgré la présence de nombre d'entre eux dans la chambre de la reine au palais de Saint-James, des rumeurs se répandirent selon lesquelles le prince avait été introduit dans le lit de sa mère à l'intérieur d'une bouillotte par des jésuites : c'est ce qui lui valut plus tard le titre de « Vieux Prétendant », les protestants considérant qu'il usurpait son statut princier. L'une des sources de ces rumeurs n'était autre que la fille du roi, la princesse Anne, alors connue sous le nom de princesse de Danemark, puisqu'elle avait épousé le prince George de Danemark en 1682. Elle s'offusquait de l'arrivée d'un demi-frère catholique en bonne santé, et ce, pour trois raisons : en tant que protestante, en tant que demi-sœur, qui venait d'être rétrogradée dans l'ordre de succession, et en tant que mère, dont les propres enfants étaient soit mort-nés, soit décédés en bas âge. Elle était déjà responsable, en 1682, de la mort d'un autre demi-frère, le duc de Cambridge, à qui elle avait transmis accidentellement la variole avec un baiser. La lettre envoyée le 10 juillet, sur l'insistance de Guillaume, par sept Anglais d'influence l'invitant à envahir l'Angleterre affirmait qu'au sein de la population il n'y en avait « pas un sur mille » pour croire que le prince de Galles soit légitime[11].

Agissant à la fois en prince souverain d'Orange et en capitaine général et amiral général des Provinces-Unies, Guillaume entreprit de rassembler une flotte et une armée dans le port d'Amsterdam à partir de juillet 1688. Le 24 août 1688, d'Avaux, qui avait des informateurs au sein du conseil municipal, des États-Généraux et de la maison de Guillaume, était convaincu que l'expédition qui se préparait était dirigée contre l'Angleterre et non, comme le colportait la rumeur, contre les pirates d'Alger. Le 9 septembre, le même d'Avaux se présentait devant les États-Généraux et les avertissait que Louis XIV considérerait une attaque contre Jacques II comme une attaque contre lui-même.

Malgré des mises en garde de diplomates français et anglais, Jacques refusa de croire que Guillaume, son neveu et gendre, se préparait à une invasion. Le 4 septembre 1688, le diplomate français Bonrepaus, envoyé par Louis en mission spéciale, lui certifia qu'il était la seule personne en Europe qui n'y croyait pas encore[12]. L'incrédulité de Jacques tenait à une autre raison : faire traverser la Manche et la mer du Nord à une armée était apparemment considéré comme une folle entreprise. La déroute de la flotte espagnole, l'Invincible Armada, dispersée par les tempêtes et les actions de l'ennemi un siècle plus tôt au mois près, suffisait à mettre en lumière les périls d'une telle opération. La nouvelle de ce projet de débarquement provoqua d'ailleurs un krach à la Bourse d'Amsterdam, le second du siècle par sa gravité, après celui qu'avait déclenché l'invasion française en 1672[13]. Cette chute du marché ruina Van Beuningen, qui avait pourtant plaidé en faveur de l'expédition anglaise qui en était la cause ; il mourut atteint de démence en 1693.

Entre le 7 et le 10 septembre 1688, ainsi que les espions du diplomate d'Avaux l'en avaient informé, Guillaume rencontra en secret son oncle l'Électeur de Brandebourg à Minden, dans l'actuelle Rhénanie-du-Nord-Westphalie, en qualité d'invité de leur parent commun, le duc de Hanovre. Guillaume préparait ses alliances avec les princes allemands en vue d'envahir l'Angleterre, tout comme seize ans plus tôt Louis et Louvois avaient préparé les leurs afin d'envahir les Provinces-Unies. Robert de Gravel, diplomate français à Berlin, rapporta à Louis que les princes allemands croyaient que Guillaume était « le salut de la religion protestante » et ils étaient disposés à lui prêter certains de leurs régiments[14]. Des troupes du Brandebourg, du Brunswick, de Hesse-Cassel et du Wurtemberg vinrent se placer en position pour défendre les Provinces-Unies contre une possible invasion française, apaisant ainsi les peurs hollandaises et libérant des forces bataves pour l'invasion des îles Britanniques[15]. Un accord hollandais avec le duc de Wurtemberg engageant 1 296 soldats avait déjà été signé le 25 juillet, montrant à quel point Guillaume avait planifié les choses à l'avance[16].

Le second de Guillaume III n'était autre que le maréchal de Schomberg, choisi parce qu'il était le seul d'un rang et d'une réputation suffisants pour faire un commandant en chef convenable au cas où Guillaume serait tué ou blessé. Qui plus est, né d'une mère anglaise, il était à moitié anglais. En septembre, après leur rencontre avec Guillaume, le nouvel Électeur de Brandebourg, Frédéric Ier, et Schomberg avaient avancé vers Clèves. Ils étaient alarmés par la présence de troupes françaises à Cologne et par l'élection du protégé de la France, Fürstenberg, devenu Électeur de Cologne le 19 juillet 1688. De Clèves, Schomberg était parti rejoindre Guillaume à Nimègue[17].

Schomberg réussit son renversement d'alliances, de Louis XIV à Guillaume III, à son propre avantage. Négociant son avenir financier avec les deux chefs d'État, il avait dit en août au ministre plénipotentiaire français à Berlin, M. de Gravel, qu'il ne pourrait en aucun cas aider la France puisqu'elle avait mis fin à ses pensions. Pour sa part, l'Électeur Frédéric Ier de Brandebourg avait juré d'être un allié solide de la France, mais il s'était offensé de ce que la Cour n'ait pas porté le deuil, ne fût-ce qu'un jour, à la mort de son père[18]. Lors de sa dernière visite à l'ambassadeur Gravel avant de repartir de Berlin, Schomberg « a insinué plusieurs fois que le royaume était épuisé d'hommes et d'argent » et que « la puissance du roi était si affaiblie par la sortie des religionnaires [les protestants] ». Il attribuait son propre départ de France aux « mauvais offices qu'il disait que lui avait rendus Mme de Maintenon ». Frédéric Ier, quant à lui, dit au même Gravel que Schomberg avait accepté de le servir uniquement à la condition expresse que Guillaume III puisse l'employer quand bon lui semblerait. Le 24 septembre, les pensions françaises de Schomberg étaient rétablies ; à ce moment-là il avait déjà conclu un accord avec Guillaume III pour combattre Louis[19]. Sourches observa pourtant que le maréchal ne souhaitait rien d'autre que de vivre « paisiblement, en France, dans sa religion », comme le grand amiral Abraham Duquesne avait été autorisé à le faire : « En vérité, on aurait pu avoir pour lui autant d'égards que pour Duquesne. » Ce qui motivait le changement de loyauté de Schomberg, c'était « en quelque manière se venger de la France dont il n'était pas content » en raison des persécutions contre les protestants[20].

Entre-temps, rejetant l'offre de soutien de Louis formulée par d'Avaux, Jacques II et ses ministres déclarèrent que le roi d'Angleterre était « trop grand pour avoir besoin d'une protection étrangère » et il rappela son ambassadeur de Paris. Ce fut seulement le 17 septembre 1688 que Jacques accepta finalement l'idée que Guillaume était sur le point de lancer une invasion[21]. Même à cette occasion, il refusa l'aide de la France. Au lieu de quoi il offrit une alliance aux Provinces-Unies, convoqua un nouveau Parlement et abrogea la plupart des mesures contre les privilèges de l'Église d'Angleterre. Croyant Jacques et ses ministres ensorcelés, Louis écrivit à d'Avaux le 7 octobre : « On aurait pu facilement dissiper toutes les forces si mes vaisseaux joints à ceux du roi d'Angleterre eussent été en état d'attaquer la flotte lorsqu'elle eût été en mer ou dans la Tamise, mais il n'y a plus présentement qu'à attendre l'événement[22]. »

Louis, comme Jacques, avait agi contre ses propres intérêts. Orange, principauté héréditaire voisine du territoire papal d'Avignon, conférait à Guillaume III le statut de prince souverain « par la grâce de Dieu ». Au lieu de lui permettre de conserver ce territoire, et d'en faire ainsi office de monnaie d'échange française, Louis l'avait annexé en 1682. Trois ans plus tard, à la stupeur de Guillaume, toutes les églises protestantes d'Orange furent démolies par les troupes françaises. À ses yeux, le statut dynastique était pourtant presque aussi important que la foi protestante. L'un des ambassadeurs de Louis écrivit plus tard que personne n'était plus jaloux que Guillaume III de tout ce qui touchait à son rang[23]. La guerre de Louis contre le commerce lui créa aussi des ennemis aux Provinces-Unies. À partir de juillet 1688, d'Avaux avait averti le roi des craintes hollandaises qu'il n'ait l'intention d'anéantir leur religion, et surtout leur commerce. S'il avait suspendu sa guerre contre le commerce, les États-Généraux et la ville d'Amsterdam n'auraient peut-être pas soutenu l'expédition de Guillaume III[24].

En guise de contre-mesure, d'Avaux pressa Louis d'envahir les Pays-Bas espagnols ou Liège, ou d'accepter des concessions sur les échanges commerciaux[25]. Au lieu de quoi, le 27 septembre 1688, commettant l'une des grandes erreurs stratégiques du règne, le roi attaqua en franchissant le Rhin. Les troupes françaises prirent Mayence le 17 octobre et la forteresse impériale de Philippsbourg le 29, bientôt suivies d'autres villes rhénanes : Spire, Worms et Mannheim[26]. Comme en 1667, il fut aidé par des revendications générées par un mariage royal ; dans ce cas la revendication fabriquée par les juristes royaux français, des droits de sa belle-sœur la duchesse d'Orléans après la mort de son frère l'Électeur palatin en 1685, sur la moitié du Palatinat et de ses trésors familiaux. Dans le Palatinat, cette guerre s'appelle encore l'*Orleansche Krieg*[27]. Dans ses proclamations, Louis parla aussi de la reconnaissance obligée, de la part de l'empereur, du candidat français Fürstenberg au titre d'Électeur de Cologne et de la transformation de la trêve de 1684 en une paix permanente, avec reconnaissance officielle par l'empereur de la souveraineté française sur tous les gains de territoires réalisés depuis 1678[28]. Depuis La Haye, d'Avaux commenta amèrement l'attaque française contre le Rhin : « Jamais nouvelle n'a plus réjoui le prince d'Orange[29]. »

Le 27 septembre 1688, Louis cantonnait aussi tous les navires et marins néerlandais dans des ports français, effaçant ainsi les dernières hésitations des marchands hollandais[30]. Le soutien hollandais à Guillaume fut renforcé par la nouvelle que les marins bataves retenus dans les ports français et refusant de se convertir au catholicisme étaient envoyés aux galères, un « changement de religion [qui] aigrit les esprits ici à un point que je ne puis dire », écrivit d'Avaux à Louis XIV[31]. Ce dernier s'était aliéné les Hollandais sans parvenir à les intimider. Les sermons des ministres huguenots avaient aussi renforcé le soutien néerlandais à l'invasion de l'Angleterre et au retour des protestants en France[32]. La ville d'Amsterdam avait déjà accepté d'accorder son soutien. Le 29 septembre, les États de Hollande et le 8 octobre les États-Généraux des Provinces-Unies firent de même[33].

Les véritables raisons du soutien militaire et financier à l'invasion étaient la crainte de la France et d'un Électeur de Cologne profrançais (que certains hauts responsables français espéraient transformer en vassal). La grande stratégie comptait davantage que la religion ou la nationalité. En juillet 1688, l'empereur Léopold Ier, ultra-catholique, renouvellerait son alliance avec l'ultra-protestant Guillaume III, qu'il reconnaîtrait début 1689 comme roi d'Angleterre, car ils s'opposaient tous deux à Louis XIV. L'alliance anglo-autrichienne, pivot des coalisations européennes contre la France jusqu'en 1815, débuta en 1688 en réaction aux politiques de Louis XIV[34]. Ce dernier avait trois raisons d'envahir la Rhénanie, de préférence aux Provinces-Unies. La première, sa passion pour l'expansion rhénane. La deuxième, sa crainte de l'Autriche, qui avait enlevé la ville de Belgrade, grande forteresse ottomane, le 6 septembre 1688. En réponse à la supplique de D'Avaux l'enjoignant d'attaquer les Provinces-Unies, il écrivit que cela lui aurait pris trop de temps d'assiéger les villes de Flandre. Il voulait conquérir

« toutes les autres villes et places situées sur le Rhin » avant la fin de l'année : « La nécessité [*sic*] de prévenir les mauvais desseins de la cour de Vienne ne m'a pas laissé d'autre parti à choisir que celui que j'ai pris et qui m'a paru le plus juste[35]. »

La raison la plus importante, et souvent négligée, de cette attaque sur le Rhin était inspirée par sa peur que l'Empire ne puisse vaincre l'Empire ottoman ou conclure une paix avec lui, affaiblissant ainsi l'alliance franco-ottomane et laissant toute latitude aux armées impériales de combattre la France sur le Rhin. Dans un « Mémoire des raisons qui ont obligé le roi à reprendre les armes », Louis affirmait que malgré son désir de tranquillité publique, il était forcé de combattre en raison du « dessein qu'a formé l'empereur depuis longtemps d'attaquer la France aussitôt qu'il aura fait la paix avec les Turcs[36] ». En d'autres termes, il se sentait obligé de lancer ce qu'on appellerait aujourd'hui une attaque préemptive.

Tout au long de l'été et de l'automne 1688, Louis XIV avait reçu des lettres de Pierre de Girardin, son ambassadeur auprès de l'Empire ottoman, l'avertissant de son effondrement imminent. Les troupes ne touchaient pas leur solde, des provinces se révoltaient. Le grand vizir menaçait de conclure la paix avec « les Impériaux » (l'Autriche) car c'était « l'unique remède » aux troubles dans l'empire[37]. Girardin écrivit le 26 mai que « le mépris que les milices et le peuple ont conçu pour leur sultan augmente de jour en jour. Si les Impériaux s'avancent jusqu'à Constantinople, dont le chemin leur est ouvert, rien ne peut garantir cet empire d'une totale ruine[38] ». Par moments, l'ambassadeur, qui avait aidé à organiser l'approvisionnement en blé de la capitale malgré les tentatives vénitiennes d'en faire le blocus, croyait les Turcs si effrayés qu'ils abandonneraient Constantinople. Les boutiques avaient fermé. La ville était « un véritable désert ». Seuls les mendiants restaient[39]. En octobre, il prophétisait que, soit par des révolutions intérieures, soit sous des assauts extérieurs, « la chute et l'entière décadence de l'Empire ottoman est inévitable[40] ». On lui donna instruction de suivre le Grand Seigneur (le sultan) s'il se retirait en Asie[41].

Cet été-là, en effet, le gouvernement ottoman soumit Louis à un chantage, le menaçant de conclure une paix avec l'Autriche même aux conditions les plus défavorables, à moins qu'il ne fasse la guerre en Europe. Il l'accusait de rester sur le Rhin avec son armée, « les bras croisés », alors qu'il pourrait remporter de grands avantages sur l'Autriche[42]. Le 10 septembre, Louis répondit en promettant de faire marcher ses troupes vers le Rhin et l'Italie[43]. Le 15 octobre, il se vantait à Girardin de ce que ses armées avaient le contrôle de tout le cours du Rhin de Cologne à Bâle, et de presque tout le Palatinat : « Voilà une guerre générale dans toute l'Europe », dont les Turcs devraient profiter en concluant une paix favorable ou en récupérant des territoires en Hongrie[44]. Le 2 décembre, il écrivit à son ambassadeur : « Vous pouvez vous servir adroitement de cette information pour empêcher que les Turcs ne précipitent une paix qui au fond serait encore plus dommageable à la chrétienté qu'à eux-mêmes en facilitant à la maison d'Autriche les moyens de s'agrandir et la ruine des États catholiques et des grands bénéfices d'Allemagne[45]. » Il voulait que l'Empire ottoman attaque la Hongrie et qu'il fasse la paix avec la Pologne. L'alliance de l'Autriche avec les puissances protestantes légitimait la sienne avec l'Empire ottoman[46]. Louis argua auprès de ses propres diplomates à propos de « l'éloignement que j'ai toujours eu à exciter les Turcs contre l'empereur », alors qu'il ne cessait d'œuvrer en ce sens[47].

Les flots du Danube, du Rhin, du Bosphore et de la Manche se mêlaient. Louis pouvait secrètement se féliciter de l'invasion de l'Angleterre par Guillaume III.

Une guerre civile en Grande-Bretagne, croyait-il, occuperait longtemps les forces de Guillaume et des Hollandais et faciliterait les conquêtes françaises sur le Rhin. Il surestimait les soutiens à Jacques et sous-estimait l'anticatholicisme anglais. À l'automne 1688, alors que le Roi-Soleil entamait sa saison de chasse – chevauchant « en cavalcade » avec les dames de sa cour dans la forêt de Fontainebleau –, Guillaume III continuait d'étoffer ses forces. Son armée, peut-être composée de 21 000 hommes, plus importante, mieux entraînée et mieux équipée que celle de Jacques II, était véritablement internationale. Elle incluait 3 700 soldats anglais et écossais au service des Provinces-Unies, des Hollandais, des Allemands, des Danois, des Suédois, 800 officiers huguenots et 200 Africains du Surinam[48].

Pour sa part, Louis s'aliéna le pape autant que l'empereur. Dans une lettre au cardinal d'Estrées, il se plaignit du préjugé du souverain pontife contre la France et de « son penchant naturel pour la maison d'Autriche[49] ». La vieille querelle des immunités diplomatiques en fut ravivée. L'entrée solennelle dans Rome du nouvel ambassadeur de France, M. de Lavardin, avec 700 gardes le 25 novembre 1687 s'était voulue délibérément provocatrice. Le pape refusa de confirmer Fürstenberg au poste d'Électeur de Cologne ou les nominations du Roi-Soleil aux évêchés de France ; il s'apprêtait à placer la France sous interdit et à excommunier le roi. Pour sa part, ce dernier envisageait une invasion des États de la papauté. Même si Jacques II avait daigné demander l'aide des Français, il aurait découvert que l'essentiel de la flotte française était loin en Méditerranée, se préparant à attaquer Rome. Quoi qu'il en soit, la marine française avait été affaiblie par un manque d'investissements. De 1685 à 1687, 14 millions de livres avaient été dépensés à Versailles et aux Invalides, mais seulement 7 millions dans la marine.

En France, au début du mois de novembre 1688, des gens pleuraient de joie à la nouvelle que « tout le Rhin » était aux mains des Français, et que le Dauphin était « adoré » de ses troupes[50]. Puis, le 11 novembre, après un départ avorté, la flotte hollandaise, 463 vaisseaux au total, appareilla des Provinces-Unies vers l'Angleterre et forma un convoi long de plus de 30 kilomètres. Les éléments, en l'espèce « le vent protestant » qui souffla sur la Manche, tournèrent en faveur de Guillaume III. La flotte de Jacques II, conduite par le comte de Dartmouth, pâtit d'ordres contradictoires, d'officiers déloyaux, et crut que les Hollandais débarqueraient près de l'embouchure de la Tamise[51]. Le convoi poursuivit sa progression en pleine Manche sans rencontrer d'opposition et, le 15 novembre 1688, Guillaume débarquait à Brixham, non loin de Torbay, dans le Devon. Il procéda en une lente avancée vers Londres, se ralliant l'opinion en chemin tout en niant, avec non moins d'hypocrisie que Louis démentant son alliance ottomane, avoir une quelconque intention de détrôner Jacques II. Des milliers d'exemplaires de sa déclaration circulèrent, affirmant qu'il voulait non seulement préserver « la religion protestante » et « les lois et les libertés de l'Angleterre » en appelant à « un parlement libre », élu « selon les lois d'Angleterre », mais également enquêter sur la naissance du « prétendu » prince de Galles.

Les officiers de Jacques coordonnèrent leur désertion avec l'avancée de Guillaume. Le 3 décembre, John Churchill menait 400 officiers et hommes de troupe, parmi lesquels le gendre du roi, le prince George de Danemark, et les ducs de Grafton et d'Ormonde, dans le camp de Guillaume. La trahison de Churchill avait été planifiée au moins depuis le printemps 1687, avant la naissance du prince de Galles. La princesse Anne, fille de Jacques, se joignit aussi à la rébellion[52].

Louis pensait que Jacques se dresserait et combattrait. Il avait écrit à son ambassadeur Barillon le 1er novembre

1688 : « Plus un roi montre de grandeur d'âme dans le péril, plus il affermit la fidélité de ses sujets. Que le roi d'Angleterre s'abandonne à l'intrépidité qui lui est naturelle et il se rendra redoutable à ses ennemis[53]. » Toutefois, Jacques II échoua dans son rôle de roi, comme il échoua dans sa fonction de général. Il avait perdu sa bravoure juvénile et craignait d'être détrôné puis mis à mort, comme Richard II, Henry VI et son propre père, Charles Ier. À l'inverse de Guillaume d'Orange en 1672, il n'était pas prêt à se battre jusqu'à son dernier souffle. Dans la nuit du 20 au 21 décembre, ce fut la première de ses trois fuites, qui eurent lieu entre 1688 et 1690. Il s'échappa de Londres par bateau, déguisé en domestique, lâcha le Grand Sceau d'Angleterre dans la Tamise en partant, imaginant que le gouvernement serait suspendu. En son absence, Londres fut brièvement la proie des émeutiers, qui mirent à sac les chapelles des ambassadeurs catholiques.

Jacques avait écrit le 20 décembre 1688 à son commandant en chef Louis de Duras, comte de Feversham, qui s'était révélé aussi inutile sur terre que son commandant de la marine, George Legge, comte de Dartmouth, en mer, en l'enjoignant de ne pas résister à « une armée étrangère et à une nation empoisonnée ». Feversham démissionna le même jour et démantela l'armée de Jacques, pis-aller qui tenta d'empêcher davantage de désertions au profit de Guillaume[54]. Le 22 décembre, afin de combler le vide de pouvoir et la vacance militaire, et de brider le mouvement de panique, un groupe de 30 pairs du royaume se réunit à Guildhall et Whitehall, avec l'intention de montrer qu'ils représentaient à la fois la Ville et la Cour. Ils comptaient parmi eux deux archevêques et le comte d'Halifax (dont le fils épousa une petite-fille du banquier protestant de Louis XIV, Barthélemy Hervart). Ils invitèrent Guillaume III à Londres. Leur position de pairs du royaume et de membres du Conseil privé leur conférait au sein de l'État une autorité naturelle et un pouvoir d'influence que nombre de nobles français auraient pu leur envier. Jacques fut arrêté par un groupe de pêcheurs à Faversham, sur la côte du Kent, où il avait tenté de fuir vers la France. Après quatre jours d'un emprisonnement humiliant, il fut reconduit à Londres sous escorte le 26 décembre par le régiment des Life Guards envoyé sur ordre des pairs. Les Londoniens sonnèrent les cloches, allumèrent des feux de joie et acclamèrent son retour[55].

Guillaume était arrivé à Windsor le 24 décembre. L'armée changea de camp. William Blathwayt, secrétaire à la Guerre, et Churchill, commandant des régiments de gardes et lieutenant général de l'armée de Guillaume III, vinrent prendre de lui ses premiers ordres et firent subir une purge à l'armée de Jacques II, en évinçant ses soutiens[56]. À 8 heures du soir, le 27 décembre, 6 800 hommes des gardes hollandais de Guillaume, et ses régiments anglais et écossais, pénétrèrent dans Londres sous les ordres de son cousin le comte Heinrich von Solms-Braunfels. Alors qu'ils prenaient le contrôle de Whitehall (où certains restèrent jusqu'en 1698), les gardes anglais en faction ne résistèrent pas, obéissant ainsi aux ordres de Jacques II en personne[57]. À 13 heures le 28 décembre, ce dernier quitta à nouveau Whitehall, déclarant ne pas savoir ce qui était le pire, entre les gardes hollandais ou les siens. Quelques courtisans et son fils illégitime, le duc de Berwick, né d'Arabella, sœur de Churchill, l'accompagnèrent en bateau sur la Tamise (un itinéraire choisi par Guillaume pour éviter que son oncle ne soit acclamé dans les rues) vers Rochester, sur la côte du Kent[58].

Entre-temps, dans la nuit du 19 au 20 décembre, l'épouse de Jacques II, Marie de Modène, s'enfuit aussi de Londres avec le prince de Galles sous un déguisement. Jacques se méfiait tant de ses sujets et redoutait tellement « la populace » que, pour escorter son épouse et son fils en France, il avait choisi l'ancien favori de Louis XIV, Lauzun, arrivé en Angleterre à la mi-octobre, où Seignelay, le ministre de la Marine, l'avait envoyé en mission. Le 20 décembre, Marie de Modène, le prince de Galles, Lauzun et quelques courtisans firent voile de Gravesend, sur la côte du Kent, et accostèrent à Calais le lendemain. La hâte et le secret dans lesquels s'était déroulée la fuite de Jacques II et son épouse tendent à démontrer qu'ils avaient conscience de leur impopularité. Jacques déplora plus tard la « défection si générale dans mon armée ainsi que dans la nation parmi des gens de toute espèce[59] ». Pendant le voyage de Marie de Modène de Calais à Saint-Germain, elle fut reçue en accord avec l'étiquette établie pour les reines d'Angleterre se rendant en visite en France, depuis l'arrivée de Henriette-Marie en 1644[60]. Le 6 janvier 1689, Louis alla solennellement, avec sa cour et ses gardes – une procession d'une centaine de carrosses –, jusqu'à Chatou pour l'accueillir. De retour à Saint-Germain, il se montra impatient de voir Lauzun, lui disant : « Entrez, monsieur de Lauzun, il n'y a ici que de vos amis » ; ils passèrent une heure à s'entretenir. Ainsi que Mme de Sévigné l'écrivit à sa fille, en un nouveau rebondissement Lauzun était rentré à Versailles en passant par Londres. Il y recouvra ses « grandes entrées » puis devint l'un des principaux conseillers de Jacques II en exil (et plus tard de son fils, celui que l'on appela Jacques III). Enfin, en 1692, sur la demande de Marie de Modène, déjà fait chevalier de l'ordre de la Jarretière par Jacques II, Lauzun réalisa son ambition de toujours : être créé duc par Louis XIV. Mademoiselle, qu'il avait abandonnée en 1684, ne décolérait pas[61].

Jacques passa cinq jours à Rochester, dans la maison du maire, Sir Richard Head, attendant que « les yeux de la Nation » se rouvrent. Il reçut des courriers et des lettres de Londres, mais préféra finalement la fuite vers l'étranger[62]. Sa demande d'un refuge aux Pays-Bas espagnols lui fut refusée par le gouverneur général. À minuit, le 1er janvier, sans rien annoncer à la plupart de ses serviteurs et de ses courtisans, il sortit de la maison (aujourd'hui Abdication House, au 69, High Street, à Rochester) par l'escalier de service, descendit jusqu'à un bateau qui l'attendait, avec Berwick et Richard Hamilton, son maître des robes. Il fit voile vers la France le lendemain matin, accosta à Ambleteuse, non loin de Boulogne, le 2 janvier et atteignit Saint-Germain le 7[63].

Entre-temps, le 28 décembre à 16 heures, avec Schomberg à ses côtés dans son carrosse, Guillaume III d'Orange-Nassau était entré dans Westminster, où la foule agitait des oranges sur des bâtonnets en s'exclamant « Un Orange ! Un Orange ! ». Sur la requête des pairs, Guillaume s'empara officiellement du gouvernement du royaume. Les projets d'enquête sur « l'imposture du bas-ventre » (la naissance réputée douteuse du prince de Galles) furent abandonnés : le mensonge avait rempli son but[64]. Le 13 février, Guillaume III et Mary II, le plus grand ennemi de Louis et son épouse, étaient proclamés roi et reine. L'Angleterre, alliée de la France au cours de presque tout le siècle écoulé, d'Elizabeth Ire à Charles II, venait de changer de camp. Avant même son accession officielle au trône, Guillaume avait commencé de déployer des régiments anglais et irlandais à l'extérieur de Londres et de faire venir davantage de troupes hollandaises en Grande-Bretagne. Il envoya aussi des soldats anglais (dont un bon nombre de mutinés) défendre les Provinces-Unies, auxquelles Louis avait déclaré la guerre en novembre[65].

La majeure partie de l'Irlande reconnaissait encore l'autorité de Jacques II et, en mars 1689, Louis y envoya ce dernier à la tête de troupes françaises. Le roi déchu aurait pu préférer se rendre en Écosse ou rester en France, chasser et assister à la messe[66]. Or, Louis le voulait en Irlande pour des motifs stratégiques propres à la France, le pressant même de traiter ses sujets protestants sur place aussi bien que possible. Ses principaux conseillers étaient le comte d'Avaux, Lauzun, que Jacques avait fait capitaine général de ses forces, et le Lord Lieutenant d'Irlande, Richard Talbot, duc de Tyrconnell et beau-frère de Marlborough[67]. L'arrivée de Jacques II en Irlande ainsi que la nouvelle de la dévastation du Palatinat renforcèrent l'enthousiasme anglais pour la guerre avec le roi de France, que Guillaume déclara le 17 mai, et sur laquelle il aurait insisté, disait-on, dès le premier jour de son règne[68]. Déjà, le 12 mai, il avait signé une alliance formelle avec l'empereur Léopold Ier, pour priver Louis de toutes ses conquêtes depuis 1659 et, parce que le roi Carlos II était sans enfants et en mauvaise santé, pour réserver la succession de la monarchie espagnole à la maison d'Autriche.

Jacques II manifesta le même « esprit de vertige et d'erreur » en Irlande qu'en Angleterre. L'armée de Guillaume III, dont certains des meilleurs éléments étaient composés de huguenots, était commandée par Schomberg. Quatre ans après avoir fait ses adieux à Louis XIV à Versailles, ce dernier était devenu duc anglais, colonel de deux régiments britanniques, maître général de l'Ordonnance, bénéficiaire d'un salaire de 10 000 livres sterling annuelles et de 100 000 livres de dédommagement pour la perte de ses domaines en France. Selon son ami whig Gilbert Burnet, il affirma aussi que Louis manquait de « vrai jugement ». Il n'y avait moyen de traiter avec lui « que par la plus abjecte flatterie » ; « sa principale maxime est de ne rien laisser au hasard[69] ».

Toutefois, en 1690, au cours de la campagne, ils furent nombreux à entendre Guillaume, déçu par Schomberg, pester parce qu'il avait payé trop cher son maréchal[70]. Le 1er juillet, celui-ci tâchait de franchir la Boyne pour regrouper ses troupes et, identifiable à son ruban bleu de l'ordre de la Jarretière, il fut abattu d'une balle par un soldat français sur ces mots : « C'est donc toi, vieux bougre[71]. » Ses fils n'en continuèrent pas moins de servir Guillaume III. Sur la Boyne, ce dernier combattit avec sa bravoure coutumière. Peut-être encouragé par Lauzun, Jacques II s'enfuit si vite du champ de bataille qu'on l'appela en gaélique *Seamas an Chaka* (« Jacques le merdeux »), car on disait qu'il aurait souillé ses chausses de terreur. Quatre jours plus tard, après dix-sept mois passés en Irlande, il s'embarquait pour la France[72]. Les dernières troupes françaises et irlandaises furent évacuées à la suite du traité de Limerick de 1691. Des lois anticatholiques strictes, notamment la prohibition de principe des prêtres et du culte catholiques, assurèrent la domination protestante et anglaise sur l'Irlande après 1690[73]. Comme en France et en Angleterre, le gouffre entre protestants et catholiques n'avait fait que s'y approfondir.

Jacques II rentra à Saint-Germain découragé. Louis XIV était sceptique quant à l'ampleur du soutien en Angleterre à un roi dont la « trop grande indulgence et son irrésolution dans toute les affaires les plus importantes » l'avaient poussé lui-même à s'en plaindre au comte d'Avaux en 1689[74]. Néanmoins, sous l'effet de ses cultes de la monarchie et du catholicisme, il laissa la politique française dévier de son chemin et consacra les ressources françaises à des plans d'invasion de l'Angleterre en 1692 et en 1696. Dans ces deux circonstances, Jacques II et une force franco-irlandaise conséquente se regroupèrent sur la côte française[75]. La maîtrise anglaise de la Manche suffit à repousser ces deux tentatives. Incapable d'imputer leurs échecs répétés à son mari, son hôte ou sa religion, Marie de Modène préféra les attribuer à ce qu'elle appelait des « infortunes presque surnaturelles[76] ».

Tout ce qui en subsistait, c'était « notre cour à Saint-Germain », dans le Vieux Château abandonné par Louis depuis 1682, où Jacques avait déjà séjourné entre 1649 et 1652. Les Stuarts avaient alors été bien moins généreusement financés par le gouvernement français qu'ils ne le furent à partir de 1689[77]. Le roi et la reine employaient désormais chacun une maison composée d'environ 90 membres. Le secrétaire d'État de Jacques II, James Drummond, comte (et plus tard duc) de Melfort, habitait dans l'ancien appartement de Mme de Montespan, et le prince de Galles occupait celui du Dauphin. Les deux sœurs Jennings avaient été la coqueluche de la cour de Charles II : Frances, duchesse de Tyrconnell, servait Marie de Modène en qualité de dame de la chambre à Saint-Germain, tandis que Sarah, plus tard duchesse de Marlborough, était maîtresse des robes d'Anne, princesse de Danemark à Whitehall[78]. En plus de sa propre maison, Jacques II entretenait une chapelle avec ses musiciens italiens, des médailleurs (les médailles jacobites montraient généralement l'effigie du roi en exil avec l'inscription *Unica salus* (« Le seul espoir ») ; un lord chancelier et un secrétaire d'État, une armée composée de régiments irlandais, un héraut et, sur les mers, des corsaires jacobites auxquels il remit des lettres de course. Louis XIV payait presque tout, y compris le mobilier du château[79]. Le nombre total de personnes attachées à la Cour, y compris les serviteurs des courtisans, était d'environ 1 000. Ils apprirent à parler la langue française, entrèrent souvent au service de la France et prirent la nationalité française, mais conservèrent durant plusieurs décennies des ambitions et des relations outre-Manche[80].

Le nombre des visites entre les deux cours révélait que Louis appréciait d'avoir d'autres têtes couronnées avec lesquelles s'entretenir et chasser, surtout Marie de Modène, dont il avait connu la mère, l'une des nièces de Mazarin, dans sa jeunesse. Louis traitait le prince de Galles et sa sœur Louise-Marie – née en 1692, et que l'on surnommait « la Consolatrice » – comme ses propres enfants. S'il n'avait pas aimé les Stuarts, il n'aurait pas continué de les financer ou refusé d'envisager leur expulsion au cours des négociations avec Guillaume[81]. Bien que le trajet entre Saint-Germain et Versailles durât à peu près deux heures, les deux familles royales se rencontrèrent en pas moins de 548 occasions de 1689 à 1715, à peu près une semaine sur deux, dont 193 visites de Louis à Saint-Germain a calculé Bernard Blasselle. La famille royale d'Angleterre se rendit à 303 reprises à Versailles ou Marly (qui était plus proche) et effectua 14 longues visites à Fontainebleau. Montés sur leurs chevaux en lisière de la forêt de Fontainebleau, Louis XIV et les dames de la Cour attendaient la cour d'Angleterre, Jacques II et Marie de Modène étant généralement en retard. Ils rehaussaient l'« air de cour » de Fontainebleau, y apportant, se plaignit Mme de Maintenon, un « redoublement de plaisirs » : chasses, concerts, parties de cartes, « Appartement ». Cinquante dames superbement habillées assistaient à la toilette matinale de Marie de Modène. Ainsi que l'écrivit Saint-Simon : « Rien n'était pareil aux soins et aux égards du roi pour eux ni la politesse ni l'air de majesté et de galanterie avec lequel cela se passait chaque fois[82]. » Si Marie de Modène se sentait souffrante, le roi lui rendait visite deux fois par jour afin de prendre de ses nouvelles[83]. À l'occasion, lors d'un passage en revue militaire, il chevaucha à hauteur de son carrosse, lui expliquant la composition des troupes[84]. Jacques accompagnait souvent le roi à des revues ou des cérémonies, et tendait aux princes français leur chemise pour leur nuit de noces[85].

L'autre motif du « respect et de la politesse » de Louis tenait à sa soif de louanges. Marie de Modène affirmait que, grâce à son hospitalité, il lui avait fait oublier ses malheurs. Jacques déclara qu'il était le plus grand gentilhomme ainsi que le plus grand roi du monde[86]. Mme de Sévigné estimait que l'hospitalité de Louis envers Jacques était « à l'image du Tout-Puissant » et que la belle âme du roi aime tenir ce rôle éminent[87]. Il estimait peut-être que la présence d'un autre roi oint ajoutait du prestige et de la sainteté à sa cour. Jacques II venait fréquemment toucher le Mal du Roi, les écrouelles, à Saint-Germain. L'envoyé du frère de Marie de Modène, le duc de Modène, était pourtant atterré par l'attitude de Jacques : « Il vit toujours entouré de moines et parle de ses infortunes avec indifférence comme s'il ne les éprouvait pas ou n'avait jamais été roi. De la sorte, il avait perdu tout le respect des Français, et ceux qui l'ont connu en Flandre [en tant que jeune officier] disent qu'il était alors un tout autre homme[88]. » Madame appelait « notre bon roi Jacques » [...] « l'homme le plus niais que j'aie vu de ma vie ». Il devrait partir s'installer à Rome, ajoutait-elle, où il pourrait rencontrer autant de prêtres et de moines qu'il lui plairait. Et plus elle le fréquentait, plus elle admirait Guillaume III[89]. Mme de Sévigné finit elle aussi par admirer Guillaume III, un « diantre d'homme » qui mettait à lui seul toute l'Europe en émoi. Quel destin, ajoutait-elle[90]. Elle méprisait elle aussi Jacques II : quand vous l'écoutez, disait-elle, vous comprenez aussitôt pourquoi il est ici. Les courtisans le traitaient de sot qui avait perdu trois royaumes pour une messe, sans tirer un coup de fusil[91].

La reine, en revanche, enchantait Versailles. Avec ses yeux foncés, sa peau saine, sa jolie silhouette et la « perfection » de sa tenue, elle associait majesté, intelligence et bonnes manières. Mme de Sévigné disait d'elle que c'était « une personne fort posée qui plaît fort[92] ». Elle laissait aux duchesses françaises la liberté de décider si elle devait les recevoir à la façon anglaise – avec un baiser, mais obligées de rester debout – ou française – sans baiser, mais autorisées à s'asseoir sur un tabouret en sa présence. Elles choisirent la seconde solution[93]. Pour complaire à Louis, les dames françaises rendaient « très assidûment » visite à Marie de Modène, tant à

Saint-Germain qu'à Fontainebleau[94]. Une reine d'Angleterre convenait mieux à Versailles que Marie-Thérèse ou, au XVIIIe siècle, une Marie Leszczyńska ou une Marie-Antoinette, qui préféraient toutes deux s'entourer d'un cercle d'amis que recevoir la Cour. Adressant une forme de reproche à mots couverts à la mémoire de sa femme, Louis dit de Marie de Modène : « Voilà comme il faut que soit une reine, et de corps et d'esprit, tenant sa cour avec dignité[95]. » Avec le temps, ayant d'abord été presque prisonnière en France (le 1er janvier 1689, Louis avait donné des ordres de ne pas la laisser partir si jamais Jacques devait la prier de rentrer en Angleterre), elle finit par dominer le gouvernement jacobite en exil et par influencer Louis au-delà de ce que ses ministres auraient souhaité[96].

Marie se lia aussi d'une étroite amitié avec Mme de Maintenon. Cent quarante-cinq lettres de la reine nous sont parvenues, assurant à maintes et maintes reprises sa meilleure amie de son amour et de sa gratitude : « En quelque lieu que je sois, je serai de tout mon cœur à vous jusqu'au dernier moment de ma vie [...] Dieu vous a choisie pour faire du bien à tout le monde[97]. » Mme de Maintenon avait toujours soutenu les Stuarts, admirant même leur manière anglaise d'emmailloter les bébés dans des langes amples plutôt que « serrés et bandés dans leurs ordures » comme les Français[98].

En France, les Stuarts étaient aimés. À ce stade, le détrônement de Jacques II et l'ascension du Parlement inspiraient plus de répulsion que d'admiration (sauf chez Madame, qui écrivit que personne n'avait le droit de traiter Guillaume d'usurpateur, car le peuple anglais l'avait appelé au trône)[99]. Les efforts de Guillaume III pour se présenter en libérateur de la noblesse française et des Parlements, et qui « affranchirait le peuple », n'eurent pas plus d'effet dans les années 1690 que dans les années 1670[100]. En 1690, les rumeurs de sa mort provoquèrent des manifestations de joie dans toute la France, jusque dans les cours de Versailles[101]. Caractéristiquement Louis était décontenancé de ce qu'il appelait l'« insolence » et les « extravagances » du « peuple ». Douze ans plus tard, alors que Guillaume était sur le point de passer de vie à trépas, Louis XIV s'en souvint. Son aversion pour les manifestations populaires, fussent-elles patriotiques, lui fit prendre d'avance des mesures pour empêcher des « extravagances » similaires, même parmi les jacobites. « Sa Majesté entend que sa volonté en cette affaire soit complètement exécutée », écrivit le ministre de la Maison du roi à d'Argenson, lieutenant de police de Paris[102].

Ainsi que le seraient les Français libres réfugiés en Angleterre en 1940, les jacobites furent considérés comme des amis valeureux, quoique exaspérants, au milieu d'un monde peuplé d'ennemis. Le clergé français, dont les assemblées se réunissaient dans le Château Neuf de Saint-Germain voisin, envoyait des subsides à Jacques II et des délégations vantant ses vertus et prophétisant son retour sur le trône. Le monarque détrôné se rendait souvent dans des églises de Paris, effectuait des retraites dans le monastère excessivement ascétique de La Trappe en Normandie, et pratiquait la mortification de la chair « avec une chaîne de fer munie de petites pointes acérées qui lui perçaient la peau[103] ». Après sa mort, certains Parisiens le considérèrent comme un saint.

Derrière la façade de solidarité catholique et monarchique affichée par Louis, il se peut aussi qu'il se soit servi des Stuarts comme d'un moyen pour poursuivre son plan à long terme visant à diviser l'Angleterre, l'Écosse et l'Irlande. Déjà en 1687, il avait entretenu une correspondance privée avec le Lord Lieutenant d'Irlande, Richard Talbot, par l'intermédiaire du ministre de la Marine, et non par les canaux diplomatiques, au sujet de plans visant à rendre l'Irlande et l'Écosse indépendantes si Guillaume accédait au trône d'Angleterre[104]. En Angleterre, Louis était considéré comme un tyran, mais en Écosse et en Irlande (ainsi qu'en Hongrie) il apparaissait comme un libérateur potentiel.

À l'inverse de Jacques lui-même, la diaspora jacobite se révéla presque aussi énergique que son adversaire, le « Refuge » huguenot. L'aiguillon de l'exil ouvrit aux membres des deux groupes des carrières plus exceptionnelles que celles qu'ils auraient pu connaître dans leur pays. Quarante mille Jacobites apportèrent à la France une compensation partielle de la perte de 130 000 huguenots. Leur arrivée, allant de pair avec la décision de la plupart des autres huguenots de se conformer au catholicisme, du moins extérieurement, et de rester en France, et le flux ininterrompu de catholiques étrangers venus travailler en France (la moitié des ébénistes du grand mobilier « français » du XVIIIe siècle étaient allemands), amoindrirent l'impact de la révocation sur l'économie française[105].

La « politesse » et « l'attention » de Louis XIV envers les Stuarts exilés en France ne s'étendaient néanmoins pas à leurs partisans protestants, soit à peu près un dixième du total. Cette proportion eût été plus élevée si Louis n'avait pas averti Jacques et Marie qu'il n'en voulait pas. Jusqu'à sa mort, ils se virent refuser la permission de célébrer des services religieux protestants, y compris des enterrements (il fallait les inhumer dans des champs). Pourtant, là encore, le roi se montrait plus catholique que le pape, qui avait commencé d'assouplir les restrictions imposées au culte et aux inhumations protestants à Rome. Louis expulsa personnellement de Saint-Germain Dean Granville, un ami et conseiller de Jacques et Marie, qui tenait des « assemblées » anglicanes, et ce, malgré les protestations de la reine qui défendit un « homme de qualité » attaché au roi légitime[106]. L'intolérance du Roi-Soleil et le catholicisme ostentatoire des Stuarts en France nuisirent à leur cause en Angleterre et en Écosse, où peu de gens saisissaient que Jacques II continuait de croire en la liberté de culte[107].

La cour et l'armée des Stuarts, associée à la galaxie des couvents, monastères et collèges anglais, écossais et irlandais établis en France depuis la Réforme, par exemple ceux des Augustiniens et des Bénédictins anglais, des « Sœurs bleues de l'Immaculée Conception », des Dames anglaises, des Collèges des Irlandais et des Écossais et bien d'autres, créèrent en quelque sorte en France une Angleterre, une Écosse et une Irlande alternatives[108]. À Paris, les jacobites se réunissaient rive gauche, rue de Buci, rue Jacob et rue Saint-Jacques. Le besoin de « contenir » leurs « tumultes » et de mettre fin à leurs scandales fut dès lors un élément récurrent des instructions du roi et de ses ministres au lieutenant de police de Paris[109]. En 1705, sur l'initiative du monarque, le lieutenant de police d'Argenson écrivit à M. Caryll, le secrétaire d'État des jacobites : « Les officiers de police de Paris se trouvent de plus en plus embarrassés par le grand nombre d'Anglais qui y viennent et qui y restent en toute liberté comme si nous étions dans la plus profonde paix. » Après avoir reçu des ordres de Marie de Modène, un prêtre anglais dut dresser une liste de tous les « Anglais loyaux » et des « Anglais suspects » de Paris[110].

Les régiments irlandais (de Berwick, Clare, Dillin, Tyrconnell et autres), les « Oies sauvages », mercenaires à la réputation légendaire, combattirent sous des étendards portant cette inscription : *Semper et ubique fidelis* (« Toujours et partout fidèles »). Dans les années 1690, il y avait 6 000 soldats irlandais au sein de l'armée française et environ 18 000 formant les rangs de celle de Jacques II en exil, certes organisée par le roi, qui procédait aux nominations des officiers, mais en fin de compte sous le contrôle du ministre français de la Guerre[111]. Après la paix de 1697, quand Louis renvoya nombre de ses régiments français dans leurs foyers, il ne démantela pas les régiments irlandais, à la suite d'une supplique personnelle de Jacques[112]. Dans leurs uniformes rouges, héritage de leurs origines Stuarts, ils aideraient la France à remporter des batailles, à Crémone en 1702, à Almanza en 1707 et à Fontenoy en 1745. S'ils étalaient leur loyauté envers les Stuarts, en réalité nombre de ces hommes étaient des soldats de métier qui auraient choisi des carrières dans l'armée française même si les Stuarts étaient restés sur le trône. Dans les années 1660, l'armée de Louis avait déjà intégré quatre régiments irlandais et deux régiments écossais[113].

Comme les huguenots, les jacobites influencèrent leur nouvelle patrie. Anthony Hamilton, frère du maître de la garde-robe de Jacques II, avait servi dans les armées de ce dernier et dans celles de Louis XIV. En 1705-1706, alors qu'il vivait à Saint-Germain, il écrivit ses *Mémoires du Comte de Gramont*, sous-titrées *Intrigues amoureuses de la cour d'Angleterre*. Il prétendit qu'elles étaient de la main de son beau-frère Philibert de Gramont, un courtisan français décrit par Saint-Simon comme un chien enragé jouissant de la liberté de dire au roi tout ce qu'il voulait à propos de quiconque, même ses ministres ; l'épouse de Gramont était aussi l'une des favorites de Louis[114]. En partant du point de vue des années 1660 éprises de plaisirs, ces Mémoires critiquaient les pieuses années 1700, quand les courtisans passaient la moitié de leur journée à prier ou à faire mine de prier, ainsi que s'en plaignait Hamilton. Comme Mme de La Fayette, ce dernier dépeignait les courtisans, tant en France qu'en Angleterre (qu'il jugeait empreintes d'une élégance et animées d'un amour du plaisir comparables), dominés par leurs émotions davantage que par leurs ambitions. La liaison de Jacques, duc d'York, avec Arabella Churchill, après une chute de cheval qui lui avait permis de révéler certains de ses attraits, offrait un contraste tranché avec le style de vie ostentatoirement pieux qu'il avait adopté depuis. Beaucoup admiraient le style concis et moqueur de ces Mémoires, ce qui leur valut d'être fréquemment réimprimés après leur publication en 1713[115]. Écrits en français par un Irlandais, les *Mémoires du Comte de Gramont* furent traduits en anglais un an plus tard par un Français, Abel Boyer. Les deux diasporas transmettaient la culture du pays qu'elles avaient fui. Elles propagèrent aussi l'une et l'autre l'action subversive de la franc-maçonnerie. Les jacobites aidèrent à la fondation de la première loge maçonnique à Paris en 1726, neuf ans après la première, établie en Angleterre avec l'aide du docteur J. T. Desaguliers, un huguenot originaire de La Rochelle, qui était devenu prêtre anglican en Angleterre, dispensait des cours de philosophie expérimentale à George Ier et à sa cour et fut grand maître adjoint des francs-maçons[116].

Entre 1685 et 1689, la France et l'Angleterre étaient devenues plus monolithiques. La fuite des huguenots de la première et des jacobites de la seconde rendit la première plus catholique et la seconde plus protestante, et creusa l'hostilité de l'une envers l'autre. Alimentée par les deux diasporas qui devaient leur existence en partie à Louis XIV, la seconde guerre de Cent Ans venait de débuter.

18

La France contre l'Europe

Ultima ratio regum. [La force est] « le dernier argument des rois ». C'était la devise souvent inscrite sur les imposants canons en bronze de Louis XIV, sous la couronne royale et le blason aux trois fleurs de lys. En 1688, le roi de France possédait au moins 13 000 canons : on peut encore en découvrir des exemples dans la cour des Invalides. Ces armes n'étaient pas seulement son « dernier argument », puisqu'elles étaient aussi souvent le premier[1]. Ce ne fut pas Voltaire (comme on le répète fréquemment), mais le principal secrétaire de Louis XIV, Toussaint Rose, président de la Chambre des comptes de Paris, qui écrivit le premier que « Dieu était pour les gros escadrons et les gros bataillons contre les petits et des armées de même[2] ».

En septembre 1688, lorsque Louis avait décidé d'attaquer la Rhénanie, ses formes armées étaient au faîte de leur puissance. L'un de ses officiers, M. de La Colonie, en gardait ce souvenir : « On ne parlait plus que de guerre et toute la jeunesse du royaume était dans une si grande émulation qu'elle n'aspirait plus qu'à suivre le torrent des nouvelles levées qui se faisaient chaque jour[3]. » À partir du 20 novembre, on se servit des registres des impôts comme d'un moyen pour recenser et enrôler une recrue, avec pour base 2 000 livres de taille acquittées par une paroisse (un calcul tout théorique). Dans la pratique, les soldats étaient pour la plupart recrutés en usant de l'attrait des « primes » d'enrôlement et, la situation économique se dégradant, des repas réguliers que garantissait la condition militaire[4]. Les milices provinciales, réformées et renforcées par Louvois, fournissaient une autre source de recrues pour l'armée. La tradition féodale appelait les nobles sous les armes, mais ceux-ci obtenaient souvent de commuer leur service militaire en versant des impôts plus élevés[5]. En 1693, l'armée atteignit un seuil de quelque 320 000 hommes et 20 000 officiers[6].

Louvois, qui jouissait de la plus haute faveur, avait continué son œuvre de modernisation de l'armée. Exceptionnellement travailleur, même pour un ministre de Louis XIV, il était secondé par pas moins de 30 hauts administrateurs qui occupaient des bureaux dans l'hôtel de la Surintendance à Versailles ; depuis la mort de Colbert, il exerçait également la fonction de surintendant des Bâtiments[7]. Des dispositifs de paie et de promotion par ancienneté devinrent la norme. Après 1680, des régiments de carabiniers furent créés. Dès les années 1690, à peu près 160 casernes avaient été construites, des hôpitaux modernisés et les uniformes standardisés ; les gardes et régiments personnels du souverain, comme le Régiment du Roi, endossaient une livrée bleue, le reste de l'armée le gris, les gardes suisses le rouge[8]. En 1705, les mousquets et les piques avaient été remplacés par des fusils à baïonnette. Les officiers surpris à détourner la solde ou les rations de leurs soldats pour leur propre compte étaient sévèrement punis ou emprisonnés[9].

L'ambassadeur du Brandebourg, Ézéchiel Spanheim, réputé pour être le plus intelligent et érudit des diplomates à Paris, admirait les dimensions, la discipline et le sens de l'obéissance de l'armée française, ainsi que l'excellence de ses forts frontaliers. Toutefois, il n'ignorait rien des faiblesses de la marine, et savait que ses canons rencontraient des problèmes de fabrication. La France n'avait pas d'alliés et la fuite des huguenots l'avait affaiblie. Il croyait que Louvois avait incité Louis à surestimer fatalement ses forces et les faiblesses de ses ennemis, et prévoyait leur défaite[10]. Sans rien connaître des promesses de Louis au gouvernement ottoman, Spanheim écrivit que la guerre fut entreprise en 1688 « de gaieté de cœur », donc avec trop de légèreté : elle n'était pas seulement cruelle et injuste, mais aussi mal conçue[11].

Qui plus est, l'armée de Louis XIV était devenue une machine de destruction. Spanheim la qualifiait de « plus que barbare », se livrant à des actes d'« une inhumanité sans exemple[12] ». Le 24 octobre, alors que Guillaume III était sur le point d'envahir l'Angleterre, Jules-Louis Bolé de Chamlay, chef d'état-major officieux, écrivit à Louvois, qui avait déjà émis pareille suggestion : « J'oserai même vous avancer une chose qui ne sera peut-être pas de votre goût, qui est que dès le lendemain de la prise de Mannheim je mettrais les couteaux dedans, et ferais passer la charrue dessus[13]. » Le roi et Louvois acquiescèrent. L'objectif immédiat consistait à créer derrière les frontières françaises une ceinture protectrice de territoires soumis à tant de dévastations que les armées ennemies, après s'être massées derrière la frontière de l'Empire en cas d'attaque, seraient incapables d'assurer leur subsistance au fur et à mesure de leur avancée en territoire français. Le but ultime était d'imposer le candidat de la France, Fürstenberg, au poste d'archevêque de Cologne et, le moment venu, de transformer les quatre électorats de la Rhénanie (Mayence, Cologne, Trêves et le Palatinat) en vassaux[14].

Le 15 novembre, Louvois ordonnait aux généraux en Rhénanie de « faire bien ruiner » les maisons de façon qu'il n'en reste plus une debout. Le 13 janvier 1689, se référant à Mannheim, il écrivait que le roi souhaitait « en faire détruire entièrement les habitations, de manière qu'il n'y reste pas pierre sur pierre », avant d'ajouter que Sa Majesté recommandait de laisser en ruine les places qu'ils quitteraient. Montrant que ces ordres n'avaient rien d'habituel, Louvois insistait pour qu'ils restent secrets. Louis insista, en vain, pour qu'on épargne les églises catholiques. Il n'avait en fait pas l'entière maîtrise de sa machine de guerre[15].

De Düsseldorf, au nord, à Fribourg, 300 kilomètres plus au sud, l'armée de Louis transforma la vallée du Rhin en vallée de la désolation. Des villes, des villages et des fermes de Rhénanie furent brûlés ou bombardés, leurs habitants expulsés, leur bétail, leur blé et leur vin saisis. Il y avait parmi elles Coblence, Heidelberg, Spire, Mayence et une multitude de petits bourgs et de hameaux, catholiques autant que protestants. Les habitants qui réussissaient à reprendre possession de leur maison vivaient comme des sauvages dans leur cave. Dans l'ancienne capitale médiévale de Heidelberg, seules deux habitations étaient restées debout. La ville entière dut être reconstruite, raison pour laquelle les visiteurs actuels y découvrent une architecture et un agencement du XVIIIe siècle, et non une ville médiévale[16]. En mars, suivant les ordres de Louvois, Mannheim fut elle aussi rasée. La Concordienkirche, construite par l'Électeur palatin en 1679 pour toutes les confessions chrétiennes, fut détruite en plein milieu d'un service religieux dominical. D'après le commandant français, La Grange, tous ceux qui tentèrent d'y revenir furent tués[17].

Jusqu'au XXe siècle, les habitants de la région attribuaient un nom à un chien enragé : ils l'appelaient un « Mélac », nom du commandant français qui avait orchestré ces destructions et s'était acquis la réputation d'un violeur qui lâchait ses chiens sur les individus qu'il pourchassait. En 1672, ainsi qu'il en avait informé Luxembourg, il avait fait brûler vifs des hommes, des femmes et des enfants dans des villages hollandais[18]. Cependant, Ézéchiel du Mas, comte de Mélac, était aux yeux de ses officiers supérieurs, ainsi que pour le roi et la Cour, l'un des meilleurs officiers de l'armée française, jugé aimable et docile[19]. Saint-Simon en parle comme d'« un bon et honnête homme, pauvre, sobre et frugal, et passionné pour le bien public ». Il pouvait donc lui-même se laisser abuser par les masques dont s'affublaient les hommes loin du champ de bataille[20].

Madame fut atterrée d'apprendre que de telles destructions se perpétraient en son nom, sous le prétexte que le roi faisait valoir ses droits sur le Palatinat. À l'inverse de la reine, qui s'était sentie pleinement française, elle avait conservé une double identité. « On se sert de mon nom pour ruiner ma pauvre patrie, se plaignit-elle au gouverneur du Dauphin avant qu'il ne parte prendre le commandement de l'armée. Je suis pour ainsi dire la perte de ma patrie […] et l'on [le roi] trouve encore mauvais que je m'en afflige mais vraiment c'est plus fort que moi. » Elle pleurait toute la nuit. Le jour, elle se retirait dans son cabinet, cherchant la consolation auprès de ses médailles et de ses épagneuls[21].

La destruction ne réduisait nullement l'envie de Versailles de se divertir. Au retour du Dauphin du front (où il avait agi, selon ses propres termes, en chevalier de Madame), un ballet intitulé *Le Palais de Flore* fut dansé en son honneur au Trianon, sur une musique de Michel Delalande. La princesse de Conti jouait Diane, Mlle de Blois, Flore. « Notre printemps dure éternellement », chantait le chœur[22].

La guerre de Trente Ans avait vu des actes de destruction similaires. Depuis 1648, les lois de la guerre étaient pourtant devenues plus strictes. Les villages hollandais rasés et bon nombre de leurs habitants brûlés vifs par les troupes françaises en 1672 et en 1673 s'étaient ainsi révélés un désastre pour la réputation du royaume[23]. Même la politique de « ruine » de Louis aux Pays-Bas espagnols en 1683 et 1684 avait été moins brutale[24]. La Rhénanie, région immense, fut l'objet de ravages méthodiques, sans déclaration de guerre. Les généraux français sur le terrain comme Jacques-Henri de Durfort, duc de Duras, ou Claude-Louis-Hector de Villars étaient horrifiés. Ils mirent en garde Louvois contre le danger de « donner à toute l'Europe des impressions d'aversion terribles[25] ».

Louis fit même la guerre aux morts. Le 31 mai 1689, les tombes des saints empereurs romains germaniques dans la cathédrale catholique de Spire, l'une des plus anciennes de l'Empire, et celles des Électeurs palatins de la Heiliggeistkirche de Heidelberg furent ouvertes et pillées par des soldats français[26]. La cathédrale proprement dite fut minée et incendiée. Pour mieux la faire flamber, les habitants avaient été encouragés à y entasser leurs possessions avec la promesse qu'elles ne seraient pas détruites. En réalité, le feu prit si vite que les troupes françaises durent vider les lieux avant d'avoir pu détruire toutes les tombes (la plupart des pierres tombales y sont encore visibles). Dangeau précisa que Louis XIV versa plus tard 100 000 livres à l'Électeur de Trêves, en prétendant (faussement) que la cathédrale avait été incendiée contre ses ordres et en dépit de toutes les précautions prises. Elle ne serait reconstruite qu'au XIXe siècle[27].

Cette frénésie destructrice fut dénoncée publiquement par le doyen du chapitre de la cathédrale de Spire, Henri-Hartard de Raville, par des échevins de la cité et par de hauts responsables du Palatinat dans des rapports au Reichstag du Saint Empire romain, à Ratisbonne, et diffusés par la principale revue de langue allemande de l'époque, *Theatrum Europaeum*. Le 24 janvier 1689, l'Empire déclara la guerre à la France, l'ennemi commun des Allemands, catholiques autant que protestants. Des libelles allemands appelaient « toute l'Europe où nous avons été chassés en exil » (certains « pauvres Palatins », ainsi que l'on nommait les réfugiés du Palatinat, s'étaient installés à Londres) à la « Vengeance ! Vengeance ! Vengeance ! de toute éternité » contre les « cannibales » ou « Turcs » français[28]. La dévastation de la Rhénanie, perpétrée à la suite des persécutions contre les huguenots, confirmait la vision qu'avaient les Européens de Louis XIV comme « nouvel Attila ». Chamlay admettait que l'Empire n'avait jamais été plus uni dans sa haine du Roi-Soleil[29]. La destruction du Palatinat fut aussi portée à la connaissance du public dans des sermons et libelles en Angleterre, à temps pour rallier l'opinion à la déclaration de guerre de Guillaume III à Louis le 17 mai 1689[30]. Simultanément, le Roi-Soleil perdit l'appui de son cousin et neveu par mariage, le duc de Savoie. Ancien allié de la France, il avait envoyé certains de ses régiments combattre dans son armée et laissé entrer des garnisons françaises sur son territoire ; il se joignit pourtant lui aussi à la coalition qui se forma contre elle début 1690.

Mayence, sur le Rhin, assiégée depuis mai 1689, fut reprise par les armées impériales que commandait l'ennemi personnel de Louis, Charles V, duc de Lorraine, le 8 septembre, et le reste de la Rhénanie le fut en 1690. Le roi et Louvois n'avaient pas atteint leur objectif de faire de ce couloir rhénan une zone tampon protégeant la France. Néanmoins, leur action sur le Rhin, en attirant les forces impériales et en les détournant de leurs velléités d'attaque contre l'Empire ottoman dans les Balkans, contribua à préserver ce dernier, jusqu'à ce qu'il eût fini par conclure la paix avec le Saint Empire romain deux ans après Louis, en 1699.

En 1689, les armées françaises s'étaient tant employées à semer la dévastation en Rhénanie qu'elles avaient manqué l'occasion d'attaquer les Provinces-Unies, alors qu'en Irlande Guillaume III combattait Jacques II. En Flandre, le 1er juin 1690, pourtant, une armée royale de quelque 30 000 hommes commandée par le maréchal de Luxembourg remportait la bataille de Fleurus sur des forces anglo-germano-hollandaises. La plus grande partie des Pays-Bas espagnols passait sous contrôle français. Les forces royales s'y comportèrent avec plus de mesure que sur le Rhin. Aucune ville ne fut incendiée. La quantité de drapeaux ennemis que Luxembourg expédia pour décorer la nef de Notre-Dame de Paris lui valut le surnom de « tapissier de Notre-Dame ». Quand le roi reçut pour ces victoires françaises les félicitations d'Henri de Fourcy, prévôt des marchands de Paris, lors de sa visite du Nouvel An 1691 à Versailles, le roi donna un petit coup de canne à Luxembourg qui se tenait debout à ses côtés, en sa qualité de capitaine des gardes, et le complimenta : « Elles vous sont surtout dues[31]. »

En 1691, les Français assiégèrent Mons, capitale du comté de Hainaut dans les Pays-Bas espagnols, au sud-ouest de Bruxelles, un lieu si stratégique qu'en 1914 il deviendrait le théâtre de la première bataille entre armées britannique et allemande et serait choisi en 1966 pour devenir le site du quartier général de l'OTAN. Le roi résidait dans l'abbaye voisine de Bélian. Le 14 mars 1691, Dangeau écrivait : « Le roi n'est pas un moment sans travailler. » Et, en effet, il inspecta les tranchées creusées par son armée autour de la ville six heures d'affilée, puis travailla aux affaires politiques dans la soirée[32]. Depuis 1648, les fortifications de Mons avaient été régulièrement renforcées. Le panorama peint par Jean-Baptiste Martin (« Martin des Batailles »), aujourd'hui exposé à Versailles, montre la petite ville ceinte de murailles, dominée par le beffroi le plus haut de la région (construit pour servir de tour de guet face à l'avance des armées adverses), encerclée par un océan de canons, de tentes et de bivouacs français en un ordre apparemment parfait.

Une gravure publiée par Nicolas Langlois, *La Prise de Mons capitale du Hainaut par le Roy en personne le VIII Avril*, montre le souverain désignant d'un geste, depuis la tranchée, la ville bombardée. Il est entouré de Monsieur, du duc de Chartres, du Dauphin, du duc de Bourbon et, gisant à terre sur la gauche, d'un soldat tué par un boulet de canon, manière de prouver que le roi avait risqué sa vie.

Des tranchées françaises avaient été creusées jusqu'au pied des murailles de la ville. Les mousquetaires se montrèrent particulièrement courageux. Le 8 avril, la garnison de Mons se rendit. D'un total de 7 000 hommes, elle avait été réduite à 4 500, tandis que les Français n'en avaient perdu environ que 300. Guillaume III vit en Mons « une perte irréparable[33] ». Le roi de France fut accueilli à la porte principale par des magistrats qui lui offrirent une clef en or. Il les assura de sa clémence et de son estime. Dans la journée, il inspecta les fortifications et dans la soirée assista à un feu d'artifice[34].

La guerre se prolongeant, et peut-être surpris par la perte rapide de la Rhénanie, Louis perdit peu à peu foi en Louvois. Ses manières brusques et arrogantes, qui n'épargnaient ni le roi ni les autres ministres, dans le travail de qui il multipliait les interférences, lui avaient valu quantité d'ennemis. Comme avec Colbert en 1683, la perte de la faveur royale hâta la mort du ministre[35]. Le Peletier, l'ancien contrôleur général, écrivit que la chute de Mayence face aux forces impériales en septembre 1689 suffit à anéantir Louvois. « L'aversion du roi pour lui augmenta au dernier point. » On disait de Mme de Maintenon qu'elle le haïssait car il l'avait empêchée de suivre le roi au siège de Mons. Sa révocation – certains s'attendaient même à son embastillement – n'était plus qu'une question de temps[36]. Il mourut subitement, probablement après une crise cardiaque à la suite d'une audience éprouvante avec le roi, sur sa chaise percée, à Versailles le 16 juillet 1691[37]. Quelques semaines plus tard, Madame écrivit que depuis longtemps elle n'avait pas vu le roi si joyeux [38].

Peut-être pour assurer au monarque un plus grand contrôle personnel de son armée, ce fut Louis-François-Marie Le Tellier de Barbezieux, fils de Louvois, âgé de 20 ans, qui succéda à son père au poste de ministre de la Guerre. Caustique, Guillaume III observa qu'il était étrange que Louis XIV ait un ministre si jeune et une maîtresse si vieille[39]. Jouissant d'une bien moindre influence, Barbezieux se réfugia dans la chasse et la boisson. Louis travaillait avec lui de longues heures presque chaque jour, lui dictant des lettres en son nom propre ou les écrivant de sa main[40]. Au lieu de passer par le secrétariat d'État à la Guerre, Louis rédigeait aussi des centaines de missives relatives à la guerre aux princes, aux généraux, à des intendants de l'armée, par l'intermédiaire de ses propres secrétaires. Ils étaient nombreux à penser qu'il était devenu son propre ministre de la Guerre[41]. Il dressait des plans de campagne et se chargeait lui-même du choix et de la promotion des officiers[42]. Mme de Maintenon écrivit qu'il tenait plus de conseils que jamais. Après deux heures de chasse, « quand il le peut il rentre à 6 heures et reste jusqu'à 10 sans cesser de lire, d'écrire et de dicter ». Même après le souper avec ses filles, il retournait souvent travailler[43].

À la cinquantaine, comme dans sa jeunesse, Louis consacrait une attention particulière à ses gardes. Il défendait le pouvoir d'indépendance de leurs commandants contre celui du ministre de la Guerre, afin de mieux renforcer son autorité suprême[44]. En septembre 1691, après la mort du colonel général des gardes-françaises, le maréchal de La Feuillade, il assuma brièvement la fonction, « étant bien aise de la faire moi-même pour régler toutes choses comme je désire pour l'avenir » – tout comme il avait rempli celle de chancelier de France pendant une courte période en mars 1672[45]. Certaines lettres qu'il dicta à M. de La Cossière, l'un des « premiers commis » au ministère de la Guerre, sont longues de 20 pages et traitent de marches ou d'assauts. Ainsi qu'il l'avait fait pour la construction de Versailles, il exigeait : « Continuez à me mander le détail de ce qui se passera » et remerciait M. de Boufflers, le nouveau colonel général, pour son zèle et sa diligence à « mon service », dans la défense de « mon pays » et de « mes frontières[46] ». Les gardes-françaises étaient tenus d'avoir l'air « tels qu'ils doivent être pour approcher de ma personne » (en d'autres termes, physiquement impressionnants). Le 23 octobre, il écrivait à Boufflers : « Écrivez présentement au marquis de Barbezieux, je lui ordonnerai de vous expliquer mes intentions sur les affaires en détail, me réservant de le faire moi-même dans les occasions importantes et qui le mériteront[47]. »

Il recourait aussi à des conseillers personnels, comme Vauban et Chamlay, ainsi qu'à des princes de sa famille, ses yeux et ses oreilles au sein de ses armées. En 1693, il écrivit ainsi à Vauban, surintendant général des Fortifications de France, qu'il voyait souvent à Versailles et à Marly : « Vous pouvez me parler d'autant plus hardiment que je ne montrerai votre lettre à personne et que cela demeurera entre vous et moi. » En d'autres termes, après la mort de Louvois, le ministre de la Guerre était évincé[48]. Vauban lui écrivait et lui parlait certes librement, mais, on l'a vu, le surintendant n'osa pas envoyer au monarque son mémoire exigeant le rappel des huguenots, priant plutôt Louvois et peut-être Mme de Maintenon de s'en charger[49]. Il leur manquait sans doute à eux aussi le courage nécessaire.

Les détracteurs de Louis, parmi lesquels Primi Visconti, Ézéchiel Spanheim et Saint-Simon (trois personnages hors des normes), le répétaient à l'envi : en tant que chef de guerre suprême, le roi entravait les actions des généraux sur le champ de bataille, du fait de la gestion tatillonne à laquelle il se prêtait constamment depuis son bureau de Versailles. Il était accusé de mener une « guerre de cabinet », critique omniprésente chez tous les détracteurs des gouvernements de guerre[50]. Néanmoins, ainsi que l'admettaient les généraux de l'époque, il savait parfois faire preuve de souplesse et se montrer certainement moins autoritaire que Louvois[51]. Des généraux très capables et qui avaient quelques victoires à leur actif, comme François-Henri de Montmorency, duc de Luxembourg, Nicolas Catinat de La Fauconnerie ou Claude-Louis de Villars, pouvaient résister à ses ordres, ou les ignorer. Il est faux d'affirmer que le monarque avait peur du talent. Il eut recours à d'anciens frondeurs, comme Condé et Luxembourg, en raison de leurs capacités et promut des hommes tels Vauban et Catinat, issus de milieux relativement humbles, pour le même motif[52].

Il se laissait aussi contredire. « Le service du roi » était une notion élastique laissant place à la désobéissance. En 1675, Turenne avait justement envoyé au roi une défense de la désobéissance rédigée en langage de cour, où un mot comme « jamais » peut signifier l'inverse : « Je ne lui désobéirai jamais que quand je croirai, étant loin d'Elle [Sa Majesté], qu'Elle me saurait mauvais gré et qu'Elle serait entièrement contre son service de faire les choses qu'Elle ne me commanderait pas si Elle était sur le lieu. » En d'autres termes, le maréchal fit ce qu'il jugeait le plus opportun[53]. Grâce à leur prestige et à leur indépendance d'esprit, Turenne et Luxembourg avaient été en mesure de maintenir le roi éloigné du théâtre d'opérations[54]. Luxembourg était aussi capable de critiquer les décisions royales face au roi, comme ce fut le cas au sujet d'une suggestion d'attaquer Liège en 1693 : « Jugez, Sire, si avec beaucoup moins de troupes il est possible d'y penser[55]. » Les généraux demandaient néanmoins fréquemment au monarque des ordres écrits précis, afin de se soustraire à toute responsabilité en cas de défaite. En 1691, le roi écrivit à Boufflers : « Je ne vous donne point d'ordre positif d'entreprendre la surprise [d'attaquer] mais bien si vous croyez à propos de le faire de ne pas perdre de temps » ; Boufflers, bien sûr, n'attaqua pas[56]. En 1692, le roi pria Luxembourg de lui faire parvenir son avis uniquement parce qu'il connaissait bien la Flandre, grâce à ses nombreuses visites sur place depuis 1654 : « Je connais ce pays pour y avoir passé souvent et vous le connaissez encore beaucoup mieux que moi, c'est pourquoi je suis persuadé que vous prendrez tous les partis nécessaires pour votre sûreté[57]. »

La grande différence entre le roi et ses généraux tenait à ce qu'il jugeait la défense de la France et de la monarchie aussi importante que la victoire dans la bataille. À l'opposé de Napoléon ou des généraux de la Première Guerre mondiale, et pour des raisons plus utilitaires qu'humanitaires, il préférait préserver la vie de ses soldats, ne pas prendre de risques ou livrer bataille sur le sol français. Le 25 août 1692, il écrivit à Luxembourg : « L'essentiel est qu'il n'arrive point d'accident à mon armée et même qu'il n'y ait point de combat où la perte soit égale[58]. »

En 1692, Namur vit le dernier siège par Louis XIV lui-même. Citadelle apparemment imprenable sur une colline hors de la ville de Namur, à une soixantaine de kilomètres au sud-est de Bruxelles, elle avait été fortifiée sur le conseil du « Vauban hollandais », Menno Van Coehoorn. Le siège débuta le 25 mai. Le comte de Fiesques écrivit à Mme de Maintenon qu'une balle avait failli tuer le roi, en l'implorant de conjurer le souverain « de faire ici le général et non le soldat », bien qu'en réalité les généraux français risquassent souvent leur vie[59]. Malgré la proximité d'une armée de 80 000 hommes menée par Guillaume III, la ville capitula le 5 juin et la citadelle le 30, sur le conseil de Vauban, afin d'éviter d'être prise d'assaut et mise à sac[60]. Ce dernier commenta : « Fasse le ciel que cet auguste prince surmonte toujours ses ennemis avec le même bonheur[61]. » La chute de Namur fut considérée comme un triomphe français. Le Peletier écrivit toutefois que le siège avait été entrepris par Louis XIV pour des raisons plus émotionnelles que militaires, par désir de se « flatter » : « Pour montrer à toute l'Europe que sans le secours de M. de Louvois, Sa Majesté par elle-même pouvait exécuter un grand dessein. Prenant des mesures pour se flatter plutôt que pour bien faire effectivement[62]. » En effet, le compte rendu de Louis confirme ce que dit Le Peletier. Il écrivit qu'il était « d'autant plus satisfait de sa conquête que cette grande expédition était uniquement son ouvrage [non celui de Louvois] ; qu'il l'avait entreprise sur ses seules lumières ; et exécutée pour ainsi dire par ses propres mains ». Qui plus est, Guillaume III n'avait pas osé contre-attaquer[63].

Pour Louis XIV comme pour nombre de ses contemporains, la guerre n'avait peut-être pas d'autre objet qu'elle-même. Après 1661, la France fut en guerre pendant trente-trois ans, sur les cinquante-quatre de son règne personnel. L'armée était très nettement la première composante du budget de la France, consommant en temps normal plus de la moitié de ses recettes et en temps de guerre plus de 80 %[64]. Le roi usait de la guerre comme d'un moyen d'étendre le territoire français, mais il avait aussi besoin de victoires pour asseoir son contrôle sur ses sujets. Une remarque singulière dans les Mémoires écrits par Mademoiselle au cours des années 1670 laisse entendre que certains courtisans désiraient la défaite de la France, afin d'être mieux reçus par le roi[65]. En revanche, les victoires accroissaient et le prestige du monarque et l'obéissance de ses sujets. Le roi écrirait dans ses Mémoires (avec l'aide de son historiographe Pellisson) : « Il y avait près de quatre ans que la France soutenait la guerre contre toutes les puissances pour ainsi dire de l'Europe avec un succès bien différent de celui dont ses ennemis s'étaient flattés. » S'adressant à l'ambassadeur à Turin, il se vanta de ce que « la plupart des princes de l'Europe s'étaient ligués et mis contre moi ; de mes alliés, ils étaient devenus mes ennemis ». La guerre avec les « princes de l'Europe » pouvait être conçue comme une fin en soi. Pour le roi et beaucoup de ses sujets, le nombre de ses ennemis révélait sa force plutôt que son manque de talents diplomatiques[66].

Louis XIV laissa les exigences de la guerre prendre le pas même sur celles de la naissance. En 1675, Louvois avait introduit la règle d'attribution des commandements et des promotions militaires par degré d'ancienneté, c'est-à-dire par date de l'entrée au service des armées. L'une des raisons de l'aversion inexpiable de Louis envers le duc de Saint-Simon, plus encore que la propension de ce dernier à enflammer des querelles de préséance, fut sa décision prise en 1702, à l'âge de 27 ans, de quitter l'armée. Sa mauvaise santé en constituait le prétexte. En réalité, en tant que duc et pair du royaume, il se sentait humilié par la promotion à un rang supérieur au sien d'hommes de naissance inférieure mais de plus grande ancienneté ou de meilleure aptitude[67]. Le ministre de la Guerre le considérait comme un mauvais officier qui négligeait son régiment[68]. Le roi ne l'employa plus. Dans ses Mémoires, Saint-Simon se vengea.

En 1693, Louis XIV repartit en campagne, comme à son habitude. Toutefois, l'effort de guerre français fut affaibli par sa décision de combattre sur deux fronts, en Flandre et sur le Rhin, ainsi qu'avec des armées plus modestes stationnées le long des Alpes et des Pyrénées. Le 8 juin 1693, au lieu de continuer de concentrer son action sur la Flandre, il envoya des troupes sur le Rhin, comme il l'avait fait en 1688 et en 1690. Cette décision suscita la colère froide de nombre de ses officiers. Luxembourg, le commandant des troupes en Flandre, écrivit au roi le 22 juin, ainsi qu'il avait écrit à Louvois deux ans plus tôt, qu'essayer de faire trop de choses à la fois conduisait à l'échec dans toutes. Pour sa part, il souhaitait que les forces françaises en Flandre soient concentrées sous son commandement[69]. Le Dauphin fut envoyé dans la région du Rhin avec 25 000 hommes, mais sur le champ de bataille son indécision pesa lourd et il n'y réalisa aucun gain de territoire pour la France. En Flandre, en revanche, Luxembourg remporta une nouvelle victoire à Neerwinden le 29 juillet 1693.

Dans une lettre à Monsieur, qui en diffuserait sans doute largement le contenu, le roi tentait de se justifier. Il écrivait que l'avance en Flandre avait été ralentie par la multiplicité des rivières et des canaux, alors que sa décision de porter la guerre en Rhénanie devait contraindre ses ennemis à conclure la paix. Comme Richelieu avant lui, il identifiait « l'État » à ses propres politiques :

> Enfin je me suis rendu aux instances vives qu'on m'a faites, et j'ai sacrifié avec plaisir mon goût et ma satisfaction particulière et ce qui pouvait le plus me flatter [des victoires en Flandre] au bien de l'État, étant convaincu que ce parti peut plus efficacement procurer le rétablissement de la paix. [...] Vous qui aimez l'État plus que personne, je suis sûr que cette résolution sera tout à fait de votre goût[70].

En réalité, il n'y eut autour du Rhin aucun gain de territoires pérenne, et la paix ne fut conclue que quatre ans plus tard. Pour des raisons qui restent obscures – l'âge (il avait 55 ans), la goutte, une charge de travail croissante ou bien encore Mme de Maintenon –, après 1693 Louis XIV ne repartit plus jamais en campagne. Entretemps, les troupes françaises continuèrent leur dévastation de la Rhénanie même après le décès de Louvois, démontrant ainsi que leur brutalité relevait au moins autant de la responsabilité du souverain que de celle de son ministre.

Le 22 mai 1693, le palais des Électeurs palatins, bâti sur une colline dominant Heidelberg, fut miné et on le fit sauter. Il était si bien construit que les murailles du XVIe siècle, avec leurs statues d'empereurs romains, de rois et d'Électeurs germaniques (censées affirmer, comme la façade de Versailles, que ses constructeurs étaient des héritiers de l'Empire romain), subsistent à ce jour. Rival des Électeurs palatins, Friedrich Ernich von Leiningen donna un dîner au maréchal de Tallard et au comte de Mélac, sur l'autre rive, au château de Battenberg, au cours duquel ils regardèrent le palais brûler. Ce repas n'empêcha pas les convives de mettre le feu au château de Leiningen quelques jours plus tard. Madame écrivit que le roi lui-même, qui d'ordinaire avait horreur que ses troupes causent le moindre trouble, admit qu'il avait donné ordre de tout mettre à sac. Elle l'attribuait à la cruauté de Mme de Maintenon[71].

Fervent soldat lui-même, Louis XIV s'assurait que la plupart des princes Bourbon servent au sein des régiments dont ils étaient colonels (Dauphin-cavalerie, Monsieur-infanterie, et ainsi de suite). En 1689, le duc de Bourgogne alors âgé de 7 ans, comme son père le Dauphin avant lui, avait commandé devant le roi des manœuvres d'exercices des mousquetaires de la garde, et servit plus tard dans cette unité pendant un an[72]. Lors de la première bataille du duc du Maine en 1690, dont il dit à Mme de Maintenon qu'il s'y était amusé, alors qu'il n'avait que 20 ans, son gouverneur fut tué à ses côtés[73]. En 1694, les ducs de Vendôme et du Maine furent promus en récompense de leurs services sur le champ de bataille. Maine devint grand maître de l'artillerie[74]. Le fils du duc d'Orléans, le duc de Chartres, et le frère du duc du Maine, Louis-Alexandre de Bourbon, comte de Toulouse, qui avait commencé de combattre à 13 ans, furent blessés durant la campagne de 1692. Alors que les balles sifflaient autour d'eux, Toulouse lança à son gouverneur, le marquis d'O : « Marquis, est-ce tout[75] ? » Le prince de Conti était l'un des soldats les plus courageux de la famille. Louis se méfiait de lui en raison de ses états de service dans l'armée impériale et de ses lettres de 1685 où il se moquait du roi, mais il servit souvent sous les ordres du maréchal de Luxembourg. On disait que partout où il faisait son apparition, la victoire suivait promptement. Le 29 juillet 1693, après la victoire de Neerwinden, Luxembourg écrivit au monarque : « Les princes de votre maison s'y sont surpassés ; pour moi, sire, je n'ai d'autre mérite que d'avoir exécuté vos ordres. Vous m'avez dit d'attaquer une place et de donner une bataille. J'ai pris l'une et j'ai gagné l'autre[76]. » Idole de l'armée, le maréchal de Luxembourg s'éteignit en janvier 1695. Malgré des requêtes répétées, le roi ne fit plus appel à Conti.

Le désir de gloire de Louis XIV pour sa famille ne profita pas toujours à son royaume. Afin de le « faire connaître de toute l'Europe », il avait confié au Dauphin le commandement des forces françaises du Rhin en 1689 et 1690[77]. Selon des courtisans, ce dernier était populaire parmi les troupes, auxquelles il distribuait des sommes généreuses. Toutefois, en 1690, le conseiller militaire de Louis, Chamlay, écrivit à Louvois pour se plaindre que chacun des princes en campagne consommait, avec sa maison, davantage de fourrage qu'un régiment entier. Sur le Dauphin, il écrivait : « Monseigneur se promène trop longtemps [en tournées d'inspection], trop régulièrement, avec trop d'affectation », fatiguant ses hommes et se mettant lui-même en danger[78]. Certains croyaient que le souverain décourageait les généraux de se risquer à livrer bataille si son fils n'était pas présent pour prétendre en retirer sa part de gloire.

La guerre militarisait la monarchie. En décembre 1689, le roi avait ordonné que l'argenterie des églises (excepté les « vases sacrés ») et de Versailles, y compris le fameux mobilier en argent de la galerie des Glaces, soit fondu afin de lever des fonds pour l'armée. Horrifié de la perte de ces œuvres d'art, Sourches déclara que Colbert ne l'aurait jamais permis. Marly, construit comme un endroit de délassement, servit aussi de plus en plus de quartier général militaire. Une caserne fut édifiée près du portail en 1689[79]. Louis passait ses gardes en revue et dirigeait des manœuvres dans les champs près du parc[80]. Des drapeaux pris à l'ennemi étaient déployés dans le salon, afin d'impressionner les ambassadeurs étrangers[81].

À Versailles, en avril 1693, de sa propre initiative, le roi fonda l'ordre de Saint-Louis – d'après le nom du saint patron de la monarchie française. Ordre purement militaire, stipulait l'édit de sa fondation, il était ouvert aux officiers au bout de dix années de service militaire ou davantage, et procurait à certains chevaliers un modeste revenu prélevé sur les 300 000 livres qui lui étaient alloués chaque année. Là encore, les états de service prenaient le pas sur la naissance. Si le bénéficiaire n'était pas noble (un cinquième environ des officiers français ne l'étaient pas), sa croix de Saint-Louis suffisait à l'anoblir, ainsi que ses descendants. Le roi était à la tête de l'ordre, mais malgré les suppliques, même les princes de la famille royale n'y étaient admis qu'après dix années de service[82]. Des groupes de chevaliers venaient s'agenouiller dans le Grand Cabinet du roi et jurer de respecter les statuts de l'ordre, lus à haute voix par le ministre de la Guerre ou de la Marine. Ils étaient ensuite adoubés par le monarque avec son épée, puis il les embrassait et leur remettait la croix de l'ordre, ornée d'un portrait de Saint Louis suspendu à un ruban couleur feu, avec ces mots : « Au nom de Saint Louis, je te fais chevalier[83]. »

La France poursuivit ses dévastations. Montrant qu'il n'avait rien appris de la réaction consécutive à la dévastation du Palatinat, en août 1695, Louis XIV ordonna le bombardement de Bruxelles. Il croyait que « tourmenter » la population l'inciterait à demander la paix. Il espérait aussi éviter que Namur ne retombe aux mains de Guillaume III et exercer ainsi des représailles après les bombardements anglais des ports de la Manche, Dieppe, Saint-Malo et Brest. Comme avec le siège de Namur en 1692, sa véritable motivation était d'impressionner l'Europe. « Il faut faire quelque chose d'éclat », écrivit-il au commandant français, son vieil ami le maréchal de Villeroy[84].

Du 13 au 15 août 1695, après qu'on eut donné le temps aux habitants de se retirer dans les collines environnantes, à peu près le quart de la ville fut détruit par les boulets des canons français et les incendies qu'ils allumèrent. Dans des lettres au souverain, Villeroy se réjouissait de ce qu'il appelait l'embrasement total de la ville, ajoutant que le désordre que ses troupes avaient créé dans Bruxelles était au-delà de toute description. De nombreux édifices publics et religieux (Louis ayant à ce stade abandonné tout scrupule au sujet des églises) et les archives de la ville, ainsi que quelque 4 500 maisons privées, furent détruits[85]. Des officiers français étaient eux-mêmes atterrés par ce bombardement : le fils que Jacques II avait eu avec Arabella Churchill, le duc de Berwick, compara cette calamité à la destruction de Troie[86]. Loin de se laisser intimider, les habitants de Bruxelles demeurèrent hostiles. Un pamphlet ne tarda pas à circuler, adressé à la France par son « humble et obéissant serviteur » Lucifer, se plaignant de ce qu'elle l'avait privé de son travail, en ne lui laissant plus d'horreurs à perpétrer : « Ayant usurpé tous les princes de la terre, bombardé tant de villes, vous allez vous emparer de mon empire et m'expédier plus loin qu'en enfer[87]. » Le bombardement n'apporta à la France aucun avantage militaire. Namur se rendit à Guillaume III deux semaines plus tard, le 1er septembre 1695.

Comme en représailles pour la dévastation du Palatinat (ce que pensait Madame), la France fut frappée par une succession d'hivers très rudes et par des moissons médiocres, ce qui était particulièrement courant durant le « petit âge glaciaire » qui connut son pic de froid le plus extrême à la fin du XVIIe siècle. En 1691 déjà, le duc de Bourbon était effaré de la pauvreté qu'il constatait sur sa route pour Dijon, où il devait présider des sessions des états de Bourgogne. Il écrivit à Pontchartrain, ministre de la Marine, que dans les villages qu'il avait traversés il n'avait pas vu un seul habitant qui ne demande pas l'aumône. Les gens mouraient l'estomac rempli d'herbe[88]. Le curé Alexandre Dubois écrivit dans son journal à propos de la famine terrible dont souffraient les gens qui habitaient près de Lille. Chaque paroisse devait nourrir ses pauvres ; « nous étions vraiment las de la vie », avouait-il[89]. Les hôpitaux étaient assiégés par des hordes d'affamés qui cherchaient désespérément de quoi manger, comme dans des scènes du Jugement dernier. En 1694, les reliques de sainte Geneviève furent conduites en procession dans les rues de Paris pour implorer la miséricorde divine. Sourches, dont les gardes de la prévôté composaient une partie de l'escorte, remarqua dans les rues des mendiants, « un déluge de pauvres accourus de tous côtés de la campagne, dont les visages exténués de faim faisaient peur à voir, et dont la plupart étaient étendus sur des fumiers ou sur le pavé dans les rues, criant et mourant de misère ». Le roi cessa de toucher les écrouelles à Versailles afin d'éviter d'attraper des « maladies populaires[90] ». Au total, en 1693 et 1694, la mort faucha 1,3 million de victimes de plus que d'ordinaire, soit quelque 5 % de la population. En 1694, il y eut un quart de naissances en moins qu'au cours d'une année normale, 587 000 au lieu de 802 000[91].

La Couronne réagit avec une efficacité relative. Trente années de gouvernement sous Louis XIV avaient accoutumé ses sujets à l'obéissance. Des intendants lancèrent des programmes de travaux publics, « uniquement dans la vue de faire survivre les pauvres paysans et de ne pas les laisser dans l'oisiveté[92] ». Pendant l'hiver 1693-1694, 30 fours gigantesques furent installés dans la cour du Louvre, où l'on cuisait du pain pour les affamés[93]. Un armateur huguenot de Rouen qui s'était converti au catholicisme, Thomas Legendre, put trouver de l'aide grâce aux liens qu'il avait conservés avec des marchands protestants à l'étranger, ce qui lui permit d'importer du blé de la Suède et du Danemark, deux pays neutres[94].

La Couronne accrut aussi la pression fiscale sur ses sujets, en inventant de nouvelles taxes et en exigeant davantage de prêts. En 1692, par exemple, elle avait mis en place des maires dans chaque ville du royaume, excepté Paris et Lyon, plus dans le but de lever de l'argent que de promouvoir l'autonomie municipale[95]. En outre, les bourgeois étaient encouragés à acheter des titres de noblesse. Une capitation, un impôt sur le revenu radicalement nouveau, fut instauré en janvier 1695. Pour la première fois, tout le monde devait payer, excepté le roi et le clergé (qui avait acheté son droit d'exemption). Révélant quelle était la véritable hiérarchie de la richesse et du pouvoir en France, la première classe de contribuables assujettis comprenait non seulement le Dauphin, les princes et les ministres, mais aussi les fermiers généraux. Toute catégorie comprenait des nobles et des non-nobles[96].

La France était en guerre sur terre, mais également sur mer. Après la victoire du cap Béveziers – ou Beachy Head, non loin d'Eastbourne –, sur la côte sud de l'Angleterre le 10 juillet 1690, pour la seule et unique fois de son histoire la marine française contrôlait la Manche. En avril 1692, Jacques II fit à nouveau ses adieux à Louis XIV, en espérant rentrer en terre britannique à la tête de troupes françaises et irlandaises. Pourtant, la bataille du cap de La Hougue, le 1er juillet 1692, qu'il surveilla depuis la côte normande, fut une catastrophe, ainsi qu'on l'avait prédit au roi. Les navires français étaient inférieurs en nombre et en pièces d'artillerie[97].

Le roi pâtissait des conséquences de son goût pour les apparences. Ses navires, dont on peut encore admirer des vestiges dans les musées de la Marine à Paris et à Toulon, étaient dorés et ornés de moulures, couronnes, fleurs de lys, « L » entrecroisés, sirènes et dieux marins vantant la gloire de la France. Toutefois, ainsi que ses officiers s'en plaignaient souvent, leur navigabilité n'était pas à la hauteur de leur allure[98]. Ainsi, les galères si impressionnantes du monarque n'étaient pas seulement un supplice pour les galériens qui en actionnaient les bancs de nage, mais obsolètes et vulnérables face à des vaisseaux de haut bord plus rapides et mieux armés[99]. À La Hougue, le plus magnifique de ses bâtiments, *Le Soleil Royal*, bâti à Brest de 1668 à 1670, à la poupe sculptée d'une effigie du roi guidant les coursiers de la mer, finit en flammes, n'ayant livré bataille que trois fois. Un seul membre d'équipage sur 882 survécut. Un autre navire français décoré à outrance et trop lourd sur l'eau, *Le Royal Louis*, bâti en 1692, fut vendu en 1694 après une campagne seulement[100].

Le meilleur officier de la marine française, avec lequel Louis travaillait des heures d'affilée dans son cabinet, était le vice-amiral Anne Hilarion de Costentin de Tourville[101]. Le 28 juin 1693, au large de Lagos, sur les côtes d'Espagne, le vice-amiral arraisonna ou coula la presque totalité des 80 navires du « convoi de Smyrne », composé des navires marchands d'Amsterdam et Londres et de leur escorte, ralliant Smyrne, le grand port du Levant. Ce fut considéré à Londres comme le plus cuisant désastre depuis le Grand Incendie de 1666. Après ce succès, Louis n'eut pourtant plus les ressources financières ou matérielles pour enrayer le déclin de sa marine, tombée de 135 bâtiments de ligne en 1690 à 80 en 1715[102]. L'armée était prioritaire. Le ministère de la Marine se tourna donc vers la guerre de course, menée par un capitaine corsaire de légende, Jean Bart (né Jan Baert, d'une famille de pêcheurs dunkerquois). En juillet 1694, il s'empara d'un convoi de navires hollandais transportant du blé de Pologne et de Russie et l'escorta jusqu'à Dunkerque, contribuant ainsi à sauver la France de la famine. Il fut anobli en août 1694, en signe de « la considération particulière que nous avons pour sa valeur », et autorisé à ajouter une fleur de lys dorée à ses armes[103]. Un jour où son fils apporta au souverain les drapeaux hollandais saisis, il glissa sur le parquet de Versailles ; le roi s'esclaffa et s'écria : « On voit bien que MM. Bart sont meilleurs marins que courtisans[104]. »

Les négociations de paix, entamées à La Haye en 1693, reprirent non loin de Bruxelles à l'été 1697. Pour gagner du temps, et pour éviter les problèmes nés du refus de Louis de reconnaître dans « le prince d'Orange » le roi d'Angleterre, elles furent conduites en évinçant les responsables de la diplomatie, entre le favori de Guillaume III, Hans Willem Bentinck, comte de Portland, et le colonel des gardes-françaises, le maréchal Louis-François de Boufflers. Elles se poursuivirent au palais de Guillaume III à Ryswick, dans les environs de La Haye[105]. Les aménagements de la salle principale visant à réserver des périmètres égaux et symétriques aux diplomates des deux camps (avec un espace pour les médiateurs suédois au milieu) furent presque aussi précis que ceux de l'île des Faisans en 1659 pour le traité des Pyrénées. Espérant exploiter la vanité de Louis XIV, Portland assura à Boufflers que son maître considérait le roi de France non seulement comme le plus grand roi, mais aussi comme le plus grand homme du monde[106].

Les négociations révélèrent que lorsque les gouvernements voulaient la paix, leurs intérêts se révélaient plus forts que ceux des diasporas qu'ils abritaient sur leur territoire. Jacques II envoya un émissaire, un certain M. Dem, pour sa défense, en arguant que la cause qu'il défendait était « la cause commune de tous les souverains » et en dénonçant ces tractations avec Guillaume, « l'usurpateur de nos royaumes ». Personne ne l'écouta. Pomponne, l'ancien ministre des Affaires étrangères, un réaliste, ennemi de Louvois, que Louis consultait depuis le décès de ce dernier, l'avait pressé de longue date de ne pas tenir compte de Jacques II. Plusieurs tentatives manquées d'invasion de l'Angleterre et la faculté de Guillaume de se maintenir sur son nouveau trône montrèrent à quel point Jacques, entre les mains des Français, restait une arme peu utile[107].

Pareillement, les huguenots des Provinces-Unies avaient formé un comité secret, comprenant Pierre Jurieu et Élie Benoist, afin de faire pression sur les diplomates et imposer leur retour en France comme l'une des conditions de la paix. Guillaume III, en qui ils avaient jadis salué un instrument de Dieu pour la destruction de l'Antéchrist Louis XIV, ignora leurs demandes. Au cours des négociations de paix, Louis menaça d'ordonner à ses diplomates de partir s'ils étaient contraints d'écouter la moindre exigence « en faveur des sujets de Sa Majesté de la soi-disant religion réformée[108] ». Et en effet, M. de Bonrepaus, huguenot converti, envoyé plus tard aux Provinces-Unies en qualité d'ambassadeur, promit au nom du gouvernement français que les huguenots pourraient récupérer leurs biens confisqués et renouer avec leurs parents, à l'unique condition qu'ils se convertissent au catholicisme. Ils furent environ 700 à le faire dans son ambassade en 1697 et 1698. Pourvu qu'ils passent des « examens de sincérité », ils pouvaient alors rentrer en France et récupérer leurs possessions, ce qui horrifiait leurs congénères huguenots. Certains, venus d'Angleterre et du Brandebourg, agirent de même[109]. En application du traité de Ryswick, le 20 septembre 1697 Louis XIV reconnaissait Guillaume III en tant que roi d'Angleterre. Il promettait sur parole et foi de roi de ne prêter aux ennemis de Guillaume (c'est-à-dire Jacques II) aucun secours « directement ou indirectement ». Il insistait toutefois, pour des raisons d'honneur, de compassion et de parenté, pour que Jacques reste à Saint-Germain[110].

En fin de compte, la guerre avec Louis XIV avait renforcé le pouvoir de la monarchie anglaise. Ce qu'elle avait perdu en autorité (jusqu'à ce que des ministres comme Robert Harley et Robert Walpole apprennent à diriger le Parlement pour lui-même) du fait de la guerre civile et du *Bill of Rights* de 1688-1689, elle l'avait gagné en recettes – qui triplèrent dans les années 1690 – et dans la taille de son armée. Celle-ci atteindrait bientôt 90 000 hommes[111].

Qui plus est, ainsi que le souligna Vauban, pour la première fois depuis la perte du Piémont ratifiée par le traité du Cateau-Cambrésis en 1559, la France avait perdu un territoire. L'Empire reconnaissait la souveraineté française sur l'Alsace et Strasbourg « à perpétuité », mais les atouts stratégiques qu'étaient Mons, Tournai, Luxembourg, Montroyal, Philippsbourg, Landau, Fribourg et Brisach, fortifiée à grands frais par la France, étaient restitués à leurs souverains précédents. La grande forteresse de Pignerol en Piémont, française depuis 1630, où Fouquet et Lauzun avaient été emprisonnés, avait déjà été cédée à Victor-Amédée II, duc de Savoie, en vertu d'un traité séparé en 1696. Les revendications françaises sur le Palatinat et Zweibrücken furent abandonnées, et le premier revint à l'Électeur palatin, la seconde au roi de Suède. Huit mille soldats hollandais furent affectés à des villes de garnison des Pays-Bas méridionaux – Ostende, Mons, Namur, Charleroi et Luxembourg – à titre de barrière contre la France[112]. Barcelone, prise en août 1697, fut rendue à l'Espagne. Un si grand nombre de villes furent restituées que les Parisiens se dirent soulagés que Paris ne soit pas du lot. Beaucoup furent réticents à l'idée de prendre part aux manifestations officielles censées célébrer la paix[113]. Chamlay et Vauban étaient particulièrement ulcérés de la perte de Luxembourg, « une des plus belles et plus fortes places du monde » : « Nous perdons avec elle pour jamais l'occasion de nous borner par le Rhin[114]. » Le rêve d'une Rhénanie française avait tourné court et ne se réaliserait pas avant que la Ire République ne prenne la rive gauche en 1792. Vauban confia à Racine qu'ayant gagné l'aversion de leurs voisins les Français allaient maintenant perdre leur respect. C'était une paix qui déshonorait « le roi et toute la nation[115] ». L'Europe avait battu la France.

En outre, le traité de Ryswick restituait au duc de Lorraine son duché que, depuis son expulsion de Charles IV en 1670, Louis XIV avait traité en province française[116]. Le 10 novembre 1698, le petit-fils de Charles IV, Léopold Ier, duc de Lorraine, venu de Vienne où il avait servi dans l'armée impériale, faisait son retour triomphal dans Nancy. Toutefois, il avait épousé la nièce de Louis, Élisabeth-Charlotte, fille de Monsieur, à Fontainebleau un mois plus tôt, le 13 octobre, et les troupes françaises avaient conservé un droit de passage sur quatre routes traversant le duché. À partir de 1702, conseillé par les architectes Germain Boffrand et Jules Hardouin-Mansart, le nouveau duc de Lorraine s'endetterait lourdement en créant un nouveau palais et des jardins dans ce qui était la ville de Lunéville, au sud de Nancy. *De facto*, elle devint la capitale du duché, et sa cour une version réduite, intime, de Versailles. Les « L » entrelacés de Léopold décorant Lunéville sont des répliques des « L » de Louis à Versailles[117].

La prééminence française sur le registre de la splendeur royale fut remise en cause par l'entrée solennelle de Guillaume III dans Londres le 26 novembre 1697, la plus grandiose manifestation publique de la capitale depuis le couronnement de Charles II. Il fut accueilli par d'« extraordinaires exclamations de joie » de la plus vaste assemblée de personnages bien vêtus qu'il ait jamais vue[118]. Après 1660, en revanche, Louis XIV avait toujours refusé une autre entrée solennelle dans Paris. Au lieu de quoi, il exprimait son pouvoir à travers ses méthodes préférées, le mariage dynastique et les « divertissements ». En 1695, le duc de Savoie avait accepté de se délier de son alliance avec Guillaume III grâce à l'offre de Pignerol et au mariage de sa fille Marie-Adélaïde et du petit-fils aîné de Louis XIV, le duc de Bourgogne : un mariage que Louis et Monsieur (le grand-père de la princesse) avaient prévu depuis la naissance de celle-ci[119]. Dès son arrivée à la Cour en novembre 1696, Marie-Adélaïde de Savoie charma le roi et Mme de Maintenon.

Le jour où le monarque reçut la jeune promise à Montargis, après avoir étudié sa gorge, sa silhouette et ses mains comme s'il vérifiait l'anatomie d'un cheval ou d'un chien, il confia à des courtisans qu'il ne voudrait « changer la princesse en quoi que ce soit au monde pour sa personne[120] ». Dans une lettre à Mme de Maintenon, il faisait l'éloge de ses lèvres et de ses dents blanches. Elle était « habillée à peindre, et coiffée de même », « elle a la meilleure grâce et la plus belle taille que j'aie jamais vues ». Il continuait : « Elle plaît, et je l'ai vu dans les yeux de tout le monde. » Le roi n'ignorait pas non plus qu'il lui fallait aussi plaire au public, à l'instar d'un acteur professionnel : « Jusqu'à cette heure, j'ai fait merveille, j'espère que je soutiendrai un certain air d'aise que j'ai pris, jusqu'à Fontainebleau où j'ai grande envie de me retrouver. Ne voulant vous dire ce que je pense, je vous donne mille bons… [ici, deux lignes sont effacées]… Tout le monde paraît satisfait de bonne foi. » Il soulignait encore le besoin de la jeune princesse de plaire au public : « Tout plaît, hormis la révérence[121]. »

Mme de Maintenon se chargea d'étoffer l'éducation de la princesse, la menant à des leçons à Saint-Cyr et soupant avec elle tous les soirs. Le 6 novembre 1696, elle écrivait à la mère de Marie-Adélaïde, la duchesse de Savoie, à propos des « transports de joie du trésor que nous recevons ». Le 1er juillet 1697, elle continuait : « Elle fait tout le plaisir du roi, elle l'amuse par sa gaieté et son badinage […], elle danse très bien et jamais personne n'eut tant de grâce[122]. » Louis approchant de la soixantaine, sa cour s'en trouvait rajeunie. Deux ans plus tard, réagissant à une note de Mansart au sujet d'une nouvelle décoration dans l'appartement de la princesse à la Ménagerie, il écrivait : « Il faut qu'il y ait de la jeunesse partout[123]. »

Les célébrations du mariage à Fontainebleau et à Versailles, en décembre 1698, furent spectaculaires : feux d'artifice, concerts, réceptions, opéras et un bal. Dangeau écrivit : « Les marchands assurent qu'ils ont vendu pour plus de cinq millions » de vêtements et de bijoux[124]. La Cour était fière de son rôle économique. Au bal de la galerie des Glaces, écrivit Sourches, on dressa huit pyramides de 150 bougies, et jamais on n'avait vu une telle magnificence en France. Il continuait, sur un ton plus défensif : « Les étrangers qui y assistèrent durent être bien persuadés que, quand la guerre aurait duré quelque temps, la France n'aurait pas succombé par le manque d'argent[125]. » Dans la ruée vers le souper, après le bal, Monsieur fut précipité à terre et se fit piétiner. Le roi fut aussi bousculé et dut se servir de sa canne pour faire de la place aux dames. Toutefois, l'ambassadeur de Venise fut impressionné.

« À cette heure où la gloire et la grandeur de la France étaient manifestes, on voit bien à quel point les imitations des autres nations sont pauvres, méprisables[126]. » Si Louis avait surestimé son pouvoir, scellé le malheur de la France et de la Rhénanie et perdu des territoires, sa Cour restait bien la vitrine du royaume.

19

L'Espagne change de camp : l'avènement du roi Philippe

À 11 heures du matin le 16 novembre 1700, à Versailles, on ouvrit les portes du Grand Cabinet pour révéler le roi et son blond petit-fils le duc d'Anjou, âgé de 17 ans. Les courtisans entrèrent et firent silence. Louis XIV annonça : « Messieurs, voici le roi d'Espagne. Sa naissance l'appelle à cette couronne, ainsi que la volonté du défunt roi. La nation entière l'a désiré et m'a supplié en ce sens avec insistance. C'était le décret du ciel. Je le lui ai accordé avec plaisir. » Il se tourna ensuite vers son petit-fils : « Soyez bon Espagnol ; c'est maintenant votre premier devoir ; mais souvenez-vous que vous êtes né français, afin de maintenir l'union entre les deux nations. C'est le moyen de les rendre heureuses et de préserver la paix en Europe. » Tout le monde fit cercle autour d'eux pour féliciter le nouveau roi, y compris le nonce papal et l'ambassadeur de Venise. Louis avait choisi de faire cette annonce un mardi, quand les ambassadeurs étrangers venaient à la Cour. Il déclara à l'ambassadeur d'Espagne : « Monsieur, saluez votre roi. » En larmes, l'ambassadeur baisa les mains et les pieds de son nouveau monarque et s'exclama : « Quelle joie ! Il n'y a plus de Pyrénées, elles sont abîmées et nous ne faisons plus qu'un[1]. »

La succession d'Espagne allait au cœur de Louis XIV en tant qu'homme, roi et Français. Le discours où il acceptait le trône pour Philippe V évoquait nombre des forces qui gouvernaient sa vie et son règne : les droits et les obligations de la naissance, la volonté du souverain, l'opinion publique, la volonté de Dieu et la paix de l'Europe. Toutes contribuaient à l'annonce de Louis XIV d'accepter la décision de Carlos II de laisser ses trônes au duc d'Anjou. Sa rivalité avec la maison d'Autriche et son désir d'agrandir la maison de France n'étaient cependant pas moins importants à ses yeux.

Depuis le décès de Philippe IV en 1665, la succession d'Espagne était une bombe à retardement pour la paix en Europe. Son fils et successeur Carlos II, et beau-frère de Louis, représentait à lui seul une mise en garde contre les périls des mariages consanguins. Difforme, tourmenté par les exorcismes d'un confesseur qui le croyait ensorcelé, il frôlait la mort depuis longtemps[2]. Trois traités de partition distincts, entre Louis XIV et l'empereur, en 1668 (signés en secret) et entre le premier et Guillaume III en 1698 et 1700, avaient prévu de diviser la monarchie espagnole, suscitant la consternation de son gouvernement[3]. Moyennant quelques amendements, le second fils de l'empereur Léopold, l'archiduc Charles, devait être roi à Madrid. Le Dauphin recevrait les Pays-Bas espagnols, la Navarre (ce qui montrait que la monarchie française, comme les autonomistes navarrais modernes, n'avaient pas oublié l'annexion par la Castille de la moitié sud de la Navarre en 1512), Naples, la Sicile et, dans l'intérêt du commerce français en Asie, les Philippines. Loin de se révéler contradictoires, les intérêts dynastiques et nationaux pouvaient se compléter. Les intérêts français seraient d'autant mieux servis par une politique offrant au Dauphin le Piémont et la Savoie contre Naples et la Sicile, apportant ainsi à la France une très grande extension vers le sud-est, et au duc de Savoie la couronne royale qu'il convoitait. Un échange similaire fut également évoqué avec le duc de Lorraine : il recevrait Milan et la France annexerait enfin la Lorraine. Comme d'autres monarques en des circonstances comparables, le duc acceptait d'échanger ses terres héréditaires contre un trône plus riche et au territoire plus étendu[4]. Vauban et les ministres de Louis accordaient plus de prix à l'expansion territoriale de la France qu'aux prétentions des Bourbons sur la couronne d'Espagne[5]. Louis en personne avait écrit en 1698 : « Il est plus avantageux à ma couronne d'acquérir ces provinces que de mettre un de mes petits-fils sur le trône d'Espagne », tout en accordant l'Italie à l'empereur et quelques places en Inde et dans la Méditerranée aux Anglais et aux Hollandais[6].

Pourtant, les traités de partition furent rejetés par l'empereur Léopold Ier, plus puissant en 1698 que lorsqu'il avait signé le premier traité de cette nature en 1668. Il croyait que son jeune fils, l'archiduc Charles, devrait hériter de l'entièreté de la monarchie espagnole, ainsi que Guillaume III et les États-Généraux s'y étaient accordés dans un article secret du traité qu'ils avaient signé avec Léopold Ier en mai 1689, et ainsi que Philippe IV lui-même l'avait souhaité, en application des clauses de son testament en 1665[7]. Ses ennemis accusèrent Louis de désirer la « monarchie universelle », mais la maison d'Autriche était au moins aussi ambitieuse, voire davantage. Depuis le XVe siècle, elle avait eu comme devise : AEIOU – *Austriae est imperare orbe universo* : « L'Autriche doit régner sur l'univers. »

L'autre solution prônée par Louis XIV et Guillaume III (et par la reine Mariana, mère de Carlos II), « dans l'intérêt général de l'Europe », aurait été de faire du prince électoral Joseph Ferdinand de Bavière – fils d'une archiduchesse, petit-fils de Léopold Ier, mais ni autrichien, ni français – l'héritier des trônes d'Espagne, Milan étant échue à l'archiduc et Naples au Dauphin[8]. Carlos II rédigea même un testament en faveur de Joseph-Ferdinand. Toutefois, le jeune prince était mort le 6 février 1699.

Les traités de partition n'entrèrent jamais en vigueur. Néanmoins, ils réaffirmaient la possibilité d'une sécurité collective dans l'intérêt de ce que le Parlement anglais appelait « la liberté et l'équilibre de l'Europe » et « la paix de l'Europe », atteints grâce à des accords diplomatiques plutôt qu'imposés par des décisions unilatérales[9]. Parallèlement, en contradiction avec les traités de partition et la politique d'expansion territoriale française, mais réfléchissant à son rôle de chef de dynastie, Louis XIV écrivit à ses ambassadeurs qu'il considérait son fils comme l'héritier légitime de la monarchie espagnole, par le truchement de sa mère la reine Marie-Thérèse. Le choix du nom hispano-bourguignon de Philippe pour son deuxième petit-fils laissait également entrevoir de tels espoirs.

Le soutien à l'impérialisme en Espagne même constituait un autre facteur en faveur du choix de son petit-fils comme roi d'Espagne, au moins aussi important que le dynastisme des Bourbons. Les Espagnols, tant riches que pauvres, étaient déterminés à maintenir l'unité de ce que Carlos II appelait dans son testament « tous nos Royaumes et Domaines sans exception » : la totalité de l'empire mondial de Madrid, y compris les vice-royaumes de Nouvelle-Espagne et du Pérou, la Castille, l'Aragon et les Pays-Bas espagnols, ainsi que les royaumes de Sicile et de Naples. Les Espagnols préféraient finir en enfer, disait-on, plutôt que de permettre le démembrement de cet empire[10]. En un remarquable hommage à la réputation politique et militaire de Louis, entre 1697 et 1700, malgré trois guerres franco-espagnoles depuis 1635, beaucoup d'Espagnols avaient fini par voir en la

France l'État le plus susceptible de préserver l'intégrité territoriale de l'empire mondial de l'Espagne. Le vice-roi de Catalogne, par exemple, lui écrivit en 1700 que « tous sont las des désordres passés et soupirent après la police et le bon sens qui règnent en France[11] ». En outre, beaucoup d'Espagnols, comme Louis lui-même, soutenaient la succession d'un prince français au motif que le Dauphin détenait la meilleure légitimité héréditaire, puisque sa mère Marie-Thérèse était la fille aînée de Philippe IV. Les régents d'Espagne écrivirent au roi de France le 3 novembre 1700 à propos d'un « désir unanime » en faveur du duc d'Anjou[12].

L'impopularité de la seconde épouse de Carlos II, María Ana de Neubourg, et de l'ambassadeur impérial à Madrid, le comte Harrach, ainsi que l'incapacité des troupes autrichiennes à empêcher les Français de prendre Barcelone en 1697 n'encouragèrent pas moins les Espagnols à se tourner vers la France. Louis écrivit à son nouvel ambassadeur à Madrid, le marquis Henri d'Harcourt, en décembre 1697 que « la haine que toute la nation a contre les Allemands [...] est le principal et peut-être l'unique fondement du penchant que l'on découvre présentement dans la Nation pour la France[13] ». Même James Stanhope, ambassadeur d'Angleterre, l'alliée de l'Autriche, admettait dès 1698 que la plupart des Espagnols préféreraient un prince français : leur aversion envers la reine les ayant dressés contre tous les compatriotes de cette dernière, « la répulsion qu'ils ont pour Vienne n'est guère concevable[14] ». À l'inverse, le marquis d'Harcourt, courtois, charmant et hispanophone, contribuait à gagner Madrid aux Bourbons. Mme d'Harcourt, généreuse envers ses amies espagnoles à qui elle offrait des robes, des éventails et des bibelots de Paris, charmait aussi Madrid. Lorsqu'elle passait dans les rues, les gens hurlaient : « *Ah qué linda, ah qué hermosa que está* » (« Ah, qu'elle est ravissante, qu'elle est belle celle-là ! »).

L'ambassadeur d'Angleterre l'estimait comme « la personne tout à fait appropriée pour mener une intrigue de cour[15] ». Parmi les nombreux ambassadeurs brillants de Louis – Jean-François d'Estrades, Jean-Antoine d'Avaux, Jean-Louis d'Usson de Bonnac, Gabriel de Guilleragues –, d'Harcourt serait le seul élevé par le monarque reconnaissant aux rangs de duc et de maréchal[16].

En cet âge d'or de la diplomatie, les ambassadeurs étaient capables de transformer le destin des nations. Si d'Harcourt apporta son aide aux Bourbons concernant l'Espagne, Paul Barillon, l'ambassadeur de Louis en Angleterre, avait contribué à persuader Jacques II de fuir en 1688[17]. Les ambassades commençaient à ressembler à des cours miniatures, avec leur salle du trône et leur chapelle[18]. Les ambassadrices raffermissaient elles aussi leur pouvoir et leur statut : Louis XIV accordait aux ambassadrices étrangères l'honneur d'une audience royale à leur arrivée et à leur départ, et le droit au tabouret. Mme de Guilleragues fut à la tête de l'ambassade de Constantinople pendant trois mois, après le décès de son mari en 1685[19]. Au vu du traité de Ryswick, Louis XIV lui-même semblait préférer la diplomatie à la guerre. Il dirigeait ses diplomates avec encore plus d'attention que ses généraux. Quand en décembre 1696 François de Callières avait demandé toute liberté d'action au cours des négociations à Amsterdam en raison de retards provoqués par la lenteur des courriers, le roi refusa de le laisser introduire le moindre changement « à ce que je vous ai fait connaître de mon intention[20] ». En 1698, Callières remplaça le président Rose vieillissant au poste de secrétaire de cabinet. Collectionneur d'art célibataire, c'était un diplomate professionnel qui croyait que « le secret est l'âme de la négociation ». Même Saint-Simon admirait son bon sens, son honnêteté et sa faculté de dire la vérité au roi et à ses ministres. Son livre, *Manière de négocier avec les souverains*, publié en 1716 et fréquemment réimprimé, fournissait quantité de renseignements sur les différences entre ambassadeurs extraordinaire et ordinaire, envoyés, ministres plénipotentiaires, résidents et agents, et deviendrait une bible du diplomate[21].

Le nouveau ministre des Affaires étrangères de Louis XIV à partir de 1696, un neveu de Colbert, Jean-Baptiste, marquis de Torcy, avait, en véritable Européen, déjà effectué le voyage à Stockholm, Londres, Lisbonne, Madrid, Rome et Vienne, et avait appris l'espagnol, l'italien et l'allemand[22]. Reflétant la nouvelle préférence de Louis pour la diplomatie, un mémorandum de son conseiller Chamlay déplorait la décision en faveur de la guerre en 1688 et l'imputait à Louvois. En admettant ainsi que ses ministres étaient susceptibles d'influencer sa politique, Louis XIV cherchait à se délester de la responsabilité de cette guerre qui n'avait pas valu une victoire totale à la France[23].

À l'été 1700, les *Borbonistas* avaient vaincu les *Austracistas* dans la bataille pour le cœur de l'Espagne. Tous les membres du Conseil de Castille sauf un acceptèrent le choix d'un prince français pour roi. Le pape et les Jésuites soutenaient aussi un prince français, tout comme une alliée inattendue, Marie Mancini. Lors d'une autre étape de sa longue fuite, loin de son mari le prince Colonna, elle s'était arrêtée à Madrid où elle voyait régulièrement la reine.

En principe, l'Espagne était une monarchie héréditaire. Dans la pratique, ainsi que dans d'autres pays, certains monarques croyaient que la succession de la couronne, comme toute propriété privée, pouvait être décidée selon la volonté du monarque plutôt que par hérédité[24]. Nous l'avons vu, dans son testament de 1665, Philippe IV avait laissé la monarchie espagnole entière, après son fils, à leurs cousins autrichiens, et même en septembre 1700 Carlos II avait confirmé un testament, qu'il avait déjà fait rédiger, léguant ses couronnes à l'archiduc Charles, le fils cadet de Léopold Ier[25]. Ce mois-là, pourtant, avec l'approbation du pape, le cardinal Portocarrero, archevêque de Tolède, le principal ministre profrançais, rédigea un autre testament qui laissait la monarchie au second fils du Dauphin, Philippe, duc d'Anjou[26]. Le 2 octobre, Portocarrero et le reste du Conseil soumettaient à la signature du roi le nouveau testament contenant la condition que les couronnes de France et d'Espagne ne soient jamais réunies et le conseil que, dans l'intérêt de la paix de l'Europe, le duc d'Anjou devrait épouser une archiduchesse. S'il refusait l'héritage, il faudrait l'offrir à l'archiduc Charles[27]. Le remplaçant de d'Harcourt, M. Jean-Denis de Blécourt, écrivit à Louis XIV à propos du « consentement universel » : le parti de l'empereur en Espagne est si faible, lui affirmait-il, que cela ne méritait même pas d'en parler[28].

Quand le testament et la mort du roi le 1er novembre furent annoncés à Louis XIV le 9 novembre à Fontainebleau, de longs débats s'ensuivirent au sein du Conseil. Dans l'intérêt de la paix, et de l'expansion française, certains ministres comme le duc de Beauvillier préféraient rester loyaux au traité de partition – bien que personne en Espagne ou en Autriche ne l'ait accepté –, qu'il faudrait imposer par la force. Beauvillier croyait, à tort, que les Bourbons rois d'Espagne se révéleraient aussi jaloux de la France que ses rois de la maison d'Autriche. Le chancelier Pontchartrain et le marquis de Torcy se prononcèrent en faveur du dernier testament de Carlos II. Le gouvernement français se sentait obligé de priver la maison d'Autriche du trophée étincelant de la monarchie espagnole, et de le réserver à la maison de France[29]. Madame jurait que « la pantocrate » (Mme de Maintenon) avait assisté à la réunion décisive du Conseil, comme elle l'avait fait occasionnellement depuis 1698. Comme de nombreuses et longues réunions des 9 et 10 novembre se tinrent dans son appartement, cela n'aurait guère pu renforcer davantage son influence. Torcy nie d'ailleurs la chose[30].

Louis XIV était à la fois un Français dévoué à l'expansion nationale et un roi pour qui la perspective de placer son petit-fils sur le trône pour lequel il détenait la plus grande légitimité héréditaire se révélait irrésistible, autant qu'elle l'aurait été pour tout autre monarque de son temps. Qui plus est, un membre essentiel de son Conseil était d'accord : le Dauphin. Derrière une façade de soumission silencieuse, que les courtisans les plus âgés comparaient à celle de Louis XIV lui-même sous Mazarin, le Dauphin était plus coriace qu'il n'en avait l'air. Il aimait chasser, jouer et danser. Il était au cœur des bals masqués, pour lesquels il se déguisait volontiers en perroquet ou en mandarin. Tant de danseurs vinrent de Paris à un bal masqué qu'il donnait à Versailles en 1705 que ses invités ne purent tous tenir dans son appartement[31]. Il emmenait fréquemment des courtisans loin de Versailles, dans son château de Meudon jouissant d'une vue superbe sur Paris ; Saint-Simon écrit ainsi sur « les Meudons » comme sur « les Marlis[32] ».

Il était toutefois membre du Conseil depuis 1691, discutait longuement de stratégie avec son père et correspondait en secret avec certains de ses généraux[33]. Aux réunions de ce Conseil de novembre 1700, toutes les sources s'accordent à confirmer que le Dauphin joua un rôle crucial en convainquant le Conseil d'abandonner le traité de partition et d'accepter le testament du roi d'Espagne. La dynastie était placée avant l'État, et un Bourbon sur le trône d'Espagne jugé plus important que l'expansion territoriale de la France*. Le 13 novembre, tâtant le terrain, le roi demanda leur avis à ses filles, la princesse de Conti et la duchesse de Bourbon. Elles lui

* Une dynastie avec des parents sur d'autres trônes contribuait aussi au renforcement de la puissance française, croyait-on.

dirent que, d'après ce qu'elles avaient entendu, l'opinion publique soutenait l'acceptation[34].

Ainsi que Louis l'écrivit le 14 novembre à son ambassadeur aux Provinces-Unies, il estimait qu'un traité de partition aurait conduit « à une guerre dont il était impossible de prévoir la fin », et mènerait un archiduc à Madrid[35]. Il espérait que la succession de son petit-fils conduirait à une alliance et à une compréhension étroites entre la France et l'Espagne[36]. Même en Angleterre, l'opinion publique préférait le testament du roi d'Espagne au traité de partition, en supposant le premier plus facile à appliquer. Guillaume III était déçu. Il estimait que Louis l'avait dupé et que l'Angleterre et les Provinces-Unies étaient menacées de ruine[37].

Après sa proclamation du 16 novembre, Philippe V d'Espagne, ainsi qu'il se nommait désormais, demeura deux semaines avec sa famille. Il y avait donc trois rois à Versailles : Louis XIV, Philippe V et, continuant ses visites régulières, Jacques II. Philippe reçut les honneurs royaux des gardes du corps, et occupait le Grand Appartement. À la première occasion où ils assistèrent ensemble à la messe à la chapelle, il n'y avait qu'un seul agenouilloir installé pour le Roi-Soleil. Avec sa présence d'esprit habituelle, celui-ci le repoussa du pied, de sorte que, lorsqu'ils s'agenouillèrent, les rois de France et d'Espagne le firent en égaux[38].

L'adieu de Philippe à la famille royale à Sceaux le 4 décembre (château racheté cette année-là aux héritiers de Colbert par le duc du Maine) permit au public d'assister à une facette de ce théâtre des affects qu'était la cour de France. La route de Versailles à Sceaux était bordée de monde. Il y avait une telle foule sur les collines autour de Sceaux et dans le parc, à pied, à cheval et dans les arbres, que la duchesse de Bourgogne et Louis XIV durent se séparer. Les deux rois pleuraient tant qu'ils ne pouvaient se voir[39]. Dangeau décrit « toute la maison royale pleurant et poussant même des cris d'affliction ». Des courtisans, des gardes, des membres du public éclatèrent aussi en sanglots[40]. Philippe entama ensuite un lent périple vers le sud de la France, en traversant Orléans, Blois et Bordeaux jusqu'à Saint-Jean-de-Luz, empruntant des rues bondées et tendues de tapisseries ponctuées par les sonnailles des cloches et les salves de coups de canon[41]. Pour montrer ses frères les ducs de Bourgogne et de Berry à la France (leur voyage de retour les ferait passer par Marseille, Grenoble et Lyon), leur révéler le pays et retarder le moment des derniers adieux, ils accompagnèrent Philippe. Le maréchal de Noailles tenait lieu de capitaine des gardes et il amena avec lui 24 de ses musiciens pour divertir les princes. L'« Idylle de Sceaux » fut chantée à Mont-de-Marsan comme si Lully en personne avait été présent, selon un témoin[42].

Alors que le cortège approchait de la frontière, des courtisans espagnols firent leur apparition : le connétable de Castille dit à Philippe V que ses sujets espagnols l'attendaient comme des âmes du purgatoire en attente de monter au paradis[43]. Au moment de se séparer, des foules en liesse se pressaient à perte de vue sur les deux rives de la Bidassoa, et les frères avaient le visage mouillé de larmes[44]. De l'autre côté des Pyrénées, Philippe continua sa route au milieu de foules encore plus conquises, jusqu'à Madrid. Le nouveau roi ne connaissait pas plus de quelques mots en castillan, et jusqu'à sa mort en 1746 il usa du français avec sa maison et sa famille[45]. Néanmoins, ce souverain de naissance française fut aussitôt accepté par ses nouveaux sujets, tout comme il prit volontiers l'Espagne pour nouvelle patrie, montrant peu de regrets pour la France.

Philippe séduisit ses sujets non seulement en raison du prestige français et de ses droits dynastiques, mais aussi parce qu'il avait plus belle allure et semblait en meilleure santé que ses prédécesseurs infirmes[46]. Comme Louis XIV lui-même quand il était jeune, Philippe jouissait de ce que le comte d'Ayen, fils du maréchal de Noailles, appelait « la force de la jeunesse avec le coloris de la santé et toutes les grâces d'une beauté majestueuse[47] ». Il prit goût à se rendre à la corrida. L'état pitoyable de son nouveau carrosse et la mise de ses serviteurs, qui avaient l'air de bouffons en livrée jaune bourguignonne (qu'il ne tarda pas à troquer pour le bleu royal des Bourbons) le firent simplement rire[48]. Le 5 janvier 1701, des foules en liesse jalonnaient son trajet dans Madrid jusqu'au palais royal. Lors d'un *Te Deum* au sanctuaire de Notre-Dame d'Atocha le 19 février, le chœur de la chapelle royale fut noyé par les acclamations du public massé à l'extérieur. Il fut aussi acclamé lors de sa prestation de serment, lorsqu'il jura de respecter les lois devant les Cortes de Castille à l'église de San Jerónimo le 8 mai, puis lors de son départ de Madrid pour une série de visites à Barcelone, Naples et Milan en septembre 1701, et encore à son retour en janvier 1703[49].

Philippe était néanmoins sujet à des « vapeurs », à de graves sautes d'humeur, qui pouvaient s'apparenter à de la dépression ou à ce que nous appellerions un « trouble bipolaire[50] ». Il lui arrivait parfois de se retirer dans ses appartements et de refuser de parler. Toutefois, la princesse Marie-Louise de Savoie, sœur cadette de la duchesse de Bourgogne, qu'il épousa à Figueras, en Catalogne, le 3 novembre 1701, réussissait à combattre de telles humeurs sombres grâce à sa chaleur. Bien qu'âgée de seulement 13 ans et sans beauté, elle possédait une ferme volonté, du charme et de l'intelligence. Ils tombèrent amoureux[51]. Philippe pouvant se laisser influencer par son épouse et d'autres, ils furent nombreux à le taxer de faiblesse, et Louis XIV était de ceux-là. Il est certain qu'il laissa ses hauts responsables exercer une énorme influence dans la direction du gouvernement espagnol. Invoquant son inexpérience dans la rédaction de lettres politiques, il admit en s'adressant à Louis que son favori, le marquis de Louville, et plus tard l'écuyer de la princesse des Ursins, M. d'Aubigny, lui en rédigeaient parfois des ébauches, ainsi même qu'à sa femme. D'Aubigny, qui était également l'amant de Mme des Ursins, écrivit certaines des lettres de cette dernière[52]. Dans le labyrinthe des intrigues madrilènes, des lettres étaient souvent de la plume d'un autre expéditeur que le signataire, destinées à un usage public, sans refléter pour autant les sentiments de leur auteur ou de leur signataire. Les missives de Louis XIV à Philippe étaient également souvent écrites ou ébauchées par Colbert de Torcy ou François de Callières[53]. Une dynastie se révélait ainsi une véritable entreprise en commun, menée par un monarque, ses parents et ses plus proches collaborateurs.

Bien que Philippe pût se laisser manipuler, il n'en était pas moins travailleur, digne, populaire et, à l'occasion, se montrait plus courageux que Louis. Madame le disait d'un naturel enjoué, généreux, homme de parole, dénué de vices[54]. Comme son grand-père, il aimait les arts. Il fonda la Bibliothèque royale, l'Académie espagnole et l'Académie d'histoire et des sciences, et fit venir des milliers de livres français à Madrid[55].

La guerre était sans doute inévitable. Déjà, en juin 1701, des troupes françaises, espagnoles et autrichiennes avaient entamé des combats dans le nord de l'Italie, où elles se disputaient la maîtrise du duché de Milan, que l'Autriche avait de longue date prévu d'annexer[56]. Léopold Ier refusait de reconnaître Philippe V et voulait réaffirmer les revendications de souveraineté de l'Empire sur le nord de l'Italie. En juin 1697, après la victoire du prince Eugène sur les Ottomans à Zenta, le comte Martinitz, ambassadeur impérial à Rome, avait publié une déclaration convoquant à Vienne tous les détenteurs d'un fief du Saint Empire romain en Italie dans un délai de trois mois, afin d'y prouver leurs droits sur ces possessions : c'était une version autrichienne des « réunions » de Louis XIV en Rhénanie[57]. Les généraux français dans le nord de l'Italie constatèrent ainsi tant un vaste soutien à la suzeraineté impériale qu'une crainte des « Allemands[58] ».

De 1700 à 1710, ou même plus tard, les histoires française et espagnole sont indissociables. De prime abord, ainsi que l'avait promis Louis, l'ambassadeur, les courtisans et les hauts administrateurs français s'efforcèrent de s'abstenir de toute interférence en Espagne. Toutefois, le cardinal Portocarrero s'accordait à penser avec les courtisans français de Philippe que la plupart des Grands d'Espagne étaient des imbéciles, loyaux par paresse ou par couardise, mais surtout avides d'exploiter la monarchie[59]. Des troupes françaises furent envoyées en Espagne et, sur la suggestion de Portocarrero, d'Harcourt commença de prendre part au Conseil du roi ou de recevoir des comptes rendus quotidiens des discussions, un privilège dont l'ambassadeur impérial n'avait jamais joui avant 1700. Portocarrero consultait d'Harcourt à propos de tout[60]. Dans les faits, il tenait lieu de ministre d'Espagne, un autre signe du pouvoir des ambassadeurs sous Louis XIV et de l'unité de la maison de Bourbon.

Les innombrables missives de Louis à Philippe, qui mettaient environ une semaine à atteindre Madrid depuis Marly ou Versailles[61], montrent qu'il ne tarda pas à dispenser ses conseils, par exemple d'accorder toute confiance aux maréchaux français Jean-Gaspard-Ferdinand de Marchin et Henri d'Harcourt, et au nouvel ambassadeur de France, le cardinal César d'Estrées[62]. Il encourageait aussi Philippe à devenir son propre maître : « Je souhaite avec toute l'ardeur dont je suis capable de vous voir un aussi grand roi que vous pouvez l'être si vous le voulez. » Philippe suivit l'avis de son grand-père de laisser la reine à Madrid lorsqu'il partit en voyage pour l'Italie en 1702, afin de montrer qu'il n'abandonnait pas l'Espagne, et bien que cette période de chasteté obligée le déprimât[63]. L'accueil qui lui fut réservé en Italie en 1702 démontrait le prestige et la popularité dont continuait de bénéficier la monarchie espagnole : il y avait moins de ressentiment contre la domination espagnole à Naples et Milan que contre la domination anglaise à Dublin. Combattant les forces autrichiennes plus de quatorze heures le 12 juillet 1702 lors de la bataille de Santa Vittoria, en Lombardie, Philippe V fit preuve d'une telle bravoure que tous furent encouragés par son énergie et son enthousiasme[64].

Louis XIV envoya encore plus de hauts responsables français afin de galvaniser le gouvernement espagnol. Sur la demande de Portocarrero, Jean Orry, membre éminent du Conseil de commerce, qui avait aussi travaillé sur le détournement du cours de l'Eure vers le site de Versailles, alla prêter main-forte pour réformer les finances et la maison royale. Si on lui reprocha d'avoir gagné de l'argent sur les approvisionnements de l'armée, et que les Espagnols finirent par détester ses façons d'être et ses réformes, il réduisit pourtant les dépenses et augmenta les revenus[65]. Pour son confort personnel, Philippe fit venir 50 serviteurs français, dont sa vieille nourrice, son confesseur et son barbier Vazet, qui le faisait rire encore plus que toute l'Espagne réunie (et par l'intermédiaire de qui l'ambassadeur de France était en mesure d'intercepter et de lire les lettres de la reine Marie-Louise à sa famille à Turin)[66]. Cette *casa francesa* séparée, qui ulcérait la maison d'Espagne, finit par constituer un peu moins du sixième de l'ensemble de la maison royale[67]. Les cuisiniers espagnols et français du monarque se livraient à une guerre des denrées. Les premiers, désobéissant au roi et à ses « chiens français », jetaient les soupes et les sauces françaises, soutenant qu'elles risquaient de leur souiller les mains.

Finalement, la reine se mit elle-même à préparer, dans son propre appartement, des plats comme la soupe à l'oignon. Des serviteurs français cuisaient du pain à la française pour le roi et la reine, des serviteurs espagnols du pain à l'espagnole pour le reste de la maison royale[68].

Les successions dynastiques décidaient du destin de l'Europe. La connaissance des relations existantes au sein des familles royales européennes et entre elles était aussi essentielle aux diplomates que celle des relations à l'intérieur des familles ministérielles et ducales pour les courtisans. En même temps que l'Espagne, la Pologne, pourtant elle aussi monarchie élective, était minée par une querelle de succession mettant aux prises un prince français qui fut suivie d'une guerre internationale. À la mort du roi Jan Sobieski en 1696, trois candidats au trône de Pologne se présentèrent. Le premier, le fils aîné du défunt, Jakub Ludwik, était un filleul de Louis XIV. Le deuxième, Auguste II, Électeur de Saxe, beau, riche et priapique, n'était pas moins dévoré par la même passion pour une couronne royale que ses Électeurs rivaux de Bavière, de Brandebourg et de Hanovre, et que les ducs de Wurtemberg, de Lorraine et de Savoie. Soucieux de leur gloire personnelle, ils ne cessaient de rivaliser entre eux et avec leur suzerain l'empereur du Saint Empire[69].

Le troisième candidat, apparemment le plus solide, n'était autre que le cousin de Louis XIV, le prince de Conti. Peut-être parce qu'ils étaient les plus pauvres des princes de la dynastie, sans grands domaines susceptibles de les retenir en France, le roi avait déjà suggéré en 1675 que le frère de Conti devienne le cas échéant roi de Sicile[70]. Depuis 1693, l'ambassadeur de France à Varsovie, aussi habile que charmeur, l'abbé Melchior de Polignac, avait préparé l'élection de Conti. Aidé par le cardinal primat de Pologne, qui avait vécu à Paris, et par le grand trésorier Hyéronime Lubomirski, que Conti avait rencontré à Vienne en 1685, et par des promesses de subsides français, en plus de lettres de change fournies à travers Dantzig par le grand banquier français Samuel Bernard, Polignac rallia au bénéfice du prince une majorité de voix à la diète le 26 juin 1697. Révélant la jalousie que de nombreux nobles polonais éprouvaient envers les Sobieski, ce fut la première fois qu'un fils survivant du roi de Pologne ne fut pas élu à la succession de son père[71]. Le 11 juillet 1697, Louis XIV présenta fièrement Conti aux dames dans l'appartement de Mme de Maintenon avec ces mots : « Voici un roi que je vous amène. » Seules les suppliques de Conti empêchèrent le Roi-Soleil de traiter son épouse comme la reine de Pologne. Le monarque croyait, ou disait croire, qu'en Pologne les hauts personnages, les nobles et l'armée n'attendaient que le nouvel élu[72]. Pourtant, au lieu de partir sur-le-champ, Conti n'appareilla pas avant le 7 août de Dunkerque, avec une flotte de cinq navires commandée par Jean Bart. Redoutant peut-être ce que Saint-Simon appelait « les horreurs de l'expatriation perpétuelle » en Pologne, il avait pu préférer rester en France, avec ses nombreux amants des deux sexes (y compris la fille du roi, la duchesse de Bourbon), et la perspective d'exercer une domination sur le règne de son cousin, le Dauphin, en admiration devant lui. Il n'arriva à Dantzig que le 26 septembre[73].

La France semblait enfin avoir obtenu ce qu'elle avait tenté d'obtenir entre 1665 et 1668 par l'intermédiaire du duc d'Enghien, et ce dont elle avait pu profiter un siècle plus tôt en 1573 et 1574 grâce à Henri III : un roi de Pologne né français, agissant comme une barrière en Europe orientale contre la maison d'Autriche. Si la Pologne avait été renforcée par une lignée de souverains d'une puissante dynastie étrangère comme celle des Bourbons, ainsi qu'elle l'avait été par les rois Vasa de Suède de 1587 à 1668, ses partitions ultérieures, et son élimination en tant qu'État indépendant de 1795 à 1918, auraient pu être évitées : la puissance relative de la France en Europe en eût été renforcée.

Pourtant, Polignac avait exagéré, pour lui-même et pour son gouvernement, la solidité du soutien de Conti à la diète polonaise. Ainsi que l'attesteraient les nombreux échecs ultérieurs de la France, incapable d'intervenir en Pologne, la distance affaiblissait son influence[74]. La France était loin. La Saxe, comme la Prusse, l'Autriche et la Russie, plus tard, étaient proches. Qui plus est, Louis, qui se méfiait de Conti depuis qu'il avait pu lire ses lettres pleines de moqueries en 1685, lui versa certes 2,4 millions de livres, mais ne lui accorda ni troupes ni munitions. Ce fut le prétexte que le prince invoqua pour retarder son départ, formulant ses critiques au souverain, apparemment directement : il n'avait pas voulu paraître en Pologne seul, tel un « vagabond infortuné[75] ».

Lors de son Grand Tour en 1687, Auguste II de Saxe avait rendu visite à Louis XIV. Guidé par son ordonnateur du Cabinet, le huguenot Raymond Leplat, il acheta des bijoux, des bronzes et « toutes sortes de choses exquises » de France, et créa plus tard dans son palais de Dresde une chambre à coucher officielle semblable à celle de Louis XIV[76]. Si ses goûts étaient en partie français, ses politiques, en revanche, ne l'étaient pas. Il commanda les armées impériales contre les Ottomans en 1695 et 1696, et le 2 juin 1697, alors même qu'il était chef du bloc luthérien au Reichstag, se convertit au catholicisme à Baden, ville de Basse-Autriche voisine de Vienne. Comme Henri IV, il estimait qu'un royaume valait bien une messe. Il ne changea pas de religion, remarqua-t-on, puisqu'il n'en avait aucune, et son certificat de conversion était suffisamment vague pour faciliter un retour ultérieur au luthérianisme. Sûr de ses soutiens autrichiens, il partit ensuite pour la Pologne. Le lendemain du vote en faveur de Conti à la diète, l'assemblée vota à nouveau en faveur d'Auguste II, qui avait levé des fonds en Saxe pour s'acheter des voix et disposait de 5 000 soldats stationnés à proximité. Le 15 septembre, onze jours avant l'arrivée de Conti devant Dantzig, Auguste II fut couronné roi de Pologne dans la cathédrale de Cracovie[77].

Aucune des troupes polonaises promises à Conti ne fit son apparition. Les Polonais tendirent leurs bras, disait-on, pour encaisser son argent davantage que pour soutenir ses prétentions. Malgré sa naissance française, la veuve de Jan Sobieski s'opposa à la candidature de Conti, et elle le fit depuis sa résidence dans le port de Dantzig, qui refusa d'admettre les navires du Français : l'élite luthérienne de la ville préférait Auguste II au prince. Conti lui-même, extrêmement prudent et recevant des conseils contradictoires de ses soutiens polonais, ne descendit à terre que quelques heures, à Oliva, site du traité signé entre les puissances nordiques dont la France avait été la médiatrice en 1660. Le 10 novembre, il refit voile vers la France et, le 13 décembre, faisait son apparition lors d'une messe à Versailles, plus maigre, plus pauvre et plus abattu qu'avant son départ[78]. Madame en conclut que, dans leur attitude envers les rois, les Polonais étaient encore pires que les Anglais. Les courtisans les plus loyaux se mirent eux-mêmes à critiquer le jugement du souverain. Dangeau écrivit dans son journal que tout ce qu'on leur avait dit à propos de la Pologne s'était révélé pure fantasmagorie : « On ne croit pas qu'il soit de l'intérêt du roi qu'un prince de son sang marche sur tant d'incertitude. » Toutefois, peut-être le souverain avait-il secrètement visé l'humiliation d'un cousin qui avait osé se moquer de lui, ou avait-il utilisé la candidature de Conti comme un moyen d'exercer de fortes pressions sur l'empereur et de le contraindre à signer le traité de paix à Ryswick. À son retour de Pologne, Polignac fut exilé en province[79].

Les pertes territoriales de la France à Ryswick et l'élection d'Auguste II en Pologne en 1697, qui faisaient suite à l'accession au trône de Guillaume III et Mary II en Angleterre en 1689, montraient que Louis XIV n'était plus l'arbitre de l'Europe : l'accession de Philippe V au trône d'Espagne était en partie une décision espagnole, qui ne serait entérinée qu'avec difficulté, et seulement après une guerre européenne de dix ans. Dans la sphère culturelle aussi, d'autres cours souhaitaient tout aussi vivement concurrencer la France que l'imiter. Le couronnement de l'Électeur rival d'Auguste II, Frédéric Ier de Brandebourg, par exemple, premier roi en Prusse le 18 janvier 1701, reflétait les ambitions à long terme des Hohenzollern et leur hostilité envers Louis XIV[80]. Ce couronnement fut justifié dans le compte rendu officiel par le maître des cérémonies Johann von Besser, qui invoqua la souveraineté absolue et la grandeur dynastique de l'Électeur, la taille de son armée et son rôle dans la guerre contre la France, ainsi que « la magnificence et le renom de sa cour », dont le père de Frédéric avait déjà fait, de l'avis des diplomates et voyageurs français, l'une des plus splendides de l'Empire. La promesse de l'Électeur d'engager 18 000 soldats pour combattre dans la prochaine guerre contre la France, où ils serviraient en effet de leur mieux, était l'une des raisons du consentement de l'empereur. Le couronnement ne fit qu'accentuer un peu plus la grandeur de la cour de Berlin[81].

Les cinquante palais d'un baroque triomphant érigés par des nobles autrichiens à Vienne après 1683 étaient d'un style et d'une conception différents de Versailles et des hôtels particuliers parisiens. Leurs principaux architectes, Lucas von Hildebrandt et Fischer von Erlach, s'étaient plus inspirés de Rome que de Paris, que ni l'un ni l'autre n'avait jamais visité[82]. Leurs chefs-d'œuvre sont le Belvédère et le palais d'Hiver, construits pour l'ennemi de Louis, le prince Eugène de Savoie. Il en remplit les intérieurs somptueux de livres, certains reliés par un relieur royal qu'il avait fait venir de Paris à grands frais ; de tableaux de ses victoires sur les armées françaises et ottomanes par Jacques-Ignace Parrocel – neveu de l'un des peintres de bataille de Louis XIV ; et de statues, parmi lesquels la fameuse statue grecque *Garçon en prière*, qu'il acheta, tout comme sa collection de gravures, aux héritiers de Fouquet. La revanche du prince Eugène contre Louis XIV était autant culturelle que militaire[83]. À Vienne, l'empereur aussi s'engagea dans un programme de constructions dont l'échelle surpassait la majesté triomphale de Versailles : ce furent successivement le palais de campagne de Schönbrunn à partir de 1696, puis, trente ans plus tard, la somptueuse Bibliothèque impériale (plus longue et plus haute sous plafond que la galerie des Glaces, plus de 80 mètres de longueur et plus de 18 de hauteur), l'École d'équitation, également à la Hofburg de Vienne, et l'imposant monastère de Klosterneuburg, à l'extérieur de Vienne, conçu comme un Escurial autrichien, chacune de ses ailes devant être surmontée de la couronne d'un royaume habsbourgeois différent[84]. Beaucoup d'autres architectes européens ne visitèrent jamais la France. Le guide de référence de l'Italie pour les Anglais, *Nouveau Voyage d'Italie, avec un mémoire contenant des avis utiles à ceux qui voudront faire le même voyage* (édité à La Haye en 1691, avant une édition anglaise en 1695), conduit les lecteurs aux Provinces-Unies et dans l'Empire en franchissant les Alpes avant l'entrée en Italie, en évitant la France. L'auteur, Maximilien Misson, ne pouvait s'y rendre puisqu'il était réfugié huguenot.

En 1698, l'allié d'Auguste II, le jeune tsar Pierre de Russie, conduisit sa « grande ambassade » de 250 Russes en Europe, afin d'apprendre comment moderniser leur pays. Ils visitèrent Amsterdam, Londres, où ils furent reçus par Guillaume III, mais ni Paris ni Versailles, et n'eurent pas donc d'audience avec Louis XIV (qui avait déjà rejeté les ouvertures russes en 1688 et aurait probablement écarté l'idée de recevoir le chef d'une nation qu'il jugeait barbare). Saint-Pétersbourg, que le tsar fonda sur la Baltique en 1703 comme le grand port de la Russie et une « fenêtre sur l'Europe », serait en partie inspiré par Amsterdam. Un quartier de la ville s'appelait la « Nouvelle Hollande ». Ses premiers architectes et urbanistes étaient hollandais et italiens. Comme Vienne et Dresde, elle devait peu à la France[85].

De 1700 à 1721, en alliance avec la Saxe et le Danemark, Pierre s'engagea dans la Grande Guerre du Nord pour le contrôle de la Baltique et de la Pologne, contre un autre monarque fringant, l'allié de Louis, Charles XII de Suède. Louis XIV avait été surpris par l'attaque de la Russie contre les Suédois[86]. Face à Auguste II, Charles XII soutenait un autre rival au trône de Pologne, Stanisław Leszcyński (qui serait élu roi le 12 juillet 1704, après avoir promis d'abdiquer en faveur du fils aîné de Sobieski, Jakub, s'il était libéré de prison par Auguste II). Comme Pierre lui-même, Charles XII pratiquait un style de monarchie à l'opposé de celui de Louis XIV : despotique, économique, accordant la préséance à l'armée sur la Cour. Après sa victoire sur Pierre à Narva le 30 novembre 1700, il passa son règne en campagne ou en exil, loin de sa cour et de sa capitale. Sans épouse ni maîtresse, on dit qu'il était marié à son armée. Tel un soldat ordinaire, il portait une simple tunique bleue près du corps, sans galon, brandebourgs ou broderies, et des bottes et une culotte plutôt que des souliers à boucles. Sa jeunesse et sa simplicité, ainsi que ses victoires, firent sensation en Europe. En 1701, Madame écrivait : « Tout le monde ici admire le roi de Suède, depuis des jours on ne parle de rien d'autre[87]. » Dangeau, la voix de Versailles, notait en 1703 : « Le roi de Suède n'a pas encore vingt et un ans et a déjà gagné quatre batailles[88]. » Comme Pierre le Grand, Charles XII portait ses propres cheveux. Après avoir été le point de mire de l'Europe, Louis XIV commençait à être démodé comme ses grandes perruques.

Outre les successions espagnole et polonaise, la succession anglaise influença également la politique européenne. Guillaume III avait entrepris d'organiser la sienne peu après son couronnement, son épouse et sa sœur Anne n'ayant pas d'enfants. De Hampton Court, le 28 avril 1689, il écrivit à la prochaine héritière protestante de Jacques Ier dans l'ordre de succession, sa cousine la duchesse (Électrice après 1692) Sophie de Hanovre, la tante et la correspondante favorite de Madame : « Selon les apparences, un de vos fils y régnera un jour[89]. » Durant dix ans, le fils d'Anne, le duc de Gloucester, né en juillet 1689 et baptisé Guillaume-Henri comme son parrain Guillaume III, avait semblé suffire à écarter cette possibilité. Pourtant, le jeune Gloucester, toujours resté chétif, mourut le 30 juillet 1700. L'Acte d'Établissement promulgué par le Parlement le 12 juin 1701, garantissait à l'Électrice Sophie et à ses héritiers « en communion avec l'Église d'Angleterre » la succession au trône. L'Électrice Sophie, qui parlait bien l'anglais depuis sa jeunesse et à qui Guillaume III avait plusieurs fois rendu visite, était naturalisée anglaise et assistait régulièrement à des services religieux anglicans (bien qu'elle fût elle-même calviniste), recevait souvent des visiteurs anglais et fit apprendre l'anglais à son petit-fils[90]. L'espoir de Louis de voir le prince de Galles en exil éventuellement succéder à Guillaume III se réduisait à une chimère[91].

Traumatisés par leur peur de Louis XIV et des Stuarts en exil, les tories comme les whigs acceptèrent la succession protestante. Elle est célébrée dans l'une des salles les plus spectaculaires d'Angleterre, le Painted Hall, ou salle à manger, de l'hôpital royal des marins de Greenwich construit grâce à une souscription publique, et qui se voulait l'une des réponses de l'Angleterre à la galerie des Glaces, tout comme la Bibliothèque impériale à Vienne était celle de l'Autriche. Dessiné par les architectes Christopher Wren et Nicholas Hawksmoor, le Painted Hall fut réalisé entre 1708 et 1727 par James Thornhill. Au plafond de la salle principale, le roi Guillaume et la reine Mary siègent sur leur trône aux cieux, sous des figures d'Athéna, d'Apollon et d'Hercule. La paix tend une branche d'olivier à Guillaume III, qui donne à l'Europe un bonnet de la liberté. À ses pieds se contorsionne une figure de la tyrannie portant les traits de Louis XIV. Sur le mur ouest de la salle supérieure, une fresque de l'Électrice Sophie, de George Ier et leurs descendants – décrits comme « une nouvelle race d'hommes venus des cieux » – incarne la succession protestante. D'autres fresques montrent l'arrivée de Guillaume III en 1688 et Neptune cédant son trident à la reine Anne, en reconnaissance de la domination de la Grande-Bretagne sur les mers.

Après avoir conclu la paix avec Guillaume en 1697, Louis avait coopéré sur le terrain diplomatique avec son ancien ennemi jusqu'à la fin 1700. Il fit pleuvoir les faveurs sur l'ambassadeur de Guillaume, Lord Portland, qu'il assura lors d'une audience privée prolongée de ses sincères intentions de maintenir un lien d'union étroit et ferme avec son maître[92]. Le Nôtre envoya des dessins pour des jardins de Windsor à Guillaume, et ce dernier projetait un Trianon de son cru à Hampton Court. Néanmoins, ainsi que le remarquèrent Portland et d'autres ambassadeurs après lui, non sans désarroi, Jacques II et sa famille (notamment son fils illégitime le duc de Berwick, qu'il soupçonnait d'avoir comploté pour assassiner Guillaume) continuaient d'être reçus à la cour de Louis. Lors d'un baptême à Saint-Cloud, des diplomates anglais présents d'un côté de la galerie jetèrent aux jacobites se tenant de l'autre côté des regards « empreints de civilité mêlée de mépris ». Le 30 août 1698, Matthew Prior, secrétaire à l'ambassade d'Angleterre, écrivait : « Vive Guillaume ! Jamais on ne vit de personnage aussi étrange que le vieux butor [Jacques II], maigre, usé et plus ou moins aussi ridé que Neal le spéculateur ; la reine a l'air très mélancolique mais hormis cela elle semble se porter assez bien ; leurs équipages sont tous très dépenaillés et pitoyables. » À Fontainebleau, en octobre, il écrivait : « Les deux cours sont inséparables », avec force cris « À boire pour le roi d'Angleterre ! ». « Toute la cour est rendue à la reine Marie, tout le monde est à sa cour le matin, et c'est de là que le roi de France la conduit à la chapelle ; les deux rois et la reine au milieu d'eux prennent place en tête de table au dîner[93]. »

En novembre de cette année-là, Guillaume III, objectant qu'« il ne pouvait y avoir deux rois en Angleterre », exigea le départ de Jacques II de France. Louis lui répondit avec un humour sardonique qu'il se contentait d'adoucir les infortunes de son beau-père [celui de Guillaume] et qu'il passait le reste de l'année une vie très solitaire à Saint-Germain, ajoutant que quelques parties de chasse organisées à son intention sur douze ou quinze jours ne devraient pas prêter matière à reproche[94].

Guillaume, comme nous l'avons vu, fut outré d'apprendre que Louis avec accepté le legs de Carlos II, une décision contraire au second traité de partition signé en mars 1700. En outre, dans l'intérêt de ce que Louis XIV appelait « l'amitié perpétuelle et la correspondance la plus parfaite » entre la France et l'Espagne, des lettres patentes de décembre 1700 marquaient officiellement la place de Philippe dans l'ordre de succession en France, en lui conservant « toujours les droits de sa naissance de la même manière que s'il faisait résidence et tutelle dans notre royaume », et des princes français dans celui d'Espagne. Les deux couronnes devraient rester séparées, mais on devinait la possibilité d'une navette permanente des Bourbons de France et d'Espagne d'un versant à l'autre des Pyrénées en succédant à leurs trônes respectifs[95].

S'aliénant encore davantage l'opinion européenne, les 5 et 6 février 1701, les soldats français évinçaient pacifiquement les troupes hollandaises des forteresses situées le long de la frontière des Pays-Bas méridionaux, où elles étaient stationnées depuis 1697, formant une barrière contre les attaques françaises. En septembre 1701, en formulant une requête par l'intermédiaire de Pontchartrain, le ministre de la Marine, et de l'amiral Ducasse, au lieu du marquis de Torcy, ministre des Affaires étrangères, des marchands français de la Compagnie royale de Guinée obtenaient l'*asiento de negros*, le droit d'expédier 4 800 esclaves par an d'Afrique vers les colonies espagnoles, précédemment octroyé à un groupe de marchands portugais[96]. Beaucoup savaient, comme l'avait écrit l'ambassadeur d'Harcourt en proposant ce marché, que malgré la mort de nombreux esclaves en route, c'était là un « commerce très avantageux », qui aiderait par ailleurs les marchands français à vendre des produits français en Amérique hispanique[97]. Louis, l'un des investisseurs principaux, se disait personnellement « très satisfait[98] ». Il manifesta son intérêt persistant pour le commerce en relançant le Conseil de commerce en 1700 et en accordant à des marchands non nobles comme Samuel Bernard, Antoine Crozat (qui avaient tous deux investis dans l'*asiento*), Jean Orry et Nicolas Mesnager des audiences privées, des postes officiels, des anoblissements et des titres[99]. Ces hommes lui étaient en effet indispensables. Certains protagonistes, dans les deux camps, et en particulier les marchands, espéraient encore la paix. En avril 1701, l'Angleterre, bientôt suivie des Provinces-Unies, reconnut Philippe V. Toutefois, les contradictions entre le traité de Louis avec Guillaume et son amitié avec Jacques se firent pleinement jour au chevet de ce dernier.

Le 2 septembre 1701, Jacques II s'effondra lors d'une messe. Des membres de la famille royale lui rendirent de multiples visites, en particulier le duc et la duchesse de Bourgogne (sa petite-nièce) et le prince de Conti (le neveu de Marie de Modène). Louis y alla trois fois. Le 5 septembre, la reine lui demanda de reconnaître à son fils le titre de roi, pour des raisons de statut et non pour des motifs politiques, afin qu'il ne s'expose pas au déshonneur et ne devienne un simple sujet. Jacques avait déjà nommé Louis et la reine gardiens et tuteurs conjoints du prince alors âgé de 13 ans. Louis XIV lui répondit qu'il devait prendre avis auprès de son Conseil. Les ministres, désireux de préserver la paix, le supplièrent de n'en rien faire. Pourtant, comme lors de la reconnaissance de Philippe V en novembre 1700, la dynamique dynastique, ces rouages secrets du royaume, se révéla plus puissante que le Conseil des ministres. Qui plus est, Louis XIV se plaisait à montrer qu'il n'était pas obligé de suivre leur avis, même quand ils s'exprimaient de manière unanime[100].

En 1700, le Dauphin était favorable à ce que son fils devienne roi d'Espagne. En 1701, il insista pour que son cousin soit proclamé roi d'Angleterre. S'en abstenir serait injuste, peu convenable et d'une grande couardise[101]. Le roi et la famille royale avaient constaté par eux-mêmes que la majorité des Anglais en visite à la Cour, lors des revues militaires et au grand camp militaire à Compiègne en 1698, évitaient « le feu roi », comme ils appelaient Jacques II[102]. Néanmoins, les Bourbons plaçaient leur conscience et les sentiments familiaux avant la raison d'État.

Sur son lit de mort, Jacques II demanda à son fils de ne jamais renoncer à la foi catholique, d'obéir à sa mère la reine et de toujours s'attacher au roi de France. Il lui dit aussi, ainsi qu'on l'avait appris au Dauphin et à Bourgogne, que les rois ne sont pas faits pour eux-mêmes mais pour le bien de leurs peuples[103]. Après les derniers sacrements, il pria instamment tous ses partisans protestants de devenir catholiques et pardonna ses ennemis, même le prince d'Orange, la princesse de Danemark (sa fille Anne) et l'empereur Léopold Ier. L'ultime visite de Louis XIV, le 13 septembre 1701, dura une heure. En substance, il déclara à son cousin mourant : « Monsieur, après la mort de Votre Majesté, je le [son fils] reconnaîtrai pour Roi d'Angleterre », et il promit au jeune prince qu'il serait pour lui un père. Puis vint la scène suivante, telle qu'elle se déroula sous la plume du duc de Perth, courtisan de Jacques, qui écrivait à son conseiller religieux, le père de la Trappe :

> La chambre qui était pleine jusques à la porte retentit de cris de joie, mêlés de larmes et d'acclamations de voir le Roi qui vient de faire l'action du monde la plus généreuse, quelques-uns se jetèrent à ses genoux pour lui baiser les pieds et d'autres levèrent la main vers le ciel pour remercier Dieu. [...] les acclamations, les battements de mains, les pleurs mêlés de cris de joie et enfin la surprise d'une si agréable nouvelle empêchèrent le Roi d'entendre les remerciements du roi mourant.

En grand homme de spectacle qu'il était, Louis trouvait plus d'intérêt à entendre les applaudissements de ses courtisans que les expressions de gratitude du roi mourant. Ils étaient aussi convaincus que lui-même que « Jacques III » était l'héritier légitime du trône d'Angleterre. Lorsqu'il ressortit, il ordonna à l'officier des gardes de service de rendre les mêmes honneurs au fils que ceux qu'il avait réservés au père. Jacques II s'éteignit à 3 h 30 le 16 septembre[104].

Quand il avait demandé à être inhumé dans son église paroissiale de Saint-Germain-en-Laye, Louis avait répondu : « Monsieur, cela ne convient ni à vous ni à moi[105]. » Montrant ainsi qu'il le considérait plus comme un saint que comme un roi, il ordonna la partition du cadavre de Jacques, et que ses parties soient dispersées comme les reliques d'un saint ou d'un roi de France, et non enterré intact comme celui d'un roi d'Angleterre. Son corps fut donc inhumé au couvent des bénédictines anglaises de la rue Saint-Jacques, près du Val-de-Grâce ; son cœur alla dans le couvent de son épouse, celui de la Visitation à Chaillot ; son cerveau dans le collège des Écossais, situé sur ce qui est aujourd'hui la rue du Cardinal-Lemoine, où le duc de Perth fit ériger un monument au « meilleur des maîtres ». Ses entrailles furent réparties entre l'église paroissiale de Saint-Germain et le collège des jésuites anglais de Saint-Omer. Enfin, le couvent des sœurs augustiniennes anglaises de Paris reçut un bras[106].

Faisant passer sa conscience avant son pays, et la piété avant la politique, la reconnaissance de « Jacques III » par Louis XIV fut l'une des grandes erreurs du règne, et dans une moindre mesure comparable à la révocation de l'édit de Nantes. Mazarin aurait su éviter l'une et l'autre. Le cardinal appréciait particulièrement les huguenots, qu'il appelait de « bons et loyaux serviteurs du roi[107] ». En 1659, il avait averti que toute intervention française au nom des Stuarts nuirait à ces derniers autant qu'à la France : « Pour ce qui est de l'Angleterre, il me semble que l'on doit songer préférablement à l'intérêt de la France, laquelle n'est pas, à mon avis, en état d'embrasser la querelle de ce roi [Charles II]. » Il estimait que la moindre manifestation de la France en sa faveur unifierait toutes les parties contre lui en Angleterre, et ce fut en effet ce qui se produisit en 1701[108].

Louis déclara au nonce papal qu'il savait que cette reconnaissance servirait Guillaume III et dresserait l'Angleterre et tous les princes protestants contre lui, « mais néanmoins il ne changerait pas de conduite, espérant que Dieu protégerait ses bonnes intentions et la justice de sa cause[109] ». Le ministre des Affaires étrangères, Colbert de Torcy, jura à l'ambassadeur de Guillaume à Paris, le comte de Manchester, et au représentant français à Londres, M. Poussin, que cette reconnaissance n'était pas contraire au traité de Ryswick, que Louis XIV n'aiderait pas « le roi d'Angleterre » à récupérer ses pouvoirs ou que « Sa Majesté ne troublera point le roi de la Grande-Bretagne [Guillaume III] dans la possession paisible de son trône ». Ensuite, il admit que tous les ministres y avaient été hostiles et que seuls le Dauphin et Mme de Maintenon s'étaient déclarés en faveur d'un droit qui lui était accordé par la nature et dont personne ne pouvait le priver[110]. L'ambassadeur Manchester accusa lui aussi « une personne qui ici gouverne tout », c'est-à-dire Mme de Maintenon, dont on disait qu'elle avait promis à Marie de Modène la reconnaissance de son fils. Le fait qu'elle ne pouvait se résoudre à appeler Guillaume autrement que « le prince d'Orange » – alors que Louis l'appelait « le roi d'Angleterre » – trahissait ses sympathies jacobites et son opposition à la diplomatie française officielle. Elle écrivit à Philippe V, sur un ton moralisateur, que la mort de Jacques II avait édifié les esprits les plus libertins de la Cour et, information dont personne d'autre qu'elle ne fit mention, elle ajoutait que les gardes du corps avaient trempé leurs mouchoirs dans le sang du corps du roi tandis qu'on le disséquait[111].

Manchester écrivit à son ministre, sur un ton désabusé, que les Français auraient à se repentir de leurs « discours impertinents » : « On ne peut se fier à rien de ce que cette cour dit ou fait, après ce que nous avons pu voir [...] nous ne pourrons jamais plus traiter avec cette cour sans la plus grande vigueur et résolution et avec les armes à la main. » À Torcy, il écrivit le 2 octobre : « Monsieur, le roi mon maître ayant appris que SMTC

[Sa Majesté Très-Chrétienne] a reconnu un autre roi de la Grande-Bretagne ne croit pas que sa gloire et son service lui permettent de tenir plus longtemps un ambassadeur auprès du roi votre maître[112]. » Le comte de Manchester quitta Paris sans un au revoir. Aux portes du château de Saint-Germain, James Terry, le « héraut d'Athlone », officier de la cour en exil de Jacques II, acclamé par les courtisans et les citadins, proclama « Jacques III » roi d'Angleterre, d'Écosse et d'Irlande. Il fut ensuite reconnu par le pape et Philippe V[113], et affirma sa souveraineté avec la création de titres de pairs et de chevaliers de la Jarretière[114]. La position de Marie de Modène, selon laquelle la reconnaissance de Louis n'aurait pour but que d'éviter que son fils ne devienne un simple sujet, n'avait été qu'un maquillage de ses buts politiques.

Guillaume était ulcéré par ce qu'il percevait comme un acte de perfidie de la part de Louis. Une alliance avait été signée entre l'Angleterre, les Provinces-Unies et l'empereur du Saint Empire romain germanique le 7 septembre 1701, avant même la reconnaissance de « Jacques III » par Louis XIV. Plus tard cette année-là, une clause fut ajoutée stipulant qu'ils ne concluraient pas de paix tant que ce dernier ne reconnaîtrait pas officiellement la succession protestante en Angleterre[115]. La reconnaissance de « Jacques III » fut loin d'être la seule cause de la guerre en Europe. Le conflit armé avait déjà éclaté entre les forces françaises, espagnoles et autrichiennes dans le nord de l'Italie en 1701, et l'empereur refusait de reconnaître Philippe V.

Guillaume III, depuis longtemps en mauvaise santé, mourut le 18 mars 1702. La reine Anne, qui lui succéda, ne fut pas non plus reconnue par Louis XIV, qui persistait à l'appeler la princesse de Danemark. Dans un nouveau geste de maladresse, il déclara aux Hollandais qu'ils venaient ainsi de recouvrer leur liberté. Le 3 avril 1702, un Acte d'Abjuration et un *bill of attainder* furent promulgués à Westminster contre « Jacques III ». Louis avait contribué à hâter le déclenchement de la guerre dans des circonstances qui lui étaient défavorables, après avoir ruiné sa réputation auprès des gouvernements étrangers au point de rendre toute paix plus difficile à négocier, puisque presque aucun de ceux-ci ne se fiait à lui[116]. La guerre fut officiellement déclarée contre Louis XIV et Philippe V (que ses adversaires appelaient le « duc d'Anjou ») par l'Angleterre, les Provinces-Unies et l'empereur le 15 mai 1702. Des médailles jacobites frappées en France représentaient le soleil de Louis XIV dissipant les nuages au-dessus des espoirs de « Jacques III »[117]. La médaille du couronnement de la reine Anne, conçue par le savant et maître de la Monnaie Isaac Newton, n'était pas moins belliqueuse. Elle la montrait en Athéna abattant un monstre à deux têtes : Louis XIV et « le Prétendant »[118]. La guerre de Succession d'Espagne était donc aussi celle de la Succession d'Angleterre.

20

Le triomphe de l'Europe

Quatre ans après que son petit-fils eut été proclamé roi d'Espagne, Louis XIV connut un autre triomphe dynastique. À Versailles, en fin d'après-midi le 25 juin 1704, à 17 h 30, au terme de neuf heures d'un travail éprouvant, la duchesse de Bourgogne donnait naissance à un fils en bonne santé. D'un bout à l'autre de cette mise au monde, le roi était resté au pied du lit, Mme de Maintenon à la tête, avec d'autres membres de la famille royale présents dans la pièce, tandis qu'une « infinité » de courtisans remplissait les antichambres de l'appartement de la reine qu'occupait la duchesse de Bourgogne. Son mari, refusant de regarder ou d'écouter, attendait dans une pièce attenante[1]. Louis XIV devenait à la fois le roi au règne le plus long de l'histoire européenne et le premier à connaître de son vivant trois générations d'héritiers, ses descendants en ligne directe : son fils le Dauphin, son petit-fils le duc de Bourgogne et le duc de Bretagne, ainsi que l'on appelait l'arrière-petit-fils du roi. Il devait mourir le 16 avril 1705, et si la duchesse de Bourgogne, « accablée de douleur », en eut le cœur brisé, elle donna néanmoins naissance à un deuxième duc de Bretagne en 1707 et à un duc d'Anjou, futur Louis XV, en 1710. En avril 1705, Louis écrivit au cardinal de Noailles, archevêque de Paris, que cette longue succession de rois, sans exemple dans le règne d'aucun de ses prédécesseurs, assurait la perpétuation de la bonne fortune de son royaume[2].

Comme lors de la naissance de l'aîné des petits-fils du souverain, le duc de Bourgogne, le 6 août 1682, la France célébra le nouveau venu dans l'effervescence, multipliant les *Te Deum*, les feux d'artifice, les bals publics et mettant partout en perce des fontaines à vin. Le curé de Rumegies, non loin de Lille, écrivit dans son journal : « C'est un nouveau surcroît de bonheur pour la France, étant très certain que les princes n'ont point d'armée qui vaille ce que vaut une nombreuse famille. » Cette naissance était « une bénédiction de Dieu sans exemple dans aucun des rois de France[3] ». Sur une gravure représentant la scène, titrée *La Bénédiction du ciel sur la postérité de Louis le Grand*, la duchesse de Bourgogne observe la scène, l'air épuisée, dans son lit, tandis que Louis désigne du geste le bébé bien langé que tient la maréchale de La Mothe, gouvernante des Enfants de France, à côté du Dauphin, du duc de Bourgogne et du duc d'Orléans. Le bas de la gravure est complété par des vignettes des victoires du Piémont et de feux d'artifice à Paris. Depuis la capitale, Vauban écrivit : « C'est une joie si universelle dans cette ville qu'on ne fait que danser, boire et baller toute la nuit. » L'installation à Versailles n'avait donc nullement tranché ce que Louis XIV appelait le « nœud sacré » de sa famille avec ses sujets[4]. Le 28 août 1704, sur ordre du roi, la ville de Paris donna une fête en l'honneur du duc et de la duchesse de Bourgogne. Des fenêtres du Louvre, ils regardèrent des régates sur la Seine. Des feux d'artifice représentèrent l'« union éternelle » de l'Espagne et de la France, ainsi que l'hommage rendu à la Seine et au Tage par les autres fleuves de l'Europe – la Tamise, la Meuse, le Scheldt, le Neckar, le Rhin et le Danube[5].

La fécondité de la dynastie des Bourbons mettait en évidence l'absence d'héritiers en ligne directe chez ses rivales. Guillaume III était mort sans enfants ; aucun de ceux de la reine Anne ne survécut au-delà de l'âge de 11 ans. L'empereur Joseph Ier, qui succéda à son père Léopold Ier en 1705, n'avait que des filles, inéligibles au titre d'empereur du Saint Empire romain germanique – par conséquent, ainsi que des diplomates l'avaient déjà prévu, cette situation affaiblissait sa maison, ce qui conduisit par la suite, en 1740, à la guerre de Succession d'Autriche[6].

Toutefois, la joie ne tarda pas à se muer en larmes. Les feux d'artifice évoquant « l'hommage des rivières d'Europe » se révélèrent tout aussi illusoires que les sculptures des nations enchaînées entourant la statue du roi place des Victoires. En effet, la nouvelle d'une défaite française au-delà d'un de ces fleuves arriva avant même que les feux d'artifice n'aient été allumés. En 1702 et en 1703, la guerre de Succession d'Espagne s'était déroulée favorablement pour la France. À l'été 1704, une armée française sous les ordres du maréchal de Tallard, épaulée par l'armée de l'allié de Louis XIV, l'Électeur Maximilien-Emmanuel de Bavière, avait prévu de descendre la vallée du Danube vers Vienne. Le 13 août 1704, deux ennemis jurés du Roi-Soleil, John Churchill, duc de Marlborough, et le prince Eugène de Savoie, fondirent sur cette armée à Blenheim, sur le Danube : 40 000 soldats français et bavarois furent tués ou capturés. Ce fut un triomphe de l'Europe sur la France. Les armées alliées comprenaient des troupes d'Angleterre, d'Écosse, d'Irlande, des Provinces-Unies, du Danemark, de Hanovre, de Prusse, du Palatinat (vengeant ainsi les horreurs subies de 1688 à 1693) et de la monarchie des Habsbourg.

Marlborough n'était pas seulement le capitaine général des forces de la reine Anne et son ambassadeur auprès des États-Généraux, mais aussi un maréchal du Saint Empire romain germanique et le commandant en chef adjoint des forces des Provinces-Unies. Le prince Eugène, qui présidait le Conseil de guerre impérial, était aussi maréchal du Saint Empire romain, gouverneur général de Milan et vicaire général impérial en Italie. Les officiers alliés comptaient dans leurs rangs les futurs George II d'Angleterre et Frédéric-Guillaume de Prusse ainsi que (brièvement et incognito) Auguste II de Saxe. Hormis l'Espagne, la Bavière était le seul allié chrétien de la France[7].

La victoire des armées alliées sur celles de la France était due à l'efficacité de leurs diplomates autant que de leurs généraux. Aidé par ce que Lord Chesterfield appelait ses « manières engageantes, gracieuses » et sa belle allure, Marlborough s'était montré aussi capable dans la négociation avec La Haye, Berlin et Vienne qu'au combat sur le champ de bataille. Des agents huguenots, notamment, lui procurèrent des renseignements en provenance de France, par l'intermédiaire de son secrétaire protestant, Adam Cardonnel[8].

Le prince Eugène était, lui, animé d'un courage indomptable et d'une « haine invincible » envers la France, ainsi que Villars en informa le roi, aussi forte que lorsqu'il avait quitté son pays de naissance en 1683. À Blenheim, il prit la tête de ses hommes, enchaînant charge après charge, toujours « le premier de la meute », les yeux brûlants de colère : ce fut un miracle qu'il ait survécu[9]. Saint-Simon affirme que des officiers français qui lui parlèrent au cours de leur captivité rapportèrent qu'il se délectait à la perspective de se venger du mépris du roi et de l'incapacité où son frère avait été mis d'hériter de la charge de leur père, celui de « colonel général des Suisses et des Grisons ». Il voulait morceler la France et forcer Louis XIV à battre en retraite au sud de la Loire[10]. Comme le grand Turenne qui avait été son premier commandant, Marlborough comprenait la nécessité de la vitesse et de la surprise. Il avait conduit ses armées à plus de 300 kilomètres en aval du Rhin vers le Danube : selon la formule de Winston Churchill, c'était « une chenille écarlate » qui rampait sur la carte de l'Europe[11]. À l'inverse, les généraux français restaient enkystés dans leur guerre de siège et immobilisés par les ordres de Versailles. Les propos obséquieux et flagorneurs que le maréchal de Villeroy adressa au roi depuis le front contribuent à expliquer les défaites françaises : « Votre Majesté comprend la guerre mieux que ceux qui ont l'honneur de vous servir[12]. »

La capacité militaire de la France avait été affaiblie par une série de catastrophes démographiques et climatiques, telles que la fuite des huguenots et la perte d'une partie de sa population au cours de l'hiver 1693-1694. Les soldats alliés semblaient généralement plus forts, mieux nourris et plus disciplinés. Qui plus est, ils payaient leurs approvisionnements. À l'inverse, les troupes de Louis, qui touchaient de maigres soldes, avançaient en Allemagne en recourant au pillage, attisant ainsi les flammes de la francophobie[13]. Sous le règne de Louis, la taille moyenne de ses soldats diminua, signe de l'appauvrissement de la plus grande partie de la population française[14]. La défaite fut aussi la conséquence de la supériorité de l'équipement des alliés. Ce ne fut qu'en 1703 que l'infanterie française abandonna enfin les piques et les mousquets au profit des fusils et des pistolets, comme ses ennemis[15]. Sous la conduite du duc du Maine, grand maître de l'artillerie, la qualité des canons du roi n'égalait pas leur quantité. Les affûts qui se fendaient blessaient les artilleurs français presque aussi fréquemment que leurs boulets de canon atteignaient l'ennemi. Des officiers réalisaient des profits en fournissant ces canons de qualité médiocre.

Parfois, la marine renvoyait des pièces jugées inutilisables. L'historien Guy Rowlands en conclut : « Le système d'armement le plus puissant que le monde ait jamais vu ne fonctionnait pas[16]. »

L'artillerie alliée fut aussi employée avec plus d'efficacité, puisqu'elle tirait par pelotons et non en ligne. Le capitaine Robert Parker écrivit à propos d'une des charges de Blenheim : « Les tirs français étaient tout à fait anémiques, ils n'opposèrent pas la moindre résistance, mais leurs rangs cédèrent et se rompirent aussitôt. Nos escadrons les percèrent en leur centre ce qui les mit totalement en déroute. [...] Ils furent presque tous tués ou se noyèrent[17]. » À Kerkhoven, non loin d'Audenarde, en 1708, il nota que les Français, à la vue de l'ennemi, « à la grande surprise de toute l'Europe et au grand déshonneur de l'armée française [...] sans tirer un coup de fusil [...] se dispersèrent sur-le-champ et s'enfuirent, en laissant derrière eux jusqu'à quarante canons avec une grande quantité de poudre et de boulets[18] ». L'absentéisme des officiers ainsi que la corruption affaiblissaient les armées françaises. En 1706, l'ambassadeur de France en Espagne, M. Amelot, rapportait qu'« il y a tel régiment où il n'y a ni colonel ni lieutenant-colonel ni major ni aide-major [...] quelque bonnes que soient les troupes cela est très fâcheux à la veille d'une grande action[19] ». L'extension de la vénalité des charges à toute l'armée, y compris au corps de l'artillerie en 1703, à seule fin de lever davantage de revenus, faisait la part belle à des officiers souvent moins capables que ceux des armées ennemies[20].

Le commandant français capturé à Blenheim, le maréchal de Tallard, imputa sa défaite à un commandement divisé et au manque de coordination avec l'Électeur de Bavière. En réalité, les troupes françaises avaient perdu leur combativité. Dangeau soulignait à cet égard l'incompréhension de Louis XIV devant ce fait : à Blenheim, si 11 bataillons d'infanterie avaient fini taillés en pièces,

26 autres, et 4 régiments de dragons, s'étaient rendus sans tenter de lutter pour se dégager[21]. Le maréchal de Villars, meilleur général que Tallard, confiait qu'ils le faisaient rougir pour son pays. Des officiers humiliés, en captivité, demandaient : « Ah, que va dire le roi[22] ? » Les bonnes manières de Louis l'emportèrent sur sa colère. Mme de Maintenon écrivit à leur ami le maréchal de Villeroy : « Vous connaissez sa fermeté ; son humeur n'a pas changé un moment ; sa bonté l'a occupé de tous les particuliers qu'on a perdus et nous pouvons dire sans flatterie [*sic*] qu'il est véritablement grand[23]. »

Marlborough avait infligé à Louis XIV ce que les États-Généraux des Provinces-Unies appelèrent, dans leur lettre de félicitations, « un coup tel que le roi actuel n'en a jamais éprouvé de tout son long règne[24] ». La conviction du souverain qu'à forces égales les troupes françaises vaincraient toujours l'ennemi, ainsi qu'il l'avait écrit à Luxembourg en 1691, et qu'il l'écrirait à nouveau en 1706 à Villeroy, s'était révélée illusoire, comme sa certitude que tous les protestants français se convertiraient au catholicisme[25].

Les armées de Louis avaient déjà été affaiblies par une autre guerre, contre les protestants des Cévennes. En 1702, réagissant à l'éclatement de la guerre et aux persécutions croissantes des « nouveaux catholiques » – des protestants « convertis » au catholicisme identifiés par leur refus de recevoir la communion au cours de la messe –, quelques-uns d'entre eux s'étaient soulevés. Il s'agissait surtout de paysans ou de tisserands, à peu près 10 000 au total, que l'on appelait des camisards en raison de la chemise qu'ils portaient (ou *camisa*, en langue d'oc), à l'opposé des uniformes des soldats français envoyés sur place pour les écraser[26].

Louis les considérait comme des fanatiques séditieux qui brûlaient des églises catholiques et tuaient des prêtres. Lorsque les soldats incendièrent et détruisirent des villages protestants, les montagnes des Cévennes, âpres et impénétrables, étaient le site idéal où mener une guerre de guérilla, et les soulèvements des camisards n'en furent qu'un premier exemple. Ils étaient capables d'échapper aux troupes françaises grâce aux grottes et vallées qu'ils connaissaient pour ainsi dire depuis leur naissance, et qui sont aujourd'hui encore considérées comme les sanctuaires de leur héroïsme. Ils se révélèrent de redoutables adversaires, menés par un chef jeune et brillant, savetier de son état, Jean Cavalier, contre lequel on envoya successivement trois grands généraux, le futur maréchal de Broglie, le maréchal de Montrevel et Villars, à la tête de milliers de soldats. Dans de grandes villes de la région comme Uzès et Nîmes, de nombreux habitants furent désarmés, car jugés « suspects[27] ».

Les camisards se considéraient comme des « Enfants de Dieu », traversant « le désert » de « la terre promise ». Certains se laissèrent convaincre par des prophètes locaux, souvent des femmes ou des enfants (les pasteurs ayant été tués), de l'imminence de l'Apocalypse, ou de la délivrance de toute persécution. Comme d'autres généraux conventionnels face à d'autres guérilla, Villars fut surpris par la résistance qu'il rencontra dans ce « pays horrible » : « Jamais peuple n'a si peu ressemblé à ce que j'ai connu jusqu'à présent. » Si des camisards furent tués, emprisonnés ou envoyés aux galères, et leurs villages détruits, les troupes françaises furent pourtant souvent défaites[28]. Villars finit par considérer « les voies de douceur » plus utiles que la violence[29]. Le 6 mai 1704, Cavalier accepta de se rendre à Villars en échange d'une amnistie, ce qui horrifia beaucoup de catholiques locaux : le savetier de 22 ans négociait d'égal à égal avec le maréchal de 50 ans[30].

En 1699, Louis avait choisi aux deux postes de contrôleur général et de secrétaire d'État à la Guerre Michel Chamillart, ancien administrateur de Saint-Cyr et protégé de Mme de Maintenon, qui avait été présenté au roi par le duc de Vendôme, petit-fils d'un fils illégitime d'Henri IV, et par le grand écuyer, le comte d'Armagnac. Le roi aimait jouer au billard avec lui. On disait volontiers de Chamillart que c'était un héros au billard et un zéro au ministère, et qu'il aimait le roi comme il aurait aimé une maîtresse. Toutefois, il essuya un échec, un tel cumul de fonctions étant presque au-dessus des forces de quiconque[31]. Il se révéla également inhumain. En février 1703, il plaida pour un « massacre général » des camisards afin d'éradiquer ce qu'il appelait ce grand mal. Il usait ainsi d'un langage qui deviendrait banal au XXe siècle, déclarant : « Bien que je ne sois pas cruel de nature, il me semble à l'occasion que l'on doive se défaire de toute humanité. » Pourtant, Louis démontra aussi que la douceur de sa jeunesse ne l'avait pas totalement quitté. Chamillart se plaignit du « grand chagrin » du roi à la destruction des villages protestants : « Sa Majesté a de la peine à consentir que l'on en vienne aux dernières extrémités contre ses sujets. » En fin de compte, le monarque s'y refusa[32]. Il pouvait encore faire preuve de miséricorde. En une autre circonstance, il pardonna d'ailleurs à des déserteurs qu'il avait vus marcher, enchaînés, en route vers les galères[33].

En 1704, le roi reçut un protestant noble pour la première fois depuis le départ de Schomberg en 1686. Le baron d'Aigaliers, qui l'avait aidé à convaincre les protestants des Cévennes de se soumettre à Villars, vint le voir à deux reprises à Versailles, fin juin et début juillet, dont une fois dans la Chambre du Conseil en la présence de tous les ministres. Ce fut une confrontation entre deux fois et deux visions du monde. Le roi considérait les hommes en termes de services et de faveurs, tandis que d'Aigaliers les voyait au prisme de l'idéologie. « Sa Majesté me reçoit avec beaucoup de bonté et me dit qu'elle était contente du zèle que j'avais témoigné en

Languedoc pour son service », se souvint-il. Le 3 juillet, le roi lui déclara : « Je souhaiterais que vous fussiez bon catholique, pour avoir lieu de vous accorder des grâces et vous mettre par là en état de continuer à me servir[34]. » D'après son récit de l'épisode, d'Aigaliers lui répondit que ces persécutions ne faisaient que renforcer les protestants dans leur zèle religieux et « nous pousser dans le désespoir ». Avec un haussement d'épaules, le roi lui rétorqua : « Cela suffit, ne parlez plus là-dessus. » Quand le baron d'Aigaliers demanda « à mon roi et au père de tous ses sujets » sa bénédiction, « le roi se mit à rire et me dit que M. de Chamillart me donnerait ses ordres ». Le contrôleur général et secrétaire d'État le blâma aussitôt de montrer « un peu trop de zèle pour votre religion », et ajouta que le roi préférerait voir son royaume renversé plutôt que de permettre le libre exercice de la religion réformée[35]. D'Aigaliers se retira à Genève en septembre 1704, rentra en France et mourut en prison en 1708. Dans sa dernière lettre à Chamillart, il écrivit : « Hélas, monseigneur, qu'avons-nous fait au roi, qui veuille nous priver du bonheur de le servir, en servant Dieu selon les lumières de notre conscience ? Avons-nous dans notre religion quelque maxime contre le bien de la société[36] ? »

Jean Cavalier sut lui aussi résister au chant de sirène de la Cour : « Croyez ce que vous voulez, mais faites les fonctions [extérieures] des catholiques », autrement dit, préservez les apparences[37]. Trente-trois de ses partisans et lui-même se virent remettre des passeports pour quitter la France. Après de nombreuses années au service des Britanniques, où il fut promu au rang de major général et de gouverneur de Jersey, il mourut à Londres en 1740[38]. La persécution des « hérétiques » dans les régions affectées par les soulèvements de camisards se fit plus brutale. Sous les regards des foules de catholiques, certains camisards, tant des hommes que des femmes, finirent écartelés sur la roue ou pendus. Quelques-uns furent brûlés au bûcher pour avoir profané l'hostie, qui pour les catholiques devient le corps du Christ au moment de la communion. Deux camisards, Jean Ravanel et Abdias Maurel, furent torturés, brûlés sur le bûcher à Nîmes en avril 1705. En mars 1706, sur l'esplanade devant les murailles de Montpellier, ce fut le tour de Salomon Couderc, l'un des meurtriers d'un missionnaire détesté, l'abbé du Chayla, en juillet 1702[39].

D'autres défaites françaises suivirent celles de Blenheim et de la guerre des camisards. Le 23 mai 1706, à Ramillies, au sud-est de Bruxelles, 26 000 soldats français et bavarois conduits par Villeroy furent tués, blessés ou capturés par des troupes alliées sous Marlborough et le prince Eugène. Des unités d'élite se débandèrent et s'enfuirent, puis furent fauchées dans leur course[40]. Quand Louis annonça ce désastre aux courtisans, écrivit Sourches, « il n'épargna pas la réputation de ses gardes du corps qui y avaient combattu[41] ». Ce ne fut pas une débâcle isolée. En 1709, la reddition soudaine d'une garnison française à Gand, avec toutes ses munitions, incita le monarque à envoyer son commandant en prison[42]. Le 4 juillet 1706, Mme de Maintenon écrivit à son amie et alliée Mme des Ursins : « Le roi a vu si sûrement et de si près le peu de confiance que l'armée a en lui [Villeroy] et les clameurs de Paris ont été si grandes qu'il a été forcé à ce changement et se serait toujours repenti s'il ne l'eût pas fait[43]. » Villeroy fut révoqué, mais avec des propos amènes. À Saint-Simon, cet ancien favori faisait l'effet d'une balle dégonflée[44]. Mme de Maintenon aurait voulu conclure la paix. En juillet 1707, elle dit à la princesse des Ursins : « Quelles cruautés que la guerre et de voir tous ces princes se persécuter les uns les autres et faire périr tant de gens ! Je suis dans une grande tristesse et ne voyant rien que d'affreux[45]. »

Plus encore qu'auparavant, les généraux étaient paralysés par les interventions et les empiètements de Versailles.

Travaillant tard dans la nuit, le roi envoyait de fréquents courriers à ses généraux, en exigeant d'eux les moindres informations et les plus détaillées, ou prodiguant des conseils de prudence, comme cela apparaît clairement à la lecture de nombre de ses lettres rédigées d'une écriture pressée, débordante. Il considérait les Provinces-Unies tout particulièrement comme son domaine de compétence. En 1706, Chamillart écrivit à Louis-Joseph de Bourbon, duc de Vendôme, le remplaçant de Villeroy : « Il ne se fait rien en Flandres que sous les yeux de Sa Majesté et par ses ordres, c'est Elle-même qui règle ses armées et qui écrit de sa main le nombre de troupes qu'Elle veut pour tenir garnison dans chacune de ses places[46]. »

Le choix que faisait Louis de ses généraux s'avéra aussi mal inspiré que sa manière de diriger ses campagnes. Tallard, La Feuillade et Villeroy étaient des chefs médiocres, qui devaient leurs commandements en partie à l'amitié du roi. Villeroy, que Louis connaissait depuis toujours, le divertissait avec ses ragots au sujet de Paris et de la Cour[47]. En 1703, Victor-Amédée II, duc de Savoie, avait encore changé de camp, suscitant une lettre de Louis XIV dans son plus pur style sardonique : « Monsieur, puisque la religion, l'honneur, l'intérêt, l'alliance et votre propre signature ne sont rien entre nous, j'envoie mon cousin le duc de Vendôme à la tête de mes armées pour vous expliquer mes intentions[48]. » Les armées françaises occupèrent le Piémont. Pendant le siège du Turin, elles furent toutefois battues le 7 septembre 1706 et dispersées par une armée alliée pourtant plus modeste commandée par le prince Eugène et son cousin Victor-Amédée. Louis avait insisté pour tenir ce siège, contre l'avis de Vendôme et Vauban, et il en avait confié la charge à deux généraux, le maréchal de Marsin et son neveu le duc d'Orléans[49]. Louis en personne en perdait son allant. À 11 heures un soir, il écrivit à Chamillart que « toutes les nouvelles sont accablantes[50] ».

La victoire alliée à Turin offrit à la Savoie une issue définitive à la domination française : cela explique la place centrale qu'attribua le prince Eugène dans le salon central du palais d'Hiver, à Vienne, à un tableau qui la représentait, éclipsant des tableaux de ses autres victoires. Victor-Amédée II commémorera cette fortune des armes avec la construction de la basilique de Superga, sur les hauteurs de Turin, exauçant ainsi un vœu à la Vierge. C'est une célébration architecturale du triomphe sur Louis XIV, aussi majestueuse que le palais de Blenheim du duc de Marlborough, dont les travaux avaient débuté en 1705, moyennant de vastes dépenses du gouvernement britannique[51]. Jusqu'à l'unification italienne, tous les chefs de la maison de Savoie seraient enterrés à la Superga, où se donne encore chaque année un *Te Deum* commémoratif le 7 septembre. La victoire des alliés à Ramillies leur avait offert le Brabant ; Turin leur apportait le nord de l'Italie[52]. Après quoi, revendiquant ces cités et territoires en tant que fiefs du Saint Empire romain, l'empereur annexa Milan, leva des impôts à Gênes, en Toscane et à Parme, se préparant à s'emparer de ces deux dernières après extinction de leurs dynasties et, en 1708, à la mort du dernier duc de Gonzague, il annexa Mantoue. Le duché de Mantoue, longtemps un poste avancé profrançais dans la vallée du Pô, cessa d'exister[53].

En forme de réponse aux médailles célébrant les victoires de Louis XIV, des médailles furent frappées à l'étranger, généralement à Amsterdam, pour se moquer de ses défaites. Ses formules et images préférées furent retournées contre lui. Sur une médaille ennemie célébrant la destruction de son navire *Le Soleil Royal*, *Nec pluribus impar* (« Je suffis à plusieurs ») se transforma en *Nunc pluribus impar* (« Maintenant inégal à plusieurs »). Sur une médaille attaquant l'alliance franco-turque, *Gallia victrix* (« la France victorieuse ») devint *Gallia supplex* (« la France suppliante »). Une autre montrait le duc de

Savoie en Jupiter détruisant Phaéton – le fils du soleil – sous les coups de ses éclairs. Une autre représentait Louis dansant devant la reine Anne. Le message était moqueur : « Il faut savoir plaire aux dames. » D'autres encore le montraient vomissant, déféquant (« Même les dieux ne résistent pas à la nécessité ») ou dévoré par des chiens[54].

Les atrocités des alliés, comme leur arrogance, finirent pas rivaliser avec celles de Louis XIV. La violence du bombardement anglais de Cadix en 1702 avait renforcé la loyauté de la ville envers Philippe V[55]. En 1704, pour punir l'Électeur de Bavière de s'être uni à la cause de Louis XIV, Marlborough ordonna « la ruine entière » de son pays, laissant ses soldats détruire tout ce qu'ils ne pouvaient piller. Devant Munich, 2 000 Bavarois furent massacrés par des troupes impériales[56].

Afin de mettre un terme à cette série de défaites, la France se tourna vers Vendôme. Malgré son homosexualité affichée, ses victoires en faisaient un héros populaire. Si les Parisiens apprenaient qu'il allait à l'Opéra, ils réservaient des sièges huit jours à l'avance et, à son arrivée, il était salué par des « acclamations retentissantes » de « Vive Vendôme[57] ! ». Lorsqu'il se retirait dans son château d'Anet, dans la campagne au sud-ouest de Versailles, la route de Paris se remplissait de carrosses et Anet ressemblait à un « petit Marly[58] ». En 1708, double reflet de sa prudence et de sa passion pour la gloire militaire au bénéfice de ses héritiers, Louis imposa à Vendôme de partager le commandement des forces françaises en Flandre avec l'aîné de ses petits-fils, le duc de Bourgogne, accompagné de son frère cadet le duc de Berry. À l'opposé de l'audace d'un Vendôme, le duc de Bourgogne préférait peser tous les tenants et aboutissants avant de prendre une décision, et s'opposait aux attaques trop téméraires. Les relations entre ces deux chefs se détériorant, le roi envoya à deux reprises le ministre de la Guerre Chamillart (qui s'était déjà rendu en tournée d'inspection sur le front en 1706) en vue d'y évaluer la situation, et Berwick pour conseiller Vendôme. Deux princes, deux généraux, le ministre de la Guerre, aucune chaîne de commandement claire, des ordres contradictoires de Versailles : comme le siège de Turin, c'était là un cas d'école de mauvaise gestion d'une campagne militaire[59].

À Audenarde, au sud de Bruxelles, le 11 juillet 1708, malgré sa supériorité numérique, l'armée française fut encore vaincue par Marlborough, au terme d'une des rares défaites de la carrière de Vendôme. Ce dernier et le duc de Bourgogne quittèrent le champ de bataille pour aller se replier en lieu sûr à Gand – le second fut néanmoins plus rapide à s'esquiver que le premier, qui se battit comme un tigre. S'adressant à son ancien précepteur Fénelon, qu'il vénérait encore, le duc de Bourgogne tenta de se justifier contre les accusations d'indécision, prétextant que le roi, sur des observations de Chamillart, avait retiré son ordre d'attaquer, tandis que Vendôme s'était révélé d'une « présomption absolue[60] ». Pour sa part, l'intéressé se plaignit de ce que ses ordres n'avaient pas été suivis. Il aurait pu remporter la bataille si seulement Bourgogne n'avait pas retenu ses troupes. Il laissa entendre que le duc était un couard et critiqua la décision d'envoyer les princes sur le front[61]. L'opinion publique soutint Vendôme. Des chansons populaires accusèrent le duc de Bourgogne d'être un pleutre doublé d'une grenouille de bénitier. D'autres attaquèrent son épouse savoyarde pour sa traîtrise ; le ton est ici presque aussi hostile que le serait celui de certains versets commis contre Louis XVI et Marie-Antoinette quatre-vingts ans plus tard[62]. Le curé de Rumegies écrivit dans son journal que « ces jeunes princes ont perdu le pays et ils n'ont fait que faute sur faute pendant la campagne[63] ».

La France ne tarda pas à essuyer une autre défaite. En dépit d'une vaillante défense menée par le maréchal de Boufflers, le 22 octobre 1708, ainsi que l'avait prédit Vendôme, les alliés prirent la ville de Lille, et le 10 décembre sa citadelle, noyau central d'un réseau de forteresses protégeant la frontière septentrionale de la France[64]. Là encore, les forces françaises eurent beau être supérieures en nombre (elles s'élevaient peut-être à 120 000 hommes contre les 85 000 des troupes alliées), les querelles entre Vendôme, Bourgogne et d'autres généraux, leur peur de perdre une bataille rangée et leur incapacité à intercepter les convois alliés avaient aidé Marlborough à déjouer leurs plans[65]. Cette fois, Louis avait voulu que l'armée française combatte. Il signifia au duc de Bourgogne qu'il était de son devoir d'encourager ses soldats et de prendre des risques : « C'est dans de pareilles conjonctures que ceux qui sont au-dessus des autres doivent les animer par leur exemple. » Il laissait ainsi entendre que, jusqu'alors, Bourgogne s'en était abstenu[66].

Le maréchal de Noailles était pessimiste. Il écrivit à son fils le duc de Noailles des lettres privées où il déplorait l'incapacité des commis du ministère de la Guerre, les divisions entre les généraux, les mauvais ravitaillements en vivres et la qualité médiocre des troupes françaises, « bien différentes de ce que nous les avons vues autrefois et surtout les officiers ». Les soldats « s'en vont et fuient au diable après avoir jeté les armes selon cette bonne coutume qu'ils ont apprise depuis quelque temps ». Le roi, qu'il plaignait de tout son cœur, était « bien mal servi[67] ». L'opinion publique et la Cour, avec les maréchaux de Boufflers, d'Harcourt et Villars à leur tête, se retournèrent contre Chamillart. Il fallait que l'État ou lui-même périsse, disait-on. Le duc de Bourgogne admettait que « le monde était trop déchaîné contre M. Chamillart pour qu'il pût être utile dans ce poste[68] ». Malgré ses regrets personnels, le roi se sentit obligé de le révoquer : comme avec Villeroy en 1706, l'opinion avait été plus forte que lui. En février 1708, Chamillart fut remplacé au ministère des Finances par Desmarets, un brillant neveu et élève de Colbert, et en 1709 au ministère de la Guerre par Voisin[69]. La réflexion que lança Chamillart à Desmarets montre la pression que Louis faisait subir à ses ministres : « Monsieur, vous me rendez la vie et je vous donne la mort[70]. » Les deux nouveaux venus se révélèrent plus capables que leur prédécesseur.

Entre-temps, le duc et la duchesse de Bourgogne devenaient l'épicentre de la Cour. La duchesse, intelligente, affectueuse et gracieuse, semblait être partout à la fois, un véritable tourbillon. Elle aimait chasser, monter à cheval, aller au théâtre, et restait souvent debout toute la nuit, allant de fête en fête dans les différents appartements de Versailles. Grâce à elle, au cours des premières années du XVIIIe siècle, la cour de Louis devint presque aussi vivante et animée que dans les années 1660[71]. Comme sa grand-mère, la première Madame, elle se gagnait les cœurs des courtisans en veillant à les traiter en êtres humains plutôt qu'en serviteurs[72]. La seconde Madame considérait qu'on lui laissait trop de liberté et prédit un désastre[73]. Et en effet, alors que le duc de Bourgogne était en campagne, elle s'était laissée aller à des aventures amoureuses avec l'abbé de Polignac et deux beaux et jeunes officiers, les marquis de Nangis et de Maulévrier. Sa maison, en adoration devant elle, protégea sa réputation[74]. Bourgogne lui-même n'en sut probablement jamais rien. D'ailleurs, peut-être pour compenser ses échecs sur le champ de bataille, ce dernier évitait les fêtes et passait le plus clair de son temps dans son cabinet de travail, se consacrant aux mathématiques, à la science et au dessin[75]. Son épouse et lui restèrent néanmoins un couple uni, tant politiquement que physiquement[76]. Ils s'écrivaient parfois des lettres avec leur propre sang. C'était lui qui écrivait le plus souvent[77].

La princesse passait nombre de ses soirées, et parfois toute la journée, avec le roi, davantage de temps qu'avec son mari. Ils avaient tous les deux la passion du théâtre. Quand elle jouait dans une pièce donnée dans les appartements de Mme de Maintenon, en compagnie d'autres membres de la famille royale et des Noailles, le roi chantait quelquefois avec le chœur des dames du palais[78]. À l'occasion, il lui arrivait de lui dire qu'au lieu de souper avec lui tous les soirs, elle devait « se divertir » ailleurs[79]. Le 20 avril 1708, dans une scène restée fameuse que décrit Saint-Simon dans ses *Mémoires*, en ayant été pour une fois le témoin, elle avait fait une fausse couche parce que, sur ordre de Louis, elle s'était précipitée et l'avait rejoint à Marly. Il l'aimait tant, ou il était si égoïste, qu'il ne pouvait supporter de rester là-bas sans elle[80]. Le maréchal de Noailles eut ce propos : « Il n'y a pas de doute qu'elle ne soit blessée, cela est bien fâcheux et doit obliger à l'avenir de prendre de plus grandes précautions[81]. »

Comprenant à la seconde tout ce qui se déroulait dans une pièce, même ce dont elle n'était pas censée s'apercevoir, la duchesse de Bourgogne devint le plus ardent défenseur de son mari après la débâcle de Flandre. Quand elle aperçut Vendôme dans le salon de Marly, un autre champ de bataille, celui des conversations de la Cour, elle lui lança : « Verrai-je donc toujours l'ennemi de mon père et de mon mari ? » À quoi Vendôme, selon l'un de ses admirateurs, un officier de police, le dénommé Narbonne, rétorqua : « Non, madame, je ne suis l'ennemi de personne. Mais si le roi mon maître m'eût laissé faire, j'aurais réduit votre père à de telles extrémités qu'il n'eût pu nuire à personne. Et quant à votre mari, j'aurais voulu lui faire acquérir de la gloire et ce n'est pas ma faute s'il n'en a pas voulu. » Elle refusa de jouer aux cartes avec lui. Pour lui être agréable, Louis XIV cessa d'inviter son général populaire à Marly et le raya de la liste de l'armée. Vendôme se retira à Anet. Le Dauphin demeura néanmoins son ami[82]. À ce stade, la Cour s'était formée en trois cabales : les serviteurs et ministres les plus obéissants du roi autour de Mme de Maintenon, un parti de la guerre autour du Dauphin et un groupe de réformateurs avec le duc de Bourgogne, piloté par Fénelon depuis son exil de Cambrai. C'est ce que l'on appela les cabales des ministres, de Meudon (autour du Dauphin) et des nobles[83].

La France était affaiblie du fait des désastres causés par les Stuarts autant que par les siens propres. La décennie postérieure à la mort de Jacques II en 1701 fut l'âge d'or de la cour des jacobites. « Jacques III » était plus courageux et plus intelligent que son père : même Matthew Prior, serviteur de Guillaume III, le trouvait « très animé[84] ». En mai 1700, selon le comte de Manchester, ambassadeur de Guillaume III, sa première communion, à 12 ans, avait été « ici un grand jour » : « Le prince de Galles, ainsi qu'on l'appelle, se rendit en grande pompe à Notre-Dame où il fut reçu par l'archevêque de Paris avec les mêmes honneurs que si le roi de France en personne était là [...] tous les Anglais qui étaient présents se pressèrent le voir[85]. » Chaque fois que le jeune « Jacques III » dansait à la Cour, Louis XIV se levait, comme en l'honneur d'un monarque régnant[86]. Sa sœur Louise-Marie, « la princesse d'Angleterre », était très admirée. En tant qu'héritière présomptive du trône d'Angleterre, elle se vit même accorder la préséance sur son amie la duchesse de Bourgogne[87]. Quand elle n'était pas avec Louis XIV, la duchesse de Bourgogne passait des heures seules à Saint-Germain avec Marie de Modène, qu'elle considérait comme une seconde mère[88]. Le duc de Berwick, naturalisé français en 1703, promu maréchal de France en 1706, conduisit souvent les troupes françaises à la victoire, comme d'autres commandants jacobites, tels que Arthur Dillon ou le comte O'Mahony[89].

Encouragé par Marie de Modène et Mme de Maintenon, ainsi que par Louis en personne, le 17 mars 1708, Jacques III fit voile vers l'Écosse depuis

Dunkerque, à la tête d'une flotte de 33 navires commandés par le comte de Forbin, transportant 6 000 hommes, un orchestre et de la vaisselle d'or dans laquelle prendre ses repas[90]. Une éruption de rougeole et la présence de bâtiments anglais au large de Dunkerque avaient retardé leur départ. Jacques espérait exploiter l'impopularité de l'Acte d'Union de 1707 entre l'Écosse et l'Angleterre, et adresser sa lettre suivante à sa mère, ainsi qu'il le lui écrivit, « du palais d'Édimbourg. Je devrais y être d'ici samedi ». Le 11 avril, toutefois, trois semaines après avoir appareillé, la flotte française rentra au port. Forbin s'était révélé mauvais navigateur. Quand il avait finalement atteint l'estuaire du Forth, il n'avait pas trouvé des feux de joie de bienvenue, mais des vaisseaux de la Royal Navy. Malgré les instances de Jacques, Forbin refusa de débarquer les troupes françaises[91].

En dépit d'une situation militaire dégradée, en décembre 1709, Louis XIV planifia une autre expédition afin de conduire Jacques en Écosse, avec 2 000 soldats français, pourvu que la cour à Saint-Germain, jugée incapable de garder le moindre secret, n'en soit informée qu'au moment du départ. Louis écrivit deux brefs mémorandums de sa propre main, dressant la liste des officiers, des navires et des munitions à retenir pour cette expédition. Elle ne se concrétisa jamais[92].

Alors que son grand-père essuyait des défaites, Philippe V (qu'il encourageait à combattre à la tête de ses troupes) remportait des victoires. Il partageait la conviction de Louis quant au caractère indispensable d'une garde royale efficace. En mai 1702, il avait écrit à son grand-père : tant qu'il n'aurait pas de troupes qui lui seraient dévouées et surtout un régiment de gardes sur lequel compter, il ne parviendrait jamais à rien[93]. En 1702 et 1703, suivant des plans élaborés par Jean Orry, les traditionnels gardes royaux espagnols, composés de ce que l'on appelait « les plus vils artisans de Madrid », furent dissous. Deux nouveaux régiments de gardes, les gardes espagnols et les gardes wallons, furent formés sur le modèle des gardes-françaises et des gardes suisses de Louis XIV. En 1704, Philippe créa aussi quatre compagnies de gardes du corps, fortes de 300 hommes, inspirées de la France. Reflétant là encore la conviction que les étrangers étaient plus fiables que les Espagnols, deux compagnies étaient espagnoles, mais une autre était italienne et la quatrième wallonne. Louis envoya des instructeurs et d'autres officiers entraîner ces gardes, et ils endossaient des uniformes similaires à ceux de leurs modèles français, la livrée bleue, argent et rouge des Bourbons[94].

En août 1705, Philippe donna au capitaine des gardes du corps de service le droit de s'asseoir juste derrière lui, sur un petit banc, ou *banquillo*, au cours des services religieux dans sa chapelle. En signe de protestation contre cette violation du privilège d'ordinaire réservé seulement aux Grands d'Espagne de s'asseoir juste derrière le souverain, tous les Grands, même les capitaines de compagnies de gardes du corps, refusèrent d'assister au service dans la chapelle. Encouragé par Louis XIV, le roi campa fermement sur sa position. Il insista aussi, comme en France, pour donner lui-même ses ordres aux commandants des gardes, plutôt que par l'intermédiaire des dignitaires de la Cour. En décembre 1705, le roi avait gagné et les Grands d'Espagne revinrent occuper leur place dans la chapelle royale[95]. Sans cette expansion de la garde royale, estimaient Philippe V et ses contemporains, la monarchie aurait péri. La *camarera mayor*, la dame de la Cour dirigeant la Maison de la reine, en l'occurrence la princesse des Ursins, seule détentrice du droit d'entrer dans sa chambre quand bon lui semblait, écrivit à Mme de Maintenon le 3 septembre 1705 : « Le roi d'Espagne ne peut être le maître, qu'il ne soit en état de se faire craindre des Grands ; et s'il n'a des gardes il n'y parviendra jamais[96]. » Cette garde royale nombreuse et dotée de privilèges prouverait sa valeur en défendant Philippe tout au long de la guerre de Succession d'Espagne, et en maintenant son fils Carlos III sur le trône lors des graves émeutes de 1766[97].

Camarera mayor, Mme des Ursins était issue de la branche la plus ambitieuse de la noblesse française, celle des « princes étrangers ». Née La Trémoille en 1642, elle avait épousé en 1659 un Talleyrand, le prince de Chalais, d'une famille frondeuse. Sa participation à un duel avait entraîné leur départ pour Madrid, où ils vécurent de 1663 à 1670. En 1670, après la mort du prince de Chalais, elle avait épousé le duc de Bracciano, un Grand d'Espagne de la puissante famille romaine des Orsini, mais fut bientôt à nouveau veuve. Après quoi, elle avait divisé son temps entre Paris (1676 à 1682, puis de 1687 à 1695) et Rome, où elle tenait maison ouverte et s'était acquis la place d'une figure éminente du « parti français ». Elle avait influencé le pape, dont elle pensait avoir aidé l'élection, en faveur de Philippe V. Bien que Louis XIV ne se fiât pas tout à fait à elle, il lui versait une pension[98]. Elle jouissait du triple avantage d'une amitié avec Mme de Maintenon depuis le temps où elle n'était encore que Mme Scarron, de sa faculté de parler le français, l'espagnol et l'italien et de sa connaissance de Madrid, ainsi que son rang d'épouse d'un Grand d'Espagne[99]. C'est pourquoi Louis XIV et Philippe V l'avaient choisie, sur sa propre suggestion, comme *camarera mayor* de la nouvelle reine d'Espagne[100]. Mme des Ursins deviendrait aussi puissante à Madrid que Mme de Maintenon à Versailles ou la duchesse de Marlborough à Londres. Saint-Simon, qui la connaissait bien, écrivit à son sujet :

> C'était une femme plutôt grande que petite, brune, avec des yeux bleus qui disaient sans cesse tout ce qui lui plaisait, avec une taille parfaite, une belle gorge, un visage charmant

sans beauté, l'air noble ; quelque chose de majestueux dans son maintien, et des grâces si naturelles et si continuelles, jusque dans les plus petites choses, que je n'ai jamais vu personne en approcher, soit pour le corps, soit pour l'esprit ; flatteuse, caressante, mesurée, voulant plaire pour plaire, et avec des charmes dont il n'était pas possible de se défendre quand elle voulait gagner et séduire.

Elle se gagna assez vite la confiance du roi et de « ma jeune et merveilleuse reine », ainsi qu'elle appelait Marie-Louise[101]. En mars 1702, elle se vanta auprès de Torcy en ces termes : « Je crois que je serai toujours suffisamment maîtresse pour lui faire faire tout ce que je veux[102]. » Elle ne tarda pas à mener ce qu'elle appelait une vie de forçat, tendant à Philippe ses pantoufles et lui retirant sa robe de chambre le soir, avant qu'il ne se mette au lit avec la reine, et ouvrant les rideaux de la chambre ou retirant le pot de chambre royal le matin[103]. Le besoin de conseils, d'affection et d'amusement de la jeune reine constituait le fondement du pouvoir de Mme des Ursins. Pendant que le roi était allé, avec l'encouragement de Mme des Ursins, se faire acclamer par ses sujets italiens en 1702, la reine passait six heures par jour en conseil, et exerça par la suite à trois reprises la fonction de régente. Ensemble, elles contribuaient à gouverner l'Espagne[104].

Encouragée par Louis, Mme des Ursins s'efforça aussi d'assouplir l'étiquette qui maintenait Philippe et Marie-Louise prisonniers dans leur propre palais et d'introduire à Madrid une partie des « divertissements » de Versailles[105]. Au retour de Philippe d'Italie, elle entreprit de refaire de fond en comble la décoration des grands appartements, d'organiser des bals et des pièces de théâtre et de convaincre les Grands d'Espagne d'assister à la toilette de la reine. Le roi se mit à dîner en public et à tenir Appartement trois fois par semaine. La reine imposa les modes françaises aux dames espagnoles, bien que certains Grands du royaume affirmassent qu'ils eussent préféré voir leurs épouses mortes plutôt qu'elles ne montrent leurs pieds[106]. Convaincue de sa propre raison et de sa modération, la princesse des Ursins voulait influencer les nominations gouvernementales, soutenant Jean Orry et contribuant à l'éviction hors du *Despacho*, ou Conseil des ministres, de Portocarrero, son ancien allié, et du cardinal d'Estrées. Dans une lettre privée portée par Louville, un courtisan de Philippe V, directement adressée à Louis XIV en personne, elle accusa d'Estrées de sombres desseins[107].

En avril 1704, Louis XVI, de plus en plus contrarié par des rapports faisant état de dissensions entre les agents français à Madrid, la pria de retourner à Rome. La reine Marie-Louise l'implora, en vain, de rester[108]. Pourtant, Mme des Ursins avait de quoi tenir tête à Louis XIV. Sur la route du retour, elle obtint la permission de se reposer à Toulouse. Grâce aux instances persistantes de Mme de Maintenon, elle reçut ensuite l'autorisation de se rendre à Paris. Enfin, le 11 janvier 1705, elle eut une audience de deux heures et demie à Marly avec Louis en personne. Ses justifications furent si convaincantes, sa connaissance de l'Espagne si évidente, les suppliques de Philippe V et Marie-Louise si sincères, que Louis changea d'avis et lui ordonna de repartir en Espagne. Torcy et l'ambassadeur de France en Espagne en restèrent déconcertés[109].

En politicienne qu'elle était, Mme des Ursins rédigea un traité (un document désormais perdu) définissant ses pouvoirs en Espagne, avec Mme de Maintenon, dans sa chambre de Marly. Avec son conseiller Jean Orry, le 29 avril 1705, elle connut l'honneur rare d'une nouvelle audience avec le roi, sans la présence d'aucun ministre, et acquit le droit d'en recevoir directement des ordres[110]. Lors d'un bal à Marly, on vit le monarque cajoler son bichon, autre honneur inédit, car en théorie aucun courtisan n'était autorisé à introduire l'un de ces animaux en sa présence[111]. Elle rédigea aussi des mémorandums pour Torcy et suggéra que M. Amelot soit ensuite nommé ambassadeur de France en Espagne. Sachant l'amour du roi pour la flatterie, elle écrivit ensuite à Mme de Maintenon qu'il était « le plus honnête homme du monde » – ce même compliment que Jacques II et Marie de Modène lui avaient adressé – et qu'il était de meilleure compagnie que quiconque parmi tous ceux qu'elle avait rencontrés en France, en Italie et en Espagne. Elle ne quitta pas Versailles avant le 2 juin[112].

Son retour en Espagne après une année d'absence fut une apothéose. Sur la route, la *camarera mayor*, voyageant dans des carrosses royaux avec une suite de 80 personnes, reçut les hommages d'officiers, d'ecclésiastiques et de magistrats et « les acclamations du peuple ». Elle s'entendit jurer que son retour était la volonté de « toute la nation » et on lui offrit des spectacles de corrida et de feux d'artifice. Le 3 août, malgré la chaleur, le roi et la reine, des ministres et des ambassadeurs sortirent lui souhaiter la bienvenue pour son retour à Madrid. Selon *Le Mercure galant*, elle entra dans la capitale en deux rangées de carrosses, « avec le plus auguste, le plus beau, et le plus nombreux cortège qu'on y ait jamais vu, suivie de tout le peuple qui souhaitait mille années à la *Camarera Mayor* ». Une dame de cour jouissait ainsi publiquement du pouvoir et du statut d'un ministre de premier plan[113].

Plus tard cette année-là, son ennemi d'Estrées fut remplacé par un nouvel ambassadeur, suggéré par la princesse des Ursins elle-même, issu d'une « famille de robe », le marquis d'Amelot. Louis XIV fit jurer entente et concorde à Mme des Ursins, Jean Orry, René de Froulay de Tessé et Amelot. Il disposait enfin d'une équipe efficace à Madrid. Amelot et Orry entreprirent de rédiger les instructions de Philippe V à son Conseil. Grâce aux réformes du second, les soldats cessaient peu à peu de déserter l'armée d'Espagne, et d'aucuns préféraient même s'y rallier[114]. Les Grands du royaume furent exclus des hautes fonctions, en accord avec la conviction de Louis dont le « sentiment a toujours été qu'il fallait réprimer le pouvoir des Grands dans toutes les occasions où il peut causer quelque préjudice aux affaires et au bon gouvernement de l'État ». Il fallait les dédommager avec « des prérogatives qui ne regardent que le cérémonial[115] ».

Philippe et Marie-Louise furent galvanisés par le retour de la princesse des Ursins. Elle écrivit de lui qu'il « respirait » la guerre et jurait qu'il ne céderait pas un pouce de territoire. Quand il était en campagne, la reine, dont il restait passionnément amoureux, autant que son frère le duc de Bourgogne l'était de sa sœur, restait à Madrid en qualité de régente. Elle gagea ses bijoux et la princesse des Ursins leva des « contributions volontaires » de villes et de provinces afin de payer et de nourrir les troupes[116]. Certaines des lettres à Chamillart ou à Mme de Maintenon au sujet des mouvements et des nominations de l'armée sont celles d'une ministre de la Guerre confiante et sûre d'elle[117].

Toutefois, le rival autrichien de Philippe, « Charles III », ainsi que ses partisans et presque toute l'Europe appelaient l'archiduc Charles, faisait peser une menace croissante. Ayant été proclamé roi d'Espagne à Vienne en septembre 1703, il avait fait, *via* l'Angleterre, le voyage jusqu'au Portugal, où il résida entre mars 1704 et juillet 1705. Comme un autre ancien allié de la France, la Savoie, le Portugal s'était retourné contre cette dernière. Philippe avait privé ses marchands de l'*asiento de negros*, tandis que celui que l'on appelait « Charles III » faisait à Lisbonne la secrète promesse de céder des territoires espagnols, tout comme il avait déjà cédé Milan à l'empereur.

Après que l'Angleterre eut garanti les lois et privilèges de la Catalogne et un subside annuel de 210 000 livres dans le cadre du pacte de Gênes le 20 juin 1705, la principauté s'était révoltée contre Philippe V. À partir du 9 octobre, « Charles III » établit son gouvernement à Barcelone, avec le soutien anglais et hollandais. Jusqu'à ce jour, il reste vénéré comme un symbole de l'indépendance catalane[118]. La maîtrise britannique de Gibraltar était un autre gage offert au régime de « Charles III », et un cadeau involontaire de Louis XIV à la Grande-Bretagne. Le rocher fut conquis au nom de Charles par les forces anglaises, hollandaises et autrichiennes le 4 août 1704. Un an plus tard, il recevait son premier gouverneur anglais et contribuerait à faire de la Méditerranée un lac britannique jusqu'au démantèlement de la flotte éponyme en 1967[119].

Le 25 juin 1706, Charles occupa Madrid, forçant Philippe et Marie-Louise à fuir. Tolède et Saragosse le reconnurent à leur tour. Pourtant, Madrid demeurait loyale envers le « philipismo ». Des prostituées patriotes allaient jusqu'à coucher avec des soldats alliés afin de leur transmettre des maladies. Le 5 août, Philippe reprit le contrôle de sa capitale[120]. La reine écrivit à Mme de Maintenon qu'ils devaient leur couronne, après Dieu, uniquement au peuple[121]. À l'inverse, la loyauté des Grands d'Espagne, et même du cardinal Portocarrero et de l'amiral de Castille, qui avaient aidé à Philippe à monter sur le trône, s'effritait à chaque victoire alliée. Le duc de Berwick finit par remporter une grande victoire à Almansa, non loin de Valence, le 25 avril 1707, sur les troupes alliées commandées par le huguenot Henri de Ruvigny, comte de Galway, qui comprenaient un régiment de camisards sous les ordres de Jean Cavalier. Après quoi, convaincus du retour pérenne de Philippe V, tous les Espagnols, excepté les juges, renoncèrent au traditionnel « habit à l'espagnole ». À la place, écrivit Amelot à Louis, ils adoptèrent la tenue française, sans que rien ait été dit au nom du « roi votre petit-fils » pour amener ce changement[122]. Profitant au commerce de vêtements français, des flots d'accessoires de mode franchirent les Pyrénées vers Madrid – cravates, chapeaux, perruques et épées, ainsi que vêtements[123].

En avril 1707, la nouvelle de la grossesse de la reine fit surgir dans Madrid, où elle était adorée, des illuminations spontanées. Luis, prince des Asturies, fils aîné de Philippe V, naquit le 25 août (fête de Saint Louis) à Madrid, en la présence de Grands du royaume, comme c'était l'usage en France, et non en privé comme auparavant dans la péninsule Ibérique. La princesse des Ursins organisa un baptême public grandiose. Une foule en liesse acclama la reine quand elle fit son apparition au balcon pour montrer « Luizillo[124] ».

Pourtant, fin 1706 déjà, confronté à des défaites répétées des Français, Louis XIV avait averti Philippe qu'il devrait abandonner toute résistance déplacée et se préparer à accepter ce que son accession au trône avait été censée prévenir, « de grands démembrements de la monarchie[125] ». La France était à court d'argent autant que de victoires. En 1703, les recettes s'élevaient à 105 millions de livres, les dépenses à 171 millions. En 1706, les dépenses atteignaient 196 millions de livres, alors que les revenus avaient chuté à 53 millions[126]. En 1710, les dépenses militaires et navales, ainsi que les prêts nécessaires pour les payer, absorbaient plus des trois quarts du budget[127]. Malgré des suppliques de Samuel Bernard et de ses alliés, le gouvernement français ne créa pas d'équivalent de la Banque d'Amsterdam ou de la Banque d'Angleterre pour émettre des billets à ordre et aider à financer la guerre. Une telle mesure fut certes officiellement approuvée en 1709, mais abandonnée face à l'opposition d'autres banquiers français et de la ville de Lyon[128]. Le gouvernement évita néanmoins la faillite en empruntant à court terme à des taux d'intérêt désastreux (bien plus élevés que ceux payés par ses ennemis) et en créant davantage de charges à mettre en vente. En 1708, la dette de l'État atteignit 2 milliards de livres, et le service de cette dette absorbait plus de la moitié des dépenses gouvernementales : 470 millions de livres sur 756[129]. Le triomphe de l'Europe sur la France n'était pas seulement militaire et diplomatique, mais aussi financier.

21

Vers le précipice

À court d'argent, Louis XIV en oubliait ses préjugés. Le 6 mai 1708, en pleine crise financière, il prit l'initiative inhabituelle de faire lui-même visiter à Samuel Bernard les jardins de Marly. Saint-Simon admirait le contraste entre la réserve ordinaire du souverain et le flot de paroles, prononcées avec le charme qu'il savait si bien déployer quand il le désirait, adressées à ce banquier qui n'était pas noble et était un ancien huguenot. Le duc mémorialiste décrivit la chose comme une « espèce de prostitution ». Peu après cette scène, le gouvernement s'assurait des prêts avec lesquels payer ses soldats[1]. Au total, Samuel Bernard put verser au gouvernement 200 millions de livres durant la guerre de Succession d'Espagne, presque en totalité empruntés à l'étranger. Il appliquait parfois aux prêts qu'il consentait à l'État un taux d'intérêt de 12 ou 16 %. Plaçant les affaires avant la religion, d'autres banquiers huguenots réfugiés à l'étranger aidèrent eux aussi à financer leur persécuteur en France[2].

Antoine Crozat, financier et spéculateur de devises d'une famille toulousaine fortunée et pourvue de charges, prêta également de l'argent à la monarchie. Il créa un empire mondial du café, des épices, du tabac, des textiles et des esclaves. L'une de ses compagnies détenait l'*asiento* pour l'Amérique hispanique et en 1712 Louis XIV lui octroierait un monopole sur le commerce avec la Louisiane. Malgré des attaques de la Royal Navy, Crozat et des marchands de Saint-Malo (qui n'était jusque-là qu'un modeste port de pêche), Nantes et La Rochelle commerçaient directement avec les colonies espagnoles en Amérique : en conséquence, 55 millions de livres d'or et d'argent américains entrèrent en France entre 1701 et 1717. L'opposition de Madrid fut surmontée grâce à la corruption des administrateurs dans les colonies[3]. En 1707 et en 1709, grâce à des navires espagnols qui choisirent de faire voile vers des ports français, Louis XIV reçut plus d'argent d'Amérique hispanique que Philippe V, ce qui l'aida à éviter la banqueroute et à payer une partie de ses militaires[4]. Samuel Bertrand et Antoine Crozat, l'un et l'autre à la tête d'une fortune de 20 millions de livres ou davantage, étaient aussi riches que le plus fortuné des princes de la famille royale, le duc d'Orléans. Crozat vivait dans deux maisons place Vendôme et maria ses enfants dans la haute noblesse, quoique pas toujours avec le résultat escompté. Ce qui est aujourd'hui le palais de l'Élysée fut construit entre 1707 et 1720 par le gendre de Crozat, le comte d'Évreux, fils du grand chambellan de Louis XIV, avec l'argent de sa femme. Dès que sa construction fut achevée, d'Évreux renvoya « le lingot d'or », ainsi que sa famille l'appelait, à son père[5].

Pourtant, les financiers français ne purent soulager les rigueurs de l'hiver 1708-1709, quand la France dut non seulement affronter des défaites militaires, mais aussi une catastrophe climatique. Pendant onze jours, la température descendit à – 15 °C et même plus bas, atteignant quelquefois – 21 °C. Des rivières gelèrent, tout comme les arbres, les plantes, les graines dans le sol et les bouteilles de vin[6]. Le parlement de Paris suspendit ses sessions. Le roi, qui en temps normal sortait marcher dans ses jardins par tous les temps, restait à l'intérieur, et cessa de donner des bals ou d'aller à Marly. Le Dauphin vint s'installer à Versailles, son château de Meudon étant trop froid[7].

Au cours des années précédentes, l'abondance de blé était telle que la France pouvait en exporter ; en 1708, il y en avait si peu que le pays était au bord de la famine[8]. Il était bien plus touché que lors de la famine de l'hiver 1694-1695. Le secteur de la soierie lyonnaise s'effondra. Les soyeux dormaient dans la rue, ayant tout vendu pour être en mesure de s'acheter à manger[9]. Le curé de Cindré en Auvergne écrivit à Desmarets, le contrôleur général, pour l'avertir que les propriétaires terriens abandonnaient la campagne, la plupart des cultivateurs étant morts, le reste, précisait-il, ressemblant à des cadavres qui s'écroulaient au bord des routes et des haies et ne se relevaient plus. Il n'y avait plus ni argent ni crédit. Au total, près de 630 000 Français seraient morts de froid et de faim[10].

Les lettres de Mme de Maintenon à la princesse des Ursins et à Adrien-Maurice de Noailles attestent sa conscience des horreurs qui se déroulaient hors des murs du château, et son désespoir croissant. Le 23 décembre 1709, elle écrivait : « La France s'était trop étendue [...] notre nation était insolente et déréglée. » Il se peut que de telles critiques, y compris cette réflexion – « Dieu veut l'humilier pour le sauver » – aient été faites pour être interceptées et lues par le monarque[11].

> *8 avril 1709* : le blé enchérit tous les jours [...] la disette est partout. Il semble que Dieu veut nous réduire à la dernière extrémité[12].

29 avril : vous pensez qu'il faut périr plutôt que de se rendre, je pense qu'il faut céder à la force, au bras de Dieu qui est visiblement contre nous, et que le Roi doit plus à ses peuples qu'à lui-même[13].

5 mai : nous sommes à Marly mais on n'entend plus parler dans ce lieu délicieux que de misère. Il n'y a point de laboureurs si occupés que nous de l'état des blés et de leur valeur[14].

14 juillet : Paris est très difficile à contenir, le pain y enchérissant tous les jours. [...] Nous avons des séditions partout[15].

30 juillet : notre Cour est toujours fort triste, on ne parle que de blé, d'avoine, d'orge, de froment. On [Louis XIV] est fort occupé du soulagement des peuples. [...] Il y a des gens de mauvaise volonté qui les excitent.

26 août : même les plus grands malheurs ont eu souvent de plus petits commencements. [...] L'article du blé me fera tourner la tête[16] .

4 novembre : je suis accoutumée à vivre de poison. Je ne suis plus bonne à rien[17].

Elle assurait à tous ses correspondants que le roi était en bonne santé, mais en mai 1709 elle prophétisait que les plus jeunes membres de sa famille verraient « bien des révolutions[18] ». En se rendant de Meudon à Paris pour aller à l'Opéra, le Dauphin était souvent arrêté par des hordes de femmes qui réclamaient du pain à grands cris. Il ordonnait à ses serviteurs de leur lancer des pièces de monnaie, et à son cocher de continuer sa route[19].

Deux grands seigneurs de la cour, les ducs de Bouillon et de La Rochefoucauld, parlèrent à Louis de placards extrêmement « insolents » dans Paris. L'un d'eux, collé sur une statue de Louis XIV, louait Ravaillac, l'assassin d'Henri IV. Un autre comportait une prière rédigée en ces termes : « Notre père, qui êtes à Versailles, votre nom n'est plus glorifié, votre royaume n'est plus si grand, votre volonté n'est plus faite sur la terre ni sur l'onde. Donnez-nous notre pain qui nous manque de tous côtés[20]. » Ainsi que Chamfort, poète et moraliste, l'écrirait quatre-vingts ans plus tard, la France était « une monarchie absolue tempérée par des chansons ». L'une de ces chansons exprimait le mépris envers la famille royale et le désir d'une solution à l'anglaise :

Le grand-père est un fanfaron,
Lc fils un imbécile,
Le petit-fils un grand poltron.
Oh ! la belle famille !
Que je vous plains, pauvres Français,
Soumis à cet empire !
Faites comme ont fait les Anglais.
C'est assez vous en dire.

Le ressentiment populaire, la faim et la violence, toujours en toile de fond, se firent si intenses qu'il y eut plus d'émeutes de la faim et de soulèvements populaires en France en 1709 qu'au cours de toute autre année de ce siècle avant 1789 : un total de 289 en 1709 contre 310 en 1789[21].

L'ambassadeur de Venise écrivit de Paris que tout le monde se plaignait de la tyrannie de l'État. Il redoutait que le danger de l'intérieur ne puisse être pire que celui de l'extérieur. Dans les Ardennes, les pauvres ne parlaient plus que de pillage, tandis que les riches se barricadaient dans leurs maisons[22]. À Rouen, il y eut une révolte aux cris de « Vive Marlborough ! » et des appels à prendre d'assaut la Cour et la Bastille. À l'été 1709, des rivières en crue ainsi que des orages de grêlons ravagèrent les rares récoltes qui restaient à moissonner. Samuel Bernard lui-même fit défaut sur ses dettes. Fénelon déclara que le despotisme était la cause de tous les maux de la

France[23]. Dans un geste désespéré, on fit une procession des reliques de la sainte patronne, sainte Geneviève, dans les rues de Paris[24]. Les soldes des militaires étaient versées avec des mois de retard : il y eut des mutineries et des « discours insolents et séditieux » parmi les troupes à Calais, Dunkerque et Sarrelouis[25].

Toutefois, à l'inverse de 1789, l'État ne mollit pas. La monarchie n'était pas l'appareil usé, proche de l'effondrement, que Fénelon et d'autres détracteurs dénonçaient. L'État était omniprésent en France, et il possédait plus de ressources qu'au début du règne. Le commerce des livres, par exemple, était régulé plus efficacement, par un système de censure gouvernementale et de licences octroyées à des imprimeurs privilégiés, le tout étayé par des descentes de police dans leurs locaux destinées à vérifier leurs publications. Le chancelier Pontchartrain procéda à un recensement de tous les imprimeurs et libraires, afin de les contrôler. Rares étaient les pamphlets hostiles qui pouvaient être imprimés, mais Louis XIV lui-même n'était pas en mesure d'empêcher la circulation de chansons manuscrites[26]. De prime abord, Desmarets avait sous-estimé la crise. Néanmoins, avec ce que son biographe appelle la « présence plus envahissante » du gouvernement dans les provinces, il réussit à employer ou à nourrir une partie des pauvres au cours de ces années de famine. On sema de l'orge en guise de substitut au blé[27]. En outre, en mai 1709, on instaura une taxe volontaire frappant les riches, y compris le roi et le Dauphin, afin d'aider à nourrir les pauvres[28].

En 1697, Louis avait eu la main heureuse en remplaçant La Reynie au poste de lieutenant général de police par le comte d'Argenson. Aussi respecté que son prédécesseur, il se révéla tout aussi efficace dans sa manière de traiter une révolution potentielle que face aux problèmes de police ordinaire concernant les irrévérences commises à la messe, les « postures indécentes » sur la scène des théâtres et le jeu illégal[29]. Saint-Simon affirmait qu'il n'y avait pas un individu dans Paris dont il ne connaissait pas les faits et gestes quotidiens, et qu'il avait la capacité de faire trembler même les plus innocents, bien qu'il préférât toujours la pitié. Le chroniqueur Mathieu Marais considérait qu'il possédait le génie politique d'un Richelieu. D'Argenson lui-même estimait de son devoir, selon ses propres termes, de servir les pauvres de tout son cœur[30]. Pour empêcher des fusils de tomber entre de mauvaises mains, ils furent retirés des manufactures et entreposés à la Bastille[31]. Les gens qui dénonçaient les accapareurs de blé étaient récompensés de la moitié du stock quand il était récupéré[32]. En plus de 48 commissaires de police, d'Argenson disposait de deux hommes dans chaque quartier, chargés de vendre du pain au prix modique de deux sols la miche et s'appuyait sur un tribunal spécial qui jugeait la fraude dans le commerce du grain. Avec le chancelier, le contrôleur général, le prévôt des marchands et le premier président, ainsi que les dignitaires de la Cour, il tenait le monarque journellement informé du prix et de la disponibilité du pain dans Paris[33]. Qui plus est, des gardes-françaises, des gardes suisses et des mousquetaires avaient été tenus en réserve du front militaire, en particulier pour « contenir la populace » de Paris.

Cependant, le 4 mai 1709, d'Argenson admettait que les étals des marchés étaient vides dès 11 heures du matin : « Nous serions tombés aujourd'hui dans d'étranges inconvénients sans le secours du régiment des gardes, et s'il venait à nous manquer on ne verrait plus assurément que trouble et confusion[34]. » Quand la maison ou le carrosse de d'Argenson étaient assiégés par des femmes affamées, il se mêlait à elles, les écoutait et leur distribuait de l'argent. Il écrivit au chancelier : « La cherté du pain fait craindre encore de plus grands embarras. [...] Ma porte leur est ouverte tous les jours et je tâche d'apaiser de mon mieux le feu qui s'allume. » Des soldats furent placés aux entrées des marchés afin d'empêcher qu'ils ne soient pillés. La formule « le feu qui s'allume » montre pourtant une certaine panique chez ce chef de police[35].

Alors que la France mourait de faim et se révoltait, une « union de ministres » espérait obliger le roi à conclure la paix à tout prix[36]. En 1708 déjà, Louis avait ouvert des négociations officieuses par l'intermédiaire de Chamillart, sans autre résultat que d'accroître les exigences alliées. En avril 1709, sur sa propre suggestion, le ministre des Affaires étrangères, Torcy, ému par les larmes du roi, fit le voyage jusqu'à La Haye pour relancer les négociations de paix[37]. Cette volonté de paix encouragea les diplomates alliés, conseillés par Marlborough et le prince Eugène, à formuler des exigences humiliantes : la perte de la Flandre française et de la presque totalité de l'Alsace, dont Strasbourg ; la démolition des fortifications de Dunkerque ; l'occupation de quatre forts français à titre de « garanties » ; l'expulsion de « Jacques III » et la reconnaissance de la succession protestante en Angleterre, celle de « Charles III » en Espagne et l'expulsion de Philippe V, avec l'aide de Louis XIV. Mme de Maintenon et les ministres, excepté Desmarets, voulaient que le roi accepte[38].

Les alliés étaient donc devenus aussi arrogants et irréalistes que l'était Louis au faîte de sa puissance. Ils ne tenaient aucun compte de la loyauté passionnée des Castillans envers Philippe V et de la détermination du souverain à poursuivre le combat, fût-ce depuis l'Amérique[39]. Les négociateurs alliés se justifièrent en expliquant que Louis XIV avait rompu le traité de partition et que l'on ne pouvait se fier à lui pour qu'il en respecte de nouveaux. Ils oubliaient que le traité de partition n'avait jamais été accepté par l'Espagne, qu'il était donc inopérant, et que l'Angleterre et les Provinces-Unies l'avaient aussi rompu en reconnaissant Philippe sur le trône d'Espagne en 1701[40].

Louis refusa de détrôner son petit-fils de ses propres mains. Jugeant les conditions de paix impossibles, il résolut de poursuivre le combat. En réaction aux clauses de paix avancées par les alliés, le 12 juin 1709 il abattit une carte inattendue : un appel à la nation. Les concepts de nation et de patrie lui étaient aussi familiers qu'à ses sujets. En 1649, déjà, un discours contre Mazarin faisait allusion à « cette affection naturelle que tous les hommes ont pour leur patrie[41] ». « Il n'y a rien de plus glorieux pour la nation et pour vous que ce qui est passé », avait écrit le souverain à Luxembourg après la victoire de Neerwinden en 1693, qui avait également écrit vingt-sept ans plus tôt : « J'aime la gloire de ma nation[42]. » Madame écrivit que les « Français sont plus entichés de leur patrie qu'aucune autre nation » – même ses Allemands bien-aimés[43].

Rédigé par Torcy, un maître de la propagande autant que de la diplomatie, cet appel revêtait la forme d'une lettre adressée au duc de Tresmes, premier gentilhomme et gouverneur de Paris. En réalité, il était destiné à « tous les FRANÇAIS », en majuscules dans le texte. Imprimé par l'Imprimerie royale, il fut lu à haute voix, et applaudi, par des soldats sur le terrain et placardé sur des édifices publics. Le roi n'y évoquait pas seulement les obligations imposées par la couronne que Dieu lui avait confiée, mais aussi par « ma tendresse pour mes peuples [...] pas moins vive que celle que j'ai pour mes propres enfants ». Il expliquait qu'une trêve, plus dangereuse que la guerre elle-même, empêcherait la paix plutôt qu'elle ne la hâterait et donnerait aux alliés l'accès à l'intérieur du royaume. Se référant à l'obligation de détrôner Philippe V, il continuait : « Il est contre l'humanité de croire qu'ils aient seulement eu la pensée de m'engager à former avec eux une pareille alliance. » Au lieu d'accepter « des conditions également contraires à la justice et à l'honneur du nom français », les Français devaient poursuivre la lutte[44].

Le 9 juillet 1709, peut-être mal informé par des déserteurs français et des informateurs huguenots, Marlborough assura à Anthonie Heinsius, grand pensionnaire de Hollande, que la France ne pourrait pas continuer de combattre et accepterait n'importe quelles conditions. Les troupes françaises étaient dans une « incroyable misère », « à moitié mortes de faim et dénuées de tout[45] ». En réalité, l'appel de Louis au peuple de France avait provoqué « un cri de joie et d'ardeur » de ses troupes, et il ne rencontra pas un accueil moins enthousiaste dans Paris[46].

Louis XIV n'était pas prêt à détrôner Philippe V par la force. L'humiliation et les obstacles pratiques relatifs à une telle démarche étaient trop grands. Toutefois, dans sa quête d'une paix nécessaire, bien qu'ayant consacré tant d'efforts à mettre son petit-fils sur le trône d'Espagne, fin 1709 et de nouveau en 1710 il le pria d'y renoncer[47]. À l'opposé de 1700, il plaçait maintenant la France avant sa dynastie. À l'été 1709, expliquant à Philippe V qu'il devait écouter « la voix de mes peuples », il acheva de retirer presque toutes les troupes françaises d'Espagne, ainsi qu'il avait commencé de le faire en 1707. Les 25 000 hommes qui restèrent n'obéissaient plus à Philippe V ou ne combattaient plus « Charles III ». À partir du 1er juillet 1709, l'ambassadeur de France cessa de prendre part aux séances du Conseil espagnol. Dans l'intérêt de la paix, Mme de Maintenon commença aussi de plaider pour le départ de Philippe V et accusa Mme des Ursins, en raison du soutien qu'elle lui conservait, de ne plus être une bonne Française. Elle répliqua qu'elle était meilleure Française que quiconque[48]. Depuis 1708, elle avait mis en garde contre la conclusion d'une paix à tout prix. Le roi regretterait toujours un traité signé en de telles conditions[49].

La France restait au bord du précipice, une métaphore employée à l'époque, notamment par Torcy[50]. Le 20 août 1709, durant quelques heures, des boulangeries des faubourgs Saint-Antoine et Saint-Martin, à Paris, furent pillées par des ouvriers des ateliers d'État qui n'avaient pas été payés. Des gardes-françaises et suisses furent attaqués dans les rues. Ils ripostèrent en ouvrant le feu, et tuèrent dix assaillants. Une foule de près de 15 000 personnes, hommes et femmes, armés de simples bâtons, marcha vers l'ouest et le Palais-Royal, en criant « Du pain ou la mort ! ». Le maréchal de Boufflers, colonel des gardes-françaises, et son beau-père le duc de Gramont, qui par coïncidence se trouvaient à Paris, s'adressèrent aux protestataires dans la rue, leur distribuèrent de l'argent et promirent de dire au roi que du pain et des gages leur étaient dus. La foule se dispersa aux cris de « Vive le Roi et du pain ! ». Aux dires de Madame (mais de personne d'autre), qui assista à ce qu'elle qualifiait de révolte, ils hurlèrent aussi qu'ils voulaient brûler Mme de Maintenon, que c'était une sorcière. Face à la pénurie de blé, les boulangers étaient obligés d'ajouter de l'avoine pour confectionner leur pain[51]. Dans une dépêche à son gouvernement, l'ambassadeur de Venise, informé par Gramont, émit une remarque prophétique, comme celle d'Argenson au sujet des gardes-françaises : « Si, dans cette foule de mécontents, il y avait eu l'un des nobles irrités contre le gouvernement présent, et s'il s'était porté à la tête de la sédition, une rébellion fatale aurait éclaté[52]. »

Certains nobles proposèrent bel et bien des mesures radicales. Non seulement Fénelon et les réformateurs, mais aussi le favori du monarque, le duc de Vendôme, avaient plaidé pour une convocation des états généraux afin de lever de l'argent pour continuer la guerre : « Le roi est si absolu qu'il ne doit point craindre qu'une assemblée d'états porte aucune atteinte à son autorité, et quand cela serait, il me semble qu'il vaut mieux se relâcher en quelque chose à l'égard de ses sujets que de se laisser donner la loi par ses ennemis », avait-il écrit à Chamillart, demandant que sa lettre soit montrée au souverain[53]. Un plan de Jean Orry et de Mme des Ursins pour améliorer le crédit du gouvernement et l'aider à puiser dans la richesse nationale aurait aussi pu contenir des suggestions de changements politiques « pour le bien de ma patrie », écrivait des Ursins. La lettre fut jugée dangereuse. Aucune copie ne nous en est parvenue[54]. Emmanuel de La Tour d'Auvergne, cardinal de Bouillon, était arrogant et ambitieux, même s'agissant d'un « prince étranger », falsifiant sa généalogie pour revendiquer une descendance des ducs d'Aquitaine et exigeant de dîner à la même table que la famille royale au mariage du duc de Bourbon. En mai 1710, affirmant que sa naissance de prince étranger lui conférait la liberté de changer de camp, il rendit son ruban souillé de l'ordre du Saint-Esprit à Louis. Il quitta ensuite la France pour rejoindre l'ennemi aux Provinces-Unies. Les Bouillon étant parents des princes d'Orange, il espérait faire un stathouder de son neveu, qui avait aussi déserté la France[55].

Pourtant, et malgré un climat plus mauvais et des impôts plus élevés qu'en 1789, nobles et bourgeois étaient trop bien récompensés par des charges et des privilèges, et trop impressionnés par le roi, pour se prêter à des révoltes ou s'abstenir de les réprimer. Qui plus est, la majorité d'entre eux acceptaient l'idéologie de la monarchie et du service militaire prônée par Louis. Même les territoires conquis, la Flandre, l'Alsace et la Franche-Comté, lui demeuraient loyaux. En fait, l'expérience de l'occupation de Lille par les forces hollandaises et anglaises après 1708 renforça ses loyautés françaises. Le curé du village voisin de Rumegies, dans l'actuel arrondissement de Valenciennes, dénonça les meurtres, les viols et les profanations de soldats alliés « qui avaient des visages qui ne respiraient que le carnage ». Le Jugement dernier ne pourrait être plus terrible. Les troupes alliées s'emparaient de tout, « ce qui fait regretter la domination de la France avec qui on était en repos de ce côté-là[56] ».

Paris même restait le théâtre de la famine plus que de la rébellion. Madame écrivit le 26 octobre 1709 que dès que vous sortiez de votre maison vous étiez suivi par des gens à la peau noircie par la faim, ou vous les voyiez tomber et mourir dans la rue[57]. Le curé de Rumegies achevait son journal de cette année sur ces mots : « Si je voulais écrire toutes les calamités de l'an 1709, je ne finirais jamais ; la pauvreté du peuple, si effroyable que je ne me sens point capable de l'exprimer qu'avec mes larmes ! » L'année suivante, la presque totalité des habitants de son village mourut de faim[58]. Dès que du blé faisait son apparition sur des marchés de Normandie, des spéculateurs l'achetaient, manière de faire monter les prix[59].

Pourtant, l'influence mondiale de la France, ainsi que la fermeté du gouvernement de Louis XIV parvinrent à éloigner le pays du précipice. Outre l'argent de l'Amérique hispanique, le blé de l'Empire ottoman arriva à la rescousse. L'ambassadeur de France à Constantinople, M. de Ferriol, obtenait régulièrement des permis du grand vizir d'exporter autant de blé qu'il pouvait en acheter dans les ports de Sidon, Candie, Alexandrie et ailleurs. Ferriol se vantait de ne se voir rien refuser. En échange, il fournit à la flotte ottomane des ancres[60]. Ce furent peut-être un millier de cargaisons de blé qui atteignirent la France depuis l'Empire ottoman et l'Afrique du Nord entre 1708 et 1710, et ce, malgré tous les efforts de la Royal Navy depuis ses nouvelles bases de Gibraltar et (après 1708) de Minorque[61]. L'Empire ottoman contribua à sauver la France entre 1708 et 1710, comme la France avait sauvé l'Empire ottoman en 1688.

Entre-temps, en partie grâce à Villars, la « furie française » se réveilla parmi les soldats. Louis autorisa le maréchal, comme il l'avait fait précédemment avec d'autres généraux parmi ses favoris, dont Turenne et Luxembourg, à prendre ses propres décisions militaires et à désobéir aux ordres quand il le jugeait nécessaire[62]. En une occasion, il lui écrivit qu'il ne revenait qu'à lui qui voyait les choses de près de prendre les décisions : « C'est à vous à examiner ce que vous croyez pouvoir faire de plus utile pour mon service[63]. » Villars s'exécuta sans hésiter. Une tentative de franchissement du Rhin par l'ennemi fut repoussée à Neubourg le 31 août 1709 (tout comme une tentative du prince Eugène de s'emparer de Toulon en 1707). À Malplaquet, en Flandre, le 11 septembre, si les Français perdirent 12 000 hommes, les pertes alliés s'élevaient à 20 000 soldats. Villars estima que cela équivalait à une victoire. Boufflers, qui avait servi en tant que volontaire sous les ordres de Villars, déclara au roi que Marlborough et le prince Eugène avaient l'un et l'autre décrit la charge de la Maison du roi comme « au-dessus de l'humanité et toutes expressions ». Villars fut lui-même blessé[64]. Cet hiver-là, il fut autorisé à s'installer dans l'appartement de la princesse de Conti à Versailles. Le roi lui rendit de longues visites à son chevet, sans capitaine des gardes, pour y discuter de la conduite de la guerre[65].

Le journal de Torcy pour ces mois-là, seul journal connu d'un ministre relatif à cette période, montre un Louis XIV, qui avait eu 70 ans en 1708, aussi vulnérable que changeant. Pour le monde extérieur, il se parait d'un masque de superbe impassibilité. Même Saint-Simon était impressionné par son « mâle courage », sa « fermeté d'âme » et le qualifiait de « vraiment grand » dans la défaite[66]. Pour ses ministres, en revanche, qui voyaient l'homme et pas seulement le monarque, il semblait parfois « dans un accablement extraordinaire et comme pénétré de douleur ». Il en voulait, en particulier à Torcy et à Beauvillier, d'avoir trop vivement argumenté en faveur de la paix en mai et juin 1709, et à lui-même d'être allé dans leur sens. Il regrettait tout spécialement son offre de céder l'Alsace[67].

La situation financière restait désespérée. L'argent avait cessé de circuler, il n'y avait plus de crédit, et nombre de banquiers étaient en faillite. Le gouvernement ne percevait que 30 % de ses recettes, le reste demeurant entre les mains des responsables des impôts ou servant à acquitter les intérêts des prêts. Samuel Bernard, qui avait repris ses affaires, touchait parfois jusqu'à 20 % d'intérêts[68]. Les ministres du monarque redoutaient qu'à la prochaine campagne les alliés n'arrivent aux portes de Paris et qu'il ne doive abandonner Versailles. Le blé mourait sur pied. La famine généralisée menaçait pour la seconde année consécutive[69]. Le 21 octobre 1709, le duc de Bourgogne écrivit à Philippe V que la paix devenait indispensable. Le 9 février 1710, il ajoutait qu'il n'y avait plus d'argent pour payer les troupes ou acheter du blé. Il n'était pas certain qu'il y aurait une armée française pour s'opposer à une attaque ennemie « avant que le vert [le printemps] soit venu[70] ». Selon Torcy, les soldats français, affamés, avaient l'air de fantômes, alors que les rares chevaux restants tenaient à peine sur leurs jambes[71]. En mai 1710, Villars lui-même, qui était encore en faveur du combat en 1709, déclara qu'il devenait impossible d'exposer l'État et de tout risquer en une bataille : la paix se révélait essentielle. La France devait se soumettre à l'exigence majeure des alliés, celle de contraindre Philippe V à renoncer à son trône[72].

Mme de Maintenon assumait un rôle d'intermédiaire de plus en plus important auprès du roi et lisait souvent les dépêches officielles[73]. Elle aussi le suppliait de conclure la paix. Pourtant la guerre ne cessait pas, ce qui suffisait à révéler les limites de son influence[74]. Le roi eut un geste symbolique : il dit qu'il suivrait l'exemple de Philippe V et réduisit « toutes les dépenses dont je pourrai me passer afin d'être plus en état de continuer la guerre[75] ». En 1705, déjà, il avait donné des ordres au lieutenant de police de Paris pour que l'on interdise aux marchands de vendre aux dames des étoffes à un prix plus élevé que celui, réglé par ordonnance, pour les robes qu'elles portaient à Marly. Il défendit personnellement à ses courtisans de faire appliquer de la peinture d'or sur leurs carrosses[76]. En 1709, 1710 et 1711, rupture sans précédent avec l'habitude, la Cour ne se rendit pas à Fontainebleau pour l'automne[77]. En 1710, non seulement le monarque n'offrit pas lui-même de cadeaux de Nouvel An, mais il l'interdit également à la ville de Paris – « ce qui ne laissait pas d'aller assez haut », nota Dangeau. En d'autres termes, ce dernier était surpris que le roi osât tarir le flot des prébendes en direction de ses hauts dignitaires. Des princes et des courtisans envoyèrent leur argent, le roi ses plats en or à la Monnaie, pour qu'ils y soient fondus et transformés en pièces[78]. Le roi dînait dans de la vaisselle d'argent, ses courtisans dans la faïence de Rouen bleu et blanc.

Une mesure financière bien plus drastique fut prise en septembre 1710 avec l'introduction par le nouveau contrôleur général Desmarets, après de nombreuses heures de préparation avec le roi, du « dixième », un nouvel impôt sur le revenu au principe radical, comme la capitation en 1695, frappant tous les propriétaires terriens, nobles et non nobles. Pour une fois, les riches, et non les pauvres, en étaient la cible principale. Cela requérait de la part du payeur une déclaration de sa richesse, et cette obligation ne souffrait aucun privilège, excepté celui du clergé : le Dauphin lui-même, comme d'autres princes, dut payer. Cet impôt permit de lever 22 millions de livres par an, moins qu'espéré, car il n'était pas appliqué rigoureusement, et beaucoup de contribuables sous-estimaient leur richesse. Néanmoins, Desmarets gagnait la confiance des financiers. La situation de l'État s'améliora peu à peu[79]. En juillet 1711, Villars rapportait à Torcy que son armée était à nouveau bien payée, bien nourrie et bien disciplinée[80].

Malgré des économies symboliques et la poursuite des combats, la Cour n'en continuait pas moins de s'amuser : concerts, bals à Versailles, nouvelles fontaines à Marly, château neuf à Meudon pour le Dauphin[81]. Le duc d'Antin, fils que Mme de Montespan avait eu de son époux, était l'un des favoris du souverain et de Mme de Maintenon. Quand le roi trouva à redire à une ligne de châtaigniers dans son parc, il ordonna qu'on les abattît du jour au lendemain. En 1708, il devint directeur des Bâtiments du roi, responsable de Versailles et de Saint-Germain, fonction assortie du privilège de pouvoir travailler directement avec le souverain[82]. Le registre de ses ordres et de ses lettres montre la détermination du monarque à continuer de bâtir malgré la guerre : des commandes de 1 500 dalles de marbre, par exemple, furent placées à Dieppe en 1710[83].

En effet, Versailles s'agrandissait. Les travaux de construction d'une nouvelle chapelle plus vaste, entamés en 1682, s'achevèrent en 1710. C'est un chef-d'œuvre de l'architecte Germain Boffrand, aussi constellé de « L » entrecroisés, de couronnes et de dorures que les appartements royaux, avec une image du Saint-Esprit représenté en colombe planant au-dessus du balcon, à l'opposé de l'autel, où Louis XIV avait l'habitude de se tenir[84]. Le 9 juin 1710, le cardinal de Noailles, archevêque de Paris, y dit la première messe. Montrant toute la fierté que retirait la famille royale de l'attrait de Versailles pour le public, tel un châtelain moderne se vantant du nombre de ses visiteurs, Bourgogne signala à Philippe V : « C'est un morceau des plus beaux et par l'architecture et par la peinture et par la sculpture ; elle paraît fort du goût de tout le monde, et tous ces jours-ci il y a eu un grand concours de peuple pour la voir[85]. » L'évêque de Metz récrimina : au lieu de créer une telle splendeur, le roi aurait mieux fait de payer ses troupes affamées et d'aider ses sujets grevés de taxes. Le souverain fut informé de cette réflexion le soir même. L'évêque ne fut jamais pardonné[86].

Un mois plus tard, le 6 juillet 1710, le premier mariage célébré dans la chapelle fut celui du plus jeune frère du duc de Bourgogne, le duc de Berry, et de Mlle d'Orléans, petite-fille de Monsieur. Contre l'avis du Dauphin et du jeune prince lui-même, cette union avait été arrangée par Louis et la duchesse de Bourgogne afin d'éviter les problèmes soulevés par un mariage avec une princesse étrangère, ou une princesse de Condé, qui eût été sous l'influence de sa mère, « Madame la Duchesse », princesse intelligente et indépendante[87]. La chapelle remplie de dames étincelantes de bijoux était, selon le baron de Breteuil, l'un des spectacles les plus magnifiques et les plus frappants qui se pût jamais voir. Vingt-huit membres de la famille royale élargie, parmi lesquels des princes et princesses du sang, se joignirent au roi pour le dîner de mariage[88]. Les nouvelles maisons du duc et de la duchesse de Berry essuyèrent des reproches en raison de leur taille et de leur magnificence. Cédant à son amour de la bonne chère, du vin et des hommes, la duchesse de Berry ne tarda pas à faire regretter ce mariage à la famille royale. Lors des fêtes, elle vomissait et s'évanouissait, et elle prenait en plus des amants[89]. Madame, sa grand-mère, eut ce mot en référence à l'autre grand-mère de la duchesse, Mme de Montespan : « Bon chien chasse de race[90]. » Les Parisiens l'appelaient la première prostituée de France[91]. Plus intelligente que son mari, qu'elle méprisait, et comme les duchesses de Bourgogne et du Maine, elle perpétuait la tradition de cour des princesses indépendantes[92].

Tandis que la Cour restait à la poursuite du plaisir, les alliés l'étaient à celle de la France. Après Lille en octobre 1708, ils s'emparèrent de Tournai le 3 septembre 1709 (le buste de Louis XIV, sur la porte de la ville, fut déposé par Marlborough et alla couronner la façade du château de Blenheim, côté jardin), puis Mons le 25 juin 1710, Douai le 9 août, Béthune le 29 août, Aire-sur-la-Lys le 19 novembre. Malgré les forts de Vauban, les lignes de défense et l'action prudente de Villars, les alliés n'étaient plus qu'à 160 kilomètres de Paris. Louis se sauva du péril grâce à sa résolution. L'amour des louanges empreint de vanité qu'il avait développé au long de son règne ne trahissait pas un manque de confiance. Il ne détala pas comme Jacques II en 1688, et ne se retira pas à Blois comme certains de ses conseillers le lui proposèrent[93].

De leur côté, lors de la reprise des négociations de paix conduites aux Provinces-Unies en 1710 par le maréchal d'Huxelles et l'abbé de Polignac, les alliés ajoutèrent de nouvelles conditions, notamment des compensations pour les ravages du Palatinat vingt ans plus tôt. À partir du 27 mai, ils insistèrent aussi pour que Louis seul, sans l'aide des troupes alliées, expulse Philippe V d'Espagne et de son empire, sans dédommagement, et dans un délai de deux mois. S'il ne s'exécutait pas, la guerre reprendrait[94]. Louis fut dissuadé d'accepter les conditions de paix fixées par les alliés grâce à la conscience vivante de la dynastie, le Dauphin. Ce dernier avait veillé à toujours sembler rester dans l'obéissance à son père. Ainsi, le 23 décembre 1708, il écrivit à son fils Philippe V : « Me rapportant toujours aux lettres que le roi vous écrit, je ne vous mande jamais de nouvelles[95]. » Toutefois, en dépit des apparences, ainsi que l'écrivit Torcy à Philippe, il n'était ni docile ni facile à mener[96]. Certains diplomates estimaient qu'il avait pu empêcher son père de déclarer publiquement son mariage avec

Mme de Maintenon. Tandis que le duc de Bourgogne pressait Philippe V d'abdiquer, en 1709 et à nouveau en 1710, le Dauphin s'opposa aux négociations de paix et soutint l'emploi de troupes françaises pour maintenir son fils sur le trône[97]. Le 16 juillet 1710, Louis XIV, recouvrant sa fierté, affirma que ces conditions de paix étaient inacceptables : s'il devait continuer à se battre, il préférait combattre ses ennemis plutôt que son petit-fils. Le 25 juillet, Polignac et d'Huxelles quittaient les Provinces-Unies[98].

Quoi qu'il en soit, en septembre, Louis envoya son confident, le duc de Noailles (qui venait de repousser une autre invasion alliée à Sète, sur la côte méditerranéenne), en Espagne pour une mission particulièrement délicate : persuader Philippe d'abdiquer de son propre chef et de se retirer en Sicile, en Sardaigne ou en France[99]. Or, comme Louis XIV lui-même en 1700 quand il avait annoncé son acceptation du testament de Carlos II, Philippe fondait son règne sur le sentiment populaire comme sur le droit héréditaire. Il refusa d'abandonner son peuple, dont l'amour et le zèle dépassaient l'imagination et que ses infortunes n'avaient fait qu'accroître[100]. Il écrivit à son grand-père le 25 septembre 1710 (sans nul doute avec l'aide de la princesse des Ursins et de son amant et secrétaire d'Aubenton), à un moment où il avait encore été temporairement chassé de Madrid – du 21 septembre au 6 novembre – par les forces de « Charles III » : « Dieu m'a mis la couronne d'Espagne sur la tête ; je la soutiendrai tant que j'ai une goutte de sang dans les veines. Je le dois à ma conscience, à mon honneur et à l'amour de mes sujets » – ainsi qu'à « la gloire de notre maison » et pour les intérêts de la France[101].

Plus tôt cette année-là, Philippe avait convoqué Vendôme en Espagne, bien que Bourgogne lui eût assuré que leur cousin était paresseux, téméraire et impétueux : le roi l'avait apprécié quand ils avaient combattu ensemble contre les forces autrichiennes en Italie en 1702[102]. Vendôme était accompagné de son favori, un prêtre de Parme, Giulio Alberoni, rencontré en campagne dans la vallée du Pô. À l'instant où le prince s'était levé de sa chaise percée, où il était assis alors qu'il recevait des visiteurs, Alberoni, dit-on, se serait exclamé : *« Culo di angelo ! »* (« Un cul d'ange ») et se serait précipité pour l'embrasser. Des présents, composés de macaroni et de saucisses, l'aidèrent à se gagner des amis à Versailles et à Madrid, parmi lesquels la princesse des Ursins[103]. Il devint l'agent dc Vendôme à Madrid et ne tarda pas à se faire connaître parmi les Français de la capitale espagnole comme « M. de Derrière », « l'homme au derrière » ou simplement « derrière[104] ».

Mme de Maintenon répandit son venin à propos de Vendôme et Alberoni auprès de Mme des Ursins : « Il se livre à M. l'abbé Alberoni, italien et son favori, pour déshonorer M. le duc de Bourgogne, il le garde auprès de lui à Anet [...] et déclare qu'il serait inconsolable s'il le perdait. [...] M. le maréchal de Boufflers dit qu'on ne commande point une armée de dessus une chaise percée, c'est sa situation la plus ordinaire[105]. » À l'opposé de ses préférés Villeroy ou Bourgogne, pourtant, Vendôme remportait des batailles. Après sa victoire à Villaviciosa, dans le nord de la Castille, contre les forces de « Charles III » le 10 décembre 1710, Alberoni écrivit que Vendôme avait, grâce à son courage, remis la couronne de l'Espagne sur la tête de Philippe V[106]. Déjà, en octobre, contrarié par l'intransigeance de ses ennemis, Louis XIV avait décidé, au lieu de prier Philippe de déguerpir d'Espagne, de lui envoyer une aide militaire[107]. La situation dans la péninsule Ibérique évoluait en sa faveur. C'était sur le point d'être aussi le cas en Angleterre.

22

Louis XIV échappe à sa Némésis

« Il ne saurait y avoir trop de division en Angleterre », avait écrit Louis à son ministre de la Marine Pontchartrain tout en planifiant l'invasion jacobite de 1708[1]. En effet, les divisions en Angleterre l'aideraient à se gagner une paix honorable. La question de la paix « avec » ou « sans » l'Espagne attisait les haines en Grande-Bretagne entre whigs (nombre d'entre eux profitaient de la guerre et exigeaient « aucune paix sans l'Espagne », autrement dit sans que soit imposé « Charles III ») et tories. En 1710, Londres payait 171 000 soldats en campagne (dont une grande partie d'Allemands et de Savoyards) et la guerre absorbait les huit dixièmes des dépenses de l'État. Comme la France après le terrible hiver de 1709, l'Angleterre aussi avait souffert de mauvaises récoltes. La résilience française et espagnole ne pouvait qu'accroître le désir de paix de l'opinion : beaucoup de forts français empêchaient encore l'avancée de Marlborough sur Paris[2]. Des tories comme Robert Harley, quoique éduqué dans une école huguenote (l'Académie de Foubert) et ayant contribué à rédiger les lois appliquant la succession protestante, se tournèrent vers la France et leurs anciens ennemis les Stuarts, autant pour hâter la paix que face à la détermination de la maison de Hanovre, héritière du trône, à continuer la guerre.

Les élections d'août 1710 avaient donné à la Chambre des communes une majorité en faveur de la paix, comprenant une cinquantaine de députés jacobites qui augmentaient de fait le poids politique de « Jacques III »[3]. La Cour penchait elle aussi en faveur de la paix. La rupture entre la reine Anne et sa maîtresse des robes dominatrice, la duchesse de Marlborough, avait été confirmée par une querelle sur la manière dont la souveraine devait porter ses bijoux le 18 août 1708, au cours d'une procession jusqu'à Saint-Paul pour le *Te Deum* de la victoire d'Audenarde. La reine se plaignit d'avoir été « harcelée » et « tourmentée », tant dans la conversation que dans les nombreuses lettres fielleuses de la duchesse. Cette dernière pillait le Privy Purse – la cassette royale –, menaçait de rendre publiques les lettres intimes de la reine et encourageait les pamphlets des whigs alléguant que la reine avait une « si grande passion » pour sa nouvelle favorite tory et femme de la chambre, cousine et ancienne protégée de la duchesse, Lady Masham, par ailleurs cousine de Harley[4].

Parallèlement, sans rien en dire à ses collègues, Marlborough tentait d'obtenir de la reine le poste sans précédent de « capitaine général à vie », qui aurait pu donner au « roi Jean », comme certains de ses ennemis l'appelaient, un contrôle durable sur les forces armées. D'ordinaire économe, Marlborough avait néanmoins offert à l'Électrice Sophie, qu'il avait charmée lors de deux visites à Hanovre, un « prêt » de 20 000 livres en échange de sa signature sur cette nomination, qui serait valide dès le jour de son accession[5]. Il espérait aussi devenir gouverneur général des Pays-Bas méridionaux pour le compte de « Charles III », et poursuivre la guerre jusqu'à ce qu'il atteigne Paris. Jusqu'alors, la reine avait soutenu la guerre avec la France. Après 1709, sa peur de Marlborough et son aversion pour sa femme renforcèrent son désir de paix.

Jeune princesse, la future reine Anne avait été à peine remarquée par son cousin Louis XIV entre 1668 et 1670, quand elle résidait avec sa grand-mère Henriette-Marie à Colombes et avec sa tante la duchesse d'Orléans à Saint-Cloud, pour y suivre un traitement oculaire. Depuis que Louis avait reconnu « Jacques III », il avait continué de l'appeler princesse de Danemark, donc par le nom de son mari. En Angleterre, elle vivait dans une « parfaite solitude » et, sa santé se dégradant, dans le petit palais en brique de Kensington, ou dans une modeste « maison de jardin » à proximité du château de Windsor, usant rarement des grands appartements de Charles II[6]. Pourtant, ses décisions revêtaient désormais un tour crucial pour Louis XIV. En 1710, Dangeau notait dans son journal, à côté de nouvelles de la guerre, la décision de la reine de révoquer les filles de Marlborough, qui étaient ses dames du palais, et son gendre Sunderland de son poste de secrétaire d'État. En ce mois d'août, après la victoire des tories lors des élections générales, Harley devint la figure dominante du nouveau gouvernement[7].

Les généraux français avaient perdu la guerre. Les diplomates français remportaient maintenant la paix. Il y avait à Londres un agent français, plus digne de confiance que la plupart des ambassadeurs, l'abbé François Gaultier (par coïncidence, il portait le même nom que le pasteur huguenot qui avait contribué à monter une coalition contre Louis XIV, que nous avons évoquée). Ancien sacristain de l'église paroissiale de Saint-Germain, il s'était vu refuser un poste dans la chapelle de Jacques II[8]. Étant arrivé à Londres en 1698 au sein de la maison de l'ambassadeur français Tallard, il avait reçu instruction de rester sur place au début de la guerre de Succession d'Espagne. Il servait dans la chapelle de l'ambassadeur du Saint Empire, le comte Gallas, mais depuis 1705 il entretenait une correspondance secrète avec Torcy. À partir de mars 1710, il avait prédit la disgrâce des Marlborough[9]. En décembre, sur l'instigation de Lord Jersey, ancien ambassadeur auprès de Louis XIV, Gaultier écrivit à Torcy que le gouvernement britannique, impressionné par la victoire de Philippe V à Villaviciosa, n'insisterait plus pour imposer « Charles III » à l'Espagne, pourvu que les intérêts commerciaux de Londres soient assurés. Défiant leur « Grande Alliance » avec l'empereur et les Provinces-Unies, tout en combattant encore la France, les ministres anglais engagèrent en secret des négociations de paix avec cette dernière[10].

Gaultier, qui était discret, savait être un compagnon de boisson agréable et parlait bien l'anglais, devint le canal de communication entre Harley et Torcy. « Le petit prêtre Gautier », comme l'appelait Dangeau, arriva de Westminster à Versailles pour sa première mission secrète le 15 janvier 1711[11]. Torcy trouva en lui un interlocuteur de raison, prêt à transmettre des informations exactes et, en août, il le nomma « agent du roi » à Londres[12]. À partir d'avril, Torcy avait aussi secrètement négocié avec Heinsius, grand pensionnaire de Hollande, par l'intermédiaire de Jacques Basnage, un pasteur huguenot de La Haye, mais les exigences hollandaises pour que les huguenots reprennent leurs droits en France demeuraient un obstacle insurmontable. Louis XIV refusait de leur permettre, ainsi qu'à leurs enfants qui avaient pris une nationalité étrangère, non seulement de commercer en France, mais encore moins d'y retourner[13].

La biologie dynastique pencha aussi en faveur de Louis. L'empereur Joseph Ier mourut sans enfants le 17 avril 1711. Le 30 mai, son frère « Charles III » quitta Barcelone et fut élu empereur le 12 octobre. Le nouvel empereur Charles VI, encore plus soucieux d'hégémonie que Louis XIV, voulait également rester Charles III d'Espagne, ainsi que ses soutiens anglais, comme Marlborough, y insistaient. Il ne renoncerait pas à ses revendications sur l'Espagne avant 1725. Se sentant comme en exil dans sa propre terre natale, il conserva un *Consejo Supremo de España* et de nombreux serviteurs espagnols à Vienne. Une couronne et un blason espagnols ornent sa tombe à l'intérieur du Kapuzinergruft, la crypte des Capucins, sépulture des Habsbourg dans la capitale autrichienne[14]. La résilience de la France et son influence sur Philippe V la rendaient néanmoins plus importante pour l'Angleterre que ne l'étaient les Provinces-Unies ou l'Autriche. Quoique appartenant à deux pays encore en guerre, les ministères anglais et français nouèrent des contacts presque aussi étroits que sous le règne de Charles II. Winston Churchill écrirait plus tard : « La reine et le Lord Trésorier [Harley], aidés et incités par le secrétaire d'État Henry St John, sauvèrent la France aussi sûrement, mais guère aussi noblement, que Jeanne d'Arc[15]. »

Redoutant la vengeance de l'Électeur de Hanovre pour leur trahison de la Grande Alliance, peut-être également pour faciliter les négociations de paix, Harley et Henry St John (plus tard anoblis, respectivement avec le titre de comte d'Oxford et de vicomte de Bolingbroke) dirent même à Gaultier qu'ils étaient favorables à la succession de « Jacques III ». Circulant entre Londres, Paris, Fontainebleau et Utrecht, Gaultier était un agent triple au service du gouvernement français, d'un gouvernement anglais qui se fiait plus à lui qu'à ses propres diplomates et de « Jacques III ». Il ne voyait aucune contradiction dans ces loyautés multiples : il écrivit qu'ensemble la France et l'Angleterre devraient « donner la loi à l'Europe[16] ». Il était si déterminé à ce que « Jacques III » devienne anglican et gagne la couronne d'Angleterre que Torcy fit observer qu'il devrait être fait archevêque de Canterbury[17]. En réalité, bien que Torcy et Gaultier l'eussent dissimulé à Oxford et Bolingbroke, « Jacques III » n'envisagea jamais de renoncer au catholicisme[18].

Gaultier n'était pas le seul négociateur secret. En août 1711, Louis XIV et Torcy reçurent en audiences secrètes Matthew Prior (envers lequel le roi s'était montré particulièrement prévenant lors de son audience d'adieu en 1699, disant qu'il espérait le revoir) : pour garder le secret, Prior et Gaultier rencontrèrent Torcy de nuit dans les jardins de Fontainebleau[19]. En septembre, Nicolas Mesnager, comte de Saint-Jean, un marchand et économiste souvent employé par Louis XIV, et déjà habitué aux négociations de paix auxquelles il avait participé avec les Provinces-Unies en 1707, fut reçu en secret par la reine Anne à Windsor[20]. Il se révéla brillant diplomate. Des « préliminaires » signés le 27 septembre promettaient à la Grande-Bretagne Minorque, Gibraltar et le très convoité *asiento de negros*, le droit exclusif d'expédier en Amérique hispanique quelque 4 700 esclaves africains par an pendant trente ans, dont la France jouissait depuis 1701. La Grande-Bretagne se voyait confirmée dans son rôle de puissance commerciale mondiale dominante[21]. Elle y gagnait des territoires comme l'Acadie et Terre-Neuve, bien que la France ait conservé l'île de Cap-Breton, au nord de l'Acadie, sur laquelle elle entama la construction du fort de Louisbourg. Louis accepta également de reconnaître la succession protestante et d'expulser « Jacques III », de démanteler Dunkerque et de rendre son port inaccessible aux grands navires. En échange, toutefois, alors qu'en 1709 il était prêt à céder la Franche-Comté, Lille et Strasbourg et à revenir aux frontières de 1648, en 1712 il conservait presque toutes ses conquêtes, excepté Mons, Ypres et Tournai[22].

Le commerce mondial était presque aussi important que les conquêtes européennes. La paix entre des nations qui se considéraient comme le summum de la civilisation – la France, l'Angleterre, l'Espagne et les

Provinces-Unies – dépendait aussi, en partie, du droit de vendre des esclaves en Amérique hispanique. Louis XIV, la reine Anne, Philippe V, et George Ier, ainsi que les rois d'Ashantis et du Dahomey, investirent dans ce commerce en raison de ses profits spectaculaires qui faisaient paraître bien modestes ceux d'autres activités commerciales[23]. En réalité, les compagnies anglaises avaient déjà commencé de supplanter leurs rivales françaises en Amérique hispanique. Après 1713, les marchands français ne récupérèrent jamais le droit de commerce en Amérique hispanique, même si certains continuaient de le pratiquer illégalement. Toutefois, en particulier grâce à Saint-Domingue, que Louis avait obtenu pour la France en 1697, la production de sucre et de café français surpasserait celle des Britanniques. Dans les années 1740, le commerce colonial français s'accrut de 400 %, apportant la prospérité aux ports de Nantes et Bordeaux, comme le confirme leur architecture étonnante du XVIIIe siècle[24].

Tout en subissant des défaites politiques en Angleterre, Marlborough avait continué de remporter des victoires militaires en France. Le 12 septembre 1711, alors que Mesnager signait les préliminaires secrets à Windsor, il perçait les lignes défensives de Villars sur la crête de Vimy, site d'une autre fameuse bataille en 1917, et s'emparait de Bouchain, à 190 kilomètres au nord de Paris[25]. Il espérait pouvoir, l'année suivante, expédier ses dépêches en y inscrivant en en-tête le nom de la capitale française. Le 31 décembre 1711, il fut démis de toutes ses fonctions par la reine Anne.

En janvier 1712, une cinquantaine de délégations venues de toute l'Europe – y compris de la « nation catalane » qui combattait encore Philippe V – s'assemblèrent à Utrecht, la ville occupée par les forces de Louis XIV en 1672 et 1673. Utrecht avait été choisie en partie pour satisfaire les sensibilités de préséance des délégués. Ses rues larges étaient adaptées aux carrosses des ambassadeurs et l'Hôtel de Ville avait des salles aux portes de grandeur égale, par lesquelles les ambassadeurs de puissances rivales pouvaient entrer en même temps[26].

Le 12 mai 1712, le nouveau commandant en chef britannique aux Provinces-Unies, le duc d'Ormonde, reçut de la reine Anne des « ordres de restriction » (peut-être sur la suggestion initiale de l'abbé Gaultier) le « restreignant » donc d'aller combattre dans le camp de ses alliés, l'Autriche et les Provinces-Unies. Le prince Eugène n'en était pas informé, mais Villars l'était. La Grande-Bretagne aidait en fait les opérations françaises contre ses propres alliés[27]. Des troupes anglaises s'arrêtèrent en vue de la terre promise – la France – mais ne furent pas autorisées à en goûter le lait et le miel. Les hostilités entre les deux pays prirent officiellement fin le 19 juillet.

Louis ayant laissé le champ libre à Villars, le maréchal remporta la bataille de Denain le 24 juillet 1712 contre les forces austro-hollandaises du prince Eugène, supérieures en nombre. Le prince de Holstein, le gouverneur allié de Lille, était parmi les prisonniers de Villars. Louis XIV fut si ému qu'il remercia ses courtisans pour la joie qu'ils manifestaient à cette nouvelle. Denain fut suivi de la reprise de forteresses frontalières françaises comme Le Quesnoy, et le 28 juillet par un armistice en bonne et due forme[28]. La reine Anne écrivit pour féliciter Louis XIV de sa victoire sur les alliés. Comme Luxembourg dans les années 1690, Villars devint le héros de l'heure. Il reçut un « brevet d'affaires » lui permettant de voir le roi quand il le voulait, même durant ce qu'il appelait ses affaires les plus secrètes (c'est-à-dire quand il était sur sa chaise percée), et la jouissance des appartements du duc de Berry à Versailles. Il renomma le château de Vaux, racheté à la veuve de Fouquet, Vaux-Villars, et le remplit de tableaux de ses victoires[29].

Le gouvernement britannique était devenu plus amical avec son ancien ennemi la France qu'avec ses alliés. Lors d'une visite à Paris en août 1712, Bolingbroke descendit chez la mère de Torcy. Pour obtenir de meilleures conditions, celui-ci lui montra des lettres des Hollandais révélant leur désir de paix. Des dîners avinés s'achevaient sur des toasts de Torcy à la reine Anne, de Bolingbroke à Louis XIV. Ce dernier offrit à l'Anglais un diamant jadis porté par le Dauphin, et promit à Matthew Prior une pension. Les deux nations, disait-il, descendaient du même sang et n'avaient été ennemies que « par nécessité »[30].

La paix fut finalement signée à Utrecht le 12 avril 1713, mais l'empereur Charles VI et l'Électeur de Hanovre s'abstinrent de la ratifier. L'un des négociateurs français, l'abbé de Polignac, était revenu en faveur après la débâcle de Pologne grâce à la protection de Torcy[31]. Dans la soirée du 14 avril, ce dernier fit entrer M. de Beringhen, le premier écuyer, porteur de la nouvelle dans les appartements de Mme de Maintenon[32]. Le 22 mai, d'Argenson, lieutenant de police, prit la tête de la procession des hérauts proclamant la paix dans les rues de Paris et distribua de l'argent au peuple. Le duc et la duchesse du Maine lancèrent des pièces d'un balcon de la place Royale. Louis se promena toute la matinée dans ses jardins, planifiant des améliorations[33].

En guise de barrière contre les invasions françaises, les Provinces-Unies recouvrèrent le droit de poster des troupes en garnison dans des villes des Pays-Bas méridionaux et de continuer de bloquer la Scheldt – bridant ainsi le développement d'Anvers en faveur d'Amsterdam. Victor-Amédée II de Savoie acquit davantage de territoire en Italie du Nord, notamment Montferrat, et devint roi de Sicile (qu'il échangerait plus tard contre la Sardaigne) : une très importante extension de son pouvoir, qui conférait enfin à sa maison le rang royal qu'elle revendiquait de longue date. Depuis 1690, des subsides britanniques l'avaient aidé à combattre Louis, et des navires anglais le transportèrent en Sicile pour son couronnement dans la cathédrale de Palerme le 24 décembre 1713. Toutefois malgré la perte de ses possessions italiennes et des Pays-Bas méridionaux, et malgré l'obligation de renoncer à toutes ses prétentions à la couronne de France, tant pour lui-même que pour ses descendants, Philippe V restait roi d'Espagne. Sur ce point crucial, Louis XIV et Philippe V avaient gagné la guerre de Succession d'Espagne[34]. Ainsi que s'était exclamé Polignac, la différence entre les clauses de la paix de 1709 et de 1713 étaient comme le jour et la nuit[35].

Le curé de Rumegies, près de Lille, remarqua dans son journal que « la joie était générale de cette paix et de se revoir encore sujets de Louis XIV[36]. » Quarante années de domination française, et cinq ans de sujétion aux alliés, avaient transformé ses habitants en Français. Après l'entrée avec ses troupes dans Lille le 4 juin 1713, le maréchal de Montesquiou écrivit au ministre de la Guerre :

> Il faudrait un volume pour vous décrire toutes les marques de réjouissances que les peuples ont données à l'entrée des troupes du roi. MM. les Magistrats sont venus en robe à la porte de la ville pour me faire leur compliment et, sur cela, il se leva un « Vive le Roi ! » si éclatant qu'ils ne purent jamais parler parce qu'on n'entendait rien. Ce « Vive le Roi ! » me conduisit de la même force jusqu'à ma maison où j'arrivai presque ivre, car je ne pus refuser à des quantités de bourgeois qui sortaient de leurs maisons avec des bouteilles et des verres pour me faire boire à la santé du Roi. J'étais en si bon état qu'à peine pouvais-je tenir sur mon cheval[37].

Utrecht était une victoire pour l'Europe et pour la diplomatie. La défense de « la liberté et l'équilibre de l'Europe » avaient été les raisons proclamées de la déclaration de guerre contre Louis XIV en 1702[38]. À Utrecht, la paix et le calme dans la chrétienté, grâce à un égal équilibre des pouvoirs, furent réaffirmés en tant qu'idéal politique de l'Europe. Des médailles célébrèrent le retour de la paix et du commerce, et le rôle de l'Angleterre, tel qu'elle le formulait elle-même, en protectrice de l'Europe. Des gravures montraient un Anglais, un Français, un Hollandais, un Espagnol, un Allemand et un Savoyard dansant « la farandole européenne[39] ». Certains diplomates rêvaient déjà d'une armée et d'une assemblée européennes, avec un sénat siégeant à Utrecht[40]. Callières, secrétaire de Louis, écrirait plus tard un manifeste pour l'Europe : « Tous les États dont l'Europe est composée ont entre eux des liaisons et des commerces nécessaires qui font qu'on peut les regarder comme des membres d'une même république et qu'il ne peut presque point arriver de changement considérable en quelques-uns de ses membres qui ne soit capable de troubler le repos de tous les autres[41]. »

Dans l'intérêt de la paix en Europe, quelques nations furent toutefois ignorées ou réprimées. L'indépendance des Pays-Bas méridionaux avait souvent été débattue. Louis avait envisagé d'en faire une république moyennant une garantie de neutralité perpétuelle ou un royaume pour l'Électeur de Bavière, le dernier gouverneur général espagnol, qui, comme d'autres Électeurs allemands, convoitait une couronne royale[42]. Or, ils furent attribués à Charles VI (pourtant, l'attrait de la solde et du service espagnols était tel que l'Espagne continua d'y recruter des soldats tout au long du XVIIIe siècle). Ils durent attendre jusqu'en 1831 pour accéder à la reconnaissance internationale de leur indépendance, avec la création du royaume de Belgique. En outre, le triomphe de la succession protestante maintint la subordination de l'Écosse et de l'Irlande à l'Angleterre.

Un an après Utrecht, le 7 mars 1714, la paix avec l'ennemi inexpiable de Louis XIV, l'empereur Charles VI, fut signée à Rastatt, dans le margraviat de Bade. Cette paix avait été négociée par le maréchal de Villars et le prince Eugène, qui avaient servi ensemble au sein de l'armée impériale dans les années 1680. Atteignant la plus grande extension territoriale de son histoire, l'Autriche obtenait Milan, la Sardaigne, Naples et les Pays-Bas méridionaux. En revanche, l'Empire n'avait pas récupéré l'Alsace et Strasbourg, comme espéré. En outre, les alliés de Louis XIV, les Électeurs de Cologne et de Bavière, qui avaient été proscrits par l'Empire, étaient rétablis dans leurs domaines. Maximilien-Emmanuel de Bavière était réticent à l'idée de quitter la France, où il avait vécu dix ans et laissait de nombreux enfants illégitimes[43]. Il avait impressionné la Cour (le mariage de sa sœur avec le Dauphin faisait de lui l'oncle du duc de Bourgogne et de Philippe V, presque un membre de la famille royale) avec son « air fort noble », et il avait été fréquemment invité à Compiègne, Fontainebleau et Marly, ainsi qu'à Versailles. Il savait flatter Louis XIV, lui assurant que « le plaisir d'avoir été attaché au plus grand roi du monde le consolait de tous ses malheurs[44] ». Après 1715, il établit à Munich, et dans ses palais de campagne de Schleissheim et Nymphenburg, la Cour la plus élégante et la plus francophile de l'Empire, avec une chambre de parade dans des appartements somptueusement décorés, ainsi qu'un mobilier, des sculptures, des carrosses, des pavillons et jardins conçus par des artistes et des artisans formés à Paris, dans ce qu'il appelait « les derniers goûts de France ». Il institua aussi des comédies, des concerts, des bals et un rituel de l'Appartement à la française[45]. Son but était d'éclipser la cour de Vienne et de montrer qu'il serait digne de gagner, avec l'aide de la France, la couronne royale que ses anciens égaux les Électeurs de Saxe, de Brandebourg et de Hanovre avaient déjà décrochée en Pologne, en Prusse et en Angleterre. Encore plus ambitieux que les autres Électeurs, il souhaitait que les Wittelsbach, sa famille, succèdent à la maison d'Autriche à la fois comme saints empereurs romains et comme rois de Bohême[46].

Un des alliés de Louis XIV ne rentra cependant pas chez lui. Le soutien du roi aux Hongrois mécontents et antiautrichiens, avec à leur tête Émeric Thököly, entre 1675 et 1678 et de 1681 à 1683, en coopération avec le gouvernement ottoman, s'était ravivé pendant la guerre de Succession d'Espagne. La principauté de Transylvanie avait procédé à un transfert d'allégeance en 1686 des sultans ottomans aux rois Habsbourg de Hongrie. Après juin 1703, une insurrection « avec Dieu pour la Patrie et la Liberté », conduite par Ferenc II Rákóczi, riche propriétaire terrien descendant de cinq princes de Transylvanie, avait conquis presque toute la Hongrie. En juillet 1704, la diète de Transylvanie élut Rákóczi prince. Alimentée par son aversion pour les impôts prélevés par l'empereur et pour les favoris et les dignitaires allemands, l'insurrection réussit à brièvement s'emparer de Graz et menaça l'empereur à Vienne. Depuis 1700, il avait demandé à Louis son aide. Ayant auparavant répugné à soutenir des « rebelles contre leur souverain légitime » (l'empereur Joseph Ier avait déjà été élu et couronné roi de Hongrie, et il était soutenu par de nombreux Hongrois), Louis accepta de changer de stratégie. En mars 1705, appelant la Transylvanie « une nation libre », il reconnut Rákóczi comme son prince souverain, envoya un diplomate de carrière, le marquis des Alleurs, et des officiers français le conseiller et lui versa un subside régulier de 50 000 livres par mois, payé par l'intermédiaire de l'ambassadeur de France à Varsovie. En juin 1707, la diète hongroise déposa la maison d'Autriche du trône de Hongrie, et organisa ensuite, sous l'autorité de Rákóczi, un nouvel État confédéré en Transylvanie et en Hongrie Supérieure, avec son armée et sa monnaie. La tolérance, l'amour de la liberté et le respect des droits des paysans distinguèrent ces alliés de Louis XIV. Quoique pieux catholique lui-même, Rákóczi prévoyait de faire d'un calviniste, le prince héritier de Prusse, roi de Hongrie. Charles II de Suède, Auguste II de Pologne et Maximilien-Emmanuel de Bavière se virent aussi proposer le trône[47].

À la satisfaction de Louis, la guerre immobilisa 50 000 soldats autrichiens, soit peut-être la moitié de l'armée. Après août 1708, ils commencèrent toutefois à prendre le dessus sur les forces irrégulières de Rákóczi, qui manquaient de canons et de discipline. Le prince transylvanien se décrira d'ailleurs plus tard comme un aveugle conduisant des aveugles. Les subsides de Louis n'empêchèrent pas la Hongrie et la Transylvanie de tomber à nouveau sous ce que Rákóczi appelait « le joug pesant de la maison d'Autriche ». En mai 1711, une paix de compromis entre l'Autriche et les insurgés épuisés fut signée. La Transylvanie préservait un semblant d'autonomie. N'ayant pu obtenir d'être représenté à Utrecht, Rákóczi et environ 2 000 de ses partisans (d'autres suivraient) quittèrent la Hongrie et, par Dantzig et l'Angleterre, arrivèrent à Paris en janvier 1713[48].

Grand et bel homme, avec des manières qui en imposaient, parlant un bon français et avec une épouse parente de la femme d'un des favoris de Louis, le marquis de Dangeau, le comte de Saros, ainsi que Rákóczi se faisait appeler, ne tarda pas à se gagner une certaine popularité à la Cour. Il était fréquemment reçu à Versailles, Fontainebleau, Rambouillet et Marly, où il assistait souvent au lever du roi et à la messe. Louis lui accorda une pension et des audiences, lui prêta des chevaux et l'autorisa à porter l'uniforme de la chasse royale, affirmant que la présence d'un homme comme le Transylvanien lui faisait honneur. Ses partisans formèrent par la suite le premier régiment de hussards de l'armée française. Il quitta la France en 1717, et mourut près de Constantinople en 1735, encore allié de la France et sans cesser de projeter un retour en Transylvanie. En Hongrie, il est aujourd'hui considéré comme un héros national[49].

Ayant conclu la paix avec plusieurs gouvernements, le dernier ennemi de Louis était, dans le droit-fil de la longue histoire de ses conflits avec des villes, la capitale de la Catalogne, Barcelone, restée loyale à « Charles III ». Malgré leurs promesses répétées de ne pas abandonner la Catalogne, ce fut bien ce que l'Angleterre et l'empereur Charles VI (l'ancien « Charles III » espagnol) avaient consenti à Utrecht[50]. Le siège de Barcelone (déjà assiégée par les troupes françaises en 1697), mené par des troupes françaises et espagnoles sous le commandement du maréchal de Berwick, débuta en mai 1713, après le départ à bord d'un navire britannique de l'épouse de Charles VI, l'impératrice Élisabeth. Le siège dura dix-sept mois, jusqu'à la reddition de la ville le 11 septembre 1714. Malgré l'état d'épuisement de la France, Louis était donc encore en mesure de mener une guerre sur deux fronts, contre la Catalogne au sud et contre l'empereur au nord. Philippe V ne pardonna pas cette déloyauté à la Catalogne, lui qui avait étendu ses privilèges quand il y avait vécu en 1701 et 1702. Après 1714, il les abolit, ferma les universités catalanes, rasa les murailles de Barcelone et construisit la dernière grande forteresse dans le style de Louis XIV, un symbole honni du pouvoir des Bourbons, qui dominait la capitale catalane[51]. Ce fut la fin de l'autonomie de la Catalogne, pendant plus de deux siècles.

Reflétant peut-être l'influence de Callières, Louis demanda à son petit-fils de témoigner de l'humanité à Barcelone, ce qu'il avait lui même refusé à Gênes, Heidelberg, Bruxelles et d'autres villes bombardées. Le 2 juillet, puis le 1er août 1714, il demanda donc à

Philippe de ne pas causer « la ruine entière d'une ville considérable, la perte de beaucoup de braves gens que vous ferez périr pour punir des sujets rebelles, et que sur toutes choses les sentiments du christianisme vous porterait à la clémence ». Sans Louis, la vengeance de Philippe contre Barcelone aurait pu se faire plus violente[52].

Alors que la chute de Barcelone était un triomphe pour les Bourbons, « les écluses maudites de Dunkerque » symbolisèrent le triomphe de la Grande-Bretagne. Dunkerque avait été le joyau de la couronne de Louis XIV, sujette à de plus de médailles que Versailles, ses corsaires s'emparant de plus de navires anglais (1 617 au total) que ceux de n'importe quel autre port français. L'article 9 du traité d'Utrecht s'avérait cependant un arrêt de mort : « Le Roi Très Chrétien fera raser les fortifications de la Ville de Dunkerque, combler le port, ruiner les écluses, qui servent au nettoiement dudit port, le tout à ses dépenses et dans le terme de cinq mois après la paix conclue et signée. » À Dunkerque, Louis n'était plus maître dans sa propre maison[53]. Pour s'assurer de l'exécution des exigences britanniques, 6 722 soldats anglais furent stationnés dans le port du Pas-de-Calais de juillet 1712 à août 1714 (déliant ainsi la garnison française, dès lors libre d'aller combattre ses ennemis hollandais et autrichiens), et un commissaire britannique resterait dans le port en temps de paix jusqu'en 1778. Les suppliques d'une députation envoyée de Dunkerque à Londres, pour la préservation du port dans l'intérêt du commerce entre les deux nations, restèrent sans effet[54]. La guerre faillit reprendre en 1714 et à nouveau en 1730 en raison de tentatives françaises de construire un canal reliant le port voisin de Mardyck à la mer. En 1717, sur l'insistance britannique, le canal de Mardyck fut détruit. Dunkerque se redressa ensuite en tant que port de pêche, repaire de contrebandiers et place de prédilection des marchands de sucre et des jacobites. Bien plus tard, étant devenu le troisième port de

France, Dunkerque reprendrait son rôle connecteur entre la France et la Grande-Bretagne. Elle joua un rôle vital pour acheminer des troupes anglaises en France durant la Première Guerre mondiale, et pour l'évacuation en mai 1940 de 338 226 soldats français et anglais depuis ses longues plages de sable, une évacuation due en partie à la réussite des opérations de défense de la ville par les troupes françaises[55].

Tout en négociant avec succès la paix à l'étranger, Louis avait subi des désastres à l'intérieur du royaume. Quand le Dauphin attrapa la petite vérole le 10 avril 1711, le roi était si inquiet qu'ignorant le risque de contagion il alla s'installer à Meudon. Les réunions du Conseil se tinrent sur place, de sorte qu'il puisse se rendre plus fréquemment au chevet du Dauphin malade : le prince était soigné par sa demi-sœur adorée, la princesse de Conti (l'un des membres les plus affectueux de la famille royale – elle avait aussi veillé sa mère Louise de La Vallière, et aiderait à soigner Louis lui-même). Finalement, la princesse obligea son père à sortir de la chambre, en lui suggérant de ne s'occuper surtout que de lui-même. Le 14 avril, le Dauphin mourut. Comme le médecin royal avait fait preuve d'un excès d'optimisme, le prince n'avait pas eu le temps de se confesser et de recevoir les derniers sacrements. Alors que le carrosse du roi quittait Meudon, des membres de la maison du Dauphin se jetèrent à terre devant les chevaux, le suppliant de ne pas les laisser mourir de faim[56].

Le roi et Paris, où le Dauphin avait été « adoré », étaient inconsolables ; Sourches évoqua l'« inconcevable tristesse » de Paris[57]. Le souverain était souvent jugé sans cœur. Il n'avait pas manifesté de regrets à la mort de ses anciennes maîtresse, Mmes de Fontanges, de La Vallière ou de Montespan[58]. En revanche, il tenait profondément à sa famille. Quand il essayait de s'adresser à ses ministres, selon Torcy, chaque fois qu'il tâchait de s'exprimer, son chagrin et ses larmes l'empêchaient de parler[59]. Madame dit que sa peine aurait eu de quoi faire fondre une pierre. Il avait tout le temps les larmes aux yeux et semblait lui-même sur le point de tomber malade[60]. Fagon, médecin royal incompétent, releva qu'il était pris de « saisissement violent du cœur » et de « frissonnement général », sous le coup de son « inconcevable tristesse[61] ». Torcy pleurait aussi, comme ses collègues ministres, mais gardait assez de maîtrise de soi pour décider avec le roi qu'à compter de ce jour le duc de Bourgogne serait appelé M. le Dauphin[62].

Le nouveau Dauphin était plus austère que son père. Il allait à la messe tous les jours, communiait tous les dimanches, jeûnait fréquemment et avait renoncé à la danse, au jeu, aux concerts et au théâtre. Malgré la demande du monarque, il refusa d'assister à un bal à Marly et resta dans son cabinet de travail, car c'était la fête de l'Épiphanie[63]. À la vive contrariété de Louis et de Torcy, quand il discutait de politique aux réunions du Conseil, il se laissait souvent guider par sa conscience[64]. Pourtant, son honnêteté et son assiduité – il passait des heures à travailler, seul dans son bureau – firent de lui l'espoir de beaucoup de Français. Aidé par l'excellence des cartes françaises, les rapports détaillés sur les provinces que tous les intendants avaient été priés de lui expédier et la tournée approfondie qu'il avait effectuée en province en 1701 après avoir escorté Philippe V en Espagne, on disait de lui qu'il connaissait la France aussi bien que les jardins de Versailles. Le roi invitait ses ministres à tout lui montrer[65]. La maxime préférée du Dauphin, qu'il annonçait même dans le salon de Marly (et que Bossuet avait enseignée à son père), était « que les rois étaient faits pour les peuples et aux peuples et non pas les peuples pour les rois ni aux rois ». À l'inverse de son père et de son grand-père, la guerre lui déplaisait (comme l'avait montré la débâcle d'Audenarde) ainsi que le luxe, et il prévoyait de tenir des assemblées des états généraux tous les trois ans. C'était un réformateur qui voulait notamment baisser les impôts et s'assurer que chaque régiment compte dans ses rangs au moins un officier non noble[66].

D'autres décès royaux allaient bouleverser la France. La favorite de Louis, la nouvelle Dauphine, avait toujours été de santé délicate. Mme de Maintenon pensait qu'elle avait été mariée trop jeune. Le 7 février 1712, elle contracta une fièvre après avoir mangé des gâteaux dc fromagc qu'cllc avait préparés à la Ménagerie. Elle se plaignit de douleurs pires que celles de l'accouchement. Peut-être en raison d'un abcès à la mâchoire provoqué par des maux dentaires, la fièvre monta et se mua en une forme virulente de rougeole. Elle mourut le 12 février, après une longue confession au prêtre de la paroisse de Versailles (elle avait congédié son confesseur habituel). Sa mort fut suivie de celle de son époux, inconsolable, de la même maladie six jours plus tard, le 18 février, et par celle de leur fils aîné, le second duc de Bretagne, brièvement appelé lui aussi M. le Dauphin, le 8 mars[67].

Le premier écuyer de la Dauphine, le maréchal de Tessé, écrivit au prince de Monaco qu'elle avait été créée pour veiller au bonheur de la France. « Le roi s'est retiré à Marly dans un abattement à faire pitié. Paris et la Cour sont dans la dernière désolation[68]. » Mme de Maintenon écrivit à la princesse des Ursins qu'il n'y avait plus de cour : « Tout manque, tout paraît vide, il n'y a plus de joie, plus d'occupation[69]. » Même Madame, qui avait eu le duc et la duchesse de Bourgogne en aversion, admettait que la duchesse avait été le réconfort et la joie du souverain. Elle était si jeune et avait une telle bonne humeur naturelle que, si « maussade » qu'il fût, elle réussissait toujours à le dérider[70].

Bourgogne était une perte pour tout le royaume. Il laisserait longtemps le souvenir d'un réformateur qui aurait pu transformer la monarchie et assurer la paix en Europe[71]. Le 2 avril 1712, Mme de Maintenon écrivit à nouveau à la princesse des Ursins : « Jamais douleur n'a duré aussi longtemps dans une cour qu'elle fait dans la nôtre. On ne voit pas un visage dans les églises et dans les grands chemins qui ne soit consterné[72]. » Cette hécatombe était pour Louis encore plus dévastatrice que celle des années 1671-1674, quand il avait perdu six enfants, légitimes et illégitimes. Il prit l'habitude de dîner seul tous les soirs, et Dangeau redoutait, comme Madame, que ce nouveau coup de tonnerre n'affecte sa santé. Comme face aux défaites de 1709 à 1710, il fit preuve malgré tout d'une résilience stupéfiante. Pourtant, le 27 octobre, Sourches remarqua les premiers signes de sénilité : « La tête embarrassée, il prenait une chose pour une autre » et, pour la première fois, il s'endormit dans le carrosse qui le conduisait de Versailles à Marly[73].

Quoi qu'il en soit, rien ne pouvait l'éloigner des affaires de l'État[74]. Le 18 juillet 1713, Dangeau écrivait encore : « Le roi tint le conseil de finances, travailla longtemps ensuite avec M. Desmarets. L'après-dînée il travailla avec M. Voisin et puis alla voir jouer au mail[75]. » Son plus jeune petit-fils et son épouse, le duc et la duchesse de Berry, tentaient de dissiper cette humeur sombre. Des pièces étaient jouées trois fois par semaine pour amuser la Cour. Parfois, leurs bals duraient jusqu'à 8 heures du matin[76]. La duchesse du Maine, épouse de l'enfant illégitime favori du souverain, organisait aussi des feux d'artifice, des bals, des pièces et des opéras dans les châteaux de son époux, à Sceaux (où le roi résidait parfois quand il faisait le trajet entre Versailles et Fontainebleau), Châtenay et Clagny. Les Grandes Nuits de Sceaux, comme on les appelait, duraient bel et bien jusqu'à l'aube, pour divertir la duchesse insomniaque. Ses pièces et opéras, où elle jouait souvent le rôle principal, attiraient des centaines d'invités, tant de la Cour que de Paris. Certains avaient des thèmes bibliques ou classiques ; d'autres étaient de frivoles comédies-ballets, comme le *Dialogue de Flore et de Zéphir*. En 1707, des bals masqués à Sceaux avaient accueilli plus de 850 carrosses ayant parcouru les 25 kilomètres depuis Paris même par mauvais temps[77]. Ses divertissements étaient peut-être aussi destinés à attirer des soutiens aux ambitions politiques de son époux.

Jadis si fier de la fécondité de sa famille, Louis était maintenant à court d'héritiers. Le trône de France dépendait d'un vieil homme de 74 ans, du duc de Berry et d'un garçon de 2 ans, arrière-petit-fils de Louis XIV, le troisième fils du duc et de la duchesse de Bourgogne, le duc d'Anjou, devenu le quatrième Dauphin en un an. Madame croyait, sans doute avec raison, que si les médecins avaient été autorisés à l'approcher, ils auraient fini par le tuer, comme ils avaient tué ses parents et ses frères. Sa gouvernante, la duchesse de Ventadour, en refusant de laisser les médecins le saigner, en le gardant sous sa protection et en le nourrissant de biscuits trempés dans du vin et de l'eau, lui sauva probablement la vie[78].

En Angleterre, la reine Anne était aussi confrontée à des problèmes de succession. Après 1712, elle fut victime de rumeurs alléguant son soutien à la succession de « Jacques III », aussi dénuées de fondement que les rumeurs qu'elle avait elle-même répandues en 1688 qu'il était un imposteur. En réalité, Anne était fervente anglicane, et assurait fréquemment ses cousins Hanovre et les chambres du Parlement de sa loyauté envers la succession protestante[79]. Malgré ses négociations secrètes avec « Jacques III », dont la reine ne sut jamais rien, le gouvernement tory restait officiellement en faveur de la succession protestante. À sa demande, Louis XIV, qui avait refusé des requêtes similaires émanant de Guillaume III pour le départ de Jacques II, pria « Jacques III » de quitter Saint-Germain. Ce dernier s'installa à Châlons en septembre 1712 et à Bar-le-Duc en Lorraine (où il fut bien reçu par son cousin le duc Léopold) en février de l'année suivante[80]. Oxford et Bolingbroke, tout en correspondant avec l'Électeur de Hanovre, échangeaient aussi des lettres avec « Jacques III », et contribuaient même, *via* Gaultier, à rédiger ses manifestes. En mars 1714, à leur surprise apparente, « Jacques III » leur dit, puisqu'il avait l'intention quand il deviendrait roi d'accorder la liberté de conscience aux autres, qu'il ne voyait aucune raison de ne pas se l'accorder à lui-même. Il resterait catholique[81].

En France, en Grande-Bretagne, en Hongrie et en Catalogne, deux visions de la monarchie entraient en conflit : la conception pragmatique, fondée sur des testaments et des renonciations royaux, des traités internationaux et des lois locales, considérait que la succession dynastique pouvait être réglée selon des motifs politiques. La plupart des Anglais et des Écossais soutenaient ainsi l'Acte d'Établissement promulgué par le Parlement en 1701 réglant la succession de l'Électrice Sophie et de ses héritiers protestants. Beaucoup de Hongrois étaient en faveur de la déposition de la maison d'Autriche par la diète de 1707. La plupart des Catalans préféraient, eux, « Charles III[82] ». La conception dynastique rivale, particulièrement forte en France, considérait que Dieu avait choisi les lignées royales pour qu'elles dirigent Ses peuples : la sainteté de la royauté était plus grande que la force des traités. En mars 1712, Torcy expliqua la loi salique régissant la succession française à son ami Bolingbroke : « Cette loi est regardée en France comme l'ouvrage de celui qui a établi toutes les monarchies et nous sommes persuadés en France que Dieu seul peut l'abolir. » La plupart des Français croyaient que le plus proche parent dans la lignée masculine succédait automatiquement au roi précédent, et que la renonciation d'un prince à titre personnel ne s'appliquait pas à ses descendants[83].

Pourtant, Louis XIV lui-même et ses sujets, et Carlos II ainsi que les siens, s'étaient accordés à considérer que le même roi ne pouvait pas gouverner l'Espagne et la France. Ils acceptèrent donc la possibilité d'une renonciation. Le Dauphin et le duc de Bourgogne avaient ainsi renoncé en faveur de Philippe V à leurs titres et à ceux de leurs descendants au trône d'Espagne. Ainsi que Louis l'écrivit à son ambassadeur le marquis de Bonnac le 22 avril 1713 : « Ce n'est qu'en vertu de la renonciation [du père et du frère aîné de Philippe V] que mon petit-fils règne aujourd'hui en Espagne. » Si Philippe avait accédé au trône de France, il prévoyait de renoncer à son tour au trône d'Espagne en faveur d'un de ses fils[84]. Sur l'insistance de Louis, dans l'intérêt de la paix et de l'équilibre européens et en accord avec le traité d'Utrecht, un ballet complexe de la renonciation se déroula à Madrid et à Paris. En novembre 1712, Philippe V avait renoncé devant les Cortes, en présence de l'ambassadeur de Grande-Bretagne, « pour toujours et à jamais pour moi-même et mes héritiers et successeurs » à toute prétention « à la succession de la couronne de France ». Après son neveu le nouveau Dauphin, et son frère cadet le duc de Berry, la couronne de France, échappant aux Bourbons d'Espagne, devait revenir à la maison d'Orléans, puis aux princes du sang[85].

En signe de réciprocité, en mars 1713, sous les regards de leurs cousins français et des ambassadeurs espagnols et anglais, Berry et d'Orléans renoncèrent devant le parlement de Paris à leurs titres à la couronne d'Espagne. Après Philippe V et ses descendants, elle devait aller au duc de Savoie et à ses descendants, non aux d'Orléans, qui s'étaient réservés pour la France. Dans des discours vérifiés mot pour mot sur sa copie par l'ambassadeur de Grande-Bretagne, le duc de Shrewsbury, pendant qu'on en faisait lecture aux princes et aux juges, « la tige royale de France et toutes les branches de France de la tige du sang royal d'Espagne » étaient séparées de tout temps – en principe – de la « tige du sang royal d'Espagne », pour « le bien universel et le repos de l'Europe » et pour « établir un équilibre entre les puissances et la paix générale ». Des puissances étrangères influençaient désormais la succession française, tout comme la France avait influencé les successions anglaise, espagnole et polonaise. Les renonciations furent enregistrées aux Cortes, au parlement de Paris et à la Cour des comptes. Une proposition anglaise de convocation des états généraux avec le même objet fut ignorée[86].

Malgré le retour de la paix, Louis XIV restait toujours aussi autoritaire. En 1713, ce ne fut qu'à contrecœur qu'il libéra 136 galériens huguenots, sur la demande expresse de la reine Anne[87]. Quand elle en demanda davantage, Torcy s'exclama en ces termes : « Pourquoi, ministres d'un monarque, continuez-vous de plaider en faveur de rebelles, de mutins ? Ces huguenots ne sont-ils pas les pires ennemis qu'ait le roi ? Ne sont-ils pas aussi les pires qu'ait votre reine[88] ? »

Louis continua aussi de persécuter les jansénistes, qu'il considérait comme novateurs et républicains. Tout d'abord, il obtint du pape une bulle de dissolution pour le couvent de Port-Royal-des-Champs. Sa dernière confrontation avec les couvents français, où ses maîtresses s'étaient si souvent retirées, eut lieu le 29 octobre 1709. Dans ce que Saint-Simon appellerait « une barbarie des anciens temps », et que d'autres comparèrent au despotisme du Maroc, 18 nonnes âgées furent enlevées de force par d'Argenson et 200 soldats de leur couvent et transférées dans d'autres couvents. Port-Royal fut rasé jusqu'à la dernière pierre par les troupes royales[89]. Deux ans plus tard, ce fut même au tour des tombes de Port-Royal d'être détruites, les corps exhumés et les ossements entassés dans une fosse commune[90]. En 1712, un décret royal stipulait que si les crimes concernés étaient suffisamment graves, les cadavres des accusés pourraient aussi être jugés, afin d'instiller la terreur chez les vivants[91].

Anciennement opposé à l'autorité papale, Louis XIV en usait désormais, au détriment de sa prérogative royale, pour continuer de persécuter les jansénistes. La bulle *Unigenitus*, émise par le pape sur la requête du roi en septembre 1713, condamnait encore davantage de positions théologiques, anciennement considérées comme orthodoxes, pour jansénistes et obligeait les prêtres à garantir par écrit leur soumission à cette bulle. Cela provoqua un séisme politique et religieux. En dépit des menaces d'emprisonnement proférées par le roi, ces positions intransigeantes rencontrèrent une opposition publique parce que jugées contraires à la discipline de l'Église et à l'orthodoxie théologique par le cardinal de Noailles, archevêque de Paris (un autre confident de Mme de Maintenon, qui, comme Fénelon et Beauvillier, se retourna contre elle), par le parlement de Paris et par une majorité de prêtres et d'enseignants théologiens de Paris[92]. En 1714, pour la seule et unique fois de son histoire, le chancelier de France, M. de Pontchartrain, membre de la famille Phélypeaux, démissionna parce qu'il refusait d'appliquer la bulle papale[93]. Mme de Maintenon commença de considérer Noailles comme un hérétique et de voir des jansénistes partout. Louis XIV prévoyait de tenir un lit de justice et un conseil national de l'Église afin de continuer sa croisade contre les jansénistes.

Après 1715, l'opposition du Parlement à la Couronne serait en partie déclenchée par le jansénisme et le gallicanisme. En plus de l'athéisme et de l'agnosticisme, la persécution des individus suspects de jansénisme fut, sous Louis XIV et sous Louis XV, une autre raison du basculement de Paris d'un bastion du catholicisme en la capitale européenne de l'athéisme[94]. Le refus des sacrements aux mourants partisans du jansénisme, s'ils n'avaient pas de billet prouvant qu'ils avaient fait leur confession à un prêtre catholique officiellement confirmé, entraîna un déclin de la foi chrétienne. En 1753, le ministre d'Argenson, fils du lieutenant de police de Louis, croyait que le nombre des communiants dans la paroisse de Saint-Eustache à Paris (où Louis XIV lui-même avait reçu sa confirmation en 1648) avait diminué de moitié[95]. La croisade contre le jansénisme créerait des ennemis à la couronne de France, et susciterait un désir de vengeance qui contribuerait, en 1764, à l'expulsion hors de la France de ses plus ardents soutiens, les Jésuites[96].

Louis XIV, comme tant d'autres à la Cour, conservait sa sympathie aux jacobites, mais il était fermement décidé à ne pas provoquer une nouvelle guerre avec Londres. Après la mort de la reine Anne au palais de Kensington le 1er août 1714, « Jacques III » revint en toute hâte en France, demeurant dans une maison d'Issy, non loin de Paris. Marie de Modène en informa Mme de Maintenon et demanda que son fils soit reconnu roi. En 1714, à l'inverse de 1701, Louis plaçait la paix avant la guerre : ainsi que Matthew Prior l'écrivit à George Ier, Louis envoya Torcy demander à « Jacques III » de repartir sur-le-champ et refusa toutes ses requêtes de reconnaissance, de fonds ou de prêts de soldats des régiments irlandais servant dans l'armée française[97]. À Londres, l'armée et le Conseil privé avaient déjà veillé à une accession paisible de George Ier au trône. Le 20 octobre 1714, quand l'archevêque de Canterbury demanda à la congrégation dans l'abbaye de Westminster lors du couronnement du nouveau monarque si elle l'acceptait pour roi légitime, la comtesse de Dorchester, ancienne maîtresse de Jacques II, eut cette réflexion : « Le vieux sot croit-il que quiconque ici répondra non à sa question, alors qu'il y a là tant d'épées tirées[98] ? »

Paris, Versailles et l'ambassade de France à Londres restaient toutefois des foyers d'action jacobite. Bolingbroke était terrifié à l'idée que les whigs puissent l'accuser de haute trahison en raison de sa participation active aux négociations de paix et de sa correspondance secrète avec « Jacques III », ou pour son rôle dans les « ordonnances restrictives ». Il parlait si bien le français que Torcy, son hôte à Paris en 1712, écrivit que « la cour de France ne lui fut pas étrangère comme lui-même ne parut pas étranger[99] ». C'est pourquoi, avec l'aide de l'ambassadeur de France à Londres, M. d'Iberville, Bolingbroke s'enfuit à Paris en avril 1715, déguisé en serviteur d'un courrier français. Dans la capitale, il voyait souvent Torcy et, en juillet, il fut nommé secrétaire d'État de « Jacques III »[100]. Le 30 juillet, peut-être provoqué par le ministère whig, une autre idole des tories, l'ancien capitaine général, le duc d'Ormonde, s'enfuit aussi pour échapper à un procès politique (*impeachment*), et à ses dettes. Il arriva à Paris le 7 août, où il rencontra Torcy et Bolingbroke. « Jacques III », qui se rendit encore secrètement en visite à Paris à cette période, le choisit pour prendre le commandement d'un soulèvement futur en Angleterre[101].

Le « projet de Marly », discuté en juin 1715 lors de la dernière visite de Louis XIV, par Torcy, Berwick et l'ambassadeur de Suède, le comte Sparre (car George Ier avait occupé le territoire suédois à l'embouchure de l'Elbe), fut élaboré pour fomenter des soulèvements en Angleterre et convaincre la Suède et l'Espagne, à la place de la France, d'aider « Jacques III ». Philippe V accepta, à condition que « Jacques III » promette de restituer Gibraltar et Minorque et d'aider l'Espagne à récupérer ses possessions en Italie. En échange d'un titre de noblesse anglais, Crozat consentit un prêt à « Jacques III ». En août, la dernière lettre de Louis à Philippe V le pressait d'envoyer des fonds à « Jacques III »[102]. Louis laissa ainsi la France en paix, tout en l'engageant dans trois croisades nocives : contre les huguenots, contre les jansénistes et, quoique plus secrètement, en faveur de « Jacques III ».

23

Jeux funéraires

En 1714, Matthew Prior avait trouvé le roi « mieux que jamais depuis que je suis en France », chassant, tirant ou marchant toute la journée, et mangeant avec « un grand appétit[1] ». Il dévorait tant que Mme de Maintenon et ses courtisans tremblaient pour sa santé[2].

Le 19 février 1715, dans une dernière démonstration d'ambition mondiale et de vanité personnelle, il organisa une réception dans la galerie des Glaces en l'honneur d'un ambassadeur de Perse, pays auquel il s'intéressait de longue date. Mehmed Reza Beğ n'était pas un imposteur, comme l'affirmaient Saint-Simon et d'autres, induits en erreur par ses mauvaises manières et ses cadeaux dérisoires. Il avait été envoyé par Ispahan escorté d'une suite importante afin de négocier un nouveau traité commercial et de s'assurer l'aide navale de la France en vue d'une attaque contre Mascate, dont le souverain arabe remettait en cause la domination de la Perse sur le Golfe. Un trône doré imposant fut fabriqué pour l'occasion et Louis portait cousus sur sa veste des joyaux de la Couronne d'une valeur de 12,5 millions de livres ; elle était si lourde qu'il en changea immédiatement après la cérémonie. Dans la galerie des Glaces, il marchait près de la rangée de sièges remplie de dames, « qui avaient fort envie de le voir dans sa magnificence ». Le fils d'Auguste II de Pologne et le prince Rákóczi étaient parmi les spectateurs, incognito. L'introducteur des ambassadeurs, le baron de Breteuil, se plaignit toutefois que la foule s'était comportée si mal, comme d'habitude, qu'elle en avait « avili le spectacle ». Néanmoins, les cris de « Vive le roi ! », quand il apparut au balcon du château purent être entendus de l'avenue de Paris[3]. Un traité commercial avec la Perse fut signé le 13 août 1715, bien que l'attaque conjointe contre Mascate et le détachement d'ingénieurs et d'architectes français requis par la Perse (comme ceux requis par le sultan du Maroc en 1699) fussent toujours restés lettre morte[4].

Les jeunes princes et princesses, se plaignait Mme de Maintenon, aimaient boire, fumer et sortir faire des « promenades nocturnes » dans leurs résidences privées de campagne[5]. Toutefois, la paix avait amené le retour d'officiers de l'armée et d'étrangers à la Cour. Reflet de la fierté que tirait cette cour du nombre de ses visiteurs, Mme de Maintenon et Dangeau soutenaient que jamais de telles foules ne s'étaient présentées pour des invitations à Marly (seuls les logements, écrivait ce dernier, imposent des limites à la bonté de Sa Majesté) ou pour voir les appartements et admirer le jeu des fontaines à Versailles. Le roi appréciait encore les concerts et les pièces (y compris certaines de Scarron, premier époux de Mme de Maintenon) en soirée, dans l'appartement de cette dernière[6]. Il continuait de passer les troupes en revue, des « géants » d'une « beauté extraordinaire » dans de nouveaux uniformes[7]. Le 8 juin 1715, âgé de 77 ans, malgré une vague de chaleur, il toucha les écrouelles de 1 700 malades[8].

Les problèmes dynastiques, plus que les guerres, dominèrent la dernière année de sa vie. Le 5 mai 1714, le plus jeune petit-fils du souverain, le duc de Berry, était mort des séquelles d'un accident de chasse. Après son arrière-petit-fils survivant, le futur Louis XV, son descendant mâle légitime le plus proche en France, et futur régent naturel, était désormais son neveu Philippe, duc d'Orléans. Louis avait maintes raisons de se méfier de lui. Jeune général en 1693 et 1694, le duc de Chartres (ainsi qu'on l'appela jusqu'à la mort de son père) avait charmé Louis XIV par son application et la longueur et la précision de ses rapports en provenance du champ de bataille. En 1696, pourtant, ainsi que Madame en informa son tuteur et conseiller l'abbé Dubois, le roi était furieux de ses « remarques impertinentes » et de sa « mauvaise conduite[9] ». Par conséquent, le refus du monarque de l'employer dans l'armée mit Monsieur, son père, en colère, et fut peut-être la cause d'une querelle entre les frères qui provoqua la crise cardiaque fatale de Monsieur en 1701, bien que Madame, normalement prompte à se plaindre, n'en fasse aucune mention dans son récit[10]. Après quoi, le duc d'Orléans, selon son nouveau titre, fréquenta ce que Mme de Maintenon appelait « la plus mauvaise compagnie du monde » et logea sa maîtresse dans son palais. La passion de d'Orléans pour sa fille Marie-Louise-Élisabeth rendrait plus tard jaloux tant le mari de celle-ci, le duc de Berry, que sa mère, l'épouse d'Orléans. Il était sacrilège autant que débauché. Louis XIV et Mme de Maintenon en étaient atterrés[11].

Dédaignant la chasse et la danse, d'Orléans menait des expériences dans son laboratoire privé, achetait des « poudres » à une sorcière, tentait de recréer la musique des Grecs antiques et composait des opéras[12]. Il était également ambitieux. En une secrète démonstration d'indépendance, en novembre 1700, son père avait réservé les droits des d'Orléans à la couronne d'Espagne dans un document notarié, au motif que la renonciation de sa mère Anne d'Autriche au trône d'Espagne avait été moins absolue que celle de Marie-Thérèse. En 1708-1709, quand il commandait les troupes françaises en Espagne, d'Orléans avait interféré dans les affaires intérieures espagnoles en demandant à Philippe V une grâce pour Valence. En juillet 1709, lors des pourparlers autour de l'abdication de Philippe, sur la suggestion d'un général anglais, James Stanhope, que d'Orléans avait connu à Paris, il envoya deux de ses officiers, Flotte et Regnault, recruter des partisans à sa revendication du trône d'Espagne. Selon les mots de son ami le duc de Saint-Simon, la perspective de la couronne le rendait « ivre ».

Le 12 juillet 1709, Philippe fit arrêter et emprisonner Flotte et Regnault, et ne les libéra que lorsque Louis en fit la requête en 1715[13]. Dans son empressement à satisfaire les exigences des alliés d'une destitution de Philippe, Louis XIV n'avait peut-être pas suffisamment découragé les tentatives de d'Orléans de se proposer en monarque de substitution[14]. Il supplia Philippe de garder le secret, l'assura que d'Orléans « n'a jamais eu l'intention d'agir contre votre service » et tenta de masquer les preuves de « légèreté et [d']imprudence » de ce dernier. Philippe répondit que, à en croire les affirmations de Flotte, Louis était au courant de tout[15]. À Versailles et à Madrid, il y eut des « protestations ». Le Dauphin exigea un procès criminel[16]. Selon Torcy, le Dauphin dit au roi que d'Orléans voulait les exterminer tous afin de se gagner les deux couronnes de France et d'Espagne. La rivalité entre les Bourbons et les d'Orléans, qui contribuerait au succès des révolutions de 1789 et 1830 en France, naquit en Espagne[17].

Le duc d'Orléans restait l'objet de suspicions. Les morts soudaines du duc et de la duchesse de Bourgogne en 1712, combinées avec son intérêt pour les expériences chimiques, lui valurent de nombreuses accusations d'empoisonnement. Des courtisans l'évitaient. Quand il alla rendre hommage aux défunts à Saint-Denis, le 17 février, il essuya les insultes de membres du public : « Voilà l'assassin ! Voilà l'empoisonneur de nos princes[18] ! » Louis XIV ne fut rassuré que lorsque son premier chirurgien certifia n'avoir décelé aucune trace de poison[19]. Il craignait néanmoins de confier son arrière-petit-fils à son neveu. Le roi se tourna vers ses fils illégitimes, le duc du Maine, le comte de Toulouse et leurs descendants. Les princes légitimés se virent accorder en juillet 1714 des places dans l'ordre de succession, après les princes du sang légitimes, et le titre et les prérogatives à part entière de princes du sang en mai 1715. Louis XIV rompait ainsi avec les règles dynastiques et religieuses[20], même si d'autres dynasties conféraient aux bâtards des postes de responsabilité. Anne d'Autriche et Mazarin se fiaient par exemple davantage à la famille Vendôme qu'à celle de Condé. Pourtant, depuis le XVe siècle, aucun bâtard n'avait reçu une place dans l'ordre de succession[21]. Ainsi que l'avait déclaré le chancelier Séguier en 1662, lorsque Louis XIV avait tenté de rompre avec les règles dynastiques en faisant les princes de Lorraine princes du sang et en les intégrant dans l'ordre de succession, en France on ne pouvait faire de nouveaux princes du sang qu'avec la reine[22].

De par le testament du roi, rédigé à Marly le 2 août 1714, Maine se vit confier le commandement du cortex de la monarchie, la garde et la Maison du roi, ainsi que l'autorité sur l'éducation du futur roi. Le document stipulait que « tous officiers de la Garde et de la Maison du roi soient tenus de reconnaître le duc du Maine et de lui obéir ». D'Orléans devait être le chef du Conseil de régence, mais pas régent[23]. Il ne pouvait prendre de décisions « seul et par son autorité particulière », mais seulement sur une majorité des votes au Conseil de régence, dont Louis s'assura qu'il fût composé de princes, de secrétaires d'État et des maréchaux de Villeroy, d'Huxelles, de Tallard et d'Harcourt, qui étaient plusieurs à se méfier de d'Orléans. En outre, par un codicille ajouté en 1715, il nomma gouverneur du futur roi son plus vieil ami, membre du Conseil, le maréchal de Villeroy. À la mort du roi, il faudrait conduire Louis XV au château de Vincennes, *via* Paris. Bien que la Cour ne se soit pas servie de Vincennes depuis cinquante ans, l'air y était bon et, à l'inverse de Versailles, le château était fortifié[24].

Louis affirmait qu'en augmentant le nombre de membres de « notre auguste maison de Bourbon », il éviterait « les malheurs et les troubles qui pourraient y arriver si tous les Princes de notre Maison royale venaient à manquer, ce qui ferait naître des divisions entre les grands seigneurs du royaume » et nuirait à l'État, ce qui risquerait d'arriver si cette maison disparaissait[25]. En réalité, en répartissant les responsabilités entre princes rivaux, il faisait le lit de conflits au sein de la dynastie. Comme son plan de campagne en 1708, son testament était une leçon de mauvais gouvernement. Il y avait à nouveau trois factions, comme avant 1711 : le duc d'Orléans et son fils, Maine et Toulouse et enfin Philippe V, qui, rapportait l'ambassadeur de France à Madrid, croyait détenir un droit à la régence plus valable que celui de d'Orléans après la mort de son grand-père et qui massait des troupes à la frontière française[26]. Le nouvel ambassadeur de Philippe à Paris, le prince Cellamare, avait ordre de former un parti en sa faveur, espérant y inclure Mme de Maintenon, Torcy et le duc du Maine[27]. Philippe avait été informé, faussement, que « tous les bons Français », et tous les ministres sauf un, soutenaient ses droits à la régence[28].

Épuisée par la vigueur de son mari et le nombre de ses grossesses, Marie-Louise, reine d'Espagne, était morte le 14 février 1714. La princesse des Ursins avait dévoilé son ambition de souveraineté, typique des princes étrangers, en exigeant sa propre principauté indépendante au Limbourg, au Luxembourg ou dans les Pyrénées, avec un revenu de 30 000 livres annuelles, ainsi que Marie-Louise et Philippe V le lui avaient promis de longue date[29]. En tant que gouvernante des enfants du roi, elle fit construire un corridor spécial en bois reliant son appartement à celui du roi, de sorte que le veuf inconsolable puisse rendre visite plus facilement à ses enfants. Elle dit à Mme de Maintenon qu'il était de son devoir de soutenir et d'amuser le roi. D'autres la suspectaient de vouloir le tenir reclus. Avant d'y être obligé par une lettre de Louis XIV, Philippe avait refusé de signer la paix avec les Provinces-Unies à moins que Mme des Ursins ne reçoive son territoire indépendant[30].

Entre-temps, une nouvelle épouse avait été retenue pour Philippe V, sur l'incitation de l'abbé Alberoni, qui, après la mort de Vendôme en 1712, était demeuré à Madrid : il s'agissait de la fille du duc de Parme, Élisabeth Farnèse. Tout en feignant le dévouement envers Mme des Ursins, Alberoni, qui restait un correspondant du duc de Parme, formait secrètement la future reine à l'évincer. Il s'assura d'accueillir la souveraine lors de son voyage de Parme à Madrid, avant la princesse des Ursins[31]. La chute de celle-ci, en décembre 1714, fournit un exemple particulièrement brutal des mécanismes de la disgrâce, et encouragea Philippe à adopter une attitude d'indépendance croissante par rapport à son grand-père. Renversant les rôles de la reine Anne et de la duchesse de Marlborough, en Espagne la souveraine perdit patience vis-à-vis de sa dame de cour. Quand elles se rencontrèrent dans la petite ville de Quadraque, au nord de Madrid, le 23 décembre, la princesse des Ursins omit de témoigner tout le respect dû à la nouvelle reine. Elle entra dans une pièce en même temps qu'elle, critiqua sa tenue et le fait qu'elle ait tardé à rencontrer Philippe V. Elle s'attendait sans nul doute à prendre l'ascendant sur la nouvelle arrivée aussi facilement que sur son prédécesseur.

Conseillée par Alberoni, Élisabeth Farnèse reprocha à la *camarera mayor* d'avoir tenté de l'empêcher de rencontrer sa tante, la reine douairière, veuve de Carlos II, et d'avoir intercepté leurs lettres. Un agent français rapporta leurs conversations présumées : « Me parler ainsi à moi, moi, Élisabeth ! » Puis, se tournant vers l'officier des gardes du corps qui était en faction : « Faites sortir cette folle de devant moi ! » Élisabeth dit de la princesse que c'était « une insolente » et « une impertinente », et la fit assigner à résidence. Après avoir été enfermée dans une chambre sans rien à lire ou pour écrire, Mme des Ursins fut escortée par 50 gardes du corps, sous une tempête de neige, à travers les Pyrénées jusqu'en France, dormant sur des bottes de paille avec une seule femme de chambre et un laquais, et sans rien d'autre à manger que des œufs. Sa survie, écrivit-elle plus tard, fut un miracle.

« Sa Majesté m'a chassée honteusement en me disant des injures », expliqua-t-elle dans une lettre à Mme de Maintenon[32]. Philippe V exprima des regrets, mais après la première nuit avec sa nouvelle épouse, il tomba sous son influence. Le 27 mars 1715, la princesse des Ursins se vit accorder une audience de deux heures et demie par Louis XIV à Versailles. Le roi lui octroya une pension et rédigea de sa main une lettre l'assurant de son estime et de ses regrets. Et en effet, en 1709 et en 1710, elle avait renforcé la résistance espagnole et contribué à dissuader Louis de signer une paix humiliante. Après des audiences d'adieu avec Louis et Mme de Maintenon à Marly le 6 août 1715, elle quitta la France pour Gênes. Elle sombra bientôt dans un profond oubli, tant en Espagne qu'en France, et vécut les dernières années de son existence, de 1719 jusqu'à sa mort en 1722, à Rome, à la cour de « Jacques III » en exil, incapable de vivre sans ce que son ami Saint-Simon appelait « l'air de la Cour et le parfum de la politique[33] ».

Si, à l'étranger, le duc d'Orléans avait des ennemis comme le roi d'Espagne et sa nouvelle reine, il avait aussi des alliés. George Ier lui réservait une préférence, à lui, son cousin et l'ennemi de son ennemi Philippe V.

En juillet 1715, l'ancien précepteur et conseiller confidentiel de d'Orléans, l'abbé Dubois, eut une entrevue secrète avec l'ambassadeur du roi d'Angleterre en France, Lord Stair (qui avait combattu à Ramillies et Audenarde, et était détesté en France pour son arrogance), de nuit, au bois de Boulogne. Ils discutèrent de « Jacques III » et du canal de Mardyck. L'ambassadeur Stair espérait se servir de Dubois comme source d'information sur la politique française et sur les projets d'invasion de l'Angleterre de « Jacques III »[34]. Il eut aussi de fréquentes audiences avec d'Orléans, au cours desquelles ils débattirent des relations futures entre les deux royaumes[35].

En juin 1715, Louis XIV tint ce qui serait son dernier « Marly ». Il y avait là 107 invités, parmi lesquels les d'Orléans, les princes du sang et les bâtards légitimés, les cardinaux de Rohan et de Polignac, la duchesse de Saint-Simon et le prince de Transylvanie. Bien qu'il mangeât trop de petits pois et de fraises, le roi semblait bien portant[36]. Toujours égal à lui-même, en hôte infatigable, il avait contraint la duchesse de Berry à quitter le deuil où elle était pour son défunt mari afin, selon sa formule, de « mener le jeu » de hasard dans le Grand Salon[37]. Il aimait aussi faire dresser des statues romaines dans les jardins. Il continuait de chasser et de procéder à des revues de troupes. Lors du passage en revue du Régiment du Roi, le 3 août 1715, il fut pourtant saisi de frissons et dut enfiler un manteau ; personne d'autre ne ressentit le froid[38].

La gangrène, sans doute compliquée par le diabète, avait commencé de se propager, en particulier à la jambe gauche, si bien mise en évidence dans son portrait de 1700 par Rigaud. Elle le faisait souffrir et il perdait peu à peu l'appétit[39]. Lors de son souper public à Versailles le 12 août, deux jours après son retour de Marly, Lord Stair écrivait : « Il semblait fortement malade, il est arrivé tard dans la salle à manger marchant avec grand-peine et s'appuyant sur une canne. » Le lendemain : « J'ai vu le roi dîner, il paraissait extrêmement mal ; parlait d'une voix cassée ; et ne pouvait manger. Il eut l'air mal à son aise de me voir à sa table. Les courtisans m'ont jeté des regards d'effroi. » Lord Stair s'était querellé avec Torcy, qu'il considérait comme jacobite, parce qu'il avait refusé d'expulser d'Ormonde et Bolingbroke de France ou de prier le duc de Lorraine de chasser « Jacques III »[40].

Se remémorant le coucher du 12 août, Dangeau écrivit : « Il semblait à voir son corps qu'on en avait fait fondre les chairs[41]. » Cette nuit-là, le roi se sentit l'estomac en feu et ne cessa de réveiller ses valets pour qu'ils lui apportent de l'eau. Blouin, le premier valet de chambre de service, insista pour que l'on convoque les médecins de Paris afin de conseiller Fagon et les médecins du roi, dont il se méfiait, comme la plupart des courtisans. Ils ne firent que prescrire du lait d'ânesse[42]. Incapable de marcher, le roi devait être transporté dans une chaise à porteurs ou dans un fauteuil roulant. Le 14 août, il assista à la messe dans la chapelle royale ; le 16, il reçut les ambassadeurs, et le 19, il écouta de la musique avec Mme de Maintenon et ses amis dans son appartement pour la dernière fois[43]. Quand il fit son apparition dans la chapelle, il y eut de nombreuses exclamations de « Vive le roi ! ». La foule rassemblée dans la galerie était si importante que sa procession eut du mal à se frayer un passage[44]. Il travaillait encore avec ses ministres, discutant de plans de bâtiments et de jardins avec le duc d'Antin, conversant avec des courtisans aux repas et continuant de voir Mme de Maintenon, « les dames familières » et sa famille dans la soirée[45]. Toutefois, Madame nota que son état l'inquiétait tellement qu'elle se sentait mal et parvenait à peiner à se nourrir ou à dormir[46].

Louis avait du mal à trouver le sommeil et avait tout le temps soif. Il disait savoir combien il était malade rien qu'en lisant les visages autour de lui : « Je suis véritablement épuisé, dit-il en substance, mais comment pourrait-il en être autrement, souffrant sans cesse jour et nuit[47] ? » Il perdait l'appétit et mangeait ordinairement peu, sauf au dîner du 21 août, quand il consomma 40 figues[48]. Mme de Maintenon se plaignait qu'il ne savait pas obéir aux ordonnances de ses médecins[49]. Le soir, sa chambre à coucher et son cabinet étaient pleins de princes, de dignitaires de la Cour et de ministres. Anthoine, l'un des garçons de la chambre, écrivait que le plaisir de voir l'amour et le zèle de ses courtisans lui donnait quelque satisfaction et lui faisait oublier sa douleur. Ils admiraient son courage, sa piété et son assiduité aux affaires de l'État[50]. Le 22 août, il signala qu'il espérait vivre en demandant qu'on lui soumette des vestes afin qu'il puisse en choisir une nouvelle à porter à la fin du deuil de la Cour en l'honneur du prince François de Lorraine, qui venait de s'éteindre[51]. En revanche, le 24 août, le jour où il tint son dernier Conseil, il se savait mourant. Il dîna en public, mais avait perdu toute sensation dans la jambe gauche, noircie par la gangrène. À 11 heures ce soir-là, il se confessa au père Le Tellier[52].

Le 25 août, jour de la Saint-Louis, les violons et les musiciens de la Chambre et les fanfares des gardes-françaises et des gardes suisses jouèrent pour lui dans la cour[53]. Il travaillait encore avec ses ministres, voyait Mme de Maintenon et quelques dames, et il avait de longues conversations avec le duc d'Orléans. Toutefois, il était si faible que, sur la suggestion du maréchal de Villeroy et du grand aumônier, le cardinal de Rohan, que l'on avait fait venir de son diocèse de Strasbourg pour qu'il soit auprès du souverain à Versailles, il reçut les derniers sacrements de la communion « en viatique » et de l'extrême-onction. Ce faisant, entouré de sa Maison, il s'écria : « Mon Dieu, ayez pitié de moi… J'espère en votre miséricorde. » Les princes et les courtisans présents étaient en larmes[54]. Les églises de Paris se remplirent de gens venus prier pour la guérison du roi ; ainsi que le montraient aussi les foules rassemblées à Versailles, il n'était pas aussi détesté que certains détracteurs le prétendraient par la suite[55]. Le 27 août, une délégation du parlement de Paris vint s'enquérir de sa santé, mais ne fut pas admise dans sa chambre par le premier gentilhomme de service, le duc de Tresmes, qui leur dit qu'ils pouvaient juger de l'état du monarque au vu de la consternation qui se lisait sur les visages[56].

Au milieu des larmes et des lamentations, les 25, 26, 27 et 28 août, Louis fit ses adieux à ses ministres, à ses courtisans et, individuellement, aux princes de sa famille. Il se montra particulièrement chaleureux envers M. Desmarets, le contrôleur général, qui avait restauré les finances françaises et évité la banqueroute. « Quelque grand qu'il ait été dans le cours glorieux d'un règne de soixante-douze ans, il s'est encore fait voir plus grand dans sa mort. Son bon esprit et sa fermeté ne l'ont pas abandonné un moment », notait Dangeau[57]. On peut en dire autant de sa famille et de ses hauts dignitaires. Tout le monde fit son devoir. Malgré les querelles religieuses et personnelles qui les divisaient, et le traumatisme de la perte du roi sous lequel ils avaient vécu depuis toujours, ils assurèrent une transition sans heurt vers le règne suivant.

Au cours de ces dernières journées de la vie du souverain, les visiteurs les plus fréquents furent son confesseur, le père Le Tellier, Mme de Maintenon, silhouette presque invisible à son chevet, souvent en prière, escortée à l'entrée et à la sortie de la chambre (puisqu'elle couchait à Saint-Cyr) par son neveu le duc de Noailles, le chancelier, le maréchal de Villeroy, le duc du Maine. L'Œil-de-Bœuf, antichambre de la chambre royale, était peuplé de serviteurs et de médecins. La galerie ne désemplissait pas de courtisans à l'instar de la chambre du Conseil de ceux qui en avaient les entrées. Le monarque et la monarchie étaient un tel aimant que l'un et l'autre devinrent vite inaccessibles. Des foules se pressaient dans les cours du palais et les rues avoisinantes[58]. Avec le chancelier, le roi ajouta un dernier codicille à son testament, nommant Fleury, un protégé de Torcy, précepteur du Dauphin. C'était un choix inspiré : Fleury, principal ministre de Louis XV de 1726 à 1743, donnerait à la France et à l'Europe deux décennies de stabilité. Louis XIV dit à Villeroy, particulièrement assidu tout au long de ces journées, qu'il avait été nommé gouverneur du prochain roi, « l'emploi le plus important que je puisse donner », souligna-t-il, et il pria le maréchal de le servir après sa mort aussi fidèlement qu'il l'avait fait de son vivant : « Adieu, monsieur le Maréchal. J'espère que vous vous souviendrez de moi. » Il eut une ultime conversation avec le duc d'Orléans, qui en ressortit le visage baigné de larmes[59].

Le 26 août, il eut ces paroles pour son arrière-petit-fils âgé de 5 ans : « Mon cher enfant [ou, d'après Dangeau, "mignon"], vous allez être le plus grand roi du monde. N'oubliez jamais les obligations que vous avez à Dieu. Ne m'imitez pas dans les guerres ; tâchez de maintenir toujours la paix avec vos voisins, de soulager votre peuple autant que vous pourrez, ce que j'ai eu le malheur de ne pouvoir faire par les nécessités de l'État. » Le roi qui avait aimé la guerre admettait qu'il aurait dû maintenir la paix. Dangeau et Breteuil affirmèrent même qu'il aurait reconnu avoir mené ses conflits armés par vanité. Par ordre de la gouvernante de Louis XV, la duchesse de Ventadour, ces mots seraient transcrits par un calligraphe de la Cour, M. Gilbert, et placés sur un mur près du lit du jeune roi. En 1712, elle lui avait sauvé la vie ; après 1715, elle s'efforça de guider son règne[60].

Les dernières paroles de Louis à ses courtisans confirmèrent que la cour de France était une entreprise commune menée par la dynastie et ses serviteurs : « Messieurs, je vous demande pardon du mauvais exemple que je vous ai donné ; j'ai bien à vous remercier de la manière dont vous m'avez tous servi et de l'attachement et de la fidélité que vous m'avez toujours marqué. » Il leur conseilla de servir son successeur avec une fidélité comparable et d'obéir à son neveu. Même en cet instant, sur son lit de mort, il se sentait une obligation envers eux : « Je suis bien fâché de n'avoir pas fait pour vous ce que j'aurais bien voulu faire ; les mauvais temps en sont cause. Adieu messieurs, je compte que vous vous souviendrez quelquefois de moi. » Selon un autre récit, il ajouta ces mots, qui devinrent célèbres : « Je m'en vais, mais l'État demeurera toujours. Soyez tous unis et d'accord : c'est l'union et la force d'un État. » Tous, y compris les princes, éclatèrent en sanglots[61].

Aux membres de sa famille, il recommanda de rester également unis. À Madame, il dit au revoir si tendrement qu'elle en défaillit presque. Il lui assura qu'il l'avait toujours aimée et la pria de l'excuser s'il lui avait causé à l'occasion quelque chagrin. Il continua de donner des ordres, écrivit-elle, avec « une fermeté dont on ne se fait idée. À tout moment, il donna des ordres comme s'il allait partir simplement pour un voyage[62] ».

Le 27 août, son dernier dialogue avec Mme de Maintenon, consigné par leur ami Dangeau, traduit l'unité de leur couple, son désir de plaire et le caractère implacable de cette femme : « Qu'allez-vous devenir, madame, car vous n'avez rien ? » (En fait, elle recevait 4 000 livres par mois.) Elle insista : « Je ne suis qu'un rien. Ne vous occupez que de Dieu. » Le roi ajouta qu'il ne trouvait pas la mort si difficile à affronter. Elle lui répliqua : « Cette résolution [d'accepter la mort] est difficile quand on a de l'attachement aux créatures, quand on a de la haine dans le cœur, des restitutions à faire. » Le roi répondit : « Ah, pour des restitutions à faire, je n'en dois à personne comme particulier, mais pour celles que je dois au royaume, j'espère en la miséricorde de Dieu[63]. »

Le même jour, malgré une gangrène avancée, il attribua les appartements de la Cour en vue d'une visite imminente à Vincennes (que le grand maréchal des logis n'avait jamais visité) et donna des ordres au ministre de la Maison du roi pour le transport de son cœur à l'église Saint-Louis à Paris, le tout avec autant de calme que s'il commandait une nouvelle fontaine pour Marly. Avec le chancelier, il brûla certains de ses papiers[64]. Dangeau nota que Louis se référait au Dauphin en l'appelant le roi. Le 28 août, à deux serviteurs en sanglots, il dit : « Pourquoi pleurez-vous ? M'aviez-vous cru immortel[65] ? » Dans sa chambre, Maine et les filles du roi étaient omniprésents. Sur leur insistance, malgré l'opposition des médecins, les 28 et 29 août, il but un « élixir » apporté par un guérisseur de Marseille, un certain Brun. Il se rétablit brièvement, mangea quelques biscuits. Après quoi, son pouls continua de faiblir[66]. Saint-Simon et Pierre Narbonne se souvenaient que, chaque fois que l'état du monarque semblait s'améliorer, l'appartement du duc d'Orléans se vidait de ses courtisans. Chaque fois qu'il empirait, il se remplissait à nouveau. « Voilà le monde[67]. »

Le 30 août, alors que le roi perdait et reprenait connaissance, Mme de Maintenon s'en alla, comme il l'avait ordonné, ayant distribué ses quelques possessions à Versailles à ses serviteurs[68]. Ce jour-là, l'abbé Mascara, agent de Philippe V, coucha par écrit que la jambe du roi jusqu'au genou était aussi noire que du charbon, et qu'elle était devenue insensible. Le roi demanda à Dieu de le laisser souffrir aussi longtemps qu'Il le souhaitait. Dangeau note qu'à 22 h 30 dans la soirée du 31 août, il était encore capable de réciter le Credo et l'Ave Maria, machinalement, en suivant les paroles des prêtres dans sa chambre. À 8 h 23, le 1er septembre, il mourut « comme une chandelle qui s'éteint », selon la formule du même Dangeau[69]. Par chance, c'était la date sur laquelle les parieurs londoniens avaient misé depuis longtemps.

Depuis le balcon du palais, le grand chambellan, le duc de Bouillon, s'écria : « Le roi Louis XIV est mort. Vive le roi Louis XV ! » Tous les courtisans, hommes et femmes, se précipitèrent pour présenter leurs respects à Louis XV, âgé de 5 ans. En entendant les mots « Sire » et « Majesté », il pleura. Il y avait à leur tête Orléans en personne, qui se déclara, agenouillé, « le premier et le plus obéissant de vos sujets ». La foule s'exclama « Vive le roi Louis XV ! » quand il apparut au balcon[70]. Le corps du roi défunt, avec un crucifix dans les mains, fut étendu sur son lit. Le cardinal de Rohan entama le *De Profundis*. Cinquante-six gardes du corps veillèrent le roi mort, tandis que d'autres protégeaient le roi vivant. À partir de 10 heures du matin, les portes s'ouvrirent – un seul battant, afin de filtrer la foule, que les gardes faisaient avancer en un flot continu[71]. Des ministres, des ambassadeurs et l'Assemblée du clergé arrivèrent pour asperger d'eau bénite le corps du défunt roi.

Le lendemain, le cadavre fut ouvert et disséqué. On constata la gangrène, qui avait enflammé des tissus jusqu'à un état de « dissolution totale ». En accord avec la tradition royale française (également pratiquée par la maison d'Autriche et par quelques individus à titre privé), de sorte que son corps ne pourrisse pas, le cœur et les entrailles en furent retirés, et il fut ensuite embaumé et placé dans un cercueil[72]. Pendant les huit jours qui suivirent, le cadavre ainsi embaumé fut exposé dans le salon de Mercure du Grand Appartement, avec « le plus beau mobilier de la Couronne ». Le lit sur lequel il fut couché avait été spécialement fabriqué pour Louis et Mme de Montespan. Le visage de celle-ci, brodé sur le ciel de lit, contemplait le cadavre de son amant. Le clergé était assis à droite, les dignitaires de la Cour à gauche. Tout au long de la journée, jusqu'à 8 heures du soir, la foule défila. Des prêtres dirent la messe à des autels portatifs, et aspergèrent le cercueil d'eau bénite. Des musiciens de la chapelle royale jouaient de la musique composée pour les prières du *De Profondis* et du *Miserere* et pour des requiem[73]. Les entrailles et le cœur du roi, qui avaient aussi été embaumés et placés dans des urnes en plomb, furent escortés par des gardes du corps à Paris. Les entrailles furent inhumées le 4 septembre sous le chœur de la cathédrale Notre-Dame ; le cœur (« triste mais précieux reste du plus grand et du plus puissant prince du monde », dit le cardinal de Rohan) fut emporté le 6 septembre à l'église Saint-Louis, fondée par Louis XIII en 1627 dans le Marais, où il fut plus tard suspendu à une arche dans une urne d'or[74].

La force de l'hérédité et le génie politique de d'Orléans étaient tels que le transfert du pouvoir était déjà à l'œuvre, et il avait commencé de donner des ordres avant même la mort de Louis. Le 23 août, l'ambassadeur Lord Stair, s'ingérant à Paris aussi délibérément que les ambassadeurs français l'avaient jadis fait à Londres, avait rencontré Dubois dans les jardins des Tuileries et l'avait assuré « des bonnes intentions du roi [George Ier] et de la ferme résolution du soutien au duc d'Orléans ». Le 26, il proposa à ce dernier toute l'aide qu'il souhaitait « pour faire valoir ses droits à la régence, à l'exclusion du roi d'Espagne » ou, si le Dauphin mourait, au trône. Orléans répondit à Lord Stair de ne pas s'en inquiéter, car il était sûr du Parlement et des troupes[75].

Le 27 août, d'Orléans émit ses premiers ordres à d'Argenson, lieutenant de police de Paris, aux juges du Parlement et aux officiers des gardes du corps[76]. Dès le 22 août, alors que le duc du Maine passait en revue la gendarmerie à Marly, le Dauphin, vêtu en uniforme de gendarme, était arrivé avec le duc d'Orléans, montrant ainsi que ce dernier avait le soutien de la gouvernante des Enfants de France, Mme de Ventadour, ancienne dame d'honneur de sa mère. Au moment de leur arrivée, toutes les personnes présentes se tournèrent vers d'Orléans ; Maine se retira. L'armée était du côté du premier[77].

Lors de la première séance du parlement de Paris, le 2 septembre, les gardes-françaises alignés le long des rues avoisinantes étaient commandés par le duc de Guiche, allié de d'Orléans[78]. Celui-ci affirma que le roi lui avait dit, lors d'entretiens en tête à tête les 25 et 26 août, que ses droits devaient être préservés et qu'il devrait introduire tous les changements au testament qu'il jugerait appropriés[79]. Il n'y avait pas eu d'autres témoins de ces conversations. Le duc d'Orléans déclara que quiconque avait conseillé au monarque de transférer le pouvoir sur la Maison du roi (désignant par là la maison civile et les troupes de la maison) à un autre que lui-même devrait être puni. Malgré l'autorité qu'exerçait le duc du Maine sur la Maison du roi, que lui accordait le testament du monarque défunt, et ses charges de grand maître de l'artillerie et de colonel général des gardes suisses, il déclara que si ce qui avait été conclu en sa faveur dans ce testament déplaisait au duc d'Orléans et au Parlement, il sacrifierait très volontiers ses intérêts au bien de l'État. Il avait le sens du devoir. Ce fut Maine, et non Frédéric le Grand comme on l'a souvent prétendu, qui inventa la formule : « C'est toujours l'État qu'on sert et [...] le roi lui-même n'en est que son premier serviteur[80]. »

À l'encontre du testament de Louis, d'Orléans fut déclaré régent, avec entière autorité sur la Maison du roi et sur le gouvernement. Ses propres déclarations rendaient le marché passé avec le Parlement très clair : « À quelque titre que j'aie droit à la Régence, j'ose vous assurer, messieurs, que je la mériterai par mon zèle pour le service du roi, et par mon amour pour le bien public, surtout étant aidé par vos conseils et vos sages remontrances. » En contrepartie de ce soutien du Parlement, le Régent abrogeait les édits pris par Louis XIV en 1667 et 1673 imposant l'enregistrement automatique des lois royales par l'assemblée. Dorénavant, avec des conséquences désastreuses pour la monarchie, le Parlement pourrait débattre et présenter des remontrances relatives aux lois royales avant leur enregistrement[81]. En conséquence, Paris et l'État réaffirmaient leur pouvoir par rapport à Versailles et à la Cour. Louis XIV, ainsi qu'il l'avait pressenti, était aussi impuissant dans la mort que son père l'avait été en 1643. Le système dynastique et les préparatifs méticuleux du duc d'Orléans, avec son ami d'Aguesseau, procureur général du Parlement, étaient plus forts que le testament de Louis et que ses enfants illégitimes. À compter de ce moment, Maine commanderait seulement les soldats qui étaient de service pour garder le roi, et non les compagnies et les régiments d'où ils sortaient. En 1717, le comte de Toulouse et lui seraient déchus de leur rang de princes du sang et retourneraient à leur statut de princes légitimés. En 1718, Maine serait privé de la surintendance de l'éducation du nouveau monarque. L'élimination du fils illégitime de Louis XIV du paysage politique était accomplie[82].

Le 9 septembre, Louis XV fut conduit à Vincennes, ainsi que le défunt roi l'avait recommandé. Il effectua le trajet dans Paris en carrosse, avec le Régent, le duc de Bourbon, le maréchal de Villeroy et la duchesse de Ventadour. Il était assis sur les genoux de sa gouvernante, afin de mieux voir. Lors de ce premier contact avec Paris, Mathieu Marais vit que des foules « infinies » s'écrièrent « Vive le roi » – si fort que le jeune souverain se joignit à eux. « Le roi criait lui-même vive le roi comme on dit qu'a fait le roi son Père en pareille occasion. Il parut beau, bien fait, portant son chapeau de bon air mais un peu pâle. Il ne se peut rien ajouter aux tendresses et aux acclamations des Parisiens[83]. » Louis XV fut aussi bien reçu dans Paris en 1715 que l'avait été Louis XIV, en des circonstances similaires et au même âge, en 1643.

À 7 heures du soir, le 8 septembre 1715, à la lumière des torches, une somptueuse procession funéraire de 60 carrosses et 900 personnes, menée par le duc de Bourbon, les princes, les hauts dignitaires et hérauts de la Cour en grand deuil avait quitté Versailles. Huit chevaux tiraient le char funéraire, drapé de velours noir, sur lequel le corps embaumé du roi avait été placé. Il était escorté des gardes suisses et français frappant des tambours en sourdine, de gardes du corps, de mousquetaires à cheval et de chevau-légers de la Maison militaire du roi, de gardes de la porte et de la prévôté, des Cent-Suisses de la garde, d'aumôniers, de trompettes, de « pauvres » dans des habits de deuil qui leur avaient été distribués pour l'occasion, et de laquais du roi portant des flambeaux pour éclairer la voie. Ces torches étaient remplacées tout le long de la route afin qu'il y ait toujours assez de lumière pour guider la procession. Observé par « tous les carrosses de Paris », le cortège funéraire franchit la Seine au pont de Sèvres, longea la lisière du bois de Boulogne en direction de l'abbaye de Saint-Denis, datant du XIIIe siècle, l'un des sites sacrés de la monarchie française. La procession arriva vers 7 heures du soir[84].

Pendant six semaines, Louis XIV reposa dans la chapelle ardente jusqu'au service funéraire, en la présence de représentants des institutions de l'Église et de l'État, le 23 octobre. « Le roi est mort, prions Dieu pour le repos de son âme », déclara le roi d'armes de France, tandis que des dignitaires de la Cour brisaient leur bâton d'office et le jetaient sur son cercueil, à l'intérieur du caveau, suivis des drapeaux des troupes de la Maison, des éperons, du sceptre, de la main de justice et de la couronne royale[85]. Comme tous les Bourbons, et à l'inverse des Valois, Louis XIV se vit réserver un simple cercueil dans la crypte, au lieu d'une tombe royale majestueuse[86]. Ensuite, à la sonnerie des trompettes et au roulement des tambours, les hérauts proclamèrent : « Vive le Roi Louis 15e du nom, par la grâce de Dieu roi de France et de Navarre, très chrétien, très auguste, très puissant, notre très honoré seigneur et bon maître, à qui Dieu donne très longue et très heureuse vie[87] ! »

Lors de services commémoratifs dans les monarchies de France et d'Espagne, de Paris à Lima, dans les missions françaises à l'étranger, de Londres à Alep, et même dans Vienne, capitale hostile, des prédicateurs comparèrent le défunt roi à David, à Salomon, à Auguste et à Hercule[88]. À Saint-Denis, monseigneur Quiqueran de Beaujeu, évêque de Castres, affirma : « Il n'a presque rien entrepris qui n'ait heureusement réussi et ses malheurs mêmes n'ont servi qu'à rehausser sa gloire » ; « quelles étaient notre joie et notre satisfaction quand nous avions le bonheur de voir cette table royale mieux ornée par la concorde que par les grâces qui l'environnaient ». Il dressa aussi l'éloge des « palais superbes, somptueux édifices, lieux enchantés, charmes des sens, prodiges de l'art ». Son règne était supérieur à celui de l'Angleterre, où « cette liberté mal entendue [était] source intarissable de discorde ». Même dans la mort, Louis restait supérieur aux autres hommes[89].

En revanche, à l'opposé de la dignité affichée de la procession funéraire, « de toute part », sur la route de Versailles à Saint-Denis, des gens buvaient, riaient, chantaient et jouaient de la musique – ainsi que le jeune écrivain François Arouet, qui se fit plus tard connaître sous le nom de Voltaire, en gardait le souvenir. Le ressentiment contre ses guerres et ses impôts, et contre son oppression, fut accentué par la perspective du changement qu'offrait un nouveau règne. Desgranges, le maître de cérémonies, l'admettait lui-même dans son journal : « Le peuple regardait cela comme une fête, et plein de joie d'avoir vu le roi vivant n'avait pas toute la douleur que devait causer la mort d'un si grand roi[90]. » Pierre Narbonne ajoute que beaucoup de gens se réjouirent à la mort de ce prince et on pouvait entendre de tous côtés le son des violons. Peut-être par crainte des réactions populaires, la procession funéraire, à l'inverse de celle du duc et de la duchesse de Bourgogne trois ans auparavant, ne traversa pas Paris.

Là encore, des poèmes fournirent un contre-feu moqueur au récit officiel :

Ci-gisent en même tombeau
Le grand Louis et les finances…
[…] Notre roi invincible […] est mort comme il a vécu,
Sans nous laisser un quart d'écu […]
À Saint-Denis comme à Versailles,
Il est sans cœur
et sans entrailles.

« Notre roi immortel » fut attaqué pour ses impôts encore plus que pour ses guerres et son absolutisme. Seuls les financiers, écrivit le curé de Saint-Sulpice, non loin de Blois, dans le registre de paroisse, avaient profité de son règne, car ils avaient accaparé tout l'argent du royaume[91]. D'autres poèmes le qualifiaient d'« esclave d'une indigne femme », d'ennemi de la paix. « Ne priez point Dieu pour son âme. Un tel monstre n'en eut jamais. » Un autre l'appelait Louis le Petit[92].

Lors d'un service commémoratif solennel à la Sainte-Chapelle, sur l'île de la Cité, cœur spirituel de la monarchie française, à laquelle Saint Louis lui-même avait confié ce qu'il croyait être la couronne d'épines de Jésus-Christ, l'un des prêtres les plus respectés de son temps, Jean-Baptiste Massillon, fit son éloge en ces termes : « Le père des rois ; plus grand que tous ses ancêtres, plus magnifique que Salomon dans toute sa gloire. » Toutefois, il déplorait ce qu'il appelait « un siècle entier d'horreur et de carnage ; l'élite de la noblesse française précipitée dans le tombeau ; tant de maisons anciennes éteintes ; tant de mères point consolées, qui pleurent encore sur leurs enfants ; nos campagnes désertes [...] nos villes désolées ; nos peuples épuisés ; le commerce languissant [...] le feu, le sang, le blasphème, l'abomination, et toutes les horreurs qu'enfante la guerre ». Il qualifiait la gloire d'avoir installé Philippe V sur le trône d'Espagne de « triste et amère », regrettait que la révocation de l'édit de Nantes ait affaibli la monarchie suite à « l'évasion de tant de citoyens » (l'une des rares critiques publiques formulées contre leur persécution), citait le conseil du roi sur son lit de mort à son arrière-petit-fils d'éviter les guerres, et déplorait « nos crimes[93] ».

24

L'ombre de Versailles

Après la mort de Mazarin en 1661, Louis XIV, ayant hérité du pays et de l'armée les plus puissants d'Europe, s'était attendu à devenir le plus grand monarque de l'histoire. À la fin de son règne, la France n'était pourtant plus la puissance européenne suprême. C'était en partie dû à son caractère. Le pouvoir, l'autorité et un travail acharné ne compensèrent pas son amour de la guerre et son manque de jugement. Il surestima les ressources du pays et sous-estima les réactions européennes. En 1661, la France était protégée par des traités conclus avec presque toutes les puissances du continent (excepté l'Autriche), la Suède, le Danemark, la Pologne, le Brandebourg, la Bavière, les Provinces-Unies, l'Angleterre, le Portugal et l'Espagne, mais aussi par son alliance de longue date avec l'Empire ottoman. En outre, en tant que garante du traité d'Oliva au nord et de la Ligue du Rhin dans l'Empire, elle conservait quantité de prétextes d'intervention hors de ses frontières[1]. Toutefois, par ses guerres et persécutions, Louis XIV contribua à unir l'Europe contre la France. À sa mort en 1715, la nation ne conservait plus d'autres alliés que l'Espagne, la Suède, la Bavière et l'Empire ottoman.

Son manque de jugement le conduisit à choisir des perdants. Son alliance avec les Stuarts en exil ne bénéficia ni à ces derniers ni à la France. La Suède perdit des guerres contre le Brandebourg entre 1674 et 1678 et contre la Russie entre 1700 et 1721. Pourtant, Louis n'en resta pas moins loyal envers cette puissance déclinante, refusant les propositions d'alliance de celui qui avait été l'ennemi victorieux de Stockholm, Pierre le Grand, lui demandant même en 1711 (alors que la Russie était en guerre contre l'Empire ottoman) de restituer ses conquêtes sur la Baltique, y compris Saint-Pétersbourg, à la Suède[2]. Et Louis XIV continua de verser des subsides à l'Électeur de Brandebourg alors que ce dernier était déjà secrètement l'allié de son ennemi Guillaume III[3]. Son alliance avec l'Électeur de Bavière, avec lequel il signa des traités en 1670, 1701 et 1714, ne profita à aucun des deux camps. Le soutien aux ambitions bavaroises conduisit la France à la défaite de Blenheim, aux dévastations des campagnes bavaroises et au paiement d'un subside annuel de 4 millions de livres à l'Électeur en exil, somme que le Trésor français ne pouvait guère se permettre de débourser[4].

Après le décès de Colbert en 1683, les erreurs du roi ne firent que croître en nombre et en gravité, montrant le pouvoir de ses ministres et que la fameuse inscription de la galerie des Glaces, « Le roi gouverne par lui-même », relevait en partie de l'illusion. La révocation de l'édit de Nantes en 1685, l'invasion de la Rhénanie en 1688 (qui contribua à assurer le succès de l'invasion de l'Angleterre par Guillaume III), la dispersion des forces françaises sur différents fronts entre 1690 et 1693 et l'engagement d'aider à la restauration des Stuarts furent autant de désastres qu'il s'est imposés à lui-même. Les bombardements de Gênes et de Bruxelles, la persécution des huguenots et la dévastation du Palatinat attestaient d'une cruauté qui poussa la plus grande partie de l'Europe à se retourner contre la France.

L'année 1697, quand Louis XIV céda une partie de ses gains territoriaux et ne réussit pas à installer son cousin le prince de Conti sur le trône de Pologne, vit le début du repli de la France. La transformation de ses rivaux, l'Angleterre, l'Autriche, la Prusse et la Savoie, de nations de second rang en grandes puissances (notamment l'Angleterre avec la conquête de Gibraltar et sa réunion avec l'Écosse) fut accélérée par les guerres de Louis XIV et, dans le cas de l'Angleterre et de la Prusse, par les huguenots fuyant ses persécutions. Comparés à ses oscillations entre le dynastisme et le nationalisme, l'expansion et les rétrocessions, le gallicanisme et le papisme, ses pairs Léopold Ier, Guillaume III, Victor-Amédée II et son propre petit-fils Philippe V eurent plus de cohérence et connurent plus de réussites, alors qu'aucun d'eux ne disposait des avantages initiaux de Louis.

Les finances étaient une autre de ses faiblesses. En 1661, il promettait que le secours de ses peuples était sa plus grande passion[5]. Pourtant, ainsi qu'il s'en lamenta sur son lit de mort, et que certains de ses sujets s'en plaignirent dans leurs chansons au cours de sa procession funéraire, il échoua dans cette mission. Matthew Prior et Pierre le Grand furent choqués de la pauvreté et de la mendicité qu'ils constatèrent aux portes de Versailles et de Fontainebleau, nullement les régions les plus pauvres de France, à l'opposé de la magnificence qui régnait à l'intérieur[6]. Cette pauvreté obérait les qualités de sa machine de guerre et de ses soldats. L'extension de la vénalité des charges aux postes dans l'armée en affaiblit aussi l'efficacité, même si son abolition dans les unités d'élite montra que le roi avait conscience de ses inconvénients[7]. Daniel Dessert a écrit que ce règne fut une glorieuse façade, masquant le pouvoir durable des financiers, et qu'il débuta et s'acheva dans une quasi-banqueroute[8]. En 1661, à l'entame de son règne personnel, il révoqua Fouquet afin d'améliorer les finances de la France. À la mort de Colbert, la dette de la France n'était que de 240 millions de livres. À la mort du roi, trente-deux-ans plus tard, elle se situait autour de 1,8 milliard de livres. Les revenus étaient dépensés avec quatre ans d'avance, et l'État empruntait à un taux d'intérêt de 16 %, voire plus[9]. Le courtisan préféré du roi, le duc de Noailles, chargé de réformer les finances françaises, écrivit à Mme de Maintenon qu'elles étaient dans un état bien plus dégradé qu'il ne l'avait imaginé : il n'était guère d'exemple d'une monarchie en pareille situation, soulignait-il[10].

Le monarque fit également preuve d'un manque de jugement dans le choix de beaucoup de ceux qui le servaient, notamment en matière de finances et de politique étrangère. Après les décès de ses généraux et ministres les plus compétents, qu'il avait hérités de Mazarin, nombre de ses nominations personnelles, comme celles de Louvois, Chamillart et Villeroy, furent malvenues. Son habitude de mener certaines de ses guerres en se plongeant dans les moindres détails depuis Versailles et de répartir les commandements entre des généraux rivaux contribua à ses défaites. Il ne sut pas plus choisir de bons médecins. Les soins prodigués par ces derniers entraînèrent les morts prématurées de son épouse, de son fils, de l'aîné de ses petits-fils, de sa belle-fille, de deux arrière-petits-fils et, de l'avis de certains courtisans, du roi lui-même. Le futur Louis XV survécut, nous l'avons vu, parce que sa gouvernante tint les médecins à distance[11]. La préférence du roi pour les familles privilégiées comme les Noailles, les Rohan ou les Bouillon, qu'il autorisa à transformer une charge de cour de faveur en héritage de famille, ferma peu à peu cette même cour à un bon nombre des soutiens naturels de la monarchie. En 1709, le maréchal de Villars demanda le poste de premier gentilhomme ; le roi le donna au duc de La Trémoille, un homme dont le principal titre de recommandation n'était autre que sa naissance[12].

Pourtant, au-delà de ses désastres, ce règne eut aussi ses triomphes. Paradoxalement, il affaiblit et renforça la France. La monarchie des Bourbons en Espagne, que Louis instaura moyennant un coût très élevé pour le royaume, fut l'un de ses principaux héritages. Après 1721, les Bourbons de France et d'Espagne formèrent un bloc efficace et puissant, confirmé par des traités d'alliance en 1721, 1733, 1742 et 1761. Leur alliance aida un fils cadet de Philippe V, Carlos III, à ravir Naples et la Sicile à l'Autriche en 1734, instituant une troisième monarchie Bourbon, qui jouissait d'un large soutien populaire et durerait jusqu'en 1860[13]. À trois reprises, de 1742 à 1748, de 1761 à 1763 et de 1779 à 1783, les Bourbons français et espagnols lutteraient ensemble contre la Grande-Bretagne, comme ils l'avaient fait sous Louis XIV. Leur alliance aida les colonies américaines à renverser la tutelle britannique entre 1778 et 1783 ; deux des descendants de Louis XIV, Louis XVI et Carlos III, contribuèrent à la fondation des États-Unis. La dynastie des Bourbons d'Espagne durerait plus longtemps que ses cousins de France et que la mainmise anglaise sur l'Amérique du Nord, et elle règne à nouveau aujourd'hui, ce dont Louis XIV aurait été fier.

Il n'aida pas seulement Philippe V à se maintenir sur le trône, mais conserva aussi la plupart de ses conquêtes des terres convoitées entre la France et le Rhin : les trois provinces de Flandre française, de l'Alsace et de la Franche-Comté, comprenant les villes de Dunkerque, Lille, Strasbourg et Besançon. En respectant traditions et pouvoirs locaux, en gouvernant d'une main légère, en effectuant de fréquentes visites malgré la distance de Paris ou de Versailles, et en construisant d'imposantes forteresses (qui, en 1709 et 1710, retardèrent l'avance de Marlborough assez longtemps pour qu'un gouvernement favorable à la paix arrive au pouvoir en Angleterre et révoque ce dernier), Louis se révéla plus apte à incorporer les conquêtes françaises et à défendre la France que ses successeurs républicains ou Napoléon. Il eut un rôle dans la transformation des Flamands, des Alsaciens et des Bourguignons en Français, et donna ainsi à la France à peu près ses contours actuels.

Il procura aussi à beaucoup de Français une immense satisfaction émotionnelle, et cela reste le cas. Nombre d'entre eux étaient fiers, comme le roi lui-même l'était, de ses guerres, de ses conquêtes et de ses palais, fiers aussi de sa volonté d'imposer l'uniformité religieuse, de son hospitalité envers Jacques II et d'un fait que nota le notaire nîmois Borelly dans son journal : « Toute l'Europe est contre notre grand roi[14]. » En 1698, Matthew Prior remarquait que « dans cette nation les gens du peuple ont une étrange vénération pour leur roi[15] ». En 1709-1710, face à l'épreuve suprême, avec l'ennemi à ses portes, et à l'exception du cardinal de Bouillon (que Saint-Simon appelait le « Cardinal Lucifer ») la France demeura loyale.

Ainsi que Louis l'avait écrit à son fils : « La réputation fait souvent elle seule plus que les armées les plus puissantes[16]. » Personne n'osait se révolter bien longtemps. Même Saint-Simon, qui détestait le roi et son système, admettait que la France avait contracté de longue date une habitude d'admiration, de soumission et de peur du roi. Les ministres sentaient « la terreur du roi ». « Il faut convenir que jamais prince ne posséda l'art de régner à un si haut point », désignant par là son aptitude à se gagner le respect de ses sujets grâce à sa manière d'en imposer, ses mots soigneusement pesés, son acharnement au travail et son insatiable volonté de puissance[17]. Qui plus est, certains de ses choix tardifs, comme le maréchal de Villars, deux ministres issus du clan Colbert, Torcy et Desmarets, et René d'Argenson au poste de lieutenant de police de Paris, s'avérèrent très habiles. Si Louis ruina les finances de la monarchie, il renforça le contrôle de sa machine militaire. Grâce à une attention sans relâche portée au prestige et à l'efficacité de la Maison militaire, et à la sélection et aux récompenses de ses officiers, il accrut la loyauté de l'armée française à la Couronne.

Plus encore que l'Espagne, les colonies de Louis, ses conquêtes à l'est ou les forts de Vauban, le lieu où d'ordinaire l'on juge Louis XIV, et sa création la plus personnelle, est l'immense château, et la ville environnante, qu'il bâtit à Versailles. Le retour de la Cour à Versailles, le 15 juin 1722, après sept années à Paris, fut un autre triomphe posthume du Roi-Soleil. Versailles était jugé plus sain que Paris. Le jeune roi Louis XV aimait l'endroit. Surtout, la plupart des gens estimaient que, comme l'écrivit l'avocat parisien Frédéric Barbier dans son journal, Versailles était « un logement bien plus superbe pour un roi que Paris », et un symbole plus efficace de la grandeur de la France[18]. De sorte que même le Régent, le duc d'Orléans, qui avait évité Versailles sous Louis XIV, y retourna sous Louis XV. En l'occurrence, le Roi-Soleil eut le dernier mot.

À partir de 1718, encouragé en ce sens par son ancien précepteur l'abbé Dubois, d'Orléans réaffirma l'absolutisme royal. Par sa volonté de pouvoir, son intelligence politique et avec l'aide de troupes loyales, l'absolutisme de Louis XIV continua de s'exercer en France. Comme le défunt roi, d'Orléans usait des gardes du corps et des mousquetaires pour arrêter ses ennemis : le duc et la duchesse du Maine en 1718, parce qu'ils avaient conspiré avec l'ambassadeur de Philippe V, le prince Cellamare ; et le maréchal de Villeroy en 1722, parce qu'il avait refusé de permettre au Régent de voir le roi Louis XV seul à seul. D'Orléans était déterminé, disait-il, à restituer au jeune monarque l'entièreté de l'autorité royale, telle qu'elle lui avait été confiée, et à empêcher les Parlements de se mêler des affaires qui ne les regardaient pas[19].

Louis XV renoua avec les routines de Louis XIV, ainsi qu'avec son absolutisme : le lever, le coucher du roi, la messe et les conseils ; les voyages de chasse à Fontainebleau et à Compiègne ; les bals et les pièces de théâtre, ainsi que des règles plus strictes pour les présentations à la Cour. Plus encore que sous Louis XIV, Versailles devint, avec Paris, l'autre capitale de la France. Le roi y tenait des lits de justice, y convoquant des membres du parlement de Paris en 1732, en 1759, en 1770, en 1787 et en 1788, ce que Louis XIV n'avait jamais fait. Des ministères de la Guerre et des Affaires étrangères y furent édifiés en face de l'aile des Princes entre 1759 et 1762. La population de la ville atteignit 70 000 habitants.

Les souvenirs des guerres et des persécutions de Louis XIV s'effaçant, Versailles inspira aussi un nombre croissant d'édifices comparables à l'étranger, qui offraient souvent leur propre version de la vie de cour chère à Louis XIV, avec des pièces de théâtre, des bals, des ballets, de la musique et des jardins français[20]. N'ayant pu se rendre en visite en France du vivant de Louis XIV, Pierre le Grand résida à Versailles, Trianon et Marly en mai 1717 (quand une deuxième offre d'alliance russe fut refusée par le gouvernement français). Malgré son goût personnel pour la simplicité, il fit construire de 1714 à 1723 un vaste palais de campagne qu'il baptisa Peterhof, aux abords de Saint-Pétersbourg : l'édifice en partie inspiré par Versailles était agrémenté d'un parc et de fontaines dessinés par un disciple de Le Nôtre, Jean-Baptiste Alexandre Le Blond, et d'un pavillon voisin, Marlia (Marly inspira aussi Chatsworth en Angleterre, et le château de Monbijou à Berlin). Il fonda aussi sur le modèle français un journal officiel, une manufacture de tapisseries et une Académie des sciences et, après

1718, introduisit dans sa capitale des « assemblées » d'hommes et de femmes dans le style français[21]. Parmi d'autres palais et villes de cour inspirés en partie par Versailles, citons Hampton Court en Angleterre, où Charles II et ses successeurs avaient une chambre de parade dans des appartements d'État, dînaient en public et tenaient des levers et des réunions du Conseil[22] ; Salzdahlum et Wolfenbüttel dans le Brunswick ; Rastatt et Karslruhe dans le pays de Bade ; l'imposant ensemble de Ludwigsburg à côté de Stuttgart, qui devint après 1718 le siège du gouvernement des ducs de Wurtemberg, avec un Opéra et un théâtre français[23] ; le Sans-Souci de Frédéric le Grand (construit de 1745 à 1748, également en partie inspiré de Marly) et le Neues Palais de Potsdam (édifié de 1763 à 1767) – il évitait Berlin presque autant que son héros Louis XIV avait évité Paris[24] ; enfin, et surtout, la ville même de Washington, conçue après 1791 selon un plan similaire en trident, et intégrant une résidence de chef d'État, des bureaux gouvernementaux et une assemblée législative, par Pierre-Charles L'Enfant, un architecte dont le père, Pierre L'Enfant, était peintre de cour à Versailles[25].

Sous le cardinal Fleury, l'absolutisme continuait à marcher. Ancien aumônier royal que Louis XIV avait choisi pour précepteur de son successeur, Fleury fut le principal ministre de Louis XV de 1726 à 1743. Ce dernier hérita toutefois des problèmes ainsi que des palais de son arrière-grand-père. Le comte d'Argenson, fils du lieutenant de police qui avait permis de ramener le calme dans les rues de Paris en 1709, fut conseiller d'État, et plus tard ministre des Affaires étrangères, de Louis XV. Son journal montre que le nouveau monarque était fréquemment informé, souvent par des mendiants eux-mêmes, de la famine et des émeutes de la faim à Paris et ailleurs. Même en temps de paix, dans le Poitou, des gens mangeaient de l'herbe. En 1739, d'Argenson écrivait qu'à Versailles les gens parlaient plus que jamais de la pauvreté[26].

L'exemple de Louis XIV continuait d'affecter la politique étrangère française. Redoutant les comparaisons avec ses acquisitions territoriales antérieures à 1697, et croyant que la France n'avait pas besoin de plus de territoires, malgré sa victoire dans la guerre de Succession d'Autriche à Fontenoy et son entrée dans Bruxelles, Louis XV refusa les « avantages » territoriaux lors de la négociation du traité d'Aix-la-Chapelle en 1748. Plaçant la dynastie avant la nation, comme son prédécesseur en 1700, il aida son gendre, un fils cadet de Philippe V, à établir une quatrième monarchie des Bourbons à Parme[27]. Il écrivit à son cousin le roi d'Espagne : « La pitié pour mes peuples et la religion m'ont bien plus conduit en cette occasion que l'esprit d'agrandissement[28]. » Toutefois, nombre de Parisiens étaient décontenancés par le manque de conquêtes françaises. Le maréchal de Richelieu qualifia le traité de paix de chef-d'œuvre de stupidité. Des Parisiens devinrent encore plus hostiles après que le prince Charles Edward Stuart (considéré comme un héros pour son expédition de 1745 en Écosse), fils de « Jacques III », eut été arrêté à l'Opéra le 10 décembre 1748, conduit à Vincennes les mains liées dans le dos, puis expulsé de France comme une condition de la paix avec George II[29]. D'Argenson redoutait que la colère des jacobites ne provoque un soulèvement dans Paris[30]. Des pamphlets attaquèrent Louis XV, qualifié de monstre et de tyran[31]. Ainsi, les Stuarts affaiblirent la monarchie française à l'intérieur comme à l'extérieur.

La démolition de l'escalier des Ambassadeurs de Louis XIV en 1752 fut un symbole visible de la mise en retrait de la monarchie par rapport à ses ambitions internationales. Il fut remplacé par le Théâtre des Petits Appartements, où Mme de Pompadour, la maîtresse du roi, se produisait fréquemment devant un cercle admiratif.

Elle joua un rôle majeur de mécène et d'inspiratrice de la politique[32], et devint un exemple extrême de cette influence féminine à Versailles qui mortifiait tant Fénelon et qui aggrava l'impopularité de la Cour[33].

En 1763, après les défaites de la guerre de Sept Ans, Louis XV céda l'essentiel de l'empire mondial de Louis XIV : l'Inde, le Canada et la Louisiane (bien qu'il conservât les très rentables colonies des Caraïbes)[34]. Le rattachement de la Lorraine en 1766, à la mort du roi Stanisław Leszczyński, et de la Corse en 1768 ne pouvaient effacer la honte de la défaite.

L'accession de Louis XVI au trône en 1774 restaura temporairement la popularité de la monarchie. Il était l'antithèse de Louis XIV. Il était fidèle à son épouse et ses soldats le laissaient indifférent : il les passait rarement en revue, endossait encore plus rarement l'uniforme, mit un terme à la tradition d'organiser des camps militaires à Compiègne et, pour des raisons d'économie, supprima en 1775 et 1787 les mousquetaires, les chevau-légers et les gendarmes de la garde tant aimés de Louis XIV. Le lien entre la Couronne et ses armées s'affaiblissait[35]. Toutefois, le facteur déclencheur de la Révolution ne fut ni la famine, ni l'impopularité de Marie-Antoinette, reine d'origine autrichienne, ni les tensions sociales, mais bien le système financier hérité de Louis XIV. Malgré la prolongation du « dixième », la dette nationale avait atteint 4 milliards de livres et le déficit se creusait de 100 millions chaque année. Tandis que le gouvernement britannique pouvait emprunter à 3,5 %, le gouvernement français devait s'acquitter de 6 % d'intérêt ou davantage[36]. Le 17 octobre 1787, le voyageur anglais Arthur Young écrivait : « Tout le monde s'accorde à penser que la banqueroute conduira à une révolution du gouvernement[37]. »

Louis XVI n'avait ni Mazarin, ni Colbert, ni Villars, ni un duc d'Orléans pour l'aider dans la crise. Son principal ministre, qui revint au pouvoir en août 1788 avec l'aide de la reine et de l'ambassadeur d'Autriche, était Jacques Necker. Ce banquier populaire et anglophile originaire de Genève, dont le père avait servi George Ier et dont l'associé londonien Peter Thellusson était d'ascendance huguenote, incarna, dans la pratique si ce n'est dans l'intention, la revanche protestante sur les Bourbons[38]. Une autre figure déterminante était le chevalier de Jaucourt, issu d'une famille protestante, qui écrivit des articles hostiles sur Versailles, et quantité d'autres sujets, dans l'*Encyclopédie*[39]. Les grandes institutions qui avaient servi la monarchie de Louis XIV, la noblesse, l'Église, l'armée, les Parlements, lui retiraient peu à peu leur soutien ou exigeaient des changements.

En août 1787, le premier président du parlement de Paris appela à la convocation des états généraux et déclara illégal l'enregistrement obligatoire des édits royaux. Le clergé fit la grève de l'impôt. La rivalité entre les deux branches de la maison royale, les d'Orléans et les Condés, déjà récurrente sous le règne de Louis XIV[40], amena ces derniers, qui détenaient la charge de grand maître de France, à défendre la monarchie. Le duc d'Orléans – héritier des trois fortunes de Monsieur, de Mademoiselle et du duc du Maine – fut exilé pour s'y être opposé. Le cadeau de Louis XIV, le Palais-Royal, résidence des d'Orléans à Paris, se révéla une bombe à retardement. Les cafés des jardins du palais devinrent des lieux de réunion pour les révolutionnaires. En 1793, le duc d'Orléans voterait la mort de Louis XVI.

Les états généraux qui se réunirent finalement à Versailles en mai 1789 auraient pu régénérer la monarchie. La retraite de la Cour à Marly, du 14 au 21 juin, endeuillée par la mort du fils aîné de Louis XVI, accentua un vide du pouvoir. Le 17 juin, se retournant contre le roi, la majorité radicale du tiers état se proclama Assemblée nationale, se dota de pouvoirs souverains et déclara qu'elle ne se disperserait qu'à la force des baïonnettes[41].

Le 14 juillet, le pain atteignit les prix les plus élevés du siècle. Avec des armes saisies aux Invalides et au Garde-Meuble, y compris un canon envoyé en cadeau à Louis XIV par le roi de Siam en 1686, des gardes-françaises mutinés conduisirent une foule parisienne à l'assaut de la Bastille, considérée comme le symbole de la tyrannie royale. Pendant la Révolution, Louis XVI s'inspira de l'esprit de conciliation de Fénelon, dont il avait imprimé des *Maximes*, plutôt que des canons de Louis XIV.

La fuite du roi le 20 juin 1791 pour aller se mettre en sécurité dans la grande forteresse construite à Montmédy, sur la frontière de l'Est, par Vauban pour Louis XIV, échoua. Tel n'avait pas été le cas de la fuite d'Anne d'Autriche avec Louis XIV pour Saint-Germain le 6 janvier 1649. Le 10 août 1792, mal défendu par les gardes nationaux de Paris, les gardes suisses et des courtisans, le palais des Tuileries fut envahi par les masses révolutionnaires. Le 14 octobre 1793, sous le règne de la Terreur, la dépouille mortelle de Louis XIV, ainsi que d'autres dépouilles royales, furent exhumées de Saint-Denis et enterrées dans une fosse commune au milieu des « acclamations fortes et insultantes de la multitude ». L'urne contenant son cœur, dans l'église Saint-Louis à Paris, fut fondue, le cœur détruit. Seule sa statue de Notre-Dame en réchappa[42].

Versailles était pourtant trop imposant et possédait un trop grand rayonnement pour demeurer longtemps ignoré. Napoléon Ier et Louis XVIII avaient envisagé d'y habiter et entamé des programmes de restauration. L'empereur des Français résida occasionnellement au Trianon. Louis-Philippe s'en servit lui aussi et, en juin 1837, rouvrit Versailles en musée d'histoire, dédié « à toutes les gloires de France » : c'était son projet personnel voué à une œuvre de réconciliation nationale. Tandis que l'on restaurait les grands appartements, tous les appartements des princes et des courtisans dans l'aile des Princes et l'aile du Nord furent détruits. Ils furent remplacés par des galeries de portraits et des tableaux de batailles, et l'accent fut mis en particulier sur les croisades, sur la conquête de l'Algérie et avant tout sur les guerres napoléoniennes. Le « roi citoyen » usa de Versailles pour célébrer non pas les Bourbons, mais la dynastie Bonaparte qui le remplacerait peu après son abdication en 1848[43].

Certains problèmes du règne de Louis continuèrent d'affecter la politique française et la diplomatie européenne. La guerre franco-prussienne de 1870-1871 fut en partie causée par le refus de Napoléon III, imitant celui de Louis XIV en 1700, d'autoriser un roi d'une dynastie rivale (les Habsbourg en 1700, les Hohenzollern en 1870) à régner en Espagne. Elle conduisit à son renversement et à l'instauration de la IIIe République en septembre 1870. Pour la première fois depuis 1789, Versailles redevint un siège de gouvernement, mais il s'agissait de celui de la Prusse. Seul Versailles pouvait offrir suffisamment de logements aux princes et aux officiers accompagnant le roi de Prusse. Qui plus est, l'emplacement stratégique de la ville, proche de Paris, mais à l'extérieur, en faisait une base adaptée d'où assiéger la capitale. Le roi resta à la préfecture, où flottait le drapeau noir et blanc de la Prusse. Marquant un triomphe du protestantisme qui aurait fait les délices de Madame, des services luthériens furent organisés dans la chapelle de Louis XIV[44]. Des bombardements nocturnes de Paris débutèrent le 27 décembre et durèrent jusqu'au 23 janvier. De Versailles, les habitants pouvaient apercevoir la capitale en flammes[45].

Le 18 janvier 1871, anniversaire de l'autocouronnement du premier roi en Prusse en 1701, des princes, des officiers et des délégations de régiments allemands investirent la galerie des Glaces et firent vider les lits d'hôpitaux qui s'y trouvaient pour ce qu'ils considéraient comme le plus grand événement du siècle. Le choix de Versailles pour la proclamation de l'Empire allemand était à la fois un hommage et un blâme adressés à Louis XIV, et marqua la fin de la prédominance française en Europe. Des cantiques, des prières et un sermon luthériens dénonçant l'immoralité de Louis XIV furent suivis d'un *Te Deum*. Sous les fresques à la gloire de Louis, Guillaume Ier accepta la couronne de l'Empire allemand. Dans le discours qu'il prononça à cette occasion, Bismarck promit des frontières plus sûres afin de sauvegarder l'Empire contre de « nouvelles attaques de la France ». Brandissant leurs épées, leurs drapeaux et leurs casques, les princes et les officiers acclamèrent l'empereur : « Longue vie à Sa Majesté impériale l'empereur Guillaume Ier[46]. »

Ni les parlementaires ni le roi de Bavière n'étaient présents. Comme l'allié de Louis XIV Maximilien-Emmanuel et ses successeurs en Bavière (que Napoléon Ier, réalisant une ancienne ambition de Louis XIV, avait élevée au rang d'un royaume en 1806), Louis II de Bavière avait été profrançais. Ses armées avaient combattu la Prusse au cours de la guerre austro-prussienne de 1866. Pourtant, en 1870, il accepta une rente secrète de la Prusse, en échange de sa signature au bas d'une lettre rédigée pour lui par Bismarck, priant Guillaume Ier de devenir empereur. Louis II dépensa l'argent qu'il gagna après avoir vendu l'indépendance de la Bavière dans la construction de nouveaux palais, parmi lesquels le Herrenschiemsee, une version agrandie du corps central de Versailles qu'il fit édifier à côté d'un lac au pied des Alpes, entre 1878 et 1886. Cette imitation fidèle entre toutes de Versailles compte encore plus de « L » et de tableaux de Louis XIV et de ses victoires que l'original, ainsi qu'une recréation de l'escalier des Ambassadeurs et une version allongée de la galerie des Glaces. Herrenschiemsee est un hommage au Roi-Soleil et à l'alliance de la Bavière avec la France de la part du roi qui y avait mis fin[47]. Les ruines de Saint-Cloud et des Tuileries, incendiés respectivement en 1870 et 1871, furent démolies après 1886, signe du triomphe de la république sur la monarchie. Sceaux, Meudon et Marly avaient déjà été démolis pour servir de matériaux de construction entre 1803 et 1811. Rien ne subsiste de Marly excepté le parc, dépouillé de ses fontaines et de ses statues, et certaines de ses dépendances[48].

La situation stratégique de Versailles, en contraste, le fit choisir par Thiers en 1871 comme siège de gouvernement. De Versailles, pendant la « semaine sanglante » en mai, un gouvernement français a finalement détruit l'indépendance politique de Paris. La république justifia en quelque sorte le choix par Louis XIV de Versailles comme lieu de pouvoir. Jusqu'en 1879, Versailles fonctionna de nouveau comme capitale de la France : des ministères occupaient le château, la galerie des Glaces servait de dortoir aux députés. Ils se rassemblaient dans la salle spéciale installée dans l'aile des Princes, qui deviendrait ensuite le lieu où, jusqu'en 1958, quatorze présidents de la République seraient élus.

L'Alsace et la Lorraine restaient des territoires contestés, comme elles l'avaient été sous Louis XIV. L'annexion de l'Alsace-Lorraine par l'Allemagne en mars 1871 sans plébiscite et l'imposition de l'allemand comme langue officielle de l'administration et de l'enseignement secondaire se révélèrent moins efficaces pour se gagner des loyautés locales que le respect de la diversité observé par Louis XIV. Plus de 50 000 de ses habitants partirent pour la France. Après avoir été la ville de garnison la plus importante de France, Metz devint la plus grande d'Allemagne.

En 1919, Versailles connut une autre apothéose nationaliste, après un conflit mondial causé en partie par la guerre de 1870 : par le désir français de récupérer l'Alsace-Lorraine et, comme l'avait redouté Bismarck, par l'arrogance de l'Empire allemand[49]. Le traité de Versailles fut préparé non par des diplomates, comme les traités de paix du règne de Louis XIV, mais par des politiciens. Les représentants allemands, exclus des négociations, furent traités avec le dernier mépris par la République française et par ses alliés, un mépris plus écrasant que celui des ennemis de Louis XIV quand il était au sommet de sa puissance. Le 28 juin 1919, dans un autre hommage rendu au Roi-Soleil, Clemenceau, le modèle du républicain, organisait la signature du traité de paix dans la galerie des Glaces, parée pour l'occasion des tapis de la Savonnerie du roi. Clemenceau se plaça lui-même sous la fresque portant la fameuse inscription « Le roi gouverne par lui-même ». Quelques Allemands se souvenaient aussi de Louis XIV ; leur ministre des Affaires étrangères, le comte Ulrich von Brockdorff-Rantzau, quand on le questionna sur l'amitié de son ancêtre le maréchal de Rantzau avec Anne d'Autriche, répliqua : « Oh oui, dans ma famille, les Bourbons sont considérés comme des bâtards des Rantzau depuis trois cents ans[50]. » Chez beaucoup d'Allemands, « Versailles » provoqua un nationalisme vindicatif et un désir de revanche encore plus féroce que celui éprouvé par les Français après 1871.

Depuis 1945, Versailles a pourtant joui d'une apothéose plus paisible. Dans l'Europe moderne, les divisions nationales sont moins nocives, et les frontières nationales de moins en moins importantes. Strasbourg, l'acquisition la plus brillante de Louis XIV, abrite maintenant des institutions européennes, autant que françaises, alsaciennes et municipales. Certains problèmes perceptibles durant le règne de Louis XIV restent matières à contentieux : le futur de l'Écosse, de l'Irlande et de la Catalogne (cette dernière étant presque aussi hostile à Philippe VI qu'elle l'était à Philippe V) ; les conditions du commerce mondial ; la nature des relations entre les États d'Europe et la question de savoir si ils forment ce que le secrétaire de Louis, Callières, appelait « une même république ».

Pourtant, Louis XIV est aujourd'hui l'objet de plus d'admiration qu'il y a cent ans. Pour partie en réaction à la faiblesse des IIIe et IVe Républiques, depuis 1958 la Ve République, avec son président puissant élu au suffrage universel direct, est fréquemment décrite comme une monarchie républicaine, ou une république monarchique. Son fondateur, le général de Gaulle, venait d'une famille royaliste, avec du sang jacobite, originaire de Lille, une autre des acquisitions de Louis XIV[51]. Le Général admirait Louis XIV pour son sens de la grandeur et du « service de l'État ». La Boisserie, à Colombey-les-Deux-Églises, contient deux portraits de Louis XIV : le premier le montre en Flandre, l'autre à Versailles[52]. La musique de Lully introduisait certaines des conférences de presse télévisées du président de Gaulle à l'Élysée. Il résidait parfois au Trianon, qu'il employa à nouveau comme résidence officielle en 1966[53]. Il déclara à Alain Peyrefitte : « Oui, nous sommes en monarchie, mais une monarchie élective. Elle est d'une tout autre nature que la monarchie héréditaire de l'Ancien Régime. Elle a institué une nouvelle légitimité qui fait la jonction avec la légitimité interrompue par la Révolution. Mais cette légitimité repose sur le peuple[54]. »

Détenant davantage de pouvoir que dans tous les pays européens comparables, l'exécutif a remporté son long conflit avec la branche législative qui paralysa les monarchies constitutionnelles et les IIIe et IVe Républiques. À certains égards, la France est à nouveau une société de cour. Malgré cent cinquante ans de régime républicain et le legs de la Révolution, certaines de ses structures et de ses conceptions doivent encore beaucoup à la monarchie[55]. Au pays de la liberté, de l'égalité et de la fraternité, en vertu des articles 16 et 46 de la Constitution, le président peut, dans des circonstances exceptionnelles, gouverner par ordonnances en contournant les deux Chambres, un pouvoir adapté de la charte accordée par Louis XVIII en 1814[56]. Les présidents utilisent occasionnellement Versailles comme un lieu de débats sur les amendements de la Constitution décidés par le Sénat et la Chambre des députés, pour les grands discours et les réceptions des visiteurs étrangers de marque[57].

Sous la Vᵉ République, le « spectacle » et le « luxe », équivalents modernes des « divertissements » de Louis XIV, étant de plus en plus rentables, Versailles exerce un magnétisme planétaire. Le rôle de Louis XIV en Apollon, mécène qui inspira nombre de musiciens, de danseurs, d'écrivains, de sculpteurs, de peintres, d'architectes et de jardiniers, éclipse les crimes et les échecs dont il était à l'origine en habit de Mars. Grâce au financement généreux de l'État et de mécènes privés, Versailles n'a pas connu plus bel état depuis le départ de la Cour le 6 octobre 1789. Les grands appartements ont été remeublés, les jardins replantés, les fresques et les statues nettoyées. Ainsi que l'aurait voulu Louis, son palais reçoit des visiteurs en nombres sans cesse croissants : 7 millions par an, plus que tout autre palais excepté la Cité interdite à Beijing. Ils viennent de presque tous les pays du monde, surtout pour la vue sur le parc et pour la galerie des Glaces.

Le château n'est pas seulement un atout unique pour la diplomatie et le tourisme français, mais aussi une vitrine précieuse pour les entreprises françaises modernes, ainsi que pour les industries traditionnelles du luxe, que Louis fit tant pour encourager[58]. Des livres, des films, des séries de télévision ont transformé Louis XIV et Versailles en une multinationale. Des expositions ont recréé la plupart des aspects de la Cour, de ses meubles en argent à ses expériences scientifiques, de ses dîners à ses funérailles. Le centre de recherche installé dans l'ancien Grand Commun publie sans cesse de nouveaux travaux sur la Cour, notamment une base de données sur tous ses personnels de 1682 à 1789. L'Académie équestre nationale du Domaine de Versailles a réintroduit des chevaux dans la Grande Écurie. Le Centre de musique baroque a contribué à la redécouverte de la musique de cour de Louis XIV.

Presque tous les soirs, plus souvent que dans d'autres palais, un événement culturel, commercial ou privé, se tient à Versailles. Les violons sont de retour. Les *Te Deum* et les ballets de Lully, les symphonies de Lalande et les opéras de Campra y sont donnés tous les week-ends, toute l'année, dans la chapelle ou dans l'Opéra. Une fois par an, une Journée de Louis XIV, programmation musicale incluant des musiques de chasse et de souper, est recréée du lever au coucher, dans les bosquets, la cour, la chapelle, la galerie des Glaces et les appartements du roi. D'avril à octobre, plus souvent que sous Louis XIV, lors de « grandes eaux musicales » et de « jardins musicaux », le jardin reprend vie, avec sa musique, ses fontaines et ses feux d'artifice. Des bals masqués se tiennent dans l'Orangerie, des pièces et des sérénades sont jouées dans la galerie des Glaces. Trois cents ans après sa mort, Versailles continue de servir la gloire de Louis XIV.

Notes

Introduction : Mille ans de France

1. A. Gady (dir.), *Jules Hardouin-Mansart, 1646-1708*, Paris, Éditions de la Maison des sciences de l'homme, 2010 ; T. Sarmant, *Les Demeures du Soleil : Louis XIV, Louvois et la surintendance des bâtiments du Roi*, Seyssel, Champ Vallon, 2003.
2. M. da Vinha, *Les Valets de chambre de Louis XIV*, Paris, Perrin, 2004 ; *id.*, *Au service du roi, dans les coulisses de Versailles*, Paris, Tallandier, 2015.
3. G. Rowlands, *The Financial Decline of a Great Power : War, Influence, and Money in Louis XIV's France*, Oxford, Oxford University Press, 2012 ; *cf.* D. Dessert, *Le Royaume de Monsieur Colbert (1661-1683)*, Paris, Perrin, 2007.
4. L. Bély, *Espions et ambassadeurs au temps de Louis XIV*, Paris, Fayard, 1990 ; *id.*, *L'Art de la paix en Europe : naissance de la diplomatie moderne, XVIe-XVIIe siècles*, Paris, PUF, 2007.
5. T. Sarmant et M. Stoll, *Régner et gouverner : Louis XIV et ses ministres*, Paris, Perrin, 2010.
6. G. Rowlands, *The Dynastic State and the Army under Louis XIV : Royal Service and Private Interest, 1661-1701*, Cambridge, Cambridge University Press, 2002 ; *cf.* John A. Lynn, *The Wars of Louis XIV, 1667-1714*, Londres, Longman, 1999.
7. M. Virol (dir.), *Louis XIV et Vauban : Correspondance et agendas*, Seyssel, Champ Vallon, 2017.
8. C.-É. Levillain, *Vaincre Louis XIV : Angleterre-Hollande-France : histoire d'une relation triangulaire, 1665-1688*, Seyssel, Champ Vallon, 2010 ; H. Ziegler, *Louis XIV et ses ennemis : image,*

propagande et contestation, Vincennes, Presses universitaires de Vincennes, 2013.

9. A. Maral, *La Chapelle royale de Versailles : cérémonial, liturgie et musique*, Liège, Mardaga, 2010 ; *id.*, *Le Roi-Soleil et Dieu : essai sur la religion de Louis XIV*, Paris, Perrin, 2012.
10. S. Perez, *La Santé de Louis XIV : une bio-histoire du Roi-Soleil*, Paris, Perrin, 2010.
11. Mme de Maintenon, *Lettres*, éd. Hans Bots, Paris, Honoré Champion, 2009-2016, 8 vol (ci-après ML).
12. C. Levantal, *Louis XIV : chronographie d'un règne*, Infolio, Gollion, 2009, 2 vol.
13. *Cf.* notamment, G. Sabatier et B. Saule (dir.), *Le roi est mort : Louis XIV-1715*, Paris, Tallandier, 2015 ; A. Maral, *Les Derniers Jours de Louis XIV*, Paris, Perrin, 2014 ; J. Cornette, *La Mort de Louis XIV : apogée et crépuscule de la royauté*, Paris, Gallimard, 2015.
14. R. J. Knecht, *The French Renaissance Court, 1483-1589*, New Haven, Yale University Press, 2008, p. 237.
15. J.-F. Solnon, *La Cour de France*, Paris, Fayard, 1987, p. 22 ; R. J. Knecht, *The French Renaissance Court…*, *op. cit.*, p. 58-59.
16. M. Chatenet, *La Cour de France au* xvie *siècle : vie sociale et architecture*, Paris, Picard, 2002, p. 106.
17. R. J. Knecht, *The French Renaissance Court…*, *op. cit.*, p. 32, 39, 42.
18. *Ibid.*, p. xix, xx.
19. J.-P. Babelon, *Henri IV*, Paris, Fayard, 1982, p. 708.
20. *Ibid.*, p. 60, 247 ; M. da Vinha, « La Maison d'Anne d'Autriche », *in* C. Grell (dir.), *Anne d'Autriche : Infante d'Espagne et reine de France*, Paris, Perrin, 2009, p. 155-185.
21. W. Forbes-Leith, SJ, *The Scots Men-at-Arms and Life-Guards in France : From their Formation until their Final Dissolution, 1418-1830*, Édimbourg, William Patterson, 1882, 2 vol., vol. I, p. 57.
22. Père G. Daniel, *Histoire de la milice françoise*, Mariette, J.-B. Delespine & J.-B. Coignard, 1721, 2 vol, vol. II, p. 87-88, 218.
23. P. Mansel, *Pillars of Monarchy : An Outline of the Political and Social History of Royal Guards, 1400-1984*, Londres, Quartet Books, 1984, p. 1, 5 ; *cf.* M. Chatenet, *La Cour de France au* xvie *siècle…*, *op. cit.*, p. 141.
24. G. Comisso, *Les Ambassadeurs vénitiens, 1525-1792*, Paris, Le Promeneur-Quai Voltaire, 1989, p. 303, récit de Sebastiano Foscarini, non daté.
25. Père G. Daniel, *Histoire de la milice françoise*, *op. cit.*, vol. II, p. 115.

26. Bibliothèque nationale de France (ci-après BnF) Mss. fr. 13683 fol. 18, Journal de l'an 1715.
27. I. Cloulas, *Catherine de Médicis*, Paris, Fayard, 1979, p. 226.
28. N. Le Roux, *Un régicide au nom de Dieu : l'assassinat d'Henri III*, Paris, Gallimard, 2006, p. 151.
29. P. Chevallier, *Louis XIII, roi cornélien*, Paris, Fayard, 1979, p. 679.
30. J.-P. Babelon, *Henri IV*, *op. cit.*, p. 455-456, 465, 494, 503, 522, 539, 549, 552 ; N. Le Roux, *Un régicide au nom de Dieu…*, *op. cit.*, p. 164-165, 184, 311.
31. Capitaine N. Lacolle, *Les Gardes-françaises : leur histoire, 1563-1789*, Limoges, H. Charles Lavauzelle, 1901, p. 80.

Chapitre 1. Dieudonné

1. J. H. Elliott, *Richelieu and Olivares*, Cambridge, Cambridge University Press, 1984, p. 64.
2. Son titre complet était « Roi de Castille, de León, d'Aragon, des Deux-Siciles, de Jérusalem, du Portugal, de Navarre, de Grenade, de Tolède, de Valence, de Galice, de Majorque, de Minorque, de Séville, de Sardaigne, de Cordoue, de Corse, de Murcie, de Jaen, des Algarves, d'Algésiras, de Gibraltar, des îles Canaries, des Indes orientales et occidentales, de la terre ferme et des îles des mers océanes ; archiduc d'Autriche, duc de Bourgogne, de Brabant, de Milan, comte de Habsbourg, de Flandre, de Tyrol et de Barcelone, duc d'Athènes et de Néopatrie, seigneur de Biscaye et de Molina, etc. etc. » Des rois plus tardifs ajoutèrent « dominateur de l'Asie et de l'Afrique ».
3. M.-C. Canova-Green, « Ambivalent Fictions : The Bordeaux Celebrations of the Wedding of Louis XIII and Anne d'Autriche », *in* M. McGowan (dir.), *Dynastic Marriages 1612/1615*, Ashgate, Farnham, 2013, p. 179-200.
4. Mme de Motteville, *Chronique de la Fronde*, éd. J.-M. Delacomptée, Paris, Mercure de France, « Le Temps retrouvé », 2003, p. 41-42.
5. P. de La Porte, *Mémoires de Pierre de La Porte, premier valet de chambre de Louis XIV*, Clermont-Ferrand, Paleo, 2003, p. 49, 111.
6. C. Dulong, *Anne d'Autriche : mère de Louis XIV*, Paris, Hachette, 1980, p. 52, 87, 92.
7. F. de La Rochefoucauld, *Mémoires*, Paris, Rivages Poche, 2001, p. 865 ; P. Chevallier, *Louis XIII…*, *op. cit.*, p. 389-390.
8. P. Chevallier, *Louis XIII…*, *op. cit.*, p. 354, 362, 487.
9. *Ibid.*, p. 472, 494.

10. J. Israel, *The Dutch Republic : Its Rise, Greatness, and Fall, 1477-1806*, Oxford, Clarendon Press, 1998, p. 527.
11. L. Bély, « La diplomatie européenne et les partages de l'Empire espagnol », *in* A. Álvarez Ossorio *et alii* (dir.), *La pérdida de Europa : la guerra de sucesión por la monarquía de España*, Madrid, Fundación Carlos de Amberes, Madrid, 2007, p. 631-652, p. 632.
12. P. Chevallier, *Louis XIII…*, *op. cit.*, p. 395, 466, 511, 515, dépêche de Contarini, 19 août 1636, p. 537.
13. C. Dulong, *Anne d'Autriche…*, *op. cit.*, p. 172, 193 ; J. H. Elliott, *Richelieu and Olivares*, *op. cit.*, p. 86, 97, 107, 146-147.
14. P. Chevallier, *Louis XIII…*, *op. cit.*, p. 545, 579-581, 585, Angelo Correr au sénat de Venise, 5 août 1640.
15. M. Hume, *Queens of Old Spain*, Londres, 1906, p. 346.
16. P. de La Porte, *Mémoires…*, *op. cit.*, p. 47, 80 ; C. Dulong, *Anne d'Autriche…*, *op. cit.*, p. 145, 155, 159-164 ; P. Chevallier, *Louis XIII…*, *op. cit.*, p. 423, 531, 535.
17. P. Chevallier, *Louis XIII…*, *op. cit.*, p. 533-537.
18. G. Houdard, *Les Châteaux royaux de Saint-Germain-en-Laye, 1124-1789*, Saint-Germain-en-Laye, H. Lemonnier, Les Archives du Pincerais, 1909-1910, 2 vol., vol. I, p. VIII.
19. R. Kleinman, *Anne of Austria, Queen of France*, Columbus, OH, Ohio State University Press, 1985, p. 106.
20. O. Ranum, *Paris in the Age of Absolutism : An Essay*, New York, Wiley, 1968, p. 10.
21. J.-P. Marana, *Lettre d'un Sicilien à un de ses amis*, Paris, Quantin, 1883, p. 41, 83.
22. P. Chevallier, *Louis XIII…*, *op. cit.*, p. 513 ; R. Laurentin, *Le Vœu de Louis XIII : passé ou avenir de la France*, Paris, F.-X. de Guibert-Œil Édition, 2004, *passim*. Le 25 mars 1637, la république de Gênes avait eu un geste similaire, en couronnant une statue de la Vierge « Reine de Gênes » lors d'une cérémonie spéciale, afin d'obtenir pour son royaume un « traitement royal » et lui conférer un statut égal à ses rivales de Savoie et de Venise.
23. G. Kazerouni (dir.), *Les Couleurs du ciel : peintures des églises de Paris au XVIIe siècle*, Paris, Paris Musées, 2012, p. 43 *passim* ; *Louis XIV : l'homme et le roi*, Paris, Skira-Flammarion, 2009, p. 214-215. Un tableau de Simon Vouet, aujourd'hui dans l'église de Neuilly-Saint-Front dans l'Aisne, montre aussi le roi, à genoux dans sa robe de couronnement, offrant sa couronne et son sceptre au Christ en croix, avec Marie et Marie-Madeleine en prières. J. Thuillier, *Simon Vouet*, Paris, RMN, 1992, p. 434.

24. M. Warner, *Alone of All Her Sex : The Myth and the Cult of the Virgin Mary*, New York, Alfred A. Knopf, 1976, p. 103-117 ; *Louis XIV à Saint-Germain, 1638-1682 : de la naissance à la gloire*, Saint-Germain-en-Laye, Musée des Antiquités nationales de Saint-Germain-en-Laye, 1988, p. 21-22.
25. T. Sarmant, *Louis XIV : l'homme et le roi*, Paris, Tallandier, 2012, p. 38.
26. C. Dulong, *Anne d'Autriche…*, *op. cit.*, p. 175-176.
27. E. Lurin (dir.), *Le Château-Neuf de Saint-Germain-en-Laye*, Saint-Germain-en-Laye, Les Presses franciliennes, 2010, p. 137, 138.
28. P. Chevallier, *Louis XIII…*, *op. cit.*, p. 557-558 ; S. Perez, *La Santé de Louis XIV…*, *op. cit.*, p. 35.
29. *Louis XIV à Saint-Germain…*, *op. cit.*, p. 23.
30. H. Duccini, « Le Dauphin du miracle (5 septembre 1638) », *in* B. Barbiche *et alii* (dir.), *Pouvoirs, contestations et comportements dans l'Europe moderne*, Paris, Presses de l'université Paris-Sorbonne, 2005, p. 209-225.
31. C. Dulong, *Anne d'Autriche…*, *op. cit.*, p. 185.
32. G. Houdard, *Les Châteaux royaux…*, *op. cit.*, vol. II, p. 165.
33. J. Meyer, *La Naissance de Louis XIV*, Bruxelles, Complexe, 1989, p. 138 ; *Louis XIV à Saint-Germain…*, *op. cit.*, p. 21, 28 ; S. Perez, *La Santé de Louis XIV…*, *op. cit.*, p. 38-39.
34. J. Meyer, *La Naissance de Louis XIV*, *op. cit.*, p. 162.
35. H. Chérot, SJ, *La Première Jeunesse de Louis XIV*, Lille, Desclée de Brouwer, 1892, p. 13, Mlle Andrieu à Mme de Sennecey, 9 avril 1639.
36. C. Dulong, *Anne d'Autriche…*, *op. cit.*, p. 217, 219.
37. Comte de Beauchamp, *Louis XIII d'après sa correspondance avec le cardinal de Richelieu*, Paris, Renouard, 1902, p. 378-380, Louis XIII à Richelieu, 9, 13, 14 septembre 1640.
38. M. Deloche, *La Maison du cardinal de Richelieu, document inédit*, Paris, Édouard Champion, 1912, p. 406.
39. P. Mansel, *Pillars of Monarchy…*, *op. cit.*, p. 8, 9 ; père G. Daniel, *Histoire de la milice françoise*, *op. cit.*, vol II, p. 132, 153, 218 ; J. Héroard, *Journal sur l'enfance et la jeunesse de Louis XIII*, Paris, Firmin-Didot, 1868, 2 vol., vol. II, p. 202, 212, 2 novembre 1616, 20 juillet 1617.
40. A. Franklin, *La Cour de France et le maréchal d'Ancre*, Paris, Émile-Paul, 1914, p. 172, 185, 188 ; R. Masson, *Défendre le roi : la Maison militaire au XVIe siècle*, Ceyzérieux, Champ Vallon, 2017, p. 48, 53.
41. M. Deloche, *La Maison du cardinal de Richelieu…*, *op. cit.*, note p. 404.

42. *Ibid.*, p. 381, 383, 386, 388.
43. F. Hildesheimer (dir.), *Testament politique de Richelieu*, Paris, Société de l'histoire de France, 1995, p. 204-206.
44. C. Dulong, *Anne d'Autriche…, op. cit.*, p. 188, Chavigny à Mazarin.
45. P. Chevallier, *Louis XIII…, op. cit.*, p. 396, 448-450, 453.
46. *Ibid.*, p. 588-591, 594.
47. *Ibid.*, p. 596-597 ; C. Dulong, *Anne d'Autriche…, op. cit.*, p. 201, 204, 221, 229.
48. P. Chevallier, *Louis XIII…, op. cit.*, p. 591-592, 594, dépêches de Grimaldi, 1er, 8 juin 1642.
49. C. Dulong, *Anne d'Autriche…, op. cit.*, p. 23, 487.
50. *Ibid.*, p. 221-222 ; P. Chevallier, *Louis XIII…, op. cit.*, p. 597.
51. P. Chevallier, *Louis XIII…, op. cit.*, p. 598-599, 613 ; M. Deloche, *La Maison du cardinal de Richelieu…, op. cit.*, p. 388. Après l'accession de Jacques VI au trône d'Angleterre, la garde écossaise était devenue de plus en plus française : M. Glozier, *Scottish Soldiers in France in the Reign of the Sun King : Nursery for Men of Honour*, Leyde, Brill, 2004, p. 33-35.
52. P. Chevallier, *Louis XIII…, op. cit.*, p. 598, 610, 611, 612, Louis XIII à Séguier, 6 août 1642.
53. *Ibid.*, p. 620-621, 625-626, dépêches de l'ambassadeur de Venise Giustiniani, 11, 18 novembre 1642 ; M. Deloche, *La Maison du cardinal de Richelieu…, op. cit.*, p. 409 ; vicomte d'Avenel, *Lettres... et papiers d'État du cardinal de Richelieu*, Paris, Imprimerie impériale, 1853-1877, 8 vol., vol. VI, 7, p. 174 ; *cf.* M. Laurain-Portemer, *Études mazarines*, Paris, Boccard-Librairie des Arts et Métiers, 1981-1997, 2 vol., vol. II, p. 297.
54. P. Chevallier, *Louis XIII…, op. cit.*, p. 626-627, dépêche de l'ambassadeur de Venise Giustiniani, 25 novembre 1642.
55. C. Dulong, *Anne d'Autriche…, op. cit.*, p. 227.
56. F. Hildesheimer, *La Double Mort du roi Louis XIII*, Paris, Flammarion, 2011, p. 36, 38 ; P. Chevallier, *Louis XIII…, op. cit.*, p. 629.
57. J. Mazarin, *Carnets*, Tours, Prudhomme et L'Allier, 1893, 16 vol., p. 13, 28 novembre 1649.
58. R. J. Knecht, *The French Renaissance Court…, op. cit.*, p. 321-326.
59. Mme de Motteville, *Mémoires... sur Anne d'Autriche et sa cour*, Paris, Plon, 1904-1911, 4 vol., vol. IV, p. 49.
60. M. Laurain-Portemer, *Études mazarines*, *op. cit.*, vol. II, p. 19, 35, 43, 49, 69, 79 ; S. Bertière, *Mazarin : le maître du jeu*, Paris, De Fallois, 2007, p. 402 ; M. Molé, *Mémoires*, Figeac, Aimé Champollion, 1855-1857, 4 vol., vol. IV, p. 314, 12 mai 1648.
61. F. Hildesheimer, *La Double Mort…, op. cit.*, p. 64, 69, 73.

62. *Ibid.*, p. 107, 137, 155.
63. F. de La Rochefoucauld, *Mémoires*, *op. cit.*, p. 894.
64. J.-F. Solnon, *La Cour de France*, *op. cit.*, p. 207. La rivalité des princes apparut tout au long du règne de Louis XIV à travers des querelles sur les signes extérieurs du rang, les princes du sang tentant à plusieurs reprises d'amoindrir les différences entre eux-mêmes et les princes de la famille royale.
65. F. Hildesheimer, *La Double Mort…*, *op. cit.*, p. 165, 168, 171, 180, 186-187, 225.
66. C. Levantal, *Louis XIV…*, *op. cit.*, vol. I, p. 44, 2 avril 1643.
67. J.-C. Petifils, *L'Assassinat d'Henri IV*, Paris, Perrin, 2009, p. 89, 98.
68. *Louis XIV à Saint Germain*, *op. cit.*, p. 28.
69. F. Hildesheimer, *La Double Mort…*, *op. cit.*, p. 188, 192.
70. *Ibid.*, p. 103, 202.
71. M. Dubois, « Mémoire fidèle des choses qui se sont passées à la mort de Louis XIII roi de France et de Navarre », *in* F. Danjou (dir.), *Archives curieuses de l'histoire de France*, 2e série, Paris, Beauvais Éditeur, vol. 5, 1838, p. 426-427, 423.
72. M. Laurain-Portemer, *Études mazarines*, *op. cit.*, vol. II, p. 353.
73. *Ibid.*, vol. I, p. 149, vol. II, p. 354 note, Mazarin à Bartet, 27 septembre 1651.
74. M. Dubois, « Mémoire… », *op. cit.*, p. 430, 445.
75. Vincent de Paul, *Lettres*, Paris, D. Dumoulin et Cie, 1882, 2 vol., vol. II, p. 138, Vincent de Paul à Bernard Codoing, 15 mai 1643.
76. F. Hildesheimer, *La Double Mort…*, *op. cit.*, p. 227.
77. S. d'Huart (dir.), *Lettres de Turenne*, Paris, S.E.V.P.E.N, 1971, p. 382, 16 mai 1643, à Mlle de Bouillon ; F. Hildesheimer, *La Double Mort…*, *op. cit.*, p. 235-236, Mazarin à Alphonse de Richelieu, 28 avril 1643, p. 241.
78. F. Hildesheimer, *La Double Mort…*, *op. cit.*, p. 279.
79. G. Houdard, *Les Châteaux royaux…*, *op. cit.*, vol. II, p. 181.
80. F. Hildesheimer, *La Double Mort…*, *op. cit.*, p. 244.
81. O. d'Ormesson, *Journal*, éd. Adolphe Chéruel, Paris, Imprimerie impériale, 1860-1861, 2 vol., vol. I, p. 43, 15 mai 1643.

Chapitre 2. « Notre bonne ville de Paris »

1. Mme de Motteville, *Chronique de la Fronde*, *op. cit.*, p. 157 ; *cf.* J. DeJean, *How Paris Became Paris : The Invention of the Modern City*, Londres, Bloomsbury, 2014, p. 5.

2. Voir J.-P. Babelon *et alii* (dir.), *Paris et ses rois*, Paris, Association Paris-Musée, 1988, p. 42.
3. R. Mousnier, *La Plume, la faucille et le marteau : institutions et société en France, du Moyen Âge à la Révolution*, Paris, PUF, 1970, p. 135.
4. J. Evelyn, *Diary and Correspondence*, éd. William Bray, Londres, George Bell, 1879, 4 vol., vol. I, p. 51, 4 janvier 1644 ; O. Ranum, *The Fronde : A French Revolution, 1648-1652*, New York, W. W. Norton, 1993, p. 16.
5. A. Lloyd Moote, *The Revolt of the Judges : The Parlement of Paris and the Fronde, 1643-1652*, Princeton, Princeton University Press, 1971, p. 8, 19, 113-114 ; O. d'Ormesson, *Journal*, *op. cit.*, vol. I, p. 448, février 1648.
6. F. Hildesheimer, *La Double Mort…*, *op. cit.*, p. 40, 41, note p. 43.
7. Comte de Beauchamp, *Louis XIII d'après sa correspondance…*, *op. cit.*, p. 337, Louis XIII à Richelieu, 30 mars 1638.
8. O. Ranum, *The Fronde…*, *op. cit.*, p. 100, 116, 181. Discours du 6 mars 1648. *Cf.* Arch. nat, Débats du Parlement, fol. 60.
9. Mme de Motteville, *Chronique de la Fronde*, *op. cit.*, p. 112.
10. O. Ranum, *Paris in the Age of Absolutism…*, *op. cit.*, p. 3.
11. K. Newman, *Cultural Capitals : Early Modern London and Paris*, Princeton, Princeton University Press, 2007, p. 2, note p. 4.
12. O. Ranum, *Paris in the Age of Absolutism…*, *op. cit.*, p. 27.
13. O. Ranum, *The Fronde…*, *op. cit.*, p. 55-56.
14. A. N. Hamscher, *The Parlement of Paris after the Fronde, 1653-1673*, Pittsburgh, University of Pittsburgh Press, 1976, p. 9, 71, 98, 107.
15. J. Evelyn, *Diary and Correspondence*, *op. cit.*, vol. I, p. 47, 24 décembre 1643.
16. J.-M. Le Gall, « Paris à la Renaissance », in *id.* (dir.), *Les Capitales de la Renaissance*, Rennes, PUR, 2011, p. 59-62.
17. J. Evelyn, *Diary and Correspondence*, *op. cit.*, vol. I, p. 47, 24 décembre 1643.
18. A. P. Faugère (dir.), *Journal du voyage de deux jeunes Hollandais à Paris en 1656 et 1657*, Paris, Édouard Champion, 1899, p. 42.
19. R. Mousnier, *La Plume, la faucille et le marteau…*, *op. cit.*, p. 134 ; C. Jones, *Paris : Biography of a City*, Londres, Allen Lane, 2004, p. 119 ; J.-P. Babelon *et alii* (dir.), *Paris et ses rois*, *op. cit.*, p. 134-135.
20. J.-P. Marana, *Lettre d'un Sicilien à un de ses amis*, *op. cit.*, p. 23, 43, 45.
21. P. Skippon, *An Account of a Journey made through Part of the Low Countries, Germany, Italy and France, In A Collection*

of Travels, A. Churchill et J. Churchill, 1732, 6 vol., vol. VI, p. 361-736 à 732-733.
22. A. Fierro, *Histoire et dictionnaire de Paris*, Paris, Robert Laffont, « Bouquins », 1996, p. 358, 558 ; R. Mousnier, *La Plume, la faucille et le marteau…*, *op. cit.*, p. 127.
23. J.-M. Le Gall, « Paris à la Renaissance » *op. cit.*, p. 46-49.
24. J. Evelyn, *Diary and Correspondence*, *op. cit.*, vol. I, p. 49, 24 décembre 1643.
25. C. Dulong, *Anne d'Autriche…*, *op. cit.*, p. 193 ; P. Chevallier, *Louis XIII…*, *op. cit.*, p. 579-581.
26. C. Dulong, *Anne d'Autriche…*, *op. cit.*, p. 251 ; S. Hanley, *The Lit de Justice of the Kings of France : Constitutional Ideology in Legend, Ritual, and Discourse*, Princeton, Princeton University Press, 1983, p. 308-315.
27. Marquis de La Fare, *Mémoires et réflexions*, Paris, G. Charpentier et Cie, 1884, p. 252 ; *cf.* Mme de Motteville, *Chronique de la Fronde*, *op. cit.*, p. 562-563, 614, 616.
28. *Ibid.*, p. 62, 142.
29. C. Dulong, *Anne d'Autriche…*, *op. cit.*, p. 263.
30. O. d'Ormesson, *Journal*, *op. cit.*, vol. I, p. 110, 119, 22 septembre, 4 novembre 1643 ; C. Dulong, *Anne d'Autriche…*, *op. cit.*, p. 301 ; comte de La Châtre, *Mémoires*, Paris, Guyot Frères, 1838, p. 283.
31. C. Dulong, *Anne d'Autriche…*, *op. cit.*, p. 218-219.
32. O. d'Ormesson, *Journal*, *op. cit.*, vol. I, p. 216, 223, 261, septembre, octobre, novembre 1644 ; A. Gady, « Le Palais-Royal sous la régence d'Anne d'Autriche », *in* I. de Conihout et P. Michel (dir.), *Mazarin : les lettres et les arts*, Saint-Remy-en-l'Eau, Éditions Monelle Hayot, 2006, p. 115, 119.
33. C. Dulong, *Anne d'Autriche…*, *op. cit.*, p. 323.
34. S. Bertière, *Mazarin…*, *op. cit.*, p. 318, 324-325 ; J.-C. Petitfils, *Fouquet*, Paris, Perrin, « Tempus », 2005, p. 141, 151.
35. J.-F. Solnon, *Histoire des favoris*, Paris, Perrin, 2000 ; S. Bertière, *Mazarin…*, *op. cit.*, p. 539-541 ; C. Dulong, *Anne d'Autriche…*, *op. cit.*, p. 393-401.
36. *Ibid.*, p. 325-327 ; N. Nichols Barker, *Brother to the Sun King : Philippe, Duke of Orléans*, Baltimore, Johns Hopkins University Press, 1989, p. 24.
37. C. Dulong, *Anne d'Autriche…*, *op. cit.*, p. 295-297 ; F. de La Rochefoucauld, *Mémoires*, *op. cit.*, p. 896, 916.
38. C. Dulong, *Anne d'Autriche…*, *op. cit.*, p. 273.
39. J. Mazarin, *Lettres du cardinal Mazarin pendant son ministère*, éd. Adolphe Chéruel, Paris, Imprimerie nationale, 1872-1906, 9 vol., vol. II, p. 555, Mazarin au marquis de Fontenay, 21 décembre 1647.

40. M. Dubois, *Moi, Marie Dubois... valet de chambre de Louis XIV*, Rennes, Éd. Apogée, 1994, p. 36-37.
41. C. Dulong, *Anne d'Autriche...*, *op. cit.*, p. 303.
42. P. de La Porte, *Mémoires...*, *op. cit.*, p. 130, 137 ; A. Vallot, A. d'Aquin et G. C. Fagon, *Journal de la santé du roi Louis XIV de l'année 1647 à l'année 1711*, éd. J. A. Le Roi, 1862, p. 7, 11 ; *cf.* Mme de Motteville, *Mémoires... sur Anne d'Autriche...*, *op. cit.*, vol. I, p. 396, « un prince tout à fait porté à la douceur et à la bonté ».
43. P. de La Porte, *Mémoires...*, *op. cit.*, p. 142 ; M. Dubois, *Moi, Marie Dubois...*, *op. cit.*, p. 38 note, lettre du 1er juillet 1647.
44. P. de La Porte, *Mémoires...*, *op. cit.*, p. 130 ; O. d'Ormesson, *Journal*, *op. cit.*, vol. I, p. 262, février 1645.
45. C. Levantal, *Louis XIV...*, *op. cit.*, vol. I, p. 46, 47, 48, 2 juillet, 29 août 1643, 25 mars 1644.
46. *Ibid.*, p. 48, 13, 23 avril 1644.
47. C. Mignot, *Le Val-de-Grâce : l'ermitage d'une reine*, Paris, CNMHS et CNRS, 1994, p. 26, 34.
48. O. Chaline, « Anne of Austria, Founder of the Val-de-Grâce in Paris », *in* D. Raeymakers *et alii* (dir.), *A Constellation of Courts : The Courts and Households of Habsburg Europe*, Louvain, Presses universitaires de Louvain, 2014, p. 155-165, p. 255-266, 265.
49. C. Levantal, *Louis XIV...*, *op. cit.*, vol. I, p. 64, 2 août 1647.
50. O. d'Ormesson, *Journal*, *op. cit.*, vol. I, p. 226, novembre 1644.
51. K. Britland, « Exile or Homecoming ? Henrietta Maria in France, 1644-1669 », *in* P. Mansel et T. Riotte (dir.), *Monarchy and Exile : The Politics of Legitimacy from Marie de Médicis to Wilhelm II*, Basingstoke, Palgrave Macmillan, 2011, p. 120-143 à p. 124, 127.
52. J. Vallier, *Journal de Jean Vallier : maître d'hôtel du roi*, Paris, H. Laurens, 1902, 4 vol., vol. I, p. 367, juillet 1649.
53. R. Hutton, *Charles II : King of England, Scotland and Ireland*, Oxford, Oxford University Press, 1991, p. 20-21 ; A. Fraser, *King Charles II*, Londres, Weidenfeld and Nicolson, 2002, p. 49.
54. R. Hutton, *Charles II...*, *op. cit.*, p. 30, 224.
55. Mme de Motteville, *Chronique de la Fronde*, *op. cit.*, p. 126, 135.
56. F. Bayard, « Du rôle exact de l'argent dans le déclenchement de la Fronde », *in* R. Duchêne et P. Ronzeaud (dir.), *La Fronde en questions*, Aix-en-Provence, Université de Provence, 1989, p. 74 ; O. Ranum, *The Fronde...*, *op. cit.*, p. 31.
57. J. Evelyn, *Diary and Correspondence*, *op. cit.*, vol. II, p. 8, 7 septembre 1649.
58. A. Lloyd Moote, *The Revolt of the Judges...*, *op. cit.*, p. 78-80.
59. O. Ranum, *Paris in the Age of Absolutism...*, *op. cit.*, p. 207-209.

60. O. Ranum, *The Fronde…*, *op. cit.*, p. 52, 55.
61. *Ibid.*, p. 91, 92 ; Mme de Motteville, *Chronique de la Fronde*, *op. cit.*, p. 126.
62. O. Ranum, *The Fronde…*, *op. cit.*, p. 98, 99, 101, 109, 113 ; C. Dulong, *Anne d'Autriche…*, *op. cit.*, p. 339.
63. *Ibid.*, p. 345 ; A. Hugon, *Naples insurgée, 1647-1648 : de l'événement à la mémoire*, Rennes, PUR, 2011, p. 159.
64. S. Bertière, *Mazarin…*, *op. cit.*, p. 404-405.
65. O. d'Ormesson, *Journal*, *op. cit.*, vol. II, 2, p. 273, 333, 14 septembre 1644, mars 1645, 25 novembre 1645 ; C. Levantal, *Louis XIV…*, *op. cit.*, vol. I, p. 65-66, 23 août 1647.
66. J. Russell Major, *From Renaissance Monarchy to Absolute Monarchy : French Kings, Nobles, & Estates*, Baltimore, Johns Hopkins University Press, 1994, *passim*.
67. A. Lloyd Moote, *The Revolt of the Judges…*, *op. cit.*, p. 136 ; O. Ranum, *The Fronde…*, *op. cit.*, p. 133, 145.
68. O. d'Ormesson, *Journal*, *op. cit.*, vol. II, p. 69, 13 juillet 1648.
69. O. Ranum, *The Fronde…*, *op. cit.*, p. 114.
70. *Ibid.*, p. 152-155 ; M. Dubois, *Moi, Marie Dubois…*, *op. cit.*, p. 55-56.
71. D. A. Watts, « La Journée des barricades racontée par les mémorialistes du temps », *in* R. Duchêne et P. Ronzeaud (dir.), *La Fronde en questions*, *op. cit.*, p. 51-62 aux p. 52, 55 ; Robert Descimon, « Les barricades frondeuses », in *ibid.*, p. 245-262 aux p. 245, 251.
72. O. Ranum, *The Fronde…*, *op. cit.*, p. 156, 160 ; O. d'Ormesson, *Journal*, *op. cit.*, vol. I, p. 569, août 1648.
73. Mme de Motteville, *Chronique de la Fronde*, *op. cit.*, p. 153.
74. D. A. Watts, « La Journée des barricades… », *op. cit.*, p. 58.
75. Mme de Motteville, *Chronique de la Fronde*, *op. cit.*, p. 102, 218.
76. M. Dubois, *Moi, Marie Dubois…*, *op. cit.*, p. 58-61.
77. « Les carnets de Mazarin pendant la Fronde (septembre-octobre 1648) », *Revue historique*, t. 4, Fasc. 1 (1877), p. 103-138, p. 108. S. Bertière, *Mazarin…*, *op. cit.*, p. 424.
78. C. Jouhaud, *Mazarinades : la Fronde des mots*, Paris, Aubier, 1985, p. 16.
79. S. Bertière, *Mazarin…*, *op. cit.*, p. 538 ; J. Lough, *France Observed in the Seventeenth Century by British Travellers*, Stocksfield, Oriel Press, 1985, p. 140, citant des remarques de Richard Symonds.
80. M. Molé, *Mémoires*, *op. cit.*, vol. IV, p. 352-353, lettres des 25, 26 juillet 1649.
81. Société de l'histoire de France, *Registres de l'Hôtel de Ville de Paris pendant la Fronde*, Le Roux de Lincy et Douet-D'Arq,

1846-1848, 3 vol., 1846-1848 (ci-après RHV), vol. I, p. 38, 26 août 1648.
82. M. Dubois, *Moi, Marie Dubois…*, *op. cit.*, p. 61-63.
83. J. Vallier, *Journal de Jean Vallier…*, *op. cit.*, vol. I, p. 98, 30, 31 août 1648.
84. C. Dulong, *Anne d'Autriche…*, *op. cit.*, p. 350, 355-356.
85. Mme de Motteville, *Chronique de la Fronde*, *op. cit.*, p. 160-161.
86. S. Bertière, *Mazarin…*, *op. cit.*, p. 434-435 ; O. Ranum, *The Fronde…*, *op. cit.*, p. 170-171.
87. *Ibid.*, p. 148, 164-165, 175, 180.
88. A. N. Hamscher, *The Parlement of Paris after the Fronde…*, *op. cit.*, p. 17.
89. La Grande Mademoiselle, *Mémoires*, Paris, Mercure de France, 2005, p. 71.
90. Mme de Motteville, *Chronique de la Fronde*, *op. cit.*, p. 225.
91. La Grande Mademoiselle, *Mémoires*, *op. cit.*, p. 73 ; Mme de Motteville, *Chronique de la Fronde*, *op. cit.*, p. 227-228 ; C. Dulong, *Marie Mancini : la première passion de Louis XIV*, Paris, Perrin, 1993, p. 360-361.
92. S. Bertière, *Mazarin…*, *op. cit.*, p. 440.
93. *Ibid.*, p. 442 ; Mme de Motteville, *Chronique de la Fronde*, *op. cit.*, p. 232, Louis XIV au prévôt des marchands, 5 janvier 1649.
94. Mme de Motteville, *Chronique de la Fronde*, *op. cit.*, p. 243, 258.
95. RHV, vol. I, p. 118, 138, 252, 254, 11, 15 janvier, 22 février 1649 ; S. Bertière, *Mazarin…*, *op. cit.*, p. 449 ; M. Dubuisson-Aubenay, *Journal des guerres civiles*, Paris, Honoré Champion, 1883-1885, 2 vol, vol. I, p. 108-114, janvier 1649 ; O. Ranum, *The Fronde…*, *op. cit.*, p. 186.
96. *Ibid.*, p. 183, 196.
97. M. Dubois, *Moi, Marie Dubois…*, *op. cit.*, p. 76 ; *cf.* Mme de Motteville, *Chronique de la Fronde*, *op. cit.*, p. 254.
98. O. Ranum, *The Fronde…*, *op. cit.*, p. 184 ; C. Dulong, *Anne d'Autriche…*, *op. cit.*, p. 363.

Chapitre 3. La lutte pour la France

1. G. Lacour-Gayet, *L'Éducation politique de Louis XIV*, Paris, Hachette, 1898, p. 315, 318, 324-325.
2. S. Bertière, *Condé : Le héros fourvoyé*, Paris, De Fallois, 2014, p. 266 ; J. Russell Major, *From Renaissance Monarchy to Absolute Monarchy…*, *op. cit.*, p. 307.

3. *Ibid.*, p. 295-296 ; O. Ranum, *The Fronde…*, *op. cit.*, p. 297, 301.
4. P. A. Knachel, *England and the Fronde : The Impact of the English Civil War and Revolution on France*, Ithaca, NY, Cornell University Press 1967, note p. 104, p. 117.
5. Mme de Motteville, *Chronique de la Fronde*, *op. cit.*, p. 261, 277.
6. Duchesse de Nemours, *Mémoires*, Paris, Mercure de France, 1990, p. 86 ; *cf.* R. Masson, *Défendre le roi…*, *op. cit.*, p. 78.
7. J. Vallier, *Journal de Jean Vallier…*, *op. cit.*, vol. I, p. 75, 78, août 1648, vol. II, p. 261-262, janvier 1651.
8. *Ibid.*, vol. II, p. 124-125, mai 1650 ; *cf.* BnF Mss. fr. 4182 fol. 160 v, « certification des articles accordés au nom du roy pour la satisfaction et payement des colonels et capitaines suisses », 9 mai 1651.
9. J. Mazarin, *Lettres du cardinal Mazarin…*, *op. cit.*, vol. IV, p. 72, Mazarin à Lionne, 14 mars 1651.
10. S. Bertière, *Mazarin…*, *op. cit.*, p. 490.
11. F. de La Rochefoucauld, *Mémoires*, *op. cit.*, p. 984.
12. Mme de Motteville, *Chronique de la Fronde*, *op. cit.*, p. 626, 665.
13. J. Vallier, *Journal de Jean Vallier…*, *op. cit.*, vol. III, p. 228, mai 1652.
14. I. Murat, *Colbert*, Paris, Fayard, 1980, p. 26, 45.
15. Duchesse de Nemours, *Mémoires*, *op. cit.*, p. 61.
16. J. Mazarin, *Carnets*, *op. cit.*, p. 65, 18 décembre 1649.
17. S. Bertière, *Mazarin…*, *op. cit.*, p. 532, mémoire du 18 mai 1651.
18. Mme de Motteville, *Chronique de la Fronde*, *op. cit.*, p. 60, 170, 205.
19. F. de La Rochefoucauld, *Mémoires*, *op. cit.*, p. 985, 988, 992, 1064 ; Mme de Motteville, *Chronique de la Fronde*, *op. cit.*, p. 346.
20. F. de La Rochefoucauld, *Mémoires*, *op. cit.*, p. 850, 940 ; J. Vallier, *Journal de Jean Vallier…*, *op. cit.*, vol. I, p. 127, novembre 1648.
21. Arch. nat. [Cartons des Rois], L'antitabourettière, K 118, p. 24 ; *cf.* Mme de Sévigné, *Correspondance*, Paris, Gallimard, « Bibliothèque de la Pléiade », 3 vol., 1972-1976, vol. I, p. 205, à Mme de Grignan, 1er avril 1671, « ce divin tabouret ».
22. Comte de Guilleragues, *Correspondance*, Genève, Droz, 1976, 2 vol., vol. I, p. 260, Guilleragues à Louis XIV, 2 août 1680 ; chevalier d'Arvieux, *Mémoires*, Paris, C. J. B. Delespine, 1735, 6 vol., vol. VI, p. 286.
23. G. Patin, *Lettres... à Charles Spon*, éd. Laure Jestaz, Paris, Honoré Champion, 2006, 2 vol., vol. II, note p. 860, Patin à Spon, 26 mars 1652 ; *cf. Turenne et l'art militaire de son temps*, Paris, Les Belles Lettres, 1978, p. 37, 41.

24. O. Ranum, *The Fronde…*, *op. cit.*, p. 207 ; Mme de Motteville, *Chronique de la Fronde*, *op. cit.*, p. 233.
25. S. Bertière, *Mazarin…*, *op. cit.*, p. 465, Lionne à Servien, 13 mars 1649.
26. O. Ranum, *The Fronde…*, *op. cit.*, p. 210-214 ; C. Levantal, *Louis XIV…*, *op. cit.*, vol. I, p. 72-74.
27. M. Molé, *Mémoires*, *op. cit.*, vol. IV, p. 39, Louis XIV à Molé, 28 avril 1649.
28. Mme de Motteville, *Chronique de la Fronde*, *op. cit.*, p. 365.
29. J. Mazarin, *Lettres du cardinal Mazarin…*, *op. cit.*, vol. IV, p. 547, Mazarin au duc de Mercœur, 20 décembre 1651 ; S. Bertière, *Mazarin…*, *op. cit.*, p. 478.
30. J. Vallier, *Journal de Jean Vallier…*, *op. cit.*, vol. I, p. 383, 18 août 1649 ; *cf.* H. Chérot, SJ, *La Première Jeunesse de Louis XIV*, *op. cit.*, p. 39-40.
31. S. Bertière, *Mazarin…*, *op. cit.*, p. 467 ; Mme de Motteville, *Chronique de la Fronde*, *op. cit.*, p. 375-377 ; O. d'Ormesson, *Journal*, *op. cit.*, vol. I, p. 761, août 1649 ; RHV, vol. II, p. 51, 18 août 1649.
32. O. d'Ormesson, *Journal*, *op. cit.*, vol. I, p. 763-764, 25 août 1649.
33. Mme de Motteville, *Chronique de la Fronde*, *op. cit.*, p. 380.
34. RHV, vol. II, p. 62-69, 2-6 septembre 1649 ; O. d'Ormesson, *Journal*, *op. cit.*, vol. I, p. 767, 5 septembre 1649 ; pour la palette des hôtes du roi, voir C. Levantal, *Louis XIV…*, *op. cit.*, vol. I, p. 93, 95, 18 avril, 17 mai, 8 août 1651.
35. H. Chérot, SJ, *La Première Jeunesse de Louis XIV*, *op. cit.*, p. 54, 62-69.
36. S. Bertière, *Condé…*, *op. cit.*, p. 229 ; Mlle de Montpensier, *Mémoires*, éd. Adolphe Chéruel, Paris, Charpentier, 1858-1859, 4 vol., vol. I, p. 194.
37. Arch. nat. AE vol. II, p. 848, traité du 2 octobre 1649.
38. F. de La Rochefoucauld, *Mémoires*, *op. cit.*, p. 934, 939, 942 ; O. Ranum, *The Fronde…*, *op. cit.*, p. 241.
39. J. Fehrenbach, *La Princesse Palatine : l'égérie de la Fronde*, Paris, Les Éditions du Cerf, 2016, p. 161 ; A. Blanchard, *Vauban*, Paris, Fayard, 2007, p. 77.
40. J. Mazarin, *Carnets*, *op. cit.*, p. 12, 28, novembre 1649, notes p. 94.
41. J. Vallier, *Journal de Jean Vallier…*, *op. cit.*, vol. II, 29, novembre 1649 : « Vraiment monsieur de Jarzé, vous êtes bien ridicule, on m'a dit que vous faites l'amoureux… vous me faites pitié ! » ; S. Bertière, *Mazarin…*, *op. cit.*, p. 486.

42. J. Vallier, *Journal de Jean Vallier*..., *op. cit.*, vol. III, p. 293, juin 1652 ; M. Bannister, *Condé in Context : Ideological Change in Seventeenth-Century France*, Oxford, Legenda, 2000, p. 41, 51, 107, 150.
43. S. Bertière, *Condé*..., *op. cit.*, p. 241 ; F. de La Rochefoucauld, *Mémoires*, *op. cit.*, p. 949-950.
44. RHV, vol. II, p. 83, 20 janvier 1650.
45. C. Levantal, *Louis XIV*..., *op. cit.*, vol. I, p. 78-88 ; O. Ranum, *The Fronde*..., *op. cit.*, p. 221, 243.
46. P. Fortin de La Hoguette, *Lettres aux frères Dupuy et à leur entourage, 1623-1662*, Florence, Giuliano Ferretti, 1999, 2 vol., vol. II, p. 666, La Hoguette à Jacques Dupuy, 30 octobre 1650.
47. H. Chérot, SJ, *La Première Jeunesse de Louis XIV*, *op. cit.*, p. 72, père Paulin à Piccolomini, 26 février 1650 ; *cf.* p. 76, 78 pour des réactions similaires en Bourgogne.
48. M. Molé, *Mémoires*, *op. cit.*, vol. IV, p. 393, Mazarin à Molé, 13 avril 1650.
49. Mme de Motteville, *Chronique de la Fronde*, *op. cit.*, p. 726.
50. O. d'Ormesson, *Journal*, *op. cit.*, vol. I, p. 768, 7 septembre 1649.
51. G. Lacour-Gayet, *L'Éducation politique de Louis XIV*, *op. cit.*, p. 160-162, citant des dépêches vénitiennes du 24 décembre 1652, 21 avril 1654, p. 259-260.
52. P. Mormiche, *Devenir prince : l'école du pouvoir en France, XVIIe – XVIIIe siècles*, Paris, éditions du CNRS, 2009, p. 277, 329. En 1665, il pouvait s'entretenir avec Le Bernin en italien.
53. Hardouin de Péréfixe, *Histoire du Roi Henri le Grand*, Paris, J.-M. Barret, 1816, p. 4 ; G. Lacour-Gayet, *L'Éducation politique de Louis XIV*, *op. cit.*, p. 146, 149-150, 205.
54. *Ibid.*, p. 96, 99 note, 102, 106, 202 et *passim* ; P. Mormiche, *Devenir prince*..., *op. cit.*, p. 204, 423.
55. BnF Mss. fr. 3858 Carnets de Louis XIV, fol. 19, 23 et *passim*.
56. G. Lacour-Gayet, *L'Éducation politique de Louis XIV*, *op. cit.*, p. 103, 114 ; M. Dubois, *Moi, Marie Dubois*..., *op. cit.*, p. 30 ; P. Mormiche, *Devenir prince*..., *op. cit.*, p. 203, 271, 451.
57. *Ibid.*, p. 295, comte de Chârost à Dubois, 30 juin 1647.
58. L.-H. de Loménie, comte de Brienne, *Mémoires*, Paris, Éd. Barrière, 1916-1919, 3 vol., p. 1916-1919, vol. I, p. 20, 63-64 ; C. Dulong, *Anne d'Autriche*..., *op. cit.*, p. 306-307 ; G. Lacour-Gayet, *L'Éducation politique de Louis XIV*, *op. cit.*, note de la p. 110.
59. M. Cojannot-Le Blanc, « "Il avoit fort dans le cœur son Alexandre..." : l'imaginaire du jeune Louis XIV d'après La Mesnardière et la peinture des Reines de Perse par Le Brun" », *XVIIe Siècle*, n° 251, 2, 2011, p. 371-396.

60. Bibliothèque interuniversitaire de la Sorbonne (ci-après BS) p. 1290 fol. 145, Louis XIV au maréchal de Gramont, 24 juillet 1667.
61. F. de La Rochefoucauld, *Mémoires*, *op. cit.*, p. 969 ; H. Chérot, SJ, *La Première Jeunesse de Louis XIV*, *op. cit.*, p. 86, citant une lettre de Colbert.
62. S. Bertière, *Mazarin…*, *op. cit.*, p. 519-521 ; V. J. Pitts, *La Grande Mademoiselle at the Court of France*, Baltimore, Johns Hopkins University Press, 2000, p. 63 ; La Grande Mademoiselle, *Mémoires*, *op. cit.*, p. 95.
63. F. de La Rochefoucauld, *Mémoires*, *op. cit.*, p. 949, 950, 953, 976, 979, 980.
64. L. Raffin, *Anne de Gonzague, Princesse Palatine, 1616-1684*, Paris, Desclée de Brouwer, 1935, p. 145, Mazarin à Anne d'Autriche, 30 juin 1651.
65. J. Fehrenbach, *La Princesse Palatine…*, *op. cit.*, p. 167, 173, 175.
66. C. Levantal, *Louis XIV…*, *op. cit.*, vol. I, p. 91, 5-7 février 1651 ; J. Fehrenbach, *La Princesse Palatine…*, *op. cit.*, p. 163-167.
67. E. Godley, *The Great Condé : A Life of Louis II de Bourbon, Prince of Condé*, Londres, John Murray, 1915, p. 320.
68. Maréchal du Plessis, *Mémoires*, Paris, C. Barbin & C. Ballard, 1676, p. 361, 364, 365, 367 ; Mlle de Montpensier, *Mémoires*, *op. cit.*, vol. I, p. 30 ; M. Dubuisson-Aubenay, *Journal des guerres civiles*, *op. cit.*, vol. II, p. 16-17, 35, février, 19 mars 1651.
69. Mme de Motteville, *Chronique de la Fronde*, *op. cit.*, p. 624, 627, 629 ; S. Bertière, *Mazarin…*, *op. cit.*, p. 525.
70. Mlle de Montpensier, *Mémoires*, *op. cit.*, vol. I, p. 301 ; S. Bertière, *Mazarin…*, *op. cit.*, p. 525 et note p. 73.
71. Maréchal du Plessis, *Mémoires*, *op. cit.*, p. 361, 364, 365, 367.
72. R. J. Knecht, *The French Renaissance Court…*, *op. cit.*, p. 74, 265, 307.
73. *Ibid.*, p. 265, 307 ; M. McGowan, *Dance in the Renaissance : European Fashion, French Obsession*, New Haven, Yale University Press, 2008, p. 233-234, 237.
74. C. Levantal, *Louis XIV…*, *op. cit.*, vol. I, p. 52, 27 février 1645 ; *cf.* O. d'Ormesson, *Journal*, *op. cit.*, vol. I, p. 261, 26 février 1645, déclarant que le roi danse « avec toute l'adresse et la bonne grâce imaginables » ; P. Mormiche, *Devenir prince…*, *op. cit.*, p. 317, citant la *Gazette*, 14 avril 1654, « S.M. fit paraître de nouvelles grâces qui obligèrent les spectateurs d'avouer que ce grand monarque paraît véritablement roy en toutes ses actions » ; M. M. McGowan, *The Court Ballet of Louis XIII : A Collection of Working Designs for Costumes, 1615-1633*, Londres, Victoria and Albert Museum, Hobhouse and Morton Morris, 1986, *passim*.

75. R. Astier, « Louis XIV, “premier danseur” », *in* D. L. Rubin (dir.), *Sun King : The Ascendancy of French Culture during the Reign of Louis XIV*, Washington, Folger Books, 1992, p. 73-102.
76. L. Bély (dir.), *Dictionnaire Louis XIV*, Paris, Robert Laffont, « Bouquins », 2015 (ci-après DL), p. 588 ; P. Beaussant, *Les Plaisirs de Versailles : théâtre et musique*, Paris, Fayard, 1996, p. 16 ; J. P. Néraudau, *L'Olympe du Roi-Soleil : mythologie et idéologie royale au Grand Siècle*, Paris, Les Belles Lettres, 2013, p. 122 ; P. Mormiche, *Devenir prince…*, *op. cit.*, p. 316.
77. C. Levantal, *Louis XIV…*, *op. cit.*, vol. I, p. 91, 26 février, 2 mars 1651 ; S. R. Cohen, *Art, Dance, and the Body in French Culture of the Ancien Régime*, Cambridge, Cambridge University Press, 2000, p. 15, 47-49, 80 ; *cf.* J. Prest, *Theatre under Louis XI : Cross-Casting and the Performance of Gender in Drama, Ballet and Opera*, Londres, Palgrave Macmillan, 2006, p. 89-91.
78. J. Mazarin, *Lettres du cardinal Mazarin…*, *op. cit.*, vol. IV, p. 63, Mazarin à Servien, 9 mars 1651.
79. *Ibid.*, 528, Mazarin à Senneterre, 3 décembre 1651.
80. A. Chéruel, *Histoire de France pendant la minorité de Louis XIV*, 4 vol., Paris, Hachette, 1879-1880, vol. IV, p. 273, 331-332.
81. C. Levantal, *Louis XIV…*, *op. cit.*, vol. I, p. 94-95, juin-août 1651.
82. Mme de Motteville, *Chronique de la Fronde*, *op. cit.*, p. 777.
83. E. Godley, *The Great Condé…*, *op. cit.*, p. 398.
84. O. Ranum, *The Fronde…*, *op. cit.*, p. 286, 309.
85. S. Bertière, *Mazarin…*, *op. cit.*, p. 535 ; A. Chéruel, *Histoire de France…*, *op. cit.*, vol. IV, p. 369, 379.
86. S. Bertière, *Mazarin…*, *op. cit.*, p. 537 ; A. Chéruel, *Histoire de France…*, *op. cit.*, vol. IV, p. 402.
87. S. Bertière, *Mazarin…*, *op. cit.*, p. 543.
88. Abbé Fr. Duffo, *Le Cérémonial de France à la cour de Louis XIV*, Paris, P. Lethielleux, 1936, p. 17-23, citant Sainctot, « Ordre de la Cérémonie touchant la Majorité du roy en 1651 ».
89. J. Evelyn, *Diary and Correspondence*, *op. cit.*, vol. I, p. 26-27, 7 septembre 1651.
90. H. Chérot, SJ, *La Première Jeunesse de Louis XIV*, *op. cit.*, p. 94-96.
91. S. Bertière, *Mazarin…*, *op. cit.*, p. 545.
92. S. A. Westrich, *The Ormée of Bordeaux : A Revolution during the Fronde*, Baltimore, Johns Hopkins University Press, 1972, p. 24.
93. BnF Mss. fr. 4182 fol. 82, 354, 364, 434, lettres des 2 février, 6, 10 septembre 1651, 20 février 1651.
94. C. Levantal, *Louis XIV…*, *op. cit.*, vol. I, p. 97.
95. Maréchal du Plessis, *Mémoires*, *op. cit.*, p. 377, 379.

96. H. Chérot, SJ, *La Première Jeunesse de Louis XIV*, *op. cit.*, p. 104, Mazarin à Paulin, 30 septembre 1651 ; S. Bertière, *Mazarin…*, *op. cit.*, p. 547.
97. Maréchal du Plessis, *Mémoires*, *op. cit.*, p. 379. Le roi avait déjà écrit le 9 septembre à Mazarin pour annuler toutes déclarations futures faites contre lui : BnF Fichier Charavay, p. 147, Louis XIV à Mazarin, 9 septembre 1651.
98. O. Ranum, *The Fronde…*, *op. cit.*, p. 319.
99. P. de La Porte, *Mémoires…*, *op. cit.*, p. 140 ; Jacques II, *Memoirs : His Campaigns as Duke of York, 1652-1660*, Bloomington, IN, Indiana University Press, 1962, p. 59.
100. G. Patin, *Lettres…*, *op. cit.*, vol. II, 862, lettre du 16 avril 1652.
101. J.-C. Petitfils, *Louis XIV*, Paris, Perrin, 2008, p. 109.
102. H. d'Orléans, duc d'Aumale, *Histoire des princes de Condé*, Paris, Calmann-Lévy, 1863-1896, 8 vol., vol. VI, p. 129-130, 132, 137, 139, 149.
103. G. Patin, *Lettres…*, *op. cit.*, vol. II, p. 820, lettre du 15 janvier 1652 ; O. Ranum, *The Fronde…*, *op. cit.*, p. 299.
104. G. Patin, *Lettres…*, *op. cit.*, vol. II, note p. 817, p. 831, lettres des 15, 30 janvier 1652 ; S. Bertière, *Mazarin…*, *op. cit.*, note de la p. 552, Mazarin à Naudé, 1652.
105. E. Scott, *The King in Exile : The Wanderings of Charles II from June 1646 to July 1654*, Londres, Constable, 1905, p. 337, 351-354, 434-435.
106. G. Patin, *Lettres…*, *op. cit.*, vol. II, 877, Patin à Spon, 10 mai 1652 ; J. Vallier, *Journal de Jean Vallier…*, *op. cit.*, vol. III, p. 211, 26 avril 1652.
107. R. Hutton, *Charles II*, *op. cit.*, p. 83 ; P. A. Knachel, *England and the Fronde…*, *op. cit.*, p. 236-240 ; J. Callow, *King in Exile : James II : Warrior, King and Saint*, Londres, Stroud, 2004, p. 78-80.
108. J. Vallier, *Journal de Jean Vallier…*, *op. cit.*, vol. III, p. 280, 287, juin 1652.
109. S. Bertière, *Condé…*, *op. cit.*, p. 310, 312.
110. RHV, vol. II, p. 233, 331, Louis XIV à la Ville de Paris, 6 avril 1652, 12 mai 1652.
111. J. Vallier, *Journal de Jean Vallier…*, *op. cit.*, vol. III, p. 232, 294, mai, juin 1652.
112. RHV, vol. II, p. 322, 11 mai 1652 ; O. Ranum, *The Fronde…*, *op. cit.*, p. 309, 311, 313-316.
113. J. Vallier, *Journal de Jean Vallier…*, *op. cit.*, vol. III, p. 307, juillet 1652 ; J. Callow, *King in Exile : James II…*, *op. cit.*, p. 85.

114. O. Ranum, *The Fronde…*, *op. cit.*, p. 328 ; J. Callow, *King in Exile : James II…*, *op. cit.*, p. 88, 94-100 ; C. Levantal, *Louis XIV…*, *op. cit.*, vol. I, p. 102, 21 août 1652.
115. J. Vallier, *Journal de Jean Vallier…*, *op. cit.*, vol. III, p. 318, 320, 325, juillet 1652.
116. *Ibid.*, p. 341, juillet 1652.
117. RHV, vol. III, p. 137, lettre de la Ville de Paris aux autres villes, 29 juillet 1652.
118. H. Ferrero (dir.), *Lettres de Henriette-Marie de France, Reine d'Angleterre à sa sœur Christine, Duchesse de Savoie*, Turin, H. Ferrero, 1881, p. 99, lettre du 8 mai 1652.
119. Vincent de Paul, *Lettres*, *op. cit.*, vol. II, p. 420, 429, 439, 449, lettres du 22 mai, 15 juillet, 16 août 1652.
120. J. Vallier, *Journal de Jean Vallier…*, *op. cit.*, vol. IV, p. 48-49, septembre 1652 ; N. Brière, *La Douceur du roi : le gouvernement de Louis XIV et la fin des Frondes 1648-1661*, Montréal, Presses universitaires de Laval, 2011 ; O. Ranum, *The Fronde…*, *op. cit.*, p. 317, 319.
121. J. Vallier, *Journal de Jean Vallier…*, *op. cit.*, vol. IV, p. 26, 68, septembre 1652.
122. RHV, vol. III, p. 285, 292, Louis XIV à la Ville de Paris, 17, 28 septembre 1652.
123. J. Vallier, *Journal de Jean Vallier…*, *op. cit.*, vol. IV, p. 56, septembre 1652 ; cardinal de Retz, *Mémoires*, Paris, Gallimard, « Folio Classique », 2003, p. 805, 835.
124. J. Vallier, *Journal de Jean Vallier…*, *op. cit.*, vol. IV, p. 85, octobre 1652 ; British Library (ci-après BL) Egerton mss. 1674, fol. 118, 5 octobre 1652.
125. J. Callow, *King in Exile : James II…*, *op. cit.*, p. 112 ; maréchal de Turenne, *Mémoires*, Paris, Renouard, 1909, 2 vol., vol. I, p. 220.
126. Mme de Motteville, *Chronique de la Fronde*, *op. cit.*, p. 794 ; maréchal du Plessis, *Mémoires*, *op. cit.*, p. 405, 422-424.
127. Cardinal de Retz, *Mémoires*, *op. cit.*, p. 835 ; S. Bertière, *Mazarin…*, *op. cit.*, p. 582 ; *cf.* J. Vallier, *Journal de Jean Vallier…*, *op. cit.*, vol. III, 253, 2 juin 1652.
128. *Ibid.*, vol. IV, p. 104, 21 octobre 1652 ; J. Janczukiewicz, « Gaston d'Orléans à la fin de la Fronde : la persistance dans la rébellion », *in* J.-P. Bardet *et alii* (dir.), *État et société en France aux XVIIe et XVIIIe siècles*, Paris, Presses Paris-Sorbonne, 2000, p. 331-345.
129. C. Levantal, *Louis XIV…*, *op. cit.*, vol. I, p. 105 ; M. Bannister, *Condé in Context…*, *op. cit.*, p. 135 ; Arch. nat. K 118, p. 51, « amnisties générales de tout ce qui s'est fait à l'occasion des mouvements passés, jusques à présent 22 octobre 1652 ».

130. J. Vallier, *Journal de Jean Vallier…*, *op. cit.*, vol. IV, p. 106, octobre 1652.
131. C. Levantal, *Louis XIV…*, *op. cit.*, vol. I, note p. 107 ; S. Bertière, *Mazarin…*, *op. cit.*, p. 587-578 ; voir cardinal de Retz, *Œuvres*, Paris, A. Fellet, 1870-1887, 9 vol., vol. VI, p. 456-458 : J. Mazarin, *Lettres du cardinal Mazarin…*, *op. cit.*, vol. V, p. 497 ; J. H. M. Salmon, *Cardinal de Retz : The Anatomy of a Conspirator*, Londres, Weidenfeld and Nicolson, 1969, p. 229, 231.
132. H. Chérot, SJ, *La Première Jeunesse de Louis XIV*, *op. cit.*, p. 139-140, Paulin à Mazarin, 25 décembre 1652.
133. Cardinal de Retz, *Mémoires*, *op. cit.*, p. 857-858 ; Mme de Motteville, *Chronique de la Fronde*, *op. cit.*, p. 796.
134. C. Levantal, *Louis XIV…*, *op. cit.*, vol. I, p. 108, 3 février 1653.
135. J.-C. Petitfils, *Louis XIV*, *op. cit.*, p. 126-127 ; G. Lacour-Gayet, *L'Éducation politique de Louis XIV*, *op. cit.*, p. 161, dépêche du 24 décembre 1652. Un manuscrit du ballet se trouve dans la collection Rothschild à Waddesdon Manor, Bucks.
136. I. de Benserade, *Ballet royal de la nuit*, 1653, éd. Marie-Claude Canova Green, Paris, Société de littératures classiques, 1997, p. 45.

Chapitre 4. Monsieur le Cardinal

1. J. Vallier, *Journal de Jean Vallier…*, *op. cit.*, vol. IV, p. 261-262 et note, 4 juillet 1653. La statue, par Gilles Guérin, est désormais dans une cour du château de Chantilly.
2. Mme de Motteville, *Chronique de la Fronde*, *op. cit.*, p. 254 ; *cf.* J. Vallier, *Journal de Jean Vallier…*, *op. cit.*, vol. III, note 234, mai 1652, et maréchal d'Estrées, *Mémoires sur la régence de Marie de Médicis (1610-1616) et sur celle d'Anne d'Autriche (1643-1650),* Paris, P. Bonnefon, 1910, p. 282, pour d'autres exemples d'insultes à la livrée du roi.
3. J. Vallier, *Journal de Jean Vallier…*, *op. cit.*, vol. IV, p. 292, août 1653 ; J. Mazarin, *Lettres du cardinal Mazarin…*, *op. cit.*, vol. IX, note p. 546, Mazarin à Fouquet, 12 mars 1660.
4. Mlle de Montpensier, *Mémoires*, *op. cit.*, vol. II, p. 335.
5. O. Ranum, *The Fronde…*, *op. cit.*, p. 229, 249-253, 261-262, 265, 269.
6. P. A. Knachel, *England and the Fronde…*, *op. cit.*, p. 161, 193, 214, évêque de Tulle à Mazarin, 11 août 1653 ; C. Jullian, *Histoire de Bordeaux, depuis les origines jusqu'en 1895*, Bordeaux, Féret et Fils, 1895, p. 493-496.

7. J. Vallier, *Journal de Jean Vallier...*, *op. cit.*, vol. IV, p. 279-280, juillet 1653.
8. *Ibid.*, p. 280-287, août 1653 ; S. A. Westrich, *The Ormée of Bordeaux...*, *op. cit.*, p. 129-130 ; O. Ranum, *The Fronde...*, *op. cit.*, p. 346.
9. C. Levantal, *Louis XIV...*, *op. cit.*, vol. I, p. 119, 22 février 1654 ; É. de Barthélemy, *La Princesse de Conti d'après sa correspondance inédite*, Paris, Firmin-Didot, 1875, p. 8.
10. S. Bertière, *Mazarin...*, *op. cit.*, p. 648-653, 659-660.
11. E. Scott, *The King in Exile...*, *op. cit.*, p. 359.
12. J. Mazarin, *Lettres du cardinal Mazarin...*, *op. cit.*, vol. V, p. 626, Mazarin à Vendôme, 8 juin 1653.
13. E. Scott, *The King in Exile...*, *op. cit.*, p. 443, 466, 490.
14. J. Mazarin, *Lettres du cardinal Mazarin...*, *op. cit.*, vol. VI, p. 227, 384, Mazarin au président de Bordeaux, 20 juillet, 14 novembre 1654, vol. VII, p. 451, Mazarin au résident de Bordeaux, 14 avril 1657 ; A. Fraser, *King Charles II*, *op. cit.*, p. 603.
15. O. Bordaz, *D'Artagnan*, Montréal, Balzac Le Griot, 2001, p. 72, Mazarin à Bordeaux, n.d.
16. J. Mazarin, *Lettres du cardinal Mazarin...*, *op. cit.*, vol. IX, p. 64, Mazarin à Lockhart, 22 septembre 1658.
17. M. Laurain-Portemer, *Études mazarines*, *op. cit.*, vol. I, p. 162, Servien à Mazarin, 22 août 1654.
18. R. M. Golden, *The Godly Rebellion : Parisian Curés and the Religious Fronde, 1652-1662*, Chapel Hill, NC, The University of North Carolina Press, 1981, p. 9, 21-24, 39, 58, 135 ; S. Bertière, *Mazarin...*, *op. cit.*, p. 669.
19. *Ibid.*, p. 673.
20. Dubost et Grell, p. 87-89.
21. Voir R. A. Jackson, *Vive le Roi ! A History of the French Coronation from Charles V to Charles X*, Chapel Hill, NC, University of North Carolina Press, 1984, p. 204 et *passim.*
22. *Ibid.*, p. 57-58.
23. Abbé Fr. Duffo, *Le Sacre de Louis XIV à Reims le 7 juin 1654*, Paris, P. Lethielleux, 1935, citant le récit d'un contemporain, Nicolas Sainctot, *passim.*
24. *Ibid.*, p. 49.
25. *Ibid.*, p. 46 ; R. A. Jackson, *Vive le Roi !...*, *op. cit.*, p. 97.
26. H. d'Avice, *La Pompeuse et magnifique cérémonie du sacre du roy Louis XIV*, Paris, Impr. d'E. Martin, 1655.
27. R. A. Jackson, *Vive le Roi !...*, *op. cit.*, p. 218.
28. É. Oy-Marra, « Mazarin et les fresques de Giovanni Francesco Romanelli dans l'appartement d'été d'Anne d'Autriche

au Louvre », *in* I. de Conihout et P. Michel (dir.), *Mazarin : les lettres et les arts…*, *op. cit.*, 2010, p. 145-155.

29. C. Aulanier, *Le Pavillon du roi : les appartements de la reine*, Paris, Éditions des Musées nationaux, 1959, p. 13, p. 45-47 ; *id.*, *La Petite Galerie : appartement d'Anne d'Autriche*, Paris, Éditions des Musées nationaux, 1961, p. 39.
30. C. Levantal, *Louis XIV…*, *op. cit.*, vol. I, p. 133, 16 mai 1655.
31. Dubost et Grell, p. 87 ; A. Lloyd Moote, *The Revolt of the Judges…*, *op. cit.*, p. 359 ; J. Mazarin, *Lettres du cardinal Mazarin…*, *op. cit.*, vol. VI, 13 avril 1655.
32. A. N. Hamscher, *The Parlement of Paris after the Fronde…*, *op. cit.*, p. 70, Mazarin à Fouquet, 25 mai 1657, p. 89, Séguier à Mazarin, 17 août 1654.
33. L. Vian, « Louis XIV au Parlement d'après les manuscrits du Parlement », in *Mémoires de la Société des sciences morales, des lettres et des arts de Seine et Oise*, Versailles, 1883, p. 103-115.
34. C. Dulong, *Le Mariage du Roi-Soleil*, Paris, Albin Michel, 1986, p. 79.
35. F. Bouquet (dir.), *Mémoires de Pierre Thomas, sieur de Fossé*, Rouen, F. Bouquet, 1876, 2 vol., vol. I, p. 255.
36. C. Dulong, *Anne d'Autriche…*, *op. cit.*, p. 430 ; C. de Baillon, *Henriette-Marie de France, reine d'Angleterre*, Paris, Didier, 1877, p. 562, Henriette-Marie à Charles II, 29 octobre 1655. Mme de Motteville l'avait aussi qualifié de timide : *Chronique de la Fronde*, *op. cit.*, vol. IV, p. 63.
37. G. Masson, *Queen Christina*, Londres, Secker & Warburg, 1968, p. 274-279, 281.
38. Comte F. U. Wrangel, *Première Visite de Christine de Suède à la cour de France, 1656*, Paris, Firmin-Didot, 1930, p. 234, Christine au cardinal Azzolino, n.d. Pour d'autres opinions flatteuses sur l'allure de Louis XIV, voir les rapports de l'ambassadeur de Venise *in* G. Lacour-Gayet, *L'Éducation politique de Louis XIV*, *op. cit.*, p. 243-244.
39. *Ibid.*, p. 245.
40. H. Chérot, SJ, *La Première Jeunesse de Louis XIV*, *op. cit.*, p. 117 (citant une mazarinade anonyme).
41. P. de La Porte, *Mémoires…*, *op. cit.*, p. 147, 159. *Cf.* S. Bertière, *Mazarin…*, *op. cit.*, note p. 608. La Porte était toutefois un partisan de Condé, et donc susceptible de dénigrer Mazarin : H. Chérot, SJ, *La Première Jeunesse de Louis XIV*, *op. cit.*, p. 73.
42. Hortense et Marie Mancini, *Mémoires*, Paris, Mercure de France, 1987, p. 39.
43. Mlle de Montpensier, *Mémoires*, *op. cit.*, vol. III, p. 199.

44. Comte F. U. Wrangel, *Première Visite de Christine de Suède à la cour de France…*, *op. cit.*, p. 246, reine Christine au cardinal Azzolino, n.d.
45. Mme de Motteville, *Mémoires... sur Anne d'Autriche…*, *op. cit.*, vol. IV, p. 51, 83.
46. A. P. Faugère (dir.), *Journal du voyage de deux jeunes Hollandais…*, *op. cit.*, p. 429, 432, 9 janvier 1658.
47. J. Mazarin, *Lettres du cardinal Mazarin…*, *op. cit.*, vol. IX, p. 188-189, 292-293, Mazarin à la comtesse de Soissons 23 juillet, 8 septembre 1659.
48. A. Chéruel, *Histoire de France sous le ministère de Mazarin*, Paris, Hachette, 1882, 3 vol., vol. III, p. 268, lettres anonymes à Mazarin, octobre-novembre 1659.
49. C. Dulong, *Anne d'Autriche…*, *op. cit.*, p. 443 ; G. Lacour-Gayet, *L'Éducation politique de Louis XIV*, *op. cit.*, p. 170-171.
50. A. P. Faugère (dir.), *Journal du voyage de deux jeunes Hollandais…*, *op. cit.*, p. 416, 27 janvier 1658 ; J. Mazarin, *Lettres du cardinal Mazarin…*, *op. cit.*, vol. VIII, p. 359, Mazarin au maréchal de Gramont, 18 mai 1658 ; P. Visconti, *Mémoires sur la cour de Louis XIV, 1673-1681*, Paris, Perrin, 1988, p. 13 ; comte de Bussy-Rabutin, *Mémoires*, Paris, Mercure de France, 2010, p. 274 ; W. H. Lewis, *Assault on Olympus : The Rise of the House of Gramont*, New York, Harcourt Brace, 1958, p. 89, 117, 127, 136.
51. N. Nichols Barker, *Brother to the Sun King…*, *op. cit.*, p. 56, 60, 64 ; Mlle de Montpensier, *Mémoires*, *op. cit.*, vol. III, p. 213, 221, 335, 352, 354.
52. S. Bertière, *Mazarin…*, *op. cit.*, p. 703.
53. J. Vallier, *Journal de Jean Vallier…*, *op. cit.*, vol. IV, p. 275, 277, juillet 1653.
54. J. Mazarin, *Lettres du cardinal Mazarin…*, *op. cit.*, vol. VI, p. 648, Mazarin à Anne d'Autriche, 23 juillet 1653.
55. M. A. Gilbert, *Le Siège de Stenay en 1654*, Bar-le-Duc, 1893, p. 17, 59, 63, 89 ; S. Bertière, *Mazarin…*, *op. cit.*, p. 610.
56. A. Pierrot, *Histoire de Montmédy et du pays montmédien*, Lyon, 1910, 2 vol., vol. II, p. 73.
57. C. Levantal, *Louis XIV…*, *op. cit.*, vol. I, p. 123-124, juin-août 1654, p. 162-163, septembre-novembre 1657 ; A. Vallot, A. d'Aquin et G. C. Fagon, *Journal de la santé du roi Louis XIV…*, *op. cit.*, p. 16, journal de 1653.
58. J. Mazarin, *Lettres du cardinal Mazarin…*, *op. cit.*, vol. VII, p. 18, 20, 22, 25, Mazarin à Anne, 24, 27, 30, 31 juillet 1655.

59. *Ibid.*, p. 264, 311, Mazarin à Turenne, 6 juillet, 17 août 1656 ; *cf. ibid.*, vol. VI, p. 211, Mazarin à Le Tellier, 8 juillet 1654
60. A. Vallot, A. d'Aquin et G. C. Fagon, *Journal de la santé du roi Louis XIV…*, *op. cit.*, p. 13-15, 27-32, journal de 1653, 1655.
61. *Ibid.*, p. 17, 19, 32, note p. 36, p. 45-46, « digression sur l'incommodité du roi dont j'ai parlé ci-dessus », 1655.
62. *Ibid.*, p. 28 note ; *cf.* S. Perez, *La Santé de Louis XIV…*, *op. cit.*, p. 55.
63. S. Bertière, *Mazarin…*, *op. cit.*, p. 745.
64. C. Levantal, *Louis XIV…*, *op. cit.*, vol. I, p. 118, 8 janvier 1654 ; A. P. Faugère (dir.), *Journal du voyage de deux jeunes Hollandais…*, *op. cit.*, p. 54, 110, 19 janvier, 2 avril 1657.
65. Mlle de Montpensier, *Mémoires*, *op. cit.*, vol. III, p. 304, 313 ; BS 1289 fol. 125, Louis XIV à Anne d'Autriche, 5 septembre 1661.
66. J. Mazarin, *Lettres du cardinal Mazarin…*, *op. cit.*, vol. V, p. 647, Mazarin et Louis XIV à Anne, 21 juillet 1653.
67. *Ibid.*, vol. VII, p. 107, Mazarin à Louis, 5 octobre 1655.
68. *Ibid.*, vol. VIII, p. 575, Mazarin à Anne, 11 août 1658.
69. *Ibid.*, p. 553, Mazarin à Anne, 2 août 1658.
70. J.-B. Bossuet, *Oraisons funèbres*, éd. Jacques Truchet, Paris, Classiques Garnier, 1998, Oraison funèbre de la reine de la Grande-Bretagne, p. 114.
71. S. Bertière, *Mazarin…*, *op. cit.*, p. 711 ; J. Mazarin, *Lettres du cardinal Mazarin…*, *op. cit.*, vol. VIII, p. 484, Mazarin à Servien, 2 juillet 1658.
72. Rev. J. S. Clarke, *The Life of James the Second... Collected Out of Memoirs Writ of his own Hand*, Londres, Carlton House, 1816, 2 vol., vol. I, p. 349 ; J. Callow, *King in Exile : James II…*, *op. cit.*, p. 265-266.
73. J. Mazarin, *Lettres du cardinal Mazarin…*, *op. cit.*, vol. VIII, p. 375, Mazarin à Anne, 27 mai 1658.
74. S. Bertière, *Mazarin…*, *op. cit.*, p. 701 ; J. Mazarin, *Lettres du cardinal Mazarin…*, *op. cit.*, vol. VIII, p. 493, Mazarin à Colbert, 7 juillet 1658 ; A. Vallot, A. d'Aquin et G. C. Fagon, *Journal de la santé du roi Louis XIV…*, *op. cit.*, p. 52-73, « Histoire de la maladie du roi à Calais », 1658.
75. S. Bertière, *Mazarin…*, *op. cit.*, p. 701-705.
76. J. Mazarin, *Lettres du cardinal Mazarin…*, *op. cit.*, vol. VIII, p. 493, 499, Mazarin à Colbert, 7 juillet 1658, et à Turenne, 8 juillet 1658.
77. N. Nichols Barker, *Brother to the Sun King…*, *op. cit.*, p. 51-53.
78. S. Perez, *La Santé de Louis XIV…*, *op. cit.*, p. 73.
79. S. Bertière, *Mazarin…*, *op. cit.*, p. 631-632.

80. C. Dulong, *Mazarin et l'argent, banquiers et prête-noms*, Paris, École des chartes, 2002, p. 100, 109, 229, 231, 233, 234 ; V. J. Pitts, *Embezzlement and High Treason in Louis XIV's France : The Trial of Nicolas Fouquet*, Baltimore, Johns Hopkins University Press, 2015, p. 46, 95.
81. C. Dulong, *Anne d'Autriche…, op. cit.*, p. 401.
82. S. Bertière, *Mazarin…, op. cit.*, p. 640-642 ; C. Dulong, *Mazarin et l'argent…, op. cit.*, p. 229. L'un est désormais au Rijksmuseum, l'autre au Victoria and Albert Museum.
83. Mlle de Montpensier, *Mémoires, op. cit.*, vol. III, p. 234.
84. F. de Fossa, *Le Château historique de Vincennes à travers les âges*, Paris, H. Daragon, 1908, 2 vol., vol. I, p. 130 ; J. Chapelot, *Le Château de Vincennes*, Paris, Monum, 2003, p. 42 et *passim* ; D. Séré, *La Paix des Pyrénées : vingt-quatre ans de négociations entre la France et l'Espagne, 1635-1660*, Paris, Honoré Champion, 2007, p. 313.
85. Mlle de Montpensier, *Mémoires, op. cit.*, vol. III, p. 309-310, 314.
86. D. Séré, *La Paix des Pyrénées…, op. cit.*, p. 313-314, 332-335.
87. *Ibid.*, p. 340, 376, don Luis de Haro à Pimentel, 26 mars 1659.
88. *Ibid.*, p. 424, instructions de Condé à Jacques Caillet, 11 mai 1659 ; S. Bertière, *Mazarin…, op. cit.*, p. 754.
89. D. Séré, *La Paix des Pyrénées…, op. cit.*, p. 429, note p. 457, 462 ; E. Ducéré, *Le Mariage de Louis XIV*, Bayonne, impr. Lamaignère, 1903, carte entre les p. 56 et 57.
90. D. Séré, *La Paix des Pyrénées…, op. cit.*, p. 395, 403-404, citant les minutes du Conseil d'État espagnol, p. 411, 467.
91. *Ibid.*, p. 485, 493 ; H. Delpont, *Parade pour une infante : le périple nuptial de Louis XIV à travers le Midi de la France, 1659-1660*, Nérac, Éditions d'Albret, 2007 p. 74.
92. Mme de Motteville, *Mémoires... sur Anne d'Autriche…, op. cit.*, vol. IV, p. 83, 134.
93. Hortense et Marie Mancini, *Mémoires, op. cit.*, p. 107.
94. V. J. Pitts, *Embezzlement and High Treason…, op. cit.*, p. 258.
95. Mlle de Montpensier, *Mémoires, op. cit.*, vol. III, p. 328.
96. Hortense et Marie Mancini, *Mémoires, op. cit.*, p. 109-110.
97. D. Séré, *La Paix des Pyrénées…, op. cit.*, p. 431 ; C. Dulong, *Le Mariage du Roi-Soleil, op. cit.*, p. 41, 48.
98. *Ibid.*, p. 48.
99. Y.-M. Bercé, *Le Roi absolu : idées reçues sur Louis XIV*, Paris, Le Cavalier Bleu, « Idées reçues », 2013, p. 55-57.
100. J. Mazarin, *Lettres du cardinal Mazarin…, op. cit.*, vol. IX, p. 155-156, Mazarin à Louis XIV, 28 juin 1659 ; *id.*, *Lettres*

du cardinal Mazarin, *op. cit.*, éd. 1745, vol. I, p. 2, Mazarin à Louis XIV, 29 juin 1659.

101. S. Bertière, *Mazarin…*, *op. cit.*, p. 549.

102. *Ibid.*, p. 736.

103. J. Mazarin, *Lettres du cardinal Mazarin*, *op. cit.*, vol. IX, p. 253, Mazarin à Louis XIV, 28 août 1659 ; J. Mazarin, *Lettres*, éd. de 1745, vol. I, p. 75, Mazarin à Louis XIV, 16 juillet 1659.

104. C. Dulong, *Le Mariage du Roi-Soleil*, *op. cit.*, p. 62, 65-67 ; *id.*, *Marie Mancini…*, *op. cit.*, p. 66, 69.

105. J. Mazarin, *Lettres du cardinal Mazarin*, *op. cit.*, éd. 1745, vol. I, p. 98-103, Mazarin à Louis XIV, 29 juillet 1659.

106. E. Ducéré, *Le Mariage de Louis XIV*, *op. cit.*, p. 107.

107. J. Mazarin, *Lettres du cardinal Mazarin…*, *op. cit.*, vol. IX, p. 311, 316, à Louis XIV, 17, 20 septembre 1659.

108. C. Dulong, *Marie Mancini…*, *op. cit.*, p. 60-64.

109. E. Ducéré, *Le Mariage de Louis XIV*, *op. cit.*, p. 111.

110. H. Delpont, *Parade pour une infante…*, *op. cit.*, p. 26, 71, 125, 137, 215.

111. *Ibid.*, p. 64.

112. *Saint-Jean-de-Luz : étape royale, 1660-1960*, Bordeaux, Imprimerie Delmas, 1960, p. 17.

113. H. Delpont, *Parade pour une infante…*, *op. cit.*, p. 85, 112, 119.

114. *Ibid.*, p. 67.

115. *Ibid.*, p. 89-93.

116. I. de Benserade, *Ballet royal de la nuit*, *op. cit.*, note p. 95, rapport de Bartet, 21 octobre 1659 ; C. Dulong, *Le Mariage du Roi-Soleil*, *op. cit.*, p. 154-155.

117. H. Delpont, *Parade pour une infante…*, *op. cit.*, p. 154 ; *cf.* J. Arlet, *La Vie à Toulouse sous Louis XIV*, Portet-sur-Garonne, Loubatières nouvelles éditions, 2012, p. 10.

118. R. Sauzet, *Le Notaire et son roi : Étienne Borelly (1633-1718), un Nîmois sous Louis XIV*, Paris, Plon, 1998, p. 241, 9 janvier 1660.

119. C. Dulong, *Le Mariage du Roi-Soleil*, *op. cit.*, p. 163 ; D. Séré, *La Paix des Pyrénées…*, *op. cit.*, p. 538 ; S. Bertière, *Mazarin…*, *op. cit.*, p. 766-767.

120. H. Delpont, *Parade pour une infante…*, *op. cit.*, p. 104 ; comte de Coligny, *Mémoires*, éd. L. J. N. de Monmerqué, Paris, Jules Renouard, 1841, p. 61-62.

121. H. Delpont, *Parade pour une infante…*, *op. cit.*, p. 106, 138.

122. *Ibid.*, p. 105, 111 ; M. Monicault, *La Basilique Sainte-Marie-Madeleine et le couvent royal dominicain*, Aix-en-Provence, 1985, p. 16.

123. R. Pillorget, *Les Mouvements insurrectionnels de Provence entre 1596 et 1715*, Paris, Pedone, 1975, p. 819, 821, 824.
124. A. Crémieux, *Marseille et la royauté pendant la minorité de Louis XIV*, Paris, Hachette, 1917, 2 vol., vol. II, p. 798-799, 831-832.
125. J. Mazarin, *Lettres du cardinal Mazarin…*, *op. cit.*, vol. IX, 531, Mazarin à Fouquet, 6 mars 1659 ; H. Delpont, *Parade pour une infante…*, *op. cit.*, p. 141.
126. A. Crémieux, *Marseille et la royauté…*, *op. cit.*, vol. II, p. 835-836.
127. J. Lough, *France Observed…*, *op. cit.*, p. 141, citant les voyages de Philip Skippon.
128. C. Levantal, *Louis XIV…*, *op. cit.*, vol. I, p. 187-189, avril-mai 1660.

Chapitre 5. Le pouvoir des reines

1. H. Delpont, *Parade pour une infante…*, *op. cit.*, p. 224 ; E. Ducéré, *Le Mariage de Louis XIV*, *op. cit.*, p. 142, 148.
2. H. Delpont, *Parade pour une infante…*, *op. cit.*, p. 246 ; C. Dulong, *Le Mariage du Roi-Soleil*, *op. cit.*, p. 178.
3. J. Brown, *Velázquez : Painter and Courtier*, New Haven, Yale University Press, 1986, p. 249, 265.
4. J. Mazarin, *Lettres du cardinal Mazarin…*, *op. cit.*, vol. IX, p. 506, Mazarin à Colbert, 21 février 1660 ; I. Murat, *Colbert*, *op. cit.*, p. 85.
5. Mlle de Montpensier, *Mémoires*, *op. cit.*, vol. III, p. 457, 458, 460-461.
6. L. Goyetche, *Saint-Jean-de-Luz historique et pittoresque*, Bayonne, Larroulet, 1856, p. 109-116.
7. E. Ducéré, *Le Mariage de Louis XIV*, *op. cit.*, p. 188-189 ; Mlle de Montpensier, *Mémoires*, *op. cit.*, vol. III, p. 478.
8. E. Ducéré, *Le Mariage de Louis XIV*, *op. cit.*, p. 192-194 ; Mme de Motteville, *Mémoires... sur Anne d'Autriche…*, *op. cit.*, vol. IV, 202-203.
9. C. Dulong, *Le Mariage du Roi-Soleil*, *op. cit.*, p. 147, 196-198 ; Mlle de Montpensier, *Mémoires*, *op. cit.*, vol. III, p. 459 ; Mme de Motteville, *Mémoires... sur Anne d'Autriche…*, *op. cit.*, vol. IV, p. 215.
10. Mlle de Montpensier, *Mémoires*, *op. cit.*, vol. III, p. 471 ; E. Ducéré, *Le Mariage de Louis XIV*, *op. cit.*, p. 199-204.
11. C. Dulong, *Le Mariage du Roi-Soleil*, *op. cit.*, p. 201.
12. E. Ducéré, *Le Mariage de Louis XIV*, *op. cit.*, p. 208 ; C. Levantal, *Louis XIV…*, *op. cit.*, vol. I, p. 190 ; Mlle de Montpensier, *Mémoires*, *op. cit.*, vol. III, p. 482.

13. J. Mazarin, *Lettres du cardinal Mazarin…*, *op. cit.*, vol. IX, p. 596, Mazarin au marquis de Gesvres, 29 avril 1660.
14. Abbé Fr. Duffo, *Après le traité des Pyrénées*, Paris, P. Lethielleux, 1935, p. 18, 20, citant M. de Brienne, 11 juin 1660 ; D. de Cosnac, *Mémoires*, Paris, Renouard, 2 vol., 1852, vol. I, p. 284-285.
15. E. Ducéré, *Le Mariage de Louis XIV*, *op. cit.*, p. 212-218 ; Mme de Motteville, *Mémoires... sur Anne d'Autriche…*, *op. cit.*, vol. IV, p. 216.
16. *Ibid.*, vol. IV, p. 217.
17. Mlle de Montpensier, *Mémoires*, *op. cit.*, vol. III, p. 479.
18. Mme de Motteville, *Mémoires... sur Anne d'Autriche…*, *op. cit.*, vol. IV, p. 218.
19. C. Dulong, *Le Mariage du Roi-Soleil*, *op. cit.*, p. 171-173, 189 ; Mlle de Montpensier, *Mémoires*, *op. cit.*, vol. III, p. 455 ; E. Ducéré, *Le Mariage de Louis XIV*, *op. cit.*, p. 172.
20. Mlle de Montpensier, *Mémoires*, *op. cit.*, vol. III, p. 469 ; Mme de Motteville, *Mémoires... sur Anne d'Autriche…*, *op. cit.*, vol. IV, p. 208.
21. J.-B. Colbert, *Lettres, instructions et mémoires*, éd. P. Clément, Paris, Imprimerie impériale, 1861-1882, 9 vol., vol. I, p. 422, Colbert à Mazarin, 2 mars 1660.
22. M. Marais, *Lettre au sujet du mariage du roy*, 1660, p. 322, note p. 323, 326, note p. 329.
23. D. de Cosnac, *Mémoires*, *op. cit.*, vol. II, p. 29-30.
24. F. de La Rochefoucauld, *Œuvres complètes*, Paris, Gallimard, « Bibliothèque de la Pléiade », 1964, p. 606, à la marquise de Sablé, n.d. (1660).
25. J. Brown, *Velázquez…*, *op. cit.*, p. 250.
26. E. Ducéré, *Le Mariage de Louis XIV*, *op. cit.*, p. 230-231 ; C. Levantal, *Louis XIV…*, *op. cit.*, vol. I, p. 191 ; Delplace, p. 212.
27. F. de Fossa, *Le Château historique de Vincennes…*, *op. cit.*, vol. I, p. 139-144.
28. *Ibid.*, p. 139 ; R. Pillorget, « Quelques aspects de l'entrée de Louis XIV et de Marie-Thérèse à Paris », *in* C. Desplat et P. Mourounneau (dir.), *Les Entrées : gloire et déclin d'un cérémonial*, Biarritz, Société Henri IV/J&D Éditions, 1997, p. 207-222 ; J. Chevé, *Marie-Thérèse d'Autriche, épouse de Louis XIV*, Paris, Pygmalion, 2008.
29. M.-C. Moine, *Les Fêtes à la cour du Roi-Soleil, 1653-1715*, Paris, F. Sorlot-F. Lanore, 1984, p. 203.
30. R. Pillorget, « Quelques aspects de l'entrée… », *op. cit.*, p. 213-217.
31. Mme de Motteville, *Mémoires... sur Anne d'Autriche…*, *op. cit.*, vol. IV, p. 225-226.

32. ML, vol. I, p. 97-100, 27 août 1660.
33. R. Pillorget, « Quelques aspects de l'entrée... », *op. cit.*, p. 208-213.
34. L. M. Bryant, *The King and the City in the Parisian Royal Entry Ceremony : Politics, Ritual and Art in the Renaissance*, Genève, Droz, 1986, p. 210-215, 276-286.
35. J. Chevé, *Marie-Thérèse d'Autriche...*, *op. cit.*, p. 176-177 ; *L'Entrée triomphante de Leurs Majestez Louis XIV, Roy de France et de Navarre et Marie-Thérèse d'Austriche, son espouse, dans la ville de Paris...*, Pierre le Petit, Thomas Joly et Louis Bilaine, 1662, p. 31 :

    Venez o reine triomphante !
    Et recevoir des vœux et nous donner des Loix,
    Venez régner sur le cœur des français ;
    Et perdez sans regret le beau titre d'Infante
    Entre les bras du plus beau des roys.

36. R. Pillorget, « Quelques aspects de l'entrée... », *op. cit.*, p. 215.
37. *Ibid.*, p. 211.
38. S. Bertière, *Mazarin...*, *op. cit.*, p. 632.
39. Mme de Motteville, *Mémoires... sur Anne d'Autriche...*, *op. cit.*, vol. IV, p. 224.
40. S. Bertière, *Mazarin...*, *op. cit.*, p. 794-797, 801.
41. G. Mongrédien, *Louis XIV*, Paris, Albin Michel, 1963, p. 260-261, rapport de Giovanni Battista Nani, 1660.
42. S. Bertière, *Mazarin...*, *op. cit.*, p. 791-792, 821.
43. D. Dessert, *Le Royaume de Monsieur Colbert...*, *op. cit.*, p. 43, citant le récit du père Bissaro.
44. S. Bertière, *Mazarin...*, *op. cit.*, p. 822, 823 ; Mme de Motteville, *Mémoires... sur Anne d'Autriche...*, *op. cit.*, vol. IV, p. 234, 240, 245-246, 248.
45. BS, p. 1289 fol. 1, Louis XIV à Philippe IV, 17 mars 1661.
46. Mme de Motteville, *Mémoires... sur Anne d'Autriche...*, *op. cit.*, vol. IV, p. 249.
47. D. Séré, *La Paix des Pyrénées...*, *op. cit.*, p. 519.
48. H. Ferrero (dir.), *Lettres de Henriette-Marie de France...*, *op. cit.*, p. 121, Henriette-Marie à la duchesse de Savoie, 4 juin 1660.
49. J. Mazarin, *Lettres du cardinal Mazarin...*, *op. cit.*, vol. IX, note p. 625, p. 630, Mazarin à Montagu, 3 juillet 1660.
50. W. Forbes-Leith, SJ, *The Scots Men-at-Arm...*, *op. cit.*, vol. II, p. 211-212 ; M. Glozier, *Scottish Soldiers in France...*, *op. cit.*, p. 62, 68.
51. BS p. 1289, fol. 43, Louis XIV à Charles II, 2 avril 1661.

52. É. de Barthélemy (éd.), *La Galerie des portraits de Mademoiselle de Montpensier*, Paris, Didier, 1860 ; rééd. Elibron Classics, Adamant Media Corporation, 2003, p. 2-3, « Portrait du roi par Madame la comtesse de Brégis ».
53. *Ibid.*, p. 5-9, « Autre portrait du Roi par M. Martinet ».
54. Anonyme, *Relation et observations du royaume de France*, Cologne, 1681, p. 520.
55. D. de Cosnac, *Mémoires*, *op. cit.*, vol. I, p. 271.
56. N. Nichols Barker, *Brother to the Sun King…*, *op. cit.*, p. 69.
57. Mlle de Montpensier, *Mémoires*, *op. cit.*, vol. III, 511.
58. Mme de Motteville, *Mémoires... sur Anne d'Autriche…*, *op. cit.*, vol. IV, p. 255-256 ; *cf.* Sir J. Reresby, *Memoirs*, Londres, Royal Historical Society, 1991, p. 30.
59. D. de Cosnac, *Mémoires*, *op. cit.*, vol. I, p. 291, vol. II, p. 57 ; *cf.* Mlle de Montpensier, *Mémoires*, *op. cit.*, vol. IV, p. 102.
60. C. Dulong, *Marie Mancini…*, *op. cit.*, p. 115-119 ; J. Chevé, *Marie-Thérèse d'Autriche…*, *op. cit.*, p. 183, dépêche du nonce papal, 25 mars 1661.
61. Marquis de Saint-Maurice, *Lettres sur la cour de Louis XIV*, Paris, Jean Lemoine, 1910-1912, 2 vol., vol. II, p. 478, dépêche du 31 janvier 1673.
62. C. Dulong, *Marie Mancini…*, *op. cit.*, p. 203, 228-229, 336 et *passim*.
63. Mlle de Montpensier, *Mémoires*, *op. cit.*, vol. III, p. 507, 513-514.
64. *Être femme sous Louis XIV : du mythe à la réalité*, Marly, 2015, p. 10.
65. Jean Le Laboureur, *Relation du voyage de la Royne de Pologne et du retour de Madame la Mareschalle de Guébriant, ambassadrice extraordinaire et surintendante de sa conduite*, Robert de Nain, 1647*, passim.*
66. Bibliothèque Sainte-Geneviève (ci-après BSG), 2014, fol. p. 490, Louis XIV « à ma cousine la comtesse d'Armagnac mon ambassadrice extraordinaire en Piemont », 16 avril 1663. Une autre femme diplomate française, Isabelle de Montmorency, duchesse de Mecklembourg, serait en correspondance régulière depuis le Brunswick ou le Mecklenburg avec le ministre des Affaires étrangères, en rivalité ouverte avec des diplomates de sexe masculin : voir N. Reinhardt, « Les relations internationales à travers les femmes au temps de Louis XIV », *Revue d'histoire diplomatique* (ci-après RHD), n° 117, 3, 2003, p. 193-230, et P. Fromageot, *Isabelle de Montmorency, duchesse de Châtillon et de Mecklembourg*, Paris, Protat, 1913, *passim.*

67. Cité *in* N. Klein Maguire, « The Duchess of Portsmouth : English Royal Consort and French Politician, 1670-1685 », *in* R. M. Smuts (dir.), *The Stuart Courts and Europe*, Cambridge, Cambridge University Press, 1996, p. 259.
68. *Cf.* K. Targosz, *La Cour savante de Louise-Marie de Gonzague et ses liens scientifiques avec la France, 1646-1667*, Wrocław, Ossolineum, 1982, *passim.*
69. P. Sonnino, *The Search for the Man in the Iron Mask*, Londres, Rowman and Littlefield, 2016, p. 72 ; C. Dulong, *Mazarin et l'argent…*, *op. cit.*, p. 214, 218.
70. R. I. Frost, « The Ethiopian and the Elephant ? Queen Louise Marie Gonzaga and Queenship in an Elective Monarchy, 1645-1667 », *Slavonic and East European Review*, n° 91, 4, 2013, p. 787-817 aux p. 790-791, 797-799, 808.
71. K. Waliszewski, *Marysienka : Marie de La Grange d'Arquien, Reine de Pologne,* Paris, Plon, 1898, p. 63, brevet du 30 novembre 1660 autorisant les « correspondances en Pologne » de Condé ; É. Magne (dir.), *Lettres inédites du Grand Condé et du Duc d'Enghien... sur la cour de Louis XIV,* Paris, Émile-Paul, 1920, p. XXII.
72. J. Fehrenbach, *La Princesse Palatine…*, *op. cit.*, p. 280-284 ; le traité se trouve dans Arch. nat. K 118, 119 ; K. Waliszewski, *Les Relations diplomatiques entre la Pologne et la France au XVIIe siècle, 1644-1667*, Cracovie, 1889, p. 232, Lumbres à Mazarin, 28 juillet 1657.
73. É. Magne (dir.), *Lettres inédites du Grand Condé et du Duc d'Enghien…*, *op. cit.*, note de la p. 30, Condé à la reine de Pologne, 18 avril 1664.
74. L. Farges (dir.). *Recueil des instructions données aux ambassadeurs et ministres de France : Pologne*, vol. I, Paris, F. Alcan, 1888, 2 vol., p. 54, 63, 124, Instructions, 26 décembre 1664, 30 mars 1674 ; marquis de Pomponne, *Mémoires*, Paris, J. Mavidal, 1860-1861, 2 vol., vol. I, p. 429 ; Arsenal Mss. 2014, fol. 473, Louis XIV à Louise Marie, avril 1663.
75. BS 960, fol. 267, lettre du 26 novembre 1663 ; *cf.* BS 1290, fol. 183-186, Louis XIV à Louise Marie, 6 décembre 1663.
76. L. André, *Louis XIV et l'Europe*, Paris, Albin Michel, 1950, p. 51, Louis XIV à Pomponne, décembre 1665.
77. *Mémoires de Louis XIV*, éd. J. Longnon, Paris, Tallandier, 2007, p. 238-289, 270.
78. A.-M. Gasztowitt, *Une mission diplomatique en Pologne au XVIIe siècle : Pierre de Bonzi à Varsovie, 1665-1668*, Paris, Édouard Champion, 1916, p. 30, 52-53, Louis XIV à l'évêque

de Béziers, 24 avril 1665, 8 avril 1667 ; L. André, *Louis XIV et l'Europe, op. cit.*, p. 66, 77, 107.

79. M. Bannister, *Condé in Context…, op. cit.*, p. 165-167 ; J.-B. Colbert, *Lettres, instructions et mémoires*, *op. cit.*, vol. VII, p. 487 ; Enghien refuserait aussi une autre proposition, celle de la couronne de Sicile en 1676 : É. Laloy, *La Révolte de Messine*, Paris, Klincksieck, 1929-1931, 3 vol, vol. III, p. 19-20, 761.
80. *Cf.* BS 961, Lettres de Louis XIV, fol. 405-408, Louis XIV aux grands maréchaux de Pologne et de Lituanie, 15 décembre 1668.
81. L. André, *Louis XIV et l'Europe*, *op. cit.*, p. 51, 107.
82. BS 961, fol. 375, Louis XIV à Jan Sobieski, 27 mai 1668.
83. *Primus Inter Pares : The First among Equals : The Story of King Jan III*, Varsovie, Musée du palais de Wilanów, 2013, p. 12, 120, 158, 171-175.
84. G. Poumarède, « "Fidèle sujette" ou "mauvaise française" ? Marie-Casimire de La Grange d'Arquien, reine de Pologne, sous le regard des ambassadeurs français », *in* J. Dumanowski, M. Figeac et D. Tollet (dir.), *France-Pologne, Contacts, échanges culturels, représentations (fin XVIe-fin XIXe siècle),* Paris, Honoré Champion, 2016, p. 69-92 à la p. 78.
85. K. Waliszewski, *Marysienka…*, *op. cit.*, p. 229, Louis XIV à M. de Bonzy, 17 juillet 1669 ; S. Rubinstein, *Les Relations entre la France et la Pologne de 1680 à 1683*, Paris, Félix Alcan, 1913, p. 23, marquis de Vitry et Beauvais à Louis XIV, 8 novembre 1680
86. C. Rousset, *Histoire de Louvois et de son administration politique et militaire*, Paris, Didier, 1863-1865, 4 vol., vol. III, p. 139, 161, 180-182, 187 ; G. Symcox, *Victor Amadeus II : Absolutism in the Savoyard State, 1675-1730*, Berkeley, University of California Press, 1983, p. 81, 89.
87. Voir l'étude fondamentale de R. Oresko, « Maria Giovanna Battista of Savoy-Nemours (1644–1724) : Daughter, Consort and Regent of Savoy », *in* C. Campbell Orr (dir.), *Queenship in Europe, 1660-1815 : The Role of the Consort*, Cambridge, Cambridge University Press, 2004, p. 16-55.
88. H. Livermore, *A New History of Portugal*, Cambridge, Cambridge University Press, 1976, p. 194 ; [J. Colbatch], *An Account of the Court of Portugal during the Reign of the Present King Dom Pedro II*, Thomas Bennet, 1700, p. 45, 79, 97.
89. Anonyme, *The history of the revolution of Portugal… with letters of Sir Robert Southwell during his embassy there to the duke of Ormond*, 1740, éd. de Thomas Carte, Londres, Gale Ecco, 2010, p. 322, 327, 335, lettres des 25, 28 novembre 1667.

90. E. Prestage, *The Diplomatic Relations of Portugal with France, England and Holland from 1640 to 1668*, Watford, 1925, p. 88-89, note p. 98 ; *cf.* G. J. Ames, « A Royal Bride for Two Brothers », in *Proceedings of the Western Association for French History : Selected Papers of the 1998 Annual Meeting*, 2000, p. 152-164 aux p. 152, 158, 164.
91. Voir R. Francisque-Michel, *Les Portugais en France, les Français en Portugal*, Paris, Guillard, Aillaud & Cie, 1882, p. 220-253, comprenant des lettres de la reine à « Monsieur mon frère » – Louis XIV ; *Mémoires de Louis XIV*, éd. J. Longnon, *op. cit.*, p. 238 ; Louis XIV, *Œuvres*, éd. Philippe comte de Grimoard et Philippe-Antoine Grouvelle, Paris, Treuttel et Würtz, 1806, 6 vol., vol. V, p. 410, 422, Louis XIV à la reine de Portugal, 4 juillet 1667, 31 janvier 1668 ; vol. VI, p. 399, la reine de Portugal à la princesse de Soubise, 28 septembre 1680.
92. Anonyme, *Cour de Portugal*, p. 97, 106-107 ; *cf.* pour plus de détails H. de Manneville, « Marie Françoise Élisabeth de Savoie-Nemours : une princesse française sur le trône de Portugal », RHD, 21, janvier 1931, p. 22-46, avril 1931, p. 193-219, juillet 1931, p. 294-317.
93. C. Hibbard, « The Role of a Queen Consort : The Household and Court of Henrietta Maria, 1625-1642 », *in* R. Asch (dir.), *Princes, Patronage and the Nobility : The Court and the Beginning of the Modern Age, 1450-1650*, Oxford, Oxford University Press, 1991, p. 393-414.
94. BS 960, fol. note de la p. 42, Louis XIV à la princesse de Toscane, 13 août 1664 ; H. Acton, *The Last Medici*, Londres, Macmillan, 1980, p. 73, 82, 87, 92.
95. *Ibid.*, p. 121, 146, 214 ; Mlle de Montpensier, *Mémoires*, *op. cit.*, vol. IV, p. 527 ; J.-C. Waquet, « L'échec d'un mariage : Marguerite-Louise d'Orléans et Côme de Médicis », *in* I. Poutrin et M.-K. Schaub (dir.), *Femmes et pouvoir politique : les princesses d'Europe, XVᵉ-XVIIIᵉ siècle*, Rosny, Éditions Bréal, 2007, p. 120-132.
96. J.-B. Colbert, *Lettres, instructions et mémoires*, *op. cit.*, vol. VII, p. 51 et note de la p. 52 ; Mme de Sévigné, *Correspondance*, *op. cit.*, vol. I, p. 170, à Mme de Grignan, 27 février 1671.
97. Voir S. Shifrin, « Subdued by a famous Roman Dame », *in* J. Marciari et C. Macleod (dir.), *Politics, Transgression, and Representation at the Court of Charles II*, New Haven et Londres, Yale Center for British Art, 2007, p. 141-174 ; C. H. Hartmann,

The Vagabond Duchess, Londres, Routledge & Sons, 1926, p. 187, Courtin à Pomponne, 20 juillet 1676.

98. J.-M. Le Gall, « Les pompes funèbres des souverains étrangers à Notre-Dame de Paris, XVIe-XVIIIe siècles », *Revue d'histoire moderne et contemporaine*, p. 59-63, n° 3, 2012, p. 96-123 ; marquis de Dangeau, *Journal*, Paris, Firmin-Didot, 1858, 35 vol. ; rééd. Clermont-Ferrand, 2002-2014, vol. XVIII, p. 236, 29 juin 1705.
99. Y.-M. Bercé, *Le Roi absolu…*, *op. cit.*, p. 45.

Chapitre 6. La chute de Fouquet

1. J.-M. Pérouse de Montclos, *Vaux-le-Vicomte*, Paris, Éditions Scala, 1997, p. 36-41, 70-71, 135, 147 et *passim* ; J.-C. Petitfils, *Fouquet*, *op. cit.*, p. 28, 174-188, 355-357 ; *id.*, *Louise de La Vallière,* Paris, Perrin, « Tempus », 2011, p. 101.
2. D. Dessert, *La Prise du pouvoir par Louis XIV : la construction du mythe*, Paris, Éditions Complexe, 2005, p. 227, 243-264, 245.
3. J. Cornette, *La Mort de Louis XIV…*, *op. cit.*, p. 72-76.
4. C. G. Picavet, *Les Dernières Années de Turenne (1660-1675)*, Paris, Calmann-Lévy, 1919, p. 32-33, citant Godefroy Hermant et Guy Patin.
5. L. André, *Louis XIV et l'Europe*, *op. cit.*, p. 31, dépêche de Van Beuningen, 16 mars 1663 ; C. G. Picavet, *Les Dernières Années de Turenne…*, *op. cit.*, p. 76-77, dépêches de l'ambassadeur de Venise Giustiniani, 22 mars 1666, 30 septembre 1664, et p. 152-153, 156 ; *cf.* Louis XIV, *Œuvres*, *op. cit.*, vol. II, p. 447-448, pour un exemple de consultation de Turenne par Louis XIV sur les affaires étrangère en 1668.
6. J.-B. Colbert, *Lettres, instructions et mémoires*, *op. cit.*, vol. II, p. 55, mémoire de Colbert, 1663.
7. T. Sarmant et M. Stoll, *Régner et gouverner…*, *op. cit.*, p. 194-199 ; L. Bély, *Les Secrets de Louis XIV : mystères d'État et pouvoir absolu*, Paris, Tallandier, 2013, p. 225-229.
8. *Lettres du cardinal Mazarin*, éd. Z. Chastelain, Amsterdam, 1745, 2 vol., p. 3.
9. J.-C. Petitfils, *Fouquet*, *op. cit.*, p. 139, 146-147, 151-154, 160.
10. *Ibid.*, p. 225, 233235, 293, 306, 336, 352 ; I. Murat, *Colbert*, *op. cit.*, p. 87.
11. J.-C. Petitfils, *Fouquet*, *op. cit.*, p. 328.

12. Mme de Sévigné, *Correspondance*, *op. cit.*, vol. I, p. 48, Chapelain à Mme de Sévigné, lettre du 3 octobre 1661 ; I. Murat, *Colbert*, *op. cit.*, p. 78.
13. Mme de Motteville, *Mémoires... sur Anne d'Autriche…*, *op. cit.*, vol. IV, p. 282, 286 : « Il avait acheté quasi tous les hommes de la Cour », p. 289, 290 ; « on croyait qu'il était capable de tout », p. 292.
14. J.-C. Petitfils, *Fouquet*, *op. cit.*, p. 203 ; S. Bertière, *Le Procès Fouquet*, Paris, De Fallois, 2013, p. 101.
15. J. Chevé, *Marie-Thérèse d'Autriche…*, *op. cit.*, p. 325.
16. S. Bertière, *Le Procès Fouquet*, *op. cit.*, p. 20 ; C. Levantal, *Louis XIV…*, *op. cit.*, vol. I, p. 200-204.
17. P. Visconti, *Mémoires sur la cour de Louis XIV…*, *op. cit.*, p. 33, 35, 40.
18. *Ibid.*, p. 141.
19. J.-C. Petitfils, *Louise de La Vallière*, *op. cit.*, p. 81-82, 89-90, 169.
20. Mme de Motteville, *Mémoires... sur Anne d'Autriche…*, *op. cit.*, vol. IV, p. 281.
21. J.-C. Petitfils, *Louise de La Vallière*, *op. cit.*, p. 94-97 ; *id.*, *Fouquet*, *op. cit.*, p. 351-352. « Vous devez même vous défier du bon accueil et du bon visage que vous fait le roi et des vues qu'on vous donne sur d'autres choses. »
22. *Mémoires de Louis XIV*, éd. J. Longnon, *op. cit.*, p. 111 ; Éditions Charles Dreyss, Paris, Didier, 1860, t. 2, p. 524, appendice 1, année 1661.
23. J.-C. Petitfils, *Fouquet*, *op. cit.*, p. 330-331.
24. S. Bertière, *Le Procès Fouquet*, *op. cit.*, p. 163.
25. J.-C. Petitfils, *Fouquet*, *op. cit.*, p. 337 ; *cf.* V. J. Pitts, *Embezzlement and High Treason…*, *op. cit.*, p. 55.
26. C. Dulong, *Anne d'Autriche…*, *op. cit.*, p. 463.
27. J.-M. Pérouse de Montclos, *Vaux-le-Vicomte*, *op. cit.*, p. 148, 150.
28. J.-C. Petitfils, *Fouquet*, *op. cit.*, p. 250 ; J.-B. Colbert, *Lettres, instructions et mémoires*, *op. cit.*, vol. I, p. 518-519, Fouquet à Mazarin, lettre 6, 31 janvier 1660.
29. S. Bertière, *Le Procès Fouquet*, *op. cit.*, p. 210.
30. J.-C. Petitfils, *Fouquet*, *op. cit.*, p. 203 ; S. Bertière, *Le Procès Fouquet*, *op. cit.*, p. 183-186.
31. É. Barthélemy (éd.), *La Marquise d'Huxelles et ses amis*, Paris, Firmin-Didot, 1881.
32. I. Murat, *Colbert*, *op. cit.*, avec les illustrations 14-19, reproduit les documents concernés ; *cf.* J.-B. Colbert, *Lettres, instructions et mémoires*, *op. cit.*, vol. II, p. CLXXXIX-CXCVII, notes de Colbert, 1661.

33. J.-C. Petitfils, *Fouquet*, *op. cit.*, p. 364-371 ; S. Bertière, *Le Procès Fouquet*, *op. cit.*, p. 29-32.
34. Louis XIV, *Œuvres*, *op. cit.*, vol. V, p. 51, Louis XIV à Anne, 5 septembre 1661.
35. S. Bertière, *Le Procès Fouquet*, *op. cit.*, p. 176.
36. C. Dulong, *Anne d'Autriche…*, *op. cit.*, p. 466.
37. J.-C. Petitfils, *Fouquet*, *op. cit.*, p. 390.
38. V. J. Pitts, *Embezzlement and High Treason…*, *op. cit.*, p. 75, 81, 128.
39. O. d'Ormesson, *Journal*, *op. cit.*, vol. II, p. 79, 26 janvier 1664.
40. Mme de Sévigné, *Correspondance*, *op. cit.*, vol. I, lettre 34, du comte de Bussy-Rabutin à Mme de Sévigné, 7 octobre 1655.
41. R. Duchêne, *Madame de Sévigné*, Paris, Fayard, 2002, p. 52 ; J.-C. Petitfils, *Fouquet*, *op. cit.*, p. 434.
42. Mme de Sévigné, *Correspondance*, *op. cit.*, vol. I, lettres 62, 64, 67, Mme de Sévigné à M. de Pompone, 26, 27 novembre, 2 décembre 1664.
43. O. d'Ormesson, *Journal*, *op. cit.*, vol. I, p. 177-179, 212, journal, octobre-décembre 1664.
44. *Ibid.*, p. 231, 257, 263.
45. J.-C. Petitfils, *Fouquet*, *op. cit.*, p. 407 et note, dépêche du 11 mars 1664 ; S. Bertière, *Le Procès Fouquet*, *op. cit.*, p. 236.
46. P. Sonnino, *The Search for the Man in the Iron Mask…*, *op. cit.*, p. 73, 116, 119, 122, 126 et *passim*.
47. V. J. Pitts, *Embezzlement and High Treason…*, *op. cit.*, p. 54, 70, 90, 93, 95.
48. J.-B. Colbert, *Lettres, instructions et mémoires*, *op. cit.*, vol. VII, p. 399, 400, seconde note de Fouquet pour se défendre auprès du Roy ; S. Bertière, *Le Procès Fouquet*, *op. cit.*, p. 268 ; V. J. Pitts, *Embezzlement and High Treason…*, *op. cit.*, p. 35. O. d'Ormesson, *Journal*, *op. cit.*, vol. I, p. 229, 231, 257, 267 : « La compagnie paraît avoir entendu assez favorablement M. Fouquet et les zélés sont mal satisfaits de M. le chancelier. »
49. *Lettres de Madame de Sévigné*, p. 25. Édition Charles Nodier, t. 1, 1836.
50. O. d'Ormesson, *Journal*, *op. cit.*, vol. II, p. 45, 23 août 1663.
51. S. Bertière, *Le Procès Fouquet*, *op. cit.*, p. 180-182, 213 ; J.-C. Petitfils, *Fouquet*, *op. cit.*, p. 525.
52. S. Bertière, *Le Procès Fouquet*, *op. cit.*, p. 254, 285.
53. O. d'Ormesson, *Journal*, *op. cit.*, vol. II, p. 283, décembre 1664.
54. J.-C. Petitfils, *Fouquet*, *op. cit.*, p. 449, 450, 478, 486, 491 ; V. J. Pitts, *Embezzlement and High Treason…*, *op. cit.*, p. 161.
55. J.-M. Pérouse de Montclos, *Vaux-le-Vicomte*, *op. cit.*, p. 45.

56. J.-C. Petitfils, *Fouquet*, *op. cit.*, p. 516 ; V. J. Pitts, *Embezzlement and High Treason…*, *op. cit.*, p. 163 ; T. Sarmant, *Louis XIV et Paris, collections du musée Carnavalet*, Paris, Paris Musées, 2013, p. 31 ; C. Goldstein, *Vaux and Versailles : The Appropriations, Accidents, and Erasures that Made Modern France*, Philadelphie, University of Pennsylvania Press, 2008, p. 78-80.

Chapitre 7. Faire marcher la France

1. Marquis de Saint-Maurice, *Lettres sur la cour de Louis XIV*, *op. cit.*, vol. I, p. 222, Saint Maurice au duc de Savoie, 31 août 1668, vol. II, p. 403, 2 septembre 1672 ; J. Duindam, *Vienna and Versailles : The Courts of Europe's Dynastic Rivals, 1550-1780*, Cambridge, Cambridge University Press, 2003, p. 154-156.
2. C. Levantal, *Louis XIV…*, *op. cit.*, vol. I, p. 206, *La Gazette*, 20 octobre 1661.
3. É. Magne (dir.), *Lettres inédites du Grand Condé et du Duc d'Enghien…*, *op. cit.*, p. 40, le duc d'Enghien à la reine de Pologne, 27 juin 1664.
4. Le traité de Montmartre du 6 février 1662, signé par Louis XIV, ajoutant les princes de la maison de Lorraine à l'ordre de succession fut annulé un an plus tard.
5. Arsenal Mss. 3568, fol. 180, Louis XIV au maréchal de Fabert, 30 décembre 1661. Plus tard dans le règne, le maréchal Catinat refusera cet honneur pour la même raison. En revanche, Vauban présenta volontiers des « preuves » douteuses afin de devenir chevalier du Saint-Esprit.
6. Mme de Motteville, *Mémoires... sur Anne d'Autriche…*, *op. cit.*, vol. IV, p. 314-318, 344, 372-374, 347-349 ; T. Sarmant, *Louis XIV : l'homme et le roi*, *op. cit.*, p. 186 ; O. d'Ormesson, *Journal*, *op. cit.*, vol. II, p. 68, décembre 1663 ; *cf.* É. Magne (dir.), *Lettres inédites du Grand Condé et du Duc d'Enghien…*, *op. cit.*, p. 42, le duc d'Enghien à la reine de Pologne, 3 juillet 1664. Le duc fut à nouveau employé dans l'armée après 1668 ; la duchesse ne rentra à la Cour qu'en 1682, quand Louis XIV eut adopté un code moral amendé.
7. O. d'Ormesson, *Journal*, *op. cit.*, vol. II, p. 275, décembre 1664.
8. J.-B. Colbert, *Lettres, instructions et mémoires*, *op. cit.*, vol. II, p. CCXX-CCXXI, Mémoire au roi, 22 juillet 1666.
9. O. d'Ormesson, *Journal*, *op. cit.*, vol. II, p. 451, 13 mars 1666, p. 468, 23 août 1666, p. 328, 12 mars 1665.

10. Marquis de Saint-Maurice, *Lettres sur la cour de Louis XIV*, *op. cit.*, vol. II, p. 280, au duc de Savoie, 27 avril 1672 ; H. Drévillon, *L'Impôt du sang : le métier des armes sous Louis XIV*, Paris, Tallandier, 2005, p. 41-43 ; Arch. nat. K 119, 20/3 Caumartin à Hacqueville, 26 octobre 1672. Plus tard dans le règne, la correspondance entre généraux et ministres fut parfois interrompue par la question de savoir qui méritait l'en-tête de « Monseigneur » au début de la lettre.
11. J. Lough, *France Observed…*, *op. cit.*, p. 155, 159, citant Anthony Veryard et Joseph Shaw.
12. *Ibid.*, p. 143, citant John Reresby.
13. J. Locke, *Travels in France*, éd. John Lough, Cambridge, Cambridge University Press, 1953, p. XLIII, 31, journal, 8 février 1676. *Carnet de voyage à Montpellier et dans le sud de la France (1676-1679)*, Les Presses du Languedoc, 2006.
14. Marquis de Saint-Maurice, *Lettres sur la cour de Louis XIV*, *op. cit.*, vol. I, p. 384, 388, au duc de Savoie, 31 janvier 1670.
15. J. J. Hurt, *Louis XIV and the Parlements : The Assertion of Royal Authority*, Manchester, Manchester University Press, 2002 p. 22-23, 53, 59.
16. A. N. Hamscher, *The Parlement of Paris after the Fronde…*, *op. cit.*, p. 47.
17. J.-B. Colbert, *Lettres, instructions et mémoires*, *op. cit.*, vol. II, p. 82, Louis XIV à Colbert, 5 mai 1672.
18. *Ibid.*, p. 264, Colbert à Chamillart, 20 janvier 1673.
19. Anonyme, *Relation et observations…*, *op. cit.*, p. 509, 522.
20. J.-B. Colbert, *Lettres, instructions et mémoires*, *op. cit.*, vol. VII, p. CLXXI, dépêche de Grimani, ambassadeur de Venise, 1664.
21. *Ibid.*, p. 361, Colbert de Maulévrier au marquis de Seignelay, 5 juin 1672.
22. I. Murat, *Colbert*, *op. cit.*, p. 103, 109.
23. O. d'Ormesson, *Journal*, *op. cit.*, vol. II, p. 389, 26 août 1665.
24. D. Dessert, *Le Royaume de Monsieur Colbert…*, *op. cit.*, p. 157 ; I. Murat, *Colbert*, *op. cit.*, p. 63, 157.
25. F. d'Aubert, *Colbert : la vertu usurpée*, Paris, Perrin, 2010, p. 129-130.
26. I. Murat, *Colbert*, *op. cit.*, p. 110, 123.
27. BnF Mss. fr. 6763-6768, Abrégés des finances 1662-1680 ; *cf.* J. Soll, *The Information Master : Jean-Baptiste Colbert's Secret State Intelligence System*, Ann Arbor, University of Michigan Press, 2009, p. 60-63.
28. I. Murat, *Colbert*, *op. cit.*, p. 124.
29. *Ibid.*, p. 320.

30. J.-B. Colbert, *Lettres, instructions et mémoires*, *op. cit.*, vol. II, p. 154, 164, 183, Colbert aux intendants, 28 mai 1681, 7 août 1681, 8 mai 1682.
31. I. Murat, *Colbert*, *op. cit.*, p. 158.
32. J.-B. Colbert, *Lettres, instructions et mémoires*, *op. cit.*, vol. II, p. 204, Colbert aux intendants, 24 août 1682 ; vol. II, p. 216, Colbert à M. Le Bret, 4 février 1683, p. 222, note marginale de Louis XIV, 13 juin 1683. « Jamais la bonté que Sa Majesté a pour ses peuples n'a paru si grande que dans cette occasion, par la peine qu'elle a eue d'ordonner une augmentation. »
33. *Ibid.*, vol. IV, p. 153, Colbert à l'intendant d'Aix, 21 janvier 1682 : « Un roy dont le principal soin et application tendent à délivrer les foibles de l'oppression des forts. »
34. *Ibid.*, p. 151, note p. 152, p. 158, 162, Colbert à Morant, 6 février 1682, 25 décembre 1681, 8 juillet, 17 septembre 1682.
35. I. Murat, *Colbert*, *op. cit.*, p. 151.
36. *Ibid.*, p. 143, 378-379 ; J.-B. Colbert, *Lettres, instructions et mémoires*, *op. cit.*, vol. VI, p. 370, 383, Procès-verbaux des conférences tenues devant Louis XIV pour la réformation de la justice, 25 septembre, 11, 25 octobre 1665 ; DL, p. 34-35.
37. DL, p. 131, 308 ; C. Levantal, *Louis XIV…*, *op. cit.*, vol. I, p. 260, 20 avril 1667.
38. I. Murat, *Colbert*, *op. cit.*, p. 162 ; T. Sarmant, *Louis XIV : l'homme et le roi*, *op. cit.*, p. 106, 127, 132.
39. Marquis de Saint-Maurice, *Lettres sur la cour de Louis XIV*, *op. cit.*, vol. II, p. 246, Saint-Maurice au duc de Savoie, 12 février 1672 ; O. d'Ormesson, *Journal*, *op. cit.*, vol. II, p. 627-679, février 1672.
40. J.-B. Colbert, *Lettres, instructions et mémoires*, *op. cit.*, vol. II, p. 427, Louis XIV aux « échevins et habitants de Marseille », 26 août 1664, p. 433, 16, 265.
41. Centre de recherche du château de Versailles [ci après CRCV], Base de données en ligne, Curia ; A. Marie, *Naissance de Versailles : le château, les jardins*, Paris, Éditions Vincent, Fréal & Cie, 1968, 2 vol., vol. I, p. 275.
42. É. Magne (dir.), *Lettres inédites du Grand Condé et du Duc d'Enghien…*, *op. cit.*, p. 85, Condé à la reine de Pologne, 24 octobre 1664 ; I. Murat, *Colbert*, *op. cit.*, p. 289.
43. C. Levantal, *Louis XIV…*, *op. cit.*, vol. I, p. 282, 15 décembre 1668 et 20 mars 1665 ; J. Black, *From Louis XIV to Napoleon : The Fate of a Great Power*, Londres, UCL Press, 1999, p. 43.
44. J.-B. Colbert, *Lettres, instructions et mémoires*, *op. cit.*, vol. III, 1re partie, p. 196, Colbert à d'Aguesseau, 29 novembre 1669.

45. D. Roche, *Le Peuple de Paris au XVIIIe siècle*, Paris, Fayard, 1998, p. 279, 287.
46. J.-B. Colbert, *Lettres, instructions et mémoires*, *op. cit.*, vol. II, p. CCLVIII, Discours sur les manufactures du royaume, 1663.
47. Marquis de Dangeau, *Journal*..., *op. cit.*, vol. II, p. 225 et note, 18 novembre 1687.
48. J.-B. Colbert, *Lettres, instructions et mémoires*, *op. cit.*, vol. II, p. CCLXXIII, Louis XIV à Colbert, 22 mai 1670 ; vol. I, p. 255, 3, 14 octobre 1666 ; vol. V, p. 396, 20 novembre 1666.
49. A. Kraatz, *Lace : History and Fashion*, Londres, Thames and Hudson, 1989, p. 45, 46, 50 ; *Mémoires de Louis XIV*, éd. J. Longnon, *op. cit.*, p. 185.
50. J.-B. Colbert, *Lettres, instructions et mémoires*, *op. cit.*, vol. II, p. 438, Louis XIV au comte de La Bourlie, 6 novembre 1666.
51. A. Kraatz, *Lace*..., *op. cit.*, p. 48, 50, 63-64.
52. Mme de Sévigné, *Correspondance*, *op. cit.*, vol. II, p. 154, à Mme de Grignan, 29 juillet 1676.
53. C. Thépaut-Cabasset (dir.), *L'Esprit des modes au Grand Siècle : extraits du* Mercure galant *(1672-1701)*, Paris, CTHS, 2010, *passim* et p. 13, 96-98, citant le *Mercure galant*, 15 mai 1678.
54. *Ibid.*, p. 21, 56.
55. *Ibid.*, p. 135, 150, *Mercure galant*, octobre 1682, juin 1687.
56. M. Vincent, *Le* Mercure galant *: présentation de la première revue féminine d'information et de culture, 1672-1710*, Paris, Honoré Champion, 2005, p. 45, 54.
57. S.-A. Hery-Simoulin, « Louis XIV et les mystères du justaucorps à brevet », *in* P. Arizzoli-Clémentel et P. Gorguet Ballesteros (dir.), *Fastes de cour et cérémonies royales : le costume de cour en Europe, 1650-1800*, Paris, RMN, 2009, p. 180-183 à la p. 180 ; D. de Marly, *Louis XIV and Versailles*, Londres, B. T. Batsford, 1987, p. 61-62.
58. P. Mansel, *Dressed to Rule : Royal and Court Costume from Louis XIV to Elizabeth II*, New Haven, Yale University Press, 2005, p. 12-15.
59. B. Saule *et alii* (dir.), *Splendeurs de la cour de Saxe : Dresde à Versailles*, Paris, RMN, 2006, p. 75, 91.
60. J.-B. Colbert, *Lettres, instructions et mémoires*, *op. cit.*, vol. II, p. 610, 622, Colbert aux prévôt des marchands et échevins de Lyon, 6 mars 1671, à Mme de La Petitière, 26 juin 1671.
61. H. G. Duchesne et H. de Grandsaigne, *Histoire du Bois de Boulogne : Le Château de Madrid*..., 1912, p. 83, 91.

62. J.-B. Colbert, *Lettres, instructions et mémoires*, *op. cit.*, vol. VII, p. CLXXIII, Extraits des relations des ambassadeurs de Venise, Giustiniani, 1668.
63. W. Burchard, *The Sovereign Artist : Charles Le Brun and the Image of Louis XIV*, Londres, Paul Holberton, 2016, *passim* ; T. P. Campbell (dir.), *Tapestry in the Baroque : Threads of Splendour*, New York, New Haven, Yale University Press, 2007 ; Pascal-François Bertrand, « Tapestry Production at the Gobelins during the Reign of Louis XIV, 1661-1715 », dans *ibid.*, p. 341-355 à la p. 344.
64. *Soieries de Lyon : Commandes royales au XVIIIe siècle*, Lyon, Musée historiques des Tissus, 1988, p. 50 ; A. Tydén-Jordan, *Queen Christina's Coronation Coach*, Stockholm, Bohuslaìningens Boktr. AB, 1988, p. 23. Le bureau de l'Électeur Maximilien-Emmanuel II de Bavière, fabriqué pour lui à Paris en 1714 par Van Riesenburgh et Slodtz, se trouve aujourd'hui au Louvre.
65. C. Thépaut-Cabasset, « Diplomatische Agenten und der europäische Luxuswarenhandel im späten 17. Jahrhundert », *in* M. Häberlein et C. Jeggle (dir.), *Materielle Grundlagen der diplomatie : Schenken, Sammeln und Verhandeln im Spätmittelalter und früher Neuzeit*, Constance et Munich, UVK, 2013,, p. 157-175 ; S. Castelluccio (dir.), *Le Commerce du luxe à Paris aux XVIIe et XVIIIe siècles*, Berne, Peter Lang, 2009, p. 254-263.
66. J.-B. Colbert, *Lettres, instructions et mémoires*, *op. cit.*, vol. VII, p. 250, mémoire au roi sur les Finances, 1670.
67. *Ibid.*, vol. II, p. 463-464, Colbert de Croissy à Pomponne, 21 mars 1669.
68. P. Clément (dir.), *L'Italie en 1671 : relation d'un voyage du marquis de Seignelay à Marseille et à Toulon*, Paris, Didier, 1867, p. 296.
69. K. D. H. Haley, *An English Diplomat in the Low Countries : Sir William Temple and John de Witt, 16651672*, Oxford, Oxford University Press, 1986, p. 148, 260, Temple à Arlington, 3 juin 1666 ; marquis de Saint-Maurice, *Lettres sur la cour de Louis XIV*, *op. cit.*, vol. I, p. 64, Saint-Maurice au duc de Savoie, 13 juin 1667.
70. H. H. Rowen, *John de Witt, Grand Pensionary of Holland, 1625-1672*, Princeton, Princeton University Press, 1978, p. 684 ; comte d'Estrades, *Lettres, mémoires et négociations*, Bruxelles, Jean Aymon, 1709, 6 vol., vol. VI, p. 71, Estrades à Lionne, 13 octobre 1667.

71. J.-B. Colbert, *Lettres, instructions et mémoires*, *op. cit.*, vol. II, p. 500, 506, Colbert à Pomponne, 28 novembre, 27 décembre 1669.
72. J. Israel, *Dutch Primacy in World Trade, 1585-1740*, Oxford, Clarendon Press, 1989, p. 223, 284, 287 ; R. Mémain, *La Marine de guerre sous Louis XIV : le matériel : Rochefort, arsenal modèle de Colbert*, Paris, Hachette, 1937, *passim*.
73. P. Butel, « France, the Antilles and Europe in the Seventeenth and Eighteenth Centuries : Renewals of Foreign Trade », *in* J. D. Tracy (dir.), *The Rise of Merchant Empires*, Cambridge, Cambridge University Press, 1990, p. 153-173 à la p. 161.
74. J. Savary, *Le Parfait Négociant*, éd. É. Richard, Droz, Genève, 2011, 2 vol., 2011, vol. I, p. 21, 22, 57.
75. I. Murat, *Colbert*, *op. cit.*, p. 274-278.
76. D. Van der Cruysse, *Le Noble Désir de courir le monde : voyager en Asie au XVIIe siècle*, Paris, Fayard, 2002, p. 59.
77. D. Dessert, *La Royale : vaisseaux et marins du Roi-Soleil*, Paris, Fayard, 1996, p. 201-212, 217, Louis XIV à Beaufort, 19 avril 1669.
78. J.-B. Colbert, *Lettres, instructions et mémoires*, *op. cit.*, vol. III, 1re partie, p. 104, règlement du 7 mars 1669.
79. *Ibid.*, p. 230, Colbert à Matharel, avril 1670 ; p. 573, Mémoire au sieur Brodat, 27 décembre 1675 ; vol. III, 1re partie, p. 5, note p. 244, Colbert à Joinville, 27 mars 1676, à Brodat, 21 octobre 1682.
80. *Ibid.*, vol. III, 1re partie, p. 337, 417, Colbert à Colbert de Terron, 16 février 1671, Colbert de Croissy, 16 janvier 1672.
81. D. Dessert, *La Royale…*, *op. cit.*, p. 180.
82. *Ibid.*, p. 184.
83. J.-B. Colbert, *Lettres, instructions et mémoires*, *op. cit.*, vol. III, 1re partie, p. 307, à Colbert de Terron, 6 novembre 1670 ; *cf.* p. 335, Louis XIV au comte de Guiche, 27 janvier 1671.
84. C. Levantal, *Louis XIV…*, *op. cit.*, vol. I, p. 219, 30 novembre, 6 décembre 1662 ; L. Lemaire, *Histoire de Dunkerque : des origines à 1900*, Dunkerque, Firmin-Didot, 1927, p. 197.
85. J.-B. Colbert, *Lettres, instructions et mémoires*, *op. cit.*, vol. V, p. 5, Colbert à M. de Chastillon, 26 novembre 1662 ; BS 1289, fol. 76, Louis XIV au général de Nuquart, 26 octobre 1664.
86. L. Dingli, *Seignelay : le fils flamboyant*, Paris, Perrin, 2007, p. 104-105.
87. D. Dessert, *La Royale…*, *op. cit.*, p. 19.
88. *Ibid.*, Colbert de Maulévrier à Colbert, 27 juillet 1680.
89. B. Cros, « Dunkerque, port de guerre du Roi-Soleil », *Revue historique de Dunkerque et du littoral*, 31, 12, 1997, p. 49-106.
90. L. Lemaire, *Histoire de Dunkerque…*, *op. cit.*, p. 235, 218.

91. *Ibid.*, p. 209-210.
92. A. de Wismes, *Jean Bart et la guerre de course*, Paris, Julliard, 1965, p. 161, 180-181. Dunkerque deviendra aussi une base pour les tentatives françaises d'appuyer le prince Charles Édouard en Écosse en 1744-1746.
93. J.-B. Colbert, *Lettres, instructions et mémoires*, *op. cit.*, vol. III, 1re partie, p. 207, Colbert à M. Daliez de La Tour, 16 janvier 1670 ; J. T. Takeda, *Between Crown and Commerce : Marseille and the Early Modern Mediterranean*, Baltimore, The Johns Hopkins University Press, 2011, p. 31-22, 34.
94. *Ibid.*, p. 98-101. Après la mort de Colbert, les Arméniens et les juifs furent toutefois périodiquement expulsés de la cité phocéenne.
95. A. Zysberg, *Marseille au temps du Roi-Soleil : la ville, les galères, l'arsenal*, Marseille, Laffitte, 2007 ; R. Bertrand *et alii*, *Marseille : histoire d'une ville*, Marseille, Canopé, 2013, p. 84, 104, 106, 108, 113, 124, 125.
96. A. Zysberg, *Marseille…*, *op. cit.*, p. 73, 76, Arnoult à Colbert, 10 mars 1668.
97. P. W. Bamford, *Fighting Ships and Prisons : The Mediterranean Galleys of France in the Age of Louis XIV*, Minneapolis, University of Minnesota Press, 1973, p. 24, 138, 142, 152-153, 156, 164, 173.
98. Mlle de Montpensier, *Mémoires*, *op. cit.*, vol. III, p. 434-435.
99. A. Zysberg, *Marseille…*, *op. cit.*, p. 135-136.
100. E. Veryard, *Journey through the Low Countries, France, Italy and Part of Spain*, 1701, p. 93.
101. A. Zysberg, *Marseille…*, *op. cit.*, p. 84, 115, 183.
102. A. Riani, « L'Arsenal des Galériens », dans *Le Siècle de Louis XIV à Marseille*, Marseille, Musée d'histoire de Marseille, 1994, p. 30-33.
103. C. Gabet, *La Naissance de Rochefort sous Louis XIV, 1666-1715*, Rochefort, CALCR, 1985 ; J. W. Konvitz, *Cartography in France 1660-1848 : Science, Engineering and Statecraft*, Chicago, University of Chicago Press, 1987, p. 87 ; *L'Orient arsenal XVIIe-XVIIIe siècles*, Lorient, ArtLys, 1983, p. 52, 117 ; Y. Le Gallo (dir.), *Histoire de Brest*, Toulouse, Privat, 1976, p. 70
104. B. Cros, *Toulon, l'arsenal et la ville*, Paris, Musée national de la Marine, 2012.
105. J.-B. Colbert, *Lettres, instructions et mémoires*, *op. cit.*, vol. IV, p. 454, 498, Colbert aux intendants, 28 février 1671, 9 mai 1680.
106. C. Mukerji, *Impossible Engineering : Technology and Territoriality on the Canal du Midi*, Princeton, Princeton University Press, 2009, p. 61, 77, 167, 193.

107. J.-B. Colbert, *Lettres, instructions et mémoires*, *op. cit.*, vol. IV, p. 148, Colbert à M. de Ris, 24 septembre 1681 ; *cf.* M.-L. Legay, *Les États provinciaux dans la construction de l'État moderne aux* XVIIe-XVIIIe *siècles*, Genève, Droz, 2001, *passim.*
108. J.-B. Colbert, *Lettres, instructions et mémoires*, *op. cit.*, vol. VII, p. 69, Louis XIV à Colbert, 29 novembre 1672.
109. Marquis de Saint-Maurice, *Lettres sur la cour de Louis XIV*, *op. cit.*, vol. I, p. 158, Saint-Maurice au duc de Savoie, 18 novembre 1667 ; J.-B. Colbert, *Lettres, instructions et mémoires*, *op. cit.*, vol. II, p. CCXXXI, Louis XIV à Colbert, 1er janvier 1673.
110. *Ibid.*, vol. VI, p. 463-464, Louis XIV à Colbert, 19 décembre 1663, discute des arrangements pour la naissance ; vol. V, p. 275, Colbert à Louis XIV, 12 mai 1670 ; O. d'Ormesson, *Journal*, *op. cit.*, vol. II, p. 69-70, 19 décembre 1663.
111. S. Locatelli, *Voyage en France : mœurs et coutumes françaises*, Paris, Alphonse Picard, 1905, p. 175, mai 1665.
112. J. Lough, *France Observed…*, *op. cit.*, p. 144, citant Edward Browne.
113. F. Chigi, « Relation et observation sur le royaume de France », RHD, 8, 2, 1894, p. 269-279, à la p. 274.
114. É. Magne (dir.), *Lettres inédites du Grand Condé et du Duc d'Enghien…*, *op. cit.*, p. 330, duc d'Enghien à la reine de Pologne, 4 mars 1667.
115. J.-C. Petitfils, *Louise de La Vallière*, *op. cit.*, p. 192 ; Mlle de Montpensier, *Mémoires*, *op. cit.*, vol. IV, p. 489.
116. *Mémoires de Louis XIV*, éd. J. Longnon, *op. cit.*, p. 201.
117. J.-B. Colbert, *Lettres, instructions et mémoires*, *op. cit.*, vol. VI, p. 466, *Journal*, 22 avril 1663.
118. Mme de Motteville, *Mémoires... sur Anne d'Autriche…*, *op. cit.*, vol. IV, p. 432, Charpentier éditeur, 1855.
119. C. Levantal, *Louis XIV…*, *op. cit.*, vol. I, p. 248, 9 janvier 1666 ; Mme de Motteville, *Mémoires... sur Anne d'Autriche…*, *op. cit.*, vol. IV, p. 418.
120. *Ibid.*, vol. IV, p. 394-398, 401-406, 433-439.
121. *Ibid.*, p. 447 ; É. Magne (dir.), *Lettres inédites du Grand Condé et du Duc d'Enghien…*, *op. cit.*, p. 245-246, duc d'Enghien à la reine de Pologne, 21 janvier 1666 ; P. Blet, *Les Nonces du pape à la cour de Louis XIV*, Rome, Analecta Geregoriana, 2002, p. 222, dépêches de janvier 1666 ; T. Sarmant, *Louis XIV : l'homme et le roi*, *op. cit.*, p. 187, 287.
122. Louis XIV, *Œuvres*, *op. cit.*, vol. V, p. 361, Louis XIV à La Vallière, 11 février 1666 ; *cf.* É. Magne (dir.), *Lettres inédites*

du Grand Condé et du Duc d'Enghien…, *op. cit.*, p. 309, duc Enghien à la reine de Pologne, 5 novembre 1666.

Chapitre 8. À la recherche de l'immortalité : du Louvre à Versailles

1. J.-B. Colbert, *Lettres, instructions et mémoires*, *op. cit.*, vol. V, p. 537, ordonnance, 26 avril 1672.
2. J. DeJean, *How Paris Became Paris…*, *op. cit.*, p. 99-101, 112, 126-127, 142 et *passim*.
3. F. Tallents, *Travels in France and Switzerland in the Years 1671-1673*, Huguenot Society of Great Britain and Ireland, 2011, p. 157, 1er décembre 1672.
4. S. Locatelli, *Voyage en France…*, *op. cit.*, p. 157, mai 1665 ; A. P. Faugère (dir.), *Journal du voyage de deux jeunes Hollandais…*, *op. cit.*, p. 28, 110 ; J. DeJean, *How Paris Became Paris…*, *op. cit.*, p. 192.
5. A. Verdillon et A. Gady, *Le Jardin des Tuileries d'André Le Nôtre, un chef-d'œuvre pour le Roi Soleil*, Paris, Éditions d'art Somogy-Louvre, 2013, p. 78
6. C. Koslofsky, *Evening's Empire : A History of the Night in Early Modern Europe*, Cambridge, Cambridge University Press, 2011, p. 131, 136-140. Après 1697, l'éclairage de rue fut aussi introduit dans des villes de province.
7. L. Hautecœur, *L'Histoire des châteaux du Louvre et des Tuileries*, Paris, Bruxelles, G. Van Oest, 1927, p. 98-102.
8. P.-N. Sainte-Fare-Garnot, *Le Château des Tuileries*, Paris, Herscher, 1988, p. 33, 36, 47, 49.
9. G. Bresc-Bautier (dir.), *La Galerie d'Apollon au palais du Louvre*, Londres, Thames and Hudson, 2004, *passim*.
10. A. Tessier, « Des carrosses qui en cachent d'autres : retours sur certains incidents qui marquèrent l'ambassade de Lord Denzil Holles à Paris, de 1663 à 1666 », *in* L. Bély et G. Poumarède (dir.), *L'Incident diplomatique (XVIe-XVIIe siècle)*, Paris, Pédone, 2010, p. 197-240, aux p. 228-229, 240, Holles à Arlington, 3 août 1664.
11. S. Pepys, *Diaries*, Londres, HarperCollins, 1995, 9 vol., vol. II, p. 188, 30 septembre 1661 ; C. H. Hartmann, *The King's Friend : A Life of Charles Berkeley, Viscount Fitzhardinge, Earl of Falmouth (1630-1665)*, Portsmouth, Heinemann, 1951, p. 62 ; D. Séré, *La Paix des Pyrénées…*, *op. cit.*, note de la p. 439 ; Mme de Motteville, *Mémoires… sur Anne d'Autriche…*, *op. cit.*,

vol. IV, p. 297-300 ; Arch. nat. K 118, « Procès-verbal contenant la Déclaration… que le marquis de la Fuente ambassadeur extraordinaire du roy catholique près du roy a faite à Sa Majesté de la part de son maître », 24 mars 1662, signé Phélypeaux, Guénégaud, Le Tellier, de Loménie ; *cf. Mémoires de Louis XIV*, éd. J. Longnon, *op. cit.*, p. 125, 129, 131.

12. M. Cooley, « "I Would Have our Courtier be a Perfect Horseman" : Creating Nobility and Fashioning Horses between Mantua and Naples, 1461-1571 », débat lors de la conférence "Animals at Court", Munich, 9 décembre 2016.
13. J. de La Gorce, *Carlo Vigarani, intendant des plaisirs de Louis XIV*, Paris, Perrin, 2005, p. 46-48 ; H. Watanabe-O'Kelly, *Triumphall Shews : Tournaments at German-Speaking Courts in their European Context*, 1560-1730, Berlin, Mann, 1992, p. 106.
14. Mme de Motteville, *Mémoires… sur Anne d'Autriche…*, *op. cit.*, vol. IV, p. 334.
15. S. Locatelli, *Voyage en France…*, *op. cit.*, p. 124-126, 154-156, 11 novembre 1664, mai 1665.
16. *Ibid.*, p. 179, mai 1665.
17. Marquis de Saint-Maurice, *Lettres sur la cour de Louis XIV*, *op. cit.*, vol. I, p. 157, 11 novembre 1667.
18. S. Haffemayer, « L'affaire des gardes corses et l'opinion publique (20 août 1662-12 février 1664) », *in* L. Bély et G. Poumarède (dir.), *L'Incident diplomatique…*, *op. cit.*, p. 281-309 ; A. Maral, *Le Roi-Soleil et Dieu…*, *op. cit.*, p. 122. La pyramide fut démolie en 1668, après la réconciliation entre le pape et le roi.
19. M. G. Barberini *et alii* (dir.), *Life and the Arts in the Baroque Palaces of Rome*, New York, Yale University Press, 1999, p. 3, 142.
20. P. Fréart de Chantelou, *Journal de voyage du Cavalier Bernin en France*, Paris, Macula/L'insulaire, 1981, p. 51, 5 juillet 1665.
21. F. Mormando, *Bernini : His Life and his Rome*, Chicago, University Of Chicago Press, 2011, p. 262.
22. P. Fréart de Chantelou, *Journal de voyage du Cavalier Bernin en France*, *op. cit.*, p. 57, 160, 172, 182, 12 juillet, 6, 9, 13 septembre 1665.
23. F. Mormando, *Bernini…*, *op. cit.*, p. 274 ; P. Fréart de Chantelou, *Journal de voyage du Cavalier Bernin en France*, *op. cit.*, p. 199.
24. C. Gould, *Bernini in France : An Episode in Seventeenth-Century History*, Londres, Weidenfeld and Nicolson, 1981, p. 39.
25. P. Fréart de Chantelou, *Journal de voyage du Cavalier Bernin en France*, *op. cit.*, p. 46, 27 juin 1665 ; C. Gould, *Bernini in France…*, *op. cit.*, p. 56, 58, 60.

26. J.-B. Colbert, *Lettres, instructions et mémoires*, *op. cit.*, vol. V, p. xxxiv, 6 août 1665 ; P. Fréart de Chantelou, *Journal de voyage du Cavalier Bernin en France*, *op. cit.*, p. 59, 64, 66, 15, 22 juillet 1665, p. 122, 198, 19 août, 19 septembre 1665.
27. P. Fréart de Chantelou, *Journal de voyage du Cavalier Bernin en France*, *op. cit.*, p. 85, 30 juillet 1665.
28. *Ibid.*, p. 121, 19 août 1665.
29. *Ibid.*, p. 294-295, 302, 17, 18, 19 octobre 1665.
30. F. Mormando, *Bernini…*, *op. cit.*, p. 279.
31. C. Gould, *Bernini in France…*, *op. cit.*, p. 33, 34.
32. *Ibid.*, p. 46-47, 81 33. 34. 35.
33. P. Fréart de Chantelou, *Journal de voyage du Cavalier Bernin en France*, *op. cit.*, p. 113, 161, 176, 15 août, 6, 10 septembre 1665.
34. S. Locatelli, *Voyage en France…*, *op. cit.*, p. 126-127, 11 novembre 1664.
35. P. Fréart de Chantelou, *Journal de voyage du Cavalier Bernin en France*, *op. cit.*, p. 223, 241, 281, 28 septembre, 5, 13 octobre 1665.
36. *Ibid.*, p. 228, 299, 305, 306, 315, 29 septembre, 17, 19, 22 octobre 1665 ; C. Gould, *Bernini in France…*, *op. cit.*, p. 110.
37. P. Fréart de Chantelou, *Journal de voyage du Cavalier Bernin en France*, *op. cit.*, p. 228, 299, 305, 306, 315, 29 septembre, 17, 19, 22 octobre 1665.
38. C. Gould, *Bernini in France…*, *op. cit.*, p. 117.
39. F. Mormando, *Bernini…*, *op. cit.*, p. 286-287.
40. J. Lough, *France Observed…*, *op. cit.*, p. 149, citant Christopher Wren ; L. Jardine, *On a Grander Scale : The Outstanding Career of Sir Christopher Wren*, Londres, Harper Collins, 2003, p. 241-246.
41. T. Sarmant, *Louis XIV et Paris…*, *op. cit.*, p. 35.
42. R. W. Berger, *The Palace of the Sun : The Louvre of Louis XIV*, 1993, University Park, Pennsylvanie, Pennsylvania State University Press, 1993, p. 23, 28, 75.
43. C. Perrault, *Mémoires de ma vie*, Paris, Renouard, 1909, 2 vol., vol. I, p. 83.
44. J.-B. Colbert, *Lettres, instructions et mémoires*, *op. cit.*, vol. V, p. 246, observations, 1664.
45. C. Gould, *Bernini in France…*, *op. cit.*, p. 121.
46. C. Perrault, *Mémoires…*, *op. cit.*, vol. I, p. xxxv.
47. C. Gould, *Bernini in France…*, *op. cit.*, p. 123, Colbert à Poussin, 1664.
48. G. Fonkenell, *Le Palais des Tuileries*, Arles, Honoré Clair, 2010, p. 71, 102, 107, 166-167.

49. L. Hautecœur, *L'Histoire des châteaux du Louvre et des Tuileries*, *op. cit.*, p. 98-99, 127, 137-138.
50. C. Perrault, *Mémoires…*, *op. cit.*, vol. I, p. 94.
51. J.-B. Colbert, *Lettres, instructions et mémoires*, *op. cit.*, vol. V, p. LV.
52. C. Aulanier, *La Salle des Caryatides*, Paris, Éditions des Musées nationaux, 1957, p. 41. Certaines académies se réunissaient déjà au Louvre dès 1665.
53. J.-N. Ronfort (dir.), *André-Charles Boulle, 1642-1732 : un nouveau style pour l'Europe*, Francfort, MAK, Somogy, 2009, p. 25, 296.
54. F. Tallents, *Travels in France and Switzerland…*, *op. cit.*, p. 163-165.
55. C. Aulanier, *Le Pavillon du roi : les appartements de la reine*, *op. cit.*, 1958, p. 64, 67, 73-74, 78 ; G. Bresc-Bautier, *The Architecture of the Louvre*, Paris, Gallimard-Musée du Louvre, 1995, p. 71-73.
56. C. Perrault, *Mémoires…*, *op. cit.*, vol. I, p. 35, 37, 38, 41.
57. J.-B. Colbert, *Lettres, instructions et mémoires*, *op. cit.*, vol. V, p. 242, Colbert à Heinsius et Vossius, 21 juin 1663, p. 468 ; H. L. Brugmans, *Le Séjour de Christian Huygens à Paris*, Paris, E. Droz, 1935, p. 67, 84, 93-96. En fin de compte, après la mort de Colbert, sa pension fut suspendue et il repartit en Hollande.
58. G. Dethan, *Paris au temps de Louis XIV, 1660-1715*, Paris, Hachette, 1990, p. 187-191.
59. T. Sarmant, *Louis XIV et Paris…*, *op. cit.*, p. 31, 41-42.
60. A. Corvisier, *Louvois*, Paris, Fayard, 1983, p. 217-219, 208-210 ; G. Sabatier, *Le Prince et les arts*, Seyssel, Champ Vallon, 2010, p. 368-369.
61. Charles de Gaulle, *Mémoires*, Paris, Gallimard, « Bibliothèque de la Pléiade », 2000, p. 575.
62. J. Lough, *France Observed…*, *op. cit.*, p. 170-171.
63. Marquis de Sourches, *Mémoires sur le règne de Louis XIV*, éd. Gabriel-Jules de Cosnac et Arthur Bertrand, Paris, Hachette, 1882-1893, 13 vol., vol. 1, septembre 1681-décembre 1686, 9 mai 1682. T. Sarmant, *Louis XIV et Paris…*, *op. cit.*, p. 43-44 ; A. Gady (dir.), *Jules Hardouin-Mansart*, *op. cit.*, p. 72-73, 85.
64. F. Tiberghien, *Versailles : le chantier de Louis XIV, 1662-1715*, Paris, Perrin, 2002, p. 76, 80, 82 ; A. Keay, *The Magnificent Monarch : Charles II and the Ceremonies of Power*, New York, Hambledon Continuum, 2008, p. 101, 188.
65. C. Perrault, *Mémoires…*, *op. cit.*, vol. I, p. 112.

66. O. d'Ormesson, *Journal*, *op. cit.*, vol. II, p. 540, 22 janvier 1668 ; *cf.* J. Saint-Germain, *Louis XIV secret*, Paris, Hachette, 1970, p. 266.
67. J. Levron, *Versailles, ville royale*, Chiré-en-Montreuil, Éditions de La Nef, 1964, p. 48-50 ; W. Burchard, *The Sovereign Artist…*, *op. cit.*, *passim*.
68. J.-P. Samoyault, *Guide to the Museum of the Château of Fontainebleau*, Paris, RMN, 1994, p. 20, 211 et *passim*.
69. M.-P. Terrien et P. Dien, *Le Château de Richelieu, XVIIe-XVIIIe siècles*, Rennes, PUR, 2009, p. 42-43.
70. H. Kamen, *The Escorial : Art and Power in the Renaissance*, New Haven, CT, Yale University Press, 2010, p. 51, 57-58, 103, 143, 217, 226, 235.
71. J. Brown et J. H. Elliott, *A Palace for a King : The Buen Retiro and the Court of Philip IV*, New Haven, Yale University Press, 1980, p. 16, 62, 142.
72. E. Castelnuovo et W. Barberis *et alii* (dir.), *La Reggia di Venaria e i Savoia : arte, magnificenza e storia di una corte europea*, Turin, Umberto Allemandi, 2007, 2 vol., *passim* ; marquis de Saint-Maurice, *Lettres sur la cour de Louis XIV*, *op. cit.*, vol. I, p. 377, 525, au duc de Savoie, 27 décembre 1669, 19 décembre 1670. « Le roi veut y faire une ville formée à l'imitation de celle que Vote Altesse Royale a fait faire à Venaria. »
73. J.-B. Colbert, *Lettres, instructions et mémoires*, *op. cit.*, vol. V, p. 269-270, Colbert à Louis XIV, 28 septembre 1665.
74. *Ibid.*, p. 267, Palais de Versailles, raisons générales.
75. Musée des Archives nationales, 1872, p. 509.
76. É. Magne (dir.), *Lettres inédites du Grand Condé et du Duc d'Enghien…*, *op. cit.*, p. 309, le duc d'Enghien à la reine de Pologne, 5 novembre 1666.
77. *Ibid.*, p. 246, 313, le duc Enghien à la reine de Pologne, 21 janvier, 26 novembre 1666.
78. F. Tiberghien, *Versailles…*, *op. cit.*, p. 133, 135, 142-143.
79. O. d'Ormesson, *Journal*, *op. cit.*, vol. II, p. 552, juillet 1668 ; marquis de Saint-Maurice, *Lettres sur la cour de Louis XIV*, *op. cit.*, vol. I, p. 211, lettre du 27 juillet 1668 ; Mme de Sévigné, *Correspondance*, *op. cit.*, vol. II, p. 419, Mme de Sévigné à Bussy-Rabutin, 12 octobre 1678 ; *cf.* F. Tiberghien, *Versailles…*, *op. cit.*, p. 159, 166, pour plus de morts et d'accidents au cours des travaux de construction en 1683 et 1684, et p. 267 pour les critiques officielles des bas salaires des ouvriers.
80. I. Murat, *Colbert*, *op. cit.*, p. 171, Louis XIV à Colbert, avril 1672.

81. J.-B. Colbert, *Lettres, instructions et mémoires*, *op. cit.*, vol. V, note p. 326, Louis XIV à Colbert, 4 mai 1672.
82. I. Murat, *Colbert*, *op. cit.*, p. 363, Colbert à d'Aguesseau, 25 mai 1674 ; F. Tiberghien, *Versailles…*, *op. cit.*, p. 198-199, 211.
83. P. Julien (dir.), *Marbres de Rois, XVIIe et XVIIIe siècles*, Marseille, Presses universitaires d'Aix-Marseille, 2013, p. 13.
84. M. da Vinha et R. Masson (dir.), *Versailles : histoire, dictionnaire et anthologie*, Paris, Robert Laffont, « Bouquins », 2015 (ci-après DV), p. 36, 40 ; W. Burchard, *The Sovereign Artist…*, *op. cit.*, p. 203 ; M. Campbell, *Pietro da Cortona at the Pitti Palace : A Study of the Planetary Rooms and Related Projects*, Princeton, Princeton University Press, 1977, p. 177.
85. A. Blunt, *Art and Architecture in France, 1500-1700*, New Haven, Yale University Press, 1998, p. 229-230.
86. J.-B. Colbert, *Lettres, instructions et mémoires*, *op. cit.*, vol. V, p. 300, Colbert à Louis XIV, 22 mai 1670.
87. Marquis de Saint-Maurice, *Lettres sur la cour de Louis XIV*, *op. cit.*, vol. I, p. 507, vol. II, p. 23, M. de Saint-Maurice duc de Savoie, 21 novembre 1670, 10 février 1671 ; C. Levantal, *Louis XIV…*, *op. cit.*, vol. I, p. 306, 309, 29 novembre 1670-10 février 1671.
88. Marquis de Sourches, *Mémoires…*, *op. cit.*, vol. I, note p. 56, 14 novembre 1681.
89. A. Vallot, A. d'Aquin et G. C. Fagon, *Journal de la santé du roi Louis XIV…*, *op. cit.*, p. 180, d'Aquin, « Remarques pour l'année 1687 ».
90. J. Levron, *Versailles, ville royale*, *op. cit.*, p. 50-51, Louis XIV à Colbert, 22 mai 1671, déclaration du 24 novembre 1672.
91. A. Gady, *Jules Hardouin-Mansart*, *op. cit.*, p. 379, 381, 383 ; A. Jehan, *La Ville de Versailles : son histoire, ses monuments, ses rues,* Versailles, L. Bernard, 1900, p. 108-113, dresse la liste de dix-huit hôtels pour nobles dans une seule rue, les actuelles rue Colbert et rue de la Chancellerie. Il y en avait beaucoup d'autres.
92. DV, p. 27-28 ; A. Marie, *Mansart à Versailles*, Paris, Jacques Fréal, 1972, 2 vol., vol. I, p. 161.
93. J. Levron, *Versailles, ville royale*, *op. cit.*, p. 62, 66.
94. J.-B. Colbert, *Lettres, instructions et mémoires*, *op. cit.*, vol. VI, p. 470, journal de Colbert, 14 octobre 1663.
95. Mlle de Montpensier, *Mémoires*, *op. cit.*, vol. IV, p. 30-32.
96. C. Levantal, *Louis XIV…*, *op. cit.*, vol. I, p. 258 ; É. Magne (dir.), *Lettres inédites du Grand Condé et du Duc d'Enghien…*, *op. cit.*, p. 327, le duc d'Enghien à la reine de Pologne, 23 février 1667 ;

cf. ibid., p. 196, 211, 264, le duc d'Enghien à la reine de Pologne, 24 juillet 1665, 18 septembre 1665, 26 mars 1666.

97. *Ibid.*, p. 269, le duc d'Enghien à la reine de Pologne, 30 avril 1666.

98. BnF Mss. fr. 7834, M. de Bizincourt, « Les Plaisirs de l'Île enchantée », 6 mai 1664, fol. 21. Un exemplaire donné à Henriette-Marie se trouve à Waddesdon.

99. A. Keay, *The Magnificent Monarch…*, *op. cit.*, p. 91 ; J.-B. Colbert, *Lettres, instructions et mémoires*, *op. cit.*, vol. V, p. 376, Colbert à Feuquières, 15 juillet 1675.

100. C. Koslofsky, *Evening's Empire…*, *op. cit.*, p. 97.

101. *Fêtes et divertissements à la cour*, Paris, Gallimard, 2016, p. 319-329, 348, (ci-après FD).

102. A. Félibien, *Les Fêtes de Versailles*, Paris, Le Promeneur, 2012, p. 151, 163.

103. P. Beaussant, *Les Plaisirs de Versailles…*, *op. cit.*, p. 41 ; A. Félibien, *Les Fêtes de Versailles*, *op. cit.*, p. 97, 99.

104. *Ibid.*, p. 35, 40, 81.

105. H. L. Brugmans, *Le Séjour de Christian Huygens à Paris*, *op. cit.*, p. 78-79, récit de Christian Huygens, 1668 ; marquis de Saint-Maurice, *Lettres sur la cour de Louis XIV*, *op. cit.*, vol. I, p. 202-209, M. de Saint-Maurice au duc de Savoie, 20 juillet 1668.

106. J.-J. Gautier, « L'imaginaire comme support du luxe : les fêtes royales de Versailles de mai 1664 », *in* R. Fox et A. Turner (dir.), *Luxury Trades and Consumerism in Ancien Régime Paris*, Londres, Taylor and Francis Group, 2016, p. 191-218, aux pages 212-218.

Chapitre 9. À la conquête de la Flandre

1. O. d'Ormesson, *Journal*, *op. cit.*, vol. II, p. 591, juin 1670.
2. J.-B. Colbert, *Lettres, instructions et mémoires*, *op. cit.*, vol. VI, p. 221, *Mémoire*, février 1663.
3. Marquis de Saint-Maurice, *Lettres sur la cour de Louis XIV*, *op. cit.*, vol. I, p. 122, au duc de Savoie, 9 septembre 1667.
4. F. Desmons, *La Conquête en 1667*, Tournai, Casterman, 1905, p. 140.
5. C. G. Picavet, *Les Dernières Années de Turenne…*, *op. cit.*, p. 178, Louis XIV à d'Estrades, 6 avril 1663.
6. C.-É. Levillain, *Vaincre Louis XIV…*, *op. cit.*, p. 96.
7. J.-B. Colbert, *Lettres, instructions et mémoires*, *op. cit.*, vol. VI, note de la p. 237.
8. J. Black, *From Louis XIV to Napoleon…*, *op. cit.*, p. 36, 41.

9. J.-B. Colbert, *Lettres, instructions et mémoires*, *op. cit.*, vol. V, p. 627, Chapelain à Colbert, 3 décembre 1667.
10. *Traité des droits de la reyne*, 1667, p. 1.
11. C. Levantal, *Louis XIV…*, *op. cit.*, vol. I, p. 261, mai 1667.
12. Marquis de Saint-Maurice, *Lettres sur la cour de Louis XIV*, *op. cit.*, vol. I, p. 66, au duc de Savoie, 13 juin 1667.
13. *Ibid.*, p. 137, au duc de Savoie, 23 septembre 1667.
14. C. Rousset, *Histoire de Louvois…*, *op. cit.*, vol. I, p. 249-250 ; A. Corvisier, *Louvois*, *op. cit.*, p. 191-193, 353.
15. C. Rousset, *Histoire de Louvois…*, *op. cit.*, vol. I, p. 112, Louvois à Turenne, 23 septembre 1667.
16. H. Drévillon, *L'Impôt du sang…*, *op. cit.*, p. 32.
17. C. G. Picavet, *Les Dernières Années de Turenne…*, *op. cit.*, p. 365, Turenne à Louvois, 15 septembre 1673, p. 397, 401, 429.
18. Marquis de La Fare, *Mémoires et réflexions*, *op. cit.*, p. 172 ; C. J. Ekberg, *The Failure of Louis XIV's Dutch War,* Chapel Hill, NC, University of North Carolina Press, 1979, p. 70, 145-148, 150.
19. Marquis de Saint-Maurice, *Lettres sur la cour de Louis XIV*, *op. cit.*, vol. I, p. 89, 91, 109, au duc de Savoie, 13 juillet, 18 août 1667.
20. F. Desmons, *La Conquête en 1667*, *op. cit.*, p. 209-215.
21. Marquis de Saint-Maurice, *Lettres sur la cour de Louis XIV*, *op. cit.*, vol. I, p. 105, au duc de Savoie, 11 août 1667.
22. J.-M. Lambin, *Quand le Nord devenait français (1635-1713)*, Paris, Fayard, 1980, p. 71 ; C. Levantal, *Louis XIV…*, *op. cit.*, vol. I, p. 267, 28 août 1667.
23. C.-É. Levillain, *Vaincre Louis XIV…*, *op. cit.*, p. 138-139, 150.
24. Marquis de Saint-Maurice, *Lettres sur la cour de Louis XIV*, *op. cit.*, vol. I, p. 128, 16 septembre 1667.
25. K. D. H. Haley, *An English Diplomat in the Low Countries…*, *op. cit.*, p. 106, 107, 124 ; J. Spielman, *Leopold I of Austria*, New Brunswick, NJ, Rutgers University Press, 1977, p. 46, 54.
26. C.-É. Levillain, *Vaincre Louis XIV…*, *op. cit.*, p. 135-137 ; DL, p. 415.
27. J. T. O'Connor, *Negotiator out of Season : The Career of Wilhelm Egon von Fürstenberg, 1629 to 1704*, Athens, GA, University of Georgia Press, 1978, p. 32.
28. K. D. H. Haley, *An English Diplomat in the Low Countries…*, *op. cit.*, p. 150, 173, 176, 201.
29. O. Morke, « William III's Stadholderly Court in the Dutch Republic », *in* E. Mijers et D. Onnekink (dir.), *Redefining William III : The Impact of the King-Stadholder in International Context*, Aldershot, Ashgate, 2007, p. 227-240 ; pour le français

de Guillaume III, « qu'il parle un peu gras et fort posément », voir Louis XIV, *Œuvres*, *op. cit.*, vol. VI, p. 520, François de Callières à la marquise d'Huxelles, 12 novembre 1697.

30. K. D. H. Haley, *An English Diplomat in the Low Countries…*, *op. cit.*, p. 182 ; A. Dencher, « The Politics of Spectacle : Imaging the Prince of Orange during the First Stadtholderless Era », *The Court Historian*, 19, 2, décembre 2014, p. 163-168, à la p. 166.
31. *Cf.* Arsenal Mss. 4712, fol. 134, Louis XIV à Pomponne, 3 novembre 1669. « Je souhaiterois toujours sincèrement obliger mon cousin le prince d'Orange en toutes les choses qu'il désirera de moy. »
32. H. H. Rowen, *John de Witt, Grand Pensionary…*, *op. cit.*, p. 544 ; comte d'Estrades, *Lettres…*, *op. cit.*, vol. I, p. 326-335, Estrades à Louis XIV, 8, 30 mai, 5, 12 juin 1664.
33. K. D. H. Haley, *An English Diplomat in the Low Countries…*, *op. cit.*, p. 176.
34. G. Bossenga, *The Politics of Privilege : Old Regime and Revolution in Lille*, Cambridge, Cambridge University Press, 1991, p. 1 ; J.-M. Lambin, *Quand le Nord devenait français…*, *op. cit.*, p. 49, 57.
35. A. Lottin (dir.), *« Chronique immémoriale des choses mémorables par moy Pierre-Ignace Chavatte (1657-1693) » : le mémorial d'un humble tisserand lillois au Grand Siècle*, Bruxelles, Académie de Belgique, Commission royale d'histoire, 2010, p. 67, 373, août 1667, janvier 1685.
36. C. Koslofsky, *Evening's Empire…*, *op. cit.*, p. 142-143.
37. *Lille au XVIIIe siècle : des Pays Bas espagnols au Roi-Soleil*, Paris, RMN, 2000, p. 102 ; A. Lottin (dir.), *« Chronique immémoriale… »*, *op. cit.*, p. 201, mai 1670, p. 320-222, août 1680 ; *cf.* pour d'autres descriptions de villes conquises, A. Derville, *Histoire de Saint-Omer*, Lille, Presses universitaires de Lille, 1981, p. 135 ; P. Rolland, *Histoire de Tournai*, Tournai, Casterman, 1956, p. 227-239 ; J.-M. Lambin, *Quand le Nord devenait français…*, *op. cit.*, p. 180, 182, citant Charles Lemaître sur Valenciennes.
38. Mlle de Montpensier, *Mémoires*, *op. cit.*, vol. IV, p. 55 ; A. Lottin (dir.), *« Chronique immémoriale… »*, *op. cit.*, p. 351-352, 31 juillet 1683.
39. L. Trénard (dir.), *Histoire de Lille, de Charles Quint à la conquête française*, Toulouse, Privat, 1981, p. 285-289.
40. G. Bossenga, *The Politics of Privilege…*, *op. cit.*, p. 21.
41. *Lille au XVIIIe siècle…*, *op. cit.*, p. 24 ; A. Croquez, *La Flandre wallonne et les pays de l'intendance de Lille sous Louis XIV*, Paris, Édouard Champion, 1912, p. 21.

42. G. Bossenga, *The Politics of Privilege…*, *op. cit.*, p. 42-43.
43. *Lille au XVIIIe siècle…*, *op. cit.*, p. 83 ; R. Holmes, *Fatal Avenue : A Traveller's History of the Battlefields of Northern France and Flanders, 1346-1945*, Londres, Vintage, 2008, p. 148.
44. Par exemple, l'ancienne maîtresse du roi, la comtesse de Soissons, avait essayé de briser sa liaison avec Mlle de La Vallière et encouragé Mlle de La Mothe Houdancourt pour qu'elle tente de le séduire en 1662 ; voir J. Lair, *Louise de La Vallière et la jeunesse de Louis XIV*, Paris, Plon, 1881, p. 90-91, 101-102.
45. J.-C. Petitfils, *Louise de La Vallière*, *op. cit.*, p. 215-216, 220 ; marquis de Saint-Maurice, *Lettres sur la cour de Louis XIV*, *op. cit.*, vol. I, p. 87, dépêche du 13 juillet 1667.
46. J.-C. Petitfils, *Madame de Montespan*, Paris, Fayard, 1988, p. 8, p. 320, 24, 63 ; É. Magne (dir.), *Lettres inédites du Grand Condé et du Duc d'Enghien…*, *op. cit.*, p. 2, le duc d'Enghien à la reine de Pologne, 22 février 1664 ; marquis de Sourches, *Mémoires…*, *op. cit.*, vol. I, p. 61, 14 novembre 1681.
47. Marquis de Saint-Maurice, *Lettres sur la cour de Louis XIV*, *op. cit.*, vol. I, p. 30-31, au duc de Savoie, 6 mai 1667 ; É. Magne (dir.), *Lettres inédites du Grand Condé et du Duc d'Enghien…*, *op. cit.*, p. 309, duc d'Enghien à la reine de Pologne, 5 novembre 1666.
48. J. Lemoine et A. Lichtenberger, *De La Vallière à Montespan*, Paris, Calmann-Lévy, 1903, p. 165.
49. J.-C. Petitfils, *Madame de Montespan*, *op. cit.*, p. 35, 50, 52.
50. Marquis de Saint-Maurice, *Lettres sur la cour de Louis XIV*, *op. cit.*, vol. I, p. 112, au duc de Savoie, 27 août 1667.
51. J. Lemoine et A. Lichtenberger, *De La Vallière à Montespan*, *op. cit.*, p. 191, citant une dépêche de Lord St Albans à Arlington, 26 octobre 1667 ; J.-C. Petitfils, *Madame de Montespan*, *op. cit.*, p. 59.
52. Marquis de Saint-Maurice, *Lettres sur la cour de Louis XIV*, *op. cit.*, vol. I, p. 133, au duc de Savoie, 16 septembre 1667.
53. Comte de Bussy-Rabutin, *Mémoires*, *op. cit.*, p. 293.
54. P. Visconti, *Mémoires sur la cour de Louis XIV…*, *op. cit.*, p. 40.
55. A. Maral, *Le Roi-Soleil et Dieu…*, *op. cit.*, p. 237.
56. Mme de Sévigné, *Correspondance*, *op. cit.*, vol. II, p. 214, à Mme de Grignan, 30 septembre 1676.
57. J.-C. Petitfils, *Louise de La Vallière*, *op. cit.*, p. 187.
58. B. Neveu *et alii*, *Les Demoiselles de Saint-Cyr : maison royale d'éducation, 1686-1793*, Versailles, Somogy, 1999, p. 69.
59. Marquis de Dangeau, *Journal…*, *op. cit.*, vol. XXII, p. 30, 3 février 1709.

60. Marquis de Saint-Maurice, *Lettres sur la cour de Louis XIV*, *op. cit.*, vol. I, p. 370, au duc de Savoie, 6 décembre 1669.
61. J.-C. Petitfils, *Madame de Montespan*, *op. cit.*, p. 141 ; Mme de Sévigné se réfère fréquemment aux inquiétudes de la Montespan sur la liaison du roi avec Mme de Soubise, et aux ambitions de cette dernière : Mme de Sévigné, *Correspondance*, *op. cit.*, vol. II, p. 175, 191, 202, 574, à Mme de Grignan, 19 août, 2, 16 septembre 1676, 19 janvier 1680.
62. Marquis de Saint-Maurice, *Lettres sur la cour de Louis XIV*, *op. cit.*, vol. I, p. 169, au duc de Savoie, 23 décembre 1667 ; W. H. Lewis, *Assault on Olympus…*, *op. cit.*, p. 117, 227. Mme de Maintenon fit une remarque semblable en 1713 sur la mort de la « pauvre Mme de Soubise » : ML, vol. V, p. 643, Mme Maintenon à la princesse des Ursins, 10 juillet 1713.
63. J.-C. Petitfils, *Lauzun ou l'insolente séduction*, Paris, Perrin, 2008, p. 50, 52, 57, 59.
64. Marquis de Sourches, *Mémoires…*, *op. cit.*, vol. I, note de la p. 49, 12 novembre 1681.
65. Marquis de Saint-Maurice, *Lettres sur la cour de Louis XIV*, *op. cit.*, vol. I, p. 347, au duc de Savoie, 11 octobre 1669.
66. É. Magne (dir.), *Lettres inédites du Grand Condé et du Duc d'Enghien…*, *op. cit.*, p. 200, Condé à la reine de Pologne, 5 août 1665 ; J.-C. Petitfils, *Lauzun…*, *op. cit.*, p. 77-78 ; V. Pitts, *La Grande Mademoiselle…*, *op. cit.*, p. 179.
67. P. Clément, *Madame de Montespan et Louis XIV : étude historique*, Paris, Didier, 1868, note p. 144 ; marquis de Saint-Maurice, *Lettres sur la cour de Louis XIV*, *op. cit.*, vol. I, p. 209, au duc de Savoie, 20 juillet 1668 ; DV, p. 80-81.
68. J.-C. Petitfils, *Louise de La Vallière*, *op. cit.*, p. 242 ; P. Clément, *Madame de Montespan et Louis XIV…*, *op. cit.*, p. 249, Louis XIV à Colbert, 14 mai 1678.
69. J.-C. Petitfils, *Louise de La Vallière*, *op. cit.*, p. 248 ; J. Lemoine et A. Lichtenberger, *De La Vallière à Montespan*, *op. cit.*, p. 181-182.
70. Marquis de Saint-Maurice, *Lettres sur la cour de Louis XIV*, *op. cit.*, vol. II, p. 37, au duc de Savoie, 20 mars 1671 ; J.-C. Petitfils, *Louise de La Vallière*, *op. cit.*, p. 251-252.
71. É. Barthélemy (éd.), *La Marquise d'Huxelles…*, *op. cit.*, p. 325, Mme de Louvois à Mme d'Huxelles, 29 novembre 1673.
72. J.-C. Petitfils, *Madame de Montespan*, *op. cit.*, p. 102.
73. M.-L. de Rochebrune (dir.), *La Chine à Versailles : art et diplomatie au XVIIIe siècle*, Paris, Somogy, 2014, p. 22, 30 ; une feuille d'éventail présentant le même décor se trouve au Victoria and

Albert Museum, P39-1987 (*Mme de Montespan au Trianon de porcelaine*, feuille d'éventail, 1690, gouache sur vélin).

74. F. Knothe, « Tapestry as a Medium of Propaganda at the Court of Louis XIV : Display and Audience », dans T. P. Campbell et E. A. H. Cleland (dir.), *Tapestry in the Baroque : New Aspects of Production and Patronage*, New Haven, Yale University Press, 2010, p. 342-359.
75. Mme de Sévigné, *Correspondance*, *op. cit.*, vol. II, p. 246, à Mme de Grignan, 6 novembre 1676.
76. J.-C. Petitfils, *Louis XIV*, *op. cit.*, p. 255 ; I. Murat, *Colbert*, *op. cit.*, note de la p. 250.
77. *Mémoires de Louis XIV*, éd. J. Longnon, *op. cit.*, p. 271.
78. J.-C. Petitfils, *Louise de La Vallière*, *op. cit.*, p. 121.
79. A. Maral, *Le Roi-Soleil et Dieu…*, *op. cit.*, p. 70-73, 77-78, 215.
80. F. Belin, *La Société française au XVIIe siècle d'après les sermons de Bourdaloue*, Genève, Slatkine Reprints, 1970, p. 7-8, 17-18 et *passim*.
81. J. Chevé, *Marie-Thérèse d'Autriche…*, *op. cit.*, p. 409.
82. P. et M.-L. Biver, *Abbayes, monastères, couvents de femmes à Paris, des origines à la fin du XVIIIe siècle*, Paris, PUF, 1975, *passim* ; O. Hufton, *The Prospect before Her : A History of Women in Western Europe*, vol. I, New York, Alfred A. Knopf, 1995, p. 382-383. Parmi les autres ordres, mentionnons les Ursulines, les Bénédictines, les Mitigées, les Filles de la Conception, les Filles pénitentes du Sauveur, les Filles de la Sagesse, les Missionnaires de la Compagnie de Marie, les Sœurs hospitalières de Saint-Alexis de Limoges.
83. J. A. K. McNamara, *Sisters in Arms : Catholic Nuns through Two Millennia*, Cambridge, MA, Harvard University Press, 1996, p. 485.
84. J.-C. Petitfils, *Louise de La Vallière*, *op. cit.*, p. 112-113, 257, 268, 271-275.
85. J.-B. Ériau, *Louise de La Vallière*, Paris, Nouvelles Éditions latine, 1961, p. 114, 121.
86. J.-C. Petitfils, *Louise de La Vallière*, *op. cit.*, p. 294, 301, 305.
87. *Ibid.*, p. 306, 312, 313, 319 ; J. Chevé, *Marie-Thérèse d'Autriche…*, *op. cit.*, p. 462-463.
88. Mme de Sévigné, *Correspondance*, *op. cit.*, vol. II, p. 80, à Mme de Grignan, 29 avril 1676.
89. *Ibid.*, p. 555-556, à Mme de Grignan, 5 janvier 1680.
90. J.-C. Petitfils, *Louise de La Vallière*, *op. cit.*, p. 331-335, 350.

Chapitre 10. La guerre contre les Hollandais

1. Marquis de Saint-Maurice, *Lettres sur la cour de Louis XIV*, *op. cit.*, vol. II, p. 403, 472, au duc de Savoie, 2 septembre 1672, 13 janvier 1673 ; P. Sonnino, *Louis XIV and the Origins of the Dutch War*, Cambridge, Cambridge University France, 2002, p. 125-126, 172.
2. C. Rousset, *Histoire de Louvois…*, *op. cit.*, vol. I, p. 22, citant le *Bouclier d'éstat* de Lisola.
3. Marquis de Saint-Maurice, *Lettres sur la cour de Louis XIV*, *op. cit.*, vol. I, p. 6, au duc de Savoie, 29 avril 1667.
4. Marquis de Sourches, *Mémoires…*, *op. cit.*, vol. I, p. 72, 25 octobre 1683.
5. *Ibid.*, vol. IV, note p. 29, p. 35, 29 avril 1692, 20 mai 1692 ; marquis de Dangeau, *Journal…*, *op. cit.*, vol. VI, p. 62, 12 mai 1692 ; duc de Noailles, *Histoire de Madame de Maintenon*, Paris, Compagnie des imprimeurs unis, 1848-1858, 4 vol., vol. IV, p. 354-356, 391.
6. H. Drévillon, *L'Impôt du sang…*, *op. cit.*, p. 15, 277, 297. « C'est un très bon sujet et très distingué par sa valeur aussi bien que par sa naissance. »
7. D. Lanfredini, *Un Antagonista di Luigi XIV : Armand de Gramont, Comte de Guiche*, Florence, Olschki, 1959, p. 254, Louis XIV à Marie-Thérèse, 12 juin 1672.
8. C. Rousset, *Histoire de Louvois…*, *op. cit.*, vol. I, p. 206-210.
9. W. H. Lewis, *Assault on Olympus…*, *op. cit.*, p. 220-221.
10. Marquis de Sourches, *Mémoires…*, *op. cit.*, vol. IV, note de la p. 81, 24 juin 1692.
11. J.-C. Petitfils, *Louis XIV*, *op. cit.*, p. 360.
12. T. Sarmant, *La République des médailles : numismates et collections numismatiques à Paris, du Grand Siècle au Siècle des Lumières*, Honoré Champion, 2003, p. 97-105 ; Y. Loskoutoff (dir.), *Les Médailles de Louis XIV et leur livre*, Rouen, Presses universitaires de Rouen et du Havre, 2016, p. 36, 159, 172 et *passim*.
13. P. Sonnino, *Louis XIV and the Origins of the Dutch War…*, *op. cit.*, p. 60, 67.
14. R. Hatton (dir.), *Louis XIV and Europe*, Londres, Macmillan Press, 1976, p. 58 ; Le Clerc, Jean, *Explication historique des principales médailles frappées pour servir à l'histoire des Provinces-Unies des Pays-Bas*, Amsterdam, édition de 1736, p. 93.
15. C. Rousset, *Histoire de Louvois…*, *op. cit.*, vol. I, p. 323, 379, 517, 519, 532, Louis XIV, « Mémoire sur la campagne de 1672 ».

16. J.-B. Colbert, *Lettres, instructions et mémoires*, *op. cit.*, vol. VII, p. 89, Colbert à M. Bouchu, 22 mars 1679. Le fort est aujourd'hui l'objet de fouilles archéologiques.
17. *Mémoires de Louis XIV*, éd. J. Longnon, *op. cit.*, p. 178-179.
18. H. Drévillon, *L'Impôt du sang…*, *op. cit.*, p. 68-69 ; B. Fonck, *Le Maréchal de Luxembourg, et le commandement des armées sous Louis XIV*, Seyssel, Champ Vallon, 2014, p. 212.
19. J. de Plantavit de La Pause, *Mémoires*, Paris, CTHS et Versailles, Centre de recherche du château de Versailles, 2011-2013, 3 vol., vol. I, p. 60.
20. A. Corvisier, « Les gardes du corps de Louis XIV », dans *id.*, *Les Hommes, la guerre et la mort*, Paris, Economica, 1985, p. 119, 122, 127-128, 152 ; H. Drévillon, *L'Impôt du sang…*, *op. cit.*, p. 232 ; R. Masson, *Défendre le roi…*, *op. cit.*, p. 192 ; *Mémoires de Louis XIV*, éd. J. Longnon, *op. cit.*, p. 263.
21. C. Levantal, *Louis XIV…*, *op. cit.*, vol. I, p. 357, 5 novembre 1674.
22. P. de Groot, *Lettres… à Abraham de Wicquefort*, édité par F. J. I. Krämer, La Haye, 1894, p. 306, mars 1671.
23. Marquis de Dangeau, *Journal…*, *op. cit.*, vol. V, p. 153, 300, 25 janvier, 17 novembre 1691 ; vol. IX, p. 168, 27 avril 1698 ; marquis de Sourches, *Mémoires…*, *op. cit.*, vol. IV, p. 16, 167, 5 mars 1692, 6, 7 mars 1693.
24. R. Masson, *Défendre le roi…*, *op. cit.*, p. 191-193, 349 ; marquis de Dangeau, *Journal…*, *op. cit.*, vol. V, p. 297, 11 novembre 1691.
25. J. Locke, *Travels in France*, *op. cit.*, p. 185-186, 254-255, journal de Locke, 1er février 1678, 5 janvier 1679.
26. Marquis de Saint-Maurice, *Lettres sur la cour de Louis XIV*, *op. cit.*, vol. I, p. 472, 1er août 1670.
27. P. de Groot, *Lettres…*, *op. cit.*, p. 65, 68, de Groot à Abraham de Wicquefort, 22 janvier, 5 février 1672.
28. C. H. Hartmann, *The King my Brother*, Portsmouth, Heinemann, 1954, p. 32, 62, 105, 111, Charles II à Madame, 23 août, 17 octobre 1664.
29. *Ibid.*, p. 243, 270, 284-285 ; E. C. Metzger, *Ralph, First Duke of Montagu, 1638-1709*, Lewiston, NY, Edwin Mellen, 1987, p. 56-59.
30. C. H. Hartmann, *The King my Brother*, *op. cit.*, p. 147, 195, 281 ; K. D. H. Haley, *An English Diplomat in the Low Countries…*, *op. cit.*, p. 104, 112.
31. BS 961, fol. 304, Louis XIV à Lionne, 18 avril 1667.
32. E. C. Metzger, *Ralph, First Duke of Montagu…*, *op. cit.*, p. 55-56 ; C. H. Hartmann, *The King my Brother*, *op. cit.*, p. 280.

33. Louis XIV, *Œuvres*, *op. cit.*, vol. VI, p. 460, Ruvigny à Louis XIV, 27 février 1676.
34. C. H. Hartmann, *The King my Brother*, *op. cit.*, p. 147, 155, 208.
35. Louis XIV, *Œuvres*, *op. cit.*, vol. V, p. 35, Louis XIV à Estrades, 5 août 1661 ; E. C. Metzger, *Ralph, First Duke of Montagu…*, *op. cit.*, p. 156, 158.
36. K. D. H. Haley, *An English Diplomat in the Low Countries…*, *op. cit.*, p. 26 ; C. H. Hartmann, *The King my Brother*, *op. cit.*, p. 295.
37. *Ibid.* p. 30 ; E. Lurgo, *Philippe d'Orléans : frère de Louis XIV*, Paris, Perrin, 2018, p. 123.
38. C. H. Hartmann, *The King my Brother*, *op. cit.*, p. 311 ; E. C. Metzger, *Ralph, First Duke of Montagu…*, *op. cit.*, p. 65-66.
39. J. Callow, *King in Exile : James II…*, *op. cit.*, p. 264.
40. K. D. H. Haley, *An English Diplomat in the Low Countries…*, *op. cit.*, p. 228-230 ; C. H. Hartmann, *The King my Brother*, *op. cit.*, p. 313.
41. K. D. H. Haley, *An English Diplomat in the Low Countries…*, *op. cit.*, p. 264 ; *cf.* R. Hutton, « The Religion of Charles II », *in* R. M. Smuts (dir.), *The Stuart Courts…*, *op. cit.*, p. 239, 246.
42. E. C. Metzger, *Ralph, First Duke of Montagu…*, *op. cit.*, p. 71 ; C. H. Hartmann, *The King my Brother*, *op. cit.*, p. 328 ; marquis de Saint-Maurice, *Lettres sur la cour de Louis XIV*, *op. cit.*, vol. II, p. 451, au duc de Savoie, 30 juin 1670.
43. E. C. Metzger, *Ralph, First Duke of Montagu…*, *op. cit.*, p. 69-71 ; J.-B. Bossuet, *Oraisons funèbres*, *op. cit.*, p. 165, 168.
44. C. Levantal, *Louis XIV…*, *op. cit.*, vol. I, p. 303, 23, 27 août 1670 ; Lady Burghclere, *George Villiers, Second Duke of Buckingham, 1628-1687 : A Study in the History of the Restoration*, Londres, John Murray, 1903, p. 221-227 ; P. de Groot, *Lettres…*, *op. cit.*, p. 49 ; marquis de Saint-Maurice, *Lettres sur la cour de Louis XIV*, *op. cit.*, vol. I, p. 479, au duc de Savoie, 22 août 1670.
45. H. et G. Savile, *Savile Correspondence : Letters to and from...*, William Durrant Cooper, Camden Society, 1858, p. 34, Henry Savile à Lord Arlington, 29 octobre 1672.
46. Les vers suivants furent placardés devant sa chambre de Whitehall : « Un lit est réservé en ce lieu/ À une garce française avec l'oint du Seigneur » : B. Bevan, *Charles II's French Mistress : A Biography of Louise de Kéroualle, Duchess of Portsmouth, 1649-1734*, Londres, Robert Hale, 1972, p. 72.
47. *Ibid.*, p. 42 et *passim*, Colbert de Croissy à Louvois, 22 octobre 1671 : « Nous espérons qu'elle se conduira de telle sorte que cet attachement sera durable et excluera tous les autres » ; *cf.* N. Klein Maguire, « The Duchess of Portsmouth… », *op. cit.*, p. 247-273.

48. Voir C. MacLeod et J. Marciari Alexander (dir.), *Painted Ladies : Women at the Court of Charles II*, New Haven et Londres, New Haven et Londres, National Portrait Gallery Publications 2001, p. 44-45, 136-151 ; H. Forneron, *Louise de Kéroualle, Duchesse de Portsmouth*, Paris, Plon, Nourrit et Cie, 1886, *passim*.
49. R. Baird, *Mistress of the House : Great Ladies and Grand Houses, 1670-1830*, Londres, Weidenfeld & Nicolson, 2003, p. 71 ; West Sussex Record Office, Goodwood Mss. 4, Louis XIV à la duchesse de Portsmouth, 21 octobre 1682, 18 février 1683 ; duchesse de Portsmouth à Louis XIV, 18 septembre 1682.
50. J. T. O'Connor, *Negotiator out of Season*..., *op. cit.*, p. 11, 13, 24, 47, 50, 56, 67.
51. Marquis de Saint-Maurice, *Lettres sur la cour de Louis XIV*, *op. cit.*, vol. II, p. 219, au duc de Savoie, 6 janvier 1672.
52. Louis XIV, *Œuvres*, *op. cit.*, vol. V, p. 430, à Colbert, 4 mai 1672.
53. Marquis de Saint-Maurice, *Lettres sur la cour de Louis XIV*, *op. cit.*, vol. II, p. 290, au duc de Savoie, 15 mai 1672.
54. *Ibid.*, p. 294, 297, 321, 338, au duc de Savoie, 21, 23 mai, 12, 20 juin 1672.
55. Voir la carte dans L. Panhuysen, *De Ware Vrijheid : de levens van Johan en Cornelis de Witt*, Amsterdam, Adas, 2005, p. 416.
56. D. Lanfredini, *Un Antagonista di Luigi XIV*..., *op. cit.*, p. 253, Louis XIV à Marie-Thérèse, 12 juin 1672 ; marquis de Saint-Maurice, *Lettres sur la cour de Louis XIV*, *op. cit.*, vol. II, p. 404, au duc de Savoie, 2 septembre 1672.
57. H. et B. Van der Zee, *William and Mary*, New York, Alfred A. Knopf, 1973, p. 69, 71 ; M. C. Trevelyan, *William III and the Defence of Holland*, Londres, Longmans, Green and Co. Troost, Woute, 1930, p. 169 ; J. Israel, *The Dutch Republic*..., *op. cit.*, p. 796-799.
58. O. van Nimwegen, *The Dutch Army and the Military Revolutions, 1588-1688*, Woodbridge, The Boydell Press, 2010, p. 441, lettre du 23 juin 1672.
59. H. H. Rowen, *John de Witt, Grand Pensionary*..., *op. cit.*, p. 837.
60. M. C. Trevelyan, *William III and the Defence of Holland*, *op. cit.*, p. 176.
61. M. Pellisson, *Lettres historiques*, 1679, 3 vol., vol. I, p. 203-210, 25 juin-5 juillet 1672 ; J.-P. Cénat, *Chamlay : le stratège secret de Louis XIV*, Paris, Belin, 2011, p. 17 ; marquis de Ségur, *Le Maréchal de Luxembourg et le prince d'Orange, 1668-1678*, Paris, Calmann-Lévy, 1902, p. 542-543 ; Louis XIV, *Œuvres*, *op. cit.*, vol. III, p. 192, 203, Louis XIV à Louvois, 8 juin 1672, au maréchal de Gramont, 15 juin 1672.

62. R. P. M. Rhoen, « Met 2,000 man informeel op bezoek : de doortocht van Lodewijk XIV door de stad Utrecht in 1671 », *Oud Utrecht*, n° 87, 2014, p. 24-26 ; S. C. J. Jessurun-ten Dam, *Utrecht in 1672 en 1673*, Utrecht, Hoeijenbos, 1934, p. 53, 73, 80-81.
63. A. Corvisier, *Louvois*, *op. cit.*, p. 258-259 ; J.-P. Cénat, *Louvois : le double de Louis XIV*, Paris, Tallandier, 2015, p. 137.
64. M. C. Trevelyan, *William III and the Defence of Holland*, *op. cit.*, p. 174, 207, Godolphin à Clifford, 28 juin 1672.
65. H. H. Rowen, *John de Witt, Grand Pensionary…*, *op. cit.*, p. 850-851 ; *id.*, *The Ambassador Prepares for War : The Dutch Embassy of Arnauld de Pomponne*, La Haye, Nijhoff, 1957, p. 185, 195, 199 ; J. A. Lynn, *The Wars of Louis XIV…*, *op. cit.*, p. 115.
66. O. Van Nimwegen, *The Dutch Army…*, *op. cit.*, p. 444 ; C. Rousset, *Histoire de Louvois…*, *op. cit.*, vol. I, p. 535.
67. H. et B. Van der Zee, *William and Mary…*, *op. cit.*, p. 72.
68. *Ibid.*, p. 71.
69. M. C. Trevelyan, *William III and the Defence of Holland*, *op. cit.*, p. 235 ; M. A. M. Franken, *Coenraad van Beuningen's polieteke en diplomatieke aktiviteiten in de jaren 1667-1684*, Groningue, J. B. Wolters, 1966, p. 266.
70. É. Longin, *François de Lisola : sa vie, ses écrits, son testament*, Dole, Chaligne, 1900, p. 161 ; A. Corvisier, *Louvois*, *op. cit.*, p. 201.
71. W. Troost, « To Restore and Preserve the Liberty of Europe : William III's Ideas on Foreign Policy », *in* D. Onnekink et G. Rommelse (dir.), *Ideology and Foreign Policy in Early Modern Europe (1650-1750)*, Farnham, 2011, p. 283-303 aux p. 288, 295, 296, Guillaume III à Montecucculi, novembre 1673, à Waldeck, 1680.
72. C. Levantal, *Louis XIV…*, *op. cit.*, vol. I, p. 329 ; Louis XIV, *Œuvres*, *op. cit.*, vol. III, p. 251.
73. *Mémoires de Louis XIV*, éd. J. Longnon, *op. cit.*, p. 184 ; BS 1290, fol. 11, 19, Louis XIV à la reine Christine, 20 août 1662, à Philippe IV, 6 septembre 1662.
74. G. Comisso, *Les Ambassadeurs vénitiens…*, *op. cit.*, p. 272, dépêche d'Alvise Sagredo, 1666.
75. B. Fonck, *Le Maréchal de Luxembourg…*, *op. cit.*, p. 105, 111-113, 118, 338.
76. A. Corvisier, *Louvois*, *op. cit.*, p. 262, Louvois à Robert, n.d. ; C. Rousset, *Histoire de Louvois…*, *op. cit.*, vol. II, p. 499, Louvois au comte de Calvo, 14 avril 1678.
77. H. H. Rowen, *The Ambassador Prepares for War : The Dutch Embassy of Arnauld de Pomponne*, La Haye, Nijhoff, 1957, p. 200.
78. E. Lavisse (dir.), *Louis XIV, histoire d'un grand règne : 1643-1715*, Paris, Robert Laffont, « Bouquins », 2010.

79. Marquis de La Fare, *Mémoires et réflexions*, *op. cit.*, p. 75-77.
80. C. Rousset, *Histoire de Louvois…*, *op. cit.*, vol. I, p. 411, Luxembourg à Condé, 7 janvier 1673 ; marquis de Ségur, *Le Maréchal de Luxembourg…*, *op. cit.*, p. 189, 209-211.
81. O. Van Nimwegen, *The Dutch Army…*, *op. cit.*, p. 347, 466, Ginkel à Ginkel, 29 octobre 1673 ; marquis de Ségur, *Le Maréchal de Luxembourg…*, *op. cit.*, p. 197 ; pour les gravures, voir J. Landwehr, *Romeyn de Hooghe as Book Ilustrator*, Amsterdam, Van Gendt & Cie, 1970, p. 29-30.
82. H. H. Rowen, *John de Witt : Statesman of the « True Freedom »*, Cambridge, Cambridge University Press, 1986, p. 285-258 ; A. Lefèvre-Pontalis, *Jean de Witt, Grand Pensionnaire de Hollande*, Paris, Plon, 1884, 2 vol., vol. II, p. 535-552 ; H. H. Rowen, *John de Witt…*, *op. cit.*, p. 880-882.
83. En 1678, ils quittèrent Saint-Germain le 7 février : C. Levantal, *Louis XIV…*, *op. cit.*, vol. I, p. 386.
84. J. Cornette, *Le Roi de guerre : essai sur la souveraineté dans la France du Grand Siècle*, Paris, Payot, 2010, p. 243.
85. B. Barbiche, « La régence de Marie-Thérèse du 23 avril au 31 juillet 1672 », in *id.* (dir.), *Pouvoirs, contestations et comportements dans l'Europe moderne*, Paris, Presses de l'université Paris-Sorbonne, 2005, p. 313-326.
86. C. M. Peto, *When France was King of Cartography : The Patronage and Production of Maps in Early Modern France*, Plymouth, Lexington Books, 2007, *passim* ; J.-P. Cénat, *Chamlay…*, *op. cit.*, p. 34, 37.
87. A. Corvisier, *Louvois*, *op. cit.*, p. 363-364.
88. http://www.maastrichtvestingstad.nl/en ; C. J. Ekberg, *The Failure of Louis XIV's Dutch War*, *op. cit.*, p. 17.
89. Louis XIV, *Œuvres*, *op. cit.*, vol. III, p. 375, Mémoires militaires, 1673.
90. A. Keay, *The Last Royal Rebel : The Life and Death of James, Duke of Monmouth*, Londres, Bloomsbury, 2016, p. 124.
91. J. N. P. Watson, *Captain-General and Rebel Chief : The Life of James, Duke of Monmouth*, Winchester, MA, Allen & Unwin, 1979, p. 59-64.
92. A. Keay, *The Last Royal Rebel…*, *op. cit.*, p. 117 ; S. Saunders Webb, *Lord Churchill's Coup : The Anglo-American Empire and the Glorious Revolution Reconsidered*, New York, New York, Alfred A. Knopf, 1995, p. 29-31, 33, 39 ; C. Rousset, *Histoire de Louvois…*, *op. cit.*, vol. II, note p. 5, Lord Lockhart à Louvois, 29 mars 1674
93. C. Pfister, *Histoire de Nancy*, Paris, Berger-Levrault, 1908, 3 vol., vol. II, p. 413 ; vol. III, p. 209, 211-212.

94. C. J. Ekberg, *The Failure of Louis XIV's Dutch War*, *op. cit.*, p. 95, 102.
95. *Ibid.*, p. 35-36.
96. G. Bardot, *La Question des dix villes impériales d'Alsace depuis la paix de Westphalie jusqu'aux arrêts de réunion du conseil souverain de Brisach*, Paris, Picard-A. Rey, 1899, p. 256-274.
97. O. van Nimwegen, *The Dutch Army…*, *op. cit.*, p. 458, 465 ; marquis de Ségur, *Le Maréchal de Luxembourg…*, *op. cit.*, p. 275.
98. B. Fonck, *Le Maréchal de Luxembourg…*, *op. cit.*, p. 324.
99. J. T. O'Connor, *Negotiator out of Season…*, *op. cit.*, p. 55-59 ; C. J. Ekberg, *The Failure of Louis XIV's Dutch War*, *op. cit.*, p. 27, 29, 30, 34, 39-41, 69.
100. O. Klopp, *Der Fall des Hauses Stuart*, Vienne, W. Braunmüller, 1875-1888, 14 vol., vol. I, p. 394, Lisola à Hocher, 3 juillet 1673 ; M. Kroll, *Letters from Liselotte : Elizabeth-Charlotte, Princess Palatine and Duchess of Orléans, 1652-1722*, Londres, Allison & Busby, 1998, p. 211, 31 mars 1718.
101. Marquis de Dangeau, *Journal…*, *op. cit.*, vol. I, p. 81, 1er décembre 1684.
102. Voir par exemple Mme de Sévigné, *Correspondance*, *op. cit.*, vol. II, p. 142, à Mme de Grignan, 8 juillet 1676.
103. J.-B. Colbert, *Lettres, instructions et mémoires*, *op. cit.*, vol. VII, p. 325, note de la p. 327, Louis XIV à Colbert, 26 septembre, Petit à Colbert, 6 décembre 1673.
104. J.-C. Petitfils, *Madame de Montespan*, *op. cit.*, p. 99 ; J.-B. Colbert, *Lettres, instructions et mémoires*, *op. cit.*, vol. VI, p. 36-37, Louis XIV à Colbert, 18, 22, 28 mai, 8, 15 juin 1674. « Mme de Montespan a grande envie d'accommoder les autres tout en volière pour y mettre des oiseaux. »
105. C. J. Ekberg, *The Failure of Louis XIV's Dutch War*, *op. cit.*, p. 144, 154, 163-165, Colbert de Croissy à Colbert, 30 mars 1673, p. 168-170.
106. C. Rousset, *Histoire de Louvois…*, *op. cit.*, vol. II, p. 277, Louvois à Courtin, 23 novembre 1676.
107. C. Boutant, *L'Europe au grand tournant des années 1680 : la succession palatine*, Paris, SEDES, 1985, p. 133, 138 ; C. Rousset, *Histoire de Louvois…*, *op. cit.*, vol. II, p. 80-81.
108. K. Malettke, *Les Relations entre la France et le Saint Empire au* XVIIe *siècle*, Paris, Honoré Champion, 2001, p. 345-346 ; H. Gillot, *Le Règne de Louis XIV et l'opinion publique en Allemagne*, Nancy, A. Crépin-Leblond, 1914, *passim*.
109. C. Levantal, *Louis XIV…*, *op. cit.*, vol. I, p. 342, 345, 352-353 ; F. Pernot, *La Franche-Comté espagnole à travers les archives de*

Simancas, Besançon, Presses universitaires de Franche-Comté, 2003, p. 314-317.

110. *Ibid.*, p. 320, 339.

111. M. Gresset *et alii*, *Histoire de l'annexion de la Franche-Comté et du Pays de Montbéliard*, Le Coteau, 1988, p. 269-276, 272, 280-282.

112. D. Dee, *Expansion and Crisis in Louis XIV's France : Franche-Comté and Absolute Monarchy, 1674-1715*, Rochester, NY, University of Rochester Press, 20092009, p. 41, 44, 61.

113. F. Pernot, *La Franche-Comté espagnole…*, *op. cit.*, p. 319 ; M. Gresset *et alii*, *Histoire de l'annexion de la Franche-Comté…*, *op. cit.*, p. 277-279 ; D. Dee, *Expansion and Crisis in Louis XIV's France…*, *op. cit.*, p. 57, 65.

114. *Ibid.*, p. 20, 151.

115. *Ibid.*, p. 72-73, 82-84.

116. K. Malettke, *Les Relations entre la France et le Saint Empire…*, *op. cit.*, p. 199-206 ; *id.*, « Complots et conspirations contre Louis XIV dans la seconde moitié du XVIIe siècle », *in* Y.-M. Bercé (dir.), *Complots et conspirations dans l'Europe moderne*, Rome, École française de Rome, 1996, p. 347-371 ; C.-É. Levillain, *Vaincre Louis XIV…*, *op. cit.*, p. 241, 247.

117. J.-B. Colbert, *Lettres, instructions et mémoires*, *op. cit.*, vol. VI, p. 481, note du 1er novembre 1663.

118. J. Cornette, *La Mort de Louis XIV…*, *op. cit.*, p. 106 ; C. Jullian, *Histoire de Bordeaux…*, *op. cit.*, vol. II, p. 506-507, 516 ; C. Rousset, *Histoire de Louvois…*, *op. cit.*, vol. II, p. 198-200.

119. L. Coste, *Histoire des maires de Bordeaux*, Dossiers d'Aquitaine, 2008, p. 202-207, 210.

120. J.-C. Petitfils, *Louis XIV*, *op. cit.*, p. 386-387 ; J. A. Lynn, *The Wars of Louis XIV…*, *op. cit.*, p. 184-185.

121. K. Malettke, *Les Relations entre la France et le Saint Empire…*, *op. cit.*, p. 204.

122. C. Rousset, *Histoire de Louvois…*, *op. cit.*, vol. II, p. 221-223 ; Louis XIV, *Œuvres*, *op. cit.*, vol. IV, p. 26 ; A. Corvisier, *Louvois*, *op. cit.*, p. 198-199 ; marquis de Ségur, *Le Maréchal de Luxembourg…*, *op. cit.*, p. 356-357.

123. Marquis de Dangeau, *Journal…*, *op. cit.*, vol. XII, p. 63, 16 avril 1699.

124. Marquis de Ségur, *Le Maréchal de Luxembourg…*, *op. cit.*, p. 439-440 ; B. Fonck, *Le Maréchal de Luxembourg…*, *op. cit.*, p. 387, Louvois à Luxembourg, 13 avril 1677.

125. P. Visconti, *Mémoires sur la cour de Louis XIV…*, *op. cit.*, p. 107.

126. C. J. Ekberg, *The Failure of Louis XIV's Dutch War*, *op. cit.*, p. 17, Courtin à Condé, 21 mai 1673.

127. S. Laroche, « 1677 : le siège victorieux de Valenciennes et la gloire de Louis XIV », *in* H. Coutau-Bégarie (dir.), *Les Médias et la guerre*, Paris, Economica, 2005, p. 184, 180-188.
128. C. Levantal, *Louis XIV…*, *op. cit.*, vol. I, p. 378-380, 386 ; L. Trénard (dir.), *Histoire de Cambrai*, Lille, Presses universitaires de Lille, 1983, p. 151, 153.
129. F. Barbier, « L'entrée royale de Louis XIV à Valenciennes », *Revue du Nord*, t. 69, n° 274, 1987, p. 553-561 ; R. Faille, « Louis XIV devant Cambrai glorifié par les artistes de son règne », *Revue du Nord*, t. 58, n° 230, 1976, p. 479-505.
130. P. Claeys, *Pages d'histoire locale gantoise*, 3 vol., Gand, Vuylsteke 1885, 3 vol., vol. I, p. 124 ; J. E. Nève *et alii*, *Gand sous l'occupation de Louis XIV, 1678-1679, 1701-1706, 1708*, Gand, E. Flaays-Verheughe, 1929, p. 17, 37, 60, 68 ; Nimègue, p. 506-507.
131. E. C. Metzger, *Ralph, First Duke of Montagu…*, *op. cit.*, p. 154 ; F. Mignet, *Négociations relatives à la succession d'Espagne sous Louis XIV*, Paris, Imprimerie royale, 1835-1842, 4 vol., vol. IV, p. 318.
132. J. A. H. Bots (dir.), *The Peace of Nijmegen, 1676-1678/79*, Amsterdam, APA Holland University Press, *passim*.
133. O. van Nimwegen, *The Dutch Army…*, *op. cit.*, p. 510 ; B. Fonck, *Le Maréchal de Luxembourg…*, *op. cit.*, p. 142-143, 148 ; Louis XIV, *Œuvres*, *op. cit.*, vol. IV, p. 171-172, Relation de la campagne de 1678 ; marquis de Ségur, *Le Maréchal de Luxembourg…*, *op. cit.*, p. 483, 495-498, 515.
134. Louis XIV, *Œuvres*, *op. cit.*, vol. IV, p. 144, 146, Relation de la campagne de 1678.
135. C. J. Ekberg, *The Failure of Louis XIV's Dutch War*, *op. cit.*, p. 21, Louis XIV au comte d'Estrées, 30 mai 1673, p. 99 ; Louis XIV, *Œuvres*, *op. cit.*, vol. IV, p. 144, Relation de la campagne de 1678 ; C. Rousset, *Histoire de Louvois…*, *op. cit.*, vol. I, p. 457.
136. R. Faille, « Louis XIV devant Cambrai… », *op. cit.*, p. 486.
137. Louis XIV, *Œuvres*, *op. cit.*, vol. III, p. 503, Colbert à Louis XIV, 26 mai 1674 ; *cf.* I. Murat, *Colbert*, *op. cit.*, p. 322, pour une flatterie similaire dans une lettre de Colbert au roi le 4 juillet 1673, lui assurant que ses souhaits seuls régissaient son pouvoir.
138. Louis XIV, *Œuvres*, *op. cit.*, vol. III, p. 131, 136-140 et *passim*.
139. C. G. Picavet, *Les Dernières Années de Turenne…*, *op. cit.*, p. 295.
140. J.-P. Cénat, *Chamlay…*, *op. cit.*, p. 47-50.
141. BnF Mss. fr. 7891, fol. 11, 12v.
142. BnF Mss. fr. 7892, fol. 7, 10, 11v.
143. BnF Mss. fr. 7893, fol. 16, Campagnes du roy en l'an MDCLXXVII.

144. BnF Mss. fr. 7894, fol. 83, Campagnes du roy en l'an MDCLXXVIII.
145. I. Richefort, *Adam-François van der Meulen : peintre flamand au service de Louis XIV*, Rennes, PUR, 2004, p. 348.

Chapiter 11. Vers le Rhin

1. *Cf.* Marquis de Sourches, *Mémoires…*, *op. cit.*, vol. I, p. 84, 18 mars 1684, appelant le Rhin « la borne naturelle entre la France et l'empire ». Richelieu et Mazarin avaient caressé des ambitions similaires : P. Chevallier, *Louis XIII…*, *op. cit.*, p. 481.
2. C. Rousset, *Histoire de Louvois…*, *op. cit.*, vol. IV, p. 541, Vauban à Racine, 13 septembre 1697 ; D. Nordman, *Frontières de France : de l'espace au territoire, XVIe-XIXe siècle*, Paris, Gallimard, 1998, p. 100, 148 ; *cf.* R. Babel, *Garde et protection. Der Königschutz in der französischen Aussenpolitick vom 15. bis zum 17. Jahrhundert*, Stuttgart, Thorbecke, 2014, p. 189.
3. L. Febvre, *Le Rhin : histoire, mythes et réalités*, Paris, Perrin, 1997, p. 193.
4. M. Magdelaine, *Guerre et paix en Alsace : les mémoires de voyage du sieur de l'Hermine*, Toulouse, Privat, 1981, p. 11.
5. J. Fehrenbach, *La Princesse Palatine…*, *op. cit.*, p. 294-297, 432.
6. A. Lebon (dir.), *Recueil des instructions données aux ambassadeurs et ministres de France depuis les traités de Westphalie jusqu'à la Révolution française*, vol. VII : *Bavière, Palatinat, Deux-Ponts*, Paris, Félix Alcan, 1889, p. 389, Louis XIV au marquis de Béthune, 1er février 1674.
7. B. Jeanmougin, *Louis XIV à la conquête des Pays-Bas espagnols : la guerre oubliée, 1678-1684*, Paris, Economica, 2005, p. 42, 47.
8. *Ibid.*, p. 46-48.
9. C. Pfister (dir.), *Sarrelouis, 1680-1930 : réminiscences*, Paris, Berger-Levrault, 1933, p. 32, 34.
10. A. F. Upton, *Charles XI and Swedish Absolutism*, Cambridge, Cambridge University Press, 1998, p. 95-96 ; C. Rousset, *Histoire de Louvois…*, *op. cit.*, vol. III, p. 30.
11. Marquis de Sourches, *Mémoires…*, *op. cit.*, vol. II, p. 52, 23 mai 1687 ; C. Rousset, *Histoire de Louvois…*, *op. cit.*, vol. III, p. 27, 344, Louvois à Le Peletier, 18 mai 1687.
12. B. Jeanmougin, *Louis XIV à la conquête des Pays-Bas espagnols…*, *op. cit.*, p. 28, 29, 39, Faultrier à Louvois, 5 avril 1680,

p. 48, Bissy à Louvois, n.d., p. 53-55, abbé d'Orval au prince de Chimay, 3 mai 1681, p. 190.

13. R. Bour, *Histoire de Metz*, Woippy, Éditions Serpenoise, 1978, p. 151 ; Louis XIV, *Œuvres*, *op. cit.*, vol. IV, p. 191, Relation de la campagne de 1678.

14. M. Magdelaine, *Guerre et paix en Alsace…*, *op. cit.*, p. 46 ; G. Livet (dir.), *Recueil d'instructions, XXVIII : L'Électorat de Trèves*, Paris, CNRS, 1966 ; T. Scott, *The City-State in Europe, 1000-1600*, Oxford, Oxford University Press, 2012, p. 213, 224, 228, 239 et *passim* ; T. A. Brady Jr, *Turning Swiss : Cities and Empire, 1450-1550*, Cambridge, Cambridge University Press, 1985, p. 117, 135.

15. A. Legrelle, *Louis XIV et Strasbourg*, Gand, Snoeck, 1878, p. 98, 103, 111 ; B. Vogler, « Une alliance manquée : Strasbourg et les XIII cantons, 1555-1789 », *in Cinq siècles de relations franco-suisses*, Neuchâtel, La Baconnière, 1984, p. 111-121 à la p. 117. La Confédération répugnait à accepter Strasbourg, car une autre cité luthérienne entamerait l'équilibre confessionnel.

16. A. Legrelle, *Louis XIV et Strasbourg*, *op. cit.*, p. 117-118 ; J. T. O'Connor, *Negotiator out of Season…*, *op. cit.*, p. 85.

17. Marquis de Sourches, *Mémoires…*, *op. cit.*, vol. I, note p. 94, avril 1682 ; A. Legrelle, *Louis XIV et Strasbourg*, *op. cit.*, p. 221.

18. *Ibid.*, p. 180.

19. *Ibid.*, p 232.

20. Marquis de Sourches, *Mémoires…*, *op. cit.*, vol. I, note p. 23, 1er octobre 1681 ; A. Legrelle, *Louis XIV et Strasbourg*, *op. cit.*, p. 175.

21. Abbé V. Guerber, *Histoire politique et religieuse de Haguenau*, Marseille, Laffitte, 2 vol., 1978, vol. I, p. 316-318.

22. A. Legrelle, *Louis XIV et Strasbourg*, *op. cit.*, p. 194, lettre à Léopold Ier, 29 septembre 1681 ; marquis de Sourches, *Mémoires…*, *op. cit.*, vol. I, p. 23, 1er octobre 1681 ; *cf.* L. Maurer, *L'Expédition de Strasbourg en septembre 1681 : correspondance officielle tirée des archives de la guerre*, Paris, Berger-Levrault, 1923, p. 169, magistrats de Strasbourg à Louvois, 30 septembre 1681.

23. A. Legrelle, *Louis XIV et Strasbourg*, *op. cit.*, p. 164, 194 ; J. Bérenger, « La cour de Vienne au lendemain de la chute de Strasbourg », *in* G. Livet et B. Vogler (dir.), *Pouvoir, ville et société en Europe, 1650-1750*, Paris, Ophrys, 1983, p. 145.

24. A. Legrelle, *Louis XIV et Strasbourg*, *op. cit.*, p. 166-167.

25. L. Maurer, *L'Expédition de Strasbourg en septembre 1681…*, *op. cit.*, p. 132, Louvois au marquis de La Frégeolière,

17 septembre 1681 ; marquis de Sourches, *Mémoires*..., *op. cit.*, vol. I, p. 22, 26 septembre 1681.

26. L. Maurer, *L'Expédition de Strasbourg en septembre 1681*..., *op. cit.*, p. 164, Montclar à « MM. de Strasbourg », 28 septembre 1681.
27. A. Legrelle, *Louis XIV et Strasbourg*, *op. cit.*, p. 190-191.
28. *Ibid.*, p. 196.
29. G. Livet (dir.), *Histoire de Strasbourg*, Strasbourg, Éditions des Dernières Nouvelles, 1980-1982, 4 vol., vol. III, p. 83-88 et note p. 429 ; marquis de Sourches, *Mémoires*..., *op. cit.*, vol. I, p. 24-26, 2 octobre 1681 ; A. Legrelle, *Louis XIV et Strasbourg*, *op. cit.*, p. 195-199.
30. J.-B. Colbert, *Lettres, instructions et mémoires*, *op. cit.*, vol. VII, p. 272, Colbert à M. de La Grange, 25 juillet 1682.
31. L. Maurer, *L'Expédition de Strasbourg en septembre 1681*..., *op. cit.*, p. 185, Louis XIV à Louvois, 2 octobre 1681.
32. Marquis de Sourches, *Mémoires*..., *op. cit.*, vol. I, p ; 28-29, 8, 10 octobre 1681.
33. Lors d'une visite à Dunkerque en 1671, il servit lui-même le déjeuner aux dames, en se tenant debout derrière leurs chaises : P. de Groot, *Lettres*..., *op. cit.*, p. 49, à Wicquefort, février 1671.
34. A. Blanchard, *Vauban*, *op. cit.*, p. 115.
35. Marquis de Sourches, *Mémoires*..., *op. cit.*, vol. I, p. 33, 18 octobre 1681.
36. *Ibid.*, p. 35, 20 octobre 1681.
37. J. T. O'Connor, *Negotiator out of Season*..., *op. cit.*, p. 92-93.
38. A. Legrelle, *Louis XIV et Strasbourg*, *op. cit.*, note de la p. 203, lettre du 21 octobre 1682.
39. *Ibid.*, p. 203-205 ; marquis de Sourches, *Mémoires*..., *op. cit.*, vol. I, p. 37-39, 44-45, 26 octobre 1681.
40. J. T. O'Connor, *Negotiator out of Season*..., *op. cit.*, p. 94-95 ; J. Bérenger, « La cour de Vienne... » *op. cit.*, p. 145.
41. Marquis de Sourches, *Mémoires*..., *op. cit.*, vol. I, p. 44-45, 4 novembre 1681.
42. H. Sonkajärvi, *Qu'est-ce qu'un étranger ? Frontières et identifications à Strasbourg, 1681-1789*, Strasbourg, Presses universitaires de Strasbourg, 2008, p. 45, mémoire de l'intendant La Grange.
43. B. Vogler, « Louis XIV et les protestants alsaciens », *in* L. Godard de Donville et R. Duchêne (dir.), *De la mort de Colbert à la révocation de l'édit de Nantes : un monde nouveau ?*, Paris, CMR, 1984, p. 285-2991 à la p. 288 ; S. Herry, *Une ville en mutation : Strasbourg au tournant du Grand Siècle*, Strasbourg, Presses universitaires de Strasbourg, 1996, p. 171.

44. A. Legrelle, *Louis XIV et Strasbourg*, *op. cit.*, p. 210, Louvois à Güntzer, 11 décembre 1681.
45. L. Batiffol, *Les Anciennes Républiques alsaciennes*, Paris, Flammarion, 1918, p. 252.
46. Marquis de Sourches, *Mémoires…*, *op. cit.*, vol. I, p. 76, 27 novembre 1683.
47. A. Legrelle, *Louis XIV et Strasbourg*, *op. cit.*, p. 211-212 et note, Chamilly à Louvois, 21 novembre, 23 décembre 1681.
48. L. Maurer, *L'Expédition de Strasbourg en septembre 1681…*, *op. cit.*, p. 259, Chamilly à Louvois, 14 décembre 1681.
49. H. Sonkajärvi, *Qu'est-ce qu'un étranger ?…*, *op. cit.*, p. 84-85.
50. A. Legrelle, *Louis XIV et Strasbourg*, *op. cit.*, p. 673 ; M. Hau, *La Maison de Dietrich, de 1684 à nos jours*, Strasbourg, Oberlin, 1998, p. 17, 19 ; B. Vogler, « Louis XIV et les protestants alsaciens », *op. cit.*, p. 288.
51. B. Jeanmougin, *Louis XIV à la conquête des Pays-Bas espagnols…*, *op. cit.*, p. 13, 58.
52. G. Livet, « Strasbourg, Metz et Luxembourg : contribution à l'étude de la politique extérieure de la France sous Louis XIV », *in* R. Poidevin et G. Trausch (dir.), *Les Relations franco-luxembourgeoises, de Louis XIV à Robert Schuman*, Metz, Centre de recherche Relations internationales de l'université de Metz, 1978, p. 1-19 aux p. 7-8, 19, Louis XIV à d'Avaux, 28 octobre 1683, Louvois au maréchal d'Humières, 23 novembre 1683.
53. A. Lottin (dir.), *« Chronique immémoriale... »*, *op. cit.*, p. 354-357, 368, journal de Chavatte, 27 décembre 1683, 7 juin 1684.
54. B. Jeanmougin, *Louis XIV à la conquête des Pays-Bas espagnols…*, *op. cit.*, p. 81, 86, Louis XIV à Créquy, 21 mars 1682.
55. *Ibid.*, p. 151, Louvois à Bissy, 25 janvier 1684 ; voir les lettres de Louvois à Vauban *in* J. Dollar, *Vauban à Luxembourg, place forte de l'Europe (1684-1697)*, Luxembourg, RTL Éditions, 1983, p. 49-55.
56. *Ibid.*, p. 53, 72, Vauban à Louvois, p. 4, 14 juin 1684.
57. G. Livet, « Strasbourg, Metz et Luxembourg… », *op. cit.*, p. 7.
58. J. Dollar, *Vauban à Luxembourg…*, *op. cit.*, p. 91-94 ; N. Boileau et J. Racine, *Lettres d'une amitié : correspondance, 1687-1698*, Paris, Bartillat, 2014, p. 19, 24, 91, 92, Racine à Boileau, 24 mai 1687, p. 94.
59. P. Margue, « Assujettis ou sujets ? Les Luxembourgeois sous Louis XIV », *in* R. Poidevin et G. Trausch (dir.), *Les Relations franco-luxembourgeoises…*, *op. cit.*, p. 21-38.
60. J.-P. Cénat, *Louvois…*, *op. cit.*, p. 354-355 ; A. Blanchard, *Vauban*, *op. cit.*, p. 116, 131-133, 153, 189, 245-247, 433-437.

61. *Ibid.*, p. 199-201, 210, 315, 328, 332.
62. *Ibid.*, p. 353.
63. J. Glad, *Maubeuge, place de guerre, sa zone d'influence*, Saint-Denis, Publibook, 2007, *passim* ; A. Neave, *The Flames of Calais : A Soldier's Battle*, 1940, Londres, Hodder & Stoughton, 1972, p. 72-73, 140, 146 ; *cf.* B. Crochet, *Vauban et son héritage : guide des forteresses à visiter*, Rennes, Ouest-France, 2017, *passim* et J. E. et H. W. Kaufmann, *Fortress France : The Maginot Line and French Defenses in World War II*, Westport, CT, Praeger, 2006, p. 88.
64. J. Dollar, *Vauban à Luxembourg…*, *op. cit.*, p. 72.
65. J.-B. Colbert, *Lettres, instructions et mémoires*, *op. cit.*, vol. V, p. 346, Louis XIV à Colbert, 8 avril, 23 mai 1677 ; I. Murat, *Colbert*, *op. cit.*, p. 384, Louis XIV à Colbert, 2 août 1680.
66. J.-B. Colbert, *Lettres, instructions et mémoires*, *op. cit.*, vol. V, p. XXXVIII-XXXIX, p. 382, Colbert à Louis XIV, 1er mars 1678, Louis XIV à Colbert, 10 mars 1678.
67. T. Sarmant, *Les Demeures du Soleil…*, *op. cit.*, p. 104, Louvois à Lefèvre, 16 septembre 1683.
68. DV, p. 135 ; J.-B. Colbert, *Lettres, instructions et mémoires*, *op. cit.*, vol. V, p. 571, mémoire de 1690, dresse la liste du total des dépenses affectées à Versailles de 1664 à 1690, soit un montant de 81 151 414 livres [1,8 milliard d'euros], ou 87 537 989 livres [1,95 milliard d'euros] si l'on inclut les achats d'argenterie, de médailles et d'agates. La Machine de Marly coûta 3 674 864 livres [81,9 millions d'euros] ; les travaux sur l'Eure et à Maintenon, sans inclure l'achat des propriétés afférentes, 8 612 995 livres [191, 9 millions d'euros].
69. S. Castelluccio, *Les Fastes de la galerie des Glaces : recueil d'articles du* Mercure galant *(1681-1773)*, Paris, Payot, 2007, p. 100, 103, note de la p. 104.
70. C. Strunck et E. Kieven (dir.), *Europäische Galeriebauten : Galleries in a Comparative European Perspective (1400-1800)*, Munich, Hirmer, 2010, *passim.*
71. T. Kirchner, *Le Héros épique : peinture d'histoire et politique artistique dans la France du XVIIe siècle*, Paris, Éditions de la Maison des sciences de l'homme 2008, p. 302, 452 ; DV, p. 336.
72. W. Burchard, *The Sovereign Artist…*, *op. cit.*, *passim* ; C. Albanel *et alii*, *The Hall of Mirrors : History and Restoration*, Dijon, Faton, 2007, p. 197-207.
73. DV, p. 225.
74. M. da Vinha, *Le Versailles de Louis XIV*, Paris, Perrin, 2012, p. 23-24. Saint-Simon et sa femme, par exemple, en plus d'un

hôtel qu'ils possédaient dans la ville, utilisaient l'appartement de son beau-frère le duc de Lorges au premier étage de l'aile du Nord, jusqu'à ce qu'ils acquièrent le leur : G. Poisson, *Monsieur de Saint-Simon*, Paris, Mazarine, 1987, p. 152.

75. A. Gady, *Jules Hardouin-Mansart*, *op. cit.*, p. 171-172, 246-256.
76. J.-B. Colbert, *Lettres, instructions et mémoires*, *op. cit.*, vol. VII, p. CLV, d'Ormoy à Colbert, 12 février 1682, p. CLVII, CLX-CLXII, Colbert à d'Ormoy, 13, 25 mars, 11 avril 1682.
77. Marquis de Sourches, *Mémoires…*, *op. cit.*, vol. I, p. 101, 6 mai 1682.
78. G. Sabatier, *Le Prince et les arts*, *op. cit.*, p. 194-199 ; C. Levantal, *Louis XIV…*, *op. cit.*, vol. II, p. 447-450, juin-juillet 1683, p. 462, mai 1684, p. 499-500, mai 1687.
79. J. Chagniot, *Paris et l'armée au XVIIIe siècle*, Paris, Economica1985, p. 48-49, 373 ; É. Magne, *Images de Paris sous Louis XIV : d'après des document inédits*, Paris, Calmann-Lévy, 1939, p. 116, 123, pour l'exemple du duc de Créquy, premier gentilhomme de la chambre et gouverneur de Paris de 1676 à 1687, avec des maisons à Paris, Versailles, Saint-Germain et Fontainebleau ; L. Lemarchand, *Paris ou Versailles ? La monarchie absolue entre deux capitales (1715-1723)*, Paris, Éditions du CTHS, 2014, p. 101.
80. S. Perez, *La Santé de Louis XIV…*, *op. cit.*, p. 546.
81. J. Lough, *France Observed…*, *op. cit.*, p. 322-323, citant Martin Lister ; M. Vincent, *Le* Mercure galant…, *op. cit.*, p. 129.
82. M. Lahaye, *Le Fils de Louis XIV : Monseigneur le Grand Dauphin (1661-1711)*, Ceyzérieu, Champ Vallon, 2013, p. 365 ; *cf.* J. Saint-Germain, *Louis XIV secret*, *op. cit.*, p. 264-282.
83. T. Sarmant, *Louis XIV et Paris…*, *op. cit.*, *passim*.
84. M. Lister, *A Journey to Paris in the Year 1698,* Jacob Tonson, 1699, p. 7, 17, 218.
85. Marquis de Sourches, *Mémoires…*, *op. cit.*, vol. I, p. 101, 6 mai 1682 ; *cf.* J. Mazarin, *Lettres du cardinal Mazarin…*, *op. cit.*, vol. VII, p. 95, Mazarin à Gravel, 8 août 1657.
86. R. Reuss (dir.), *Correspondances politiques et chroniques parisiennes adressées à Christophe Güntzer, syndic royal de la ville de Strasbourg (1681-1685)*, 1890, p. 9, 24 mars 1682.
87. *Ibid.*, p. 19, 6 août 1682.
88. Marquis de Sourches, *Mémoires…*, *op. cit.*, vol. I, p. 132-133, 5, 6 août 1682 ; L. Norton, *First Lady of Versailles*, Londres, H. Hamilton, 1978, p. 77-80 ; A. Vallot, A. d'Aquin et G. C. Fagon, *Journal de la santé du roi Louis XIV…*, *op. cit.*, p. 388-394, Remarques sur l'année 1682.

89. B. Jeanmougin, *Louis XIV à la conquête des Pays-Bas espagnols…*, *op. cit.*, p. 23-24, mémoire de Le Peletier de Souzy, 1680 ; *ibid.*, p. 95, La Vauguyon à Louis XIV, 19 août 1682.
90. Voir B. Chevallier *et alii*, *Saint-Cloud : le palais retrouvé*, Paris, Éditions du Patrimoine, 2013, pour une description complète ; et P. Micio, *Les Collections de Monsieur, frère de Louis XIV*, Paris, Somogy, 2014. À Saint-Cloud, Monsieur avait aussi son Trianon, aujourd'hui le Bureau international des poids et mesures.
91. N. Nichols Barker, *Brother to the Sun King…*, *op. cit.*, p. 81-83 ; marquis de Dangeau, *Journal…*, *op. cit.*, vol. IX, p. 29, 5 août 1695. Le roi usait de Monsieur comme d'une source d'information sur Paris ; *cf.* Mme de Sévigné, *Correspondance*, *op. cit.*, vol. I, p. 477, à Mme de Grignan, 12 février 1672, pour la remarque du roi : « Eh bien, mon frère, que dit-on à Paris ? »
92. R. Oresko, « Homosexuality and the Court Elites of Early Modern France : Some Problems, Some Suggestions and an Example », *Journal of Homosexuality*, n° 16, 1988, p. 105-128. En 1683, la Maison de Monsieur en comptait 892, comparée aux 620 de la reine : DV, p. 453.
93. M. Lever, *Les Bûchers de Sodome*, Paris, Fayard, 1985, p. 191-192, 213-216.
94. J. Merrick et B. T. Ragan Jr, *Homosexuality in Early Modern France : A Documentary Collection*, New York, Oxford University Press, 2001, p. 43-59, rapports à d'Argenson, lieutenant général de police, 1702-1715.
95. G. Minois, *Histoire de l'athéisme*, Paris, Fayard, 1998, p. 189, 333.
96. Marquis de Sourches, *Mémoires…*, *op. cit.*, vol. I, note de la p. 110, 111-112, juin 1682 ; J. de La Gorce, *Jean-Baptiste Lully*, Paris, Fayard, 2002, p. 307-309.
97. É. Spanheim, *Relation de la cour de France en 1690*, éd. Ch. Schefer, Paris, Renouard, 1882, p. 93 ; marquis de Sourches, *Mémoires…*, *op. cit.*, vol. I, p. 112, 152, juin, 16 octobre 1682.
98. *Ibid.*, vol. I, p. 111-112, note de la p. 118, juin 1682.
99. Saint-Simon, *Mémoires*, éd. Y. Coirault, Paris, Gallimard, « Folio Classique », 1990-1994, 2 vol., vol. I, p. 75.
100. D. de Cosnac, *Mémoires*, *op. cit.*, vol. I, p. 359 ; DL, p. 1324.
101. Saint-Simon, *Mémoires*, éd. Y. Coirault, *op. cit.*, vol. I, p. 72.
102. D. Van der Cruysse, *Madame Palatine : Princesse européenne*, Paris, Fayard, 1988, p. 176, Madame à Sophie, 7 mars 1696.
103. Louis XIV, *Œuvres*, *op. cit.*, vol. V, p. 461, Monsieur à Colbert, 2 février 1670.
104. DL, p. 10 ; marquis de Sourches, *Mémoires…*, *op. cit.*, vol. I, note de la p. 118, juin 1682.

105. *Ibid.*, vol. I, p. 267, 12 juillet 1685 ; T. Sarmant, *Louis XIV : l'homme et le roi*, *op. cit.*, p. 410-411.

Chapitre 12. Le roi en plein air

1. M. da Vinha, *Les Valets de chambre de Louis XIV*, *op. cit.*, p. 262.
2. M. da Vinha, *Le Versailles de Louis XIV*, *op. cit.*, p. 28.
3. J. Ridley, *Fox Hunting*, Londres, HarperCollins, 1990, p. 101-102, 114 ; J. R. Christianson, « The Hunt of Frederik II of Denmark : Structures and Rituals », *The Court Historian*, n° 18, 2, décembre 2013, p. 165-187.
4. R. de Salnove, *La Vénerie royale*, 1665, Dédicace (non paginé), et p. 1.
5. Baron Dunoyer de Noirmont, *Histoire de la chasse en France depuis les temps les plus reculés jusqu'à la Révolution*, Paris, Bouchard-Huzard, 1868, 3 vol., vol. II, p. 31-33.
6. BSG 2015, fol. 105, Louis XIV à Condé, 18 août 1668 ; Arsenal Mss. 3568, fol. 256, Louis XIV au duc de Tresmes, 20 octobre 1662.
7. BS 960, fol. 305, Louis XIV à Charles II, 27 avril 1664.
8. *Ibid.*, p. 31, 57, 88.
9. É. Magne (dir.), *Lettres inédites du Grand Condé et du Duc d'Enghien…*, *op. cit.*, p. 221, 223, Enghien à la reine de Pologne, 30 octobre, 5 novembre 1665.
10. W. R. Newton, *Les Chevaux et les chiens du roi à Versailles au XVIIIe siècle : la Grande et la Petite Écurie, les écuries de la reine, le grand chenil et la louveterie*, Paris, Champion, 2015, p. 588-589 ; FD, p. 35 ; marquis de Dangeau, *Journal…*, *op. cit.*, vol. XXII, p. 113 ; vol. XXVII, p. 11, 111, 11-17 janvier 1714.
11. W. R. Newton, *Les Chevaux et les chiens du roi…*, *op. cit.*, p. 629, 641-647.
12. V. Maroteaux et J. de Givry, *Versailles : le grand parc*, JGV Publications, 2004, p. 54 ; Vincent Maroteaux, *Versailles : le roi et son domaine*, Paris, Picard, 2000, p. 14, 17, 96.
13. A. P. Faugère (dir.), *Journal du voyage de deux jeunes Hollandais…*, *op. cit.*, p. 381, 28 décembre 1657.
14. *Mémoires de Saint-Simon sur le siècle de Louis XIV et la Régence*, Paris, Delloye, 1840-1841, t. XXV, p. 11.
15. P. Salvadori, *La Chasse sous l'Ancien Régime*, Paris, Fayard, 1996, p. 202-203, 209.

16. Marquis de Dangeau, *Journal…*, *op. cit.*, vol. I, p. 199, 8 septembre 1685, vol. III, p. 33, 37, 5, 19 mars 1688.
17. J. Saint-Germain, *Louis XIV secret*, *op. cit.*, p. 153. D'autres monarques, comme Charles II et Guillaume III, organisèrent aussi le transport en masse d'arbres à maturité, parfois à travers la Manche : T. Longstaffe-Gowan, *The Gardens and Parks at Hampton Court Palace*, Londres, Frances Lincoln, First Thus Edition, 2005, p. 67.
18. D. Garrigues, *Jardins et jardiniers de Versailles au Grand Siècle*, Seyssel, Champ Vallon, 2001, p. 133, 135, 151-152, 284, 287 ; marquis de Dangeau, *Journal…*, *op. cit.*, vol. VIII, p. 190, 27 janvier 1695 ; *cf.* J.-B. Colbert, *Lettres, instructions et mémoires*, *op. cit.*, vol. V, p. 419, Colbert à Le Blanc, 6 septembre 1681, commande 10 000 ormes de Normandie.
19. F. Tiberghien, *Versailles…*, *op. cit.*, p. 25.
20. Marquis de Sourches, *Mémoires…*, *op. cit.*, vol. I, p. 446, 13 octobre 1686 ; D. Van der Cruysse, *Madame Palatine : lettres françaises*, Paris, Fayard, 1989, p. 78, Madame à la duchesse de Mecklembourg, 23 janvier 1688.
21. R. Reuss (dir.), *Correspondances politiques…*, *op. cit.*, p. 30, 24 octobre 1682.
22. Marquis de Dangeau, *Journal…*, *op. cit.*, vol. XXVI, p. 24, 26 janvier 1713, vol. XXVII, p. 83, 237, 4 avril, 13 septembre 1714 ; J. Saint-Germain, *Louis XIV secret*, *op. cit.*, p. 170.
23. H. Delalex, *La Galerie des Carrosses : Château de Versailles*, Paris, ArtLys, 2016, p. 25 ; Baron Dunoyer de Noirmont, *Histoire de la chasse en France…*, *op. cit.*, vol. I, p. 205 ; J. Saint-Germain, *Louis XIV secret*, *op. cit.*, p. 151.
24. Marquis de Dangeau, *Journal…*, *op. cit.*, vol. XIX, p. 59, 16 mars 1706.
25. *Ibid.*, vol. XVI, p. 73, 27 mars 1703 ; *cf.* D. Roche *et alii* (dir.), *À cheval ! Écuyers, amazones et cavaliers du XIVe au XXIe siècle*, Versailles, Association pour l'Académie équestre de Versailles, 2007, p. 126-129 ; M. Lahaye, *Le Fils de Louis XIV…*, *op. cit.*, p. 270.
26. Louis XV, *Correspondance de... et du Maréchal de Noailles*, Paris, P. Dupont, 1865, 2 vol., vol. II, p. 204, Noailles à Louis XV, Aranjuez, 20 avril 1746.
27. W. R. Newton, *Les Chevaux et les chiens du roi…*, *op. cit.*, p. 591 ; baron Dunoyer de Noirmont, *Histoire de la chasse en France…*, *op. cit.*, vol. I, p. 211-213 ; E. Jaeglé (dir.), *Correspondance de Madame, Duchesse d'Orléans*, Paris, Bouillon, 1890, 3 vol., vol. II, p. 190, Madame à l'Électrice Sophie, 16 décembre 1712.

28. Marquis de Dangeau, *Journal*…, *op. cit.*, vol. XII, p. 128, vol. XXI, p. 158, 8 août 1708.
29. Arsenal Mss. 3568, fol. 256, Louis XIV à MM. de Bouteron, de Tillières, de La Haye, 11 août 1662.
30. E. Jaeglé (dir.), *Correspondance de Madame*…, *op. cit.*, vol. I, p. 249, Madame à Raugravine Louise, 13 octobre 1701 ; M. Kroll, *Letters from Liselotte*…, *op. cit.*, p. 73, Madame à l'Électrice Sophie, 30 mai 1694.
31. *De chasse et d'épée : le décor de l'appartement du roi à Marly, 1683-1750*, Paris, Les Éditions l'Inventaire, 1999, *passim*.
32. W. R. Newton, *La Petite Cour : services et serviteurs à la cour de Versailles au XVIIIe siècle*, Paris, Fayard, 2006, p. 90-99. J'exprime ma reconnaissance à Katharine MacDonogh pour les informations complémentaires qu'elle m'a apportées sur les chiens royaux ; J. Duindam, *Vienna and Versailles*…, *op. cit.*, p. 235.
33. Certains de ses fusils et pistolets sont désormais à la Wallace Collection, à Londres, et au musée de l'Armée, à Paris, gravés de couronnes et de scènes de chasse.
34. Marquis de Dangeau, *Journal*…, *op. cit.*, vol. XVII, p. 140, 5 juin ; J. Christie Whyte, *History of the British Turf*, Londres, Henry Colburn, 1840, 2 vol., vol. I, p. 89, 84 ; voir par ex. É. Gallois (dir.), *Lettres inédites des Feuquières*, Paris, Leleux, 1845-1846, 5 vol., vol. II, p. 315, Charles XI de Suède à Louis XIV, le remerciant des chevaux dont il lui avait fait cadeau, 10 décembre 1673 ; M. de Gourville, *Mémoires*, Paris, Renouard, 1894-1895, 2 vol., vol. II, p. 129 pour Hanovre ; H. Lemoine, « Les écuries du roi sous l'Ancien Régime », *Revue de l'histoire de Versailles*, p. 35, 1933, p. 150-183 à la p. 163. La plupart des accessoires équestres royaux furent détruits lors de la Révolution.
35. D. Roche, *Connaissances et passions : histoire de la culture équestre en France*, Paris, Fayard, 2015, p. 258 ; *id.* (dir.), *Les Écuries royales du XVIe au XVIIIe siècle*, Versailles, Association pour l'Académie d'art équestre de Versailles, 1998, p. 49-51.
36. R. Reuss (dir.), *Correspondances politiques*…, *op. cit.*, p. 47, 27 février 1683.
37. T. Nugent, *The Grand Tour*, D. Browne, 1756, 4 vol., vol. IV, p. 114.
38. D. Roche (dir.), *Le Cheval et la guerre du XIVe au XXe*, Versailles, Association pour l'Académie d'art équestre de Versailles, 2002, p. 133.
39. Vicomte de Carné, *Les Pages des écuries du roi*, Nantes, V. Forest et Grimaud, 1886, p. 103.

40. P. Chevallier, *Louis XIII…*, *op. cit.*, p. 444-445, 447.
41. P. Daguenet, *L'Aurore du Roi-Soleil : 1661, le grand séjour de Louis XIV à Fontainebleau*, Fontainebleau, AKFG, 2016, p. 148. Une partie du voyage se fit peut-être en carrosse.
42. Arsenal Mss. 3568, fol. 92, Louis XIV à Beringhen, 19 août 1661.
43. H. Lemoine, « Les écuries du roi sous l'Ancien Régime », art. cité, p. 150, 152, 183 ; W. R. Newton, *Les Chevaux et les chiens du roi…*, *op. cit.*, p. 97, 113.
44. J. Spangler, *The Society of Princes : The Lorraine-Guise and the Conservation of Wealth and Power in Seventeenth-Century France*, Farnham, Ashgate, 2009, p. 104, 118.
45. D. Roche (dir.), *Les Écuries royales du XVIe au XVIIIe siècle*, *op. cit.*, p. 27, 29, 30, 63-64, 66, 69, 74, 88, 90-91 ; W. R. Newton, *Les Chevaux et les chiens du roi…*, *op. cit.*, p. 147, 182.
46. *Mémoires de Louis XIV*, éd. J. Longnon, *op. cit.*, p. 227.
47. D. Roche (dir.), *Les Écuries royales du XVIe au XVIIIe siècle*, *op. cit.*, p. 84.
48. R. Creed, *Journal of the Grand Tour to Rome with the Fifth Earl of Exeter, 1699-1700*, Peterborough, Oundle Museum, 2002, p. 7, 22 octobre 1699.
49. J. Levron, *Versailles, ville royale*, *op. cit.*, p. 123 ; T. Nugent, *The Grand Tour*, *op. cit.*, vol. IV, p. 113.
50. Marquis de Sourches, *Mémoires…*, *op. cit.*, vol. IV, note de la p. 277, 22 octobre 1693 ; *cf.* marquis de Dangeau, *Journal…*, *op. cit.*, vol. IV, p. 150, 17 novembre 1690, vol. V, p. 295, 7 novembre 1691, vol. VIII, p. 258, 18 juin 1695.
51. *Ibid.*, vol. I, p. 24, 29, 13, 30 juin 1684, vol. IX, p. 80, 4, 5 novembre 1695.
52. Mme de Sévigné, *Correspondance*, *op. cit.*, vol. I, p. 234, à Mme de Grignan, 24 avril 1671.
53. Marquis de Dangeau, *Journal…*, *op. cit.*, vol. XIV, 47, 26 février 1701 ; *cf.* pour des épisodes similaires, vol. IX, p. 132, 8, 9 février 1696, vol. XI, p. 37, 6 mars 1698.
54. *Ibid.*, vol. XVII, p. 309, 20 décembre 1704.
55. D. Garrigues, *Jardins et jardiniers de Versailles…*, *op. cit.*, p. 89, 92 ; *Sciences et curiosités à la cour de Versailles*, Paris, RMN, 2010, p. 76-86.
56. *Ibid.*, p. 108-119 ; T. Chevalier, *Manières de montrer Versailles : guides, promenades et relations sous le règne de Louis XIV*, Paris, Hermann, 2013, p. 240, citant *Le Mercure galant*, septembre 1686 ; F. Tallents, *Travels in France and Switzerland…*, *op. cit.*, p. 161, 8 décembre 1672.
57. D. Dessert, *La Royale…*, *op. cit.*, p. 81.

58. D. Garrigues, *Jardins et jardiniers de Versailles…*, *op. cit.*, p. 202-204, 281 ; T. Chevalier, *Manières de montrer Versailles…*, *op. cit.*, p. 239.
59. N. Jacquet, *Secrets et curiosités des jardins de Versailles : les bosquets, le domaine de Trianon, le grand parc*, Paris, Parigramme, 2013, p. 82 ; J. Fennebresque, *Versailles royal*, Paris, Édouard Champion, 1910, p. 15, 34.
60. Marquis de Ségur, *Le Maréchal de Luxembourg…*, *op. cit.*, p. 346, Luxembourg à Louvois, 1er mai 1677.
61. D. Garrigues, *Jardins et jardiniers de Versailles…*, *op. cit.*, p. 119, 223, 284, 354, 357 ; *Sciences et curiosités*, *op. cit.*, p. 13 ; J. de La Quintinie, *Instruction pour les jardins fruitiers et potagers avec un traité des orangers, suivi de quelques réflexions sur l'agriculture*, Paris, Claude Barbin, 1690, 2 vol., vol. I, p. 3 ; *cf.* S. de Courtois, *Le Potager du Roy*, Versailles, École nationale supérieure de paysage, 2003, *passim*. La dernière publication de John Evelyn fut une traduction anglaise de La Quintinie en 1693.
62. M. Lister, *A Journey to Paris in the Year 1698*, *op. cit.*, p. 64, 67.
63. J. Saint-Germain, *Louis XIV secret*, *op. cit.*, p. 97.
64. A. Maral, *Parcours mythologiques dans les jardins de Versailles*, Paris, ArtLys, 2012, p. 22. Il existe aujourd'hui 381 sculptures dans le parc et 780 « éléments sculptés » sur la façade. Communication personnelle, Maxime Blin.
65. N. Jacquet, *Secrets et curiosités…*, *op. cit.*, p. 53. Des copies remplacent désormais les originaux, qui sont au Louvre.
66. A. Maral, *La Grande Commande de 1674 : chefs-d'œuvre sculptés des Jardins de Versailles sous Louis XIV*, Paris, Gourcuff Gradenigo, 2013, p. 9 ; *id.*, *Le Versailles de Louis XIV : un palais pour la sculpture*, Dijon, Faton, 2013, *passim*.
67. A. Maral, *François Girardon : le sculpteur de Louis XIV*, Paris, Arthena, 2015, p. 11-12, 158, 167, 170 ; S. Castelluccio, *Les Fastes de la galerie des Glaces…*, *op. cit.*, p. 103, « parmi ces modernes nous en avons de beaucoup plus belles que cette Vénus », *Le Mercure galant*, août 1684.
68. A. Maral, *François Girardon*, *op. cit.*, p. 114, 163-169 ; N. Jacquet, *Secrets et curiosités…*, *op. cit.*, p. 60 et *passim*.
69. J.-B. Colbert, *Lettres, instructions et mémoires*, *op. cit.*, vol. V, p. 334, Colbert à Nicolas Arnoul, 16 septembre, 6 décembre 1672 ; N. Jacquet, *Secrets et curiosités…*, *op. cit.*, p. 60.
70. *Ibid.*, p. 29.
71. Marquis de Sourches, *Mémoires…*, *op. cit.*, vol. I, note de la p. 78, février 1682.

72. W. R. Newton, *Versailles, côté jardins : splendeurs et misères, de Louis XIV à la révolution*, Paris, Tallandier, 2013, p. 53-68 ; A. Mousset, *Les Francine : créateurs des eaux de Versailles, intendants des eaux et fontaines de France de 1623 à 1784*, Paris, Picard, 1930, p. 80-88.
73. Marquis de Dangeau, *Journal…*, *op. cit.*, vol. I, p. 56, 19 octobre 1684 ; marquis de Sourches, *Mémoires…*, *op. cit.*, vol. I, p. 211, 24 avril 1685 ; T. Sarmant, *Les Demeures du soleil…*, *op. cit.*, p. 141-147, 179 ; T. Chevalier, *Manières de montrer Versailles…*, *op. cit.*, p. 311 ; F. Tiberghien, *Versailles…*, *op. cit.*, p. 123-124.
74. Arch. nat., 261 AP 16 ; *cf.* pour d'autres critiques de hauts responsables, J.-P. Cénat, *Louvois…*, *op. cit.*, p. 336 ; C. Rousset, *Histoire de Louvois…*, *op. cit.*, vol. III, p. 414, mémoire de Chamlay.
75. Les dispositifs d'écoulement et d'alimentation d'eau sont bien expliqués *in* D. Gaussen, *L'Île-de-France au temps de Louis XIV, 1661-1715*, Paris, Éditions Parigramme, 2005, p. 58-65.
76. N. Jacquet, *Secrets et curiosités…*, *op. cit.*, p. 71.
77. J. DeJean, *How Paris Became Paris…*, *op. cit.*, p. 110-111.
78. J. Benoît, *Le Grand Trianon : un palais privé à l'ombre de Versailles, de Louis XIV à Napoléon et de Louis-Philippe au général de Gaulle*, La Thuile, Éditions du Gui, 2009, p. 35.
79. I. Murat, *Colbert*, *op. cit.*, p. 170, Louis XIV à Colbert, 19 mai 1670.
80. M.-C. Moine, *Les Fêtes à la cour du Roi-Soleil…*, *op. cit.*, p. 200.
81. Saint-Simon, *Mémoires*, éd. M. Regnier et A. Chéruel, Paris, Hachette, 1873-1877, 20 vol., vol. VII, p. 287.
82. W. R. Newton, *Versailles, côté jardins…*, *op. cit.*, p. 154-156 ; J. Benoît, *Le Grand Trianon…*, *op. cit.*, p. 53 et *passim* ; P. Beaussant, *Louis XIV artiste*, Paris, Payot, 1999, p. 169-171 ; *cf.* R. W. Berger, *A Royal Passion : Louis XIV as Patron of Architecture*, Cambridge, Cambridge University Press, 1994.
83. E. Hyde, *Cultivated Power : Flowers, Culture and Politics in the Reign of Louis XIV*, Philadelphie, University of Pennsylvania Press, 2005, p. x, 137, 191, 194.
84. Voir BnF Mss. fr. 6995, Donnedieu de Vissé, *Histoire de Louis le Grand contenue dans les rapports qui se trouvent entre ses actions et les qualités et vertus des Fleurs et des Plantes*.
85. E. Hyde, *Cultivated Power…*, *op. cit.*, p. 176, 180, 195.
86. J.-B. Colbert, *Lettres, instructions et mémoires*, *op. cit.*, vol. III, 1re partie, p. 303, Colbert à Arnoul, 5 septembre 1670, p. 319 ; ou V, note de la p. 324 ; J.-P. Cénat, *Louvois…*, *op. cit.*, p. 336-340.

87. D. Garrigues, *Jardins et jardiniers de Versailles…*, *op. cit.*, p. 235, 237 ; J. Benoît, *Le Grand Trianon…*, *op. cit.*, p. 39.
88. *Fleurs du Roi : peintures, vélins et parchemins du Grand Trianon*, Versailles, ArtLys, 2013, p. 72 ; D. Garrigues, *Jardins et jardiniers de Versailles…*, *op. cit.*, p. 233 ; N. Jacquet, *Secrets et curiosités…*, *op. cit.*, p. 111.
89. J. Benoît, *Le Grand Trianon…*, *op. cit.*, p. 40, citant le duc de Saint-Aignan en 1677.
90. P.-A. Lablaude, *Les Jardins de Versailles*, Lyon, SCALA, 1995, p. 104, 149-154, 159 ; ML, vol. I, p. 687, Mme de Maintenon au comte de Jussac, 8 août 1689 : « La plupart des hommes et des femmes se trouvent mal de l'excès des parfums. »
91. J. C. Ncmcitz, *Séjour de Paris. Instructions fidèles pour les voyageurs de condition*, Leyde, Jean Van Abcoude, 1727, 2 vol., vol. II, p. 507.
92. D. Garrigues, *Jardins et jardiniers de Versailles…*, *op. cit.*, p. 290, 355.
93. Louis XIV, *Œuvres*, *op. cit.*, vol. IV, p. 424, Louis XIV au Dauphin, 28 juin 1694.
94. C. Piton, *Marly-le-Roi : son histoire*, Paris, A. Joanin, 1904, note de la p. 75.
95. S. Castelluccio, *Marly : art de vivre et pouvoir, de Louis XIV à Louis XVI*, Montreuil, Alain de Gourcuff, 2014, *passim* ; C. Piton, *Marly-le-Roi…*, *op. cit.*, p. 193.
96. R. Morera, « Amener les eaux : entre techniques, sciences et politiques », in *Sciences et curiosités*, *op. cit.*, p. 87-93.
97. S. Castelluccio, *Marly…*, *op. cit.*, p. 103-105, 107, 110.
98. A. Félibien, *Les Fêtes de Versailles*, *op. cit.*, p. 76-77.
99. Marquis de Torcy, *Journal inédit pendant les années 1709, 1710 et 1711*, Paris, Masson, 1884, p. X, Colbert de Croissy à Torcy, 1684.
100. L. Horowski, *Die Belagerung des Thrones : Machtstrukturen und Karrieremechanismen am Hof von Frankreich, 1661-1789*, Ostfildern, 2013, p. 79 et note, p. 97, 134-140 ; Saint-Simon, *Mémoires*, éd. M. Regnier et A. Chéruel, *op. cit.*, vol. V, p. 328, 334.
101. J. M. Smith, *The Culture of Merit : Nobility, Royal Service and the Making of Absolute Monarchy in France, 1600-1789*, Ann Arbor, University of Michigan Press, 1996, p. 138-139 ; R. Descimon et E. Haddad (dir.), *Épreuves de noblesse : les expériences nobiliaires de la haute robe parisienne (XVIe-XVIIIe siècle)*, Paris, Les Belles Lettres, 2010, p. 312-313, 331.
102. A. Maral, *Le Versailles de Louis XIV*, *op. cit.*, p. 284-285.

103. G. Mabille *et alii*, *Vues des Jardins de Marly : le roi jardinier*, Montreuil, Gourcuff Gradenigo, 2011, *passim* et planches, p. 11, 15.

104. *Ibid.*, planches 28, 29, 30, 31, 32.

105. Marquis de Dangeau, *Journal…*, *op. cit.*, vol. XVIII, p. 82, 109, 54, 105, 1703 ; G. Mabille *et alii*, *Vues des Jardins de Marly…*, *op. cit.*, planches 7, 10, 13, 14, 15, 47, 49 ; V. Maroteaux, *Marly : l'autre palais du soleil*, Genève, Vögele éditions, 2002, p. 166.

106. S. Castelluccio, *Marly…*, *op. cit.*, p. 79 ; *cf.* E. Jaeglé (dir.), *Correspondance de Madame…*, *op. cit.*, vol. I, p. 271, Madame à Raugravine Louise, 9 août 1702.

107. N. Japikse (dir.), *Correspondentie van Willem III en van Hans Willem Bentinck, eersten Graf van Portland*, La Haye, Martinus Nijhoff, Rijks Geschiedkundige Publicatien, 1927-1937, 3 vol., vol. I, p. 240, 300, 326, Portland à Guillaume III, 1er mars, 4, 28 mai 1698 ; *cf.* P. Bouchenot-Dechin et G. Farhat, *André Le Nôtre en perspectives*, Paris, Hazan, 2013, p. 300.

108. G. Firmin, « La première ambassade ottomane, 1721 », *in* D. Kisluk-Grosheide et B. Rondot (dir.), *Visiteurs de Versailles : voyageurs, princes, ambassadeurs, 1682-1789*, Paris, Gallimard, 2017, p. 174-183 à la p. 182 ; V. Maroteaux, *Marly…*, *op. cit.*, p. 35-37.

109. Marquis de Sourches, *Mémoires…*, *op. cit.*, vol. I, p. 425, 14 juillet 1686.

110. Racine, Lettre XIV, Racine à Boileau, 24 août 1687, 3e Recueil, p. 563, *Œuvres complètes de Jean Racine*, Paris. Furne, 1829,

111. E. Jaeglé (dir.), *Correspondance de Madame…*, *op. cit.*, vol. II, p. 31, Madame à l'Électrice Sophie, 2 août 1705 ; M.-A. Denis, *Divertissements à Marly au temps de Louis XIV, 1686-1715*, Marly-le-Roi, Musée-Promenade de Marly-le-Roi-Louveciennes, 1990, *passim* ; Saint-Simon, *Mémoires*, éd. M. Regnier et A. Chéruel, *op. cit.*, vol. V, p. 327.

112. Marquis de Dangeau, *Journal…*, *op. cit.*, vol. XII, p. 179, 3 novembre 1699 ; *cf.* vol. XI, p. 91, 109, 12 juin, 17 juillet 1698.

113. Marquis de Torcy, *Journal…*, *op. cit.*, p. 234, 30 juillet 1710 ; É. Spanheim, *Relation…*, *op. cit.*, p. 91, 96.

114. E. Jaeglé (dir.), *Correspondance de Madame…*, *op. cit.*, vol. I, p. 119, Madame à l'Électrice Sophie, 4 décembre 1695.

115. Saint-Simon, *Mémoires*, éd. M. Regnier et A. Chéruel, *op. cit.*, vol. III, p. 31 ; marquis de Dangeau, *Journal…*, *op. cit.*, vol. XIV, p. 124-127, 9 juin 1701.

116. *Ibid.*, vol. XI, p. 200, vol. XII, p. 24-26, 27 décembre 1698, 5 février 1699.

117. *Ibid.*, vol. XIII, p. 9, 18, 31, 7, 21, 22 janvier, 18 février 1700, vol. XVI, p. 38, 14 février 1703, vol. XIX, p. 36, 13 février 1706, vol. XXI, 19 janvier 1708 ; S. Castelluccio, *Marly…*, *op. cit.*, p. 105.
118. Marquis de Dangeau, *Journal…*, *op. cit.*, vol. XVI, p. 41, 20 février 1703 ; S. Castelluccio, *Marly…*, *op. cit.*, p. 122.
119. Marquis de Dangeau, *Journal…*, *op. cit.*, vol. XII, p ; 176, 29 octobre 1699.
120. *Ibid.*, vol. XV, p. 274, 2 novembre 1702.
121. *Ibid.*, vol. XII, p. 182, 8 novembre 1699.
122. *Ibid.*, vol. XXIII, p. 253, 4 décembre 1710.
123. DL, p. 1146.
124. Marquis de Dangeau, *Journal…*, *op. cit.*, vol. VII, p. 106, 9 juillet 1693
125. *Ibid.*, vol. II, p. 231, 1er décembre 1687.
126. *Ibid.*, vol. XII, p. 114, 15 juillet 1699.
127. Marquis de Sourches, *Mémoires…*, *op. cit.*, vol. IX, note de la p. 222, 18 avril 1705.
128. C. Piton, *Marly-le-Roi…*, *op. cit.*, p. 199 ; Marquis de Dangeau, *Journal…*, *op. cit.*, vol. XXIV, p. 9, 7 janvier 1711.
129. J. C. Nemeitz, *Séjour de Paris…*, *op. cit.*, vol. II, p. 502 ; R. Masson, *Défendre le roi…*, *op. cit.*, p. 109-110.
130. Marquis de Dangeau, *Journal…*, *op. cit.*, vol. XV, p. 117, 2 juin 1705.
131. *Ibid.*, vol. I, p. 133, 13 avril 1685.
132. *Ibid.*, vol. XVII, p. 284, 16 novembre 1704 ; R. W. Berger, « Tourists during the Reign of the Sun King : Access to the Louvre and Versailles and the Anatomy of Guidebooks and Other Printed Aids », *in* MAUNER, George (dir.), *Paris : Center of Artistic Enlightenment*, University Park, Pennsylvanie, Pennsylvania State University Press, 1988, p. 129.
133. T. Chevalier, *Manières de montrer Versailles…*, *op. cit.*, p. 149 ; R. W. Berger, « Tourists during the Reign of the Sun King… », *op. cit.*, p. 131 ; É. Maisonnier, « Les Guides de Versailles à l'usage du visiteur », *in* D. Kisluk-Grosheide et B. Rondot (dir.), *Visiteurs de Versailles…*, *op. cit.*, p. 38-47.
134. R. W. Berger et T. Hedin, *Diplomatic Tours in the Gardens of Versailles under Louis XIV*, University Park, Pennsylvanie, Pennsylvania State University Press, 2008, p. 17 ; *cf.* M. E. Grew, *William Bentinck and William III*, New York, Appleton, 1924, p. 339, Portland à Guillaume III, 4 mai 1698
135. T. Chevalier, *Manières de montrer Versailles…*, *op. cit.*, p. 278, 280.
136. H. Ziegler, « "His house at Versailles is something the foolishest in the world" : la Grande Galerie de Versailles à travers les récits

de voyageurs et d'ambassadeurs étrangers autour de 1700 », *in* C. Strunck et E. Kieven (dir.), *Europäische Galeriebauten…*, *op. cit.*, p. 351-382 aux p. 353, 360, 363-364.

137. Anonyme, *Description des châteaux et parcs de Versailles, de Trianon et de Marly*, Amsterdam, 1715, 2 vol.

138. D. Garrigues, *Jardins et jardiniers de Versailles…*, *op. cit.*, p. 257 ; *cf.* T. Chevalier, *Manières de montrer Versailles…*, *op. cit.*, p. 125 (Madeleine de Scudéry, 1669), p ; 162 (Félibien, 1674), p. 261 (Charles Perrault, 1687).

139. Helen Jacobsen, « Les ambassadeurs européens à Versailles », *in* D. Kisluk-Grosheide et B. Rondot (dir.), *Visiteurs de Versailles…*, *op. cit.*, p. 114-123 à la p. 119 ; *cf.* G. Higgott, « Thomas Povey's Description of Versailles in the Spring of 1682 », *in* colloque Jules Hardouin-Mansart, à paraître, p. 251-261, pour un autre récit admiratif d'un Anglais, qui qualifie Versailles et ses jardins de « magnifique » et de « merveilleux » : « Le Grand Appartement est en effet somptueux ; décoré et meublé du plus bel art et avec la plus grand dépense. Le trône, les fauteuils, les tableaux, les vases et les autres récipients sont en argent massif » (p. 256).

140. M. Lister, *A Journey to Paris in the Year 1698*, *op. cit.*, p. 207 ; D. Kisluk-Grosheide et B. Rondot, « Versailles et ses visiteurs », *in* D. Kisluk-Grosheide et B. Rondot (dir.), *Visiteurs de Versailles…*, *op. cit.*, p. 14-35 à la p. 24.

141. J. Northleigh, « Travels through France… 1702 », *in* J. Harris (éd.), *Complete Collection of Voyages and Travels*, John Campbell, 1748, 2 vol., p. 733.

142. E. Veryard, *Journey through the Low Countries…*, *op. cit.*, p. 68.

143. T. Nugent, *The Grand Tour*, *op. cit.*, vol. IV, p. 113, 118, 123 ; *cf.* J. Duindam, *Vienna and Versailles…*, *op. cit.*, p. 292.

144. A. Félibien, *Les Fêtes de Versailles*, *op. cit.*, p. 58 ; G. J. Cowart, *The Triumph of Pleasure : Louis XIV and the Politics of Spectacle*, Chicago, University of Chicago Press, 2008, p. 127.

145. J. de Plantavit de La Pause, *Mémoires*, *op. cit.*, vol. III, p. 112-113.

146. M. Marais, *Journal de Paris,* Saint-Étienne, Publications de l'université de Saint-Étienne, 2004, 2 vol., vol. II, p. 320, 31 juillet 1722.

147. A. Maral, *Le Versailles de Louis XIV…*, *op. cit.*, p. 70, 228, 233, 246 ; *cf.* A. Maral et N. Milovanovic (dir.), *Versailles et l'antique,* Paris, ArtLys, 2022, *passim,* et M. Combes, *Explication historique de ce qu'il y a de plus remarquable dans la maison royale de Versailles*, Paris, Pralard, 1695, p. 141, qui le compare à la Rome antique et moderne.

148. J.-L. Martinez *et alii* (dir.), *Les Antiques du Louvre*, Paris, Fayard-Musée du Louvre, 2004, p. 50, 59, 61-62, 67 ; *cf.* A. Félibien,

Statues et bustes antiques des maisons royales, De l'Imprimerie royale, 1679, *passim*.

149. A. Maral, *François Girardon…*, *op. cit.*, p. 158, 167, 170, 175.

150. J.-C. Petitfils, *Louis XIV*, *op. cit.*, p. 426.

151. T. Chevalier, *Manières de montrer Versailles…*, *op. cit.*, p. 196.

152. *Ibid.*, p. 195-196. Pour Guillet de Saint-Georges en 1693, Louis XIV était le plus grand héros de tous les temps, tandis qu'Alexandre n'était que le plus grand héros de l'Antiquité. Voir T. Kirchner, *Le Héros épique…*, *op. cit.*, p. 298.

153. P. Beaussant, *Louis XIV artiste*, *op. cit.*, p. 90 ; DV, p. 219 ; DL, p. 323 ; T. Sarmant, *Les Demeures du Soleil…*, *op. cit.*, p. 60.

154. DV, p. 719, *Le Mercure galant*, décembre 1682.

Chapitre 13. Versailles de l'intérieur

1. « Jetez-vous dans la foule, et tranchez du notable. Coudoyez un chacun, point du tout de quartier. Pressez, poussez, faites le Diable, Pour vous mettre le premier », Molière, *Œuvres complètes*, Paris, Gallimard, « Bibliothèque de la Pléiade », 2010, 2vol., vol. I, p. 516 ; P. Beaussant, *Louis XIV artiste*, *op. cit.*, p. 134, 139.
2. Cité *in* N. Le Roux, « La Cour dans l'espace du palais : l'exemple d'Henri III », *in* M.-F. Auzépy et J. Cornette (dir.), *Palais et pouvoir : de Constantinople à Versailles*, Vincennes, Presses universitaires de Vincennes, 2003, p. 229-267, à la p. 246.
3. M. Dubois, *Moi, Marie Dubois…*, *op. cit.*, p. 110-111.
4. M. da Vinha, *Les Valets de chambre de Louis XIV*, *op. cit.*, p. 46 ; J.-C. Petitfils, *Lauzun…*, *op. cit.*, p. 131.
5. A. Vallot, A. d'Aquin et G. C. Fagon, *Journal de la santé du roi Louis XIV…*, *op. cit.*, p. 92, 101, 1665, 1669. Il nageait aussi dans des rivières quand le temps était chaud.
6. M. Chatenet, *La Cour de France au* XVI*e* *siècle…*, *op. cit.*, p. 113 ; Saint-Simon, *Mémoires*, éd. M. Regnier et A. Chéruel, *op. cit.*, vol. XII, p. 22 ; J. Duindam, *Vienna and Versailles…*, *op. cit.*, p. 213 ; DL, p. 764-766.
7. Pour une description récente, voir B. Saule, *Versailles triomphant : une journée de Louis XIV*, Paris, Flammarion, 1996, p. 32-45, 180-183 ; M. da Vinha, *Les Valets de chambre de Louis XIV*, *op. cit.*, p. 55 ; J. Duindam, *Vienna and Versailles…*, *op. cit.*, p. 212-213 ; J.-F. Solnon, p. 321-326.
8. Marquis de Sourches, *Mémoires…*, *op. cit.*, vol. IV, p. 234, 257, 1er août 1693, p. 10, 11, 12 septembre 1693.

9. J. Locke, *Travels in France*, *op. cit.*, p. 18, 61, 251, 254, 28 décembre 1678, 5 janvier 1679 ; *cf.* M. Dubois, *Moi, Marie Dubois…*, *op. cit.*, p. 110 : « Nul si osé d'être debout, ni de causer ni de faire aucun bruit. »
10. Marquis de Dangeau, *Journal…*, *op. cit.*, vol. XVI, p. 159, 3 juillet 1703 ; marquis de Sourches, *Mémoires…*, *op. cit.*, vol. VIII, p. 88, 378, 18 mai 1703, 30 avril 1712.
11. É. Spanheim, *Relation…*, *op. cit.*, p. 146-147 ; M. da Vinha, *Les Valets de chambre de Louis XIV*, *op. cit.*, p. 50.
12. J.-F. Solnon, p. 141 ; P. Chevallier, *Louis XIII…*, *op. cit.*, p. 263 ; R. J. Knecht, *The French Renaissance Court…*, *op. cit.*, p. 33, 68.
13. *Mémoires de Louis XIV*, éd. J. Longnon, *op. cit.*, p. 169.
14. P. Visconti, *Mémoires sur la cour de Louis XIV…*, *op. cit.*, p. 50, 191 ; J. Duindam, *Vienna and Versailles…*, *op. cit.*, p. 205, 208 ;
15. J. Boutier, « Les visiteurs italiens du Roi-Soleil », *in* C. zum Kolk *et alii* (dir.), *Voyageurs étrangers à la cour de France*, Rennes, PUR, 2014, p. 91-113 à la p. 105.
16. P. Beaussant, *Les Plaisirs de Versailles…*, *op. cit.*, p. 120.
17. Saint-Simon, *Mémoires*, éd. M. Regnier et A. Chéruel, *op. cit.*, vol. VII, p. 317 ; *cf.* marquis de Saint-Maurice, *Lettres sur la cour de Louis XIV*, *op. cit.*, vol. I, p. 188, au duc de Savoie, 25 mars 1668, pour Turenne se frayant un passage dans la foule pendant un quart d'heure au baptême du Dauphin ; P. Visconti, *Mémoires sur la cour de Louis XIV…*, *op. cit.*, p. 50, pour des cardinaux « maintes fois heurtés dans la foule » en 1674 ; marquis de Sourches, *Mémoires…*, *op. cit.*, vol. I, p. 9, 14 février 1682, à propos d'une bagarre dans le Grand Appartement entre un courtisan et un garde suisse ; et le baron de Breteuil, *Mémoires de cour*, Paris, Tallandier, 2009, p. 134, pour le désordre en 1715.
18. É. Spanheim, *Relation…*, *op. cit.*, p. 145-148, livre un récit complet du lever ; *cf.* abbé de Choisy, *Mémoires pour servir à l'histoire de Louis XIV*, Paris, Mercure de France, 1983, p. 215 ; Saint-Simon, *Mémoires*, éd. M. Regnier et A. Chéruel, *op. cit.*, vol. III, p. 227-228.
19. P. Visconti, *Mémoires sur la cour de Louis XIV…*, *op. cit.*, p. 61 ; Saint-Simon, *Mémoires*, éd. M. Regnier et A. Chéruel, *op. cit.*, vol. IX, p. 100-104 ; *cf.* une lettre du président Rose décrivant en 1658 les longues conversations du roi dans cette posture in *The Court Historian*, n° 7, 2, décembre 2002, p. 200 ; et M. Dubois, *Moi, Marie Dubois…*, *op. cit.*, p. 110, 133.
20. DL, p. 258 ; DV, p. 88-89 ; M. Kroll, *Letters from Liselotte…*, *op. cit.*, p. 120, Madame à Sophie, 23 juillet 1702 ; *cf.* S. Perez, *La Santé de Louis XIV…*, *op. cit.*, p. 271-274 ; J. Lough, *France*

Observed…, *op. cit.*, p. 145, John Locke à propos des escaliers empuantis de Fontainebleau, 14 septembre 1677 ; W. R. Newton, *Derrière la façade : vivre au château de Versailles au XVIIIe siècle*, Paris, Perrin, 2008, p. 87, 97, estime qu'il y avait 274 chaises percées à Versailles sous le règne de Louis XIV.

21. C. Thépaut-Cabasset, « Le service de la Garde-Robe : une création de Louis XIV », *in* P. Arizzoli-Clémentel et P. Gorguet Ballesteros (dir.), *Fastes de cour et cérémonies royales…*, *op. cit.*, p. 28-33.
22. J.-B. Colbert, *Lettres, instructions et mémoires*, *op. cit.*, vol. VI, p. 323, Louis XIV à Colbert, 9 juin 1674.
23. J. Saint-Germain, *Louis XIV secret*, *op. cit.*, p. 13, 16-17, 32.
24. Chevalier d'Arvieux, *Mémoires*, *op. cit.*, vol. IV, p. 159.
25. G. Bapst, *Histoire des joyaux de la couronne de France*, Paris, Hachette, 1889, 2 vol., vol. I, p. 361, 402 ; M. Bascou, « Des brillants symboles de la monarchie absolue », *in* P. Arizzoli-Clémentel et P. Gorguet Ballesteros (dir.), *Fastes de cour et cérémonies royales…*, *op. cit.*, p. 98-109 à la p. 101.
26. M. Bimbenet-Privat, « Les pierreries de Louis XIV : objets de collection et instruments politiques », *in* B. Barbiche et Y.-M. Bercé (dir.), *Études sur l'ancienne France offertes en hommage à Michel Antoine*, Paris, École des chartes, 2003, p. 81-96.
27. W. R. Newton, *L'Espace du roi : la cour de France au château de Versailles, 1682-1789*, Paris, Fayard, 2000, p. 140 ; C. Thépaut-Cabasset, « Le service de la Garde-Robe… », *op. cit.*, p. 28-33.
28. CRCV, Base de données en ligne Curia. Les chiffres réunis par Caroline zum Kolk se fondent sur différentes éditions de *L'Estat de la France nouvellement corrigé et mis en meilleur ordre*, et incluent « toutes les compagnies des gardes du roy » et « marchands et artisans privilégiés suivans la Cour ».
29. DL, p. 380-384.
30. J. Duindam, *Vienna and Versailles…*, *op. cit.*, p. 66.
31. R. J. Knecht, *The French Renaissance Court…*, *op. cit.*, p. 299-300.
32. J. Duindam, *Vienna and Versailles…*, *op. cit.*, p. 54, 74.
33. M. da Vinha, *Les Valets de chambre de Louis XIV*, *op. cit.*, p. 46, 74, 124, 193.
34. J. Levron, *Les Inconnus de Versailles : les coulisses de la cour*, Chiré-en-Montreuil, Éditions de La Nef, 1968, p. 57 ; M. da Vinha, *Les Valets de chambre de Louis XIV*, *op. cit.*, p. 21-23, 31-33, 39, 71, 90, 111, 117-118.
35. M. Stoll, *Servir le Roi-Soleil : Claude Le Peletier (1631-1711), ministre de Louis XIV*, Rennes, PUR, 2011, p. 232 ; Saint-Simon, *Mémoires*, éd. Yves Coirault, *op. cit.*, vol. I, p. 27.

36. Comte de Forbin, *Mémoires*, Paris, Mercure de France, 1993, p. 197 ; M. da Vinha, *Les Valets de chambre de Louis XIV*, *op. cit.*, p. 341 ; *cf.* Maréchal de Villars, *Mémoires*, Paris, Renouard, 1886-1904, 6 vol, vol. I, p. 163.
37. M. da Vinha, *Les Valets de chambre de Louis XIV*, *op. cit.*, p. 172, 241, 265-266, 269, 326, 333 ; Saint-Simon, *Mémoires*, éd. M. Regnier et A. Chéruel, *op. cit.*, vol. IV, p. 318-319.
38. É. Spanheim, *Relation…*, *op. cit.*, p. 149, 151.
39. M. da Vinha, *Les Valets de chambre de Louis XIV*, *op. cit.*, p. 225.
40. A. Keay, *The Magnificent Monarch…*, *op. cit.*, p. 139-143.
41. S. Perez, *La Santé de Louis XIV…*, *op. cit.*, p. 285.
42. R. Strong, *Feast : A History of Grand Eating*, Londres, Jonathan Cape, 2002, p. 253-255 ; B. Saule, « Tentative de définition du Grand Couvert », *in id.* (éd.), *Tables royales et festins de cour en Europe, 1661-1789*, Paris, La Documentation française, 2004, p. 29-35 ; *Versailles et les tables royales en Europe : XVII*[e] *au XIX*[e] *siècle*, Paris, RMN-Arts décoratifs, 1993, p. 47-52 ; DL, p. 1144-1448.
43. E. Jaeglé (dir.), *Correspondance de Madame…*, *op. cit.*, vol. II, p. 51, Madame à Raugravine Amélie, 3 février 1707 ; B. Perrin, « Un professeur de droit solliciteur à la cour du Grand Roi, 1699-1704 : Louis Monnier de Richardin », *Revue de l'histoire de Versailles*, n° 55, 1964, p. 150-206 à la p. 168, 22 mars 1699.
44. B. Saule, « Tentative de définition du Grand Couvert », *op. cit.*, p. 32.
45. M. Kroll, *Letters from Liselotte…*, *op. cit.*, p. 157, Madame à Sophie, 23 décembre 1710.
46. J. C. Nemeitz, *Séjour de Paris…*, *op. cit.*, vol. II, p. 499 ; J. Duindam, *Vienna and Versailles…*, *op. cit.*, p. 167, 175.
47. Marquis de Sourches, *Mémoires…*, *op. cit.*, vol. V, 111, 25 février 1696.
48. W. R. Newton, *L'Espace du roi…*, *op. cit.*, p. 324.
49. L. Fontaine-Bayer, Lucette, *« Le Chasse-marée de Picardie sur la route du poisson. » De Pégase à Jappeloup, cheval et société*, Montbrison, 1995, p. 67, 93, 117.
50. C. Hénin, *Fêtes et plaisirs au temps des princes de Condé*, Paris, Somogy, 2015, p. 65-66 ; M. Deldicque, *Le Grand Condé : le rival du Roi-Soleil ?*, Gand, Snoeck, 2016, p. 160-161 ; Mme de Sévigné, *Correspondance*, *op. cit.*, vol. I, p. 235-236, lettre 161, à Mme de Grignan, 26 avril 1671 ; *cf.* D. Michel, *Vatel et la naissance de la gastronomie*, Paris, Fayard, 1999, p. 100.

51. E. Jaeglé (dir.), *Correspondance de Madame*..., *op. cit.*, vol. II, p. 191, Madame à l'Électrice Sophie, 22 janvier 1713.
52. S. Perez, *La Santé de Louis XIV*..., *op. cit.*, p. 114, 226-228, 232, 239 ; A. Vallot, A. d'Aquin et G. C. Fagon, *Journal de la santé du roi Louis XIV*..., *op. cit.*, p. 222, remarques sur l'année 1694.
53. Bibliothèque municipale de Versailles, Mss. 691, fol. 128-132, « État et menu général de la dépense ordinaire de la chambre aux deniers du roy, année 1691 ».
54. R. Strong, *Feast*..., *op. cit.*, p. 231, 238.
55. A. Vallot, A. d'Aquin et G. C. Fagon, *Journal de la santé du roi Louis XIV*..., *op. cit.*, p. 218, Remarques sur l'année 1694 ; *cf.* p. 238, 248, 267, 269, 288, 308, 325, 29 octobre 1698, 29 juin 1701, 1703, 1704, 1706, 1708, février 1710.
56. S. Perez, *La Santé de Louis XIV*..., *op. cit.*, p. 115-116, 238-239, 251, 255. Certains jours, il se rendait quinze ou seize fois à la garde-robe.
57. A. Vallot, A. d'Aquin et G. C. Fagon, *Journal de la santé du roi Louis XIV*..., *op. cit.*, p. 113, 1672.
58. Marquis de Sourches, *Mémoires*..., *op. cit.*, vol. IX, p. 131, 18 novembre 1704.
59. É. Spanheim, *Relation*..., *op. cit.*, p. 148-149 ; marquis de Saint-Maurice, *Lettres sur la cour de Louis XIV*, *op. cit.*, vol. I, p. 376, au duc de Savoie, 20 décembre 1669 : « Il avance tous ceux qui servent auprès de sa personne [...] ce qui fait qu'il est bien servi et que tous les grands seigneurs s'empressent d'acheter des charges dans sa cour, ce qui la rend considérable et la remplit de gens de qualité » ; S. Kettering, *Patronage in Sixteenth- and Seventeenth-Century France*, 2002, Aldershot, Ashgate, p. 84 ; G. Rowlands, *The Dynastic State*..., *op. cit.*, p. 346-348.
60. Comte de Forbin, *Mémoires*, *op. cit.*, p. 257, 457.
61. Saint-Simon, *Mémoires*, éd. Yves Coirault, *op. cit.*, vol. I, p. 308.
62. Voir notamment marquis de Dangeau, *Journal*..., *op. cit.*, vol. XXIII, p. 64, 154, 30 mars 1709, 11 juillet 1710, pour des exemples de telles listes.
63. P. Fréart de Chantelou, *Journal de voyage du Cavalier Bernin en France*, *op. cit.*, p. 180, 11 septembre 1665.
64. Marquis de Saint-Maurice, *Lettres sur la cour de Louis XIV*, *op. cit.*, vol. I, p. 197, au duc de Savoie, 1er juin 1668.
65. Marquis de Sourches, *Mémoires*..., *op. cit.*, vol. II, note de la p. 321, 29 décembre 1688 ; marquis de Dangeau, *Journal*..., *op. cit.*, vol. III, p. 39, 25 mars 1688 ; F. Leferme-Falguières, *Les Courtisans : une société de spectacle sous l'Ancien Régime*, Paris, PUF, 2007, p. 154.

66. Marquis de Saint-Maurice, *Lettres sur la cour de Louis XIV*, *op. cit.*, vol. I, p. 254, 350, au duc de Savoie, 9 novembre 1668, 1er novembre 1669, vol. II, p. 159, 18 septembre 1671.
67. Marquis de Dangeau, *Journal…*, *op. cit.*, vol. XVII, 261, 21 octobre 1704.
68. *Ibid.*, vol. XVI, 8, 6 janvier 1703.
69. D. Lanfredini, *Un Antagonista di Luigi XIV…*, *op. cit.*, p. 84, Louis XIV à Gramont, 4 décembre 1673.
70. Bibliothèque municipale de Versailles, Panthéon Louis XIV, « Rôle des placets présentés au roy à Versailles le lundy 12 juin 1702 ». Une requête typique était libellée comme suit : « Le sr Le Goux inspecteur des bâtiments du Roy, à la recommendation de Madame de Maintenon, supplie Sa Majesté de l'assister de ses bienfaits pour luy ayder à fournir la dot de sa fille qui désire se faire religieuse, ne pouvant y satisfaire sans secours. »
71. E. Jaeglé (dir.), *Correspondance de Madame…*, *op. cit.*, vol. I, 169, Madame à l'Électrice Sophie, 18 mars 1698.
72. Marquis de Sourches, *Mémoires…*, *op. cit.*, vol. IV, 200, 11 mai 1693 ; P. Quarré, comte d'Aligny, *Mémoires militaires*, Beaune, Impr. Arthur Batault, 1886, p. 188, 262-264, 274.
73. B. Perrin, « Un professeur de droit solliciteur… », *op. cit.*, p. 169, 182 ; *cf.* pour une expérience similaire, en 1695, hantant les bureau du ministère de la Guerre, mais appréciant aussi la musique et les tableaux du roi dans ses « cabinets », J. de Plantavit de La Pause, *Mémoires*, *op. cit.*, vol. III, p. 18-19.
74. Marquis de Dangeau, *Journal…*, *op. cit.*, vol. XII, p. 175, 28 octobre 1699.
75. J.-C. Petitfils, *Madame de Montespan*, *op. cit.*, p. 81, 95, 99 ; *id.*, *Lauzun…*, *op. cit.*, p. 138-141.
76. É. Longin, *Un Franc-Comtois à Paris sous Louis XIV, 1691-1692*, Vesoul, 1894, p. 37, journal de Lallemand, 12 août 1691.
77. *Ibid.*, *passim* et p. 46, 56, journal de Lallemand, p. 3, 18 octobre 1691.
78. Marquis de Sourches, *Mémoires…*, *op. cit.*, vol. V, note de la p. 172, 12 août 1696 ; marquis de Montglat, *Mémoires*, Éditeur du Commentaire analytique du Code civil, 1838, p. 296.
79. Louis XIV, *Œuvres*, *op. cit.*, vol. VI, p. 27, Louis XIV à la maréchale de Noailles, 10 juin 1694.
80. BnF Mss. fr. 6944, Registre des lettres, maréchale de Noailles, *passim* ; M. Langlois, *Louis XIV et la Cour*, Paris, Albin Michel, 1926, p. 282-283.
81. W. R. Newton, *L'Espace du roi…*, *op. cit.*, p. 330, 382.

82. Duc de Saint-Simon, *La Mort de Louis XIV*, Paris, Gallimard, 2007, p. 56, 326 ; Saint-Simon, *Mémoires*, éd. M. Regnier et A. Chéruel, *op. cit.*, vol. XI, p. 280. Cent ans plus tard, Thierry de Ville d'Avray, premier valet de chambre favori de Louis XVI, se plaignait de leur influence sur les nominations des subordonnés : « MM. de Noailles ne négligent rien » : W. R. Newton, *La Petite Cour…*, *op. cit.*, p. 233. Les Noailles étaient également influents dans le Languedoc et le Roussillon, où ils détenaient des commandements militaires, tout comme la famille Villeroy dans le Lyonnais : Saint-Simon, *Mémoires*, éd. M. Regnier et A. Chéruel, *op. cit.*, vol. IV, p. 371.
83. H. et G. Savile, *Savile Correspondence…*, *op. cit.*, p. 33, lettre du 27 août 1678
84. L. Dingli, *Seignelay…*, *op. cit.*, p. 29-33, 144 ; marquis de Sourches, *Mémoires…*, *op. cit.*, vol. V, note de la p. 134, 29 avril 1696. Son successeur, Pontchartrain, était moins ambitieux, puisqu'il ne couvrit que la zone comprise entre Bayonne et Brest.
85. J.-P. Cénat, *Louvois…*, *op. cit.*, p. 176, 195, 248, 295.
86. A. Félibien, *Les Fêtes de Versailles*, *op. cit.*, p. 79.
87. S. Pannekoucke, *Des princes en Bourgogne : les Condés gouverneurs au XVIIIe siècle*, Paris, Éditions du CTHS, 2010, p. 304 ; *cf.* BS 1290, fol. 113, Louis XIV à Condé, 25 février 1663 ; BSG 2015, fol. 255, Louis XIV au duc d'Enghien (fils de Condé), 24 mai 1671 ; M. Deldicque, *Le Grand Condé…*, *op. cit.*, *passim* ; J. Swann, *Provincial Power and Absolute Monarchy : The Estates General of Burgundy, 1661-1790*, Cambridge, Cambridge University Press, 2003, p. 162-163.
88. Voir par exemple marquis de Dangeau, *Journal…*, *op. cit.*, vol. XVIII, p. 189, 1er septembre 1705, vol. XXVI, p. 216, 9 octobre 1713 ; marquis de Sourches, *Mémoires…*, *op. cit.*, vol. X, p. 405, 27 septembre 1707 ; L. Bély, *Espions et ambassadeurs…*, *op. cit.*, p. 242
89. J. C. Rule et B. S. Trotter, *A World of Paper : Louis XIV, Colbert de Torcy, and the Rise of the Information State*, Montréal, McGill-Queen's University Press, 2014, p. 214.
90. BnF Mss. fr. 6923, fol. 9, Correspondance Amelot-Noailles 1706-1709, Amelot au duc de Noailles, 23 avril 1708.
91. Mme de Sévigné, *Correspondance*, *op. cit.*, vol. II, p. 657, à Mme de Grignan, 19 mars 1680.
92. M. Kroll, *Letters from Liselotte…*, *op. cit.*, p. 256, Madame à Herr von Harling, 22 novembre 1721.
93. B. Saule *et alii* (dir.), *Splendeurs de la cour de Saxe : Dresde à Versailles*, Paris, RMN, 2006, p. 50-51.

94. *Ádám Mányoki : Actors and Venues of a Portraitist's Career*, Budapest, E. Buzási, 2003, p. 18, 23.
95. S. R. Cohen, *Art, Dance, and the Body…*, *op. cit.*, p. 17-18, 35 ; S. Perez, *La Santé de Louis XIV…*, *op. cit.*, p. 256-257.
96. *Cf.* R. Feuillet, *Chorégraphie, ou l'Art de décrire la danse par caractères, figures et signes démonstratifs avec lesquels on apprend facilement de soi-même toutes sortes de danses*, 1700.
97. BnF Mss. fr. 1698, André Lorin, Contredanse du roy ; W. Hilton, *Dance of Court and Theatre : The French Noble Style, 1680-1725*, Princeton, Princeton Book Company, 1981, p. 25, 29, 31, 48, 61.
98. A. Galland, « Journal parisien », éd. Henri Omont, in *Mémoires de la Société de l'histoire de Paris et de l'Île-de-France*, n° 46, 1919, p. 25-156, p. 123, 19 mars 1713.
99. DL, p. 138-139.
100. C. Levantal, *Louis XIV…*, *op. cit.*, vol. I, p. 284, 294, 13, 16 février 1669, 4 février 1670 ; J. Duron (éd.), *Le Prince et la musique : les passions musicales de Louis XIV*, Paris, Mardaga, 2009, p. 126-129, 140 ; R. Astier, « Louis XIV, "premier danseur" », *op. cit.*, p. 73-102.
101. A. Maral, *Le Versailles de Louis XIV…*, *op. cit.*, p. 407 ; Saint-Simon, *Mémoires*, éd. Yves Coirault, *op. cit.*, vol. II, p. 302.
102. ML, vol. II, 649-650, Mme de Maintenon à M. de Noailles, 31 janvier 1696.
103. *Mémoires de Louis XIV*, éd. J. Longnon, *op. cit.*, p. 170 ; marquis de Dangeau, *Journal…*, *op. cit.*, vol. XII, p. 38, 2, 3 mars 1703.
104. M.-C. Moine, *Les Fêtes à la cour du Roi-Soleil…*, *op. cit.*, p. 133, 136, 213.
105. A. Maral, *Le Versailles de Louis XIV…*, *op. cit.*, p. 255. *Mémoires secrets et inédits de la cour de France sur la fin du règne de Louis XIV* ; marquis de Sourches, *Mémoires…*, *op. cit.*, p. 220, décembre 1686.
106. Voir par exemple marquis de Dangeau, *Journal…*, *op. cit.*, vol. XXIII, p. 245, 256, 24 novembre, 9 décembre 1710.
107. A. Maral, *Le Versailles de Louis XIV…*, *op. cit.*, p. 272-273.
108. M. Kroll, *Letters from Liselotte…*, *op. cit.*, p. 46, Madame à Wilhelmine Ernestine, 6 décembre 1682 ; DV, p. 711-722, citant *Le Mercure galant*, décembre 1682 ; *cf.* Mme de Sévigné, *Correspondance*, *op. cit.*, vol. II, p. 927, à Bussy-Rabutin, 2 février 1683.
109. M. Kroll, *Letters from Liselotte…*, *op. cit.*, p. 46, lettre à Wilhelmine Ernestine, 6 décembre 1682 ; DV, p. 492 ; C. Arminjon (dir.), *Quand Versailles était meublé d'argent*, Paris, RMN, 2007, *passim*. Mme de Sévigné admirait aussi la magnificence du mobilier

et la liberté des courtisans de parler à la famille royale : Mme de Sévigné, *Correspondance*, *op. cit.*, vol. II, p. 154, 917, 29 juillet 1676, 12 février 1683

110. P. Clément, *La Police sous Louis XIV*, Paris, Didier, 1866, p. 84. J. Dunkley, *Gambling : A Social and Moral Problem in France, 1685-1792*, Oxford University Press, 1985, p. 45, 145.

111. M. Lahaye, *Le Fils de Louis XIV*..., *op. cit.*, p. 272, 276 ; Mme de Sévigné, *Correspondance*, *op. cit.*, vol. II, p. 154, à Mme de Grignan, 29 juillet 1676 ; marquis de Dangeau, *Journal*..., *op. cit.*, vol. XII, p. 185, 13 novembre 1699 ; E. Jaeglé (dir.), *Correspondance de Madame*..., *op. cit.*, vol. I, p. 216, Madame à l'Électrice Sophie, 11 février 1700.

112. Marquis de Sourches, *Mémoires*..., *op. cit.*, vol. V, p. 253, 18 mars 1695 ; marquis de Dangeau, *Journal*..., *op. cit.*, vol. XII, p. 47, 21 mars 1699, vol. XIV, 8, 9 mars 1703, vol. XVIII, p. 268, 14 décembre 1705.

113. M. Benoît, *Les Événements musicaux sous le règne de Louis XIV*, Paris, Picard, 2004, p. 6-7 ; *Versailles et la musique de cour*, Versailles, Magellan & Cie, 2007, p. 25, 35 et *passim*.

114. J. de La Gorce, *Jean-Baptiste Lully*, *op. cit.*, p. 741.

115. *Ibid.*, p. 117, 204, 246, 309, 635.

116. P. Beaussant, *Louis XIV artiste*, *op. cit.*, p. 16 ; DL, p. 961, citant une dépêché du 23 mars 1660. Robert de Visée dédia son Livre de guitare au roi en 1682, car, écrivait-il, la même main royale qui donnait des ordres de bataille touchait aussi à la guitare ; *cf.* comte d'Haussonville, *La Duchesse de Bourgogne et l'alliance savoyarde sous Louis XIV*, Paris, Calmann-Lévy, 1898-1908, 4 vol., vol. II, p. 22.

117. A. Maral, *La Chapelle royale de Versailles*..., *op. cit.*, p. 184, 188-189 ; J. Duron (éd.), *Le Prince et la musique*..., *op. cit.*, p. 106.

118. *Ibid.*, p. 20 ; P. Beaussant, *Les Plaisirs de Versailles*..., *op. cit.*, p. 68 ; DV, p. 147.

119. DL, p. 911, 901, 997 ; P. Beaussant, *Louis XIV artiste*, *op. cit.*, p. 202.

120. Marquis de Dangeau, *Journal*..., *op. cit.*, vol. XII, p. 111, 122, 10, 31 juillet 1699.

121. J. de La Gorce, *Jean-Baptiste Lully*, *op. cit.*, p. 732-735 ; A. Maral, *Le Versailles de Louis XIV*..., *op. cit.*, p. 425, 428 ; A. Maral, *La Chapelle royale de Versailles*..., *op. cit.*, p. 193.

122. P. Beaussant, *Les Plaisirs de Versailles*..., *op. cit.*, p. 98, 101 ; J. Duron (éd.), *Le Prince et la musique*..., *op. cit.*, p. 28.

123. Comte Greppi, « Notes de voyage du comte Giandemaria », RHD, p. 4, 3, 1890, p. 352-367 à la p. 359, 29 mai 1680.

124. A. Maral, *La Chapelle royale de Versailles…*, *op. cit.*, p. 155 ; *cf.* Saint-Simon, *Mémoires*, éd. M. Regnier et A. Chéruel, *op. cit.*, vol. XI, p. 187.
125. P. Beaussant, *Les Plaisirs de Versailles…*, *op. cit.*, p. 82.
126. FD, p. 89-90, 100, 104, 134.
127. C. E. J. Caldicott, *La Carrière de Molière, entre protecteurs et éditeurs*, Amsterdam, Rodopi, 1998, p. 81-120 ; Molière, *Œuvres complètes*, *op. cit.*, vol. II, p. 194.
128. C. Mazouer, « Molière et le roi », *in* D. Lopez (dir.), *Le Pouvoir et ses écritures*, Eidôlon, n° 101, 2012, p. 135-144.
129. M.-C. Moine, *Les Fêtes à la cour du Roi-Soleil…*, *op. cit.*, p. 123.
130. Molière, *Le Bourgeois Gentilhomme*, éd. Claire Joubaire, Paris, Flammarion, 2016, p. 35, 48-49 ; FD, p. 100, 120.
131. Chevalier d'Arvieux, *Mémoires*, *op. cit.*, vol. IV, p. 252-253, 281.
132. E. Jaeglé (dir.), *Correspondance de Madame…*, *op. cit.*, vol. I, p. 185, Madame à l'Électrice Sophie, 1er novembre 1698 ; P. Beaussant, *Les Plaisirs de Versailles…*, *op. cit.*, p. 411.
133. J.-P. Néraudau, *L'Olympe du Roi-Soleil…*, *op. cit.*, p. 129-130, 195, 232.
134. R. Picard, *La Carrière de Racine*, Paris, Gallimard, 1961, p. 157, 283 ; *cf.* M.-C. Canova-Green et A. Viala (dir.), *Racine et l'histoire*, Tübingen, Gunter Narr, 2004.
135. R. Picard, *La Carrière de Racine*, *op. cit.*, p. 366.
136. *Ibid.*, p. 315, 480
137. *Ibid.*, p. 385-386, 393, 414, 489, 490 ; P. Beaussant, *Louis XIV artiste*, *op. cit.*, p. 71, 78 ; J. Dubu, « Fortunes and Misfortunes of Racine the Courtier », *The Court Historian*, vol. 7, n° 2, décembre 2002, p. 111-133 ; É. Spanheim, *Relation…*, *op. cit.*, p. 402-403.
138. R. Picard, *La Carrière de Racine*, *op. cit.*, p. 333-335, 430-431 ; Arch. nat. 01 34, fol. 344v, brevet au « Sieur Racine », 12 décembre 1690
139. R. Picard, *La Carrière de Racine*, *op. cit.*, p. 413-414, 432, 443, 552 ; Racine, *Œuvres complètes*, Paris, Gallimard, « Bibliothèque de la Pléiade », 1999, 2 vol., vol. II, p. 281.
140. Marquis de Sourches, *Mémoires…*, *op. cit.*, vol. VI, p. 139, 16 mars 1699.
141. P. Fréart de Chantelou, *Journal de voyage du Cavalier Bernin en France*, *op. cit.*, p. 316, 27 octobre 1665.
142. A. Baudrillart, *Philippe V et la cour de France*, Paris, Firmin-Didot, 1890-1900, 5 vol., vol. I, p. 234, Louis XIV à Philippe V, 6 septembre 1705.
143. J.-C. Petitfils, *Louise de La Vallière*, *op. cit.*, p. 118, note de la p. 120, 177-182 ; É. Magne (dir.), *Lettres inédites du Grand Condé*

et du Duc d'Enghien…, *op. cit.*, p. 154, 157, 162, Condé à la reine de Pologne, 19 mars 1665, Enghien à la reine de Pologne, 20 mars 1665 ; *cf.* Anonyme, *Histoire galante de Madame et du comte de Guiche*, Jouxte La Copie, 1667, p. 325 et *passim* ; P. Visconti, *Mémoires sur la cour de Louis XIV…*, *op. cit.*, p. 30 ; D. Lanfredini, *Un Antagonista di Luigi XIV…*, *op. cit.*, p. 28, Louis XIV au maréchal de Gramont, sur la mort de Guiche, 4 décembre 1673

144. Marquis de Saint-Maurice, *Lettres sur la cour de Louis XIV*, *op. cit.*, vol. II, p. 381, au duc de Savoie, 19 juillet 1672 ; *cf.* marquis de Dangeau, *Journal…*, *op. cit.*, vol. XII, p. 143, 6 septembre 1699.
145. Marquis de Sourches, *Mémoires…*, *op. cit.*, vol. III, p. 155, 13 septembre 1689 ; ML, vol. IV, p. 810, Mme de Maintenon à Mme des Ursins, 11 mai 1710.
146. Mme de Motteville, *Mémoires… sur Anne d'Autriche…*, *op. cit.*, vol. IV, p. 410, 417.
147. H. Kleber, « Louis XIV mémorialiste : la genèse des Mémoires de Louis XIV », *in* C. Grell, W. Paravicini et J. Voss (dir.), *Les Princes et l'histoire du* XVI*e au* XVIII*e siècle*, Bonn, Bouvier Verlag, 1998, p. 523-533 ; *Mémoires de Louis XIV*, éd. J. Longnon, *op. cit.*, p. 52-54, p. 73, 322.
148. Saint-Simon, *Mémoires*, éd. M. Regnier et A. Chéruel, *op. cit.*, vol. V, p. 35, 42.
149. Bibliothèque municipale de Versailles Mss. 47 (Créquy) ; BnF Mss. fr. Papiers Noailles 6923-6926.
150. Mme de Sévigné, *Correspondance*, *op. cit.*, vol. II, p. 170, Corbinelli à Bussy-Rabutin, 1er septembre 1687.
151. E. Jaeglé (dir.), *Correspondance de Madame…*, *op. cit.*, vol. I, p. 173, 216, à Raugravine Louise, 17 juin 1698, à l'Électrice Sophie, 11 février 1700 ; D. Van der Cruysse, *Madame Palatine : Princesse européenne*, *op. cit.*, p. 169, 232, 281.
152. *Ibid.*, p. 295, 296 ; E. Jaeglé (dir.), *Correspondance de Madame…*, *op. cit.*, vol. III, p. 70, 80, à Raugravine Louise, 18 février 1720, 4 août 1720.
153. Saint-Simon, *Mémoires*, éd. M. Regnier et A. Chéruel, *op. cit.*, vol. XI, p. 58 ; M. Langlois, *Louis XIV et la Cour*, *op. cit.*, p. 84-96 ; DL, p. 161-162.
154. J.-C. Petitfils, *Louis XIV*, *op. cit.*, p. 537-538 ; F. de Fénelon, *Lettre à Louis XIV*, Paris, Bartillat, 2011, *passim* ; *cf.* H. Drévillon, *L'Impôt du sang…*, *op. cit.*, p. 99, pour d'autres critiques contre le roi.
155. F. de Fénelon, *Lettre à Louis XIV*, *op. cit.*, p. 82.
156. A. McKenna, « Les Soupirs de la France esclave : la question de l'attribution », *in* P. Bonnet (dir.), *Littérature de contestation :*

pamphlets et polémique du règne de Louis XIV aux lumières, Paris, Éd. Le Manuscrit, 2011, p. 229-268.

157. S. Melchior-Bonnet, *Fénelon*, Paris, Perrin, 2008, p. 171, 222-223, 248.

158. DL, p. 1122-1124 ; V. Kapp, Télémaque *de Fénelon : la signification d'une œuvre littéraire à la fin du siècle classique*, Tübingen, Gunter Narr Verlag, 1982, p. 158-159, 167-168.

159. M. de Pontchartrain, *Correspondance de la Maison du Roi*, Clermont-Ferrand, Paleo, 2016, 2 vol., vol. I, p. 23, 135, 227, Pontchartrain à La Bourdonnaye, 28 janvier 1700, à d'Herbigny, 19 octobre 1701, 4 avril 1703.

160. S. Melchior-Bonnet, *Fénelon*, *op. cit.*, p. 240, 322-325, 330 ; Saint-Simon, *Mémoires*, éd. M. Regnier et A. Chéruel, *op. cit.*, vol. XI, p. 59.

161. Abbé Oroux, *Histoire ecclésiastique de la cour de France*, 2 vol., 1727, vol. II, p. 526, 528.

162. A. Maral, *Le Versailles de Louis XIV*..., *op. cit.*, p. 359-363.

163. G. Poisson, *Monsieur de Saint-Simon*, *op. cit.*, p. 161, 163, 214 ; R. Picard, *La Carrière de Racine*, *op. cit.*, p. 470-471, 540.

164. R. A. Weigert (dir.), *Les Relations artistiques entre la France et la Suède, 1693-1718*, Stockholm, R.-A. Weigert et C. Hernmarck, 1964, p. 266 ; *cf.* A. Stroup, « Louis XIV as Patron of the Parisian Academy of Sciences » *in* D. L. Rubin (dir.), *Sun King*..., *op. cit.*, p. 221-240 ; P. Beaussant, *Louis XIV artiste*, *op. cit.*, p. 88 ; A. Maral, *Le Versailles de Louis XIV*..., *op. cit.*, p. 281, pour la conversation du roi avec le peintre Coypel.

165. B. Gady et N. Milanovic (dir.), *Charles Le Brun (1619-1690)*, Paris, Musée du Louvre-Liénart, 2016, p. 387, 394.

166. *De chasse et d'épée*..., *op. cit.*, p. 56, 73.

167. S. Castelluccio, *Les Collections royales d'objets d'art, de François Ier à la Révolution*, Paris, Éditions de l'Amateur, 2002, p. 35-191. Une partie de la collection de Louis XIV est désormais exposée dans la galerie d'Apollon au Louvre ; celle du Dauphin, dont hérita Philippe V, se trouve au sous-sol du Prado.

168. J. C. Nemeitz, *Séjour de Paris*..., *op. cit.*, vol. II, p. 501 ; DV, p. 148, 475 ; T. Hedin et F. Sandgren, « Deux voyageurs suédois visitent Versailles sous le règne du Roi-Soleil », *Versalia*, n° 9, 2006, p. 86-114 ; *cf.* R. Creed, *Journal of the Grand Tour*..., *op. cit.*, p. 54, décrivant la visite du « petit appartement » du roi le 8 juillet 1700 ; G. Higgott, « Thomas Povey's Description of Versailles in the Spring of 1682 », cité, p. 257, pour celui du Dauphin. H. Lahrkamp (dir.), *Lambert Friedrich Corfey :*

Reisetagebuch, 1698-1700, Münster, Aschendorff, 1977, p. 69, 72, 77, décrit les visites de ce bourgeois allemand en 1698 au Trianon, à Marly (à l'intérieur et à l'extérieur) et dans les appartements privés du roi à Versailles.

169. *Sciences et curiosités*, *op. cit.*, p. 165-168 ; l'exemplaire de Louis XIV du *Traité universel des drogues simples*, 1698, par Nicolas Lémery, était en vente chez le marchand parisien Camille Sourget à Paris en 2018.

170. Arch. nat. 01 1098, *Registres des ordres et lettres de Mgr le duc Dantin... concernant les bâtiments, jardins, arts et manufactures du roy depuis 1708 jusqu'à 1732*, fol. 17, Antin à Poerson, 21 août 1708.

Chapitre 14. Louis XIV de l'intérieur

1. S. Perez, *La Santé de Louis XIV…*, *op. cit.*, p. 80, 123, 125, 128, 274, 276, citant des témoignages des médecins royaux Daquin et Fagon.
2. *Ibid.*, p. 336–41, citant *Le Mercure de France*.
3. *Ibid.*, p. 126, 370-373, citant É. Spanheim, *Relation…*, *op. cit.*
4. *Ibid.*, p. 91 ; A. Maral, *Le Roi-Soleil et Dieu…*, *op. cit.*, p. 291 ; C. Jones, *The Smile Revolution in Eighteenth-Century Paris*, Oxford, Oxford University Press, 2014, p. 19-21 ; A. Vallot, A. d'Aquin et G. C. Fagon, *Journal de la santé du roi Louis XIV…*, *op. cit.*, p. 164, 175.
5. Marquis de Sourches, *Mémoires…*, *op. cit.*, vol. XIII, p. 490, avril 1715.
6. Saint-Simon, *Mémoires*, éd. M. Regnier et A. Chéruel, *op. cit.*, vol. XII, p. 74-75. Il n'y avait pas de servantes à Versailles, où les travaux étaient accomplis par des hommes. Pour plus de confirmation de la politesse du roi envers les femmes, voir G. Comisso, *Les Ambassadeurs vénitiens…*, *op. cit.*, p. 278, récit de Marc Antonio Giustiniani, 1668 : « Il se découvre toujours quand il leur adresse la parole. » M. Langlois, *Louis XIV et la Cour*, *op. cit.*, p. 286, Chamillart, 27 mars 1685 : « Le roi était l'homme du monde le plus difficile à connaître » ; Saint-Simon, vol. II, p. 374, 442.
7. Y compris les exécutions, parmi tant d'autres, de Monmouth, Königsmarck, du tsarévitch Alexis, de Chalais et Cinq-Mars.
8. M. Lahaye, *Le Fils de Louis XIV…*, *op. cit.*, p. 148 ; A. Maral, *Le Roi-Soleil et Dieu…*, *op. cit.*, p. 240.

9. BnF Mss. fr. 10261, fol. 29, Louis XIV à Mme de La Mothe-Houdancourt, 19 octobre 1670
10. C. Levantal, *Louis XIV…*, *op. cit.*, vol. I, p. 278 ; marquis de Saint-Maurice, *Lettres sur la cour de Louis XIV*, *op. cit.*, vol. II, p. 257, au duc de Savoie, 2 mars 1672 ; *cf.* à propos d'un chagrin similaire à la mort d'une autre fille, comte de Lionne, *Lettres inédites*, 1877, p. 209, 18 novembre 1664.
11. D. Van der Cruysse, *Madame Palatine : Princesse européenne*, *op. cit.*, p. 269-270 ; M. Vincent, *Le* Mercure galant…, *op. cit.*, p. 174.
12. É. Spanheim, *Relation…*, *op. cit.*, p. XVII, Spanheim à l'Électeur de Brandebourg, 2 août 1683.
13. Comte de Bussy-Rabutin, *Correspondance… avec sa famille et ses amis*, Paris, L. Lalanne, 1858-1859, 5 vol., vol. V, p. 359, remarque de Bussy-Rabutin, 1683.
14. *DV*, p. 85, 210.
15. D. Van der Cruysse, *Madame Palatine : lettres françaises*, *op. cit.*, p. 56, Madame à Louis XIV, 24 mai 1685.
16. *The Collection of Autograph Letters and Historical Documents Formed by Alfred Morrison*, Second Series, 1883-1892, 6 vol., vol. IV, p. 236, Louis XIV à Madame, 11 février 1668 ; *cf.* pour une autre lettre affectueuse à Madame, BnF Fichier Charavay 382, Louis XIV à Madame, 13 septembre 1663.
17. C. Rousset, *Histoire de Louvois…*, *op. cit.*, vol. I, note de la p. 362, Louis XIV à Condé, 31 décembre 1672.
18. Louis XIV, *Œuvres*, *op. cit.*, vol. IV, p. 466, au Dauphin, 19 août 1694.
19. Mme de Sévigné, *Correspondance*, *op. cit.*, vol. II, p. 449, 452, à Mme de Grignan, 20, 22 septembre 1679 ; marquis de Dangeau, *Journal…*, *op. cit.*, vol. XI, p. 160, 12 octobre 1698 ; E. Jaeglé (dir.), *Correspondance de Madame…*, *op. cit.*, vol. I, p. 183, Madame à l'Électrice Sophie, 15 octobre 1698 ; Sophie de Hanovre, *Mémoires et lettres de voyage*, Paris, Fayard, 1990, p. 158 ; E. Lurgo, *Philippe d'Orléans…*, *op. cit.*, p. 173, 197, au sujet de son chagrin à la mort de la reine d'Espagne.
20. Marquis de Dangeau, *Journal…*, *op. cit.*, vol. XIV, p. 127, 131, 9, 13 juin 1701 ; E. Lurgo, *Philippe d'Orléans…*, *op. cit.*, p. 297-298, 301.
21. *Ibid.*, p. 31-34, 217, 225, 297-298, 301.
22. Marquis de Dangeau, *Journal…*, *op. cit.*, vol. XVIII, 23, 32, 26 janvier, 8 février 1705 ; marquis de Sourches, *Mémoires…*, *op. cit.*, vol. I, p. 36, 2 décembre 1682 ; Saint-Simon, *Mémoires*, éd. M. Regnier et A. Chéruel, *op. cit.*, vol. VI, p. 346-347.

23. Mme de Sévigné, *Correspondance*, *op. cit.*, vol. I, p. 462, à Mme de Grignan, 23 février 1672.
24. E. Lurgo, *Philippe d'Orléans…*, *op. cit.*, p. 301
25. G. Sternberg, *Status Interaction during the Reign of Louis XIV*, Oxford, Oxford University Press, 2014, p. 18, 32, 47, 62, 84, 89, 118, 163-165.
26. A. Maral, *Le Versailles de Louis XIV…*, *op. cit.*, p. 249-251 ; Saint-Simon, *Mémoires*, éd. M. Regnier et A. Chéruel, *op. cit.*, vol. IV, p. 57-58, pour le roi, la reine et les autres membres de la famille royale qui ne vinrent plus rendre visite à des ducs et des duchesses après 1678, et vol. V, p. 323, vol. VI, p. 363 pour sa colère au sujet du statut royal acquis par les ducs de Lorraine, de Savoie et de Toscane.
27. E. Jaeglé (dir.), *Correspondance de Madame…*, *op. cit.*, vol. II, p. 251-252, Madame à Raugravine Louise, 28 octobre 1717.
28. Mlle de Montpensier, *Mémoires*, *op. cit.*, vol. IV, p. 92, 96 ; J.-C. Petitfils, *Lauzun…*, *op. cit.*, p. 46, 156.
29. Mlle de Montpensier, *Mémoires*, *op. cit.*, vol. IV, p. 189, 191.
30. *Ibid.*, p. 205, 209.
31. V. Pitts, *La Grande Mademoiselle…*, *op. cit.*, p. 198-208.
32. Marquis de Saint-Maurice, *Lettres sur la cour de Louis XIV*, *op. cit.*, vol. I, p. 517, 521, 531, au duc de Savoie, p. 17, 19 décembre 1670.
33. T. Sarmant, *Louis XIV : l'homme et le roi*, *op. cit.*, p. 197 ; Mme de Sévigné, *Correspondance*, *op. cit.*, vol. I, p. 141, à M. Coulanges, 19 décembre 1670.
34. Mlle de Montpensier, *Mémoires*, *op. cit.*, vol. IV, p. 233-234, 236, 624-627.
35. P. Sonnino, *Louis XIV and the Origins of the Dutch War…*, *op. cit.*, p. 137 ; J.-C. Petitfils, *Lauzun…*, *op. cit.*, p. 137-138, 157, 165 ; Saint-Simon, *Mémoires*, éd. Yves Coirault, *op. cit.*, vol. I, p. 437-439 ; A. Vallot, A. d'Aquin et G. C. Fagon, *Journal de la santé du roi Louis XIV…*, *op. cit.*, p. 114 et note, Remarques sur l'année 1672.
36. M. Gerber, *Bastards : Politics, Family, and Law in Early Modern France*, New York, Oxford University Press, 2012, p. 13, 29, 85, 98.
37. A. Maral, *Le Roi, la cour et Versailles : le coup d'éclat permanent, 1682-1789*, Paris, Perrin, 2013, p. 276, 289, 298 ; marquis de Dangeau, *Journal…*, *op. cit.*, vol. VII, 98, 20 juin 1693 ; *cf.* Mme de Sévigné, *Correspondance*, *op. cit.*, vol. II, p. 597, à Mme de Grignan, 2 février 1680, pour les « tendres caresses » prodiguées par le roi à la princesse de Conti.

38. P. Clément, *Madame de Montespan et Louis XIV…*, *op. cit.*, p. 112-114 ; J.-C. Petitfils, *Lauzun…*, *op. cit.*, p. 210, 213, 221, 242-243, 255.
39. Marquis de Sourches, *Mémoires…*, *op. cit.*, vol. II, note de la p. 55, 27 mai 1687.
40. J.-C. Petitfils, *Madame de Montespan*, *op. cit.*, p. 122-125 ; A. Maral, *Le Roi-Soleil et Dieu…*, *op. cit.*, p. 242-243, 246.
41. Mme de Sévigné, *Correspondance*, *op. cit.*, vol. II, p. 265, 313, à Mme de Grignan, 11 juin, 30 juillet 1677 ; J.-C. Petitfils, *Madame de Montespan*, *op. cit.*, p. 134 ; P. Clément, *Madame de Montespan et Louis XIV…*, *op. cit.*, p. 107-108.
42. *Ibid.*, p. 90-91 ; comte de Bussy-Rabutin, *Correspondance…*, *op. cit.*, vol. III, p. 213, note de Bussy-Rabutin, 1677, p. 227, Bussy-Rabutin à Jeanine de Castille, 6 mars 1677, p. 381, Mme de Montmorency à Bussy-Rabutin, 8 octobre 1677.
43. J. Lemoine et A. Lichtenberger, *Les des Œillets : une grande comédienne, une maîtresse de Louis XIV : étude et documents*, Paris, Calmann-Lévy, 1938, p. 49-51.
44. J.-C. Petitfils, *Louise de La Vallière*, *op. cit.*, p. 183-184, 232, 235.
45. M. Bryant, « The Queen of Versailles and First Lady of Louis XIV's France », manuscrit (obligeamment prêté par l'auteur), n.d., *passim* et p. 392, Maintenon à Noailles, 27 avril 1705 ; J.-C. Petitfils, *Madame de Montespan*, *op. cit.*, p. 117-119, 130.
46. A. Maral, *Madame de Maintenon : à l'ombre du Roi-Soleil*, Paris, Belin, 2011, p. 15.
47. *Cf.* Mme de Sévigné, *Correspondance*, *op. cit.*, vol. I, p. 414, à Mme de Grignan, 13 janvier 1672, sur l'« esprit droit » de Mme Scarron.
48. A. Maral, *Madame de Maintenon…*, *op. cit.*, p. 52-56.
49. A. Somerset, *The Affair of the Poisons. Murder, Infanticide and Satanism at the Court of Louis XIV*, Londres, Weidenfeld and Nicolson, 2003, p. 94.
50. J.-C. Petitfils, *Madame de Montespan*, *op. cit.*, p. 145, 147, 150 ; A. Somerset, *The Affair of the Poisons…*, *op. cit.*, p. 105 ; P. Visconti, *Mémoires sur la cour de Louis XIV…*, *op. cit.*, p. 106-107 ; *cf.* comte de Bussy-Rabutin, *Correspondance…*, *op. cit.*, vol. III, p. 205, Bussy-Rabutin à P. Brulart, 30 janvier 1677 ; Mme de Sévigné, *Correspondance*, *op. cit.*, vol. II, p. 287, à Mme de Grignan, 7 juillet 1677.
51. Comte de Bussy-Rabutin, *Correspondance…*, *op. cit.*, vol. IV, p. 21, Mme de Scudéry à Bussy-Rabutin, 28 janvier 1678.
52. DL, p. 290 ; Saint-Simon, *Mémoires*, éd. M. Regnier et A. Chéruel, *op. cit.*, vol. VII, p. 253-254.

53. A. Fraser, *Love and Louis XIV : The Women in the Life of the Sun King*, Londres, Weidenfeld and Nicolson, 2006, p. 168 ; A. Somerset, *The Affair of the Poisons…*, *op. cit.*, p. 106 ; P. Clément, *Madame de Montespan et Louis XIV…*, *op. cit.*, p. 95.
54. *Ibid.*, p. 251, Montespan au duc de Noailles, avril 1679.
55. J. de Plantavit de La Pause, *Mémoires*, *op. cit.*, vol. I, note de la p. 237.
56. Marquis de Dangeau, *Journal…*, *op. cit.*, vol. XXVII, p. 13, 11 janvier 1714, remarque de Saint-Simon.
57. J.-C. Petitfils, *Madame de Montespan*, *op. cit.*, p. 165 ; Mme de Sévigné, *Correspondance*, *op. cit.*, vol. II, p. 562, à Mme de Grignan, 10 janvier 1680.
58. Sophie de Hanovre, *Mémoires…*, *op. cit.*, p. 147
59. J.-C. Petitfils, *Madame de Montespan*, *op. cit.*, p. 218 ; comte de Bussy-Rabutin, *Correspondance…*, *op. cit.*, vol. IV, p. 333, Bussy-Rabutin au marquis de Trichateau, 22 mars 1679.
60. Mme de Sévigné, *Correspondance*, *op. cit.*, vol. II, p. 623, 649, à Mme de Grignan, 28 février, 20 mars 1680. Un secrétaire en ébène luxueusement décoré dépeignant les amours d'Hercule et Omphale, qui lui fut offert par le roi, est visible au musée Jacquemart-André à Paris.
61. *Ibid.*, p. 670, 681, 901, à Mme de Grignan, 6 avril, 1er mai 1680, à Bussy-Rabutin, 30 juin 1681.
62. J.-C. Petitfils, *Madame de Montespan*, *op. cit.*, p. 174.
63. *Ibid.*, p. 176.
64. G. J. Cowart, *The Triumph of Pleasure…*, *op. cit.*, p. 40.
65. A. Somerset, *The Affair of the Poisons…*, *op. cit.*, p. 141, 159, 306 ; J. Cornette, *La Mort de Louis XIV…*, *op. cit.*, p. 262.
66. A. Somerset, *The Affair of the Poisons…*, *op. cit.*, p. 203-204, 207 ; Mme de Sévigné, *Correspondance*, *op. cit.*, vol. II, p. 582, à Mme de Grignan, 24 janvier 1680.
67. *Ibid.*, p. 617, à Mme de Grignan, 23 février 1680.
68. A. Somerset, *The Affair of the Poisons…*, *op. cit.*, p. 261-262, 266-267 ; P. Clément, *Madame de Montespan et Louis XIV…*, *op. cit.*, p. 116-117.
69. A. Somerset, *The Affair of the Poisons…*, *op. cit.*, p. 228 ; J.-C. Petitfils, *Madame de Montespan*, *op. cit.*, p. 205, 212-215.
70. *Ibid.*, p. 193, 202 ; A. Somerset, *The Affair of the Poisons…*, *op. cit.*, p. 181, 186 ; I. Murat, *Colbert*, *op. cit.*, p. 400-401, 404, 413 ; J. Cornette, *La Mort de Louis XIV…*, *op. cit.*, p. 264 ; J. Lemoine et A. Lichtenberger, *Les des Œillets…*, *op. cit.*, p. 41.
71. J.-C. Petitfils, *Madame de Montespan*, *op. cit.*, p. 223-227.

72. A. Somerset, *The Affair of the Poisons…*, *op. cit.*, p. 286-288 ; P. Clément, *Madame de Montespan et Louis XIV…*, *op. cit.*, p. 120-121, mémoire de Claude Duplessis.
73. A. Somerset, *The Affair of the Poisons…*, *op. cit.*, p. 216 236-241 ; É. Spanheim, *Relation…*, *op. cit.*, p. 338 ; marquis de Ségur, *Le Tapissier de Notre-Dame : les dernières années du Maréchal de Luxembourg (1678-1695)*, Paris, Calmann-Lévy, 1903, p. 71.
74. A. Somerset, *The Affair of the Poisons…*, *op. cit.*, p. 128, 221-222 ; marquis de Ségur, *Le Tapissier de Notre-Dame…*, *op. cit.*, p. 56-57 ; Mme de Sévigné, *Correspondance*, *op. cit.*, vol. II, p. 593, à Mme de Grignan, 31 janvier 1680.
75. A. Somerset, *The Affair of the Poisons…*, *op. cit.*, p. 269, 323-325, 331, 336, 339 ; *cf.* DL, p. 1072-1073 ; I. Murat, *Colbert*, *op. cit.*, p. 400 ; comte de Bussy-Rabutin, *Correspondance…*, *op. cit.*, vol. V, p. 49, Trichateau à Bussy-Rabutin, 1er février 1680.
76. M. Bryant, « Romancing the Throne : Madame de Maintenon's Journey from Secret Royal Governess to Louis XIV's Clandestine Consort, 1652-1684 », *The Court Historian*, n° 22, 2 décembre 2017, p. 123-150 à la p. 131 ; Mme de Sévigné, *Correspondance*, *op. cit.*, vol. II, p. 195, à Mme de Grignan, 8 septembre 1676.
77. A. Fraser, *Love and Louis XIV…*, *op. cit.*, p. 194.
78. Mme de Sévigné, *Correspondance*, *op. cit.*, vol. II, p. 649, 717, 730, 753, 845, à Mme de Grignan, 20 mars, 25 mai, 5, 21 juin, 11 septembre 1680.
79. *Cf.* F. Poullain de La Barre, *Traité de l'égalité des deux sexes*, Jean du Puis, 1673.
80. A. Maral, *La Chapelle royale de Versailles…*, *op. cit.*, p. 114-116, 120, 277.
81. A. Maral, *Le Roi-Soleil et Dieu…*, *op. cit.*, p. 59-68.
82. A. Maral, *La Chapelle royale de Versailles…*, *op. cit.*, p. 111 ; *id.*, *Le Roi-Soleil et Dieu…*, *op. cit.*, p. 271-272.
83. *Ibid.*, p. 77-80, 244-248.
84. J. Cornette, *La Mort de Louis XIV…*, *op. cit.*, p. 228.
85. A. Maral, *Le Roi-Soleil et Dieu…*, *op. cit.*, p. 66, 82, 83, 96-99.
86. Louis XIV, *Œuvres*, *op. cit.*, vol. I, p. 91.
87. S. Perez, *La Santé de Louis XIV…*, *op. cit.*, p. 124, 293-299 ; A. Maral, *Le Roi-Soleil et Dieu…*, *op. cit.*, p. 100-105 ; DL, p. 443. En Angleterre, Anna Keay croit que Charles II « *touched* » quelque 3 000 personnes par an pour guérir les écrouelles : A. Keay, *The Magnificent Monarch…*, *op. cit.*, p. 118.
88. A. Maral, *Le Roi-Soleil et Dieu…*, *op. cit.*, p. 235.
89. *Ibid.*, p. 252-253.

90. Mme de Sévigné, *Correspondance*, *op. cit.*, vol. II, p. 830, à Mme de Grignan, 28 août 1680 ; *cf.* A. Somerset, *The Affair of the Poisons…*, *op. cit.*, p. 121.
91. Marquis de Sourches, *Mémoires…*, *op. cit.*, vol. I, p. 20, 25 septembre 1681.
92. I. Murat, *Colbert*, *op. cit.*, p. 414, Louis XIV à Colbert, 5 octobre 1681.
93. C. Levantal, *Louis XIV…*, *op. cit.*, vol. II, note de la p. 452 ; A. Maral, *Le Roi-Soleil et Dieu…*, *op. cit.*, p. 266-269 ; Alexandre Maral croit que la localisation de leurs appartements rendant leurs « rapports intimes » difficiles, ce pouvait être un « mariage blanc ».
94. A. Fraser, *Love and Louis XIV…*, *op. cit.*, p. 208.
95. E. Jaeglé (dir.), *Correspondance de Madame…*, *op. cit.*, vol. I, p. 205, Madame à l'Électrice Sophie, 19 juillet 1699 ; M. Bryant, « The Queen of Versailles… », *op. cit.*, p. 179, 316.
96. ML, vol. I, p. 490, Mme de Maintenon au comte d'Aubigné, 28 septembre 1683. « Les simples dimanches sont comme autrefois les jours de Pâques. »
97. Comte de Bussy-Rabutin, *Correspondance…*, *op. cit.*, vol. V, p. 94, Bussy à Mme de Montjeu, 25 mars 1680.
98. A. Maral, *Le Roi, la Cour et Versailles…*, *op. cit.*, p. 128.
99. P. Clément, *Madame de Montespan et Louis XIV…*, *op. cit.*, p. 148-152, 185 ; A. Fraser, *Love and Louis XIV…*, *op. cit.*, p. 83.
100. P. Clément, *Madame de Montespan et Louis XIV…*, *op. cit.*, p. 420-424 ; J.-C. Petitfils, *Madame de Montespan*, *op. cit.*, p. 246 ; marquis de Dangeau, *Journal…*, *op. cit.*, vol. XX, p. 111, 28 mai 1707 ; E. Jaeglé (dir.), *Correspondance de Madame…*, *op. cit.*, vol. I, p. 257, Madame à l'Électrice Sophie, 29 décembre 1701.
101. M. Bryant, « The Queen of Versailles… », *op. cit.*, p. 196.
102. Louis XIV, *Œuvres*, *op. cit.*, vol. VI, p. 21, Louis XIV à Mme de Maintenon, avril 1691.
103. Voir par exemple ML, vol. II, p. 682, à monseigneur de Noailles, 18 mai 1696, vol. III, p. 454, à Mme de Beaulieu, 12 octobre 1703.
104. *Ibid.*, vol. III, p. 85, 349, à monseigneur de Noailles, 28 juillet 1698, 26 février 1702.
105. *Ibid.*, vol. II, p. 611, Mme de Maintenon à Mme de Fontaines, 12 octobre 1695.
106. *Ibid.*, vol. III, p. 608, Mme de Maintenon au duc de Noailles, 14 mai 1705, p. 688, à Mme des Ursins, 4 novembre 1709.
107. A. Maral, *Madame de Maintenon…*, *op. cit.*, p. 64, 79, 10 ; M. Bryant, « The Queen of Versailles… », *op. cit.*, p. 178-180.

108. Duc de Noailles, *Histoire de Madame de Maintenon*, *op. cit.*, vol. IV, p. 321-323, Dauphin, duc du Maine à Mme de Maintenon, 20, 26 mars, 2, 5 avril 1691.
109. M. Bryant, « The Queen of Versailles... », *op. cit.*, p. 116-120. Un portrait du roi tenant en main les plans de Saint-Cyr est à Versailles.
110. J.-P. Labatut, *Les Ducs et pairs de France au XVIIe siècle*, Paris, Publications de la Sorbonne, PUF, 1972, p. 200, 252 ; marquis de Sourches, *Mémoires...*, *op. cit.*, vol. VI, p. 18, 22, 11 mars, 1er avril 1698 ; *cf.* M. Loyau, *Madame de Maintenon et la princesse des Ursins : correspondance. 1709. Une année tragique*, Paris, Mercure de France, 2002, p. 309, Mme de Maintenon à Mme des Ursins, 20 octobre 1709.
111. Plus tard, selon son propre aveu, il empêchait le roi de brûler ses papiers, les récupéra et, plus tard encore, les offrit à la Bibliothèque royale de Paris : abbé Millot, *Mémoires politiques et militaires pour servir à l'histoire de Louis XIV et de Louis XV*, Paris, Petitot et Monmerqué, 1839, p. 227, 254, 255 ; D. Fader, « La duchesse de Bourgogne, le mécénat des Noailles et les arts dramatiques à la Cour autour de 1700 », *in* F. Preyat (dir.), *Marie Adélaïde de Savoie (1685-1712) : duchesse de Bourgogne, enfant terrible de Versailles*, Bruxelles, Éditions de l'université de Bruxelles, 2014, p. 175-190.
112. ML, vol. III, p. 352, au comte d'Ayen, 4 mars 1702.
113. L. Norton, *First Lady...*, *op. cit.*, p. 122, 135 ; A. Maral, *Madame de Maintenon...*, *op. cit.*, p. 67 ; J. Prévot, *La Première Institutrice de France*, Paris, Belin, 1981, p. 237, 246 ; *cf. Mémoires de Louis XIV*, éd. J. Longnon, *op. cit.*, p. 96.
114. M. Bryant, « The Queen of Versailles... », *op. cit.*, p. 144.
115. B. Neveu *et alii*, *Les Demoiselles de Saint-Cyr...*, *op. cit.*, p. 127, 145.
116. Marquis de Dangeau, *Journal...*, *op. cit.*, vol. XI, p. 24, 4 février 1698. Toutefois, sa maison restait modeste, puisqu'elle n'était pas composée de plus de vingt personnes : M. Bryant, « The Queen of Versailles... », *op. cit.*, p. 382.
117. *Ibid.*, p. 366, 390.
118. O. Chaline, *L'Année des quatre dauphins*, Paris, Flammarion, 2011, p. 117, Mme de Maintenon à Mme de Glapion, 1705 ; P. Blet, *Les Nonces du pape...*, *op. cit.*, p. 155, 157-159, 186, le nonce au pape, 5 janvier 1693.
119. M. Bryant, « The Queen of Versailles... », *op. cit.*, p. 175-176.
120. G. Lizerand, *Le Duc de Beauvillier*, Paris, Les Belles Lettres, 1933, p. 50, 129, 139, 151, 339.

121. C.-G. Picavet, *La Diplomatie française au temps de Louis XIV*, Paris, Alcan, 1933, p. 53.
122. W. R. Newton, *L'Espace du roi…*, *op. cit.*, p. 419, 426, 469.
123. É. Spanheim, *Relation…*, *op. cit.*, p. 159, 233, 236 ; marquis de Dangeau, *Journal…*, *op. cit.*, vol. XII, p. 145, 10 septembre 1699, vol. XVIII, p. 279, 1705 ; C. Levantal, *Louis XIV…*, *op. cit.*, vol. II, p. 675, 741, 772.
124. Arch. nat., 257 AP 2, Louis XIV à Pontchartrain, 26 octobre 1703.
125. Marquis de Dangeau, *Journal…*, *op. cit.*, vol. XI, p. 192, 10 décembre 1698, vol. XVIII, p. 280, 1705.
126. J. C. Rule et B. S. Trotter, *A World of Paper…*, *op. cit.*, p. 562.
127. S. E. Chapman, *Private Ambition and Political Alliances : The Phélypeaux de Pontchartrain Family and Government under Louis XIV*, NY, University of Rochester Press, 2004, *passim* ; C. Frostin, *Les Pontchartrain, ministres de Louis XIV : alliances et réseau d'influence sous l'Ancien Régime*, Rennes, PUR, 2006. *Voyage de l'Arabie heureuse*, un récit des premières expéditions françaises parties acheter du café à Moka en 1708 et 1711, fut dédié par l'auteur Jean de La Roque en 1715 à « Monseigneur le Comte de Pontchartrain, Ministre, et Secretaire d'État, Commandeur des Ordres du Roi ». R. Mousnier (dir.), *Le Conseil du roi de Louis XII à la Révolution*, Paris, PUF, 1970, p. 134-135.
128. T. Sarmant et M. Stoll, *Régner et gouverner…*, *op. cit.*, p. 75, 83-84 ; M. Stoll, *Servir le Roi-Soleil…*, *op. cit.*, p. 51, 155-157.
129. Marquis de Sourches, *Mémoires…*, *op. cit.*, vol. I, p. 442, 16 septembre 1686.
130. C. Rousset, *Histoire de Louvois…*, *op. cit.*, vol. II, p. 565, Louvois à Louis XIV, 27 septembre 1679, p. 571, Louvois à Luxembourg, 1er octobre 1680 ; marquis de Ségur, *Le Tapissier de Notre-Dame…*, *op. cit.*, p. 71.
131. J. Duindam, *Vienna and Versailles…*, *op. cit.*, p. 100-101.
132. T. Sarmant et M. Stoll, *Régner et gouverner…*, *op. cit.*, p. 210 ; Saint-Simon, *Mémoires*, éd. M. Regnier et A. Chéruel, *op. cit.*, vol. IV, p. 104.
133. Mme de Sévigné, *Correspondance*, *op. cit.*, vol. I, p. 421, à Mme de Grignan, 22 janvier 1672.
134. A. Camus, « Être reçu en audience chez le roi », CRCV Bulletin, 2013 : « Il écoutait avec patience, avec bonté, avec envie d'éclaircir et de s'instruire. Là tout se pouvait dire » ; Saint-Simon, *Mémoires*, éd. M. Regnier et A. Chéruel, *op. cit.*, vol. XII, p. 21, 174.
135. Ainsi qu'on peut le contester sur les documents qui nous sont parvenus des anciennes archives des descendants de Colbert, les ducs de Luynes, au château de Dampierre, utilisés par Inès Murat

dans sa biographie, et du ministère de la Guerre et des Archives nationales. Sous Louis XIV, certaines archives de ministres furent conservées dans des bâtiments officiels et inventoriées plutôt que d'être laissées entre les mains des ministres et de leurs familles : T. Sarmant et M. Stoll, *Régner et gouverner...*, *op. cit.*, p. 179, 384.

136. T. Sarmant, *Louis XIV : l'homme et le roi*, *op. cit.*, p. 146 ; C.-G. Picavet, *La Diplomatie française...*, *op. cit.*, p. 59-67, 111, Louis XIV aux ambassadeurs français en Suède, Pologne, 1680.

137. É. Gallois (dir.), *Lettres inédites des Feuquières*, *op. cit.*, vol. IV, p. 268, 292, Louis XIV à Feuquières, 23 décembre 1678, 27 janvier 1679 ; C. Hippeau (éd.), *Correspondance inédite du marquis d'Harcourt*, Paris, Didier, 1875, 2 vol., contient les lettres longues et fréquentes du roi à son ambassadeur à Madrid de 1698 à 1700.

138. BS 1290, fol. 128-130 (note), 146, Louis XIV à Vivonne, 27 juin, 25 juillet 1676 ; *cf.* E. Pénicaut, *Faveur et pouvoir au tournant du Grand Siècle : Michel Chamillart, ministre et secrétaire d'État de Louis XIV*, Paris, École des chartes, 2004, p. 172, Chamillart à Vendôme, 9 juin 1702, demandant les « moindres petites nouvelles » pour le roi, de sorte qu'il reçoive de meilleures informations de ses ministres que de ses courtisans.

139. T. Sarmant et M. Stoll, *Régner et gouverner...*, *op. cit.*, p. 184, 191, 199-200, à Saint-Ruth, 23 juillet 1691.

140. J.-B. Colbert, *Lettres, instructions et mémoires*, *op. cit.*, vol. VI, p. 469 ; vol. III, Partie 2, p. 128, 133, « mémoire pour mon fils », 24 août, 24 septembre 1673.

141. *Ibid.*, vol. VI, p. CV ; P. Clément, *Madame de Montespan et Louis XIV...*, *op. cit.*, note de la p. 68.

142. I. Murat, *Colbert*, *op. cit.*, p. 368, Colbert à Louis XIV, 1680.

143. R. Mousnier (dir.), *Un Nouveau Colbert*, Paris, SEDES, 1985, p. 80, Louis XIV à Colbert, 16 mars 1678 ; J.-B. Colbert, *Lettres, instructions et mémoires*, *op. cit.*, vol. VII, p. XVIII-LIX, Louis XIV à Colbert, 24 avril 1671, p. XXXIII, CLXXVI.

144. *Ibid.*, vol. VII, p. 43, Colbert au duc de Chaulnes, 1er janvier 1667.

145. *Ibid.*, p. 141, Louis XIV à Seignelay, 2 septembre 1683.

146. *Ibid.*, vol. VII, p. CLXXXVIIII, *Gazette de Leyde*, 14-21 septembre 1683, p. CLXXXI, dépêche de Foscarini, 1683 ; É. Spanheim, *Relation...*, *op. cit.*, p. 173, 176.

147. N. Salat et T. Sarmant (dir.), *Lettres de Louvois à Louis XIV*, Paris, Vincennes, Société de l'histoire de France, Service historique de la Défense, 2007, p. 154, 171, Louis XIV à Louvois, 8, 13 novembre 1684.

148. C. Rousset, *Histoire de Louvois…*, *op. cit.*, vol. III, p. 403, récit de Louvois, 19 novembre 1686 ; J.-P. Cénat, *Louvois…*, *op. cit.*, p. 227.
149. S. Perez, *La Santé de Louis XIV…*, *op. cit.*, p. 94-107 ; A. Vallot, A. d'Aquin et G. C. Fagon, *Journal de la santé du roi Louis XIV…*, *op. cit.*, p. 401, 18 novembre 1686.
150. J.-P. Cénat, *Louvois…*, *op. cit.*, p. 259, 260, 262.
151. J. Duindam, *Vienna and Versailles…*, *op. cit.*, p. 191, 195.
152. Marquis de Sourches, *Mémoires…*, *op. cit.*, vol. II, p. 147, 3 mars 1688.
153. Marquis de Saint-Maurice, *Lettres sur la cour de Louis XIV*, *op. cit.*, vol. I, p. 209, au duc de Savoie, 20 juillet 1668.
154. A. Ayats, *Louis XIV et les Pyrénées catalanes de 1659 à 1681 : frontière politique et frontières militaires* Canet, Trabucaire, 2002, p. 833 ; *cf.* E. Lurgo, *Philippe d'Orléans…*, *op. cit.*, p. 211, pour la conviction de Monsieur quant à l'influence de Louvois sur Louis XIV.
155. C. Rousset, *Histoire de Louvois…*, *op. cit.*, vol. II, p. 212, Louvois à Louis XIV, 6 avril 1675.
156. P. Sonnino, *Louis XIV and the Origins of the Dutch War…*, *op. cit.*, p. 123.
157. Marquis de Dangeau, *Journal…*, *op. cit.*, vol. XXI, p. 173, 27 août 1708.
158. M. Virol, *Louis XIV et Vauban…*, *op. cit.*, *passim.*
159. Voir par exemple F. Dumont, « French Kingship and Absolute Monarchy in the Seventeenth Century », *in* R. Hatton (dir.), *Louis XIV and Absolutism*, Londres, Macmillan Press, 1976, p. 70-71.
160. Voir ci-dessus, p. 14, citant la reine Christine de Suède.
161. É. Spanheim, *Relation…*, *op. cit.*, p. 29, 255.
162. C. Rousset, *Histoire de Louvois…*, *op. cit.*, vol. II, p. 69.
163. T. Sarmant et M. Stoll, *Régner et gouverner…*, *op. cit.*, p. 203.
164. C. Rousset, *Histoire de Louvois…*, *op. cit.*, vol. I, p. 476, Courtin à Louvois, septembre 1673.
165. Comte de Bussy-Rabutin, *Correspondance…*, *op. cit.*, vol. V, p. 189, Saint-Aignan à Bussy, 3 décembre 1680.
166. L. André (dir.), *Deux mémoires historiques de Claude Le Pelletier*, Paris, Félix Alcan, 1906 ; *Mémoires de mes véritables et derniers sentiments sur les affaires de l'Église et de l'État*, p. 145, 156, 168 ; M. Stoll, *Servir le Roi-Soleil : Claude Le Peletier (1631-1711), ministre de Louis XIV*, Rennes, PUR, 2011, p. 134-135.
167. T. Sarmant et M. Stoll, *Régner et gouverner…*, *op. cit.*, p. 222, 564-565.

168. AN O 1 363, 2 « despesches du secrétariat », Pontchartrain à d'Argenson, 5, 26 janvier, 18 février, 8 septembre 1701, 1er février, 1er mars 1702 ; AN O 1 366, Pontchartain à d'Argenson 22 avril, 3 mai, 4 novembre 1705.
169. AN O 1 366, Pontchartain à Guyenet, 12 janvier 1705.

Chapitre 15. Un roi mondial : du Mississippi au Mékong

1. A. Marie, *Naissance de Versailles…, op. cit.*, vol. II, p. 263-277 ; W. Burchard, *The Sovereign Artist…, op. cit.*, p. 197-221.
2. J. de Plantavit de La Pause, *Mémoires, op. cit.*, vol. I, p. 95 ; S. Castelluccio, *Les Fastes de la galerie des Glaces…, op. cit.*, p. 119.
3. M. Martin, « Mirror Reflections : Louis XIV, Phra Narai, and the Material Culture of Kingship », *Art History*, n° 38, septembre 2015, p. 652-657. Certains sont aujourd'hui au musée Guimet à Paris.
4. Marquis de Sourches, *Mémoires…, op. cit.*, vol. I, p. 436-438, 446, 1er septembre 1686, 2 octobre 1686 ; D. Van der Cruysse, *Louis XIV et le Siam*, Paris, Fayard, 1991, p. 288, 399-403.
5. R. J. Knecht, *The French Renaissance Court…, op. cit.*, p. 295-298.
6. J.-B. Colbert, *Lettres, instructions et mémoires, op. cit.*, vol. VII, p. CXCIII, Éloge, 19 novembre 1683. Spanheim, ministre de Brandebourg, fut en effet impressionné par les « ameublements superbes » et les œuvres d'art de Versailles : A. Maral, *Le Versailles de Louis XIV…, op. cit.*, p. 253.
7. G. Sabatier, *Le Prince et les arts, op. cit.*, p. 381, 385.
8. P. Roussier, *L'Etablissement d'Issiny, 1687-1702*, A. Thoyon-Thèze, 1935, p. XVII-XXX.
9. DL, p. 90 ; Y. Loskoutoff (dir.), *Les Médailles de Louis XIV et leur livre, op. cit.*, p. 298.
10. G. Havard et C. Vidal, *Histoire de l'Amérique française*, Paris, Flammarion, 2008, p. 273.
11. *Cf.* Chevalier d'Arvieux, *Mémoires, op. cit.*, vol. IV, p. 101 (« ils prenoient plaisir à me questionner sur les mœurs des différens Peuples que j'avais connus »), vol. V, p. 40, 441, pour la curiosité du roi et des courtisans au sujet de l'Empire ottoman ; D. Van der Cruysse, *Le Noble Désir de courir le monde…, op. cit.*, p. 61, 67, note de la p. 412. Avant 1670, Louis XIV avait dansé en Égyptien, en Américain et en Maure dans des ballets à la Cour : M.-F. Christout, « Louis XIV et le ballet de cour, ou

le plus illustres des danseurs (1651-1670) », *Revue d'histoire du théâtre*, n° 215, 2002-2003, p. 153-178.

12. Parmi les livres de voyageurs dédiés au roi sur sa suggestion, citons l'*Histoire de la dernière révolution des États du Grand Mogul*, de François Bernier, en 1670 ; le *Voyage de Siam des Pères Jésuites envoyés par le roy aux Indes et à la Chine*, de Guy Tachard, en 1687 ; les *Mémoires pour servir à l'histoire des Indes orientales*, de Souchu de Rennefort, en 1688 ; et la *Bibliothèque orientale, ou Dictionnaire universel contenant généralement tout ce qui regarde la connoissance des Peuples d'Orient*, 1 000 pages, de Barthélemy d'Herbelot, en 1697.
13. D. Van der Cruysse, *Le Noble Désir de courir le monde…*, *op. cit.*, p. 281 ; *cf.* Saint-Simon, *Mémoires*, éd. M. Regnier et A. Chéruel, *op. cit.*, vol. IV, p. 39, pour le plaisir que prend le roi à parler au souper avec un ancien ambassadeur, Courtin.
14. D. Van der Cruysse, *Louis XIV et le Siam*, *op. cit.*, p. 291 ; *cf.* comte de Forbin, *Mémoires*, *op. cit.*, p. 187, 443-445 et 453 pour les questions de Louis XIV au souper au sujet des batailles navales.
15. J.-B. Tavernier, *Les Six Voyages... en Turquie, en Perse et aux Indes*, Gervais Clouzier, 1724, 6 vol., vol. II, p. 177, vol. VI, p. II ; A. York, « Travels in India : Jean-Baptiste Tavernier », *in* G. J. Ames et R. S. Love (dir.), *Distant Lands and Diverse Cultures : The French Experience in Asia*, 1600-1700, Westport, CT, Preager, 2003, p. 135-145.
16. G. Tachard, *Second Voyage du Père Tachard et des Jésuites envoyés par le Roy au royaume de Siam*, Amsterdam, 1689, dédicace et p. 5. Le roi avait dit adieu à ces jésuites, les assurant que leur voyage était fait « pour la gloire de Dieu et l'honneur de la France ».
17. Marquis de Dangeau, *Journal…*, *op. cit.*, vol. XIX, p. 102, 12 mai 1706, pour Cassini à Marly.
18. *Cf.* les conversations au sujet des vêtements, des épouses et des gardes entre des rois africains et des agents français consignées dans Tidiane Diakite, *Louis XIV et l'Afrique noire*, Paris, Arlea, 2013, p. 54-55.
19. Chevalier d'Arvieux, *Mémoires*, *op. cit.*, vol. IV, p. 134, 159-165, 261-262 ; *cf.* G. Poumarède, « Les envoyés ottomans à la cour de France : d'une présence controversée à l'exaltation d'une alliance », *in* G. Veinstein (dir.), *Turcs et Turqueries (XVIe-XVIIIe siècles)*, Paris, Presses universitaires de Paris-Sorbonne, 2009, p. 83-89, citant Archives diplomatiques (ci-après AD), CP Turquie 9 sq. 226, « l'audience donnée par Sa Majesté ».

20. D. Van der Cruysse, *Louis XIV et le Siam*, *op. cit.*, p. 383.
21. S. de La Loubère, *Description du royaume de Siam*, 1692, 2 vol., avec de nombreuses illustrations et cartes, dédié au marquis de Torcy, neveu de Colbert et futur ministre des Affaires étrangères, désormais une source vitale pour les historiens du Siam.
22. D. Van der Cruysse, *Le Noble Désir de courir le monde…*, *op. cit.*, p. 396.
23. G. Tachard, *Voyage de Siam des Pères Jésuites envoyés par le Roy, aux Indes et à la Chine*, Amsterdam, 1687, p. 166, 180, 198.
24. S. de La Loubère, *Description du royaume de Siam*, *op. cit.*, vol. I, p. 386, 408, 410 ; R. S. Love, « Simon de La Loubère : French Views of Siam in the 1680s' », *in* G. J. Ames et R. S. Love (dir.), *Distant Lands…*, *op. cit.*, p. 181-200 à la p. 184. « La grandeur des rois dont l'autorité est despotique est de pouvoir tout contre tous, et contre leurs propres frères, Maîtres de la fortune et de la vie de leurs sujets, ils en sont d'autant plus chancelants sur leur trône. »
25. J. de Bourges, *Relation du voyage de Monseigneur l'Évêque de Beryte*, C. Angot, 1683, p. 3, 108, 121 ; D. Van der Cruysse, *Louis XIV et le Siam*, *op. cit.*, p. 171. Le livre de De Bourges était aussi dédié à Louis XIV et exprimait l'espoir que, suivant les exemples de Charlemagne et Saint Louis, il régnerait sur la moitié du monde.
26. C. Marin (dir.), *La Société des missions étrangères de Paris : 350 ans à la rencontre de l'Asie, 1658-2008*, Paris, Karthala, 2011, p. 16, 20, 91.
27. D. Van der Cruysse, *Louis XIV et le Siam*, *op. cit.*, p. 199.
28. P. W. Bamford, *Fighting Ships and Prisons…*, *op. cit.*, p. 311, Louis XIV aux rois de Siam et de Cochinchine, 1681.
29. BS 961 sq. 125v, 1289 sq. 141, Louis XIV à M. de Tracy, 18, 27 mai 1665 ; G. Havard et C. Vidal, *Histoire de l'Amérique française*, *op. cit.*, p. 101, 279.
30. Y. Cazaux, *Le Rêve Américain : de Champlain à Cavelier de La Salle*, Paris, Albin Michel, 1988, p. 346, 393.
31. P. Margry, *Découvertes et établissemens des Français dans l'ouest et dans le sud de l'Amérique Septentrionale, 1614-1754*, Paris, D. Jouaust, 1878, 4 vol., vol. II, p. 354.
32. *Ibid.*, p. 415.
33. W. J. Eccles, *Frontenac : The Courtier Governor*, Toronto, McClelland and Stuart, Toronto, 1959, p. 335-336 et note, lettre de M. Tremblay, 31 mai 1701 ; P. Margry, *Découvertes…*, *op. cit.*, vol. IV, p. 50, 294, Pontchartrain à Ducasse, 8 avril 1699, p. 308, 469, 483, mémoire sur le Mississippi, Versailles, 20 juillet 1701, p. 585, 616.

34. G. Havard et C. Vidal, *Histoire de l'Amérique française*, *op. cit.*, p. 219.
35. *Ibid.*, p. 227, 252, 257, 366, 692.
36. J. Black, *From Louis XIV to Napoleon…*, *op. cit.*, p. 200-201, 207 ; J. Pritchard, *In Search of Empire : The French in the Americas, 1670-1730*, Cambridge et New York, Cambridge University Press, 2007, p. 16-17, 25.
37. J. Pritchard, « Population in French America, 1670-1730 », *in* B. Bond (dir.), *French Colonial Louisiana and the Atlantic World*, Baton Rouge, Louisiana State University Press, 2005, p. 175-203 aux p. 178, 181, 199.
38. G. Aubert, « To Establish One Law and Definite Rules : Race, Religion and the Transatlantic Origins of the Louisiana Code Noir », *in* C. Vidal (dir.), *Louisiana : Crossroads of the Atlantic World*, Philadelphie, University of Philadelphia Press, 2014, p. 21-43 at p. 27-28, 33.
39. J.-B. Colbert, *Lettres, instructions et mémoires*, *op. cit.*, vol. III, Partie 2, p. 368-369, Relation du voyage de Seignelay à Marseille et à Toulon, novembre 1676 ; H. Thomas, *The Slave Trade : The Story of the Atlantic Slave Trade, 1440-1870*, Londres, Papermac, 1998, p. 193-194, note de la p. 228.
40. J. Roach, « Body of Law : The Sun King and the Code Noir », *in* S. E. Melzer et K. Norberg (dir.), *From the Royal to the Republican Body : Incorporating the Political in Seventeenth and Eighteenth-Century France*, Berkeley, University of California Press, 1998, p. 113-130 aux p. 118-119 ; J. Pritchard, *In Search of Empire…*, *op. cit.*, p. 90.
41. *Ibid.*, p. 12.
42. S. Peabody, *« There are No Slaves in France » : The Political Culture of Race and Slavery in the Ancien Régime*, Oxford, Oxford University Press, 1996, p. 12-14.
43. *Mémoires pour servir à l' histoire de Louis XIV*, t. 2, François-Timoléon, abbé de Choisy, Utrecht, 1727.
44. D. Van der Cruysse, *Louis XIV et le Siam*, *op. cit.*, p. 288, 337, 360 ; *Phra Narai, roi de Siam et Louis XIV*, Association française d'action artistique, Paris, Musée Guimet, 1986, p. 29, Constance Phaulkon au chevalier de Chaumont, 26 novembre 1685.
45. D. Van der Cruysse, *Louis XIV et le Siam*, *op. cit.*, p. 346, 349, 351, 353.
46. *Ibid.*, p. 365-367, 405-407, 415, 445.
47. *Ibid.*, p. 462-485.
48. M.-L. de Rochebrune (dir.), *La Chine à Versailles…*, *op. cit.*, p. 18, 22, 30.

49. T. N. Foss, « The European Sojourn of Philippe Couplet and Michael Shen Fuzong, 1683-1692 », *in* J. Heyndrickx (dir.), *Philippe Couplet S.J. (1623-1693) : The Man Who Brought China to Europe*, Nettetal, Institut Monumenta Serica et Ferdinand Verbiest Foundation, 1990, p. 121-140 aux p. 129-130.
50. J. W. Witek Jr, « Catholic Missions and the Expansion of Christianity », *in* J. E. Wills (dir.), *China and Maritime Europe, 1500-1800*, New York, Cambridge University Press, 2011, p. 135-182 à la p. 153.
51. M.-L. de Rochebrune (dir.), *La Chine à Versailles…*, *op. cit.*, p. 26, 38, 39 ; L. M. Brockey, *Journey to the East : The Jesuit Mission to China, 1579-1724*, Cambridge, MA, Belknap Press of Harvard University Press 2007, p. 137, 156, 158, 182.
52. *La Soie et le canon : France-Chine, 1700-1860*, Musée du château de Nantes, Paris, Gallimard, 2010, p. 21 ; DL, p. 297 ; *Kangxi, Empereur de Chine, 1662-1722 : la Cité interdite à Versailles*, Paris, RMN, 2004, *passim*.
53. L. M. Brockey, *Journey to the East…*, *op. cit.*, p. 183.
54. I. et J.-L. de Vissière (dir.), *Lettres édifiantes et curieuses de Chine par des missionnaires jésuites*, 1702-1776, Paris, Garnier-Flammarion, 1979, p. 145, 20 août 1704.
55. P. J. Bouvet, *Histoire de l'empereur de la Chine, présentée au Roy*, La Haye, 1699, p. 6-7, 154.
56. J. W. Witek Jr, « Catholic Missions and the Expansion of Christianity », *op. cit.*, p. 155-156 ; *cf.* marquis de Dangeau, *Journal…*, *op. cit.*, vol. XXIV, p. 97, XXX, p. 224, 242, 10 septembre 1707, 26 septembre, 23 octobre, 18 novembre 1710, concernant l'intérêt des courtisans français pour la Chine.
57. J. W. Witek Jr, « Catholic Missions and the Expansion of Christianity », *op. cit.*, p. 158, 162-163, 166, 170.
58. Y. Nekrouf, *Une Amitié orageuse : Moulay Ismaïl et Louis XIV*, Paris, Albin Michel, 1987, p. 98-101, 109, 117, 124, Moulay Ismaïl à Louis XIV, 14 décembre 1682, 145, 197.
59. Marquis de Sourches, *Mémoires…*, *op. cit.*, vol. I, p. 68-69, 1er janvier 1682.
60. M. Pidou de Saint-Olon, *État présent de l'Empire de Maroc*, M. Brunet, 1695, p. 78-79.
61. E. Plantet, *Moulay Ismaïl, empereur du Maroc et la Princesse de Conti*, Paris, E. Jamin, 1912, p. 28, 49, 55, 60, 63, 76 ; marquis de Sourches, *Mémoires…*, *op. cit.*, vol. VI, p. 214, 25 décembre 1699 ; N. Matar, « Abdallah ibn 'Aisha and the French Court, 1699-1701 : An Ambassador without Diplomacy », *French History*, vol. 29, n° 1, 2015, p. 1-75 aux p. 62, 69.

62. P. Masson, *Histoire des établissements et du commerce français dans l'Afrique barbaresque (1560-1793)*, Paris, Hachette, 1903, p. 217, Pontchartrain à Jourdan, 7 janvier 1700.
63. Mme de Sévigné, *Correspondance*, *op. cit.*, vol. III, p. 691, à Mme de Grignan, 15 mars 1690 ; *cf.* marquis de Sourches, *Mémoires…*, *op. cit.*, vol. III, p. 61, 237, 28 mars 1689, 15 mai 1690.
64. P. Duparc (dir.), *Recueil des instructions aux ambassadeurs et ministres de France,* XXIX : *Turquie*, Paris, CNRS, 1969, p. 89, instruction du 10 juin 1679 ; J.-B. Colbert, *Lettres, instructions et mémoires*, *op. cit.*, vol. III, Deuxième Partie, p. 209, Louis XIV à Duquesne, 16 octobre 1681 ; *cf.* chevalier d'Arvieux, *Mémoires*, *op. cit.*, vol. IV, p. 208, mémoire du 20 janvier 1670 pour une autre référence à l'alliance entre la France et l'Empire ottoman.
65. Comte de Saint-Priest, *Mémoires sur l'ambassade de France en Turquie*, Paris, Ernest Leroux, 1877, p. 238 ; *cf.* BL Mss. 2072, « formulaire pour les lettres du roy aux princes et autres dans les pays étrangers », où la formule pour s'adresser au mufti est la suivante : « Très illustre et très docte seigneur. »
66. *Cf.* Pétis de La Croix, *La Turquie chrétienne sous la puissante protection de Louis-le-Grand, protecteur unique du christianisme en Orient*, 1695, *passim.*
67. H. Omont, *Missions archéologiques françaises en Orient aux XVIIe et XVIIIe siècles*, Paris, Imprimerie nationale, 1902, 2 vol, vol. I, p. 199. Cette vue d'Athènes est visible sur place, au musée de la Ville d'Athènes. La vue de Jérusalem, avec l'ambassadeur en tenue officielle française monté à cheval devant la ville, a été redécouverte dans un appartement parisien à l'été 2018.
68. Marquis de Torcy, *Journal…*, *op. cit.*, p. 359, 25 janvier 1711.
69. P. W. Bamford, *Fighting Ships and Prisons…*, *op. cit.*, p. 145, 309 ; J.-B. Colbert, *Lettres, instructions et mémoires*, *op. cit.*, vol. III, Première Partie (suite), p. 39, Colbert à M. Brodart, 12 novembre 1676 ; L. Valensi, *Ces étrangers familiers : musulmans en Europe (XVIe-XVIIIe siècles)*, Paris, Payot, 2012, p. 115.
70. J.-B. Colbert, *Lettres, instructions et mémoires*, *op. cit.*, vol. III, Première Partie, p. LII-LIII et (suite), p. 154, Colbert) M. Brodart, 15 mai 1679.
71. J. B. Wolf, *The Barbary Coast : Algiers under the Turks*, New York, Norton & Co., 1979, p. 27-67.
72. J. Bérenger, « La politique ottomane de la France dans l'année 1680 », *in* R. Babel (dir.), *Frankreich im europäischen Staatensytem der Frühen Neuzeit*, Sigmaringen, Thorbecke, 1995,

p. 87-107 aux p. 92-94 ; J. B. Wolf, *The Barbary Coast…*, *op. cit.*, p. 259-266.

73. Marquis de Villette, *Mémoires*, Paris, Renouard, 1844, p. 65 ; E. Plantet (dir.), *Correspondance des deys d'Alger avec la cour de France, 1579-1830*, Paris, Félix Alcan, 1889, 2 vol., vol. I, p . 84-85.
74. E. Plantet (dir.), *Correspondance des beys de Tunis et des consuls de France avec la cour, 1577-1830*, Paris, Félix Alcan, 1893-1899, 3 vol., vol. III, p. 421, Jean-Baptiste Michel à Seignelay, juin 1689 ; E. Plantet (dir.), *Correspondance des deys d'Alger…*, *op. cit.*, vol. I, note de la p. 96, p. 158.
75. J. B. Wolf, *The Barbary Coast…*, *op. cit.*, p. 267, 277.
76. F. Casoni, *Storia del bombardamento di Genova nell'anno MDCLXXXIV*, Gênes, Istituto Sordo-Muti, 1877, p. 211-212 ; *cf.* J. François Blondel, *L'Art de jetter les bombes*, La Haye, 1685, dédié à Louis XIV.
77. M. Misson, *A New Voyage to Italy*, 1699, 2 vol., vol II., p. 235.
78. J.-C. Petitfils, *Louis XIV*, *op. cit.*, p. 413 ; É. Vincens, *Histoire de la république de Gênes*, Paris, Firmin-Didot, 1842, 2 vol., vol. II, p. 220-228.
79. Chevalier de Mailly, *Histoire de la république de Gênes*, Denuys du Puis, 1696, 3 vol, vol. III, p. 357, 363-366, 372-382 ; S. Rotta, « Genova e il re sole », *in* P. Boccardo et C. di Fabbio (dir.), *El siglo de los Genoveses*, Milan, 1999, p. 286-305. Je suis reconnaissant à Tim Llewellyn et Carlo Bitossi pour notre discussion à propos du bombardement. Les églises endommagées étaient Madonna della Vigne, Santa Maria de Castello, San Ambrogio dei Gesuiti et quatre couvents.
80. J. de Plantavit de La Pause, *Mémoires*, *op. cit.*, vol. II, p. 69-70, mai 1685 ; marquis de Sourches, *Mémoires…*, *op. cit.*, vol. I, p. 219, 15 mai 1685.
81. R. Santa Maria (dir.), *Palazzo Doria Spinola*, Gênes, 2011, p. 56, note de la p. 297.
82. Marquis de Dangeau, *Journal…*, *op. cit.*, vol. I, p. 152-154, 156, 174, 18, 21 mai 1685 ; marquis de Sourches, *Mémoires…*, *op. cit.*, vol. I, p. 220-222, 15 mai 1685.
83. E. Sue, *Histoire de la Marine française*, Paris, Perrotin, 1845, 4 vol., vol. III, 460-464, M. Lenoc, « Relation du bombardement de Gênes », 1684, p. 476, Mortemart à Seignelay, 15 juin 1684.
84. C. Rousset, *Histoire de Louvois…*, *op. cit.*, vol. II, p. 212-214, note p. 214, Le Tellier à Louvois, 15 avril 1676.
85. J. Spielman, *Leopold I of Austria*, *op. cit.*, p. 63-66, 69.

86. M. Payet et F. Tóth (dir.), *Mille ans de contacts : relations franco-hongroises de l'an mil à nos jours*, Szombathely, 2001, p. 27, 30.
87. Comte de Guilleragues, *Correspondance*, *op. cit.*, vol. II, p. 67, 1679 ; C. Michaud, « Le Soleil, l'aigle et le croissant : l'ambassade de Guilleragues à la Porte ottomane et le siège de Vienne de 1683 », in *id.*, *Entre croisades et révolutions : princes, noblesses et nations au centre de l'Europe (XVIe-XVIIIe siècles)*, Paris, Publications de la Sorbonne, 2010, p. 277-292 à la p. 285, Louis XIV à Guilleragues, 9 avril 1682.
88. L. André, *Louis XIV et l'Europe*, *op. cit.*, p. 168, 177-178.
89. Comte Renaud Przezdziecki, *Diplomatie et protocole à la cour de Pologne*, Revue historique du droit française et étranger, 1934, 2 vol., vol. I, p. 218.
90. J. Bérenger, « La politique ottomane... », *op. cit.*, p. 87-107.
91. R. Paris, *Histoire du commerce de Marseille, 1660-1789 : le Levant*, Paris, Plon, 1957, p. 89-90, lettre de Girardin, 23 mai 1686.
92. T. Sarmant et M. Stoll, *Régner et gouverner...*, *op. cit.*, p. 247, Louvois à Girardin, 12 juin 1687.
93. AD CP Turquie 20 *sq*. 216, 266, Girardin à Seignelay, 20 juillet, 28 août 1688 ; *Treasure of the Holy Sepulchre*, Milan, Silvana Editoriale, 2013, p. 384, Mehmed IV à Louis XIV, mars 1686.
94. H. Omont, *Missions archéologiques...*, *op. cit.*, vol. I, p ; 28, instructions du 30 décembre 1667, p. 58, « Instructions pour M. Vansleben, s'en allant au Levant, le 17 mars 1671 », p. 161, 235-236, Colbert à Nointel, 30 septembre 1675, 10 novembre 1674, p. 235, d'Arvieux à Seignelay, 10 décembre 1682.
95. D. Van der Cruysse, *Le Noble Désir de courir le monde...*, *op. cit.*, p. 130, 134-135, 328.
96. C. Cohen, *Science, libertinage et clandestinité à l'aube des Lumières*, Paris, PUF, 2011, *passim*.
97. DL, p. 1083 ; vicomte de Caix de Saint-Aymour, *Histoire des relations de la France avec l'Abyssinie chrétienne sous les règnes de Louis XIII et de Louis XIV*, Paris, Challamel, 1886, p. 209, 219, 248, 249, Maillet à Pontchartrain, 4 novembre 1707 ; O. G. S. Crawford, *The Fung Kingdom of Sennar*, Gloucester, John Bellows, 1951, p. 229-230. L'autre motif de leur mise à mort pourrait avoir été la jalousie des missionnaires italiens de la concurrence française : M. de Pontchartrain, *Correspondance...*, *op. cit.*, vol. II, p. 163, Pontchartrain au cardinal de La Trémoille, 2 mars 1707.
98. F. Bilici, *Louis XIV et son projet de conquête d'Istanbul*, Ankara, Tarih Kurumu, Société d'histoire turque, 2004, p. 121, 328-329, Instructions à Girardin 1685, Châteauneuf 1689, Ferriol 1692 ; L. André, *Louis XIV et l'Europe*, *op. cit.*, p. 200.

99. R. Ristelhueber, *Les Traditions françaises au Liban*, Paris, Félix Alcan, 1925, p. 130-131, lettres de protection de Louis XIV, 28 avril 1649.

100. A. Vandal, *Les Voyages du marquis de Nointel*, Paris, Plon, 1900, p. 8-9, 156, 330, Nointel à Pomponne, 17 décembre 1674 ; *cf.* au sujet d'un désir similaire de « délivrance » au Liban, chevalier d'Arvieux, *Mémoires*, *op. cit.*, vol. II, p. 427-428, vol. V, p. 544 ; in *État présent de la Turquie* (1675), Michel Febvre, un capucin qui avait vécu dix-huit ans en Syrie, disait aussi que les chrétiens locaux considéraient Louis XIV comme leur « futur libérateur » (p. 443).

101. M. Pétis de La Croix, *État présent des nations et églises grecque, arménienne et maronite en Turquie*, Paris, Pierre Hérissant, 1715, *passim* ; R. Ristelhueber, *Les Traditions françaises au Liban*, *op. cit.*, p. 212, Louis XIV à Ferriol, 20 décembre 1701.

102. Marquis de Dangeau, *Journal…*, *op. cit.*, vol. XIII, p. 143, 9 septembre 1700.

103. G. Poumarède, *Pour en finir avec la croisade : mythes et réalités de la lutte contre les Turcs aux XVIe et XVIIIe siècles*, Paris, PUF, 2004, p. 157, 196.

104. F. Bilici, *Louis XIV et son projet de conquête d'Istanbul*, *op. cit.*, p. 126-133 ; R. Clément, *Les Français d'Égypte aux XVIIe et XVIIIe siècles*, Le Caire, Institut français d'archéologie du Caire, 1960, p. 76.

105. F. Bilici, *Louis XIV et son projet de conquête d'Istanbul*, *op. cit.*, p. 139-146.

106. *Ibid.*, p. 175-186, 269-276, 286, 308 ; *cf.* H. Omont, « Projets de prise de Constantinople et de fondation d'un empire français d'Orient sous Louis XIV », RHD, 7, 1893, p. 195-246.

Chapitre 16. Le cataclysme huguenot

1. A. Neher, « Principes et applications de la politique de Louis XIV à l'égard des juifs de Metz », in *Deux siècles d'Alsace française, 1648-1798-1848*, Strasbourg, F. X. Le Roux, 1948, p. 159-173 ; G. Roos, *Relations entre le gouvernement royal et les juifs du nord-est de la France au XVIIe siècle*, Paris, Honoré Champion, 2000, p. 149 ; N. Netter, *Vingt siècles d'histoire d'une communauté juive : Metz et son grand passé*, Metz, 1938, p. 52-53. Sa visite fut suivie deux jours plus tard de l'émission de « lettres patentes » de protection.

2. P. Behre Miskimin, *One King, One Law, Three Faiths : Religion and the Rise of Absolutism in Seventeenth-Century Metz*, Westport, CT, ABC Clio, 2002, p. 51, 52, 113 ; P. Birnbaum, *Un récit de « meurtre rituel » au Grand Siècle : l'affaire Raphaël Lévy, Metz, 1669*, Paris, Fayard, 2008, *passim* ; J. Ancillon, *Recueil journalier de ce qui s'est passé de plus mémorable dans la cité de Metz*, Metz, M. F. M. Chabert, 1860, 2 vol., vol. I, p. 69-73, janvier-février 1670. Je suis reconnaissant à M. Lang des informations complémentaires qu'il m'a communiquées lors d'un entretien à Metz, le 2 novembre 2015.
3. J. Garrisson, *L'Édit de Nantes et sa révocation : histoire d'une intolérance*, Paris, Seuil, 1985, p. 16, 102-103.
4. R. Mettam, « Louis XIV and the Persecution of the Huguenots : The Role of the Ministers and Royal Officials », *in* I. Scouloudi (dir.), *The Huguenots in Britain and their French Background, 1550-1800*, Basingstoke, Macmillan, 1987, p. 198-216 à la p. 202 ; D. Garrioch, *The Huguenots of Paris and the Coming of Religious Freedom, 1685-1789*, Cambridge, Cambridge, University Press, 2014, p. 164-165, 264 ; G. Treasure, *The Huguenots*, New Haven, Yale University Press, 2014, p. 275, p. 321.
5. A. P. Faugère (dir.), *Journal du voyage de deux jeunes Hollandais…*, *op. cit.*, p. 439-440 et note, 23 février 1658, journal MM. de Zoete van Laeke.
6. Louis XIV, *Œuvres*, *op. cit.*, vol. V, p. 46, Louis XIV à Estrades, 25 août 1661 ; BS 1290, Louis XIV au duc de Saint-Aignan, 1er avril 1666.
7. J.-P. Cénat, *Louvois…*, *op. cit.*, p. 309 ; R. Mettam, « Louis XIV and the Persecution of the Huguenots… » *op. cit.*, p. 206 ; J. Garrisson, *L'Édit de Nantes et sa révocation…*, *op. cit.*, p. 121 ; *Mémoires de Louis XIV*, éd. J. Longnon, *op. cit.*, p. 101.
8. M. Glozier, *Marshal Schomberg, 1615-1690*, Brighton, Sussex Academic Press, 2005, p. XVIII, 3, 62, 64, 73, 87, 101.
9. J. F. A. Kazner, *Leben Friederichs von Schomberg*, Mannheim, 1789, vol. II, p. 102, 105.
10. T. Norén Isaksen, « Anointing Absolutism », *The Court Historian*, vol. 19, n° 1, juin 2014, p. 75-78 à la p. 78.
11. C. Ancillon, *Histoire de l'établissement des François réfugiez dans les états de son altesse électorale de Brandebourg*, Berlin, Berlin, Robert Roger imprimeur, 1690, épître dédicatoire.
12. J. Garrisson, *L'Édit de Nantes et sa révocation…*, *op. cit.*, p. 128.
13. L. Dingli, *Seignelay…*, *op. cit.*, p. 84.
14. R. Mettam, « Louis XIV and the Persecution of the Huguenots… » *op. cit.*, p. 212-213.

15. I. Dumont de Bostaquet, *Mémoires sur les temps qui ont précédé et suivi la Révocation de l'édit de Nantes*, Paris, Mercure de France, 1968, p. 125 ; cf. J.-P. Cénat, *Louvois…*, *op. cit.*, p. 314.
16. H. et G. Savile, *Savile Correspondence…*, *op. cit.*, p. 93, Henry Savile à Lord Halifax, 5 juin 1679.
17. Marquis de Sourches, *Mémoires…*, *op. cit.*, vol. I, p. 433, 15 août 1686.
18. J. Spielman, *Leopold I of Austria*, *op. cit.*, p. 124.
19. C. Rousset, *Histoire de Louvois…*, *op. cit.*, vol. III, note de la p. 393, Louvois à Condé, 27 juillet 1683.
20. Marquis de Sourches, *Mémoires…*, *op. cit.*, vol. V, note de la p. 343, 25 septembre 1697 ; marquis de Saint-Maurice, *Lettres sur la cour de Louis XIV*, *op. cit.*, vol. I, p. 269, 285.
21. N. Salat et T. Sarmant (dir.), *Lettres de Louvois à Louis XIV*, *op. cit.*, p. 46, Louvois à Louis XIV, 2 septembre 1679. Cet incident est inconnu des biographes du prince Eugène. Les frères n'avaient pas été châtiés.
22. M. Kroll, *Letters from Liselotte…*, *op. cit.*, p. 142, Madame à Ameliese, 9 juin 1708.
23. N. Henderson, *Prince Eugene of Savoy : A Biography*, Londres, Weidenfeld & Nicolson 1964, p. 9, 13.
24. Duc de La Force, *Le Grand Conti*, Paris, Amiot-Dumont, 1948, p. 45, 55, 58, 65 ; Jacques Roujon, *Conti, l'ennemi de Louis XIV*, Paris, Fayard, 1941 ; marquis de Sourches, *Mémoires…*, *op. cit.*, vol. I, p. 28, 30 juillet 1685, vol. IV, p. 325-326, 455, 23 avril 1694, 15 mai 1695.
25. B. Cartledge, *The Will to Survive : A History of Hungary*, New York, Columbia University Press, 2011, p. 117-118 ; J. Spielman, *Leopold I of Austria*, *op. cit.*, p. 89.
26. J. Garrisson, *L'Édit de Nantes et sa révocation…*, *op. cit.*, p. 45.
27. B. E. Strayer, « The Edict of Fontainebleau and the Huguenots : Who's to Blame ? », *in* R. Bonney et D. J. B. Trim (dir.), *Persecution and Pluralism : Calvinists and Religious Minorities in Early Modern Europe, 1550-1700*, Berne, Peter Lang, 2006, p. 273-294 aux p. 287-288.
28. A. de Galtier de Laroque, *Le Marquis de Ruvigny et les protestants à la cour de Louis XIV, 1643-1685*, Paris, Plon, 1892, p. 192 ; G. Treasure, *The Huguenots*, *op. cit.*, p. 280, 324.
29. J. Nicolas, *La Rébellion française, 1661-1789*, Paris, Gallimard, « Folio Histoire », p. 779, 781.
30. A. Maral, *Le Roi-Soleil et Dieu…*, *op. cit.*, p. 195 ; J. Garrisson, *L'Édit de Nantes et sa révocation…*, *op. cit.*, p. 149 ; C. Ancillon,

L'Irrévocabilité de l'Édit de Nantes, Amsterdam, 1688, p. 274 ; *cf.* B. E. Strayer, « The Edict of Fontainebleau... », *op. cit.*, p. 293. Toutefois, une œuvre, les *Actes de l'Assemblée générale du clergé de France de MDCLXXXV concernant la religion*, par M.D.S.B., affirme que le clergé ne voulait pas de la révocation.

31. E. Esmonin, *Études sur la France des XVIIe et XVIIIe siècles*, Paris, PUF, 1964, p. 366, Louis XIV à monseigneur d'Harcourt, 7 novembre 1685.
32. J. Mazarin, *Lettres du cardinal Mazarin...*, *op. cit.*, vol. IX, p. 14, Mazarin à Mercœur, 19 août 1658.
33. R. Briggs, *Communities of Belief : Cultural and Social Tension in Early Modern France*, Oxford, Clarendon Press, 1995, p. 212 ; G. Treasure, *The Huguenots*, *op. cit.*, p. 352.
34. E. Esmonin, *Études sur la France des XVIIe et XVIIIe siècles*, *op. cit.*, p. 360, 361, Louis XIV à Harlay, 21 septembre 1685, 16 octobre 1685.
35. L. Dingli, *Seignelay...*, *op. cit.*, p. 268-269.
36. D. Garrioch, *The Huguenots of Paris...*, *op. cit.*, p. 50, d'Aguesseau à Pontchartrain, n.d., p. 37. B. E. Strayer, « The Edict of Fontainebleau... », *op. cit.*, p. 277-279 ; R. Mettam, « Louis XIV and the Persecution of the Huguenots... » *op. cit.*, p. 214 ; J.-P. Cénat, *Louvois...*, *op. cit.*, p. 320 ; G. Treasure, *The Huguenots*, *op. cit.*, p. 350.
37. B. E. Strayer, « The Edict of Fontainebleau... », *op. cit.*, p. 277-229 ; R. Mettam, « Louis XIV and the Persecution of the Huguenots... » *op. cit.*, p. 214 ; J.-P. Cénat, *Louvois...*, *op. cit.*, p. 320 ; G. Treasure, *The Huguenots*, *op. cit.*, p. 350.
38. A. Maral, *Madame de Maintenon...*, *op. cit.*, p. 62-63 ; B. E. Strayer, « The Edict of Fontainebleau... », *op. cit.*, p. 280-283.
39. N. Foucault, *Mémoires*, Paris, Imprimerie impériale, 1862, 2 vol., vol. I, p. 115, 121, 132, 22 février 1685, 1er juillet 1685, Le Tellier à Foucault, 17 octobre 1685.
40. L. Dingli, *Seignelay...*, *op. cit.*, p. 313, 316-319.
41. J. Garrisson, *L'Édit de Nantes et sa révocation...*, *op. cit.*, p. 225-227, 237.
42. P. Blet, *Les Assemblées du clergé et Louis XIV, de 1670 à 1693*, Rome, Analecta Gregoriana, 1972, p. 468, 482.
43. Marquis de Dangeau, *Journal...*, *op. cit.*, vol. I, p. 196, 213-214, 2 septembre, 12, 13 octobre 1685 ; *cf.* marquis de Sourches, *Mémoires...*, *op. cit.*, vol. I, p. 318-321, 20 octobre 1685.
44. L. Dingli, *Seignelay...*, *op. cit.*, p. 271, Seignelay à La Reynie, 22 octobre 1685.

45. J. Garrisson, *L'Édit de Nantes et sa révocation…*, *op. cit.*, p. 11-12 ; T. Sarmant, *Louis XIV : l'homme et le roi*, *op. cit.*, p. 299-302.
46. G. Treasure, *The Huguenots*, *op. cit.*, p. 357.
47. N. Foucault, *Mémoires*, *op. cit.*, vol. I, p. 151, 161, 219, 220, 231, 288, 523, Louis XIV à Noailles, 6 novembre 1685, p. 525, Louvois à Foucault, 26 novembre 1685.
48. L. Dingli, *Seignelay…*, *op. cit.*, p. 316, Louis XIV à La Force, 30 janvier 1686.
49. J. F. Thénard, *Mémoires ou livre de raison d'un bourgeois de Marseille (1674-1726)*, Montpellier, 1881, p. 33-34, 2 novembre 1685.
50. J. Garrisson, *L'Édit de Nantes et sa révocation…*, *op. cit.*, p. 256, 258.
51. J. Saint-Germain, *La Reynie et la police au Grand Siècle*, Paris, Hachette, 1962, p. 313-314.
52. Marquis de Sourches, *Mémoires…*, *op. cit.*, vol. I, p. 330, 12 novembre 1685.
53. D. Garrioch, *The Huguenots of Paris…*, *op. cit.*, p. 32 ; L. Dingli, *Seignelay…*, *op. cit.*, p. 327.
54. C. Rousset, *Histoire de Louvois…*, *op. cit.*, vol. III, note de la p. 496, Louvois à La Trousse, 22 juillet 1686.
55. R. Gwynn, *Huguenot Heritage : The History and Contribution of the Huguenots in Britain*, Brighton, Sussex Academic Press, 2001, p. 28.
56. P. Joutard, « The Revocation of the Edict of Nantes : End or Renewal of French Calvinism ? », *in* M. Prestwich (dir.), *International Calvinism, 1541-1715*, Oxford, Clarendon Press, 1985, p. 339-368 aux p. 360-361, 367-368.
57. D. Garrioch, *The Huguenots of Paris…*, *op. cit.*, p. 6, 10, 56 ; G. Treasure, *The Huguenots*, *op. cit.*, p. 381-383.
58. H. Lüthy, *La Banque protestante en France, de la révocation de l'édit de Nantes à la Révolution*, Paris, S.E.V.P.E.N., 1959-1970, 3 vol., vol. I, p. 77, 121-125.
59. J. Saint-Germain, *Samuel Bernard, le banquier des rois*, Paris, Hachette, 1960, p. 40-41, 46.
60. M. Carr, *Blood and Faith : The Purging of Muslim Spain*, Londres, New Press, 2009, p. 1, 46, 261, 265.
61. C. Rousset, *Histoire de Louvois…*, *op. cit.*, vol. III, p. 503, Louvois au marquis de Lambert, 30 janviers 1686 ; L. Dingli, *Seignelay…*, *op. cit.*, p. 336.
62. D. van der Linden, *Experiencing Exile : Huguenot Refugees in the Dutch Republic, 1680-1700*, Dorchester, 2015, p. 11, 19, 23.

63. J. Migault, *Journal*, Marseille, Laffitte, 1978, p. 110.
64. L. Dingli, *Seignelay*..., *op. cit.*, p. 108, 341-342.
65. Information aimablement communiquée par Elizabeth Randall, septembre 2015 ; M. de Pontchartrain, *Correspondance*..., *op. cit.*, vol. I, p. 164, Pontchartrain au comte de La Massais, 12 avril 1702 ; E. Jahan, *La Confiscation des biens des religionnaires fugitifs : de la révocation de l'édit de Nantes à la Révolution*, Paris, Librairie générale de droit et de jurisprudence, 1959, passim.
66. J. A. Lynn, *The Wars of Louis XIV*..., *op. cit.*, p. 178 ; D. Dessert, *La Royale*..., *op. cit.*, p. 214.
67. B. Fonck, *Le Maréchal de Luxembourg*..., *op. cit.*, p. 322 ; marquis de Ségur, *Le Tapissier de Notre-Dame*..., *op. cit.*, p. 350, Luxembourg à Louis XIV, 12 juin 1693.
68. A. Flick, « Jean de Robethon, a Contested Figure Behind the Throne », *Huguenot Society Journal*, n° XXX, avril 2016, p. 488-502.
69. S. Saunders Webb, *Lord Churchill's Coup*..., *op. cit.*, p. 57-58, 83, 97.
70. C.-G. Picavet, *La Diplomatie française*...., *op. cit.*, p. 270.
71. F. Charpentier, *De l'excellence de la langue française*, Carpentariana, 1683, dédicace.
72. J. Lough, *France Observed*..., *op. cit.*, p. 309.
73. Quelque 3 000 protestants français s'installèrent dans les colonies anglaises d'Amérique du Nord, G. Havard et C. Vidal, *Histoire de l'Amérique française*, *op. cit.*, p. 27.
74. D. van der Linden, *Experiencing Exile*..., *op. cit.*, p. 55, 125 ; W. T. M. Frijhoff, « Uncertain Brotherhood : The Huguenots in the Dutch Republic », *in* B. Van Ruymbeke et R. J. Sparks (dir.), *Memory and Identity : The Huguenots in France and the Atlantic Diaspora*, Columbia, SC, University of South Carolina Press, 2003, p. 128-171 à la p. 136.
75. H. Bost, *Un intellectuel avant la lettre : le journaliste Pierre Bayle (1647-1706)*, Amsterdam, 1994, *passim*.
76. C. Rousset, *Histoire de Louvois*..., *op. cit.*, vol. III, p. 511.
77. J. Champion, *Republican Learning : John Toland and the Crisis of Christian Culture, 1696-1722*, Manchester, Manchester University Press, 2003, p. 70.
78. M. Cottret, *La Bastille à prendre : histoire et mythe de la forteresse royale*, Paris, Fayard, 1986, p. 41, 108 ; C. de Renneville, *L'Inquisition française ou l'Histoire de la Bastille*, Amsterdam, E. Roger, 1724, 6 vol., vol. I, p. IV.
79. C.-G. Picavet, *La Diplomatie française*..., *op. cit.*, p. 194.

80. G. Pagès, *Le Grand Électeur et Louis XIV, 1660-1688*, Librairie Georges Bellais, 1905, p. 98, 543, lettre de Frédéric-Guillaume, 18 août 1685, p. 556.
81. D. van der Linden, *Experiencing Exile…*, *op. cit.*, p. 177, 202.
82. MM. Erman et Reclam, *Mémoires pour servir à l'histoire des réfugiés français dans les états du roi*, Berlin, 6 vol., 1782-1787, vol. I, p. 104, 302, 348, 357, 360, 366-368, 371, Gaultier à Guillaume III, 3 mars 1685 ; D. McKay, *The Great Elector : Frederick William of Brandenburg-Prussia*, Harlow, Longman, 2001, p. 253 ; R. Hatton, *George I : Elector and King*, Londres, Thames and Hudson, 1978, p. 73.
83. G. Pagès, *Le Grand Électeur…*, *op. cit.*, p. 541
84. S. P. Anderson (dir.), *Report on the Manuscripts of the Late Allan George Finch*, vol. V : *Secret Service Papers 1691-1693 and Naval and Military Papers to 1694*, Londres, TSO, 2004, p. CIX, p. 507, 612.
85. A. Waddington, *Le Grand Électeur : Frédéric Guillaume de Brandebourg*, Paris, Plon, 1908, 2 vol., vol. II, p. 550-551 ; D. McKay, *The Great Elector…*, *op. cit.*, p. 256.
86. G. Pagès, *Le Grand Électeur…*, *op. cit.*, p. 567, 569, lettres de Frédéric-Guillaume, mai 1686.
87. A. Waddington, *Le Grand Électeur…*, *op. cit.*, vol. II, p. 564-569, lettres de Rébenac, 16 août 1686, duchesse Sophie, 9 août 1686.
88. A. Dubois, *Journal d'un curé de campagne au XVIIe siècle*, présentation et édition d'Henri Platelle, Paris, Éditions du Cerf Ligugé, 1965, p. 70, 1685.
89. Marquis de Sourches, *Mémoires…*, *op. cit.*, vol. I, p. 359, février 1686.
90. M. Glozier, *Marshal Schomberg…*, *op. cit.*, p. 117, 119, lettre du 25 septembre 1687 ; A. Waddington, *Le Grand Électeur…*, *op. cit.*, vol. II, p. 585 ; AD CP Brandebourg 28, Louis XIV à Schomberg, 15 mai 1687.
91. H. H. Rowen, *John de Witt…*, *op. cit.*, p. 746, de Groot à de Witt, 30 janvier 1671.
92. L. et M. Frey, *Frederick I : The Man and his Times*, New York, Columbia University Press, 1984, p. 121-126 ; H. Schnitter, « The Refugees in the Army of Brandenburg-Prussia », *in* M. Glozier et D. Onnekink (dir.), *War, Religion and Service : Huguenot Soldiering, 1685-1713*, Aldershot, 2007, p. 145-159.
93. M. de La Rosière, « État de la cour de Brandebourg en 1694 », RHD, 1887, p. 267-292, 411-424 aux p. 272, 275, 290, 411, 413.
94. E. Birnstiel (dir.), *La Diaspora des huguenots : les réfugiés protestants de France et leur dispersion dans le monde, XVIe-XVIIIe siècles*, Paris, Champion, 2001, p. 78, 150.

95. Autre huguenot architecte et élève de Vauban, Jean de Bodt construisit, dans le style Louis XIV, l'Arsenal et une partie du Schloss à Berlin, et le Japanisches Palais de Dresde, ainsi que des forts dans le Brandebourg et en Saxe.
96. T. Blanning, *Frederick the Great : King of Prussia*, New York, Random House, 2016, p. 31 ; J. Häseler, « Entre la France et le Brandebourg : la République des Lettres », *in* G. Braun (dir.), *Les États allemands et les huguenots*, Munich, Wissenschaftsverlag, 2007, p. 231-240 aux p. 231-239, 235. Parmi d'autres huguenots à la cour de Frédéric, citons son bibliothécaire Charles Étienne Jordan et son nain Karl Theophilus Guichard. D'autres Hohenzollern, la future Catherine II et les enfants de George II avaient aussi des tuteurs ou des gouvernantes huguenots.
97. Comme elle l'avait été, avant 1643, pour d'autres réfugiés français, tels Marie de Médicis, la duchesse de Chevreuse et les ducs de Vendôme, d'Épernon et de La Valette.
98. W. H. Manchée, *The Fouberts and their Royal Academy*, 1925, *passim*.
99. B. Cottret, *Terre d'exil : l'Angleterre et ses réfugiés français et wallons, de la Réforme à la révocation de l'édit de Nantes, 1550-1700*, Paris, Aubier, 1985, p. 227.
100. T. Murdoch, *The Quiet Conquest : The Huguenots, 1685-1985*, Paris, Musée des Archives nationales, 1985, p. 51-79.
101. A. de Galtier de Laroque, *Le Marquis de Ruvigny…*, *op. cit.*, p. 267 ; J. Garrisson, *L'Édit de Nantes et sa révocation…*, *op. cit.*, p. 166-167.
102. S. Deyon, *Du loyalisme au refus : les protestants français et leur député général entre la Fronde et la révocation*, Villeneuve-d'Ascq, Publications de l'université de Lille-III, 1976, p. 101, 137, Ruvigny au cardinal de Bouillon, 9 février 1686, p. 141-142 ; R. Vigne, « "The Good Lord Galway" : The English and Irish Careers of a Huguenot Leader », *in* M. Glozier et D. Onnekink (dir.), *War, Religion and Service…*, *op. cit.*, p. 59-78.
103. Les tapissiers et tailleurs de Charles II étaient souvent des Français. Deux anciens ambassadeurs en poste en France devinrent plus tard maîtres de la grande garde-robe, responsables de la décoration des palais royaux. T. Murdoch, *The Quiet Conquest…*, *op. cit.*, p. 162-163 et passim.
104. J. F. Hayward, *Huguenot Silver in England, 1688-1727*, Londres, Faber & Faber, 1959, p. 1-7. Il y en eut d'autres comme Paul Crespin et David Willaume. Les pièces d'argent fondues à Londres par des huguenots sont visibles au Victoria and Albert Museum et au British Museum.

105. T. Murdoch, *The Quiet Conquest…*, *op. cit.*, p. IX, 12-13, 111, 183-186, 223 ; *cf.* aussi son intervention devant la conférence des huguenots le 10 septembre 2015, « Daniel Marot and the Louis XIV Style in England » et l'exposition sur les huguenots à Boughton en août 2015 ; R. Gwynn, *Huguenot Heritage…*, *op. cit.*, p. 93.

106. A. A. Houblon, *The Houblon Family : Its Stories and its Times*, Archibald Constable and Company, 1907, 2 vol., 1907, vol. I, p. 228-241 ; *cf.* F. Crouzet, « The Huguenots and the English Financial Revolution », in *id.*, *Britain, France and International Commerce : From Louis XIV to Victoria*, Aldershot, 1996, vol. I, p. 221-266. Citons d'autres noms célèbres, ceux de Cazalet, Bosanquet, Thellusson. Sur les 542 marchands de la ville qui firent serment de loyauté à George II contre le prétendant catholique au trône, Jacques Stuart, en 1744, 100 portaient des noms français.

107. T. Murdoch, *The Quiet Conquest…*, *op. cit.*, p. 52, 280.

108. G. Treasure, *The Huguenots*, *op. cit.*, p. 288 ; C. Badalo-Dulong, *Banquier du roi : Barthélemy Hervart, 1606-1676*, Paris, Ségur, 1951, p. 153.

109. *Ibid.*, p. 198, 202, 214 ; marquis de Sourches, *Mémoires…*, *op. cit.*, vol. I, p. 330, 12 novembre 1685 ; E. Monson, « The Three Esthers : Noblewomen of the Huguenot Refuge », *Proceedings of the Huguenot Society of Great Britain and Ireland XXVII*, vol. 1, 1998, p. 1-19.

110. Par exemple *An Account of the Persecutions and Oppressions of the Protestants in France*, 1686, par Jean Claude ; Pierre Jurieu, *Pastoral letters, directed to the suffering Protestants of France, groaning under the cruel persecution of the bloody tyrant Lewis XIV*, n.d., et bien d'autres.

111. G. Treasure, *The Huguenots*, *op. cit.*, p. 365 ; T. Murdoch, *The Quiet Conquest…*, *op. cit.*, p. 40, 46 ; R. Gwynn, *Huguenot Heritage…*, *op. cit.*, p. 162-165.

112. H. Trevor-Roper, « A Huguenot Historian : Paul Rapin », *in* I. Scouloudi (dir.), *The Huguenots in Britain…*, *op. cit.*, p. 3-19.

113. C. Littleton, « Abel Boyer and Other Huguenot Reporters of Parliament », communication à la Huguenot Conference, Londres, 10 septembre 2015.

114. G. C. Gibbs, « Huguenot Contributions to England's Intellectual Life and England's Intellectual Commerce with Europe, 1680-1720 », *in* J. A. H. Bots (dir.), *The Revocation of the Edict of Nantes and the Dutch Republic*, Amsterdam, APA Holland University Press, 1986, p. 181-200.

115. K. Swift, « The French Booksellers in the Strand : Huguenots in the London Book Trade, 1685-1730 », *Proceedings of the Huguenot Society of Great Britain and Ireland XXV*, vol. 2, 1990, p. 123-139. Je remercie Giles Mandelbrote pour cette référence.
116. P. Clarke de Dromantin, « Une noblesse atypique : les réfugiés jacobites en France au XVIIIe siècle », *in* J. Pontet *et alii* (dir.), *La Noblesse de la fin du XVIe au début du XXe siècle : un modèle social ?*, 2 vol., Anglet, Atlantica, 2002, vol. II, p. 87-102 aux p. 89-92, 94.
117. Tel que consigné dans un document non daté de Randolph Vigne attaché au monument.
118. B. Cottret, *Terre d'exil…*, *op. cit.*, p. 243, Bonrepaus à Seignelay, n.d. ; J. J. Jusserand, *Recueil des instructions données aux ambassadeurs et ministres de France : Angleterre*, Paris, De Boccard, 1929-1965, 3 vol., vol. II, p. 327, 338, Instructions à Bonrepaus, 30 décembre 1685, dépêche du 5 mai 1686 ; L. Dingli, *Seignelay…*, *op. cit.*, p. 279, 357.
119. *Vauban, sa famille et ses écrits, ses oisivetés et sa correspondance*, éd. Rochas d'Aiglun, Paris, Berger Levrault, 1910, 2 vol., vol. I, p. 465-466, *Mémoire pour le rappel des huguenots*, décembre 1689.
120. A. Blanchard, *Vauban*, *op. cit.*, p. 271, 345-347.
121. Ses haines irrationnelles visaient aussi Maine, ainsi que les familles Lorraine et Noailles : Saint-Simon, *Mémoires*, éd. M. Regnier et A. Chéruel, *op. cit.*, vol. VII, p. 93, 226.
122. *Ibid.*, p. 19-20, vol. XI, p. 55.
123. A. Maral, *Les Dernier Jours de Louis XIV*, *op. cit.*, p. 17.
124. Saint-Simon, *Mémoires*, éd. M. Regnier et A. Chéruel, *op. cit.*, vol. XII, p. 107-108.
125. R. Sauzet, *Le Notaire et son roi…*, *op. cit.*, p. 212, 215-216, 228, citant son journal, la période d'août 1681 et d'autres années.
126. D. Garrioch, *The Huguenots of Paris…*, *op. cit.*, p. 161, citant Bayle : *Ce que c'est que la France toute catholique*, Amsterdam, 1686.
127. Après 1715, Madame aurait du mal à persuader son fils le Régent de libérer les esclaves protestants des galères : D. Van der Cruysse, *Madame Palatine : Princesse européenne*, *op. cit.*, p. 314, 550.
128. M. Carbonnier-Burkard, *Comprendre la révolte des Camisards*, Rennes, PUR, 2013, p. 29, 98-99, 30, 32, 36, 38, 40, 48, 50, 55, 61, 66, 67, 72 ; J.-C. Petitfils, *Le Régent*, Paris, Fayard, 1986, p. 628.
129. C. Rousset, *Histoire de Louvois…*, *op. cit.*, vol. IV, p. 24, Catinat à Louvois, 9 mai 1686.
130. Mme de Sévigné, *Correspondance*, *op. cit.*, vol. III, p. 388, à Bussy-Rabutin, 16 mars 1689.
131. J. A. Lynn, « A Brutal Necessity ? The Devastation of the Palatinate, 1688-1689 », *in* M. Grimsley et C. J. Rogers (dir.),

Civilians in the Path of War, Lincoln, University of Nebraska Press, 2002, p. 79-100 aux p. 83-84, 100 ; C. Rousset, *Histoire de Louvois…*, *op. cit.*, vol. IV, p. 28, Louis XIV au marquis d'Arcy, 8 novembre 1686.

132. G. Rowlands, *The Dynastic State…*, *op. cit.*, p. 347 ; marquis de Dangeau, *Journal…*, *op. cit.*, vol. XI, p. 9, 8 janvier 1698.

133. I. Dubois *et alii* (dir.), *Place des Victoires : histoire, architecture, société*, Paris, Maison des sciences de l'homme, 2003, p. 41-47, 52, 55, 59.

134. Marquis de Sourches, *Mémoires…*, *op. cit.*, vol. I, p. 369-370, 25 mars 1686 ; *cf.* G. Sabatier, *Le Prince et les arts*, *op. cit.*, p. 451.

135. S. Perez, *La Santé de Louis XIV…*, *op. cit.*, p. 413-417 ; marquis de Sourches, *Mémoires…*, *op. cit.*, vol. I, p. 56, 14 novembre 1681.

136. M. Sainctot, « Relation de ce qui s'est passé au disner du Roy dans l'Hostel de Ville le 30 janvier 1687 », *in* abbé Fr. Duffo, *Le Cérémonial de France…*, *op. cit.*, p. 32-34 ; marquis de Sourches, *Mémoires…*, *op. cit.*, vol. II, p. 14-15, 30 janvier 1687 ; G. Sabatier, *Le Prince et les arts*, *op. cit.*, p. 451 ; S. Perez, *La Santé de Louis XIV…*, *op. cit.*, p. 414-429. La visite fut commémorée par une gravure proclamant « Louis le grand », « l'amour et les délices de son peuple » et « la terreur et l'admiration de l'univers ».

137. Marquis de Dangeau, *Journal…*, *op. cit.*, vol. XII, p. 83, 18 mai 1699.

138. M. Martin, *Les Monuments équestres de Louis XIV : une grande entreprise de propagande monarchique*, Paris, Picard, 1986, *passim* ; R. L. Cleary, *The Place Royale and Urban Design in the Ancien Régime*, Cambridge, Cambridge University Press, 1999, p. 1, 16-17 ; *cf.* A. Coutelle, *Poitiers au* XVII*e siècle : les pratiques culturelles d'une élite urbaine*, Rennes, PUR, p. 256, 263, pour l'érection d'une statue à Poitiers.

139. T. Sarmant, *Louis XIV et Paris…*, *op. cit.*, p. 49-54.

140. P. Zoberman, *Les Cérémonies de la parole*, Paris, Presses de l'université de Paris-Sorbonne, 2008, p. 178-179.

141. Charles Perrault, *Le Siècle de Louis le Grand*, 1687, p. 21.

142. J. Spielman, *Leopold I of Austria*, *op. cit.*, p. 148.

143. R. Clark, *Sir William Trumbull in Paris, 1685-1686*, Cambridge, Cambridge University Press, 1938, p. 108, Trumbull à Sunderland, 3 avril 1686.

Chapitre 17. L'Angleterre change de camp : les trois fuites du roi Jacques

1. Marquis de Sourches, *Mémoires…*, *op. cit.*, vol. III, p. 8, 7 janvier 1689 ; marquis de Dangeau, *Journal…*, *op. cit.*, vol. III, p. 169, 7 janvier 1689, vol. XIV, p. 63, 76, 21 mars, 4 avril 1701 ; BnF Mss. 16633 *sq.* 180-184, « Cérémonies du règne de Louis XIV » ; M. Sainctot, « Arrivée de la Reyne d'Angleterre en France avec le Prince de Galles le 21 décembre 1688, et celle du Roy d'Angleterre le 2 janvier 1689 », *in* abbé Fr. Duffo, *Le Cérémonial de France…*, *op. cit.*, p. 37, 40.
2. J. Jones, « French Intervention in English and Dutch Politics, 1677-1688 », *in* J. Black (dir.), *Knights Errant and True Englishmen : British Foreign Policy, 1660-1800*, Édimbourg, John Donald, 1989, p. 1-23 aux p. 2, 10-13 ; E. C. Metzger, *Ralph*, *First Duke of Montagu…*, *op. cit.*, p. 156. Dans les années 1660, pour des raisons similaires, il avait versé des subsides à « certains restes de la faction de Cromwell » afin d'affaiblir Charles II : *Mémoires de Louis XIV*, éd. J. Longnon, *op. cit.*, p. 261.
3. G. C. Gibbs, « The Reception of the Huguenots in England and the Dutch Republic, 1680-1690 », *in* O. P. Grell *et alii* (dir.), *From Persecution to Toleration : The Glorious Revolution and Religion in England*, Oxford, Clarendon Press, 1991, p. 275-306 aux p. 294-295 ; *cf.* R. Gwynn, *Huguenot Heritage…*, *op. cit.*, p. 181-82.
4. C.-É. Levillain, *Vaincre Louis XIV…*, *op. cit.*, p. 354-345 ; W. Troost, « To Restore and Preserve the Liberty of Europe… », *op. cit.*, p. 294, 296, Guillaume III à Waldeck, 18 février 1680, 23 octobre 1682.
5. O. van Nimwegen, *The Dutch Army…*, *op. cit.*, p. 513.
6. L. André et É. Bourgeois, *Recueil des instructions données aux ambassadeurs et ministres de France*, XXI : *Hollande*, Paris, E. de Boccard, 1922, p. 394, d'Avaux à Louis XIV, 22 avril 1683, 28 août 1687.
7. Comte d'Avaux, *Négociations de Monsieur le Comte d'Avaux en Hollande, depuis 1685 jusqu'en 1688*, Paris, Durand, 1753, 6 vol., vol. VI, p. 191-192, 218, 231, d'Avaux à Louis XIV, 21 août, 9, 14 septembre 1688 ; duc de Noailles, *Histoire de Madame de Maintenon*, *op. cit.*, vol. IV, note de la p. 188, d'Avaux à Louis XIV, 29 juillet, 2 septembre 1688.
8. J. Jones, « French Intervention… », *op. cit.*, p. 3-4, 113 ; K. D. H. Haley, « The Dutch, the Invasion of England and the Alliance

of 1689 », *in* Lois G. Schwoerer, (sous la dir.), *The Revolution of 1688-1689 : Changing Perspectives*, Cambridge, 1992, p. 21-34 aux p. 22-24.

9. J. Jones, « French Intervention… », *op. cit.*, p. 113-117 ; C. Boutant, *L'Europe au grand tournant des années 1680*, *op. cit.*, p. 860, Louis XIV à d'Avaux, 14 octobre 1688 ; W. Troost, *William III : The Stadholder-King*, Aldershot, 2016, p. 187-188.
10. J. de La Gorce, *Berain : dessinateur du Roi-Soleil*, Paris, Herscher, 1986, p. 127-128.
11. W. Troost, *William III…*, *op. cit.*, p. 191.
12. J. J. Jusserand, *Recueil des instructions…*, *op. cit.*, vol. II, p. 409, Bonrepaus à Seignelay, 4 septembre 1688.
13. J. Israel (dir.), *The Anglo-Dutch Moment : Essays on the Glorious Revolution and its World Impact*, Cambridge, Cambridge University Press, 2003, p. 112.
14. AD CP Prusse 32 *sq.* 150, Gravel à Louis XIV, 21 novembre 1688.
15. J. Israel (dir.), *The Anglo-Dutch Moment…*, *op. cit.*, p. 106-107, 109, 329 ; C. Boutant, *L'Europe au grand tournant des années 1680*, *op. cit.*, p. 809, 813.
16. P. H. Wilson, *War, State and Society in Württemberg, 1677-1793*, Cambridge, Cambridge University Press, 1995, p. 113.
17. AD CP Prusse 31 *sq.* 232, 242, 254, Gravel à Louis XIV, p. 1, 8 septembre 1688.
18. AD CP Prusse 31 *sq.* 48v, 122, 133, 188v, Gravel à Louis XIV, p. 3, 28 juillet, 22 août 1688.
19. AD CP Prusse 32 *sq.* 23, 72v, 74, Gravel à Louis XIV, p. 7, 16 octobre 1688
20. Marquis de Sourches, *Mémoires…*, *op. cit.*, vol. II, note de la p. 225, p. 246, 8 septembre, 12 octobre 1688.
21. J. P. Kenyon, *Robert Spencer, Earl of Sunderland*, Londres, Longman, 1958, p. 213-215.
22. Duc de Noailles, *Histoire de Madame de Maintenon*, *op. cit.*, vol. IV, p. 203, 206, Louis XIV à Barrillon, 14, 23 septembre 1688, à d'Avaux, 7 octobre 1688 ; C. Boutant, *L'Europe au grand tournant des années 1680*, *op. cit.*, p. 832-833.
23. P. Grimblot, *Letters of William III and Louis XIV, and of their Ministers*, Nancy, Grimblot, 1848, 2 vol., vol. II, p. 154, Tallard à Torcy, 9 septembre 1698.
24. Comte d'Avaux, *Négociations de Monsieur le Comte d'Avaux…*, *op. cit.*, vol. VI, p. 175, 208, 255, d'Avaux à Louis XIV, 29 juillet, 2, 20 septembre 1688.
25. *Ibid.*, p. 257, 270, d'Avaux à Louis XIV, 23, 27 septembre 1688.

26. C. Boutant, *L'Europe au grand tournant des années 1680*, *op. cit.*, p. 855-860.
27. D. Van der Cruysse, *Madame Palatine : Princesse européenne*, *op. cit.*, p. 254, 294-296 ; W. Troost, *William III*..., *op. cit.*, p. 175.
28. C. Boutant, *L'Europe au grand tournant des années 1680*, *op. cit.*, p. 786, 801-802.
29. Comte d'Avaux, *Négociations de Monsieur le Comte d'Avaux*..., *op. cit.*, vol. VI, p. 268, d'Avaux, 27 septembre 1688.
30. *Ibid.*, p. 321, d'Avaux à Louis XIV, 11 novembre 1688.
31. *Ibid.*, p. 335, d'Avaux à Louis XIV, 2 décembre 1688.
32. *Ibid.*, p. 287, d'Avaux à Louis XIV, 15 octobre 1688.
33. W. Troost, *William III*..., *op. cit.*, p. 194-199.
34. C. Kampmann, « The English Crisis, the Emperor Leopold and the Origins of the Dutch Intervention in 1688 », *Historical Journal*, n° 55, 2, juin 2012, p. 521-532.
35. L. André et É. Bourgeois, *Recueil des instructions*..., *op. cit.*, note de la p. 395, Louis XIV à d'Avaux, 14 octobre 1688.
36. BnF Mss. fr. 155212, « Mémoire des raisons qui ont obligé le roy à reprendre les Armes », 24 septembre 1688.
37. AD CP Turquie 20, Sultan Ottoman et Grand Vizir à Louis XIV, 9, 12 mai 1688 ; Girardin à Croissy, 29 juin, 28 juillet 1688. Les lettres mettaient à peu près sept semaines entre Constantinople et Versailles.
38. AD CP Turquie 20 *sq.* 139, 171, 182, Girardin à Croissy, 26 mai 1688.
39. AD CP Turquie 20 *sq.* 86v, 288, 290, Girardin à Croissy, 30 septembre, 9 novembre 1688.
40. AD CP Turquie 21 *sq.* 1086, Girardin à Croissy, 22 octobre, 9 novembre 1688.
41. AD CP Turquie 21 *sq.* 197, Louis XIV à Girardin, 10 septembre 1688.
42. AD CP Turquie 21 *sq.* 241, 249v, Girardin à Louis XIV, 28 août 1688.
43. AD CP Turquie 21 *sq.* 208-209, Louis XIV à Girardin, 10 septembre 1688. Il avait déjà formulé une promesse similaire en juillet 1688 : E. Caron, « Le tournant de l'année 1683 dans la politique ottomane de Louis XIV », *in* D. Tollet (dir.), *Guerres et paix : mélanges d'histoire des relations internationales offerts à Jean Bérenger*, Paris, Presses de l'université Paris-Sorbonne, 2003, p. 571, Louis XIV à Girardin, 31 juillet 1688.
44. AD CP Turquie 20 *sq.* 269v 281, Louis XIV à Girardin, 15 octobre, 2 décembre 1688.

45. AD CP Turquie 20 *sq.* 268v, Louis XIV à Girardin, 2 décembre 1688.
46. AD CP Turquie 21 *sq.* 20, 41-42, Louis XIV à Girardin, 3 novembre 1688, 11 janvier 1689 ; *cf.* E. Caron, « Le tournant de l'année 1683... », *op. cit.*, p. 575.
47. AD CP Turquie 21 *sq.* 58-58v, Louis XIV à Girardin, 21 février 1689. Sa détermination à empêcher toute paix entre l'Autriche et l'Empire ottoman était de notoriété publique. Voir par exemple maréchal de Villars, *Mémoires*, *op. cit.*, vol. I, p. 36-362.
48. Marquis de Dangeau, *Journal...*, *op. cit.*, vol. III, p. 100, 9 octobre 1688 ; M. Glozier et D. Onnekink, « Huguenot Soldiers in Dutch Service », *in* M. Glozier et D. Onnekink (dir.), *War, Religion and Service...*, *op. cit.*, p. 111-130 aux p. 121-122.
49. BnF Mss. fr. 15522 *sq.* 10, 25, Louis XIV au cardinal d'Estrées, 6 septembre 1688.
50. Mme de Sévigné, *Correspondance*, *op. cit.*, vol. II, p. 222, 233, à Mme de Grignan, 22 octobre, 3 novembre 1688.
51. D. Davies, « James II, William of Orange and the Admirals », *in* E. Cruickshanks (dir.), *By Force or By Default ? The Revolution of 1688-1689*, Édimbourg, J. Donald, 1989, p. 82-108.
52. S. Saunders Webb, *Lord Churchill's Coup...*, *op. cit.*, p. 117, 125, 131, 146.
53. Duc de Noailles, *Histoire de Madame de Maintenon*, *op. cit.*, vol. IV, p. 219, Louis XIV à Barrillon, 1er novembre 1688.
54. Rev. J. S. Clarke, *The Life of James the Second...*, *op. cit.*, vol. II, p. 250 ; J. Carswell, *The Descent on England : A Study of the English Revolution of 1688 and its European Background*, Londres, Barrie & Rockliff, 1969, p. 205, 209.
55. R. Beddard, *A Kingdom without a King : The Journal of the Provisional Government in the Revolution of 1688*, Oxford, Phaidon, p. 37, 51 ; Lt Gen. Sir F. W. Hamilton, *The Origin and History of the First or Grenadier Guards*, Londres, John Murray, 1874, 3 vol., vol. I, p. 316 ; Rev. J. S. Clarke, *The Life of James the Second...*, *op. cit.*, vol. II, p. 262.
56. S. Saunders Webb, *Lord Churchill's Coup...*, *op. cit.*, p. 162-164.
57. R. Beddard, *A Kingdom without a King...*, *op. cit.*, p. 180 ; Lt Gen. Sir F. W. Hamilton, *The Origin and History of the First or Grenadier Guards*, *op. cit.*, vol. I, 318-319.
58. R. Beddard, *A Kingdom without a King...*, *op. cit.*, p. 60 ; Rev. J. S. Clarke, *The Life of James the Second...*, *op. cit.*, vol. II, p. 265.
59. *Ibid.*, vol. II, p. 246 ; J.-C. Petitfils, *Lauzun...*, *op. cit.*, p. 264-281.

60. Marquis de Dangeau, *Journal…*, *op. cit.*, vol. III, p. 153, 23 décembre 1688.
61. J.-C. Petitfils, *Lauzun…*, *op. cit.*, p. 280-284, 329, 362 ; Mme de Sévigné, *Correspondance*, *op. cit.*, vol. II, p. 292, 305, à Mme de Grignan, 27 décembre 1688, à Bussy-Rabutin, 6 janvier 1689.
62. J. Callow, *King in Exile : James II…*, *op. cit.*, p. 17, 19.
63. Rev. J. S. Clarke, *The Life of James the Second…*, *op. cit.*, vol. II, 273-277.
64. R. Beddard, *A Kingdom without a King…*, *op. cit.*, p. 44 ; J. Israel (dir.), *The Anglo-Dutch Moment…*, *op. cit.*, p. 1-3.
65. *Ibid.*, p. 134, 146, 149 ; Lt Gen. Sir F. W. Hamilton, *The Origin and History of the First or Grenadier Guards*, *op. cit.*, vol. I, 317-319.
66. M. Haile, *Queen Mary of Modena : Her Life and Letters*, Londres, J. M. Dent & Company, 1905, p. 244, abbé Melani au grand-duc de Toscane, février 1689, Rizzini au duc de Modène, 2 mars 1689.
67. J. Hogan (dir.), *Négociations de M. le comte d'Avaux en Irlande*, Dublin, Dublin, Stationery Office, 1934, p. 32, Louis XIV à d'Avaux, 12 mars 1689.
68. J. Israel (dir.), *The Anglo-Dutch Moment…*, *op. cit.*, p. 135 ; W. Troost, « To Restore and Preserve the Liberty of Europe… », *op. cit.*, p. 283-303, 297, 302.
69. J. Carswell, *The Descent on England…*, *op. cit.*, p. 245 ; H. C. Foxcroft, *A Supplement to Burnet's History of my own Time*, Oxford, Clarendon Press, 1902, p. 228.
70. M. Glozier, *Marshal Schomberg…*, *op. cit.*, p. 143.
71. A. Dubois, *Journal d'un curé de campagne…*, *op. cit.*, p. 76, 1690.
72. S. Saunders Webb, *Lord Churchill's Coup…*, *op. cit.*, p. 238 ; E. O. Ciardha, *Ireland and the Jacobite Cause : A Fatal Attachment*, Dublin, Four Courts Press, 2002, p. 83 ; je dois remercier le professeur Andrew Barclay de m'avoir signalé cette référence ; J.-C. Petitfils, *Lauzun…*, *op. cit.*, p. 319-320.
73. J. Israel (dir.), *The Anglo-Dutch Moment…*, *op. cit.*, p. 159, 188.
74. J. Hogan (dir.), *Négociations de M. le comte d'Avaux…*, *op. cit.*, p. 414, 649, Louis XIV à d'Avaux, 20 juillet 1689, 4 janvier 1690.
75. Marquis de Sourches, *Mémoires…*, *op. cit.*, vol. IV, p. 27, 20 avril 1692.
76. M. Haile, *Queen Mary of Modena…*, *op. cit.*, p. 288, Marie de Modène à la supérieure de Chaillot, 14 juin 1692.
77. E. Corp, *A Court in Exile : The Stuarts in France, 1689-1718*, Cambridge, Cambridge University Press, 2004, p. 5.

78. *Ibid.*, p. 105-106 ; *La Cour des Stuarts à Saint-Germain-en-Laye au temps de Louis XIV*, Paris, RMN, 1992, p. 164, 210.
79. E. Corp, *A Court in Exile…*, *op. cit.*, p. 99, 191 ; J. Callow, *King in Exile : James II…*, *op. cit.*, p. 190, 231.
80. Voir par exemple Mme de La Tour de Pin, *Journal d'une femme de cinquante ans*, Paris, Chapelot, 1913, 2 vol., vol. I, p. 18, 71, 94.
81. E. Corp, *A Court in Exile…*, *op. cit.*, p. 160-179.
82. *La Cour des Stuarts à Saint-Germain-en-Laye…*, *op. cit.*, p. 66-73 ; ML, vol. II, p. 611, Mme de Maintenon à Mme de Fontaines, 12 octobre 1695, vol. IV, p. 207, 226, Mme de Maintenon à Mme des Ursins, p. 1, 17 octobre 1707.
83. ML, vol. II, p. 738, Mme de Maintenon à Mme de Berval, 25 octobre 1696.
84. Marquis de Dangeau, *Journal…*, *op. cit.*, vol. IX, p. 168, 26 avril 1696.
85. Marquis de Sourches, *Mémoires…*, *op. cit.*, vol. IV, p. 20, 130, 19 mars, 8 octobre 1692.
86. *Ibid.*, vol. III, p. 318, 18 octobre 1690.
87. Mme de Sévigné, *Correspondance*, *op. cit.*, vol. III, p. 310, à Mme de Grignan, 10 janvier 1689.
88. J. Garrett, *The Triumphs of Providence : The Assassination Plot*, 1696, Cambridge, Cambridge University Press, 1980, p. 71.
89. D. Van der Cruysse, *Madame Palatine : Princesse européenne*, *op. cit.*, p. 325, 326 ; E. Jaeglé (dir.), *Correspondance de Madame…*, *op. cit.*, vol. I, p. 81, 94, Madame à l'Électrice Sophie, 22 août 1690, 19 juin 1692.
90. Mme de Sévigné, *Correspondance*, *op. cit.*, vol. III, p. 381, à Mme de Grignan, 12 mars 1689 ; *cf.* marquis de Sourches, *Mémoires…*, *op. cit.*, vol. IV, p. 132, 16 octobre 1692.
91. Mme de Sévigné, *Correspondance*, *op. cit.*, vol. III, p. 337, 347, à Mme de Grignan, 2, 10 février 1689 ; P. Quarré, comte d'Aligny, *Mémoires militaires*, *op. cit.*, p. 222 ; *cf.* M. Haile, *Queen Mary of Modena…*, *op. cit.*, p. 244, Rizzini au duc de Modène, 2 mars 1689, condamnant Jacques II pour « avoir perdu son royaume sans avoir tiré son épée ».
92. Mme de Sévigné, *Correspondance*, *op. cit.*, vol. III, p. 311, 319-320, à Mme de Grignan, 10, 17 janvier 1689 ; *cf.* M. Kroll, *Letters from Liselotte…*, *op. cit.*, p. 213, Madame à Louise, 29 mai 1718.
93. Marquis de Dangeau, *Journal…*, *op. cit.*, vol. III, p. 172, 9, 10 janvier 1689 ; marquis de Sourches, *Mémoires…*, *op. cit.*, vol. III, p. 12, 10 janvier 1689.

94. Marquis de Dangeau, *Journal*..., *op. cit.*, vol. VI, p. 179, 11 octobre 1692.
95. Mme de Sévigné, *Correspondance*, *op. cit.*, vol. III, p. 319-320, à Mme de Grignan, 17 janvier 1689.
96. M. Haile, *Queen Mary of Modena*..., *op. cit.*, p. 136, Louvois à Beringhen, 1er janvier 1689. Par exemple, elle contribua à convaincre Louis XIV de reconnaître son fils en 1701 et d'envoyer une expédition en Écosse en 1708.
97. Comte d'Haussonville, *La Duchesse de Bourgogne*..., *op. cit.*, vol. IV, p. 235-238, Marie de Modène à Mme de Maintenon, 31 octobre, 13 février 1713.
98. ML, vol. IV, p. 115 à Mme des Ursins, 24 avril 1707.
99. E. Jaeglé (dir.), *Correspondance de Madame*..., *op. cit.*, vol. I, p. 87, 263, Madame à l'Électrice Sophie, 10 août 1691, 6 avril 1702.
100. N. Genet-Rouffiac, *Le Grand Exil : les jacobites en France, 1688-1715*, Vincennes, Service historique de la Défense, 2007, p. 87 ; marquis de Sourches, *Mémoires*..., *op. cit.*, vol. III, p. 66, 3 avril 1689.
101. *Ibid.*, vol. III, p. 273, 27 juillet 1690, vol. IV, p. 461, avril 1695.
102. Marquis de Ségur, *Le Tapissier de Notre-Dame*..., *op. cit.*, p. 214 ; P. Clément, *La Police sous Louis XIV*, *op. cit.*, p. 91, Seignelay à La Reynie, 16 août 1690 ; M. de Pontchartrain, *Correspondance*..., *op. cit.*, vol. I, p. 159, 162, Pontchartrain à d'Argenson, 22 mars 1702, à Lord Middleton, 25 mars 1702.
103. J. Callow, *King in Exile : James II*..., *op. cit.*, p. 303, 320 ; Rev. J. S. Clarke, *The Life of James the Second*..., *op. cit.*, vol. II, p. 586.
104. R. Pillorget, « Louis XIV et l'Irlande », RHD, p. 106, 1992, p. 7-26 à la p. 10 ; duc de Noailles, *Histoire de Madame de Maintenon*, *op. cit.*, vol. IV, p. 178-179, Bonrepaus à Louis XIV, 9 octobre 1687, Seignelay à Bonrepaus, 29 septembre 1687.
105. W. C. Scoville, *The Persecution of Huguenots and French Economic Development, 1680-1720*, Berkeley, University of California Press, 1960, p. 440-447.
106. Arch. nat. 01 363 sa. 315, 322, d'Argenson à Caryll, 25, 29 septembre 1705 ; N. Genet-Rouffiac, *Le Grand Exil*..., *op. cit.*, p. 325 ; E. Corp, *A Court in Exile*..., *op. cit.*, p. 151-157.
107. E. Jaeglé (dir.), *Correspondance de Madame*..., *op. cit.*, vol. I, p. 221, Madame à l'Électrice Sophie, 18 juillet 1700.
108. E. Corp, *A Court in Exile*..., *op. cit.*, p. 149-150 ; J. Callow, *King in Exile : James II*..., *op. cit.*, p. 223.
109. Arch. nat. 01 363 *sq.* 328, 337, Pontchartrain à d'Argenson, 6, 19 octobre 1701 ; 01 362, Pontchartrain à Lord Middleton, 25 mars 1702.

110. Arch. nat. 01 366 *sq.* 80, 139v, d'Argenson à Caryll, 26 mars, 27 mai 1705.
111. J. Callow, *King in Exile : James II…*, *op. cit.*, p. 190 ; P. Monod *et alii* (dir.), *Loyalty and Identity : Jacobites at Home and Abroad*, Basingstoke, 2010, p. 211-212.
112. Marquis de Dangeau, *Journal…*, *op. cit.*, vol. XI, p. 27, 12 février 1698.
113. A. Corvisier, *Louvois*, *op. cit.*, p. 104, 186. Plaçant sa carrière dans l'armée française avant sa loyauté envers « Jacques III », Berwick refusera de le suivre en Écosse en 1715 : Sir Charles Petrie, *The Marshal Duke of Berwick*, Londres, Eyre & Spottiswoode, 1953, p. 306, Berwick à « Jacques III », 3 novembre 1715.
114. Saint-Simon, *Mémoires*, éd. M. Regnier et A. Chéruel, *op. cit.*, vol. III, p. 416, vol. V, p. 120.
115. R. Clark, *Anthony Hamilton : His Life and Works and his Family*, Londres, John Lane, 1921, p. 132, 148, 217, 226 ; N. Deakin, *Count Gramont at the Court of Charles II*, Londres, Barrie and Rockliff, 1965, p. 5, 10, 68, 167, 191. Madame se porta garante de leur exactitude : E. Jaeglé (dir.), *Correspondance de Madame…*, *op. cit.*, vol. II, p. 177, 178, Madame à l'Électrice Sophie, 1er, 8 mai 1712.
116. N. Henderson, *Prince Eugene of Savoy…*, *op. cit.*, p. 167-168 ; R. Gwynn, *Huguenot Heritage…*, *op. cit.*, p. 116 ; A. T. Carpenter, « J. T. Desaguliers, an 18th Century Experimental Philosopher and Freemason », *Huguenot Society Journal*, n° XXX, avril 2016, p. 503-518.

Chapitre 18. La France contre l'Europe

1. J.-P. Cénat, *Louvois…*, *op. cit.*, p. 73.
2. B. Fonck, *Le Maréchal de Luxembourg…*, *op. cit.*, p. 490, Luxembourg à Louvois, 4 juin 1690. Il s'inspirait peut-être de la remarque de Turenne : « La fortune est toujours pour les gros bataillons » ; Mme de Sévigné, *Correspondance*, *op. cit.*, vol. I, p. 646, à Mme de Grignan, 22 décembre 1673.
3. H. Drévillon, *L'Impôt du sang…*, *op. cit.*, p. 277.
4. A. Corvisier, *Histoire militaire de la France*, Paris, PUS, 1997, 4 vol., vol. I, p. 397.
5. J.-P. Cénat, *Louvois…*, *op. cit.*, p. 59 ; lorsque ce « ban » avait été émis en 1674, les nobles non entraînés qu'il avait enrôlés

avaient été renvoyés dans leurs foyers parce que jugés inutiles ; C. Rousset, *Histoire de Louvois*..., *op. cit.*, vol. II, p. 98-99.

6. G. Rowlands, *The Dynastic State*..., *op. cit.*, p. 154-155, 182 ; *cf.* A. Corvisier, *Louvois*, *op. cit.*, p. 325, qui affirme que la taille théorique de l'armée était en 1690 de 387 520 hommes.
7. G. Rowlands, *The Dynastic State*..., *op. cit.*, p. 74-77. En tant que surintendant, il choisissait même la taille des clous auxquels on accrochait les tableaux du roi : J. Cornette, *La Mort de Louis XIV*..., *op. cit.*, p. 127, Louis XIV à Louvois, 10 novembre 1684.
8. J.-P. Cénat, *Louvois*..., *op. cit.*, p. 78, 202 ; *id.*, *Chamlay*..., *op. cit.*, p. 144-149.
9. C. Rousset, *Histoire de Louvois*..., *op. cit.*, vol. III, p. 299-300, 326, 331.
10. *Ibid.*, p. 315, 370-373.
11. M. Langlois, *Louis XIV et la Cour*, *op. cit.*, p. 294, 13 juillet 1688 ; É. Spanheim, *Relation*..., *op. cit.*, p. 352-354.
12. *Ibid.*, p. 196-197.
13. J.-P. Cénat, *Chamlay*..., *op. cit.*, p. 91-93, Chamlay à Louvois, 27 octobre 1688.
14. É. Dosquet, « Le feu et l'encre : la désolation de Palatinat : guerre et information politique dans l'Europe de Louis XIV », thèse non publiée, Paris, Sorbonne, 2 vol., 2017, vol. I, p. 165, Chamlay à Louvois, 27 octobre 1688 ; Vauban avait des buts similaires, voir A. Blanchard, *Vauban*, *op. cit.*, p. 365.
15. J. A. Lynn, « A Brutal Necessity?... », *op. cit.*, p. 83-84, 93 ; C. Rousset, *Histoire de Louvois*..., *op. cit.*, vol. IV, p. 163, 164, Chamlay à Louvois, 27 octobre 1688, Louvois à La Grange, 17 novembre 1688 ; M. Rousseau, *Quand Louis XIV brûlait le Palatinat : la guerre de la ligue d'Augsbourg et la presse*, Paris, L'Harmattan, 2014, p. 39-40, 42 et *passim*.
16. S. Richter *et alii*, *Heidelberg im Barock: der Wiederaufbau der Stadt nach den Zerstörungen von 1689 und 1693*, Heidelberg, 2009, *passim*.
17. É. Dosquet, « Le feu et l'encre... », *op. cit.*, vol. I, p. 174, 211, La Grange à Louvois, 19 avril 1689, p. 212, 347, Louvois à La Grange, 17 novembre 1688 ; D. Van der Cruysse, *Madame Palatine : Princesse européenne*, *op. cit.*, p. 318.
18. B. Fonck (dir.), *L'Âge d'or de la cavalerie*, Paris, Gallimard et ministère de la Défense, 2015, p. 115, Mélac à Luxembourg, 17 novembre 1672.
19. É. Dosquet, « Le feu et l'encre... », *op. cit.*, vol. I, p. 389, Tessé à Louvois, 1er février 1689 ; *cf.* M. Virol, *Louis XIV et Vauban*...,

op. cit., p. 363, agenda, 11 mars 1702 ; et pour plus d'éloges concernant Mélac, Saint-Simon, *Mémoires*, éd. M. Regnier et A. Chéruel, *op. cit.*, vol. III, p. 313.

20. *Ibid.*, vol. III, p. 313-314.
21. D. Van der Cruysse, *Madame Palatine : Princesse européenne*, *op. cit.*, p. 312, 316, 320, 322 ; E. Jaeglé (dir.), *Correspondance de Madame…*, *op. cit.*, vol. I, 67, 68, Madame à l'Électrice Sophie, 10 novembre 1688, 20 mars, 14 avril 1689.
22. Marquis de Dangeau, *Journal…*, *op. cit.*, vol. III, p. 166, 5 janvier 1689.
23. É. Dosquet, « Le feu et l'encre… », *op. cit.*, vol. I, p. 136-139.
24. J.-P. Cénat, *Louvois…*, *op. cit.*, p. 365, Louvois à Chamlay, 24 septembre 1683.
25. Duc de Noailles, *Histoire de Madame de Maintenon*, *op. cit.*, vol. IV, note de la p. 282, Duras à Louvois, 21 mai 1689 ; *cf.* maréchal de Villars, *Mémoires*, *op. cit.*, vol. I, p. 121, 161, pour d'autres dénonciations par un général français du pillage, des abus sexuels et des maraudes.
26. H. Alexander Adda, *Liselotte von der Pfalz: Madame am Hofe des Sonnenkönigs*, Heidelberg, HVA Verlag 1996, p. 31, 168 ; C. Rousset, *Histoire de Louvois…*, *op. cit.*, vol. IV, 180-183, Duras à Louvois, 21, 29 mai 1689
27. Information aimablement communiquée par Hanns Hubach, Heidelberg, août 2016 ; marquis de Dangeau, *Journal…*, *op. cit.*, vol. XII, p. 38, 3 mars 1699. Aucune preuve d'un tel paiement n'a été trouvée à Spire.
28. C. Boutant, *L'Europe au grand tournant des années 1680*, *op. cit.*, p. 14 ; J. A. Lynn, « A Brutal Necessity?… », *op. cit.*, p. 79.
29. C. Rousset, *Histoire de Louvois…*, *op. cit.*, vol. IV, p. 179, Chamlay à Louvois, 21 mai 1689.
30. É. Dosquet, « Le feu et l'encre… », *op. cit.*, vol. I, p. 240, 315, 339, 396.
31. B. Fonck, *Le Maréchal de Luxembourg…*, *op. cit.*, p. 183.
32. Marquis de Sourches, *Mémoires…*, *op. cit.*, vol. III, p. 377, 27 mars 1691 ; marquis de Dangeau, *Journal…*, *op. cit.*, vol. V, p. 179, 22 mars 1691.
33. M. Arnould *et alii*, *1691 : le siège de Mons par Louis XIV*, Bruxelles, Crédit communal, 1991, *Revue belge de philologie et d'histoire*, 1991, p. 46, 57, 83-85, 88-89, 94, 103.
34. G.-J. de Boussu, *Histoire de la ville de Mons*, Mons, Jean-Nicolas Varret, 1725, p. 311.
35. C.-G. Picavet, *La Diplomatie française…*, *op. cit.*, p. 45 ; T. Sarmant et M. Stoll, *Régner et gouverner…*, *op. cit.*, p. 98 ; G. Rowlands, *The Dynastic State…*, *op. cit.*, p. 59.

36. L. André (dir.), *Deux mémoires historiques de Claude Le Pelletier*, Paris, Félix Alcan, 1906, p. 152-154.
37. G. Rowlands, *The Dynastic State…*, *op. cit.*, p. 61, 62.
38. E. Jaeglé (dir.), *Correspondance de Madame…*, *op. cit.*, vol. I, p. 87, Madame à l'Électrice Sophie, 23 août 1691.
39. G. Rowlands, *The Dynastic State…*, *op. cit.*, p. 65, 69 ; maréchal de Villars, *Mémoires*, *op. cit.*, vol. I, p. 145.
40. Marquis de Dangeau, *Journal…*, *op. cit.*, vol. V, p. 251, 255, 291, vol. VI, p. 54, 15, 23 août, 28 octobre 1691, 28 avril 1692 ; B. Fonck, *Le Maréchal de Luxembourg…*, *op. cit.*, p. 435.
41. J.-P. Cénat, *Le Roi stratège : Louis XIV et la direction de la guerre (1661-1715)*, Rennes, PUR, 2010, p. 185, 187 ; Minutes de certaines lettres du roi aux généraux. Les ministres et les comptes rendus sur les affaires militaires sont aux AHMG (Archives historiques du ministère de la Guerre) A 1 1041, 1134, 1198 et bien d'autres : N. Salat et T. Sarmant (dir.), *Lettres de Louvois à Louis XIV*, *op. cit.*, p. XXV ; *cf.* M. Virol, *Louis XIV et Vauban…*, *op. cit.*, *passim* ; marquis de Ségur, *Le Tapissier de Notre-Dame…*, *op. cit.*, p. 247-249, Mme de Maintenon à Mortemart, 27 septembre 1691.
42. Voir par. ex. marquis de Sourches, *Mémoires…*, *op. cit.*, vol. IV, p. 20, 23 mars 1692 pour des listes d'officiers qu'il nomma en mars 1692.
43. ML, vol. II, p. 143, Mme de Maintenon à Mme de Rochechouart, 27 septembre 1691.
44. R. Masson, *Défendre le roi…*, *op. cit.*, p. 209-216, 229, 248.
45. Marquis de Dangeau, *Journal…*, *op. cit.*, vol. V, p. 298, 25 septembre 1691.
46. Bibliothèque Mazarine (BM), Mss 2320, Louis XIV à Boufflers, 31 août, 16 septembre, 21 octobre 1691.
47. *Ibid.*, Louis XIV à Boufflers, 23 octobre 1691 ; 23 juillet ; 8 novembre ; 12 décembre 1691 : « Je ne vous donne point d'ordre positif d'entreprendre la surprise mais bien si vous croyez à propos de le faire de ne pas perdre de temps. »
48. M. Virol, *Louis XIV et Vauban…*, *op. cit.*, p. 138, Louis XIV à Vauban, 19 septembre 1693 ; *cf.* p. 250, Vauban à Le Peletier, 19 août 1695, se vantant des libertés qu'il prenait avec le roi.
49. *Ibid.*, p. 94-95, Vauban à Mme de Maintenon, 26 avril 1692.
50. J.-P. Cénat, *Le Roi stratège…*, *op. cit.*, p. 12 ; *id.*, *Louvois*, *op. cit.*, p. 163.
51. Marquis de Ségur, *Le Tapissier de Notre-Dame…*, *op. cit.*, p. 247-279, Mme de Maintenon à Mortemart, 27 septembre 1691.
52. J.-P. Cénat, *Le Roi stratège…*, *op. cit.*, p. 79.

53. *Ibid.*, p. 105, 107, Turenne à Louis XIV, 17 mai 1675.
54. *Ibid.*, p. 27, 29.
55. B. Fonck, *Le Maréchal de Luxembourg*..., *op. cit.*, p. 467, Luxembourg à Louis XIV, 28 juin 1693.
56. *Ibid.*, p. 467-478, Louis XIV à Boufflers, 12 décembre 1691.
57. *Ibid.*, p. 373, Louis XIV à Luxembourg, 26 juillet 1692.
58. *Ibid.*, p. 568, Louis XIV à Luxembourg, 25 août 1692.
59. Duc de Noailles, *Histoire de Madame de Maintenon*, *op. cit.*, vol. IV, p. 361, Maine à Mme de Maintenon, juin 1692.
60. Donneau de Visé, *Histoire du siège du château de Namur*, Lyon, Thomas Amaulry, 1692, p. 213.
61. P. Bragard (dir.), *Vauban et Namur : le temps d'un siège, mai-juin 1692 : journal de ce qui s'est passé de plus considérable à la prise de Namur, assiégée par le roi en personne, le 25 mai, et rendu à l'obéissance de Sa Majesté le 29 juin 1692*, Namur, Les Amis de la citadelle de Namur, 2008, p. 181.
62. L. André (dir.), *Deux mémoires historiques*..., *op. cit.*, p. 156.
63. Louis XIV, *Œuvres*, *op. cit.*, vol. IV, p. 389, Mémoires militaires année 1692.
64. J.-C. Petitfils, *Louis XIV*, *op. cit.*, p. 343, 355.
65. Mlle de Montpensier, *Mémoires*, *op. cit.*, vol. IV, p. 52.
66. Louis XIV, *Œuvres*, *op. cit.*, vol. III, p. 453, Fragment sur la campagne de 1674, vol. IV, p. 341, 389-390, Relation de ce qui s'est passé au siège de Namur ; *cf.* pour une expression comparable de fierté par rapport au « splendide isolement » français, comte d'Haussonville, *La Duchesse de Bourgogne*..., *op. cit.*, vol. I, p. 152-153, Louis XIV au cardinal de Noailles, 10 septembre 1696 ; et BM, Mss. 2326, fol. 8, Instructions au comte de Briord, 23 mars 1697 : « La puissance du roy est universellement connue, elle éclate plus que jamais par la manière dont Sa Majesté soutient la guerre depuis plusieurs années contre la plus grande partie de l'Europe. »
67. J.-P. Cénat, *Louvois*..., *op. cit.*, p. 126 ; Mme de Sévigné, *Correspondance*, *op. cit.*, vol. II, p. 655, à Mme de Grignan, 26 mars 1680, « le Roi ne peut souffrir ceux qui quittent le service » ; marquis de Dangeau, *Journal*..., *op. cit.*, vol. XV, p. 104, 10 avril 1702 ; J.-F. Solnon, p. 322, 370.
68. G. Poisson, *Monsieur de Saint-Simon*, *op. cit.*, p. 102, Barbezieux à Saint-Simon, 24 décembre 1695, p. 132, 156.
69. B. Fonck, *Le Maréchal de Luxembourg*..., *op. cit.*, p. 495-497, Luxembourg à Louvois, 17 juillet 1691, à Louis XIV, 22 juin 1693, p. 189, 467, 526.

70. Marquis de Dangeau, *Journal*..., *op. cit.*, vol. VII, p. 91-92, 8, 9 juin 1693 ; duc de Noailles, *Histoire de Madame de Maintenon*, *op. cit.*, vol. IV, p. 408-410, Louis XIV à Monsieur, 8 juin 1693.
71. R. Vetter, *Heidelberga Deleta*, Heidelberg, B. Guderjahn, 1989, p. 55, des Alleurs à Barbezieux, 23 mai 1693 : « La ville de Heidelberg a été pillée et brûlée et je vais conduire 40 000 travailleurs pour la raser » ; information de Nichola Hayton, 6 décembre 2015 ; E. Jaeglé (dir.), *Correspondance de Madame*..., *op. cit.*, vol. I, p. 101, Madame à l'Électrice Sophie, 10 octobre 1693.
72. Marquis de Dangeau, *Journal*..., *op. cit.*, vol. IV, p. 47, 3 juin 1689 ; R. Masson, *Défendre le roi*..., *op. cit.*, p. 193.
73. Duc de Noailles, *Histoire de Madame de Maintenon*, *op. cit.*, vol. IV, note de la p. 292, Maine à Mme de Maintenon, 3 juillet 1690 ; *cf.* B. Fonck, *Le Maréchal de Luxembourg*..., *op. cit.*, p. 408.
74. G. Rowlands, p. 344-345.
75. Marquis de Sourches, *Mémoires*..., *op. cit.*, vol. IV, p. 63, 108, 13 juin, 15 août 1692.
76. La Force, *Le Grand Conti*, *op. cit.*, p. 87, 93, 96, 101 ; G. Rowlands, p. 307-308, 340-341 ; B. Fonck, *Le Maréchal de Luxembourg*..., *op. cit.*, p. 191, 200.
77. Marquis de Dangeau, *Journal*..., *op. cit.*, vol. III, p. 87, 22 septembre 1688.
78. J.-P. Cénat, *Le Roi stratège*..., *op. cit.*, p. 33-34, Chamlay à Louvois, 16 juin 1690.
79. Marquis de Sourches, *Mémoires*..., *op. cit.*, vol. III, p. 85, 2 mai 1689.
80. Marquis de Dangeau, *Journal*..., *op. cit.*, vol. VIII, p. 223, 12, 13 avril 1695.
81. Marquis de Sourches, *Mémoires*..., *op. cit.*, vol. IV, p. 238, 4 août 1693.
82. *Ibid.*, p. 187, 13 avril 1693, p. 477-480, édit d'avril 1693 ; T. Anne, *Histoire de l'ordre royal et militaire de Saint-Louis*, Paris, Firmin Didot, 1860-1861, 3 vol., vol. I, p. 29-40 ; H. Drévillon, *L'Impôt du sang*..., *op. cit.*, p. 265, 295.
83. P. Quarré, comte d'Aligny, *Mémoires militaires*, *op. cit.*, p. 224.
84. M. Culot *et alii* (dir.), *Le Bombardement de Bruxelles par Louis XIV et la reconstruction qui s'ensuivit, 1695-1700*, Bruxelles, Archives d'architecture moderne, 1992, p. 42, 52, Louis XIV à Villeroy, 21 juillet, août 1695.
85. J.-P. Cénat, *Le Roi stratège*..., *op. cit.*, p. 313 ; M. Culot *et alii* (dir.), *Le Bombardement de Bruxelles*..., *op. cit.*, p. 31, 54, 62, Villeroy à Louis XIV, p. 13, 14, 16, 17 août 1695.

86. M. Culot *et alii* (dir.), *Le Bombardement de Bruxelles…, op. cit.*, p. 69, 71-73, Lettre de Lucifer à la France ; pour l'opposition des généraux, voir C. Rousset, *Histoire de Louvois…, op. cit.*, vol. IV, p. 142.
87. Bruxelles ne tarda pas à se doter d'une nouvelle Grand-Place, qui existe encore à ce jour, au moins aussi impressionnante que la place des Victoires à Paris. Elle fut reconstruite en un temps record, soit moins de quatre ans, par les guildes de la ville sur ordre du dernier gouverneur général espagnol des Pays-Bas, Max Emanuel, Électeur de Bavière : A. Smolar-Meynart, *Autour du bombardement de Bruxelles : désastre et relèvement*, Bruxelles, AAM, 1997.
88. J. Swann, *Provincial Power and Absolute Monarchy…, op. cit.*, p. 223, 227-229, Bourbon à Pontchartrain, 19 juillet 1691.
89. A. Dubois, *Journal d'un curé de campagne…, op. cit.*, p. 92, 93, 115.
90. Marquis de Sourches, *Mémoires…, op. cit.*, vol. IV, p. 333, 369, 27 mai, 15 août 1694.
91. DL, p. 394-395.
92. A. Corvisier, *Histoire militaire…, op. cit.*, vol. I, p. 482-483, contrôleur général aux intendants, 5 décembre 1686. Il y avait aussi des hôpitaux publics dans de nombreuses villes.
93. M. Bryant, « The Queen of Versailles… », *op. cit.*, p. 199-202.
94. L. Dingli, *Seignelay…, op. cit.*, p. 344 ; C. Nordmann, *Grandeur et liberté de la Suède (1660-1792)*, Paris, Béatrice-Nauwelaerts, 1971, p. 105.
95. Arch. nat. K 121, 21, décret du 3 août 1692.
96. C. Levantal, *Louis XIV…, op. cit.*, vol. II, p. 596 ; abolie en 1697, la capitation fut rétablie en 1701.
97. E. Corp, *A Court in Exile…, op. cit.*, p. 34-36 ; Daniel Dessert, *Tourville*, Paris, Fayard, 2002, p. 255.
98. D. Dessert, *La Royale…, op. cit.*, p. 143.
99. *Ibid.*, p. 195-196 ; N. Siméon, *Louis XIV et la mer*, Paris, Édition de Conti, 2007, p. 22.
100. J. A. Lynn, *The Wars of Louis XIV…, op. cit.*, p. 88.
101. Marquis de Sourches, *Mémoires…, op. cit.*, vol. IV, p. 1, 2 janvier 1692.
102. J. A. Lynn, *The Wars of Louis XIV…, op. cit.*, p. 84, 88.
103. Daniel Dessert, *Tourville, op. cit.*, p. 256, 275.
104. A. de Wismes, *Jean Bart…, op. cit.*, p. 106, 130.
105. R. Dollot, *Les Origines de la neutralité de la Belgique et le système de la Barrière, 1609-1830*, Ann Arbor, University of Michigan Library, 1902, p. 287

106. M. A. Thomson, « Louis XIV and William III, 1689-1697 », *in* R. Hatton et J. S. Bromley (dir.), *William III and Louis XIV*, Liverpool, Liverpool University Press, 1968, p. 24-48 aux p. 31-45.
107. Rev. J. S. Clarke, *The Life of James the Second…*, *op. cit.*, vol. II, p. 573, proclamation de Jacques II, 8 juin 1697.
108. D. van der Linden, *Experiencing Exile…*, *op. cit.*, p. 131-136, 139.
109. *Ibid.*, p. 143, 144, 146, 150-151.
110. M. E. Grew, *William Bentinck and William III*, *op. cit.*, p. 312, Portland à Guillaume III, 15 février 1698.
111. J. Brewer, *The Sinews of Power : War, Money and the English State, 1688-1783*, Londres, Routledge, 1989, p. 31-145.
112. R. Dollot, *Les Origines de la neutralité de la Belgique…*, *op. cit.*, p. 325 ; W. Troost, *William III…*, *op. cit.*, p. 246-251.
113. L. André, *Louis XIV et l'Europe*, *op. cit.*, p. 273 ; G. Dethan, *Paris au temps de Louis XIV…*, *op. cit.*, p. 137.
114. A. Blanchard, *Vauban*, *op. cit.*, p. 354-358.
115. B. Fonck, *Le Maréchal de Luxembourg…*, *op. cit.*, p. 567, lettre du 13 septembre 1696 ; A. Blanchard, *Vauban*, *op. cit.*, p. 354, Vauban à Racine, 1697.
116. Comte d'Haussonville, *Histoire de la réunion de la Lorraine à la France*, Paris, Hachette, 1854-1859, 4 vol., vol. IV, p. 20, 50, instructions au comte de La Vauguyon, 1685.
117. G. Poullet, *La Maison ducale de Lorraine : étude historique, biographique et généalogique des branches aînée, cadettes et illégitimes de cette maison*, Nancy, 1991, p. 247-249 ; A. Motta, *Échanges, passages et transferts à la cour du duc Léopold de Lorraine*, Rennes, PUR, 2017, p. 121.
118. P. Grimblot, *Letters of William III and Louis XIV…*, *op. cit.*, vol. I, p. 137, Guillaume III à Heinsius, 26 novembre 1697 ; H. et B. Van der Zee, *William and Mary…*, *op. cit.*, p. 342, 434. Son entrée à La Haye le 1er février 1691, en qualité de roi d'Angleterre et de conquérant de l'Irlande, accompagné de princes, d'ambassadeurs et de pairs, avait aussi été conçue pour éclipser Louis XIV. Dans le même ordre d'idées, l'armoire qu'il commanda à l'ébéniste anversois Henri Van Soest pour commémorer la reprise de Namur en 1695, aujourd'hui conservée à l'université catholique de Louvain, est aussi luxueuse que celles de Louis XIV.
119. E. Lurgo, *Philippe d'Orléans…*, *op. cit.*, p. 262, marquis de La Pierre au duc de Savoie, 14 décembre 1685.

120. Marquis de Dangeau, *Journal…*, *op. cit.*, vol. IX, p. 258, 4 novembre 1696 ; *cf.* duc de Noailles, *Histoire de Madame de Maintenon*, *op. cit.*, vol. IV, p. 559, Louis XIV à Mme de Maintenon, 4 novembre 1696.
121. *Ibid.*, vol. IV, p. 561-562, Louis XIV à Mme de Maintenon, 4 novembre 1696.
122. ML, vol. II, p. 745, 813, Mme de Maintenon à la duchesse douairière de Savoie, 6 novembre 1696, 1er juillet 1697.
123. N. Milovanovic, *Du Louvre à Versailles : lecture des grands décors monarchiques*, Paris, Les Belles Lettres, 2005, p. 83, note du 8 septembre 1699.
124. Marquis de Dangeau, *Journal…*, *op. cit.*, vol. X, p. 188, 190, 194, 6, 7, 11 décembre 1697.
125. Marquis de Sourches, *Mémoires…*, *op. cit.*, vol. V, p. 369, 11 décembre 1697 ; S. Castelluccio, *Les Fastes de la galerie des Glaces…*, *op. cit.*, p. 143, 148.
126. L. Norton, *First Lady…*, *op. cit.*, p. 141-142.

Chapitre 19. L'Espagne change de camp : l'avènement du roi Philippe

1. C. Levantal, *La Route royale : le voyage de Philippe V et de ses frères, de Sceaux à la frontière d'Espagne (décembre 1700-janvier 1701) d'après la relation du* Mercure galant, Paris, Communication et Tradition, 1996, p. 25-26 ; marquis de Sourches, *Mémoires…*, *op. cit.*, vol. VI, p. 309, 16 novembre 1700, livre une version différente du discours du roi : « J'espère que les Français et les Espagnols vivront désormais dans une grande réunion et une entière intelligence. Dieu vous y a mis ; le droit et le sang et votre naissance vous y appelant ; les Espagnols vous demandent avec empressement ; vous devez une grande reconnaissance à Dieu. Il faut que vous soyez bon Espagnol, et que vous suiviez leurs usages et leurs manières, d'autant plus qu'ils vous reçoivent à bras ouverts ; mais n'oubliez pas que vous êtes français et prince de la maison de France. Entretenez la bonne intelligence entre les deux couronnes, parce que de notre union dépend le repos de l'Europe, la félicité de vos sujets et nos satisfactions particulières. »
2. C. Désos, *Les Français de Philippe V : un modèle nouveau pour gouverner l'Espagne, 1700-1724*, Strasbourg, Presses de l'université de Strasbourg, 2009, p. 30.
3. *Ibid.*, p. 23.

4. J.-P. Cénat, *Le Roi stratège…*, *op. cit.*, p. 352.
5. *Ibid.*, p. 342-345.
6. L. André, *Louis XIV et l'Europe*, *op. cit.*, p. 287.
7. L. Bély, *L'Art de la paix en Europe…*, *op. cit.*, p. 106 ; P. Grimblot, *Letters of William III and Louis XIV…*, *op. cit.*, vol. I, note de la p. 271.
8. *Ibid.*, vol. II, p. 108, Tallard à Louis XIV, 15 août 1698.
9. M. A. Thomson, « Self-Determination and Collective Security as Factors in English and French Foreign Policy, 1689-1718 », *in* R. Hatton et J. S. Bromley (dir.), *William III and Louis XIV*, *op. cit.*, p. 271-286.
10. A. Crespo Solana, « A Change of Ideology in Imperial Spain? Spanish Commercial Policy with America and the Change of Dynasty (1648-1740) », *in* D. Onnekink et G. Rommelse (dir.), *Ideology and Foreign Policy…*, *op. cit.*, p. 215-242 aux p. 226-227 ; J. C. Rule, « The Partition Treaties, 1698-1700 : A European View », *in* E. Mijers et D. Onnekink (dir.), *Redefining William III…*, *op. cit.*, p. 91-105 à la p. 101.
11. C. Désos, *Les Français de Philippe V…*, *op. cit.*, p. 46, duc d'Escalona à Louis XIV, 29 novembre 1700 ; *cf.* C. Hippeau (éd.), *Correspondance inédite du marquis d'Harcourt*, *op. cit.*, vol. II, p. 27-29, d'Harcourt à Louis XIV, 16 février 1699.
12. J. Spielman, *Leopold I of Austria*, *op. cit.*, p. 158, 172 ; A. Legrelle, *La Diplomatie française et la succession d'Espagne*, Braine-le-Comte, Zech et fils, 1895-1899, 6 vol., vol. IV, p. 131-132, Blécourt à Louis XIV, 29 octobre 1700 ; marquis de Sourches, *Mémoires…*, *op. cit.*, vol. VI, p. 305, 309, lettres des 3, 7 novembre 1700.
13. BL Mss. 2326, fol. 120, Louis XIV au marquis d'Harcourt, 23 décembre 1697.
14. P. Grimblot, *Letters of William III and Louis XIV…*, *op. cit.*, vol. II, p. 49-51, Louis XIV à Tallard, 4 juillet 1698 ; A. Stanhope, *Spain under Charles the Second*, Londres, John Murray, 1844, p. 133, Stanhope à James Stanhope, 11 juin 1698.
15. *Ibid.*, p. 139, Alexander Stanhope à James Stanhope, 23 juin 1698.
16. C. Désos, *Les Français de Philippe V…*, *op. cit.*, p. 26.
17. J. Carswell, *The Descent on England…*, *op. cit.*, p. 146, note de la p. 161, 204.
18. P. Grimblot, *Letters of William III and Louis XIV…*, *op. cit.*, vol. I, note de la p. 216, dresse la liste de cinq lords, douze pages et cinquante-six laquais accompagnant le comte de Portland à son ambassade auprès de Louis XIV en 1698. Après 1685 et 1688 respectivement, les chapelles d'ambassade étaient le seul lieu de culte officiel pour les protestants de Paris et les catholiques de Londres.

19. A. de Wicquefort, *L'Ambassadeur et ses fonctions*, Amsterdam, Janssonius van Waesberge, 1730, p. 93 ; C.-G. Picavet, *La Diplomatie française…*, *op. cit.*, p. 107 ; marquis de Saint-Maurice, *Lettres sur la cour de Louis XIV*, *op. cit.*, vol. I, p. 204, 20 juillet 1668.
20. L. Bély, *L'Art de la paix en Europe…*, *op. cit.*, p. 488, 563, Louis XIV à Callières, 6 décembre 1696.
21. J.-C. Waquet, *François de Callières : l'art de négocier en France sous Louis XIV*, Paris, Rue d'Ulm, 2005, p. 33, 65, 67, 203, 249 et *passim* ; marquis de Sourches, *Mémoires…*, *op. cit.*, vol. X, p ; 40, 19 juin 1706 ; W. R. Newton, *La Petite Cour…*, *op. cit.*, p. 93.
22. Marquis de Torcy, *Journal…*, *op. cit.*, p. XV.
23. Chamlay, « Mémoire historique de ce qui s'est passé depuis 1678 jusqu'à l'an 1688 », *in* C. Rousset, *Histoire de Louvois…*, *op. cit.*, vol. III, p. 233, 432-433.
24. Un exemple extrême serait la loi de Pierre le Grand, empereur de Russie, en 1722 qui permettait au tsar de choisir qui il lui plaisait pour héritier. Il choisit sa seconde épouse, Catherine Ire, ancienne servante de taverne.
25. C. Hippeau (éd.), *Correspondance inédite du marquis d'Harcourt*, *op. cit.*, vol. II, p. 276, Blécourt à Louis XIV, 28 septembre 1700.
26. M.-F. Maquart, *L'Espagne de Charles II et la France, 1665-1700*, Toulouse, Presses universitaires du Mirail, 2000, p. 119, 152.
27. M.-F. Maquart, « Le dernier testament de Charles II », *in* L. Bély (dir.), *La Présence des Bourbons en Europe, XVIe-XXIe siècle*, Paris, PUF, 2003, p. 112-124 aux p. 120-123 ; C. Hippeau (éd.), *Correspondance inédite du marquis d'Harcourt*, *op. cit.*, vol. II, p. 277, Blécourt à Louis XIV, 1er octobre 1700.
28. A. Legrelle, *La Diplomatie française…*, *op. cit.*, vol. IV, p. 131, Blécourt à Louis XIV, 29 octobre 1700.
29. C. Désos, *Les Français de Philippe V…*, *op. cit.*, p. 61.
30. Y. Bottineau, *L'Art de cour dans l'Espagne de Philippe V, 1700-1746*, Mémoires du Musée de l'Île-de-France, domaine de Sceaux, 1993, p. 108-110 et note ; M. Bryant, « The Queen of Versailles… », *op. cit.*, p. 222, 293.
31. Marquis de Dangeau, *Journal…*, *op. cit.*, vol. XVIII, p. 34, 38, 10, 16 février 1705.
32. M. Lahaye, *Le Fils de Louis XIV…*, *op. cit.*, p. 325, 340 ; M. Vincent, *Le* Mercure galant…, *op. cit.*, p. 157 ; Saint-Simon, *Mémoires*, éd. M. Regnier et A. Chéruel, *op. cit.*, vol. VI, p. 422, vol. VIII, p. 231.
33. M. Lahaye, *Le Fils de Louis XIV…*, *op. cit.*, p. 219.
34. *Ibid.*, p. 242-246.

35. Y. Bottineau, *L'Art de cour…*, *op. cit.*, p. 111, Louis XIV à Briord, 14 novembre 1700.
36. Marquis de Sourches, *Mémoires…*, *op. cit.*, vol. VI, p. 309, 16 novembre 1700.
37. P. Grimblot, *Letters of William III and Louis XIV…*, *op. cit.*, vol. II, p. 477, Guillaume III à Heinsius, 16 novembre 1700.
38. C. Levantal, *La Route royale…*, *op. cit.*, p. 29, 37.
39. *Ibid.*, p. 423.
40. Marquis de Sourches, *Mémoires…*, *op. cit.*, vol. VI, p. 326, 4 décembre 1700 ; marquis de Dangeau, *Journal…*, *op. cit.*, vol. XIII, p. 220-221, 4 décembre 1700 ; marquis de Sourches, *Mémoires…*, *op. cit.*, vol. VI, p. 326, 4 décembre 1700.
41. C. Levantal, *La Route royale…*, *op. cit.*, p. 59.
42. Y. Bottineau, *L'Art de cour…*, *op. cit.*, p. 155-156 ; C. Levantal, *La Route royale…*, *op. cit.*, p. 46.
43. *Ibid.*, p. 95.
44. Y. Bottineau, *L'Art de cour…*, *op. cit.*, p. 161 ; C. Levantal, *La Route royale…*, *op. cit.*, p. 121.
45. C. Désos, *Les Français de Philippe V…*, *op. cit.*, p. 75 et note.
46. *Ibid.*, p. 83.
47. C. Hippeau (dir.), *Lettres au maréchal d'Harcourt*, Caen, 1862, p. 164
48. Y. Bottineau, *L'Art de cour…*, *op. cit.*, p. 162 ; C. Désos, *Les Français de Philippe V…*, *op. cit.*, p. 76.
49. H. Kamen, *Philip V of Spain: The King Who Reigned Twice*, New Haven, CT, Yale University Press, 2001, p. 5-9, 11, 22 ; Y. Bottineau, *L'Art de cour…*, *op. cit.*, p. 163.
50. H. Kamen, *Philip V of Spain…*, *op. cit.*, p. 105.
51. A. Baudrillart, *Philippe V et la cour de France*, *op. cit.*, vol. I, p. 87, Gramont à Mme de Maintenon, 14 juin 1704 ; marquis de Dangeau, *Journal…*, *op. cit.*, vol. XVII, note de la p. 417, Vendôme à Louis XIV, 25 septembre 1710.
52. A. Baudrillart, *Philippe V et la cour de France*, *op. cit.*, vol. I, p. 112-113, Louis XIV à Philippe V, 10 septembre 1702, Philippe V à Louis XIV, 17 octobre 1702 ; M. Cermakian, *La Princesse des Ursins : sa vie et ses lettres*, Paris, Didier, 1969, p. 295 ; Saint-Simon, *Mémoires*, éd. M. Regnier et A. Chéruel, *op. cit.*, vol. III, p. 469, décrit d'Aubigny.
53. J. C. Rule et B. S. Trotter, *A World of Paper…*, *op. cit.*, p. 397.
54. M. Kroll, *Letters from Liselotte…*, *op. cit.*, p. 103, Madame à Sophie, 13 novembre 1700.
55. H. Kamen, *Philip V of Spain…*, *op. cit.*, p. 232-233.

56. Marquis de Dangeau, *Journal…*, *op. cit.*, vol. XIV, p. 155, 16 juillet 1701 ; J. Spielman, *Leopold I of Austria*, *op. cit.*, p. 175-176.
57. A. Legrelle, *La Diplomatie française…*, *op. cit.*, vol. III, p. 389-390, Cardinal de Forbin-Janson à Louis XIV, 11-juin 1697.
58. C. Hippeau (dir.), *Lettres au maréchal d'Harcourt*, *op. cit.*, p. 46, 48-49, Tessé à Harcourt, 15, 27 février 1701.
59. C. Désos, *Les Français de Philippe V…*, *op. cit.*, p. 100.
60. C. Hippeau (éd.), *Correspondance inédite du marquis d'Harcourt*, *op. cit.*, vol. II, p. 424, 504, d'Harcourt à Louis XIV, 12 janvier, 23 février 1701 ; C. Désos, *Les Français de Philippe V…*, *op. cit.*, p. 62, Louis XIV à Blécourt, 21 novembre 1700, p. 92, 180-181.
61. Marquis de Dangeau, *Journal…*, *op. cit.*, vol. XIX, p. 100, 9 mai 1706.
62. BnF NAF 12764, fol. 198, Louis XIV à Philippe V, 27 juin 1701 (copie).
63. BnF NAF 12764 fol. 162, Louis XIV à Philippe V, 13 juillet 1701 ; *cf.* pour des lettres similaires BnF NAF 12764 fol. 162, Louis XIV à Philippe V, 6 février 1702, et Louis XIV, *Œuvres*, *op. cit.*, vol. VI, p. 107, Louis XIV à Philippe V, 4 février 1703.
64. H. Kamen, *Philip V of Spain…*, *op. cit.*, p. 21-22.
65. C. Désos, *Les Français de Philippe V…*, *op. cit.*, p. 104, 185, 194 ; Y. Bottineau, *L'Art de cour…*, *op. cit.*, p. 185 ; A. Baudrillart, *Philippe V et la cour de France*, *op. cit.*, vol. I, p. 73-74.
66. C. Désos, *Les Français de Philippe V…*, *op. cit.*, p. 139 ; A. Geffroy (dir.), *Lettres inédites de la princesse des Ursins*, Paris, Didier, 1859, p. 121, des Ursins à la maréchale de Noailles, 16 décembre 1707.
67. C. Levantal, *La Route royale…*, *op. cit.*, p. 63 ; C. Désos, *Les Français de Philippe V…*, *op. cit.*, p. 137.
68. *Ibid.*, p. 140 ; Y. Bottineau, *L'Art de cour…*, *op. cit.*, p. 185 (note), 188.
69. *Cf.* P. H. Wilson, *War, State and Society in Württemberg…*, *op. cit.*, 1995, p. 142 : le duc de Wurtemberg voulait devenir roi de Franconie. Le duc de Lorraine revendiquait le trône de Jérusalem, le duc de Savoie celui de Chypre, alors que les doges de Venise et de Gênes demandaient un « traitement royal » en tant que souverains des royaumes de Chypre et de Corse, respectivement.
70. C. Rousset, *Histoire de Louvois…*, *op. cit.*, vol. II, p. 408, déclaration du 15 octobre 1675.
71. L. Farges (dir.), *Recueil des instructions…*, *op. cit.*, vol. I, p. 222, 227, Louis XIV à Polignac, 26 juillet 1696, p. 237, Instructions

à M. de Forval, 23 février 1697 ; J. Saint-Germain, *Samuel Bernard…*, *op. cit.*, p. 57-61, Polignac à Bernard, 22 avril 1697.

72. Marquis de Dangeau, *Journal…*, *op. cit.*, vol. X, p. 62, 98, 124, 12 mai, 11 juillet, 24 août 1697 ; marquis de Sourches, *Mémoires…*, *op. cit.*, vol. V, p. 334, 3 septembre 1697.
73. La Force, *Le Grand Conti*, *op. cit.*, p. 128-129, 136 ; Saint-Simon, *Mémoires*, éd. M. Regnier et A. Chéruel, *op. cit.*, vol. I, p. 431, 450.
74. Louis XV tenterait d'installer sur le trône de Pologne son beau-père Stanisław Leszczyński en 1733, envoyant même des troupes françaises à Dantzig. Son candidat ultérieur serait son cousin, le prince de Conti, petit-fils du candidat de Louis XIV en 1697.
75. E. Jaeglé (dir.), *Correspondance de Madame…*, *op. cit.*, vol. I, p. 152, Madame à l'Électrice Sophie, 4 août 1697.
76. S. Castelluccio (dir.), *Le Commerce du luxe à Paris…*, *op. cit.*, p. 274-275.
77. J. Spielman, *Leopold I of Austria*, *op. cit.*, p. 16 ; T. Sharp, *Pleasure and Ambition: The Life, Loves and Wars of Augustus the Strong*, Londres, I. B. Tauris, 2001, p. 139, 141-145.
78. La Force, *Le Grand Conti*, *op. cit.*, p. 138, 143 ; Comte Renaud Przezdziecki, *Diplomatie et protocole…*, *op. cit.*, vol. I, p. 233 ; J. Lukowski, *Liberty's Folly: The Polish-Lithuanian Commonwealth in the Eighteenth Century, 1697-1795*, Londres, Routledge, 1991, p. 122 ; marquis de Dangeau, *Journal…*, *op. cit.*, vol. X, p. 175, 194, 195, 11 novembre, 13 décembre 1697. Conti demeura populaire à Paris et Versailles, mais ne fut plus jamais employé par Louis XIV, si ce n'est peu de temps avant sa mort prématurée en 1709 : Saint-Simon, *Mémoires*, éd. M. Regnier et A. Chéruel, *op. cit.*, vol. VI, p. 272-227. Je remercie le professeur Aleksandra Skrzypietz pour cette information sur la candidature de Conti.
79. Marquis de Dangeau, *Journal…*, *op. cit.*, vol. X, p. 117, 195, 12 août, 13 décembre 1697.
80. En revanche, il calqua certaines cérémonies sur Versailles et demanda à son résident, Spanheim, les mesures exactes de la perruque de Louis XIV : L. et M. Frey, *Frederick I…*, *op. cit.*, p. 53, 216.
81. K. Friedrich et S. H. Smart (dir.), *The Cultivation of Monarchy and the Rise of Berlin*, Aldershot, Ashgate, 2010, p. 178-179, 227, 230, 292 ; A. Waddington, *Le Grand Électeur…*, *op. cit.*, vol. II, p. 19, récit de Régnard, 1681, p. 23 : à partir de 1663, l'Électeur affirmait à travers certains points de détail de l'étiquette un statut supérieur à celui d'autres Électeurs, en raison de sa souveraineté totalement indépendante sur la Prusse.

82. H. Lorenz, « Vienna Gloriosa », *in* H. A. Millon (dir.), *Circa 1700: Architecture in Europe and the Americas*, New Haven, NGW-Stud Hist Art, 2005, p. 47-64.
83. N. Henderson, *Prince Eugene of Savoy…, op. cit.*, p. 244, 257, 263-265 ; M.-L. von Plessen *et alii* (dir.), *Prince Eugene, General-Philosopher and Art Lover*, Munich, Hirmer, 2010, p. 159, 172.
84. I. Harrer *et alii*, *The Austrian National Library*, Vienne, 2015, p. 32-59.
85. *Peter the Great, an Inspired Tsar*, Amsterdam, De Nieuwe Kerk, 2013, p. 28-38, 142-154 ; A. Orloff et D. Chvidkovski, *Saint-Pétersbourg : l'architecture des tsars*, Paris, Éditions Place des Victoires, 2005, p. 22, 29, 34. Dans le même ordre d'idées, au début, Potsdam devait plus à l'influence hollandaise que française : D. McKay, *The Great Elector…, op. cit.*, p. 235.
86. A. Rambaud (dir.), *Recueil des instructions données aux ambassadeurs et ministres de France : Russie*, Paris, Alcan, 1890, 2 vol., vol. I, p. 47, 55 ; T. Sharp, *Pleasure and Ambition…, op. cit.*, p. 245-246.
87. R. Hatton, *Charles XII of Sweden*, Worthing, Littlehampton Book Services Ltd.,1968, p. 172 ; T. Sharp, *Pleasure and Ambition…, op. cit.*, p. 176, 210 ; E. Jaeglé (dir.), *Correspondance de Madame…, op. cit.*, vol. I, p. 232, Madame à l'Électrice Sophie, 2 janvier 1701. À sa mort en 1719, ce fut lui – et non Louis XIV – qu'elle qualifia de héros à l'égal d'Alexandre le Grand : D. Van der Cruysse, *Madame Palatine : lettres françaises, op. cit.*, p. 603, Madame à la reine Ulrique-Éléonore de Suède, 30 avril 1719.
88. Marquis de Dangeau, *Journal…, op. cit.*, vol. XVI, p. 125, 30 mai 1702.
89. Dr R. Doebner (dir.), *Memoirs of Mary, Queen of England,* Leipzig, Veit, 1886, p. 72, 76, Guillaume III à l'Électrice Sophie, 28 avril, 20 décembre 1689.
90. M. E. Grew, *William Bentinck and William III, op. cit.*, p. 400-404 ; A. W. Ward, *The Electress Sophia and the Hanoverian Succession*, Londres, Longmans, Green, and Company, 1909, p. 307, 385, 388, 395.
91. P. Grimblot, *Letters of William III and Louis XIV…, op. cit.*, vol. II, p. 206, Instructions à Tallard, 17 décembre 1698.
92. *Ibid.*, 36, Bentinck à Guillaume III, 17 juin 1698 ; cf. *ibid.*, p. 161, Louis XIV à Tallard, 14 septembre 1698.
93. L. G. Wickham Legg, *Matthew Prior: A Study of his Public Career and Correspondence*, Cambridge, Cambridge University Press, 1921, p. 73-74, 80, Prior à Vernon, 27 août, 1er, 18 octobre 1698 ;

cf. marquis de Sourches, *Mémoires…*, *op. cit.*, vol. VI, p. 65, 68, 10, 12 septembre 1698, pour Jacques II et Louis XIV passant les troupes en revue ensemble.

94. P. Grimblot, *Letters of William III and Louis XIV…*, *op. cit.*, vol. II, p. 183, 186-187, Tallard à Louis XIV, 3 novembre 1698, Louis XIV à Tallard, 11 novembre 1698.
95. Arch. nat. K 122, lettres patentes du roy, décembre 1700 ; A. Baudrillart, *Philippe V et la cour de France*, *op. cit.*, vol. I, p. 469 ; marquis de Sourches, *Mémoires…*, *op. cit.*, vol. VII, p. 448, Déclaration du roi en faveur du roi d'Espagne, décembre 1700.
96. P. Hrodej, *L'Amiral du Casse : l'élévation d'un Gascon sous Louis XIV*, Paris, Librairie de l'Inde, 1999, 2 vol., vol. I, p. 293 ; C. Frostin, *Les Pontchartrain…*, *op. cit.*, p. 399.
97. C. Hippeau (éd.), *Correspondance inédite du marquis d'Harcourt*, *op. cit.*, vol. II, p. 424, d'Harcourt à Louis XIV, 12 janvier 1701 : « Ce commerce est très avantageux. »
98. Y. Bottineau, *L'Art de cour…*, *op. cit.*, p. 179 ; marquis de Dangeau, *Journal…*, *op. cit.*, vol. XV, p. 309, 15 décembre 1702 ; T. J. Schaeper, *The French Council of Commerce, 1700-1715*, Columbus, OH, Ohio State University Press, 1983, p. 88, 224, 234.
99. J. Callow, *King in Exile: James II…*, *op. cit.*, p. 377.
100. E. Corp, *A Court in Exile…*, *op. cit.*, p. 161, 164, testament de Jacques II, 5 mars 1699, Louis XIV à « Jacques III », mars 1708 (d'après un exemplaire traduit).
101. Rev. J. S. Clarke, *The Life of James the Second…*, *op. cit.*, vol. II, note de la p. 591.
102. *Ibid.*, note de la p. 577 ; *cf.* J. Garrett, *The Triumphs of Providence…*, *op. cit.*, p. 73, 143, pour une preuve de la popularité durable de Guillaume III, et du mépris envers les « Jacks » (les jacobites), en Angleterre.
103. J. Callow, *King in Exile: James II…*, *op. cit.*, p. 375 ; Rev. J. S. Clarke, *The Life of James the Second…*, *op. cit.*, vol. II, note de la p. 593.
104. *Ibid.*, vol. II, p. 598-589 ; Lord Perth, « Lettres… au Père de La Trappe », *Revue de l'histoire de Versailles*, octobre 1927, p. 213-225 aux p. 216-217, 220, 225, Perth au père de La Trappe, 9 octobre 1701 ; marquis de Sourches, *Mémoires…*, *op. cit.*, vol. VII, p. 117-118, 13-16 septembre 1701 ; marquis de Dangeau, *Journal…*, *op. cit.*, vol. XIV, p. 199, 13 septembre 1701.
105. Marquis de Sourches, *Mémoires…*, *op. cit.*, vol. VII, p. 119, 18 septembre 1701.
106. N. Genet-Rouffiac, *Le Grand Exil…*, *op. cit.*, p. 79.

107. S. Bertière, *Mazarin…*, *op. cit.*, p. 655.
108. J. Mazarin, *Lettres du cardinal Mazarin…*, *op. cit.*, vol. IX, p. 332, 357, 426, Mazarin à Turenne, 29 septembre 1659, à Le Tellier, 10 octobre 1659, à Turenne, 27 novembre 1659 ; *cf.* AD CP Angleterre 376 *sq.* 410v, Poussin à Torcy, 24 septembre 1701, se plaignant de ce que cette reconnaissance va « animer la nation anglaise contre la France ».
109. P. Blet, *Les Nonces du pape…*, *op. cit.*, p. 227, dépêche de Gualtiero, 12 décembre 1701.
110. M. Haile, *Queen Mary of Modena…*, *op. cit.*, p. 355, Manchester à Vernon, 24 septembre 1701 ; AD CP Angleterre 376 *sq.* 210, Torcy à Poussin, 18 septembre 1701.
111. Duc de Manchester, *Court and Society, from Elizabeth to Anne*, Londres, Hurst and Blackett, 1864, 2 vol., vol. II, p. 196, Manchester à Blathwayt, 19 septembre 1701 ; ML, vol. III, p. 316, à Philippe V, 20 septembre 1701.
112. Duc de Manchester, *Court and Society…*, *op. cit.*, vol. II, p. 198-200, Manchester à Blathwayt, 23, 24 septembre 1701 ; marquis de Dangeau, *Journal…*, *op. cit.*, vol. XIV, note de la p. 214, Manchester à Torcy, 2 octobre 1701.
113. E. Corp, *A Court in Exile…*, *op. cit.*, p. 60.
114. Duc de Manchester, *Court and Society…*, *op. cit.*, vol. II, p. 20, Manchester à Blathwayt, 26 septembre 1701.
115. C. Spencer, *Blenheim: Battle for Europe*, Londres, Phoenix, 2004, p. 81.
116. M. A. Thomson, « Louis XIV and the Origins of the War of the Spanish Succession », *in* R. Hatton et J. S. Bromley (dir.), *William III and Louis XIV*, *op. cit.*, p. 140-161.
117. E. Gregg, « Monarchs without a Crown », *in* R. Oresko *et alii* (dir.), *Royal and Republican Sovereignty in Early Modern Europe*, Cambridge, Cambridge University Press, 1997, p. 382-422 à la p. 401.
118. J. Hone, « Isaac Newton and the Medals for Queen Anne », *Huntington Library Quarterly*, vol. 79, n° 1, printemps 2016, p. 119-148.

Chapitre 20. Le triomphe de l'Europe

1. Marquis de Dangeau, *Journal…*, *op. cit.*, vol. XVII, p. 159-161, et 323-325, 25 juin 1704. Le roi était aussi présent quand son épouse et sa bru étaient en travail, et resta avec la Dauphine à la

naissance du duc d'Anjou en 1683 jusqu'à 5 heures du matin : R. Reuss (dir.), *Correspondances politiques…*, *op. cit.*, p. 77, 22 décembre 1683.

2. Marquis de Dangeau, *Journal…*, *op. cit.*, vol. XVIII, 79, 16 avril 1705 ; ML, vol. III, p. 611, Mme de Maintenon au duc de Noailles, 21 mai 1705 ; les quatre générations de Bourbons sont commémorées avec l'illustration 55.
3. A. Dubois, *Journal d'un curé de campagne…*, *op. cit.*, p. 141, 25 juillet 1704.
4. Marquis de Sourches, *Mémoires…*, *op. cit.*, vol. VIII, p. 404, 25 juin 1704 ; A. Blanchard, *Vauban*, *op. cit.*, p. 128, 174 ; *Mémoires de Louis XIV*, éd. J. Longnon, *op. cit.*, p. 144.
5. J. de La Gorce, « "Le Triomphe de la Seine et du Tage sur les autre fleuves de l'Europe affermi par la naissance du duc de Bretagne" : une fête organisée à Paris pendant la guerre de Succession d'Espagne », *in* A. Álvarez Ossorio *et alii* (dir.), *La pérdida de Europa…*, *op. cit.*, p. 49-63 ; marquis de Dangeau, *Journal…*, *op. cit.*, vol. XVII, p. 212, 28 août 1704. Il la couvrit aussi de cadeaux en or, en argent, en porcelaine de Chine et en soie de Perse, et organisa un feu d'artifice à Marly, avec un arc de triomphe décoré des mots « Pour Adélaïde » : *ibid.*, vol. XVII, p. 195, 200, 7, 12 août 1704.
6. Marquis de Torcy, *Journal…*, *op. cit.*, p. 144, 2 mars 1710 ; *cf.* T. Sharp, *Pleasure and Ambition…*, *op. cit.*, p. 220.
7. T. Blanning, *Frederick the Great…*, *op. cit.*, p. 13-14 ; marquis de Dangeau, *Journal…*, *op. cit.*, vol. XXI, p. 170, 24 août 1708.
8. R. Holmes, *Marlborough: Britain's Greatest General*, Londres, Harper Perennial, 2009, p. 216, 219, 261 ; L. Bély, *Espions et ambassadeurs…*, *op. cit.*, p. 88-91.
9. Général de Vault (dir.), *Mémoires militaires relatifs à la Succession d'Espagne sous Louis XIV*, Paris, Imprimerie nationale, 1835-1862, 15 vol., vol. X, p. 595, Villars à Louis XIV, 29 avril 1711 ; C. Spencer, *Blenheim…*, *op. cit.*, p. 264.
10. Marquis de Dangeau, *Journal…*, *op. cit.*, vol. XXII, p. 142-143, 1er juin 1709, remarque de Saint-Simon.
11. C. Spencer, *Blenheim…*, *op. cit.*, p. 139.
12. *Ibid.*, p. 197-199.
13. *Ibid.*, p. 200.
14. G. Parker, *Global Crisis: War, Climate Change and Catastrophe in the Seventeenth Century*, New Haven, Yale University Press, 2013, p. 322.
15. C. Rousset, *Histoire de Louvois…*, *op. cit.*, vol. I, 331.

16. G. Rowlands, « Last Argument of the King, or a Step Too Far? Arms, Artillery and Absolutism under Louis XIV », conférence à l'Institute of Historical Research, Londres, 19 mai 2014 ; C. Spencer, *Blenheim…*, *op. cit.*, p. 122.
17. D. Chandler (dir.), *Military Memoirs of Marlborough's Campaigns*, Londres, Greenhill Books, 1998, p. 42 ; R. Holmes, *Marlborough…*, *op. cit.*, p. 387.
18. D. Chandler (dir.), *Military Memoirs…*, *op. cit.*, p. 81, 89.
19. Louis XIV, *Correspondance avec M. Amelot, son ambassadeur en Espagne, 1705-1709*, Nantes, Aubry, 1864, 2 vol., vol. I, note de la p. 141, Amelot à Chamillart, 22 juillet 1706.
20. Maréchal de Villars, *Mémoires*, *op. cit.*, vol. III, p. 290, Villars à Voysin, 29 septembre 1710. Toutefois, l'achat des places resta la norme dans l'armée britannique jusqu'en 1867.
21. Marquis de Dangeau, *Journal…*, *op. cit.*, vol. XVII, p. 207-208, 21, 22 août 1704 ; C. Spencer, *Blenheim…*, *op. cit.*, p. 285, 289, 291, 303-334.
22. *Ibid.*, p. 297, 301 ; R. Holmes, *Marlborough…*, *op. cit.*, p. 296.
23. ML, vol. III, p. 512, Mme de Maintenon à Villeroy, 23 août 1704.
24. C. Spencer, *Blenheim…*, *op. cit.*, p. 311.
25. B. Fonck, *Le Maréchal de Luxembourg…*, *op. cit.*, p. 498, Louis XIV à Luxembourg, 25 juillet 1691 ; *cf.* général de Vault (dir.), *Mémoires militaires…*, *op. cit.*, vol. VI, p. 17, Louis XIV à Villeroy, 6 mai 1706.
26. M. Carbonnier-Burkard, *Comprendre la révolte des Camisards*, *op. cit.*, p. 5 ; W. G. Monahan, *Let God Arise: The War and Rebellion of the Camisards*, Oxford, Oxford University Press, 2014, p. 58.
27. Marquis de Dangeau, *Journal…*, *op. cit.*, vol. XVI, p. 83, 96, 6, 23 avril 1703. Tous les premiers dimanches de septembre, une assemblée de leurs descendants et admirateurs commémore le combat des camisards au musée du Désert, à Mialet, près de Nîmes.
28. Maréchal de Villars, *Mémoires*, *op. cit.*, vol. III, p. 221, Villars à Chamillart, 9 mai 1704.
29. Baronne de Charnisay, *Un gentilhomme huguenot au temps des camisards : le baron d'Aigaliers*, Cahors, Musée du Désert, 1935, p. 40, Villars à Chamillart, 11 avril 1704.
30. Maréchal de Villars, *Mémoires*, *op. cit.*, vol. II, p. 150.
31. T. Sarmant, *Louis XIV : l'homme et le roi*, *op. cit.*, p. 391-393 ; E. Pénicaut, *Faveur et pouvoir au tournant du Grand Siècle…*, *op. cit.*, p. 75, 79, 166 ; Saint-Simon, *Mémoires*, éd. M. Regnier et A. Chéruel, *op. cit.*, vol. VI, p. 217.

32. W. G. Monahan, *Let God Arise…*, *op. cit.*, p. 120, note de la p. 148, Chamillart à Julien, 3, 14 février, note de Chamillart, septembre 1703. Toutefois, beaucoup de civils protestants, y compris des femmes, furent tués sur ordre du roi afin d'intimider les autres, J. Nicolas, *La Rébellion française…*, *op. cit.*, p. 788.
33. Marquis de Sourches, *Mémoires…*, *op. cit.*, vol. IV, p. 167, 5 mars 1693.
34. Baronne de Charnisay, *Un gentilhomme huguenot…*, *op. cit.*, p. 158-159, 164-165, d'Aigaliers, *Mémoires*.
35. *Ibid.*, p. 166, d'Aigaliers, *Mémoires*, p. 185, Chamillart à d'Aigaliers, 19 août 1704.
36. *Ibid.*, p. 302-303, 319, 330, 332, d'Aigaliers à Chamillart, 27 novembre 1704.
37. *Ibid.*, p. 60, d'Aigaliers, *Mémoires*.
38. Marquis de Dangeau, *Journal…*, *op. cit.*, vol. XVII, p. 167, 4 juillet 1704.
39. *Ibid.*, vol. XVIII, p. 90, 28 avril 1705 ; R. Sauzet, *Le Notaire et son roi…*, *op. cit.*, p. 237-239 ; V. Pellegrin, *Montpellier la protestante*, Montpellier, Nouvelles Presses du Languedoc, 2012, p. 82, 84, 87, 211.
40. R. Holmes, *Marlborough…*, *op. cit.*, p. 348 ; R. Masson, *Défendre le roi…*, *op. cit.*, p. 352-354.
41. Marquis de Sourches, *Mémoires…*, *op. cit.*, vol. X, p. 85, 26 mai 1706.
42. Marquis de Dangeau, *Journal…*, *op. cit.*, vol. XXII, p. 6-7, 2, 4 janvier 1709. Le Quesnoy se rendit dans des circonstances similaires en juillet 1712.
43. ML, vol. III, p. 786, Mme de Maintenon à des Ursins, 4 juillet 1706.
44. Saint-Simon, *Mémoires*, éd. M. Regnier et A. Chéruel, *op. cit.*, vol. V, p. 9.
45. ML, vol. III, p. 798, Mme de Maintenon à des Ursins, 16 juillet 1707.
46. E. Pénicaut, *Faveur et pouvoir au tournant du Grand Siècle…*, *op. cit.*, p. 198, Chamillart à Vendôme, 20 août 1706.
47. Duc de Saint-Simon, *La Mort de Louis XIV*, *op. cit.*, p. 87.
48. Louis XIV, *Œuvres*, *op. cit.*, vol. VI, p. 135, Louis XIV à Victor-Amédée II, septembre 1703.
49. Général de Vault (dir.), *Mémoires militaires…*, *op. cit.*, vol. IV, p. 293, vol. V, p. 129, vol. VI, p. 285, Louis XIV à Orléans, 6 septembre 1706.
50. *Ibid.*, vol. VI, p. 52, Louis XIV à Chamillart, 1er juin 1706.
51. G. Symcox, *Victor Amadeus II…*, *op. cit.*, p. 151, 227. L'extérieur de Blenheim est décoré d'un buste de Louis XIV enlevé de la porte royale de Tournai, de trophées militaires, de fleurs de lys piétinées

et de coqs gaulois, l'intérieur de tapisseries et de fresques des triomphes de Marlborough sur Louis XIV, dans un style similaire à celui que prisait ce dernier à Versailles : J. Legard, « "Princely Glory": The 1st Duke of Marlborough, Court Culture, and the Construction of Blenheim Palace », conférence à la Society for Court Studies, 18 février 2018.

52. R. Holmes, *Marlborough…*, *op. cit.*, p. 348.
53. C. W. Ingrao, *In Quest and Crisis: The Emperor Joseph I and the Habsburg Monarchy*, West Lafayette, IN, Purdue University Press, 1979, p. 81, 98, 102, 117.
54. P. Attwood et F. Powell, *Medals of Dishonour*, Londres, The British Museum, 2009, p. 18-19, 44, 51 et *passim*.
55. R. de Bruin et M. Brinkman (dir.), *Peace was Made Here: The Treaties of Utrecht, Rastatt and Baden, 1713-1714*, Petersberg, Michael Imhof Verlag, 2013, p. 28.
56. R. Holmes, *Marlborough…*, *op. cit.*, p. 277-278 ; C. Spencer, *Blenheim…*, *op. cit.*, p. 211, 216-217 ; C. W. Ingrao, *In Quest and Crisis…*, *op. cit.*, p. 47.
57. Marquis de Dangeau, *Journal…*, *op. cit.*, vol. XIX, p. 58, 15 mars 1706 ; *cf.* D. Godard, *Le Goût de Monsieur : l'homosexualité masculine au XVIIe siècle*, H & O Éditions, 2002, p. 172, pour les relations de Vendôme avec les paysans d'Anet. On dit qu'en 1697 il avait pris Barcelone comme il avait attrapé la vérole, par-derrière.
58. Marquis de Sourches, *Mémoires…*, *op. cit.*, vol. X, p. 30, 49, 13 février, 14 mars 1706 ; P. Narbonne, *Journal de police*, Clermont-Ferrand, Paleo, 2002-2003, 2 vol., vol. I, p. 26-27 juin 1712.
59. J.-P. Cénat, *Le Roi stratège…*, *op. cit.*, p. 426.
60. A. Baudrillart et L. Lecestre (dir.), *Lettres du duc de Bourgogne au roi d'Espagne Philippe V et à la reine*, Paris, Renouard, 1912-1916, 2 vol., vol. I, p. 198, 202, Bourgogne à Fénelon, 20 septembre, 3 octobre 1708 ; L. Norton, *First Lady…*, *op. cit.*, p. 262-269.
61. *Ibid.*, p. 271, 282 ; abbé Millot, *Mémoires politiques et militaires…*, *op. cit.*, p. 404, Bourgogne à Mme de Maintenon, 13 juillet 1708.
62. L. Norton, *First Lady…*, *op. cit.*, p. 293, 297 ; comte d'Haussonville, *La Duchesse de Bourgogne…*, *op. cit.*, vol. III, p. 245, 269-270.
63. A. Dubois, *Journal d'un curé de campagne…*, *op. cit.*, p. 151, 1708.
64. R. Holmes, *Fatal Avenue…*, *op. cit.*, p. 393.
65. A. Lottin, *Les Grandes Batailles du Nord de la France*, Paris, Éditions Mazarine, 1984, p. 126-130 ; comte d'Haussonville, *La Duchesse de Bourgogne…*, *op. cit.*, vol. III, p. 343, citant

des lettres de Bourgogne à Louis XIV et Mme de Maintenon, septembre 1708.

66. Général de Vault (dir.), *Mémoires militaires…*, *op. cit.*, vol. VIII, p. 399, Louis XIV à Bourgogne, 16 juillet 1708 ; *cf.* L. Norton, *First Lady…*, *op. cit.*, p. 281, Louis XIV à Bourgogne, 23 juillet 1708.
67. BnF Mss. fr. 6925, fol. 88, 106 v, 159, maréchal au duc de Noailles, 26 juin, 17 juillet, 10 septembre 1708.
68. A. Baudrillart et L. Lecestre (dir.), *Lettres du duc de Bourgogne…*, *op. cit.*, vol. II, p. 20, Bourgogne à Philippe V, 26 juin 1709 ; E. Pénicaut, *Faveur et pouvoir au tournant du Grand Siècle…*, *op. cit.*, p. 152, 155 ; M. Langlois, *Louis XIV et la Cour*, *op. cit.*, p. 252-253 ; Saint-Simon, *Mémoires*, éd. M. Regnier et A. Chéruel, *op. cit.*, vol. VI, p. 425-426.
69. A. Maral, *Le Versailles de Louis XIV…*, *op. cit.*, p. 261, 295.
70. Marquis de Sourches, *Mémoires…*, *op. cit.*, vol. XI, note de la p. 26, 21 février 1708.
71. ML, vol. IV, p. 90, 225, Mme de Maintenon à des Ursins, 27 février, 17 octobre 1707.
72. L. Norton, *First Lady…*, *op. cit.*, p. 167, 185, 240.
73. Comte d'Haussonville, *La Duchesse de Bourgogne…*, *op. cit.*, vol. II, p. 214.
74. L. Norton, *First Lady…*, *op. cit.*, p. 241-247 ; Saint-Simon, *Mémoires*, éd. M. Regnier et A. Chéruel, *op. cit.*, vol. IV, p. 346, 407-408.
75. Comte d'Haussonville, *La Duchesse de Bourgogne…*, *op. cit.*, vol. I, p. 385, vol. II, p. 153, 163.
76. Marquis de Dangeau, *Journal…*, *op. cit.*, vol. XV, p. 224, 8 septembre 1708 ; comte d'Haussonville, *La Duchesse de Bourgogne…*, *op. cit.*, vol. II, p. 188 ; L. Norton, *First Lady…*, *op. cit.*, p. 189-192.
77. *Ibid.*, p. 180, 220-221.
78. F. Peyrat (dir.), *Marie-Adélaïde de Savoie, duchesse de Bourgogne, enfant terrible de Versailles*, Bruxelles, Éditions de l'université de Bruxelles, 2014, *passim* ; marquis de Dangeau, *Journal…*, *op. cit.*, vol. XII, p. 168, 16 octobre 1699 ; ML, vol. IV, p. 274, Mme de Maintenon à des Ursins, 22 janvier 1708.
79. Marquis de Dangeau, *Journal…*, *op. cit.*, vol. XI, p. 175, 178, 8, 13 novembre 1698, vol. XII, p. 17, 106, 24 janvier, 1er juillet 1699, vol. XVIII, p. 168, 11 août 1705.
80. A. Fraser, *Love and Louis XIV…*, *op. cit.*, p. 283 ; Saint-Simon, *Mémoires*, éd. M. Regnier et A. Chéruel, *op. cit.*, vol. V, p. 432-433. Mme de Maintenon confirme que le roi ne pouvait

tolérer Marly sans la duchesse de Bourgogne : ML, vol. III, p. 867, à des Ursins, 21 novembre 1706.

81. BnF Mss. fr. 6925, fol. 17-20, la maréchale au duc de Noailles, avril 708.
82. L. Norton, *First Lady…*, *op. cit.*, p. 224 (note), 296-300 ; P. Narbonne, *Journal de police*, *op. cit.*, vol. I, p. 30-31.
83. Marquis de Sourches, *Mémoires…*, *op. cit.*, vol. X, p. 136, 23 décembre 1710 ; M. Kroll, *Letters from Liselotte…*, *op. cit.*, p. 151, à Madame, 28 septembre 1709 ; Saint-Simon, *Mémoires*, éd. M. Regnier et A. Chéruel, *op. cit.*, vol. VI, p. 459-462.
84. L. G. Wickham Legg, *Matthew Prior…*, *op. cit.*, p. 68, 73-74, 80, 103, Prior à Charles Montagu, 18 février, à James Vernon, 21 mai, à Charles Montagu, 27 août, à Lord Jersey, 19 août 1699.
85. Duc de Manchester, *Court and Society…*, *op. cit.*, vol. II, p. 145, dépêche de Manchester, 22 mai 1700.
86. Marquis de Dangeau, *Journal…*, *op. cit.*, vol. IX, p. 132, 158, 181, 18 novembre 1704, 8 janvier, 23 février 1705, vol. V, p. 106-107, 12, 14 octobre 1690 ; marquis de Sourches, *Mémoires…*, *op. cit.*, vol. IX, p. 181, 23 février 1705.
87. Marquis de Dangeau, *Journal…*, *op. cit.*, vol. XII, p. 159, 1er octobre 1699, vol. XVIII, p. 168, 11 août 1705.
88. *Ibid.*, vol. XVI, p. 8, 248, 1er mars, 11 octobre 1703, vol. XVIII, p. 257, 28 novembre 1705.
89. Toutefois, ainsi que « Jacques III » s'en apercevrait, ces officiers jacobites préféraient souvent servir la France plutôt que lui.
90. ML, vol. IV, p. 294, 299, Mme de Maintenon à des Ursins, 4, 18 mars 1708.
91. J. C. Rule et B. S. Trotter, *A World of Paper…*, *op. cit.*, p. 680 ; J. S. Gibson, *Playing the Franco-Scottish Card: The Franco-Jacobite Invasion of 1708*, Édimbourg, Edinburgh University Press, 1988, p. 38, 104-105, 119 ; comte de Forbin, *Mémoires*, *op. cit.*, p. 461, 472, 481, 489, 491 ; E. Corp, *A Court in Exile…*, *op. cit.*, p. 64 ; marquis de Dangeau, *Journal…*, *op. cit.*, vol. XXI, p. 51, 54, 55, 71, 13, 16, 18 mars, 10 avril 1708, vol. XXIII, p. 198, 15 septembre 1710.
92. Marquis de Torcy, *Journal…*, *op. cit.*, p. 63, 66-67, 11, 15 décembre 1709.
93. Y. Bottineau, *L'Art de cour…*, *op. cit.*, note de la p. 193, Philippe V à Louis XIV, 18 mai 1702.
94. C. Désos, *Les Français de Philippe V…*, *op. cit.*, p. 95, 241-243 ; marquis de Dangeau, *Journal…*, *op. cit.*, vol. XVII, p. 46, 50, 19, 25 février 1704.

95. C. Désos, *Les Français de Philippe V…*, *op. cit.*, p. 132-133 ; Y. Bottineau, *L'Art de cour…*, *op. cit.*, p. 195-198 ; marquis de Dangeau, *Journal…*, *op. cit.*, vol. XV, p. 217, 8 octobre 1705.
96. ML, vol. VIII, p. 678, des Ursins à Mme de Maintenon, 3 septembre 1705.
97. G. du Boscq de Beaumont, *La Garde wallonne, 1702-1822 : officiers français au service de l'Espagne*, Paris, Lafolye Frères, 1904 ; Baron Guillaume, *Les Gardes wallonnes au service d'Espagne*, Bruxelles, 1858.
98. A. Geffroy (dir.), *Lettres inédites de la princesse des Ursins*, *op. cit.*, p. 76, des Ursins à la maréchale de Noailles, 15 juin 1700 ; M. Cermakian, *La Princesse des Ursins…*, *op. cit.*, p. 204-230.
99. A. Geffroy (dir.), *Lettres inédites de la princesse des Ursins*, *op. cit.*, note de la p. 36.
100. *Ibid.*, p. 86, 88, des Ursins à la maréchale de Noailles, 27 décembre 1700.
101. Saint-Simon, *Mémoires*, éd. M. Regnier et A. Chéruel, *op. cit.*, vol. III, p. 79-80 ; A. Geffroy (dir.), *Lettres inédites de la princesse des Ursins*, *op. cit.*, p. 127, des Ursins à la maréchale de Noailles, 14 octobre 1702.
102. M. Cermakian, *La Princesse des Ursins…*, *op. cit.*, p. 253, des Ursins à Torcy, 5 mars 1702.
103. A. Geffroy (dir.), *Lettres inédites de la princesse des Ursins*, *op. cit.*, p. 114, des Ursins à la maréchale de Noailles, 12 décembre 1701.
104. *Ibid.*, p. 123, 126, des Ursins à la maréchale de Noailles, 7 septembre, 14 octobre 1702, p. 377, des Ursins à Mme de Maintenon, 9 septembre 1709.
105. C. Désos, *Les Français de Philippe V…*, *op. cit.*, p. 94.
106. *Ibid.*, p. 109, 129, 131-133, 137.
107. A. Geffroy (dir.), *Lettres inédites de la princesse des Ursins*, *op. cit.*, p. 149, 151, des Ursins à Louis XIV, 9 avril 1703, Philippe V à Louis XIV, 3 mai 1703 ; marquis de Dangeau, *Journal…*, *op. cit.*, vol. XVI, 46, 69, 20, 2, 21 mars 1703, vol. XVII, p. 68, 30 mars 1705.
108. M. Cermakian, *La Princesse des Ursins…*, *op. cit.*, p. 309 ; marquis de Dangeau, *Journal…*, *op. cit.*, vol. XVII, p. 162, 217, 27 juin, 1er septembre 1704 ; *cf.* Louis XIV, *Œuvres*, *op. cit.*, vol. VI, p. 151, Louis XIV à l'abbé d'Estrées, 19 mars 1704.
109. A. Geffroy (dir.), *Lettres inédites de la princesse des Ursins*, *op. cit.*, p. 171-174 ; M. Cermakian, *La Princesse des Ursins…*, *op. cit.*, p. 323-325, citant Torcy à Tessé, 11 janvier

1705 ; Saint-Simon, *Mémoires*, éd. M. Regnier et A. Chéruel, *op. cit.*, vol. IV, p. 228-230, 242. Philippe V affirma qu'il ne l'aimait pas, mais il voulait faire plaisir à son épouse, qu'il aimait « éperdument » : M. Cermakian, *La Princesse des Ursins…*, *op. cit.*, p. 203, Philippe V à Louis XIV, 25 décembre 1704.

110. *Ibid.*, p. 329-337 ; marquis de Sourches, *Mémoires…*, *op. cit.*, vol. IX, note de la p. 222, 18 avril 1705.

111. A. Geffroy (dir.), *Lettres inédites de la princesse des Ursins*, *op. cit.*, p. 183-184.

112. M. Cermakian, *La Princesse des Ursins…*, *op. cit.*, p. 332, 335-338, 340, des Ursins à Mme de Maintenon, 24 juin 1707 ; marquis de Dangeau, *Journal…*, *op. cit.*, vol. XVII, p. 99, 20 avril 1704.

113. A. Geffroy (dir.), *Lettres inédites de la princesse des Ursins*, *op. cit.*, p. 192-194.

114. C. Désos, *Les Français de Philippe V…*, *op. cit.*, p. 177, 182 ; A. Baudrillart, *Philippe V et la cour de France*, *op. cit.*, vol. I, p. 230, Amelot à Louis XIV, 22 juin 1705.

115. Note pour M. Amelot, 1705, *in* Louis XIV, *Correspondance avec M. Amelot…*, *op. cit.*, vol. I, p. 20.

116. A. Geffroy (dir.), *Lettres inédites de la princesse des Ursins*, *op. cit.*, p. 296-297, 330, des Ursins à Mme de Maintenon, 3 janvier 1707, à Torcy, 4 mars 1708.

117. *Ibid.*, p. 211, 218, 232, 252, 255, des Ursins à Chamillart, 20 novembre, 8 décembre 1705, à Mme de Maintenon, février, 22 novembre 1706.

118. J. Kalmár, « Gênes et Milan pendant la guerre de Succession d'Espagne », *in* R. Belvederi (dir.), *Rapporti Genova-Mediterraneo-Atlantica nell'eta moderna*, VIII, Gênes, 1990, p. 443-451.

119. J. Spielman, *Leopold I of Austria*, *op. cit.*, p. 170, 190 ; W. O'Reilly, « A Life in Exile: Charles VI between Spain and Austria », *in* P. Mansel et T. Riotte (dir.), *Monarchy and Exile…*, *op. cit.*, p. 66-90 ; Sir W. G. F. Jackson, *The Rock of the Gibraltarians: A History of Gibraltar*, Rutherford, NJ, 1987, p. 113-114.

120. A. Baudrillart, *Philippe V et la cour de France*, *op. cit.*, vol. I, p. 264-271.

121. *Ibid.*, p. 272, Marie-Louise à Mme de Maintenon, 3 novembre 1706.

122. Y. Bottineau, *L'Art de cour…*, *op. cit.*, p. 297-298 ; C. Désos, *Les Français de Philippe V…*, *op. cit.*, p. 130, 135.

123. *Ibid.*, p. 161 ; Y. Bottineau, *L'Art de cour…*, *op. cit.*, p. 251.

124. A. Baudrillart, *Philippe V et la cour de France*, *op. cit.*, vol. I, p. 285 ; marquis de Dangeau, *Journal…*, *op. cit.*, vol. XXII, p. 104, Marie-Louise à la duchesse de Bourgogne, 8 avril 1707 ; M. Cermakian, *La Princesse des Ursins…*, *op. cit.*, p. 366, 377-379.
125. Louis XIV, *Correspondance avec M. Amelot…*, *op. cit.*, vol. I, p. 163, Louis XIV à Amelot, 24 octobre 1706.
126. E. Pénicaut, *Faveur et pouvoir au tournant du Grand Siècle…*, *op. cit.*, p. 91 ; R. de Bruin et M. Brinkman (dir.), *Peace was Made Here…*, *op. cit.*, p. 29, 30, 37.
127. T. Sarmant et M. Stoll, *Régner et gouverner…*, *op. cit.*, p. 206.
128. J. Saint-Germain, *Samuel Bernard…*, *op. cit.*, p. 184, Desmarets à Bernard, 21 septembre 1706 ; G. B. McCollim, *Louis XIV's Assault on Privilege: Nicolas Desmaretz and the Tax on Wealth*, Rochester, NY, University of Rochester Press, 2012, p. 157 ; S. Guerre, *Desmaretz : le Colbert oublié du Roi-Soleil*, Ceyzérieu, Champ Vallon, 2019, p. 342.
129. G. Rowlands, *The Financial Decline of a Great Power…*, *op. cit.*, p. 39, 49, 229 ; J. Macdonald, *A Free Nation Deep in Debt: The Financial Roots of Democracy*, Princeton, Princeton University Press, 2006, p. 182-186.

Chapitre 21. Vers le précipice

1. Saint-Simon, *Mémoires*, éd. M. Regnier et A. Chéruel, *op. cit.*, vol. V, p. 458 ; marquis de Sourches, *Mémoires…*, *op. cit.*, vol. X, p. 216, 18 novembre 1706, vol. XI, p. 75, 6 mai 1708.
2. J. Saint-Germain, *Samuel Bernard…*, *op. cit.*, p. 145-155, 167-179 ; G. Rowlands, *The Financial Decline of a Great Power…*, *op. cit.*, p. 213, 234. Toutefois, après sa faillite en 1705, un rival huguenot de Samuel Bernard, Huguetan, mena une guerre financière contre la France depuis l'Angleterre ; C. Frostin, *Les Pontchartrain…*, *op. cit.*, p. 394.
3. P. Ménard, *Le Français qui possédait l'Amérique : la vie extraordinaire d'Antoine Crozat, milliardaire sous Louis XIV*, Paris, Le Cherche Midi, 2017, p. 80, 134, 202 ; F. Braudel, *L'Identité de la France*, Paris, Arthaud-Flammarion, 1986-1988, 2 vol., vol. II, p. 572-573 ; *cf.* J. Pritchard, *In Search of Empire*, *op. cit.*, p. 363, 366-367.
4. H. Kamen, *The War of the Succession in Spain, 1700-1715*, Bloomington, IN, Indiana University Press, 1969, p. 183-186 ; C. Désos, *Les Français de Philippe V…*, *op. cit.*, p. 111.

5. P. Ménard, *Le Français qui possédait l'Amérique…*, *op. cit.*, p. 268.
6. Comte d'Haussonville, *La Duchesse de Bourgogne…*, *op. cit.*, vol. IV, p. 19 ; Saint-Simon, *Mémoires*, éd. M. Regnier et A. Chéruel, *op. cit.*, vol. VI, p. 310 ; J.-C. Petitfils, *Louis XIV*, *op. cit.*, p. 626-627.
7. Marquis de Dangeau, *Journal…*, *op. cit.*, vol. XXI, p. 11-12, 31, 9, 11, 12, 16, 18 janvier, 4 février 1709 ; Saint-Simon, *Mémoires*, éd. M. Regnier et A. Chéruel, *op. cit.*, vol. VI, p. 253 ; L. Norton, *First Lady…*, *op. cit.*, p. 303-304.
8. Marquis de Dangeau, *Journal…*, *op. cit.*, vol. XIX, p. 27, 117, 12 juin 1707.
9. J. Saint-Germain, *Samuel Bernard…*, *op. cit.*, p. 204-205, lettre de Trudaine, n.d.
10. J.-C. Petitfils, *Louis XIV*, *op. cit.*, p. 626-627 ; J. Saint-Germain, *Les Financiers sous Louis XIV*, Paris, Plon, 1950, p. 70-771, curé de Cindré à Desmarets, 1708.
11. ML, vol. IV, p. 464, 473, Mme de Maintenon à des Ursins, p. 2, 23 décembre 1708.
12. *Ibid.*, p. 533, Mme de Maintenon à des Ursins, 8 avril 1709.
13. *Ibid.*, p. 542, Mme de Maintenon à des Ursins, 29 avril 1709.
14. *Ibid.*, p. 547, Mme de Maintenon à des Ursins, 5 mai 1709.
15. *Ibid.*, p. 584, 598, Mme de Maintenon au duc de Noailles, 30 juin 1709, à des Ursins, 14 juillet 1709.
16. *Ibid.*, p. 610, 628, Mme de Maintenon au duc de Noailles, 30 juillet 1709, à des Ursins, 26 août 1709.
17. *Ibid.*, p. 687, Mme de Maintenon à des Ursins, 4 novembre 1709.
18. *Ibid.*, p. 555, Mme de Maintenon à des Ursins, 26 mai 1709 ; le contrôleur général Desmarets redoutait aussi « les plus terribles révolutions » : S. Guerre, *Desmaretz…*, *op. cit.*, p. 304, mémoire au roi, n.d.
19. Marquis de Dangeau, *Journal…*, *op. cit.*, vol. XXII, p. 110, 115, 30 avril, 2 mai 1709 ; *cf.* P. Clément, *La Police sous Louis XIV*, *op. cit.*, note de la p. 461, pour une supplique au Dauphin.
20. Marquis de Dangeau, *Journal…*, *op. cit.*, vol. XXII, p. 121, 5 mai 1709 ; L. Norton, *First Lady…*, *op. cit.*, p. 304.
21. J. Nicolas, *La Rébellion française…*, *op. cit.*, p. 50, 226. Il y en eut 79 en 1693-1694.
22. G. Dethan, *Paris au temps de Louis XIV…*, *op. cit.*, p. 158, dépêche de Mocenigo, 21 juin 1709 ; L. Lemarchand, *Paris ou Versailles ?…*, *op. cit.*, p. 35, 41 ; J. Nicolas, *La Rébellion française…*, *op. cit.*, p. 360-362, 433.

23. L. Lemarchand, *Paris ou Versailles ?…*, *op. cit.*, p. 30, 37, 41, 47 ; G. Rowlands, *The Financial Decline of a Great Power…*, *op. cit.*, p. 233 ; marquis de Sourches, *Mémoires…*, *op. cit.*, vol. XI, p. 313, 328, 7 avril, 4 mai 1709, vol. XII, p. 5, 7, 5, 8 juillet 1709.
24. ML, vol. IV, p. 543.
25. J. Nicolas, *La Rébellion française…*, *op. cit.*, p. 616-618, 709.
26. J. McLeod, *Licensing Loyalty: Printers, Patrons, and the State in Early Modern France*, University Park, University of Pennsylvania Press, 2011, p. 68, 103 ; F. Barbier (dir.), *Paris, capitale des livres : le monde des livres et de la presse à Paris, du Moyen Âge au XXe siècle*, Paris Bibliothèques, 2007, p. 152, 174 .
27. G. B. McCollim, *Louis XIV's Assault on Privilege…*, *op. cit.*, p. 127, 136.
28. J. Levron, *Versailles, ville royale*, *op. cit.*, p. 78.
29. P. Clément, *La Police sous Louis XIV*, *op. cit.*, p. 341, 344-345, d'Argenson au chancelier, 24 août 1702, chancelier à d'Argenson, 31 mars 1701 ; Arch. nat. 01 notes du 26 mars 1705.
30. P. Clément, *La Police sous Louis XIV*, *op. cit.*, p. 333-334, 355, 393, d'Argenson à Desmarets, 5 avril 1709.
31. Marquis de Dangeau, *Journal…*, *op. cit.*, vol. XXII, p. 108, 222-223, 26 avril, 20-21 août 1709 ; J.-C. Petitfils, *Louis XIV*, *op. cit.*, p. 631, 638, 706.
32. Marquis de Dangeau, *Journal…*, *op. cit.*, vol. XXII, 108-109, 28-29 avril 1709.
33. P. Clément, *La Police sous Louis XIV*, *op. cit.*, p. 461, d'Argenson à Desmarets, 4 mars 1709 ; J. Saint-Germain, *La Vie quotidienne en France à la fin du Grand Siècle d'après les archives de Marc René d'Argenson*, Paris, Hachette, 1965, p. 194-195, d'Argenson à Desmarets, 10 septembre 1709.
34. P. Clément, *La Police sous Louis XIV*, *op. cit.*, p. 463, d'Argenson à Desmarets, 4 mai 1709 ; marquis de Sourches, *Mémoires…*, *op. cit.*, vol. XI, p. 329, 4 mai 1709.
35. P. Clément, *La Police sous Louis XIV*, *op. cit.*, p. 464-465, d'Argenson à Pontchartrain, 4 mai 1709.
36. P. Blet, *Les Nonces du pape…*, *op. cit.*, p. 257, dépêche du nonce Cusani, 29 juillet 1709.
37. Marquis de Dangeau, *Journal…*, *op. cit.*, vol. XXII, note de la p. 116, note de Saint-Simon, p. 136, 26 mai 1709.
38. Louis XIV, *Correspondance avec M. Amelot…*, *op. cit.*, vol. II, p. 143-144, Louis XIV à Amelot, 3 juin 1709 ; G. B. McCollim, *Louis XIV's Assault on Privilege…*, *op. cit.*, p. 124 ; marquis de Torcy, *Journal…*, *op. cit.*, p. XXX.

39. M. Cermakian, *La Princesse des Ursins…, op. cit.*, p. 341, Philippe V à Louis XIV, 17 avril 1709.
40. Marquis de Dangeau, *Journal…, op. cit.*, vol. XIV, p. 45, 24 février 1701.
41. Arch. nat. [Cartons des Rois], K 118, vol. 1, *Discours sur l'employ des estrangers aux charge et dignités du royaume*, 1649.
42. B. Fonck, *Le Maréchal de Luxembourg…, op. cit.*, p. 571-572, Louis XIV à Luxembourg, 2 août 1693. Vauban usait souvent de ce mot. La devise de la famille Colbert était : « Pour le roi souvent, pour la patrie toujours » : *Pro rege saepe, pro patria semper.*
43. E. Jaeglé (dir.), *Correspondance de Madame…, op. cit.*, vol. II, p. 280, Madame à Raugravine Louise, 7 août 1718.
44. J.-C. Petitfils, *Louis XIV, op. cit.*, p. 709 ; marquis de Torcy, *Journal…, op. cit.*, p. XXXI-XXXIII.
45. R. Holmes, *Marlborough…, op. cit.*, p. 411, 419, lettre de Cadogan, Marlborough à Heinsius, juillet 1709.
46. Maréchal de Villars, *Mémoires, op. cit.*, vol. III, p. 250, Villars à Louis XIV, 6 juin 1709 ; J. Klaits, *Printed Propaganda under Louis XIV: Absolute Monarchy and Public Opinion*, Princeton, Princeton University Press, 1977, p. 219.
47. A. Geffroy (dir.), *Lettres inédites de la princesse des Ursins, op. cit.*, p. 370, des Ursins à Mme de Maintenon, 1er septembre 1709, note de la p. 372, Louis XIV à Amelot, n.d.
48. M. Cermakian, *La Princesse des Ursins…, op. cit.*, p. 395, 398, 413, des Ursins à Mme de Maintenon, 28 avril, Mme de Maintenon à des Ursins, 24 juin 1709, des Ursins à Mme de Maintenon, 16 décembre 1709 ; ML, vol. IV, p. 711, Mme de Maintenon à des Ursins, 25 novembre 1709.
49. M. Cermakian, *La Princesse des Ursins…, op. cit.*, p. 390, des Ursins à Noailles, 29 octobre 1708, à Torcy, 21 novembre 1708.
50. Marquis de Torcy, *Journal…, op. cit.*, p. 252, 31 août 1710 ; *cf.* Saint-Simon, *La Mort de Louis XIV, op. cit.*, p. 411, pour Saint-Simon sur la France se dirigeant « jusqu'au dernier bord du précipice ».
51. M. Kroll, *Letters from Liselotte…, op. cit.*, p. 149-150, Madame à Sophie, 22 août 1709 ; P. Clément, *La Police sous Louis XIV, op. cit.*, p. 356-357, d'Argenson à Desmarets, 7 septembre 1709 ; marquis de Dangeau, *Journal…, op. cit.*, vol. XXII, p. 222-223, 20-21 août 1709 ; Sourches écrit que trois furent tués : marquis de Sourches, *Mémoires…, op. cit.*, vol. XII, p. 35, 20 août 1709.
52. G. Dethan, *Paris au temps de Louis XIV…, op. cit.*, p. 161, Aloïse Mocenigo au sénat de Venise, 23 août 1709.

53. Abbé G. Esnault, *Michel Chamillart : correspondance et papiers inédits*, Paris, Monnoyer, 1885, 2 vol., vol. II, p. 137, Vendôme à Chamillart, 21 octobre 1706. Fénelon et Saint-Simon étaient aussi favorables à la convocation des états généraux : Saint-Simon, *Mémoires*, éd. M. Regnier et A. Chéruel, *op. cit.*, vol. XI, p. 293.
54. M. Loyau, *Madame de Maintenon et la princesse des Ursins…*, *op. cit.*, p. 261-262, note de la p. 324, p. 327, 342-343, des Ursins à Mme de Maintenon, 30 août, 11 novembre 1709, Mme de Maintenon à des Ursins, 25 novembre 1709.
55. Abbé Oroux, *Histoire ecclésiastique de la cour de France*, *op. cit.*, vol. II, p. 526, 528, 539, 543-534, Bouillon à Louis XIV, 22 mai 1710 ; marquis de Dangeau, *Journal…*, *op. cit.*, vol. XXIII, p. 105, 25 mai 1710 ; marquis de Torcy, *Journal…*, *op. cit.*, p. 174, 185, 3, 24 mai 1710 ; Saint-Simon, *Mémoires*, éd. M. Regnier et A. Chéruel, *op. cit.*, vol. XI, p. 96-97. Il échoua dans ses ambitions, s'installa à Rome et y mourut en 1715.
56. A. Dubois, *Journal d'un curé de campagne…*, *op. cit.*, p. 153, 154, 168, 27 juin 1709, 1711.
57. M. Kroll, *Letters from Liselotte…*, *op. cit.*, p. 151, Madame à Louise, 26 octobre 1709 ; G. Dethan, *Paris au temps de Louis XIV…*, *op. cit.*, p. 164, Mocenigo au sénat, 30 août, 26 novembre 1709.
58. A. Dubois, *Journal d'un curé de campagne…*, *op. cit.*, p. 152, 158, 164, 1709, 1710 ; *cf.* C. Gabet, *La Naissance de Rochefort…*, *op. cit.*, p. 192, pour une situation similaire à l'autre bout de la France.
59. M. Loyau, *Madame de Maintenon et la princesse des Ursins…*, *op. cit.*, p. 398, princesse d'Harcourt à Mme de Maintenon, 8 septembre 1709.
60. R. Zaimova, *Correspondance consulaire des ambassadeurs de France à Constantinople, 1668-1708*, Paris, Centre historique des Archives nationales, 1999, p. 100, 184, 201, Ferriol à Pontchartrain, 1er septembre 1701, 13 juin 1704 ; L. Rousseau, *Les Relations diplomatiques de la France et de la Turquie au* XVIIIe *siècle*, vol. I : *1700-1716*, Paris, Fr. de Rudeval, 1908, p. 256, 260, 261, Ferriol à Pontchartrain, 27 avril 1707, à Louis XIV, 24 septembre 1707, à Torcy, Louis XIV, 24 septembre 1709.
61. Marquis de Bonnac, *Mémoire historique sur l'ambassade de Constantinople*, Paris, Éd. Charles Schefer, 1894, p. 130, mémoire de Ferriol, 10 août 1711 ; C. Badet, « La crise de 1709 à Marseille : les problèmes de ravitaillement en blé (1709-1710) », *in* J.-L. Miège (dir.), *Les Céréales*

en Méditerranée, Paris, CNRS-Éditions de La Porte, 1993, p. 69-82 ; marquis de Dangeau, *Journal…*, *op. cit.*, vol. XXIII, p. 16, 14 janvier 1710.

62. Général de Vault (dir.), *Mémoires militaires…*, *op. cit.*, vol. VI, p. 561, Vendôme à Louis XIV, 23 août 1706 ; vol. X, p. 40, Louis XIV à Villars, 1er juin 1710 ; J.-P. Cénat, *Le Roi stratège…*, *op. cit.*, p. 233.
63. Général de Vault (dir.), *Mémoires militaires…*, *op. cit.*, vol. V, p. 515, Louis XIV à Villars, 1er septembre 1705.
64. *Ibid.*, vol. IX, p. 367, Boufflers à Louis XIV, 13 septembre 1709 ; R. Holmes, *Marlborough…*, *op. cit.*, p. 433.
65. A. Baudrillart et L. Lecestre (dir.), *Lettres du duc de Bourgogne…*, *op. cit.*, vol. II, p. 29, 32, 31 août, 16 septembre 1709, note de la p. 39 ; marquis de Dangeau, *Journal…*, *op. cit.*, vol. XXIII, p. 7, 4 janvier 1710 ; marquis de Sourches, *Mémoires…*, *op. cit.*, vol. XII, p. 129, 22 décembre 1709.
66. Saint-Simon, *La Mort de Louis XIV*, *op. cit.*, p. 528.
67. Marquis de Torcy, *Journal…*, *op. cit.*, p. 69, 17 décembre 1709 : « Le roi gémit sur les instances trop vives que ses ministres Lui avaient faites pour Le porter toujours à se relâcher et sur la facilité qu'Il avait eue de suivre ces conseils. »
68. G. B. McCollim, *Louis XIV's Assault on Privilege…*, *op. cit.*, p. 158, Desmarets à Louis XIV, 26 août 1709, p. 205 ; abbé G. Esnault, *Michel Chamillart…*, *op. cit.*, vol. II, p. 215, « Articles de demandes du Sieur Bernard », p. 238, Desmarets à Chamillart, 14 mai 1714.
69. Marquis de Torcy, *Journal…*, *op. cit.*, p. 86, 31 décembre 1709.
70. A. Baudrillart et L. Lecestre (dir.), *Lettres du duc de Bourgogne…*, *op. cit.*, vol. II, p. 35, 44, Bourgogne à Philippe V, 21 octobre 1709, 9 février 1710.
71. Marquis de Torcy, *Journal…*, *op. cit.*, p. 169, 30 avril 1710.
72. *Ibid.*, p. 177, 9 mai 1710.
73. A. Baudrillart, « Madame de Maintenon : son rôle politique », *Revue des questions historiques*, 1890, p. 101-161 à la p. 111.
74. Marquis de Torcy, *Journal…*, *op. cit.*, p. 122, 177, 26 janvier, 9 mai 1710.
75. Marquis de Dangeau, *Journal…*, *op. cit.*, vol. XIX, p. 253, 16 novembre 1706 ; *cf.* vol. XX, p. 9, 8 janvier 1707, vol. XXII, p. 160, 12 juin 1709.
76. Arch. nat. 01 366 fol. 31, 37 v, 102 v, 114, 321 v., Pontchartrain à d'Argenson, 28 janvier, 4 février, 22 avril, 3 mai, 9 décembre 1705.

77. Marquis de Dangeau, *Journal…*, *op. cit.*, vol. XXI, p. 213, 9 août 1709 ; M. Kroll, *Letters from Liselotte…*, *op. cit.*, p. 147, Madame à l'Électrice Sophie, 9 juin 1709.
78. Marquis de Dangeau, *Journal…*, *op. cit.*, vol. XXIII, p. 5, 147, 1er janvier, 6 juin 1710 ; maréchal de Bièvre, *Georges Mareschal, seigneur de Bièvre, chirurgien et confident de Louis XIV (1658-1736)*, Paris, Plon, 1906, p. 239-241.
79. G. B. McCollim, *Louis XIV's Assault on Privilege…*, *op. cit.*, p. 172, 176, 203, 211 ; C. Levantal, *Louis XIV…*, *op. cit.*, vol. II, p. 677, 12 mars 1701, p. 805, 14 octobre 1710.
80. Maréchal de Villars, *Mémoires*, *op. cit.*, vol. III, p. 303, Villars à Torcy, 29 juillet 1711.
81. Marquis de Dangeau, *Journal…*, *op. cit.*, vol. XXII, p. 179, 4 juillet 1709 ; Saint-Simon, *Mémoires*, éd. M. Regnier et A. Chéruel, *op. cit.*, vol. V, p. 374.
82. D. Garrigues, *Jardins et jardiniers de Versailles…*, *op. cit.*, p. 226-227 ; marquis de Sourches, *Mémoires…*, *op. cit.*, vol. X, note de la p. 398, 12 septembre 1707.
83. Arch. nat. 01 1098, *Registres des ordres et lettres de Mgr. le duc d'Antin... concernant les bâtiments, jardins, arts et manufactures du roy depuis 1708 jusqu'à 1732*, fol. 98, commande du 3 octobre 1710, marbres.
84. DV, p. 205.
85. A. Baudrillart et L. Lecestre (dir.), *Lettres du duc de Bourgogne…*, *op. cit.*, vol. II, p. 56, Bourgogne à Philippe V, 9 juin 1710.
86. Marquis de Dangeau, *Journal…*, *op. cit.*, vol. XXIII, p. 89, 7 mai 1710.
87. Marquis de Torcy, *Journal…*, *op. cit.*, p. 194, 2 juin 1710 ; marquis de Dangeau, *Journal…*, *op. cit.*, vol. XXIII, note de la p. 109, 29 mai 1710.
88. Baron de Breteuil, *Mémoires de cour*, *op. cit.*, p. 292-295 ; marquis de Torcy, *Journal…*, *op. cit.*, p. 219, 6 juillet 1710 ; *cf.* pour d'autres éloges de la chapelle et de sa musique, Saint-Simon, *Mémoires*, éd. M. Regnier et A. Chéruel, *op. cit.*, vol. XI, p. 187.
89. Marquis de Dangeau, *Journal…*, *op. cit.*, vol. XXIII, note de la p. 118, 2 juin 1710, vol. XXV, p. 17 ; L. Norton, *First Lady…*, *op. cit.*, p. 328 ; ML, vol. VI, p. 41, Mme de Maintenon à des Ursins, 1er janvier 1714 ; Saint-Simon, *Mémoires*, éd. M. Regnier et A. Chéruel, *op. cit.*, vol. XI, p. 201.
90. M. Kroll, *Letters from Liselotte…*, *op. cit.*, p. 172, Madame à l'Électrice Sophie, 21 mai 1712 ; G. Poisson, *Monsieur de Saint-Simon*, *op. cit.*, p. 204, 228.

91. *Ibid.*, p. 277.
92. Saint-Simon, *Mémoires*, éd. M. Regnier et A. Chéruel, *op. cit.*, vol. X, p. 175.
93. *Cf.* les allusions de Villars, en 1711 et 1712, au départ de Versailles : maréchal de Villars, *Mémoires*, *op. cit.*, vol. III, p. 120, Villars à Mme de Maintenon, 29 juillet 1711, et p. 138-139.
94. Marquis de Torcy, *Journal…*, *op. cit.*, p. 214, 222, 28 juin, 16 juillet 1710 ; L. Bély, *L'Art de la paix en Europe…*, *op. cit.*, p. 461 ; maréchal de Villars, *Mémoires*, *op. cit.*, vol. III, p. 277, Polignac à Villars, 1er juin 1710, détaille les conditions alliées.
95. M. Lahaye, *Le Fils de Louis XIV…*, *op. cit.*, p. 13.
96. *Ibid.*, p. 251, citant les Mémoires de Torcy.
97. *Ibid.*, p. 246, 248.
98. G. B. McCollim, *Louis XIV's Assault on Privilege…*, *op. cit.*, p. 124 ; M. Cermakian, *La Princesse des Ursins…*, *op. cit.*, p. 423.
99. *Ibid.*, note de la p. 366, Louis XIV à Amelot, 4 novembre 1709 ; A. Baudrillart, *Philippe V et la cour de France*, *op. cit.*, vol. I, p. 367, 412, 417 ; marquis de Torcy, *Journal…*, *op. cit.*, p. 256, 3 septembre 1710.
100. M. Cermakian, *La Princesse des Ursins…*, *op. cit.*, p. 341, Philippe V à Louis XIV, 17 avril 1709, p. 355, Louis XIV à Amelot, 3 juin 1709.
101. *Ibid.*, p. 280-281, 3 octobre 1710, citant une lettre chiffrée de Philippe V à Louis XIV, 25 septembre 1710.
102. A. Baudrillart et L. Lecestre (dir.), *Lettres du duc de Bourgogne…*, *op. cit.*, vol. II, p. 59, Bourgogne à Philippe V, 20 septembre 1710 ; L. Norton, *First Lady…*, *op. cit.*, p. 262-269.
103. S. Harcourt-Smith, *Alberoni or The Spanish Conspiracy*, Londres, Faber & Faber, 1943, p. 43, 51, 63 ; M. Cermakian, *La Princesse des Ursins…*, *op. cit.*, p. 441, 501 ; marquis de Dangeau, *Journal…*, *op. cit.*, vol. XXV, p. 154, note de la p. 157, 20 juin 1712 ; Saint-Simon, *Mémoires*, éd. M. Regnier et A. Chéruel, *op. cit.*, vol. IV, p. 384-387.
104. Marquis de Louville, *Mémoires secrets sur l'établissement de la Maison de Bourbon en Espagne*, Paris, Maradan, 1818, 2 vol., vol. II, p. 213, 230.
105. ML, vol. IV, p. 521, Mme de Maintenon à des Ursins, 18 mars 1709.
106. G. Alberoni, *Lettres intimes au Comte I. Rocca*, éd. Émile Bourgeois, Paris, G. Masson, 1892, p. 131, lettre du 28 décembre 1710.
107. M. Cermakian, *La Princesse des Ursins…*, *op. cit.*, p. 431.

Chapitre 22. Louis XIV échappe à sa Némésis

1. Arch. nat. 257 AP 2, Louis XIV à Pontchartrain, 8 mars 1708.
2. R. de Bruin et M. Brinkman (dir.), *Peace was Made Here…*, *op. cit.*, p. 30 ; A. Somerset, *Queen Anne: The Politics of Passion*, Londres, Harper Press 2013, p. 382 ; R. Holmes, *Fatal Avenue…*, *op. cit.*, p. 345, 355.
3. E. Gregg, *Queen Anne*, Londres, Routledge and Kegan Paul, 1980, p. 336, 346.
4. R. Holmes, *Marlborough…*, *op. cit.*, p. 407-478, 436 ; E. Gregg, *Queen Anne*, *op. cit.*, p. 275, 326-329.
5. R. Holmes, *Marlborough…*, *op. cit.*, p. 414 ; E. Gregg, *Queen Anne*, *op. cit.*, p. 286-289 ; A. W. Ward, *The Electress Sophia*, *op. cit.*, p. 375, 384.
6. L. Bély, *L'Art de la paix en Europe…*, *op. cit.*, p. 369 ; E. Gregg, *Queen Anne*, *op. cit.*, p. 232.
7. Marquis de Dangeau, *Journal…*, *op. cit.*, vol. XXIII, p. 152, 8 juillet 1710, vol. XXIV, p. 220, 17 octobre 1710.
8. Maréchal de Berwick, *Mémoires*, Paris, A. Petitot et Monmerqué, 1828, 2 vol., vol. II, p. 178.
9. M. Castellano Garcia, « François Gaultier : un artisan de la paix d'Utrecht, (1711-1713) », vol. 3, RHD, 2016, p. 257-275.
10. Marquis de Torcy, *Mémoires*, Paris, Foucault, 1828, p. 16-17 ; L. Bély, *Espions et ambassadeurs…*, *op. cit.*, p. 185-187.
11. L. Bély, *L'Art de la paix en Europe…*, *op. cit.*, p. 378 ; E. Gregg, *Queen Anne*, *op. cit.*, p. 335 ; marquis de Dangeau, *Journal…*, *op. cit.*, vol. XXV, p. 87, 25 mars 1712.
12. Marquis de Torcy, *Journal…*, *op. cit.*, p. 347-349 et note, 21 janvier 1711.
13. G. Cerny, *Theology, Politics and Letters at the Crossroads of European Civilisation : Jacques Basnage and the Baylean Huguenot Refugees in the Dutch Republic*, Dordrecht, Kluwer, 1987, p. 130-140.
14. W. O'Reilly, « A Life in Exile… », *op. cit.*, p. 78-79.
15. E. Gregg, *Queen Anne*, *op. cit.*, p. 356.
16. Marquis de Torcy, *Mémoires*, *op. cit.*, p. 121.
17. *Ibid.*, p. 148.
18. E. Corp, *A Court in Exile…*, *op. cit.*, p. 68.
19. L. G. Wickham Legg, *Matthew Prior…*, *op. cit.*, p. 103, Prior à Jersey, 19 août 1699, p. 146-149, 156, 159 (le récit de l'audience du 3 août 1711 de Prior avec Louis XIV), 169 ; C. K. Eves, *Matthew Prior: Poet and Diplomatist*, New York, Columbia University Press 1939, p. 139, Torcy à Jersey, 18 août 1699.

20. Marquis de Dangeau, *Journal…*, *op. cit.*, vol. XXIV, p. 223, 18 octobre 1711 ; L. Bély, *Espions et ambassadeurs…*, *op. cit.*, p. 304, 592-595.
21. M. Zylberberg, *Une si douce domination : les milieux d'affaires français et l'Espagne vers 1780-1808*, Paris, PUF, 1993, p. 50-51.
22. P. Rolland, *Histoire de Tournai*, *op. cit.*, p. 227-239. La perte de Tournai se fit spécialement ressentir. Louis XIV s'y était rendu en visite en 1670, 1671, 1673, 1680, et y avait bâti une citadelle, une église et un Parlement.
23. *Ibid.*, p. 341, 387 ; H. Thomas, *The Slave Trade…*, *op. cit.*, p. 227-228, 231, 238 ; M. Zylberberg, *Une si douce domination,…*, *op. cit.*, p. 46.
24. J. Black, *From Louis XIV to Napoleon…*, *op. cit.*, p. 90-91 ; J. Pritchard, *In Search of Empire…*, *op. cit.*, p. 148, 163, 188, 195, 402.
25. R. Holmes, *Marlborough…*, *op. cit.*, p. 455-457 ; F. El Hage, *Le Maréchal de Villars : l'infatigable bonheur*, Paris, Belin, 2012, p. 116-117.
26. L. Bély, *L'Art de la paix en Europe…*, *op. cit.*, p. 461, note de la p. 39, Torcy à d'Huxelles, 29 janvier 1712.
27. *Ibid.*, p. 660 ; W. Sichel, *Bolingbroke and his Times*, 1901, note de la p. 380 ; *cf.* les lettres amicales entre Villars et d'Ormonde en juin et juillet 1712 *in* maréchal de Villars, *Mémoires*, *op. cit.*, vol. III, p. 311-321.
28. A. Lottin, *Les Grandes Batailles du Nord de la France*, *op. cit.*, p. 141-150 ; T. Sarmant, *Louis XIV : l'homme et le roi*, *op. cit.*, p. 495.
29. F. El Hage, *Le Maréchal de Villars…*, *op. cit.*, p. 73, 135, 153.
30. W. Sichel, *Bolingbroke and his Times*, *op. cit.*, p. 407 ; marquis de Dangeau, *Journal…*, *op. cit.*, vol. XXV, p. 209, 211, 21, 24 août 1712 ; C. Levantal, *Louis XIV…*, *op. cit.*, vol. II, p. 812 ; C. K. Eves, *Matthew Prior…*, *op. cit.*, p. 244, journal de Matthew Prior, août 1711, p. 266.
31. Marquis de Dangeau, *Journal…*, *op. cit.*, vol. XXII, note de la p. 116, note de Saint-Simon, p. 136, 26 mai 1709.
32. L. Bély, *L'Art de la paix en Europe…*, *op. cit.*, note de la p. 442.
33. Marquis de Dangeau, *Journal…*, *op. cit.*, vol. XXVI, p. 117, 22 mai 1713.
34. G. Symcox, *Victor Amadeus II…*, *op. cit.*, p. 158, 169-171. Toute ma gratitude à John Rogister pour la discussion sur cet aspect.
35. R. de Bruin et M. Brinkman (dir.), *Peace was Made Here…*, *op. cit.*, p. 65 et *passim* ; L. Bély, *L'Art de la paix en Europe…*, *op. cit.*, p. 523, 588, 663-674.

36. A. Dubois, *Journal d'un curé de campagne…*, *op. cit.*, p. 171, 173.
37. É. Vanneufville, *Histoire de Lille : des origines au XXe siècle*, Paris, Éditions France-Empire, 1997, p. 144 ; *cf.* J.-M. Lambin, *Quand le Nord devenait français…*, *op. cit.*, p. 269.
38. W. Troost, « To Restore and Preserve the Liberty of Europe… », *op. cit.*, p. 302.
39. R. de Bruin et M. Brinkman (dir.), *Peace was Made Here…*, *op. cit.*, p. 66, 125, 174.
40. L. Bély, *L'Art de la paix en Europe…*, *op. cit.*, p. 724, 726 ; *id.*, *Espions et ambassadeurs…*, *op. cit.*, p. 134.
41. J.-C. Waquet, *François de Callières…*, *op. cit.*, p. 184.
42. P. Grimblot, *Letters of William III and Louis XIV…*, *op. cit.*, vol. II, p. 267, Louis XIV à Tallard, 13 février 1699 ; R. Dollot, *Les Origines de la neutralité de la Belgique…*, *op. cit.*, p. 54. Comme le duc de Lorraine quand on lui proposa Milan, l'Électeur de Bavière aurait été heureux de renoncer à ses terres ancestrales en échange d'autres plus riches.
43. Marquis de Dangeau, *Journal…*, *op. cit.*, vol. XXVIII, p. 88, 22 mars 1715. Ses portraits des princesses françaises et ses vues de Saint-Cloud sont encore accrochés à Nymphenburg, son palais des environs de Munich.
44. *Ibid.*, vol. XIX, p. 218, 26 septembre 1706.
45. S. J. Klingensmith, *The Utility of Splendor: Ceremony, Social Life, and Architecture at the Court of Bavaria, 1600-1800*, Chicago, Chicago University Press, 1993, p. 61-63, 119, 121, 126, 171 ; H. Graf, « The Apartments of Prince-Elector Charles Albert of Bavaria around 1740 and their Ceremonial Use at Court », *The Court Historian*, vol. 22, n° 1, juin 2017, p. 17-37 ; E. D. Schmid *et alii*, *Nymphenburg Palace, Park and Pavilions*, Munich, 2009, *passim* ; S. Castelluccio (dir.), *Le Commerce du luxe à Paris…*, *op. cit.*, p. 249, Max Emanuel à la comtesse Arcos, 4 janvier 1705 ; entretien avec Max Tillmann, Munich, 24 septembre 2017. Dominique Girard, un ancien fontainier de Louis XIV, travailla pour l'Électeur à Munich de 1715 à 1738.
46. R. de Schryver, *Max II Emanuel von Bayern und das spanische Erbe : die europäische Ambitionen des Hauses Wittelsbach*, Mayence, P. von Zabern, 1996, p. 210.
47. C. W. Ingrao, *In Quest and Crisis…*, *op. cit.*, p. 124, 128, 142, 144, 149, 159 ; É. Pillias, *Études sur François II Rákóczi, Prince de Transylvanie*, Paris, Leroux, 1939, p. 14, Rákóczi à Louis XIV, 1er novembre 1700, Louis XIV à Villars, 9 mai 1701, p. 49, Louis XIV à Bonnac, 15 novembre 1703.

48. F. Tóth, « Emigré or Exile? Francis Rákóczi II and his Exile in France and Turkey », *in* P. Mansel et T. Riotte (dir.), *Monarchy and Exile…*, *op. cit.*, p. 91-102 ; F. Tóth (dir.), *Correspondance diplomatique relative à la guerre d'indépendance du prince François II Rákóczi (1703-1711)*, Paris-Genève, Champion-Slatkine, 2012, p. 38, 42, Bonnac à Louis XIV, 23 avril 1703, p. 46, 60, 97, Rákóczi à Louis XIV, 6 août 1708 ; F. Tóth, « Officiers français au service de l'armée du prince François II Rákóczi », *in* T. Ciesielski (dir.), *Wsłużbie obcych monarchów i państw*, Varsovie, 2015, p. 73-93.
49. Saint-Simon, *Mémoires*, éd. M. Regnier et A. Chéruel, *op. cit.*, vol. IX, p. 414-415 ; B. Köpeczi (dir.), *Correspondance diplomatique de François II Rákóczi*, Budapest, 1999, p. 153, Rákóczi au baron de Besenval, 15 mai 1713 ; marquis de Dangeau, *Journal…*, *op. cit.*, vol. XXVI, p. 84, 121, 146, 5 avril, 29 mai, 28 juin 1713 ; É. Pillias, *Études sur François II Rákóczi…*, *op. cit.*, p. 67-71.
50. A. Legrelle, *La Diplomatie française…*, *op. cit.*, vol. VI, p. 146-148. Certains Catalans continuent de révérer « Charles III » : jusqu'en 2017, son buste décorait le bureau du président de la Généralité de Catalogne.
51. R. Hughes, *Barcelona*, Londres, Harvill Press, 1992, p. 182, 185, 189.
52. A. Baudrillart, *Philippe V et la cour de France*, *op. cit.*, vol. I, p. 652-653, Louis XIV à Philippe V, 2 juillet, 1er août 1714. La reine Anne avait aussi demandé à Louis XIV d'intercéder pour les Catalans : C. K. Eves, *Matthew Prior…*, *op. cit.*, p. 301, Prior à Bolingbroke, 6 décembre 1713.
53. Commandant Herlaut, « La destruction du port de Dunkerque : la mission d'Ignace Tugghe à la cour d'Angleterre en 1713 », *Revue du Nord*, vol. 11, n° 41, 1925, p. 5-35.
54. Alberoni, *Lettres*, *op. cit.*, vol. I, p. 30-32 ; L. Lemaire, *Histoire de Dunkerque…*, *op. cit.*, p. 247, 255.
55. Commandant Herlaut, « L'intendant Le Blanc et les Anglais à Dunkerque », *Bulletin de la Société archéologique et historique de Dunkerque et de la Flandre Maritime*, vol. XXII, 1925, p. 1-187.
56. Marquis de Torcy, *Journal…*, *op. cit.*, p. 422, 10 avril 1711 ; O. Chaline, *L'Année des quatre dauphins*, *op. cit.*, p. 60-62, 80-82 ; Saint-Simon, *Mémoires*, éd. M. Regnier et A. Chéruel, *op. cit.*, vol. VIII, p. 244-245.
57. Marquis de Sourches, *Mémoires…*, *op. cit.*, vol. XIII, p. 87, 16 avril 1711 ; cf. O. Chaline, *L'Année des quatre dauphins*, *op. cit.*, p. 86-89.

58. Et il s'offusqua du chagrin de leurs filles à la mort de Mme de Montespan : ML, vol. IV, p. 153, Mme de Maintenon à des Ursins, 26 juin 1707.
59. Marquis de Torcy, *Journal…*, *op. cit.*, p. 424, 15 avril 1711 ; L. Norton, *First Lady…*, *op. cit.*, p. 339.
60. M. Kroll, *Letters from Liselotte…*, *op. cit.*, p. 160, Madame à Sophie, 16 avril 1711.
61. BnF Mss. fr. 6999, fol. 59, *Journal de la santé de Louis XIV*, 14 avril 1711.
62. Marquis de Torcy, *Journal…*, *op. cit.*, p. 424, 15 avril 1711 ; L. Norton, *First Lady…*, *op. cit.*, p. 339.
63. Saint-Simon, *Mémoires*, éd. M. Regnier et A. Chéruel, *op. cit.*, vol. VII, p. 372.
64. Comte d'Haussonville, *La Duchesse de Bourgogne…*, *op. cit.*, vol. II, p. 161 ; marquis de Torcy, *Mémoires*, *op. cit.*, p. 96, 100.
65. Saint-Simon, *Mémoires*, éd. M. Regnier et A. Chéruel, *op. cit.*, vol. VIII, p. 434-436, 446, vol. IX, p. 225 ; L. Norton, *First Lady…*, *op. cit.*, p. 210.
66. J. Chevé, *Marie-Thérèse d'Autriche…*, *op. cit.*, p. 376 ; comte d'Haussonville, *La Duchesse de Bourgogne…*, *op. cit.*, vol. IV, p. 298, 311 ; marquis de Dangeau, *Journal…*, *op. cit.*, vol. XXV, p. 59, 61, 18 février 1712, note de Saint-Simon ; T. Sarmant, *Louis XIV : l'homme et le roi*, *op. cit.*, p. 485.
67. L. Norton, *First Lady…*, *op. cit.*, p. 367-378, 386 ; O. Chaline, *L'Année des quatre dauphins*, *op. cit.*, p. 34, 39.
68. R. de Froulay de Tessé, *Lettres du maréchal de Tessé au prince Antoine Ier de Monaco*, Paris, Auguste Picard, 1917, p. 157, Tessé à Monaco, 15 février 1712 ; *cf.* marquis de Sourches, *Mémoires…*, *op. cit.*, vol. XIII, p. 295-298, 312, note de la p. 315, 12-16, 23 février 1712.
69. ML, vol. V, p. 400, 405, Mme de Maintenon à des Ursins, 17, 27 mars 1712 ; *cf.* Saint-Simon, *Mémoires*, éd. M. Regnier et A. Chéruel, *op. cit.*, vol. IV, p. 170, pour des sentiments semblables. Écrivant quarante ans plus tard, il déplorait « un vide affreux qui n'a pu être diminué ».
70. E. Jaeglé (dir.), *Correspondance de Madame…*, *op. cit.*, vol. II, p. 166, 167, Madame à l'Électrice Sophie, 14, 18 février 1712.
71. *Cf.* marquis de Dangeau, *Journal…*, *op. cit.*, vol. XXV, p. 59, pour le chagrin de Saint-Simon, et la comparaison de Bourgogne avec Jésus-Christ. Il considérait le duc de Bourgogne comme une « âme pure », « un reflet du divin », et le croyait « né pour le bonheur de la France et de l'Europe » : Saint-Simon, *La Mort de Louis XIV*, *op. cit.*, p. 113.

72. ML, vol. V, p. 444, Mme de Maintenon à des Ursins, 13 juin 1712.
73. Marquis de Dangeau, *Journal…*, *op. cit.*, vol. XXV, p. 50, 52, 15, 18 février 1712 ; Saint-Simon, *Mémoires*, éd. M. Regnier et A. Chéruel, *op. cit.*, vol. IX, p. 237 ; marquis de Sourches, *Mémoires…*, *op. cit.*, vol. XIII, p. 519, 520, 27 octobre 1712.
74. Marquis de Dangeau, *Journal…*, *op. cit.*, vol. XXV, 81, 8 mars 1712.
75. *Ibid.*, vol. XXVI, p. 161, 18 juillet 1713.
76. *Ibid.*, p. 223, 22 octobre 1713, vol. XXVII,p. 24, 27, 30 janvier 1714.
77. *Ibid.*, vol. XX, p. 10, 45, 46, 9 janvier, 7, 8 mars 1707 ; Saint-Simon, *Mémoires*, éd. M. Regnier et A. Chéruel, *op. cit.*, vol. V, p. 134, vol. X, p. 358.
78. M. Kroll, *Letters from Liselotte…*, *op. cit.*, p. 168, Madame à Sophie, 10 mars 1712.
79. A. W. Ward, *The Electress Sophia*, *op. cit.*, p. 410, 421-422.
80. L. Bély, *L'Art de la paix en Europe…*, *op. cit.*, p. 513 ; E. Corp, *A Court in Exile…*, *op. cit.*, p. 71-74.
81. E. Gregg, *Queen Anne*, *op. cit.*, p. 375-377 ; E. Corp, *A Court in Exile…*, *op. cit.*, p. 288.
82. Cette conception fut aussi exprimée dans les traités de 1737-1738 qui donnaient la Toscane, à la mort de son dernier grand-duc Médicis, cousin germain de Louis XIV, Gian Gastone, au dernier duc héréditaire de Lorraine, François-Stéphane, malgré des titres héréditaires supérieurs du plus jeune fils de Philippe V, le futur Charles III d'Espagne. C'était un accord européen, en partie conçu pour s'assurer en fin de compte que la Lorraine revienne à la France.
83. L. Bély, *L'Art de la paix en Europe…*, *op. cit.*, p. 432.
84. A. Baudrillart, *Philippe V et la cour de France*, *op. cit.*, vol. I, p. 482, 527, Louis XIV à Bonnac, n.d.
85. *Ibid.*, p. 517, 532 ; C. Grell, « Philippe, prince français ou roi d'Espagne, le débat sur les renonciations », *in* A. Álvarez Ossorio *et alii* (dir.), *La pérdida de Europa…*, *op. cit.*, p. 673-692 aux p. 675, Louis XIV à Bonnac, 24 avril 1713, et p. 677, 686.
86. Arch. nat. [Cartons des Rois] K 122, 21, déclaration de Philippe V, 7 novembre 1712 ; marquis de Dangeau, *Journal…*, *op. cit.*, vol. XXVI, p. 65, 15 mars 1713, décrit la cérémonie.
87. L. Bély, *L'Art de la paix en Europe…*, *op. cit.*, p. 553.
88. S. A. Strong (dir.), *A Catalogue of Letters... in the Library at Welbeck*, John Murray, 1903, p. 300, Prior à Oxford, 12 juin 1714.
89. Marquis de Dangeau, *Journal…*, *op. cit.*, vol. XXIII, p. 203, 22 septembre 1710 ; P. Clément, *La Police sous Louis XIV*,

op. cit., p. 268-269 ; L. Plazenet, « L'anamorphose du soleil en épouvantail : Louis XIV dans l'historiographie et la littérature port-royalistes », in *Louis XIV et Port-Royal*, Paris, Librairie philosophique J. Vrin, 2016, p. 165-199 à la p. 192.

90. J. Cornette, *La Mort de Louis XIV…*, *op. cit.*, p. 244.
91. R. Schechter, *A Genealogy of Terror in Eighteenth-Century France*, Chicago, Chicago University Press, 2018.
92. M. Bryant, « The Catholic Church and its Dissenters, 1685-1715 », *in* J. Prest et G. Rowlands (dir.), *The Third Reign of Louis XIV, c. 1682-1715*, Londres, Routledge, 2016, p. 145-161.
93. A. Maral, *Le Versailles de Louis XIV…*, *op. cit.*, p. 296.
94. C. Maire (dir.), *Jansénisme et révolution : actes du colloque de Versailles*, Paris, Bibliothèque Mazarine, 1990, *passim* ; P. Chaunu, M. Foisil et F. de Noirfontaine, *Le Basculement religieux de Paris au* XVIIIe *siècle : essai d'histoire politique et religieuse*, Paris, Fayard, 1998, *passim* ; G. Minois, *Histoire de l'athéisme*, *op. cit.*, p. 222, 327.
95. Marquis d'Argenson, *Journal*, 2014, vol. VII, p. 174, 301, 18 décembre 1751, 18 avril 1752 ; vol. IX, p. 105, 162, 200-202, 221, 21 mars, 6, 19 mai 1753.
96. D. Van Kley, *The Religious Origins of the French Revolution: From Calvin to the Civil Constitution, 1560-1791*, New Haven, Yale University Press, 1996, p. 131.
97. National Archives, Kew (ci-après NA) State Papers France 78/159 fol. 94 v, Prior à George Ier, 23 août 1714, fol. 97, Prior à Bolingbroke, 23 août 1714, fol. 274, Prior à Townshend, 4 décembre 1714. En revanche, le gouvernement français accepta de prêter à Jacques deux navires qui le conduiraient en Angleterre dans l'hypothèse d'un soulèvement jacobite. Mais il lui refusait des troupes et des munitions : D. Szechi, *The Great Jacobite Rising*, New Haven, Yale University Press, 2006, p. 79, 86-88.
98. Comtesse Cowper, *Diary, 1714-1720*, Londres, John Murray, 1864, p. 5.
99. Marquis de Torcy, *Mémoires*, *op. cit.*, p. 210.
100. R. A. Barrell, *Bolingbroke and France*, Lanham, Maryland, 1988, p. 9-10 et *passim*.
101. E. Cruickshanks, « The Second Duke of Ormonde and the Atterbury Plot », *in* T. Barnard et J. Fenlon (dir.), *The Dukes of Ormonde, 1610-1745*, Woodbridge, The Boydell Press, 2000, p. 243-253 à la p. 245 ; Lord Stair, « Extracts from Lord Stair's journal at Paris in 1715 and 1716 », *in* Earl of Hardwicke (éd.), *Miscellaneous State*

Papers from 1501 to 1726, 2 vol., 1778, vol. II, p. 528-554 à la p. 538. D'Ormonde projettait de se joindre aux invasions jacobites de l'Angleterre en 1715, 1719 et 1745.

102. C. Nordmann, *La Crise du Nord au début du XVIIIe siècle*, Paris, Librairie générale de droit et de jurisprudence, 1962, p. 40-41 ; É. Schnakenbourg, « La Politique française dans le Nord à la fin du règne de Louis XIV », RHD, vol. 3, 1998, p. 251-274 ; E. Gregg, *The Protestant Succession in International Politics, 1710-1716*, Londres, Garland, 1986, p. 161, 278-279, 286-287 ; E. Corp, *A Court in Exile…*, *op. cit.*, p. 295. La plus grande partie des 43 500 livres envoyées par Philippe V à « Jacques III » fut perdue quand le navire qui les transportait vers l'Écosse sombra : L. B. Smith, « Spain and the Jacobites, 1715-1716 », *in* E. Cruickshanks (dir.), *Ideology and Jacobitism*, Édimbourg, John Donald Publishers Ltd., 1982, p. 159-178.

Chapitre 23. Jeux funéraires

1. C. K. Eves, *Matthew Prior…*, *op. cit.*, p. 293, Prior à Bolingbroke, 7 septembre 1714 ; L. G. Wickham Legg, *Matthew Prior…*, *op. cit.*, p. 191, Prior à Oxford, 19 janvier 1713, à Bolingbroke, 11 septembre 1714.
2. ML, vol. VI, p. 136, Mme de Maintenon à des Ursins, 16 juin 1714.
3. S. Castelluccio, *Les Fastes de la galerie des Glaces…*, *op. cit.*, p. 129 ; baron de Breteuil, *Mémoires de cour*, *op. cit.*, p. 97-154 ; marquis de Dangeau, *Journal…*, *op. cit.*, vol. XXVIII, p. 57-58, 19 février 1715 ; A. Maral, *Les Derniers Jours de Louis XIV…*, *op. cit.*, p. 36-40.
4. A. Kroell, *Louis XIV, la Perse et Mascate*, Paris, Société d'histoire de l'Orient, 1977, p. 57-58 ; P. Ménard, *Le Français qui possédait l'Amérique…*, *op. cit.*, p. 255-256. Concernant l'intérêt persistant de Louis XIV pour la Perse, voir par exemple M. de Pontchartrain, *Correspondance…*, *op. cit.*, vol. II, p. 11, 185, Pontchartrain à l'évêque de Babylone, 9 janvier 1704, 3 janvier 1710.
5. ML, vol. VI, p. 188, 242, Mme de Maintenon à des Ursins, 26 août, 5 novembre 1714. Louis XIV avait donné de petites maisons dans le parc de Versailles, aujourd'hui disparues, aux duchesses de Bourbon et d'Orléans, parmi d'autres : Saint-Simon, *Mémoires*, éd. M. Regnier et A. Chéruel, *op. cit.*, vol. III, p. 63.

6. ML, vol. VI, p. 215, 242, Mme de Maintenon à des Ursins, p. 242, 30 septembre, 5 novembre 1714 ; marquis de Dangeau, *Journal*..., *op. cit.*, vol. XXVII, p. 199, 25 août 1714, vol. XXVIII, p. 91, 28, 29 mars 1715.
7. M. Kroll, *Letters from Liselotte*..., *op. cit.*, p. 188, Madame, 26 juin 1715 ; marquis de Dangeau, *Journal*..., *op. cit.*, vol. XXV, p. 86, 22 mars 1712 : A. Maral, *Le Versailles de Louis XIV*..., *op. cit.*, p. 425.
8. J. Cornette, *La Mort de Louis XIV*..., *op. cit.*, p. 228-229 ; marquis de Dangeau, *Journal*..., *op. cit.*, vol. XXVII, p. 118, 19 mai 1714, vol. XXVIII, p. 143, 164, 168, 171, 8 juin, 11, 16, 23 juillet 1715.
9. Archives de Chantilly Série 1 11, fol. 11, 22, 26, Louis XIV à Chartres, 11 juillet 1693, 29 juin, 10 juillet 1694, fol. 174, Madame à Dubois, 10 août 1696.
10. Saint-Simon, *Mémoires*, éd. M. Regnier et A. Chéruel, *op. cit.*, vol. III, p. 10 ; E. Jaeglé (dir.), *Correspondance de Madame*..., *op. cit.*, vol. I, p. 240-241, Madame à l'Électrice Sophie, 12 juin 1701 ; marquis de Dangeau, *Journal*..., *op. cit.*, vol. XIV, p. 124-127 et note, 9 juin 1701.
11. ML, vol. IV, p. 216, Mme de Maintenon à des Ursins, 10 octobre 1707 ; marquis de Dangeau, *Journal*..., *op. cit.*, vol. XXIII, p. 9, 4 janvier 1710 ; p. 3, Madame à Sophie, 1er juillet 1711
12. E. Lurgo, *Philippe d'Orléans*..., *op. cit.*, p. 281-282, 356, Madame à Dubois, 18, 21 juin 1696 ; marquis de Dangeau, *Journal*..., *op. cit.*, vol. XVI, p. 175, 19 juillet 1703.
13. ML, vol. IV, p. 601, Mme de Maintenon à des Ursins, 15 juillet 1709 ; A. Baudrillart, *Philippe V et la cour de France*, *op. cit.*, vol. I, p. 294, 390-391, vol. II, p. 57, 78-90 ; C.-F. Lévy, *Capitalistes et pouvoir au siècle des Lumières : les fondateurs, des origines à 1715*, La Haye, De Gruyter Mouton, 1969, p. 422-425 ; J.-C. Petitfils, *Le Régent*, *op. cit.*, p. 156-158.
14. A. Geffroy (dir.), *Lettres inédites de la princesse des Ursins*, *op. cit.*, note de la p. 384.
15. A. Baudrillart, *Philippe V et la cour de France*, *op. cit.*, vol. II, p. 96-97, Louis XIV à Philippe V, 5 août 1709, Philippe V à Louis XIV, 16 août 1709 ; J.-C. Petitfils, *Le Régent*, *op. cit.*, p. 156-158.
16. Marquis de Dangeau, *Journal*..., *op. cit.*, vol. XXII, note de la p. 119, p. 185, note de la p. 199, 4 mai, 12, 28 juillet 1709.
17. A. Baudrillart, *Philippe V et la cour de France*, *op. cit.*, vol. I, p. 471 ; marquis de Torcy, *Journal*..., *op. cit.*, p. 195, 22 juin 1710.

On aurait une confirmation des ambitions dynastiques de d'Orléans en 1721 avec les fiançailles de Louis XV, alors âgé de 11 ans, avec une infante d'Espagne âgée de 3 ans. Il espérait par là retarder d'au moins dix ans les chances de Louis XV d'enfanter un Dauphin, et donc augmenter les siennes ou celles de son fils d'accéder au trône si le jeune roi mourait. Selon Villars, le Conseil redoutait ce mariage, mais n'osa pas se prononcer en sa défaveur : à cette nouvelle, le jeune roi pleura. A. Baudrillart, *Philippe V et la cour de France*, *op. cit.*, vol. II, p. 479 ; M. Antoine, *Louis XV*, Paris, Fayard, 1989, p. 96-97.

18. E. Jaeglé (dir.), *Correspondance de Madame…*, *op. cit.*, vol. II, p. 167, 168, 174, Madame à l'Électrice Sophie, 20, 21 février, avril 1712 ; Saint-Simon, *Mémoires*, éd. M. Regnier et A. Chéruel, *op. cit.*, vol. IX, p. 263, 272.
19. Maréchal de Bièvre, *op. cit.*, p. 320-325.
20. Marquis de Dangeau, *Journal…*, *op. cit.*, vol. XXVIII, p. 138, 3 juin 1715 ; Cornette, 1715, p. 276-277.
21. Robert Oresko, « Bastards as Clients: The House of Savoy and its Illegitimate Children », *in* C. Giry-Deloison et R. Mettam (dir.), *Patronages et clientélismes, 1550-1750 (France, Angleterre, Espagne, Italie)*, Lille, n.d., p. 39-67.
22. J. Spangler, « A Lesson in Diplomacy for Louis XIV: The Treaty of Montmartre 1662 and the Princes of the Houses of Lorraine », *French History*, vol. 17, n° 3, 2003, p. 225-250.
23. Arch. nat. AE 1/25, Testament de Louis XIV, 2 août 1714.
24. BnF Mss. fr. 7013, fol. 414 v, 416 v.
25. Arch. nat. AE 1/25, *Testament de Louis XIV*, 2 août 1714.
26. A. Baudrillart, *Philippe V et la cour de France*, *op. cit.*, vol. I, p. 671, 679.
27. A. Maral, *Les Derniers Jours de Louis XIV…*, *op. cit.*, p. 106, Philippe V à Cellamare, 19 mai 1715.
28. A. Baudrillart, *Philippe V et la cour de France*, *op. cit.*, vol. I, p. 582, del Giudice à Philippe V, 4 mai 1714.
29. C. Désos, *Les Français de Philippe V…*, *op. cit.*, p. 330 ; A. Geffroy (dir.), *Lettres inédites de la princesse des Ursins*, *op. cit.*, note de la p. 410 ; marquis de Dangeau, *Journal…*, *op. cit.*, vol. XXIV, p. 167, 210, 29 juillet, 28 septembre 1711, vol. XXVII, p. 83, 4 avril 1714 ; M. Cermakian, *La Princesse des Ursins…*, *op. cit.*, p. 448, 483 ; A. Baudrillart, *Philippe V et la cour de France*, *op. cit.*, vol. I, p. 543.
30. ML, vol. VI, p. 70, 107, Mme de Maintenon à des Ursins, 5 mars, 23 avril 1714.
31. M. Cermakian, *La Princesse des Ursins…*, *op. cit.*, p. 514-518.

32. *Ibid.*, p. 521, 522-525, des Ursins à Louis XIV, 10 janvier 1715. La reine écrivit que Mme des Ursins « m'a manqué à tous égards du respect qui m'est dû » : duc de La Trémoille, *Madame des Ursins et la Succession d'Espagne*, Paris, Honoré Champion, 1902-1907, 6 vol., vol. VI, p. 264, « Moi, la Reine » au comte Pighetti, 25-30 décembre 1714.
33. A. Baudrillart, *Philippe V et la cour de France*, *op. cit.*, vol. I, p. 614, 616, Philippe V à des Ursins, 24, 29 décembre 1714, Orry à Torcy, 5 janvier 1715, p. 620, Louis XIV à Philippe V, 30 avril 1715 ; M. Cermakian, *La Princesse des Ursins*..., *op. cit.*, p. 534, Louis XIV à des Ursins, 21 janvier 1715, p. 539, 546, 582 ; Saint-Simon, *Mémoires*, éd. M. Regnier et A. Chéruel, *op. cit.*, vol. XII, p. 62.
34. Marquis de Dangeau, *Journal*..., *op. cit.*, vol. XXVIII, p. 103, 12 avril 1715 ; Lord Stair, « Extracts from Lord Stair's journal... », *op. cit.*, p. 533-534, 24, 26 juillet 1715. Dubois resterait un allié de George Ier, lui rendant visite à Londres à deux reprises au cours du règne suivant : A. Dupilet, *Le Cardinal Dubois, le génie politique de la Régence*, Paris, Tallandier, 2015, p. 149-155, 250.
35. Lord Stair, « Extracts from Lord Stair's journal... », *op. cit.*, p. 546, 27 août 1715.
36. R. de Froulay de Tessé, *Lettres du maréchal de Tessé*..., *op. cit.*, p. 255-260, Tessé à Monaco, Marly, 17 juin 1715.
37. Marquis de Dangeau, *Journal*..., *op. cit.*, vol. XXVIII, p. 117, 5 mai 1715 ; *cf.* pour une insistance similaire en 1712, Saint-Simon, *Mémoires*, éd. M. Regnier et A. Chéruel, *op. cit.*, p. 291.
38. C. Levantal, *Louis XIV*..., *op. cit.*, vol. II, p. 850, 19 juin, 6, 9, 13 juillet 1715 ; marquis de Dangeau, *Journal*..., *op. cit.*, vol. XXIX, p. 14, 7 août 1715 ; P. Narbonne, *Journal de police*, *op. cit.*, vol. I, p. 41.
39. A. Maral, *Les Derniers Jours de Louis XIV*..., *op. cit.*, p. 125-126, 230 ; S. Perez, *La Santé de Louis XIV*..., *op. cit.*, p. 253, 377, citant *La Gazette*, 24 août 1715.
40. Lord Stair, « Extracts from Lord Stair's journal... », *op. cit.*, p. 539, 540, 12, 13 août 1715. « Jacques III » restera en Lorraine, où il fut traité en roi, jusqu'à ce qu'il en parte pour aller envahir l'Écosse, appareillant de Dunkerque le 26 décembre 1715.
41. Marquis de Dangeau, *Journal*..., *op. cit.*, vol. XXIX, p. 173, note du 25 août 1715.
42. J. Anthoine, *Journal de la maladie et de la mort de Louis XIV*, Paris, A. Quantin, 1880, p. 11-12, 16, 13 août 1715.

43. A. Maral, *Les Derniers Jours de Louis XIV…*, *op. cit.*, p. 132, 139 ; J. Anthoine, *Journal de la maladie et de la mort de Louis XIV*, *op. cit.*, p. 24, 17 août 1715 ; Saint-Simon, *Mémoires*, éd. M. Regnier et A. Chéruel, *op. cit.*, vol. XI, p. 385 ; S. Perez, *La Santé de Louis XIV…*, *op. cit.*, p. 152-162, livre un bon récit de sa maladie fatale.
44. J. Anthoine, *Journal de la maladie et de la mort de Louis XIV*, *op. cit.*, p. 20-21, 15 août 1715.
45. *Ibid.*, p. 25-26, 31, 33, 16, 17, 21, 22 août 1715 ; Saint-Simon, *Mémoires*, éd. M. Regnier et A. Chéruel, *op. cit.*, vol. III, p. 297.
46. E. Jaeglé (dir.), *Correspondance de Madame…*, *op. cit.*, vol. II, p. 233, Madame à Raugravine Louise, 15 août 1715.
47. J. Anthoine, *Journal de la maladie et de la mort de Louis XIV*, *op. cit.*, p. 29, 20 août 1715.
48. *Ibid.*, p. 11, 12 août 1715 ; S. Perez, *La Santé de Louis XIV…*, *op. cit.*, p. 241.
49. ML, vol. VI, p. 345, Mme de Maintenon à Marie de Modène, 21 août 1715.
50. J. Anthoine, *Journal de la maladie et de la mort de Louis XIV*, *op. cit.*, p. 36, 22 août 1715.
51. Marquis de Dangeau, *Journal…*, *op. cit.*, vol. XXIX, p. 150, 22 août 1715.
52. A. Maral, *Les Derniers Jours de Louis XIV…*, *op. cit.*, p. 155, 162, 166 ; marquis de Dangeau, *Journal…*, *op. cit.*, vol. XXIX, p. 164, 24 août 1715.
53. J. Anthoine, *Journal de la maladie et de la mort de Louis XIV*, *op. cit.*, p. 45, 25 août 1715.
54. J. Cornette, *La Mort de Louis XIV…*, *op. cit.*, p. 28-29 ; marquis de Dangeau, *Journal…*, *op. cit.*, vol. XXIX, p. 165, 175-176, 25 août 1715 ; J. Anthoine, *Journal de la maladie et de la mort de Louis XIV*, *op. cit.*, p. 41-42, 47, 25 août 1715.
55. Arch. nat. 01 (Maison du Roi) 821 fol. 78, « Pompe funèbre de Louis XIV mort à Versailles le 1er Septembre 1715 ».
56. Arch. nat. K 136, 2ter lettre du Sieur Nouet, 27 août 1715.
57. Marquis de Dangeau, *Journal…*, *op. cit.*, vol. XXIX, p. 182, 25 août 1715 ; baron de Breteuil, *Mémoires de cour*, *op. cit.*, p. 324-328.
58. A. Maral, *Les Derniers Jours de Louis XIV…*, *op. cit.*, p. 156-157 ; marquis de Dangeau, *Journal…*, *op. cit.*, vol. XXIX, p. 167, 182, 26 août 1715 ; J. Anthoine, *Journal de la maladie et de la mort de Louis XIV*, *op. cit.*, p. 48, 25 août 1715 ; Saint-Simon, *Mémoires*, éd. M. Regnier et A. Chéruel, *op. cit.*, vol. XI, p. 438.

59. A. Maral, *Les Derniers Jours de Louis XIV*..., *op. cit.*, p. 167-168 ; marquis de Dangeau, *Journal*..., *op. cit.*, vol. XXIX, p. 168, 26 août 1715.
60. A. Maral, *Les Derniers Jours de Louis XIV*..., *op. cit.*, p. 181 ; marquis de Dangeau, *Journal*..., *op. cit.*, vol. XXIX, p. 179, 26 août 1715 ; baron de Breteuil, *Mémoires de cour*, *op. cit.*, p. 327.
61. Marquis de Dangeau, *Journal*..., *op. cit.*, vol. XXIX, p. 167, 176, 26 août 1715 ; baron de Breteuil, *Mémoires de cour*, *op. cit.*, p. 328.
62. A. Maral, *Les Derniers Jours de Louis XIV*..., *op. cit.*, p. 187-192 ; E. Jaeglé (dir.), *Correspondance de Madame*..., *op. cit.*, vol. II, p. 234, Madame à Raugravine Louise, 27 août 1715.
63. Marquis de Dangeau, *Journal*..., *op. cit.*, vol. XXIX, p. 169, 183-184, 187, 27, 30 août 1715.
64. *Ibid.*, p. 168, 184, 27 août 1715.
65. *Ibid.*, p. 169, 28 août 1715.
66. *Ibid.*, p. 185-187, 28-30 août 1715 ; S. Perez, *La Santé de Louis XIV*..., *op. cit.*, p. 160.
67. A. Maral, *Les Derniers Jours de Louis XIV*..., *op. cit.*, p. 205.
68. Marquis de Dangeau, *Journal*..., *op. cit.*, vol. XXIX, p. 169, 183-184, 187, 27, 30 août 1715.
69. *Ibid.*, p. 188, 31 août, 1er septembre 1715 ; A. Maral, *Les Derniers Jours de Louis XIV*..., *op. cit.*, p. 209, 218.
70. J. Buvat, *Journal de la Régence*, Paris, Plon, 1865, 2 vol., vol. I, p. 47, 1er septembre 1715 ; marquis de Dangeau, *Journal*..., *op. cit.*, vol. XXIX, p. 188, 1er septembre 1715 ; M. Marais, *Journal de Paris*, *op. cit.*, vol. I, p. 45, 1er septembre 1715.
71. Arch. nat. 01 821, fol. 80-82, journal de M. Desgranges, maître des cérémonies.
72. *Ibid.*, fol. 83-84. À Vienne, de 1654 à 1878, les cœurs des Habsbourg étaient placés dans des jarres de cuivre ou d'argent à l'intérieur de l'église Augustinienne, leurs entrailles, leur cerveau et leurs yeux dans la cathédrale Saint-Étienne, leur corps dans la Kapuzinergruft.
73. *Ibid.*, fol. 89
74. F. Leferme-Falguières, « Les funérailles de Louis XIV à Saint-Denis », *in* G. Sabatier et B. Saule (dir.), *Le roi est mort*..., *op. cit.*, p. 72, 273, 280.
75. Lord Stair, « Extracts from Lord Stair's journal... », *op. cit.*, p. 543-544, 23, 26 août 1715.
76. A. Maral, *Les Derniers Jours de Louis XIV*..., *op. cit.*, p. 175, 195, 206

77. *Ibid.*, p. 149 ; marquis de Dangeau, *Journal…*, *op. cit.*, vol. XXIX, p. 149, 22 août 1715.
78. Saint-Simon, *Mémoires*, éd. M. Regnier et A. Chéruel, *op. cit.*, vol. XI, p. 333.
79. M. Marais, *Journal de Paris*, *op. cit.*, vol. I, p. 35, 2 septembre 1715.
80. Comte d'Haussonville, *La Duchesse de Bourgogne…*, *op. cit.*, vol. III, p. 85, duc du Maine à Chamillart, 2 août 1702.
81. M. Marais, *Journal de Paris*, *op. cit.*, vol. I, p. 62, 16 septembre 1715 ; J. Cornette, *La Mort de Louis XIV…*, *op. cit.*, p. 285, 289, 291, 301-302.
82. *Ibid.*, p. 283, 285, 293–8, 306
83. M. Marais, *Journal de Paris*, *op. cit.*, vol. I, p. 55, 9 septembre 1715.
84. Arch. nat. 01 821, fol. 95-97 ; A. Maral, *Les Derniers Jours de Louis XIV…*, *op. cit.*, p. 247-249.
85. Arch. nat. 01 821 fol. 99-101, 23 octobre 1715 ; C. Levantal, *Louis XIV…*, *op. cit.*, vol. II, p. 854-855, 9 septembre, 23 octobre 1715.
86. J.-M. Le Gall, « Les Bourbons, ou le refus du tombeau », *in* M. Hengerer et G. Sabatier (dir.), *Les Funérailles princières en Europe XVIe-XVIIIe siècles,* II : *Apothéoses monumentales*, Rennes, PUR, 2013, p. 253-268 à la p. 262.
87. Arch. nat. 01 821, fol. 114-116.
88. F. B. Assaf, *La Mort du roi : une thanatographie de Louis XIV*, Tübingen, 1999, *passim* ; pour les services dans toutes les églises catholiques d'Alep, avec mausolée et illuminations, voir P. Lucas, *Troisième voyage... dans le Levant*, Saint-Étienne, Presses universitaires de Saint-Étienne, 2004, p. 100.
89. Abbé Migne, *Collection intégrale et universelle des orateurs sacrés*, vol. XXXIII, 1853, p. 1304, 1306, 1314, 1321-1322 ; G. Sabatier et B. Saule (dir.), *Le roi est mort…*, *op. cit.*, p. 83-91.
90. A. Maral, *Les Derniers Jours de Louis XIV…*, *op. cit.*, p. 248 ; Arch. nat. 01 821, fol. 114.
91. É. Raunié, *Chansonnier historique du XVIIIe siècle*, Paris, A. Quantin, 1879-1884, 10 vol., vol. I, p. 56-57, 60-61 ; J. Cornette, *La Mort de Louis XIV…*, *op. cit.*, p. 62 ; A. Maral, *Louis XIV…*, *op. cit.*, p. 265-266, 270.
92. É. Raunié, *Chansonnier historique…*, *op. cit.*, vol. I, p. 61 ; G. Sabatier et B. Saule (dir.), *Le roi est mort…*, *op. cit.*, p. 233.
93. J.-B. Massillon, *Oraison funèbre de Louis XIV*, Grenoble, 2004, p. 56-57, 71, 96 et *passim. Petit Carême, suivi des sermons sur la mort du Pécheur et la mort du juste et de l'Oraison funèbre de Louis XIV*, Paris, Lefèvre Libraire, 1823, p. 431 *sq*.

Chapitre 24. L'ombre de Versailles

1. Voir par exemple J. Mazarin, *Lettres du cardinal Mazarin…*, *op. cit.*, vol. IX, p. 329, Mazarin à M. Silhon, 29 septembre 1659, pour la conception qu'avait le cardinal du rôle de la France en Europe.
2. F.-D. Liechtenhan, *Pierre le Grand*, Paris, Tallandier, 2015, p. 255, 421.
3. D. McKay, *The Great Elector…*, *op. cit.*, p. 242-243, 253.
4. G. B. McCollim, *Louis XIV's Assault on Privilege…*, *op. cit.*, p. 213, 215 ; N. Jeffares, « Between France and Bavaria : Louis-Joseph d'Albert de Luynes, Prince de Grimberghen », *The Court Historian*, vol. 17, n° 1, juin 2012, p. 61-85 à la p. 72. Après 1742, l'alliance avec la Bavière entraîna aussi la France dans la guerre de Succession d'Autriche, sans grand avantage.
5. Arsenal Mss. 13927, Louis XIV au duc de la Meilleraye, octobre 1661.
6. C. K. Eves, *Matthew Prior…*, *op. cit.*, p. 111, Prior, livre de raison, n.d. ; F.-D. Liechtenhan, *Pierre le Grand*, *op. cit.*, p. 415.
7. L. Horowski, « "Such a Great Advantage for my Son": Office-Holding and Career Mechanisms at the Court of France, 1661-1789 », *The Court Historian*, vol. 8, n° 2, décembre 2003, p. 125-175 à p. 138-141, 174.
8. D. Dessert, *Le Royaume de Monsieur Colbert…*, *op. cit.*, p. 291-293.
9. G. Rowlands, *The Financial Decline of a Great Power…*, *op. cit.*, p. 236.
10. J.-C. Petitfils, *Le Régent*, *op. cit.*, p. 357.
11. É. Spanheim, *Relation…*, *op. cit.*, p. XVII, 2 août 1683 ; E. Jaeglé (dir.), *Correspondance de Madame…*, *op. cit.*, vol. I, p. 43, vol. II, p. 170, 234, Madame à l'Électrice Sophie, 1er août 1683, à la Raugravine Louise, 10 mars 1712, 27 août 1715 ; maréchal de Bièvre, *op. cit.*, p. 340-343 ; S. Perez, *La Santé de Louis XIV…*, *op. cit.*, p. 149, récit du duc d'Antin.
12. Saint-Simon, *Mémoires*, éd. M. Regnier et A. Chéruel, *op. cit.*, vol. V, p. 349 ; Villars, *Mémoires*, *op. cit.*, vol. III, p. 49, *cf.* p. 240, Villars à Boufflers, 20 avril 1708.
13. C. Storrs, *The Spanish Resurgence, 1713-1748*, Cambridge, Cambridge University Press, 2016, p. 98, 129, 188-191.
14. R. Sauzet, *Le Notaire et son roi…*, *op. cit.*, p. 246-248 ; *cf.* marquis de Sourches, *Mémoires…*, *op. cit.*, vol. I, p. 12, septembre 1681.
15. L. G. Wickham Legg, *Matthew Prior…*, *op. cit.*, p. 68, Prior à Lord Halifax, 18 février 1698.

16. Louis XIV, *Œuvres*, *op. cit.*, vol. II, p. 277.
17. Saint-Simon, *Mémoires*, éd. M. Regnier et A. Chéruel, *op. cit.*, vol. III, p. 247, 293, vol. XII, p. 49, 51.
18. E. J. F. Barbier, *Journal d'un avocat de Paris*, Clermont 2002-2004, 4 vol., p. 197, 15 juin 1722 ; L. Lemarchand, *Paris ou Versailles ?…*, *op. cit.*, p. 16, 112, 123, note de la p. 255, 259, 262, 319.
19. A. Dupilet, *Le Cardinal Dubois…*, *op. cit.*, p. 177 ; M. Kroll, *Letters from Liselotte…*, *op. cit.*, p. 215, 221, Madame à Louise, 14 juillet 1718, 5 janvier 1719 ; J.-C. Petitfils, *Le Régent*, *op. cit.*, p. 473 ; L. Lemarchand, *Paris ou Versailles ?…*, *op. cit.*, p. 66, 94.
20. J. de La Gorce, *Jean-Baptiste Lully*, *op. cit.*, p. 297, 777 ; G. Braun (dir.), *Les États allemands…*, *op. cit.*, p. 155, 159.
21. P. Burke, *The Fabrication of Louis XIV*, New Haven et Londres, Yale University Press, 1992, p. 172 ; G. Firmin et *alii* (dir.), *Pierre le Grand : un tsar en France 1717*, Versailles, Liénart, 2017, *passim.*
22. S. Thurley, *Hampton Court : A Social and Architectural History*, Londres, Paul Mellon Centre for Studies in British Art, 2003, p. 141, 153, 189, 205.
23. P. H. Wilson, *War, State and Society in Württemberg…*, *op. cit.*, p. 126-128.
24. T. Blanning, *Frederick the Great…*, *op. cit.*, p. 163, 168. À Potsdam, en 1750, Frédéric II recréa le carrousel de Louis de 1662.
25. C. Field *et alii* (dir.), *Paris on the Potomac: The French Influence on the Architecture and Art of Washington*, Athens, OH, Ohio University Press, 2007, p. 3.
26. Marquis d'Argenson, *Journal*, *op. cit.*, vol. II, p. 63, 127, 136, 141, 151, 26 janvier, 3, 19, 24 mai, 14 juin 1739, vol. III, p. 241, 243-245, 19, 23 septembre 1740, vol. VII, 45, 4 octobre 1749, p. 137, 178, 200-201, 8 octobre 1751, 22 décembre 1751, 26, 27 janvier 1752.
27. J. Black, *From Louis XIV to Napoleon…*, *op. cit.*, p. 79, 99, 108.
28. A. Maral, *Le Versailles de Louis XIV…*, *op. cit.*, p. 179, Louis XV à Ferdinand VI.
29. Marquis d'Argenson, *Journal*, *op. cit.*, vol. VI, p. 211, 233, 13, 30 décembre 1748, vol. VII, p. 17, 81, 4 août, 14 décembre 1749 ; L. Bongie, *The Love of a Prince: Bonnie Prince Charlie in France*, Vancouver, University of British Columbia Press, 1986, p. 248, 252, 264-266, 289-290.

30. Marquis d'Argenson, *Journal*, *op. cit.*, vol. VI, p. 211, 258, 13 décembre 1748, 26 janvier 1749, vol. IX, p. 57.
31. *Ibid.*, vol. VI, p. 149, 17 mars 1750.
32. A. Maral, *Le Versailles de Louis XIV…*, *op. cit.*, p. 203.
33. Marquis d'Argenson, *Journal*, *op. cit.*, vol. VII, p. 299, 16 avril 1752.
34. J. Black, *From Louis XIV to Napoleon…*, *op. cit.*, p. 14, 85, 117, 211.
35. G. Rowlands, « The Maison Militaire du Roi and the Disintegration of the Old Regime », *in* J. Swann et J. Félix (dir.), *The Crisis of the Absolute Monarchy: France from Old Regime to Revolution*, Oxford, Oxford University Press 2013, p. 245-273.
36. *Ibid.*, p. 25.
37. G. Bossenga, « Financial Origins of the French Revolution », *in* T. E. Kaiser et D. K. Van Kley (dir.), *From Deficit to Deluge: The Origins of the French Revolution*, Stanford, University of California Press, 2011, p. 37-66 aux p. 37-38, 46-47, 49, 55.
38. *Cf.* N. Aston, « Necker and the British Connection », *in* J. Swann et J. Félix (dir.), *The Crisis of the Absolute Monarchy…*, *op. cit.*, p. 127-145.
39. M. F. Morris, *Le Chevalier de Jaucourt : un ami de la terre*, Genève, Droz, 1979, *passim*.
40. Marquis d'Argenson, *Journal*, *op. cit.*, vol. I, p. 248, juillet 1738.
41. A. Maral, *Les Derniers Jours de Louis XIV…*, *op. cit.*, p. 448, 453-455.
42. *Ibid.*, p. 279. Les tombes des exilés Stuarts dans Paris et aux alentours furent elles aussi profanées.
43. *Louis-Philippe et Versailles*, Versailles, Somogy, 2018, *passim*.
44. Dr M. Busch, *Bismarck in the Franco-German War, 1870-1871*, Londres, Scribner's and Sons, 1879, 2 vol., vol. I, p. 223, 8 octobre 1870 ; empereur Frédéric III, *War Diary, 1870-1871*, traduit et édité par A. R. Allinson, Londres, 1927, p. 151, 9 octobre 1870.
45. Dr M. Busch, *Bismarck in the Franco-German War*, *op. cit.*, vol. II, p. 169, 27 décembre 1870 ; M. Howard, *The Franco-Prussian War: The German Invasion of France, 1870-1871* Londres, Taylor & Francis, 1981, p. 347-379 ; A. Horne, *The Fall of Paris: The Siege and the Commune, 1870-1871*, Londres, St Martin's Press, 1965, p. 217.
46. W. H. Russell, *My Diary during the Last Great War*, Londres, Routledge, 1874, p. 558, 18 janvier 1871 ; empereur Frédéric III, *War Diary…*, *op. cit.*, p. 268-274, 18 janvier 1871 ;

E. Delerot, *Versailles pendant l'occupation*, Paris, Plon, 1873, p. 261-262.

47. Empereur Frédéric III, *War Diary…*, *op. cit.*, p. 211-212, 2 décembre 1870 ; J. Steinberg, *Bismarck: A Life*, Oxford, Oxford University Press, 2011, p. 304 ; G. Hojer, *Schloss Herrenchiemsee*, Munich, Hirmer Verlag, 1998, *passim*.
48. Certaines statues ornent maintenant la cour Marly du Louvre.
49. Prince Bismarck, *Letters to his Wife from the Seat of War, 1870-1871*, Londres, Jarrold & Sons, 1915, p. 67, 83, Bismarck à la princesse Bismarck, 8 octobre, 12 novembre 1870.
50. M. MacMillan, *Peacemakers: The Paris Peace Conference of 1919 and its Attempt to End War*, Londres, John Murray Publishers, 2001, p. 470.
51. J. Jackson, *A Certain Idea of France : The Life of General de Gaulle*, Londres, Allen Lane, 2018, p. 8, 16.
52. É. Roussel, *Charles de Gaulle*, Paris, Gallimard, 2002, p. 917.
53. T. Sarmant et M. Stoll, *Régner et gouverner…*, *op. cit.*, p. 565-567.
54. J. Lacouture, *De Gaulle*, t. 2 *: Le Rebelle, 1890-1944*, Paris, Seuil, 1984, p. 15-16.
55. J. Revel, « La Cour », *in* P. Nora (dir.), *Les Lieux de mémoire*, Paris, Gallimard, 1984-1992, 7 vol., vol. III, t. 2, p. 133-135, 183-186 ; N. Charbonneau et L. Guimier, in *Le roi est mort ? Vive le roi ! Enquête au cœur de notre monarchie présidentielle*, Paris, Michalon, 2006, relève la persistance de telles traditions de cour dans les « logements de fonction » à titre gracieux et les chasses d'État sous la Ve République.
56. S. Rials, *La Présidence de la république*, Paris, PUF, 1981, p. 100-105.
57. DV, p. 331 ; par exemple, Versailles a accueilli en juin 1982 un sommet du G7. Le président Poutine est venu à Versailles pour une exposition sur Pierre le Grand le 29 mai 2017, et des hommes d'affaires étrangers pour le sommet « Choose France » le 22 janvier 2018.
58. *Versailles: The Enduring Appeal of One of France's Most Iconic Monuments*, France 24, 26 juillet 2018.

Bibliographie

Archives

Royaume-Uni

British Library (BL)

2072, « formulaire pour les lettres du roy aux princes et autres dans les pays étrangers », Manuscrits Egerton, 1674, Manuscrits Lamoignon 1649-1652.

National Archives, Kew (NA)

State Papers France 78/159, Lettres de Paris et Versailles de Matthew Prior à Bolingbroke, George Ier et Townshend, 1714-1715 78/160 ; Lettres de Paris et Versailles de Lord Stair à Stanhope, 1715.

West Sussex Record Office

Goodwood Papers, Lettres de Louis XIV à la duchesse de Portsmouth (copies).

France

Bibliothèque nationale de France, Paris, Département des manuscrits (BnF)

3858, Traductions du latin « de la main de Louis XIV ».
4182, Papiers de Michel Le Tellier.
6763-6782, « Abrégés des finances du royaume », 1661-1680.
6923-6926, 6944, Papiers du maréchal et de la maréchale de Noailles.

6995 Donnedieu de Vissé, « Histoire de Louis le Grand contenue dans les rapports qui se trouvent entres ses actions et les qualités et vertus des Fleurs et des Plantes ».
6999, Journal de la santé de Louis XIV par Fagon.
7013, Testament de Louis XIV.
7834, « Les Plaisirs de l'Île enchantée ».
7891-7895, Campagnes du roy 1675-1678.
10261, Lettres de Louis XIV à Mme de La Mothe-Houdancourt, gouvernante des Enfants de France, 1667-1693.
13683, Journal de l'an 1715.
155212, « Mémoire des raisons qui ont obligé le roy à reprendre les Armes », 24 septembre 1688 ; lettre de Louis XIV au cardinal d'Estrées, 6 septembre 1688.
16633, M. Sainctot, « Cérémonies du règne de Louis XIV ».
15467, 15520-22, Mélanges.
19188, fol. 150, « Amours du Palais-Royal ». Nouvelles acquisitions françaises (NAF).
2038-9, Copies des lettres écrites par le roy Louis XIV, 1661-1678.
5132, Documents du règne de Louis XIV.
12764, Lettres de Louis XIV à Philippe V (copies).
22818, 22896, 22936, 22938, 23006, 23093, 23179, 23180, 23864, Mélanges contenant des lettres de Louis XIV.
Fichier Charavay 147, 382, Louis XIV à Madame, 13 septembre 1663.

Bibliothèque interuniversitaire de la Sorbonne, Paris (BS)

960, 961, 1289, 1290, Lettres de Louis XIV, 1660-1676.

Bibliothèque Mazarine, Paris (BM)

2320, Louis XIV à Boufflers, 1691.
2326 fol. 8, Instructions au comte de Briord, 23 mars 1697.

Bibliothèque Sainte-Geneviève, Paris (BSG)

2014-15, 2084, Lettres de Louis XIV.

Bibliothèque de l'Arsenal, Paris

Mss. 2014, 2736-8, 3568, 4712, 4585, 6613, 13927, Lettres de Louis XIV.

Archives nationales, Paris (Arch. nat.)

[Cartons des Rois] K 118-136, Règne de Louis XIV.
AE II 848, traité du 2 octobre 1649.

AE 1/25, Testament de Louis XIV, 2 août 1714.
01, p. 355-367, « Lettres et placets, feuilles d'enregistrement du Bureau des Affaires étrangères et des provinces », 1653-1705, avec des instructions et des notes de Louis XIV.
01 821, 1669-1768 Registre des maîtres de cérémonies incluant fol. 80-82, journal de M. Desgranges, « Pompe funèbre de Louis XIV mort à Versailles le 1er septembre 1715 ».
01 1098, « Registres des ordres et lettres de mgr. le duc d'Antin... concernant les bâtiments, jardins, arts et manufactures du roy depuis 1708 jusqu'à 1732 ».
257 AP 2, Lettres de Louis XIV à M. de Pontchartrain.
261 AP 16, Lettres de Vauban à Louvois.

Musée Condé, Chantilly

1, 11, Lettres de Louis XIV à Turenne, 1667-1673.
1, vol. 2-4, Lettres de Louis XIV au duc de Chartres, de Madame à Dubois, 1693-1696.
1, p. PL, PLVIII-PLXIII, PLXVIII, PLXI, Lettres de Condé et Louis XIV, 1674-1686.
1, 11, Lettres de Louis XIV et Turenne, 1667-1673.

Archives diplomatiques, La Courneuve (AD)

CP Prusse 31, 32, 33 34, Dépêches du ministre français au Brandebourg, 1688.
CP Turquie 9, 20, 21, Correspondance entre Louis XIV et Colbert de Croissy et le sultan ottoman et le grand vizir, et l'ambassadeur de France à Constantinople, 1688-1690.
CP Angleterre 257, 262, 376, Correspondance Poussin-Torcy, 1701.

Bibliothèque municipale de Versailles

Mss. 47, Papiers du maréchal de Créquy.
Mss. 691, fol. 128-132, « État et menu général de la dépense ordinaire de la chambre aux deniers du roy, année 1691 ».
Panthéon Louis XIV, « Rôle des placets présentés au roy à Versailles le lundy 12 juin1702 ».

Livres et articles

Acton, Harold, *The Last Medici*, Londres, Macmillan, 1980.
Adamson, John (dir.), *The Princely Courts of Europe, 1500-1750*, Londres, Weidenfeld Nicolson Illustrated, 2000.

ADDA, Hélène Alexander et PASS, Sigrun, *Liselotte von der Pfalz: Madame am Hofe des Sonnenkönigs*, Heidelberg, HVA Verlag, 1996.

ALBANEL, Christine *et alii*, *The Hall of Mirrors: History and Restoration*, Dijon, Faton, 2007.

ALBERONI, Giulio, *Lettres intimes au comte I. Rocca*, éd. Émile Bourgeois, Paris, G. Masson, 1892 ; rééd. Nabu Press, 2010.

ALIGNY, Pierre Quarré, comte D', *Mémoires militaires*, Beaune, Impr. Arthur Batault, 1886.

AMES, Glenn J., « A Royal Bride for Two Brothers », *Proceedings of the Western Society for French History: Selected Papers of the 1998 Annual Meeting*, Albuquerque, New Mexico State University Press, 2000, p. 152-164.

AMES, Glenn J. et LOVE, Ronald S. (dir.), *Distant Lands and Diverse Cultures: The French Experience in Asia, 1600-1700*, Westport, CT, Preager, 2003.

AMFREVILLE, marquis D', *Histoire de la république de Gênes*, 1696, 3 vol.

ANCILLON, Charles, *Histoire de l'établissement des François réfugiez dans les états de son altesse Électorale de Brandebourg*, Berlin, Robert Roger imprimeur, 1690.

–, *L'Irrévocabilité de l'Édit de Nantes*, Amsterdam, 1688.

ANCILLON, Joseph, *Recueil journalier de ce qui s'est passé de plus mémorable dans la cité de Metz*, Metz, M. F. M. Chabert, 1860, 2 vol.

ANDERSON, Sonia P. (dir.), *Report on the Manuscripts of the Late Allan George Finch*. V: *Secret Service Papers 1691-1693 and Naval and Military Papers to 1694*, Londres, TSO, 2004.

ANDRÉ, Louis (éd), *Deux mémoires historiques de Claude Le Pelletier*, Paris, Félix Alcan, 1906.

–, *Louis XIV et l'Europe*, Paris, Albin Michel, 1950.

ANDRÉ, Louis et BOURGEOIS, Émile (dir.), *Recueil des instructions données aux ambassadeurs et ministres de France*. T. XXI : *Hollande*, Paris, E. de Boccard, 1922.

ANNE, Théodore, *Histoire de l'ordre royal et militaire de Saint-Louis*, Paris, Firmin-Didot, 1860-1861, 3 vol.

ANONYME, *Histoire galante de Monsieur le Comte de Guiche et Madame*, Jouxte La Copie, 1667.

ANONYME, *The history of the revolution of Portugal... with letters of Sir Robert Southwell during his embassy there to the duke of Ormond*, 1740, éd. de Thomas Carte, Londres, Gale Ecco, 2010.

ANONYME, *Relation et observations du royaume de France*, Cologne, 1681.

ANTHOINE, Jacques, *Journal de la maladie et de la mort de Louis XIV*, Paris, A. Quantin, 1880.

ANTOINE, Michel, *Louis XV*, Paris, Fayard, 1989.

ARES, José Manuel de Bernardo, *Felipe V y Luis XIV a través de la correspondencia real de 1710, 1712 y 1714*, Madrid, Sintesis, 2017.

ARES, José Manuel de Bernardo et ECHEVERRÍA, PEREDA Elena, *Las Cortes de Madrid y Versalles en el año 1707*, Madrid, Silex, 2011.

ARES, José Manuel de Bernardo, ECHEVERRÍA PEREDO, Elena et ORTEGA ARJONILLA, Emilio, *De Madrid a Versailles : la correspondencia bilingüe entre el Rey Sol y Felipe V durante la Guerra de Sucesión*, Barcelone, Ariel, 2011.

ARGENSON, marquis D', *Journal*, Paris, Jannet, 1852 ; rééd. Nabu Press, 2012.

ARLET, Jacques, *La Vie à Toulouse sous Louis XIV*, Portet-sur-Garonne, Loubatières nouvelles éditions, 2012.

ARMINJON, Catherine, *Quand Versailles était meublé d'argent*, Paris, RMN, 2007.

ARNOULD, Maurice *et alii*, *1691 : le siège de Mons par Louis XIV*, Bruxelles, Crédit communal, 1991, *Revue belge de philologie et d'histoire*, 1998.

ARVIEUX, chevalier D', *Mémoires*, Paris, C. J. B. Delespine, 1735, 6 vol.

ASSAF, Francis B., *La Mort du roi : une thanatographie de Louis XIV*, Tübingen, Gunter Narr Verlag, 1999.

ASTIER, Régine, « Louis XIV, premier danseur », *in* RUBIN, David Lee (dir.), *The Sun King: The Ascendancy of French Culture during the Reign of Louis XIV*, Washington, Folger Books, 1992.

ASTON, Nigel, « Necker and the British Connection », *in* SWANN, Julian et FÉLIX, Joël (dir.), *The Crisis of the Absolute Monarchy: France from Old Regime to Revolution*, Oxford, Oxford University Press, 2013, p. 127-145.

ATTWOOD, Philip et POWELL, Felicity, *Medals of Dishonour*, catalogue d'exposition, Londres, The British Museum, 2009.

AUBERT, François D', *Colbert : la vertu usurpée*, Paris, Perrin, 2010.

AUBERT, Guillaume, « To Establish One Law and Definite Rules: Race, Religion and the Transatlantic Origins of the Louisiana Code Noir », *in* VIDAL, Cécile (dir.), *Louisiana: Crossroads of the Atlantic World*, Philadelphie, University of Pennsylvania Press, 2014, p. 21-43.

AUGER, Renée, *Louis XIV à Saint-Germain*, catalogue d'exposition, Saint-Germain-en-Laye, musée des Antiquités nationales, 1988.

AULANIER, Christiane, *Le Pavillon du roi : les appartements de la reine*, Paris, Éditions des Musées nationaux, 1959.
–, *La Petite Galerie : appartement d'Anne d'Autriche*, Paris, Éditions des Musées nationaux, 1961.
–, *La Salle des Caryatides*, Paris, Éditions des Musées nationaux, 1957.
AUMALE, Henri d'Orléans, duc D', *Histoire des princes de Condé*, Paris, Calmann-Lévy, 1863-1896, 8 vol.
AVAUX, comte D', *Négociations de Monsieur le Comte d'Avaux en Hollande, depuis 1685 jusqu'en 1688*, Paris, Durand, 1753, 6 vol.
AVENEL, vicomte D', *Lettres... et papiers d'État du Cardinal de Richelieu*, 1853-1877, 8 vol.
–, *Richelieu et la monarchie absolue*, Paris, Plon, Nourrit & Cie, 1884-1890, 4 vol.
AVICE, Henri D', *La Pompeuse et Magnifique cérémonie du sacre du roy Louis XIV*, Paris, Impr. d'E. Martin, 1655.
AYATS, Alain, *Louis XIV et les Pyrénées catalanes de 1659 à 1681 : frontière politique et frontières militaires*, Canet, Trabucaire, 2002.
BABEL, Rainer (dir.), *Frankreich im europäischen Staatensytem der Frühen Neuzeit*, Sigmaringen, Thorbecke, 1995.
–, *Garde et protection : der Königschutz in der französischen Aussenpolitik vom 15. bis zum 17. Jahrhundert*, Stuttgart, Thorbecke, 2014.
BABELON, Jean-Pierre, *Henri IV*, Paris, Fayard, 1982.
BABELON, Jean-Pierre *et alii* (dir.), *Paris et ses rois*, Paris, Association Paris-Musée, 1988.
BADALO-DULONG, Claude, *Le Banquier du roi : Barthélemy Hervart, 1606-1676*, Paris, Ségur, 1951.
BADET, C., « La crise de 1709 à Marseille : les problèmes de ravitaillement en blé (1709-1710) », *in* MIÈGE, Jean-Louis (dir.), *Les Céréales en Méditerranée*, Paris, CNRS-Éditions de La Porte, 1993, p. 69-84.
BAILLON, Charles DE, *Henriette-Marie de France, reine d'Angleterre*, Paris, Didier, 1877.
BAIRD, Rosemary, *Mistress of the House: Great Ladies and Grand Houses, 1670-1830*, Londres, Weidenfeld & Nicolson, 2003.
BAJOU, Thierry, *Paintings at Versailles: XVIIth Century*, Paris, Buchet-Chastel, 1998.
BAMFORD, Paul W., *Fighting Ships and Prisons: The Mediterranean Galleys of France in the Age of Louis XIV*, Minneapolis, University of Minnesota Press, 1973.

BANNISTER, Mark, *Condé in Context: Ideological Change in Seventeenth-Century France*, Oxford, Legenda, 2001.

BAPST, Germain, *Histoire des joyaux de la couronne de France d'après des documents inédits*, Paris, Hachette, 1889, 2 vol.

BARBERINI, Maria Giulia *et alii* (dir.), *Life and the Arts in the Baroque Palaces of Rome*, New Haven et Londres, Yale University Press, 1999.

BARBICHE, Bernard, « La régence de Marie-Thérèse du 23 avril au 31 juillet 1672 », in *id.* (dir.), *Pouvoirs, contestations et comportements dans l'Europe moderne*, Paris, Presses de l'université Paris-Sorbonne, 2005, p. 313-326.

BARBIER, Frédéric, « L'entrée royale de Louis XIV à Valenciennes », *Revue du Nord*, vol. 69, n° 274, 1987, p. 553-561.

–, *Paris, capitale des livres : le monde des livres et de la presse à Paris, du Moyen Âge au XXe siècle*, Paris Bibliothèques, 2007.

BARDOT, Georges, *La Question des dix villes impériales d'Alsace depuis la paix de Westphalie jusqu'aux arrêts de réunion du conseil souverain de Brisach*, Paris, Picard-A. Rey, 1899.

BARKER, Nancy Nichols, *Brother to the Sun King: Philippe, Duke of Orléans*, Baltimore, Johns Hopkins University Press, 1989.

BARNARD, Toby et FENLON, Jane (dir.), *The Dukes of Ormonde, 1610-1745*, Woodbridge, The Boydell Press, 2000.

BARRELL, Rex A., *Bolingbroke and France*, Lanham, Maryland, University Press Of America, 1988.

BARTHÉLEMY, Édouard DE (éd.), *La Galerie des portraits de Mademoiselle de Montpensier*, Paris, Didier, 1860 ; rééd. Elibron Classics, Adamant Media Corporation, 2003.

–, *La Marquise d'Huxelles et ses amis*, Paris, Firmin-Didot, 1881.

–, *La Princesse de Conti d'après sa correspondance inédite*, Paris, Firmin-Didot, 1875.

BASCOU, Marc, « Des brillants symboles de la monarchie absolue », *in* ARIZZOLI-CLÉMENTEL, Pierre et GORGUET BALLESTEROS, Pascale (dir.), *Fastes de cour et cérémonies royales : le costume de cour en Europe*, Paris, RMN, 2009, p. 98-109.

BATIFFOL, Louis, *Les Anciennes Républiques alsaciennes*, Paris, Flammarion, 1918.

BAUDRILLART, Alfred, « Mme de Maintenon : son rôle politique », *Revue des questions historiques*, 1890, p. 101-161.

–, *Philippe V et la cour de France*, Paris, Firmin-Didot, 1890-1900, 5 vol. ; rééd. Forgottten Books, 2017.

BAUDRILLART, Alfred et LECESTRE, Léon (éd.), *Lettres du duc de Bourgogne au roi d'Espagne Philippe V et à la reine*, Paris, Renouard, 1912-1916, 2 vol.

BAUSTERT, Raymond, *Un roi à Luxembourg : édition commentée du « Journal du voyage de Sa Majesté à Luxembourg »,* Tübingen, Gunter Narr, 2015.

BAYARD, François, « Du rôle exact de l'argent dans le déclenchement de la Fronde », *in* DUCHÊNE, Roger et RONZEAUD, Pierre (dir.), *La Fronde en questions*, Aix-en-Provence, Université de Provence, 1989.

BEAUCHAMP, comte DE, *Louis XIII d'après sa correspondance avec le cardinal de Richelieu*, Paris, Renouard, 1902.

BEAUMONT, G. DU BOSCQ DE, *La Garde wallonne, 1702-1822 : officiers français au service de l'Espagne*, Paris, Lafolye Frères, 1904.

BEAUSSANT, Philippe, *Louis XIV artiste*, Paris, Payot, 1999.

–, *Les Plaisirs de Versailles : théâtre et musique*, Paris, Fayard, 1996.

BEDDARD, Robert, *A Kingdom without a King: The Journal of the Provisional Government in the Revolution of 1688*, Oxford, Phaidon, 1988.

BELIN, Ferdinand, *La Société française au XVIIe siècle d'après les sermons de Bourdaloue*, Paris, Hachette, 1875 ; rééd. Genève, Slatkine Reprints, 1970.

BÉLY, Lucien, *Espions et ambassadeurs au temps de Louis XIV*, Paris, Fayard, 1990.

–, (dir.), *La Présence des Bourbons en Europe : XVIe-XXe siècle*, Paris, PUF, 2003.

–, *L'Art de la paix en Europe : naissance de la diplomatie moderne, XVIe-XVIIIe siècles*, Paris, PUF, 2007.

–, « La diplomatie européenne et les partages de l'Empire espagnol », *in* ÁLVAREZ-OSSORIO, Antonio *et alii* (dir.), *La pérdida de Europa: la guerra de sucesión por la monarquía de España*, Madrid, Fundacion Carlos de Amberes, 2007, p. 631-652.

–, *Les Secrets de Louis XIV : mystères d'État et pouvoir absolu*, Paris, Tallandier, 2013.

–, (dir.), *Dictionnaire Louis XIV*, Paris, Robert Laffont, « Bouquins », 2015.

BENOÎT, Jérémie, *Le Grand Trianon : un palais privé à l'ombre de Versailles, de Louis XIV à Napoléon et de Louis-Philippe au général de Gaulle*, La Thuile, Éditions du Gui, 2009.

BENOÎT, Marcelle, *Les Événements musicaux sous le règne de Louis XIV*, Paris, Picard, 2004.

BENSERADE, Isaac DE, *Ballet royal de la Nuit*, 1653, éd. Marie-Claude Canova Green, Paris, Société de littératures classiques, 1997.

BERCÉ, Yves-Marie, *Le Roi absolu : idées reçues sur Louis XIV*, Paris, Le Cavalier Bleu, « Idées reçues », 2013.

BÉRENGER, Jean, « La cour de Vienne au lendemain de la chute de Strasbourg », *in* LIVET, Georges et VOGLER, Bernard (dir.), *Pouvoir, ville et société en Europe, 1650-1750*, Paris, Ophrys, 1983.

–, « La politique ottomane de la France dans les années 1680 », *in* BABEL, Rainer (dir.), *Frankreich im europäischen Staatensystem der Frühen Neuzeit*, Sigmaringen, Thorbecke, 1995.

BERGER, Robert W., *The Palace of the Sun: The Louvre of Louis XIV*, University Park, PA, Pennsylvania State University Press, 1993.

–, *A Royal Passion: Louis XIV as Patron of Architecture*, Cambridge, Cambridge University Press, 1994.

–, « Tourists during the Reign of the Sun King: Access to the Louvre and Versailles and the Anatomy of Guidebooks and Other Printed Aids », *in* MAUNER, George (dir.), *Paris: Center of Artistic Enlightenment*, University Park, PA, Pennsylvania State University Press, 1988.

BERGER, Robert W. et HEDIN, Thomas, *Diplomatic Tours in the Gardens of Versailles under Louis XIV*, University Park, PA, Pennsylvania State University Press, 2008.

BERNIER, François, *Histoire de la dernière révolution des États du Grand Mogul, dédiée au roi*, 1670.

BERTIÈRE, Simone, *Mazarin : le maître du jeu*, Paris, De Fallois, 2007.

–, *Le Procès Fouquet*, Paris, De Fallois, 2013.

–, *Condé : le héros fourvoyé*, Paris, De Fallois, 2014.

BERTRAND, Pascal-François, « Tapestry Production at the Gobelins during the Reign of Louis XIV, 1661-1715 », *in* CAMPBELL, Thomas P. (dir.), *Tapestry in the Baroque: Threads of Splendour*, The Metropolitan Museum of Art, Yale, Yale University Press, New York, 2007, p. 341-355.

BERTRAND, Régis *et alii*, *Marseille : histoire d'une ville*, Marseille, Canopé, 2013.

BERWICK, maréchal DE, *Mémoires*, Paris, A. Petitot et Monmerqué, 1828, 2 vol.

BEVAN, Bryan, *Charles the Second's French Mistress: A Biography of Louise de Kéroualle, Duchess of Portsmouth, 1649-1734*, Londres, Robert Hale, 1972.

BILICI, Faruk, *Louis XIV et son projet de conquête d'Istanbul*, Istanbul, Türk Tarih Kurumu, Société d'histoire turque, 2004.

BIMBENET-PRIVAT, Michèle, « Les pierreries de Louis XIV : objets de collection et instruments politiques », *in* BARBICHE, Bernard et BERCÉ, Yves-Marie (dir.), *Études sur l'ancienne France offertes*

en hommage à Michel Antoine, Paris, École des chartes, 2003, p. 81-96.
BIRNBAUM, Pierre, *Un récit de « meurtre rituel » au Grand Siècle : l'affaire Raphaël Lévy, Metz, 1669*, Paris, Fayard, 2008.
BIRNSTIEL, Eckart (dir.), *La Diaspora des huguenots : les réfugiés protestants de France et leur dispersion dans le monde, XVIe-XVIIIe siècles*, Paris, Champion, 2001.
BISMARCK, prince, *Letters to his Wife from the Seat of War, 1870-1871*, Londres, Jarrold & Sons, 1915.
BIVER, Paul et Marie-Louise, *Abbayes, monastères, couvents de femmes à Paris : des origines à la fin du XVIIIe siècle*, Paris, PUF, 1975.
BLACK, Jeremy, *The Origins of War in Early Modern Europe*, Édimbourg, J. Donald, 1987.
– *From Louis XIV to Napoleon: The Fate of a Great Power*, Londres, UCL Press, 1999.
BLANCHARD, Anne, *Vauban*, Paris, Fayard, 2007.
BLANNING, Tim, *The Culture of Power and the Power of Culture*, Oxford, Oxford University Press, 2002.
–, *The Pursuit of Glory, Europe, 1649-1815*, Harmondsworth, Penguin, 2008.
–, *Frederick the Great: King of Prussia*, New York, Random House, 2016.
BLET, Pierre, *Les Assemblées du clergé et Louis XIV, de 1670 à 1693*, Rome, Analecta Gregoriana, 1972.
–, *Le Clergé du Grand Siècle en ses assemblées, 1615-1715*, Paris, Cerf, 1995.
–, *Les Nonces du pape à la cour de Louis XIV*, Paris, Perrin, 2002.
BLONDEL, Jacques François, *L'Art de jeter les bombes*, La Haye, Arnout, 1685.
BLUNT, Anthony, *Art and Architecture in France, 1500-1700*, New Haven, Yale University Press, 1999.
BLUNT, Wilfrid, *Black Sunrise: The Life and Times of Moulay Ismaïl, Emperor of Morocco – 1646-1727*, York, Methuen, 1951.
BOILEAU, Nicolas et RACINE, Jean, *Lettres d'une amitié : correspondance, 1687-1698*, Paris, Bartillat, 2014.
BOND, Bradley (dir.), *French Colonial Louisiana and the Atlantic World*, Baton Rouge, Louisiana State University Press, 2005.
BONGIE, Laurence, *The Love of a Prince: Bonnie Prince Charlie in France,* Vancouver, University of British Columbia Press, 1986.
BONNAC, marquis DE, *Mémoire historique sur l'ambassade de Constantinople*, Paris, Éd. Charles Schefer, 1894.

BONNET, Pierre et TATIN-GOURRIER, Jean-Jacques (dir.), *Littérature de contestation : pamphlets et polémiques du règne de Louis XIV aux Lumières*, Paris, Éd. Le Manuscrit, 2011.
BONNEY, Richard et TRIM, D. J. B. (dir.), *Persecution and Pluralism: Calvinists and Religious Minorities in Early Modern Europe, 1550-1700*, Berne et Berlin, Peter Lang, 2006.
BORDAZ, Odile, *D'Artagnan*, Montréal, Balzac Le Griot, 2001.
BOSSENGA, Gail, *The Politics of Privilege: Old Regime and Revolution in Lille*, Cambridge, Cambridge University Press, 1991.
–, « Financial Origins of the French Revolution », *in* KAISER, Thomas E. et VAN KLEY, Dale K. (dir.), *From Deficit to Deluge: The Origins of the French Revolution*, Stanford, Stanford University Press, 2011, p. 37-66.
BOSSUET, Jacques-Bénigne, *Oraisons funèbres*, éd. Jacques Truchet, Paris, Classiques Garnier, 1998.
BOST, Hubert, *Pierre Bayle et la religion*, Paris, PUF, 1994.
BOTS, J. A. H. (dir.), *The Peace of Nijmegen, 1676-1678/1679*, Amsterdam, APA Holland University Press, 1980.
–, *The Revocation of the Edict of Nantes and the Dutch Republic*, Amsterdam, Maarssen, 1986.
BOTTINEAU, Yves, *L'Art de cour dans l'Espagne de Philippe V, 1700-1746*, Feret & fils Éditeurs, 1960, Mémoires du Musée de l'Île-de-France, domaine de Sceaux, 1993.
BOUCHENOT-DECHIN, Patricia et FARHAT, Georges, *André Le Nôtre en perspectives*, Paris, Hazan, 2013.
BOUQUET, F. (dir.), *Mémoires de Pierre Thomas, sieur de Fossé*, Rouen, F. Bouquet, 1876, 2 vol.
BOUR, René, *Histoire de Metz*, Woippy, Éditions Serpenoise, 1978.
BOURDIEU, Pierre, *La Noblesse d'État : grandes écoles et esprit de corps*, Paris, Éditions de Minuit,1989.
BOURGES, Jacques DE, *Relation du voyage de Monseigneur l'Évêque de Beryte*, C. Angot, 1683.
BOUSSU, Gilles-Joseph DE, *Histoire de la ville de Mons*, Mons, Jean-Nicolas Varret, 1725.
BOUTANT, Charles, *L'Europe au grand tournant des années 1680 : la succession palatine*, Paris, SEDES, 1985.
BOUTIER, Jean, « Les visiteurs italiens du Roi-Soleil », *in* KOLK, Caroline ZUM *et alii* (dir.), *Voyageurs étrangers à la cour de France*, Rennes, PUR, 2014, p. 91-113.
BOUVET, P. J., *Histoire de l'empereur de la Chine, présentée au Roy*, La Haye, Meyndert Uytwerf, 1699.
BRADY JR, Thomas A., *Turning Swiss: Cities and Empire, 1450-1550*, Cambridge, Cambridge University Press, 1985.

BRAGARD, Philippe (dir.), *Vauban et Namur, le temps d'un siège (mai-juin 1692). Journal de ce qui s'est passé de plus considérable à la prise de Namur, assiégée par le roi en personne, le 25 mai, et rendue à l'obéissance de Sa Majesté le 29 juin 1692*, Namur, Les Amis de la citadelle de Namur, 2008.

BRAUDEL, Fernand, *L'Identité de la France*, Paris, Arthaud-Flammarion, 1986-1988, 2 vol.

BRAUN, Guido (dir.), *Les États allemands et les huguenots*, Oldenbourg, Munich, Wissenschaftsverlag, 2007.

BRESC-BAUTIER, Geneviève, *The Architecture of the Louvre*, Londres, Thames and Hudson, 1995.

–, (dir.), *La Galerie d'Apollon au palais du Louvre*, Paris, Gallimard-Musée du Louvre, 2004.

BRETEUIL, Baron DE, *Mémoires de cour*, Paris, Tallandier, 2009.

BREWER, John, *The Sinews of Power: War, Money and the English State, 1688-1783*, Londres, Routledge, 1989.

BRIENNE, Louis-Henri de Loménie, comte DE, *Mémoires,* Paris, Éd. Barrière, 1916-1919, 3 vol.

BRIÈRE, Nina, *La Douceur du Roi : le gouvernement de Louis XIV et la fin des Frondes 1648-1661*, Montréal, Presses universitaires de Laval, 2011.

BRIGGS, Robert, *Communities of Belief: Cultural and Social Tension in Early Modern France*, Oxford, Clarendon Press, 1995.

BRITLAND, Karen. « Exile or Homecoming ? Henrietta Maria in France, 1644-1669 », *in* Philip MANSEL et RIOTTE, Torsten (dir.), *Monarchy and Exile: The Politics of Legitimacy from Marie de Médicis to Wilhelm II*, Londres, Palgrave Macmillan, 2011, p. 120-143.

BROCKEY, Liam Matthew, *Journey to the East: The Jesuit Mission to China, 1579-1724*, Cambridge, MA, Belknap Press of Harvard University Press, 2007.

BROWN, Jonathan, *Velázquez: Painter and Courtier*, New Haven, Yale University Press, 1986.

BROWN, Jonathan et ELLIOTT, J. H., *A Palace for a King: The Buen Retiro and the Court of Philip IV*, New Haven, Yale University Press, 1980.

BRUGMANS, Henri L., *Le Séjour de Christian Huygens à Paris et ses relations avec les milieux scientifiques français, suivi de son Journal de voyage à Paris et à Londres*, Paris, E. Droz, 1935.

BRUIN, Renger DE et BRINKMAN, Maarten (dir.), *Peace was Made Here: The Treaties of Utrecht, Rastatt and Baden, 1713-1714*, Petersberg, Michael Imhof Verlag, 2013.

BRYANT, Lawrence M., *The King and the City in the Parisian Royal Entry Ceremony: Politics, Ritual and Art in the Renaissance*, Genève, Droz, 1986.

BRYANT, Mark, « The Queen of Versailles and First Lady of Louis XIV's France », manuscrit, n.d.

–, « The Catholic Church and its Dissenters, 1685-1715 », *in* PREST, Julia et ROWLANDS, Guy (dir.), *The Third Reign of Louis XIV, c. 1682-1715*, Londres, Routledge, 2016, p. 145-161.

–, « Romancing the Throne: Madame de Maintenon's Journey from Secret Royal Governess to Louis XIV's Clandestine Consort, 1652-1684 », *The Court Historian*, vol. 22, n° 2, décembre 2017, p. 123-150.

BUCKLEY, Veronica, *Madame de Maintenon: The Secret Wife of Louis XIV*, Londres, Farrar, Strauss and Giroux, 2009.

BURCHARD, Wolf, *The Sovereign Artist: Charles Le Brun and the Image of Louis XIV*, Londres, Paul Holberton, 2016.

BURGHCLERE, Lady Winifred, *George Villiers, Second Duke of Buckingham, 1628-1687: A Study in the History of the Restoration*, Londres, John Murray, 1903.

BURKE, Peter, *The Fabrication of Louis XIV*, New Haven et Londres, Yale University Press, 1992.

BUSCH, Dr Moritz, *Bismarck in the Franco-German War, 1870-1871*, Londres, Scribner's and Sons, 1879, 2 vol.

BUSSY-RABUTIN, comte DE, *Correspondance... avec sa famille et ses amis*, Paris, L. Lalanne, 1858-1859, 5 vol.

–, *Mémoires*, Paris, Mercure de France, 2010.

BUTEL, Paul, « France, the Antilles and Europe in the Seventeenth and Eighteenth Centuries : Renewals of Foreign Trade », *in* TRACY, James D. (dir.), *The Rise of Merchant Empires*, Cambridge, Cambridge University Press, 1990. p. 153-173.

BUVAT, Jean, *Journal de la Régence*, Paris, Plon, 1865, 2 vol.

CAIX DE SAINT-AYMOUR, vicomte DE, *Histoire des relations de la France avec l'Abyssinie chrétienne sous les règnes de Louis XIII et de Louis XIV*, Paris, Challamel, 1886.

CALDICOTT, C. E. J., *La Carrière de Molière, entre protecteurs et éditeurs*, Amsterdam, Rodopi, 1998.

CALLOW, James, *King in Exile: James II: Warrior, King and Saint*, Londres, Stroud, 2004.

CAMPBELL, Malcolm, *Pietro da Cortona at the Pitti Palace: A Study of the Planetary Rooms and Related Projects*, Princeton, Princeton University Press, 1977.

CAMPBELL, Thomas P. (dir.), *Tapestry in the Baroque: Threads of Splendour*, New Haven, Yale University Press, 2007.

CAMUS, Alice, « Être reçu en audience chez le roi », *CRCV Bulletin*, 2013.

CANOVA-GREEN, Marie-Claude, « Ambivalent Fictions: The Bordeaux Celebrations of the Wedding of Louis XIII and Anne d'Autriche »,

in McGowan, Margaret (dir.), *Dynastic Marriages 1612/1615*, Ashgate, Farnham, 2013.
Canova-Green, Marie-Claude et Viala, Alain (dir.), *Racine et l'histoire*, Tübingen, Gunter Narr, 2004.
Carbonnier-Burkard, Marianne, *Comprendre la révolte des camisards*, Rennes, Ouest-France, 2013.
Carné, vicomte de, *Les Pages des écuries du roi*, Nantes, V. Forest et Grimaud, 1886.
Caron, Emmanuel, « Le tournant de l'année 1683 dans la politique ottomane de Louis XIV », *in* Tollet, Daniel (dir.), *Guerres et paix : mélanges d'histoire des relations internationales offerts à Jean Bérenger*, Paris, Presses de l'université Paris-Sorbonne, 2003.
Carpenter, Audrey T., « J. T. Desaguliers, an 18th Century Experimental Philosopher and Freemason », *Huguenot Society Journal*, vol. XXX, avril 2016, p. 503-518.
Carr, Matthew, *Blood and Faith: The Purging of Muslim Spain*, Londres, New Press, 2009.
Carswell, John, *The Descent on England: A Study of the English Revolution of 1688 and its European Background*, Londres, Barrie & Rockliff, 1969.
Cartledge, Bryan, *The Will to Survive: A History of Hungary*, New York, Columbia University Press, 2011.
Casoni, Filippo, *Storia del bombardamento di Genova nell'anno MDCLXXXIV*, Gênes, Istituto Sordo-Muti, 1877.
Castella de Delley, Rodolphe de, *Les Colonels généraux des Suisses et Grisons*, s.l., 1971.
Castelluccio, Stéphane, *Les Collections royales d'objets d'art, de François Ier à la Révolution*, Paris, Éditions de l'Amateur, 2002.
–, *Les Fastes de la galerie des Glaces : recueil d'articles du* Mercure galant *(1681-1773)*, Paris, Payot, 2007.
–, (dir.), *Le Commerce du luxe à Paris aux XVIIe et XVIIIe siècles*, Berne, Peter Lang, 2009.
–, *Marly : art de vivre et pouvoir, de Louis XIV à Louis XVI*, Montreuil, Alain de Gourcuff, 2014.
Catinat, maréchal de, *Mémoires et correspondances*, P. Mougie, Paris, 1819, 3 vol.
Cazaux, Yves, *Le Rêve américain : de Champlain à Cavelier de La Salle*, Paris, Albin Michel, 1988.
Cénat, Jean-Philippe, *Le Roi stratège : Louis XIV et la direction de la guerre (1661-1715)*, Rennes, PUR, 2010.
–, *Chamlay : le stratège secret de Louis XIV*, Paris, Belin, 2011.
–, *Louvois : le double de Louis XIV*, Paris, Tallandier, 2015.

CERMAKIAN, Marianne, *La Princesse des Ursins : sa vie et ses lettres*, Paris, Didier, 1969.

CERNY, Gerald, *Theology, Politics and Letters at the Crossroads of European Civilization: Jacques Basnage and the Baylean Huguenot Refugees in the Dutch Republic*, Dordrecht, Kluwer, 1987.

CHAGNIOT, Jean, *Paris et l'armée au XVIIIe siècle*, Paris, Economica, 1985.

CHALINE, Olivier, *Le Règne de Louis XIV*, Paris, Flammarion, 2005.

–, *L'Année des quatre dauphins*, Paris, Flammarion, 2011.

–, « Anne of Austria, Founder of the Val-de-Grâce in Paris », *in* RAEYMAKERS, Dries *et alii* (dir.), *A Constellation of Courts: The Courts and Households of Habsburg Europe, 1555-1665*, Louvain, Presses universitaires de Louvain, 2014.

CHAMILLART, Michel, *Correspondance et papiers inédits*, Paris, Picard, 1885, 2 vol.

CHAMPION, Justin, *Republican Learning: John Toland and the Crisis of Christian Culture, 1696-1722*, Manchester, Manchester University Press, 2003.

CHANDLER, David (dir.), *Military Memoirs of Marlborough's Campaigns*, Londres, Greenhill Books, 1998.

CHANTELOU, Paul Fréart DE, *Journal de voyage du Cavalier Bernin en France*, Paris, Macula/L'insulaire, 1981.

CHAPELOT, Jean, *Le Château de Vincennes*, Paris, Monum, 2003.

CHAPMAN, Sara E., *Private Ambition and Political Alliances: The Phélypeaux de Pontchartrain Family and Government under Louis XIV*, Rochester, NY, University of Rochester Press, 2004.

CHARBONNEAU, Nicolas et Laurent GUIMIER, *Le roi est mort ? Vive le roi ! Enquête au cœur de notre monarchie présidentielle*, Paris, Michalon, 2006.

CHARPENTIER, François, *De l'excellence de la langue française*, Carpentariana, 1683 ; rééd. Genève, Slatkine Reprints, 1972.

CHARNISAY, baronne DE, *Un gentilhomme huguenot au temps des camisards : le baron d'Aigaliers*, Cahors, Musée du Désert, 1935.

CHATENET, Monique, *La Cour de France au XVIe siècle : vie sociale et architecture*, Paris, Picard, 2002.

–, *Chambord*, Paris, Éditions du Patrimoine, 2013.

CHAUNU, Pierre, FOISIL, Madeleine et NOIRFONTAINE, Françoise DE, *Le Basculement religieux de Paris au XVIIIe siècle : essai d'histoire politique et religieuse*, Paris, Fayard, 1998.

CHÉROT, Henri, S.J., *La Première Jeunesse de Louis XIV*, Lille, Desclée de Brouwer, 1892.

CHÉRUEL, Adolphe, *Histoire de France pendant la minorité de Louis XIV*, Paris, Hachette, 1879-1880, 4 vol.

–, *Histoire de France sous le ministère de Mazarin, 1651-1661*, Paris, Hachette, 1882, 3 vol.
CHEVALIER, Timothée, *Manières de montrer Versailles : guides, promenades et relations sous le règne de Louis XIV*, Paris, Hermann, 2013.
CHEVALLIER, Bernard *et alii*, *Saint-Cloud : le palais retrouvé*, Paris, Éditions du Patrimoine, 2013.
CHEVALLIER, Pierre, *Louis XIII, roi cornélien*, Paris, Fayard, 1979.
–, *Henri III, roi shakespearien*, Paris, Fayard, 1985.
CHEVÉ, Joëlle, *Marie-Thérèse d'Autriche, épouse de Louis XIV*, Paris, Pygmalion, 2008.
CHIGI, Flavio, « Relation et observation sur le royaume de France », *Revue d'histoire diplomatique*, vol. 8, n° 2, 1894, p. 269-279.
CHILDS, John, *The Army of Charles II*, Londres, Taylor & Francis, Routledge, 1976.
CHOISY, abbé DE, *Mémoires pour servir à l'histoire de Louis XIV*, Paris, Mercure de France, 1983.
CHRISTIANSON, John, « The Hunt of Frederick II of Denmark: Structures and Rituals », *The Court Historian*, vol. 18, n° 2, décembre 2013, p. 165-187.
CHRISTOUT, Marie-Françoise, « Louis XIV et le ballet de cour, ou le plus illustre des danseurs (1651-1670) », *Revue d'histoire du théâtre*, n° 215 2002-2003, p. 153-178.
CHURCHILL, Winston S., *Marlborough: His Life and Times*, Londres, Harrap, 1947, 2 vol.
CIARDHA, Eamonn O., *Ireland and the Jacobite Cause: A Fatal Attachment*, Dublin, Four Courts Press, 2002.
CLAEYS, Prosper, *Pages d'histoire locale gantoise*, Gand, Vuylsteke 1885 ; rééd. FB&C Reprints, 2018 3 vol.
CLARK, Ruth S., *Anthony Hamilton: His Life and Works and his Family*, Londres, John Lane, 1921.
–, *Sir William Trumbull in Paris, 1685-1686*, Cambridge, Cambridge University Press, 1938.
CLARKE, J. S., *The Life of James the Second King of England, etc. Collected Out of Memoirs Writ of his own Hand*, Londres, Longman Hurst, 1816, 2 vol.
CLAUDE, Jean, *An Account of the Persecutions and Oppressions of the Protestants in France*, 1686.
CLAYDON, Tony et LEVILLAIN, Charles-Édouard (dir.), *Louis XIV Outside In*, Londres, Routledge, 2016.
CLEARY, Richard L., *The Place Royale and Urban Design in the Ancien Régime*, Cambridge, Cambridge University Press, 1999.

CLEMENCEAU, Georges, *Grandeurs et misères d'une victoire*, Paris, Plon, 1930.
CLÉMENT, Pierre, *La Police sous Louis XIV*, Paris, Didier, 1866.
–, (dir.), *L'Italie en 1671 : relation d'un voyage du marquis de Seignelay à Marseille et à Toulon*, Paris, Didier, 1867.
–, *Madame de Montespan et Louis XIV : étude historique*, Paris, Didier, 1868.
CLÉMENT, R., *Les Français d'Égypte aux XVIIe et XVIIIe siècles*, Le Caire, Institut français d'archéologie du Caire, 1960.
CLOULAS, Ivan, *Catherine de Médicis*, Paris, Fayard, 1979.
COHEN, Claudine, *Science, libertinage et clandestinité à l'aube des Lumières*, Paris, PUF, 2011.
COHEN, Sarah R., *Art, Dance, and the Body in French Culture of the Ancien Régime*, Cambridge, Cambridge University Press, 2000.
COJANNOT-LE BLANC, Marianne, « "Il avoit fort dans le cœur son Alexandre..." : l'imaginaire du jeune Louis XIV d'après La Mesnardière et la peinture des Reines de Perse par Le Brun », *XVIIe Siècle*, vol. 251, n° 2, 2011, p. 371-396.
COLBATCH, J., *An Account of the Court of Portugal during the Reign of the Present King Dom Pedro II*, Thomas Bennet, 1700.
COLBERT, Jean-Baptiste, *Lettres, instructions et mémoires*, éd. P. Clément, Paris, Imprimerie impériale, 1861-1882, 9 vol.
COLIGNY, comte de, *Mémoires*, éd. L. J. N. de Monmerqué, Paris, Jules Renouard, 1841.
The Collection of Autograph Letters and Historical Documents Formed by Alfred Morrison, Second Series, 1883-1892, 6 vol.
COLLINS, James B., *The State in Early Modern France*, Cambridge, Cambridge University Press, 2012.
COMBES, M., *Explication historique de ce qu'il y a de plus remarquable dans la maison royale de Versailles*, Paris, Pralard, 1695.
COMISSO, Giovanni, *Les Ambassadeurs vénitiens, 1525-1792*, Paris, Le Promeneur-Quai Voltaire, 1989.
CONIHOUT, Isabelle DE et MICHEL, Patrick (dir.), *Mazarin : les lettres et les arts*, Saint-Remy-en-l'Eau, Éditions Monelle Hayot, 2006.
COOLEY, Mackenzie. « "I Would Have our Courtier be a Perfect Horseman": Creating Nobility and Fashioning Horses between Mantua and Naples, 1461-1571 », conférence donnée lors du colloque *Animals at Court*, Munich, 9 décembre 2016.
CORNETTE, Joël, *Le Roi de guerre : essai sur la souveraineté dans la France du Grand Siècle*, Paris, Payot, 1993.
–, *La Mort de Louis XIV : apogée et crépuscule de la royauté*, Paris, Gallimard, 2015.

CORP, Edward, *A Court in Exile: The Stuarts in France, 1689-1718*, Cambridge, Cambridge University Press, 2004.
CORVISIER, André, *Louvois*, Paris, Fayard, 1983.
–, *Les Hommes, la guerre et la mort*, Paris, Economica, 1985.
–, *Histoire militaire de la France*, Paris, PUS, 1997, 4 vol.
COSNAC, Daniel DE, *Mémoires*, Paris, Renouard, 1852, 2 vol.
COSTE, Laurent, *Histoire des maires de Bordeaux*, Bordeaux, Dossiers d'Aquitaine, 2008.
COTTRET, Bernard, *Terre d'exil : l'Angleterre et ses réfugiés français et wallons, de la Réforme à la révocation de l'Édit de Nantes, 1550-1700*, Paris, Aubier, 1985.
COTTRET, Monique, *La Bastille à prendre : histoire et mythe de la forteresse royale*, Paris, Fayard, 1986.
COURTOIS, Stéphanie DE, *Le Potager du Roy*, Versailles, École nationale supérieure de paysage, 2003.
COUTELLE, Antoine, *Poitiers au XVIIe siècle : les pratiques culturelles d'une élite urbaine*, Rennes, PUR, 2014.
COWART, Georgia J., *The Triumph of Pleasure: Louis XIV and the Politics of Spectacle*, Chicago, University of Chicago Press, 2008.
COWPER, Mary, comtesse, *Diary, 1714-1720*, Londres, John Murray, 1864.
CRAWFORD, O. G. S., *The Fung Kingdom of Sennar*, Gloucester, John Bellows, 1951.
CREED, Richard, *Journal of the Grand Tour to Rome with the Fifth Earl of Exeter, 1699-1700*, Peterborough, Oundle Museum, 2002.
CRÉMIEUX, Adolphe, *Marseille et la royauté pendant la minorité de Louis XIV*, Paris, Hachette, 1917, 2 vol.
CROCHET, Bernard, *Vauban et son héritage : guide des forteresses à visiter*, Rennes, Ouest-France, 2017.
CROS, Bernard, « Dunkerque, port de guerre du Roi-Soleil », *Revue historique de Dunkerque et du littoral*, 1997, p. 49-106.
–, *Toulon, l'arsenal et la ville*, Paris, Musée national de la Marine, 2012.
CROQUEZ, Albert, *La Flandre wallonne et les pays de l'intendance de Lille sous Louis XIV*, Paris, Édouard Champion, 1912.
CROUZET, François, « The Huguenots and the English Financial Revolution », in *id.*, *Britain, France and International Commerce: From Louis XIV to Victoria*, Aldershot, Ashgate, 1996.
CRUICKSHANKS, Eveline (dir.), *By Force or by Default? The Revolution of 1688-1689*, Édimbourg, J. Donald, 1989.
–, « The Second Duke of Ormonde and the Atterbury Plot », *in* BARNARD, Toby et FENLON, Jane (dir.), *The Dukes of Ormonde, 1610-1745*, Woodbridge, The Boydell Press, 2000, p. 243-253.

CULOT, Maurice *et alii* (dir.), *Le Bombardement de Bruxelles par Louis XIV et la reconstruction qui s'ensuivit*, Bruxelles, Archives d'architecture moderne, 1992.

DAGUENET, Patrick, *L'Aurore du Roi-Soleil : 1661, le grand séjour de Louis XIV à Fontainebleau*, Fontainebleau, AKFG, 2016.

DAKHLIA, Jocelyne et VINCENT, Bernard, *Les Musulmans dans l'histoire de l'Europe : passages et contacts en Méditerranée*, Paris, Albin Michel, 2013, 2 vol.

DANGEAU, marquis DE, *Journal*, Paris, Firmin-Didot, 1858, 35 vol. ; rééd. Clermont-Ferrand, 2002-2014.

DANIEL, père, *Histoire de la milice françoise*, Mariette, J.-B. Delespine & J.-B. Coignard, 1721, 2 vol. ; Amsterdam, 1724.

DAVIES, David, « James II, William of Orange and the Admirals », *in* CRUICKSHANKS, Eveline (dir.), *By Force or By Default? The Revolution of 1688-1689*, Édimbourg, J. Donald, 1989, p. 82-108.

DEAKIN, Nicholas, *Count Gramont at the Court of Charles II*, Londres, Barrie and Rockliff, 1965.

DEE, Darryl, *Expansion and Crisis in Louis XIV's France: Franche-Comté and Absolute Monarchy, 1674-1715*, Rochester, NY, University of Rochester Press, 2009.

DE GROOT, Pieter, *Lettres... à Abraham de Wicquefort*, éd. F. J. I. Krämer, La Haye, 1894.

DEJEAN, Joan, *How Paris Became Paris: The Invention of the Modern City*, Londres, Bloomsbury, 2014.

DELALEX, Hélène, *La Galerie des Carrosses : Château de Versailles*, Paris, ArtLys, 2016.

DELDICQUE, Mathieu, *Le Grand Condé : le rival du Roi-Soleil ?*, Gand, Snoeck, 2016.

DELEROT, E., *Versailles pendant l'occupation*, Paris, Plon, 1873.

DELOCHE, Maximin, *La Maison du cardinal de Richelieu : document inédit*, Paris, Édouard Champion, 1912.

DELPONT, Hubert, *Parade pour une infante : le périple nuptial de Louis XIV à travers le Midi de la France, 1659-1660*, Nérac, Éditions d'Albret, 2007.

DENCHER, Alexander, « The Politics of Spectacle: Imaging the Prince of Orange during the First Stadtholderless Era », *The Court Historian*, vol. 19, n° 2, décembre 2014, p. 163-168.

DERVILLE, Alain, *Histoire de Saint-Omer*, Lille, Presses universitaires de Lille, 1981.

DESCIMON, Robert, « Les barricades frondeuses », *in* DUCHÊNE, Roger et RONZEAUD, Pierre (dir.), *La Fronde en questions,* Aix-en-Provence, Publications de l'université, 1989, p. 245-262.

DESCIMON, Robert et Élie HADDAD (dir.), *Épreuves de noblesse : les expériences nobiliaires de la haute robe parisienne (XVIe siècle-XVIIIe siècle)*, Paris, Les Belles Lettres, 2010.
DESMONS, Fernand, *La Conquête en 1667*, Tournai, Casterman, 1905.
DÉSOS, Catherine, *Les Français de Philippe V : un modèle nouveau pour gouverner l'Espagne, 1700-1724*, Strasbourg, Presses de l'université de Strasbourg, 2009.
DESSERT, Daniel, *La Royale : vaisseaux et marins du Roi-Soleil*, Paris, Fayard, 1996.
–, *Tourville*, Paris, Fayard, 2002.
–, *Louis XIV prend le pouvoir : naissance d'un mythe*, Paris, Éditions Complexe, 2005.
–, *Le Royaume de Monsieur Colbert (1661-1683)*, Paris, Perrin, 2007.
–, *L'Argent du sel : le sel de l'argent*, Paris, Fayard, 2012.
DETHAN, Georges, *Paris au temps de Louis XIV, 1660-1715*, Paris, Hachette, 1990.
Deux siècles d'Alsace française, Strasbourg, F. X. Le Roux, 1948, 1990.
DEYON, Solange, *Du loyalisme au refus : les protestants français et leur député général entre la Fronde et la Révocation*, Villeneuve-d'Ascq, Publications de l'université de Lille-III, 1976.
DIAKITE, Tidiane, *Louis XIV et l'Afrique noire*, Paris, Arléa, 2013.
DIEFENDORF, Barbara, *From Penitence to Charity: Pious Women and the Catholic Reformation in Paris*, Oxford, Oxford University Press, 2004.
DINGLI, Laurent, *Seignelay : le fils flamboyant*, Paris, Perrin, 2007.
DOEBNER, Dr R. (dir.), *Memoirs of Mary, Queen of England*, Leipzig, Veit, 1886.
DOLLAR, Jacques, *Vauban à Luxembourg, place forte de l'Europe (1684-1697)*, Luxembourg, RTL Éditions, 1983.
DOLLOT, René, *Les Origines de la neutralité de la Belgique et le système de la Barrière, 1609-1830*, Ann Arbor, University of Michigan Library, 1902.
DOSQUET, Émilie, « Le feu et l'encre : la désolation de Palatinat : guerre et information politique dans l'Europe de Louis XIV », thèse non publiée, Paris, université Paris-I-Sorbonne, 2017, 2 vol.
DRÉVILLON, Hervé, *L'Impôt du sang : le métier des armes sous Louis XIV*, Paris, Tallandier, 2005.
–, *Le Roi absolu : Louis XIV et les Français (1661-1715)*, Paris, Belin, 2015.
DROMANTIN, Patrick Clarke DE, « Une noblesse atypique : les réfugiés jacobites en France au XVIIIe siècle », *in* PONTET, J. *et alii* (dir.), *La Noblesse de la fin du XVIe siècle au début

du XXe siècle : un modèle social ?, Anglet, Atlantica, 2002, 2 vol., vol. II, p. 87-102.

DUBOIS, Alexandre, *Journal d'un curé de campagne au XVIIe siècle*, présentation et édition d'Henri Platelle, Paris, Éditions du Cerf Ligugé, 1965.

DUBOIS, Isabelle *et alii* (dir.), *Place des Victoires : histoire, architecture, société*, Paris, Maison des sciences de l'homme, 2003.

DUBOIS, M., « Mémoire fidèle des choses qui se sont passées à la mort de Louis XIII roi de France et de Navarre », *in* DANJOU, F. (dir.), *Archives curieuses de l'histoire de France*, 2e série, vol. 5., Paris, Beauvais Éditeur, 1838.

DUBOIS, Marie, *Moi, Marie Dubois... valet de chambre de Louis XIV*, Rennes, Éd. Apogée, 1994.

DUBU, Jean, « Fortunes and Misfortunes of Racine the Courtier », *The Court Historian*, vol. 7, n° 2, décembre 2002, p. 111-133.

DUBUISSON-AUBENAY, M., *Journal des guerres civiles,* éd. G. Saige, Paris, Honoré Champion, 1883-1885, 2 vol.

DUCCINI, Hélène, « Le Dauphin du miracle (5 septembre 1638) », *in* BARBICHE, Bernard *et alii* (dir.), *Pouvoirs, contestations et comportements dans l'Europe moderne*, Paris, Presses de l'université Paris-Sorbonne, 2005, p. 209-225.

DUCÉRÉ, E., *Le Mariage de Louis XIV*, Bayonne, impr. Lamaignère, 1903.

DUCHART, Heinz, *Der Friede von Rijswijk*, Mayence, 1998.

DUCHÊNE, Roger, *Madame de Sévigné*, Paris, Fayard, 2002.

DUCHESNE, H. G. et GRANDSAIGNE, H. DE, *Histoire du Bois de Boulogne : le Château de Madrid*, 1912.

DUFFO, abbé Fr., *Après le traité des Pyrénées*, Paris, P. Lethielleux, 1935.

–, *Le Sacre de Louis XIV à Reims le 7 juin 1654*, Paris, P. Lethielleux, 1935.

–, *Le Cérémonial de France à la cour de Louis XIV*, Paris, P. Lethielleux, 1936.

DUINDAM, Jeroen, *Vienna and Versailles: The Courts of Europe's Dynastic Rivals, 1550-1780*, Cambridge, Cambridge University press, 2003.

DULONG, Claude, *Anne d'Autriche : mère de Louis XIV*, Paris, Hachette, 1980.

–, *Le Mariage du Roi-Soleil*, Paris, Albin Michel, 1986.

–, *Marie Mancini : la première passion de Louis XIV*, Paris, Perrin, 1993.

–, *Mazarin et l'argent, banquiers et prête-noms*, Paris, École des chartes, 2002.

DUMONT DE BOSTAQUET, Isaac, *Mémoires sur les temps qui ont précédé et suivi la révocation de l'édit de Nantes*, Paris, Mercure de France, 1968.

DUNKLEY, John, *Gambling: A Social and Moral Problem in France, 1685-1792*, Oxford, University of Oxford, 1985.
DUNOYER DE NOIRMONT, baron, *Histoire de la chasse en France depuis les temps les plus reculés jusqu'à la Révolution*, Paris, Bouchard-Huzard, 1868, 3 vol.
DUPARC, Pierre (dir.), *Recueil des instructions aux ambassadeurs et ministres de France*, XXIX : *Turquie*, Paris, CNRS, 1969.
DUPILET, Alexandre *Le Cardinal Dubois : le génie politique de la Régence*, Paris, Tallandier, 2015.
DURON, Jean (dir.), *Le Prince et la musique : les passions musicales de Louis XIV*, Paris, Mardaga, 2009.
ECCLES, W. J., *Frontenac, The Courtier Governor*, Toronto, McClelland and Stuart, 1959.
EKBERG, Carl J., *The Failure of Louis XIV's Dutch War*, Chapel Hill, Caroline du Nord, University of North Carolina Press, 1979.
EL HAGE, Fadi, *Le Maréchal de Villars : l'infatigable bonheur*, Paris, Belin, 2012.
ELLIOTT, J. H., *Richelieu and Olivares*, Cambridge, Cambridge University Press, 1984.
L'Entrée triomphante de Leurs Majestez Louis XIV, Roy de France et de Navarre et Marie-Thérèse d'Austriche, son espouse, dans la ville de Paris capitale de leurs royaumes, au retour de la signature de la paix generalle et de leur heureux mariage, Pierre le Petit, Thomas Joly et Louis Bilaine, 1662.
ÉRIAU, Jean-Baptiste, *Louise de La Vallière dans sa famille, à la Cour, au Carmel*, Paris, Nouvelles Éditions latines, 1961.
ERMAN, J.-P. et RECLAM, P. C. F., *Mémoires pour servir à l'histoire des réfugiés français dans les états du roi*, Berlin, 1782-1787, 6 vol.
ESMONIN, Edmond, *Études sur la France des XVIIe et XVIIIe siècles*, Paris, PUF, 1964.
ESTRADES, comte D', *Lettres, mémoires et négociations*, Bruxelles, Jean Aymon, 1709, 6 vol.
ESTRÉES, maréchal D', *Mémoires sur la régence de Marie de Médicis (1610-1616) et sur celle d'Anne d'Autriche (1643-1650),* Paris, P. Bonnefon, 1910.
EVELYN, John, *Diary and Correspondence*, éd. William Bray, Londres, George Bell, 1879, 4 vol.
EVES, Charles Kenneth, *Matthew Prior: Poet and Diplomatist*, New York, Columbia University Press, 1939.
FADER, Don, « La duchesse de Bourgogne, le mécénat des Noailles et les arts dramatiques à la Cour autour de 1700 », *in* PREYAT, Fabrice (dir.), *Marie-Adélaïde de Savoie (1685-1712) : duchesse*

de Bourgogne, enfant terrible de Versailles, Bruxelles, Éditions de l'université de Bruxelles, 2014, p. 175-190.
FAILLE, René, « Louis XIV devant Cambrai glorifié par les artistes de son règne », *Revue du Nord*, 58, 230, 1976, p. 479-505.
FARGES, Louis (dir.), *Recueil des instructions données aux ambassadeurs et ministres de France : Pologne*, Paris, F. Alcan, 1888, 2 vol.
FAUGÈRE, A. P. (dir.), *Journal du voyage de deux jeunes Hollandais à Paris en 1656-1658*, Paris, Édouard Champion, 1899.
FEBVRE, Lucien, *Le Rhin : histoire, mythes et réalités*, Paris, Perrin, 1997.
FEBVRE, Michel, *État présent de la Turquie*, 1675.
FEHRENBACH, Jérôme, *La Princesse Palatine : l'égérie de la Fronde*, Paris, Les Éditions du Cerf, 2016.
FÉLIBIEN, André (dir.), *Les Fêtes de Versailles*, Paris, Le Promeneur, 2012.
FÉLIBIEN, André, *Statues et bustes antiques des maisons royales*, De l'Imprimerie royale, 1679.
FÉNELON, François de, *Lettre à Louis XIV*, Paris, Bartillat, 2011.
FENNEBRESQUE, Juste, *Versailles royal*, Paris, Édouard Champion, 1910.
FERRERO, Hermann (dir.), *Lettres de Henriette-Marie de France, reine d'Angleterre, à sa sœur Christine, duchesse de Savoie,* Turin, H. Ferrero, 1881.
FERRIOL, comte DE, *Correspondance*, Anvers, J. Varenbergh, 1870.
FEUILLET, Raoul, *Chorégraphie, ou l'Art d'écrire la danse par caractères, figures et signes démonstratifs avec lesquels on apprend facilement de soi-même toutes sortes des danses*, 1700 ; rééd. Creative Media Partners, 2019.
FIELD, Cynthia *et alii* (dir.), *Paris on the Potomac: The French Influence on the Architecture and Art of Washington, D.C.*, Athens, OH, Ohio University Press, 2007.
FIERRO, Alfred, *Histoire et dictionnaire de Paris*, Paris, Robert Laffont, « Bouquins », 1996.
FINLEY-CROSWHITE, S. Annette, *Henry IV and the Towns, The Pursuit of Legitimacy in French Urban Society, 1589-1610*, Cambridge, Cambridge University Press, 1999.
FIRMIN, Gwenola *et alii* (dir.), *Pierre le Grand : un tsar en France 1717*, Versailles, Liénart, 2017.
FLICK, Andrew, « Jean de Robethon, a Contested Figure behind the Throne », *Huguenot Society Journal*, vol. XXX, n° 4, 2016, p. 488-502.
FONCK, Bertrand, *Le Maréchal de Luxembourg et le commandement des armées sous Louis XIV*, Seyssel, Champ Vallon, 2014.

–, (dir.), *L'Âge d'or de la cavalerie*, Paris, Gallimard et ministère de la Défense, 2015.

FONKENELL, Guillaume, *Le Palais des Tuileries*, Arles, Honoré Clair, 2010.

FONTAINE-BEYER, Lucette, *« Le Chasse-marée de Picardie sur la route du poisson. » De Pégase à Jappeloup, cheval et société*, Montbrison, 1995.

FORBES-LEITH SJ, William, *The Scots Men-at-Arms and Life-Guards in France: From their Formation until their Final Dissolution, 1418-1830*, Édimbourg, William Patterson, 1882, 2 vols.

FORBIN, comte DE, *Mémoires*, Paris, Mercure de France, 1993.

FORNERON, Henri, *Louise de Kéroualle, Duchesse de Portsmouth*, Paris, Plon, Nourrit et Cie, 1886.

FORTIN DE LA HOGUETTE, Philippe, *Lettres aux frères Dupuy et à leur entourage, 1623-1662*, Florence, Giuliano Ferretti, 1999, 2 vol.

FOSS, Theodore N., « The European Sojourn of Philippe Couplet and Michael Shen Fuzong, 1683-1692 », *in* HEYNDRICKX, Jerome (dir.), *Philippe Couplet SJ (1623-1693): The Man Who Brought China to Europe*, Nettetal, Institut Monumenta Serica et Ferdinand Verbiest Foundation, 1990, p. 121-140.

FOSSA, F. DE, *Le Château historique de Vincennes à travers les âges*, Paris, H. Daragon, 1908, 2 vol.

FOUCAULT, Nicolas-Joseph, *Mémoires*, Paris, Imprimerie impériale, 1862, 2 vol.

FOXCROFT, C. A., *Supplement to Burnet's History of my own Time*, Oxford, Clarendon University Press, 1902.

FRANCISQUE-MICHEL, R., *Les Portugais en France, les Français en Portugal*, Paris, Guillard, Aillaud & Cie, 1882.

FRANKEN, M. A. M., *Coenraad van Beuningen's politieke en diplomatieke aktiviteiten in de jaren, 1667-1684*, Groningue, J. B. Wolters, 1966.

FRANKLIN, Alfred, *La Cour de France et le maréchal d'Ancre*, Paris, Émile-Paul, 1914.

FRASER, Antonia, *King Charles II*, Londres, Weidenfeld and Nicolson, 1979.

–, *Love and Louis XIV: The Women in the Life of the Sun King*, Londres, Weidenfeld and Nicolson, 2006.

FREDERICK III, empereur, *War Diary, 1870-1871*, traduit et édité par A. R. Allinson, Londres, 1927.

FREY, Linda et Marsha, *Frederick I: The Man and his Times*, New York, Columbia University Press, 1984.

FRIEDRICH, Karin et SMART, Sara H. (dir.), *The Cultivation of Monarchy and the Rise of Berlin*, Aldershot, Ashgate, 2010.

FRIJHOFF, W. T. M., « Uncertain Brotherhood: The Huguenots in the Dutch Republic », *in* VAN RUYMBEKE, B. et SPARKS, R. J. (dir.), *Memory and Identity: The Huguenots in France and the Atlantic Diaspora*, Columbia, SC, University of South Carolina Press, 2003, p. 128-171.

FROMAGEOT, Paul, *Isabelle de Montmorency, duchesse de Châtillon et de Mecklembourg*, Paris, Protat, 1913.

FROST, Robert I., « The Ethiopian and the Elephant? Queen Louise Marie Gonzaga and Queenship in an Elective Monarchy, 1645-1667 », *Slavonic and East European Review*, vol. 91, n° 4, 2013, p. 787-817.

FROSTIN, Charles, *Les Pontchartrain, ministres de Louis XIV : alliances et réseau d'influence sous l'Ancien Régime*, Rennes, PUR, 2014.

FURLEY, John, *Struggles and Experience of a Neutral Volunteer*, Londres, Chapman, 1872, 2 vol.

GABET, Camille, *La Naissance de Rochefort sous Louis XIV, 1666-1715*, Rochefort, CALCR, 1985.

GADY, Alexandre (dir.), *Jules Hardouin-Mansart, 1646-1708*, Paris, Éditions de la Maison des sciences de l'homme, 2010.

–, « Le Palais-Royal sous la régence d'Anne d'Autriche », in *Mazarin, Les Lettres et Les Arts*, Bibliothèque Mazarine et Hayot, 2010.

GADY, Alexandre et VERDILLON, Anne, *Le Jardin des Tuileries d'André Le Nôtre, un chef-d'œuvre pour le Roi-Soleil*, Paris, Éditions d'art Somogy-Louvre, 2013.

GADY, Bénédicte et MILOVANOVIC, Nicolas (dir.), *Charles Le Brun (1619-1690)*, Paris, Musée du Louvre-Liénart, 2016.

GALLAND, Antoine, « Journal parisien », éd. Henri Omont, in *Mémoires de la Société de l'histoire de Paris et de l'Île-de-France*, n° 46, 1919, p. 25-156.

GALLOIS, Étienne (dir.), *Lettres inédites des Feuquières*, Paris, Leleux, 1845-1846, 5 vol.

GARCIA, Manuel Castellano, « François Gaultier : un artisan de la paix d'Utrecht (1711-1713) », *Revue d'histoire diplomatique*, n° 3, 2016, p. 257-275.

GARRETT, Jane, *The Triumphs of Providence: The Assassination Plot, 1696*, Cambridge, Cambridge University Press, 1980.

GARRIGUES, Dominique, *Jardins et jardiniers de Versailles au Grand Siècle*, Seyssel, Champ Vallon, 2001.

GARRIOCH, David, *The Huguenots of Paris and the Coming of Religious Freedom, 1685-1789*, Cambridge, Cambridge, University Press, 2014.

GARRISSON, Janine, *L'Édit de Nantes et sa révocation : histoire d'une intolérance*, Paris, Seuil, 1985.

GASZTOWITT, Anne-Marie, *Une mission diplomatique en Pologne au XVIIe siècle : Pierre de Bonzi à Varsovie, 1665-1668*, Paris, Édouard Champion, 1916.

GAULLE, Charles DE, *Mémoires*, Paris, Gallimard, « Bibliothèque de la Pléiade », 2000.

GAUSSEN, David, *L'Île-de-France au temps de Louis XIV, 1661-1715*, Paris, Éditions Parigramme, 2005.

GAUTIER, Jean-Jacques, « L'imaginaire comme support du luxe : les fêtes royales de Versailles de mai 1664 », *in* FOX, Robert et TURNER, Anthony (dir.), *Luxury Trades and Consumerism in Ancien Régime Paris*, Londres, Taylor and Francis Group, 2016, p. 191-218.

GEFFROY, Auguste (dir.), *Lettres inédites de la princesse des Ursins*, Paris, Didier, 1859.

GENET-ROUFFIAC, Nathalie, *Le Grand Exil : les jacobites en France, 1688-1715*, Vincennes, Service historique de la Défense, 2007.

GERBER, Matthew, *Bastards: Politics, Family, and Law in Early Modern France*, New York, Oxford University Press, 2012.

GIBBS, G. C., « Huguenot Contributions to England's Intellectual Life and England's Intellectual Commerce with Europe, 1680-1720 », *in* BOTS, J. A. H. (dir.), *The Revocation of the Edict of Nantes and the Dutch Republic*, International Congress of the Tricentennial, Leyden, 1-3 avril 1985, Amsterdam, Maarsen, 1986, p. 181-200.

–, « The Reception of the Huguenots in England and the Dutch Republic, 1680-1690 », *in* GRELL, Ole Peter *et alii* (dir.), *From Persecution to Toleration: The Glorious Revolution and Religion in England*, Oxford, Clarendon Press, 1991, p. 275-306.

GIBSON, John S., *Playing the Franco-Scottish Card: The Franco-Jacobite Invasion of 1708*, Édimbourg, Edinburgh University Press, 1988.

GILBERT, M. A., *Le Siège de Stenay en 1654*, Bar-le-Duc, 1893.

GILLOT, Henri, *Le Règne de Louis XIV et l'opinion publique en Allemagne*, Nancy, A. Crépin-Leblond, 1914.

GLAD, Jean, *Maubeuge, place de guerre, sa zone d'influence*, Saint-Denis, Publibook, 2007.

GLASGOW, Vaughn (dir.), *The Sun King: Louis XIV and the New World*, La Nouvelle-Orléans, Louisiana State Museum Foundation, 1984.

GLOZIER, Matthew, *The Huguenot Soldiers of William of Orange and the Glorious Revolution of 1688*, Brighton, Sussex Academic Press, 2002.

–, *Scottish Soldiers in France in the Reign of the Sun King: Nursery for Men of Honour*, Leyde, Brill, 2004.
–, *Marshal Schomberg, 1615-1690*, Brighton, Sussex Academic Press, 2005.
GLOZIER, Matthew et ONNEKINK, David, « Huguenot Soldiers in Dutch Service », *in* GLOZIER, Matthew et ONNEKINK, David (dir.), *War, Religion and Service: Huguenot Soldiering, 1685-1713*, Aldershot, Ashgate, Routledge, 2007, p. 111-130.
–, (dir.), *War, Religion and Service: Huguenot Soldiering, 1685-1713*, Aldershot, Routledge, 2007.
GODARD, Didier, *Le Goût de Monsieur : l'homosexualité masculine au XVIIe siècle*, Paris, H & O Éditions, 2002.
GODLEY, Eveline, *The Grand Condé: A Life of Louis II de Bourbon, Prince of Condé*, Londres, John Murray, 1915.
GOLDEN, Richard M., *The Godly Rebellion: Parisian Curés and the Religious Fronde, 1652-1662*, Chapel Hill, Caroline du Nord, The University of North Carolina Press, 1981.
GOLDSTEIN, Claire, *Vaux et Versailles: The Appropriations, Accidents and Erasures that Made Modern France*, Philadelphie, Pennsylvanie, University of Pennsylvania Press, 2008.
GOULD, Cecil, *Bernini in France: An Episode in Seventeenth-Century History*, Londres, Weidenfeld and Nicolson, 1981.
GOURVILLE, M. DE, *Mémoires*, Paris, Renouard, 1894-1895, 2 vol.
GOYETCHE, Léonce, *Saint-Jean-de-Luz historique et pittoresque*, Bayonne, Larroulet, 1856.
GRAF, Henriette, « The Apartments of Prince-Elector Charles Albert of Bavaria around 1740 and their Ceremonial Use at Court », *The Court Historian*, n° 22, 1er juin 2017, p. 17-37.
GRANDE MADEMOISELLE, *Mémoires*, Paris, Mercure de France, 2005.
GREGG, Edward, *Queen Anne*, Londres, Routledge and Kegan Paul, 1980.
–, *The Protestant Succession in International Politics, 1710 1716*, Londres, Garland, 1986.
–, « Monarchs without a Crown », *in* ORESKO, Robert *et alii* (dir.), *Royal and Republican Sovereignty in Early Modern Europe*, Cambridge, Cambridge University Press, 1997, p. 382-422.
GRELL, Chantal (dir.), *Anne d'Autriche : Infante d'Espagne et reine de France*, Paris, Perrin, 2009.
–, « Philippe, prince français ou roi d'Espagne : le débat sur les renonciations », *in* ÁLVAREZ-OSSORIO, Antonio *et alii* (dir.), *La pérdida de Europa: la guerra de sucesión por la monarquía de España*, Madrid, Carlos de Amberes, 2007, p. 673-692.
GREPPI, comte, « Notes de voyage du comte de Giandemaria », *Revue d'histoire diplomatique*, vol. 4, n° 3, 1980, p. 352-367.

GRESSET, Maurice *et alii*, *Histoire de l'annexion de la Franche-Comté et du Pays de Montbéliard*, Le Coteau, 1988.
GREW, Marion E., *William Bentinck and William III*, New York, Appleton, 1924.
GRIMBLOT, P., *Letters of William III and Louis XIV, and of their Ministers*, Nancy, Grimblot, 1848, 2 vol.
GUERBER, abbé Victor, *Histoire politique et religieuse de Haguenau*, Marseille, Laffitte, 1978, 2 vol.
GUERRE, Stéphane, *Nicolas Desmaretz : le Colbert oublié du Roi-Soleil*, Ceyzérieu, Champ Vallon, 2019.
GUICHEN, comte DE, *Crépuscule d'Ancien Régime*, Paris, Perrin, 1909.
GUILLAUME, baron, *Les Gardes wallonnes au service d'Espagne*, Bruxelles, 1858.
GUILLERAGUES, vicomte DE, *Correspondance*, Genève, Droz, 1976, 2 vol.
GUIRAL, Pierre, *Adolphe Thiers ou De la nécessité en politique*, Paris, Fayard, 1986.
GWYNN, Robin, *Huguenot Heritage: The History and Contribution of the Huguenots in Britain*, Brighton, Sussex Academic Press, 2001.
HAFFEMAYER, Stéphane, « L'affaire des gardes corses et l'opinion publique (20 août 1662-12 février 1664) », *in* BÉLY, Lucien et POUMARÈDE, Géraud (dir.), *L'Incident diplomatique (XVIe-XVIIe siècle)*, Paris, Pédone, 2010, p. 281-309.
HAILE, Martin, *Queen Mary of Modena: Her Life and Letters*, Londres, J. M. Dent & Company, 1905; rééd. FB&C Limited, 2018.
HALEY, K. D. H., *An English Diplomat in the Low Countries: Sir William Temple and John de Witt, 1665-1672*, Oxford, Oxford University Press, 1986.
–, « The Dutch, the Invasion of England and the Alliance of 1689 », *in* SCHWOERER, Lois G. (dir.), *The Revolution of 1688-1689: Changing Perspectives*, Cambridge, Cambridge University Press, 1992, p. 21-34.
HAMILTON, Lt Gen, Sir F. W., *The Origin and History of the First or Grenadier Guards*, Londres, John Murray, 1874, 3 vol.
HAMSCHER, Albert N., *The Parlement of Paris after the Fronde, 1653-1673*, Pittsburgh, University of Pittsburgh Press, 1976.
HANLEY, Sarah, *The Lit de Justice of the Kings of France: Constitutional Ideology in Legend, Ritual, and Discourse*, Princeton, Princeton University Press, 1989.
HANOTIN, Guillaume, *Ambassadeur de deux couronnes : Amelot et les Bourbons entre commerce et diplomatie*, Madrid, Bibliothèque de la Casa de Velázquez, Open Editions Books, 2018.
HANOVRE, Sophie DE, *Mémoires et lettres de voyage*, Paris, Fayard, 1990.

HARCOURT-SMITH, Simon, *Alberoni or The Spanish Conspiracy*, Londres, Faber & Faber, 1943.
HARDMAN, John, *The Life of Louis XVI*, New Haven, Yale University Press, 2016.
HARDOUIN DE PÉRÉFIXE, *Histoire du Roi Henri le Grand*, Paris, J.-M. Barret, 1816.
HARDWICKE, comte DE (éd.), *Miscellaneous State Papers from 1501 to 1726*, Londres, W. Strahan & T. Cadell, 1778, 2 vol.
HARRER, Irmgard *et alii*, *The Austrian National Library*, Vienne, 2015.
HARTMANN, Cyril Hughes, *The Vagabond Duchess*, Londres, Routledge & Sons, 1926.
–, *The King's Friend: A Life of Charles Berkeley, Viscount Fitzhardinge, Earl of Falmouth (1630-1665)*, Portsmouth, Heinemann, 1951.
–, *The King my Brother*, Portsmouth, Heinemann, 1954.
HÄSELER, Jens, « Entre la France et le Brandebourg : la République des lettres », *in* BRAUN, Guido (dir.), *Les États allemands et les huguenots*, Munich, Oldenbourg Wissenschaftsverlag, 2007, p. 231-240.
HATTON, Ragnhild, *Charles XII of Sweden*, Worthing, Littlehampton Book Services Ltd., 1968.
–, (dir.), *Louis XIV and Absolutism*, Londres, Macmillan Press, 1976.
–, (dir.), *Louis XIV and Europe*, Londres, Macmillan Press, 1976.
–, *George I: Elector and King*, Londres, Thames and Hudson, 1978.
HAU, Michel, *La Maison de Dietrich, de 1684 à nos jours*, Strasbourg, Oberlin, 1998.
HAUSSONVILLE, comte D', *La Duchesse de Bourgogne et l'alliance savoyarde sous Louis XIV*, Paris, Calmann-Lévy, 1898-1908, 4 vol.
–, *Histoire de la réunion de la Lorraine à la France*, Paris, Hachette, 1854-1859, 4 vol. ; BnF, 2017.
HAUTECŒUR, Louis, *L'Histoire des châteaux du Louvre et des Tuileries*, Paris, Bruxelles, G. Van Oest, 1927.
HAVARD, Gilles et VIDAL, Cécile, *Histoire de l'Amérique française*, Paris, Flammarion, 2008.
HAYWARD, J. F., *Huguenot Silver in England, 1688-1727*, Londres, Faber & Faber, 1959.
HÉBERT, François, *Mémoires du curé de Versailles*, Paris, Éditions de France, 1927.
HEDIN, Thomas et SANDGREN, Folke, « Deux voyageurs suédois visitent Versailles sous le règne de Roi-Soleil », *Versalia*, n° 9, 2006, p. 86-114.
HENDERSON, G. D., *The Chevalier Ramsay*, Londres, Thomas Nelson, 1952.
HENDERSON, Nicholas, *Prince Eugene of Savoy: A Biography*, Londres, Weidenfeld & Nicolson, 1964.

HÉNIN, Charles, *Fêtes et plaisirs au temps des princes de Condé*, Paris, Somogy, 2015.

HERBELOT, M., *Bibliothèque orientale, ou dictionnaire universel contenant généralement tout ce qui regarde la connoissance des Peuples d'orient*, Paris, Compagnie des Libraires, 1697.

HERLAUT, Cdt, « La destruction du port de Dunkerque : la mission d'Ignace Tugghe à la cour d'Angleterre en 1713 », *Revue du Nord*, vol. 11, n° 41, 1925, p. 5-35.

–, « L'intendant Le Blanc et les Anglais à Dunkerque », *Bulletin de la Société Archéologique et Historique de Dunkerque et de la Flandre Maritime*, vol. XXII, 1925, p. 1-187.

HÉROARD, Jean, *Journal sur l'enfance et la jeunesse de Louis XIII*, Paris, Firmin-Didot, 1868, 2 vol.

HERRY, Simone, *Une ville en mutation : Strasbourg au tournant du Grand Siècle*, Strasbourg, Presses universitaires de Strasbourg, 1996.

HERY-SIMOULIN, Sally-Ann, « Louis XIV et les mystères du justaucorps à brevet », *in* ARIZZOLI-CLÉMENTEL, Pierre et GORGUET BALLESTEROS, Pascale (dir.), *Fastes de cour et cérémonies royales : le costume de cour en Europe*, Paris, RMN, 2009, p. 180-183.

HIBBARD, Caroline, « The Role of a Queen Consort: The Household and Court of Henrietta Maria, 1625-1642 », *in* ASCH, Ronald (dir.), *Princes, Patronage and the Nobility : The Court and the Beginning of the Modern Age, 1450-1650*, Oxford, Oxford University Press, 1991, p. 393-414.

HIGGOTT, Gordon, « Thomas Povey's Description of Versailles in the Spring of 1682 », *in* colloque Jules Hardouin-Mansart, à paraître.

HILDESHEIMER, Françoise (dir.), *Testament politique de Richelieu*, Paris, Société de l'histoire de France, 1995.

–, *La Double Mort du roi Louis XIII*, Paris, Flammarion, 2011.

HILTON, Wendy, *Dance of Court and Theatre: The French Noble Style, 1680-1725*, Princeton, Princeton Book Company, 1981.

HIPPEAU, Célestin (dir.), *Lettres au maréchal d'Harcourt*, Caen, 1862.

–, (éd.), *Correspondance inédite du marquis d'Harcourt*, Paris, Didier, 1875, 2 vol.

HOGAN, James (éd.), *Négociations de M. le comte d'Avaux en Irlande*, Dublin, Stationery Office, 1934.

HOJER, Gerhard, *Schloss Herrenchiemsee*, Munich, Hirmer Verlag, 1998.

HOLMES, Richard, *Fatal Avenue: A Traveller's History of the Battlefields of Northern France and Flanders, 1346-1945*, Londres, Vintage, 2008.

–, *Marlborough: Britain's Greatest General*, Londres, Harper Perennial, 2009.

HONE, Joseph, « Isaac Newton and the Medals for Queen Anne », *Huntington Library Quarterly*, vol. 79, n° 1, printemps 2016, p. 119-148.

HORNE, Alistair, *The Fall of Paris: The Siege and the Commune, 1870-1871*, Londres, St Martin's Press, 1965.

HOROWSKI, Leonhard, « "Such a Great Advantage for my Son": Office-Holding and Career Mechanisms at the Court of France, 1661-1789 », *The Court Historian*, vol. 8, n° 2, décembre 2003, p. 125-175.

–, *Au cœur du palais : pouvoir et carrières à la cour de France, 1661-1789*, Rennes, PUR, 2019.

HOUBLON, Alice Archer, *The Houblon Family: Its Stories and its Times*, Archibald Constable and Company, 1907, Cornell University Library, 2009, 2 vol.

HOUDARD, Georges, *Les Châteaux royaux de Saint-Germain-en-Laye, 1124-1789*, Saint-Germain-en-Laye, H. Lemonnier, Les Archives du Pincerais, 1909-1910, 2 vol.

HOWARD, Michael, *The Franco-Prussian War: The German Invasion of France, 1870-1871*, Londres, Taylor & Francis, 1981.

HRODEJ, Philippe, *L'Amiral du Casse : l'élévation d'un Gascon sous Louis XIV*, Paris, Librairie de l'Inde, 1999, 2 vol.

HUART, Suzanne D' (éd.), *Lettres de Turenne*, Paris, S.E.V.P.E.N., 1971.

HUFTON, Olwen, *The Prospect before Her: A History of Women in Western Europe*, vol. I, New York, Alfred A. Knopf, 1995.

HUGHES, Robert, *Barcelona*, Londres, Harvill Press, 1992.

HUGON, Alain, *Naples insurgée, 1647-1648 : de l'événement à la mémoire*, Rennes, PUR, 2011.

HUME, Martin, *Queens of Old Spain*, Londres, E. Grant Richards, 1906.

HURT, John, *Louis XIV and the Parlements: The Assertion of Royal Authority*, Manchester, Manchester University Press, 2002.

HUTTON, Ronald, *Charles II : King of England, Scotland and Ireland*, Oxford, Oxford University Press, 1991.

–, « The Religion of Charles II », *in* SMUTS, R. Malcolm (dir.), *The Stuart Court and Europe: Essays in Politics and Political Culture,* Cambridge, Cambridge University Press, 1996, p. 228-246.

HYDE, Elizabeth, *Cultivated Power: Flowers, Culture and Politics in the Reign of Louis XIV*, Philadelphie, Pennsylvanie, University of Pennsylvania Press, 2005.

INGRAO, Charles W., *In Quest and Crisis: The Emperor Joseph I and the Habsburg Monarchy*, West Lafayette, Indiana, Purdue University Press, 1979.

ISAKSEN, Trond Norén, « Anointing Absolutism », *The Court Historian*, vol. 19, n° 1, juin 2014, p. 75-78.
ISRAEL, Jonathan (dir.), *The Anglo-Dutch Moment: Essays on the Glorious Revolution and its World Impact*, Cambridge, Cambridge University Press, 2003.
–, *Dutch Primacy in World Trade, 1585-1740*, Oxford, Clarendon Press, 1989.
–, *The Dutch Republic: Its Rise, Greatness, and Fall, 1477-1806*, Oxford, Clarendon Press, 1998.
JACKSON, Julian, *A Certain Idea of France: The Life of General de Gaulle*, Londres, Allen Lane, 2018.
JACKSON, Richard A., *Vive le Roi ! A History of the French Coronation from Charles V to Charles X*, Chapel Hill, Caroline du Nord, University of North Carolina Press, 1984.
JACKSON, Sir William G. F., *The Rock of the Gibraltarians: A History of Gibraltar*, Rutherford, New Jersey, Gibraltar Books, 1987.
JACOBSEN, Helen, « Les ambassadeurs européens à Versailles », *in* KISLUK-GROSHEIDE, Daniëlle et RONDOT, Bertrand (dir.), *Visiteurs de Versailles : voyageurs, princes, ambassadeurs, 1682-1789*, Paris, Gallimard, 2017, p. 114-123.
JACQUES II, *Memoirs: His Campaigns as Duke of York, 1652-1660*, Bloomington, IN, Indiana University Press, 1962.
JACQUET, Nicolas, *Secrets et curiosités des jardins de Versailles : les bosquets, le domaine de Trianon, le grand parc*, Paris, Parigramme, 2013.
JAEGLÉ, Ernest (dir.), *Correspondance de Madame, Duchesse d'Orléans*, Paris, Bouillon, 1890, 3 vol.
JAHAN, Emmanuel, *La Confiscation des biens des religionnaires fugitifs : de la Révocation de l'édit de Nantes à la Révolution*, Paris, Librairie générale de droit et de jurisprudence, 1959.
JANCZUKIEWICZ, Jérôme, « Gaston d'Orléans à la fin de la Fronde : la persistance dans la rébellion », *in* BARDET Jean-Pierre *et alii* (dir.), *État et société en France aux XVIIe et XVIIIe siècles*, Paris, Presses Paris-Sorbonne, 2000, p. 331-345.
JAPIKSE, N. (éd.), *Correspondentie van Willem III en van Hans Willem Bentinck, eersten Graf van Portland*, La Haye, Martinus Nijhoff, Rijks Geschiedkundige Publicatien, 1927-1937, 3 vol.
JARDINE, Lisa, *On a Grander Scale: The Outstanding Career of Sir Christopher Wren*, Londres, HarperCollins, 2003.
JEANMOUGIN, Bertrand, *Louis XIV à la conquête des Pays-Bas espagnols : la guerre oubliée, 1678-1684*, Paris, Economica, 2005.
JEFFARES, Neil, « Between France and Bavaria: Louis-Joseph d'Albert de Luynes, Prince de Grimberghen », *The Court Historian*, vol. 17, n° 1, juin 2012, p. 61-85.

JEHAN, Auguste, *La Ville de Versailles : son histoire, ses monuments, ses rues*, Versailles, L. Bernard, 1900.

JESSURUNTEN Dam, S. C. J., *Utrecht in 1672 en 1673*, Utrecht, Hoeijenbos, 1934.

JESTAZ, Bertrand, *Jules Hardouin-Mansart*, Paris, Picard, 2008.

JOLY, Guy, *Traité des droits de la Reyne très chrétienne sur divers estats de la monarchie d'Espagne*, De l'Imprimerie royale, 1667.

JONES, Colin, *The Great Nation: France from Louis XIV to Napoleon*, Londres, Penguin, 2003.

–, *Paris: Biography of a City*, Londres, Allen Lane, 2004.

–, *The Smile Revolution in Eighteenth-Century Paris*, Oxford, Oxford University Press, 2014.

JONES, James, « French Intervention in English and Dutch Politics, 1677-1688 », *in* BLACK, Jeremy (dir.), *Knights Errant and True Englishmen: British Foreign Policy, 1660-1800*, Édimbourg, John Donald, 1989, p. 1-23.

JOUHAUD, Christian, *Mazarinades : la Fronde des mots*, Paris, Aubier, 1985.

JOUTARD, Philippe, « The Revocation of the Edict of Nantes: End or Renewal of French Calvinism? », *in* PRESTWICH, Menna (dir.), *International Calvinism, 1541-1715*, Oxford, Clarendon Press, 1985, p. 339-368.

–, *La Révocation de l'édit de Nantes, ou les faiblesses d'un État*, Paris, Gallimard, 2018.

JULIAN, Pascal (dir.), *Marbres de Rois, XVIIe et XVIIIe siècles*, Marseille, Presses universitaires d'Aix-Marseille, 2013.

JULLIAN, Camille, *Histoire de Bordeaux, depuis les origines jusqu'en 1895*, Bordeaux, Féret et Fils, 1895.

JURIEU, Pierre, *Pastoral letters, directed to the suffering Protestants of France, groaning under the cruel persecution of the bloody tyrant Lewis XIV*, n.d.

JUSSERAND, J. J., *Recueil des instructions données aux ambassadeurs et ministres de France : Angleterre*, Paris, De Boccard, 1929-1965, 3 vol.

KAISER, Thomas E. et VAN KLEY, Dale (dir.), *From Deficit to Deluge: The Origins of the French Revolution*, Stanford, Stanford University Press, 2011.

KALMAR, Janos, « Gênes et Milan pendant la guerre de Succession d'Espagne », *in* BELVEDERI, Raffaele (dir.), *Rapporti Genova-Mediterraneo-Atlantica nell'eta moderna, VIII*, Gênes, Università di Genova, 1990, p. 443-451.

KAMEN, Henry, *The War of the Succession in Spain, 1700-1715*, Bloomington, Indiana, Indiana University Press, 1969.

–, *Philip V of Spain: The King Who Reigned Twice*, New Haven, Connecticut, Yale University Press, 2001.
–, *The Escorial: Art and Power in the Renaissance*, New Haven, Connecticut, Yale University Press, 2010.
KAMPMANN, Christoph, « The English Crisis, the Emperor Leopold and the Origins of the Dutch Intervention in 1688 », *Historical Journal*, vol. 55, n° 2, juin 2012, p. 521-532.
KAPP, Volker, Télémaque *de Fénelon : la signification d'une œuvre littéraire à la fin du siècle classique*, Tübingen, Gunter Narr Verlag, 1982.
KAUFMANN, J. E. et H. W., *Fortress France: The Maginot Line and French Defenses in World War II*, Westport, Connecticut, Praeger, 2006.
KAZEROUNI, Guillaume, *Les Couleurs du ciel : peintures des églises de Paris au XVIIe siècle*, Paris, Paris Musées, 2012.
KAZNER, J. F. A., *Leben Friederichs von Schomberg*, Mannheim, 1789.
KEAY, Anna, *The Magnificent Monarch: Charles II and the Ceremonies of Power*, New York, Hambledon Continuum, 2008.
–, *The Last Royal Rebel: The Life and Death of James, Duke of Monmouth*, Londres, Bloomsbury, 2016.
KENYON, J. P., *Robert Spencer, Earl of Sunderland*, Londres, Longman, 1958.
KETTERING, Sharon, *Patronage in Sixteenth- and Seventeenth-Century France*, Aldershot, Ashgate, 2002.
KIRCHNER, Thomas, *Le Héros épique : peinture d'histoire et politique artistique dans la France du XVIIe siècle*, Paris, Éditions de la Maison des sciences de l'homme, 2008.
KISLUK-GROSHEIDE, Daniëlle et RONDOT, Bertrand, *Visiteurs de Versailles : voyageurs, princes, ambassadeurs, 1682-1789*, Paris, Gallimard, 2017.
KLAITS, Joseph, *Printed Propaganda under Louis XIV: Absolute Monarchy and Public Opinion*, Princeton, Princeton University Press, 1977.
KLEBER, Hermann, « Louis XIV mémorialiste : la genèse des Mémoires de Louis XIV », *in* GRELL, Chantal, PARAVICINI, Werner et VOSS, Jürgen (dir.), *Les Princes et l'histoire du XVIe siècle au XVIIIe siècle*, Bonn, Bouvier Verlag, 1998, p. 523-533.
KLEINMAN, Ruth, *Anne of Austria, Queen of France*, Columbus, OH, Ohio State University Press, 1985.
KLINGENSMITH, Samuel John, *The Utility of Splendor: Ceremony, Social Life, and Architecture at the Court of Bavaria, 1600-1800*, Chicago, University of Chicago Press, 1993.

KLOPP, Onno, *Der Fall des Hauses Stuart*, Vienne, W. Braunmüller, 1875-1888, 14 vol.

KNACHEL, Philip A., *England and the Fronde: The Impact of the English Civil War and Revolution on France*, Ithaca, NY, Cornell University Press, 1967.

KNECHT, Robert J., *The French Renaissance Court, 1483-1589*, New Haven, Yale University Press, 2008.

KNOTHE, Florian, « Tapestry as a Medium of Propaganda at the Court of Louis XIV: Display and Audience », *in* CAMPBELL, Thomas P. et CLELAND, Elizabeth A. H. (dir.), *Tapestry in the Baroque: New Aspects of Production and Patronage*, New Haven, Yale University Press, 2010, p. 342-359.

KOLK, Caroline ZUM *et alii* (dir.), *Voyageurs étrangers à la cour de France*, Rennes, PUR, 2014.

KONVITZ, Josef W., *Cartography in France 1660-1848: Science, Engineering and Statecraft*, Chicago, University of Chicago Press, 1987.

KÖPECZI, Béla (dir.), *Correspondance diplomatique de François II Rákóczi*, Budapest, Ballassi Kiadó, 1999.

KOSLOFSKY, Craig, *Evening's Empire: A History of the Night in Early Modern Europe*, Cambridge, Cambridge University Press, 2011.

KRAATZ, Anne, *Lace: History and Fashion*, Londres, Thames and Hudson, 1989.

KROELL, Anne, *Louis XIV, la Perse et Mascate*, Paris, Société d'histoire de l'Orient, 1977.

KROLL, Maria, *Letters from Liselotte: Elizabeth-Charlotte, Princess Palatine and Duchess of Orléans, 1652-1722*, Londres, Allison & Busby, 1998.

LABATUT, Jean-Pierre, *Les Ducs et pairs de France au XVIIe siècle*, Paris, Publications de la Sorbonne, PUF, 1972.

LABLAUDE, Pierre-André, *Les Jardins de Versailles*, Lyon, SCALA, 1995.

LA CHÂTRE, comte DE, *Mémoires*, Paris, Guyot Frères, 1838.

LACOLLE, capitaine Noël, *Les Gardes-françaises : leur histoire, 1563-1789*, Limoges, H. Charles Lavauzelle, 1902.

LACOUR-GAYET, Georges, *L'Éducation politique de Louis* XIV, Paris, Hachette, 1898.

LACOUTURE, Jean, *De Gaulle,* t. 1 *: Le Rebelle, 1890-1944*, Paris, Seuil, 1984.

LA CROIX, Pétis DE, *La Turquie chrétienne sous la puissante protection de Louis-le-Grand, protecteur unique du christianisme en Orient*, Paris, Pierre Hérissant, 1695.

–, *État présent des nations et églises grecque, arménienne et maronite en Turquie*, Paris, Pierre Hérissant, 1715.

LA FARE, marquis DE, *Mémoires et réflexions*, Paris, G. Charpentier et Cie, 1884.

LA FORCE, duc DE, *Le Grand Conti*, Paris, Amiot-Dumont, 1948.

LA GORCE, Jérôme DE, *Berain : dessinateur du Roi-Soleil*, Paris, Herscher, 1986.

–, *Jean-Baptiste Lully*, Paris, Fayard, 2002.

–, *Carlo Vigarani, intendant des plaisirs de Louis XIV*, Paris, Perrin, 2005.

–, « "Le Triomphe de la Seine et du Tage sur les autre fleuves de l'Europe affermi par la naissance du duc de Bretagne" : une fête organisée à Paris pendant la guerre de Succession d'Espagne », *in* ÁLVAREZ-OSSORIO, Antonio *et alii* (dir.), *La pérdida de Europa: la guerra de sucesión por la monarquía de España*, Madrid, Fundación Carlos de Amberes, 2007, p. 49-63.

LAHAYE, Matthieu, *Le Fils de Louis XIV : Monseigneur le Grand Dauphin (1661-1711)*, Ceyzérieu, Champ Vallon, 2013.

LAHRKAMP, Helmut (dir.), *Lambert Friedrich Corfey: Reisetagebuch, 1698-1700*, Münster, Aschendorff, 1977.

LAIR, J., *Louise de La Vallière et la jeunesse de Louis XIV*, Paris, Plon, 1881.

LA LOUBÈRE, Simon DE, *Description du Royaume de Siam*, Paris, Coignard, 1692, 2 vol. ; rééd. Éditions Recherche sur les civilisations, 1987.

LALOY, Émile, *La Révolte de Messine*, Paris, Klincksieck, 1929-1931, 3 vol.

LAMBIN, Jean-Michel, *Quand le Nord devenait français (1635-1713)*, Paris, Fayard, 1980.

LANDWEHR, John, *Romeyn de Hooghe as Book Illustrator*, Amsterdam, Van Gendt & Cie, 1970.

LANE, Mary Merrit et MAGNUSSON, Borje, *Nicodemus Tessin the Younger: Sources, Works, Collections, Travel Notes, 1673-1677 and 1687-1688*, Stockholm, Nationalmuseum, 2002.

LANFREDINI, Dina, *Un antagonista di Luigi XIV, Armand de Gramont, comte de Guiche*, Florence, Olschki, 1959.

LANGLOIS, Marcel, *Louis XIV et la Cour*, Paris, Albin Michel, 1926.

LA PORTE, Pierre DE, *Mémoires de Pierre de La Porte, premier valet de chambre de Louis XIV*, Clermont-Ferrand, Paleo, 2003.

LA QUINTINIE, Jean DE, *Instruction pour les jardins fruitiers et potagers avec un traité des orangers, suivi de quelques réflexions sur l'agriculture*, Paris, Claude Barbin, 1690, 2 vol.

LAROCHE, Serge, « 1677 : le siège victorieux de Valenciennes et la gloire de Louis XIV », *in* COUTAU-BÉGARIE, Hervé (dir.), *Les Médias et la guerre*, Paris, Economica, 2005, p. 180-188.

La Rochefoucauld, François de, *Œuvres complètes*, Paris, Gallimard, « Bibliothèque de la Pléiade », 1964.

–, *Mémoires*, Paris, Rivages Poche, 2001.

Laroque, A. de Galtier de, *Le Marquis de Ruvigny et les protestants à la cour de Louis XIV, 1643-1685*, Paris, Plon, 1892.

La Rosière, M. de, « État de la cour de Brandebourg en 1694 », *Revue d'histoire diplomatique*, n° 1, 1887, p. 267-292, 411-424.

La Tour du Pin, Mme de, *Journal d'une femme de cinquante ans*, Paris, Chapelot, 1913, 2 vol.

La Trémoille, duc de, *Madame des Ursins et la Succession d'Espagne*, Paris, Honoré Champion, 1902-1907, 6 vol.

Laurain-Portemer, Madeleine, *Études* mazarines, Paris, Boccard-Librairie des Arts et Métiers, 1981-1997, 2 vol.

Laurentin, René, *Le Vœu de Louis XIII : passé ou avenir de la France*, Paris, F.-X. de Guibert-Œil Édition, 2004.

La Vallière, Louise de, *Réflexions sur la miséricorde de Dieu, par une illustre pénitente*, André Lebon, 1682.

Lebon, André (dir.), *Recueil des instructions données aux ambassadeurs et ministres de France*, VIII : *Bavière, Palatinat, Deux-Ponts*, Paris, Félix Alcan, 1889.

Le Clerc, Jean, *Explication historique des principales médailles frappées pour servir à l'histoire des Provinces-Unies des Pays-Bas*, Amsterdam, L'Honoré et Châtelain, 1723-1728, 1736.

Leclercq, Henri, *Histoire de la Régence pendant la minorité de Louis XV*, Paris, Honoré Champion, 1922, 3 vol.

Leferme-Falguières, Frédérique, *Les Courtisans : une société de spectacle sous l'Ancien Régime*, Paris, PUF, 2007.

–, « Les funérailles de Louis XIV à Saint-Denis », in *Le roi est mort : Louis XIV-1715*, catalogue d'exposition, Paris, Tallandier, 2015.

Lefèvre-Pontalis, Antonin, *Jean de Witt, Grand Pensionnaire de Hollande*, Paris, Plon, 1884, 2 vol.

Le Gall, Jean-Marie, *Les Capitales de la Renaissance*, Rennes, PUR, 2011.

–, « Les pompes funèbres des souverains étrangers à Notre-Dame de Paris, XVIe-XVIIIe siècles », *Revue d'histoire moderne et contemporaine*, vol. 59-3, n° 3, 2012, p. 96-123.

–, « Les Bourbons, ou le refus du tombeau », *in* Hengerer, Mark et Sabatier, Gérard (dir.), *Les Funérailles princières en Europe XVIe-XVIIIe siècles*, II : *Apothéoses monumentales*, Rennes, PUR, 2013, p. 253-268.

Le Gallo, Yves (dir.), *Histoire de Brest*, Toulouse, Privat, 1976.

LEGARD, James, « "Princely Glory": The 1st Duke of Marlborough, Court Culture, and the Construction of Blenheim Palace », conférence donnée à la Society for Court Studies, 18 février 2018.
LEGAY, Marie-Laure, *Les États provinciaux dans la construction de l'État moderne aux XVIe-XVIIIe siècles*, Genève, Droz, 2001.
LEGG, L. G. Wickham, *Matthew Prior: A Study of his Public Career and Correspondence*, Cambridge, Cambridge University Press, 1921.
LEGRELLE, Arsène, *Louis XIV et Strasbourg*, Gand, Snoeck, 1878.
–, *La Diplomatie française et la succession d'Espagne*, Braine-le-Comte, Zech et fils, 1895-1899, 6 vol.
LE LABOUREUR, Jean, *Relation du voyage de la Royne de Pologne et du retour de Madame la Mareschalle de Guébriant, ambassadrice extraordinaire et surintendante de sa conduite*, Robert de Nain, 1647.
LEMAIRE, Louis, *Histoire de Dunkerque : des origines à 1900*, Dunkerque, Firmin-Didot, 1927.
LEMARCHAND, Laurent, *Paris ou Versailles ? La monarchie absolue entre deux capitales (1715-1723)*, Paris, Éditions du CTHS, 2014.
LEMOINE, Henri, « Les Écuries du roi sous l'Ancien Régime », *Revue de l'histoire de Versailles*, n° 35, 1933, p. 150-183.
LEMOINE, Jean et LICHTENBERGER, André, *De La Vallière à Montespan*, Paris, Calmann-Lévy, 1902.
–, *Les des Œillets : une grande comédienne, une maîtresse de Louis XIV : étude et documents*, Paris, Perrin, 1938.
LE ROUX, Nicolas, *La Faveur du roi : mignons et courtisans au temps des derniers Valois*, Champ Vallon, Seyssel, 2001.
–, « La Cour dans l'espace du palais : l'exemple d'Henri III », *in* FRANCE-AUZÉPY, Marie et CORNETTE, Joël (dir.), *Palais et pouvoir : de Constantinople à Versailles*, Vincennes, Presses universitaires de Vincennes, 2003, p. 229-267.
–, *Un régicide au nom de Dieu : l'assassinat d'Henri III*, Paris, Gallimard, 2006.
LEVANTAL, Christophe, *La Route royale : le voyage de Philippe V et de ses frères, de Sceaux à la frontière d'Espagne (décembre 1700-janvier 1701) d'après la relation du* Mercure galant, Paris, Communication & tradition, 1996.
–, *Louis XIV : Chronographie d'un règne*, Suisse, Gollion, 2009, 2 vol.
LEVER, Maurice, *Les Bûchers de Sodome*, Paris, Fayard, 1985.
LEVILLAIN, Charles-Édouard, *Vaincre Louis XIV, Angleterre – Hollande – France : histoire d'une relation triangulaire, 1665-1688*, Champ Vallon, Seyssel, 2010.

LEVRON, Jacques, *Versailles, ville royale*, Chiré-en-Montreuil, Éditions de La Nef, 1964.

–, *Les Inconnus de Versailles : les coulisses de la Cour*, Paris, Perrin, 1968.

LÉVY, Claude-Frédéric, *Capitalistes et pouvoir au siècle des Lumières : les fondateurs, des origines à 1715*, La Haye, De Gruyter Mouton, 1969.

LEWIS, W. H., *Assault on Olympus: The Rise of the House of Gramont*, New York, Harcourt Brace, 1958.

–, *Levantine Adventurer: the travels and missions of the Chevalier d'Arvieux, 1653-1697*, New York, Harcourt Brace, 1963.

LIECHTENHAN, Francine-Dominique, *Pierre le Grand*, Paris, Tallandier, 2015.

LINDEN, David VAN DER, *Experiencing Exile: Huguenot Refugees in the Dutch Republic, 1680-1700*, Dorchester, Ashgate, 2015.

LIONNE, comte DE, *Lettres inédites*, 1877.

LISTER, Martin, *A Journey to Paris in the Year 1698*, Jacob Tonson, 1699.

LITTLETON, Charles, « Abel Boyer and Other Huguenot Reporters of Parliament », conférence donnée au 6e colloque international sur les huguenots, « Huguenot Networks in Europe », Europe House, Londres, 10 septembre 2015.

LIVERMORE, Harold, *A New History of Portugal*, Cambridge, Cambridge University, Press, 1976.

LIVET, Georges (dir.), *Recueil d'instructions*, XXVIII : *L'Électorat de Trèves*, Paris, CNRS, 1966.

–, « Strasbourg, Metz et Luxembourg : contribution à l'étude de la politique extérieure de la France sous Louis XIV », *in* POIDEVIN, Raymond et TRAUSCH, Gilbert (dir.), *Les Relations franco-luxembourgeoises, de Louis XIV à Robert Schuman*, Metz, Centre de recherche Relations internationales de l'université de Metz, 1978, p. 1-19.

–, (dir.), *Histoire de Strasbourg*, Strasbourg, Éditions des Dernières Nouvelles, 1980-1982, 4 vol.

LIZERAND, Georges, *Le Duc de Beauvillier*, Paris, Les Belles Lettres, 1933.

LOCATELLI, Sébastien, *Voyage en France : mœurs et coutumes françaises*, Paris, Alphonse Picard, 1905 ; rééd. Paris, Hachelle Livre-BnF, 2014.

LOCKE, John, *Travels in France*, éd. John Lough, Cambridge, Cambridge University Press, 1953.

LONGIN, Émile, *Un Franc-Comtois à Paris sous Louis XIV, 1691-1692*, Vesoul, 1894.

–, *François de Lisola : sa vie, ses écrits, son testament*, Dole, Chaligne, 1900.

LONGSTAFFE-GOWAN, Todd, *The Gardens and Parks at Hampton Court Palace*, Londres, Frances Lincoln, First Thus Edition, 2005.

LORENZ, Hellmut, « Vienna Gloriosa », *in* MILLON, Henry A. (dir.), *Circa 1700: Architecture in Europe and the Americas*, New Haven, NGW-Stud Hist Art, 2005, p. 47-64.

LOSKOUTOFF, Yvan (dir.), *Les Médailles de Louis XIV et leur livre*, Rouen, Presses universitaires de Rouen et du Havre, 2016.

LOTTIN, Alain, *Les Grandes Batailles du Nord de la France*, Paris, Éditions Mazarine, 1984.

–, (dir.), *« Chronique mémorial des choses mémorables par moy Pierre-Ignace Chavatte » (1657-1693) : le mémorial d'un humble tisserand lillois au Grand Siècle*, Bruxelles, Académie de Belgique, Commission royale d'histoire, 2010.

LOUGH, John, *France Observed in the Seventeenth Century by British Travellers*, Boston-Melbourne-Londres, Stocksfield, Oriel Press, 1985.

LOUIS XIV, *Œuvres*, éd. Philippe comte de Grimoard et Philippe-Antoine Grouvelle, Paris, Treuttel et Würtz, 1806, 6 vol.

–, *Correspondance avec M. Amelot, son ambassadeur en Espagne, 1705-1709*, Nantes, Aubry, 1864, 2 vol.

–, *Mémoires de Louis XIV*, éd. Jean Longnon, Paris, Tallandier, 2007.

LOUIS XV, *Correspondance de... et du Maréchal de Noailles*, Paris, P. Dupont, 1865, 2 vol.

LOUVILLE, marquis DE, *Mémoires secrets sur l'établissement de la Maison de Bourbon en Espagne*, Paris, Maradan, 1818, 2 vol.

LOVE, Ronald S., « Simon de La Loubère: French Views of Siam in the 1680s », *in* AMES, Glenn J. et LOVE, Ronald S. (dir.), *Distant Lands and Diverse Cultures: The French Experience in Asia, 1600-1700*, Westport, CT, Praeger, 2003, p. 181-200.

LOYAU, Marcel, *Madame de Maintenon et la princesse des Ursins : correspondance, 1709, Une année tragique*, Paris, Mercure de France, 2002.

LUCAS, Paul, *Troisième voyage... dans le Levant*, Saint-Étienne, Presses universitaires de Saint-Étienne, 2004.

LUKOWSKI, Jerzy, *Liberty's Folly: The Polish-Lithuanian Commonwealth in the Eighteenth Century, 1697-1795*, Londres, Routledge, 1991.

LURGO, Elisabetta, *Philippe d'Orléans : frère de Louis XIV*, Paris, Perrin, 2018.

LURIN, Emmanuel (dir.), *Le Château-Neuf de Saint-Germain-en-Laye*, Saint-Germain-en-Laye, Les Presses franciliennes, 2010, 2 vol.

LÜTHY, Herbert, *La Banque protestante en France, de la révocation de l'édit de Nantes à la Révolution*, Paris, S.E.V.P.E.N., 1959-1970, 3 vol.

LYNN, John A., *The Wars of Louis XIV, 1667-1714*, Paris, Longman, 1999.

–, « A Brutal Necessity? The Devastation of the Palatinate, 1688-1689 », *in* GRIMSLEY, Mark et ROGERS, Clifford J. (dir.), *Civilians in the Path of War*, Lincoln, University of Nebraska Press, 2002, p. 79-100.

MABILLE, Gérard *et alii*, *Vues des jardins de Marly : le roi jardinier*, Montreuil, Gourcuff Gradenigo, 2011.

MCCOLLIM, Gary B., *Louis XIV's Assault on Privilege: Nicolas Desmaretz and the Tax on Wealth*, Rochester, NY, University of Rochester Press, 2012.

MACDONALD, James, *A Free Nation Deep in Debt: The Financial Roots of Democracy*, Princeton, Princeton University Press, 2006.

MCGOWAN, Margaret M., *The Court Ballet of Louis XIII: A Collection of Working Designs for Costumes, 1615-1633*, Londres, Victoria and Albert Museum, Hobhouse and Morton Morris, 1986.

–, *Dance in the Renaissance: European Fashion, French Obsession*, New Haven, Yale University Press, 2008.

MCKAY, Derek, *The Great Elector: Frederick William of Brandenburg-Prussia*, Harlow, Longman, 2001.

MCKENNA, Antony, « *Les Soupirs de la France esclave* : le problème de l'attribution », *in* BONNET, Pierre (dir.), *Littérature de contestation : pamphlets et polémique du règne de Louis XIV aux Lumières*, Paris, Éd. Le Manuscrit, 2011, p. 229-268.

MACLEOD, Catherine et MARCIARI ALEXANDER, Julia, *Painted Ladies: Women at the Court of Charles II*, New Haven et Londres, National Portrait Gallery Publications, 2001.

MACLEOD, Jane, *Licensing Loyalty: Printers, Patrons, and the State in Early Modern France*, University Park, Pennsylvanie, Pennsylvania State University Press, 2011.

MACMILLAN, Margaret, *Peacemakers: The Paris Conference of 1919 and its Attempt to End War*, Londres, John Murray Publishers, 2001.

MACNAMARA, Jo Ann Kay, *Sisters in Arms: Catholic Nuns through Two Millennia*, Cambridge, MA, Harvard University Press, 1996.

MADAN, Falconer, *Stuart Papers*, Londres, Roxburghe Club, 1889.

MAGDELAINE, Michelle, *Guerre et paix en Alsace : les Mémoires de voyage du sieur de l'Hermine*, Toulouse, Privat, 1981.

MAGNE, Émile (dir.), *Lettres inédites du Grand Condé et du Duc d'Enghien à Marie-Louise de Gonzague, reine de Pologne, sur la cour de Louis XIV (1660-1667)*, Paris, Émile-Paul, 1920.

–, *Images de Paris sous Louis XIV : d'après des document inédits*, Paris, Calmann-Lévy, 1939.

MAGUIRE, Nancy Klein, « The Duchess of Portsmouth: English Royal Consort and French Politician, 1670-1685 », *in* SMUTS, R. Malcolm (dir.), *The Stuart Court and Europe*, Cambridge, Cambridge University Press, 1996, p. 247-273.

MAHON, Lord (dir.), *Spain under Charles II*, 1844.

MAILLY, chevalier DE, *Histoire de la république de Gênes*, Denuys du Puis, 1696, 3 vol.

MAINTENON, Mme DE, *Proverbes dramatiques*, Paris, Classiques Garnier, 2014.

–, *Lettres*, éd. Hans Bots, Paris, Honoré Champion, 2009-2016, 8 vol.

MAIRE, Catherine (dir.), *Jansénisme et révolution : actes du colloque de Versailles*, Paris, Bibliothèque Mazarine, 1990.

MAISONNIER, Élisabeth, « Les guides de Versailles à l'usage des étrangers », *in* KISLUK-GROSHEIDE, Daniëlle et RONDOT, Bertrand (éd.), *Visiteurs de Versailles : voyageurs, princes, ambassadeurs, 1682-1789*, Paris, Gallimard, 2017, p. 40-44.

MAJOR, J. Russell, *From Renaissance Monarchy to Absolute Monarchy: French Kings, Nobles, & Estates*, Baltimore, Johns Hopkins University Press, 1994.

MALETTKE, Klaus, « Complots et conspirations contre Louis XIV dans la seconde moitié du XVIIe siècle », *in* BERCÉ, Yves-Marie (dir.), *Complots et conspirations dans l'Europe moderne*, Rome, École française de Rome, 1996, p. 347-371.

–, « L'opposition nobiliaire sous Louis XIV, le cas du chevalier de Rohan », *in* GRELL, Chantal et RAMIÈRE DE FORTANIER, Arnaud (dir.), *Le Second Ordre : l'idéal nobiliaire : hommage à Ellery Schalk*, Paris, Presses de l'université de Paris-Sorbonne, 1999, p. 217-226.

–, *Les Relations entre la France et le Saint Empire au XVIIe siècle*, Paris, Honoré Champion, 2001.

MANCHÉE, W. H., *The Fouberts and their Royal Academy*, 1925.

MANCHESTER, duc DE, *Court and Society, from Elizabeth to Anne*, Londres, Hurst and Blackett, 1864, 2 vol.

MANCINI, Hortense et Marie, *Mémoires*, Paris, Mercure de France, 1987.

MANNEVILLE, H. DE, « Une princesse française sur le trône de Portugal : Marie Françoise Élisabeth de Savoie », *Revue d'histoire diplomatique*, n° 21, janvier 1931, p. 22-46 ; avril 1931, p. 193-219 ; juillet 1931, p. 294-317.

MANSEL, Philip, *Pillars of Monarchy: An Outline of the Political and Social History of Royal Guards, 1400-1984*, Londres, Quartet Books, 1984.

–, *The Court of France, 1789-1830*, Cambridge, Cambridge University Press, 1989, trad. *La Cour sous la Révolution, l'exil et la Restauration, 1789-1830*, Paris, Tallandier, 1989.

–, *Dressed to Rule: Royal and Court Costume from Louis XIV to Elizabeth II*, New Haven, Yale University Press, 2005.

MAQUART, Marie-Françoise, *L'Espagne de Charles II et la France, 1665-1700*, Toulouse, Presses universitaires du Mirail, 2000.

–, « Le dernier testament de Charles II », *in* BÉLY, Lucien (dir.), *La Présence des Bourbons en Europe, XVIe au XXe siècle*, Paris, PUF, 2003, p. 112-124.

MARAIS, Mathieu, *Lettre au sujet du mariage du roy*, 1660.

–, *Journal de Paris*, Saint-Étienne, Publications de l'université de Saint-Étienne, 2004, 2 vol.

MARAL, Alexandre, *La Chapelle royale de Versailles sous Louis XIV : cérémonial, liturgie et musique*, Liège, Mardaga, 2010.

–, *Madame de Maintenon : à l'ombre du Roi-Soleil*, Paris, Belin, 2011.

–, *Parcours mythologique dans les jardins de Versailles*, Paris, ArtLys, 2012.

–, *Le Roi-Soleil et Dieu : essai sur la religion de Louis XIV*, Paris, Perrin, 2012.

–, *Le Roi, la Cour et Versailles : le coup d'éclat permanent, 1682-1789*, Paris, Perrin, 2013.

–, *Le Versailles de Louis XIV : un palais pour la sculpture*, Dijon, Faton, 2013.

–, *La Grande Commande de 1674 : chefs-d'œuvre sculptés des jardins de Versailles sous Louis XIV*, Paris, Gourcuff Gradenigo, 2013.

–, *Les Derniers Jours de Louis XIV*, Paris, Perrin, 2014.

–, *François Girardon : le sculpteur de Louis XIV*, Paris, Arthena, 2015.

–, *Les Derniers Jours de Versailles*, Paris, Perrin, 2018.

MARAL, Alexandre et MILOVANOVIC, Nicolas (dir.), *Versailles et l'Antique*, Paris, ArtLys, 2012.

MARANA, Jean-Paul, *Lettre d'un Sicilien à un de ses amis*, Paris, Quantin, 1883.

MARESCHAL DE BIÈVRE, Gabriel, *Georges Mareschal, seigneur de Bièvre, chirurgien et confident de Louis XIV (1658-1736)*, Paris, Plon, 1906.

MARGRY, Pierre, *Découvertes et établissements des Français dans l'ouest et dans le sud de l'Amérique septentrionale, 1614-1754*, Paris, D. Jouaust, 1878, 4 vol.

MARGUE, Paul, « Assujettis ou sujets ? Les Luxembourgeois sous Louis XIV », *in* POIDEVIN, Raymond et TRAUSCH, Gilbert (dir.), *Les Relations franco-luxembourgeoises, de Louis XIV à Robert Schuman*, Metz, université de Metz, Centre de recherches Relations internationales, 1978, p. 21-38.

MARIE, Alfred, *Naissance de Versailles : le château, les jardins*, Paris, Éditions Vincent, Fréal & Cie, 1968, 2 vol.

–, *Mansart à Versailles*, Paris, Jacques Fréal, 1972.

MARIN, Catherine (dir.), *La Société des missions étrangères de Paris : 350 ans à la rencontre de l'Asie, 1658-2008*, Paris, Karthala, 2011.

MARLY, Diana DE, *Louis XIV and Versailles*, Londres, B. T. Batsford, 1987.

MAROTEAUX, Vincent, *Versailles : le roi et son domaine*, Paris, Picard, 2000.

–, *Marly : l'autre palais du soleil*, Genève, Vögele éditions, 2002.

MAROTEAUX, Vincent et GIVRY, Jacques DE, *Versailles : le grand parc*, JGV Publications, 2004.

MARTIN, Meredith, « Mirror Reflections: Louis XIV, Phra Narai, and the Material Culture of Kingship », *Art History*, n° 38, septembre 2015, p. 652-667.

MARTIN, Michel, *Les Monuments équestres de Louis XIV : une grande entreprise de propagande monarchique*, Paris, Picard, 1986.

MARTINEZ, Jean-Luc *et alii* (dir.), *Les Antiques du Louvre*, Paris, Fayard-Musée du Louvre, 2004.

MASSILLON, Jean-Baptiste, *Oraison funèbre de Louis XIV*, Grenoble, J. Million, 2004.

MASSON, Georgina, *Queen Christina*, Londres, Secker & Warburg, 1968.

MASSON, Paul, *Histoire des établissements et du commerce français dans l'Afrique barbaresque (1560-1793)*, Paris, Hachette, 1903.

MASSON, Rémi, *Défendre le roi : la Maison militaire au XVIIe siècle*, Ceyzérieux, Champ Vallon, 2017.

MATAR, Nabil, *Europe through Arab Eyes, 1578-1727*, New York, NY, Columbia University Press, 2009.

–, « Abdallah ibn 'Aisha and the French Court, 1699-1701: An Ambassador without Diplomacy », *French History*, vol. 29, n° 1, 2015, p. 1-75.

MAUCROIX, François, *Mémoires de François Maucroix, chanoine et sénéchal de l'église de Reims*, Reims, L. Jacquet, 1842.

MAURER, Louis, *L'Expédition de Strasbourg en septembre 1681 : correspondance officielle tirée des archives de la guerre*, Paris, Berger-Levrault, 1923.
MAZARIN, Jules, *Lettres du cardinal Mazarin*, éd. Z. Chastelain, Amsterdam, 1745, 2 vol.
–, *Carnets*, Tours, Prudhomme et L'Allier, 1893, 16 vol.
–, *Lettres du cardinal Mazarin pendant son ministère*, éd. Adolphe Chéruel, Paris, Imprimerie nationale, 1872-1906, 9 vol.
MAZOUER, Charles, « Molière et le roi », *in* LOPEZ, Denis (dir.), *Le Pouvoir et ses écritures*, Eidôlon, n° 101, 2012, p. 135-144.
MELCHIOR-BONNET, Sabine, *Fénelon*, Paris, Perrin, 2008.
MELZER, Sara E, et NORBERG, Kathryn (dir.), *From the Royal to the Republican Body: Incorporating the Political in Seventeenth- and Eighteenth-Century France*, Berkeley, University of California Press, 1998.
MÉMAIN, René, *La Marine de guerre sous Louis XIV : le matériel : Rochefort, arsenal, modèle de Colbert*, Paris, Hachette, 1937.
MÉNARD, Pierre, *Le Français qui possédait l'Amérique : la vie extraordinaire d'Antoine Crozat, milliardaire sous Louis XIV*, Paris, Le Cherche Midi, 2017.
MERRICK, Jeffrey et RAGAN Jr Bryant T., *Homosexuality in Early Modern France: A Documentary Collection*, New York, Oxford University Press, 2001.
METTAM, Roger, « Louis XIV and the Persecution of the Huguenots: The Role of the Ministers and Royal Officials », *in* SCOULOUDI, Irene (dir.), *The Huguenots in Britain and their French Background, 1550-1800*, Basingstoke, Macmillan, 1987, p. 198-216.
–, *Power and Faction in Louis XIV's France*, Oxford, Basil Blackwell, 1988.
METZGER, Edward Charles, *Ralph, First Duke of Montagu, 1638-1709*, New York, Lewiston, Edwin Mellen, 1987.
MEYER, Jean, *La Naissance de Louis XIV*, Bruxelles, Complexe, 1989.
MICHAUD, Claude, « Le Soleil, l'aigle et le croissant : l'ambassade de Guilleragues à la Porte ottomane et le siège de Vienne de 1683 », in *id.*, *Entre croisades et révolutions : princes, noblesses et nations au centre de l'Europe (XVIe et XVIIIe siècles)*, Paris, Publications de la Sorbonne, 2010, p. 277-292.
MICHEL, Dominique, *Vatel et la naissance de la gastronomie*, Paris, Fayard, 1999.
MICIO, Paul, *Les Collections de Monsieur, frère de Louis XIV*, Paris, Somogy, 2014.
MIGAULT, Jean, *Journal de maître d'école 1681-1688*, Marseille, Laffitte, 1978.

MIGNE, abbé, *Collection intégrale et universelle des orateurs sacrés, XXXIII*, éditeur J.-P. Migne, 1853.

MIGNET, François, *Négociations relatives à la succession d'Espagne sous Louis XIV*, Paris, Imprimerie royale, 1835-1842, 4 vol.

MIGNOT, Claude, *Le Val-de-Grâce : l'ermitage d'une reine*, Paris, CNMHS et CNRS, 1994.

MIJERS, Esther et ONNEKINK, David, *Redefining William III: The Impact of the King-Stadholder in International Context*, Aldershot, Ashgate, 2007.

MILLOT, abbé, *Mémoires politiques et militaires pour servir à l'histoire de Louis XIV et de Louis XV*, Paris, Petitot et Monmerqué, 1839.

MILOVANOVIC, Nicolas, *Du Louvre à Versailles : lecture des grands décors monarchiques*, Paris, Les Belles Lettres, 2005.

MINOIS, Georges, *Histoire de l'athéisme*, Paris, Fayard, 1998.

MISKIMIN, Patricia Behre, *One King, One Law, Three Faiths: Religion and the Rise of Absolutism in Seventeenth-Century Metz*, Westport, CT, ABC Clio, 2002.

MISSON, Maximilien, *A New Voyage to Italy*, 1699, 2 vol.

MITFORD, Nancy, *The Sun King: Louis XIV at Versailles*, Londres, Vintage, Random House, 1966, 2011.

MOINE, Marie-Christine, *Les Fêtes à la cour du Roi-Soleil, 1653-1715*, Paris, F. Sorlot-F. Lanore, 1984.

MOLÉ, Mathieu, *Mémoires*, Figeac, Aimé Champollion, 1855-1857, 4 vol.

MOLIÈRE, *Œuvres complètes*, Paris, Gallimard, « Bibliothèque de la Pléiade », 2010, 2 vol.

–, *Le Bourgeois Gentilhomme*, éd. Claire Joubaire, Paris, Flammarion, 2016.

MONAHAN, W. Gregory, *Let God Arise: The War and Rebellion of the Camisards*, Oxford, Oxford University Press, 2014.

MONGRÉDIEN, Georges, *La Journée des dupes*, Paris, Gallimard, 1961.

–, *Louis XIV*, Paris, Albin Michel, 1963.

MONICAULT, Michel, *La Basilique Sainte-Marie-Madeleine et le couvent royal dominicain*, Aix-en-Provence, 1985.

MONOD, Paul *et alii* (dir.), *Loyalty and Identity: Jacobites at Home and Abroad*, Basingstoke, Palgrave Macmillan, 2010.

MONSON, Emma, « The Three Esthers: Noblewoman of the Huguenot Refuge », *Proceedings of the Huguenot Society of Great Britain and Ireland XXVII*, vol. 1, 1998, p. 1-19.

MONTCLOS, Jean-Marie PÉROUSE DE, *Vaux-le-Vicomte*, Paris, Éditions Scala, 1997.

MONTGLAT, marquis DE, *Mémoires*, Éditeur du Commentaire analytique du Code civil, 1838.

MONTPENSIER, Mlle DE, *Mémoires*, éd. Adolphe Chéruel, Paris, Charpentier, 1858-1859, 4 vol.
MOOTE, A. Lloyd, *The Revolt of the Judges: The Parlement of Paris and the Fronde, 1643-1652*, Princeton, Princeton University Press, 1971.
MORERA, Raphaël, « Amener les eaux : entre techniques, sciences et politiques », in *Sciences et curiosités à la cour de Versailles*, Paris, RMN, 2010, p. 87-93.
MORKE, Olaf, « William III's Stadholderly Court in the Dutch Republic », *in* MIJERS, Esther et ONNEKINK, David (dir.), *Redefining William III: The Impact of the King-Stadholder in International Context*, Aldershot, Ashgate, 2007, p. 227-240.
MORMANDO, Franco, *Bernini: His Life and his Rome*, Chicago, University of Chicago Press, 2011.
MORMICHE, Pascale, *Devenir prince : l'école du pouvoir en France, XVIIe-XVIIIe siècles*, Paris, Éditions du CNRS, 2009.
MORRIS, Madeleine F., *Le Chevalier de Jaucourt : un ami de la terre*, Genève, Droz, 1979.
MOTTA, Anne, *Échanges, passages et transferts à la cour du duc Léopold de Lorraine*, Rennes, PUR, 2017.
MOTTEVILLE, Mme de, *Mémoires... sur Anne d'Autriche et sa cour*, Paris, Plon, 1904-1911, 4 vol.
–, *Chronique de la Fronde*, éd. Jean-Michel Delacomptée, Paris, Mercure de France, « Le Temps retrouvé », 2003.
MOUSNIER, Roland (dir.), *Un nouveau Colbert*, Paris, SEDES, 1985.
–, *La Plume, la faucille et le marteau : institutions et société en France, du Moyen Âge à la Révolution*, Paris, PUF, 1970.
MOUSSET, Albert, *Les Francine : créateurs des eaux de Versailles, intendants des eaux et fontaines de France de 1623 à 1784*, Paris, Picard, 1930.
MUKERJI, Chandra, *Impossible Engineering: Technology and Territoriality on the Canal du Midi*, Princeton, Princeton University Press, 2009.
MURAT, Inès, *Colbert*, Paris, Fayard, 1980.
MURDOCH, Tessa, *The Quiet Conquest: The Huguenots, 1685-1985*, Paris, Musée des Archives nationales, 1985.
–, « Daniel Marot and the Louis XIV Style in England », conférence donnée au 6e colloque international sur les huguenots, « Huguenot Networks in Europe », Europe House, Londres, 10 septembre 2015.
NARBONNE, Pierre, *Journal de police*, Clermont-Ferrand, Paleo, 2002-2003, 2 vol.
NEHER, André, « Principes et applications de la politique de Louis XIV à l'égard des juifs de Metz », in *Deux siècles d'Alsace française,*

1648-1798-1848, 1948, Strasbourg-Paris, Société savante d'Alsace, p. 159-173.

NEKROUF, Younès, *Une amitié orageuse : Moulay Ismaïl et Louis XIV*, Paris, Albin Michel, 1987.

NEMEITZ, J. C., *Séjour de Paris*, Leyde, Jean Van Abcoude, 1727, 2 vol.

NEMOURS, duchesse DE, *Mémoires*, Paris, Mercure de France, 1990.

NÉRAUDAU, Jean-Pierre, *L'Olympe du Roi-Soleil : mythologie et idéologie royale au Grand Siècle*, Paris, Les Belles Lettres, 2013.

NETTER, Nathan, *Vingt siècles d'histoire d'une communauté juive : Metz et son grand passé*, Metz, 1938 ; rééd. Marseille, Laffitte, 1995.

NÈVE, Joseph E. *et alii*, *Gand sous l'occupation de Louis XIV, 1678-1679, 1701-1706, 1708*, Gand, E. Flaays-Verheughe, 1929.

NEVEU, Bruno *et alii*, *Les Demoiselles de Saint-Cyr, maison royale d'éducation, 1686-1793*, Versailles, Somogy, 1999.

NEWMAN, Karen, *Cultural Capitals: Early Modern London and Paris*, Princeton, Princeton University Press, 2007.

NEWTON, William R., *L'Espace du roi : la cour de France au château de Versailles, 1682-1789*, Paris, Fayard, 2000.

–, *La Petite Cour : services et serviteurs à la cour de Versailles au XVIIIe siècle*, Paris, Fayard, 2006.

–, *Derrière la façade : vivre au château de Versailles au XVIIIe siècle*, Paris, Perrin, 2008.

–, *Versailles, côté jardins : splendeurs et misères, de Louis XIV à la Révolution*, Paris, Tallandier, 2013.

–, *Les Chevaux et les chiens du roi à Versailles au XVIIIe siècle : la Grande et la Petite Écurie, les écuries de la reine, le grand chenil et la louveterie*, Paris, Champion, 2015.

NICOLAS, Jean, *La Rébellion française, 1661-1789*, Paris, Gallimard, « Folio Histoire », 2008.

NICOLSON, Harold, *Peacemaking*, 1919, Houghton Mifflin, 1933, Simon Publications, 2001.

NIMWEGEN, Olaf VAN, *The Dutch Army and the Military Revolutions, 1588-1688*, Woodbridge, The Boydell Press, 2010.

NOAILLES, duc DE, *Histoire de Madame de Maintenon*, Paris, Compagnie des imprimeurs unis, 1848-1858, 4 vol.

NORDMAN, Daniel, *Frontières de France : de l'espace au territoire, XVIe-XIXe siècles*, Paris, Gallimard, 1998.

NORDMANN, Claude, *La Crise du Nord au début du XVIIIe siècle*, Paris, Librairie générale de droit et de jurisprudence, 1962.

–, *Grandeur et liberté de la Suède (1660-1792)*, Paris, Béatrice-Nauwelaerts, 1971.

NORTHLEIGH, John, « Travels through France… 1702 », *in* HARRIS, John (éd.), *Complete Collection of Voyages and Travels*, John Campbell, 1748 2 vol.
NORTON, Lucy, *First Lady of Versailles*, Londres, H. Hamilton, 1978.
NUGENT, Thomas, *The Grand Tour*, D. Browne, 1756, 4 vol.
O'CONNOR, John T., *Negotiator out of Season: The Career of Wilhelm Egon von Fürstenberg, 1629 to 1704*, Athens, GA, University of Georgia Press, 1978.
O'REILLY, William, « A Life in Exile: Charles VI between Spain and Austria », *in* MANSEL, Philip et RIOTTE, Torsten (dir.), *Monarchy and Exile : The Politics of Legitimacy from Marie de Médicis to Wilhelm II*, Basingstoke, Palgrave Macmillan, 2011, p. 66-90.
OMONT, Henri, « Projets de prise de Constantinople et de fondation d'un empire français d'Orient sous Louis XIV », *Revue d'histoire diplomatique*, n° 7, 1893, p. 195-246.
–, *Missions archéologiques françaises en Orient aux XVIIe et XVIIIe siècles*, Paris, Imprimerie nationale, 1902, 2 vol.
ONNEKINK, David et MIJERS, Esther (dir.), *Redefining William III: The Impact of the King Stadholder in International Context*, Aldershot, Ashgate, 2007.
ONNEKINK, David et ROMMELSE, Gijs (dir.), *Ideology and Foreign Policy in Early Modern Europe (1650-1750)*, Ashgate, Farnham, 2011.
OPPERMANN, Fabien, *Le Versailles des présidents : 150 ans de vie républicaine chez le Roi-Soleil*, Paris, Fayard, 2015.
ORESKO, Robert, « Homosexuality and the Court Elites of Early Modern France: Some Problems, Some Suggestions and an Example », *Journal of Homosexuality*, n° 16, 1988, p. 105-128.
–, « Maria Giovanna Battista of Savoy-Nemours (1644-1724): Daughter, Consort and Regent of Savoy », *in* ORR, Clarissa Campbell (dir.), *Queenship in Europe, 1660-1815: The Role of the Consort*, Cambridge, Cambridge University Press, 2004, p. 16-55.
–, « Bastards as Clients: The House of Savoy and its Illegitimate Children », *in* GIRY-DELOISON, Charles et METTAM, Roger (dir.), *Patronages et clientélismes, 1550-1750 (France, Angleterre, Espagne, Italie)*, Lille, Publications de l'Institut de recherches historiques du Septentrion, 1995 ; rééd. Open Editions, 2018, p. 39-67.
ORLOFF, Alexandre et CHVIDKOVSKI, Dimitri, *Saint-Pétersbourg : l'architecture des tsars*, Paris, Éditions Place des Victoires, 2000.
ORMESSON, Olivier D', *Journal*, éd. Adolphe Chéruel, Paris, Imprimerie impériale, 1860-1861, 2 vol.
OROUX, abbé, *Histoire ecclésiastique de la cour de France*, 1727, 2 vol.

ORR, Clarissa Campbell (dir.), *Queenship in Europe, 1660-1815: The Role of the Consort*, Cambridge, Cambridge University Press, 2004.

OY-MARRA, Élisabeth, « Mazarin et les fresques de Giovanni Francesco Romanelli dans l'appartement d'été d'Anne d'Autriche au Louvre », *in* CONIHOUT, Isabelle DE et MICHEL, Patrick (dir.), *Mazarin : les lettres et les arts*, Saint-Remy-en-l'Eau, Éditions Monelle Hayot, 2006, p. 145-155.

PAGÈS, Georges, *Le Grand Électeur et Louis XIV, 1660-1688*, Paris, Librairie Georges Bellais, 1905.

PANHUYSEN, Luc, *De Ware Vrijheid : de Levens van Johan en Cornelis de Witt*, Amsterdam, Adas, 2005.

PANNEKOUCKE, Stéphane, *Des princes en Bourgogne : les Condés gouverneurs au XVIIIe siècle*, Paris, Éditions du CTHS, 2010.

PARIS, Robert, *Histoire du commerce de Marseille, 1660-1789 : le Levant*, Paris, Plon, 1957.

PARISTE, Ernest, *Histoire de la fabrique lyonnaise : étude sur le régime social et économique de l'industrie de la soie à Lyon, depuis le XVIe siècle*, Lyon, A. Rey, 1901.

PARKER, Geoffrey, *Global Crisis: War, Climate Change and Catastrophe in the Seventeenth Century*, New Haven, Yale University Press, 2013.

PATIN, Guy, *Lettres... à Charles Spon*, éd. Laure Jestaz, Paris, Honoré Champion, 2006, 2 vol.

PAUL, Vincent de, *Lettres de Saint Vincent de Paul*, 1882, 2 vol.

PAYET, Marie et TÓTH, Ferenc (dir.), *Mille ans de contacts : relations franco-hongroises de l'an mil à nos jours*, Szombathely, 2001.

PEABODY, Sue, *« There are No Slaves in France »: The Political Culture of Race and Slavery in the Ancien Régime*, Oxford, Oxford University Press, 1996.

PELLEGRIN, Valdo, *Montpellier la protestante*, Montpellier, Nouvelles Presses du Languedoc, 2012.

PELLISSON, M., *Lettres historiques,* 1679, 3 vol.

PÉNICAUT, Emmanuel, *Faveur et pouvoir au tournant du Grand Siècle : Michel Chamillart, ministre et secrétaire d'État de la Guerre sous Louis XIV*, Paris, École des chartes, 2004.

PEPYS, Samuel, *Diary*, Londres, HarperCollins, 1995, 9 vol.

PEREZ, Stanis, *La Santé de Louis XIV : une bio-histoire du Roi-Soleil*, Paris, Perrin, 2010.

PERNOT, François, *La Franche-Comté espagnole à travers les archives de Simancas*, Besançon, Presses universitaires de Franche-Comté, 2003.

PERRAULT, Charles, *Le Siècle de Louis le Grand*, 1687.

–, *Mémoires de ma vie*, Paris, Renouard, 1909, 2 vol.

PERRIN, Bernard, « Un professeur de droit solliciteur à la cour du Grand Roi, 1699-1704 : Louis Monnier de Richardin », *Revue de l'histoire de Versailles*, n° 55, 1964, p. 150-206.

PERTH, Lord, « Lettres… au Père de La Trappe », *Revue de l'histoire de Versailles*, octobre 1927, p. 213-225.

PETITFILS, Jean-Christian, *Le Régent*, Paris, Fayard, 1986.

–, *Louise de La Vallière*, Paris, Perrin, 1990.

–, *Madame de Montespan*, Paris, Fayard, 1988.

–, *Fouquet*, Paris, Perrin, 1998.

–, *Le Masque de fer : entre histoire et légende*, Paris, Perrin, 2003.

–, *Louis XIV*, Paris, Perrin, 2008.

–, *Lauzun ou l'insolente séduction*, Paris, Perrin, 2008.

–, *L'Assassinat d'Henri IV*, Paris, Perrin, 2009.

PETO, Christine Marie, *When France was King of Cartography: The Patronage and Production of Maps in Early Modern France*, Plymouth, Lexington Books, 2007.

PETRIE, Sir Charles, *The Marshal Duke of Berwick, The Picture of an Age*, Londres, Eyre & Spottiswoode, 1953.

PEYRAT, Fabrice (dir.), *Marie-Adélaïde de Savoie, duchesse de Bourgogne, enfant terrible de Versailles*, Bruxelles, Éditions de l'université de Bruxelles, 2014.

PFISTER, Christian, *Histoire de Nancy*, Paris, Berger-Levrault, 1908, 3 vol.

–, *Sarrelouis, 1680-1930 : réminiscences*, Paris, Berger-Levrault, 1933.

PICARD, Raymond, *La Carrière de Racine*, Paris, Gallimard, 1961.

PICAVET, Camille-Georges, *Les Dernières Années de Turenne (1660-1675)*, Paris, Calmann-Lévy, 1919.

–, *La Diplomatie française au temps de Louis XIV. 1661-1715. Institutions, mœurs et coutumes*, Paris, Alcan, 1933.

PIERROT, Alfred, *Histoire de Montmédy et du pays montmédien*, Lyon, 1910, 2 vol.

PIGANIOL DE LA FORCE, *Description des châteaux et parcs de Versailles, de Trianon et de Marly*, Amsterdam, D. Mortier, 1715, 2 vol.

PILLIAS, Émile, *Études sur François II Rákóczi, Prince de Transylvanie*, Paris, Leroux, 1939.

PILLORGET, René, *Les Mouvements insurrectionnels de Provence entre 1596 et 1715*, Paris, Pedone, 1975.

–, « Louis XIV et l'Irlande », *Revue d'histoire diplomatique*, n° 106, 1992, p. 7-26.

–, « Quelques aspects de l'entrée de Louis XIV et de Marie-Thérèse à Paris », *in* DESPLAT, Christian et MOUROUNNEAU, Paul (dir.),

Les Entrées : gloire et déclin d'un cérémonial, Biarritz, Société Henri IV/J&D Éditions, 1997, p. 207-222.

PITON, Camille, *Marly-le-Roi : son histoire*, Paris, A. Joanin, 1904.

PITTS, Vincent J., *La Grande Mademoiselle at the Court of France*, Baltimore, Johns Hopkins University Press, 2000.

–, *Embezzlement and High Treason in Louis XIV's France: The Trial of Nicolas Fouquet*, Baltimore, Johns Hopkins University Press, 2015.

PLANTAVIT DE LA PAUSE, Jean DE, *Mémoires*, Paris, CTHS et Versailles, Centre de recherche du château de Versailles, 2011-2013, 3 vol.

PLANTET, Eugène (dir.), *Correspondance des deys d'Alger avec la cour de France, 1579-1830*, Paris, Félix Alcan, 1889, 2 vol.

– (dir.), *Correspondance des beys de Tunis et des consuls de France avec la cour, 1577-1830*, Paris, Félix Alcan, 1893-1899, 3 vol.

–, *Moulay Ismaïl, empereur du Maroc et la princesse de Conti*, Paris, E. Jamin, 1912.

PLAZENET, Laurence, « L'anamorphose du soleil en épouvantail : Louis XIV dans l'historiographie et la littérature port-royalistes », in *Louis XIV et Port-Royal*, Paris, Librairie philosophique J. Vrin, 2016, p. 165-199.

PLESSEN, Marie-Louise VON *et alii* (dir.), *Prince Eugene, General-Philosopher and Art Lover*, Munich, Hirmer, 2010.

PLESSIS, maréchal DU, *Mémoires*, Paris, C. Barbin & C. Ballard, 1676.

POISSON, Georges, *Monsieur de Saint-Simon*, Paris, Mazarine, 1987.

POMPONNE, Marquis DE, *Mémoires*, Paris, J. Mavidal, 1860-1861, 2 vol.

PONTCHARTRAIN, M. DE, *Correspondance de la Maison du Roi*, Clermont-Ferrand, Paleo, 2016, 2 vol.

POULLAIN DE LA BARRE, François, *Traité de l'égalité des deux sexes*, Paris, Jean du Puis, 1673.

POULLET, Georges, *La Maison ducale de Lorraine : étude historique, biographique et généalogique des branches aînée, cadettes et illégitimes de cette maison*, Nancy, 1991.

POUMARÈDE, Géraud, *Pour en finir avec la croisade : mythes et réalités de la lutte contre les Turcs aux XVIe et XVIIIe siècles,* Paris, PUF, 2004.

–, « Les envoyés ottomans à la cour de France : d'une présence controversée à l'exaltation d'une alliance », *in* VEINSTEIN, Gilles (dir.), *Turcs et Turqueries (XVIe-XVIIIe siècles)*, Paris, Presses universitaires de Paris-Sorbonne, 2009, p. 83-89.

–, « "Fidèle sujette" ou "mauvaise française" ? Marie-Casimire de La Grange d'Arquien, reine de Pologne, sous le regard des ambassadeurs français », *in* DUMANOWSKI, Jaroslaw, FIGEAC, Michel et TOLLET, Daniel (dir.), *France-Pologne, Contacts, échanges culturels, représentations (fin* XVIe*-fin* XIXe *siècle),* Paris, Honoré Champion, 2016, p. 69-92.

PREST, Julia, *Theatre under Louis XIV: Cross-Casting and the Performance of Gender in Drama, Ballet and Opera*, Londres, Palgrave Macmillan, 2006.

PRESTAGE, Edgar, *The Diplomatic Relations of Portugal with France, England and Holland from 1640 to 1668*, Watford, 1925.

PRESTWICH, Menna, *International Calvinism, 1541-1715*, Oxford, Clarendon Press, 1985.

PRÉVOT, Jacques, *La Première Institutrice de France : Mme de Maintenon*, Paris, Belin, 1981.

PRICE, Munro, « The Maréchal de Castries and the Pre-Revolution », *in* SWANN, Julian et FÉLIX, Joël (dir.), *The Crisis of the Absolute Monarchy: From Old Regime to Revolution*, Oxford, Oxford University Press, 2013, p. 91-106.

PRITCHARD, James, *In Search of Empire: The French in the Americas, 1670-1730*, Cambridge et New York, Cambridge University Press, 2004.

–, « Population in French America, 1670-1730 », *in* BOND, Bradley (dir.), *French Colonial Louisiana and the Atlantic World*, Baton Rouge, Louisiana State University Press, 2005, p. 175-203.

PRZEZDZIECKI, comte Renaud, *Diplomatie et protocole à la cour de Pologne*, Revue historique du droit française et étranger, 1934, 2 vol.

RACINE, *Œuvres complètes*, Paris, Gallimard, « Bibliothèque de la Pléiade » 1999, 2 vol.

RAEYMAKERS, Dries *et alii* (dir.), *A Constellation of Courts: The Courts and Households of Habsburg Europe, 1555-1665*, Louvain, Leuven University Press, 2014.

RAFFIN, Léonce, *Anne de Gonzague, Princesse Palatine, 1616-1684*, Paris, Desclée de Brouwer, 1935.

RAMBAUD, Alfred (dir.), *Recueil des instructions données aux ambassadeurs et ministres de France : Russie*, Paris, Alcan, 1890, 2 vol.

RANUM, Orest, *Paris in the Age of Absolutism: An Essay*, New York, Wiley,1968.

–, *The Fronde: A French Revolution, 1648-1652*, New York, W. W. Norton, 1993.

RAUNIÉ, Émile, *Chansonnier historique du* XVIIIe *siècle*, Paris, A. Quantin, 1879-1884, 10 vol.

RECHT, Roland, *The Rhine: Culture and Landscape at the Heart of Europe*, Londres, Thames and Hudson, 2001.

REINHARDT, Nicole, « Les relations internationales à travers les femmes au temps de Louis XIV », *Revue d'histoire diplomatique*, vol. 117, n° 3, 2003, p. 193-230.

RENNEVILLE, Constantin DE, *Mémoires pour servir à l'histoire des Indes orientales*, 1688.

–, *L'Inquisition française ou l'histoire de la Bastille*, Amsterdam, E. Roger, 1724, 6 vol.

RERESBY, Sir John, *Memoirs*, Londres, Royal Historical Society, 1991.

RETZ, cardinal DE, *Œuvres*, Paris, A. Fellet, 1870-1887, 9 vol.

–, *Mémoires*, Paris, Gallimard, « Folio Classique », 2003.

REUSS, Rodolphe (dir.), *Correspondances politiques et chroniques parisiennes adressées à Christophe Güntzer, syndic royal de la ville de Strasbourg (1681-1685)*, 1890.

REVEL, Jacques, « La Cour », *in* NORA, Pierre (dir.), *Les Lieux de mémoire*, 1984-1992, vol. III, Paris, Gallimard, p. 133-186, 7 vol.

RHOEN, R. P. M., « Met 2,000 man informeel op bezoek : de doortocht van Lodewijk XIV door de stad Utrecht in 1672 », *Oud Utrecht*, n° 87, 2014, p. 24-26.

RIALS, Stéphane, *La Présidence de la république*, Paris, PUF, 1981.

RICHEFORT, Isabelle, *Adam-François van der Meulen : peintre flamand au service de Louis XIV*, Rennes, PUR, 2004.

RICHTER, Susan *et alii*, *Heidelberg im Barock: der Wiederaufbau der Stadt nach den Zerstörungen von 1689 und 1693*, Heidelberg, 2009.

RIDLEY, Jane, *Fox Hunting*, Londres, HarperCollins, 1990.

RISTELHUEBER, René, *Les Traditions françaises au Liban*, Paris, Félix Alcan, 1925.

ROACH, Joseph, « Body of Law: The Sun King and the Code Noir », *in* MELZER, Sara E. et NORBERG, Kathryn (dir.), *From the Royal to the Republican Body: Incorporating the Political in Seventeenth and Eighteenth-Century France*, Berkeley, University of California Press, 1998, p. 113-130.

ROCHE, Daniel, *Le Peuple de Paris au XVIIIe siècle*, Paris, Aubier-Montaigne, 1981 ; rééd. Paris, Fayard, 1998.

–, (dir.), *Les Écuries royales, du XVIe au XVIIIe siècle*, Versailles, Association pour l'Académie d'art équestre de Versailles, 1998.

–, (dir.), *Le Cheval et la guerre du XIVe au XXe*, Versailles, Association pour l'Académie d'art équestre de Versailles, 2002.

–, *et alii* (dir.), *À cheval ! Écuyers, amazones et cavaliers du XIVe au XXIe siècle*, Versailles, Association pour l'Académie équestre de Versailles, 2007.

–, *Connaissances et passions : histoire de la culture équestre en France*, Paris, Fayard, 2015.

ROCHEBRUNE, Marie-Laure DE (dir.), *La Chine à Versailles : art et diplomatie au XVIIIe siècle*, Paris, Somogy, 2014.

ROLLAND, Paul, *Histoire de Tournai*, Tournai, Casterman, 1956.

RONDOT, Bertrand, « La première ambassade ottomane, 1721 », *in* KISLUK-GROSHEIDE, Daniëlle et RONDOT, Bertrand (dir.), *Visiteurs de Versailles : voyageurs, princes, ambassadeurs, 1682-1789*, Paris, Gallimard-Château de Versailles, 2017.

RONFORT, Jean-Nérée (dir.), *André-Charles Boulle, 1642-1732 : un nouveau style pour l'Europe*, Francfort, MAK, Somogy, 2009.

ROOS, Gilbert, *Relations entre le gouvernement royal et les juifs du nord-est de la France au XVIIe siècle*, Paris, Honoré Champion, 2000.

ROTTA, Salvatore, « Genova e il re sole », *in* BOCCARDO, Piero et FABIO, Clario DI (dir.), *El siglo de los Genoveses*, Milan, 1999, p. 286-305.

ROUSSEAU, Louis, *Les Relations diplomatiques de la France et de la Turquie au XVIIIe siècle*, I : *1700-1716*, Paris, Fr. de Rudeval, 1908.

ROUSSEAU, Michel, *Quand Louis XIV brûlait le Palatinat : la guerre de la ligue d'Augsbourg et la presse*, Paris, L'Harmattan, 2014.

ROUSSEL, Éric, *Charles de Gaulle*, Paris, Gallimard, 2002.

ROUSSET, Camille, *Histoire de Louvois et de son administration politique et militaire*, Paris, Didier, 1863-1865, 4 vol.

ROUSSIER, Paul, *L'Établissement d'Issiny, 1687-1702*, A. Thoyon-Thèze, 1935.

ROWEN, Herbert H., *The Ambassador Prepares for War: The Dutch Embassy of Arnauld de Pomponne*, La Haye, Nijhoff, 1957.

–, *John de Witt, Grand Pensionary of Holland, 1625-1672*, Princeton, Princeton University Press, 1978.

–, *John de Witt: Statesman of the « True Freedom »*, Cambridge, Cambridge University Press, 1986.

ROWLANDS, Guy, *The Dynastic State and the Army under Louis XIV: Royal Service and Private Interest, 1661-1701*, Cambridge, Cambridge University Press, 2002.

–, *The Financial Decline of a Great Power: War, Influence, and Money in Louis XIV's France*, Oxford, Oxford University Press, 2012.

–, « The Maison Militaire du Roi and the Disintegration of the Old Regime », *in* SWANN, Julian et FÉLIX, Joël (dir.), *The Crisis of the Absolute Monarchy: France from Old Regime to Revolution*, Oxford, Oxford University Press, 2013, p. 245-273.

–, « Last Argument of the King, or a Step Too Far? Arms, Artillery and Absolutism under Louis XIV », conférence donnée à l'Institute of Historical Research, Londres, 19 mai 2014.

RUBIN, David Lee (dir.), *The Sun King: The Ascendancy of French Culture during the Reign of Louis XIV*, Washington, Folger Books, 1992.

RUBINSTEIN, S., *Les Relations entre la France et la Pologne de 1680 à 1683*, Paris, Félix Alcan, 1913.

RULE, John C., « The Partition Treaties, 1698-1700: A European View », *in* MIJERS, Esther et ONNEKINK, David (dir.), *Redefining William III: The Impact of the King-Stadholder in International Context*, Aldershot, Ashgate, 2007, p. 91-105.

RULE, John et TROTTER, Ben, *A World of Paper: Louis XIV, Colbert de Torcy, and the Rise of the Information State*, Montréal, McGill-Queen's University Press, 2014.

RUSSELL, W. H., *My Diary during the Last Great War*, Londres, Routledge, 1874.

SABATIER, Gérard, *Le Prince et les arts, stratégies figuratives de la monarchie française de la Renaissance aux Lumières*, Seyssel, Champ Vallon, 2010.

SAINT-GERMAIN, Jacques, *Les Financiers sous Louis XIV*, Paris, Plon, 1950.

–, *Samuel Bernard, le banquier des rois*, Paris, Hachette, 1960.

–, *La Reynie et la police au Grand Siècle*, Paris, Hachette, 1962.

–, *La Vie quotidienne en France à la fin du Grand Siècle d'après les archives de Marc René d'Argenson*, Paris, Hachette, 1965.

–, *Louis XIV secret*, Paris, Hachette, 1970.

SAINT-MAURICE, marquis DE, *Lettres sur la cour de Louis XIV*, Paris, Jean Lemoine, 1910-1912, 2 vol.

SAINT-OLON, M. PIDOU DE, *État présent de l'Empire de Maroc*, M. Brunet, 1695.

SAINT-PRIEST, comte DE, *Mémoires sur l'ambassade de France en Turquie*, Paris, Ernest Leroux, 1877.

SAINT-SIMON, duc DE, *Mémoires*, éd. M. Regnier et A. Chéruel, Paris, Hachette, 1873-1877, 20 vol.

–, *Mémoires*, éd. Yves Coirault, Paris, Gallimard, « Folio Classique », 1990-1994, 2 vol.

–, *La Mort de Louis XIV*, Paris, Gallimard, 2007.

SAINT-SIMON, Fernand DE, *La Place des Victoires, Trois siècles d'histoire de France*, Paris, Éditions Albatros, 1984.

SAINTE-FARE-GARNOT, Pierre-Nicolas, *Le Château des Tuileries*, Paris, Herscher, 1988.

SALAT, Nicolas et SARMANT, Thierry (dir.), *Lettres de Louvois à Louis XIV*, Paris, Vincennes, Société de l'histoire de France, Service historique de la Défense, 2007.

SALMON, J. H. M., *Cardinal de Retz: The Anatomy of a Conspirator*, Londres, Weidenfeld and Nicolson, 1969.

SALNOVE, Robert DE, *La Vénerie royale*, Chez Antoine de Sommaville, 1665.

SALVADORI, Philippe, *La Chasse sous l'Ancien Régime*, Paris, Fayard, 1996.

SAMOYAULT, Jean-Pierre, *Guide to the Museum of the Château de Fontainebleau*, Paris, RMN, 1994.

SANTA MARIA, Roberto (dir.), *Palazzo Doria Spinola*, Gênes, 2011.

SARMANT, Thierry, *Les Demeures du soleil : Louis XIV, Louvois et la surintendance des bâtiments du Roi*, Seyssel, Champ Vallon, 2003.

–, *La République des médailles : numismates et collections numismatiques à Paris, du Grand Siècle au siècle des Lumières*, Paris, Honoré Champion, 2003.

–, *Louis XIV : l'homme et le roi*, Paris, Tallandier, 2012.

–, *Louis XIV et Paris, collections du musée Carnavalet*, Paris, Paris Musées, 2013.

SARMANT, Thierry et STOLL Mathieu, *Régner et gouverner : Louis XIV et ses ministres*, Paris, Perrin, 2010.

SATTERFIELD, George, *Princes, Posts and Partisans: The Army of Louis XIV and Partisan Warfare in the Netherlands, 1673-1678*, Leyde, Brill, 2003.

SAULE, Béatrix, *Versailles triomphant : une journée de Louis XIV*, Paris, Flammarion, 1996.

–, « Tentative de définition du Grand Couvert », in *id.* (dir.), *Tables royales et festins de cour en Europe, 1661-1789*, Paris, La Documentation française, 2004, p. 29-35.

SAUZET, Robert, *Le Notaire et son roi : Étienne Borrelly (1633-1718), un Nîmois sous Louis XIV*, Paris, Plon, 1998.

SAVARY, Jacques, *Le Parfait Négociant*, éd. Édouard Richard, Genève, Droz, 2011, 2 vol.

SAVILE, Henry et George, *Savile Correspondence: Letters to and from...*, William Durrant Cooper, Camden Society, 1858.

SCHAEPER, Thomas J., *The French Council of Commerce, 1700-1715. A study of mercantilism after Colbert*, Columbus, OH, Ohio State University Press, 1983.

SCHECHTER, Ronald, *A Genealogy of Terror in Eighteenth-Century France*, Chicago, University of Chicago Press, 2018.

SCHMID, Elmar D. *et alii*, *Nymphenburg Palace, Park and Pavilions*, Munich, 2009.

SCHNAKENBOURG, Éric, « La politique française dans le Nord à la fin du règne de Louis XIV », *Revue d'histoire diplomatique*, n° 3, 1998, p. 251-274.

SCHNITTER, Helmut, « The Refugees in the Army of Brandenburg-Prussia », *in* GLOZIER, Matthew et ONNEKINK, David (dir.), *War, Religion and Service: Huguenot Soldiering, 1685-1713*, Aldershot, Ashgate, 2007, p. 145-159.

SCHRYVER, Reginald DE, *Max II Emanuel von Bayern und das spanische Erbe: die europäische Ambitionen des Hauses Wittelsbach*, Mayence, P. von Zabern, 1996.

SCHWOERER, Lois G., *The Revolution of 1688-1689: Changing Perspectives*, Cambridge, Cambridge University Press, 1922.

SCOTT, Eva, *The King in Exile: The Wanderings of Charles II from June 1646 to July 1654*, Londres, Constable, 1905.

SCOTT, Tom, *The City-State in Europe, 1000-1600*, Oxford, Oxford University Press, 2012.

SCOVILLE, Warren C., *The Persecution of Huguenots and French Economic Development, 1680-1720*, Berkeley, University of California Press, 1960.

SÉGUR, marquis DE, *Le Maréchal de Luxembourg et le prince d'Orange, 1668-1678*, Paris, Calmann-Lévy, 1902.

–, *Le Tapissier de Notre-Dame : les dernières années du maréchal de Luxembourg (1678-1695)*, Paris, Calmann-Lévy, 1903.

SÉRÉ, Daniel, *La Paix des Pyrénées : vingt-quatre ans de négociations entre la France et l'Espagne, 1635-1660*, Paris, Honoré Champion, 2007.

SÉVIGNÉ, Mme de, *Correspondance*, Paris, Gallimard, « Bibliothèque de la Pléiade », 1972-1976, 3 vol.

SHARP, Tony, *Pleasure and Ambition: The Life, Loves and Wars of Augustus the Strong*, Londres, I. B. Tauris, 2001.

SHIFRIN, Susan, « Subdued by a Famous Roman Dame », *in* MARCIARI, Julia et MACLEOD, Catherine (dir.), *Politics, Transgression, and Representation at the Court of Charles II*, New Haven et Londres, Yale Center for British Art, 2007, p. 141-174.

SICHEL, Walter, *Bolingbroke and his Times*, 1901, Londres, Haskell-House, 1968.

SIMÉON, Nicolas, *Louis XIV et la mer*, Paris, Édition de Conti, 2007.

SKIPPON, Philip, *An Account of a Journey made through Part of the Low Countries, Germany, Italy and France, In A Collection of Travels*, A. Churchill et J. Churchill, 1732, vol. VI, p. 361-736, 6 vol.

SKRZYPIETZ, Aleksandra, *Franciszek Ludwik, ksiażę de Conti – « obrany król Polski », Saga rodu Kondeuszów*, Katowice, Wydawnictwo Uniwersytetu Śląskiego, 2019.

SMITH, Jay M., *The Culture of Merit: Nobility, Royal Service and the Making of Absolute Monarchy in France, 1600-1789*, Ann Arbor, University of Michigan Press, 1996.

SMITH, L. B., « Spain and the Jacobites, 1715-1716 », *in* CRUICKSHANKS, Eveline (dir.), *Ideology and Jacobitism*, Édimbourg, John Donald Publishers Ltd., 1982, p. 159-178.

SMITHIES, Michael, *Witnesses to a Revolution: Siam, 1688*, Bangkok, The Siam Society, 2004.

SMOLAR-MEYNART, Arlette (dir.), *Autour du bombardement de Bruxelles : désastre et relèvement*, Bruxelles, AAM, 1997.

Société de l'histoire de France, *Registres de l'Hôtel de Ville de Paris pendant la Fronde*, Société de l'histoire de France, Le Roux de Lincy et Douet-D'Arq, 1846-1848, 3 vol.

SOLANA, Ana Crespo, « A Change of Ideology in Imperial Spain? Spanish Commercial Policy with America and the Change of Dynasty (1648–1740) », *in* ONNEKINK, David et ROMMELSE, Gijs (dir.), *Ideology and Foreign Policy in Early Modern Europe (1650-1750)*, Farnham, Routledge, 2011, p. 215-242.

SOLL, Jacob, *Information Master: Jean-Baptiste Colbert's Secret State Intelligence System*, Ann Arbor, University of Michigan Press, 2009.

SOLNON, Jean-François, *La Cour de France*, Paris, Fayard, 1987.

SOMERSET, Anne, *The Affair of the Poisons. Murder, Infanticide and Satanism at the Court of Louis XIV*, Londres, Weidenfeld and Nicolson, 2003.

–, *Queen Anne: The Politics of Passion*, Londres, Harper Press, 2013.

SONKAJÄRVI, Hanna, *Qu'est-ce qu'un étranger ? Frontières et identifications à Strasbourg, 1681-1789*, Strasbourg, Presses universitaires de Strasbourg, 2008.

SONNINO, Paul, *Louis XIV and the Origins of the Dutch War*, Cambridge, Cambridge University Press, 2002.

–, *The Search for the Man in the Iron Mask, A historical detective story*, Londres, Rowman and Littlefield, 2016.

SOURCHES, marquis DE, *Mémoires sur le règne de Louis XIV*, éd. Gabriel-Jules de Cosnac et Arthur Bertrand, Paris, Hachette, 1882-1893, 13 vol.

SPANGLER, Jonathan, « A Lesson in Diplomacy for Louis XIV: The Treaty of Montmartre 1662 and the Princes of the Houses of Lorraine », *French History*, vol. 17, n° 3, 2003, p. 225-250.

–, *The Society of Princes: The Lorraine-Guise and the Conservation of Wealth and Power in Seventeenth-Century France*, Farnham, Ashgate, 2009.

SPANHEIM, Ézéchiel, *Relation de la cour de France en 1690*, éd. Ch. Schefer, Paris, Renouard, 1882.

SPENCER, Charles, *Blenheim: Battle for Europe*, Londres, Phoenix, 2004.

SPIELMAN, John, *Leopold I of Austria*, New Brunswick, NJ, Rutgers University Press, 1977.

STAIR, Lord, « Extracts from Lord Stair's journal at Paris in 1715 and 1716 », *in* Earl of HARDWICKE (éd.), *Miscellaneous State Papers from 1501 to 1726*, Strahan, 1778, vol. II, p. 528-554, 2 vol.

STANHOPE, Alexander, *Spain under Charles the Second*, Londres, John Murray, 1844, p. 528-554.

STEINBERG, Jonathan, *Bismarck: A Life*, Oxford, Oxford University Press, 2011.

STERNBERG, Giora, *Status Interaction during the Reign of Louis XIV*, Oxford, Oxford University Press, 2014.

STOLL, Mathieu, *Servir le Roi-Soleil : Claude Le Peletier (1631-1711), ministre de Louis XIV*, Rennes, PUR, 2011.

STORRS, Christopher, *War, Diplomacy and the Rise of Savoy, 1690-1720*, Cambridge, Cambridge University Press, 2000.

–, *The Spanish Resurgence, 1713-1748*, New Haven et Londres, Yale University Press, 2016.

STRAYER, Brian E., « The Edict of Fontainebleau and the Huguenots: Who's to Blame? », *in* BONNEY, Richard et TRIM, D. J. B. (dir.), *Persecution and Pluralism: Calvinists and Religious Minorities in Early Modern Europe, 1550-1700*, Berne, Peter Lang, 2006, p. 273-294.

STRONG, Roy, *Feast: A History of Grand Eating*, Londres, Jonathan Cape, 2002.

STRONG, S. Arthur (dir.), *A Catalogue of Letters... in the Library at Welbeck*, John Murray, 1903.

STROUP, Alice, *A Company of Scientists : Botany, Patronage and Community at the Seventeenth Century Royal Parisian Academy of Sciences*, Berkeley, University of California Press, 1990.

–, « Louis XIV as Patron of the Parisian Academy of Sciences », *in* RUBIN, David Lee (dir.), *The Sun King: The Ascendancy of French Culture during the Reign of Louis XIV*, Washington, Folger Books, 1992, p. 221-240.

STRUNCK, Christina et KIEVEN, Élisabeth (dir.), *Europäische Galeriebauten: Galleries in a Comparative European Perspective (1400-1800)*, Munich, Hirmer, 2010.

SUE, Eugène, *Histoire de la marine française*, Paris, Perrotin, 1845, 4 vol.

SWANN, Julian, *Provincial Power and Absolute Monarchy: The Estates General of Burgundy, 1661-1790*, Cambridge, Cambridge University Press, 2003.

SWANN, Julian et FÉLIX, Joël, *The Crisis of the Absolute Monarchy: From Old Regime to Revolution*, Oxford, Oxford University Press/ British Academy, 2013.

SWIFT, Katherine, « The French Booksellers in the Strand: Huguenots in the London Book Trade, 1685-1730 », *Proceedings of the Huguenot Society of Great Britain and Ireland*, vol. XXV, n° 2, 1990, p. 123-139.

SYMCOX, Geoffrey, *Victor Amadeus II: Absolutism in the Savoyard State, 1675-1730*, Berkeley, University of California Press, 1983.

SZECHI, Daniel, *The Great Jacobite Rising*, New Haven, Yale University Press, 2006.

TACHARD, Guy, *Voyage de Siam des Pères Jésuites, envoyés par le roy aux Indes et à la Chine*, Amsterdam, Pierre Mortier, 1686.

–, *Second Voyage du Père Tachard et des Jésuites envoyés par le Roy au royaume de Siam*, Amsterdam, Pierre Mortier, 1689.

TAKEDA, Junko Therese, *Between Crown and Commerce: Marseille and the Early Modern Mediterranean*, Baltimore, The Johns Hopkins University Press, 2011.

TALLENTS, Francis, *Travels in France and Switzerland in the Years 1671-1673*, Huguenot Society of Great Britain and Ireland, 2011.

TARGOSZ, Karolina, *La Cour savante de Louise-Marie de Gonzague et ses liens scientifiques avec la France, 1646-1667*, Wrocław, Ossolineum, 1982.

TAVERNIER, Jean-Baptiste, *Les Six Voyages de Jean-Baptiste Tavernier... en Turquie, en Perse et aux Indes*, Gervais Clouzier, 1724, 6 vol.

TERRIEN, Marie-Pierre et DIEN, Philippe, *Le Château de Richelieu, XVIIe au XVIIIe siècle*, Rennes, PUR, 2009.

TESSÉ, René DE FROULAY, *Lettres du maréchal de Tessé au prince Antoine Ier de Monaco*, Paris, Auguste Picard, 1917.

TESSIER, Alexandre, « Des carrosses qui en cachent d'autres : retours sur certains incidents qui marquèrent l'ambassade de Lord Denzil Holles à Paris, de 1663 à 1666 », *in* BÉLY, Lucien et POUMARÈDE, Géraud (dir.), *L'Incident diplomatique (XVIe au XVIIe siècle)*, Paris, Pedone, 2010, p. 197-240.

–, *Réseaux diplomatiques et république des lettres : les correspondants de Sir Joseph Williamson, 1660-1680*, Paris, Honoré Champion, 2015.

THÉNARD, J. F., *Mémoires ou livre de raison d'un bourgeois de Marseille (1674-1726)*, Montpellier, 1881.

THÉPAUT-CABASSET, Corinne, « Le service de la Garde-Robe : une création de Louis XIV », *in* ARIZZOLI-CLÉMENTEL, Pierre et GORGUET BALLESTEROS, Pascale (dir.), *Fastes de cour et cérémonies*

royales : le costume de cour en Europe (1650-1800), Paris, RMN, 2009, p. 28-33.
–, *L'Esprit des modes au Grand Siècle : extraits du* Mercure galant *(1672-1701)*, Paris, CTHS, 2010.
–, « Diplomatische Agenten und der europäische Luxuswarenhandle im späten 17. Jahrhundert », *in* HÄBERLEIN, Mark et JEGGLE, Christof (dir.), *Materielle Grundlagen der Diplomatie: Schenken, Sammeln und Verhandeln im Spätmittelalter und früher Neuzeit*, Constance et Munich, UVK, 2013, p. 157-174.
THOMAS, Hugh, *The Slave Trade: The Story of the Atlantic Slave Trade, 1440-1870*, Londres, Papermac, 1998.
THOMAS, Pierre, seigneur du FOSSÉ, *Mémoires*, Rouen, 1876-1879, 4 vol.
THOMSON, M. A., « Louis XIV and the Origins of the War of the Spanish Succession », *in* HATTON, Ragnhild et BROMLEY, J. S. (dir.), *William III and Louis XIV. Essays 1680-1720*, Liverpool, Liverpool University Press, 1968, p. 140-161.
–, « Louis XIV and William III, 1689-1697 », *in* HATTON, Ragnhild et BROMLEY, J. S. (dir.), *William III and Louis XIV. Essays 1680-1720*, Liverpool, Liverpool University Press, 1968, p. 24-48.
–, « Self-Determination and Collective Security as Factors in English and French Foreign Policy, 1689-1718 », *in* HATTON, Ragnhild et BROMLEY, J. S. (dir.), *William III and Louis XIV. Essays 1680-1720*, Liverpool, Liverpool University Press, 1968, p. 271-286.
THUILLIER, Jacques, *Simon Vouet*, Paris, RMN, 1992.
THURLEY, Simon, *Hampton Court: A Social and Architectural History*, Londres, Paul Mellon Centre for Studies in British Art, 2003.
TIBERGHIEN, Frédéric, *Versailles : le chantier de Louis XIV, 1662-1715*, Paris, Perrin, 2002.
TOLLET, Daniel (dir.), *Guerres et paix : mélanges d'histoire des relations internationales offerts à Jean Bérenger*, Paris, Presses de l'université de Paris-Sorbonne, 2003.
TOMBS, Robert, *The War against Paris, 1871*, Cambridge, Cambridge University Press, 1981.
TORCY, marquis DE, *Mémoires*, Paris, Foucault, 1828.
–, *Journal inédit pendant les années 1709, 1710 et 1711*, Paris, Masson, 1884.
Tóth, Ferenc (dir.), *Correspondance diplomatique relative à la guerre d'indépendance du prince François II Rákóczi (1703-1711)*, Paris-Genève, Champion-Slatkine, 2012.
–, « Emigré or Exile? Francis Rákóczi II and his Exile in France and Turkey », *in* MANSEL, Philip et RIOTTE, Torsten (dir.),

Monarchy and Exile: The Politics of Legitimacy from Marie de Médicis to Wilhelm II, Londres, Palgrave Macmillan, 2011, p. 91-102.
–, « Officiers français au service de l'armée du prince François II Rákóczi », *in* CIESIELSKI, Tomasz (dir.), *W służbie obcych monarchów i państw*, Varsovie, 2015, p. 73-93.
TREASURE, Geoffrey, *The Huguenots*, New Haven, Yale University Press, 2014.
TRÉNARD, Louis (dir.), *Histoire de Cambrai*, Lille, Presses universitaires de Lille, 1983.
–, (dir.), *Histoire de Lille, de Charles Quint à la conquête française*, Toulouse, Privat, 1981.
TREVELYAN, M. C., *William III and the Defence of Holland, 1673-1674*, Londres, Longmans, Green and Co. Troost, Woute, 1930.
TREVOR-ROPER, Hugh, « A Huguenot Historian: Paul Rapin », *in* SCOULOUDI, Irene (dir.), *The Huguenots in Britain and their French Background, 1550-1800*, Basingstoke, Macmillan, 1987, p. 3-19.
TROOST, Wout, « To Restore and Preserve the Liberty of Europe: William III's Ideas on Foreign Policy », *in* ONNEKINK, David et ROMMELSE, Gijs (dir.), *Ideology and Foreign Policy in Early Modern Europe (1650-1750)*, Farnham, Routledge, 2011, p. 283-303.
–, *William III : The Stadholder-King*, Aldershot, Ashgate, 2016.
TURENNE, maréchal DE, *Mémoires*, Paris, Renouard, 1909, 2 vol.
Turenne et l'art militaire de son temps, Paris, Les Belles Lettres, 1978.
TYDÉN-JORDAN, Astrid, *Queen Christina's Coronation Coach*, Stockholm, Bohuslaìningens Boktr. AB, 1988.
UBERT, Guillaume, « To Establish One Law and Definite Rules: Race, Religion and the Transatlantic Origins of the Louisiana Code Noir », *in* VIDAL, Cécile (dir.), *Louisiana: Crossroads of the Atlantic World*, Philadelphie, Pennsylvanie, University of Philadelphia Press, 2014, p. 21-43.
UPTON, Anthony F., *Charles XI and Swedish Absolutism*, Cambridge, Cambridge University Press, 1998.
VALENSI, Lucette, *Ces étrangers familiers : musulmans en Europe XVIe au XVIIIe siècle*, Paris, Payot, 2012.
VALLIER, Jean, *Journal de Jean Vallier : maître d'hôtel du roi*, Paris, H. Laurens, 1902, 4 vol.
VALLOT, Antoine, AQUIN, Antoine D' et FAGON, Guy Crescent, *Journal de la santé du roi Louis XIV de l'année 1647 à l'année 1711*, éd. J. A. Le Roi, 1862.
VANDAL, Albert, *Les Voyages du Marquis de Nointel*, Paris, Plon, 1900.

VAN DER CRUYSSE, Dirk, *Madame Palatine : princesse européenne*, Paris, Fayard, 1988.

–, (dir.), *Madame Palatine : lettres françaises*, Paris, Fayard, 1989.

–, *Louis XIV et le Siam*, Paris, Fayard, 1991.

–, *Le Noble Désir de courir le monde : voyager en Asie au XVIe siècle*, Paris, Fayard, 2002.

–, *Siam and the West, 1500-1700*, Chiang Mai, Silkworm Books, 2002.

VAN KLEY, Dale, *The Damiens Affair and the Unravelling of the Ancien Regime, 1750-1770*, Princeton, Princeton University Press, 1984.

–, *The Religious Origins of the French Revolution: From Calvin to the Civil Constitution, 1560-1791*, New Haven, Yale University Press, 1996.

VANNEUFVILLE, Éric, *Histoire de Lille : des origines au XXe siècle*, Paris, Éditions France-Empire, 1997.

Vauban, sa famille et ses écrits, ses oisivetés et sa correspondance, éd. Rochas d'Aiglun, Paris, Berger-Levrault, 1910, 2 vol.

VAULT, général DE (dir.), *Mémoires militaires relatifs à la Succession d'Espagne sous Louis XIV*, Paris, Imprimerie nationale, 1835-1862, 15 vol.

VERGÉ-FRANCESCHI, Michel (dir.), *La Guerre de course en Méditerranée, 1515-1830*, Paris, Presses de l'université Paris-IV-Sorbonne, 2000.

VERNOIS, Verdy DU, *With the Royal Headquarters in 1870-71*, éd. K. Paul, Trench, Trübner & Company Ltd., 1897.

VÉRY, abbé DE, *Journal*, Genève, 2016, 2 vol.

VERYARD, Ellis, *Journey through the Low Countries, France, Italy and Part of Spain*, 1701.

VETTER, Roland, *Heidelberga Deleta*, Heidelberg, B. Guderjahn, 1989.

VIAN, Louis, « Louis XIV au Parlement d'après les manuscrits du Parlement », *Mémoires de la Société des sciences morales, des lettres et des arts de Seine-et-Oise*, Versailles, 1883, p. 103-115.

VIGNE, Randolph, « "The Good Lord Galway": The English and Irish Careers of a Huguenot Leader », *in* GLOZIER, Matthew et ONNEKINK, David (dir.), *War, Religion and Service: Huguenot Soldiering, 1685-1713*, Aldershot, Ashgate, 2007, p. 59-78.

VILLARS, maréchal DE, *Mémoires*, Paris, Renouard, 1886-1904, 6 vol.

VILLEPIN, Dominique DE, *De l'esprit de cour : la malédiction française*, Paris, Perrin, 2010.

VILLETTE, marquis de, *Mémoires*, Paris, Renouard, 1844.
VINCENS, Émile, *Histoire de la république de Gênes*, Paris, Firmin-Didot, 1842, 2 vol.
VINCENT, Monique, *Le* Mercure galant *: présentation de la première revue féminine d'information et de culture, 1672-1710*, Paris, Honoré Champion, 2005.
VINHA, Mathieu DA, *Les Valets de chambre de Louis XIV*, Paris, Perrin, 2004.
–, « La Maison d'Anne d'Autriche », *in* GRELL, Chantal (dir.), *Anne d'Autriche : Infante d'Espagne et reine de France*, Paris, Perrin, 2009, p. 155-185.
–, *Le Versailles de Louis XIV*, Paris, Perrin, 2012.
–, *Au service du roi, dans les coulisses de Versailles*, Paris, Tallandier, 2015.
VINHA, Mathieu et MASSON, Raphaël (dir.), *Versailles : histoire, dictionnaire et anthologie*, Paris, Robert Laffont, « Bouquins », 2015.
VIROL, Michèle, *Louis XIV et Vauban : correspondance et agendas*, Seyssel, Champ Vallon, 2003, 2017.
VISCONTI, Primi, *Mémoires sur la cour de Louis XIV, 1673-1681*, Paris, Perrin, 1988.
VISÉ, Donneau DE, *Histoire du siège du château de Namur*, Lyon, Thomas Amaulry, 1692.
VISSIÈRE, Isabelle et Jean-Louis (dir.), *Lettres édifiantes et curieuses de Chine par des missionaires jésuites, 1702-1776*, Paris, Garnier-Flammarion, 1979.
VOGLER, Bernard, « Une alliance manquée : Strasbourg et les XIII cantons, 1555-1789 », in *Cinq siècles de relations franco-suisses*, Neuchâtel, La Baconnière, 1984, p. 111-121.
–, « Louis XIV et les protestants alsaciens », *in* GODARD DE DONVILLE, Louise et DUCHÊNE, Roger (dir.), *De la mort de Colbert à la révocation de l'édit de Nantes : un monde nouveau ?*, Paris, CMR, 1985, p. 285-291.
–, *Nouvelle Histoire de l'Alsace : une région au cœur de l'Europe*, Toulouse, Privat, 2003.
WADDINGTON, Albert, *Le Grand Électeur : Frédéric-Guillaume de Brandebourg, sa politique extérieure 1640-1688,* Paris, Plon, 1908, 2 vol.
WALISZEWSKI, K., *Les Relations diplomatiques entre la Pologne et la France au XVIIe siècle, 1644-1667*, Cravovie, 1889.
–, *Marysienka : Marie de La Grange d'Arquien, reine de Pologne*, Paris, Plon, 1898.

WAQUET, Jean-Claude, *François de Callières : l'art de négocier en France sous Louis XIV*, Paris, Rue d'Ulm, 2005.

–, « L'échec d'un mariage : Marguerite-Louise d'Orléans et Côme de Médicis », *in* POUTRIN, Isabelle et SCHAUB, Marie-Karine (dir.), *Femmes et pouvoir politique : les princesses d'Europe, du XVe au XVIIIe siècle*, Rosny, Éditions Bréal, 2007, p. 120-132.

WARD, Adolphus William, *The Electress Sophia and the Hanoverian Succession*, Londres, Longmans, Green, and Company, 1909.

WARESQUIEL, Emmanuel DE, *Dans les archives secrètes du Quai d'Orsay : cinq siècles d'histoire et de diplomatie*, Paris, L'Iconoclaste, 2015.

WARNER, Marina, *Alone of All her Sex: The Myth and the Cult of the Virgin Mary*, New York, Alfred A. Knopf, 1976.

WATANABE-O'KELLY, Helen, *Triumphall Shews: Tournaments at German-Speaking Courts in their European Context, 1560-1730*, Berlin, Mann, 1992.

WATSON, J. N. P., *Captain-General and Rebel Chief: The Life of James, Duke of Monmouth*, Winchester, MA, Allen & Unwin, 1979.

WATTS, Derek A., « La Journée des barricades racontée par les mémorialistes du temps », *in* DUCHÊNE, Roger et RONZEAUD, Pierre (dir.), *La Fronde en questions*, Aix-en-Provence, Université de Provence, 1989, p. 51-62.

WEBB, Stephen Saunders, *Lord Churchill's Coup: The Anglo-American Empire and the Glorious Revolution Reconsidered*, New York, Alfred A. Knopf, 1995.

WEIGERT, R. A. (dir.), *Les Relations artistiques entre la France et la Suède, 1693-1718*, Stockholm, R.-A. Weigert et C. Hernmarck, 1964.

WESTRICH, Sal Alexander, *The Ormée of Bordeaux: A Revolution during the Fronde*, Baltimore, Johns Hopkins University Press, 1972.

WHYTE, James Christie, *History of the British Turf*, Londres, Henry Colburn, 1840, 2 vol.

WICQUEFORT, Abraham DE, *L'Ambassadeur et ses fonctions*, Amsterdam, Janssonius van Waesberge, 1730.

WIESENER, Louis, *Le Régent, l'abbé Dubois et les Anglais*, Paris, Hachette, 1891.

WILLS, John E. (dir.), *China and Maritime Europe, 1500-1800*, New York, Cambridge University Press, 2011.

WILSON, Peter H., *War, State and Society in Württemberg, 1677-1793*, Cambridge, Cambridge University Press, 1995.

WISMES, Armel DE, *Jean Bart et la guerre de course*, Paris, Julliard, 1965.

WITEK JR, John W. « Catholic Missions and the Expansion of Christianity », *in* WILLS John E. (dir.), *China and Maritime Europe, 1500-1800*, New York, Cambridge University Press, 2011, p. 135-182.

WOLF, John B., *The Barbary Coast : Algeria under the Turks*, New York, Norton & Co., 1979.

WRANGEL, comte F. U., *Première Visite de Christine de Suède à la cour de France, 1656*, Paris, Firmin-Didot, 1930.

ZAIMOVA, Raïa, *Correspondance consulaire des ambassadeurs de France à Constantinople, 1668-1708*, Paris, Centre historique des Archives nationales, 1999.

ZEE, Henri et Barbara VAN DER, *William and Mary*, New York, Alfred A. Knopf, 1973.

ZIEGLER, Hendrik, « "His house at Versailles is something the foolishest in the world" : la Grande Galerie de Versailles à travers les récits de voyageurs et d'ambassadeurs étrangers autour de 1700 », *in* STRUNCK, Christina et KIEVEN, Élisabeth (dir.), *Europäische Galeriebauten: Galleries in a Comparative European Perspective (1400-1800)*, Munich, Hirmer, 2010, p. 351-382.

–, *Louis XIV et ses ennemis : image, propagande et contestation*, Vincennes, Presses universitaires de Vincennes, 2013.

ZOBERMAN, Pierre, *Les Panégyriques du roi prononcés dans l'Académie française*, Paris, Presses de l'université de Paris-Sorbonne, 1991.

–, *Les Cérémonies de la parole*, Paris, Honoré Champion, 2008.

ZYLBERBERG, Michel, *Une si douce domination : les milieux d'affaires français et l'Espagne vers 1780-1808*, Paris, PUF, 1993.

ZYSBERG, André, *Marseille au temps du Roi-Soleil : la ville, les galères, l'arsenal*, Marseille, Laffitte, 2007.

CATALOGUES D'EXPOSITION

Ádám Mányoki: Actors and Venues of a Portraitist's Career, Budapest, E. Buzási, 2003.

CASTELNUOVO, E. et BARBERIS, W. *et alii* (dir.), *La Reggia di Venaria e i Savoia: arte, magnificenza e storia di una corte europea*, Turin, Umberto Allemandi, 2007, 2 vol.

La Cour des Stuarts à Saint-Germain-en-Laye au temps de Louis XIV, Paris, RMN, 1992.

De chasse et d'épée : le décor de l'appartement du roi à Marly, 1683-1750, Paris, Les Éditions l'Inventaire, 1999.
DENIS, Marie-Amynthe, *Divertissements à Marly au temps de Louis XIV, 1686-1715*, Marly-le-Roi, Musée-Promenade de Marly-le-Roi-Louveciennes, 1990.
Être femme sous Louis XIV : du mythe à la réalité, Marly, 2015.
Fastes de Cour et cérémonies royales : le costume de cour en Europe (1650-1800), Versailles, Liénart, 2009.
Fêtes et divertissements à la cour, Paris, Gallimard, 2016.
Fleurs du Roi : peintures, vélins et parchemins du Grand Trianon, Versailles, ArtLys, 2013.
France-Bayern : mille ans de relations franco-bavaroises, BIRO, 2006.
Kangxi, Empereur de Chine, 1662-1722 : la Cité interdite à Versailles, Paris, RMN, 2004.
Lille au XVIIe siècle : des Pays-Bas espagnols au Roi-Soleil, Paris, RMN, 2000.
Louis XIV à Saint-Germain, 1638-1682 : de la naissance à la gloire, Saint-Germain-en-Laye, Musée des Antiquités nationales de Saint-Germain-en-Laye, 1988.
Louis XIV : l'homme et le roi, Paris, Skira-Flammarion, 2009.
Louis-Philippe et Versailles, Versailles, Somogy, 2018.
MARAL, Alexandre et MILOVANOVIC, Nicolas, *Versailles et l'Antique, 2012*, Paris, ArtLys, 2016.
L'Orient arsenal XVIIe-XVIIIe siècles, Lorient, ArtLys, 1983.
Peter the Great, an Inspired Tsar, Amsterdam, De Nieuwe Kerk, 2013.
Phra Narai, roi de Siam et Louis XIV, Association française d'action artistique, Paris, Musée Guimet, 1986.
Primus Inter Pares: The First among Equals: The Story of King Jan III, Varsovie, Musée du palais de Wilanów, 2013.
RIANI, Annick, « L'Arsenal des Galériens » in *Le Siècle de Louis XIV à Marseille*, Marseille, Musée d'histoire de Marseille, 1994.
SABATIER, Gérard et SAULE, Béatrix (dir.), *Le roi est mort : Louis XIV-1715*, Paris, Tallandier, 2015.
Saint-Jean-de-Luz : étape royale, 1660-1960, Bordeaux, Imprimerie Delmas, 1960.
SAULE, Béatrix *et alii* (dir.), *Splendeurs de la cour de Saxe : Dresde à Versailles*, Paris, RMN, 2006.
Sciences et curiosités à la cour de Versailles, Paris, RMN, 2010.
La Soie et le canon : France-Chine, 1700-1860, Musée du château de Nantes, Paris, Gallimard, 2010.

Soieries de Lyon : commandes royales au XVIIIe siècle, Lyon, Musée historiques des Tissus, 1988.
Treasure of the Holy Sepulchre, Milan, Silvana Editoriale, 2013.
Versailles et la musique de cour, Versailles, Magellan & Cie, 2007.
Versailles et les tables royales en Europe : XVIIe au XIXe siècle, Paris, RMN-Arts décoratifs, 1993.
VINHA, Mathieu DA et MARAL, Alexandre, *Madame de Maintenon dans les allées du pouvoir*, Paris, Hazan, 2019.

Index des noms

Index des lieux

Table des crédits

Page 354-355 : Israël Silvestre, *Vue en perspective de Versailles depuis le côté de l'Orangerie*, de l'*Album Perelle*, 1687. Musée du Louvre, Paris. © RMN-Grand Palais (musée du Louvre)/Michel Urtado.

Page 388-389 : Israël Silvestre, *Vue en perspective de la ville, du château et des jardins de Versailles*, de l'*Album Perelle*, 1687. Musée du Louvre, Paris. © RMN-Grand Palais (musée du Louvre)/Michel Urtado.

Remerciements

J'aimerais remercier tous ceux qui m'ont aidé à élaborer cet ouvrage, en particulier Bernard Ancer, Rosemary Baird, Andrew Barclay, Carlo Bitossi, Maxime Blin, Mark Bryant, Wolf Burchard, Andrea Canino, Georgina Capel, Juliet Carey, Matilde Cassandro-Malphettes, Edward Chaney, Frederik Dhondt, Zeki Dogan, Sven Externbrink, Laurent Ferri, Thierry Franz, Linda and Marsha Frey, Robert Frost, Antony Griffiths, Nichola Hayton, Mark Hengerer, Gordon Higgott, Leonhard Horowski, Hanns Hubach, Julian Jackson, Jérôme de La Gorce, Joy Law, Myriam Lechuiton, Henry Leremboure, Tim Llewellyn, Katharine MacDonogh, Giles Mandelbrote, Michael Martin, Meredith Martin, William Maufroy, Anne Mockly, Anne Motta, Claude Muller, Jonas Nordin, Alexandra Ormerod, Alexandra Pioch, Friedrich Polleross, Elizabeth Randall, Pierre Rhône, Eric Roussel, France de Sagazan, Diana Scarisbrick Aleksandra Skrzypietz, Jonathan Spangler, Laurent Stefanini, Corinne Thépaut, Max Tillmann, Jo Tinworth, Ferenc Toth, Floortje Tuinstra, Adriana Turpin, Bernard Vogler, Robert Wellington, Coen Wilders. Mes remerciements les plus vifs à Didier Girard pour toute son aide et ses attentions, tant à Strasbourg qu'en Touraine, et pour ses traductions ; à Charles-Éloi Vial pour m'avoir montré les trésors de la Bibliothèque nationale de France ; et à tous mes interlocuteurs au Centre de Recherche du Château de Versailles, notamment Mathieu da Vinha, Alexandre Maral et Béatrix Saule pour leur hospitalité indéfectible, leurs encouragements et leur soutien stimulant. Je suis profondément reconnaissant de leur aide à l'équipe d'Allen Lane, en particulier à Richard Duguid, Ben Sinyor et Pen Vogler, et à tous ceux qui ont lu et commenté des parties du manuscrit, ou sa totalité, parmi lesquels David Gelber, Candida MacDonogh, David Parrott et tout particulièrement Peter James, prince des relecteurs, et Stuart Proffitt, maître du mot juste. Surtout, je voudrais exprimer ma profonde gratitude au personnel de la British Library, de la London Library, des Archives nationales et de la Bibliothèque nationale de France sans qui ce livre n'aurait pu être écrit.

Composition et mise en pages
Nord Compo à Villeneuve-d'Ascq

Achevé d'imprimer en Italie par Grafica Veneta SpA
en janvier 2022

POCKET - 92, Avenue de France - 75013 Paris

Dépôt légal : janvier 2022

S32007/01